Opposition, Widerstand und Verfolgung

an der Martin-Luther-Universität Halle-Wittenberg 1945–1961

Diese Dokumentation erinnert an die Angehörigen
der Martin-Luther-Universität Halle-Wittenberg

Student der Chemie
Josef Barduhn
verstorben am 23. Oktober 1950
in der Haftanstalt Torgau

Dozent der Pädagogik
Dr. phil. Kurt Böhme
verstorben am 27. März 1951
im Haftkrankenhaus des Moskauer Gefängnisses Butyrka

Sportlehrer und Assistent
Helmut Huwe
hingerichtet am 10. September 1952
in Moskau

Assistenzarzt
Dr. Ernst Günter Langlet
verstorben im August 1949
in sowjetischer Haft

Student der Naturwissenschaften
Jochen Schierandt
verstorben am 23. Oktober 1950
in der Haftanstalt Untermaßfeld

Student der Slawistik
Karl Gustav Herbert Schönmuth
hingerichtet am 20. März 1952
in Moskau

Sybille Gerstengarbe und Horst Hennig

Opposition, Widerstand und Verfolgung

an der Martin-Luther-Universität Halle-Wittenberg 1945–1961

EINE DOKUMENTATION

LEIPZIGER UNIVERSITÄTSVERLAG 2009

Bibliografische Information der Deutschen Nationalbibliothek
Die Deutsche Nationalbibliothek verzeichnet diese Publikation in der Deutschen Nationalbibliografie; detaillierte bibliografische Daten sind im Internet über http://dnb.d-nb.de abrufbar.

Die Dokumentation entstand mit Unterstützung des Landesbeauftragten von Sachsen-Anhalt für die Unterlagen des Staatssicherheitsdienstes der ehemaligen DDR.

Die Drucklegung wurde durch die Bundesstiftung Aufarbeitung freundlich gefördert.

STIFTUNG
AUFARBEITUNG

Gesamtgestaltung: berndtstein | grafikdesign, Berlin
Druck: Hubert & Co., Göttingen
ISBN 978-3-86583-262-7

INHALT

Geleitwort von Hans-Dietrich Genscher

Bundesminister a. D.

Das Jahr 2009 erinnert uns an die Freiheitsgeschichte der Deutschen unter ganz unterschiedlichen Voraussetzungen. 1849 scheiterte der Versuch der Frankfurter Paulskirche, eine vom Volk getragene Vereinigung in einer deutschen Demokratie an den restaurativen Kräften unseres Landes. 1919 entstand die erste deutsche Republik, die die Deutschen nach den Schrecken des Ersten Weltkrieges vereinte. 1939 wurde zum Symboljahr der Absicht der menschenfeindlichen Diktatur Hitlers Europa zu unterwerfen und fremde Völker zu versklaven mit dem schrecklichen Höhepunkt des Holocaust. Fünf Jahre später, 1944, scheiterte der Versuch durch die Tötung des Diktators den Weg frei zu machen für ein demokratisches Deutschland, das in Frieden mit seinen Nachbarn leben sollte. Nach dem Ende des Zweiten Weltkriegs führten die von den Besatzungsmächten gesetzten Rahmenbedingungen zur Teilung Deutschlands. Mit der Bundesrepublik Deutschland entstand eine freiheitliche Demokratie, bestimmt von der Menschenwürde, die unsere Verfassung in Artikel 1 des Grundgesetzes so eindrucksvoll definiert.

Sowjetischen Vorstellungen entsprechend entstand in der sowjetischen Besatzungszone die DDR, in der die Grundsätze der Verfassung in einmaliger Weise sich unterschieden von der Verfassungswirklichkeit.

Damit wurde der Weg eröffnet für eine Entwicklung, an deren Ende die friedliche Freiheitsrevolution von 1989 stand. In jenem Herbst 1989 zeigte sich, wie einig sich die Deutschen trotz jahrzehntelanger Trennung, trotz höchst unterschiedlicher Lebensbedingungen – ideeller und materieller – in dem Willen zur Freiheit und Demokratie geblieben waren. Aber war das erst 1989 zu erkennen?

Die Freiheitsgeschichte der Deutschen in der sowjetischen Besatzungszone begann sehr viel früher und sie drückte sich immer wieder aus in dem Willen, Freiheit und Menschenwürde zu leben. So war der Herbst 1989 nicht ein spontanes, einmaliges Ereignis, sondern die Vollendung der Freiheitsbestrebungen nach der Niederschlagung der NS-Diktatur. Wenn wir uns über den Herbst 1989 freuen, so darf niemand vergessen, welche Opfer auf dem Weg dahin von freiheitsbewussten Menschen erbracht werden mussten. Ein besonders leuchtendes Freiheitssignal war der Kampf um die Universitäten und Hochschulen in der sowjetischen Besatzungszone. Ein Ort dieses Freiheitswillens und des Freiheitskampfes war die Martin-Luther-Universität Halle-Wittenberg. Hochschullehrer und Studenten wollten nicht hinnehmen, was ihnen aufgezwungen werden sollte. Die Verfolgung begann und sie endete in den meisten Fällen mit Verhaftung und langjährigen Strafen und in einigen Fällen auch mit Todesurteilen und ihrer Vollstreckung. Die Autoren dieses Buches beschreiben nach gründlichem Studium russischer und deutscher Archivmaterialien sowie von Vernehmungs- und Gerichtsakten die Schicksale von mehr als 160 Hochschulangehörigen der Martin-Luther-Universität aus den Jahren 1946 bis 1961. Wer diese Berichte liest, wird bewahrt sein von Nostalgiegefühlen nach jener Zeit.

Doch es waren nicht allein Hochschulangehörige, die aufbegehrten, es waren Menschen aus allen Schichten unseres Volkes. Der 17. Juni 1953 war im wahrsten Sinne des Wortes ein Volksaufstand. Er hatte in Halle einen besonderen Schwerpunkt. Es war der erste große Volksaufstand im sowjetischen Machtbereich. 1956 folgten Ungarn, 1968 die ČSSR und schließlich Polen mit der Solidarnoscbewegung.

Die Schicksale, die in diesem Buch beschrieben werden, sind deutsche Freiheitsgeschichte. Das ist das besondere an der Haltung der Opfer von damals, dass sie für Freiheit und Menschenwürde eintraten, wohl wissend, welche Gefahr ihnen drohte. Mit ihrem Leben, mit ihren Leiden und mit ihrem Tod, sei es, als zum Tode Verurteilte oder in den Lagern Gestorbene, haben sie deutsche Freiheitsgeschichte geschrieben. Das in das Bewusstsein unserer Zeit zu heben macht den besonderen Wert dieses Buches aus und verpflichtet uns alle zu großer Dankbarkeit und zu großem Respekt.

Bonn, Juli 2009

Geleitwort von Benno Parthier
Altpräsident der Leopoldina

„Opposition, Widerstand und Verfolgung an der Martin-Luther-Universität Halle-Wittenberg von 1945–1961“ lautet der Titel dieses Bandes. Vorgelegt wurde er von zwei Autoren, deren Interessen der zeitgeschichtlichen Aufarbeitung einer Periode ostdeutscher politischer und gesellschaftlicher Existenz gelten, sei es aus wissenschaftshistorischem Antrieb (S. G.), sei es aus persönlicher Betroffenheit, deren traumatische Erlebnistiefe nach Publikation in der Öffentlichkeit ruft (H. H.). So ist das Erscheinen dieses Bandes nicht zuletzt der Initiative des Zweitautors zu verdanken. Mit ausgedehnten akribischen Forschungsarbeiten in einschlägigen Archiven wurde gemeinsam ein eindrucksvolles Bild der akademischen Szenerie in der ostdeutschen Geschichte zwischen Kriegsende 1945 in der Sowjetischen Besatzungszone und Mauerbau 1961 in der DDR aufgezeigt und aufgezeichnet. Entstanden ist eine Dokumentation im besten Sinne des Wortes, eine bei aller Objektivität der Recherchen hochschulpolitisch niederdrückenden Bilanz von Daten, die nun auch, nach Auflösung der DDR und nach der Wiedervereinigung einen wichtigen hochschulpolitisch-kritischen Baustein im Gebäude der neueren deutschen Geschichte darstellt.

Die Martin-Luther-Universität Halle-Wittenberg (MLU) war beispielhaft für die Reaktivierung der bestehenden Universitäten in der Sowjetischen Besatzungszone (SBZ), die im Jahre 1949 zur Deutschen Demokratischen Republik umgewandelt wurde. Um die geistigen und physischen Schutthalden des nationalsozialistischen Erbes abzutragen, mussten neue Strukturen geschaffen werden. Für deren Güte waren die Persönlichkeiten der Hochschullehrer, besonders aber der gewählten Rektoren der Universität ein Gradmesser, auch für den Ablauf der Erneuerung unter der Kontrolle sowjetischer und ostdeutscher Machtpolitik. Ein Rest unbelasteter Hochschullehrer, als „bürgerliche Professoren“ bezeichnet, den die abziehenden Amerikaner hinterließen, vermochte kaum den kurzen Übergang zur antifaschistisch-kommunistischen Gesellschaftsordnung zu überstehen, da die Sowjetische Militäradministration (SMAD) jedes öffentliche Leben und auch die Entwicklung der im Februar 1946 wiedereröffneten MLU in deren Personalpolitik bestimmte.

Es waren vor allem Studenten, die den Sicherheitsbeamten in der SMAD zu Vollbeschäftigungen verhalfen. In ihrem Verhalten mochten sie wählen zwischen fortschrittlicher Aktivität, passiver Anpassung oder geheimer Gegnerschaft. Geprüft und überprüft wurde ohnehin stetig, und es sei nur als simples Beispiel erwähnt, dass Medizinstudenten nur zum Physikum zugelassen wurden, wenn sie die Prüfungen nach der Pflichtvorlesung Marxismus-Leninismus bestanden hatten.

An vielen Fallstudien wird in diesem Band illustriert, wie die Opfer, Studenten und Angehörige der Universität, – zum großen Teil eingeleitet durch Denunziationen

– in ihren Wohnungen verhaftet und in Strafvollzugsanstalten (meistens in das hallesche Zuchthaus „Roter Ochse“) eingekerkert oder nach Verurteilungen zu langjährigen Strafarbeiten in Lagern (Workuta im arktischen Sowjetland) unter furchtbarsten Überlebensbedingungen gequält wurden, und einige mussten es gar mit ihrem Tod durch Erschießen büßen. So unterschiedlich die Verurteilten von der Strafjustiz belastet wurden: immer hieß der Urteilsgrund Sabotage, Hetze und/oder Spionage. Nicht selten waren es Bagatellfälle nach international üblichen Bürgerrechten, die von den Vernehmern mit Füßen getreten wurden, oft für Situationen, in denen junge Leute ihren persönlichen Mut testen wollten oder die Empfindlichkeiten der Besatzungsmacht unterschätzten. Opfer wurden jedoch auch in der Professorenschaft gesucht und gefunden, besonders wenn sich die Hochschullehrer schützend vor ihre Studenten stellten. Die Härte der Urteile gehörte zu den Riten diktatorischer Systeme, hier noch weiter erhärtet durch den „Kalten Krieg“, der die Ost-West-Spannungen zwischen den Siegermächten des Zweiten Weltkrieges nach dessen Ende verstärkte.

Die Zahl der jährlichen Verhaftungen und Verurteilungen im Bereich der MLU stieg von je 5 (1946, 1947) auf 22 (1948) bzw. 20 (1949) und höher auf 39 (1950) bzw. 30 (1951), 17 (1952) und 8 (1953). Im Jahr 1954 gab es keine Verhaftungen und 1955 eine; man könnte meinen, es wäre eine „Verschnaufpause“ nach dem Tod des Diktators Stalin (1953) eingetreten. Erst nach 1956 (5), 1957 (12) und 1958 (1) fanden keine Verurteilungen mehr statt. Insgesamt wurden 168 Verhaftungen durchgeführt.

Die Allmacht der Staatspartei mit deren durch Willkürherrschaft ausgezeichneten Bürokratie führte in den 50er Jahren zur Politisierung und administrativen Zentralisierung des Universitätsbetriebes insgesamt. Einerseits kam es zur Polarisierung der unterschiedlichen Fakultäten, infolgedessen vermehrte sich die Zahl von Professoren, die versagten und verzagten. Andererseits kämpften Professoren, speziell aus den naturwissenschaftlichen und medizinischen Bereichen, in mutigen Auseinandersetzungen gegen die Personalpolitik der Universitätsleitung und für ihre Studenten. Solche Professoren wurden allerdings von den linientreuen Rektoren gemaßregelt, weil sie protestierten, dass Studenten durch Beschluss der FDJ exmatrikuliert, die Professoren aber nicht gefragt wurden. – Besonders die kritische Auswertung der Senatsprotokolle brachte viele wissenschaftsgeschichtliche Details ans Tageslicht, die den heftigen Auseinandersetzungen über die Hochschulreform zwischen Ulbricht und den halleschen bürgerlichen Professoren im Frühjahr 1958 vorausgingen. Dass diese Auseinandersetzungen wie zuvor das Ende des Stalinismus kein grundsätzliches Umdenken der Ideologen bewirkten, bewiesen die folgenden Jahre, die mit dem Bau der Mauer 1961 die 40jährige Spaltung des deutschen Volkes vertieften. Viele Professoren hatten ihre Universität und die DDR verlassen; das Problem „Republikflucht“ wuchs ins Unermessliche.

Das Ende dieser Geschichtsepoche wurde erst mit der Freiheitsrevolution 1989 und der folgenden Wiedervereinigung erreicht.

Halle, Juli 2009

Vorwort von Sybille Gerstengarbe und Horst Hennig

Mit dieser Dokumentation von Opposition, Widerstand und Verfolgungen an der Universität Halle in den Jahren 1945 bis 1961 wollen wir an den Zeitraum der DDR- und Universitätsgeschichte erinnern, in dem eine neue Diktatur im östlichen Teil Deutschlands ohne Rücksicht auf die Würde des einzelnen Menschen ihre Macht etablierte. Hierbei kann die Universität Halle als ein Beispiel für die Hochschulen im sowjetisch besetzten Teil Deutschlands gelten. Denn neben den Besonderheiten, die jedem Fallbeispiel innewohnen, sind auch verallgemeinerungswürdige Entwicklungen beschrieben. Die Darstellung kann dabei keinen Anspruch auf Vollständigkeit erheben. Versucht worden ist, durch Recherchen in mehreren Archiven möglichst umfassende Informationen zum Schicksal und weiteren Lebensweg der politisch Verfolgten zu gewinnen. Beim Blick auf die Verhaftungen muss man zudem bedenken, dass die verhafteten Personen zumeist Familien zurückließen, die von der Repression direkt oder indirekt mitbetroffen waren.

Zwei Jahrzehnte nach den politischen Neuorientierungen im vormals sowjetischen Einflussbereich und über 60 Jahre nach der Wiedereröffnung der Martin-Luther-Universität nach dem Zweiten Weltkrieg im Jahr 1946 wird eine Darstellung der politischen Verfolgungen bis zum Jahr 1961 vorgelegt, deren Zahlen allein bedrücken: Zwischen Mai 1945 und März 1950 wurden in sowjetischen Speziallagern auf dem Gebiet der SBZ/DDR etwa 120.000 Personen interniert, zunächst im Zusammenhang mit der Entnazifizierung und der Bestrafung von Kriegsverbrechern. Zunehmend wandte sich die Verfolgung auch gegen diejenigen, die in eine Opposition gegen die neuen gesellschaftlichen Zwänge traten. Ein Teil der Internierten wurde von Sowjetischen Militärtribunalen verurteilt, die übrigen blieben ohne Urteil in Haft.

Während aus den Jahren 1946/47 an der Universität Halle zehn Verhaftungen bekannt sind, nahmen die Verfolgungen mit der Berlinblockade und dem Beginn des Kalten Krieges dramatisch zu. Von 1948 bis 1953 wurden durch Sowjetische Militärtribunale sechs Angehörige der MLU zum Tode – drei wurden später begnadigt – und 66 zu langjährigen Haftstrafen, überwiegend zu 25 Jahren Zwangsarbeitslager oder Zuchthaus, verurteilt. Nach Gründung der DDR am 7. Oktober 1949 übernahm der neue Staat dabei allmählich die Gerichtsbarkeit. In den meisten Fällen wurden die Angehörigen der Verhafteten nicht benachrichtigt. Die Hinrichtungen wurden teilweise erst nach 1991 durch die Militärhauptstaatsanwaltschaft in Moskau mitgeteilt, so dass Jahrzehnte vergehen mussten, bis über das Schicksal Betroffener Klarheit erzielt werden konnte.

Unsere Nachforschungen in den Archiven gründeten sich zunächst auf die fünfte Auflage der „Dokumentation des Terrors“, 1962 herausgegeben vom Verband

Deutscher Studentenschaften. Neben den Angehörigen der MLU wurden hierin auch Angehörige der Kunsthochschule Burg Giebichenstein in Halle und der Technischen Hochschule für Chemie Halle-Merseburg aufgenommen.

Speziell untersucht wurden anhand der Protokolle der Senatssitzungen die Reaktionen der Hochschullehrer auf die Verhaftungen der Studenten und Mitarbeiter und der Widerstand von Senatsmitgliedern gegen das immer stärkere Eindringen der Ideologie in dieses Universitätsgremium. Man erkennt hier schnell den schwindenden Spielraum jener „bürgerlichen" Professoren, die sich für ihre verhafteten Studenten einsetzten, unerschrocken für die Freiheit der Wissenschaft und Lehre eintraten und gegen die Parteilehre Widerstand leisteten.

Die Informationen aus den Senatsprotokollen der Jahre 1945 bis 1961, aus dem Bundesarchiv Berlin, dem Archiv der BStU, dem Landeshauptarchiv Sachsen-Anhalts, dem Evangelischen Zentralarchiv in Berlin, den Gedenkstätten in Bautzen und in Torgau werden ergänzt durch Zeitzeugenberichte. Die vorgelegte Dokumentation über die Martin-Luther-Universität begleitet der Wunsch, dass sie weitere Forschungen zu Opposition, Widerstand und Verfolgung bis 1989 anregen möge.

Im Sommer 2009

Die Martin-Luther-Universität Halle-Wittenberg – eine Hochschule mit Tradition

Die Universität Halle-Wittenberg und die Deutsche Akademie der Naturforscher Leopoldina

Die Martin-Luther-Universität Halle-Wittenberg hat ihre Wurzeln in zwei Universitäten – in der 1502 in Wittenberg durch Kurfürst Friedrich den Weisen gegründeten „Leucorea“, einer Landesuniversität zur Ausbildung von Staatsbeamten und Geistlichen, und in der 1694 durch Kurfürst Friedrich III. von Brandenburg gegründeten „Fridericiana“, der Friedrichs-Universität in Halle. Im 16. Jahrhundert gewannen die Stadt Wittenberg und ihre Universität als Ausgangspunkt der Reformation, die mit den Namen Martin Luther und Philipp Melanchthon verbunden ist, eine europaweite Ausstrahlung. Zeitweilig sei die „Leucorea“ eine der „attraktivsten Universitäten für die Ausbildung des lutherischen Pfarrernachwuchses in Mittel- und Nordeuropa“ gewesen, urteilt hierzu Josef Hermann Rupieper.[1] Ein jähes Ende dieser Einrichtung ist mit dem Jahr 1813 verbunden, denn Napoleon ließ die Universität Wittenberg schließen.

Die Friedrichs-Universität in Halle war, ebenfalls zur Ausbildung von Staatsdienern, als eine moderne Reformuniversität gegründet worden. Sie avancierte rasch zu einem Zentrum des Pietismus, des neuzeitlichen Natur- und Vernunftrechts und der Frühaufklärung. Zu den herausragenden Persönlichkeiten dieser Alma mater zählten etwa August Hermann Francke und Christian Thomasius. Auch die Friedrichs-Universität wurde im Zusammenhang mit den Napoleonischen Kriegen zeitweise geschlossen.

Der sächsische Kurkreis Wittenberg fiel als ein Ergebnis des Wiener Kongresses 1815 an Preußen. Das bedeutete insofern ein neues Problem, als zwei so dicht benachbarte Universitäten für den preußischen Staat nicht sinnvoll zu unterhalten waren. Deshalb wurden die „Leucorea“ und die „Friedericiana“ 1817 zur „Vereinigten Friedrich Universität“ zusammengeschlossen und ein Teil der Wittenberger Professoren siedelte nach Halle über.

1 Rupieper 2002, S. 9. Die Informationen zur Geschichte der MLU stammen aus der Festschrift zur 500-Jahrfeier der Universität im Jahr 2002. Siehe zu unserer Thematik auch Rupieper 1997.

In ihrer weiteren Geschichte durchlief die Universität Phasen unterschiedlicher Bedeutung und Ausstrahlung. Dies hing maßgeblich auch von den jeweiligen Gelehrten ab, die hier tätig waren. Namentlich im 19. Jahrhundert erfreute sich die Universität in Bildung und Forschung in den Naturwissenschaften, der Medizin und in anderen Disziplinen europäischer Aufmerksamkeit. Herausragende Gelehrte waren beispielsweise der Theologe Friedrich August Tholuck, der Begründer der Landwirtschaftswissenschaft als Universitätsdisziplin Julius Kühn, der Mathematiker Georg Friedrich Cantor und der Archäologe Carl Robert. Nachdem sie seit 1930 nur noch „Universität Halle" geheißen hatte, wurde sie aus Anlass dessen 450. Geburtstages am 10. November 1933 in „Martin-Luther-Universität Halle-Wittenberg" (MLU) umbenannt.

In der Zeit des Nationalsozialismus gab es an der MLU dieselben Entwicklungen wie an den anderen Universitäten in Deutschland. Die jüdischen Hochschullehrer wurden nach dem „Gesetz zur Wiederherstellung des Berufsbeamtentums" vom 7. April 1933 und den die Mitarbeiter jüdischen Glaubens immer stärker reglementierenden Folgegesetzen[2] entlassen, die NS-Ideologie zog zusehends in die Universität ein.[3] Von den Entlassungen betroffen waren dabei aus der Rechts- und Staatswissenschaftlichen Fakultät der Soziologe Friedrich Hertz, der Wirtschaftswissenschaftler Ernst Grünfeld, der Wirtschaftswissenschaftler Georg Jahn, der Wirtschaftswissenschaftler Georg Brodnitz, der Strafrechtler Friedrich Kitzinger und der Rechtshistoriker Guido Kisch; aus der Medizinischen Fakultät der Direktor der Nervenklinik Alfred Hauptmann[4], der Direktor des Pharmakologischen Institutes Martin Kochmann, der Chirurg Werner Budde, die Kinderärzte Wilhelm Hertz und Friedrich Lehnerdt und der Physiologe Ernst Wertheimer; aus der Philosophischen Fakultät der Historiker Hans Herzfeld, die Indologin Betty Heimann, der Kunsthistoriker Paul Frankl sowie die Psychologen Adhémar Gelb und Emil Utitz, die beiden Altphilologen Paul Friedländer und Richard Laqueur, der Honorarprofessor Walther Kranz; aus der Naturwissenschaftlichen Fakultät der Chemiker und Chemiehistoriker Edmund von Lippmann, der Physikochemiker Carl Tubandt, der Mathematiker Reinhold Baer, der Anthropologe Arnold Japha und der Dozent für Landmaschinenkunde Rudolf Bernstein. Weil sie politisch nicht erwünscht waren, wurden der Internist Theodor Brugsch, der Theologe Günther Dehn und der Jurist Rudolf Joerges entlassen.[5]

2 Zunächst waren jüdische Frontkämpfer des Ersten Weltkrieges von der Entlassung ausgenommen. Dies änderte sich 1937. Auch Hochschullehrer, die mit einer Jüdin verheiratet waren, waren nun von den Repressalien betroffen.

3 Zu den Entlassungen an den deutschen Universitäten siehe Gerstengarbe 1994: Die erste Entlassungswelle von Hochschullehrern deutscher Hochschulen aufgrund des Gesetzes zur Wiederherstellung des Berufsbeamtentums vom 7. April 1933.

4 Siehe hierzu Gerstengarbe 1993 und 1994.

5 Eberle 2002: Die Martin-Luther-Universität in der Zeit des Nationalsozialismus 1933–1945.

Von 1936 bis 1945 war der Geologe Johannes Weigelt[6] Rektor der Martin-Luther-Universität. Weigelt war sowohl ein exzellenter Wissenschaftler – er leitete beispielsweise ertragreiche Ausgrabungen im Geiseltal bei Halle und gründete das Geiseltalmuseum – als auch ein überzeugter Nationalsozialist. Alle Vorgaben und Weisungen nationalsozialistischer Hochschulpolitik setzte er bedingungslos und entschieden um und bestimmte so die Geschicke der Universität im nationalsozialistischen Sinne entscheidend mit.

An dieser Stelle muss auch eine akademische Einrichtung in Halle vorgestellt werden, der in der Zeit nach dem Zweiten Weltkrieg eine besondere Bedeutung zukam: die Deutsche Akademie der Naturforscher Leopoldina. Diese Akademie war 1652 von vier Stadtärzten in Schweinfurt gegründet worden, 1687 wurde sie von Kaiser Leopold I. zur Reichsakademie erhoben und mit Privilegien ausgestattet. Dazu zählte die völlige Zensurfreiheit bei der Herausgabe ihrer Schriften. Die Akademie wanderte in den folgenden Jahrzehnten durch die deutschen Lande, je nachdem, wo ihr Präsident seine Wirkungsstätte hatte. Im Jahr 1878 ließ sie sich mit dem Physiker Karl Hermann Knoblauch an der Spitze in der Universitätsstadt Halle an der Saale nieder. Seit dieser Zeit bereichert sie das wissenschaftliche und geistige Leben der Stadt. Mitglieder der Leopoldina waren und sind Naturwissenschaftler, Ärzte, Medizinhistoriker und Wissenschaftshistoriker. Etwa zwei Drittel des Mitgliederbestandes – dieser umfasste ca. 800 bis 1.000 Persönlichkeiten – kamen aus dem deutschsprachigen Raum und ein Drittel aus anderen Ländern. Von 1932 bis 1950 war der Ordinarius für Physiologie und Physiologische Chemie Emil Abderhalden ihr Präsident, Vizepräsident war bis 1942 Johannes Weigelt, den in diesem Jahr der Geograph Otto Schlüter ablöste.

Nach Kriegsende musste auch die Leopoldina ihre Wiederzulassung erst beantragen. Zwar hielten die Akademiemitglieder das wissenschaftliche Leben unter den schwierigen Bedingungen der Jahre nach 1945 notdürftig aufrecht, aber erst mit der Feier ihres 300jährigen Bestehens 1952 ist die Akademie vom Staat wieder umfassend zugelassen worden. Der amtierende Vizepräsident Otto Schlüter führte die Geschäfte noch bis 1953; und ihm gebührt das Verdienst, dass die Leopoldina auch unter den gänzlich veränderten gesellschaftlichen Konstellationen ihre Identität als unabhängige Akademie wahren konnte. Nach ihm amtierten als Präsidenten die beiden herausragenden Naturwissenschaftler Kurt Mothes[7] (Biochemiker, Präsident von 1954 bis 1974) und Heinz Bethge[8] (Physiker, Präsident von 1974 bis 1990).

---

6 Johannes Weigelt (1890–1948), Leopoldina-Mitglied seit 1926, Vizepräsident der Leopoldina von 1932 bis 1942. Er wurde im Juni 1945 durch die amerikanischen Besatzungstruppen evakuiert.

7 Kurt Mothes (1900–1983), Botaniker, Biochemiker und Pharmakologe. Leopoldina-Präsident von 1954–1974. Zur Persönlichkeit Kurt Mothes siehe Parthier 2001.

8 Heinz Bethge (1919–2001), Experimentalphysiker, Präsident der Leopoldina von 1974–1990.

Die Vertreter der naturwissenschaftlichen, medizinischen und landwirtschaftlichen Fakultät im Senat der Universität Halle waren überwiegend zugleich Mitglieder der Leopoldina. Die Akademie ermöglichte während der DDR-Zeit zu ihren monatlichen Vortragssitzungen, bei ihren Jahresversammlungen zu umfassenden Generalthemen und bei Symposien und Meetings einen offenen und freien wissenschaftlichen Austausch zwischen den Gelehrten aus Ost und West und bot damit auch den Studenten am Ort die Möglichkeit, sich über die internationale Wissenschaftsentwicklung aus erster Hand zu informieren.

Der Wechsel der Machtverhältnisse im Jahre 1945 in der Stadt Halle

Theodor Lieser

An der kampflosen Übergabe der Stadt Halle an amerikanische Truppen am 16. und 17. April 1945 hatten zwei Professoren der MLU, der Chemiker Theodor Lieser[9] und der Mediziner Walter Hülse[10], einen wichtigen Anteil. Theodor Lieser wurde von den amerikanischen Militärbehörden zum Oberbürgermeister der Stadt ernannt. Die Martin-Luther-Universität ist durch die Besatzungstruppen am 24. April 1945 geschlossen worden, ihre Wiedereröffnung am 1. Februar 1946 genehmigten die dann in der Stadt stationierten sowjetischen Behörden.

Das vormalige Russland hatte zu diesem Zeitpunkt 27 Jahre Sowjetherrschaft hinter sich. Nach der Oktoberrevolution 1917 gehörte auch Terror zum revolutionären Prinzip. Die Jahre 1936 bis 1938, in denen er in der Sowjetunion besonders grausam wütete, sind untrennbar mit dem Namen Stalins verbunden. Den Höhepunkt der so genannten „Säuberungen“ bildeten auf seinen Befehl inszenierte Schauprozesse[11],

9 Theodor Lieser (1900–1973), Chemiker.

10 Walter Hülse (1887–ca. 1960), 1914 Dr. med., Habilitation in Halle, 1923–32 Oberarzt der Medizinischen Universitätsklinik, 1933–1944 Chefarzt des Elisabeth-Krankenhauses Halle, 1944 als Mitwisser der Verschwörung gegen Adolf Hitler verhaftet. 1945/46 Vizepräsident der Provinz Sachsen, 1951 Flucht aus der DDR.

11 Bullock 1991.

die zwischen 1936 und 1938 in Moskau stattfanden und in denen der sowjetische Generalstaatsanwalt Andrej Wyschinski als Hauptankläger eine besonders perfide Rolle spielte. Wyschinskis „Theorie der gerichtlichen Beweise im sowjetischen Recht“ gipfelte in der Behauptung, dass in Verfahren, bei denen es um konterrevolutionäre Verbrechen gehe, nicht die Forderung nach Sachbeweisen erhoben werden könne; vielmehr würden die „Erklärungen der Beschuldigten in derartigen Sachen unausweichlich den Charakter und die Bedeutung von Hauptbeweisen“[12] gewinnen.

Verteilt über das ganze Gebiet der Sowjetunion entstand damals ein riesiges GULag-System[13]. Alexander Solschenizyns einprägsame Schilderungen im dreibändigen Werk „Der Archipel GULAG“ machten diese grausame Lagerwelt schlagartig weltweit bekannt.

Nach Solschenizyn vernichtete das sowjetische Regime bis zum Tode Stalins am 5. März 1953 zwischen 30 und 50 Millionen russische Menschen durch Todesstrafe, Zwangsarbeit oder organisiertes Verhungern, so besonders nachhaltig in der Ukraine. Nach 1953 setzten mancherlei Rehabilitationen für hingerichtete hohe sowjetische Funktionäre ein, auch rechnete Nikita Chruschtschow anlässlich des XX. Parteitages der KPdSU 1956 in Moskau mit den Verbrechen Stalins ab. Doch waren diese Schritte letztendlich halbherzig und erst nach der Wende zur Russischen Föderation wurde hier ein wirklicher Durchbruch erzielt. Etwa beschrieb nun der Historiker und General Dimitri Wolkogonow in den Büchern „Stalin“ und „Lenin“ umfassend deren Verbrechen am russischen Volk.

Wer im Deutschland der Weimarer Republik und in der NS-Zeit hatte – abgesehen von wenigen Militärs und Diplomaten – die Gelegenheit, sich über die Sowjetunion und die von Lenin, Trotzki und später Stalin veranlassten blutigen Ereignisse, die im Terror der Jahre 1936 bis 1938 gipfelten, zu informieren? Selbst die deutschen Kommunisten, die als Facharbeiter oder als Intellektuelle zwischen 1920 und 1936 zum Aufbau des Sozialismus und des ersten Arbeiter- und Bauernstaates, als Mitarbeiter der Kommunistischen Internationale oder auf der Flucht vor dem Nationalsozialismus in die Sowjetunion emigrierten, wurden in etwa 1.200 Fällen zum Tod oder zu Lagerhaft verurteilt. Etwa 1.000 Emigranten lieferte Stalin nach dem „Hitler-Stalin-Pakt“ zudem 1939 in die Verfügungsgewalt der Gestapo aus, wodurch die meisten in die Konzentrationslager der Nationalsozialisten gerieten.[14]

Diese Vorgänge in der Sowjetunion waren der deutschen Bevölkerung überwiegend unbekannt und während der DDR-Zeit ein absolutes Tabuthema.

---

12 Wyschinski 1955, S. 280.

13 GULag bedeutet wörtlich übertragen „Hauptverwaltung der Lager“, gilt heute als Synonym der gesamten Lagerwelt.

14 Vgl. hierzu: In den Fängen des NKWD, hrsg. vom Institut für Geschichte der Arbeiterbewegung 1991.

Es waren von diesen historischen Erblasten mitgeprägte sowjetische Besatzungstruppen, die das deutsche Volk von der nationalsozialistischen Diktatur befreit hatten und jetzt in den östlichen Teil Deutschlands einrückten. Auch NKWD-Truppen des Volkskommissariats für Innere Angelegenheiten gehörten zu jenen Einheiten, die im Rücken der kämpfenden Truppen nun im Ostteil Deutschlands die Macht übernahmen. Für die Besetzung Deutschlands galt neben anderen dabei ein Befehl des Volkskommissars für Innere Angelegenheiten der UdSSR, Lawrentij Berija, ursprünglich erteilt am 11. Januar 1945 und abgeändert am 18. April 1945, der auch für die Mitarbeiter und Studenten der Martin-Luther-Universität Konsequenzen hatte:

„Befehl des Volkskommissars für Innere Angelegenheiten der UdSSR vom
18. April 1945

In teilweiser Abänderung des Befehls des NKWD der UdSSR Nr. 0016 vom
11. Januar 1945 BEFEHLE ICH:

1. Von den Frontbevollmächtigten des NKWD der UdSSR sind beim Vorrücken der Truppen der Roten Armee auf das vom Feind zu befreiende Territorium bei der Durchführung tschekistischer Maßnahmen zur Säuberung des Hinterlandes der kämpfenden Truppen der Roten Armee von feindlichen Elementen zu inhaftieren:
a) Spionage-, Diversions- und terroristische Agenturen des deutschen Geheimdienstes;
b) Angehörige aller Organisationen und Gruppen, die von der deutschen Führung und den Geheimdiensten des Gegners zu Diversionshandlungen im Hinterland der Roten Armee abgestellt wurden;
c) Betreiber illegaler Sendestationen, Waffenlager und Druckereien, wobei die für feindliche Handlungen bestimmte materiell-technische Basis zu beschlagnahmen ist;
d) aktive Mitglieder der nationalsozialistischen Partei;
e) Führer der faschistischen Jugendorganisationen auf Gebiets-, Stadt- und Kreisebene;
f) Angehörige der Gestapo, des SD und anderer deutscher Terrororgane;
g) Leiter administrativer Organe auf Gebiets-, Stadt- und Kreisebene sowie Zeitungs- und Zeitschriftenredakteure und Autoren antisowjetischer Veröffentlichungen.
2. Personen, die nachweislich terroristische und Diversionshandlungen begangen haben, sind entsprechend dem Befehl des NKWD der UdSSR vom 6. Februar 1945 an Ort und Stelle zu liquidieren.
3. Militärische und politische Führungs- und Mannschaftsdienstgrade der Armee des Feindes und der militärisch strukturierten Organisationen Volkssturm, SS, SA sowie das Personal von Gefängnissen, Konzentrationslagern, Militärkommandanturen, Organen der Militärstaatsanwaltschaft und Gerichten sind befehlsgemäß in die Kriegsgefangenenlager des NKWD einzuweisen.

4. Kommandeurs- und Mannschaftsdienstgrade der sogenannten ‚Russischen Befreiungsarmee' sind in die Überprüfungs- und Aussonderungslager des NKWD der UdSSR einzuweisen.
5. Personen, die im Zuge der Säuberung des Hinterlandes der kämpfenden Truppen der Roten Armee festgenommen wurden, dürfen nicht mehr in die UdSSR geschickt werden. Festgelegt wird, dass Inhaftierte, an denen ein operatives Interesse besteht, mit Genehmigung des NKWD der UdSSR in die UdSSR überstellt werden können.
6. Damit Festgenommene an Ort und Stelle in Haft gehalten werden können, haben die Frontbevollmächtigten des NKWD der UdSSR die notwendigen Gefängnisse und Lager einzurichten. Zur Bewachung dieser Gefängnisse und Lager sind die den Frontbevollmächtigten unterstellten Gefangenen-Transporteinheiten des NKWD der UdSSR einzusetzen. Vom Stellvertreter des Volkskommissars für Innere Angelegenheiten der UdSSR, Gen. Tschernyschow, ist zusammen mit den Frontbevollmächtigten des NKWD der UdSSR jeden fünften Tag die Standortverteilung der an der Front zu schaffenden Gefängnisse und Lager zu erarbeiten und mir zur Bestätigung vorzulegen.
7. Die Frontbevollmächtigen des NKWD der UdSSR haben die Materialien aller Inhaftierten, die sich in ihrem Gewahrsam befinden, zu sichten. Invaliden, Kranke, Nichtarbeitsfähige, Männer über 60 Jahre und Frauen, die nicht unter die Bestimmungen nach Punkt 1 des vorliegenden Befehls fallen, sind freizulassen.
8. Die Genossen Kommissare 2. Ranges der Staatssicherheit Tschernyschow und Kobulow haben zusammen mit dem Leiter der GUPWI des NKWD der UdSSR, Gen. Kriwenko, und dem Leiter der Abteilung Überprüfungs- und Aussonderungslager des NKWD der UdSSR, Gen. Schitikow, die notwendigen Aussonderungsmaßnahmen für Inhaftierte, die von den Fronten in die Lager des NKWD überstellt werden, zu organisieren und durchzuführen. Dabei ist wie folgt zu verfahren:

a) Personen, die unter die Bestimmungen nach Punkt 1 des vorliegenden Befehls fallen, sind in Internierungslagern in Gewahrsam zu halten;
b) Personen; die nicht unter die Bestimmungen nach Punkt 1 des vorliegenden Befehls fallen und über die keine ergänzenden Materialien zu erwarten und die physisch dazu in der Lage sind, werden der Industrie zur Arbeit überstellt. Invaliden, alte Männer und Nichtarbeitsfähige sind nach der Überprüfung organisiert an ihren ständigen Wohnsitz zu entlassen."[15]

15 Staatliches Archiv der Russischen Föderation Moskau, f. 9401, zitiert nach „Die Speziallager des NKWD in der sowjetischen Besatzungszone 1945 bis 1950". Eine Sonderausstellung des BSV mit dem Bürgerkomitee vom 22. Mai 1995 bis 12. September 1995 im Historischen Dokumentationszentrum Magdeburg, Ausstellungskatalog.

Siehe Nr. 00970 - 1947

BEFEHL
für das Jahr 1945
des Volkskommissars für Innere Angelegenheiten der Unuion der SSR

[Stempel: Nr. 099 1954]

Nr. 00315

INHALT:
Über die Teilabänderung des Befehls des Volkskommissariats für Innere Angelegenheiten (NKWD) der UdSSR Nr. 0016 vom 11. Januar 1945

Nr. 00315 — 18. April 1945 — Moskau

In teilweiser Abänderung des Befehls des NKWD der UdSSR Nr. 0016 vom 11. Januar 1945

BEFEHLE

Ich:

1. Die Bevollmächtigten des NKWD der UdSSR an den Fronten haben in Zukunft beim Vormarsch der Truppenteile der Roten Armee in den von den gegnerischen Truppen befreiten Gebieten bei der Durchführung der Maßnahmen der Tschekisten zur Säuberung des Gebiets im Rücken der kämpfenden Teile der Roten Armee von gegnerischen Elemten folgende Personengruppen in Haft zu nehmen:

a) Spionage-, Diversions- und Terroragenten der deutschen Aufklärungsorgane;
b) Angehörige aller Organisationen und Gruppen, die von der deutschen Truppenführung und von Aufklärungsorganen des Gegners zwecks Wühltätigkeit in dem rückwärtigen Gebiet der Roten Armee hinterlassen wurden;
c) Besitzer illegaler Funkstationen, Waffenlager, Geheimdruckereien. Gleichzeitig sollte man die materielle und technische Ausrüstung beschlagnahmen, die für die gegnerische Arbeit bestimmt ist;
d) aktive Mitglieder der Nationalsozialistischen Partei;
e) Provinzial-, Stadt- und Bezirksleiter der faschistischen Jugendorganisationen;
f) Mitglieder der Gestapo, des "SD" und anderer deutscher Straforgane;
g) Leiter der Provinzial-, Stadt- und Bezirksverwaltungsorgane, sowie auch Redakteure der Zeitungen und Zeitschriften und Autoren antisowjetischer Veröffentlichungen.

2. Der Verübung von Terror- und Diversionsakten überführte Personen sind entsprechend dem Befehl des NKWD der UdSSR Nr. 0061 vom 6. Februar 1945 am Tatort zu liquidieren.

3. Offiziere und Soldaten der gegnerischen Armee und der Militärorganisationen wie "Volkssturm", "SS", "SA", sowie auch das Personal der Gefängnisse, Konzentrationslager, Militärkommandanturen, Organe der Militärstaatsanwaltschaft und der Kriegsgerichte sind ordnungsgemäß in die Lager des NKWD für Kriegsgefangene einzuweisen.

4. Offiziere und Soldaten der sogenannten "Russischen Befreiungsarmee" sind in die Überprüfungs- und Filtrationslager des NKWD einzuweisen.

[Stempel: ergänzt vom Zentrum
Nr. 0046 / 1945
80 / 63 1954]

[Handschrift: Punkt Nr. 8 geklärt
vom Zentrum Nr. 74 / 60 1945]

Befehl Berijas vom 18. April 1945

Auf Grund dieses Befehls nahmen Kriegsgerichte und Speziallager des NKWD ihre Tätigkeiten auf. Sie suchten nach Nationalsozialisten, Militärs und nach „Werwolf"-Gruppen. Unter dem dabei von Moskau ausgehenden Erfolgsdruck verwundert nicht, dass der NKWD selbst unschuldige Schüler drangsalierte, die unter Folter zugaben, was die Vernehmer von ihnen verlangten. Angst vor weiteren Misshandlungen führte dabei zu nicht nachprüfbaren Geständnissen und im schlimmsten Fall zur Todesstrafe, wirklicher Beweise bedurfte diese Praxis nicht, stützte sie sich doch auf die Anordnung für die Sowjetische Militäradministration über die Verwaltung der sowjetischen Besatzungszone in Deutschland vom 6. Juni 1945, die festlegte, dass die SMAD die „Aufgabe [habe], die Einhaltung der Bedingungen, die sich aus der bedingungslosen Kapitulation für Deutschland ergeben, zu kontrollieren, die sowjetische Besatzungszone in Deutschland zu verwalten und die vereinbarten Beschlüsse des Kontrollrates zu grundsätzlichen militärischen, politischen, ökonomischen und anderen für ganz Deutschland gemeinsamen Fragen durchzusetzen".

Im Rücken der vorrückenden sowjetischen Verbände wurden neben den NKWD-Truppen auch Angehörige der sowjetischen Geheimpolizei tätig. Gegründet als Außerordentliche Kommission zum Kampf gegen die Konterrevolution und Sabotage am 20. Dezember 1917, wurde die Tscheka (so die russische Bezeichnung) unter wechselnden Namen und Bezeichnungen zu einem immer mächtigeren Terror-Apparat ausgebaut. Vom Politbüro unter Stalin mit zahlreichen Sondervollmachten ausgestattet, gaben ihr zahlreiche Geheimbefehle eine fast unumschränkte Gewalt. Oberstes Ziel ihrer Ermittlungsverfahren war die Erlangung von Geständnissen, wozu Indizien nur eine untergeordnete Rolle spielten. Anklagen und tatsächliche Handlungen der Angeschuldigten standen zumeist in einem grotesken Missverhältnis, häufig hatten sie gar nichts miteinander zu tun. Psychische und physische Folter waren gängige und von Stalin nicht nur sanktionierte, sondern erwartete Mittel zur Erlangung von Geständnissen. Die Sicherheitsdienste hatten bestimmte Sollzahlen an Überführten zu liefern, eine Übererfüllung des Planes zog Prämien nach sich.

In der Organisationsstruktur des SMAD-Apparates bildeten die Länder und Provinzen den sogenannten operativen Sektor. Das Hauptquartier in Berlin unter Befehl von General Serow, gleichzeitig stellvertretender Innenminister und stellvertretender Chef der SMAD, bestand aus etwa 100 Offizieren, 20 Dolmetschern und 20 Mitarbeitern. Die mittlere Ebene stellten die sogenannten operativen Bezirke, die aus ungefähr 15 bis 20 Offizieren, zehn bis zwölf Dolmetschern sowie einem Zug MWD-Soldaten bestanden, dar. In größeren Städten und Kreisen gab es wiederum operative Gruppen, die mit ungefähr drei bis zehn Offizieren, einigen Dolmetschern und in der Regel zehn MWD-Soldaten ausgestattet waren. Zur Unterstützung ihrer Arbeit entfalteten die operativen Sektoren von Anfang an ein weitverzweigtes Netz von Spitzeln, dem mehrere Tausend Deutsche angehörten. Mehrfach wurden durch ihre Einbindung gezielte Aktionen mit Zehntausenden von Verhören ermöglicht.

Michail Semiryaga, Kulturoffizier der SMAD während der ersten Monate nach Kriegsende, analysierte 1996, wie die Sicherheitskräfte hier vorgingen. Er betont, dass die anglo-amerikanischen Verbündeten, die bereits im September 1944 nach Deutschland vorgedrungen waren, sich sogleich davon überzeugt hätten, „wie wichtig eine gut organisierte Spionageabwehr in einem künftig besetzten Land“ sei. Analog bereiteten sich die sowjetischen Geheimdienste auf ihren Einsatz vor. Besonders in Pommern und Schlesien hätten die Truppen jene Erfahrungen gesammelt, die ihnen später in Deutschland zugute kamen. Dazu zählten: die Durchführung bewaffneter Aktionen, Verhaftungen, Unterwanderung, Agententätigkeit, Bewachung von Gefangenenlagern sowie wichtiger Militär- und Industrieobjekte, Deportation arbeitsfähiger Deutscher zur Arbeit in die Sowjetunion und ähnliche Maßnahmen.

Semiryaga zitiert dazu aus einem Befehl Stalins vom 3. Februar 1945, der anordnete, gegenüber Verdächtigen „konsequente Maßnahmen zu ergreifen [...] und [...] streng zu bestrafen. Alle zu körperlicher Arbeit tauglichen Deutschen im Alter von 17 bis 50 Jahren sind zu mobilisieren und in Arbeitsbataillonen zu 750 bis 1.200 Personen für einen Arbeitseinsatz in der UdSSR zu formieren.“

Semiryaga zitiert dazu einen präzisierenden Befehl des Hauptquartiers des sowjetischen Oberkommandos vom 20. April 1945:

„1) Die Truppen werden aufgefordert, ihr Verhalten zu den Deutschen zu ändern, sowohl zu den Kriegsgefangenen als auch zur Zivilbevölkerung, und ihnen gegenüber besser aufzutreten. Grausame Maßnahmen erzeugen bei den Deutschen Angst und zwingen sie zu hartnäckigem Widerstand, anstatt sich in Gefangenschaft zu begeben. [...] Eine humanere Haltung zu den Deutschen erleichtert uns die Kampfführung auf ihrem Territorium und wird zweifelsohne auch den Widerstandswillen der Deutschen beeinträchtigen.

2) In den deutschen Gebieten westlich der Linie Odermündung, Oder bis Fürstenberg und weiter entlang der Neiße (Westliche) ist eine deutsche Verwaltung aufzubauen, in den Städten sind deutsche Bürgermeister einzusetzen. Einfache Mitglieder der nationalsozialistischen Partei sind in Ruhe zu lassen, wenn sie sich loyal gegenüber der Roten Armee verhalten, festzunehmen sind nur Parteiführer, falls es ihnen nicht gelang zu fliehen.“

Nach seiner Einschätzung wurde dieser Befehl viel zu spät erlassen. Semiryaga berichtet weiter von einer flächendeckenden Razzia auf dem Territorium der SBZ, in deren Verlauf 64.000 Personen zwecks „Filtration“ festgenommen worden waren, darunter 2.000 Offiziere und zwölf Generäle der Wehrmacht und der Waffen-SS sowie einige Dutzend anglo-amerikanische Agenten.

Am 4. Dezember 1947 wurde Stalin und Berija berichtet, dass sich in den MWD-MGB-Gefängnissen und Lagern in Deutschland über 80.000 Gefangene befänden.[16] Semiryaga schreibt dazu: „Die Verhafteten wurden in der Regel keiner Gerichtsverhandlung unterzogen. In den Fällen, wo sie von einem Militärtribunal verurteilt wurden, fand die Verhandlung unter Verletzung gängiger Praxis in russischer Sprache und ohne Verteidiger statt. Das Strafmaß betrug gewöhnlich 15 bis 20 Jahre Haft. Die Todesstrafe wurde gemäß einem Beschluß des Präsidiums des Obersten Sowjets der UdSSR vom Januar 1950 verhängt. Für eine zeitweilige Unterbringung von Internierten auf dem Gebiet der Besatzungszone wurden sowjetische Lager in der Regel an den Standorten ehemaliger nationalsozialistischer Konzentrationslager in folgenden Städten errichtet, so z. B. Bautzen (Juni 1945 bis März 1950), Buchenwald (August 1945 bis Februar 1950), Fort Zinna bei Torgau (September 1945 bis Mai 1946), Frankfurt/Oder (Mai 1945 bis September 1947), Mühlberg (September 1945 bis November 1948) und Sachsenhausen (August 1945 bis Februar 1950)."[17]

Diese Liste muss noch ergänzt werden um die Lager Berlin-Hohenschönhausen (Mai 1945 bis Oktober 1946), Ketschendorf bei Fürstenwalde, Provinz Brandenburg (Mai 1945 bis Februar 1947), Jamlitz bei Lieberose, Provinz Brandenburg (September 1945 bis April 1947), Fünfeichen bei Neubrandenburg, Provinz Mecklenburg (April 1945 bis Oktober 1948), Berlin-Lichtenberg, Operativsektor Berlin (Oktober 1945 bis Mai 1946), Neustrelitz, Provinz Mecklenburg (Oktober 1945 bis Mai 1946).[18]

In einer der jüngsten Zusammenstellungen sind diese Zahlen noch weiter präzisiert. Demnach sind in der SBZ/DDR etwa 40.000 Deutsche durch sowjetische Militärtribunale verurteilt worden, etwa 20.000 bis 25.000 von ihnen wurden anschließend in Straflager der UdSSR deportiert. Von den derzeit mehr als 25.000 einzeln dokumentierten Urteilen der sowjetischen Militärtribunale gegen deutsche Zivilisten bis 1955 bezogen sich 3.140 Urteile auf Kriegs- und Gewaltverbrechen nach Kontrollrats- und sowjetischem Sonderstrafrecht, 243 Fälle auf illegalen Waffenbesitz, 18.176 Urteile ahndeten sogenannte konterrevolutionäre Verbrechen nach Artikel 58 des Strafgesetzbuches der RSFSR. Die übrigen Verurteilungen beriefen sich auf weitere, politisch auslegbare Bestimmungen dieses Strafgesetzbuches. Jeweils ein Drittel aller Urteile lautete auf 25 beziehungsweise 10 Jahre Freiheitsentzug, 3 Prozent auf lebenslängliche Haft, 7 Prozent auf Hinrichtung. Todesurteile wurden von 1945 bis 1955 nachweislich gegen 2.943 Personen ausgesprochen und in 2.223 Fällen auch vollstreckt. Wegen Kriegs- und Gewaltverbrechen nach Kontrollrats-Gesetz Nr. 10 bzw. einem Erlass des Präsidiums des Obersten Sowjets der UdSSR

16 Semiryaga 1996, S. 749.

17 Ebenda.

18 Möller und Tschubarjan 2009, S. 86.

vom 19. April 1943 wurden 529 Todesurteile gegen deutsche Zivilisten vollzogen, weitere 26 wegen illegalen Waffenbesitzes nach Kontrollrats-Gesetz Nr. 43. Die meisten Todesurteile wurden also, wie hier zu sehen, wegen sogenannter „konterrevolutionärer Verbrechen“ nach Artikel 58 des Strafgesetzbuches der RSFSR vollstreckt.[19]

Todesurteile wurden durch Sowjetische Militärtribunale (SMT) bis zum Juni 1947 in der Sowjetischen Besatzungszone verhängt und zumeist sogleich durch Erschießen vollstreckt. Nach einer dreijährigen Aussetzung im Juni 1947 ist die Todesstrafe Anfang 1950 wieder eingeführt worden, jetzt überstellte man die Verurteilten nach Moskau und erschoss sie dort. Die Zahl dieser Getöteten – bzw. zuvor in der Haft Umgekommenen – ist selbst der sowjetischen Administration nicht genau bekannt. Als Konrad Adenauer 1955 im Zusammenhang mit der Aufnahme diplomatischer Beziehungen im Gegenzug erreichte, dass die noch in der Sowjetunion verbliebenen deutschen Kriegsgefangenen freigelassen wurden, bemerkte die Öffentlichkeit nur am Rand oder gar nicht, dass unter den „Heimkehrern“ auch einige Tausend SMAD-Verurteilte waren, die jetzt Friedland und andere Anlaufstellen erreichten. Selbst 20 Jahre nach dem Fall der Mauer sind viele dieser oft tragischen menschlichen Schicksale der Öffentlichkeit weiterhin unbekannt.

Nach einer Vereinbarung der Russischen Föderation mit der Bundesrepublik Deutschland 1991/1992 überprüfte die Militärhauptstaatsanwaltschaft tausende Urteile der Militärtribunale und rehabilitierte danach über 80 Prozent der vormals Verurteilten, Erschossenen und in den Zwangsarbeitslagern Umgekommenen. Manche Familien erhielten erst jetzt, nach mehr als 50 Jahren, Mitteilungen über den Verbleib ihrer Angehörigen. In dem verdienstvollen Buch „Erschossen in Moskau“ wird beispielsweise das Schicksal von 927 hingerichteten deutschen Staatsbürgern dokumentiert, drei von ihnen waren Angehörige der MLU.

Unabdingbar zählt der Zweite Weltkrieg mit seinem unermesslichen Leid zur Vorgeschichte dessen, was hier dokumentiert werden soll. Das Leid, das Deutsche den Menschen in der Sowjetunion im Krieg zugefügt haben, ist nicht beschreibbar; und viele Familien waren davon betroffen, aus denen Angehörige als Soldaten 1945 Deutschland eroberten. Das ist unvergessen und gehört zur Geschichte dieses Krieges. Es entschuldigt nichts, aber erklärt viel. Studenten und Universitätsmitarbeiter in Halle, die nach 1945 von sowjetischen Behörden verhaftet wurden, hatten allerdings in ihrer großen Mehrheit nicht mehr individuelle Schuld an den Kriegsereignissen als andere Deutsche. Und viele, die später verhaftet wurden, waren 1945 noch Schüler gewesen und konnten schon aus diesem Grund keine persönliche Schuld auf sich geladen haben.

---

19 Ebenda, S. 604 und 605.

1945 Die Martin-Luther-Universität zwischen Kriegsende und Neuanfang

Die Protokolle der Sitzungen eines Universitätssenates sind eine unentbehrliche Quelle und ein sensibler Spiegel des Zeitgeschehens gleichermaßen. Sie zeigen neben den in ihnen dokumentierten Details deutlich gesellschaftliche Umbrüche und Verschärfungen des politischen Klimas, widerspiegeln aber ebenso Zeiten einer relativer Lockerung und des politischen Wandels. Auch beim hier untersuchten Gegenstand bewahrheitet sich diese Beobachtung.

Die letzte dokumentierte Senatssitzung vor Ende des Zweiten Weltkriegs fand am 3. Januar 1945 statt; beschlossen wurde sie, wie dem Protokoll zu entnehmen ist, mit einem dreifachen „Sieg Heil" des Rektors Johannes Weigelt.[1]

Johannes Weigelt

Der Geologe Weigelt war Rektor der Universität seit 1936 gewesen. Sein Nachfolger, der Chirurg und Gaudozentenführer Wilhelm Wagner[2], hinterließ in diesen Protokollen keine Spur.

Die Stadt Halle eroberte die US-Armee am 17. und 18. April 1945.[3] Noch am 18. April wurden Rektor Wagner und Prorektor Heinrich Springmeyer[4] verhaftet. Am 24. April ist die Universität geschlossen worden. Es ging zunächst darum, politisch unbelastete Hochschullehrer zu finden, die Verantwortung übernehmen könnten. Als Rektor hervorragend geeignet erschien dabei der Theologe Otto Eißfeldt[5], die amerikanische Besatzungsmacht war mit seiner Wahl einverstanden.

Otto Eißfeldt

1 Vgl. Faksimilie S. 29, Quelle: UAH.

2 Wilhelm Wagner (1899–1976), Januar 1945 bis April 1945 Rektor der MLU, Dekan der Medizinischen Fakultät, Direktor der Chirurgischen Klinik und -Poliklinik, seit 1935 Gaudozentenführer, Mitglied der NSDAP.

3 Siehe hierzu: Mühlpfordt, Schenk und Meyer 2004.

4 Heinrich Springmeyer (1898–1971), Prorektor, 1943–1945 Dekan der Philosophischen Fakultät, Direktor des Philosophischen Seminars, Mitarbeiter im Stab von Rosenberg, Mitglied der NSDAP.

5 Otto Eißfeldt (1887–1973), Theologe (Alttestamentler, Religionshistoriker, Altorientalist), 1929–1930 Rektor und erster Nachkriegsrektor von 1945 bis 1948 der MLU.

Halle a.S., den 3. 1. 1945.

Anwesend:

Rektor Professor Dr. Weigelt
Prorektor Prof.Dr. Springmeyer zugleich als Dekan der Phil.Fakultät
Dekan der Theologischen Fakultät Prof.D.H.Schmidt
" " Rechts- u.Staatsw. " Prof.Dr. Muhs
" " Naturwissenschaftl. " Prof.Dr. Jung

Prof.Dr. von Studnitz
Prof.Dr. Hehlmann

Studentenführer Reg.Rat Simon

Entschuldigt fehlte:
Dekan der Medizinischen Fakultät: Professor Dr.Eckert-Möbius.

Der Rektor begrüßt die Erschienenen und spricht Ihnen seine Glückwünsche zum Neuen Jahr aus. Hierauf bittet er den Prorektor Professor Dr. Springmeyer, über seine Teilnahme an der Rektorentagung am 14. u. 15.12.44 in Posen zu berichten.

Der Prorektor gibt über die in der Anlage näher bezeichneten Punkte einen eingehenden Bericht. Er schließt seinen Bericht mit dem Hinweis, daß die künftigen Arbeitsmöglichkeiten an den Hochschulen in der Hauptsache durch die Feindeinwirkungen bestimmt werden. Regierungsdirektor Kok hat zugegeben, daß Halle/S. bei Herausgabe der Bestimmungen über die Einschränkungen im Hochschulbetrieb schlecht behandelt worden ist. Der Rektor dankt dem Prorektor für seine eingehenden Ausführungen.

Der Studentenführer bittet bei Eingang des Erlasses über die Wiederzulassung von besonders begabten Studierenden zur Fortsetzung des Studiums eine scharfe Begabtenauslese durchzuführen, um Drückeberger dabei auszuschließen. Der Gaudozentenführer Wagner unterstützt diesen Vorschlag und bittet der Studentenschaft in diesen Fällen die Hauptentscheidung zuzuerkennen.

Der Rektor fragt, ob eine Fachbeschneidung nicht dem alten Plan auf teilweise Schließung von Fakultäten entspricht. Der Prorektor bittet nicht optimistisch zu sein. Die Universitas wird jetzt immer betont.
Der Dekan der phil. Fakultät verliest das Schreiben des Rektors der Universität Leipzig auf Überweisung des Hon.Prof. Dr. Oehl-

Letztes Protokoll vor Ende des Zweiten Weltkrieges, erste Seite

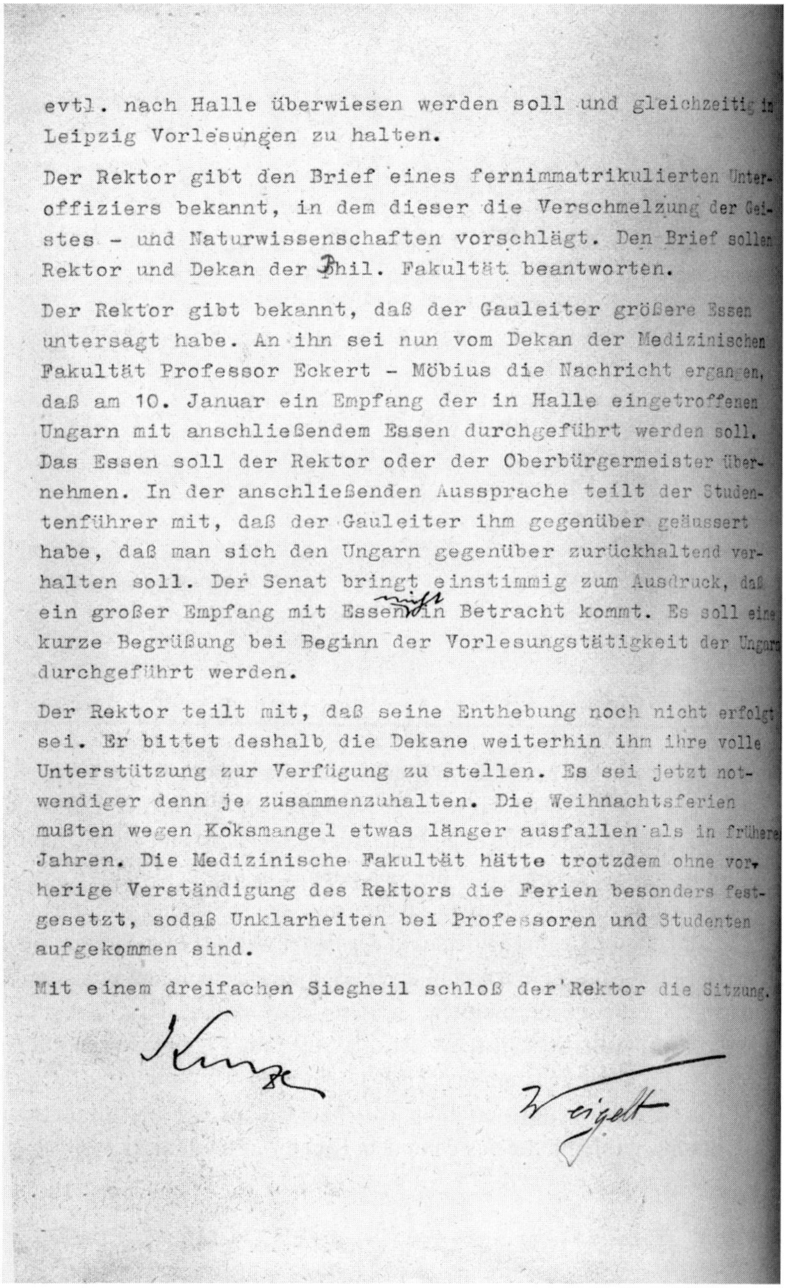

evtl. nach Halle überwiesen werden soll und gleichzeitig in Leipzig Vorlesungen zu halten.

Der Rektor gibt den Brief eines fernimmatrikulierten Unteroffiziers bekannt, in dem dieser die Verschmelzung der Geistes - und Naturwissenschaften vorschlägt. Den Brief sollen Rektor und Dekan der Phil. Fakultät beantworten.

Der Rektor gibt bekannt, daß der Gauleiter größere Essen untersagt habe. An ihn sei nun vom Dekan der Medizinischen Fakultät Professor Eckert - Möbius die Nachricht ergangen, daß am 10. Januar ein Empfang der in Halle eingetroffenen Ungarn mit anschließendem Essen durchgeführt werden soll. Das Essen soll der Rektor oder der Oberbürgermeister übernehmen. In der anschließenden Aussprache teilt der Studentenführer mit, daß der Gauleiter ihm gegenüber geäussert habe, daß man sich den Ungarn gegenüber zurückhaltend verhalten soll. Der Senat bringt einstimmig zum Ausdruck, daß ein großer Empfang mit Essen nicht in Betracht kommt. Es soll eine kurze Begrüßung bei Beginn der Vorlesungstätigkeit der Ungarn durchgeführt werden.

Der Rektor teilt mit, daß seine Enthebung noch nicht erfolgt sei. Er bittet deshalb die Dekane weiterhin ihm ihre volle Unterstützung zur Verfügung zu stellen. Es sei jetzt notwendiger denn je zusammenzuhalten. Die Weihnachtsferien mußten wegen Koksmangel etwas länger ausfallen als in früheren Jahren. Die Medizinische Fakultät hätte trotzdem ohne vorherige Verständigung des Rektors die Ferien besonders festgesetzt, sodaß Unklarheiten bei Professoren und Studenten aufgekommen sind.

Mit einem dreifachen Siegheil schloß der Rektor die Sitzung.

Letztes Protokoll vor Ende des Zweiten Weltkrieges, letzte Seite

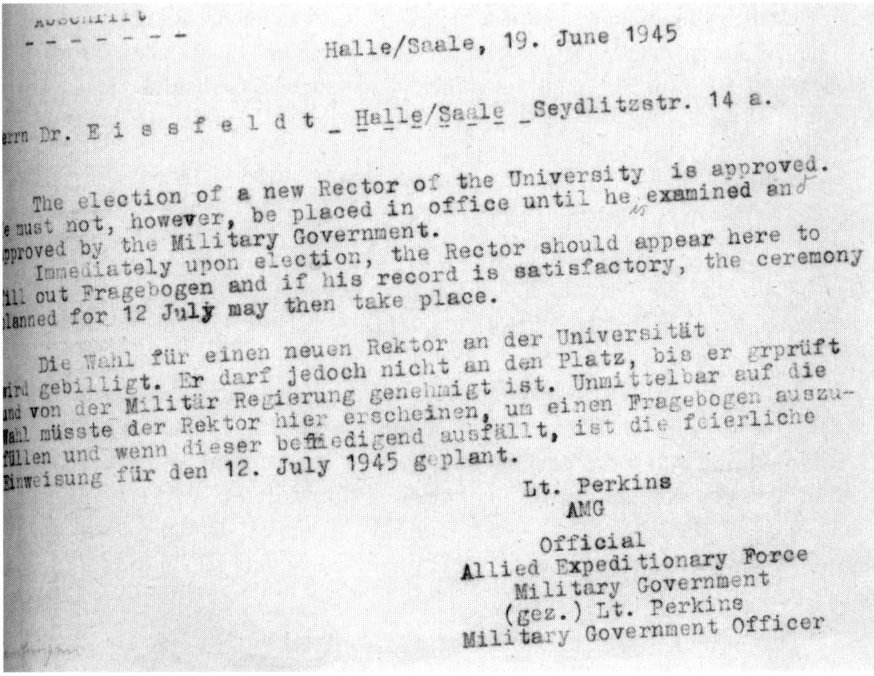

Abschrift

Halle/Saale, 19. June 1945

rrn Dr. E i s s f e l d t _ Halle/Saale _Seydlitzstr. 14 a.

The election of a new Rector of the University is approved.
e must not, however, be placed in office until he is examined and
pproved by the Military Government.
Immediately upon election, the Rector should appear here to
ill out Fragebogen and if his record is satisfactory, the ceremony
lanned for 12 July may then take place.

Die Wahl für einen neuen Rektor an der Universität
ird gebilligt. Er darf jedoch nicht an den Platz, bis er grprüft
nd von der Militär Regierung genehmigt ist. Unmittelbar auf die
ahl müsste der Rektor hier erscheinen, um einen Fragebogen auszu-
füllen und wenn dieser befriedigend ausfällt, ist die feierliche
inweisung für den 12. July 1945 geplant.

Lt. Perkins
AMG

Official
Allied Expeditionary Force
Military Government
(gez.) Lt. Perkins
Military Government Officer

Lt. Perkins an Eißfeldt am 19. Juni 1945

Wie innerhalb des Lehrkörpers die Weiterführung der Universität nach dem Kriegsende vorbereitet wurde, lesen wir in einer Niederschrift[6] von Ulrich Gerhardt[7] vom 25. Juni 1945: „Im Februar hatte mich Professor Lieser zuerst aufgesucht, um mit mir die Möglichkeiten zu besprechen, die sich nach dem unglücklichen Ausgang des Krieges ergeben würden […] für den Zusammenschluss vernünftiger aufbauwilliger Menschen, die immer Gegner Hitlers und der Partei waren.“ In mehreren Sitzungen diskutierten sieben bis acht Hochschullehrer – teilweise gemeinsam mit dem Kurator der Universität – über eine mögliche weitere Entwicklung der Universität nach Kriegsende. Gerhardts Bericht schildert dies so: „Am 12. Juni waren die Herren Schmieder, von Studnitz, Stamm und Ziegler bei mir in der Wohnung. Herr Schmieder hatte von Leutnant Perkins erfahren, dass eine baldige Rektorwahl im Sinne der Militärregierung sei. Ich teilte das dann dem Kurator mit, und er riet zu grösstmög-

6 UAH, Rep. 4 Nr. 72.

7 Ulrich Gerhardt (1875–1950), Zoologe an der Universität Halle, Leopoldina-Mitglied seit dem 16.11. 1925, von 1931–1950 Vorstandsmitglied, 1945–1948 Prorektor an der MLU Halle.

licher Beschleunigung. Ich verabredete mit dem Prodekan meiner Fakultät, Brandt[8], dass die Dekane zu einer Vorbesprechung der Rektorwahl möglichst bald zusammentreten sollten. [...] Am 23. Juni letzte vorbereitende Sitzung. Gerhardt berichtet über den Inhalt dieser Zeilen; Eißfeldt bietet ihm den Vorsitz an, der aber abgelehnt wird. Die Rektorwahl auf Montag 25. VI. endgültig festgesetzt."

In den Senatsprotokollakten finden wir die Abschrift eines Briefes vom 19. Juni 1945 an Otto Eißfeldt:
"The election of a new Rector of the University is approved.
He must not, however, be placed in office until he is examined and approved by the Military Government.

Immediately upon election, the Rector should appear here to fill out Fragebogen and if his record is satisfactory, the ceremony planned for 12 July may then take place.

Die Wahl für einen neuen Rektor an der Universität wird gebilligt. Er darf jedoch nicht an den Platz, bis er geprüft und von der Militär Regierung genehmigt ist. Unmittelbar auf die Wahl müsste der Rektor hier erscheinen, um einen Fragebogen auszufüllen und wenn dieser befriedigend ausfällt, ist die feierliche Einweisung für den 12. July 1945 geplant.

Lt. Perkins
AMG
Official
Allied Experiditionary Force
Military Government
(gez.) Lt. Perkins
Military Government Officer"[9]

Diese „feierliche Einweisung" fand am 12. Juli 1945 statt, auch wenn die Besatzungsmacht inzwischen gewechselt hatte.[10] Die amerikanischen Streitkräfte hatten den mitteldeutschen Raum verlassen und evakuierten im Zusammenhang mit diesem Rückzug viele Akademiker der Universitäten Leipzig, Halle und Jena sowie Wissenschaftler auch aus großen Industriebetrieben der Region mit ihren Familien. Die Universität Halle verlor bei diesem später als „Abderhalden-Transport" apostrophierten Aderlass am 24. Juni 1945 mindestens 80 Mitarbeiter, davon 60 namhafte

8 Heinrich Brandt (1886–1954), Mathematiker, Vizepräsident der Leopoldina.
9 UAH, Rep 4 Nr. 688, alle Protokolle der hier zitierten Senatssitzungen von 1945 bis zum 12. Juli 1946 sind in dieser Akte enthalten.
10 Vgl. hierzu auch Rupieper 1994.

Wissenschaftler.[11] Der Präsident der Leopoldina, Emil Abderhalden[12], war dabei zum Ansprechpartner des Transportes ausgewählt worden.

Am 1. Juli 1945 traf ein Vorauskommando der sowjetischen Armee in Halle ein, das sich unverzüglich mit Fragen der Ingangsetzung des öffentlichen Lebens befasste. Leiter der Volksbildungsabteilung der Sowjetischen Militäradministration in Deutschland (SMAD) wurde Pjotr Solotuchin[13].

Unter diesen Vorzeichen fand am 23. Juli 1945 die erste Senatssitzung nach dem Krieg, nunmehr unter Leitung des Rektors Otto Eißfeldt, statt. Die unbelasteten Vertreter der Fakultäten und der Universität, die an dieser Sitzung teilnahmen, waren: Otto Eißfeldt, Prorektor Ulrich Gerhardt, Dekan der Theologischen Fakultät Erich Fascher[14], Dekan der Rechts- und Staatswissenschaftlichen Fakultät Wolfgang Hein[15], Dekan der Medizinischen Fakultät Alfred Nitschke[16], Dekan der Philosophischen Fakultät Hans Weyhe, Dekan der Naturwissenschaftlichen Fakultät Heinrich Brandt, Senator Hilko Wiardo Schomerus[17], Senator Martin Lintzel[18], Senator Heinrich Jung[19], Senator Theodor Lieser, Senator Rudolf Schranil[20], Senator Alexander Stieda[21]. Entschuldigt fehlte Senator Prof. Hülse.

Mit einer ersten Entscheidung wurde die Altersgrenze für Professoren auf 70 Jahre heraufgesetzt. Anschließend gab der Rektor bekannt, dass Prof. Dr. Joerges[22], der 1933 auf Grund des Berufsbeamtengesetzes zwangsweise in den Ruhestand versetzt

---

11 Siehe hierzu: Eberle 2002 und Kaasch und Kaasch 1995.

12 Emil Abderhalden (1877–1950), Prof. für Physiologische Chemie und Physiologie, 20. Präsident der Leopoldina von 1932–1950.

13 Pjotr Wassilewitsch Solotuchin (1897–1968), Generalleutnant, er war stellvertretender Volksbildungsminister der russischen Sowjetrepublik und Rektor der Universität Leningrad. Von 1945 bis 1948 war er Chef der Abteilung Volksbildung der SMAD.

14 Erich Fascher (1897–1978), Prof. für Neues Testament, war nicht Mitglied der NSDAP.
1945 trat er in die CDU ein, war von 1948–50 Vorsitzender des CDU-Landesverbandes von Sachsen-Anhalt. Dieses Amt verlor er, weil er sich kritisch über SED und SMA äußerte, er wurde nach Greifswald versetzt.

15 Wolfgang Hein (1883–1976), Prof. für bürgerliches Recht und Zivilprozessrecht, 1951 ging er nach Frankfurt am Main.

16 Alfred Nitschke (1898–1960), Pädiater, wechselte 1946 nach Mainz, 1948 nach Tübingen, dort war er Dekan und Rektor. Leopoldina-Mitglied war er seit 1943.

17 Hilko Wiardo Schomerus (1879–1945), Missionswissenschaftler, Theologische Fakultät.

18 Martin Lintzel (1901–1955), Historiker (Medävist und Frühneuzeitler).

19 Heinrich Jung (1876–1953), Mathematiker, 1936–1945 Dekan der Naturwissenschaftlichen Fakultät.

20 Rudolf Schranil (1885–1957), Wahlsenator der Rechts- und Staatswissenschaftlichen Fakultät.

21 Alexander Stieda (1875–1966), Chirurg, bis 1950 in Halle, Leopoldina-Mitglied seit 1919.

22 Rudolf Joerges (1868–1957), Jurist, Spezialist für Arbeitsrecht, 1933 war er an der Universität Halle nach dem „Gesetz zur Wiederherstellung des Berufsbeamtentums“, das dazu diente, jüdische und politisch missliebige Hochschullehrer von den Universitäten zu vertreiben, entlassen worden.

. Verhandelt Halle a.S., den 23.7.1945.

Anwesend:

1. Seine Magnifizenz der Rektor Professor D.Dr. Eißfeldt
2. Prorektor Professor Dr.Dr. Gerhardt
3. Dekan der Theologischen Fakultät Prof.D. Fascher
4. Dekan der Rechts- und Staatsw.Fakultät Prof.Dr.Hein
5. Dekan der Medizinischen Fakultät Prof.Dr. Nitschke
6. Dekan der Philosophischen Fakultät Prof.Dr. Weyhe
7. Dekan der Náturwissenschaftlichen Fakultät Prof.Dr. Brandt
8. Senator Prof. D. Schomerus
9. " " Dr.Lintzel
10. " " " Jung
11. " " " Lieser
12. " " " Schranil
13. " " " Stieda

Entschuldigt fehlte Senator Prof.Dr. Hülse.

Der Rektor eröffnet die erste Sitzung des Akademischen Senats nach dem Kriege.

Zu Punkt 1: Der Rektor verliest das Schreiben des Universitätskurators vom 7. 7. 1945, betr. Emeritierung von Professoren, die am 1.9.1945 die Altersgrenze von 65 Jahren überschritten haben. Neben den bereits vom Universitätskurator als unentbehrlich bezeichneten Professoren macht der Dekan der Theologischen Fakultät Prof.D.Fascher darauf aufmerksam, dass auch Prof.D. Schomerus unentbehrlich ist. Dekan Hein bittet, den Termin für die Emeritierung, wie früher, wieder auf den 1. April und 1. Oktober festzulegen und die Altersgrenze von dem 65. auf das 70. Lebensjahr heraufzusetzen, ~~weil viele Professoren in diesem Alter noch ihre volle geistige und körperliche Leistungsfähigkeit besitzen.~~ Der Rektor will die Verhandlungen nach den gemachten Vorschlägen mit dem Oberpräsidenten in Merseburg, der zur Zeit die Amtsbefugnis des Ministeriums ausübt, aufnehmen.

Der Rektor gibt die Versetzung des Lektors Prof.Dr. Rahlwes in den Ruhestand bekannt und teilt mit, dass ~~er,~~ der Universitätskurator ihn bis auf weiteres mit der Vertretung des Lektorats beauftragen will.

Zu Punkt 2: Der Rektor gibt bekannt, dass Prof.Dr. Joerges, der 1933 auf Grund des Berufsbeamtengesetzes zwangsweise in den Ruhestand versetzt worden ist, den Antrag auf Wiedereinsetzung in sein früheres Verhältnis bei ihm gestellt hat. Der Rektor hält den Antrag für begründet. Die Genehmigung kann jedoch nur vom Ministerium bezw. dem

Erste Senatssitzung nach dem Zweiten Weltkrieg (1. Seite)

worden war, einen Antrag auf Wiedereinsetzung in sein früheres Verhältnis gestellt habe. Eißfeldt unterstützte dieses Ansinnen und auch der Senat befürwortete diesen Antrag. Dieselbe positive Resonanz der Anwesenden fand ein Antrag der Philosophischen Fakultät, Prof. Dr. Eugen Häusler[23], der bis 1933 der Handelshochschule Königsberg angehört hatte, das Lektorat für den Russischunterricht zu übertragen. Damit begannen die Versammelten, etwas von dem Unrecht der NS-Zeit im Universitätsbereich wieder zurückzunehmen.

In einigen Punkten knüpften sie an die Zeit vor 1933 an. Dem Protokoll ist zu entnehmen: „Bezüglich des Disziplinarrechts berichtet der Rektor, dass auch hier wieder die Bestimmungen aus der Zeit vor 1933 Geltung haben müssen, nach denen der Senat das Strafrecht über die Studenten ausübt. Zur Vermeidung von Störungen will der Rektor bei der Verpflichtung die Studierenden ganz besonders darauf hinweisen, dass sie die Ruhe und Ordnung aufrecht erhalten müssen. Gegen Ruhestörer usw. soll mit den schwersten Strafen eingeschritten werden. Eine Sichtung der Studierenden ist nicht angeordnet und auch noch nicht vorgesehen." Die Senatsmitglieder sind sich aber einig, „... dass eine Sichtung baldmöglichst einsetzen muss. Es sollen Angehörige der politischen SS, des SD, der Gestapo und führende Parteimitglieder nicht mehr zugelassen werden."

Weiter teilte der Rektor mit, „[...] dass sich die Kommunistische Partei beim Prorektor schriftlich beklagt habe, dass sie zur Rektor-Einführung keine Einladung erhalten habe. Wenn auch in früheren Jahren die politischen Parteien zu Universitätsfeiern nicht eingeladen worden seien, so glaubt der Rektor, künftighin die politischen Parteien, soweit sie anerkannt sind, doch einladen zu müssen. Der Senat stimmt der Ansicht des Rektors zu." Schließlich informierte Eißfeldt, dass er von der sowjetischen Besatzungsmacht „[...] darauf hingewiesen wurde, dass das gerade anlaufende Semester wieder abgesagt werden müsse".

Hier tritt die Entscheidungsgewalt der SMAD deutlich hervor, wie auch das sofortige Bedürfnis der KPD, überall präsent zu sein, auffällt. Der Rektor glaubte, sie „künftighin [...] doch einladen zu müssen", was sicher eine kluge Entscheidung war. Denn über die Vorbedingungen für die Wiedereröffnung der Universität berichtete Eißfeldt in der folgenden Senatssitzung am 20. August 1945: „Zur Erlangung der Genehmigung des Wintersemesters 1945/46 wurden dem Rektor folgende Bedingungen mit einer Frist von 3 Wochen auferlegt:

a) Einreichung einer Zusammenstellung der im Wintersemester beabsichtigten Vorlesungen mit Angabe der Wochen- und Semester-Stundenzahl, der Literatur, die den Vorlesungen zu Grunde gelegt wird und einer kurzen Inhaltsangabe der Vorlesungen,

---

23 Eugen Häusler (1895–1977), Slawist.

b) Sichtung des Lehrkörpers,
c) Säuberung der Bibliotheken von faschistischer Literatur,
d) Prüfung der Studierenden auf ihre politische Zuverlässigkeit,
e) Beseitigung der Gebäudeschäden. [...]"

Prorektor Gerhardt berichtete während dieser Zusammenkunft über die Evaluierung des Lehrkörpers. Dem Ausschuss, der die Sichtung durchzuführen hatte, gehörten demnach an: „Prorektor Prof. Dr. Gerhardt, Prof. Dr. Barnikol[24], Universitätsinspektor Kopitzke, Wettin und Wielandt, später noch Dr. Reinecke von der politischen Polizei. Der Ausschuss tagte unter Aufrechterhaltung der Verbindung mit dem Vizepräsidenten Lohmann[25] von der Provinzialverwaltung und unter teilweiser Zuziehung des Kurators Tromp[26]. Schwierigkeiten traten dadurch auf, dass fortwährend neue Bedingungen gestellt wurden. Schliesslich wurden für die 3 Gruppen: Lehrkörper, Beamte, Lohnempfänger 3 Parallelausschüsse gebildet, die aus je einem Vertreter der 4 antifaschistischen Parteien bestanden. Dem Ausschuss zur Sichtung des Lehrkörpers gehörten an: Die Professoren Gerhardt, als Vertreter von der [Liberal] Demokratischen Partei anerkannt, Barnikol (Sozialdemokratische Partei) und Stieda (Christlich-Demokratische Union) und der wissenschaftliche Assistent am Physiologischen Institut Dr. Busch (Kommunistische Partei). Der Ausschuss verhandelte dann noch mit Vizepräsident Lohmann. Das Ergebnis der Verhandlungen gibt der Prorektor an Hand der beiliegenden zahlenmässigen Aufstellung bekannt. [...]

In der hierauf einsetzenden längeren Aussprache, an der sich alle Senatoren beteiligen, wird betont, dass den Beschuldigten soweit nicht die schärfsten Bedingungen für sie zutreffen, Gelegenheit gegeben werden muss, zu den Anschuldigungen Stellung zu nehmen und dass ihnen im Falle der Entlassung auch eine Pension gezahlt werden muss.[...]"

Die Sprachregelung ist hier besonders interessant. Denn alle vier Parteien, die im „Ausschuß zur Sichtung des Lehrkörpers" vertreten sind, sind „antifaschistische Parteien", das ist das entscheidende Merkmal.

Die Senatssitzung am 1. September 1945 begann mit einem Kuriosum. Rektor Eißfeldt gab bekannt, ihm habe der Universitätskurator mündlich mitgeteilt, dass auf höhere Weisung die öffentlichen Gebäude zu beflaggen seien. Es handelte sich offenbar um den auf den 3. September festgelegten russischen Feiertag aus Anlass des

24 Ernst Barnikol (1892–1968), Theologe, Prof. für Kirchengeschichte.
25 Willy Lohmann (1881–1945), Juli 1945 Ernennung zum 4. Vizepräsident Provinzialveraltung Sachsen, am 21.9.1945 Unfalltod auf Dienstreise nach Berlin.
26 Friedrich Tromp (1875–1954), Jurist, 1933–1946 Kurator an der MLU.

Sieges über Japan. Da keine anderen Fahnen zur Verfügung stehen, wurde die rote Fahne gehisst.

Anschließend wurde zu den Entwicklungen an der Universität beraten und hier fällt auf, dass von einer Autonomie der Universität nicht gesprochen werden kann, denn nach dem Protokoll teilte der Rektor mit, dass „[…] der Präsident der Provinz Sachsen zu ordentlichen Professoren ohne Befragung der Fakultät berufen hat: Dr. Hinsche[27] für Pädagogik und Prof. Dr. Häusler für Slawische Philologie."

In der Senatssitzung am 10. September 1945 wird der allgemeine Wunsch ausgedrückt, dass dessen Protokolle „erheblich kürzer abgefasst sein möchten". Die Mitglieder des Senats hinterlassen in dieser Zeit daher wenige Auskünfte über ihre Diskussionen – zehn Jahre später wird jedes Wort mitstenographiert werden und ein Protokoll den Umfang von 80 Seiten haben.

Am 11. September 1945 wurde in Berlin die Deutsche Zentralverwaltung für Volksbildung (DVV) gebildet.[28] Sie nahm sofort Einfluss auf die Universitäten. Einer der Vizepräsidenten war der Internist Theodor Brugsch[29]. Er hatte in der NS-Zeit die Universität Halle verlassen und die Diktatur in Berlin überlebt. Nun stand er im Zentrum der neuen Macht. Mit Halle war er durch die Deutsche Akademie der Naturforscher Leopoldina verbunden, deren Mitglied er war. Der amtierende Vizepräsident der Leopoldina, der Geograph Otto Schlüter[30], bat ihn im Zusammenhang mit ihrer Wiederzulassung nach 1945 um Unterstützung. Nun ging es auch für die Universitätsverantwortlichen um Verhandlungen mit der sowjetischen Militäradministration, mit der DVV und mit der Landesregierung.

In der Senatssitzung am 27. September 1945 teilte der Rektor mit, „dass nach Aussage des Präsidialdirektors Halle sein am 26.9.1945 gestellter Antrag auf Wiedereröffnung der Universität am 25. Oktober 1945 als nicht formvollendet genug von der Militärregierung abgelehnt und dass er seinerseits aufgefordert wird, einen formvollendeteren Antrag zu stellen und dass er das mit Hilfe der 5 Dekane auch getan habe. Der Antrag wird verlesen. […]

---

27 Der Naturwissenschaftler August Georg Hinsche wurde auf eine Professur für Pädagogik berufen.

28 Ammer 1969.

29 Theodor Brugsch (1878–1963), Internist, 1935 Weggang von Universität Halle aus politischen Gründen, Privatpraxis in Berlin, 1945–1957 Ordinarius für Innere Medizin und Direktor der I. Med. Klinik der Charité, 1946–1949 Vizepräsident der Deutschen Zentralverwaltung für Volksbildung, 1948–1949 als Mitglied des Dt. Volksrates an der Ausarbeitung der DDR-Verfassung von 1949 beteiligt, 1949 Dekan der Med. Fak. Humboldt-Universität Berlin, 1949–1954 Volkskammerabgeordneter, Leopoldina-Mitglied seit dem 18.2.1932.

30 Otto Schlüter (1872–1959), Geograph, Leopoldina-Mitglied seit dem 22.3.1923, Vizepräsident 1942–1952, Leopoldina-Präsident März 1952 bis Dezember 1953.

Der Senat ist übereinstimmend der Ansicht, dass Angehörige des Lehrkörpers, die seit 1933 aus politischen oder rassischen Gründen die Universität verlassen mussten, in ihre Stellungen wieder zurückkehren können, wie das in einer Reihe von Fällen auch bereits geschehen ist. Hinsichtlich des Studiums von Frauen und Mädchen war der Senat der Auffassung, dass deren Zahl hinter der der männlichen Studierenden wesentlich zurücktreten müsse, und dass die Zahl der weiblichen Studierenden höchstens $^1/_4$ der der männlichen betragen dürfe."

Der Senat selbst bestand zu diesem Zeitpunkt ausschließlich aus Männern, das würde sich aber bald ändern.

Auch in einer Senatssitzung am 4. Oktober 1945 ist die „Sichtung des Lehrkörpers" Hauptthema: „Es wird in Aussicht genommen, dass der mit der Sichtung der Studierenden zu betrauende Ausschuss aus 3 Professoren und 3 Studenten bestehen soll. Es werden außer dem Rektor als Mitglieder dieses Ausschusses genannt: der Prorektor Prof. Gerhardt, der Dekan der Rechts- und Staatsw. Fakultät Prof. Dr. Hein und der Dekan der Medizinischen Fakultät Prof. Dr. Nitschke."
Sodann berichtete der Rektor über eine Verfügung des Präsidenten der Provinz Sachsen vom 28. September 1945, wonach 54 Mitglieder des Lehrkörpers „aus politischen Gründen gemaßregelt, d. h. zum Teil entlassen, zum Teil mit Bewährungsmaßnahmen bedacht" worden wären. Nach Besprechung der einzelnen Fälle entschied der Senat,

„a) dass die Betroffenen, soweit sie die Entscheidung nicht anerkennen können, für sich eine Rechtfertigungsschrift einreichen müssten, die zugleich die Unverfangenheit eines Mitgliedes des maßgebenden Dreierausschusses in Zweifel zieht,
b) dass Rektor und Senat zum Ganzen Stellung nehmen sollen,
c) dass der Rektor trotz der Bedenken gegen eine Reihe der getroffenen Entscheidungen in Anbetracht dessen, dass ein vorläufiger Abschluss des Verfahrens jetzt erzielt werden muss, die Bescheide aushändigen soll."

Die Verantwortung für die „Säuberung der Professorenschaft" hatte inzwischen die Abteilung Volksbildung der Provinzialregierung übernommen.[31]

Eißfeldt berichtet in der Senatssitzung zwei Wochen später, dass nach einer von der Deutschen Zentralverwaltung für Volksbildung ergangenen Anordnung vom 30. September 1945 gefordert würde, dass dem Studium an den Universitäten und Hochschulen „Kurse zur demokratischen Erziehung der Studenten" vorausgehen sollen und dass ihre Dauer „mindestens 20 Stunden" betragen solle.

31 Vgl. Bohse und Eberle 2002.

In der Novembersitzung stand die Wiederaufnahme der Vorlesungen im Zentrum. Inzwischen war der Senat um die Professoren Schniewind[32], Schmid[33], Joerges[34] und Woermann[35] erweitert worden. Auch auf ihre Autorität gestützt führte die Universitätsleitung Verhandlungen mit den zentralen Institutionen in Berlin. Dazu vermerkt das Protokoll: „Der Rektor und Dekan Nitschke berichten über die Besprechungen, die sie am 15. November 1945 in der Deutschen Zentralverwaltung für Volksbildung und in der Deutschen Zentralverwaltung für Gesundheitswesen in Berlin gehabt haben. Danach darf die Zahl der auf der Liste der zu Vorlesungen zugelassenen Professoren und Dozenten stehenden früheren Angehörigen der NSDAP 20 % der Gesamtzahl nicht übersteigen. Es soll trotz aller Schwierigkeiten versucht werden, eine diesen Forderungen entsprechende Liste herzustellen, indem einerseits die auswärtigen Kollegen, von denen wenigstens angenommen werden kann, dass sie in absehbarere Zeit wieder in Halle sein werden, darauf gesetzt, andererseits einzelne nebenamtliche Mitglieder des Lehrkörpers fortgelassen werden.

Der Gesamteindruck der Besprechungen in Berlin war, dass weder in Halle noch an einer anderen Universität in der russischen Besatzungszone vor Januar 1946 an eine Wiederaufnahme der Vorlesungen gedacht werden könne."

Damit entstand erheblicher Beratungsbedarf und tatsächlich traf sich der Senat im Dezember fast wöchentlich. In einer Sitzung am 10. Dezember 1945 wurden die verschärften Anforderungen besprochen: „Auf Grund eines von Dekan Hein erstatteten Berichtes über seine Begegnung mit dem Rektor der Univ. Rostock und die diesem vom Minister Solotuchin gemachten Eröffnungen über die Wiederaufnahme der Vorlesungen äussern sich die Dekane der Theologischen, der Rechts- und Staatsw., der Philosophischen und der Naturwissenschaftlichen Fakultät dahin, dass ihre Fakultäten zur Not die Arbeit auch bei Ausscheiden *aller* früheren Mitglieder der NSDAP wieder aufnehmen können. Der Dekan der Naturw. Fakultät fügt hinzu, dass auf die geplante Erweiterung der Naturw. Fakultät durch technische Fächer notfalls

32 Julius Schniewind (1883–1948), Theologe, 1935 führendes Mitglied der Bekennenden Kirche Ostpreußens, 1936 nach Halle versetzt, 1937 vom Dienst suspendiert, 1938 wieder als Professor tätig, 1945/46 Ablehnung von Rufen nach Münster, Mainz und Berlin.

33 Günther Schmid (1888–1949), Botaniker, 1945 Leiter des Botanischen Instituts der MLU, 1946 Ernennung zum o. Professor, Leopoldina-Mitglied seit 1932.

34 Rudolf Joerges (1868–1957), Jurist. Er wurde am 18.5.1933 entlassen.

35 Emil Woermann (1899–1980), Studium der Naturwissenschaften und Landwirtschaft, 1933 Ruf auf Ordinariat für Landwirtschaftliche Betriebslehre in Halle, 1933 Prorektor, amtierender Rektor wegen Erkrankung des Rektors Hahne, 1935–1936 Rektor, 1944 wegen Verbindung zu dem Kreis des 20. Juli verhaftet, 1945 Sachverständiger für Ernährungsfragen für die SMA, 1948 floh er nach Göttingen, dort 1955–1956 Rektor der Universität, Leopoldina-Mitglied seit 1935.

zunächst zu verzichten sei. Dagegen ist nach Äusserung des Dekans der Medizinischen Fakultät diese bei Ausscheiden aller früheren Mitglieder der NSDAP nicht in der Lage, ihren Unterricht wieder aufzunehmen."

Im Sommersemester 1945 waren von den 15 Klinik- und Institutsdirektoren der Medizinischen Fakultät nur zwei nicht Mitglied der NSDAP gewesen. Das waren der Vertreter der Physiologischen Chemie Emil Abderhalden und der Pädiater Alfred Nitschke. Der Anteil der NSDAP-Mitglieder am gesamten Lehrkörper der Universität Halle lag im Frühjahr 1945 bei 60 %.[36] In einer „Aufstellung von Universitätsangehörigen, die der NSDAP und ihren Gliederungen angehörten"[37] sind für die Medizinische Fakultät 40 Personen aufgeführt. Davon waren sieben von der amerikanischen Militärregierung als besonders aktive Nazis verhaftet worden, 12 befanden sich in Kriegsgefangenschaft, zwei hatten Halle freiwillig verlassen und von drei war der Aufenthaltsort unbekannt. Bei 21 Personen entschied sich die Kommission dafür, die Betroffenen sofort zu entlassen, bei den anderen votierten sie für eine nochmalige Überprüfung. Es gab unter den zur Verfügung stehenden Ordinarien nur ein vollständig unbelastetes Mitglied, den Pädiater Alfred Nitschke. Er war folgerichtig zum neuen Dekan gewählt worden. Es waren neue unbelastete Mitglieder hinzugekommen, so im Mai 1945 der Chirurg Werner Budde[38] und im Juni 1945 der Dermatologe Georg Jacoby[39]. Die Medizinische Fakultät ist also in ihrer personellen Zusammensetzung Ende 1945 noch nicht bereit für die Studentenausbildung, wiewohl die Arbeit in den Kliniken und in den theoretischen Instituten weiterging.

Der Antrag auf Wiedereröffnung bestimmte die Diskussion während der Senatssitzung am 12. Dezember 1945: „Der Rektor berichtet über seine [...] Verhandlungen mit der Sowjetischen Administration: mit Major Tichonow, zwei Vertretern des Ministers Solotuchin und General Kotikow. [...] Die [...] geforderten Listen werden

36 Carsten Müller: Die Entnazifizierung an der Martin-Luther-Universität Halle-Wittenberg. Wiss. Hausarbeit zur Ersten Staatsprüfung für das Lehramt an Gymnasien, eingereicht am 18.1.1996. Zur Entnazifizierung der MLU vgl. auch Bohse und Eberle 2002.

37 UAH, Rep. 4, Nr. 51, „Aufstellung von Universitätsangehörigen, die der NSDAP und ihren Gliederungen angehörten und Stellungnahme des Antifa-Ausschusses nach dem Juli 1945".

38 Werner Budde (1886–1960), Chirurg, Leopoldina-Mitglied seit dem 14.3.1950. Budde, der seit 1925 a. o. Prof. an Universität Halle war, leitete von 1.1.1926 bis Mai 1945 die Chirurgische Abteilung des St. Barbarakrankenhauses. 1935 wurde ihm die Lehrbefugnis entzogen, weil er mit der jüdischen Bildhauerin Margarete, geb. Goldschmidt, verheiratet war, die bei dem Pariser Bildhauer Aristide Maiolle studiert hatte. (Information von Johanna Berghaus, einer Tochter von Werner Budde, am 15.11.1994). Von Januar 1946 bis Juli 1948 war er Dekan der Medizinischen Fakultät.

39 Georg Jacoby (1899–1987), Dermatologe, 1936 wurde er aus der halleschen Universitäts-Hautklinik aus „rassenpolitischen Gründen" entlassen. Er war in mehreren Konzentrationslagern. 1945 kehrte er an die hallesche Hautklinik zurück, zunächst als kommissarischer Direktor, dann als Direktor. 1949 verließ er die DDR und ging nach New York. Nach seiner Pensionierung kehrte er nach Deutschland zurück.

am 13.12.1945 der Sowjetischen Administration übergeben werden. Der Kurator ist bereits [...] verständigt, und ebenso ist die [...] verlangte Bereinigung der Studentenschaft bereits eingeleitet. Am 12. Dezember 1945 wird der Sowjetischen Administration unter Beifügung einer Liste der zur Abhaltung von Vorlesungen und Übungen berechtigten Professoren, Dozenten und Lehrbeauftragten ein vom Präsidenten der Prov. Sachsen und vom Rektor der Universität an Marschall Shukow gerichteter Antrag auf Wiedereröffnung der Theologischen, der Rechts- und Staatswissenschaftlichen, der Philosophischen und der Naturwissenschaftlichen Fakultät eingereicht, wobei diesem Antrag die Bemerkung hinzugefügt ist, dass ein neuer Antrag in bezug auf die Medizinische Fakultät vorbehalten bleibt.“

Der Senat der Martin-Luther-Universität traf sich in dieser brisanten Zeit auch zu Weihnachten 1945. Es liegen Protokolle der Senatssitzungen am 24. Dezember 1945 und am 26. Dezember 1945 vor: „In der Sitzung vom 24.12. machte der Rektor Mitteilung von der am 22.12. ergangenen, ihm aber erst am 23.12. bekannt gewordenen ‚i.A. Halle‘ gezeichneten Verfügung des Präsidenten der Provinz Sachsen, nach der der stellvertretende Kurator, Landgerichtsdirektor i. R. Friedrich Tromp, sofort aus ‚seinem Dienst als Kurator zu entlassen sei und die Kuratorgeschäfte Herrn Oberreg. Rat Elchlepp[40] zu übergeben habe‘. Die Beratung über die durch diese Verfügung geschaffene Lage soll zunächst am 25.12. von einem aus Rektor, Prorektor, Dekan Hein, Dekan Nitschke und Professor Woermann bestehenden Ausschuss, dann am 26.12. in einer neuen Senatssitzung fortgesetzt werden. In dieser beschliesst der Senat, dass der Rektor in einem an den Präsidenten der Provinz Sachsen gerichteten Schreiben den ganzen Ernst der durch die Verfügung vom 22.12. geschaffenen Lage darzulegen und ihn bitten soll, er möchte ihn und Dekan Nitschke zu einer Aussprache über die Frage möglichst bald empfangen.“

Damit endeten die Zusammenkünfte im Jahr 1945. Es hatte im Zusammenhang mit dem Einmarsch der amerikanischen und dann der sowjetischen Truppen Verhaftungen von Hochschullehrern gegeben, die man als besonders aktive Nationalsozialisten betrachtete. Verhaftungen wegen Widerstand gegen das neue Regime gab es, soweit zu sehen, 1945 noch nicht. Die neuen Machthaber mussten sich erst etablieren und die neue Linie, die von der sowjetischen Führung ausging, erst Einzug halten.

40 Friedrich Elchlepp (1897–?), Studium der Geschichte und Germanistik an der halleschen Universität, 1920 bis 1933 SPD, 1945 Eintritt in die KPD, von 1933 bis 1945 leitete er ein Kinderheim in Bad Suderode, von der SMA wurde er zum Landrat in Quedlinburg ernannt, 1945 Provinzialverwaltung Halle, Leiter der Schulabteilung. Im Dezember wurde er von der Landesregierung zum Kurator bestimmt, um die ‚antifaschistische Säuberung‘ der Universität voranzutreiben. 1946–1948 Kurator der Universität Halle. Er wurde 1950 inhaftiert, wenig später rehabilitiert.

1946 Die Wiedereröffnung der Martin-Luther-Universität durch die Sowjetische Militäradministration am 1. Februar

Aus dem Jahr 1946 sind fünf Verhaftungen aktenkundig: Heinz Nöhricke, Wolfgang Krug, Theodor Lieser, Josef Barduhn und Friedrich Asinger.

Bereits am 7. Januar 1946 trat der Senat erneut zusammen, der Rektor konnte über weitere Verhandlungsergebnisse mit den nunmehrigen staatlichen Stellen berichten. Unter anderem hatte er in einer Beratung mit Vizepräsident Bruschke[1] die komplizierte Frage des Umgangs mit vormaligen NSDAP-Mitgliedern erörtert und konnte nun das Resultat resümieren: „Nach ausführlicher Besprechung der durch die Entlassung aller früheren Angehörigen der NSDAP aus dem Lehrkörper geschaffenen Lage wird den Fakultäten empfohlen, Listen dieser Kollegen aufzustellen, die nach deren wissenschaftlicher Bedeutung und Unentbehrlichkeit geordnet“ sind; also deutlich „zu erkennen geben, welche Kollegen in 1., 2. und 3. Linie etc. in den Lehrkörper zurückzuberufen wären.“

Werner Budde

Zwei Wochen später, in der Senatssitzung am 21. Januar 1946, begrüßte der Rektor zunächst „den neu gewählten Dekan der Medizinischen Fakultät Prof. Dr. Budde“[2] und informierte, dass als Tag der Feier der Wiedereröffnung der Universität ist „einstweilen der 1. Februar 1946“ in Aussicht sei. Der Senat beschloss an diesem Tag, „eine Kommission zur politischen Überprüfung neu in den Lehrkörper eintretender Mitglieder zu bilden, für die bestimmte Personalvorschläge gemacht werden. [...] Wegen der an alle Dienststellen der Universität ergangenen Aufforderung des mit der

1 Werner Bruschke (1898–1995), 1945/46 Vizepräsident der Provinzialverwaltung Sachsen-Anhalt.

2 Dieses Photo wurde uns dankenswerter Weise von Frau Prof. Dr. med. Ingeborg Weiß überlassen.

Wahrnehmung der Geschäfte des Kurators beauftragten Oberreg. Rats Elchlepp an alle Instituts- und Seminar-Direktoren, bis 15.2.1946 ihm sämtliche Betriebsangehörige zu melden, die noch nicht Mitglied der Freien Deutschen Gewerkschaft sind (einschl. Professoren, Dozenten, wissensch. Hilfskräfte, Beamte, Arbeiter, Angestellte, auch Schwestern und Pflegepersonal) soll festgestellt werden, von wem die Anordnung ausgeht und welche Rechtsgrundlage“ sie habe.

Der Chirurg Werner Budde würde nun engagiert, mit Augenmaß am Neuaufbau der Medizinischen Fakultät beteiligt sein. Er gehörte zu ihren wenigen wirklich politisch unbelasteten Hochschullehrern. In der NS-Zeit war er von der Universität vertrieben worden, weil seine Frau Jüdin war. Nun kehrte er zurück und übernahm Verantwortung, nicht nur für die Chirurgische Universitätsklinik, sondern gleich für die gesamte Medizinische Fakultät.

Am 9. Januar 1946 gaben der Stellvertreter des Obersten Chefs der SMA und Stellvertreter des Oberbefehlshabers der Gruppe der Sowjetischen Besatzungstruppen in Deutschland, General der Armee W. Sokolowski, das Mitglied des Kriegsrates der SMA in Deutschland Generalleutnant F. Bokow und der Chef des Stabes der SMA in Deutschland Generalleutnant M. Dratwin folgenden Befehl heraus:

4

П. 1 ...

Прин ...
Унив. ...

ПРИКАЗ

ГЛАВНОНАЧАЛЬСТВУЮЩЕГО СОВЕТСКОЙ ВОЕННОЙ АДМИНИСТРАЦИИ – ГЛАВНОКОМАНДУЮЩЕГО ГРУППОЙ СОВЕТСКИХ ОККУПАЦИОННЫХ ВОЙСК В ГЕРМАНИИ

№ 8

9 января 1946 года. Гор. Берлин

СОДЕРЖАНИЕ: О возобновлении занятий в университете гор. Галле.

В целях подготовки немецких кадров высшей квалификации, способных на практике проводить демократические принципы, –

ПРИКАЗЫВАЮ:

1. Удовлетворить ходатайство президента провинции Саксония и возобновить с I февраля 1946 года занятия в университете гор. Галле на факультетах: философском, естественно-математическом, юридическом и теологическом.

2. Не допускать к руководству университетом, факультетами, институтами, кафедрами, а также к чтению лекций и руководству семинарами лиц, которые были членами нацистской партии.

3. Запретить прием в число студентов университета бывших членов фашистской партии, а также руководителей и активных деятелей союза гитлеровской молодежи.

4. Возложить непосредственную ответственность за подбор профессорско-преподавательского состава и прием студентов на ректора университета.

5. Президенту провинции Саксония рассмотреть список лиц, рекомендуемых ректором университета на занятие должностей деканов факультетов, директоров институтов, заведующих кафедрами, а также профессоров и со своим заключением через немецкое Управление Народного Образования Советской зоны оккупации Германии представить на утверждение в Отдел Народного Образования СВА.

6. Возложить ответственность за своевременное и достаточное финансирование университета, а также содержание профессорско-преподавательского и административно-технического персонала на президента провинции Саксония.

7. Начальнику немецкого Управления Народного Образования подготовить и представить к 20 января 1946 года на утверждение в Отдел Народного Образования Советской Военной Администрации:

2 Seiten russischer Befehl vom 9. Januar 1946

2526 5

- 2 -

а/ перечень специальностей по каждому факультету с указанием профиля выпускаемых специалистов;

б/ контингент приема по каждому факультету и курсу;

в/ учебные планы и программы по каждой специальности;

г/ список кандидатур, рекомендуемых немецким Управлением Народного Образования на должности ректора, деканов факультетов и директоров институтов.

8. Начальнику Отдела Народного Образования Советской Военной Администрации в Германии тов. ЗОЛОТУХИНУ рассмотреть и, согласовав их с соответствующими и заинтересованными начальниками Отделов и Управлений СВА, утвердить материалы, перечисленные в п.п. 5 и 7 настоящего приказа.

9. Президенту провинции Саксония подготовить и представить к 20 января 1946 года на утверждение Начальнику Советской Военной Администрации провинции:

а/ персональный список на профессорско-преподавательский и административно-технический персонал;

б/ персональный список зачисленных студентов.

10. Начальнику Управления СВА провинции Саксония:

а/ рассмотреть списки лиц, перечисленных в п. 5 настоящего приказа, и направить их со своим заключением в Отдел Народного Образования СВА в Германии;

б/ по остальным контингентам утвердить лиц, допускаемых к работе и принимаемых в число студентов университета.

ЗАМЕСТИТЕЛЬ ГЛАВНОНАЧАЛЬСТВУЮЩЕГО СОВЕТСКОЙ ВОЕННОЙ АДМИНИСТРАЦИИ - ЗАМЕСТИТЕЛЬ ГЛАВНОКОМАНДУЮЩЕГО ГРУППОЙ СОВЕТСКИХ ОККУПАЦИОННЫХ ВОЙСК В ГЕРМАНИИ
Генерал армии
В.СОКОЛОВСКИЙ

ЧЛЕН ВОЕННОГО СОВЕТА СОВЕТСКОЙ ВОЕННОЙ АДМИНИСТРАЦИИ В ГЕРМАНИИ
Генерал-лейтенант
Ф. БОКОВ

НАЧАЛЬНИК ШТАБА СОВЕТСКОЙ ВОЕННОЙ АДМИНИСТРАЦИИ В ГЕРМАНИИ
Генерал-лейтенант
М.ДРАТВИН

Штаб Советской Военной Администрации в Германии
НАЧАЛЬНИК КАНЦЕЛЯРИИ

ВЕРНО: НАЧАЛЬНИК КАНЦЕЛЯРИИ ШТАБА СВА
МАЙОР- /ПОЛЕГЕНЬКО/

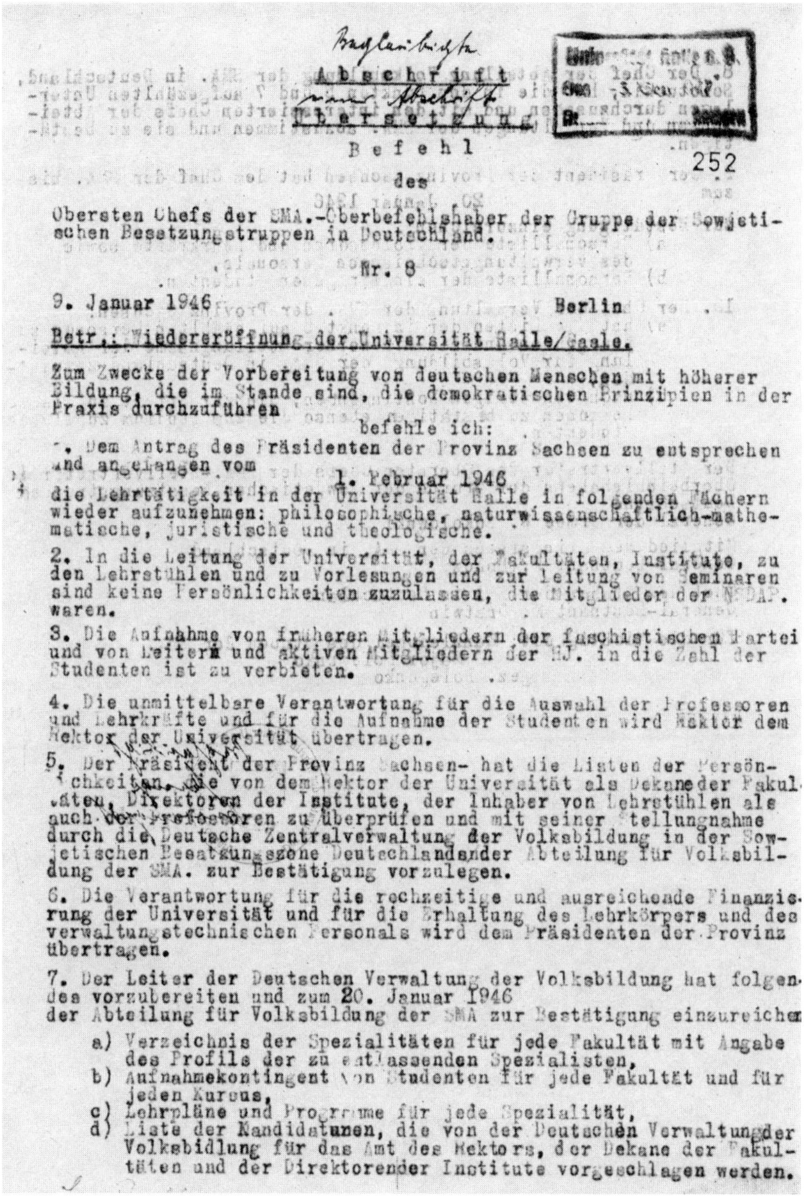

Beglaubigte
Abschrift
einer Abschrift
Übersetzung

252

Befehl

des

Obersten Chefs der SMA.-Oberbefehlshaber der Gruppe der Sowjetischen Besatzungstruppen in Deutschland.

Nr. 8

9. Januar 1946 Berlin

Betr.: Wiedereröffnung der Universität Halle/Saale.

Zum Zwecke der Vorbereitung von deutschen Menschen mit höherer Bildung, die im Stande sind, die demokratischen Prinzipien in der Praxis durchzuführen

befehle ich:

1. Dem Antrag des Präsidenten der Provinz Sachsen zu entsprechen und angefangen vom

1. Februar 1946

die Lehrtätigkeit in der Universität Halle in folgenden Fächern wieder aufzunehmen: philosophische, naturwissenschaftlich-mathematische, juristische und theologische.

2. In die Leitung der Universität, der Fakultäten, Institute, zu den Lehrstühlen und zu Vorlesungen und zur Leitung von Seminaren sind keine Persönlichkeiten zuzulassen, die Mitglieder der NSDAP. waren.

3. Die Aufnahme von früheren Mitgliedern der faschistischen Partei und von Leitern und aktiven Mitgliedern der HJ. in die Zahl der Studenten ist zu verbieten.

4. Die unmittelbare Verantwortung für die Auswahl der Professoren und Lehrkräfte und für die Aufnahme der Studenten wird Rektor dem Rektor der Universität übertragen.

5. Der Präsident der Provinz Sachsen- hat die Listen der Persönlichkeiten, die von dem Rektor der Universität als Dekane der Fakultäten, Direktoren der Institute, der Inhaber von Lehrstühlen als auch der Professoren zu überprüfen und mit seiner Stellungnahme durch die Deutsche Zentralverwaltung der Volksbildung in der Sowjetischen Besatzungszone Deutschlands der Abteilung für Volksbildung der SMA. zur Bestätigung vorzulegen.

6. Die Verantwortung für die rechzeitige und ausreichende Finanzierung der Universität und für die Erhaltung des Lehrkörpers und des verwaltungstechnischen Personals wird dem Präsidenten der Provinz übertragen.

7. Der Leiter der Deutschen Verwaltung der Volksbildung hat folgendes vorzubereiten und zum 20. Januar 1946 der Abteilung für Volksbildung der SMA zur Bestätigung einzureichen

a) Verzeichnis der Spezialitäten für jede Fakultät mit Angabe des Profils der zu entlassenden Spezialisten,
b) Aufnahmekontingent von Studenten für jede Fakultät und für jeden Kursus,
c) Lehrpläne und Programme für jede Spezialität,
d) Liste der Kandidatunen, die von der Deutschen Verwaltung der Volksbidlung für das Amt des Rektors, der Dekane der Fakultäten und der Direktoren der Institute vorgeschlagen werden.

2 Seiten Übersetzung des Befehls[3]

3 Der Abdruck erfolgt mit Genehmigung des Landeshauptarchivs Sachsen-Anhalt, Magdeburg. Die Signatur ist Rep. K. Min. Präs. Nr. 3907 (Bef. 8), Bl. 4 und 5. Er befindet sich auch im UAH, Rep. 4/49.

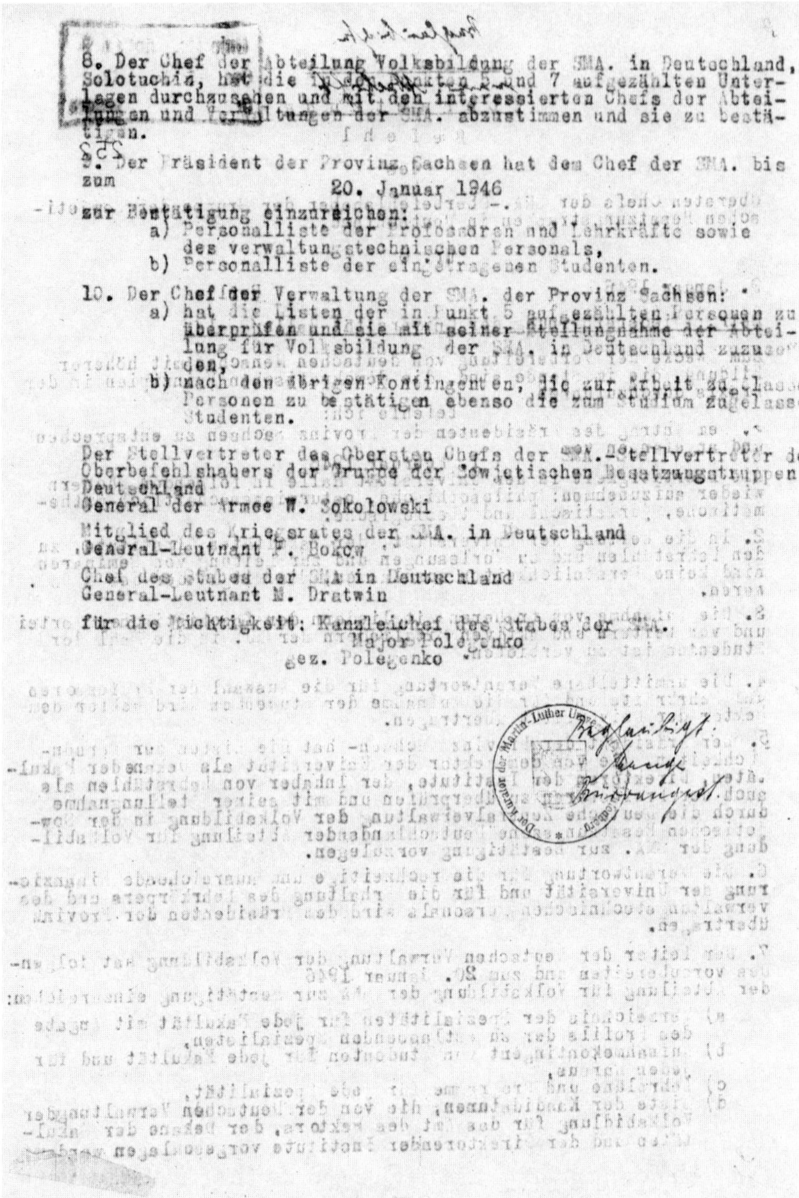

8. Der Chef der Abteilung Volksbildung der SMA. in Deutschland, Solotuchin, hat die in den Punkten 5 und 7 aufgezählten Unterlagen durchzusehen und mit den interessierten Chefs der Abteilungen und Verwaltungen der SMA. abzustimmen und sie zu bestätigen.

9. Der Präsident der Provinz Sachsen hat dem Chef der SMA. bis zum

20. Januar 1946

zur Bestätigung einzureichen:
a) Personalliste der Professoren und Lehrkräfte sowie des verwaltungstechnischen Personals,
b) Personalliste der eingetragenen Studenten.

10. Der Chef der Verwaltung der SMA. der Provinz Sachsen:
a) hat die Listen der in Punkt 5 aufgezählten Personen zu überprüfen und sie mit seiner Stellungnahme der Abteilung für Volksbildung der SMA. in Deutschland zuzusenden,
b) nach den übrigen Kontingenten, die zur Arbeit zugelassenen Personen zu bestätigen ebenso die zum Studium zugelassenen Studenten.

Der Stellvertreter des Obersten Chefs der SMA.-Stellvertreter des Oberbefehlshabers der Gruppe der Sowjetischen Besatzungstruppen Deutschland
General der Armee W. Sokolowski

Mitglied des Kriegsrates der SMA. in Deutschland
General-Leutnant F. Bokow

Chef des Stabes der SMA in Deutschland
General-Leutnant M. Dratwin

für die Richtigkeit: Kanzleichef des Stabes der SMA.
Major Polegenko
gez. Polegenko

Da dies ein Dokument von historischer Tragweite, aber schlecht zu lesen ist, muss hier der Text zitiert werden:[4]

„Befehl des
Obersten Chefs der SMA.-Oberbefehlshaber der Gruppe der
Sowjetischen Besatzungstruppen in Deutschland
Nr. 8

9. Januar 1946 Berlin

Betr.: Wiedereröffnung der Universität Halle/Saale.

Zum Zwecke der Vorbereitung von deutschen Menschen mit höherer Bildung, die im Stande sind, die demokratischen Prinzipien in der Praxis durchzuführen

befehle ich:

1. Dem Antrag des Präsidenten der Provinz Sachsen zu entsprechen und angefangen vom

   1. Februar 1946

   die Lehrtätigkeit in der Universität Halle in folgenden Fächern wieder aufzunehmen: philosophische, naturwissenschaftlich-mathematische, juristische und theologische.
2. In die Leitung der Universität, der Fakultäten, Institute, zu den Lehrstühlen und zu Vorlesungen und zur Leitung von Seminaren sind keine Persönlichkeiten zuzulassen, die Mitglieder der NSDAP. waren.
3. Die Aufnahme von früheren Mitgliedern der faschistischen Partei und von Leitern und aktiven Mitgliedern der HJ. in die Zahl der Studenten ist zu verbieten.
4. Die unmittelbare Verantwortung für die Auswahl der Professoren und Lehrkräfte und für die Aufnahme der Studenten wird dem Rektor der Universität übertragen.
5. Der Präsident der Provinz Sachsen hat die Listen der Persönlichkeiten, die von dem Rektor der Universität als Dekane der Fakultäten, Direktoren der Institute, der Inhaber von Lehrstühlen als auch der Professoren zu überprüfen und mit seiner Stellungnahme durch die Deutsche Zentralverwaltung der Volksbildung in der Sowjetischen Besatzungszone Deutschlands der Abteilung für Volksbildung der SMA. zur Bestätigung vorzulegen.
6. Die Verantwortung für die rechtzeitige und ausreichende Finanzierung der Universität und für die Erhaltung des Lehrkörpers und des verwaltungstechnischen Personals wird dem Präsidenten der Provinz übertragen.

4 Die wenigen Tippfehler wurden korrigiert.

7. Der Leiter der Deutschen Verwaltung der Volksbildung hat folgendes vorzubereiten und zum 20. Januar 1946 der Abteilung für Volksbildung der SMA zur Bestätigung einzureichen:
   a) Verzeichnis der Spezialitäten für jede Fakultät mit Angabe des Profils der zu entlassenden Spezialisten,
   b) Aufnahmekontingent von Studenten für jede Fakultät und für jeden Kursus,
   c) Lehrpläne und Programme für jede Spezialität,
   d) Liste der Kandidaten, die von der Deutschen Verwaltung der Volksbildung für das Amt des Rektors, der Dekane der Fakultäten und der Direktoren der Institute vorgeschlagen werden.
8. Der Chef der Abteilung Volksbildung der SMA. in Deutschland, Solotuchin, hat die in den Punkten 5 und 7 aufgezählten Unterlagen durchzusehen und mit den interessierten Chefs der Abteilungen und Verwaltungen der SMA. abzustimmen und sie zu bestätigen.
9. Der Präsident der Provinz Sachsen hat dem Chef der SMA. bis zum

   20. Januar 1946

   zur Bestätigung einzureichen:
   a) Personalliste der Professoren und Lehrkräfte sowie des verwaltungstechnischen Personals,
   b) Personalliste der eingetragenen Studenten.
10. Der Chef der Verwaltung der SMA der Provinz Sachsen:
   a) hat die Listen der in Punkt 5 aufgezählten Personen zu überprüfen und sie mit seiner Stellungnahme der Abteilung für Volksbildung der SMA. in Deutschland zuzusenden.
   b) nach den übrigen Kontingenten, die zur Arbeit zugelassenen Personen zu bestätigen ebenso die zum Studium zugelassenen Studenten.

Für die Richtigkeit: Kanzleichef des Stabes der SMA.
Major Polegenko“

Am 30. Januar 1946 gab der Chef der Verwaltung der SMA der Provinz Sachsen, Generalmajor A. Kotikov einen Befehl heraus, der die Lehr- und Forschungstätigkeit an der halleschen Universität regelte:

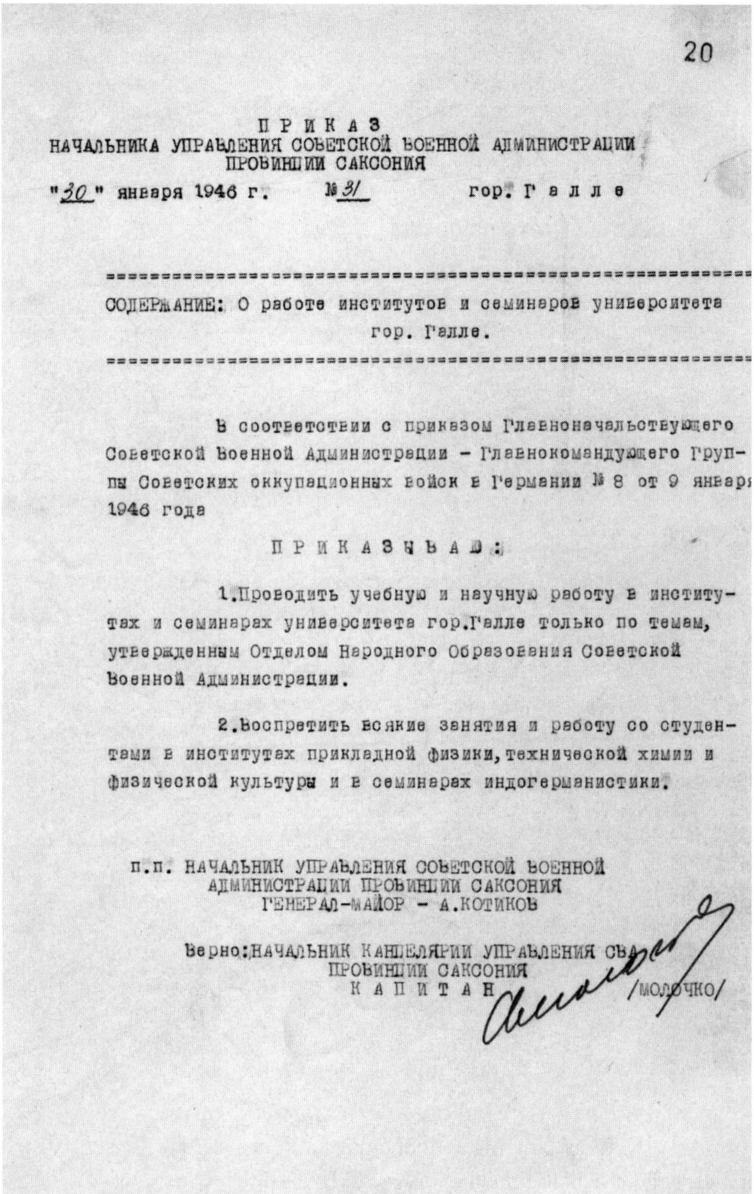

20

П Р И К А З
НАЧАЛЬНИКА УПРАВЛЕНИЯ СОВЕТСКОЙ ВОЕННОЙ АДМИНИСТРАЦИИ
ПРОВИНЦИИ САКСОНИЯ

"30" января 1946 г. №31 гор. Г а л л е

СОДЕРЖАНИЕ: О работе институтов и семинаров университета гор. Галле.

В соответствии с приказом Главноначальствующего Советской Военной Администрации – Главнокомандующего Группы Советских оккупационных войск в Германии № 8 от 9 января 1946 года

П Р И К А З Ы В А Ю:

1. Проводить учебную и научную работу в институтах и семинарах университета гор.Галле только по темам, утвержденным Отделом Народного Образования Советской Военной Администрации.

2. Воспретить всякие занятия и работу со студентами в институтах прикладной физики, технической химии и физической культуры и в семинарах индогерманистики.

п.п. НАЧАЛЬНИК УПРАВЛЕНИЯ СОВЕТСКОЙ ВОЕННОЙ
АДМИНИСТРАЦИИ ПРОВИНЦИИ САКСОНИЯ
ГЕНЕРАЛ-МАЙОР – А.КОТИКОВ

Верно: НАЧАЛЬНИК КАНЦЕЛЯРИИ УПРАВЛЕНИЯ СВА
ПРОВИНЦИИ САКСОНИЯ
К А П И Т А Н /МОЛОЧКО/

Russische Fassung des Befehls vom 30. Januar 1946.[5]

5 UAH, Rep. 4 Nr. 71, SMA-Befehle 1946.

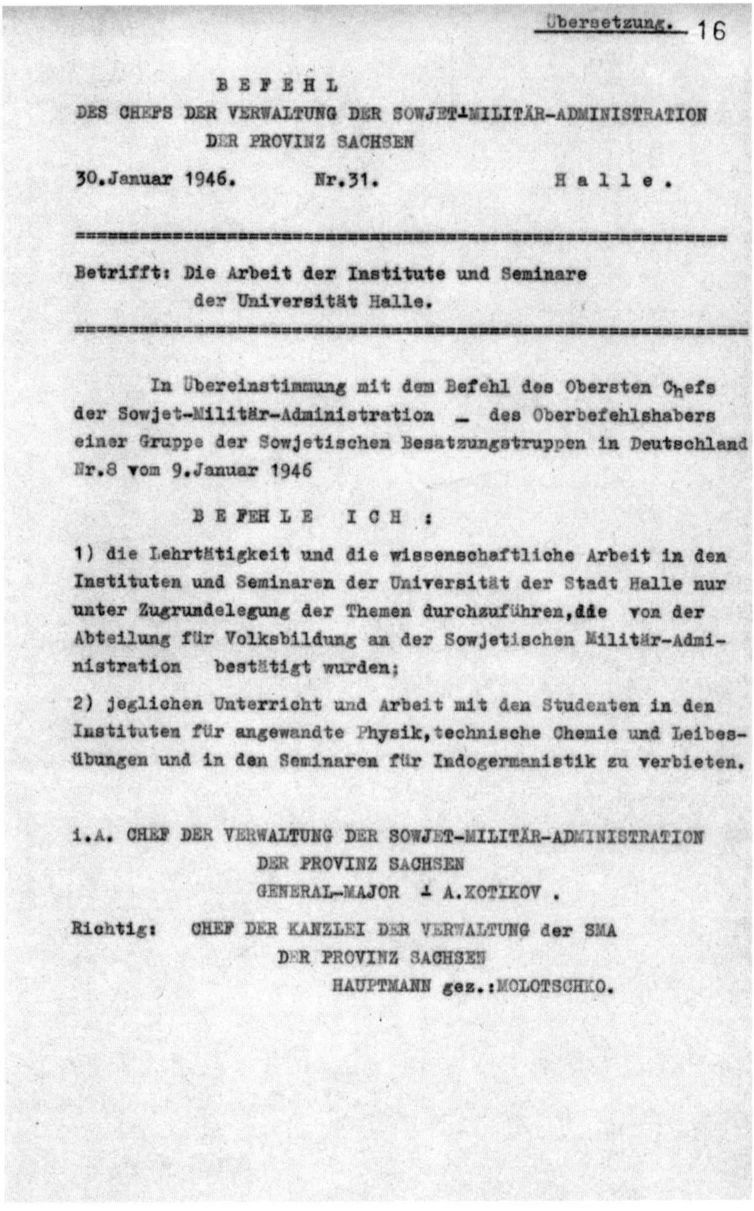

Übersetzung. 16

BEFEHL
DES CHEFS DER VERWALTUNG DER SOWJET-MILITÄR-ADMINISTRATION
DER PROVINZ SACHSEN

30.Januar 1946. Nr.31. Halle.

Betrifft: Die Arbeit der Institute und Seminare der Universität Halle.

In Übereinstimmung mit dem Befehl des Obersten Chefs der Sowjet-Militär-Administration – des Oberbefehlshabers einer Gruppe der Sowjetischen Besatzungstruppen in Deutschland Nr.8 vom 9.Januar 1946

BEFEHLE ICH:

1) die Lehrtätigkeit und die wissenschaftliche Arbeit in den Instituten und Seminaren der Universität der Stadt Halle nur unter Zugrundelegung der Themen durchzuführen, die von der Abteilung für Volksbildung an der Sowjetischen Militär-Administration bestätigt wurden;

2) jeglichen Unterricht und Arbeit mit den Studenten in den Instituten für angewandte Physik, technische Chemie und Leibesübungen und in den Seminaren für Indogermanistik zu verbieten.

i.A. CHEF DER VERWALTUNG DER SOWJET-MILITÄR-ADMINISTRATION
DER PROVINZ SACHSEN
GENERAL-MAJOR A.KOTIKOV.

Richtig: CHEF DER KANZLEI DER VERWALTUNG der SMA
DER PROVINZ SACHSEN
HAUPTMANN gez.:MOLOTSCHKO.

Übersetzung des Befehls.[6]

6 Landeshauptarchiv Magdeburg 42–1.

Das Programm des Festtages:

FESTFOLGE

FÜR DIE FEIER
ANLÄSSLICH DER WIEDERERÖFFNUNG
DER MARTIN LUTHER-UNIVERSITÄT
HALLE-WITTENBERG
AM 1. FEBRUAR 1946

Das Essen im Anschluß an den Festakt für die besonders dazu Geladenen findet in den Räumen des Weinhauses Pottel & Broskowski, Waisenhausring 16 (am Leipziger Turm) statt.

*

Karten für die Festvorstellung um 19 Uhr im Thaliatheater werden während des Essens ausgegeben.

*

1200. 1. 46. MVZ. (43) / G - 12345

Turmmusik von Pezel

*

Einzug des Lehrkörpers der Universität

*

Begrüßung durch den Präsidenten der Provinz Sachsen,
Herrn Geheimrat Dr. Hübener

*

Ansprache des Chefs der Verwaltung der Sowjetischen Militär-Administration der Provinz Sachsen,
Herrn Generalmajor Kotikow

*

Ansprache des Leiters der Abteilung für Volksbildung in der Sowjetischen Militär-Administration Berlin,
Herrn Professor Solotuchin

*

Ansprache des Leiters des Amtes für Forschung und Lehre in der Deutschen Zentralverwaltung für Volksbildung in der sowjetischen Besatzungszone,
Herrn Professor Dr. med. Brugsch

*

Ouvertüre von Tschaikowsky

*

Rede des Oberbürgermeisters der Stadt Halle
Herrn Mertens

*

Ouvertüre von Händel

Ansprache des Vorsitzenden der Christlich-Demokratischen Union, Landesverband Provinz Sachsen,
Herrn Präsidialdirektor Dr. Herwegen

*

Ansprache des Vorsitzenden der Kommunistischen Partei Deutschlands, Bezirksleitung Provinz Sachsen,
Herrn Bernard Koenen

*

Ansprache des Vorsitzenden der Liberal-Demokratischen Partei, Provinz Sachsen, Herrn Präsident des Reichspostdirektionsbezirks Halle, Delius

*

Ansprache des Vorsitzenden der Sozialdemokrat. Partei Deutschlands, Provinz Sachsen, Herrn Vizepräsident Thape

*

Ansprache des Vertreters der Studentenschaft,
Herrn stud. med. Sögtrop

*

Rede des Präsidenten der Provinz Sachsen,
Herrn Geheimrat Dr. Hübener

*

Rede Seiner Magnifizenz, des Rektors der Martin Luther-Universität Halle-Wittenberg,
Herrn Professor D., Dr. phil. Eißfeldt

*

Allegro von Mozart

*

Auszug des Lehrkörpers der Universität

Programm der Feier zur Wiedereröffnung der MLU am 1. Februar 1946

Das Programm ist ein beredtes Zeugnis des Umbruchs. Der äußere Rahmen der Veranstaltung ist festlich, die Musik mit Bedacht gewählt. Es begann mit Johann Christoph Pezel (1639–1694), dann folgte eine Musik vom Klassiker Peter Tschaikowsky[7], eine Komposition von Händel, dem Sohn der Stadt, und von Mozart – zeitlos, unpolitisch. Es gab eine Fülle von Reden und Ansprachen, die Begrüßung durch den Geheimrat (!) Dr. Hübener[8], eine Ansprache des Chefs der Verwaltung der SMA der Provinz Sachsen, Generalmajor Kotikow, des Leiters der Abteilung Volksbildung der SMAD Berlin, Generalmajor Solotuchin, dann der Vertreter aller übrigen beteiligten Stellen, aber auch Reden der vier zugelassenen Parteien! Gegen den Vorsitzenden der Christlich-Demokratischen Union, des Landesverbandes der Provinz Sachsen, „Herrn Präsidialdirektor Dr. Herwegen" würde man später einen Schauprozess veranstalten – hier war er noch akzeptiert wie der Rektor, der Theologe „Herr Professor Dr. Dr. phil. Eißfeldt", der eine kaum zu überschätzende Gallionsfigur für die wiedereröffnete Universität war.

In einer Rundfunkansprache[9] fasste der Rektor Einzelheiten der Entwicklung der Universität in den letzten Monaten eindrucksvoll zusammen und ging auch auf ihre Feier zur Wiederzulassung ein: „Im Unterschied von vielen anderen deutschen Hochschulen sind die Bauten unserer Universität vor Kriegsschäden ziemlich bewahrt geblieben. Nur das Verwaltungsgebäude am Universitätsplatz und die Frauenklinik sowie das ihr unmittelbar benachbarte Wirtschaftsgebäude der Kliniken in der Magdeburger Strasse sind bei den schweren Luftangriffen, die unsere Stadt kurz vor Kriegsende, als die Sinnlosigkeit weiteren Widerstandes längst allen klar geworden war, über sich ergehen lassen musste, ernstlicher beschädigt worden, während bei den an das Verwaltungsgebäude angrenzenden Bauten Thomasianum und Melanchthonianum nur das Dachgeschoss ausbrannte und die in das ihnen gegenüberliegende und die schöne Aula bergende Hauptgebäude geworfenen Brandbomben sofort gelöscht werden konnten, so dass in ihr nur ganz geringfügige Schäden entstanden. […] So hat

7 Pjotr Iljitsch Tschaikowsky (1840–1893), russischer Komponist.

8 Erhard Friedrich Julius Hübener (1881–1958), Kommunal- und Landespolitiker, Verwaltungsjurist und Hochschullehrer, 1922 Landeshauptmann Provinz Sachsen in Merseburg, 1933 zwangspensioniert, nach 1945 Mitbegründer „Demokratische Volkspartei" (ab Sept. 1945 LDP), im Mai 1945 von amerikanischer Besatzungsmacht wieder als Landeshauptmann eingesetzt. 10. November 1945 Präsident der Provinzialverwaltung Sachsen, 1946 Honorarprofessor für Verwaltungslehre und -wissenschaften an der MLU, 3. Dezember 1946–1949 Ministerpräsident des Landes Sachsen-Anhalt (Informationen aus Broszat und Weber 1990) 1950 Prof. mit vollem Lehrauftrag an der MLU, Oktober 1950 Niederlegung der Professur wegen Verbots seiner Lehrveranstaltung zum Verwaltungsrecht der Gegenwart. Mitglied des Spirituskreises.

9 UAH, Rep. 4 Nr. 72. Die Ansprache, deren Manuskript hier vorliegt, wurde zwischen dem 1. Februar 1946 und der Wiederzulassung der Medizinischen Fakultät am 10. April 1946 gehalten.

denn ein Teil der Universitätsarbeit keine oder doch nur eine ganz kurze Unterbrechung erfahren, ist vielmehr selbst in den Tagen des Kampfes um unsere Stadt weitergeführt worden, vor allem die der Kliniken und Institute der Medizinischen Fakultät; die durfte ja auch keinen Augenblick ruhen, wenn nicht die Patienten und die Bevölkerung in Stadt und Land nicht wieder gut zu machenden Schaden nehmen sollten. Aber auch an anderen Instituten ist wenigstens die Forschung unentwegt weitergegangen oder doch nur in den Kampftagen selbst kurz unterbrochen worden."

Kompliziert dagegen lagen die Dinge auf dem Gebiet der Universitätsverwaltung. Die staatliche Verwaltung der Universität ist zwar ohne Unterbrechung aufrecht erhalten worden. Aber die durch Rektor, Prorektor, Dekane und akademischen Senat repräsentierte Selbstverwaltung der Universität drohte zum Erliegen zu kommen, weil einige der bisher beteiligten Persönlichkeiten wegen ihrer politischen Belastung ausscheiden mussten.

Ein völliger Stillstand ist indes auch hier nicht eingetreten. Schon im Mai 1945 wurde der älteste aktive ordentliche Professor der Universität, der Ordinarius für vergleichende landwirtschaftliche Anatomie und Physiologie Dr. med. Dr. phil. Ulrich Gerhardt, als Vertrauensmann des Lehrkörpers der Universität bestimmt, gleichzeitig wurden nach dem Vorbild der vor 1933 üblichen Verfahren – also in geheimer Wahl – die Dekane der fünf Fakultäten gewählt. Eißfeldt resümierte hierzu: „Der genannte Vertrauensmann des Lehrkörpers und die fünf Dekane sind dann wiederholt zusammengetreten, um die laufenden Universitätsgeschäfte zu erledigen und die Zahl der Mitglieder des Senates und des Generalkonzils und damit die dem Generalkonzil obliegende Wahl des Rektors vorzubereiten. [...] So sind die Wahlen zum Senat und zum Generalkonzil, wie vorher schon die Wahlen der Dekane, nach der Satzung von 1930 vorgenommen [worden], [...] und sie ist auch maßgeblich gewesen für die am 24. Juli 1945 [muß Juni heißen] vorgenommen Rektorwahl. [...] So haben wir am 12. Juli 1945 in unserer überfüllten Aula eine von Musik umrahmte würdige Feier gehalten, bei der Professor Gerhardt die zahlreich erschienenen Gäste, darunter Vertreter der Sowjetischen Militär-Administration, begrüsste."

Höhepunkt dieses Tages war die Einführung Eißfeldts als Rektor. Er dankte als erste Amtshandlung Ulrich Gerhardt für die der Universität in komplizierten Wochen geleisteten Dienste, verkündete die Zusammensetzung des Akademischen Senats für das Amtsjahr vom 12. Juli 1945 bis 12. Juli 1946 und hielt, ganz nach altem Brauch, eine seinem wissenschaftlichen Fach zuzurechnende Rede über Prophetie und Politik.

Diese Rektorwahl war freilich noch nicht gleichbedeutend mit der vollen Wiedereröffnung der Universität. Noch bedurfte es weiterer Überprüfungen des Lehrkörpers auf seine politische Zuverlässigkeit und die Entfernung politisch belasteter Mitglieder aus ihm. Gleichzeitig mussten Vorkehrungen getroffen werden, die sicherstellten, dass die Studierenden sich einer demokratisch-humanen Einstellung verpflichtet fühlen würden und sich diese an der Alma mater festigen würde. In der erwähnten Rundfunkansprache zog Eißfeldt Anfang 1946 auch hierzu Bilanz: „Die Sowjetische Militär-Administration, die Deutsche Zentralverwaltung für Volksbildung in der Sowjetischen Besatzungszone Deutschlands, die Provinzialverwaltung, die vier antifaschistischen Parteien und die Universität selbst, Lehrkörper wie Studentenschaft, haben in gemeinsamer, fast ein halbes Jahr in Anspruch nehmender Arbeit diese Aufgabe gemeistert und so die Vorbedingung für die von neuem Geist beseelte Zukunft unserer Universität geschaffen.“

Anfang 1946 waren damit alle Voraussetzungen geschaffen, den universitären Lehrbetrieb wieder aufzunehmen. Allen Teilnehmern blieb diese Stunde am 1. Februar ein unvergessliches Erlebnis. Der Chronist notierte: „Pünktlich 11 ¼ Uhr, nachdem sich die Aula längst mit Festgästen gefüllt hatte, zogen unter Musikbegleitung die von General Kotikow geführte Abordnung der Sowjetischen Militär-Administration für die Provinz Sachsen, der Präsident der Provinz Sachsen Dr. Hübener samt Begleitung und die mit ihren Talaren angetanen Professoren und Dozenten – Rektor, Prorektor und Dekane an ihrer Spitze – ein.“

Wesentlichen Raum in den Ansprachen dieser Feier nahmen Überlegungen und Gedanken zur Ausbildung der Studenten ein. Hier lohnt der Blick in die vom Rektor skizzierten Grundsätze: „[...] was noch zu sagen ist, betrifft unsere Bemühungen, den Studenten den Geist freiheitlicher Demokratie und fortschrittlicher Humanität nahe zu bringen. In den Jahren, die hinter uns liegen, ist die Jugend in einseitiger geistiger Enge mehr gedrillt als erzogen worden. So gilt es, ihren Horizont zu weiten, sie innerlich frei zu machen und sie mit Fragen und Lebensbereichen in Berührung zu bringen, die ihnen früher bewusst ferngehalten wurden. Dem sollte ein Reihe von Vorträgen über Demokratie dienen, die im Laufe des vergangenen Semesters vor den in der Aula versammelten Studierenden gehalten worden sind, nämlich: Die neue Stellung der Studierenden von Präsidialdirektor Halle, Schulreform von Oberregierungsrat Elchlepp, Imperialismus und Faschismus von Präsidialdirektor Lessig, Weltgewerkschaften vom Vorsitzenden des FDGB Meisel, Politische Lage von Bezirkssekretär Koenen. Das neue Recht von Rechtsanwalt Dr. Kunze, Demokratie in Russland von Professor Häusler, Geschichte der Arbeiterparteien von Bezirkspräsident Bruschke, Religion und Demokratie von Professor Eißfeldt, das Geschichtsbild der Demokratie von Professor Lintzel. Der als Abschluss dieser Vorlesungsreihe gedachte Vortrag von Präsident Dr. Hübener über Verwaltung und Demokratie musste bis in den Anfang des nächsten Semesters verschoben werden.“ Soweit ein Ausschnitt aus dem Manuskript von Otto Eißfeldt, der einen vorzüglichen Eindruck von jenen Grundsätzen vermittelt, die fortan den Lehrveranstaltungen zugrunde liegen sollten.

Auch das Protokoll der ersten Senatssitzung[10] nach der Eröffnungsfeier bezeugt die Genugtuung über den nun wieder aufgenommenen Lehrbetrieb: „Vor Eintritt in die Tagesordnung spricht Prorektor Gerhardt unter Überreichung eines Buchgeschenkes dem Rektor aus Anlass der Wiedereröffnung der Universität Glückwunsch und Dank des Senats aus.“ Sodann befassten sich die Senatoren mit organisatorischen Fragen und legten fest: „Die nach einer Anordnung der Deutschen Zentralverwaltung abzuhaltenden Vorträge zur demokratischen Erziehung der Studierenden sollen vom 11. Februar 1946 ab nachmittags täglich 17 bis 18 oder 18 ½ Uhr im Auditorium maximum gehalten werden, was bedingt, dass diese Stunden von anderen Vorlesungen und Übungen freibleiben müssen.“ Mit Fingerspitzengefühl, aber doch auch konsequent wiesen sie allerdings weitergehende politische Zumutungen zurück: „Hinsichtlich der Frage des Beitritts der Mitglieder des Lehrkörpers zum Freien Deutschen Gewerkschaftsbund ist der Senat der Auffassung, dass hier die deutschen Hochschulen, mindestens die der sowjetischen Besatzungszone, einheitlich vorgehen müssten, und dass schon aus diesem Grunde jetzt eine den Lehrkörper bindende oder ihm doch eine bestimmte Haltung empfehlende Entscheidung des Senats nicht möglich sei. Weiter ist der Senat der Meinung, dass die Beantwortung der Frage, wer noch nicht dem Freien Deutschen Gewerkschaftsbund angehört, nicht zu den Pflichten des Universitäts-Lehrers gehöre.“

Der Atheismus hatte zu diesem Zeitpunkt an der Universität noch nicht Einzug gehalten, was auch durch die folgende Protokollnotiz dokumentiert wird: „Das Gedenken an Luther anlässlich der 400. Wiederkehr seines Todestages wird von der Universität durch einen besonders ausgestatteten akademischen Gottesdienst am 17. Februar 1946, ferner durch Teilnahme an der am 18. Februar von der Stadt in der Universitäts-Aula und vom Kreiskirchenausschuss in der Marktkirche veranstalteten Feier begangen werden.“

Bereits zwei Tage später trafen sich die Senatoren erneut, wobei jetzt Personalentscheidungen im Zentrum standen: „Als Mitglieder des politischen Ausschusses, der bei Berufungsvorschlägen und Lehraufträgen die politische Haltung der Betreffenden zu prüfen hat, werden in Vorschlag gebracht:

Prof. Dr. Herschel – Christlich-Demokr. Union
Prof. Dr. Gerhardt – Liberal-Demokr. Partei
Prof. Dr. Harry Schmidt[11] – Sozial-Demokr. Partei
Prof. Dr. Jacoby – Kommunistische Partei.

---

10 UAH, Rep. 4 Nr. 688, Senatssitzung am 9.2.1946, 4–7 ¼ Uhr nachm. im Generalkonzilssaal.
11 Harry Schmidt war Prof. für Angewandte Mathematik.

Die Dekane werden dem Rektor die Namen von Assistenten angeben, die den vier antifaschistischen Parteien angehören." Diese Notiz verdient Aufmerksamkeit, weil sie belegt, dass noch vier Parteien an diesen Entscheidungen beteiligt waren – eine schon bald geänderte Praxis.

Der neue Senator Lieser ist erstmals während der Senatssitzung am 9. März 1946[12] anwesend. Und noch ein Name wird erstmalig protokolliert. Bernard Koenen (mit Zweitnamen Heinrich Stafford) hatte bereits eine schwierige politische Karriere hinter sich, als er aus der Emigration in der Sowjetunion nach Halle kam. Er leitete von 1945 bis 1953 zunächst die KPD, nach deren Vereinigung mit der SPD die SED in Sachsen-Anhalts.[13] An ihn richtete sich jetzt die Aufforderung, nun auch am universitären Lehrbetrieb mitzuwirken: „1. Als Mitglied des dem Rektor zur Seite stehenden politischen Ausschusses wird für die KPD der Lehrbeauftragte Herr Koenen vom Dekan Hein vorgeschlagen. Eine entsprechende Anfrage soll an ihn gerichtet werden."

Beunruhigt zeigen sich die Senatoren, dass der Lehrbetrieb an der Medizinischen Fakultät noch immer nicht aufgenommen werden konnte: „Über die Lage der Medizinischen Fakultät berichten der Dekan Prof. Dr. Budde und der Prodekan Prof. Dr. Nitschke. Danach ist alles, sowohl in Sachen der Professorenberufungsvorschläge wie der Liste der zum Studium zuzulassenden Studenten, getan, was zu tun ist. Der Senat ist mit der Medizinischen Fakultät der Auffassung, dass die Wiederaufnahme der Arbeit durch die Medizinische Fakultät mit allem Nachdruck betrieben werden muss." Sich hier wie an anderen Stellen aufbauenden politischen Forderungen trat der Senat energisch entgegen. Etwa hält das Protokoll am 23. März 1946 fest: „Eine erneute Anfrage aus dem Kuratorium wegen der jetzigen Parteizugehörigkeit der Kollegen gibt dem Senat Anlass zu der Meinungsäusserung, dass auf die Bedenklichkeit solcher Fragen hingewiesen werden müsse, weil die Parallele zu nationalsozialistischen Methoden allzu nahe liegt."

---

12 Anwesend: Rektor Eissfeldt, Prorektor Gerhardt, Dekan der Theol. Fak. Heinzelmann, Dekan der Rechts- und Staatswiss. Fak. Hein, Dekan der Med. Fak. Budde, Prodekan der Med. Fak. Nitschke, Dekan der Naturw. Fak. Brandt, Senator Schniewind, Senator Lieser (erstmalig, er ist zum Ordinarius ernannt worden), Senator Schranil, Senator Stieda, Prof. Joerges, Es fehlen: Lintzel, Jung, Hülse, Weyhe (Dekan der Phil. Fak.), Woermann.

13 Bernard Koenen (1889–1964), geboren in Hamburg, war zunächst Metallarbeiter und Elektriker. Er wurde 1907 Mitglied der SPD, 1917 der USPD, 1920 der KPD. Von 1918 bis 1921 gehörte er dem Arbeiterrat der Leuna-Werke an und war seit 1921 Redakteur des ‚Klassenkampfs' in Halle, Sekretär der Bezirksleitung Halle-Merseburg der KPD und von 1924 bis 1929 Mitglied des preußischen Staatsrates. Im Juni 1933 emigrierte Koenen ins Saarland, später in die UdSSR. In der Zeit von 1937 bis 1939 ist er dort zweimal verhaftet worden. Er arbeitete für den deutschen Volkssender und die Bewegung „Freies Deutschland". Von 1953 bis 1958 vertrat Koenen die DDR als Botschafter in der ČSR. Mitglied des Parteivorstandes bzw. des ZK der SED seit 1946, seit 1960 Mitglied des Staatsrates der DDR. Bernhard Koenen starb am 30. April 1964. Zu weiteren Details siehe vor allem den Band „In den Fängen des NKWD", Berlin 1991, der die Verfolgung der deutschen Kommunisten in der Sowjetunion ausführlich dokumentiert.

Der Andrang der Studenten auf die Universität war groß, es gab vier bis fünfmal mehr Bewerber als Studienplätze.[14] Vor allem die jungen Männer hatten durch den Krieg wertvolle Jahre verloren und strebten jetzt an die Universitäten. Der Anteil der Studentinnen lag bei der Wiedereröffnung bei 14 %, 1949 schon bei mehr als einem Drittel. Während 1946 noch ca. 70 % der Studenten parteilos waren, waren es 1947/48 nur noch ein Drittel. 1946 gehörten 15,1 % der KPD bzw. der SPD an, 7,3 % der LDP, 7,7 % der CDU. Im Wintersemester 1947/48 gehörten 43,6% der SED, 14,2 % der LDP, 7,4 % der CDU an. Etwa ein Viertel der SED-Mitglieder waren Frauen.[15] Diejenigen, denen durch die Kriegsumstände das Abitur fehlte, bekamen die Gelegenheit, an den im Frühjahr 1946 gegründeten Vorstudienanstalten bzw. an der 1949 gegründeten Arbeiter- und Bauern-Fakultät (ABF) ihr Abitur nachzuholen. Solche Möglichkeiten wurden an allen Universitäten im Ostteil Deutschlands geschaffen. In Halle wurde das Vorsemester an der MLU am 3. Mai 1946 eingerichtet[16], und die ABF bestand hier besonders lange.

Im Protokoll der Senatssitzung am 5. April 1946 ist im Blick auf den akademischen Lehrbetrieb die Formulierung auffällig, wonach es jetzt „bestätigte Studenten“ gebe. Der Rektor habe, so ist hier vermerkt, unter Berufung auf den Befehl des Chefs der Verwaltung der SMAD für die Prov. Sachsen Nr. 83 vom 3.4.1946 den Senatoren „die Zahl der bestätigten Studenten in den einzelnen Fakultäten“ mitgeteilt. Sie betrage nunmehr:

	1. Semester	**ältere Semester**
Theologie	34	13
Rechtswissenschaft	67	46
Philosophie		
Slawistik	33	17
Englisch	27	13
Französisch	13	10
Germanistik	30	15
Klassische Sprachen	12	6
Naturwissenschaft		
Mathematik	57	15
Physik	48	7
Biologie	30	8
Geographie	17	11
Chemie	41	14
Landwirtschaft	58	35

14 Ammer 1969, S. 11.
15 Rupieper 1994, S. 109.
16 Kowalczuk 2003, S. 148.

Der Befehl ordnete weiter an, dass vakante Plätze im Zuge des Arbeitsganges mit nachfolgender Bestätigung durch die SMAD belegt werden könnten. Nicht aufgenommene Studenten seien von der Universität zu entfernen. Der Senat hat dies ganz offensichtlich skeptisch kommentiert, denn das Protokoll vermerkt, dass er sich weitere Schritte in dieser Angelegenheit vorbehalte.

Ebenso aufschlussreich ist die Diskussion der durch den Rektor vorgetragenen Anregung, an der Universität eine Ortsgruppe des Bundes zur demokratischen Erneuerung Deutschlands unter seinem Vorsitz zu gründen. Ohne schon endgültig zu dieser Frage Stellung zu nehmen, äußerten eine Reihe von Senatsmitgliedern Bedenken, dass mit einer solchen Gründung zumindest scheinbar Druck auf die Mitglieder des Lehrkörpers zum Eintritt in den Kulturbund ausgeübt werde.

Schließlich verlas Otto Eißfeldt den Befehl zur Wiedereröffnung der Medizinischen Fakultät vom 10. April 1946, der hier im Original reproduziert wird:

Übersetzung 8

Befehl
des
Chefs der Verwaltung der SMA der Provinz Sachsen
Nr. 84

10. April 1946 Halle

Betr. Wiederaufnahme der Lehrtätigkeit an der Medizinischen Fakultät der Universität Halle!

In Übereinstimmung mit dem Befehl des Obersten Chefs der SMA in Deutschland Nr. 8 vom 9. Januar 1946

befehle ich:

1. Dem Antrag des Präsidenten der Provinz Sachsen stattzugeben und der Universität Halle zu gestatten, angefangen vom 10. April 1946, die Tätigkeit der Medizinischen Fakultät wieder aufzunehmen.
2. Das Professoren- und Lehrpersonal und das Personal der Assistenten in folgendem Bestande zu bestätigen:

Anatomisches Institut: Direktor Prof. Günther Hertwig
Lektoren: Prof. Günther Herwig
Extraordinariat für Biologie: Prof. Paula Hertwig, sie ist zugleich auch Lektor für Biologie und Entwicklungsgeschichte.

Hygienisches Institut: Direktor: Prof. Paul Schmidt
Assistent: Dr. Ahrens,
Lektoren: Schmidt und Dr. Ahrens

Pharmakologisches Institut: Direktor und Lektor: zeitweilig zugelassen: Prof. Pohle
Assistenten: Dr. Welke, Dipl.Ing. Wenzel

Institut für gerichtliche Medizin: Direktor: Prof. Rooks
Lektor: Prof. Rooks
Assistenten: Dr. Berndt, Dr. Krefft

Institut für Pathologische Anatomie: Direktor: Prof. Hueck (Leipzig)
Lektoren: Prof. Hueck
Assistenten: Dozent Dr. Kettler
(als Hilfe für Sektionskurse usw.)
Dr. Ilse Müller, Volontär-Assistentin

Medizinische Klinik: Direktor: Prof. Cobet
Lektor: Prof. Cobet
Assistenten: Dr. Trautmann, Dr. Margarete Pönitz, Dr. Maria Noack, Dr. von Held, Dr. Hennig.

Volontär-Assistenten: Dr. Ruth Nattermann, Dr. Brückmann, Dr. Winter, Dr. Karl Welke

Medizinische Poliklink: Vertreter des Direktors: Prof. Ratschow
Lektor: Prof. Ratschow
Assistenten: Dr. Ulbrich, Dr. Damm, Dr. Annemarie Otto, Dr. Elisabeth Seela, Dr. Pudor, Dr. Marx, Dr. Kleinmann, Dr. Gertrud Kruckenberg, Dr. Fliege, Dr. Jungmann, Dr. Annemarie Busse

Der Befehl zur Wiedereröffnung der Medizinischen Fakultät[17]

17 UAH, Rep. 4 Nr. 71, SMA-Befehle 1946.

- 2 -

Chirurgische Klinik:

Direktor: Prof. Budde
Lektoren: Prof. Budde mit Assistenten
Assistenten: Dr. Frenzel, Dr. Serfling, Dr. Laukner, Dr. Ulitzsch

Volontär-Assistenen: Dr. Matzen, Dr. Sczepanski

Augenklinik:

Direktor: Prof. Clausen
Lektor: Prof. Clausen
Assistenten: Dr. Obst, Dr. von Radloff, Dr. Prell, Dr. Schmidt, Dr. Brigitte Schumann

Volontär-Assistenten: Dr. Kernbach

Frauenklinik:

Direktor: Prof. Nürnberger
Lektoren: Prof. Nürnberger und Dozent Dr. Emmrich
Assistenten: Dozent Dr. Emmrich, Dr. Krausold, Dr. Walther

Nervenklinik:

Direktor: Prof. Flügel
~~Assistenten:~~ Lektor: Prof. Flügel
Assistenten: Dr. Cichon, Dr. Parnitzke, Dr. Döhner, Dr. Habenicht

Volontär-Assistenten: Dr. Albrecht, Dr. Vieweg

Kinderklinik:

Direktor: Prof. Nitschke
Lektor: Prof. Nitschke
Assistenten: Dr. Busse, Dr. Zahn, Dr. Grimm, Dr. Metzler, Dr. Looff

Hautklinik:

Direktor: Prof. Jakoby
Lektor: Prof. Jakoby
Assistenten: Dr. Kliegel
Volontär-Assistenten: Dr. Schaarschmidt, Dr. Schmölling, Dr. Holz

Zahnklinik:

Direktor: Prof. Weber
Lektor: Prof. Weber
Assistentin: Dr. Röckner

Anmerkung: Im Physiologischen Institut wird die Tätigkeit nicht wieder aufgenommen bis zum Moment einer geeigneten Kandidatur auf den Posten des Direktors des Instituts.

3. Das Kontingent der Studenten in der Medizinischen Fakultät wird auf 370 festgesetzt -allgemeine Medizin-305, Zahnmedizin-65

Gemäß den beiliegenden Personalverzeichnissen der Studenten sind zu bestätigen:

für	das	1.	Semester	=	115	Personen
"	"	2.	"	=	34	"
"	"	3.	"	=	16	"
"	"	4.	"	=	19	"
"	"	5.	"	=	30	"
		Übertrag:			214	Personen

- 3 -

9

	Übertrag:		214 Personen
für das 6. Semester		=	23 "
" " 7. "		=	23 "
" " 8. "		=	9 "
" " 9. "		=	20 "
" " 10. "		=	12 "
nur für Zahnmedizin		=	61 "
			362 Personen

4. Eine weitere Aufnahme in der Medizinischen Fakultät ist einzustellen, den Studenten sind Studentenkarten nach dem Dauermuster auszustellen.

Stellvertreter des Chefs der Verwaltung der SMA der Provinz Sachsen
General-Major Muchin
Chef des Stabes der Verw. der SMA der Provinz Sachsen
Oberstleutnant der Garde Morosow

Der Chemiker Friedrich Asinger wird als „Spezialist" in die Sowjetunion gebracht

Im Jahr 1946 wurde der Chemiker Friedrich Asinger, Dozent an der Naturwissenschaftlichen Fakultät, als Spezialist nach Dserzhinsk verbracht. Er kehrte von dort im Mai 1954 zurück. Man kann sein Schicksal nicht mit dem von Verurteilten gleichsetzen – er ist insoweit unzutreffend auf der Verhafteten-Liste des Studentenbundes aufgeführt –, denn die Sowjetunion hatte an ihm als „Spezialisten" Interesse.

Welche Forschungsaufgabe Asinger bekam, ist nicht überliefert. Er kehrte, wie schon erwähnt, Mitte der fünfziger Jahre an die Martin-Luther-Universität zurück, wo seine wissenschaftliche Karriere nach Kräften gefördert wurde. Asinger war zeitweilig Senator und kandidierte, allerdings erfolglos, bei einer Rektorwahl. Er wechselte 1958 nach Dresden.

Bereits 1950, als Asinger sich noch in der UdSSR befand, beantragte die Fakultät einen Lehrauftrag für spezielle organische Chemie für ihn. Hierzu existiert ein Briefwechsel des Dekans Hans Gallwitz[19] mit Asinger. Über das Hallenser Ansinnen in

18 Helmut Heinrich (1904–1997), Mathematiker, Leopoldina-Mitglied seit 1964.

19 Hans Gallwitz (1896–1958), Geologe, Leopoldina-Mitglied seit 1950, Sekretar der Naturwissenschaften in der Leopoldina 1952–1958.

Friedrich Asinger

Kenntnis gesetzt antwortet jener, dass er gern an die Martin-Luther-Universität kommen würde, aber über den Zeitpunkt einer Rückkehr nicht Bescheid wisse. Doch hoffe er, „dass dieser nicht unmittelbar die Angelegenheit beeinflussen wird, da ja in meinem besonderen Falle mit einer Ernennung gleichzeitig eine Beurlaubung auf die noch restliche Zeit der Dienstleistung in der Sowjetunion ausgesprochen werden kann".

Bis zur tatsächlichen Rückkehr sollten aber noch Jahre vergehen. Am 26. Juni 1953 schrieb der nunmehrige Dekan Wilhelm Messerschmidt[20] an Asinger nach Rubeschnoe (Donbass), Woroschilowgebiet, dass die Fakultät nach wie vor an seinem Kommen interessiert sei. Abermals vergingen Monate, endlich am 12. Januar 1954 teilte Asinger Messerschmidt mit: „Seit gestern haben die Vorbereitungen für unserer Rückführung in die D.D.R. begonnen, und ich werde voraussichtlich in etwa 4 bis 6 Wochen bei Ihnen in Halle vorsprechen können."[21]

Die erste bekannt gewordene Verhaftung: Der Medizinstudent Heinz Nöhricke

Die Inhaftierung Heinz Nöhrickes ist die erste aktenkundige Verhaftung an der MLU nach 1945.

Der 1919 geborene Medizinstudent Heinz Nöhricke hatte sich zunächst 1940 immatrikulieren lassen, musste aber als Soldat dieses Studium an der Universität Halle unterbrechen. Erst am 10. April 1946 konnte er sein Studium fortsetzen. Doch blieb es abermals bei einer Episode, denn bereits am 24. Mai 1946 wurde er verhaftet.

20 Wilhelm Messerschmidt (1906–1975), Experimentalphysiker, Leopoldina-Mitglied seit 1958.
21 UAH, PA 3994 Friedrich Asinger.

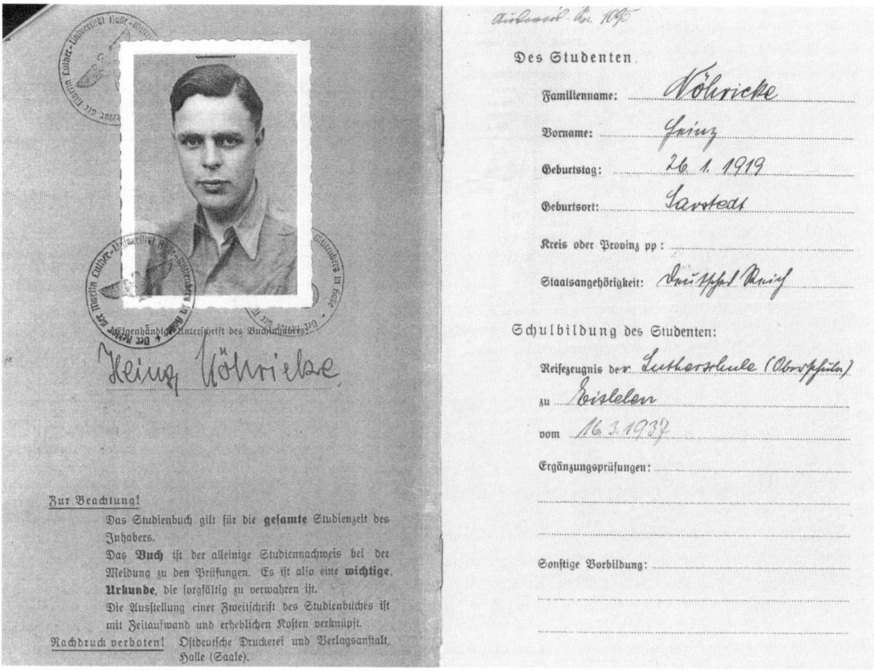

Seite aus dem Studienbuch von Heinz Nöhricke

Nöhricke hatte sich mit ehemaligen Schulkameraden des Reformgymnasiums „Staatliche Lutherschule" in Eisleben geroffen. Nach der NKWD-Archiv-Nr. K-506905 wurde Nöhricke mit vier weiteren vormaligen Mitschülern verhaftet und zu 10 Jahren Haft verurteilt. Wenige Wochen vorher war eine andere Gruppe von ehemaligen Schülern in Eisleben verhaftet worden, von sieben Angeklagten wurden schließlich drei zum Tod durch Erschießen verurteilt. (NKWD-Archiv-Nr. K-507250). Anzunehmen ist, dass durch die Vernehmungen dieser Schüler der Verdacht auf jene Gruppe gelenkt worden ist, zu der Nöhricke gehörte. Er musste eine besonders lange Haftzeit erdulden – genau 10 Jahre nach seiner Verhaftung, am 24. Mai 1956, ist er aus dem Gefängnis entlassen worden.

Mit einer Bescheinigung, wie sie hier abgebildet ist, konnten vormalige Studenten aus der DDR in der Bundesrepublik Deutschland ihr Studium fortsetzen. Diese Bescheinigung stellte vor allem ihre bürgerlichen Rechte umfassend wieder her. Es sei auch vermerkt, dass Nöhricke und die gemeinsam mit ihm verhafteten und verurteilten vier Schulfreunde am 23. September 2003 von der russischen Militärhauptstaatsanwaltschaft rehabilitiert worden sind.

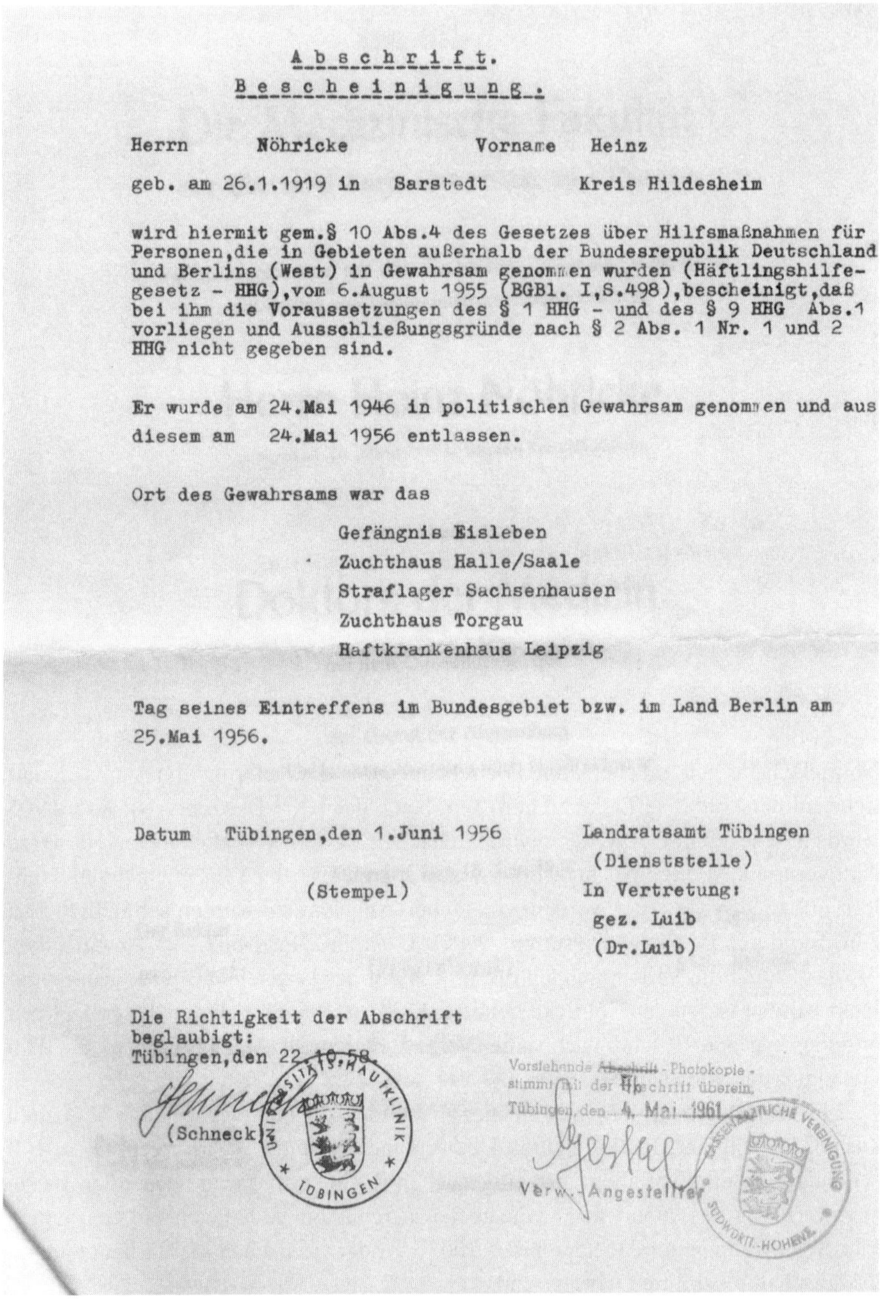

A b s c h r i f t.

B e s c h e i n i g u n g .

Herrn Nöhricke Vorname Heinz

geb. am 26.1.1919 in Sarstedt Kreis Hildesheim

wird hiermit gem.§ 10 Abs.4 des Gesetzes über Hilfsmaßnahmen für Personen,die in Gebieten außerhalb der Bundesrepublik Deutschland und Berlins (West) in Gewahrsam genommen wurden (Häftlingshilfegesetz - HHG),vom 6.August 1955 (BGBl. I,S.498),bescheinigt,daß bei ihm die Voraussetzungen des § 1 HHG - und des § 9 HHG Abs.1 vorliegen und Ausschließungsgründe nach § 2 Abs. 1 Nr. 1 und 2 HHG nicht gegeben sind.

Er wurde am 24.Mai 1946 in politischen Gewahrsam genommen und aus diesem am 24.Mai 1956 entlassen.

Ort des Gewahrsams war das

Gefängnis Eisleben
Zuchthaus Halle/Saale
Straflager Sachsenhausen
Zuchthaus Torgau
Haftkrankenhaus Leipzig

Tag seines Eintreffens im Bundesgebiet bzw. im Land Berlin am 25.Mai 1956.

Datum Tübingen,den 1.Juni 1956 Landratsamt Tübingen
(Dienststelle)
(Stempel) In Vertretung:
gez. Luib
(Dr.Luib)

Die Richtigkeit der Abschrift
beglaubigt:
Tübingen,den 22.10.58.
(Schneck)

Bescheinigung für Heinz Nöhricke vom Landratsamt Tübingen 1956.

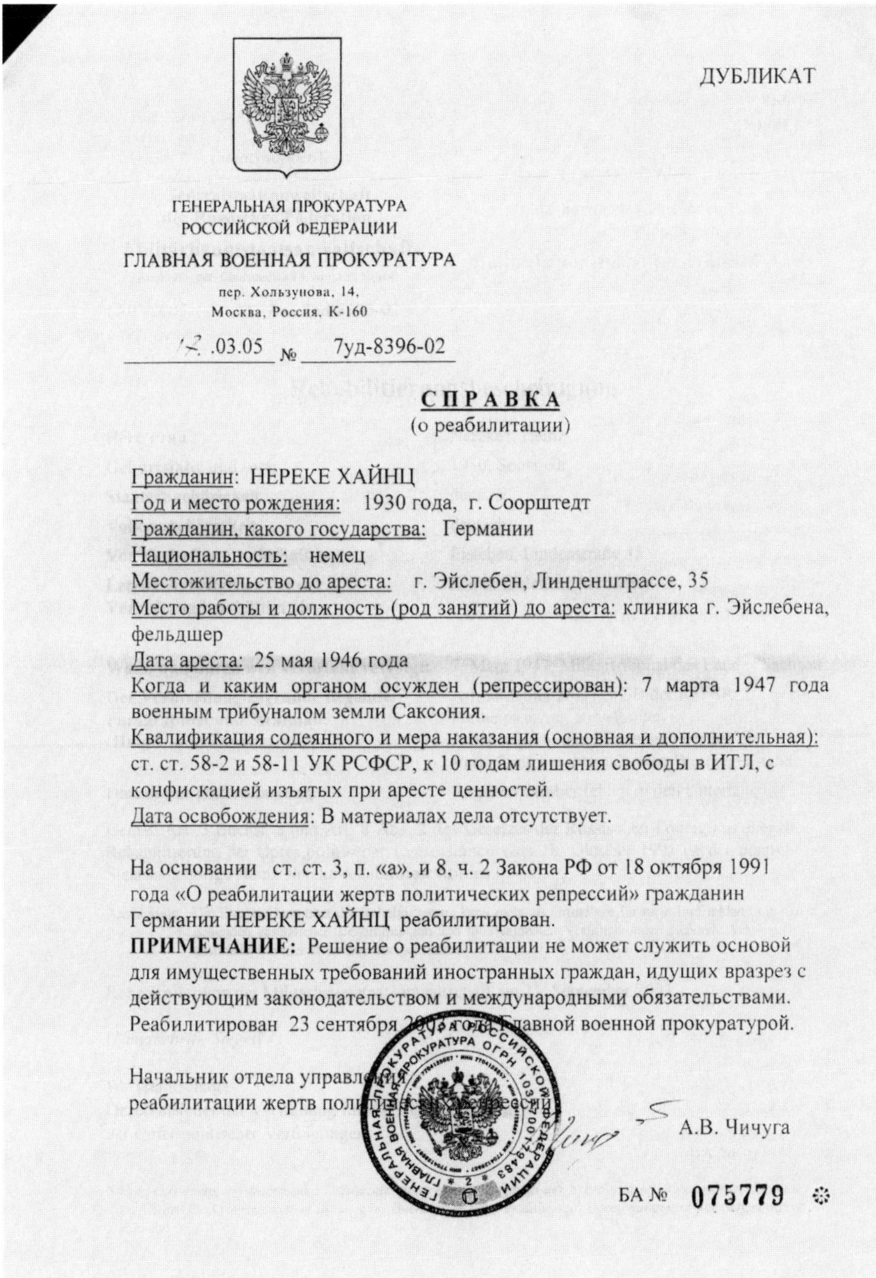

ДУБЛИКАТ

ГЕНЕРАЛЬНАЯ ПРОКУРАТУРА
РОССИЙСКОЙ ФЕДЕРАЦИИ
ГЛАВНАЯ ВОЕННАЯ ПРОКУРАТУРА
пер. Хользунова, 14,
Москва, Россия, К-160

12.03.05 № 7уд-8396-02

СПРАВКА
(о реабилитации)

Гражданин: НЕРЕКЕ ХАЙНЦ
Год и место рождения: 1930 года, г. Сооруштедт
Гражданин, какого государства: Германии
Национальность: немец
Местожительство до ареста: г. Эйслебен, Линденштрассе, 35
Место работы и должность (род занятий) до ареста: клиника г. Эйслебена, фельдшер
Дата ареста: 25 мая 1946 года
Когда и каким органом осужден (репрессирован): 7 марта 1947 года военным трибуналом земли Саксония.
Квалификация содеянного и мера наказания (основная и дополнительная): ст. ст. 58-2 и 58-11 УК РСФСР, к 10 годам лишения свободы в ИТЛ, с конфискацией изъятых при аресте ценностей.
Дата освобождения: В материалах дела отсутствует.

На основании ст. ст. 3, п. «а», и 8, ч. 2 Закона РФ от 18 октября 1991 года «О реабилитации жертв политических репрессий» гражданин Германии НЕРЕКЕ ХАЙНЦ реабилитирован.
ПРИМЕЧАНИЕ: Решение о реабилитации не может служить основой для имущественных требований иностранных граждан, идущих вразрез с действующим законодательством и международными обязательствами.
Реабилитирован 23 сентября 2003 года Главной военной прокуратурой.

Начальник отдела управления
реабилитации жертв политических репрессий А.В. Чичуга

БА № 075779

Rehabilitierungsurkunde Nöhricke, russisch und deutsch

Übersetzung aus dem Russischen

DOPPEL

[*Staatswappen*]

Generalstaatsanwaltschaft der Russischen Föderation

Militärhauptstaatsanwaltschaft

Russland, per. Cholsunowa 14, Moskau K-160

17.03.2005 Az.: 7ud-8396-02

Rehabilitierungsbescheinigung

Herr/Frau	Nereke*, Heinz
Geburtsjahr und -ort:	1930; Soorstedt
Staatsangehörigkeit	deutsch
Volkszugehörigkeit	deutsch
Vor Verhaftung wohnhaft in:	Eisleben, Lindenstraße 35
Letzter Arbeitgeber vor der Verhaftung/beschäftigt als:	Klinik Eisleben; Arzthelfer
Datum der Verhaftung:	25. Mai 1946
Wann und durch wen verurteilt/verfolgt:	7. März 1947; Militärtribunal des Landes Sachsen
Der Verurteilung zugrunde liegende Paragraphen und Strafmaß (Haupt- und Zusatzstrafe):	Art. 58-2 und 58-11 StGB der RSFSR; 10 Jahre Freiheitsentzug, zu verbüßen in Besserungs- und Arbeitslagern, und Einziehung der bei der Verhaftung beschlagnahmten Wertgegenstände
Datum der Haftentlassung:	Angaben darüber fehlen in den Unterlagen.

Gemäß Art. 3 Buchst. a und Art. 8 Abs. 2 des Gesetzes der Russischen Föderation über die Rehabilitierung der Opfer politischer Repressionen vom 18. Oktober 1991 ist der deutsche Staatsangehörige Heinz Nereke rehabilitiert worden.

Anmerkung: Die Entscheidung über die Rehabilitierung kann nicht als Grundlage für nicht im Einklang mit den geltenden gesetzlichen Bestimmungen und internationalen Verpflichtungen stehende Vermögensansprüche fremder Staatsangehöriger dienen.

Rehabilitiert von der Militärhauptstaatsanwaltschaft am 23. September 2003.

[*Unterschrift, Siegel*]

W. Tschitschuga
Dezernatsleiter der Verwaltung für die Rehabilitierung
der Opfer politischer Verfolgungen

BA Nr. 075779

* *Die Schreibung von Namen und Ortsbezeichnung erfolgt aufgrund der Schreibweise im russischen Original. Durch die Rückübertragung in lateinische Buchstaben kann es daher zu Abweichungen in der Schreibweise kommen.*

Im selben Frühjahr 1946 wurde den Senatoren der „Universitäts-Oberinspektor Rothmann […] vorgestellt und […] als ständiger Protokollführer verpflichtet.“ Die Protokolle haben von nun an eine perfekte äußere Form und sind jeweils unterschrieben von Rothmann und Eißfeldt.

Unter den nun aufgezeichneten Einzelheiten findet sich die Mitteilung der Einrichtung von Vorsemestern für 500 Volksstudenten. Danach sollten „die Volksstudenten den ordentlichen Studierenden gleichgestellt“ sein und ihnen Unterrichtsräume zur Verfügung gestellt werden. Die Professorenschaft wurde gebeten, sich diesen Vorsemestern zur Verfügung zu stellen.

Die Senatssitzung am 18. Mai 1946 wurde gänzlich von der bevorstehenden Rektorwahl dominiert, letztmalig sollte der Rektor hier vom Generalkonzil gewählt werden. Aber die Wahlvorbereitung gestaltete sich zunehmend komplizierter: „Es wurde festgesetzt, daß das Generalkonzil zur Vornahme der Rektorwahl für Dienstag, 28. Mai 1946, 18 Uhr, einberufen werden soll. Das passive Wahlrecht steht den Ordinarien zu, das aktive allen aktiven Professoren und Dozenten, den emeritierten, soweit sie mit einer Vertretung betraut sind.“[22] Danach wurde zur Zusammensetzung des Senates wie folgt entschieden:

„Nach § 57 der Universitäts-Satzung gehören dem Senat an:

a) aus jeder Fakultät ein Ordinarius als Wahlsenator,
b) aus der Gesamtheit der außerordentlichen Professoren und Privatdozenten zwei Mitglieder.

Es wurde beschlossen, daß mit Rücksicht auf die von der Provinzialverwaltung geäußerten Wünsche auf stärkere Vertretung der Nichtordinarien diesmal den Nichtordinarien vier Wahlsenatoren zugestanden werden sollen.“

Ein Senat aus den Dekanen und zwei bis vier Vertretern der Nichtordinarien würde nicht mehr lange so konzentriert arbeiten können, denn zunehmend würden Funktionäre von Partei und FDJ, die immer zahlreicher werdenden Prorektoren, auch Vertreter der Industrie, die Reihen des Senates auffüllen, die Stimmenmehrheit letztendlich für sich gewinnen und den „bürgerlichen Professoren“ ihren Einfluss nehmen. Als „bürgerliche Professoren“ bezeichneten die SED-Funktionäre später jene Professoren, die nicht Mitglieder der SED waren und die die Werte und Ideale des Bürgertums, wie etwa Freiheit der Wissenschaft, vertraten und die sich gegen die Einflussnahme der Partei auf das Universitätsgeschehen wandten.

Hier, im Jahr 1946, haben wir es noch mit der Dominanz jener „bürgerlichen Professoren“ zu tun, die sich dafür engagierten, dass die Martin-Luther-Universität wieder an ihre großen Traditionen der Vergangenheit anknüpfen könnte.

22 Schniewind, Lintzel, Jung und Lieser scheiden aus dem Senat aus.

Die geplante Rektorwahl findet aber zunächst nicht statt. In der Senatssitzung am 21. Mai 1946 wehren sich die Anwesenden gegen Elchlepp als Kurator; sie wollen ihn nur vorübergehend akzeptieren. Ihre Ablehnung begründen sie damit, dass sie sich in dieser Funktion einen Volljuristen wünschen. Nach einer Meinungsbildung zu dieser auch politisch delikaten Personalie werden sie von der Mitteilung überrascht, dass „die Provinzialregierung eine Rektorwahl jetzt für unangebracht [hält] und damit einverstanden [wäre], daß auch Dekane und Senatsmitglieder ihre Ämter einstweilen behalten".

Weiteres über die Hintergründe der Rektorwahlverweigerung erfährt man im Protokoll der nächsten Sitzung am 27. Mai 1946: „Der Rektor berichtet über seine heutige Unterredung, die er mit dem Präsidenten Hübener und dem Präsidial-Direktor Halle hatte, in der der Präsident Hübener in Form einer dringenden Bitte die Anordnung gab, diesmal von der Wahl des Rektors abzusehen. Nach Auffassung der Besatzungsmacht gäbe es kein anderes Recht als das aus ihr abgeleitete, und alle früheren Rechte, auch das akademische Wahlrecht, ruhten, bis mit der Regelung des Wahlrechts in anderen Bereichen auch das Akademische Wahlrecht neu geordnet sei. Der Präsident Hübener hoffe, daß dieser Maßnahme volles Verständnis entgegengebracht würde und keine Trübung des Verhältnisses zwischen Provinzialverwaltung und Universität eintreten möge.

Der Rektor hat eine dementsprechende Zusicherung gegeben, aber auch darauf hingewiesen, daß das jetzige Geschehen nicht den Anfang einer Entwicklung bilden dürfe, wie sie der Nationalsozialismus mit sich gebracht habe. Nach allgemeiner Aussprache wurde beschlossen, am 28. Mai 1946 um 13 Uhr zu einer Senatssitzung nochmals zusammenzutreten."

Die Senatoren, die doch gerade eine Diktatur überstanden hatten, reagierten hier überaus sensibel. Rektor Eißfeldt vertrat die Meinung, dass einer Einschränkung des akademischen Wahlrechtes keinesfalls zugestimmt werden könne. Er warnte, den Anfängen einer Einflussnahme von außen zu wehren, doch im Falle der sich jetzt etablierenden Diktatur war das wohl nicht möglich.

In der Senatssitzung am 19. Juni 1946 gab der Rektor eine brisante Personalie bekannt: die Ernennung des Oberregierungsrates Elchlepp zum Universitäts-Kurator. Im gleichen Protokoll findet sich auch ein erster Hinweis auf einen verhafteten Universitätsangehörigen: „Der Senat nahm Kenntnis von der Verhaftung des stud. med. Wolfgang Krug durch die Sowjetische Militär-Administration. Die Gründe sind nicht bekannt." Die Verhaftung Krugs ist an dieser Stelle allein durch diese Notiz dokumentiert. Aus seinem Immatrikulationsschein geht hervor, dass er sich an der Universität Halle am 24. Oktober 1945 eingeschrieben hat und bei „Tag und Art des Abgangs" lautet die Notiz: „9.11.46 gestrichen". Krug wurde wegen angeblichen Waffenbesitzes zu zehn Jahren Zwangsarbeitslager verurteilt.

Der neue Kurator Elchlepp stürzte sich sofort in seine politische Aufgabe, wobei sich der Senat zunehmend gegen ihn stemmte, wie der folgenden Protokollnotiz entnommen werden kann: „Der Senat beschloss, dem Herrn Kurator auf die Aufforderung vom 15. Juni 1946 betr. Stellungnahme zum Volksentscheid in Sachsen, nachdem die Fakultäten zu dieser Frage sich geäussert haben, mitzuteilen: Die Stellungnahme zu politischen Tagesfragen liegt ausserhalb der Aufgaben von Rektor, Dekanen und Fakultäten."

Das ist für die Verhältnisse in einer Diktatur ein guter und kluger Satz, der schon wenig später nicht mehr galt.

Der Chemiestudent Josef Barduhn – verhaftet, verstorben in Torgau

Die Senatsprotokolle enthalten keinen Hinweis auf die Verhaftung des Chemiestudenten Josef Barduhn. Das lässt den Schluss zu, dass dessen Mitglieder davon tatsächlich nichts wussten. Sein Name taucht in der „In memoriam"-Liste des Studentenverbandes unter dem Namen Johannes Bardun, geboren am 30. Mai 1926 in Gardelegen, auf. Er hatte sich am 7. April 1946 in die Matrikel für das Studium der Chemie eingeschrieben und wurde fünf Monate später, am 9. November 1946, wieder daraus gestrichen.

Seine Verhaftung ist schon am 25. Juni 1946 erfolgt. Im nachfolgenden Prozess wurde er vom Sowjetischen Militärtribunal in Halle wegen „Reaktionaeren Gespraechs"[23] zu 10 Jahren Zwangsarbeitslager verurteilt. In einem Urteilsauszug von 1950 des Militärtribunals Sachsen steht als Anklagepunkt: „antisowjetische Agitation", gegründet auf die Artikel 58-2 StGB der RSFSR.

Von 1946 bis 1950 war Barduhn im KZ Sachsenhausen als Sanitäter tätig. Er verstarb am 23. Oktober 1950 in Torgau an „offener Lungen-Tbc". Auf dem Totenschein steht, dass er 22.45 Uhr starb, als Todesursache ist angegeben: „a) Grundleiden *offene Lungentbc*, b) Folgekrankheiten *Herz und Kreislaufschwäche*".

Die Frage, ob die Todesursache zweifelhaft sei, wurde mit „nein" beantwortet, und eine Leichenöffnung wurde nicht durchgeführt.[24] In den Unterlagen der Gedenkstätte in Torgau ist festgehalten, dass er am 30. November 1950 auf dem Gertraudenfriedhof in Halle beigesetzt wurde.[25]

23 BStU MfS, G, Abt. XII/RF/500, 412, Bl. 6. Dies ist ein Fragebogen. Die beiden zitierten Worte sind die Antwort auf die Frage: „Aus welchem Grunde wurden Sie verurteilt?" Wir danken Edda Ahrberg und dem Landesbeauftragten von Sachsen-Anhalt für die Unterlagen des Staatssicherheitsdienstes der ehemaligen DDR für die Überlassung der Dokumente zu Josef Barduhn.

24 Ebd., Bl. 8.

25 Er gehört dort zu den ‚Torgauer Urnen', DB DIZ.

In einem Brief an den Vater des Verstorbenen finden wir andere Daten:

„Strafanstalt T o r g a u   Torgau, den 27.10.1950

Wir bedauern Ihnen mitteilen zu müssen, dass Ihr Sohn [...] am 23.10.1950 an Lungentbc verstorben ist.
Die Leiche wurde nach Halle/Saale zur Feuerbestattung überführt und auf dem Gertraudenfriedhof beigesetzt.
Einer Überführung der Urne nach dem Heimatfriedhof kann zur Zeit noch nicht stattgegeben werden.
Die Sterbeurkunde wird Ihnen durch das Standesamt in [...] zugesandt.
Vorhandene Nachlassgegenstände werden Ihnen zugesandt.

Die Anstaltsleitung“[26]

Josef Barduhn wurde verbrannt und beigesetzt, dann erst wurden die Eltern informiert. Er wurde rehabilitiert. Mehr ist über dieses kurze Leben nicht mehr in Erfahrung zu bringen.

Das Protokoll der Senatssitzung vom 27. Juni 1946 verdient Aufmerksamkeit, weil sich hier widerspiegelt, wie die Weigerung des Senates, eine gewünschte Stellungnahme abzugeben, sich auswirken konnte: „Der Rektor gab bekannt, dass die Erklärung des Senats betr. Stellungnahme zum Volksentscheid in Sachsen zur Folge gehabt hat, dass die Berufung des Rektors in den Beratenden Ausschuss der Provinzialverwaltung zurückgenommen und ~~ihm das Recht, zwei andere Personen des Lehrkörpers vorzuschlagen entzogen worden ist~~. [handschr. steht über dem Durchgestrichenen: der von ihm gemachte Vorschlag für zwei weitere Mitglieder unbe[rücksichtigt?] … geblieben ist.] Von der Provinzialverwaltung wurden die Professoren Herschel und Hülse berufen.“

Am 6. Juli 1946 bat Rektor Eißfeldt, der damit an eine Tradition aus der Zeit vor 1933 anknüpfte, alle neu berufenen Professoren als Gäste in die Senatssitzung am 12. Juli. Anwesend waren an diesem Tag neben den Senatoren die nunmehrigen Professoren Dr. Jacoby, Dr. Günther Hertwig[27], Dr. Paula Hertwig[28], Dr. Lueken[29],

26 BStU MfS, G, Abt. XII/RF/500, 412, Bl. 11.

27 Günther Hertwig (1888–1970), Anatom, Bruder von Paula Hertwig, Leopoldina-Mitglied seit 1956.

28 Paula Hertwig (1889–1983), Genetikerin, Leopoldina-Mitglied seit dem 23.4.1953, Dekanin der Medizinischen Fakultät 1948–1950.

29 Bernd Lueken (1908–1978), Physiologe, Leopoldina-Mitglied seit 1957.

Dr. Häusler, Dr. Mönch[30], Dr. Harry Schmidt und Dr. Kuckuck. Die Genetikerin Paula Hertwig war die erste Lehrstuhlinhaberin an der Medizinischen Fakultät in Halle und die erste Dekanin an der Martin-Luther-Universität. Sie kam zur Eröffnung der Medizinischen Fakultät mit ihrem Bruder Günther aus Berlin nach Halle. Günther Hertwig wurde der Direktor des Anatomischen Institutes und für Paula Hertwig wurde ein neues Institut gegründet: das Biologische Institut am Universitätsplatz 7.

Drei Mitglieder der SMAD nahmen als Gäste an der Senatssitzung am 12. August 1946[31] teil. Hier sind politisch brisante Fragen beraten worden, denn in Anwesenheit der Herren Professor Woronow, Major Rosenbaum und Hauptmann Luchoweit berichtete Rektor Eißfeldt unter anderem über „die Löschung von Studierenden wegen falscher Angaben in den Fragebogen durch die Provinzialverwaltung".

Im Protokoll der Senatssitzung vom 12. Oktober 1946 ist eine weitere erwähnenswerte Notiz enthalten. Der Senat empfahl danach „die Ergänzung der Akademie der Naturforscher ‚Leopoldina' durch eine geisteswissenschaftliche Klasse, die dann im besonderen die Bibliothek der ‚Deutschen Morgenländischen Gesellschaft' als Treuhänderin in die Obhut zu nehmen habe". Hintergrund dieser Idee war zweifellos, auf diesem Weg die Wiederzulassung der Leopoldina nach dem Zweiten Weltkrieg zu forcieren, wenngleich das hier noch nicht erreicht werden konnte.[32]

Noch einmal zeigten die Mitglieder des Senates in ihrer Zusammenkunft am 20. Dezember 1946, dass sie nicht bereit waren, politischem Druck bedingungslos nachzugeben. Otto Eißfeldt informierte darüber, dass seitens der Arbeitsgemeinschaft demokratischer Studenten die Wahlen für den Studentenrat und die Fakultätsräte in die Wege geleitet würden. Er informierte hierbei auch über die Parteizugehörigkeit der Studierenden. Der Senat, so ist es protokolliert, halte „es für notwendig, bei den amtlichen Dienststellen anzuregen, die Frage nach der Parteizugehörigkeit der Studiumsbewerber künftig zu unterlassen."

Schließlich ist an dieser Stelle auf ein Ereignis im Jahr 1946 hinzuweisen, das nicht zu verheimlichen war: die Hinrichtung des Greifswalder Rektors und Theologen Ernst Lohmeyer.

Er war am 16. Februar 1946 in Greifswald verhaftet worden. Nach Forschungen Kowalczuks lag der Verhaftung eine Denunziation von Funktionären der KPD zugrunde, die ihn bezichtigten, im Zweiten Weltkrieg Reserveoffizier der Wehrmacht in der Sowjetunion gewesen zu sein.

---

30 Günther Mönch (1902–1988), Physiker, Leopoldina-Mitglied seit 1958.

31 UAH, Rep. 7 Nr. 807, 1946–1949. Hier beginnt eine neue Akte mit Senatssitzungsprotokollen, sie beginnt am 1. Juli 1946 und enthält Protokolle bis zum 6. Dezember 1949.

32 Zur Wiederzulassung der Leopoldina siehe Gerstengarbe 1996.

Ernst Lohmeyer ist am 28. August 1946 durch das sowjetische Militärtribunal der Provinz Mecklenburg und Westpommern „zum Tode mit Vermögenseinziehung" verurteilt worden. Er schrieb am nächsten Tag ein Gnadengesuch „an den Obersten Rat der Sowjetunion", das jedoch ohne Erfolg blieb.

Das Urteil ist am 19. September 1946 in Greifswald vollstreckt worden. Das Schicksal von Ernst Lohmeyer führte bei allen, die davon erfuhren, zu einer starken Verunsicherung und Einschüchterung. Hinzuzufügen ist, dass die russische Militärhauptstaatssanwaltschaft Ernst Lohmeyer 1996 rehabilitiert hat.

1947 Verhaftungen von Studenten beginnen

Aus dem Jahr 1947 sind fünf Verhaftungen aktenkundig: Ulrich Krebs, Horst Stock, Rudolf Deckert, Ernst Levin und Gerhard-Hellmuth Bergner.

Am 15. Januar 1947 informierte der Rektor die Senatoren über eine Einladung zur Amtseinführung des evangelischen Studentenpfarrers Johannes Hamel für den 19. Januar 1947. Die Schaffung des Amtes eines Studentenpfarrers betrachte er, und dies im Einvernehmen mit dem Senat, wie sich zeigte, allerdings als eine „rein innerkirchliche Angelegenheit". Dies war eine kluge Entscheidung des Theologen Eißfeldt. Denn die Kirche war freier, wenn sie sich vom Staat trennte, genauso war der Studentenpfarrer freier, wenn er personell nicht zur Universität, sondern zur Kirche gehörte. Johannes Hamel allerdings bekam schon bald – wie viele andere Studentenpfarrer im Ostteil Deutschlands – große Probleme mit dem Staat, auch er zählte schließlich zu den Verhafteten.

Die Senatoren behandelten in den folgenden Monaten vor allem organisatorische und administrative Fragen, wie sie etwa aus der Eröffnung der Pädagogischen Fakultät im Frühjahr resultierten, suchten nach Möglichkeiten einer Zusammenarbeit aller Universitäten im Osten Deutschlands und gaben erneut zu Protokoll, dass eine wieder arbeitsfähige Leopoldina wünschenswert sei. Dass zu dieser Zeit ein Studienbewerber an der Universität verhaftet worden war, ist in den Sitzungsprotokollen nicht vermerkt. Die Vermutung liegt nahe, dass die Senatoren davon tatsächlich nichts gewusst haben.

Zunächst war am 2. März 1947 der Studienbewerber Ulrich Krebs verhaftet worden, das SMT Thüringen verurteilte ihn zu acht Jahren Arbeitslager. Entlassen wurde Krebs hieraus am 16. Januar 1954.

Nur kurze Zeit später, am 8. April, inhaftierte man zwei Studenten. Horst Stock, der sich für Betriebswirtschaft immatrikuliert hatte, und der Medizinstudent Rudolf Deckert sind an diesem Tag inhaftiert worden. Stock verurteilte ein Gericht zu zehn Jahren Zwangsarbeitslager, von denen er acht verbüßte. Noch drakonischer fiel das Urteil gegen Deckert aus. Es lautete auf zwanzig Jahre Zwangsarbeitslager. Rudolf Deckert wurde am 18. Januar 1954 wieder auf freien Fuß gesetzt.

Lediglich 11 Tage danach, am 19. April 1947, ist der Student der Vorstudienanstalt Ernst Levin verhaftet worden. Ein SMT verurteilte ihn am 19. Juli 1947 wegen „antisowjetischer Propaganda und Flugblattverteilung an der Universität Halle" zu 10 Jahren Zwangsarbeit, wovon er sieben erlitt. Die einzige Spur, die von Ernst Levin im Universitätsarchiv Halle zu finden ist, ist der Eintrag im Hauptbuch der Vorstudienanstalt 1946–47.[1] Verharmlosend steht hinter seinem Namen nicht wie bei den anderen „Abitur", sondern die Bemerkung „Nicht mehr erschienen."

Der Senat sah sich zu jener Zeit mit neuen politischen Herausforderungen konfrontiert. Eine zur Entscheidung vorgelegte neue Universitätssatzung stieß dabei auf seine entschiedene Kritik. Im Protokoll der Sitzung vom 12. Mai ist vermerkt: „Der von der Deutschen Zentralverwaltung für Volksbildung herausgegebene und von der Provinzialregierung für die Belange der Universität Halle abgeänderte Entwurf der Universitäts-Satzungen war in seinen Bestimmungen ‚Ernennung des Rektors und der Dekane, Engere Fakultät und Generalkonzil' Gegenstand eingehender Aussprache. Professor Hein verlas sein Gutachten zum Entwurf überhaupt. Professor Joerges vertrat die gleiche Auffassung in seiner Stellungnahme. [...] Es wurde allseitig die Auffassung vertreten, daß der Entwurf den Belangen der Universität nicht entspricht. Überhaupt – so wird geltend gemacht – ist zu fragen, ob die Einführung einer neuen Satzung vor der Klärung der politischen Verhältnisse, also vor dem Friedensschluß, sinnvoll ist."

Vor der Sitzung aller Senatoren am 7. Juli 1947 war die Landwirtschaftliche Fakultät gegründet worden. Hans Stubbe[2] war deren Dekan und gehörte folgerichtig dem Gremium nunmehr an. Diese Erweiterung war selbstverständlich, während die Senatoren dagegen, dass künftig auch stets ein studentischer Vertreter ständig anwesend sein müsse, Bedenken erhoben: „Der Senat vertrat die Auffassung, daß eine ständige Vertretung des Studentenrates im Senat mit den Statuten nicht vereinbar sei. Nur in rein studentischen Angelegenheiten bestimmt die Studentenratsordnung die Teilnahme eines Vertreters an den Senatssitzungen."

Die Verhaftung von Studenten wird zum Thema in den Senatssitzungen

Im Protokoll der Senatssitzung vom 20. Oktober 1947 ist den Verhaftungen Hallenser Studenten bemerkenswert breiter Raum gewidmet – ein untrügliches Zeichen dafür, daß diese beunruhigenden Entwicklungen nun den akademischen Alltag beeinträchtigten. Der Rektor, so ist hier notiert, war am 13. Oktober mit Minister Thape zusammengetroffen und hatte sich auch mit jenem zu diesem Problem beraten. „Der Rektor berichtet", vermerkt das Protokoll, „über die unliebsamen Vorkommnisse in den

1 UAH, Rep. 36 Nr. 118. Hauptbuch der Vorstudienanstalt 1946–1947.

2 Hans Stubbe (1902–1989), Genetiker am Akademieinstitut für Kulturpflanzenforschung in Gatersleben und an der Universität Halle, Leopoldina-Mitglied seit dem 14.3.1950, 1947/48 erster Dekan der neugegründeten Landwirtschaftlichen Fakultät der Martin-Luther-Universität, 1951–1967 Gründungsmitglied und erster Präsident der Akademie für Landwirtschaftswissenschaften.

letzten Wochen an der Universität [...] Der 1. Vorsitzende des Studentenrates, stud. phil. Zacharias, gab Aufklärung über die Verhaftungen, die in den letzten Tagen innerhalb der Studentenschaft erfolgten. Der Senat ermächtigte den Rektor in seinem Namen dem Minister für Volksbildung eine Erklärung zu übermitteln, in der zu den Vorgängen, insbesondere zu den Verhaftungen, Stellung genommen und darauf hingewiesen wird, dass vorzeitiges Eingreifen der Polizei sich nur nachteilig für die Universität auswirken kann."

Otto Eißfeldt im Talar im Jahr 1952.

Es handelt sich hier um die insgesamt zweite Erwähnung von Verhaftungen in den Senatsprotokollen. Dass Eißfeldt in dieser Angelegenheit den Minister konsultiert hatte, legt nahe, dass der Senat von den zuvorigen Verhaftungen von Ulrich Krebs, Horst Stock, Rudolf Deckert und Ernst Levin tatsächlich zunächst nichts gewusst hat – denn stets, wenn die Senatoren von Verhaftungen von Studenten erfuhren, hat der Senat unter Rektor Eißfeldt sofort reagiert. Allerdings muß offen bleiben, wen die im Protokoll vom 20. Oktober 1947 erwähnten Verhaftungen betrafen. Bislang konnten in den Archiven hierzu keine weiterführenden Einsichten gewonnen werden

Erwähnung verdient schließlich, dass die Senatsmitglieder Verhaftungen sehr wohl zu wichten wussten. Als sie, das belegt das Protokoll der Zusammenkunft vom 10. November, davon erfahren, dass ein Medizinstudent wegen Diebstahls inhaftiert und verurteilt worden war, erteilte ihm der Rektor zusätzlich einen dringlichen Verweis.

Die Senatssitzung am 29. November 1947 stand ganz im Zeichen einer Erklärung, die zugleich eine brisante politische Standortbestimmung bedeutete. Der Protokollant notierte: „Der Senat billigte die vom Rektor anläßlich der Bemühungen um Geltendmachung der deutschen Belange bei der Londoner Außenminister-Konferenz abgegebene Erklärung: ‚Lehrkörper und Studentenschaft der Martin Luther-Universität Halle-Wittenberg geben der Hoffnung Ausdruck, dass die Londoner Außenministerkonferenz die Einheit Deutschlands wiederherstellen wird. Die Überwindung der Zerrissenheit Deutschlands ist die unerläßliche Voraussetzung für einen Wiederaufbau und eine gedeihliche Entwicklung auch der deutschen Wissenschaft.

So begrüßen wir jede Bemühung, über Partei-, Landes- und Zonengrenzen hinweg der Sehnsucht des deutschen Volkes nach wirtschaftlicher, politischer und kultureller Einheit Ausdruck zu geben und dieses Verlangen bei den zur Entscheidung über Deutschlands Zukunft berufenen Mächten kraftvoll zur Geltung zu bringen, und wünschen ihr besten Erfolg', und war der einmütigen Auffassung, dass an der Tagung des Volkskongresses am 6. und 7. Dezember 1947 in Berlin die dazu eingeladenen Mitglieder des Lehrkörpers teilnehmen sollen. Eine offizielle Vertretung der Universität wird nicht für zweckmässig gehalten."

Keinen Niederschlag in den Akten fand dagegen ein Ereignis der Weihnachtstage: Der Studienbewerber Gerhard-Hellmuth Bergner wurde am 26. Dezember 1947 verhaftet. Er ist am 11. November 1948 vom Sowjetischen Militärtribunal Halle zu 25 Jahren Zwangsarbeitslager verurteilt worden, wovon er sechs Jahre verbüßte.

1948 Rücktritt des Senates und Verhaftungen von Ärzten der Universitätshautklinik

Aus dem Jahr 1948 sind zweiundzwanzig Verhaftungen aktenkundig: Ulf Müller, Hans Holz, Jochen Schierandt, Axel Römer, Siegfried Fiedler, Friedrich Wiegleb, Fritz Zabel, Horst Wenzel, Günter Abramowski, Irmgard Sritneff, Margot Feuerhake, Eberhard Weiss, Rolf Krause, Bodo Skrobek, Hans-Rudolf Werner, Wilhelm Greulich, Hans-Joachim Platz, Günter Langlet, Klaus Boetzel, Wolfgang Gawantka, Günther Albert Siegfried Althof und Wolfgang Thielecke.

Im Protokoll der ersten Senatssitzung 1948 findet sich ein interessanter Hinweis. Die Mitglieder wandten sich während dieses Treffens gegen eine aus ihrer Sicht zunehmende Praxis „politischer Beurteilungen" von Mitarbeitern und formulierten dazu einen unmißverständlichen Standpunkt: „Der Senat hat gegen die Art solcher Beurteilungen Bedenken und ermächtigt den Rektor, die Stellungnahme des Senats dem Minister zu übermitteln".

Im März desselben Jahres war der Vorsitzende des Studentenrates Hermann Otto, dessen Wahl erst vier Monate zurücklag, nicht mehr im Amt: „Der Rektor gab das Schreiben des Ministers für Volksbildung vom 26. 3. 1948 [...] betr. Einleitung des Disziplinarverfahrens gegen den 1. Vorsitzenden des Studentenrates cand. jur. Otto, den 2. Vorsitzenden cand. jur. Zindel und den Rechtsreferenten stud. jur. Imdorf und die Entschliessungen der Vorsemesterstudenten gegen die drei Vorgenannten vom 19.3.1948 bekannt." Zu diesen knappen Notizen lassen sich aus den Akten des Studentenrates[1] weiterführende Informationen gewinnen.

Am 21. November 1947 hatte die Amtszeit des alten Studentenrates geendet, Neuwahlen waren erforderlich. Der an diesem Tag gewählte Studentenrat bestimmte Hermann Otto zu seinem 1. Vorsitzenden, gewählt „mit 22 Ja-Stimmen und 1 Enthaltung". Als Nr. 22 auf der Liste kandidierte der Vertreter der Pädagogischen Fakultät Günter Abramowski. Er war der Fakultätsvorsitzende der CDU-Hochschulgruppe und ist am 7. Juni 1948 verhaftet worden.

Im Protokoll dieser Wahlversammlung ist dokumentiert, dass auch der Rektor anwesend war. Seine Äußerungen aus diesem Anlass sind aber wohl nicht wörtlich aufgezeichnet worden: „Magnifizenz [...] hofft auch weiterhin in bester Zusam-

1 UAH, Rep. 7 a+b Nr. 114, Rektorat Protokolle der Studentenratssitzungen, 1947–1950, Band 1.

menarbeit zum Wohle der Studentenschaft und der gesamten Universität wirken zu können. Er sagt u. a.: Wir wollen nie zurückblicken auf das, was gewesen ist, sondern immer mutig vorwärts schauen und an dem festhalten, was war, und der Besatzungsmacht immer eine ehrfürchtige Haltung entgegenbringen und wollen das wahren, was wir wahren müssen. Dafür wird uns auch die Besatzungsmacht Achtung und das nötige Vertrauen entgegenbringen. Er dankt auch im Namen des Lehrkörpers und des Senats für die gelungene Zusammenarbeit und wünscht dem neuen Studentenrat eine erfolgreiche Arbeit und alles Gute für die Zukunft."

An einer Studentenratssitzung am 17. März 1948 nahmen Dr. Tritschler und Wolfgang Natonek aus Leipzig als Gäste teil. Natonek war ein profilierter Studentenratsvertreter mit großer Ausstrahlungskraft, der später – in der Nacht vom 12. zum 13. November 1948 – von „Organen der sowjetischen Besatzungsmacht und der ‚Volks'-Polizei auf offener Straße verhaftet" worden ist.[2]

Bereits während der nächsten Studentenratssitzung am 9. April 1948 stand ein Disziplinarverfahren gegen die Studenten Imdorf, Otto und Zindel im Zentrum. Otto hatte zu diesem Zeitpunkt die SBZ offenbar schon verlassen, an seiner Stelle leitete ein Stellvertreter die Zusammenkunft: „Herr Schadendorf berichtet. [...] Er gibt dem Studentenrat Kenntnis von den vom Vorsemester eingebrachten Misstrauensanträgen und damit Anträge auf Disziplinarverfahren gegen die Herren Imdorf, Otto und Zindel. Er macht darauf aufmerksam, daß es sich in den Fällen Imdorf und Zindel um schwebende Verfahren handelt und er deshalb nicht näher darauf eingehen kann [...] Alsdann verliest er das Antwortschreiben der Regierung auf die drei Anträge, welches dem Studentenrat abschriftlich vom Rektor übersandt wurde. Desgleichen die Stellungnahme des Herrn Imdorf zu dem gegen ihn beantragten Disziplinarverfahren. [...] Herr Kuhnert: Durch den Weggang des Herrn Otto von Halle hat dieser ja freiwillig auf sein Amt verzichtet. Herr Kuhnert hält es für richtig, daß dieses Amt neu besetzt wird."

Kuhnert wurde in geheimer Abstimmung mit 10 gegen 8 Stimmen gewählt. Soweit dieser Blick in die Studentenratsakten.

Der Student der Naturwissenschaften Jochen Schierandt – verhaftet, gestorben in der Strafanstalt Untermaßfeld

Von der Verhaftung des am 24. April 1925 in Halle geborenen Studenten der Naturwissenschaften Jochen Schierandt[3] im April 1948 und der Verurteilung durch ein

2 Wiemers und Blecher 1997, S. 115.

3 Informationen u. a. von der Stiftung Sächsische Gedenkstätten, Dresden, und BArch MDI/VSV 1/81, Kategorie V, Filmrolle 6.

SMT zu 10 Jahren Zwangsarbeitslager ist der Senat offensichtlich nicht informiert worden – im Universitätsarchiv Halle sind zu Schierandt keinerlei Hinweise auffindbar.

Schierandt war Mitglied der SED seit 1947. Er wurde am 14. April 1948 (wahrscheinlich in Wismar, so zumindest der Eintrag in der Haftkartei) verhaftet und am 25. Juni 1948 von einem SMT in Sachsen-Anhalt unter dem Aktenzeichen 121 674 zu 10 Jahren Zwangsarbeitslager wegen angeblicher „Spionage zu Gunsten eines ausländischen Staates" verurteilt. Zu seinem Schicksal vermerkt eine dürftige Notiz seiner Karteikarte in der Haft: „Am 23.10.50, 02.45 Uhr, in der Strafanstalt Untermaßfeld an Lungen-Tbc verstorben". Jochen Schierandt wurde rehabilitiert.[4]

Der Jurastudent Axel Römer, der seit Oktober 1946 an der Universität studierte, wurde am 4. Mai 1948 verhaftet. Bei ihm steht bei „Tag und Art des Abgangs" in den Universitätsunterlagen: „4.3.52 Az. 3084, wegen Nichtrückmeldung, 18.9.52 Nr. 2782 Hartmann". Offensichtlich musste er nur kurzzeitig in der Haft bleiben und konnte dann sein Studium fortsetzen. Römer schloss sein Studium der Rechtswissenschaften 1951 mit dem Staatsexamen ab.

Friedrich Wiegleb, Student der Pädagogik, wurde am 4. Mai 1948 verhaftet und am 30. desselben Monats wieder entlassen. Er war durch die Umstände so geschwächt, dass er sich für das Sommersemester 1948 beurlauben ließ. Wiegleb konnte anschließend weiterstudieren und sein Examen ablegen.

Auch der Student der Soziologie Ulf Müller wurde 1948 verhaftet und durch ein SMT zu 25 Jahren Haft verurteilt. Er wurde 1956 entlassen.

Der Senat hat sich in einer Sitzung am 10. Mai 1948 unter anderem mit diesen Verhaftungen beschäftigt: „10. Der Rektor gab bekannt, dass am 4.5.1948 die Studierenden Wiegleb und Römer in ihren Wohnungen verhaftet worden seien." Es war dies eine der letzten Zusammenkünfte des ersten Senats nach dem Zweiten Weltkrieg. Er sollte nicht mehr lange im Amt bleiben, weshalb der Blick auf die Anwesenheitsliste lohnt: Zugegen waren „Rektor Eißfeldt, Prorektor Gerhardt, die Dekane Heinzelmann, Hein, Budde, Koch, Brandt, die Prodekane Lueken, Jung, Joerges, Woermann, Becker, die Senatoren Schmid, Stieda, Lintzel, Schniewind sowie der Universitäts-Amtmann Rothmann als Schriftführer. Entschuldigt fehlten die Dekane Ahrbeck[5], Stubbe und Prodekan Prof. Weyhe"

In der Sitzung am 15. Mai 1948 kritisierten die Mitglieder des Senates die Reisebeschränkungen der Deutschen Verwaltung für Volksbildung: „1. Der Senat nahm

4 In der Zusammenstellung des Verbandes deutscher Studenten heißt es dazu: „In einer ‚Richtigstellung' zur vorigen Auflage unserer Denkschrift bemerkte der stellvertretende Ministerpräsident der Sowjetzonen-Regierung, O. Grotewohl, im Dezember 1956, daß sich Sch. nicht in Haft befinde, sondern verstorben sei."

5 Hans Ahrbeck (1890–1981), Pädagoge.

davon Kenntnis, dass den Rektoren der Universitäten der Ostzone die Teilnahme an dem akademischen Festakt der Universität in Frankfurt a. Main anläßlich der Jahrhundertfeier der deutschen Nationalversammlung am 18. Mai und den Vertretern der Universitäten die Teilnahme an den Marburger Hochschulgesprächen am 21., 22. und 23. Mai 1948 durch die Deutsche Verwaltung für Volksbildung versperrt sei und beauftragte den Rektor, der Deutschen Verwaltung für Volksbildung die Stellungnahme des Senats mitzuteilen.“ Ähnlich kritisch fiel eine Stellungnahme am 21. Juni 1948 aus: „Der Senat beschloß, gegen die von der Deutschen Verwaltung für Volksbildung herausgegebenen Bestimmungen über die Zulassung zum Studium an den Universitäten und Hochschulen der Sowjetischen Besatzungszone Deutschlands für das Jahr 1948 vom 12.4.48 Einspruch zu erheben und mit dessen Vorbereitung eine Kommission zu betrauen, die sich aus den Herren Proff. Lueken, Ahrbeck, Lintzel, Harry Schmidt, Erich Hoffmann und dem stud. phil. Perl zusammensetzt.“

Die Akte „Verhaftungen von Studenten 1948"

Im Jahr 1948 – noch unter dem Rektorat Eißfeldts – wurde eine Akte „Verhaftungen von Studenten“ angelegt.[6] Ihre frühesten Papiere stammen vom Mai 1948, die Akte endet im Februar 1949. In diesem Dokument ist der vollständige Schriftwechsel gesammelt, den der Rektor wegen verhafteter Studenten mit den verschiedenen staatlichen Stellen geführt hat. Seine Nachfragen richtete er zunächst stets an den Minister für Volksbildung, Kunst und Wissenschaft, an den Ministerpräsidenten Hübener, an Major Rosenbaum von der SMAD und an den Polizeipräsidenten Krüger.

Namentlich geht es hier um die Studenten Eberhard Weiss, Günther Abramowski, Friedrich Wiegleb, Horst Wenzel, Siegfried Fiedler, Axel Römer, Irmgard Sritneff, Hans-Rudolf Werner und um den Lehrling der Chemie Joachim Hertrampf.

Der Duktus der Schreiben in dieser Akte macht deutlich, dass sowohl Rektor Eißfeldt als auch Ministerpräsident Hübener sich sehr um die verhafteten Studenten bemühten. Sie fragten in Einzelfällen monatlich nach. Die Unterschrift von Eduard Winter zeigt, dass auch er sich die Akte immer wieder vorlegen ließ.

Ähnliche Akten sind aus späterer Zeit nicht überliefert, auch existieren keine vollständigen Listen von Betroffenen. Die Universitätsleitung war über viele Verhaftungen offenbar nicht informiert. Am 30. Juni 1948 war wohl die letzte Sitzung dieses Senates, die Dramatik der Ereignisse kann man am Protokoll nicht erkennen: „Der

---

6 UAH, Rep. 4 Nr. 1585 Verhaftungen von Studenten 1948. Diese Akte zitiert Daniel Bohse in seinem Beitrag 2005.

Senat billigte einmütig den Entwurf der Antwort auf das Schreiben des Herrn Ministers vom 26.5.48 betr. Wiedervorschläge für Rektor und Prorektor, Dekane und Prodekane." Für die Richtigkeit zeichneten Rothmann und Eißfeldt.

Dieser Senat unter Otto Eißfeldt hat eine großartige Arbeit geleistet. Seine integren Mitglieder haben versucht, pragmatisch mit den neuen Machthabern umzugehen und ein Maximum an Freiheit und Unabhängigkeit für die Martin-Luther-Universität zu erreichen. Erfuhren Sie von Inhaftierungen aus politischen Gründen, setzten sie sich für die Verhafteten ein, soweit ihnen dies möglich war.

Der Rücktritt des Senats 1948

Im Juli 1948 war ein neuer Senat gewählt worden. Freilich hatte sich die politische Situation zu dieser Zeit rasch zugespitzt, Spannungen bestimmten zusehends die Beziehungen zwischen Universität, den Organen der Besatzungsmacht und den staatlichen Stellen; Kraftproben schienen jetzt unausweichlich.

Das Protokoll der faktisch konstituierenden Senatssitzung vom 29. Juli legt auf beredte Weise davon Zeugnis ab, weshalb es hier vollständig abgedruckt werden soll.

„Halle, den 29.7. 1948

Anwesend:

1. Oberreg.Rat Vahlen[7] als Beauftragter des Ministers für Volksbildung, Kunst und Wissenschaft,
2. Professor D. Heinzelmann[8], Dekan der Theol. Fakultät
3. Prof. Dr. Joerges, Dekan der Rechts- und Staatsw. Fakultät,
4. Frau Prof. Dr. Paula Hertwig, Dekan der Med. Fakultät,
5. Prof. Dr. Häusler, Dekan der Phil.Fakultät,
6. Prof. Dr. Schmalfuss[9], Dekan der Landw. Fakultät,
7. Prof. Dr. Runge[10], Dekan der Naturw. Fakultät,
8. Prof. Dr. Lange, Dekan der Päd. Fakultät,
9. Prof. Dr. Jacoby, Vorst. des Betriebsrats,
10. Frau Burstein, Leiterin der Vorstudienabt.,
11. stud.rer.nat. Richard Wolf, Vorsitzender des Studentenrats,

---

7 Reinhardt Vahlen (1917–1981), Kunsthistoriker, Abteilungsleiter im Landesministerium für Volksbildung bzw. eines Hauptreferats im Staatssekretariat für Hochschulwesen, 1951 Parteileitung der Universität Halle, Verwaltungsleiter an der Universität.

8 Der Theologe Heinzelmann ist der einzige, der vom alten Stamm geblieben ist!

9 Karl Schmalfuß (1904–1976), Agrarwissenschaftler, Leopoldina-Mitglied seit 1953.

10 Franz Runge (1893–1973), Chemiker, Leopoldina-Mitglied seit 1953.

12. Senator Prof. Dr. Lüttringhaus[11],
13. Senator Prof. Dr. Agricola[12],
14. Senator Prof. Dr. Brundert.[13]

ORR. Vahlen eröffnet die Sitzung und begrüsst die Anwesenden im Namen des Herrn Ministers für Volksbildung, Kunst und Wissenschaft, der ihn beauftragt hat, diese erste konstituierende Sitzung des Akademischen Senats zu leiten. Er weist darauf hin, durch welchen Abschluss der Verhandlungen es zu den Übergangsbestimmungen gekommen ist. Mit den Repräsentanten der Universität soll eine Verwirklichung der Übergangsbestimmungen erlangt werden. Vom Minister ist er beauftragt, die Neubildung des Akademischen Senats und der Fakultäten durchzuführen, nachdem die bisherigen Geschäftsträger sich versagt haben, an dieser Neubildung teilzunehmen, so dass der Minister zu diesem aussergewöhnlichen Schritt gezwungen war. Nach Verweigerung der Annahme der Übergangsbestimmungen ist eine Basis zu schaffen für eine Zusammenarbeit zwischen Universität und Verwaltung. Durch gemeinsame Bemühungen soll eine neue Satzung geschaffen werden, nicht nur entsprechend den Forderungen des Tages und der geschichtlichen Stunde, sondern auch entsprechend der Aufgabe und dem Wesen der deutschen Universitäten. Er ist davon überzeugt, dass das aus der Vergangenheit in die Gegenwart hinübergerettet werden kann und muss, was gut ist, nicht nur zugunsten einer einzelnen Universität, sondern der deutschen Universität schlechthin. Die Neubildung der Fakultäten hat stattgefunden, die neuen Dekane sind dem Herrn Minister vorgeschlagen.

Er begrüsst die von den Fakultäten gewählten Dekane und bestätigt sie im Namen des Herrn Ministers:

für die Theologische Fakultät:	Prof. Dr. Heinzelmann
für die Rechts- u. Staatsw. F.:	Prof. Dr. Joerges
für die Medizinische F.:	Prof. Dr. Paula Hertwig
für die Philosophische F.:	Prof. Dr. Häusler
für die Naturwissensch. F.:	Prof. Dr. Runge
für die Landwirtsch. F.:	Prof. Dr. Schmalfuss
für die Pädagogische F.:	Prof. Dr. Lange

11 Arthur Lüttringhaus (1906–1992), Chemiker, Leopoldina-Mitglied seit 1950.

12 Rudolf Agricola (1900–1985), Politische Ökonomie, Rektor der MLU 1951–1953.

13 Willi Brundert (1912–1970), 1946 Prof. für Wirtschafts-, Steuer- u. Verwaltungsrecht an der Univ. Halle; Min.-Dir., Leiter der Hauptabteilung im Ministerium für Wirtschaft u. Verkehr der Landesregierung Sachsen-Anhalt; 1950 mit Leo Herwegen im Dessauer Schauprozess wegen angeblicher Wirtschaftssabotage zu 15 Jahren Zuchthaus verurteilt, 1957 entlassen. Übersiedlung in die Bundesrepublik Deutschland; 1962 Staatssekretär und Chef der Staatskanzlei Wiesbaden, 1964 Oberbürgermeister von Frankfurt/Main; 1967 Präsident des Deutschen und Hessischen Städtetags. (Müller-Enbergs et al. 2000)

Punkt 18 der Übergangsbestimmungen wird von ORR. Vahlen verlesen.

Dem Senat sollen ausser den Mitgliedern, die ‚von Geburt' ihm angehören, weiterhin ein Mitglied des Betriebsrats, der Leiter der Vorstudienabt. und der Vorsitzende des Studentenrats angehören.

Die vorerwähnten neuen Mitglieder des Senats werden gefragt, ob sie das Amt, zu dem sie in geheimer Wahl bestimmt sind, annehmen.

Prof. Joerges: Ich muss hervorheben, dass ich durch die Übernahme des Dekanats und meine Teilnahme an dieser konstitutierenden Sitzung die Übergangsbestimmungen nicht anerkenne, sondern dass ich lediglich, um die Universitätsangelegenheiten weiterzuführen, die Wahl annehme. ORR. Vahlen nimmt den Vorbehalt des Prof. Joerges zur Kenntnis. Er gibt der Hoffnung Ausdruck, dass dieser Vorbehalt aus dem Verantwortungsbewusstsein für die Universität ausgesprochen ist, und dass in die neue Ordnung die Gedanken, die Prof. Joerges vertreten hat, hineinkommen. Prof. Heinzelmann bemerkt, dass er in der Fakultätssitzung eine ähnliche Erklärung abgegeben habe. Er ist der Auffassung und gibt der Hoffnung Ausdruck, dass durch eine aktive Mitarbeit die Form gefunden wird, die den Wünschen entspricht, die letzten Endes auch die Verwaltung hat. So bittet er seine Mitarbeit zu verstehen. ORR. Vahlen dankt Prof. Heinzelmann für seine Ausführungen. Er gibt weiter bekannt, dass Prof. Eissfeldt sich als Prorektor versagt habe und ebenso seine Teilnahme an der heutigen Sitzung abgelehnt hat. Er hat ORR. Vahlen gebeten, nicht misszuverstehen, wenn er die Teilnahme an dieser Sitzung ablehnt. ORR. Vahlen entnimmt aus der Aussprache mit Prof. Eissfeldt einen ausreichenden Hinderungsgrund.

ORR. Vahlen gibt weiter bekannt, dass der Senat sich noch um 3 Mitglieder ergänzen muss. Dem Minister muss vom Rektor dieser Personenkreis vorgeschlagen werden. Er bittet die Anwesenden, ihn bei der Findung dieser 3 Namen zu beraten, und schlägt vor, dem Herrn Minister eine Liste von 3 Namen, einschliesslich deren Stellvertreter = 6, vorzulegen. Er überlässt es den anwesenden Senatsmitgliedern, diese 3 Personen, die weiterhin dem Senat angehören sollen, in seiner An- oder Abwesenheit zu wählen.

Er selbst beabsichtigt, dem Herrn Minister folgende Herren vorzuschlagen:

Prof. Lüttringhaus	Stellvertreter:	Prof. Harry Schmidt
Prof. Agricola	„	Prof. Becker
Prof. Brundert	„	Prof. Hartwig[14]

Prof. Heinzelmann bittet um Diskussion. ORR. Vahlen verlässt den Senatssaal.

14 Hans Hartwig (1894–1960), Jurist, Prof. für Zivilrecht.

Es entspinnt sich eine Aussprache über die als Senatoren vorgeschlagenen Herren. Hinsichtlich der Herren Lüttringhaus, Harry Schmidt und Brundert-Hartwig stimmte der Senat dem Vorschlag von ORR.Vahlen zu. Einige Mitglieder des Senats schlugen anstelle von Prof. Agricola als Senator Prof. Stubbe vor und Prof. Agricola als seinen Vertreter. Da die Meinungen über diesen Vorschlag auseinandergingen, wurde beschlossen, das Ergebnis der Diskussion Herrn ORR.Vahlen mitzuteilen.

ORR. Vahlen betritt den Senatssaal.

Prof. Heinzelmann teilt ihm das Ergebnis der Diskussion mit. Es entspinnt sich nochmals eine kurze Aussprache, in der ORR. Vahlen bemerkt, dass er dem Herrn Minister berichten und ihm das Weitere überlassen wird. Er habe die Vollmacht, die hier Genannten förmlich zu ernennen, wenn auch das vom Rektor selbst aus nachgeholt werden muss. Er bestätigt die Wahl der Herren Lüttringhaus und Brundert als Wahlsenatoren. Er bittet, ihm die Zustimmung zu geben, auch Herrn Prof. Agricola zu bestätigen, wobei er offen lassen kann, ob der Herr Minister ihn als Stellvertreter von Prof. Stubbe bestätigt oder an der bisherigen Auffassung festhält. In der heutigen konstituierenden Sitzung haben alle genannten Herren Sitz und Stimme. Ausser den vorstehenden Aufgeführten gehören dem Senat weiter an: Prof. Jacoby als Mitglied des Betriebsrats, Frau Burstein als Leiterin der Vorstudienabteilung und stud. rer. nat. Richard Wolf als Vorsitzender des Studentenrats.

ORR. Vahlen eröffnet die erste konstituierende Sitzung des Akad. Senats und kommt zum einzigen Punkt der TO., der Wahl des Rektors. Er bittet, in geheimer Wahl in drei Wahlgängen zuerst Vorschläge zu machen, sodann im zweiten Wahlgang so zu verfahren, wie es bisher üblich war, den Rektor zu wählen. Er wird den Saal verlassen und schlägt vor, einen Vorsitzenden für die Durchführung der Wahl zu wählen. Er schlägt Prof. Häusler als den Vorsitzenden des Betriebsrats zum Leiter dieser Sitzung vor, der das jedoch in seiner Eigenschaft als Vorsitzender des Betriebsrats ablehnt. An seiner Stelle übernimmt der Senior Joerges die Leitung der Wahl des Rektors.

ORR. Vahlen verlässt den Saal.

Sodann wird zur Wahl des Rektors geschritten.

Die Wahlzettel werden verteilt und das Ergebnis von Prof. Heinzelmann bekanntgegeben.

Im ersten Wahlgang haben Stimmen erhalten:

Prof. Winter	9
Prof. Lüttringhaus	2
Prof. Mönch	1
Prof. Budde	1
	13

Prof. Joerges gibt das Ergebnis des ersten Wahlgangs bekannt.
Für die engere Wahl im zweiten Wahlgang kommen in Frage:
Prof. Winter und Prof. Lüttringhaus.
Prof. Heinzelmann zählt die abgegebenen Wahlzettel.
Es erhalten Stimmen:

Prof. Winter	10
Prof. Lüttringhaus	3
	13.

Prof. Joerges gibt das Ergebnis des zweiten Wahlganges bekannt. ORR. Vahlen nimmt das Ergebnis zur Kenntnis und wird es dem Minister berichten. Die Konstituierung des Akad. Senats ist entsprechend den Übergangsbestimmungen vollzogen und zu ihrem entscheidenden Teil damit verwirklicht. So kann mit der Zusammenarbeit zwischen Universität und Verwaltung begonnen werden. Er dankt im Namen des Ministers und auch persönlich, dass die Anwesenden seiner Einladung Folge geleistet haben.

In seinem Schlusswort bemerkt ORR. Vahlen, dass durch eine kontinuierliche Fortsetzung des Alten, soweit es gut und schöpferisch ist, das Leben auf eine neue Ebene, auf eine Neuordnung unseres Vaterlandes und eine Neuordnung der Welt hinübergeleitet werden kann.“[15]

Die Überlieferung dieser tatsächlich dramatischen Stunden zeigt, dass der bisherige Senat sich nunmehr an ihn herangetragenen Forderungen verweigerte, Rektor Eißfeldt auch nicht bereit war, als Prorektor weiter Verantwortung zu übernehmen. Seine demonstrative Weigerung, zur Sitzung zu erscheinen, konnte nicht missverstanden werden. Die Mitglieder des bisherigen Senates hatten damit verdeutlicht, dass Grenzen erreicht waren, die zu überschreiten sie nicht gewillt waren.

Der Senat, dies ist festzuhalten, war jetzt durch politisch motivierte Einflussnahme von außen erweitert worden; und zwar um Personen, die verschiedene Organisationen bzw. Einrichtungen vertraten wie den Betriebsrat, die Vorstudienabteilung oder den Studentenrat. Absehbar war, dass sich der Kreis jener Personen, die allein deshalb dem Senat angehörten, weil sie eine bestimmte Funktion inne hatten, noch erweitern würde.

Oberregierungsrat Vahlen ist offenbar mit der Befriedigung aus dieser Sitzung gegangen, dass man auf solche Weise nicht nur die „Neuordnung des Vaterlandes“, sondern auch die „Neuordnung der Welt“ gestalten könne.

15 UAH, Rep. 7, Nr. 807.

Verhaftungen in der Universitätshautklinik

Die Hautklinik unter Leitung von Professor Georg Jacoby war die wichtigste Anlaufstelle für vergewaltigte oder an Geschlechtskrankheiten erkrankte Frauen in Halle. Die Ärzte befassten sich hier täglich mit den infizierten, psychisch und physisch verletzten Patientinnen. Gelegentliche Unmutsäußerungen im Zusammenhang mit den Übergriffen der Besatzungssoldaten führten dabei immer wieder zu Verdächtigungen und auch Verhaftungen.

Es ist schwer, sich vorzustellen, dass Adressenfunde von zufällig Verhafteten in Notizbüchern oder in einem Terminkalender bereits ein ausreichender Grund waren, diese namentlich bezeichneten Menschen sogleich ebenfalls zu verhaften. Wer verhaftet wurde, war schuldig! Diese Vorbemerkung muss heute vorangestellt werden, um Massenverhaftungen und Gruppenverurteilungen Unschuldiger, die sich oftmals untereinander fremd waren, verständlich darzustellen.

Gemeinsam mit dem Oberarzt der Universitätshautklinik Halle Dr. med. Hans Holz, der am 2. März 1948 inhaftiert wurde, verhaftete der sowjetische Sicherheitsdienst in den Monaten bis Juni 22 weitere „Verdächtige" und verurteilte diese am 23. September 1948 zu je 25 Jahren Zwangsarbeitslager oder Zuchthaus. Fünf der verurteilten Frauen kamen in die Zuchthäuser Bautzen bzw. Hoheneck. Ältere Männer verbrachten Jahre in Bautzen, jüngere Verurteilte wie den 1913 geborenen Holz deportierte die SMAD zur Zwangsarbeit nach Workuta in die UdSSR.

Die 23 Verurteilten gingen vor der Haftzeit ihren Berufen in Halle und Umgebung nach. Einige gehörten auch Parteien an. Alle am 23. September 1948 Verurteilten rehabilitierte die Militärhauptstaatsanwaltschaft in Moskau am 11. Juli 1995; auch jene, die in der Haft oder später verstorben waren. Die Staatsanwaltschaft in Moskau unterstrich dabei: „Wir wollen den aus politischen Gründen Repressierten und deren Familien ihren ehrlichen Namen wiedergeben." Hans Holz wurde am 14. April 1956 entlassen.

Georg Jacoby reagierte in seiner Eigenschaft als Klinikdirektor in einem Brief an den Kurator der Universität scharf auf diese Verhaftungen. Er war während der Zeit des Nationalsozialismus unter anderem in ein Konzentrationslager verbracht worden und aufgrund dieser Erfahrung besonders sensibilisiert für ungerechtfertigte Verfolgungen. Jacoby schrieb: „Herr Dr. Holz und Schwester Erna sind heute in den frühen Morgenstunden aus dem Bett heraus von deutscher Kriminalpolizei abgeholt worden. [...] Da es sich meiner Ansicht nach nicht um eine politische Angelegenheit handelt, so muss ich als Protest gegen die Massnahmen der deutschen Polizei mein Amt als Leiter der Klinik niederlegen. Nicht nur das Ansehen meiner Klinik, sondern auch das meiner Person wird durch solche Massnahmen so geschädigt, dass es mir nicht zugemutet werden kann, in einem solchen Fall weiterzuarbeiten. Ich habe mehrere Herren

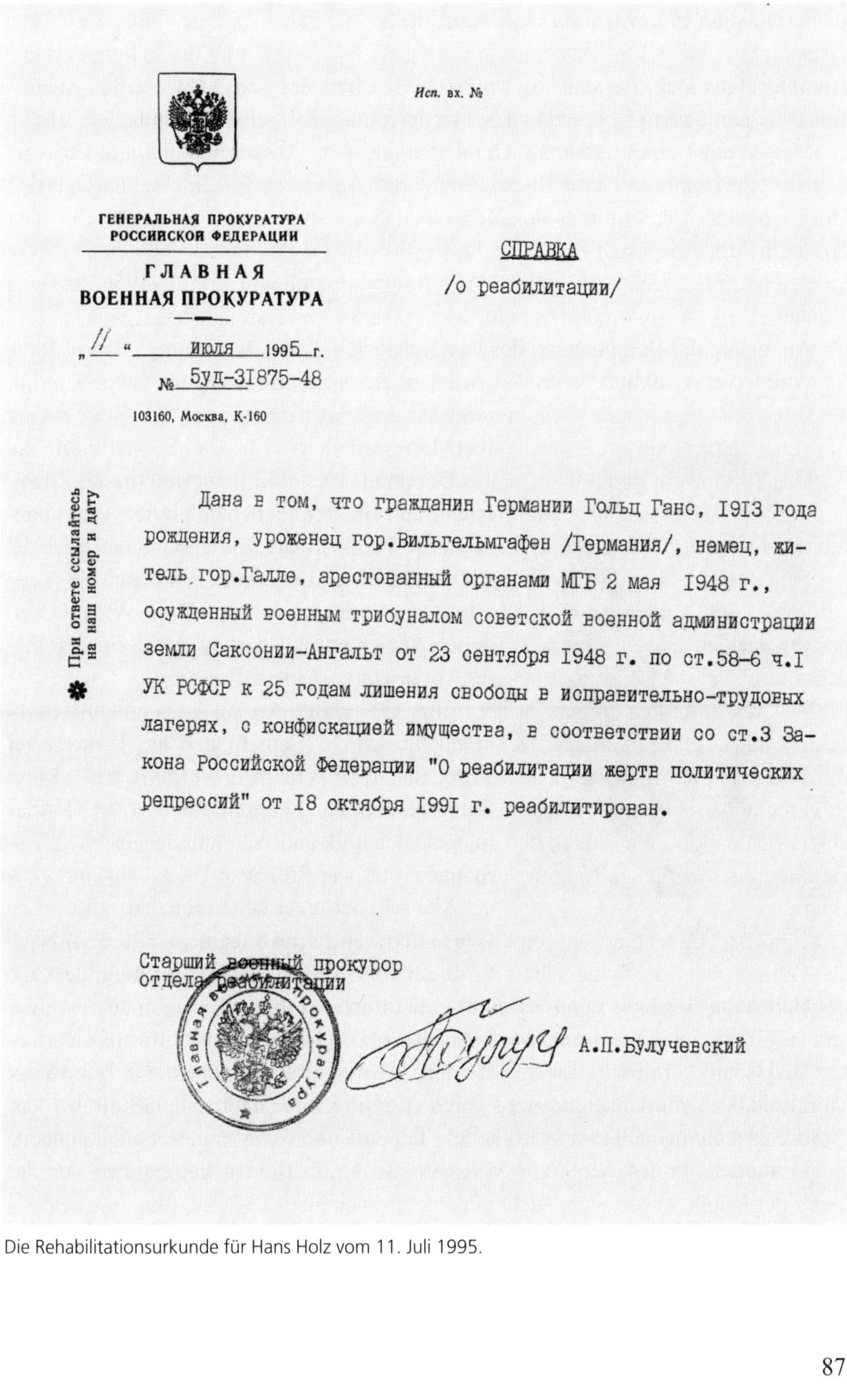

Исп. вх. №

ГЕНЕРАЛЬНАЯ ПРОКУРАТУРА
РОССИЙСКОЙ ФЕДЕРАЦИИ

ГЛАВНАЯ
ВОЕННАЯ ПРОКУРАТУРА

„11" июля 1995 г.
№ 5уд-31875-48

103160, Москва, К-160

При ответе ссылайтесь на наш номер и дату

СПРАВКА
/о реабилитации/

Дана в том, что гражданин Германии Гольц Ганс, 1913 года рождения, уроженец гор.Вильгельмгафен /Германия/, немец, житель гор.Галле, арестованный органами МГБ 2 мая 1948 г., осужденный военным трибуналом советской военной администрации земли Саксонии-Ангальт от 23 сентября 1948 г. по ст.58-6 ч.I УК РСФСР к 25 годам лишения свободы в исправительно-трудовых лагерях, с конфискацией имущества, в соответствии со ст.3 Закона Российской Федерации "О реабилитации жертв политических репрессий" от 18 октября 1991 г. реабилитирован.

Старший военный прокурор
отдела реабилитации

А.П.Булучевский

Главная военная прокуратура

Die Rehabilitationsurkunde für Hans Holz vom 11. Juli 1995.

meiner Klinik gebeten, mich zu vertreten, auch diese haben es abgelehnt. Aus diesem Grund muss die Klinik geschlossen werden, es werden nur die schwerkranken Patienten behandelt. Ich selbst werde mich bemühen, auf allen Dienststellen nachzuforschen, um meinen Oberarzt und Schwester Erna sofort wieder freizubekommen."[16]

Dessen ungeachtet sind am 8. Oktober erneut zwei Ärzte der Hautklinik verhaftet worden: die Doktoren Klaus Boetzel und Wolfgang Gawantka. Dr. Siegfried Bärsch (SPD), später Abgeordneter des Deutschen Bundestages, gelang die Flucht. Der Klinikdirektor setzte sich auch hier für die Verhafteten ein, ohne jedoch einen Erfolg zu erzielen. Er verließ Halle schließlich mit seiner Familie im April 1949 in Richtung Westen.

Als Erfolg der Bemühungen des Bundeskanzlers Konrad Adenauer 1955 in Moskau wurden etwa 10.000 verurteilte deutsche Soldaten und Zivilisten nach Deutschland Ost und West repatriiert. Im Zuge dieser Rückführung überstellte die Sowjetunion am 17. Dezember 1955 272 Verurteilte in das Zuchthaus Bautzen. Der als behandelnder Arzt eingesetzte Dr. Boetzel wurde zu einem Kranken in die Zelle gerufen und erkannte den durch Zwangsarbeit geschwächten und krank aus Workuta eingelieferten Oberarzt Dr. Holz, also seinen früheren Vorgesetzten, nicht mehr!

Dr. med. Klaus Boetzel

Hier sind einige Auszüge aus einem Bericht erhellend, den Dr. Klaus Boetzel am 2. Dezember 1996 aus der Erinnerung verfasst hat. „Mein Studienfreund […] brachte mich in die Dermatologische Klinik zum Vorstellungsgespräch. Damaliger Chef war Professor Dr. Jacoby, ein gütiger Mensch, der unter der nationalsozialistischen Gewaltherrschaft schwer gelitten hatte […] Nach 5 Minuten Dialog und der Feststellung, dass ich bei Gottron in Breslau promoviert hatte, bekam ich den Job eines Volontär-Assistenten. […] Wir jungen Assistenzärzte konnten viel und bald allein verantwortlich arbeiten. Jeder hatte eine oder zwei Stationen zu versorgen und war zusätzlich in der Poliklinik tätig. Durchgang in der Frauen-Poliklinik und Männer-Poliklinik bei vier Assistenzärzten bis 200 Patienten täglich. Tagesablauf: Wir waren meist schon gegen 7 Uhr morgens in der Klinik zur Stationsvisite. 8 Uhr Besprechung aller Ärzte der

16 UAH, PA Dr. Hans Holz, Nr. 8158.

Klinik im Hörsaal (jetzt wohl Bibliothek). [...] Nach kurzen fachlichen und dienstlichen Anweisungen wurde dann immer ausführlich politisch diskutiert. Professor Jacoby war Mitglied der KPD und später SED; er war immer tolerant, duldete gegenteilige Auffassungen und hat uns politisch nie geschadet. Unser Oberarzt Dr. Holz und wir Assistenzärzte übten meist heftige Kritik am Regime. Es gab in der Klinik auch zwei ärztliche Spitzel, von denen wir wussten; wir machten aber keinen Hehl aus unserer Meinung.

Der Vormittag galt der poliklinischen Arbeit. Gegen 13 Uhr war dann Vorstellung des wichtigen (oder seltenen) Krankengutes beim Professor oder Oberarzt. Nach kurzem Essen im Kasino (es gab ohnehin nicht viel) Nachmittagsarbeit auf den Stationen, mikroskopische und histologische Tätigkeit (die Histologie befand sich damals noch in den Kinderschuhen). Zweimal in der Woche ging der Chef oder der Oberarzt mit zur Visite. Wir haben dabei viel gelernt.

Oft kamen wir vor 21 Uhr nicht aus dem Haus. Es war eine schöne Zeit und ein gutes Betriebsklima bei einem freundschaftlichen Kollegenteam. Wir haben nie ein böses Wort von Professor Jacoby gehört, obwohl wir manchen fachlichen – und menschlichen – Schnitzer machten, und Oberarzt Holz hat uns bei seinem grossen dermatologischen Wissen mit Hingabe unterwiesen. [...]

Die antikommunistische Gesinnung der Ärzte der Hautklinik blieb nicht ohne Folgen. 1948 wurde Oberarzt Holz verhaftet. Kollege Bärsch, der bei den politischen Diskussionen das intelligenteste und grösste Mundwerk hatte, floh bei Nacht und Nebel über die Grenze, um dann 1949 als Abgeordneter des ersten deutschen Bundestages wieder aus der Versenkung aufzutauchen. Einige Monate später wurden zwei weitere Assistenzärzte (auch ich) verhaftet. Damit war meine Assistentenzeit in Halle beendet, und es begann die schwerste Zeit des Lebens, in die ein Mensch geraten kann. 7 Monate andauernde Einzelhaft in trostloser Vereinsamung mit fortlaufenden nächtlichen Verhören, Folterungen und Hunger, nur zu ertragen mit dem Prinzip Hoffnung: ‚Zwei Gefangene sah'n durchs Gitter hinaus in die Ferne; der eine sah nur Schmutz, der andere die Sterne'.

Oberarzt Holz kam wegen des Deliktes der Spionage nach Sibirien, mein Kollege und ich wurden vom sowjetischen Militärtribunal wegen antisowjetischer Propaganda und illegaler Organisation zu 2 mal 25 Jahren Zwangsarbeit verurteilt und in das berüchtigte Zuchthaus Bautzen gebracht. [...]

Nach 7-jähriger Gefangenschaft wurde ich in meiner Eigenschaft als Häftlingsarzt des Gefängniskrankenhauses zu einem Patienten geführt, der mit einem Sibirientransport im Zuchthaus Bautzen angekommen war. [...] Der VP-Wachtmeister fragte mich, ob ich den Mann kenne. Ich erkannte ihn nicht. Es war mein ehemaliger Oberarzt Dr. Holz. [...]

Meine vorzeitige Entlassung aus Gefangenschaft verdanke ich einem grossen Dermatologen, meinem Doktorvater und väterlichen Freund Heinrich-Adolf Gottron, der anlässlich eines Kongresses in der DDR und Besuch seines ehemaligen Assistenten Gertler bei den staatlichen Regierungsstellen intervenierte und meine Entlassung aus dem Gefängnis bewirkte."[17]

Noch im Februar 1956 schrieb der Dekan der Medizinischen Fakultät Horst Hanson[18] mehrere Briefe an das Ministerium für Justiz. Es handelte sich hier um Gnadengesuche für die drei Ärzte, die 1948 verhaftet worden waren.

Zeitgleich waren auch Verhaftungen von Studenten weitergegangen: Der Student der Medizin Paul Oskar Horst Wenzel wurde am 15. Mai 1948 inhaftiert und ein Jahr später vom Sowjetischen Militärtribunal Halle zu 25 Jahren Zwangsarbeitslager verurteilt. Aus der Haft entlassen wurde Wenzel am 27. Juni 1956.

Der Student der Rechtswissenschaften Fritz Zabel ist am gleichen Tag wie Wenzel verhaftet worden. Im Juli 1948 von einem SMT zu 20 Jahren Zwangsarbeitslager verurteilt, hat er knapp sechs Jahre davon in Haft verbringen müssen.

Im Juni wurden gleich fünf Studenten inhaftiert: Der Student der Rechtswissenschaften Siegfried Fiedler am 4. Juni. Sein Urteil lautete auf 25 Jahre Zwangsarbeit, entlassen wurde Fiedler am 12. Januar 1956.

Drei Tage später ist der schon erwähnte Günter Abramowski, Student der Pädagogik, Mitglied des Studentenrates und Fakultätsvorsitzender der CDU-Hochschulgruppe, inhaftiert worden. Auch er wurde durch ein SMT zu 25 Jahren Zwangsarbeitslager verurteilt und ist am 18. Januar 1954, erkrankt an Lungentuberkulose, entlassen worden.

Erstmals befanden sich unter den verhafteten Studenten auch Frauen: Am 8. Juni 1948 ist die Studentin der Medizin Irmgard Sritneff inhaftiert worden, am 14. Juni traf dasselbe Schicksal die Studentin der Kirchenmusik Margot Feuerhake. Beide hatte langjährige Haftstrafen zu erdulden.

Den Philologie-Studenten Eberhard Berthold Weiss ereilte die Verhaftung am 24. Juni, am 6. Juli 1948, wurde er „auf Veranlassung der russischen Dienststelle" aus der Haft entlassen.[19]

Die Verhaftungen gingen auch im Juli weiter: Der Student an der Vorstudienanstalt Rolf Krause ist am 21. Juli 1948 inhaftiert worden, in seinem Fall lautete das Urteil

17 Wir danken Dr. Klaus Boetzel für die Überlassung dieses Berichtes.

18 Horst Hanson (1911–1978), Physiologische Chemie, Leopoldina-Mitglied seit dem 19.10.1955, 1957 Schriftführer des Präsidiums, Generalsekretär der Leopoldina 1967–1978.

19 UAH, Rep. 4 Nr. 1585 Verhaftungen von Studenten 1948.

25 Jahre Zwangsarbeitslager. Sein Entlassungsdatum ist der 18. Januar 1954. Dasselbe Urteil erging gegen den am 26. Juli verhafteten Studenten Bodo Skrobek, der am 19. Juli 1956 entlassen wurde. Ebenfalls am 26. Juli schlossen sich die Gefängnistore hinter dem Studenten der Chemie Hans-Rudolf Werner: Seine zwanzigjährige Zwangsarbeitslagerstrafe verbüsste er in den Lagern Inta und Potma, 1956 kehrte Werner nach Deutschland zurück.

Eduard Winter

Indes ging das Leben an der Universität weiter – Rektor Eduard Winter[20] war dabei sichtlich bemüht, Normalität herzustellen.

Am 2. August äusserte er sich programmatisch im Senat, dessen Protokoll hier festhielt: „Der Rektor [...] bat im Interesse der Universität um eine gute und gedeihliche Mitarbeit des Senats. Vor allem begrüsst der Rektor die Vertreter des Vorsemesterstudiums, des Betriebs- und Studentenrates, da dadurch die Verantwortung für die Universität alle Schichten der Universität mittragen. [...] Das Bestreben des Rektors wird es sein, vor allem durch eine Berufungsordnung im Rahmen des endgültigen Universitätsstatuts, das der Senat beraten soll, jede Qualitätsverschlechterung der Dozentenschaft zu vermeiden. [...] Der Rektor erklärte, dass Professor Eißfeldt nach den geltenden Übergangsbestimmungen Prorektor ist. Wenn es ihm aber unmöglich ist, diesem Amt gemäß den Rektor zu vertreten, wird Professor Häusler – einem alten akademischen Brauch entsprechend – als Dekan der Mutterfakultät des Rektors diesen vertreten. Professor Häusler gab seine Zustimmung.“

Inzwischen war Rudolf Agricola Senator geworden.

Zur selben Zeit gingen die Verhaftungen weiter. Am 4. September 1948 sind Hans-Joachim Platz, Student der Medizin, und Wilhelm Greulich, der sich an der Theologischen Fakultät hatte immatrikulieren lassen, inhaftiert worden. Beide verbrachten mehr als fünf Jahre in Arbeitslagern, bis sie freikamen. Während sie diese Zeit überlebten, hatte der am 21. September 1948 verhaftete Volontärassistent an der Medizinischen Fakultät Dr. Günter Langlet dieses Glück nicht. Er verstarb in der Haft.[21]

Nahezu alle in dieser Zeit Verhafteten sind zu 25 Jahren Zwangsarbeitslager verurteilt worden. Dass die Mehrheit von ihnen nach sechs bis acht Jahren aus der Haft ent-

20 Eduard Winter (1896–1982), Theologe und Historiker, übte das Amt des Rektors von 1948 bis 1951 aus.
21 UAH, Nr. 9875.

lassen wurde, ist dabei aus der Rückschau ein glücklicher Umstand. Doch hat er im Moment der Urteilsverkündung naturgemäß keine Rolle spielen können und so ist kaum nachzuvollziehen, welches Maß an Willenskraft und Optimismus die Verurteilten brauchten, um angesichts ihrer Lage nicht zu verzweifeln.

Der hallesche Medizinstudent Hans-Joachim Platz berichtet über seine Haft

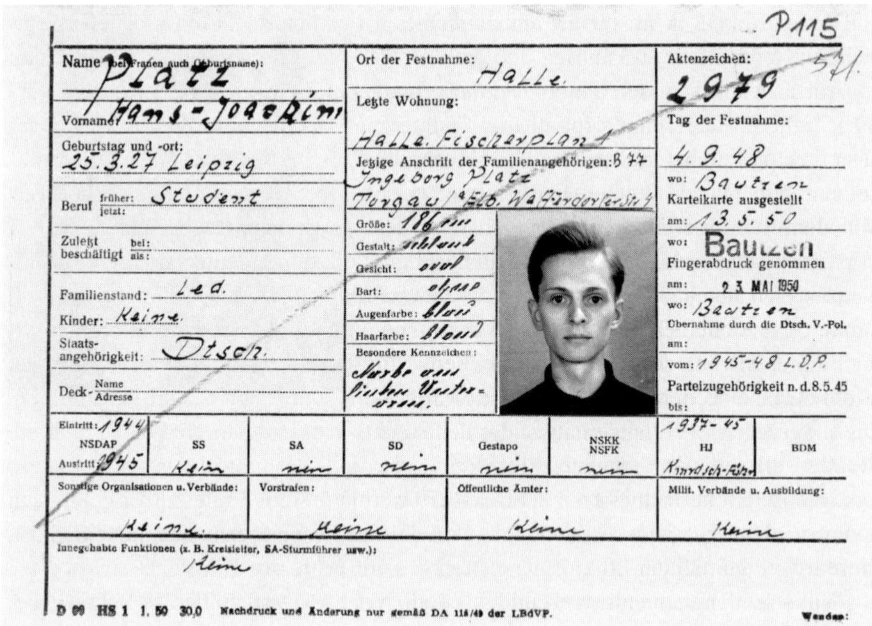
P115
Name (bei Frauen auch Geburtsname): Platz
Vorname: Hans-Joachim
Geburtstag und -ort: 25.3.27 Leipzig
Beruf früher: Student
jetzt:
Zuletzt beschäftigt bei:
als:
Familienstand: led.
Kinder: Keine.
Staatsangehörigkeit: Dtsch.
Deck-Name
Adresse
Ort der Festnahme: Halle.
Letzte Wohnung: Halle. Fischerplan 1
Jetzige Anschrift der Familienangehörigen:
Ingeborg Platz
Größe: 186 cm
Gestalt: schlank
Gesicht: oval
Bart: ohne
Augenfarbe: blau
Haarfarbe: blond
Besondere Kennzeichen:
Aktenzeichen: 2979
Tag der Festnahme: 4.9.48
wo: Bautzen
Karteikarte ausgestellt am: 13.5.50
wo: Bautzen
Fingerabdruck genommen am: 23. MAI 1950
wo: Bautzen
Übernahme durch die Dtsch. V.-Pol. am:
vom: 1945–48 L.D.P.
Parteizugehörigkeit n. d. 8.5.45 bis:
NSDAP Eintritt: 1944 Austritt: 1945
SS: Kein
SA: nein
SD: nein
Gestapo: nein
NSKK NSFK: nein
HJ: 1937–45
BDM
Sonstige Organisationen u. Verbände: Keine
Vorstrafen: Keine
Öffentliche Ämter: Keine
Milit. Verbände u. Ausbildung: Keine
Innegehabte Funktionen (z. B. Kreisleiter, SA-Sturmführer usw.): Keine
D 00 HS 1 1. 50 30,0 Nachdruck und Änderung nur gemäß DA 118/49 der LBdVP.
Wenden:

Karteikarte von Hans-Joachim Platz aus der Haftkartei Bautzen

Hans-Joachim Platz hat nach seiner Entlassung 1954 einen bewegenden Erlebnisbericht zu Papier gebracht.[22] Wiewohl er auch ganz individuelle Momente enthält, ist er doch insoweit verallgemeinerungswürdig, als viele der zu dieser Zeit Verhafteten später ähnliche Erfahrungen bezeugten. Aus diesem Bericht sollen deshalb hier einige Passagen wortgenau zitiert werden:

22 Bundesministerium für gesamtdeutsche Fragen (Hrsg.) Bonn 1955: Unrecht als System. Dokumente über planmäßige Rechtsverletzungen in der Sowjetzone Deutschlands Teil II/ 1952–1954, S. 96–97.

„[…] Schon im Jahre 1946 war ich von den Russen wegen angeblicher Spionage einige Zeit eingesperrt gewesen, wurde aber, da sich die erhobenen Vorwürfe als haltlos herausstellten, wieder entlassen. 1948 erfuhr ich von den Bestrebungen, in Westberlin eine Freie Universität zu gründen, da in der Osterberliner Universität wirkliche akademische Freiheit nicht mehr herrschte. In Gesprächen mit Kommilitonen wies ich auf diese bevorstehende Neugründung einer Westberliner Universität hin und propagierte den Gründungsgedanken. Weil mir viel Unrecht in meiner Heimat auffiel, berichtete ich über tatsächliche Ereignisse in Halle und Umgebung an Westberliner Zeitungen und an den NWDR in Westberlin. Ich vermied es absichtlich, an diese Tatsachen irgendwelche Kommentare zu knüpfen. Ich glaubte, daß die wahrheitsgemäße Mitteilung von Tatsachen erlaubt sei. Ich betone, daß ich keine militärischen oder rüstungswirtschaftlichen Nachrichten sammelte und weitergab. Aus den von mir zur Verfügung gestellten Mitteilungen erschienen in Westberlin Presseartikel und auch Rundfunkkommentare. Da ich wegen meiner Haltung bei Studentenversammlungen schon verschiedentlich aufgefallen war, stand ich offenbar unter genauer Beobachtung.

Am 4.9.48 wurde ich vor meinem Hause in Halle durch deutsche Polizei in Begleitung von sowjetischen Soldaten verhaftet und in das NKWD-Gefängnis Luisenstraße transportiert. Hier wurde ich kurz vernommen und kam dann in die damals noch unter sowjetischer Verwaltung stehende Strafanstalt Halle, die im Volksmund ‚Roter Ochse' genannt wird. In diesem Gefängnis wurde ich 82mal vernommen. Diese Vernehmungen fanden ausschließlich nachts statt und dauerten meist mehrere Stunden. Mir wurde Spionage, Antisowjethetze und faschistische Propaganda zur Last gelegt. Ich bestritt, mich in irgendeiner Form in diesem Sinne schuldig gemacht zu haben. Das einzige, was ich zugab, war, daß die in Westberlin erschienenen Zeitungsartikel auf meinen Tatsachenangaben beruhten.

Während der Vernehmungen und auf dem Wege von und zu den Vernehmungen wurde ich oft geschlagen. Dies geschah entweder mit der Faust oder mit irgendwelchen Gegenständen, die die sowjetischen Wachmannschaften oder Vernehmungsoffiziere gerade in der Hand oder in greifbarer Nähe hatten. Oft gerieten die vernehmenden Sowjets in Wut, wenn ich das verlangte Geständnis nicht ablegen wollte und schlugen dann heftig auf mich ein. 3 Tage und 4 Nächte wurde ich in eine Wasserzelle gesperrt. Die Schwelle zu dieser Zelle war etwas hoch gemauert, so daß das Wasser in Knöchelhöhe stand. Es war Dezember 1948, als ich dort eingesperrt wurde. Die Zelle hatte keine Fenster, war wie üblich vergittert und von innen noch mit einem besonderen Drahtnetz gesichert. Es herrschte eine erbärmliche Kälte. So kalt, daß das in der Zelle stehende Wasser fror, war es allerdings nicht. Durch den Aufenthalt in dieser Wasserzelle zog ich mir Gelenkrheumatismus zu, worunter ich noch heute leide. Eine Pritsche oder dergleichen befand sich in der Zelle nicht; ich musste also ständig im Wasser stehen. Unterbrochen wurde dieser, fast 84 Stunden währende Aufenthalt nur durch 2 oder 3 Vernehmungen. Danach musste ich dann wieder in die Wasserzelle zurück.

Am 2.1.49 wurde mir ein Haftbefehl vorgelesen, und am 7.1.49 fand die Gerichtsverhandlung gegen mich statt. Das Gericht bestand aus einem Oberstleutnant als Vorsitzenden, einem Unteroffizier und einem Gefreiten als Beisitzer. Als Protokollführer fungierte ein Oberleutnant. Ferner war eine mir bereits bekannte Dolmetscherin anwesend. Nach Eintritt in die Verhandlung wurde ich gefragt, ob ich gegen die Besetzung des Gerichts Einwendungen zu erheben hätte. Ich machte Einwendungen gegen die Dolmetscherin geltend, weil mir bekannt war, daß diese die deutsche Sprache kaum beherrschte. Ich glaubte, daß diese Verhandlung für mich von entscheidender Bedeutung sein würde und wollte deswegen einen guten Dolmetscher haben.

Das Gericht zog sich nach meinem Einwand zurück, und ich wurde in eine kleine Zelle hinausgeführt, nachdem mir die Hände wieder gefesselt worden waren. Nach einigen Minuten erschien in dieser Zelle ein sowjetischer Soldat mit den Worten: ‚Dolmetscherin nicht gut, was?‘ ergriff mit der linken Hand meine gefesselten Hände und schlug rechts mit seinem Koppel mehrmals und außerordentlich schmerzhaft in mein Gesicht. Danach wurde ich wieder in den Verhandlungssaal geführt. Auf meinen gegen die Dolmetscherin erhobenen Einwand kam das Gericht nicht zurück, sondern es begann dieselbe Prozedur wie vorher, genau so als ob ich den Gerichtssaal zum erstenmal betreten hätte. Die Gerichtspersonen wurden noch einmal vorgestellt, und ich wurde erneut gefragt, ob ich Einwendungen zu erheben hätte. Nach den soeben gemachten Erfahrungen verzichtete ich auf Einwendungen gegen die Dolmetscherin, und die Verhandlung lief ab. Sie dauerte etwa 2½ – 3 Stunden. Ein Geständnis legte ich wiederum nicht ab. Ein Verteidiger stand mir nicht zur Verfügung. Obwohl ich nicht geständig war, sah man die mir vorgeworfenen strafbaren Handlungen als erwiesen an – mir ist unbekannt, wie man zu diesem Beweisergebnis kam –, und ich wurde wegen dieser Straftaten zu 25 Jahren Zwangsarbeit verurteilt. Weil ich vor Gericht geleugnet hatte, erhielt ich eine zusätzliche Strafe von 3 Jahren Zwangsarbeit. Eine Berufungsmöglichkeit gegen dieses Urteil gab es nicht, und ich war somit rechtskräftig zu einer Gesamtstrafe von 28 Jahren Zwangsarbeit verurteilt.“

Hans-Joachim Platz berichtete später über viele Jahre für das ZDF aus Israel.

Der Assistenzarzt Günter Langlet stirbt in der Haft

Am 21. September 1948 machte der Kurator Elchlepp folgende „Akten-Notiz“:

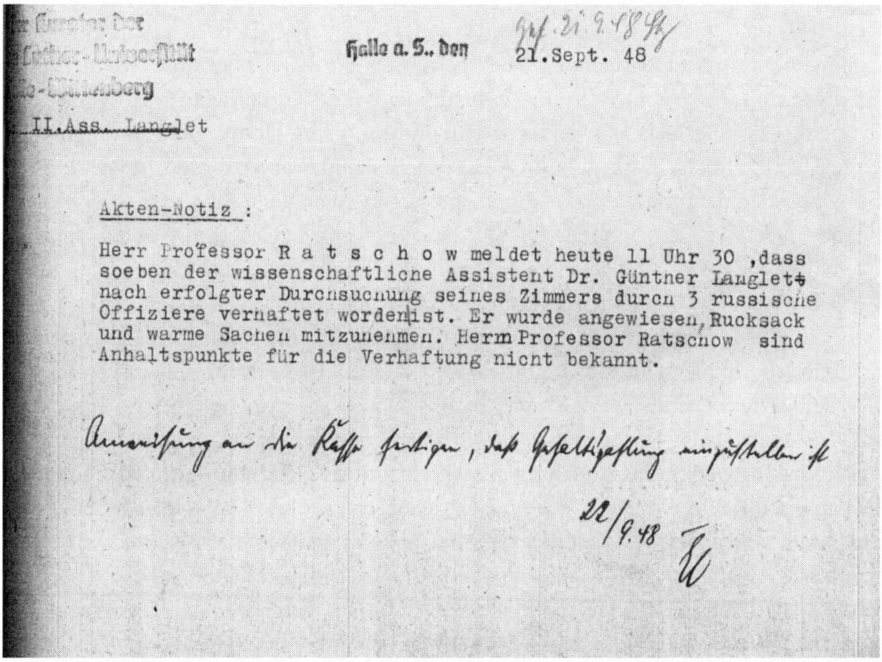

Halle a. S., den 21.Sept. 48

II.Ass. Langlet

Akten-Notiz :

Herr Professor R a t s c h o w meldet heute 11 Uhr 30 ,dass soeben der wissenschaftliche Assistent Dr. Güntner Langlet nach erfolgter Durchsuchung seines Zimmers durch 3 russische Offiziere verhaftet worden ist. Er wurde angewiesen, Rucksack und warme Sachen mitzunehmen. Herrn Professor Ratschow sind Anhaltspunkte für die Verhaftung nicht bekannt.

Anweisung an die Kasse fertigen, daß Gehaltszahlung einzustellen ist

22/9.48

Notiz des Kurators Elchlepp[23]

Er ergänzte diese Aktennotiz am 22. September handschriftlich mit der Order: „Anweisung an die Kasse fertigen, dass Gehaltszahlung einzustellen ist.“ Am 22. September 1948 meldete der Direktor der Medizinischen Universitäts-Poliklinik Max Ratschow[24] dem Kurator Elchlepp noch einmal schriftlich:

23 UAH, Nr. 9875. In dieser Akte finden wir die hier zitierten Dokumente.

24 Max Ratschow (1904–1963), Internist, Lepoldina-Mitglied seit 1950.

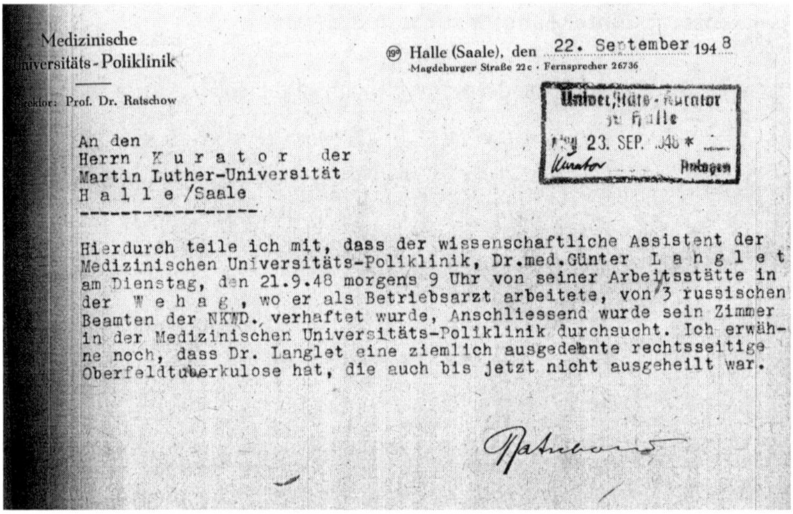

Medizinische
Universitäts-Poliklinik

Direktor: Prof. Dr. Ratschow

Halle (Saale), den 22. September 1948
Magdeburger Straße 22c · Fernsprecher 26736

Universitäts-Kurator zu Halle
23. SEP. 1948
Kurator Anlagen

An den
Herrn K u r a t o r der
Martin Luther-Universität
H a l l e /Saale

Hierdurch teile ich mit, dass der wissenschaftliche Assistent der Medizinischen Universitäts-Poliklinik, Dr.med.Günter L a n g l e t am Dienstag, den 21.9.48 morgens 9 Uhr von seiner Arbeitsstätte in der W e h a g , wo er als Betriebsarzt arbeitete, von 3 russischen Beamten der NKWD., verhaftet wurde, Anschliessend wurde sein Zimmer in der Medizinischen Universitäts-Poliklinik durchsucht. Ich erwähne noch, dass Dr. Langlet eine ziemlich ausgedehnte rechtsseitige Oberfeldtuberkulose hat, die auch bis jetzt nicht ausgeheilt war.

Ratschow

Ratschow an den Kurator

Erst elf Monate später, am 26. August 1949, informierte Ratschow, in Vertretung des Dekans, den Rektor:

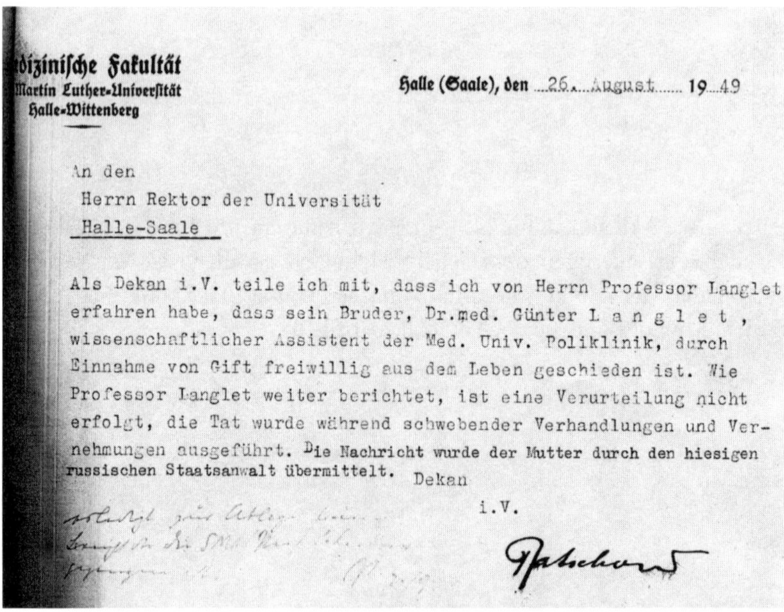

Medizinische Fakultät
Martin Luther-Universität
Halle-Wittenberg

Halle (Saale), den 26. August 1949

An den
Herrn Rektor der Universität
Halle-Saale

Als Dekan i.V. teile ich mit, dass ich von Herrn Professor Langlet erfahren habe, dass sein Bruder, Dr.med. Günter L a n g l e t , wissenschaftlicher Assistent der Med. Univ. Poliklinik, durch Einnahme von Gift freiwillig aus dem Leben geschieden ist. Wie Professor Langlet weiter berichtet, ist eine Verurteilung nicht erfolgt, die Tat wurde während schwebender Verhandlungen und Vernehmungen ausgeführt. Die Nachricht wurde der Mutter durch den hiesigen russischen Staatsanwalt übermittelt.

Dekan
i.V.
Ratschow

Ratschow an Rektor

Als sich fast zehn Jahre später Rechtsanwalt Kanter in Strausberg im Zusammenhang mit einer Vollmacht beim Generalstaatsanwalt der DDR und beim MfS nach dem Verbleib Günter Langlets erkundigte, stellte sich heraus, dass weder der Generalstaatsanwalt noch das MfS etwas vom Schicksal Langlets wussten: „Seit Anfang 1946 bis zu seiner Verhaftung Ende September 1948 war [Günter Langlet] Assistenzarzt an der Poliklinik der Universität Halle, Magdeburger Str. Er wohnte auch in der Klinik und ist dort auch verhaftet worden. […] Es werden Zweifel laut, ob er sich noch am Leben befindet […]. Ich habe mich daraufhin mit dem Schreiben vom 31.5.1957 an den Herrn Generalstaatsanwalt der Deutschen Demokratischen Republik mit der Bitte um Klärung gewandt. Dieser konnte meinem Wunsche nicht entsprechen.“[25]

Die Senatssitzung am 8. Oktober 1948 hat sich des Problems von Verhaftungen annehmen müssen, obgleich offen bleiben muss, wie detailliert die Senatoren hierüber informiert waren. Im Protokoll ist lapidar festgehalten: „[…] 2. Verhaftung von Studenten. Der Rektor bittet die Dekane, beruhigend auf die Studenten einzuwirken und sie zu ermahnen, dass sie sich von allen Dingen fernhalten, durch die sie mit dem Gesetz in Widerspruch kommen. Falls wieder Verhaftungen vorkommen, sollen sich die Dekane sogleich mit dem Rektor in Verbindung setzen.“

In diesem Protokoll sind keine Namen von Verhafteten genannt. Am gleichen Tag sind die beiden Ärzte der Hautklinik Claus-Eberhard Boetzel und Wolfgang Gawantka verhaftet worden. Aber das konnten die Senatoren wohl noch nicht wissen, sie waren auch keine Studenten. Es muss bei Mutmaßungen bleiben, auf welche Studenten sich dieser Hinweis bezieht.

Eine wegweisende Personalie entschied sich Ende 1948. Otto Eißfeldt war entschlossen, sich den Zumutungen an der Universität nicht mehr zu stellen und reichte das Rücktrittsgesuch als Prorektor ein. Im Protokoll der Senatssitzung vom 5. November 1948 ist festgehalten: „Der Rektor verliest den Erlass des Ministers für Volksbildung, Kunst und Wissenschaft vom 4.11.1948, nach welchem der Minister dem Gesuch des Prorektors Prof. Dr. Dr. Eißfeldt um Entbindung von seinem Amt als Prorektor zustimmt.“

An seiner Stelle wurde Professor Dr. Agricola zum Prorektor gewählt, womit eine gänzlich neue Qualität der Politisierung des Senates ihren Ausgangspunkt nimmt. Schon zur nächsten Zusammenkunft, am 19. November 1948, werden Maßnahmen zur Kontrolle der Studenten beschlossen: „[…] es werden einheitliche Karteikarten für Studenten eingeführt, ein Entwurf wird vorgelegt“, vermerkt der Protokollant. „Studienkontrolle“ ist hier zweifellos tiefgestapelt – das war ein erster Schritt hin zu

25 BStU MfS HA IX/11/SMT Band 24 Langlet, Bl. 121. Rechtsanwalt Kanter an Ministerium der Justiz, 18. Juni 1957.

Rodolf Agricola

einer möglichst umfassenden Kontrolle! Und weiter ist zu lesen: „[...] Nach Beendigung der Senatssitzung konstiuierte sich die Kommission zur Ausarbeitung des Entwurfs eines neuen Universitätsstatuts“, hier werden die Professoren Agricola, Brundert, Häusler und Joerges unter Vorsitz des Rektors tätig.

In dieser Sache verhandelte Eduard Winter auch mit der SMAD. In der Senatssitzung am 17. Dezember 1948 berichtet er über die Verhandlungen in Karlshorst und über die Verwaltungsreform. Ihr Kern lag in der Einfügung folgenden Satzes in die Übergangsbestimmungen für die Verwaltung der Universität: „Mit dem Wegfall der Kuratorialverfassung und der Einführung der Rektoratsverfassung fallen alle Bestimmungen, die den Kurator betreffen, dementsprechend weg.“

Ferner solle dem Minister vorgeschlagen werden, einen „einzuführenden Verwaltungsdirektor, so wie es die Rektoratsverfassung verlangt, dem Rektor zu unterstellen und die Ausführungsbestimmungen für die Verwaltung durch den Rektor zu erlassen. [...]

Dekan Häusler bringt vor, daß durch den Erlaß des Ministers die Selbstverwaltung der Universität in Bezug auf Personalangelegenheiten eingeschränkt sei und daß in das Statut Sicherheiten eingebaut werden müssten, damit ein künftiger Rektor nicht zum Diktator werde.“

Während der Senat damit in die Weihnachtspause eintreten konnte, kam es zu den letzten Verhaftungen des Jahres 1948. Am 24. Dezember ist der Student der Rechtswissenschaften Günther Albert Siegfried Althof inhaftiert worden. Auch er wurde vom SMT zu 25 Jahren Zwangsarbeit verurteilt und kehrte von dort im August 1956 zurück. Ebenfalls im Dezember widerfuhr dem Studenten der Philosophie Wolfgang Thielecke dasselbe Schicksal. Er wurde am 18. Januar 1954 aus der Haft entlassen.

Das Jahr 1948 war in doppelter Hinsicht ereignisreich. Eine beträchtliche Zahl von Universitätsangehörigen war verhaftet worden, die folgenden Prozesse endeten zumeist mit drakonischen Strafen. Einem Senat, der sich neben anderer kritischer Begleitung dieser Entwicklung nicht kritiklos verhalten hat, beschnitt man den Rahmen, schließlich wechselten die Verantwortlichen.

Auch jetzt wirkten noch integre, sich für die Freiheit in Wissenschaft und Lehre einsetzende Persönlichkeiten in ihm, doch hatten die auf politische Führung und Kontrolle drängenden Kräfte hier mit Professor Agricola einen mächtigen Statthalter installiert.

1949 Erste Verhaftungswelle durch sowjetische Dienststellen

Aus dem Jahr 1949 sind zwanzig Verhaftungen aktenkundig: Johannes Fischer, Werner Fitzau, Horst Edelmann, Karl-Heinz Zöger, Rolf Lichtenberg, Siegfried Lentz, Fritz Zoder, Hans Hampe, Ursula Irmscher, Gustav-Adolf Jekel, Fritz Vogel, Hans-Joachim Stoye, Werner Herrmann, Günter Bunge, Theo Jaensch, Erich Josef Koller, Richard Rühling, Ernst Runge, Willi Brundert und Hubert Fröde.

Der Jahresbeginn 1949 war geprägt von einer Verhaftungswelle bis dahin nicht gekannter Intensität. Allein in der Zeit vom Jahresbeginn bis zum 7. Februar wurden zehn Studenten, darunter eine Frau, und ein Dozent der MLU verhaftet. Auffällig dabei ist, dass – gleichgültig, worauf sich die Anklage im Detail konzentrierte – diese Universitätsangehörigen durch Sowjetische Militärtribunale ausnahmslos zu 25 Jahren Zwangsarbeitslager verurteilt worden sind. Hier ihre Namen, hinzugesetzt ist das jeweilige Entlassungsdatum:

Student der Rechtswissenschaften Siegfried Lentz – entlassen am 14. Januar 1956;
Student der Geschichte Johannes Fischer – entlassen am 12. März 1957;
Student der Philosophie Horst Edelmann – entlassen am 16. Januar 1954;
Student der Naturwissenschaften Karl-Heinz Zöger – entlassen am 17. Januar 1954;
Student der Medizin Werner Fitzau – entlassen am 16. Januar 1954;
Student der Medizin Rolf Lichtenberg – entlassen am 18. Januar 1954;
Student der Germanistik Fritz Zoder – entlassen am 17. Januar 1954;
Studienbewerber an der philosophischen Fakultät Hans Hampe – entlassen am 18. Januar 1954;
Studentin der Chemie Ursula Irmscher – am 30. Juli 1956 entlassen;
Dr. phil. Gustav-Adolf Jekel, Dozent für Journalistik – entlassen am 1. Juni 1956;
Student der Rechtswissenschaften Fritz Vogel – entlassen am 15. August 1956.

Bemerkenswert ist, dass die im Januar und Februar Verhafteten nicht nur sämtlich zu 25 Jahren Zwangsarbeit verurteilt worden sind, sondern dass viele von ihnen – zum Teil durch Gnadenerlass des Präsidenten – im Januar 1954 die Freiheit wiedererlangten.

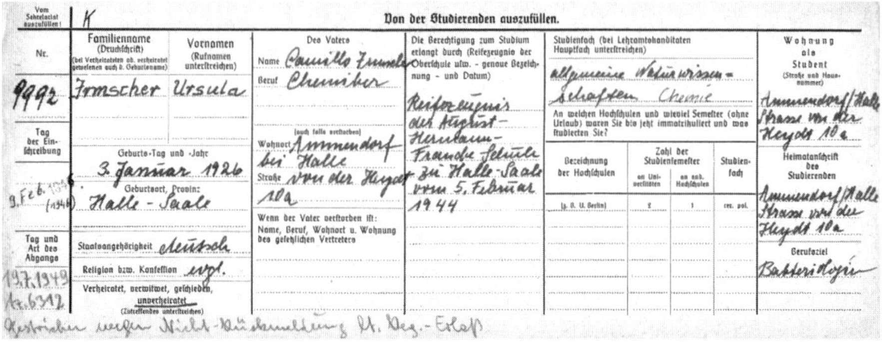

Vom Sekretariat auszufüllen! K

Von der Studierenden auszufüllen.

Nr. 9992

Familienname (Druckschrift) (bei Verheirateten od. verheiratet gewesenen auch d. Geburtsname): Irmscher

Vornamen (Rufnamen unterstreichen): Ursula

Tag der Einschreibung: 9. Feb. 1944

Geburts-Tag und -Jahr: 3. Januar 1926

Geburtsort, Provinz: Halle - Saale

Tag und Art des Abgangs: 19.7.1949 Ar. 6312

Staatsangehörigkeit: deutsch

Religion bzw. Konfession: evgl.

Verheiratet, verwitwet, geschieden, unverheiratet (Zutreffendes unterstreichen)

Des Vaters Name: Camillo

Beruf: Chemiker

Wohnort (auch falls verstorben): Ammendorf bei Halle

Straße: von der Heydt 10a

Wenn der Vater verstorben ist: Name, Beruf, Wohnort u. Wohnung des gesetzlichen Vertreters

Die Berechtigung zum Studium erlangt durch (Reifezeugnis der Oberschule usw. - genaue Bezeichnung - und Datum): Reifezeugnis der August-Hermann-Francke-Schule zu Halle-Saale vom 5. Februar 1944

Studienfach (bei Lehramtskandidaten Hauptfach unterstreichen): allgemeine Naturwissenschaften Chemie

An welchen Hochschulen und wieviel Semester (ohne Urlaub) waren Sie bis jetzt immatrikuliert und was studierten Sie?

Bezeichnung der Hochschulen	Zahl der Studiensemester an Universitäten	an and. Hochschulen	Studienfach
(z. B. U. Berlin)	2	1	rer. pol.

Wohnung als Student (Straße und Hausnummer): Ammendorf/Halle Strasse von der Heydt 10a

Heimatanschrift des Studierenden: Ammendorf/Halle Strasse von der Heydt 10a

Berufsziel: Bakteriologin

Immatrikulationsschein von Ursula Irmscher[1]

Nichts von alledem hat seinen Niederschlag in den Protokollen der Senatssitzungen der MLU gefunden. Hier dominierten Anfang 1949 administrative Entscheidungen. Am 7. Januar 1949 wurde die Kuratorialverfassung in eine Rektoratsverfassung umgewandelt.[2]

In der Sitzung am 25. Februar 1949 wurde neben anderen Professor Victor Klemperer[3] als neu berufener Ordinarius begrüßt, der schon bald auch als Senator Verantwortung übernehmen würde.

Ein interessantes Detail ist von diesem Tag überliefert. Bei der Besprechung des letzten Protokolls bat Spektabilität Häusler um eine Korrektur: „Auf Antrag des Dekans Häusler wurde im Punkt III. des Protokolls eingefügt: ‚In der vorerwähnten angeregten Wechselrede sagte Dekan Häusler: Auch der Rektor kann Diktator werden, falls nicht im Statut Sicherungen enthalten sind'."

Daneben beschäftigen Fragen der Studienkontrolle die Anwesenden. Die Studentenreferentin, Frau Dr. Rita Hetzer, erläuterte die von der Deutschen Verwaltung für Volksbildung am 2. Februar 1949 erlassene Anordnung über Studienberatung und Studienkontrolle. Sie halte, ist protokolliert, „eine wirksame Kontrolle der Vorlesungen nicht für möglich, wohl aber eine Kontrolle in den Seminaren. Das Schwergewicht der Kontrolle wäre auf die Zwischenprüfungen zu legen, die als strenge Prüfungen durchgeführt werden sollten". Der Senat beschloss daraufhin, dass der von der Studentenreferentin verfasste Entwurf einer Karteikarte allen Dekanen zugeleitet werde, damit „die Studienkontrolle einheitlich vorgenommen wird".

1 UAH, Immatrikulationsschein.

2 Rupieper 1994, S. 113.

3 Victor Klemperer (1881–1960), Romanist, Germanist, Autor (LTI). Er musste in der NS-Zeit als Jude unter der Verfolgung leiden. Der Aufbau-Verlag hat seine umfangreichen Tagebücher herausgegeben.

Wir erfahren in diesem Zusammenhang auch etwas über die normale Studiendauer in dieser Zeit: „[…] für Medizin 11 Semester, Studienfächer der Math. Nat. 8 Semester, Studienfächer der Phil. Fak. 8 Semester, Pharmazie 6 Semester“.[4]

Zu dieser Zeit, am 31. März 1949, ist der Student der Medizin Hans-Joachim Stoye verhaftet und anschließend zum Tode verurteilt worden. Der Hinrichtung entging er nur aufgrund der Umwandlung des Todesurteils in eine Haftstrafe. Stoye verbrachte sechs Jahre in Haft und ist am 16. Oktober 1955 entlassen worden.

Der Senat wird zu politischen Resolutionen und Entschließungen gezwungen

Im Senatssitzungsprotokoll vom 4. April, das die erstmalige Leitung der Zusammenkunft durch Prorektor Agricola belegt, finden sich weder Hinweise auf die Beschäftigung mit dem Thema Verhaftungen von Universitätsangehörigen, noch andere Indizien, die auf eine Befassung des Senats mit dem Thema der sowjetischen Besatzungspraxis deuten. Vielmehr wurde hier ausführlich über Resolutionen diskutiert: „Punkt 1 der Tagesordnung: Entschliessung zum Weltfriedenskongress. [...]

Dekan Heinzelmann regt an, auch den ganzen Nebensatz im dritten Satz ‚die schon heute als die zum Kriege treibenden Kräfte‘ zu streichen. Durch diese Streichung werden die Wirkungen der Resolution nicht geschwächt, im Gegenteil noch gehoben. Man sollte die bestehende Spannung nicht noch verschärfen. […] Frau Dekanin Hertwig erklärt: Wenn auch Amerika in der Rolle des Angreifers ist und Russland den Frieden will, so möchte ich mich doch aus taktischen Gründen der Anregung von Dekan Heinzelmann anschliessen. […]

Hierauf wird die Entschliessung in nachstehender Form von den Senatoren einstimmig angenommen:

„Leidenschaftlich gewillt, in einem einheitlichen demokratischen Deutschland, in lebendiger Verbindung mit den Völkern der Welt an der Entfaltung von Wissenschaft und Forschung mitzuwirken, bekundet der Senat der Martin Luther-Universität Halle-Wittenberg seine Verbundenheit mit allen Bestrebungen, die der Erhaltung des Weltfriedens dienen. Im Bewusstsein, dass ein neuer Weltkrieg die deutsche Kultur endgültig vernichten würde, treten wir deutschen Wissenschaftler einmütig für eine Teilnahme am Weltfriedenskongress in Paris ein und erhoffen uns hiervon eine weitere

---

4 Der Rektor der Universität, 28.1.1949, Abschrift eines Briefes der Landesregierung an den Rektor vom 17.1.1949.

Festigung der Friedensfront in der Welt, die schon heute stärker ist als die gewissenlos zum Kriege treibenden Kräfte. Wir sind überzeugt, durch diese Fühlungnahme mit den Wissenschaftlern der anderen Nationen zur Verständigung unter den Völkern beitragen zu können, und wir wissen, dass die völkerverbindende Forschung des Gelehrten die Erhaltung des Friedens in der Welt voraussetzt."

Der erste Senat nach dem Zweiten Weltkrieg hatte in drei Jahren Amtszeit lediglich eine derartige Willensbekundung verabschiedet – jetzt beginnt die Ära der Resolutionen. Forciert wurden diese politischen Manifestationen von Prorektor Agricola. Wiewohl eine Resolution für den Frieden zunächst nicht kritikwürdig ist, muss im Blick bleiben, dass damit die politische Polarisierung, die Trennung in Schwarz und Weiß, eine neue Qualität gewinnt. Ein systematisch aufgebautes Feindbild wird hier geboren, denn wer sind die „[...] gewissenlos zum Kriege treibenden Kräfte"?

Schon in der Senatssitzung am 5. April 1949 ist eine nächste Entschließung „[...] über die Kulturverordnung der Deutschen Wirtschaftskommission vom 31. März 1949" Teil der Tasgesordnung. Im Protokoll heißt es: „Die am 5. April 1949 zu einer ausserordentlichen Tagung des Konzils der Martin Luther-Universität Halle-Wittenberg versammelten Mitglieder des Lehrkörpers, des Studentenrats und der Betriebsgewerkschaftsleitung begrüssen die Kulturverordnung der Deutschen Wirtschaftskommission vom 31. März 1949. Die grosszügige Förderung der deutschen Intelligenz, die in dem Beschluss [...] ihren überzeugenden Ausdruck findet, dokumentiert, dass in der sowjetisch besetzten Zone Deutschlands die Zeit vorbei ist, in der Leistung und Arbeitskraft des Wissenschaftlers und geistig Schaffenden nichts anderes als eine vom Markt abhängige Ware war. Die grossen Reformen seit 1945 haben die Voraussetzungen geschaffen für die bedeutende Stellung, die unsere Intelligenz im Rahmen unserer antifaschistisch-demokratischen Ordnung und unseres wissenschaftlichen und kulturellen Aufbaus einnimmt. Diese in dem Kulturplan [...] zum Ausdruck kommende Überzeugung verpflichtet die Intelligenz, vorbehaltlos und mit allen ihren Kräften sich dem Aufstieg und der Weiterentwicklung des ganzen arbeitenden Volkes hinzugeben. Die Sowjetunion hat durch ihre Besatzungsmacht diesen Beschluss der Deutschen Wirtschaftskommission gutgeheißen und gebilligt, und es ist Pflicht eines jeden Wissenschaftlers, anzuerkennen, dass damit die Sowjetunion in kultureller Beziehung mehr für die Zukunft des deutschen Volkes getan hat, als unsere eigenen Regierungen vor 1945. Die Versammelten werden alles tun, um im Geiste der Kulturverordnung und in enger Verbundenheit mit den Schaffenden die deutsche Wissenschaft und Forschung in den Dienst der Erfüllung des Zweijahrplans zu stellen und damit mithelfen an einem friedlichen Aufstieg unseres Volkes."

Als wäre dies ein Geschehen in einer anderen Welt – in denselben Tagen ist von weiteren Verhaftungen zu berichten. Der Assistent am Zahnmedizinischen Institut

Dr. med. dent. Werner Herrmann wurde am 6. Mai inhaftiert, auch ihn ereilte das Urteil der fünfundzwanzigjährigen Zwangsarbeit. Diese Strafe verbüßte er bis 1957. Eine Woche darauf, am 13. Mai, ist der Student der Naturwissenschaften Günter Bunge in Köthen verhaftet worden. Das Urteil über ein Vierteljahrhundert Zwangsarbeit ist in seinem Fall am 31. Mai 1955 nach einer Revision aufgehoben worden.

Am 2. Juni setzte sich Rektor Eduard Winter in einem Brief an den Minister für Volksbildung, Kunst und Wissenschaft für seine Studenten ein. Dieses Schreiben besticht durch seinen überlegten und ruhigen Duktus:

„[...] Betr.: Verhaftung von Studenten.

Die Medizinische Fakultät hat sich in ihrer Sitzung vom 18.5.1949 mit den in den letzten Wochen durch die deutsche Polizei vorgenommenen Verhaftungen mehrerer Studenten der Fakultät befasst. Die Fakultät hat sich wegen der insbesondere durch die Form der Verhaftungen verursachte Beunruhigung der Studentenschaft an mich gewandt, es möchte den zuständigen Stellen die Bitte vorgetragen werden, dass von einer Verhaftung von Studenten nach Möglichkeit innerhalb von 24 Stunden dem Rektor und dem Dekan der betreffenden Fakultät Mitteilung gemacht wird, sofern diesem Wunsche nicht ausdrückliche gesetzliche Bestimmungen entgegenstehen.

Ich unterstütze diese Bitte der Medizinischen Fakultät sehr, weil ich weiss, dass durch solche Verhaftungen, über welche keine amtliche Mitteilung ergeht und an die sich gewöhnlich verschiedene unkontrollierbare Gerüchte knüpfen, immer wieder Unruhe unter die Studenten getragen wird, die sich auf den Lehrkörper überträgt, wodurch ernste Schwierigkeiten für einen geordneten Lehrbetrieb entstehen.

Dekan und Fakultät habe ich wiederholt und auch diesmal gebeten, auf die Studenten beruhigend zu wirken und ihren Einfluss dahin zu lenken, die Studenten von ungesetzlichen und verwirrenden Umtrieben fernzuhalten. Dadurch wird ein Eingreifen der Polizei am ehesten bestens vermieden werden [...].“[5]

In der Senatssitzung am 9. Juni 1949 begrüßte der Rektor „den von der Betriebsgewerkschaftsleitung für den *ausgeschiedenen* Professor Dr. Jacoby in den Senat entsandten Prof. Dr. Mode.“ Er ist „ausgeschieden“, notierte der Protokollant. Man kann aus dieser Formulierung nicht annähernd die Tragik der hier zugrundeliegenden Entwicklung ermessen.

Georg Jacoby war mit großen Erwartungen an die Martin Luther-Universität gekommen, nachdem seine Familie und er jahrelang Verfolgungen ausgesetzt waren, und er keine Möglichkeit hatte, auf seinem Fachgebiet zu arbeiten. Er hat nach nur kurzer Zeit die ihn umgebenden Umstände an seinem Arbeitsort, diesmal der Medizinischen Fakultät und in der Klinik, nicht ertragen können und floh aus

5 UAH, Rep. 11, Nr. 6.

diesem für ihn unerträglichen Umfeld. Als Klinikchef hatte er einen Oberarzt und mehrere Assistenten nicht vor der Verhaftung schützen können, wiewohl er sich wie kein anderer für sie eingesetzt hatte.

Und eine weitere knappe Notiz im Protokoll lässt aufhorchen. Danach habe Professor Lüttringhaus geäußert, dass „in der Naturwissenschaftlichen Fakultät unter den Studenten wahre Arbeitstiere wären, dass diese aber vielfach politisch nicht interessiert“ seien. Senator Brundert betonte dazu, dass eine Unterstützung solcher Leute nur dann infrage kommen könne, wenn es sich „um wirklich unpolitische Leute handelt und wenn durch die politische Uninteressiertheit nicht eine andere politische Einstellung getarnt wird.“

Auch jetzt soll auf bestimmte Traditionen nicht verzichtet werden. Am 8. Juli 1949 fragt der Rektor bei den Senatsmitgliedern an, ob sie einverstanden sind, „anläßlich des Dies academicus [...] den Einzug des Lehrkörpers in der Aula wieder im Ornat durchzuführen“. Die Mitglieder des Senats stimmen einhellig zu.

Im Sommer 1949 wurden weitere Studenten der MLU verhaftet:
Student der Rechtswissenschaften Theo Jaensch am 25. Juli – entlassen am 25. August 1956;
Student der Medizin Erich Koller am 11. August – entlassen am 18. Januar 1954;
Student der Philosophie Rolf Rühling am 16. August – entlassen am 16. Januar 1954;
Student der Medizin Wolfgang Runge am 12. September – entlassen am 21. Januar 1950.
Bis auf Erich Koller, dessen Urteil auf „nur“ 20 Jahre lautete, erging wie schon zuvor sämtlich das Urteil der fünfundzwanzigjährigen Zwangsarbeit.

In der Senatssitzung am 4. Oktober 1949 wurde ein neues Mitglied vorgestellt: Frau Schubart-Fikentscher[6] als Vertreterin des Dekans der Rechts- und Staatsw. Fakultät. Und es gibt eine Personalveränderung, denn der bisherige Protokollführer Zumpfe wurde durch Dr. Prokert abgelöst.

Nach der Gründung der DDR am 7. Oktober 1949 wurden vom Senat der MLU mehrere Ergebenheitsadressen verabschiedet. In der Sitzung am 11. Oktober 1949 wird eine solche Resolution an die Provisorische Volkskammer der Deutschen Demokratischen Republik einstimmig gebilligt, Frau Burstein möchte daraufhin auch an Wilhelm Pieck, den Präsidenten, ein Begrüßungstelegramm senden. Das Protokoll vermerkt: „Der Rektor greift diesen Vorschlag auf und gibt bekannt, dass er im Namen der Universität bereits Glückwunschtelegramme an den Präsidenten der Provisorischen Volkskammer Johannes Dieckmann und an den Ministerpräsidenten

6 Gertrud Schubart-Fikentscher (1896–1985), Direktorin des Instituts für Staats- und Rechtsgeschichte.

der Deutschen Demokratischen Republik Otto Grotewohl abgesandt habe. Es wird auch an den Präsidenten der Deutschen Demokratischen Republik Wilhelm Pieck und an den Minister für Volksbildung Paul Wandel, sobald dessen Ernennung veröffentlicht ist, im Namen der Univ. ein Glückwunschtelegramm abgesendet werden. Frau Dekanin Hertwig weist darauf hin, dass auch an den Präsidenten der Länderkammer, Lobedanz, ein Glückwunsch zu richten wäre, welcher Vorschlag ebenfalls einstimmige Annahme findet."

Rund einen Monat später bekommen die Stadt Halle und die Universität höchsten Besuch, Wilhelm Pieck wird erwartet. In einer außerordentlichen Senatssitzung am Dienstag, den 15. November 1949, wird der Besuch vorbereitet. Anwesend waren: „Prorektor Agricola, Dekan der Phil. Fak. Häusler, Dekan der Rechts- und Staatsw. Fak. Joerges, Prodekan der Päd. Fak. Linke, Dekan der Theol. Fak. Heinzelmann, Dekan der Med. Fak. Paula Hertwig, Prodekan der Naturw. Fak. Brandt, Dekan der Landw. Fak. Schmalfuss, Prof. Lindemann i. V. des Senators Mode, Vorsitzender des Studentenrats stud. Schmidt, Dr. Prokert, Protokollführer

Entschuldigt: Rektor Winter, Dekan der Naturw. Fak. Runge, Studentendekan Kettler, Senator Klemperer, Senator Lüttringhaus, Senator Brundert, Direktor der ABF Frau Maria Burstein".

Da der Rektor verhindert ist, übernimmt Agricola die Leitung der Sitzung: „Der Prorektor eröffnet die ausserordentliche Senatssitzung. [...] Der für Freitag, den 18.11.1949, vorgesehene Besuch des Präsidenten der Deutschen Demokratischen Republik hat die Einberufung notwendig gemacht."

Paul Wandel wird auf einer Großkundgebung im Volkspark sprechen, die Vorlesungen fallen während der Veranstaltungen aus, es gibt einen Demonstrationszug. „Frau Dekanin Hertwig stellt fest, dass sie noch keine Einladung erhalten habe und, da sie ab Mittwoch mit dem grösseren Teil ihrer Fakultät in Berlin an einem Kongress teilnehme, nicht in der Lage sei, die gewünschten Vorkehrungen zu treffen. Sie werde Herrn Prof. Dr. Budde bitten, als Prodekan an der Grosskundgebung im Volkspark teilzunehmen. [...]

Frau Dekanin Prof. Hertwig betont, dass besonders für die Mitglieder ihrer Fakultät, die durch den Klinikbetrieb in ihrer Tageseinteilung ausserordentlich gebunden sind, es schwer sei, eine Beteiligung an Veranstaltungen zu erzielen, wenn nicht rechtzeitig eingeladen wird. [...]

Dekan Prof. Heinzelmann und Prodekan Prof. Brandt weisen darauf hin, dass es bei dem häufigen Ausfall von Vorlesungen und Übungen nicht möglich sei, den in den Studienplänen vorgesehenen Stoff zu bewältigen.

Dekan Prof. Häusler stellt hierzu fest, dass den Studierenden der heutigen Zeit auch die Möglichkeit geboten werden müsse, an den bedeutenden gesellschaftspolitischen Ereignissen teilzunehmen, und dass im Hinblick auf die längere Semesterdauer der früheren Jahre der Ausfall von einigen Stunden zu verschmerzen sein müsse.

Frau Dekanin Prof. Hertwig schlägt vor, für Veranstaltungen die Sonnabende zu verwenden, an denen nicht so viele Vorlesungen und Übungen angesetzt sind.“

An der Sitzung in der Universität mit Wilhelm Pieck sollten „ausser den Senatsmitgliedern und dem Studentenratsvorsitzenden der Nationalpreisträger der Universität, die Mitglieder der Deutschen Akademie, der Verwaltungsdirektor, der Vorsitzende der BGL und Vertreter der an der Universität bestehenden gesellschaftlichen Organisationen an der Begrüssung teilnehmen.“

Die Tagesordnung des Besuchs ist akribisch vorbereitet worden: „Rektor und Verwaltungsdirektor empfangen den Herrn Präsidenten und seine Begleitung vor dem Verwaltungsgebäude der Universität, geleiten ihn in den ersten Stock zur Kleiderablage und in den Senatssaal zu ihren Plätzen.
Der Rektor [...] begrüsst:
den Herrn Präsidenten,
den Herrn Ministerpräsidenten Werner Bruschke,
den Herrn Minister für Volksbildung R. Schallock,
den Herrn Innenminister R. Siewert,
den Herrn Oberbürgermeister K. Pretsch,
die Herren der Begleitung des Herrn Präsidenten: Zuckermann, Winzer, Knipp, Erpenbeck, ferner alle weiteren Gäste. [...] Der Rektor stellt alle Anwesenden namentlich vor, u.a. Lüttringhaus, Eißfeldt und Stubbe. Die Begrüßungsadresse wird verlesen. Der Präsident dankt.“

Es ist ein genauer Sitzplan aufgezeichnet, und es ist die zweiseitige Rektorrede abgeheftet, die den Charakter einer Ergebenheitsadresse trägt: „Wir wissen, dass die Forschungsarbeit von grösster Wichtigkeit für den wirtschaftlichen Aufstieg ist. Es wird Sie deshalb, Herr Präsident, besonders freuen zu hören, dass die wissenschaftliche Forschung an unserer Universität besonders durch die Arbeiten der Naturwissenschaftlichen, Landwirtschaftlichen und Medizinischen Fakultät bereits wesentlich an der Erschliessung und Hebung der reichen Bodenschätze und Förderung der Arbeitskraft im Lande Sachsen-Anhalt beigetragen hat. Wir erlauben uns, als ein Beispiel hierfür den Forschungsbericht der Versuchsgüter unserer Landwirtschaftlichen Fakultät zu überreichen, die einen kleinen Einblick in die Verbundenheit von Wissenschaft und Leben gibt. Es darf in diesem Zusammenhang auch auf die ständigen Kolloquien der Naturwissenschaftlichen Fakultät hingewiesen werden, in denen sich die Werkintelligenz der grossen chemischen Werke unseres Landes mit den Wissenschaftlern unserer Universität in lebendigem Austausch von Theorie und Praxis vereinigt.

Darüber hinaus betrachtet es die Universität als ihre Aufgabe, die das gesamte gesellschaftliche Leben der Nation tief berührende Wissenschaft aktiv und entschieden weiterzuentwickeln. Wenn die deutsche Wissenschaft alle ihre Kräfte für die friedliche Entwicklung der Menschheit so zum Einsatz bringt, wie es Generalissimus Stalin in seiner Botschaft an Sie, Herr Präsident, und an den Herrn Ministerpräsidenten zum Ausdruck gebracht hat, dann glauben wir, dass ein wesentlicher Beitrag zum Weltfrieden geleistet wird.

In diesem Sinne unablässig zu wirken, geloben wir, Rektor und Senat, im Namen der Universität Ihnen, Herr Präsident, am heutigen Tage Ihres Besuches und bitten sie um Ihre Unterstützung."

Im Protokoll der Sitzung vom 18. November 1949 lesen wir, was nach dem Rektor der Vertreter der Studentenschaft, Hannemann, äußerte: „Wir Studenten der Martin Luther Universität stehen geschlossen in den Reihen der Nationalen Front und leisten unseren Beitrag zum Kampf um die Einheit Deutschlands. Wir halten die Verbindung zu unseren Kommilitonen im Westen, gestalten sie immer enger und sind stets bemüht, die Studentenschaft Westdeutschlands von der Richtigkeit unseres Weges zu überzeugen." Auch auf anderen Gebieten wären die Studenten Vorreiter für den gesellschaftlichen Fortschritt: „Einstimmig wurde eine Bitte an den Rektor unserer Universität gerichtet, drei Studenten aus kolonial unterdrückten Ländern die Möglichkeit zu geben, an unserer Universität zu studieren. Wir wollen damit unsere Verbundenheit und Solidarität mit den freiheitsliebenden Menschen fremder Länder dokumentieren."

Die Antwort Wilhelm Piecks ist ebenso diesem Protokoll zu entnehmen: „Im Anschluss an die beiden Ansprachen dankt der Herr Präsident [...] für die ehrenden Ansprachen und die überreichten Schriften. Er spricht die Erwartung aus, dass die Universität Halle, die einen hervorragenden Platz unter den deutschen Universitäten behauptet, auch weiterhin vorangehen werde, und er weist darauf hin, dass die in der Industrie und im Bergbau entwickelte Aktivistenbewegung auch die Wissenschaft zu erhöhter Leistung verpflichtete. Der Deutschen Demokratischen Republik ist durch die Übertragung der eigenen Verwaltung ein Beweis des Vertrauens ihrer sowjetischen Freunde ausgesprochen worden, das dem deutschen Volke Verpflichtung zu erhöhter Leistung sein muss, um in der Reihe der friedliebenden Völker seine ihm gebührende Stellung wieder zu erringen."

In der folgenden Senatssitzung am 28. November wurde ein Glückwunschschreiben an den „Generalissimus" Stalin zu dessen 70. Geburtstag formuliert; und wieder hat sich Rektor Winter entschuldigen lassen. Der Glückwunschbrief wird sofort geschrieben und von allen Senatsmitgliedern unterzeichnet.

„Rektor und Senat der Martin Luther-Universität Halle-Wittenberg, bringen Ihnen zum 70. Geburtstag ihren Glückwunsch dar und geben der Versicherung Ausdruck, dass sie bereit sind, im Sinne Ihrer an das deutsche Volk gerichteten beglückenden Botschaft unablässig zu wirken. Als deutsche Patrioten wollen wir in rastlosem

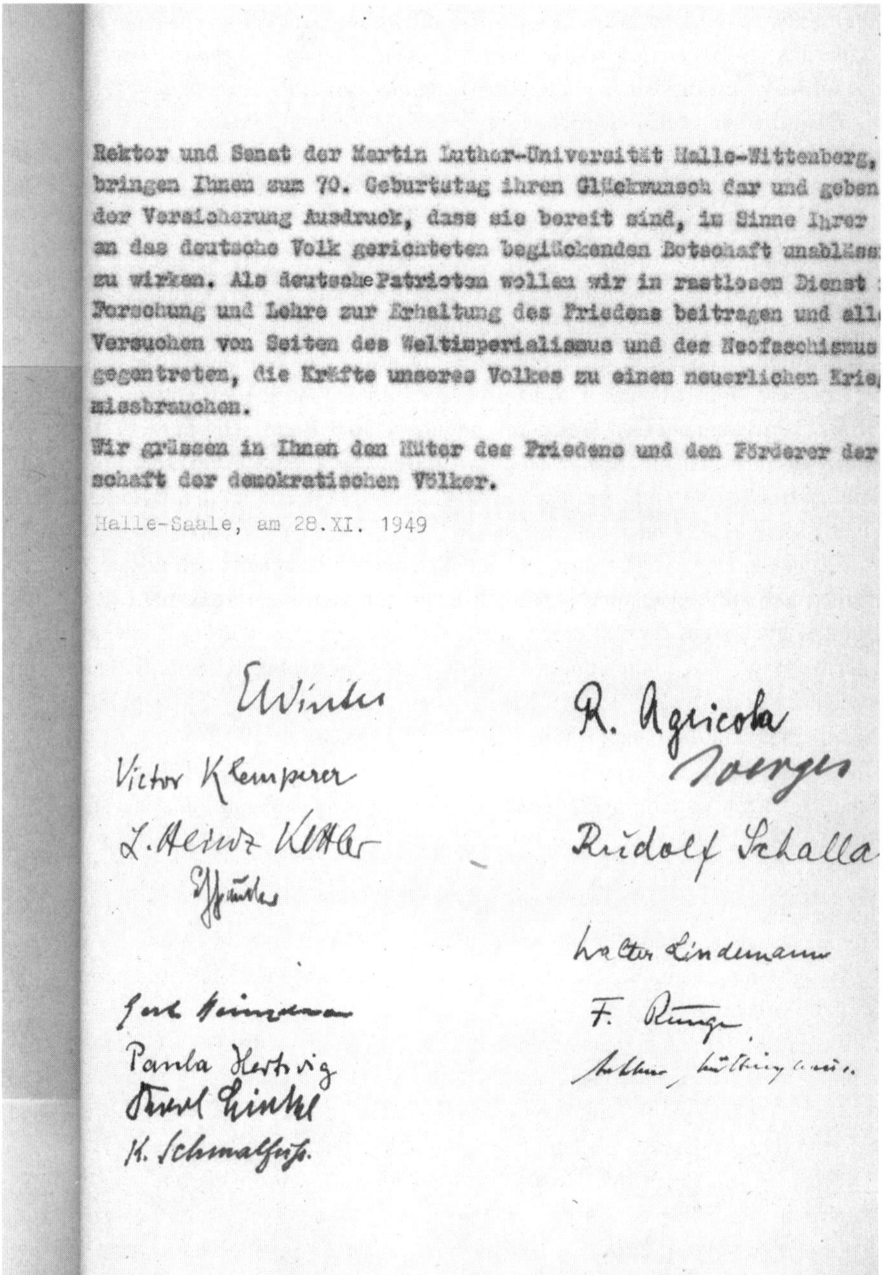

Rektor und Senat der Martin Luther-Universität Halle-Wittenberg,
bringen Ihnen zum 70. Geburtstag ihren Glückwunsch dar und geben
der Versicherung Ausdruck, dass sie bereit sind, im Sinne Ihrer
an das deutsche Volk gerichteten beglückenden Botschaft unabläss
zu wirken. Als deutsche Patrioten wollen wir in rastlosen Dienst
Forschung und Lehre zur Erhaltung des Friedens beitragen und all
Versuchen von Seiten des Weltimperialismus und des Neofaschismus
gegentreten, die Kräfte unseres Volkes zu einem neuerlichen Krie
missbrauchen.

Wir grüssen in Ihnen den Hüter des Friedens und den Förderer der
schaft der demokratischen Völker.

Halle-Saale, am 28.XI. 1949

Victor Klemperer

R. Agricola

Walter Lindemann

F. Runge

Paula Hertwig

K. Schmalfuß

Adresse an Stalin mit allen Originalunterschriften

Dienst für Forschung und Lehre zur Erhaltung des Friedens beitragen und allen Versuchen von Seiten des Weltimperialismus und des Neofaschismus entgegentreten, die Kräfte unseres Volkes zu einem neuerlichen Krieg zu missbrauchen.

Wir grüssen in Ihnen den Hüter des Friedens und den Förderer der Freundschaft der demokratischen Völker.

Halle-Saale, am 28. XI. 1949"

Und an genau diesem Tag, am 28. November 1949, kommt es zu einer spektakulären Verhaftung. Der Senator der Universität, der Professor für öffentliches und Wirtschaftsrecht Willi Brundert wird inhaftiert und am 30. April 1950 von der 1. Großen Strafkammer des LG Dessau zu 15 Jahren Zuchthaus verurteilt werden. Entlassen wurde Brundert am 19. März 1957.[7] Am 10. Dezember ist schließlich der Student der Rechtswissenschaften Hubert Fröde verhaftet worden. Auch ihn ereilte das Urteil einer 25jährigen Zwangsarbeit, aus der er am 22. Oktober 1956 entlassen worden ist.

Zu konstatieren ist hier, dass jetzt auch Gerichte der soeben gegründeten DDR an Verurteilungen beteiligt sind – Willi Brundert war der erste Häftling aus der Martin Luther-Universität, der von einem DDR-Gericht verurteilt wurde. Daneben gab es aber weiter Verurteilungen durch Sowjetischen Militärtribunale, und die lauten fast immer: 25 Jahre Zwangsarbeitslager.

7 In den Senatssitzung vom 11.2.1950 und 9.4.1950 erwähnt. UAH, Rep. 7, Nr. 808.

1950 Ein Jahr zahlreicher Verhaftungen

Aus dem Jahr 1950 sind neununddreißig Verhaftungen aktenkundig: Wolfgang Wüstemann, Dieter Flade, Horst Hennig, Willi Johannes Eckert, Werner Eggers, Kurt Erdmann, Hannah Schaffernicht, Helmut Lamprecht, Karl-Heinz Schott, Hans Weiss, Curt Dennhardt, Wolfgang Steingrüber, Hans-Egbert Klaeden, Erhard Kutschbauch, Johannes Georg Wollny, Kurt Böhme, Bernhard Claudé, Arthur Bohnhardt, Hans Seidenschnur, Joachim Walther, Hans-Georg Osterroth, Egon Heimberger, Siegfried Paul Wilhelm Heiser, Herbert Bartels, Hans Regel, Ernst Reichardt, Egon Schulze, Günther Wagner, Horst Goetze, Manfred Petzold, Günther Söndergaard, Julius Götz, Rolf Konetznick, Helmut Zohm, Dieter Thieme, Hans-Georg Richter, Hans-Joachim Viol, Hans Köhn und Rudolf Bentz.

Das Jahr 1950 ist hinsichtlich der Zahl der Inhaftierungen von Universitätsangehörigen von bis dahin nicht gekannter Dramatik gekennzeichnet. Daher sei die Gesamtübersicht hier vorangestellt:

Vom Studenten der Medizin Wolfgang Wüstemann ist nur bekannt, dass er 1950 verhaftet wurde. Sein weiteres Schicksal ist nicht bekannt.

Am 8. März 1950 wurde der Student der Medizin Dieter Flade verhaftet und am 13. Mai und 19. September 1950 vom SMT Halle zu 10 Jahren Zwangsarbeitslager verurteilt. Entlassen wurde Flade am 25. Februar 1953.

Am 10. März 1950 wurde der Student der Medizin Horst Hennig verhaftet und am 13. Mai und 19. September 1950 vom SMT Halle zu 25 Jahren Zwangsarbeitslager verurteilt. Am 15. Dezember 1955 ist er entlassen worden.

Am 11. März 1950 wurde der Student der Medizin Willi Eckert verhaftet und am 13. Mai und 19. September 1950 vom SMT Halle zu 25 Jahren Zwangsarbeitslager verurteilt. Sein Entlassungsdatum ist der 11. Oktober 1955.

Am 16. März 1950 wurde der Student der Medizin Werner Eggers verhaftet und am 13. Mai und 19. September 1950 von einem SMT zu 25 Jahren Zwangsarbeitslager verurteilt. Eggers ist am 16. Januar 1954 entlassen worden.

Am 17. März 1950 wurde der Student Kurt Erdmann in Zeitz verhaftet. Er wurde am 13. Mai 1950 und 19. September 1950 durch ein SMT zu 25 Jahren Zwangsarbeitslager verurteilt und am 16. Oktober 1955 entlassen.

Am 18. März 1950 wurde die Studentin der Pädagogik Hannah Schaffernicht verhaftet und am 13. Mai und 19. September 1950 vom SMT zu 10 Jahren Zuchthaus verurteilt. Sie ist am 18. Januar 1954 hieraus entlassen worden.

Um den 17. März 1950 wurde der Student der Philosophischen Fakultät Helmut Lamprecht verhaftet und ca. 14 Tage später wieder freigelassen.

Am 19. März 1950 wurde in Zeitz der Student der Medizin Karl-Heinz Schott verhaftet und am 19. Mai sowie erneut am 19. September 1950 vom SMT Halle zu 25 Jahren Zwangsarbeitslager verurteilt. Sein Entlassungsdatum ist der 21. Januar 1954.

Am 19. April 1950 wurde in Halle der Student der Zahnmedizin Hans Weiss verhaftet und vom SMT Halle zu 25 Jahren Zwangsarbeitslager verurteilt. Am 5. September 1956 ist er entlassen worden.

Am 21. April 1950 wurde der Student an der Chemie-Fachschule Curt Dennhardt verhaftet und am 10. Mai 1950[1] von einem SMT zu 25 Jahren Zwangsarbeitslager verurteilt. Entlassen wurde er am 8. August 1956.

Am 12. Juni 1950 wurde der Student der Physik Wolfgang Steingrüber verhaftet. Er ist am 31. August 1950 von einem SMT zu 25 Jahren Zwangsarbeitslager verurteilt worden und verbüßte die Strafe bis zum 20. Oktober 1955.

Am 16. Juni 1950[2] wurde der Dozent für Philosophie Hans-Egbert Klaeden verhaftet. Er wurde am 5. August 1950 vom SMT Halle zu 25 Jahren Zwangsarbeitslager verurteilt und am 17. Januar 1954 entlassen.

Am 23. Juni 1950 wurde der Student an der Chemieschule Halle Erhard Kutschbauch verhaftet und am 19. August 1950 vom SMT Halle zu 25 Jahren Zwangsarbeitslager verurteilt. Entlassen wurde er im September 1956.[3]

Am 29. Juli 1950 wurde der Student der Pädagogik Georg Wollny verhaftet und vom SMT Halle zu 25 Jahren Zwangsarbeitslager verurteilt. Entlassen wurde er am 22. Oktober 1956.

Anfang August 1950 wurde in Merseburg mit 5 anderen Personen der Dozent der Pädagogik an der MLU Dr. phil. Kurt Böhme verhaftet. Ein SMT fällt am 26. Dezember 1950 das Todesurteil über ihn. Böhme wurde in die Sowjetunion verbracht und verstarb in Moskau noch vor dem Termin seiner geplanten Hinrichtung.

1 DB DIZ (Datenbank des Dokumentations- und Informationszentrums Torgau)

2 In der Kartei der JVA Bautzen steht als Verhaftungsdatum der 21. Juni 1950.

3 Friedlandkartei.

Im September 1950 wurde der Student der Philosophischen Fakultät Bernhard Herbert Claudé verhaftet und nach ca. zwei Wochen wieder freigelassen.

Am 10. Oktober 1950 wurde der Dozent an der Staatlichen Musik-Hochschule Arthur Bohnhardt verhaftet und später zu einem Jahr Gefängnis verurteilt, entlassen wurde er am 26. Dezember 1951.

Am 16. Oktober 1950 wurde der Student der Physik Hans-Georg Osterroth verhaftet und am 20. März 1951 von einem SMT zu 25 Jahren ZAL verurteilt. Er wurde am 12. Dezember 1955 entlassen.

Am 16. Oktober 1950 wurde der Student der Naturwissenschaften Hans Seidenschnur in Ostberlin verhaftet und am 20. März 1951 von einem SMT zu 25 Jahren Zwangsarbeitslager verurteilt, entlassen wurde er am 15. Oktober 1955.

Am 21. Oktober 1950 wurde in Großbeeren der Diplom-Landwirt und Doktorand an der Universität Halle Joachim Walther verhaftet. Verurteilt wurde er im „Studentenprozeß" am 30. August 1951 durch die Erste Große Strafkammer des Landgerichts Halle zu 12 Jahren Zuchthaus. Entlassen wurde er nach 1955.[4]

Am 25. Oktober 1950 wurde in Halle zusammen mit 13 anderen Studenten der Student der Rechtswissenschaften Herbert Bartels verhaftet und im „Studentenprozeß" am 30. August 1951 durch die 1. Große Strafkammer des LG Halle zu 8 Jahren Zuchthaus verurteilt. Entlassen wurde er am 15. Februar 1956.

Am 25. Oktober 1950 wurde in Halle zusammen mit 13 anderen Studenten der Student der Rechtswissenschaften Egon Heimberger verhaftet. Verurteilt wurde er im „Studentenprozeß" am 30. August 1951 zu 10 Jahren Zuchthaus. Entlassen wurde er nach 1955.

Am 25. Oktober 1950 wurde in Halle der Student der Philosophie Siegfried Heiser verhaftet. Am 30. August 1951 ist er im „Studentenprozeß" von der 1. Großen Strafkammer des LG Halle zu 8 Jahren Zuchthaus verurteilt worden. Entlassen wurde er am 28. April 1956.

Am 25. Oktober 1950 wurde in Halle der Student der Pädagogik Hans Regel verhaftet, verurteilt wurde er am 30. August 1951 im „Studentenprozeß" von der 1. Großen Strafkammer des LG Halle zu 10 Jahren Zuchthaus. Entlassen wurde er 1956.

4 Joachim Walther wurde zusammen mit Herbert Bartels, Egon Heimberger, Ernst Reichardt, Günther Wagner, Egon Schulze, Horst Goetze und Hans-Joachim Viol namentlich in der Senatssitzung am 9. April 1952 erwähnt. UAH, Rep. 7, Nr. 809.

Am 25. Oktober 1950 wurde der Assistent an der Juristischen Fakultät der Universität Halle Dr. jur. Ernst Reichardt verhaftet und im „Studentenprozeß“ am 30. August 1951 wegen Mangels an Beweisen freigesprochen. Noch im Dezember 1951 verließ er Halle und ging in die Bundesrepublik.

Am 25. Oktober 1950 wurde der Student der Rechtswissenschaften Günther Wagner verhaftet. Er wurde im „Studentenprozeß“ am 30. August 1951 von der 1. Großen Strafkammer des LG Halle zu 12 Jahren Zuchthaus verurteilt und am 31. Mai 1956 entlassen.

Am 25. Oktober 1950 wurde der Student der Psychologie Egon Schulze verhaftet und im „Studentenprozeß“ am 30. August 1951 von der 1. Großen Strafkammer des LG Halle zu 12 Jahren Zuchthaus verurteilt. Sein Entlassungsdatum ist uns unbekannt.

Am 26. Oktober 1950 wurde der Student der Wirtschaftswissenschaften Horst Goetze mit 13 anderen Studenten in Halle verhaftet. Er wurde im „Studentenprozeß“ am 31. August 1951 wegen Mangels an Beweisen entlassen.

Am 27. Oktober 1950 wurde der Student der Medizin Manfred Petzold verhaftet und am 18. Mai 1951 vom Ferntribunal Moskau zu 10 Jahren Zwangsarbeitslager verurteilt. Entlassen wurde er am 28. Dezember 1953.

Am 27. Oktober 1950 wurde der Student der Wirtschaftswissenschaften Günther Söndergaard vom SSD verhaftet und im „Studentenprozeß“ am 30. April 1951 von der 1. Großen Strafkammer des LG Halle zu 2 Jahren Gefängnis verurteilt. Entlassen wurde er am 6. Oktober 1952.

Am 28. Oktober 1950 wurde zusammen mit 13 anderen Studenten der Student der Rechtswissenschaften Julius Götz verhaftet. Er ist am 28. Mai 1952 aus dem Haftkrankenhaus Tangermünde geflohen.

Am 28. Oktober 1950 ist der Student der Wirtschaftswissenschaften Rolf Konetznick in Burg verhaftet und im „Studentenprozeß“ am 30. August 1951 von der 1. Großen Strafkammer des LG Halle zu 2 Jahren Gefängnis verurteilt worden. Entlassen wurde er am 6. Oktober 1952.

Im Oktober 1950 wurde der Student der Rechtswissenschaften Hans-Georg Richter verhaftet. und von einem SMT zu 10 Jahren Zwangsarbeitslager verurteilt, entlassen wurde er 1954.

Im Oktober 1950 wurde der Student der Pädagogik Hans-Joachim Viol verhaftet. Er wurde am 30.8.1951im „Studentenprozeß“ freigesprochen wegen Mangels an Beweisen.

Auch der Studienbewerber an der MLU Dieter Thieme wurde im Zusammenhang mit den anderen Studenten am 31. Oktober 1950 verhaftet und beim sogenannten Studentenprozeß am 30. August 1951 verurteilt.[5]

Am 30. Oktober 1950 wurde der Student der Chemie Helmut Zohm verhaftet und am 22. Februar 1951 zu 3 Jahren Zuchthaus verurteilt. Entlassen wurde er am 6. Oktober 1952.

Im Dezember 1950 wurde der Student der Philosophie Hans Köhn vom SSD verhaftet und im Mai 1951 vom LG Halle zu 8 Jahren Zuchthaus verurteilt. Entlassen wurde er im Januar 1957.

Ebenfalls 1950 wurde der Student der Medizin Rudolf Bentz verhaftet, er war in Workuta von 1951 bis 1955.

Festzuhalten bleibt, dass 20 der 38 Verhafteten noch von Sowjetischen Militärtribunalen verurteilt wurden. Dabei ist ein Todesurteil gefällt worden, dominant war freilich die Bestrafung mit Zwangsarbeit von 25 Jahren.

Neu im Jahr 1950 ist, dass nun der Staatssicherheitsdienst der noch jungen DDR in diese Praxis einbezogen wurde, teilweise selbst Verhaftungen durchführt und dass das Landgericht Halle seine Arbeit aufnimmt. Die meisten der im Oktober 1950 Verhafteten wurden im vom Ministerium für Staatssicherheit selbst so bezeichneten „Studentenprozeß" am 30. August 1951 von der 1. Großen Strafkammer des Landesgerichts Halle verurteilt.

Man kann heute, aus dem Abstand von über einem halben Jahrhundert und einer langen Zeit des Schweigens über diese Vorgänge, nur noch ahnen, welche Verunsicherungen diese Praxis unter Studenten und Mitarbeitern der Universität damals insgesamt ausgelöst haben muss. Fallbeispiele wie der folgende Zeitzeugenbericht vermögen diese Lücke zwar nicht mehr zu schließen, doch schärfen sie den Blick für diese dramatischen Entwicklungen.

5 BStU Außenstelle Halle MfS BV Halle, AU 49/51 Bd. 1.

Der Dozent für Philosophie Hans-Egbert Klaeden wird verhaftet

Ein Essay von Horst Hennig

Die Entwicklung zum menschlichen Wesen bezieht die Fähigkeit zum Denken ein. Mannigfaltige Erkenntnisse und Folgerungen bestimmen das eigene Leben und das der jeweiligen Mitmenschen. Unser Bildungskanon orientierte sich über tausend Jahre vornehmlich an den Überlieferungen des Mittelmeerraumes, besonders aber am philosophischen Denken des antiken Griechenlands. Das „Volk der Dichter und Denker" setzte sich in der Weiterentwicklung der geisteswissenschaftlichen Theoreme, etwa im Wirken von Kant, Hegel und zahlreichen anderen Denkern, mit den Grundfragen des menschlichen Seins auseinander. Nicht zuletzt Karl Marx publizierte 1848 in London mit seinem Kommunistischen Manifest eine materialistische Geschichtstheorie als programmatische Grundaussage, die danach trachtete, die Welt zu verändern.

Auf dieser Grundlage versuchte Lenin 1917 in Russland, mit der „Sozialistischen Oktoberrevolution" die Welt gleichsam auf politischem Wege, durch revolutionäre Gewalt zu verändern. Eine wesentliche Maxime der politischen Praxis lautete hier: „Wer nicht mit uns ist, ist gegen uns!".

Auf Weisung Lenins führte Felix Dsershinski[6] eine geheimdienstliche Organisation, die mehrfach ihren Namen (am bekannsten zweifellos GPU und NKWD) wechselte, um die bürgerliche Klasse und Andersdenkende jedweder Denkungsart zu liquidieren oder zur Zwangsarbeit zu verurteilen.

Mit Vernichtungserfahrungen dieser Praxis, die insbesondere zwischen 1936 und 1938 in den mit Stalins Namen verbundenen „großen Säuberungen" gewonnen worden waren, erreichten mit der Roten Armee auch die Sicherheits-Truppen des MGB und der Militärgerichtsbarkeit 1945 die Sowjetische Besatzungszone Deutschlands. Umgehend wurden die jahrzehntelangen Erfahrungen des Machterhalts der Sowjetunion nun hier eingesetzt und die SBZ so „entnazifiziert".

Ehemalige emigrierte KPD-Angehörige kehrten mit Walter Ulbricht[7] an der Spitze zeitgleich aus der UdSSR zurück, installierten mit Hilfe der Sowjetischen Besatzungsmacht hier das neue politische Leben. Im April 1946 wurde die KPD mit der SPD zur SED – unter mancherlei Druck, aber auch bei Bereitwilligkeit vieler Akteure – zwangsvereinigt.

---

6 Felix Edmundowitsch Dserschinski (Dzierzynski) (1877–1926), Berufsrevolutionär polnischer Herkunft, Bolschewik, erster Leiter der 1917 gegründeten Tscheka und Organisator des „Roten Terrors". (Solschenizyn: Der Archipel GULAG 1, 2005, S. 560).

7 Walter Ulbricht (1893–1973), SED-Politiker, Staatsratsvorsitzender, 1955–1960 1. Stellv. des Vors. des Min.-Rats; 1950–1953 Generalsekretär, 1953–1971 Erster Sekretär des ZK, ab 3.5.1971 Vorsitzender der SED; 1960–1973 Vorsitzender des Staatsrats.

Eigenständiges politisches Denken ist in einseitig gelenkten politischen Parteien nur selten willkommen, das war in dieser neuen Partei nicht anders. Bürgerliche und andere nichtmarxistische philosophische Auffassungen waren in der SED von Anfang an verpönt und nicht selten direkt gefährlich; etwa wenn ein Spitzel den „Organen" Meldung erstattete.

Der damals waltende Zeitgeist setzte auf die reine Lehre des Marxismus-Leninismus, die sich etwa in der „Geschichte der KPdSU ‚Kurzer Lehrgang'", Lenins „Was tun" oder „Der Imperialismus als das höchste Stadium im Kapitalismus" bzw. in Definitionen wie jener vom „Faschismus als der Herrschaft des aggressivsten Teils des Monopolkapitalismus" finden würden. Dies lernte man etwa in Halle in den Pflichtvorlesungen von Bernard Koenen im Fach „Historischer und Dialektischer Materialismus", testiert auch in meinem Studienbuch, ohne deren Besuch man als Student der Medizin nicht zum Physikum zugelassen wurde.

Hallenser Studenten trugen an den Philosophie-Dozenten Hans-Egbert Klaeden unter anderem Fragen wie: „Warum sollen wir die Deutsch-Sowjetische Freundschaft und die sowjetische Kultur gutheißen?" heran. Offensichtlich erzeugten solche Fragen

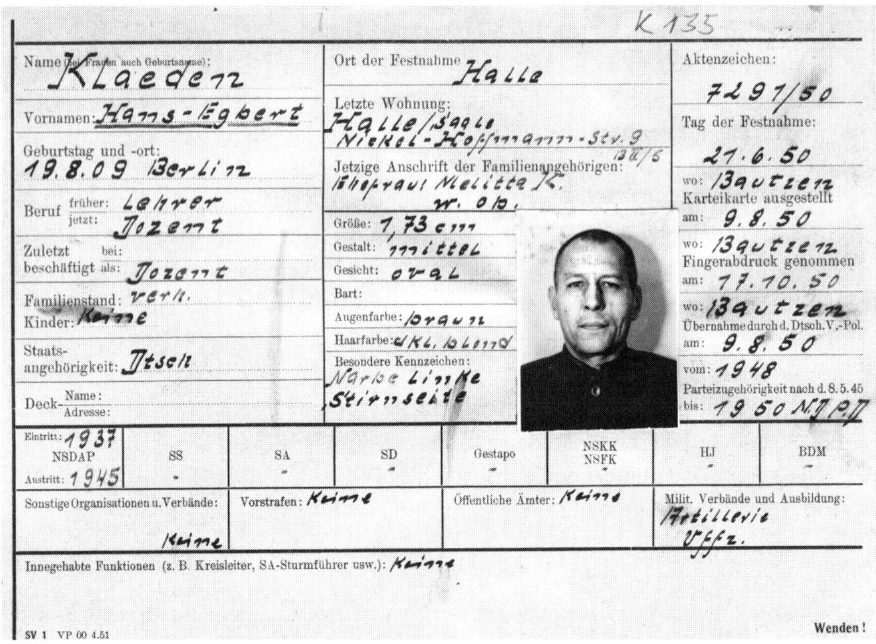
K 135

Name (bei Frauen auch Geburtsname): Klaeden
Vornamen: Hans-Egbert
Geburtstag und -ort: 19.8.09 Berlin
Beruf früher: Lehrer; jetzt: Dozent
Zuletzt beschäftigt bei: ; als: Dozent
Familienstand: verh.
Kinder: Keine
Staatsangehörigkeit: Dtsch
Deck- Name: ; Adresse:

Ort der Festnahme: Halle
Letzte Wohnung: Halle/Saale Nickel-Hoffmann-Str. 9
Jetzige Anschrift der Familienangehörigen: Ehefrau Melitta K. w. o.
Größe: 1,73 cm
Gestalt: mittel
Gesicht: oval
Bart:
Augenfarbe: braun
Haarfarbe: d/kl. blond
Besondere Kennzeichen: Narbe linke Stirnseite

Aktenzeichen: 7291/50
Tag der Festnahme: 27.6.50
wo: Bautzen
Karteikarte ausgestellt am: 9.8.50
wo: Bautzen
Fingerabdruck genommen am: 17.10.50
wo: Bautzen
Übernahme durch d. Dtsch. V.-Pol. am: 9.8.50
Parteizugehörigkeit nach d. 8.5.45 vom: 1948 bis: 1950 NDPD

NSDAP Eintritt: 1937 Austritt: 1945
SS -
SA -
SD -
Gestapo -
NSKK NSFK -
HJ -
BDM -

Sonstige Organisationen u. Verbände: Keine
Vorstrafen: Keine
Öffentliche Ämter: Keine
Milit. Verbände und Ausbildung: Artillerie Uffz.
Innegehabte Funktionen (z. B. Kreisleiter, SA-Sturmführer usw.): Keine

SV 1 VP 00 4.51
Wenden!

Haftkarteikarte Hans-Egbert Klaeden[8]

8 Photo Klaeden aus der JVA Bautzen.

bei dem seinen Schülern verpflichteten Klaeden Gewissenskonflikte, denen er sich nicht entziehen konnte. Er fasste unter anderem Redetexte zu derartigen Fragestellungen in These und Antithese zusammen, fertigte acht Exemplare von diesen auf seiner Schreibmaschine und heftete diese an die Wandzeitung in der MLU. Vor dem Gericht wurde er genötigt, den „antisowjetischen Charakter“ der Flugblätter zu bekennen.

So wurde Hans-Egbert Klaeden am 16. Juni 1950 Opfer seiner fachbezogenen Wahrheitssuche. Die politischen Antworten, der „ideologische Standpunkt“ der DDR, war längst durch die einstmals aus der Sowjetunion 1945 zurückgekehrten Funktionäre vorbestimmt worden. Es war Klaeden offensichtlich nicht bewusst, dass gewissenhaftes eigenverantwortliches Handeln nicht nur unerwünscht, sondern direkt gefährlich war, dass jedwede Kritik am DDR-Staat und der Sowjetunion als ein Verbrechen angesehen werden konnten. Die DDR-Bürger befanden sich, dies lässt sich rückschauend zweifelsfrei feststellen, geradewegs auf dem Wege, politisch entmündigt zu werden.

Der Aktenvorgang Hans-Egbert Klaeden im Zentralarchiv des MGB der UdSSR trägt die Signatur K-100015 und wurde am 17. Juni 1950 im „Roten Ochsen“ in Halle angelegt. Der Untersuchungsführer von Klaeden beschuldigte ihn, einer „faschistischen Untergrundbewegung“ anzugehören. Das war bei einer Einzelverhaftung zwar ungewöhnlich, doch nach Einsatz der sowjettypischen, von Gewaltanwendungen gezeichneten Untersuchungsmethoden gestand ein nach wenigen Tagen bereits körperlich dramatisch geschwächter Häftling, dem man zudem systematisch den Schlaf entzogen hatte, alles!

Der Untersuchungsführer hatte einen Ansatz zu finden, um den Verhafteten nach einem „Geständnis“ gemäß den Gesetzen der RSFSR von 1926 durch ein SMT verurteilen zu können. Alles dies lief „Geheim“ ab – eines Rechtsbeistandes, Zeugen oder eines Beweises bedurfte es dabei nicht. Jedwedes Geständnis wurde genau so erpresst, unterschrieben und vom Gericht als Grundlage zur Verurteilung benutzt, wie es die Administration wünschte.

Aus der Kopie des Urteils kann man im Falle Hans-Egbert Klaedens wie in allen vergleichbaren Dokumenten entnehmen: „Gegen das Urteil kann keine Berufung eingelegt werden“. Das Urteil ist nach Erlass des Präsidiums des Obersten Sowjets der UdSSR vom 26. Mai 1947 – Über die Außerkraftsetzung der Todesstrafe – gesprochen worden, und anstelle einer Hinrichtung lautete es – wie zumeist – auch hier: 25 Jahre Umerziehungs- und Arbeitslager.

Hans-Egbert Klaeden erreichte in einem verdeckten Gefangenentransport nach wenigen Tagen 1950 das berüchtigte Zuchthaus Bautzen. 1953, drei Monate nach dem Tode Stalins, trat das Kriegskollegium des Obersten Gerichts der UdSSR zusammen und kam zu der Erkenntnis, „dass eine weitere Inhaftierung des Verurteilten Klaeden nicht notwendig ist.“

Daraufhin erfolgte seine Entlassung am 17. Januar 1954 aus der Strafvollzugsanstalt Bautzen.

Am 7. Oktober 1998 rehabilitierte ihn die Militärhauptstaatsanwaltschaft Moskau mit der Begründung: „[…] wird Klaeden, Hans-Egbert, aufgrund des oben genannten Gesetzes als ein aus politischen Motiven Verurteilter rehabilitiert.“

Sache Nr.______ Kopie Geheim
angestrengt von______ Exemplar Nr. 6
eingegangen im internen Gefängnis am____
verhandelt während der Untersuchungshaft am_______
Igonin
Igonin

URTEIL Nr.____
Im Namen der Union der Sozialistischen Sowjet-Republiken

Am 5 August 1950 verhandelte das Kriegsgericht der Garnison Halle, bestehend aus dem Vorsitzenden Gardeoberstleutnant der Justiz Igonin, sowie Mitgliedern: Hauptmann Kulikow und Oberleutnant Dawydow, in Anwesentheit des Schriftführers Oberleutnant Komarow, in geschlossener Gerichtssitzung im Kriegsgericht die Anklagesache gegen

Klaeden, Hans-Egbert, geb. 1909 in Berlin, Deutscher, deutsche Staatsangehörigkeit, Hochschulbildung, Lehrer-Dozent, Mitglied der NDPD, Verheiratet, nicht vorbestraft, von 1938 bis 1944 diente in der deutschen Armee als Unteroffizier –

angeklagt wegen Verbrechen nach Art. 58-10, Teil 2 des Strafgesetzbuches der RSFSR.

Aufgrund der Materialien der Voruntersuchung und der Gerichtsuntersuchung hat das Kriegsgericht

FESTGESTELLT:

Klaeden stand der Sowjetunion und den demokratischen Umwälzungen in der sowjetischen Besatzungszone Deutschlands feindlich gegenüber und stellte Ende 1949 bzw. Anfang 1950 auf einer Schreibmaschine die antisowjetischen und antidemokratischen Flugblätter her, in denen er die Sowjetunion, die sowjetische Besatzungstruppen und die demokratisch Umwälzungen in der sowjetischen Besatzungszone Deutschlands verleumdete.

Die von ihm hergestellten obengenannten Flugblätter klebte Klaeden selbst an dem Gebäude der Universität Halle. Auf der Grundlage des Angeführten hat das Kriegsgericht KLEDEN nach Artikel 58-10 des Strafgesetzbuches der RSFS schuldig gesprochen und aufgrund von Art. 319 und 320 der Strafprozeßordnung der RSFSR

VERURTEILT:

KLAEDEN, Hans-Egbert, ist aufgrund von Art. 58-10, Teil 2 des Strafgesetzbuches mit der Sanktion von Art. 58-2 des Strafgesetzbuches der RSFSR und entsprechend dem Art. 2 des Erlasses des Präsidiums des Obersten Sowjets der UdSSR vom 26. Mai 1947 "Über die Außerkraftsetzung der Todesstrafe" für die Dauer von fünfundzwanzig (25) Jahren die Umerziehungs- und Arbeitslager einzusperren, mit der Einziehung der Wertsachen, die bei ihm beschlagnahmt wurden

Die Frist der Abbüßung des Strafmaßes mit der Anrechnung der Untersuchungshaft ist von 17. Juni 1950 an zu rechnen. Die materiellen Beweisstücke, d.h. die antisowjetischen Flugblätter, sind zu vernichten.

Gegen das Urteil kann keine Berufung eingelegt werden.

Mit den entsprechenden Unterschriften ist das Urteil echt.

Die Kopie ist korrekt:

Der Vorsitzende Gardeoberstleutnant der Justiz
Unterschrift (Igonin)
(Siegel)

Getippt werden 6 Exemplare.
Verteilungsschlüssel
auf dem Original.
Abgeschrieben: Rasladina
5. 08. 1950
Nr. 556

Das Urteil für Hans-Egbert Klaeden

Es ist nicht bekannt, ob den 1909 geborenen Hans-Egbert Klaeden oder seine Frau Melitta die „Rehabilitierung“ noch erreicht haben. Der Trost, der von der späten Rehabilitierung ausgeht, kann weder geschlagene Wunden schließen, noch die damals wie später Verstorbenen oder Erschossenen ins Leben zurückholen.

Häufig stellten sich während der langjährigen menschenunwürdigen Haft- und Zwangsarbeitslager-Aufenthalte bei den Familien und Kindern eine tiefe Entfremdung ein. Fast immer mündeten jahrelange Haftzeiten unter den extremen Bedingungen in eine lebenslange Beschädigung. Die aus politischen Gründen unschuldig verhafteten Menschen erlitten während der Haft schwerwiegende körperliche und seelische Erkrankungen und Schädigungen unter primitivsten hygienischen Bedingungen. Zahlreiche Ehen scheiterten nach der Entlassung an der ungerechten Zwangstrennung. Frühere anspruchsvolle Berufe mussten aus Krankheitsgründen aufgegeben werden, ein sozialer Abstieg war die Folge.

Viele dieser politischen Opfer, Oppositionelle, Widerständler und unschuldig Verurteilte erlebten keine wirkliche Wiedergutmachung mehr.

Der Dozent der Philosophie Hans-Egbert Klaeden vertrat vor seinen Hörern die Ideale der Französischen Revolution von 1789, „Freiheit, Gleichheit, Brüderlichkeit“ waren für ihn keine leeren Formeln. Daraus ergab sich für ihn die Konsequenz, auch die Verbindung mit der in der SBZ/DDR verbotenen SPD zu suchen. In der Anklageschrift vom 29. Juli 1950 warf ihm die Staatsanwaltschaft vor: „[...] versuchte Klaeden, eine illegale Verbindung mit dem Ostbüro der SPD in westlichen Sektoren von Berlin aufzunehmen“. Nicht nur die Martin-Luther-Universität hätte Hans-Egbert Klaeden angesichts dessen ein ehrendes Gedenken zu gewähren!

Erstmalig greift die DDR-Gerichtsbarkeit ein: Der Fall Willi Brundert: ein Senator wird im Schauprozess verurteilt

Willi Brundert zählte zu den frühzeitig umworbenen Wissenschaftlern in Halle. Bereits am 11. Mai 1946 schrieb Werner Bruschke[9] an Kurator Elchlepp: „Mir selbst ist Dr. Brundert aus der sozialistischen Jugendbewegung gut bekannt, so daß ich mich für seine politische Zuverlässigkeit unter allen Umständen verbürgen kann.“[10]

Ein weiteres positives Votum zugunsten einer ordentlichen Professur kam aus der SED-Betriebsgruppe der MLU am 17. September 1948. Hier bezeugte im Namen der Betriebsgruppe der MLU ein Gewährsmann: „Dr. Brundert ist im Augenblick der

9 Werner Bruschke (1898–1995), 1949–1952 Ministerpräsident von Sachsen-Anhalt.
10 UAH, Rep. 23/952 Brundert.

einzige Vertreter der jur. Fachschaft, der nach marxistischen Gesichtspunkten seine Vorlesungen aufgebaut hat.“[11]

Elchlepp gibt dieses alles am 18. September 1948 an den Minister für Volksbildung, Kunst und Wissenschaft der Landesregierung Sachsen-Anhalt weiter: „Unsere Juristische Fakultät ist in ihrer Zusammensetzung sowohl politisch wie fachlich die schwächste. Als wirklich fortschrittliche Kräfte bleiben lediglich Dr. Brundert und Prof. Hartwig, von denen der Letztere nur dann ins Gewicht fällt, wenn er an seinem Kollegen Brundert entsprechenden Halt findet. Dr. Brundert ist, was seine politische Haltung und seine wissenschaftliche Beschäftigung mit Rechts- und Wirtschaftsfragen der Gegenwart betrifft, der einzige ins Gewicht fallende positive Faktor unserer Rechts- und staatsw. Fakultät.“[12]

Noch ausführlicher ist diese Position Elchlepps in einem nächsten Brief an den Minister für Volksbildung, Kunst und Wissenschaft der Landesregierung Sachsen-Anhalt, in dem er darum wirbt, Brundert zum ordentlichen Professor zu berufen, zu erkennen:

„[…] Die Lage in der Rechts- und Staatswissenschaftlichen Fakultät macht eine Verstärkung des Einflusses der demokratischen Kräfte zur gebieterischen Notwendigkeit. Da die Fakultät anscheinend nicht in der Lage ist, entsprechende Berufungsvorschläge zu machen, halte ich den Zeitpunkt für gekommen, dem Beispiel zu folgen, das die Zentralverwaltung für Volksbildung im Einvernehmen mit der Zentralverwaltung Justiz in Berlin gegeben hat. […] An unserer Universität hat Dr. Brundert bewiesen, dass er neben voller Erfüllung seiner Aufgaben als Ministerialdirektor und Vertreter des Wirtschaftsministers nicht nur seine Vorlesungen und Übungen an der Universität wahrnimmt, sondern dass er innerhalb der juristischen Fakultät zu einem wichtigen Faktor der Neuentwicklung geworden ist. Die Ernennung des Dr. Brundert zum Professor mit vollem Lehrauftrag für Öffentliches Recht würde nicht nur die Anerkennung für seine außerordentlich erfolgreichen Tätigkeiten an der Universität sein, sie würde darüber hinaus eine schwere Lücke in der Besetzung des Lehrkörpers schliessen und den fortschrittlichen Kräften der Rechts- und staatswissenschaftlichen Fakultät neuen Auftrieb geben.

Ich gestatte mir daher vorzuschlagen, Herrn Dr. W. Brundert – notfalls auch gegen die Fakultät – zum Professor mit vollen Lehrauftrag für öffentliches Recht zu ernennen.“[13]

Nur ein Jahr später hatte sich die Situation völlig verändert. Am 5. Dezember 1949 erhielt Eduard Winter einen Brief des Rechtsanwalts und Notars Bühling, den jener im Auftrag Brunderts geschrieben hatte.

---

11 UAH, PA Nr. 5014 Willi Brundert.

12 Ebenda.

13 BA DR 3/B 10648 Brundert Willi, Ministerium für Hoch- und Fachschulwesen Berufungsakten, Bl. 20.

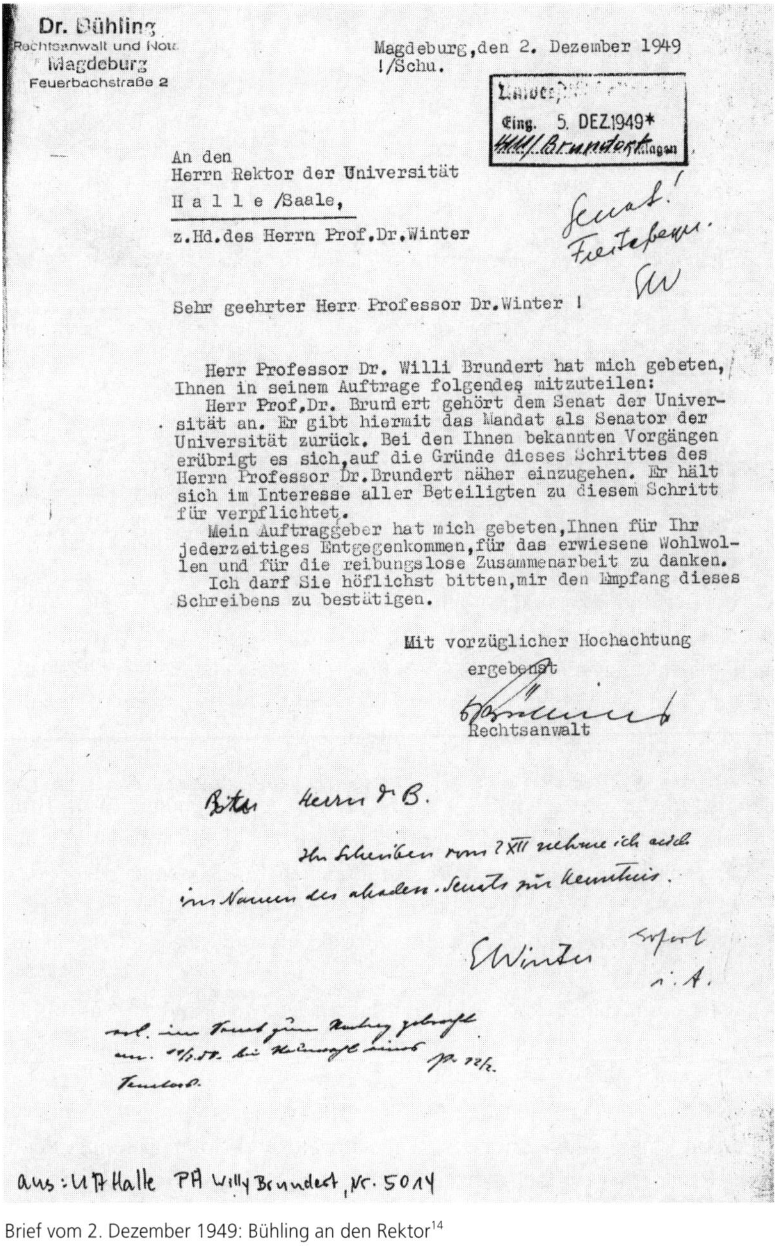

Dr. Bühling
Rechtsanwalt und Notar
Magdeburg
Feuerbachstraße 2

Magdeburg, den 2. Dezember 1949
I/Schu.

Eing. 5. DEZ.1949*

An den
Herrn Rektor der Universität
H a l l e /Saale,

z.Hd.des Herrn Prof.Dr.Winter

Sehr geehrter Herr Professor Dr.Winter !

Herr Professor Dr. Willi Brundert hat mich gebeten, Ihnen in seinem Auftrage folgendes mitzuteilen:
Herr Prof.Dr. Brundert gehört dem Senat der Universität an. Er gibt hiermit das Mandat als Senator der Universität zurück. Bei den Ihnen bekannten Vorgängen erübrigt es sich, auf die Gründe dieses Schrittes des Herrn Professor Dr.Brundert näher einzugehen. Er hält sich im Interesse aller Beteiligten zu diesem Schritt für verpflichtet.
Mein Auftraggeber hat mich gebeten, Ihnen für Ihr jederzeitiges Entgegenkommen, für das erwiesene Wohlwollen und für die reibungslose Zusammenarbeit zu danken.
Ich darf Sie höflichst bitten, mir den Empfang dieses Schreibens zu bestätigen.

Mit vorzüglicher Hochachtung
ergebenst
Rechtsanwalt

Bitte Herrn Dr B.

Ihr Schreiben vom 2 XII nehme ich auch im Namen des akadem. Senats zur Kenntnis.

E Winter

Aus: UA Halle PA Willy Brundert, Nr. 5014

Brief vom 2. Dezember 1949: Bühling an den Rektor[14]

14 UAH, PA Nr. 5014 Willi Brundert.

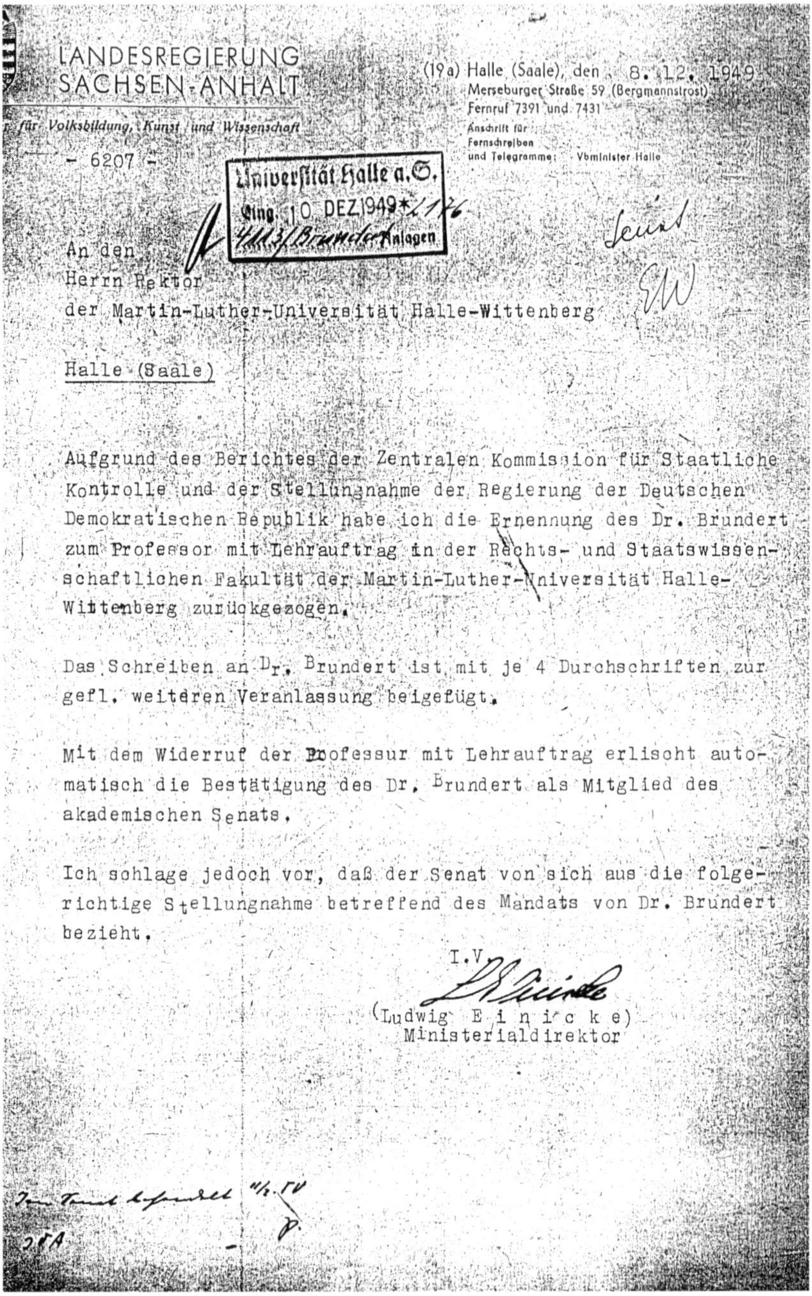

LANDESREGIERUNG SACHSEN-ANHALT

für Volksbildung, Kunst und Wissenschaft

– 6207 –

(19a) Halle (Saale), den 8. 12. 1949
Merseburger Straße 59 (Bergmannstrost)
Fernruf 7391 und 7431
Anschrift für Fernschreiben und Telegramme: Vbminister Halle

Universität Halle a. S.
Eing. 10 DEZ 1949
Anlagen

An den
Herrn Rektor
der Martin-Luther-Universität Halle-Wittenberg

Halle (Saale)

Aufgrund des Berichtes der Zentralen Kommission für Staatliche Kontrolle und der Stellungnahme der Regierung der Deutschen Demokratischen Republik habe ich die Ernennung des Dr. Brundert zum Professor mit Lehrauftrag in der Rechts- und Staatswissenschaftlichen Fakultät der Martin-Luther-Universität Halle-Wittenberg zurückgezogen.

Das Schreiben an Dr. Brundert ist mit je 4 Durchschriften zur gefl. weiteren Veranlassung beigefügt.

Mit dem Widerruf der Professur mit Lehrauftrag erlischt automatisch die Bestätigung des Dr. Brundert als Mitglied des akademischen Senats.

Ich schlage jedoch vor, daß der Senat von sich aus die folgerichtige Stellungnahme betreffend des Mandats von Dr. Brundert bezieht.

I.V.
(Ludwig Einicke)
Ministerialdirektor

Brief Ludwig Einicke an den Rektor vom 8. Dezember 1949

Darauf antwortete Dr. Prokert für den Senat am 8. Dezember 1949, „gez. E. Winter Rektor“: „Ihr Schreiben vom 2.12.1949 nehme ich auch im Namen des Akademischen Senats zur Kenntnis.“ Am 8. Dezember 1949 schrieb Rektor Winter an Ministerpräsident Bruschke: „Als Rektor der Universität Halle lege ich Wert darauf mitzuteilen, dass Herr Brundert nicht mehr Professor mit Lehrauftrag und nicht mehr Mitglied des Akademischen Senates ist.“ Einen gleichlautenden Brief schickte er am selben Tag an den Landtagspräsidenten Wolfram. Ministerialdirektor Einicke vom Ministerium für Volksbildung, Kunst und Wissenschaft in Halle teilte dem Rektor mit: „Mit dem Widerruf der Professur mit Lehrauftrag erlischt automatisch die Bestätigung des Dr. Brundert als Mitglied des Akademischen Senats.“

Einicke schrieb schließlich im Namen des Ministers Schallock am 8. Dezember 1949 an Willi Brundert: „Aufgrund des Berichtes der Zentralen Kommission für staatliche Kontrolle und der Stellungnahme der Regierung der Deutschen Demokratischen Republik ziehe ich hiermit Ihre Ernennung zum Professor mit Lehrauftrag in der Rechts- und staatswissenschaftlichen Fakultät der Martin-Luther-Universität Halle-Wittenberg zurück. Die Berechtigung, die Dienstbezeichnung ‚Professor‘ zu führen, wird Ihnen aberkannt.“

Am 21. Januar 1950 empört sich die lokale SED-Zeitung „Freiheit“ in einem redaktionellen Beitrag: „Schon lange sitzt der Wirtschaftssaboteur Brundert hinter schwedischen Gardinen. Er hatte es verstanden, eine Professur in der Universität Halle zu erhalten und über das Wirtschaftstrafrecht zu lesen. Doch immer noch hängt seine Vorlesungsankündigung im Vorlesungsverzeichnis der juristischen Fakultät. Schläft die juristische Fakultät unserer Universität?“[15]

Um Klarheit in diesem Vorgang zu gewinnen, ist ein Blick in die Senatsprotokolle hilfreich.[16] In der Sitzung am 11. Februar vermerkt der Protokollant: „[...] Der Rektor gibt bekannt, dass, auf Grund der Mitteilung des Rechtsanwaltes von Dr. Willi Brundert, dieser auf seine Senatorstelle verzichtet hat. Das Ministerium für Volksbildung gab am 8.12.1949 – 6207 – bekannt, dass Herr Dr. W. Brundert nicht mehr dem Lehrkörper der Universität angehört. Der Senat hat deswegen die Wahl eines neuen Senators vorzunehmen. Als Ersatz für Brundert wird der Botaniker Hermann Meusel[17] zum Senator gewählt.“

15 UAH, PA Nr. 5014 Willi Brundert.

16 Alle Protokolle der Senatssitzungen des Jahres 1950 befinden sich in der Akte UAH, Rep. 7 Nr. 808, Senatsprotokolle 1950–1951.

17 Hermann Meusel (1909–1997), Botaniker, Leopoldina-Mitglied seit dem 25.3.1969. Sein Name ist auf der Liste handschriftlich hinzugefügt.

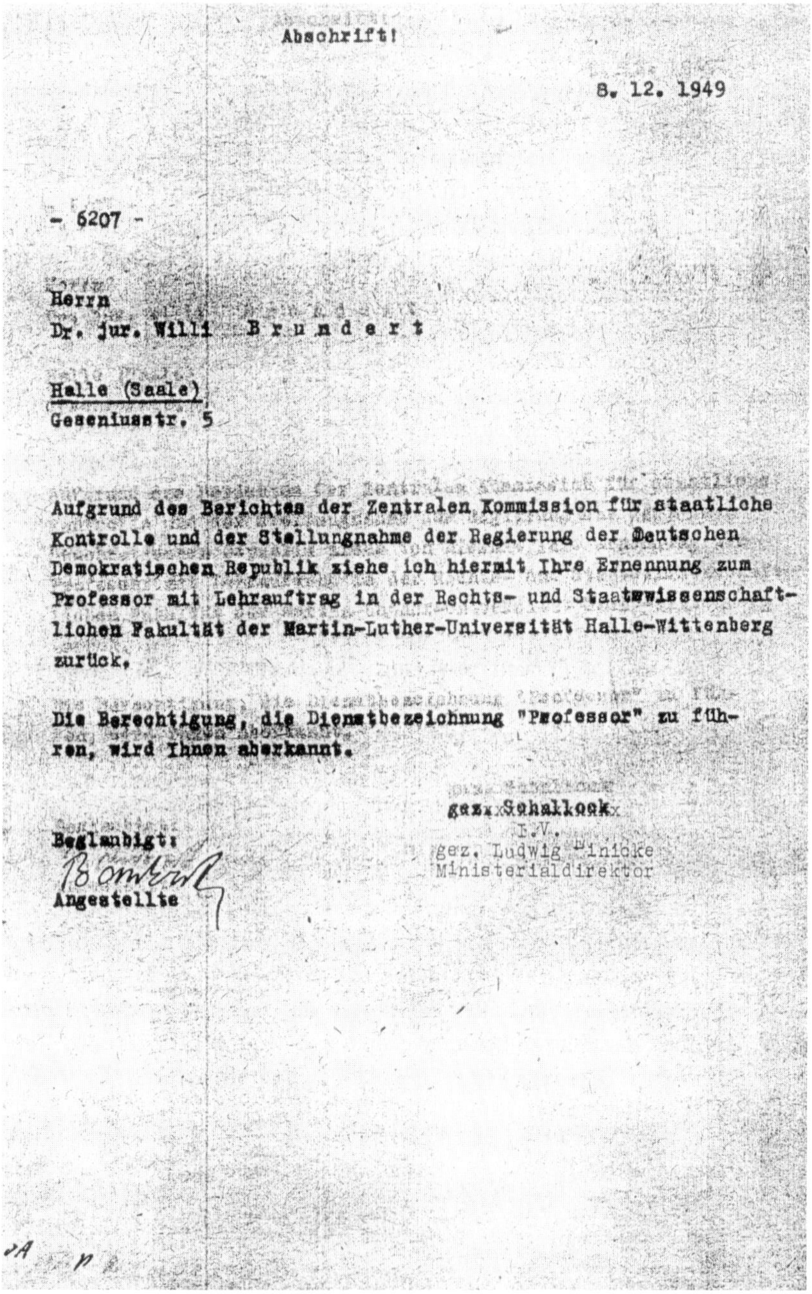

Abschrift!

8. 12. 1949

– 6207 –

Herrn
Dr. jur. Willi Brundert

Halle (Saale)
Geseniusstr. 5

Aufgrund des Berichtes der Zentralen Kommission für staatliche Kontrolle und der Stellungnahme der Regierung der Deutschen Demokratischen Republik ziehe ich hiermit Ihre Ernennung zum Professor mit Lehrauftrag in der Rechts- und Staatswissenschaftlichen Fakultät der Martin-Luther-Universität Halle-Wittenberg zurück.

Die Berechtigung, die Dienstbezeichnung "Professor" zu führen, wird Ihnen aberkannt.

gez. Schallock
I.V.
gez. Ludwig Einicke
Ministerialdirektor

Beglaubigt:
Angestellte

Schallock an Willi Brundert

Was war geschehen? Der am 19. Juni 1912 in Magdeburg geborene Willi Brundert besuchte in seiner Geburtsstadt die Lessingschule. Er studierte von 1931 bis 1933 Rechts- und Staatswissenschaften in Halle, von 1933 bis 1934 dieselben Fächer in Frankfurt am Main und wurde als Student der Universität Halle-Wittenberg zum Vorsitzenden der Sozialistischen Studentenschaft gewählt. Das Amt übte er vom Sommer 1931 bis April 1933 aus. Mitglied der SPD war er seit 1. Juli 1930. Sein I. Juristisches Staatsexamen bestand er am Oberlandesgericht Frankfurt/Main am 19. Januar 1935. Am 26. September 1935 wurde Brundert zum Doktor der Rechte an der Universität Hamburg promoviert. Von 1936 bis 1939 war er Steuerassistent, später Steuersachbearbeiter in Magdeburg. Ab 1939 war er Mitarbeiter im Arbeitskreis Dr. Carlo Mierendorff und engster Mitarbeiter von Prof. Adolf Reichwein bis zum 20. Juli 1944.[18]

Aus englischer Kriegsgefangenschaft heimgekehrt, wurde er als Lehrbeauftragter für Steuer- und Wirtschaftsrecht an der MLU am 1. Mai 1948 von dem Minister für Volksbildung, Kunst und Wissenschaft, Thape, zum Professor mit Lehrauftrag ernannt. Gleichzeitig erfüllte er im Land Sachsen-Anhalt – im Ministerium für Wirtschaft und Verkehr – als Ministerialdirektor eine wichtige Funktion. Am 28. November 1949 erfolgte unter der Beschuldigung des „Sozialdemokratismus“ und krimineller Wirtschaftsverbrechen seine Verhaftung.

Mit den – wenngleich in mancherlei Hinsicht anders gearteten – Massenverurteilungen und Minutenprozessen im Zuchthaus Waldheim und dem „Dessauer Schau-Prozeß“ am 24. April 1950 demonstrierte die DDR erstmalig ihre Fähigkeiten, mit den Verurteilungen von tatsächlichen oder vermeintlichen Gegnern nach dem Vorbild der diktatorischen Sowjetunion verfahren zu können. Wie Stalin in Moskau befahl Walter Ulbricht in Berlin Ziele, Vorbereitung, Durchführung und Strafmaß. Der Prozeß gegen Leo Herwegen[19] und Willi Brundert wurde nach genauen Regie-Anweisungen des ‚Kleinen Sekretariats‘ des Politbüros angeordnet:

„1.) Der Prozeß wird dem Generalstaatsanwalt der Deutschen Demokratischen Republik übergeben, der Anklage beim Obersten Gerichtshof der DDR erhebt.

2.) Der Prozeß ist so zu führen, dass die Rolle des Monopolkapitals, seine Zersetzungsarbeit mit Hilfe käuflicher Agenten und deren verbrecherische Tätigkeit in der Deutschen Demokratischen Republik deutlich zu Tage tritt.

3.) Der Prozeß wird in Dessau geführt.

4.) Termin April 1950.

---

18 UAH, Rep. 23/952 Brundert.

19 Leo Herwegen (1886–1972), 1948–1949 stellvertretender Vorsitzender der CDU Sachsen-Anhalt.

5.) Verantwortlich für die Zusammenstellung und Überprüfung der aus dem Gebiet der Deutschen Demokratischen Republik an dem Prozeß teilnehmenden Delegationen sind
   – das Sekretariat des Bundesvorstandes des FDGB,
   – das Sekretariat des Zentralrates der FDJ,
   – das Bundessekretariat des DFD.
6.) Die gesamte Presse ist zuzulassen.
7.) Die Anklageschrift ist vor der Herausgabe dem Sekretariat [des Politbüros] zur Begutachtung vorzulegen.“[20]

Einer seiner Vernehmer hatte in dem Ordner, in dem die Vernehmungsprotokolle abgeheftet wurden, auf einem kleinen Zettel notiert: „Dr. Willi Brundert: Vorsichtig tastend, empfindet erste Anschuldigungen wie einen Keulenschlag, hält es für richtig sofort zuzugeben, um nachher abzuschwächen, hat offenbar keinerlei Erfahrung bei Vernehmungen, hofft offensichtlich auf Hilfe von außen, gibt sich, um nichts zu verderben, sehr einsichtig, beinahe bescheiden, im Gegensatz zu seinem Verhalten bei seiner Verhaftung, Charakter und Stärke noch nicht klar erkennbar.“[21]

Das Belastungsmaterial gegen Brundert wird von dem Leiter der Zentralen Kommission für Staatliche Kontrolle Fritz Lange[22] zusammengetragen und Walter Ulbricht vorgelegt. Lange schreibt in einem achtseitigen Bericht:

„[...] Zur Charakteristik. B r u n d e r t , geboren am 12. Juni 1912 in Magdeburg als Sohn eines Sozialdemokraten, typisch kleinbürgerliche Observanz (Buchhalter in der Konsum-Genossenschaft).

Brundert absolvierte das Gymnasium und studierte Rechts- und Staatswissenschaft an den Universitäten Halle, Frankfurt am Main und Hamburg.

Bereits als Kind gehörte er der sozialdemokratischen Kinder-Organisation ‚Kinderfreunde‘ an und wurde Mitglied der SAJ. Ungefähr 1930 wurde er in die SPD aufgenommen. Brundert betätigte sich aktiv in der sozialdemokratischen Schülergruppe des Gymnasiums und später auch in der sozialistischen Studentengruppe der Universität Halle, deren Vorsitzender er wurde. Ebenso war er Mitglied des ‚Reichsbanners Schwarz-Rot-Gold‘.

20 SAPMO, BArch. – DY 30 CV 2/3/988, zitiert nach Weber und Mählert.

21 BArch DC/1/ Nr. 4049, Teilbestand DCGG und IG Farben.

22 Fritz Lange (1898–1981), Lehrer, 1920 KPD, 1933 verhaftet, KZ Sonnenburg, 1945–1948 Oberbürgermeister von Brandenburg, 1948/49 Leiter der Hauptabteilung Zentrale Kontrollkommission der

Sofort nach der Machtübernahme Hitlers schwenkte Brundert um und fing an, sich schriftstellerisch im Sinne des Dritten Reiches zu betätigen. Im Jahre 1934 gab er bei dem Erich Röth-Verlag Eisenach eine Broschüre ‚Junge Nation und Kampfbund' heraus. [...]

Brundert wurde im September 1941 zur Kriegsmarine einberufen und als ungedienter Soldat verhältnismässig schnell zum Leutnant befördert. Im November 1944 geriet er in englische Kriegsgefangenschaft. In der Kriegsgefangenschaft traf er mit einem Dr. Borinski zusammen, der unter den deutschen Kriegsgefangenen als britischer Agent tätig gewesen ist. Brundert kannte Borinski aus der Zeit vor 1933, wo beide in der sozialistischen Studentenschaft miteinander bekannt geworden waren. Brundert und Borinski gehörten u. a. zu dem sogenannten ‚Leuchtenburg-Kreis' und zu der Gruppe, die den ‚Neuen Blättern für den Sozialismus' nahe stand. Die ‚Neuen Blätter für den Sozialismus' bemühten sich vor 1933 den offenen monopolkapitalistischen Kurs der sozialdemokratischen Führer sozialistisch zu verbrämen, um zu verhindern, dass die ehrlichen oppositionellen Elemente – besonders unter den jüngeren Mitgliedern der SPD – sich der KPD anschliessen.

Borinski war 1933 nach England emigriert und gehörte dort zu der trotzkistischen Gruppe ‚Neu beginnen'.

Unter Mithilfe des Borinski kam Brundert zum 2. Lehrgang der Kriegsgefangenen-Hochschule Wilton-Park und bewährte sich dort so probritisch, dass er ausnahmsweise auch am 3. Lehrgang teilnehmen durfte. Auf diesen Lehrgängen wurden die Agenten ausgebildet. Diese Agenten hatten die Aufgabe, in den Kriegsgefangenenlagern die deutschen Soldaten im antisowjetischen und antisozialistischen Sinne zu bearbeiten.

In der Wohnung des Brundert wurden eine Anzahl Rede-Dispositionen vorgefunden, die vom britischen Nachrichtendienst diesen Agenten für die Arbeit unter den Kriegsgefangenen geliefert worden sind. Es ist erwiesen, dass Brundert von diesen Rede-Dispositionen eifrigen Gebrauch gemacht hat. [...]

Brundert wurde am 3.8.1946 bevorzugt aus der englischen Kriegsgefangenschaft entlassen und zwar auf Grund eines Schreibens vom 4.4.1946, das der Kurator der Universität Halle ihm in die Kriegsgefangenschaft zugestellt hatte. In diesem Schreiben wurde um Mitteilung gebeten, ob es möglich ist, die Entlassung aus englischer Kriegsgefangenschaft zu beschleunigen und an wen man sich deshalb wenden kann. In dem Schreiben wurde zum Ausdruck gebracht, dass beabsichtigt ist, den Brundert in den Lehrkörper der Universität Halle zu berufen, damit er dort Verfassungsge-

---

DWK; 1949–1958 MdVK, 1950–1958 Kandidat des ZK der SED, 1954–1958 Minister für Volksbildung der DDR. (Broszat und Weber 1990 und Müller-Enbergs et al. 2001).

schichte und Staatsrecht lesen kann. Brundert ließ sich nach der Westzone entlassen, um nach aussen hin vorzutäuschen, dass seine vorzeitige Entlassung aus der Kriegsgefangenschaft nichts mit einem besonderen Auftrag des britischen Nachrichtendienstes zu tun hat. Aus der Westzone ging er grün über die Grenze, nachdem er sich zuvor von einem früheren sozialdemokratischen Komplicen, dem inzwischen geflüchteten Minister Thape, eine Bescheinigung hatte geben lassen, die er für den Fall brauchte, dass er von der sowjetischen Grenzpolizei geschnappt wird. Diese Bescheinigung half ihm auch freizukommen, als er tatsächlich beim Grenzübertritt erwischt wurde. Durch die Bekanntschaft mit Bruschke, Dieker und Thape war es dem Brundert möglich, sehr schnell eine verantwortliche Stellung im Wirtschaftsministerium des Landes Sachsen-Anhalt zu bekommen. Thape verschaffte ihm ausserdem eine Professur an der Universität Halle.

Als Stellvertreter des Minister Dieker bestimmte der Ministerialdirektor Brundert wesentlich die Wirtschaftspolitik im Lande Sachsen-Anhalt. Im Lande Sachsen-Anhalt waren riesige Konzernunternehmen konzentriert und unter Befehl 124 gefallen. Brundert sah seine besondere Aufgabe darin, die Durchführung dieses Befehls 124 zu Gunsten der Konzerne zu sabotieren. Brundert organisierte systematisch die Verbreitung pseudo-sozialistischer Theorien, um klare Begriffe erst gar nicht aufkommen zu lassen und möglichst viel ideologische und organisatorische Verwirrung anzustiften.

Unter aktiver Mitwirkung von Brundert konnten die ehemaligen monopolkapitalistischen Generaldirektoren ein ganzes System von G.m.b.H.'s und A.G.'s entwickeln, die äusserlich ‚gemeinwirtschaftlich' getarnt waren und eine ähnliche Rolle spielen sollten, wie der Konzern-Entflechtungs-Schwindel in Westdeutschland.

Tatsächlich benutzten die Konzerndirektoren, die von der Landesregierung als Treuhänder eingesetzt waren, die von Brundert vollkommen verworrene Lage, um ungeheure Vermögenswerte der Konzerne aus der Ostzone in die Westzone zu manipulieren und gleichzeitig zu versuchen, die Konzernbetriebe durch Einbeziehung weiterer Unternehmungen (Staats- und Kommunalbetriebe) noch fester in ihre Hand zu bekommen. [...] Im Sommer 1947 wurde der ehemalige Generaldirektor der Mansfeld AG., ein gewisser Dr. Müller, nach der Westzone geschickt, um dort Verhandlungen wirtschaftlicher Art angeblich im Auftrage der SMA, durchzuführen. Da Müller als politisch unzuverlässig galt, wurde Brundert aufgefordert, den Müller auf dieser Reise nach dem Westen zu begleiten und zu überwachen. Diese Mitteilung machte Brundert während seiner Vernehmung am Freitag, dem 25. November 1949. Später schränkte er diese Aussage ein und zwar in dem Sinne, dass er angeblich keinen derartigen Auftrag erhalten hätte. In Wirklichkeit hat Brundert seine Reise nach dem Westen nur ausgenutzt, um Verbindung zu etlichen politischen Personen aus den Reihen der SPD aufzunehmen. nach seinen eigenen Angaben besuchte er während dieser Reise

1.) Oberbürgermeister Kolb, Frankfurt am Main (SPD),
2.) Wirtschaftsminister Dr. jur. Harald Koch (SPD) – Wiesbaden,
3.) Dr. Fritz Borinski (SPD), britischer Agent und Leiter der Heim-Volks-Hochschule, Jagdschloss Göhrde, Lüneburger Heide. (Agentenschule).

Zu dem Besuch des Oberbürgermeister Kolb ist folgendes zu bemerken:
Nach den Angaben des Brundert kannte er Kolb aus der Zeit vor 1933. Kolb war Ehrenpräsident des ‚Bundes republikanischer Studentenschaft' gewesen, während Brundert Vorsitzender der ‚Sozialistischen Studentenschaft' der Universität Halle gewesen ist. [...]

Zu der Person des von Brundert aufgesuchten Wirtschaftsministers von Hessen, Dr. Harald Koch, ist zu bemerken, dass Koch der typische Sozialisierungs-Schwindler der Nachkriegszeit ist, dem nachzueifern Brundert in seiner Eigenschaft als Ministerialdirektor im Wirtschaftsministerium des Landes Sachsen-Anhalt bemüht gewesen ist. [...]

Mit dem Agenten Borinski hat Brundert auch nach seiner Entlassung aus der Kriegesgefangenschaft korrespondiert. [...]

Brundert behauptet ferner, während des Krieges und auch schon vorher illegal Verbindung zu dem sogenannten Reichwein-Kreis gehabt zu haben (Komplex 20. Juli SPD). Zu Ehren des Reichwein, der hingerichtet worden ist, wurde aus Anlass des Todestages von Brundert eine Reichwein-Gedenkfeier veranstaltet. Nach den Aussagen von Frau Gertrud Brundert, die für ihren Ehemann Professor Dr. Brundert die Korrespondenz geführt hat, wurde Dr. Borinski über diese Feier informiert, wahrscheinlich auch über die Personen, die unter dem Vorwand dieser Feier zusammen gekommen waren."[23]

Fritz Lange schickt diesen umfangreichen Bericht an Walter Ulbricht, den er duzt; und einen neunseitigen Bericht an Erich Mielke am 2. Dezember 1949. Die Quintessenz dieses Berichtes lautet:

„Der Prozess gegen die Konzern-Agenten in Halle und Dessau ist in erster Linier ein politischer Prozess.

Die Angeklagten haben sich zur Erreichung ihres wirtschaftspolitischen Zieles, nämlich dem Wiederaufbau des DCGG-Konzerns, mit Hilfe von sequestierten Vermögenswerten aus der Ostzone, krimineller Mittel bedient. Die Zentrale Kommission für Staatliche Kontrolle ist zur Zeit damit beschäftigt, zur Untermauerung der zu erhebenden Anklage die Untersuchung nach der rein strafrechtlichen Seite hin durchzuführen. Es wird aber notwendig sein, um dem Prozeß das richtige Gesicht zu geben, dass auch die in diesem Schreiben angeführten Vorgänge so untersucht werden, dass

23 BArch DC/1/ Nr. 4122.

die Anklagevertretung in die Lage versetzt wird, die politischen Hintergründe beweiskräftig dazulegen, auch dann, wenn es sich um Vorgänge handelt, die nach dem bürgerlichen Gesetzbuch nicht unbedingt strafrechtlich geahndet werden können."[24]

Willi Brundert und Leo Herwegen wurden zu 15 Jahren Zuchthaus verurteilt. Vorsitzende beim Prozeß waren die Vizepräsidentin und Vorsitzende des Obersten Gerichts des 1. Strafsenats Hilde Benjamin[25] und Generalstaatsanwalt der DDR Melsheimer[26]. Brundert wurde im Prozeß von Rechtsanwalt Bühling vertreten.[27]

Das „Neue Deutschland" bezeichnet am 20. Dezember 1950 die Angeklagten im Dessauer Prozeß als Verbrecher und Saboteure im Auftrag der Brüsseler Solvay-Konzernleitung. Die Schlusssätze lauteten hier: „Zur Charakterisierung der Sabotage- und Spionagetätigkeit verlas die Präsidentin Dr. Benjamin Auszüge aus aufgefundenen Notizen Böckelmanns. Diese Aufzeichnungen beweisen, dass Böckelmann den Auftrag hatte, ‚nicht nur wertvolle Produktionsgeheimnisse sondern auch Arbeitssklaven nach Frankreich zu verschachern'."

Willi Brundert[28]

Direkt unterhalb dieses Artikels ist ein anderer Bericht mit der Schlagzeile: „Todesurteile gegen amerikanische Spione – Verhandlungen vor einem sowjetischen Militärtribunal" abgedruckt. In ihm werden namentlich 6 zum „Tod durch Erschießen" Verurteilte, 8 zu je 25 Jahren Gefängnis, 6 zu je 15 Jahren und 1 Verurteilter zu 10 Jahren wegen Mitwisserschaft genannt. Damit wurden Angst und Terror verbreitet – das Recht blieb auf der Strecke, Familien und Menschen wurden vernichtet und zerstört.

Nach sieben Jahren Zuchthaus legte Willi Brundert am 29. April 1957 in einem Bericht an den SPD-Parteivorstand nieder, was ihm in den Jahren der Haft widerfahren ist:

24 BArch DC/1/ Nr. 4122.

25 Hilde Benjamin, geb. Lange (1902–1989), 1949–53 Vizepräsidentin des Obersten Gerichtes, Ministerin für Justiz 1953–1967 (Nachfolgerin von Max Fechner).

26 Ernst Melsheimer (1897–1960), 1949–1960 Generalstaatsanwalt der DDR.

27 S. Beckert 1995.

28 BA DR 3/B 10648 Brundert Willi, Ministerium für Hoch- und Fachschulwesen Berufungsakten, Fragebogen mit Photo vom 14.12.1946.

Seine Leiden hat er sachlich und ohne Emotionen so resümiert:

- den mit der Verhaftung im Herbst 1949 verbundenen Verlust der Freiheit,
- die Trennung von der Familie. Brunderts erste Frau war im November 1945 an Typhus gestorben. Aus der Ehe waren zwei kleine Kinder, damals fünf und sechs Jahre alt, hervorgegangen. Willi Brundert heiratete ein zweites Mal. Mit den Sorgen um das Überleben von Frau und Kindern war er zudem in der Haft konfrontiert,
- der Kriminalisierung seines bisherigen Lebens und der Arbeitsleistung,
- jahrelange Einzelhaft, Isolierung in einem alten baufälligen Gefängnis,
- zwölf Stunden lange nächtliche Vernehmungen, dabei absurde unbeweisbare verletzende Anschuldigungen,
- beleidigende Vernehmungen im grellen Gegenlicht,
- Schlafentzug, auch tagsüber durch Vernehmungen,
- die Vernehmungen werden von Russen und Deutschen abwechselnd geführt,
- nach Tagen vollständige körperliche Erschöpfung.

In Anwesenheit des damaligen Generalstaatsanwaltes von Sachsen-Anhalt, Fischl, wurde Willi Brundert vorgeworfen, „Kopf der illegalen SPD-Fraktion" von Sachsen-Anhalt gewesen zu sein. Wir erfahren dies ebenso aus seinem Bericht wie die Tatsache, dass Fritz Lange einer seiner Vernehmer war! Es war also nicht so, dass Fritz Lange in seinem achtseitigen Bericht das zusammengefasst hatte, was er zu Brundert finden konnte. Vielmehr hat er das Ergebnis seiner Vernehmungen bzw. seine eigenen Vorstellungen von der Wahrheit, besser so, wie er sie sich wünschte, Walter Ulbricht vorgetragen.

Willi Brundert schreibt in seinem 15seitigen Bericht über die Vernehmungen:
„Hauptgegenstand aller Vernehmungen waren in erster Linie zwei Vorwürfe:

a) ich sei der Kopf der illegalen SPD-Fraktion (die Russen nannten mich meistens den ‚Schumacher von Sa/Anh.'),
b) ich sei in der Agentenschule Wiltonpark geschult worden, um dann mit Auftrag von England in die Zone zu gehen und die Wirtschaft zu sabotieren.

Der angebliche strafrechtliche Tatbestand im DCGG-Prozess hat in meinen Vernehmungen kaum eine Rolle gespielt.

Ich zitiere nachstehend einige typische Äusserungen der Vernehmer, die ich mir seinerzeit eingeprägt und während der ganzen Jahre im Wortlaut bewahrt habe:
Fritz LANGE, Wir wissen noch nicht, in welchen Prozess wir Sie schieben, ob DCGG, Solvay, Heine oder Mansfeld. Das ist für uns eine Frage der Zweckmässigkeit. Aber wir machen Sie politisch kaputt; es sei denn, dass Sie sich im Prozeß auf die Seite der Arbeiterklasse stellen. […]

Glauben Sie nicht, daß wir den Prozess gegen Sie aus Gerechtigkeit oder irgend einer Gefühlsduselei führen, den führen wir aus Zweckmässigkeit, den führen wir so lange und so weit, bis der Zweck sichergestellt ist. Wenn Sie weiter so verstockt bleiben, kommt für Sie nur die Todesstrafe infrage. Glauben Sie nicht, dass wir mit ungeladenen Pistolen rumfuchteln. Wir wissen, daß Sie nicht so dumm sind wie Pfotenhauer. Der war so blöd, sein SPD-Parteibuch aus Hannover im Schreibtisch zu haben. Sie sind geschickter, aber Sie kriegen wir auch."

Soviel zu Fritz Lange. Es ist eine eigentümliche Vorstellung, dass ein Mann, der als Vernehmer in das alte Gefängnis in Gommern ging, in der Nacht Willi Brundert verhörte, ihn fast bis zum körperlichen Zusammenbruch brachte, später Volksbildungsminister der DDR wurde!

Die Umstände seiner Vernehmungen schilderte Brundert so: „Die Vernehmungen erfolgten in einem Sonderraum, vorwiegend nachts. Ich musste regelmäßig auf einem Schemel ohne Rückenlehne sitzen, beide Hände auf die Oberschenkel gelegt, und wurde während der ganzen Vernehmung von einer grellen Birne angestrahlt. Meine zeitlich längste Vernehmung hat stattgefunden vom 6.12.49 abends bis 12.12. früh 6 Uhr. Der Ablauf war etwa folgender: Die Vernehmungen begannen abends gegen 6 Uhr und dauerten bis zum Morgengrauen des anderen Tages, dann wurde ich anschließend für etwa 2 Stunden auf die Zelle gebracht, um mich zu waschen und Kaffee zu trinken; dann erfolgten erneut Vernehmungen von 10 Uhr bis nachmittags 3 Uhr, um dann nach einer kurzen Pause mit der Nachtvernehmung fortzufahren. Am letzten Morgen war ich körperlich so erschöpft, dass ich vom Wachtmeister gestützt in die Zelle gebracht werden musste. Die Vernehmer haben in diesem Zeitraum gewechselt. Teils Deutsche/teils Russen."

Zu den sowjetischen Vernehmern, deren Namen er nicht erfuhr, schreibt Brundert: „Für die SPD-feindliche Haltung der Russenvernehmer ist noch folgendes typisch: Der Russe, der mich in Gommern vernahm, bediente sich grundsätzlich der Dolmetscherin, obwohl er nach meiner Beobachtung die deutsche Sprache eindeutig verstand. Wenn meine Antwort ihm nicht passte, wartete er nicht die Übersetzung ab, sprang auf mich zu und nannte mich ‚Sie Narr'. Wenn er noch erregter war, nannte er mich ‚Sie Verbrecher' und in der größten Erregung schrie er mich an ‚Sie Schumacher'."

Vor dem Prozess, einem Schauprozeß im Theater Dessau, wurde in Berlin das Urteil mit 15 Jahren Zuchthaus festgesetzt. Mit dem Landesvorsitzenden der CDU Dr. Herwegen wurde Dr. Brundert zum obigen Strafmaß verurteilt. Der Antransport nach Dessau erfolgte in Handschellen. Vor der Verhandlung im Theater wurden die Angeklagten in Anwesenheit weiblicher Volkspolizisten nackt ausgezogen und einer gründlichen Visitation unterzogen. Die beigegebenen Anwälte bezeichnete Willi Brundert als Statisten und regimehörig.

Sieben Wochen nach der Urteilsverkündung, am 17. Juni 1950, wurde Brundert vom Zuchthaus in Brandenburg nach Halle in die Hände sowjetischer Untersuchungsführer überstellt. Einzelzelle, Kübel für die Notdurft, je zwei Scheiben Brot morgens und abends, mittags Wassersuppe, die in einer Blechschüssel mit dem Fuß des Wachhabenden in die Zelle geschoben wurde.

Nach weiteren Vernehmungen erfolgte eine nächtliche Verlegung am 25. Oktober 1950 aus dem ehemaligen AOK-Gebäude am Robert-Franz-Ring in Halle in den „Roten Ochsen", Einzelzelle 27, Block C. Diese Zelle wird bei Tag und Nacht hell beleuchtet. Am Tag sind die kleinen Zellenfenster mit Blenden abgedunkelt. Frische Luft kann nicht eindringen, die mangelnde körperliche Bewegung fördert jeglichen Krankheitsprozess. Es besteht die Gefahr, geistig zu degenerieren, Lese- und Schreibmaterial wird nicht gestattet.

Im April 1951 führen die sowjetischen Vernehmer einen Erpressungsversuch durch. Die damals 10- und 11-jährigen Kinder würden ihm weggenommen werden, wenn er nicht für den Geheimdienst arbeiten wolle. Im Mai 1952 erfolgte eine Rückverlegung in das Zuchthaus Brandenburg, Einzelhaft, Haus 2, Zelle 235.

Willi Brundert schließt seinen Haftbericht mit den Regime-Verhältnissen im Zuchthaus, das zwischenzeitlich ‚militarisiert' wurde. Rechts um, Meldung, Vortreten, usw. – das war der den Alltag bestimmende Ton.

Nach Intervention der Bundesrepublik wird Dr. Willi Brundert nach 7 Jahren und 4 Monaten am 19. März 1957, von Krankheiten schwer gezeichnet, entlassen.[29] Im Jahr 1958 wird Brundert als Leiter der Hessischen Finanzschule Rotenburg an der Fulda berufen. 1963 betraut der Hessische Ministerpräsident Zinn Willi Brundert mit den Pflichten eines Staatssekretärs und des Leiters der Staatskanzlei in Wiesbaden. Die Bürgerschaft Frankfurts wählt 1964 Dr. Brundert zu ihrem Oberbürgermeister. Zu früh, im 58. Lebensjahr, verstarb Willi Brundert an den Folgen der Haft in der DDR.[30]

Die Entwicklungen in Halle im Sommer 1950

Erstaunlicherweise waren die Senatssitzungen im ereignisreichen Frühjahr 1950 selten; nach der Februarsitzung trafen sich die Senatoren erst wieder am 12. Mai 1950.

Nach mancherlei Tagesordnungspunkten zum universitären Alltag kommen an diesem Tag auch die hier betrachteten politisch brisanten Themen zur Diskussion. Eduard Winter trug nach dem Protokoll vor, er sehe sich als Rektor „[…] gezwungen, mit besonderem Nachdruck auf die Beunruhigung in Universitätskreisen hinzuwei-

29 Der Haftbericht von Brundert wird im Archiv der sozialen Demokratie der Friedrich-Ebert-Stiftung in Bonn aufbewahrt. Wir danken Horst-Peter Schulz für die Genehmigung zum Abdruck.

30 Zu den Schauprozessen s. Weber und Mählert 1998 und Beckert 1995.

sen, wie sie durch die in der Form unzulänglichen Verhöre von Professoren und Verhaftungen von Studenten durch die Polizei hervorgerufen wurden."

Die Direktorin der ABF, Burstein, entgegnete darauf, dass sie es „[...] im Hinblick auf die vorgefallenen polizeilichen Verhaftungen und Untersuchungen [für erforderlich halte], alle Studierenden und Dozenten zu erhöhter Wachsamkeit aufzurufen und dadurch einen Beitrag zum ungestörten Aufbau unserer Universität zu leisten. Die polizeilichen Maßnahmen, mögen sie auch manchmal nicht formgerecht durchgeführt worden sein, seien vor allem dazu angetan, die Universität von schädigenden Menschen freizumachen und die Verantwortlichen aufzuspüren".

Der Rektor erklärt hierzu, dass es sich bei seinem Hinweis „um die Form der polizeilichen Maßnahmen gehandelt habe und das Schädigende eines solchen Unruhe und Unsicherheit stiftenden Vorgehens deutlich gemacht werden sollte. Er halte es nicht für angebracht, Schwierigkeiten zu verwischen, sondern an ihrer Lösung zu arbeiten. Es sei seine Pflicht, erhobene Beschwerden an die verantwortlichen Stellen weiterzugeben. Er habe deshalb auch dem Herrn Minister des Innern von den Beschwerden Kenntnis gegeben."

Unzweifelhaft ist hier erkennbar, dass es im Senat unterschiedliche Meinungen zu den Verhaftungen gibt, und dass sich Rektor Winter geradezu rechtfertigen muss, dass er auf die Problematik der Verhaftungen hingewiesen habe.

Die Sitzung am 29. Juni 1950 vereint die Senatsmitglieder mit Vertretern des Komitees der Nationalen Front, daneben ist Abteilungsleiter Vahlen vom Volksbildungsministerium anwesend. Es ging an diesem Tag um die bevorstehenden akademischen Wahlen, damit auch um die Termine für die Dekanwahlen. Diese sollen schnell durchgeführt werden, damit die neu gewählten Dekane noch vor dem 12. Juli 1950 den neuen Rektor wählen könnten. Und jetzt passiert etwas Unglaubliches:
„Für die Leitung der Dekanate werden von der FDJ-Hochschulgruppe vorgeschlagen:

Philosophische Fakultät	Prof. Dr. E Häusler
Rechts- u.Staatsw. "	Prof. Dr. Schubart-Fikentscher
Pädagogische "	Prof. Dr. Ahrbeck
Theologische "	Prof. Dr. Heinzelmann
Medizinische "	Prof. Dr. Kraatz
Naturwissenschaft. "	Prof. Dr. Sauerwald
Landwirtschaftliche "	Prof. Dr. Schmalfuss
Arbeiter- u. Bauernfakultät	Direktorin M. Burstein"

Die FDJ nimmt Einfluss und schlägt Dekane vor!

Zur Senatssitzung am 31. Juli 1950, in der die Rektorwahl durchgeführt werden soll, sind die neuen Dekane versammelt. Bis auf Hans Gallwitz, der statt Sauerwald die Mathematisch-Naturwissenschaftliche Fakultät als Dekan vertritt, finden wir die

Namen wieder, die auch der FDJ genehm waren. Der Geologe Hans Gallwitz wird ab jetzt in den Senatssitzungen eine wichtige Rolle spielen, denn er wird sich gegen nicht wenige Entscheidungen stemmen. Er wird sich für die Rechte der Studenten, für die Verhafteten, für einen ihm sinnvoll erscheinenden Studienplan einsetzen. Der spätere Rektor Leo Stern[31] wird ihn als seinen Hauptgegner betrachten und dementsprechend bekämpfen.

Hans Gallwitz hat im Rahmen seiner Möglichkeiten hier Widerstand geleistet, er hat allerdings unter den Reglementierungen auch persönlich sehr gelitten und diese Umstände haben seinen frühen und plötzlichen Tod zweifellos beschleunigt. Als er starb, lief ein Disziplinarverfahren gegen ihn.[32]

Rektor Eduard Winter, der die Universität zu verlassen beabsichtigt, leitet noch einmal die Sitzung. Die Rektorwahl bringt einige Aufregung. Das Potokoll hält fest:

„Die Wahlzettel werden verteilt und das Ergebnis von Prof. Ahrbeck bekanntgegeben. Danach ist Prof. Dr. Stubbe einstimmig (mit 13 Stimmen ohne die eigene Stimme) zum Rektor gewählt. Der Rektor bittet Prof. Dr. Stubbe, die Wahl anzunehmen.

Prof. Stubbe dankt dem Senat für das ihm bewiesene Vertrauen und bittet, von seiner Wahl Abstand zu nehmen. Die Arbeiten beim Aufbau seines großen Forschungsinstitutes in Gatersleben nehmen schon jetzt seine volle Arbeitskraft in Anspruch, dazu kommen die Aufgaben in der Deutschen Akademie der Wissenschaften in Berlin sowie neue in nächster Zeit mit der Errichtung Landwirtschaftlicher Akademien zusammenhängende Aufbaupläne, die es ihm völlig unmöglich machen, die große Verantwortung des Rektors auf sich zu nehmen.

Im Interesse der Universität hält er es für notwendig, eine Persönlichkeit zu wählen, die nicht nur das volle Vertrauen genießt, sondern auch praktisch in der Lage ist, die Bürde des Rektorats zu tragen. Er verweist in dieser Hinsicht auf Frau Prof. Dr. Paula Hertwig und auf die Möglichkeit der Weiterführung des Rektorats durch Prof. Dr. Winter.

Der Rektor nimmt die Mitteilungen Prof. Stubbes zur Kenntnis und weist auf die Schwierigkeiten hin, die sich in den letzten Wochen in Angelegenheit der Rektorwahl ergeben haben. Seine Wiederwahl komme deshalb nicht in Betracht, weil er vom Herrn Minister Wandel im April 1950 für das SS. 1950 zum Professor mit Lehrstuhl an der Humboldt-Universität Berlin ernannt wurde."

31 Leo Stern (1901–1982), Historiker, 1950–1966 Prof. für neuere Geschichte u. Geschichte der Arbeiterbewegung an der Martin-Luther-Universität (MLU) Halle, 1951–1953 Prorektor für das gesellschaftswissenschaftliche Grundstudium, 1953–1959 Rektor der MLU, Ehrenförderer der Leopoldina seit dem 13.10.1977. Leo Stern war 1952 an der Wiederzulassung der Leopoldina beteiligt (vgl. Gerstengarbe 1995), und er hielt durch die Jahre den persönlichen Kontakt zur Leopoldina, speziell zu den Präsidenten. Er war an der Entwicklung der Akademie in seinem Sinne (als DDR-Akademie) interessiert.

32 Zu Hans Gallwitz siehe Gerstengarbe 1997 und Mühlpfordt, Schenk und Meyer 2004.

Als der Rektor Stubbe nochmals bittet, das Amt anzunehmen, meint Stubbe, dass sie in Berlin seine Belastung kennen und gar nicht zustimmen würden. Weiter ist protokolliert: „Herr Vahlen wird in die Senatssitzung gebeten und teilt auf die Frage des Rektors mit, daß man ihm im Ministerium in Berlin einmütig erklärt habe, einer Wahl Prof. Stubbes zum Rektor zuzustimmen."

Daraufhin beschließt der Senat, die Rektorwahl zu verschieben, bis Stubbe in Berlin vorgesprochen hat. Agricola wird einstimmig zum Prorektor gewählt. Die Anwesenden beschließen, sich am nächsten Tag wieder zu treffen und den Rektor wählen.

Zur Senatssitzung am 1. August 1950 erscheint Stubbe verspätet und teilt mit, daß Paul Wandel „mit Rücksicht auf seine starke Inanspruchnahme in Gatersleben, in Berlin und die in Aussicht genommenen weiteren Pläne" seiner Wahl zum Rektor keinesfalls zustimmen würde. Nun wird die Wahl auf den 15. Oktober 1950 verschoben.

Ein Brief Paula Hertwigs vom 7. August 1950 an Walter Ulbricht, der im Universitätsarchiv Halle abgelegt ist[33], zeigt, wie sie sich bemühte, staatlichen Zumutungen an die Medizinische Fakultät entgegenzutreten. Der Duktus des Briefes ist insofern besonders aufschlußreich, als sich Paula Hertwig glänzend auf dem schmalen Grat zwischen Zustimmung und Widerspruch bewegt. „[...] Wir begrüßen Ihre Vorschläge," heißt es zunächst, „für die Jahre 1951–1955 die staatlichen Mittel für das Gesundheitswesen auf mehr als 150 % der Ausgaben von 1950 zu erhöhen. [...] Die von Ihnen gewünschte starke Erhöhung der Studentenzahl um ein weiteres Tausend ist uns ein erfreuliches Zeichen des Aufstiegs unseres Landes und innerhalb des Landes unserer Universitäten.

[...] Wir verhehlen freilich nicht, dass die Anforderungen sehr schwere sind und nur noch mit weitgehender staatlicher Unterstützung erfüllt werden können.

In unserer Fakultät in Halle z.B. sind die Hör- und Übungssäle, die Forschungsmittel und nicht zuletzt das Lehrpersonal eingestellt auf eine Studentenzahl, die knapp der Hälfte der bereits jetzt Studierenden entspricht. [...] Eine Mehraufnahme von Studierenden dürfte, wenn nicht andere Vorbedingungen geschaffen werden, an unserer Universität Halle nicht zu verantworten sein.

Sie sprechen ferner von einer Überprüfung der Studienprogramme, die bereits im Gange ist und [...] auch davon, die Studienzeit intensiver zu gestalten und den Urlaub zu verkürzen.

Gestatten Sie uns (dazu) einige Worte: Schon jetzt ist die vorlesungsfreie Zeit von jährlich 20 Wochen weitgehend in die Ausbildung der Mediziner einbezogen. [...] Es bleiben den Vorklinikern daher nur noch wenige Wochen zur Erholung und zur Festi-

33 UAH Rep. 29, Nr. 295, Bd. 4

gung des Arbeitsstoffes durch Selbststudium. Für viele Studierende besteht ausserdem noch die Notwendigkeit, [...] in der vorlesungsfreien Zeit Geld zu verdienen oder auch der Wunsch, mit der werktätigen Jugend zusammenzuarbeiten und Einblick in die Arbeitsweise der grossen volkseigenen Betriebe zu erhalten. Ist nun schon die reine Erholungszeit [...] sehr eingeschränkt, stärker eingeschränkt, als es für den Gesundheitszustand unserer studierenden Jugend gut ist, so steht es noch ungünstiger mit der Freizeit für die Kliniker. [...] Aber auch für die Professoren, die wissenschaftlichen Assistenten und das übrige an den Kliniken und Instituten beschäftigte Personal erscheint uns eine Verlängerung der Vorlesungszeit nicht möglich. [...] In die Semesterferien fallen nämlich Prüfungen, die, wie etwa beim Physikum, 4 bis 5 Wochen angestrengter Arbeit bedeuten. In den Semesterferien muss sich der Lehrstuhlinhaber mit der Aus- und Fortbildung seiner wissenschaftlichen Assistenten beschäftigen. Es ist auch die einzige Zeit, in der sich die Professoren mit ihren eigenen Forschungsarbeiten ungestört beschäftigen können und in der wissenschaftliche Tagungen vorbereitet und besucht werden können [...]. Aus diesen Ausführungen geht hervor, dass die Verhältnisse an den Medizinischen Fakultäten anders liegen als etwa an den geisteswissenschaftlichen Fakultäten der Universität, und wir bitten diese Tatsache bei der künftigen Neuordnung des Medizinstudiums, an deren Verbesserung wir jederzeit bereit sind mitzuarbeiten, berücksichtigen wollen."

Die Verabschiedung einer Entschließung zu den „Volkswahlen" am 15. Oktober 1950 führte im Senat der Universität zu einer bemerkenswerten Entwicklung. Denn am 5. Oktober 1950 schrieb der Dekan der Theologischen Fakultät, Prof. Dr. Heinzelmann, an Dr. Prokert, der die Resolution offensichtlich formuliert hatte: [...] „mein Ja, das ich Ihnen eben gegeben habe bezüglich der Entschließung des Senats vom 4. Oktober 1950 betreffend Aufruf zur Wahl am 15. Oktober 1950 war doch übereilt. Man kann aufgrund telefonischer Mitteilung die prinzipielle Bedeutung einer solchen Entschließung nicht sofort richtig beurteilen.

Bei ruhiger Überlegung möchte ich Sie bitten, unbedingt von meiner Namensnennung abzusehen. [...] Ich sehe mich daher außer Stande, den Text, wie er jetzt lautet, zu akzeptieren. [...] In der festen Erwartung, daß dem Widerruf meines Ja Rechnung getragen wird [...]".

Das war ein durchaus mutiges Verhalten des Dekans der Theologischen Fakultät, denn der politische Affront darin war offensichtlich. Heinzelmann weigerte sich, einen Aufruf zu undemokratischem Verhalten zu unterschreiben – und blieb trotzdem Dekan! Ein gewisser Widerstand war also möglich, zumindest für die Vertreter der Theologischen Fakultät. Wir werden im Laufe der Jahre sehen, dass die Theologische Fakultät eine große Rolle dabei spielte, Probleme in den Senatssitzungen zu benennen und sich auch einmal einem Entschluss zu verweigern.

Verhaftet und verurteilt wegen eines Stammabschnittes der Lebensmittelkarte – Arthur Bohnhardt

Am 10. Oktober 1950 wurde der Dozent an der Staatlichen Musik-Hochschule Arthur Bohnhardt verhaftet. Beschuldigt wurde er, „nach dem 8. Mai 1945 durch Erfindung und Verbreitung tendenziöser Gerüchte den Frieden des deutschen Volkes gefährdet zu haben".

Lebensmittel-Grundkarte
Monatsrationen: Brot 12000 g.
Nährmittel 1050 g. Fleisch 1350 g.
Fett 900 g. Zucker 1200 g
Sept. 50

Vorderseite der Stammkarte einer Lebensmittelkarte, die die Ursache der Verhaftung war[34]

Wesentliches Ermittlungsergebnis: „Am 8. Oktober 1950 besuchte der Angeschuldigte [...] den Gottesdienst in der Bartholomäuskirche in Halle/S. Dort traf er mit dem Angeschuldigten [...] zusammen. Der Angeschuldigte [...] erbot sich, die von beiden gesammelten Lebensmittelkartenabschnitte mit nach Berlin zu nehmen, um diese im Westsektor Berlins in den Briefkasten zu werfen. [...] Am 9. Oktober 1950 begab sich der Angeschuldigte [...] zum Bahnhof um mit seiner Braut nach Berlin zu fahren. Dort wurde er einer Visitation unterzogen und dabei die bei den Akten (Bl. 3) befindlichen Abschnitte gefunden.

Es wird beantragt, das Hauptverfahren zu eröffnen und die Hauptverhandlung vor der Kl. Strafkammer des Landgerichts Halle stattfinden zu lassen." Aus dem Vernehmungsprotokoll des 54-jährigen Musikers erfahren wir seinen beruflichen Werdegang: Sein Vater war Kapellmeister, er besuchte von 1913 bis 1914 das Konservatorium für Musik in Leipzig und war von 1914 bis 1926 Konzertmeister des Stadttheaters in Halle, danach selbständiger Künstler und seit 1947 „Dozent an der staatl. Musikhochschule in Halle".[35]

In der Hauptverhandlung am 4. November 1950[36] beantragte der Staatsanwalt gegen Bohnhardt eine Strafe von zwei Jahren Gefängnis, dabei sollte die Unter-

34 BStU Außenstelle Halle, MfS BV Halle, ASt 6316/50,Band 1, Bl. 30. Die Karte ist als „Beweismaterial" in den Akten abgeheftet.

35 BStU Außenstelle Halle, MfS BV Halle, ASt 6316/50, Band 1, Bl. 46 und Bl 47.

36 Ebd., Bl. 75.

suchungshaft angerechnet werden.[37] Das Urteil fiel günstiger aus: Der Angeklagte Bohnhardt wird zu einer Gefängnisstrafe von einem Jahr verurteilt.

Zur Begründung argumentierte das Gericht, dass der Rias dazu aufgefordert habe, die Stammabschnitte der Lebensmittelgrundkarte für September 1950 zu einer „Freien Wahl“ nach Westberlin einzusenden. Weil die Tat im hier zu bewertenden Fall nicht vollendet worden sei, sehe man „eine Gefängnisstrafe für den Angeklagten Bohnhardt von einem Jahr als angemessene und gerechte Strafe an“.[38]

Bohnhardt wurde dabei als „Initiator der Handlung“ angesehen. Sein Rechtsanwalt Dr. Fritz Heßler legte am 14. November 1950 Revision gegen das Urteil ein; diese wurde am 25. November 1951 „verworfen“.[39] Auch das Gnadengesuch, das Heßler am 5. Juni 1951 bei der Staatsanwaltschaft einreichte, verfiel der Ablehnung.[40] Ab dem 28. April 1951 befand sich Bohnhardt in der Strafanstalt Luckau.[41] Er musste seine Strafe bis zum letzten Tag verbüßen. Am 26. Dezember 1951 wurde er entlassen.[42]

Bemühungen um den Medizinstudenten Dieter Flade

Foto Dieter Flade aus der Haftakte

An dieser Stelle soll eine Situation aus dem Jahr 1950 beschrieben werden, die zeigt, wie Rektor Eduard Winter und die Dekanin der Medizinischen Fakultät, Paula Hertwig, mit Verhaftungen von Studenten umgingen. Zu dieser Zeit hatte sich der Vater eines verhafteten Studenten an Paula Hertwig gewandt; in großer Sorge und mit der Bitte um Hilfe. Die Verhaftung seines Sohnes war ihm unerklärlich, das Geschehen schien ihm eher einer Entführung zu ähneln.

Zunächst sei hier der Bericht des Vaters zum Geschehen zitiert: „Am 8. III. 1950, 21.20 Uhr, erschien in der Wohnung des Herrn Dr. med. Walter Flade, Dresden-N. Königsbrückerstr. 70 ein Zivilist und erklärte, stud. med. Dieter Flade, geb. am 19. V. 29, der während der Ferien in der Kranken-

37 Ebd., Bl. 93.
38 Ebd., Bl. 95–97.
39 Ebd., Bl. 101 und Bl. 122.
40 Ebd., Bl. 125.
41 BStU Außenstelle Halle, MfS BV Halle, ASt 6316/50, Band 2, Bl. 6 und 7.
42 Ebd., Bl. 20.

haus-Poliklinik arbeitete und bei seinem Vater in Dresden wohnte, zu einer kurzen Vernehmung abholen zu wollen. Er gab auf Befragen an, dass er im Auftrag der Dresdner Kriminalpolizei handle, den Grund der Vernehmung nicht kenne, nur zu dem nächstgelegenen zuständigen 17. Volkspolizeirevier in Dresden mit Dieter Flade fahre und sich dabei über den Grund der Abholung erkundigen und den Sohn in der nächsten halben Stunde persönlich zurückbringen wolle. Es wurde ein Ausweis vorgezeigt – lautend auf den Namen Leo Herrmann, Nr. 000 885, der in Halle ausgestellt ist. Ein Haftbefehl wurde nicht vorgelegt. Die Frage, wieso gerade ein Hallenser Beamter erscheine, wurde dahin gehend beantwortet, dass Volkspolizeibeamte im Zuge der Leipziger Messe von auswärts einige Tage nach Dresden ausgetauscht seien, und hier Hilfsdienst leisteten.

Herr Dr. med. Flade bekam in der fraglichen Zeit telefonisch mit seinem Apparat keine Verbindung, so dass im Moment der Mitnahme seines Sohnes eine fernmündliche Rückfrage bei dem genannten 17. Volkspolizeirevier und auch bei dem Kriminalamt nicht möglich war. Dies gelang erst gegen 22 Uhr, wobei festgestellt wurde, dass weder das 17. Volkspolizeirevier noch die Kriminalabteilung Dresden von der Angelegenheit eine Ahnung hatten. Fernmündliche Rückfrage des Kriminalamtes Dresden in Halle ergab zunächst, dass auch dort der Vorfall völlig unbekannt war und ‚ominös' erscheine. 1.15 Uhr am 9. III. wurde dem Kriminalamt Dresden dann von Halle aus gemeldet, ‚die Sache gehe von dort aus, Einzelheiten seien nicht zu ermitteln'. Es fehlt seit dem 8. III. 1950, 21.20 Uhr, jede Spur von stud.med. Dieter Flade. Eine Vermisstenanzeige ist ergebnislos verlaufen."[43]

Am 16. April 1950, also fast 6 Wochen nach der Verhaftung, wandte sich Walter Flade mit einem Brief an Paula Hertwig und legte den eben zitierten Bericht bei. Paula Hertwig zog sofort den Rektor Winter hinzu: „Gestern erhielt ich von Herrn Dr. med. Flade eine Vermissten-Anzeige über seinen Sohn, stud. med. Dieter Flade, der in der med. Fakultät unserer Universität immatrikuliert ist. Den mir vom Vater zugestellten Bericht mit den genaueren Angaben lege ich bei.

Ergänzend möchte ich aus einem Brief von Herrn Dr. Flade folgendes hinzufügen: ‚[...] Jetzt handelt es sich darum zunächst festzustellen, wohin unser Sohn ‚verschleppt' worden ist. An und für sich wäre es ja sehr einfach den sogenannten Leo Herrmann mit dem Hallenser Ausweis Nr. 000 885 zu vernehmen. – Ich habe als gesetzlicher Vertreter des Minderjährigen die Pflicht, mich besonders um das Schicksal meines Sohnes zu kümmern – unabhängig davon was ihm mit Recht oder Unrecht vorgeworfen werden kann – und nach der Verfassung das Recht zunächst den Aufenthaltsort meines Sohnes zu erfahren'."[44]

43 UAH, Rep. 29, Nr. 294, Bd. 2.

44 Ebd., Paula Hertwig an den Rektor Winter, 19.4.1950.

Paula Hertwig in der Vorlesung.
(Das Photo verdanken wir dem leider kürzlich verstorbenen Merseburger Medizinhistoriker Dr. Hans-Theodor Koch.)

Dem Vater schrieb Paula Hertwig: „[...] ich erhielt Ihren Bericht mit der von mir sehr bedauerten Nachricht und habe sofort Ihre Angaben weitergegeben an den Rektor der Universität. Soweit es in den Möglichkeiten der Universität liegt, wird versucht werden festzustellen, wo sich Ihr Herr Sohn befindet. Ihr Beauftragter, Herr Rechtsanwalt Fischer, hat ebenfalls mit mir gesprochen und ich habe ihm entsprechend Bescheid gegeben.

In der Hoffnung, dass Sie sehr bald von der grossen Sorge befreit werden, bin ich mit besten Empfehlungen [...].“[45]

Wir möchten hier, gleichsam auch stellvertretend für andere Fälle, in denen es ähnlich war, die Bemühungen des Vaters Walter Flade um die Freilassung seines Sohnes darstellen. Er führte einen Briefwechsel mit den verschiedenen Behörden und Regierungsstellen und sprach auch persönlich vor. Dazu hat er alle Aktivitäten protokolliert. Auf Anfrage erhielt er vom Sekretariat des Ministers für Arbeit und Gesundheitswesen vom 27. Februar 1950 die Nachricht:

„Vom Ministerium des Innern wurde uns heute mitgeteilt, dass die Nachforschungen ergeben haben, dass Herr Dieter Flade, Student der Medizin, sich nicht in einer der Deutschen Volkspolizei unterstellten Haftanstalten befindet. Wir bedauern sehr, Ihnen keine andere Auskunft geben zu können.“ In der Chronologie zusammengestellt hier die weiteren Schritte:

7.8.1950	erneute Anfrage an die Präsidien der Volkspolizei in Dresden und Halle über den Verbleib des Vermissten – Keine Antwort;
11.8.1950	Persönliche Rücksprache bei dem Präsidenten des Sächsischen Landtages Otto Buchwitz Dresden, später wiederholt;
23.9.1950	Rückfrage bei Ministerium des Innern; Hauptverwaltung der VP; Anfrage bei Präsident Pieck zwecks persönlicher Rücksprache;
25.9.1950	Rücksprache bei Generalstaatsanwalt Dr. Hentzschel, Dresden, Korrespondenz am 6.8.51 dahingehend beantwortet, dass Ministerium der Justiz oder des Inneren zuständig sei;

45 Ebd., Paula Hertwig an Walter Flade, 21.4.1950.

9.10.1950	Rücksprache im Amt für Information, Dresden, Antwort am 30.11.50 und 23.1.51;
12.10.1950	1. Nachricht des bisher Vermissten aus Strafvollzugsanstalt Bautzen [nach 7 Monaten], Postfach 100, letzte Reg. Nr. 74/A. Seitdem von dort aller 4 Wochen Post, von hier Schreib- und Paketerlaubnis, aller 3-4 Monate Sprecherlaubnis, erstmalig am 29.11.50;
10.12.1950	Brief an Justizminister Fechner, Berlin – Keine Antwort;
7.1.1951	Brief an Ministerpräsidenten Otto Grotewohl – Keine Antwort;
19.1.1951	Brief an das Hilfswerk der evangelischen Kirchen Ost, Superintendent Zachau, beantwortet am 19.2.51, erneut am 21.7.51;
4.3.1951	erneute Anfrage bei V.P. K 5 – Keine Antwort; Anfrage bei Sächs. Landtag, Direktor Dambowski, Gnadenausschuss, Antwort am 9.3. 51;
28.5.1951	Gnadengesuch bei Gnadenausschuss der Volkskammer. Am 27.6.51 Antwort, dass die Angelegenheit zur Bearbeitung an die Regierung der DDR weitergeleitet sei;
31.5.1951	Brief an Staatssekretär Dr. Toeplitz über Bürgermeister Richter, Dresden;
6.6.1951	Mitteilung der Hauptabteilung der V.P., Berlin-Niederschönhausen, dass zuständigkeitshalber den Fall zur Bearbeitung das Ministerium für Justiz, Berlin übernommen habe;
23.9.1951	Brief an stellv. Ministerpräsidenten Otto Nuschke;
7.10.1951	Briefe an Präsidenten Otto Buchwitz, Dresden, und Minister Steidle, Berlin;
8.10.1951	Brief an stellv. Ministerpräsidenten Otto Nuschke, Antwort am 12.10.51 über Staatssekretär Dr. Toeplitz, Justizministerium Berlin;
13.10.1951	Brief an Ministerpräsidenten Otto Grotewohl – Keine Antwort;
10.11.1951	Mitteilung von Minister Steidle, dass stud. med. Dieter Flade von der sowjetischen Besatzungsmacht verurteilt sei zu über 3 Jahren [tatsächlich war er bereits am 13.5. und 19.9.1950 vom SMT Halle zu 10 Jahren Zwangsarbeitslager verurteilt worden] und dass das Ministerium der Justiz keine Möglichkeit habe, auf Strafverkürzung einzuwirken;
8.3.1952	Gnadengesuch an stellv. Ministerpräsidenten Otto Nuschke; Die Antwort vom persönlichen Referenten Otto Nuschkes, des Stellvertreters des Ministerpräsidenten, lautete: „Ich bin in der Lage, Ihnen mitzuteilen, dass Ihre Angelegenheit mit einer Befürwortung z. Zt. bereits der zuständigen Stelle zur Überprüfung vorliegt.“
7. 9.1952	Briefe an Volkskammerpräsidenten Dieckmann und stellv. Ministerpräsidenten Otto Nuschke, mit der Antwort, dass Rückäusserung von Staatsekretär Dr. Toeplitz abzuwarten sei;
11.9.1952	Antwort von Staatssekretär Dr. Toeplitz, dass die Entscheidung über das Gnadengesuch abzuwarten sei;

Februar 1953	Verlegung von Dieter Flade in die Strafvollzugsanstalt Halle, am Kirchtor;
17.4.1953	daselbst Sprecherlaubnis;
29.4.1953	Rücksprache bei Herrn Prof. Dr. Kastner;
10.5.1953	Brief an Armeegeneral Tschujkow, Karlshorst;
12.5.1953	Brief an Generalstaatsanwalt bei der sowj. Kontrollkommission in Berlin-Karlshorst;
15.5.1953	Brief an Justizminister Fechner, Berlin."

Diese hier abgedruckte Liste der Bemühungen schickte die Mutter von Dieter Flade am 14. Mai 1953 als Anlage zu folgendem Brief ab:

„Sehr verehrter Herr Präsident![46]

Wenn ich mich heute als eine Unbekannte an Sie wende, so geschieht dies mit dem Ausdruck wärmsten Dankes für die so überaus grosse Liebenswürdigkeit, mit der Sie durch Herrn Professor Dr. Kästner mir Ihre Hilfe für meinen jüngsten Sohn anbieten liessen. Aus der Beilage wollen Sie ersehen, dass mein Mann und ich in den vergangenen Jahren, seitdem das harte Los der Gefangennahme das Lebensglück unserer Familie zerstört hat, nichts unversucht gelassen haben, um Licht in das Dunkel der Ursachen zu bringen, die zur Verhaftung geführt hat, und meines Sohnes Freilassung zu erreichen. Sie dürfen versichert sein, Herr Präsident, dass ich voll Vertrauen und Hoffnung Ihre Hilfe annehme, da alle Wege, die bisher eingeschlagen wurden, erfolglos geblieben sind, und ich nunmehr alles daran setzen werden, nach über 3 jähriger Haft meinem Sohn die Freiheit zu erwirken. Ich bin dazu fest entschlossen besonders in Rücksicht auf den wenig guten Gesundheitszustand und die damit für das ganze Leben verbundenen Folgen.

Es ist selbstverständlich, dass ich, wenn Sie, Herr Präsident es wünschen, zu einer persönlichen Rücksprache immer zur Verfügung stehe (mittwochs und sonnabends bin ich beruflich am besten abkömmlich) und keine Mühe scheue, das mir einmal gesteckte Ziel zu erreichen.

Mein Mann lässt sich Ihnen verbindlichst empfehlen und ich selbst zeichne mit nochmaligem aufrichtigem Danke als

Ihre
Frau Anna-Elisabeth Flade."[47]

46 Welcher Präsident der Adressat war, geht nicht aus unseren Unterlagen hervor. Der Brief zeigt aber sehr deutlich, zusammen mit der Liste, die Auswirkungen der Verhaftung auf die Familie des Betroffenen. Vgl. zu Flade auch den anschließenden Bericht von Horst Hennig.

47 Wir danken Dieter Flade für die Überlassung der persönlichen Dokumente.

Auch die Eltern der anderen Verhafteten liessen nichts unversucht, Auskünfte über das Schicksal ihrer Kinder zu erlangen. Hier soll als besonders einprägsames Beispiel ein Brief des Vaters von Karl-Heinz Schott Erwähnung finden. Er gehörte der SED an und richtete sein Schreiben daher „als Genosse unserer Partei (…) innigst" an den Generalsekretär Walter Ulbricht:

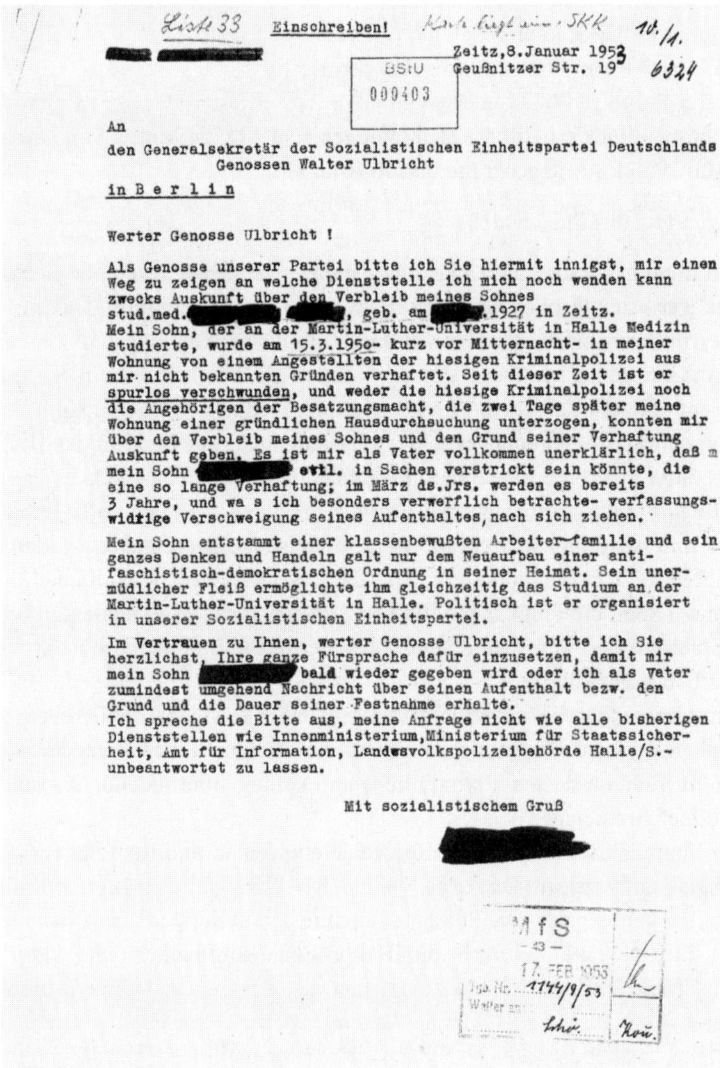

Liste 33 Einschreiben!

[redacted] Zeitz,8.Januar 1953
Geußnitzer Str. 19

BStU 000403

An
den Generalsekretär der Sozialistischen Einheitspartei Deutschlands
Genossen Walter Ulbricht
in B e r l i n

Werter Genosse Ulbricht !

Als Genosse unserer Partei bitte ich Sie hiermit innigst, mir einen Weg zu zeigen an welche Dienststelle ich mich noch wenden kann zwecks Auskunft über den Verbleib meines Sohnes stud.med.[redacted], geb. am [redacted].1927 in Zeitz. Mein Sohn, der an der Martin-Luther-Universität in Halle Medizin studierte, wurde am 15.3.195o- kurz vor Mitternacht- in meiner Wohnung von einem Angestellten der hiesigen Kriminalpolizei aus mir nicht bekannten Gründen verhaftet. Seit dieser Zeit ist er spurlos verschwunden, und weder die hiesige Kriminalpolizei noch die Angehörigen der Besatzungsmacht, die zwei Tage später meine Wohnung einer gründlichen Hausdurchsuchung unterzogen, konnten mir über den Verbleib meines Sohnes und den Grund seiner Verhaftung Auskunft geben. Es ist mir als Vater vollkommen unerklärlich, daß m mein Sohn [redacted] evtl. in Sachen verstrickt sein könnte, die eine so lange Verhaftung; im März ds.Jrs. werden es bereits 3 Jahre, und wa s ich besonders verwerflich betrachte- verfassungswidrige Verschweigung seines Aufenthaltes, nach sich ziehen.

Mein Sohn entstammt einer klassenbewußten Arbeiter-familie und sein ganzes Denken und Handeln galt nur dem Neuaufbau einer antifaschistisch-demokratischen Ordnung in seiner Heimat. Sein unermüdlicher Fleiß ermöglichte ihm gleichzeitig das Studium an der Martin-Luther-Universität in Halle. Politisch ist er organisiert in unserer Sozialistischen Einheitspartei.

Im Vertrauen zu Ihnen, werter Genosse Ulbricht, bitte ich Sie herzlichst, Ihre ganze Fürsprache dafür einzusetzen, damit mir mein Sohn [redacted] bald wieder gegeben wird oder ich als Vater zumindest umgehend Nachricht über seinen Aufenthalt bezw. den Grund und die Dauer seiner Festnahme erhalte.
Ich spreche die Bitte aus, meine Anfrage nicht wie alle bisherigen Dienststellen wie Innenministerium,Ministerium für Staatssicherheit, Amt für Information, Landesvolkspolizeibehörde Halle/S.- unbeantwortet zu lassen.

Mit sozialistischem Gruß

[redacted]

MfS
-43-
17. FEB 1953

Brief (BStU MfS HA IX/11 SMT Bd. 32 Bl. 403) vom Vater von Karl-Heinz Schott an Walter Ulbricht

Wie kommt ein Student der Martin-Luther-Universität nach Workuta?

Ein Essay von Horst Hennig

Hennig vor der Haft

Neun Monate nach Kriegsende 1945 eröffnete am 1. Februar 1946 der spätere erste Ministerpräsident des Landes Sachsen-Anhalt, Erhard Hübener, mit einer auffällig kurz gehaltenen Rede die Martin-Luther-Universität zu Halle-Wittenberg. Als früherer Politiker und Landeshauptmann der preußischen Provinz Sachsen vor 1933 waren dem LDPD-Mitglied Hübener die antidemokratische Entwicklung und fortschreitende Stalinisierung zuwider. Bei Generalmajor Iwan W. Pantschuk, erster Stellvertreter des Chefs der SMA Sachsen-Anhalt, dann SKK, beschwerte er sich 1949 über die willkürlichen Verhaftungen des NKWD und stellte die Frage, ob es nicht vermeidbar sei, deren Ehefrauen mit zu verhaften. Vor allem solcher Missbrauch der sowjetischen Macht veranlasste Hübener, sich 1949 von seinem Amt als Ministerpräsident zurückzuziehen.

Die bisherigen Hochschullehrer wurden von der nunmehrigen Administration mehrheitlich als durch den Nationalsozialismus belastet eingestuft und erhielten Lehrverbot. Der Vorlesungsbetrieb der Fakultäten begann folgerichtig zeitlich unterschiedlich, denn auch Verhandlungen mit Neuberufenen gestalteten sich schwierig.

In der Studentenschaft mischten sich vorurteilsfreie, nicht kriegsgediente Jugendliche mit den aus der Gefangenschaft heimkehrenden vormaligen Wehrmachtsangehörigen. Die extremen, zu frühen Lebenserfahrungen der Studierenden öffneten den Sinn für einen gänzlich neuen politischen Anfang, allerdings unter der Priorität eines baldigen Studienabschlusses.

Die Immatrikulierten wurden durch Parteien, Behörden und, in Person eines sowjetischen Universitäts-Offiziers, die sowjetische Administration auf politische Unbedenklichkeit geprüft. Die Studenten fügten sich in die dürftigen Nachkriegsverhältnisse, die im Mangel an Nahrung, Bekleidung, Lehrbüchern und Unterkünften ihren Ausdruck fanden. Ältere Damen, fast alle verwitwet, nahmen mit Vorliebe Studenten auf, um anregende Unterhaltungen und eine kleine Zimmermiete gleichermaßen sicher zu stellen. Manche Studenten besaßen kein Geld für die Straßenbahnfahrt!

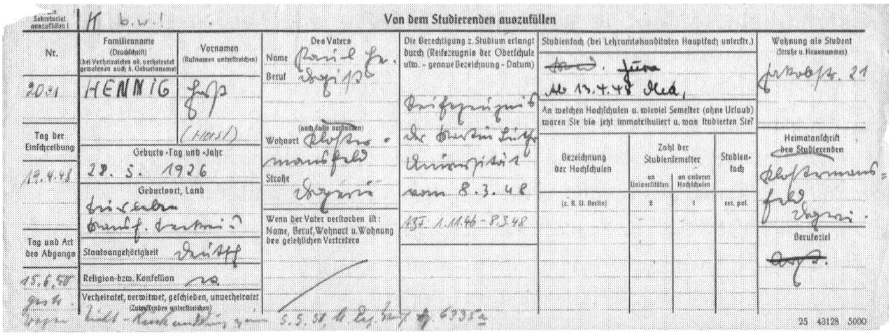

Vom Sekretariat auszufüllen! | Von dem Studierenden auszufüllen

Nr.: 2031

Familienname (Druckschrift) (bei Verheirateten od. verheiratet gewesenen auch d. Geburtsname): HENNIG

Vornamen (Rufnamen unterstreichen): (Horst)

Des Vaters Name / Beruf

Tag der Einschreibung: 19.4.48

Geburts-Tag und -Jahr: 28. 5. 1926

Geburtsort, Land

Wohnort (auch falls verstorben) / Straße

Die Berechtigung z. Studium erlangt durch (Reifezeugnis der Oberschule usw. – genaue Bezeichnung – Datum): vom 8.3.48

Wenn der Vater verstorben ist: Name, Beruf, Wohnort u. Wohnung des gesetzlichen Vertreters

Tag und Art des Abgangs: 15.6.50

Staatsangehörigkeit

Religion bzw. Konfession

Verheiratet, verwitwet, geschieden, unverheiratet (Zutreffendes unterstreichen)

Studienfach (bei Lehramtskandidaten Hauptfach unterstr.): Ab 13.4.48 Med.

An welchen Hochschulen u. wieviel Semester (ohne Urlaub) waren Sie bis jetzt immatrikuliert u. was studierten Sie?

Bezeichnung der Hochschulen	Zahl der Studiensemester an Universitäten	Zahl der Studiensemester an anderen Hochschulen	Studienfach
(z. B. U. Berlin)	2	1	rer. pol.

Wohnung als Student (Straße u. Hausnummer): ... 21

Heimatanschrift des Studierenden

Berufsziel

25 43128 5000

Abb. 49 Immatrikulationsschein von Horst Hennig mit der Bemerkung „gestrichen wegen Nichtrückmeldung zum SS 51"[48]

In der Vorklinik der Medizinischen Fakultät 1948 gingen die Studierenden unkompliziert aufeinander zu. Der praktische Alltag mit Vorlesungen, Kursen und Praktika förderte Kollegialität und Freundschaften. Andere waren durch gemeinsamen Schulbesuch oder landsmannschaftlich miteinander verbunden. Die Hörer des Semesters waren überschaubar, Studenten aus anderen Fakultäten trafen sich während des Mittagstisches in der Mensa. Mitunter nutzten die Studenten die Zeit, um während des Essens eine Partie Schach zu spielen.

Die Wirkungen der Außen- und Innenpolitik auf das Weltbild der Studierenden

Kritische Bemerkungen und kontroverse politische Äußerungen in jugendlicher Unvoreingenommenheit bildeten im Meinungsaustausch eine fortwährende Gesprächsbasis. Das betraf zum Beispiel die Luftbrücke nach Berlin, über die während der sowjetischen Blockade der Westteil der Stadt mit lebenswichtigen Gütern versorgt worden ist. Die Auswirkungen der innerpolitischen Maßnahmen der sowjetischen Besatzung fanden unter den Studenten keine Befürworter – es sei denn, sie kamen von einer SED-Parteischule. Noch bildete die traditionelle akademische „Wahrheitssuche" jenen Grund, auf dem sich Studenten Begriffen wie Verantwortung, Gewissen und Menschlichkeit zu nähern suchten.

Beispielhaft sei hier an die Dekanin der Medizinischen Fakultät Prof. Dr. Paula Hertwig mit ihren Vorlesungen im Sommersemester 1948 erinnert. Das selbständige Durchdenken der philosophischen Grundfragen und die richtigen Fragestellungen des

48 UAH, Immatrikulationsschein.

Wissenschaftlers, um zu einer überzeugenden Antwort zu gelangen, waren ihr wichtig. Schon bald erkannte Paula Hertwig, die die Lehren Trofim D. Lyssenkos[49] und Iwan W. Mitschurins[50] vertreten sollte, diese als eine unwissenschaftliche Scharlatanerie und Form einer politisch fundierten Indoktrination.

In genau jener Zeit sprachen sich Verhaftungen von Hochschulangehörigen und manches ungeklärte „plötzliche Verschwinden" eines Kommilitonen, und dies nicht nur in Halle, herum. Die Studierenden reagierten mit Empörung, aber auch mit zunehmender Unsicherheit.

Unter Gewalt und Terror leben?

Wir damalige Studenten fühlten uns mit schwerwiegenden Fragen konfrontiert. Unsere Erkenntnisse forderten unsere persönlichen Entscheidungen heraus. Welche Möglichkeiten verblieben jedem Anpassungsunwilligen? Sollte er sich den Machtverhältnissen unterwerfen, sollte er in das westliche Hoheitsgebiet flüchten oder hinhaltend Opposition und Widerstand leisten?

Erfahrungen, Aufklärung, religiöse Haltung oder andere Gewissensgründe bestimmten Art und Tiefe der persönlichen Entscheidungen. Wir entschieden uns, an der MLU zu verbleiben, obgleich der Prozess der politischen Umwandlung der Hohen Schulen nach sowjetischem Vorbild in der SBZ/DDR unter der Bevölkerung und den Hochschulangehörigen immer mehr namentlich bekannte Opfer forderte.

Einige Kommilitonen bemühten sich im freien Teil Berlins um genauere Informationen. Diesen Teil Berlins oder die westlichen Besatzungszonen bzw. die frühe Bundesrepublik zu besuchen, war unerwünscht. Durch Zufall oder Denunziation führten derartige Unternehmungen, wiewohl meist vom Wunsch sowohl nach allgemeiner Orientierung sowie nach aktuellen Lehrbüchern diktiert, Studenten der MLU früher oder später zwangsläufig in die Fänge des sowjetischen Geheimdienstes. Nicht selten sind festgenommene Studenten von sowjetischen Vernehmungsoffizieren erpresst worden, zur „Wiedergutmachung ihrer Verfehlungen" künftig Spitzeldienste an der Universität zu leisten.

Dies sollte auch der Autor erfahren, der im Semesterbetrieb eine enge kollegiale Verbindung zwischen B. Claudé, W. Eckert, W. Eggers, D. Flade, K.-H. Schott,

49 Trofim D. Lyssenko (1898–1976), sowjetischer Agrarbiologe und Agronom. Er vertrat eine Theorie der Vererbung erworbener Eigenschaften, was der Ideologie und Staatsdoktrin entsprach. In der Folge wurden viele Genetiker in der Sowjetunion verfolgt, deren Forschungsergebnisse nicht in das Konzept passten, wonach die Umwelteinflüsse entscheidend seien.

50 Iwan W. Mitschurin (1855–1935).

H. Lamprecht und anderen Studenten entwickelte. Die Pflichtvorlesungen „Dialektischer und Historischer Materialismus“, die zwangsläufig zu absolvieren waren, wurden an der MLU vom SED-Bezirksvorsitzenden von Halle, Bernard Koenen (KPD-Deckname in der UdSSR Heinrich Stafford), gehalten. Zum Physikum wurde zugelassen, wer eine „marxistisch-leninistische“ Prüfung bestanden hatte. Hierzu stellten sich jeweils vier Prüflinge einer Kommission. Einer der Prüfer war der SED-Sekretär der Fakultät, stud. med. Arno Linke. Die Liste der bestandenen Prüfungen legte diese selbst ernannte Institution der Dekanin, Frau Prof. Dr. Paula Hertwig, zur Unterschrift und zur Weiterleitung an die Universitätsverwaltung vor.

Der Parteisoldat Arno Linke – Eine Karriere

Die Nachkriegszeit im zerstörten Deutschland 1945 wurde schon nach kurzer Zeit durch den Ost-West-Gegensatz zwischen den USA und der Sowjetunion, der schon bald in den „Kalten Krieg“ einmündete, bestimmt. Für die Menschen in der SBZ bzw. frühen DDR bedeutete dies eine einseitige politische totalitäre Indoktrination nach sowjetischem Vorbild.

Die sowjetische Militärverwaltung erzwang mit Hilfe von politisch geschulten Emigranten einen Elitewechsel, der rücksichtslose Enteignungen, brutale Vertreibungen und Verhaftungen einschloss. Nicht-Kommunisten oder kritische Bürger wurden unter Verdacht gestellt, grundlose Verhaftungen und Entführungen erfolgten häufig parallel zu außenpolitischen Ereignissen wie der Berlin-Blockade 1948 oder dem Beginn des Korea-Krieges 1950.

Innenpolitisch wurde im östlichen Teil Deutschlands zur „politischen Wachsamkeit“ aufgerufen. Den Sicherheitsorganen wurde befohlen, alles Denkbare zur Auffindung von „Agenten“ und „Volksfeinden“ zu tun. Die Parteiaktivisten und Spitzel bewiesen ihre „Klassenzugehörigkeit“ mit Denunziationen Andersdenkender und begründeten so zugleich ihren Aufstieg in der Diktatur. Auch ehemalige NS-Belastete wurden bevorzugt als Spitzel angeworben, da sie erpressbar, gefügig und leichter zu führen waren.

Zu diesen „gesellschaftspolitischen“ Rahmenbedingungen, die zwischen 1946 und 1961 zur Verhaftung von rund 160 Hochschulangehörigen der Universität zu Halle führten, verschwendet der Funktionär und Vertrauensmann der Partei Arno Linke in seinen Lebenserinnerungen „Ab morgen bist du Leibarzt“ kein Wort! Als Sekretär der SED-Betriebsgruppe für die Medizinische Fakultät fühlte sich der Medizinstudent Linke als „politischer Prüfkommissar“, hier war er auch für die Zulassung der Kandidaten zum Physikum zuständig. Diese selbst angemaßte Macht quittierten die Medizinstudenten mit Verachtung. Er selbst stellte in seinem Buch fest, dass die Studenten zu ihm „auf Distanz“ gingen.

Arno Linke fand über die Medizinische Fakultät hinaus eine irritierende Aufmerksamkeit. Nach zwei nicht bestandenen Prüfungen zum Physikum erreichte er, was wohl einmalig in der Universitätsgeschichte sein dürfte, mit Zustimmung der Landesregierung in Sachsen-Anhalt eine dritte Wiederholung dieser Prüfung.[51]

Für diese mündliche dritte Prüfung nahm Linke drei von ihm selbst gewählte Vertrauensleute zur Beobachtung mit.[52] Nach dem Physikum heiratete A. Linke in zweiter Ehe eine Mitstudentin und Tochter eines Arztes aus Görlitz. Nach der Habilitation 1966 an der Universität Greifswald 1969 ging er eine dritte Ehe ein.

Arno Linke schlug das Angebot, eine militärmedizinische Karriere anzutreten, aus, was wohl mit seinen Erlebnissen im Krieg an der Ostfront in Zusammenhang stehen mag. Insofern fällt sein Lebensweg als Leibarzt Ulbrichts aus dem üblichen Rahmen.

Arno Linke war am 31. Mai 1920 in Berlin geboren worden und besuchte ab 1930 ein Real-Gymnasium. Durch Vermittlung seines Biologie-Lehrers erhielt er Zugang zur religiösen Quäker-Gesellschaft, in deren Obhut der Schüler Linke einen 14tägigen Sommerurlaub in England verbrachte. Nach dem Abitur folgten sechs Monate im RAD, anschließend 1940 die Einberufung zum 75. Artillerie-Regiment nach Eberswalde. In einem US-Kriegsgefangenenlager gab sich Linke als ein Freund der Quäker zu erkennen und wurde 1945 bevorzugt entlassen. Im Oktober 1945 heiratete er seine damals 26-jährige erste Frau, trat in die KPD ein, gab Schülern Englisch- und Russischunterricht und dolmetschte gelegentlich in der russischen Kreiskommandantur in Weißenfels.[53]

Am 20. Juli 1945 erhielt er unter Zahlung von 30 Reichsmark an der MLU einen „Vermerk zur Immatrikulation“, obwohl die Universität erst 1946 eröffnet werden konnte. Der sendungsbewusste Linke verfasste als Parteisekretär der SED der Medizinischen Fakultät „Monatsberichte“ für die übergeordnete Parteileitung, legte 1953 das medizinische Staatsexamen mit „gut“ ab und wurde im Oktober 1954 promoviert.

Aufgrund seiner Bildung, aber auch angesichts seines beruflichen Werdeganges und der grausamen Kriegserlebnisse sollte Linke über ein ausgewogenes Urteilsvermögen verfügen. Politisch besaß er das, soviel war rasch erkennbar, freilich nicht, er war umsomehr einseitig parteipolitisch orientiert. Nach den ersten Kontakten mit der russischen Kommandantur 1945 in Weißenfels erreichte er an der MLU die Machtstellung als Vorsitzender der SED-Betriebsgruppe der Medizinischen Fakultät.

---

51 Arno Linke „Ab morgen bist du Leibarzt“, Berlin 1999, S. 174.

52 Ebd., S. 172.

53 Ebd., S. 152.

Seine Gefährlichkeit in der geistigen politischen Auseinandersetzung an der MLU wird von einer peinlichen Hinterlassenschaft im Archiv der BStU bezeugt.[54] Hier stellte Linke am 7. Februar 1950 Spitzelmeldungen[55] zusammen, die von der K5 (Politische Polizei und Vorläufer des DDR-Staatssicherheitsdienstes) am 8. Februar 1950 zu einem „Operativplan“ umgesetzt wurden.[56]

Daraufhin sind sieben Studenten von der sowjetischen Besatzungsmacht verhaftet und durch ein Sowjetisches Militärtribunal verurteilt worden. Fünf Studenten erhielten jeweils eine Strafe von 25 Jahren Zwangsarbeit, vier von ihnen wurden in die Sowjetunion deportiert. Zwei Studenten, darunter die Pädagogikstudentin Hannah Schaffernicht, wurden zu je 10 Jahren verurteilt, die sie in Bautzen und Waldheim verbüßten.

Arno Linke reagierte, so jedenfalls behauptet er in seinem Buch, auf den 17. Juni 1953 mit den Worten: „Das kann doch einen Seemann nicht erschüttern.“ Ganz offensichtlich fehlten ihm jegliche Bezüge zu demokratischen Werten. Im letzten Jahr seiner Tätigkeit als Leibarzt treffen ihn die sicherlich unberechtigten Vorwürfe über unzureichende ärztliche Bemühungen seinem Patienten W. Ulbricht gegenüber, die Lotte Ulbricht artikulierte. Sie verletzten den Parteisoldaten zutiefst.

Anzumerken ist, dass seine Kritikunfähigkeit schließlich auch darin besteht, keine politische Bilanz ziehen zu können, was spätestens mit Gedanken über die „Wende 1989“ in seinem Buch möglich gewesen wäre. 1985 wurde Prof. Dr. Arno Linke an der Universität Greifswald emeritiert und verstarb dort 1992.

Parteiwechsel mit Folgen, eine erzwungene Selbstkritik

Unerwartet und überraschend geriet der Wortführer unserer kritischen Studienkollegen, der Student Willi Eckert (Jahrgang 1924, durch eine Kriegsverletzung beinamputiert) 1950 in das Fadenkreuz der SED-Funktionäre. Von der FDJ-Hochschulgruppe (!) in die Aula der MLU vorgeladen, kam er in ernsthafte Schwierigkeiten.

Zur Vorgeschichte: Eckerts Immatrikulation an der MLU wurde zunächst abgewiesen. Ihm wurde nahegelegt, in eine „fortschrittliche“ Partei einzutreten. Körperlich eingeschränkt war Eckert im Studiengang auf seine bereits studierende künftige Frau angewiesen. So beschritt er den Weg des geringsten Widerstandes, trat in die SED ein und immatrikulierte sich dann ohne Schwierigkeiten.

54 BStU Außenstelle Halle, MfS BV Halle, AU 514/51 Bd. 1 Arno Raths.

55 Ebd., Bl. 166.

56 Ebd., Bl. 94.

Christlich geprägt, verzweifelnd an den vermuteten Verbrechen der Parteifunktionäre und der sowjetischen Auftraggeber zwang ihn sein Gewissen schon bald, aus der SED aus- und in die NDPD, eine „Block-Partei“, einzutreten, denn politische Aktivität wurde zwingend von ihm erwartet. In der vollbesetzten Aula der Martin Luther-Universität verdankte W. Eckert seiner klugen Wortwahl und rhetorischen Veranlagung, den konstruierten Anschuldigungen „des moralisch-politischen Versagens, des Verrates an der Arbeiterklasse“, zu entgehen. Dieser unglaubliche Versuch der Exmatrikulierung war Anlass, sich noch vorsichtiger zu verhalten. Im Februar 1950 standen die Studentenratswahlen an der MLU an. Irgendein Parteigremium legte die zu wählenden Kandidaten fest. Etwa 20 Namen waren auf einem DIN A 4-Blatt vermerkt. Deutlich vernehmbar fragten wir, was an dieser Wahl wohl demokratisch sei, insbesondere weil diese Unbekannten unser Vertrauen nicht besitzen konnten. Inzwischen standen uns einige Flugblätter aus Berlin mit dem Aufruf zur Verfügung: „Studenten geht nicht zur Wahl!“. Dieses Flugblatt war mit einem „F“ für Freiheit versehen.

Ein tragisches Familienunglück wird heraufbeschworen

Ein weiterer Verdacht führte über einen familienbedingten Zufall zu unserer Verhaftung. Der Jüngste unserer Gesprächsgemeinschaft, der Medizinstudent Dieter Flade, unterbreitete seinem Vater die Absicht, sein Studium in Berlin-West fortführen zu wollen. Dieser war dagegen. Sohn Dieter verlieh seiner Argumentation Gewicht, indem er Bedenken äußerte, die sich aus der oppositionellen Haltung der Medizinstudenten in Halle für ihn ergeben könnten.

Dr. Flade „wollte helfen“ und vertraute sich in seiner Praxis einem Patienten mit „Verbindungen“ an, um Gefahren vom Sohn Dieter abzuwenden. Daraufhin wurde jener am 8. März 1950 aus der elterlichen Wohnung von einem Hallenser zivilen Polizeibeamten, Leo Herrmann (DA Nr. 000885), in das 17. Volkspolizeirevier Dresden – was eine wissentliche Irreführung war – zu einer „kurzen Befragung“ ohne Haftbefehl abgeholt.

Schon wenige Stunden später saß Dieter Flade einem russischen Untersuchungsoffizier im „Roten Ochsen“ in Halle gegenüber. In den nächsten Tagen schloss sich die Verhaftung von sieben weiteren Studenten an. Der entsetzte Vater reagierte, indem er alle nur möglichen Dienststellen und politisch tätige Persönlichkeiten der DDR-Öffentlichkeit um Auskunft über den Verbleib seines vermissten Sohnes bat.

Endlich trifft am 12. Oktober 1950 die erste Postkarte mit „Überlebensmeldung“ bei den Eltern aus der SVZ Bautzen, Postfach 100, ein. Spätere Gnadengesuche des Vaters an Armeegeneral Wassili I. Tschuikow, Oberster Chef der SMAD und später der SKK, und am 15. Mai 1953 an Justizminister Fechner in Berlin, blieben ohne

Ergebnis. Wer verhaftet wurde und unter Folter und Erpressung ein Geständnis ablegte – war schuldig! Gegen das Urteil eines Sowjetischen Militärgerichtes konnte keine Berufung eingelegt werden!

Verhaftet und verschollen

Am 10. März 1950 öffnete ich gegen 22.00 Uhr und nach wiederholtem Klingeln meine Wohnungstür in der II. Etage der Jakobstraße Nr. 21 in Halle. Meine anfängliche Vermutung, als Medizinstudent wieder einmal zur Überwachung frisch operierter Patienten zur Universitätsklinik aufgefordert zu werden, erwies sich jedoch als Trugschluss. Ein mir gänzlich unbekannter Mann betrat zu meiner Überraschung mein Zimmer, unmittelbar gefolgt von zwei Russen mit Maschinenpistolen im Anschlag. Ich wurde gezwungen, mitzukommen und wurde schließlich auf den Rücksitz eines zivilen PKWs verfrachtet. Niemand aus meiner näheren Umgebung hatte dieses „Kidnapping“ bemerkt. Ich blieb für meine Angehörigen ebenso verschwunden wie für die Universität, die mich schließlich wegen fehlender „Rückmeldung“ aus der Liste der Studierenden strich. Erst ganze drei Jahre später, im Dezember 1953, sollten zumindest meine Angehörigen ein erstes Lebenszeichen von mir erhalten: eine Karte des Roten Kreuzes/Roter Halbmond aus Workuta.

Unablässige Verhöre

Die unvorhergesehene Fahrt führte mich an einer Feuerwehrstation vorbei in die unmittelbare Nähe des Anatomischen Institutes. Ein bewachtes Tor inmitten eines mit Stacheldraht bewehrten grünen Bretterzauns war das unwirtliche Ziel meines unfreiwilligen nächtlichen „Ausflugs“. Dahinter verbarg sich ein Quartier des MGB, die Operativ-Gruppe Halle, Luisenstraße.

Hier wurde ich in einen karg möblierten Raum geführt. Ich musste auf einem Schemel Platz nehmen, der in der Mitte des Raumes stand. Gleißendem Lampenlicht ausgesetzt, schrieen einige dabei obszön fluchende Offiziere in russischen Uniformen auf mich ein, ich solle meine Verbrechen als Spion gestehen. Drohend fragte mich der Vernehmungsführer: „Wissen Sie, wo Sie sich befinden?“ Meine Antwort: „Ja, beim NKWD.“ „Richtig, aber heute heißen wir anders!“

Sehr schnell wurde mir bewusst, dass ich mich in Gefahr befand. Offensichtlich wollte man den Schock der nächtlichen Verhaftung für ein schnelles Geständnis nutzen. Worin aber bestand die mir unterstellte Schuld? Ich hatte Kritik geübt. Zusammen mit sieben Kommilitonen, von deren Verhaftung ich zum damaligen

Zeitpunkt nichts wissen konnte, hatten wir die demokratische Rechtmäßigkeit der Studentenratswahlen im Februar 1950 in Zweifel gezogen. Es war diese Einforderung von freiheitlicher Entscheidung, von Rechtsstaatlichkeit und Demokratie, welche schließlich zu unserer Verhaftung geführt hatte. Damit waren wir zu „subversiven Elementen" geworden, zu „Spionen, die antisowjetische Propaganda betrieben und als Studenten eine illegale Organisation" darstellten.

Die erfahrenen Vernehmungsführer, die sich sehr aggressiv gebärdeten, erwarteten, dass sich die Verhafteten selbst bezichtigten. Ich dachte aber nicht daran, irgendetwas, was gegen mich oder gegen andere verwendet werden konnte, zu äußern.

Einige der Vernehmer sprachen gebrochen Deutsch, es war mühsam, sie zu verstehen. Unter rechtsstaatlichen Gesichtspunkten betrachtet, wäre eine solche ‚Unterhaltung' schlicht rechtsunwirksam. Es gab keine Dolmetscher. Die Vernehmer kannten etwas Deutsch, das heißt, wenig mehr, als auf deutsch zu drohen, aber sehr viel war das nicht.

Sie wollten zunächst einmal wissen, für wen ich Spionage betreibe, wer meine Auftraggeber seien, und welche Verbrechen gegen die Sowjetunion ich verübt habe. Auf die heftiger werdenden Vorwürfe der Vernehmer reagierte ich zunächst fast belustigt, denn ich selbst hätte wohl wissen müssen, ob ich ein Spion bin und gegen die sowjetische Besatzungsmacht tätig war. Das Gegenteil war der Fall: Ich hatte mit Russen bis zu diesem Zeitpunkt nichts zu tun gehabt. Mein fragender Blick steigerte den Zorn der Vernehmer.

Ich saß wie ein verlorenes Etwas auf dem Schemel. Ich habe dann nach einigen Stunden den Ernst der Situation begriffen. Mir fiel nach siebzehnstündigem Dauerverhör das Sprechen immer schwerer, meine Zunge wurde dicker, ich erhielt nichts zu trinken. Ich habe versucht durchzuhalten, indem ich mit meinem Blick das Fensterkreuz ständig fixiert habe, um mich auf dem Schemel sitzend zu halten. Nachdem ich von 23 Uhr nachts bis 17 Uhr des folgenden Tages das Verhör durchgehalten hatte, wurde mir schließlich eine sehr dürftig mit einer schmutzigen Matratze ohne Bezüge eingerichtete Kellerzelle zugewiesen. Dort erinnerte ich mich in meiner Erschöpfung eines Buches, das ich als 12-jähriger Schüler gelesen hatte, was ich jedoch für einen Abenteuerroman gehalten hatte. Es war nun mein wirkliches Schicksal. Das Buch von Alja Rachmanova: „Studenten, Liebe, Tscheka und Tod" ist noch heute in meinem Besitz. Sie beschreibt darin die Tragödie des russischen Volkes nach Gründung der Tscheka 1917, auf Befehl Lenins.

Mir war nunmehr klar, dass ich den Vernehmungsoffizieren auf Gedeih und Verderb ausgeliefert war; sie konnten mit mir tun und lassen, was sie wollten. Ich beschloss, die ganze Sache gleichgültig und in stoischer Gelassenheit über mich ergehen zu lassen, und mir keine Gefühlsregungen mehr zuzugestehen. Die Verhöre gingen nach drei bis vier Stunden „Ruhe" weiter, egal ob es Tag oder Nacht war.

Natürlich blieben sie in den Augen der Vernehmer ohne irgendein Ergebnis. Die Fragen konzentrierten sich dann zusehends auf meinen sozialen Kontext: Wer ist dein Freund? Wer ist dein Studienkamerad? Nenne mir die Namen? Wo wohnen die? Dabei sahen die Vernehmungsoffiziere ab und zu in irgendwelche Papiere. Sie sagten dann: „Ja, ja, die kennen wir." Ich habe also angefangen die Namen von jenen Funktionären zu nennen, die mir bekannt waren. „Ja, das wollen wir nicht hören." Die Namen waren alle bekannt.

Nach etwa einer Woche zwang man mich unter massiver körperlicher Bedrohung, ein Protokoll zu unterschreiben, das handschriftlich in Russisch und mir gänzlich unverständlich abgefasst war. Ein Boxer-Typ, etwa 1,90 m groß, schleuderte mich diagonal in die Ecke des Zimmers und drückte mir fluchend einen Schreibstift in die Hand. Ich sagte mir, was du unter Zwang unterschreiben musst, ist nicht rechtsgültig. Erschöpft und nur halb wach verliert man als Inhaftierter jede zeitliche Orientierung. Im vergitterten Keller entdeckte ich an der Zellenwand ein meterlanges, eingeritztes Kreuz mit der Inschrift „Nun erst recht!" Dieser Hinweis gab mir die Gewissheit, hier waren andere vor Dir. Du musst versuchen zu überleben, um von diesen unglaublichen Verbrechen der Besatzungsmacht Zeugnis abzulegen.

Eine ungleiche, unvergessliche Begegnung

Nach ca. fünf Tagen in den Händen des sowjetischen Geheimdienstes und auf dem Höhepunkt der ständigen Erniedrigungen, Beschimpfungen, Drohungen und Erpressungen wurde der „Renegat", der Feind der Arbeiter und Bauern der Sowjetunion und der „vermeintliche Spion" Horst Hennig dem Leiter der Dienststelle, einem Oberst, präsentiert.

Unter dem Kommando „Wnymanie" – „Achtung" – forderten mich die Vernehmer auf, Haltung anzunehmen. Ein Oberst trat ein und musterte mich neugierig. Sein Gesichtsausdruck verhärtete sich, die Faust mit dem rechten Unterarm unterstützten seine Worte drohender Gestik: „Jeden, der sich gegen die große Sowjetunion erhebt, werden wir vernichten!" Ich nahm mein ganzes dürftiges russisches Lehrbuchwissen zusammen und fiel ihm ins Wort: „Genosse Oberst, als Soldat wurde ich an der Westfront eingesetzt und habe niemals, auch nicht in Halle, mit einem russischen Bürger gesprochen!" Plötzlich nahm die Auseinandersetzung mit Schärfe eine andere Wendung. Der Oberst: „Ich bin nicht dein Genosse!" Meine direkte Entgegnung: „Warum nicht? Sie sind in der KPdSU und ich in der SED!" Oberst: „Du warst in der SED!" Meine Antwort: „Das teilte mir niemand mit." Antwort: „Dann weißt du es jetzt." Die anderen Vernehmer verfolgten staunend Rede und Gegenrede. Mich verteidigend reagierte ich mit kurzen Antworten und wich dem Blick des Obersten mit glatt rasiertem Schädel nicht aus. Die unvorhergesehene Begegnung signalisierte mir: Vorsicht, der lässt dich hinrichten! Sicherlich entschied der Oberst über das weitere Schicksal unserer Studentengruppe.

„Ladno“ – ein undifferenziertes „Schon gut“ – und mit dem Kommando „Achtung“ und unter strammer Haltung seiner Offiziere verschwand der Oberst wieder. Dann überstellte man mich dem sowjetischen Zuchthaus-Regime des MWD im „Roten Ochsen“ in Halle. Die seit den Zeiten Felix E. Dsershinskis als Schild und Schwert der Partei unter Wladimir I. Lenin tätige Organisation stellte, wenn der Beschuldigte nicht sofort liquidiert wurde, in einer Hand Verhaftung, Vernehmung, Anklage, Tribunal und Strafvollzug sicher. Die Organisation arbeitete unter dem Siegel „Streng Geheim“. Wer ihr in die Hände fiel, war recht- und chancenlos und jeglicher Willkür ausgeliefert.

In Handschellen auf den Rücksitz eines PKWs gezwängt, rechts und links ein Bewaffneter, erreichte ich zur Mittagszeit die Tore des Zuchthauses. „Alles ausziehen!“ befahl der uniformierte Verwalter der Kleiderkammer. Nach gründlicher Inspizierung von Haut und Körperhöhlen, mit Hemd und Hose ausgestattet, aber ohne meine Schnürsenkel, eskortierte mich der Wachhabende in die Einzelzelle Nr. 62 im Block A. Mit krachendem Riegelschluss der massiven Tür war ich eingesperrt, als 23-Jähriger meiner persönlichen Freiheit vollständig beraubt und ohne jede Hoffnung, dass sich dieser Zustand in absehbarer Zeit ändern könnte.

Die nächsten Wochen bestanden aus völliger Isolation. Ein nicht verschließbarer Kübel für die Notdurft, eine Holzpritsche, die tagsüber nicht benutzt werden durfte, ein Blechnapf ohne Löffel, nächtelange Verhöre, Dunkelzelle – und Stehkarzer, wenn der Untersuchungsführer der Meinung war, dass ich nicht die „Prawda“, die Wahrheit, gesagt hatte.

In den nächsten Tagen wurden die „Haftphotos“ angefertigt, die Fingerabdrücke abgenommen und die Haare geschoren.

Dem System ausgeliefert

Kein Ausblick aus dem vergitterten, mit einer Holzblende versehenen Fenster war möglich, ebenso keinerlei Luftzirkulation. Über der Zellentür und für den Insassen unerreichbar in die Mauer eingelassen, befand sich eine Tag und Nacht strahlend helle Glühbirne.

Sieben Schritte längs der Zelle, drei Schritte quer. Abends ein Stück Brot und in den Blechnapf eine Kelle roten „Früchtetee“. Unregelmäßig alle zehn bis zwanzig Minuten kontrollierte der Wachhabende durch den „Spion“ geräuschlos den Gefangenen. Etwa gegen 21 Uhr erging die Aufforderung „Schlafen“: Das bedeutete auf der Holzpritsche ohne Matratze mit Gesicht zur Tür und Glühbirne liegen, die Hände auf einer schäbigen dünnen und zu kurzen Decke, die eher einem Scheuerlappen ähnelte als einer Bettdecke.

Gegen 22 Uhr aufschließende Geräusche: „Kak familija?“ (Wie heißen Sie?) „dawaj“ (Schnell), „ruki nazat“ (Hände auf den Rücken), so forderte der Wachposten mich auf, voraus zu gehen. Mit schnellen Schritten durchquerten wir einige Gänge, einer davon war unterirdisch, und erreichten schließlich treppauf einen Gang mit spärlich möblierten Vernehmungszimmern. In einem von diesen saß hinter einem Schreibtisch ein Leutnant, der mir in einem schlechten Deutsch bedeutete, er sei mein Untersuchungsführer.

Mit dem zweiten Satz ließ er sein weiteres Vokabular erkennen: „ Die ganze Sch…, die du bisher erzählt hast, interessiert mich nicht – hier hast du die Wahrheit zu sagen.“

Bis zum 13./14. Mai 1950 überstand ich diese nächtlichen, immer bedrohlichen und unsäglichen Stress erzeugenden Verhöre, wobei meine körperlichen Kräfte zusehends abnahmen. Zahlreiche Formulare sollten dabei einen rechtlichen Ablauf vorspiegeln.

Das stereotype System der Tag- und Nachtbefragungen stellte todeswürdige Verdächtigungen auf, wie beispielsweise Spionage, illegale Organisation und antisowjetische Propaganda. Alles konnte einer zufälligen Begegnung unterschoben werden. Über die Verhöre hinaus zerstört das Haftregime mit Essensentzug, Karzer und Schlägen die Widerstandskraft des Inhaftierten. Wenn man sich selbst bezichtigt, ist das Vernehmungsziel erreicht. In unregelmäßigen Abständen schallte die Kirchenmusik aus der St. Laurentius Kirche in den Zellenbau des Blocks A, in das Zentrum der Machenschaften im „Roten Ochsen“.

Mit den Inhaftierten wurde verfahren, wie es der weisungsbefugte Generalankläger der Moskauer Prozesse Wyschinski 1936–1938 vorgegeben hatte: In Verfahren, bei denen es um konterrevolutionäre Verbrechen gehe, kann nicht die Forderung nach Sachbeweisen erhoben werden; vielmehr „[…] gewinnen Erklärungen der Beschuldigten in derartigen Sachen unausweichlich den Charakter und die Bedeutung von Hauptbeweisen“. Mit dieser rechtlosen Vorgabe erklärt sich die sowjetische Verhör- und Verurteilungspraxis jener Jahre gegen vermeintliche und unbequeme politische Gegner.

Die Protokolle der Aussagen wurden nach Bedarf des Vernehmers erstellt und datiert, wobei der „Bedarf“ an Schuld mit dem zeitlichen Untersuchungsablauf wuchs, damit das Opfer schließlich nach dem sowjetischen Gesetz von 1926 dem SMT vorgeführt werden konnte. Obwohl ich am 10. März 1950 verhaftet worden war, trägt der Haftbefehl Nr. 906 das Datum 16. März 1950.

Gleichfalls ist das Vernehmungsprotokoll auf den 16. März 1950 ausgestellt; obwohl ich vor diesem Datum mehrfach vernommen worden war, wobei jede Seite – handschriftlich in russischer Sprache verfasst und für mich damit nicht lesbar – von mir abgezeichnet werden musste.

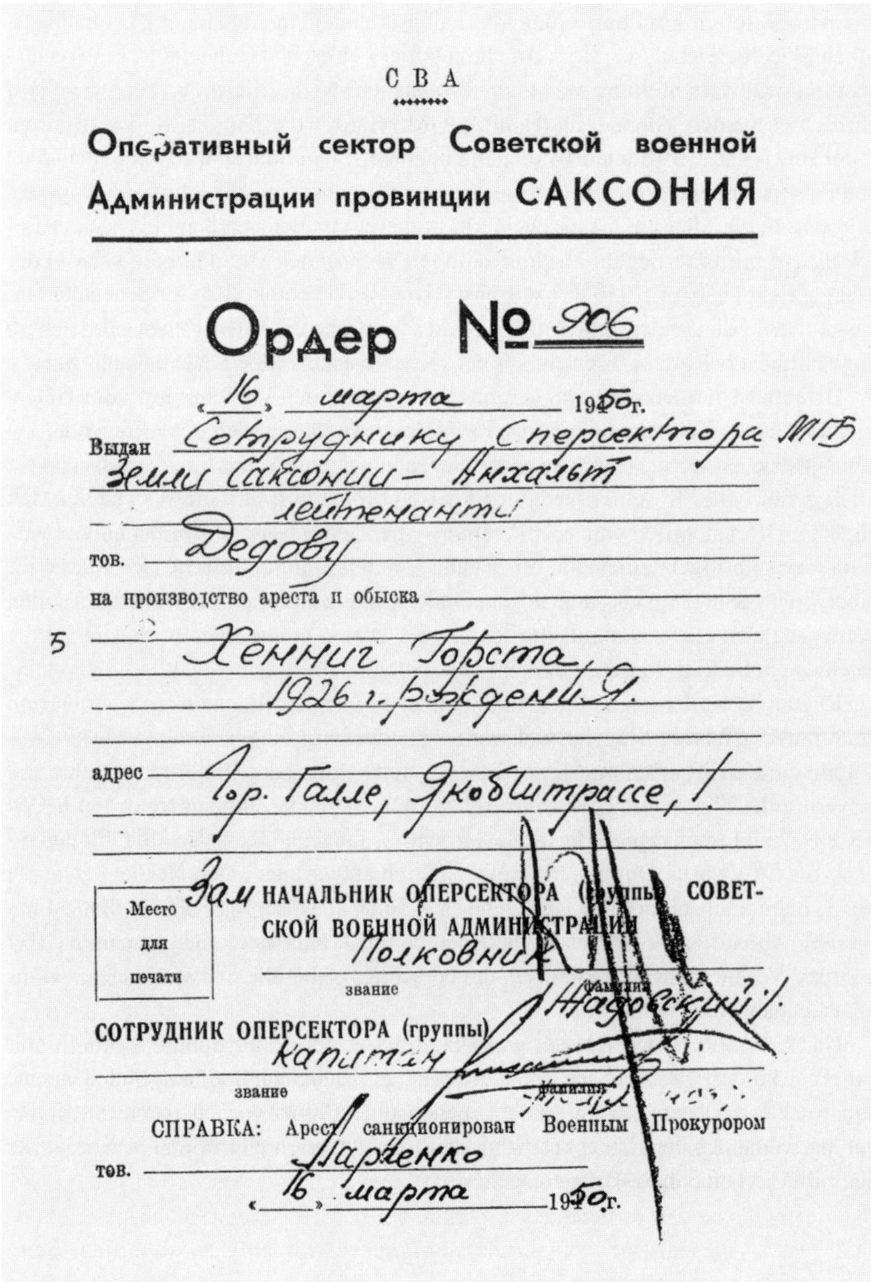

СВА

Оперативный сектор Советской военной Администрации провинции САКСОНИЯ

Ордер № 906

«16» марта 1950 г.

Выдан Сотруднику Сперсектора МГБ Земли Саксонии-Анхальт лейтенанту

тов. Дедову

на производство ареста и обыска

5 Хенниг Горста, 1926 г. рождения.

адрес г. Галле, Якобштрассе, 1.

Место для печати

Зам НАЧАЛЬНИК ОПЕРСЕКТОРА (группы) СОВЕТСКОЙ ВОЕННОЙ АДМИНИСТРАЦИИ

Полковник

звание

фамилия (Жадовский?)

СОТРУДНИК ОПЕРСЕКТОРА (группы)

капитан

звание

фамилия

СПРАВКА: Арест санкционирован Военным Прокурором

тов. Марченко

«16» марта 1950 г.

Verhaftungsbefehl 906

Die privilegierten Funktionseliten von Diktaturen zeichneten sich im kommunistischen Machtbereich durch die Vernichtung ihrer politischen Gegner aus. Eine rechtsstaatliche Gewaltenteilung war nicht vorgesehen. Nicht allein der Verhaftete soll vernichtet werden. Auch seine Familie wird zerstört, die Kinder werden in ihrem schulischen und beruflichen Werdegang behindert. Unerklärliches „Verschwinden" von Personen oder öffentliche Schauprozesse sollen ein ständiges Klima der Angst erzeugen und die Menschen einschüchtern. In diesem ungleichen Kampf kann der Beschuldigte nur unterliegen. Nach unzähligen nächtlichen Befragungen schloss der Leutnant am 11. April 1950 das zunächst letzte Verhörprotokoll ab. Er bedeutete mir, dass nunmehr die Anklage und Militärgericht folgen werden. In der Nebenzelle verstarb ohne Hilfe Herr Kortacki, der mir aus dem Krankenhaus Calbe/Saale bekannt war.

Offenbar routinemäßig war ich nach Abschluss der Vernehmung vom Untersuchungsführer Leutnant Nikolaj Dedow gefragt worden, ob ich noch Fragen an ihn hätte. Meine Antwort: „Ja, an Sie persönlich, aber ich halte diese für zwecklos und für mich gefährlich!" In seiner Neugier forderte er mich auf, ihm diese zu stellen. Ich zögerte. Offensichtlich war er mit seiner Arbeit, eine Gruppe Studenten zur Verurteilung zu bringen, zufrieden. Er begann: „Hennig, hör zu, erschossen werdet ihr nicht." Ich fasste die Äußerung als eine Redewendung auf, die mich beruhigen sollte. Weiter sagte er: „Ihr bekommt eine hohe Strafe, aber in einigen Jahren seid ihr wieder zu Hause. Jetzt frag, was du willst".

Irgendwie wollte ich es ihm in meiner Machtlosigkeit heimzahlen! Gut. Meine erste Frage: „Wissen Sie, wer und warum in Nürnberg hingerichtet wurde? 2. Wie kommt die UdSSR dazu, mich in einem souveränen Staat, der DDR, zu verhaften und zu verurteilen?" Antwort: „Was in Nürnberg war, weiß ich. Zum anderen – wir helfen der DDR mit ihren Gegnern fertig zu werden." 3. Frage: „Was werfen Sie mir eigentlich vor?" Antwort: „Du bist ein Trotzkist." Ich antwortete: „Den Herren kenne ich nicht, habe auch nichts von ihm gelesen." Seine Erwiderung: „Dann bist du ein Titoist." Antwort: „Den Herrn kenne ich auch nicht, habe auch nichts gelesen." Der Leutnant verlor schließlich die Nerven und schrie: „Aber die Schweinereien, die ihr gemacht habt, verurteilen wir."

Nach Abschluss der schwierigsten Haftphase, der gefährlichen Verhöre unter extremen körperlichen und seelischen Belastungen, ließ mich Leutnant Dedow in eine andere Zelle verlegen. Ich traf auf einen ehemaligen französischen Fremdenlegionär, der als Soldat aus der Kriegsgefangenschaft in die Legion eintrat und in Nordafrika der militärischen Sahara-Polizei angehörte.

Министерство Государственной Безопасности СССР
Центральный архив
ОБЩИЙ СЛЕДСТВЕННЫЙ ФОНД
ДЕЛО по обвинению
Центральный архив МГБ СССР
АРХ. № К-100291
Количество томов „1", том „1"
П-739
Год производства
1950 г
По использовании дело должно быть возвращено в Центральный архив МГБ СССР

Deckblatt der Akte des russischen Archivs, in der sich die Häftlingsphotos befinden

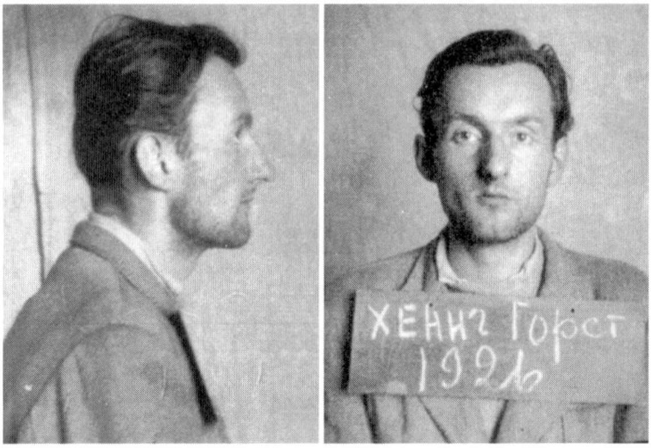

Häftlingsphoto Horst Hennig

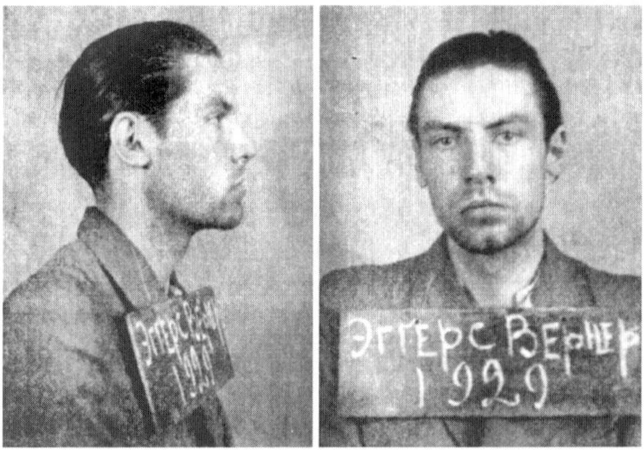

Häftlingsphoto Werner Eggers

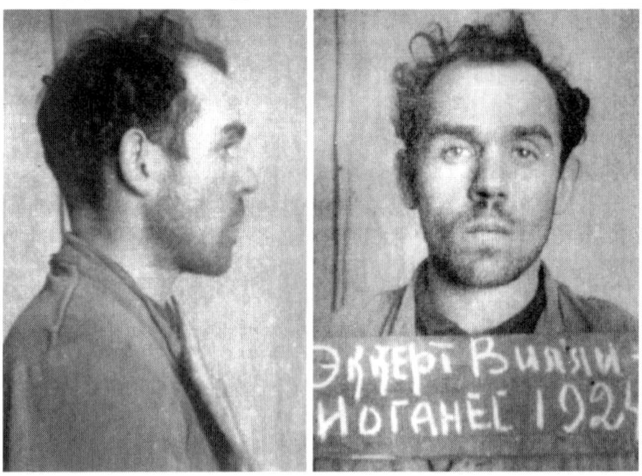

Häftlingsphoto Willi Eckert

Lorchheim, so seine Namensangabe, berichtete über die Gewaltmaßnahmen der Legion gegen die algerische Bevölkerung. Vermutlich wurde er als französischer Spion in der SBZ eingesetzt. Er war auffällig gesprächig, ich vorsichtig und zurückhaltend. Wir wurden beide nächtliche Ohrenzeugen, als russische Männer und Frauen ängstlich schreiend abtransportiert wurden. Das flehende Bitten der Frauen in russischer Sprache wurde durch Motoren der Transportfahrzeuge erstickt, die mit Vollgas liefen.

Nach Lorchheims Erfahrungen liquidierte der KGB diese armseligen Menschen in dieser Nacht. Meine Frage an Lorchheim: „Woran kann man erkennen, wenn uns die letzte Stunde schlägt?" Antwort: „Namentlicher Aufruf in der Zelle, Befehl bis auf Unterhose alles auszuziehen, alle Gegenstände vor die Zellentür legen, Hände auf den Rücken gefesselt, Abmarsch!"

In den ersten Mai-Tagen 1950 werde ich aus der Zelle geholt und treffe auf sechs für mich zunächst undefinierbare, abgerissene und blasse Gestalten. Ich fragte den Nachstehenden, wer er denn sei? Es waren meine Studienkollegen, die neben mir standen: Eckert, Schott, Eggers, Flade und die Studentin Schaffernicht. Den sechsten Mitverhafteten, Erdmann, kannte ich nicht. Im Stehen verlas eine Dolmetscherin die Anklage: „Auf dem Boden der DDR wurde eine studentische Widerstandsgruppe liquidiert. Es wurden verhaftet usw.".

Am 13./14. Mai 1950 erfolgte eine erste Verhandlung. Für die Sicherheit des Militärtribunals sorgten zwei Maschinenpistolenschützen, die hinter unserer Sitzbank Posten bezogen. Am zweiten Tag der Verhandlung verkündeten die Richter des Militärtribunals, nachdem sie in einem Nebenraum eine für uns deutlich hörbare Partie Billard gespielt hatten, sichtlich gelangweilt das Urteil: Fast alle Angeklagten wurden zu je 25 Jahren Zwangsarbeit verurteilt; die Urteile für die Pädagogikstudentin Hannah Schaffernicht und stud. med. Dieter Flade lauteten 10 Jahre Haft.

In der Gemeinschaftszelle

Nach dieser ersten Verurteilung wurden wir in eine enge unbelüftete Gemeinschaftszelle verlegt. Hannah Schaffernicht arbeitete in der Küche. Diese lag in der untersten Etage, im „Todestrakt". Anlässlich von Säuberungsarbeiten fanden wir die Gelegenheit, unbemerkt ein paar Sätze zu wechseln. Im zu beseitigenden Müll fand sich ein Anhänger mit der Aufschrift: „Landwirtschaftliche Fakultät, Versuchsgut, Inhalt nur zur Tierfütterung verwenden". Damit war der Inhalt unserer täglichen Suppe identifiziert!

Meine Studienkollegen und ich litten unter dem Abbruch unserer Studien. Wir waren uns der Tatsache bewusst, dass unsere bislang erworbenen Fähigkeiten ohne stete geistige Anforderungen in den nächsten Jahren degenerieren mussten. Deshalb stellten wir gemeinsame Lehrprogramme auf. Als Tafel benutzten wir die weiß ge-

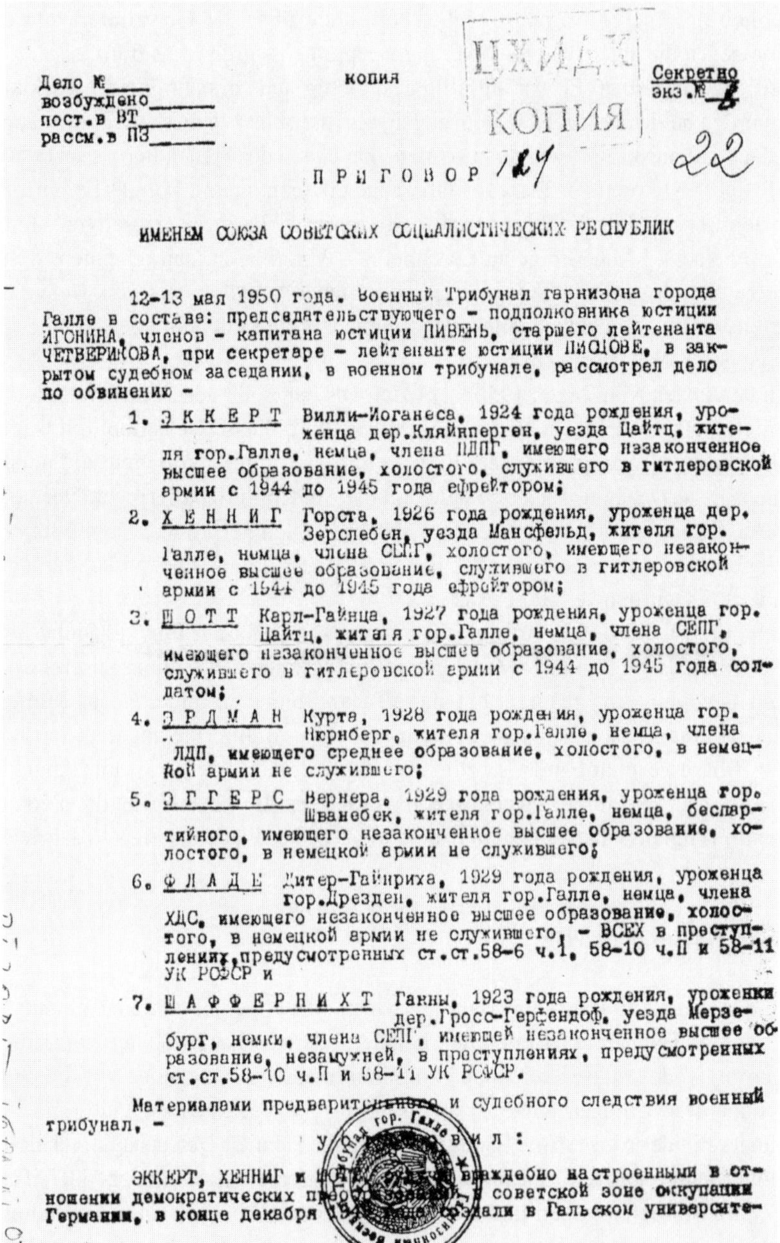

Дело №____
возбуждено______
пост.в ВТ______
рассм.в ПЗ______

КОПИЯ

ЦХИДК
КОПИЯ

Секретно
экз.№ 2

ПРИГОВОР 124

22

ИМЕНЕМ СОЮЗА СОВЕТСКИХ СОЦИАЛИСТИЧЕСКИХ РЕСПУБЛИК

12-13 мая 1950 года. Военный Трибунал гарнизона города Галле в составе: председательствующего – подполковника юстиции ИГОНИНА, членов – капитана юстиции ПИВЕНЬ, старшего лейтенанта ЧЕТВЕРИКОВА, при секретаре – лейтенанте юстиции ПИСЦОВЕ, в закрытом судебном заседании, в военном трибунале, рассмотрел дело по обвинению –

1. ЭККЕРТ Вилли-Иоганеса, 1924 года рождения, уроженца дер.Кляйнперген, уезда Цайтц, жителя гор.Галле, немца, члена ЛДПГ, имеющего незаконченное высшее образование, холостого, служившего в гитлеровской армии с 1944 до 1945 года ефрейтором;
2. ХЕННИГ Горста, 1926 года рождения, уроженца дер. Зерслебен, уезда Мансфельд, жителя гор. Галле, немца, члена СЕПГ, холостого, имеющего незаконченное высшее образование, служившего в гитлеровской армии с 1944 до 1945 года ефрейтором;
3. ШОТТ Карл-Гайнца, 1927 года рождения, уроженца гор. Цайтц, жителя гор.Галле, немца, члена СЕПГ, имеющего незаконченное высшее образование, холостого, служившего в гитлеровской армии с 1944 до 1945 года солдатом;
4. ЭРДМАН Курта, 1928 года рождения, уроженца гор. Нюрнберг, жителя гор.Галле, немца, члена ЛДП, имеющего среднее образование, холостого, в немецкой армии не служившего;
5. ЭГГЕРС Вернера, 1929 года рождения, уроженца гор. Шванебек, жителя гор.Галле, немца, беспартийного, имеющего незаконченное высшее образование, холостого, в немецкой армии не служившего;
6. ФЛАДЕ Дитер-Гайнриха, 1929 года рождения, уроженца гор.Дрезден, жителя гор.Галле, немца, члена ХДС, имеющего незаконченное высшее образование, холостого, в немецкой армии не служившего, – ВСЕХ в преступлениях, предусмотренных ст.ст.58-6 ч.1, 58-10 ч.П и 58-11 УК РСФСР и
7. ШАФФЕРНИХТ Ганны, 1923 года рождения, уроженки дер.Гросс-Герфендоф, уезда Мерзебург, немки, члена СЕПГ, имеющей незаконченное высшее образование, незамужней, в преступлениях, предусмотренных ст.ст.58-10 ч.П и 58-11 УК РСФСР.

Материалами предварительного и судебного следствия военный трибунал, –

установил:

ЭККЕРТ, ХЕННИГ и ШОТТ, будучи враждебно настроенными в отношении демократических преобразований в советской зоне оккупации Германии, в конце декабря 19.. года создали в Гальском университе-

Erste Seite des Urteils gegen die Gruppe Hennig

In der Übereinstimmung mit den Artikeln 319, 320 StPO der RSFSR wurden vom Militärtribunal

V E R U R T E I L T:

SCHOTT Karl-Heinz, HENNIG Horst, ECKERT Willi-Johannes, ERDMANN Kurt und EGGERS Werner auf Grund der Artikel 58-6, Teil 1 StGB, j e d e n z u 2 5 J a h r e n F r e i h e i t s e n t z u g in der Besserungsanstalt und Beschlag nahme aller bei der Verhaltung gefundenen Wertsachen.

Sie haben auf Grund des Art. 58-10, Teil 2 StGB der RSFSR, in der Übereinstimmung mit dem Art. 58-2 StGB der RSFSR und gemäß dem Art. 2 des Erlaßes des Präsidiums des Obersten Sowjets vom 26. Mai 1947 "Über die Aufhebung der Todesstrafe" in der Besserungsanstalt ihre 25 Jahre lange Strafe durch Zwangsarbeit abzubüßen. Alle bei der Dursuchung gefundenen Wertsachen müssen in Beschlag genommen werden.

FLADE Dieter-Heinrich und SCHAFFERNICHT Hanna wurden gemäß den Artikeln 58-10, T.2 StGB der RSFSR, in der Übereinstimmung mit dem Art. 58-2 StGB der RSFSR zu 10 Jahren Freiheitsentzug für jeden in der Besserungsanstalt und mit Beschlagnahme aller bei FLADE Dieter-Heinrich während der Verhaftung gefundenen Wertsachen und ohne Beschlagnahme für SCHAFFERNICHT Hanna, weil die letztgenannte keine Wertsachen hatte.

Die Strafzeit mit Anrechnung der Untersuchungshaft soll für ECKERT Willi-Johannes ab 11. März 1950, für HENNIG Horst und FLADE Dieter-Heinrich ab 14. März 1950, für SCHOTT Karl-Heinz ab 16. März 1950, für ERDMANN Kurt ab 17. März 1950, EGGERS Werner ab 18. März 1950, SCHAFFERNICHT Hanna ab 20. März 1950 gezählt werden.

Gegen das Urteil kann keine Berufung eingelegt werden.

L.S. des Militärtribunals
des Truppenteils 07335

Vorsitzender des Militärtribunals
Major des Justizdienstes
/MICHEILIN/ /gez. Unterschrift/

Abschrift des Urteils in deutscher Sprache

tünchten Zellenwände. In diese ritzten wir Konjugationen, Deklinationen, unregelmäßig Verben in Griechisch, Latein, Französisch und Englisch ein, ebenso wie Formeln der Mathematik, Physik und der anorganischen und organischen Chemie. Werner Eggers hielt in Vorträgen die einschlägige Literatur wach, während Dieter Flade, ehemaliger Schüler des Kreuz-Gymnasiums und Mitglied des Kreuzchors Dresden, das großartige Repertoire, einschließlich Bach und Händel vortrug, wobei mir in besonderer Erinnerung die Variationen des „Ave Maria“ geblieben sind. Dabei vegetierten wir unter den elendsten und primitivsten Bedingungen in der uns zugewiesenen Zelle. Ein nicht verschließbarer Toilettenkübel in der Mitte des Raumes diente uns zur Verrichtung der Notdurft. Eine Flohplage suchte uns heim, da an eine auch nur annähernd genügende Körperpflege nicht zu denken war. Von den Nachbarzellen waren wir so vollständig isoliert, dass selbst eine „Klopfverbindung“ nicht möglich war.

Am 25. Juni 1950 überschritten nordkoreanische Truppen die Grenze nach Süden. Mit Beginn des Korea-Krieges wurden die Haftbedingungen für uns verschärft. Ein strengeres Regime und auch die 20-minütigen Aufenthalte im so genannten „Tigerkäfig“ im Innenhof entfielen. Am 18. und 24. August 1950 wurden wir erneut einzelnen Verhören unterworfen. Ein zweites Gerichtstribunal am 18. und 19. September 1950 führte zu einer weiteren Verurteilung, diesmal unter Einbezug des „Spionageparagraphen 58.6“. Auch diesmal lautete das Urteil für uns 25 Jahre Zwangsarbeit.

In einer größeren Sammelzelle trafen wir auf einen Deutsch-Amerikaner aus Magdeburg, Herrn Rudolf Grotkass. Er spielte zwischen 1925 und 1950 in den Gesellschaftskreisen Magdeburgs, wo er als international erfolgreicher Saatguthändler tätig war, eine Rolle. Von Transitreisenden hatte er zufällig von der Verhaftung eines amerikanischen Studenten durch den MGB an der Grenze gehört. Umgehend wurde er bei der Stadtkommandantur in Magdeburg vorstellig, um dem Studenten mit Nahrungsmitteln und Bekleidung zu helfen. Diese Hilfsbereitschaft brachte ihm seine sofortige Inhaftierung wegen Spionage ein. Als wir im November 1950 im Zuchthaus Berlin-Lichtenberg auf dem Transport in den GULag getrennt wurden und uns verabschiedeten, sagte er zu mir: „Leben Sie wohl, Herr Hennig, ich überlebe das nicht“. Zwei Jahre später verstarb er als Zwangsarbeiter in der Region Taischet.

Nach der Verurteilung trennte man die „Gruppe“ – Hennig, Eckert, Schott und Erdmann wurden in die Sowjetunion verbracht, Hannah Schaffernicht, Eggers und Flade nach Bautzen.

Transport von Halle über Berlin-Lichtenberg in die UdSSR

Ende November 1950 wurden etwa 20 Häftlinge in Halle auf ein Lastauto verladen. Mit über der Brust gekreuzten Unterarmen wurden wir mit Handschellen an den jeweiligen Nachbarn gefesselt. Auf einem Drittel der Ladefläche befanden sich drei Maschinenpistolen-Schützen mit zwei bissigen Schäferhunden. Im Zuchthaus Berlin-Lichtenberg angekommen, ging das gewohnte Grauen weiter. Wir wurden – wie wenn man etwas hätte finden können – durchsucht und danach verprügelt. Anfang Dezember 1950 wurden wir in einen abgesperrten Fabrikhof mit Gleisanschluss gebracht, dort in einen als Postwagen getarnten Wagen verladen und dann an einen Expresszug angehängt, dessen Ziel zunächst Brest-Litowsk war.

Der als Post-Waggon getarnte Gefängniswagen vom Typ „Stolypin“ war für uns Elendsfiguren gedacht. Jede vergitterte Zelle für vier Mann nahm 12 Häftlinge auf.

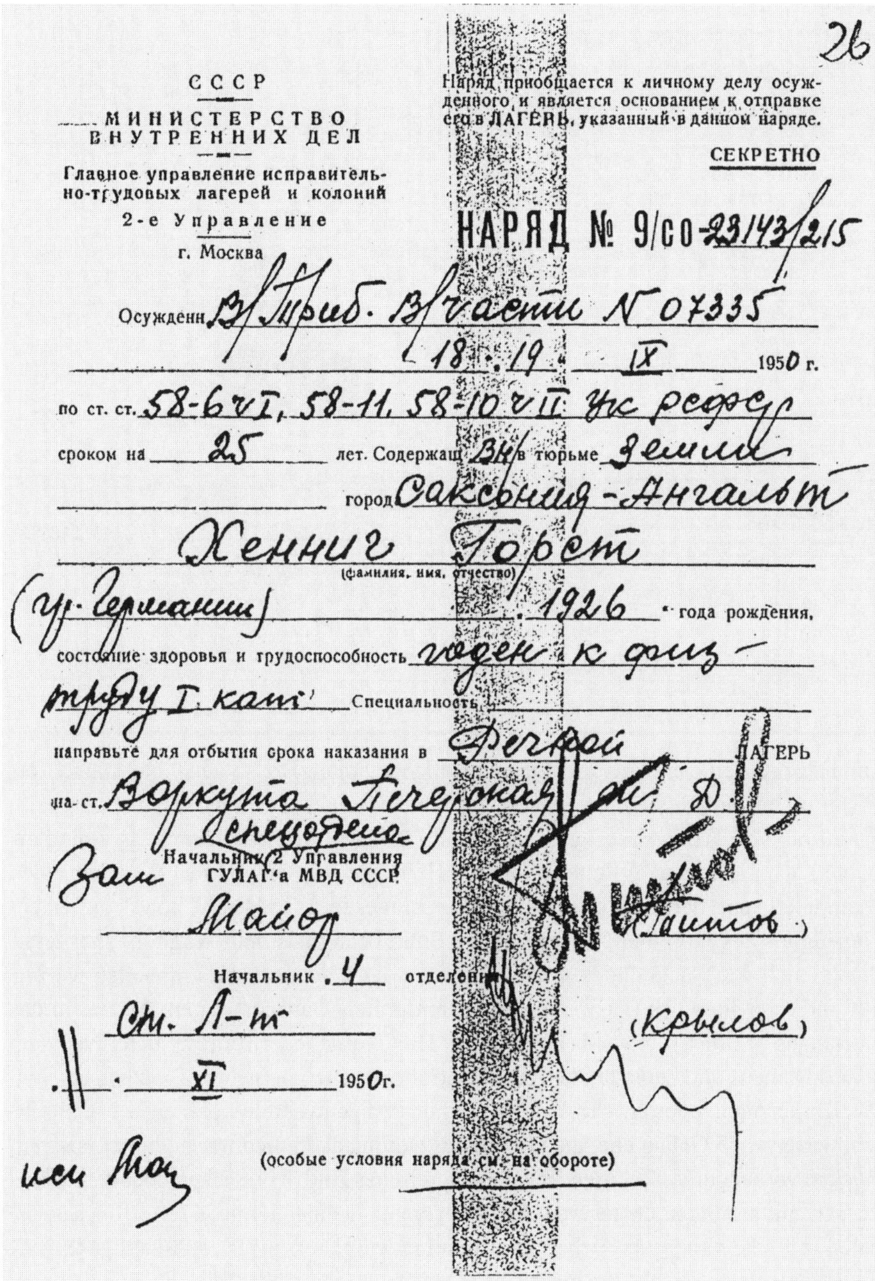

26

СССР

МИНИСТЕРСТВО
ВНУТРЕННИХ ДЕЛ

Главное управление исправительно-трудовых лагерей и колоний

2-е Управление

г. Москва

Наряд приобщается к личному делу осужденного и является основанием к отправке его в ЛАГЕРЬ, указанный в данном наряде.

СЕКРЕТНО

НАРЯД № 9/со-23143/215

Осужденн В/Триб. В/части N 07335

18.19. IX 1950 г.

по ст. ст. 58-6 ч I, 58-11, 58-10 ч II УК РСФСР

сроком на 25 лет. Содержащ ВН в тюрьме земля

город Саксония-Ангальт

Хенниг Горст

(фамилия, имя, отчество)

(гр. Германии) 1926 года рождения,

состояние здоровья и трудоспособность годен к физ-труду I кат. Специальность

направьте для отбытия срока наказания в Речной ЛАГЕРЬ

на ст. Воркута Печорская ж. д.

(спецотдел)

Зам Начальник 2 Управления
ГУЛАГ'а МВД СССР

Майор (Паитов)

Начальник 4 отделения

Ст. Л-т (Крылов)

11 . XI 1950 г.

(особые условия наряда см. на обороте)

исп Тоц

Transportschein für Horst Henig nach Workuta

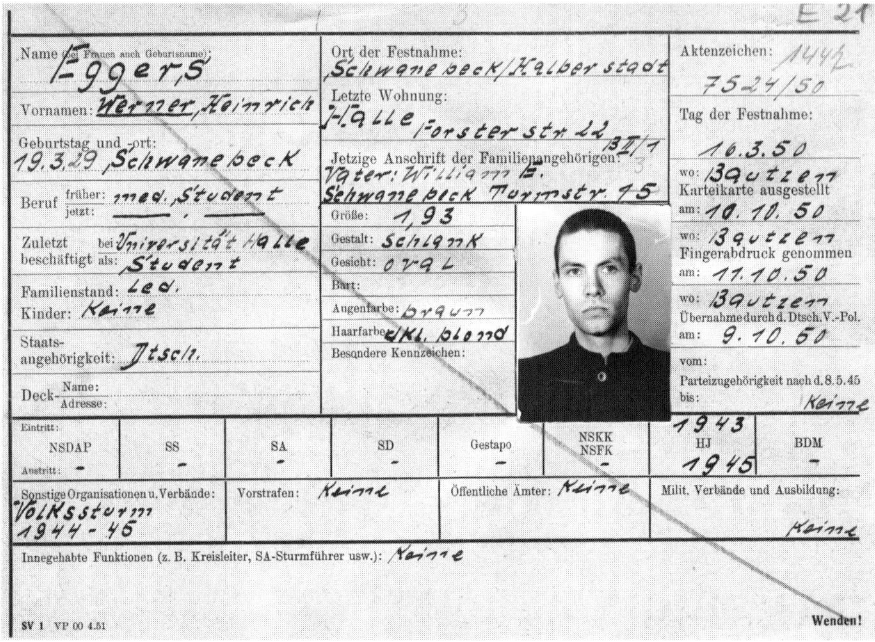

E 21

Name (bei Frauen auch Geburtsname): Eggers
Vornamen: Werner, Heinrich
Geburtstag und -ort: 19.3.29, Schwanebeck
Beruf früher: med. Student jetzt: —
Zuletzt beschäftigt bei: Universität Halle als: Student
Familienstand: led.
Kinder: Keine
Staatsangehörigkeit: Dtsch.
Deck- Name: Adresse:

Ort der Festnahme: Schwanebeck/Halberstadt
Letzte Wohnung: Halle Forsterstr. 22 III/1
Jetzige Anschrift der Familienangehörigen: Vater: William E. Schwanebeck Turmstr. 15
Größe: 1,93
Gestalt: schlank
Gesicht: oval
Bart:
Augenfarbe: braun
Haarfarbe: dkl. blond
Besondere Kennzeichen:

Aktenzeichen: 1442 7524/50
Tag der Festnahme: 16.3.50
wo: Bautzen Karteikarte ausgestellt am: 10.10.50
wo: Bautzen Fingerabdruck genommen am: 11.10.50
wo: Bautzen Übernahme durch d. Dtsch. V.-Pol. am: 9.10.50
vom:
Parteizugehörigkeit nach d. 8.5.45 bis: Keine

	NSDAP	SS	SA	SD	Gestapo	NSKK NSFK	HJ	BDM
Eintritt:							1943	
Austritt:	-	-	-	-	-	-	1945	-

Sonstige Organisationen u. Verbände: Volkssturm 1944-45
Vorstrafen: Keine
Öffentliche Ämter: Keine
Milit. Verbände und Ausbildung: Keine
Innegehabte Funktionen (z. B. Kreisleiter, SA-Sturmführer usw.): Keine

SV 1 VP 00 4.51 Wenden!

Werner Eggers Haftkarteikarte aus Bautzen

Die Fahrt war eine einzige, nicht enden wollende Folter. Die so genannte Marschverpflegung bestand aus einem gesalzenen Trockenfisch, ohne dass es eine geregelte Zuteilung von Trinkwasser gegeben hätte. Diese völlig inadäquate Versorgung erhöhte noch die Tortur. Toilettengänge der Häftlinge wurden von den Wachhabenden wenn überhaupt, dann nur sehr widerwillig stattgegeben. In Brest-Litowsk auf einem Nebengleis angekommen, fielen wir vor Entkräftung aus dem Waggon, aber unter dem Gebell der Wachhunde und dem Fluchen des Wachpersonals rappelten wir uns auf und erreichten den nur wenige Meter entfernten Transportwagen, der uns in das Zuchthaus in Brest-Litowsk bringen sollte. Hier wurde jeder Häftling unter Nennung seines Namens und begleitender Aktenkontrolle einzeln übergeben. Plötzlich erscholl das Kommando: „Gesicht zur Wand"! Aus den Augenwinkeln konnten wir beobachten, wie etwa 15 Gefangene, die mit uns aus Berlin gekommen waren, hinter unserem Rücken vorbei geführt wurden. Ein apokalyptisches Bild: Mit Säcken über dem Oberkörper, mit tastenden unsicheren Schritten, zogen aneinander gefesselte Todeskandidaten in Reihe hinter uns vorbei. Es waren Leidensgenossen. Diese flüchtige Begegnung vermittelte uns auf drastische Weise die Ausweglosigkeit des eigenen weiteren Lebens in der Zwangsarbeit. Nach weiteren 2 Tagen erfolgte der Weitertransport in die Lubjanka nach Moskau. Überflüssig zu sagen, dass der Transport unter den gewohnten unwürdigen Bedingungen durchgeführt wurde. Dort angekommen, mussten wir uns der Jugendbanden erwehren, die, mit Rasierklingen bewaffnet, auf uns Neuankömmlinge in den Zellen losgingen, um uns die Zivilkleidung mit Gewalt abzunehmen. Nach einer erneuten Verladung, welche nichts wesentlich Neues an Demütigungen und Misshandlungen mit sich brachte, erreichten wir unser Ziel Workuta, ca. 120 Kilometer nördlich des Polarkreises gelegen. Das künstliche Licht der Bahnhofsbeleuchtung mischte sich bei unserer Ankunft mit den in der Luft wirbelnden Schneekristallen.

Es muss der 1. oder 2. Januar 1951 gewesen sein, als etwa 100 politische Häftlinge aus der DDR auf die Gleisanlagen Workutas fielen. Ohne Bewegung, eingepfercht im Waggon, hatten Wasser und der obligatorische Salzfisch auf der langen Fahrt die Beine anschwellen lassen. Die klirrende, ungewohnte Kälte von um die 30 Grad minus ließ uns vorsichtiger atmen. Im Moment des Abmarschs unter strengster Bewachung mit Maschinenpistolen bewaffneter, zur Eile antreibender Soldaten, die ihre Wachhunde an der Leine gefährlich nahe an uns heranführten, zog an uns ein Begräbniszug mit einem offenen Sarg vorbei. Ich erinnere mich noch heute an den unheimlichen Kontrast zwischen dem unnatürlich rot geschminkten Gesicht des toten Offiziers und den fahlen Gesichtern der Begräbnisgesellschaft. Das Treffen auf diesen Leichenzug, der andauernde Hunger, die unbarmherzige Kälte und die unzureichende Kleidung überfielen mich in diesem Moment und bündelten sich zu dem deprimierenden Gefühl: „Hier überlebst du nicht“!

Etwa zwei Kilometer vom Bahnhof entfernt lag das Durchgangslager, welches auch als Quarantänestation diente. Die Tage in diesem Lager waren geprägt von einem ständigen Kampf der Neuankömmlinge mit den „alteingesessenen“ Verbrechergruppen, die den deutschen Häftlingen noch die letzten Kleidungsstücke rauben wollten. In Workutas Quarantäne-Lager sahen wir, durch Stacheldraht getrennt, unsere Vorgänger kurz vor der Abreise: Deutsche Landsleute in Wehrmachtsuniform. Nach Überlistung der Postenaufsicht stellte sich heraus, dies waren Kriegsgefangene, die Workuta überstanden hatten, auf dem Wege nach Swerdlowsk.

Sie wussten, dass ihre alten Lager durch „Politische“ aufgefüllt werden sollten. Das waren wohl wir und jene, die noch nachkommen sollten. Nach der Quarantäne kamen wir Mitte Januar 1951 ins Lager Nr. 10, Schacht 29. Ein russlanddeutscher Häftling sprach mich an: „Seid Ihr Deutsche“? Und auf meine Gegenfrage berichtete Oskar Iwanowitsch Raab, er stamme von der Krim, sei als „Staatsfeind“ verhaftet und zu 25 Jahren Zwangsarbeit verurteilt. Er habe noch drei Jahre und dann werde er vermutlich in die ‚freie Ansiedlung‘ entlassen oder auch verbannt. Tatsächlich überlebte er einige Jahre in der Verwaltung; dort erstellte er den Wirtschaftsplan für das Lager Nr. 10 des Schachtes 29. Die Nachricht dieser Haftdauer bedeutete einen neuen

Schock für uns. Man musste also doch 25 Jahre absitzen, falls man diesen Zeitraum überhaupt überleben würde.

Im Jahre 1993 fand ich im Archiv Workuta tatsächlich mein Strafenddatum: Es sollte der 14. März 1975 sein. Damals aber, 1951, im Alter von 24 Jahren, erschien mir diese Aussicht unvorstellbar. Nur mühsam gelang es Alfred Groth, einem Geschäftsmann aus Berlin-West, und mir, die uns zugewiesene Baracke zu finden. Denn alle Baracken auf dem Gelände waren bis über das Dach eingeschneit. Schließlich setzten wir uns auf eine steil abfallende Schneemauer und rutschten im Schneesturm vor eine Barackentür. Etwa 200 Personen hausten hier rechts- und linksseitig zusammengepfercht auf halbhohen Bretterflächen. Da die Schlafstätten mit Häftlingen überfüllt waren, legte ich mich notgedrungen auf den Boden. Nachts kamen Ratten und Wanzen. Die Verpflegung war miserabel und völlig unzureichend. Auch die Kleidung reichte nicht für die herrschenden Kältegrade und Erfrierungen waren an der Tagesordnung.

Ein erheblicher Teil der Verurteilten rekrutierte sich aus intellektuellen Berufen. Es waren Universitätsprofessoren, Theologen, Lehrer, Ingenieure, Studenten aller Fakultäten, Handwerker, Arbeiter und Bauern aus über zwanzig Ländern, innerhalb und außerhalb der UdSSR. Nach der politischen Entscheidung Moskaus Anfang des Jahres 1930, die Kohlevorkommen in der Workuta-Gegend abzubauen, wurden vornehmlich Zwangsarbeiter eingesetzt. Ihr mühsamer Weg führte über Wasser, Eis und unwegsamen Tundraboden. Die meisten starben bereits auf den Transportwegen an Erschöpfung, Hunger, Krankheit und Kälte. Auf dem Höhepunkt der Repression 1953 befanden sich in Workuta über 32 Schächte mit 127 Gefangenenlagern.

Den Alltag der Lagerwelten in der Sowjetunion, der geprägt war von Leiden und Tod, von Hunger, Krankheit und Zwangsarbeit unter unsäglich schweren Bedingungen, haben namhafte Autoren, wie Schalamow, Solschenizyn und unzählige andere hinreichend beschrieben. Allein die deutschsprachige Workuta-Literatur umfasst über 200 Bücher, einige Filme und zahlreiche Radiosendungen.

Der Arbeitsablauf und das Regime in der Lagerwelt des GULag wurden in jeglicher Hinsicht zentral von Moskau geführt und kontrolliert. Workuta ist eine seit 1931 unter primitivsten technischen und ungünstigsten klimatischen Bedingungen ausschließlich von Zwangsarbeitern errichtete Stadt. Sie war Mittelpunkt des Lagerkomplexes zwischen den nördlichen Ausläufern des Urals und der Eismeerküste gegenüber der Halbinsel „Novaja Zemlja“ (Neues Land), der Teil des GULag-Systems war. Das Gebiet liegt etwa 120 km nördlich des Polarkreises und über 2.000 km nordöstlich von Moskau mitten an der Petschorabahn und war damals Teil der Komi-ASSR.

Bevor mit der Errichtung des Lagerkomplexes begonnen wurde, lebten ausschließlich Nomaden mit Rentieren in diesem Gebiet, welches inzwischen von ungefähr 30 sogenannten „Regimelagern“ überzogen war, in dem Gefangene vom Status der sogenannten „Kettensträflinge“ die Steinkohlelager der Petschora für den Export sowie für die Industrie des Leningrader Reviers ausbeuteten.[57] Auffällig viele der Russen im Lager gehörten 1951 qualifizierten Berufsgruppen an: Angehörige der Armee; neben dem Präsidenten der Aeroflot saßen bei uns im Lager 10 auch Physikprofessoren, die zum Teil an Atomprojekten mitgearbeitet hatten.

Von Seiten der Lagerverwaltung wurde nichts unternommen, um uns ‚politisch unzuverlässige‘ Häftlinge zu beeinflussen oder gar zu indoktrinieren. Ein solcher Versuch wäre allerdings auch zum Scheitern verurteilt gewesen, da die geistige Kapazität der Lagerinsassen jener der Lagerfunktionäre weit überlegen war. Wir nannten den Politoffizier, einen Oberstleutnant, der in der Verwaltungsbaracke saß, im Jargon ‚Schweinebacke‘.

Die Gefangenen wurden einzig und allein als Arbeitskräfte für die GULAG-Wirtschaft betrachtet; wahrscheinlich war dies auch der Grund für fehlende Beeinflussungsversuche. „Alle Gefangenen im Lager, man muss den Begriff der Nationalität hier völlig streichen, sind Verfügungsmasse. Wer in die Hände des KGB gefallen ist, der ist ein Nichts. Sein Wert besteht ausschließlich in seiner Arbeitskraft, solange er arbeiten kann.

Das Häftlingsleben verlief recht eintönig: Schlafen – essen – arbeiten – essen – schlafen usw. Die Art der Arbeit, die einem zugeteilt wurde, war bedeutend für die weiteren Überlebenschancen und dies nicht nur aufgrund des mit der Arbeit verbundenen Gefahrenpotentials; die Verpflegungssätze richteten sich nach der Verwendung des Häftlings im Arbeitseinsatz sowie dessen Normerfüllungskriterien. Gearbeitet wurde im Freien bei Temperaturen bis minus 36 Grad, bei scharfem Wind gab es zwei bis drei Grad Nachlass.“[58]

Aus der mitteleuropäischen Zvilisation und dem Lebensstandard des 20. Jahrhunderts fühlten wir uns in das antike Sklaventum versetzt. Um aber bei der Schilderung der im Lager vorherrschenden Verhältnisse nicht als „befangen“ zu erscheinen, lasse ich an dieser Stelle den mit mir verurteilten Willi Eckert zu Wort kommen.

In der Regel wurde peinlich genau darauf geachtet, dass die gruppenweise verurteilten Häftlinge nicht in demselben Lager zusammenkommen konnten. Eine Fehlleistung hatte aber dazu geführt, dass Willi Eckert und ich etwa drei Monate gemeinsam im Lager Nr. 10 verbrachten, bevor er dann in das Lager Nr. 6 überstellt wurde. (Dies erfuhr ich allerdings erst drei Jahre später, als ein anderer Häftling mich über den Verbleib des Kommilitonen informierte). Willi Eckert beschreibt die Lebensbedingungen des Lagers so:

---

57 Vgl. hierzu Shifrin: UdSSR S. 201–207. Siehe zu Workuta auch Binski: Zwischen Waldheim S. 112–188.

58 Vgl. Binski: Zwischen Waldheim und Scholmer: Arzt in Workuta.

„Es war bitter kalt und hin und wieder schickten Schneestürme von Nordosten her ihre eisigen Grüße und ließen die Temperatur bis unter minus 60 Grad Celsius fallen. Ausgestattet mit stark wattierten Sachen (Mütze, Jacke, Hosen) und Filzstiefeln, Handschuhen, sowie einer Gesichtsmaske, denn ohne diese zerschnitt der eisige Wind gleich einem Rasiermesser in Sekundenschnelle das Gesicht, wurden wir nach wenigen Tagen in die Lager, auch Schächte genannt, weitergeleitet. Ich kam zunächst in den 29. Schacht, das war Lager Nr. 10. In der Nacht zuvor wurde mir mein Wintermantel, den ich bis dahin vor fremdem Zugriff retten konnte, während des Schlafs gestohlen und so verlor ich das letzte Stück an Kleidung, das mich mit zu Hause verband. Es tat mir sehr weh, ich fühlte mich wie verloren und unendlich allein. Wir standen vor den Toren des 29. Schachts. Die Baracken waren nicht zu erkennen, meterhoch türmte sich der Schnee. Nur die Giebel ragten heraus, und man sah kreuz und quer laufende Seile; sie dienten der Orientierung, wenn meterhoher Schnee, frisch gefallen, und Stürme, meist aus Nordost, das ihrige dazu beitrugen, die Richtung zu verlieren. Die Baracken waren warm, sie wurden mit Hilfe selbst gemauerter Ziegelöfen Tag und Nacht beheizt. Ein Raum daneben, der Trockenraum, diente dem Trocknen der durchnässten und durchschwitzten Walinki (Filzstiefel) und der Fußlappen. Als Schlafstätten dienten durchgehende Holzpritschen ohne Auflagen. Es gab weder Kissen noch Decken. Erst Jahre später erhielten wir Strohsäcke und Kopfkissen, die mit abfälligen Holzspänen aus der lagereigenen Tischlerei gefüllt wurden. Geschlafen wurde in Wattehose, die Wattejacke diente als Kopfkissen. Überhaupt spielte sich das Leben von morgens bis abends und bis zum Morgen und so fort, Woche um Woche, und Monat um Monat in den gleichen Sachen (Wattehose und Wattejacke) ab, die bald einen speckigen Glanz, ähnlich der Krachledernen der Bayern, erhielten; ihr Umtausch war nur möglich, wenn sich der totale Verschleiß zeigte. Für die wenigen Sommermonate gab es Drillichkleidung (Hose und Jacke). Auf einen Ärmel der Jacke wurde die Strafgefangenen-Nummer (KZ-Nr.) gut sichtbar angenäht.

Die Verpflegung bestand morgens und abends aus grob gestampften, mit Wasser gekochtem Haferbrei mit Spelzen und Sauerkraut, gleichfalls in Wasser gekocht, Brot, aus dem das Wasser tropfte, und eingesalzenen kleinen Fischen, von denen einst Leo Tolstoi schrieb, dass Russland über ebenso viele Fische wie über Steine verfüge und letztlich 5,0 g Öl, das von der allmächtigen und alle wesentlichen Positionen im Lager beherrschenden Kriminellenmafia (Blatnois) noch zu einem guten Teil den Gefangenen vorenthalten wurde. Die erste Bekanntschaft mit dieser Kriminellen-Organisation, die das Sagen im Lager hatte und bestimmte, was ‚rechtens' war, hatte ich bei der Morgenwäsche. Ich stand gebückt unter einem hängenden, länglichen Holzkasten, der mit Wasser gefüllt war, das aus geschmolzenem Schnee gewonnen wurde. Die Wasserentnahme aus diesem aufgehängten Kasten funktionierte so: Am Boden des Kastens waren vier oder fünf Löcher eingebohrt und durch Schrauben, die einen großen Flachkopf besaßen und nach oben geschoben werden konnte, wurde ein relativ guter Verschluss hergestellt. Durch Hochschieben mit dem Handrücken war eine dosierte Wasserentnahme möglich. Plötzlich sauste an meinem Kopf ein schwerer Gegenstand, eine Arte Bratpfanne, vorbei. Sie war schwer genug, um mich zu erschlagen, wenn sie getroffen hätte. Man machte mir klar, dass ich die Rangordnung nicht beachtet hatte, denn ein „Blatnoi" hatte sich noch nicht gewaschen.

Später wurde ich Zeuge, wie ein beinamputierter „Blatnoi" eine „Hinrichtung" vollzog. Am Abend des Vortages kam eine Gruppe von sieben „Blatnois" zusammen in meine Baracke. Sie beratschlagten und diskutierten, dann gingen sie auseinander. Am anderen Morgen schlug der Beinamputierte mit mehreren Hammerschlägen einem Rumänen den Schädel ein. Es hieß später, dass er Spitzeldienste geleistet und wiederholt Lagerinsassen durch ihn Schmerzen und wochenlangen Karzer erleiden mussten. „Schwerer Karzer" im Lager war keine Kleinigkeit. Der „Blatnoi", der Vollstrecker des Todesurteils an dem Rumänen, lebte schon lange in meiner Baracke; ich kannte ihn als freundlichen und hilfsbereiten Menschen! Er war Ukrainer und hatte als Wlassow-Soldat sein Bein verloren. Etwa eine Stunde nach der Tat holten sie ihn. Sie kamen zu dritt. Er lächelte, gab mir die Hand und sagte in einem harten Deutsch: „Fahr bald nach Hause". Ich wünschte ihm auf Russisch alles Gute.

Die „Blatnois", so zwielichtig und vielschichtig sie auch waren, hatten eins gemeinsam: Sie fürchteten sich nicht vor den Sowjets und ihren Organen, sondern im Gegenteil, die Wachsoldaten und Offiziere fürchteten sich vor ihnen, selbst die Lagerleitung – und das war ihre große Stärke. Sie arbeiteten nicht, sondern bekleideten nur Posten, von denen entweder Einfluss ausging oder die Vorteile einbrachten, also ausschließlich ihrem Nutzen dienten. Die schon beschriebene Verpflegung entsprach der Verpflegungsgruppe 5, dem so genannten fünften Kessel (Kotjel). Es gab fünf Kessel (1 bis 5). Diese Einteilung entsprach genau dem, was man in der viel gepriesenen „klassenlosen Gesellschaft" der Sowjetunion wirklich unter klassenlos verstand. Meines Erachtens hatte es vielmehr mit dem Verständnis von Lenin zu tun, der verkündet hatte, dass „[…] wer nicht arbeitet, auch nicht essen solle". Wobei es dem „Menschenfreund" Lenin wohl ziemlich gleichgültig war, ob dieser Mensch auch in der Lage war, zu arbeiten. Mir schien, dass der Kessel 5, der eine völlig unzureichende Ernährung bedeutete, hauptsächlich an Invaliden verabreicht wurde, getreu der Devise der schnelleren physischen Vernichtung. Denn bei diesen Gefangenen war eine wirtschaftlich nutzbringende Abschöpfung der Arbeitskraft nicht zu erwarten. Daher schien für die Machthaber deren längere Erhaltung am Leben wenig sinnvoll; vermutlich diente auch die Zusammenführung der Invaliden in einem Lager diesem Zweck. Nach Wochen wurde ich daher, gemeinsam mit anderen Invaliden, in den 6. Schacht verbracht. Nach der Ankunft wurden wir gebadet, was in der Folge alle vier bis sechs Wochen geschah, und entlaust. Der Kopf wurde, wie schon anfangs bei der

Einkerkerung, kahl geschoren. Meine Zwangsarbeit als Beinamputierter bestand in einer sitzenden Tätigkeit. In der lagereigenen Tischlerei wurde ich auf einen Holzklotz gesetzt. An einem anderen Klotz war mit zwei großen Krampen ein Meißel mit der Schneide nach oben befestigt. Meine Aufgabe war nun, aus Faßreifen, die von Sauerkraut- und Fischfässern stammten, „Nägel" herzustellen. Das geschah, indem über der Meißelschneide von den Seiten der Reifen kleine Blechstreifen, hinten etwas breiter, vorne spitzer, abgeschlagen wurden. Diese „Nägel" fanden in den wenigen Sommerwochen Verwendung zur Ausbesserung der Außenverkleidung der Baracken, die zur besseren Wärmeisolation nachträglich mit Lehm ausgeschmiert wurden. Das der Verkleidung dienende Material war Schalholz, ein Abfallprodukt, gewonnen bei der Herstellung der Grubenhölzer, die der Absteifung der Stollen im Schacht dienten und die in der lagereigenen Tischlerei gefertigt wurden. Abends waren meine Arme von der ungewohnten Arbeit schwer wie Blei und oft verfiel ich nachts in einen tiefen, festen Schlaf. Diese Tätigkeit übte ich ca. anderthalb Jahre aus. Im Herbst 1952 wurde in der Tischlerei eine Schlagschere aufgestellt und elektrisch mit Hilfe einer zusammengebastelten Transmission angetrieben. Die Produktion der „Nägel" stieg um ein Vielfaches. Der Kraftaufwand war nunmehr wesentlich geringer und die Arbeitszeitverkürzung erheblich. Ich war zum „Maschinisten" aufgestiegen und bekam fortan bessere Verpflegung (Kessel 3). Inzwischen waren bereits bei vielen Häftlingen, die die schlechteste Verpflegungsgruppe (Kessel 5) erhielten, Eiweißmangelödeme aufgetreten. Diese wurden noch dadurch gefördert, dass viele von ihnen die einzige Eiweißquelle, die Salzfische, wegen deren Unappetitlichkeit nur unzureichend nutzten.

Die gewonnene Freizeit nutzte ich vor allem zum Erlernen der russischen Sprache in Wort und Schrift. Das war allerdings mit erheblichen Schwierigkeiten verbunden, denn jedwede Aufzeichnung von Worten und Sätzen war verboten und fiel immer wieder den Razzien und Filzungen zum Opfer. Überhaupt war es ein Problem, an „Kostbarkeiten" wie ein Stück Bleistift oder ein Stück Zementsackpapier heranzukommen und diese – wenigstens eine Zeitlang – in Besitz zu halten. Um den Abend über 22 Uhr hinaus nutzen zu können (das war die verordnete Schlafenszeit und wurde durch Aufseher kontrolliert) übernahm ich oft freiwillig den Dienst des Ofenhüters, der das Feuer überwachte und daher von dieser Schlafensordnung ausgenommen war. Trotz all dieser Schwierigkeiten gelang es mir, im Erlernen der russischen Sprache Fortschritte zu erzielen, und ich war zunehmend in der Lage, die bescheidene Lagerbibliothek, die neben Tageszeitungen (Prawda, Iswestija) und sowjetischer „Erziehungsliteratur" auch Klassiker (Tolstoi, Puschkin, Lermontow, Turgenjew u. a.) vorrätig hielt, zu nutzen. Der März war vorbei, und der April neigte sich zum Ende zu. Die besonders im März sehr heftigen Nordoststürme mit starkem Schneefall wurden nun weniger, die Kälte hielt jedoch noch unvermeidlich an, die Temperaturen schwankten zwischen minus 40 und 50°C. Das Nordlicht, so schien es, wurde heller und intensiver. Vermischt mit Schnee und Eiskristallen leuchtete es in allen Farben wie kostbares Geschmeide, und plötzlich einsetzender Sturm baute in Sekundenschnelle Kirchen und Dome mit herrlichen Spitzen und Kuppeln auf, wie ich sie strahlender und schöner nie und nirgends gesehen habe."

Der allgemeine Gesundheitszustand

Noch bevor wir in die Arbeitslager der Sowjetunion abtransportiert worden waren, hatte eine uniformierte Ärztin des Sanitätsdienstes des MWD die jeweilige Arbeitskategorie festzustellen. Die Kategorie I stand für Schwerstarbeit und wurde mir zudiktiert. Bei einer zweiten Musterung durch die gleichfalls uniformierte Lagerärztin Valentina Sorokina verwies ich auf eine Kriegsverletzung der rechten Hand und auf eine in meiner Jugend zugezogene Verletzung des linken Ellenbogens. Damit befand ich mich schließlich in der Kategorie II: „Schwere Arbeit, Schachtoberfläche". Auf diese Entscheidung, die 1951 fiel, folgte meine jahrelange Widerspenstigkeit und Verweigerung „schwerer Arbeit", in deren Folge ich verschiedene Arbeitsbrigaden und den Karzer kennen lernen musste.

Und immer quälte uns Hunger! Man kam ja aus der DDR mit den Hungerrationen, hatte Monate im Gefängnis mit 400 Gramm Klitschbrot, mittags und abends drei Viertel Liter Gemüse- oder Graupenwassersuppe hinter sich. Bei den meisten konnten die Ärztinnen zur Kategorisierung für die Arbeit an den Gesäßbacken nur Haut greifen! Tote gab es bei Arbeitsunfällen, durch Verschüttungen im Schacht, schlagende Wetter, als Folge von körperlicher Überanstrengung und sonstigen Erkrankungen.

Die medizinische Versorgung in den Lagern war unzureichend. Im ambulanten und stationären Sanitätsbereich waren russische Ärzte und russisches Personal, auch sie Gefangene. Sie brauchten nicht im Schacht zu arbeiten, bekamen reichlich zu essen, während der durchschnittliche Gefangene hungerte. Er bekam zum Teil weniger als 600 Gramm Brot. Brot, nicht in unserer Qualität, sondern ein Klitschzeug. Warum, muß man fragen, haben die Russen einen Sanitätsdienst im Lager durch Gefangene aufrechterhalten?

Der Minister für Inneres der UdSSR, Volkskommissar Lawrentij P. Berija, war der größte Wirtschaftsunternehmer in der Sowjetunion bis zu seiner Hinrichtung am 23. Dezember 1953 – denn die Gefangenenarbeit war die billigste, die es gab.[59] Vor

59 Nach neuesten Schätzungen erbrachten die Kriegsgefangenen und Internierten allein von der Wertschöpfung des ersten Nachkriegs-Fünfjahresplanes acht bis zehn Prozent der gesamten Leistungen. Vgl. hierzu Karner S. 7 und S. 9.

allem aus Angst vor Seuchen ließ man ein Minimum an Betreuung und Hygiene zu, damit die Arbeitsnorm erfüllt werden konnte. Beispielsweise förderte der Schacht 29 innerhalb von acht Stunden 800 Tonnen Kohle, also in drei Schichten 2.400 Tonnen Kohle – hierfür war ein Minimum sanitätsdienstlicher Betreuung unabweisbar.

Generell wurden Krankheiten und Unfälle allerdings unter dem Aspekt der Arbeitsverweigerung und Sabotage betrachtet. Für die medizinische Versorgung waren in erster Linie Feldschere verantwortlich; die Möglichkeiten zur medikamentösen Versorgung waren äußerst gering. Selbst für Operationen standen häufig keine Narkotika zur Verfügung. Die Zahl der Kranken, nicht Arbeitsfähigen durfte 3% der Lagerstärke nicht überschreiten! Krank geschrieben wurde, wenn überhaupt, ab 37,5 Grad Fieber aufwärts.

Unfälle erregten zunächst den Verdacht der Selbstverstümmelung, wie z. B. der Verlust der Hand oder der Finger. In der Tat ließ sich mancher den Blinddarm rausnehmen, auch ohne Betäubung, um eine Woche nicht arbeiten zu müssen und in der Krankenbaracke liegen zu können. Auch wurden Zähne ohne Betäubung gezogen.

Eine große psychische Belastung für die deutschen Gefangenen – seit dem Tag der Verhaftung – war, dass es keine Möglichkeiten zur Kontaktaufnahme mit den Angehörigen und Freunden gab. Niemand wusste über ihren Verbleib und ihr Schicksal. Wir waren von der Information abgeschnitten, keiner durfte schreiben. Unsere Angehörigen wussten nicht, wo wir waren, während inhaftierte Russen zuweilen Post, teilweise auch Pakete erhielten.

Verschiedene Arbeitseinsätze

Arbeit auf der Schachtoberfläche bedeutete unter anderem das Freischaufeln von Gleisen im Schneesturm. Eine Tätigkeit, die mit dem Versuch verglichen werden kann, eine Badewanne auszutrinken, während gleichzeitig neues Wasser zuläuft. Mit einem Ingenieur und Straßenbaumeister, beide estnischer Herkunft, sowie dem Professor für Biologie August Oschinsch und dem Professor der Musikhochschule Berschinsch, beide aus Riga, stellten wir die Wasserversorgung für die 3.000 Zwangsarbeiter des Lagers sicher.

Im Sommer mussten wir von der Wasserstelle eines Bahngleises das Wasser mühselig antransportieren. Dies geschah mit Holzfässern, die 100 Liter fassten und die aufgrund dieses Gewichts mit einer armdicken Stange von zwei Trägern zum Lager gebracht werden mussten. Natürlich versagten viele der unterprivilegierten Häftlinge, geschwächt von unzureichender Nahrung und den Lebensbedingungen, bei solch körperlich anstrengender Arbeit.

Beim Transport schwerer Baumstämme lud ein verbrecherischer Aufseher zwei Häftlingen einen zu schweren Holzstamm auf, so dass der Schwächere zusammenbrechen musste. Der fallende Stamm zerschlug dann oftmals die Knochen des anderen Häftlings.

Als „Lagerbrigade" setzte die Verwaltung uns als „Begräbnis-Kommando" ein. Eines Tages übergab mir ein Litauer seine Tagesration Brot und bat mich, da er das Lager nicht verlassen durfte, bei der anstehenden Beisetzung ein „Vater unser" zu sprechen. So unkompliziert wird aus einem Studenten der Medizin im GULag ein „Diener der Kirche". Die gefährlichste Arbeit an der Oberfläche war auf dem Holzplatz zu verrichten. Aus oben offenen 40 Tonnen-Waggons wurden eisglatte gefrorene und zentnerschwere Baumstämme über drei Meter Höhe aus dem Waggon durch Menschenhand gestemmt. Hier kam es durch Unachtsamkeit und der natürlichen Erschöpfung immer wieder zu Katastrophen.

Um von der Holzbrigade weg zu kommen, willigte ich schließlich in eine Tätigkeit unter Tage ein. Meine Aufgabe bestand darin, Grubenholz von einem Versorgungsgang zu einem 80 Meter tiefer liegenden Gang zu transportieren. Bei einem Neigungswinkel von 45 Grad geschah dies mit Hilfe eines „Sulkis", der an einem Stahlseil herabgelassen wurde. Während mein Arbeitskamerad oben stand, wartete ich unten. Öfters verließen ungesicherte Stämme den „Sulki", um mit donnerndem Getöse auf mich zu stürzen. In einer Baubrigade, bei der acht Meter tiefe Fundamente mit Schaufel und Spitzhacke ausgehoben wurden, erbrachte die durch mich nicht erfüllte Norm eine Schlägerei und Karzer. Ende 1952 bis März 1955 fand ich schließlich eine Tätigkeit in der Kohle-Aufbereitungsanlage.

Der Häftlingsstreik in Workuta Ende Juli 1953 unterbrach die Sklavenarbeit in den Schächten der Region. Während dieses Streiks trat ein polnischer Mitgefangener, den ich nur vom Ansehen kannte, an mich heran: „Wir Polen wissen, dass die Sowjets für die Vernichtung der polnischen Offiziere in Katyn verantwortlich sind. Hier im Lager sind wir jetzt Kampfgenossen." Und ein türkischer Lagerkamerad verkündete euphorisch: „Wir alle hier zusammen sind das neue Europa".

Der Streik und seine Voraussetzungen

Es liegt in der Natur des Menschen, dass er, sofern ihm die Freiheit entzogen wurde, jede sich bietende Gelegenheit zu nutzen sucht, sie zurückzugewinnen. Das war unter der lückenlosen Bewachung im Archipel GULag fast aussichtslos. Gewollt menschenfeindliche Lagerstrukturen ließen keinen realistischen Fluchtplan reifen. Neun Monate eisigste Kälte, Schneestürme und die ohne Hilfsmittel nicht zu überwindenden Weiten der Tundra des Polarkreises waren „natürliche" und unüberwindbaren

Barrieren. Dennoch gab es einzelne, Fluchtversuche, denen der Erfolg freilich stets versagt blieb.

Aber auch lagerintern regte sich Widerstand. Die Gegnerschaft zur Diktatur, die beschriebene Ausweglosigkeit des Daseins unter den unwürdigen und rechtlosen Bedingungen des Lagers und schließlich der stärkste Antrieb eines denkenden Menschen, der Wille, frei und eigenverantwortlich zu leben, begünstigten mit der Zeit die Entstehung eines passiven Widerstands. Während die Arbeitslager sich zueinander in vollständiger Isolation befanden, funktionierten der Austausch und der Abgleich von Nachrichten und Erkenntnissen im Inneren des Lagers recht gut. Drei politische Ereignisse zeitigten bei den Gefangenen Workutas besondere Wirkung: der Tod Stalins am 5. März 1953, der Aufstand in der DDR am 17. Juni 1953 und die Verhaftung des Geheimdienstchefs Berija am 26. Juli 1953.

Das zunächst sehr vorsichtige Aufbegehren der Gefangenen traf auf eine durch die Ereignisse verunsicherte Lagerverwaltung. Es kam zum Streik, der Ende Juli im Schacht 29 und dem dazugehörigen Lager Nr. 10 seinen Höhepunkt fand. Den Versprechungen des für die Strafkolonie Workuta zuständigen Generalmajors Andrej A. Derewjanko schenkte keiner der Inhaftierten mehr Glauben; zu oft hatte die Administration die politischen Häftlinge belogen. Konsequenterweise forderte der Sprecher des Streikkomitees im Lager 10, der Pole Eduard Buca, deshalb Verhandlungen mit autorisierten Regierungsvertretern aus Moskau.

Als Folge dieser Forderung fand am 29. und 30. Juli 1953 eine wahrhaft historische Auseinandersetzung zwischen den Häftlingen einerseits und dem Kandidaten des Zentralkomitees der KPdSU und stellvertretenden Innenminister, Armeegeneral Iwan I. Maslennikow, andererseits statt. Ort dieser Zusammenkunft war der Appellplatz des Lagers. In Anwesenheit des Vertreters der Generalstaatsanwaltschaft der UdSSR, Oberjustizrat M. D. Samochin, wurden unsere Forderungen nach menschenwürdigen Haftbedingungen und verfassungsmäßigen Rechten vorgetragen. Drei Hauptforderungen wurden formuliert: die Freilassung aller politischen Häftlinge, das Recht der Ausländer, in ihre Heimat zurückzukehren und die Garantie der Straffreiheit für alle Streikenden.

Im Verlauf der Reden und Gegenreden verlor Armeegeneral Maslennikow jegliches Ansehen als Verhandlungsführer. Ein Hauptmann der ehemaligen Roten Armee meldete sich zu Wort: „Herr General, ich bin verwundet in deutsche Kriegsgefangenschaft geraten und deshalb nach dem Krieg zu 25 Jahren Lagerhaft verurteilt worden". Die Antwort des Generals: „Für Verräter eine gerechte Strafe". Trocken entgegnete der Hauptmann: „Sie aber, Herr General, waren mein Befehlshaber! Sie flogen als Verantwortlicher der eingeschlossenen Truppen aus dem Kessel aus! Ich habe meine Pflicht getan, während Sie, Herr General, Ihre Truppen im Stich gelassen haben und sich selbst in Sicherheit brachten".

265

ОБРАЩЕНИЕ К ЦЕНТРАЛЬНОМУ КОМИТЕТУ КОММУНИСТИЧЕСКОЙ ПАРТИИ СОВЕТСКОГО СОЮЗА

От заключенных IO-го лаготделения Речлага МВД

Разоблачение Президиумом Центрального Комитета Коммунистической Партии Советского Союза злобного врага народа, агента международного империализма БЕРИЯ, пробравшегося путем преступных махинаций к руководству органами, призванными охранять и обеспечивать государственную безопасность и законность, было встречено нами, заключенными IO лаг.отделения Речлага, с чувством глубокого удовлетворения.

Над каждым из нас,в разное время, следственные органы, возглавляемые ставленниками БЕРИЯ, учинили путем неслыханного нарушения советской законности, путем применения пыток, фальсификаций, бесконечных побоев и издевательств, следственную и судебную расправу, в результате которой мы в течение многих лет несем незаслуженные наказания, оторваны от общественной жизни советского народа.

Из сообщения Пленума ЦК КПСС нам стало ясно, что наша изоляция является одним из методов гнусной политики БЕРИЯ, расчитанной на подрыв морально-политического единства советского народа, на выключение миллионов людей из активной работы по строительству коммунизма, на подрыв доверия к партии и правительству среди миллионов наших родственников - представителей всех национальностей Советского Союза и стран Народной Демократии.

В течение многих лет заключения каждый из нас неоднократно подавал жалобы о не правильном осуждении на имя ЦК Партии и Верховного Совета, но они неизменно попадали в руки администрации авантюриста БЕРИЯ и не доходили до адресатов - высших органов Советского Государства.

Die Forderungen der Häftlinge

966

2.

Таким образом, стремясь поставить аппарат Министерства Внутренних Дел над Советским Правительством и Коммунистической Партией, подлый враг БЕРИЯ воздвигнул стену между нами - своими жертвами и высшими органами Советского Государства.

Наше положение не изменилось и с тех пор, как преступной деятельности БЕРИЯ был положен конец.

Несмотря на неслыханную несправедливость, учиненную в отношении нас, мы самоотверженно, в условиях сурового Севера, работали и обеспечили выход шахты № 29 в число передовых предприятий комбината "Воркутуголь".

Наше решение прекратить работу вызвано твердым убеждением в том, что над нами совершена большая несправедливость, что наше человеческое достоинство попрано вопреки конституционного права личности, что мы пали жертвой произвола органов МГБ и МВД. На протяжении всего периода заключения, мы благодаря тому же произволу, терпели и терпим постоянные издевательства и террор, избиения, ругань и унижения на каждом шагу человеческого достоинства. Для нас созданы условия, которые ведут к постепенному уничтожению нас.

Администрация, насажденная врагом народа БЕРИЯ, по прежнему препятствует нам донести правду о нашем положении до высших Советских органов.

Такое положение в дальнейшем терпимо быть не может и всему этому должен быть положен законный конец.

В связи с вышеизложенным мы требуем:

I. Освобождения всех политических заключенных из лагерей.

2. Представления иностранцам возможности возвращения на Родину.

967

3.

3. Гарантии неприкосновения ко всем бастующим.

Провокаций, предпринимаемые империалистами с целью развязывания новой войны, требуют максимального единства и сплоченности нашего народа. Удовлетворение наших требований сорвет надежды империалистов на разжигание внутренних противоречий среди советского народа, искусственно созданных их агентом БЕРИЯ и его аппаратом.

Заключенные лаготделения № IO Речлага.

Die Forderungen der Häftlinge

Eingabe an das Zentralkomitee
der Kommunistischen Partei der UdSSR

von den Haftlingen der Lagerabteilung
des Retschlag (Flußlager) des MWD

Die vom Präsidium des Zentralkomitees der Kommunistischen Partei der Sowjetunion vollzogene Entlarvung des Agenten des internationalen Imperialismus und boshaften Volksfeindes Beria, der durch verbrecherische Machenschaften sich der Führung der zu Gewährleistung der staatlichen Sicherheit und Gesetzmäßigkeit berufenen Organe bemächtigt hatte, ist von uns, den Häftlingen der 10. Lagerabteilung des Retschlag, mit dem Gefühl tiefer Befriedigung aufgenommen worden.

Die von Berias Handlangern geleiteten Untersuchungsorgane haben während der Untersuchungs- und Gerichtsverfahren an jedem von uns zu unterschiedlichen Zeiten Gewaltakte verübt, und zwar durch ungeheuerliche Verstöße gegen die sowjetische Rechtsordnung, durch die Anwendung der Folter, durch Fälschungen, fortwährende Prügeleien und Ernidrigungen — und infolgedessen verbüßen wir nun schon seit vielen Jahren eine unverdiente Strafe, abgeschnitten vom öffentlichen Leben des sowjetischen Volkes.

Aus der Mitteilung der Plenarsitzung des ZK der KPdSU ist es uns klar geworden, dass unsere Isolation eine der Methoden der schamlosen Politik von Beria ist, deren Absicht es war, die moralische und politische Einheit des sowjetischen Volkes zu sprengen, Millionen Menschen aus der aktiven Arbeit für den Aufbau des Kommunismus auszuschließen, das Vertrauen der Millionen unserer Angehörigen — d.h. von Menschen aus allen Nationalitäten der Sowjetunion sowie aus allen volksdemokratischen Länder — in die Partei und diem Regierung zu zerstören.

Im Laufe der vielen Haftjahre hat jeder von uns mehre Male Beschwerden über eine ungerechte Verurteilung an das ZK der KPdSU un an den Obersten Sowjet gerichtet — aber sie sind jedesmal in die Hände der Administration des Abenteurers Beria geraten und sind nicht an ihre Adressanten — die obersten Organe des sowjetischen Staates — gelangt.

Auf diese Weise hat der niederträchtige Volksfeind Beria, in seiner Absicht, den Apparat des Ministeriums für Innere Angelegenheiten **über** die sowjetische Regierung und die mKommunistische Partei zu stellen, eine Mauer zwischen uns errichtet — zwischen seinen Opfern und den obersten Organen des sowjetischen Staates.

Unsere Lage hat sich auch nach der Beendigung der verbrächerischen Tätigkeit Berias nicht geändert.

Die Forderungen der Häftlinge, deutsche Übersetzung

Ungeachtet des furchtbaren Unrechts, das an uns verübt wurde, haben wir unter den harten Bedingungen des Nordes aufopferungsvoll gearbeitet und haben es geschafft, das Bergwerk Nr. 29 auf den Spitzenplatz unter den Unternehmen des Kombinats "Workutaugol" zu bringen.

Unsere Entscheidung, die Arbeit einzustellen, ist durch die feste Überzeugung motiviert, dass an uns großes Unrecht verübt wurde, dass unsere menschliche Würde etgegen dem verfassungsmäßigen Recht der Persönlichkeit mit Füßen getreten wurde, dass wir der Willkür der Organe des MGB und MWD zum Opfer gefallen sind. Aufgrund dieser Willkür erlitten wir während der ganzen Haftzeit und auch jetzt noch ständige Verhöhnungen, Terror, Prügel, Beschimpfungen und Demütigungen, auf jedem Schritt und Tritt unseres menschlichen Daseins. Es wurden also für uns Bedingungen geschaffen, die zu unserer allmählichen Vernichtung führen.

Die von dem Volksfeind Beria instalierte Administration hindert uns nach wie vor daran, die Wahrheit über unsere Lage den obersten sowjetischen Organen zur Kenntnis zu bringen.

Eine solche Lage können wir nicht weiter ertragen. Dies alles muss nach Recht und Gesetz beendet werden.

Angesichts des oben Dargelegten fordern wir:

1. die Freilassung aller politischen Häftlinge aus den Lagern;

2. die Möglichkeit für Ausländer, in ihre Heimat zurückzukehren;

3. die Garantie der Straflosigkeit für alle Streikenden.

Die Provokationen der Imperialisten, die das Ziel haben, einen neuen Krieg zu entfesseln, vorgenommenen varlangen von unserem Volk großtmögliche Einheit und Geschlossenheit. Die Erfüllung unserer Forderungen wird die Hoffnung der Imperialisten, die von ihrem Agenten Beria und seinem Apparat künstlich geschaffenen inneren Widersprüche innerhalb des Sowjetvolkes schüren zu können, zunichte machen.

Die Häftlinge der Lagerabteilung Nr. 10
des Flüßlagers.

Mitinhaftierte russische Juristen hatten die Forderungen ebenso vorsichtig wie staatstragend formuliert. „Streikende Häftlinge waren bei früheren Aufständen getötet worden – so Mitte Mai 1938, als in Workuta 2.901 Häflinge als angebliche „Trotzkisten" erschossen wurden.

Diesen entlarvenden Dialog kommentierten Hunderte Häftlinge lautstark mit groben Flüchen. Maslennikow verließ daraufhin mit seinem Stab das Lager und bestätigte so ungewollt den Vorwurf des Hauptmanns. Diese Reaktion verhieß nichts Gutes. Ein hochgestellter Priester namens Mischkolzy aus dem Arbeitsbereich des verhafteten Kardinals Minzenti nahm – unsichtbar für Außenstehende – heimlich die Beichten zahlreicher gläubiger Häftlinge ab. Diese wollten, falls sie in den nächsten Stunden sterben sollten, ohne Sünde von der Erde scheiden. Angesichts der Umstellung des Lagers durch Soldaten ahnten die Gefangenen, dass von jenen eine tödliche Gefahr ausging.

Der Feuerbefehl

Am 1. August 1953 richtete sich ein durch Megaphon verstärkter Aufruf an die aus über 20 Nationen stammenden Häftlinge: „Achtung, Achtung! Ich habe heute den Truppen den Befehl erteilt, die Arbeitsverweigerung zu beenden. Wer zur Arbeit gehen will, der kann das Lager in den nächsten fünf Minuten verlassen. Die anderen haben die Folgen selbst zu tragen. Ich wiederhole [...]“.

Von den etwa 3.000 Häftlingen verließen ca. 20 das Lager, während insbesondere die polnischen und ukrainischen Häftlinge, ihre Brust entblößend, riefen: „Freiheit oder Tod“. Mir war klar, dass die nächsten Sekunden entscheidend sein würden. Plötzlich krachte ein Pistolenschuss, abgefeuert von einem Offizier. Tödlich in den Kopf getroffen, brach ein Häftling in der vordersten Reihe zusammen. In der siebten Reihe stehend, hechtete ich in einen neben der Lagerstraße verlaufenden flachen, muldenförmigen Graben, während das Feuer aus Maschinenwaffen einsetzte. Über mir liegend, verblutete ein litauischer Jesuitenpater. Es folgte ein weiterer Feuerstoß, der noch mehr Opfer forderte. Einige Häftlinge beteten laut. Ich bemerkte mitten in diesem blutigen Gemetzel uniformierte Fotografen. Auf der Lagerstraße lagen annähernd 50 Tote, über hundert zum größten Teil Schwerverwundete wälzten sich stöhnend in meinem Blickfeld.

Mein österreichischer Arbeitskamerad, der Ingenieur Karl Schmid, wurde ebenso tödlich getroffen wie zwei junge Deutsche. Ich wurde schließlich mit den anderen unverletzt gebliebenen Häftlingen aus dem Lager getrieben und schwor mir damals: „Du darfst diese Verbrechen niemals vergessen!“

Nach dem Streik

Bereits an den folgenden Arbeitstagen förderte der Schacht 29 wie vor dem Streik 2.400 Tonnen Kohle in 24 Stunden. Doch wurden jetzt Erleichterungen im Lagerleben spürbar. Häftlinge, die die Arbeitsnorm erfüllten, erhielten eine geringfügige Entlohnung. Allerdings wurden die Kosten für Bewachung, Verpflegung, Bekleidung und Unterkunft davon abgezogen, so dass die Auszahlungen letztlich nur auf dem Papier Bestand hatten. Die Fenstergitter der Baracken wurden entfernt und die Türen nachts nicht mehr verriegelt. Das für uns wichtigste Zugeständnis aber war, dass wir erstmals nach unserer Verhaftung die Möglichkeit erhielten, mittels der eingangs bereits erwähnten Karte im Dezember 1953 ein Lebenszeichen nach Hause zu senden. Noch wichtiger war, dass einzelne Gefangene jetzt abtransportiert wurden. Zumeist auf Umwegen erreichte uns die Nachricht von deren Entlassung.

Am 23. Dezember 1953 wurde Berija hingerichtet; der uns bekannte Armeegeneral Maslennikow erschoss sich am 16. April 1954 in seinem Arbeitszimmer. In diesem Jahr fielen in Moskau noch viele weitere uns betreffende gravierende Entscheidungen, die damals zunächst unbekannt blieben. So soll schon in dieser Zeit über die Aufhebung der bisherigen politischen Repressionen entschieden worden sein, was einschneidende Veränderungen für die Lager mit sich bringen musste.

Adenauers Besuch in Moskau 1955

Als Bundeskanzler Konrad Adenauer im September 1955 die Sowjetunion besuchte, bildeten auch die rund 10.000 deutschen Gefangenen einen Gegenstand der Verhandlungen in Moskau. Auf der sowjetischen Seite standen der Wunsch nach verbesserten Wirtschaftsbeziehungen und die Aufnahme diplomatischer Beziehungen im Vordergrund der Wünsche. Als Mittler dieser Annäherung fungierte der Sport; die in Bern erfolgreiche deutsche Nationalmannschaft sollte im August 1955 zur politischen Entspannung ein Freundschaftsspiel ausrichten.

Schon zuvor, nämlich im März 1955, wurde der deutsche Anteil des Lagers Nr. 10 – etwa 100 politische Häftlinge – nach Swerdlowsk transportiert, wo wir am 20. Mai einem Lager mit deutschen Kriegsgefangenen in Rewda zugeordnet wurden. Im Dezember 1955 und Januar 1956 erreichten wir mit den letzten Kriegsgefangenen Deutschland. Noch vor dem XX. Parteitag der KPdSU 1956 wurde damit begonnen, die noch in der Sowjetunion festgehaltenen politischen Häftlinge in ihre Heimatländer zu entlassen.

Союз Обществ Красного Креста и Красного Полумесяца
СССР
ПОЧТОВАЯ КАРТОЧКА
Carte postale
Кому (Destinataire) Хенниг, Горст
Куда (Adresse) г. москва п/я 5110/36
(страна, город, улица, № дома, округ, село, деревня)
Отправитель (Expéditeur)
Фамилия и имя Hennig, Paul
Nom de l'expéditeur Klostermansfeld, Drogerie
Почтовый адрес отправителя Schulplatz 12.
Adresse de l'expéditeur
Priére d'écrire sur carte posta!e, autrement ces lettres ne seront pas remises au destinataire.
Lettre au verso.
Бесплатно
Franc de port
Klostermansfeld 14.1.54 -10
20

Союз Обществ Красного Креста и Красного Полумесяца
СССР
ПОЧТОВАЯ КАРТОЧКА
Carte postale
Кому (Destinataire) Horst Hennig
Куда (Adresse) U.d.SSR. Moskau, Postschließfach
(страна, город, улица, № дома, округ, село, деревня)
Nr. 5110/36
Горст Генниг
Отправитель (Expéditeur)
Фамилия и имя Paul Hennig
Nom de l'expéditeur
Почтовый адрес отправителя Klostermansfeld
Adresse de l'expéditeur Schulplatz 12.
Priére d'écrire sur carte postale, autrement ces lettres ne seront pas remises au destinataire.
Lettre au verso.
Бесплатно
Franc de port
Klostermansfeld 24.2.54 -18
14

Postkarte von Horst Hennig (Karte des Roten Kreuzes und des Roten Halbmonds) aus dem Jahr 1954.

Horst Hennig unmittelbar nach der Haft

Mein Besuch in Moskau 1992/1993

Bei einer Begegnung mit sowjetischen Militärhistorikern 1992 in Freiburg erhielt ich eine Einladung zu einer Archivreise nach Moskau, der sich zwei pensionierte Generäle der Bundeswehr anschlossen. Bei dieser Gelegenheit übergab ich einem Offizier für Öffentlichkeitsarbeit in der Lubjanka eine in russisch verfasste Bitte um Einsichtnahme in die Gerichtsakten von 1950. Gleichzeitig vereinbarte ich einen zweiten Besuch vom 27. Juli bis 4. August in Moskau und Workuta, um die Gräber der am Schacht 29 Erschossenen aufzusuchen. Spontan gab der Offizier sein Einverständnis. Schon bald informierte mich die russische Botschaft in Bonn, dass die erbetenen Ermittlungs- und Gerichtsakten im Archiv gefunden worden wären. Deren Überprüfung habe ergeben, dass die Verhaftung und Verurteilung der Studenten 1950 zu Unrecht erfolgt sei.

Im Sommer 1993 reisten schließlich mit mir vier ehemals ebenfalls zu 25 Jahren Zwangsarbeit Verurteilte in die Russische Föderation. Gemeinsam wälzten wir – öffentlichkeitswirksam, denn die Moskauer Presse, das russische Fernsehen und das ZDF waren dabei – unsere Gerichtsakten. Die mich betreffende Akte, in der die „Verbrechen“ der sechs mitverhafteten Studenten katalogisiert waren, war ein Muster an Ordnung. Ich konnte zwei „Verbrecher-Fotos“ in Augenschein nehmen, die von mir nach meiner Verhaftung im „Roten Ochsen“ – ich war damals 23 Jahre – angefertigt worden waren.

Die freundlichen Beamten für Öffentlichkeitsarbeit des Ministeriums für Sicherheit der Russischen Föderation der Lubjanka baten uns, nach dem Studium der Akten in einem Arbeits- und Besprechungsraum (Konferenzzimmer) Platz zu nehmen. Betont wohlwollend empfing uns hier der stellvertretende Innenminister Generalleutnant V. A. Bondarenko. In seiner Begrüßungsansprache unterstrich er an erster Stelle das „neue Denken“ in der Regierung und in der Administration seines Hauses. Es gäbe keinen Personenkult mehr. Er bedauere das Leiden der damaligen Häftlinge. Aber das, was in der Repression möglich gewesen sei, sei heute unmöglich. Er bat um Vergebung für alles erlittene Unrecht, welches auch uns widerfahren sei. Im Namen meiner ehemals Mitverurteilten dankte ich für die Möglichkeit des Besuches, den Empfang, den Einblick in die Gerichtsakten und für die Unterstützung unseres

Workuta-Besuchs, wo wir der während des Streiks Erschossenen, der Verwundeten, der im Lager Verstorbenen nach 40 Jahren ehrend gedenken wollten.

Ich bat angesichts der Leiden der Opfer, die Archive für die wissenschaftliche Auswertung freizugeben, damit die Geschichte geschrieben werden könne, die nach 1917, nach 1933 und insbesondere von 1945 an auch eine russisch-deutsche Geschichte sei und als solche den Interessen beider Staaten diene. Zur Erinnerung erhielt ich Teile meiner Akte in Kopie, meine „Verbrecher-Fotos" und die Gerichtsentscheide über die Aufhebung der zu Unrecht ergangenen Urteile („Rehabilitierung") auch jener Studenten, die mit mir verurteilt worden waren.

Nach dem Besuch des KGB-Museums, das nach Weisung des späteren Generalsekretärs Andropow 1984 eingerichtet worden war, empfing uns die Militärhauptstaatsanwaltschaft der Russischen Föderation in Person von Generalmajor V. N. Panitschew. Freundliches und aufgeschlossenes Entgegenkommen auch hier, was besonders in der Begrüßungsrede zum Ausdruck kam. Im Keller-Archiv befanden sich unzählige Akten-Bände mit sicherlich Hunderttausenden von Schicksalen. Kein Mensch kennt deren genaue Zahl. Hier sollen vornehmlich § 58,6- (Spionage)Akten lagern. Anschließend gingen wir auf die „Arbeitsebene" der nachgeordneten Behörde dieser jungen Staatsanwaltschaft, die mit unserer Vergangenheit vertraut war. Am Abend versammelten sich unsere Gesprächspartner des Tages als unsere Gäste im Hotel. Die Trinksprüche waren entsprechend.

Der Höhepunkt des nächsten Tages war der Besuch bei der (zivilen) Generalstaatsanwaltschaft der Russischen Föderation, Leiterin der Abteilung Rehabilitierung, Frau G. F. Wesnowskaja. Die „Einsetzung in frühere Rechte" ist für die zu Unrecht verurteilten Menschen der russischen Staaten äußerst wichtig! Damit sind teilweise erhebliche materielle Vergünstigungen verbunden – zum Beispiel bedenkt Israel ehemals in der Sowjetunion verhaftete Menschen jüdischen Glaubens mit einer doppelten Rente.

Schließlich stand uns die Zugfahrt nach Workuta bevor. Dort angekommen, bezogen wir nach einer kurzen Rundfahrt durch die Stadt unser Hotel, ein aktives und unter ärztlicher Leitung stehendes Sanatorium.

Am 1. August 1993 versammelten wir uns, um der Toten des Workuta-Aufstandes zu gedenken. Gegen 11 Uhr, dem Zeitpunkt des Feuerüberfalls vor 40 Jahren, standen wir bewegt vor den Gräbern am Schacht 29. Von Vertretern anderer Nationen wurden Ansprachen gehalten, die in einen schwermütigen Trauergesang der Ukrainer übergingen. Auch eine amerikanische Schülergruppe zeigte sich von den religiösen Bräuchen der russischen Angehörigen und Freunde der Opfer ergriffen. Wir deutschen Zeitzeugen gingen zu Fuß Richtung Lager Nr. 10, in welchem seinerzeit auf der Lagerstraße auf Befehl des Generals und Kandidaten des ZK der KPdSU, Maslennikow, das Feuer auf die unbewaffneten Häftlinge eröffnet worden war.

Das Lager war später dem Erdboden gleichgemacht worden. Dennoch erkannte ich sämtliche Strukturen im Grundriss, sogar die sanitätsdienstliche Lager-Ambulanz. Hier verbrachte ich Jahre meines jungen Lebens und kämpfte täglich gegen Hunger, Zwangsarbeit und eine tödliche Kälte und um mein Überleben.

Am nächsten Tag folgten wir einer Einladung des stellvertretenden Chefs des Zentrums für Sicherheit, das dem Ministerium unterstellt ist. Ein Oberstleutnant in Zivil empfing uns. Er berichtete von seinen vielfältigen Erfahrungen in- und außerhalb der Region. Wir hatten die Gelegenheit, die am Ort tätige Arbeitsgruppe der Organisation „Memorial" kennenzulernen und unternahmen im Bus eine Schacht-Rundreise.

Von den früheren rund 30 Schächten waren 1993 noch 17 – und 2003 schließlich nur noch zwei – Kohleschächte aktiv. Die Menschen wandern aus der Region ab. Ein Gespräch mit dem Leiter des Schachtes 29 schloss sich an. Etwa 1.000 Beschäftigte fördern in vier Schichten 2.000 Tonnen Kohle täglich. Überall war gravierende Umweltverschmutzung zu erkennen, Gerät verrottete dort, wo es zuletzt gebraucht und liegen gelassen worden war (Im Jahre 2003 war der Schacht 29 „entsorgt" und bis auf den Tundra-Erdboden abgetragen).

Am Nachmittag erreichten wir das örtliche Sicherheits-Archiv. Hier befanden sich Akten der Erschossenen, die Kontrollkarten der an- und abtransportierten Häftlinge mit den wichtigsten Eintragungen zu ihrer Identität. Ich fotografierte die über meine Person angelegte Kontrollkarte und die eines beim Aufstand verwundeten und auch jetzt neben mir stehenden Haftkameraden, Einblick bekam ich auch in die Akte unseres erschossenen Landsmanns Gerd Kirsche. Insgesamt befanden sich, so wurde hier noch einmal bestätigt, im Laufe der Zeit über 250.000 Häftlinge in Workuta.

Alle Begrüßungen in Moskau und Workuta schloss ich, 1993 wie auch an diesem letzten Abend, mit den Worten, dass sich die russische Föderation und ihre Regierungen neben allen anderen innen- und außenpolitischen Verpflichtungen den demokratisch gesinnten Ländern Mittel- und Westeuropas, der westlichen Völkerfamilie anschließen mögen. Dieses würde den Interessen der Russischen Föderation wie denen der Bundesrepublik Deutschland dienen.

In meiner Erinnerung bleibt ein meterhohes Denkmal der litauischen Häftlinge vor dem Schacht 29 an einem Massengrab. Hierher würde auch eine Gedenkplatte für die vielen deutschen Kriegs- und zivilen Gefangenen gehören, die an diesem Ort verstorben sind. Bereits zwei Jahre später, am 1. August 1995, konnten wir im Namen des „Volksbundes Deutsche Kriegsgräberfürsorge" Kassel eine bescheidene Tafel an dieser Stelle einweihen. Sie trägt die Inschrift: „Den Opfern der Kriege und der Gewaltherrschaft".

Besuch in der Lubjanka (1993)

„Beschluss über die Rehabilitierung, 15.10.1992 (Kurzfassung)

<<Genehmigt>>
Kommissarischer Leiter der Abteilung Rehabilitierung der Hauptverwaltung für Aufsicht über die Umsetzung der Gesetze in den Streitkräften

Oberst der Justiz, L. P. Kopalin
den 15. Oktober 1992

B E S C H L U S S

über die Strafsache von W.-J. Eckert u.a.

Moskau, den 15. Oktober 1992

Eckert, Willi-Johannes, geb. 1924 im Dorf Klein-Pörten, Kreis Zeitz, Sachsen-Anhalt (Deutschland) wohnhaft ebenda, deutscher Nationalität, Student der Medizinischen Fakultät der Universität Halle, ledig, verhaftet am 11. März 1950;
Hennig, Horst, geb. 1924 im Dorf Siersleben, Kreis Mansfeld, in Sachsen-Anhalt, deutscher Nationalität, Student der Medizinischen Fakultät der Universität Halle, ledig, verhaftet am 14. März 1950;
Schott, Karl-Heinz, geb.1927 in Zeitz, Sachsen-Anhalt, wohnhaft ebenfalls in Zeitz, deutscher Nationalität, Student der Medizinischen Fakultät der Universität Halle, ledig, verhaftet am 16. März 1950;

[...]

Sie haben keine Spionage betrieben. Die Akte enthält keine Hinweise darüber, dass die Verurteilten Verbrechen gegen die UdSSR begangen haben sollen. Deshalb sind sie vom sowjetischen Gericht ohne Grund, nur aus politischen Motiven heraus verurteilt worden.

Gemäß Artikel 3 und 5 des Gesetzes der Russischen Föderation ‚Über die Rehabilitierung der Opfer von politischen Repressalien' vom 18. Oktober 1991 sind W. Eckert, H. Hennig, K. Schott, K. Erdmann, D. Flade und H. Schaffernicht als rehabilitiert zu betrachten.

MILITÄRSTAATSANWALT DER ABTEILUNG REHABILITIERUNG
Oberst der Justiz, N. S. Vlasenko"

Gruppenphoto im „Roten Ochsen" von einem Treffen ehemaliger Lagerinsassen in der Gedenkstätte Roter Ochse 1995.
Von links nach rechts: Horst Hennig, Willi Eckert, in der Mitte Oberst der Justiz Leonid P. Kopalin, Leiter der Abteilung „Rehabilitation für Ausländer" der Militärhauptstaatsanwaltschaft in Moskau, daneben Karl-Heinz Schott und Werner Eggers.

Die MLU im Griff der „Roten Professur“

Nach der Oktoberrevolution Lenins 1917 wurden nicht nur die bürgerlichen Eliten im „Kampf der Klassen“ entmachtet und vernichtet. In Kurzlehrgängen bildete die KPdSU Anfang der zwanziger Jahre parteilich argumentierende Lehrer an Schulen und Universitäten heran. Professoren wurden nicht mehr berufen, sondern deren Einsetzung erfolgte „verwaltungsmäßig“.

Prof. Dr. Leo Sterns „Einsetzung“ als Prorektor der MLU folgte dieser sowjetischen Praxis. Stern besaß als ehemaliger Staatsangehöriger der Sowjetunion und Oberstleutnant der „Roten Armee“ das absolute Vertrauen der Besatzungsmacht, er kannte die aus ihrer Emigration in Moskau zurückkehrenden hohen Parteiführer der KPD/SED und betrieb die politische Umwandlung der Universität im Sinne der KPdSU. Prof. Stern rechtfertigte die Verhaftungen und Verurteilungen von Hochschulangehörigen vor dem Senat der Universität, vor der Studentenschaft und vor der Öffentlichkeit. Nachweisbar wurden tragische Schicksale der zurückgebliebenen Familien in Kauf genommen, Verbleib und Hinrichtung wurden systematisch verschwiegen. Es gereicht der Russischen Föderation zur öffentlichen Anerkennung, diese Opfer der politischen Repression der frühen Jahre der SBZ/DDR, soweit diese von einem SMT verurteilt worden waren, rehabilitiert zu haben.

Nach all dem zugefügten Unrecht muss dem Parteisoldaten Prof. Dr. Leo Stern diese Anerkennung verweigert werden. Mit Schreiben vom 31. Mai 1951 teilte Staatssekretär Harig dem Rektor der MLU, Prof. Agricola, mit, dass Prof. Stern zum Stellvertreter des Rektors bestellt wurde. Harig erklärte die aus dem Rahmen fallende „Hinzuversetzung“ Sterns mit der Durchführung der Hochschulreform.

Wir resümieren stattdessen: Prof. Dr. Stern folgte gläubig und mit deutscher Gründlichkeit im vorauseilenden Gehorsam, auf Kosten Andersdenkender und Unschuldiger einer Ideologie, die sich in zahlreichen Archiven widerspiegelt. Der am 27. März 1901 geborene Stern studierte zunächst in Wien Geschichte. Im Jahr 1921 wird er Mitglied in der SPÖ und 1925 zum Dr. rer. pol. promoviert. 1935 emigrierte Dr. Stern in die ČSR, 1936 in die Sowjetunion. Nach seiner Teilnahme am spanischen Bürgerkrieg wird er 1940 an der Universität Moskau in „Neuerer Geschichte“ habilitiert. Nach Erlangung der sowjetischen Staatsbürgerschaft nimmt er als Offizier der „Roten Armee“ am Krieg gegen Deutschland teil.

An der MLU wird Stern 1950 mit einer Gastprofessur betraut und – ohne Berufungsverfahren – zu Vorlesungen über Neuere Geschichte „eingesetzt“. Am 31. Mai 1951 wurde er Prorektor der MLU um schließlich von 1953 bis 1959 als Rektor der MLU zu fungieren. Die DDR zeichnete Leo Stern 1971 mit dem Karl-Marx-Orden aus.

Bei diesem kurzen Blick auf die Vita muss abschließend hervorgehoben werden, dass Stern die jahrelangen Repressionen in der Sowjetunion selbst erlebt hatte; Repressionen, denen nicht nur Millionen unbescholtener russischer Bürger zum Opfer gefallen waren, sondern auch etwa 1.100 deutsche Kommunisten, die zu langjährigen Lagerstrafen oder zum Tode durch das NKWD verurteilt worden waren.

Der Prorektor und spätere Rektor der MLU kann als Historiker mit Lebenserfahrung aus der Sowjetunion nicht als Unkundiger gelten, insbesondere, was die Praxis der sowjetischen Geheimdienste in der DDR betrifft.

1951 Leo Stern wird als Prorektor eingesetzt

Aus dem Jahr 1951 sind neunundzwanzig Verhaftungen aktenkundig: Hildegard Seiler, Dieter Schmidt, Walter Scharf, Günther Klaus Schönfeld, Werner Kirsten, Wolf-Günther Hilscher, Horst Sackmann, Gerhard Schulze, Fritz Lange, Wolfgang Bernhard Bruns, Otto Hermann Kruggel, Werner Welser, Ulrich Höfer, Rolf Flemminger, Herbert Schulz, Johanna Felicitas Hensel, Herbert Hubl, Horst Abendroth, Manfred Grassow, Arno Raths, Georg Kujat, Theodor Günther, Axel Simon, Franz Kunert, Günter Zielke, Horst Kraft, Herbert Schönmuth, Wolfgang Hölscher und Gerhard Robert Zack.

1951 ist als Jahr des „Studentenprozesses" in die Geschichte der Martin-Luther-Universität eingegangen. Dieser Prozess gegen 12 Studenten, einen Studienbewerber und einen Assistenten der MLU ist vom MfS inszeniert, mit beträchtlichem propagandistischen Aufwand begleitet und letztendlich auch mit unerbittlicher Härte durchgeführt worden. Hier wurde Willkür handgreiflich deutlich – ein Student der MLU wird zum Tode verurteilt und hingerichtet, andere werden nach der Untersuchungshaft freigelassen. Die Rechtsunsicherheit war faktisch grenzenlos.

Ein Schreiben des Dekans der Medizinischen Fakultät Helmut Kraatz[1] an den Rektor vom 12. Januar belegt, dass die Verhaftungen jener Zeit mindestens mehrheitlich bekannt waren, wiewohl die Liste der Betroffenen an dieser Stelle unvollständig bleibt: „[...] erlaube ich mir als Dekan der Medizinischen Fakultät die Bitte zu unterbreiten, der Rektor der Universität möge sich auf Grund der Amnestie, die anlässlich des Geburtstages des Staatspräsidenten Wilhelm Pieck beabsichtigt war, dafür einsetzen, dass die inhaftierten Medizinstudenten begnadigt werden.

Es handelt sich in der Medizinischen Fakultät – soweit mir bekannt ist – um: Dr. med. dent. Herrmann, cand. med. Erich Koller, stud. med. Willi Eckert, stud. med. Dieter Flade, cand. med. dent. Weiss, stud. med. Karl-Heinz Schott, stud. med. Horst Hennig, stud. med. Werner Eggers."

Darauf antwortete am 22. Januar 1951 – in Vertretung des Rektors – der Prorektor dem Dekan, wobei er überaus vorsichtig argumentierte: Von der angeregten Befürwortung einer Begnadigung der verhafteten Medizinstudenten möchte er „abraten, da hier nicht bekannt ist, welcher Straftaten die Verhafteten beschuldigt werden und in welchem Maße sie sich schuldig gemacht haben."

1 Helmut Kraatz (1902–1983), Gynäkologe, Leopoldina-Mitglied seit 1953.

Am 22. Februar 1951 wurde in Berlin das Staatssekretariat für Hochschulwesen gegründet. Nahezu gleichzeitig sind an den Hochschulen Seminargruppen eingeführt worden.[2] Ihr Ziel war offensichtlich, der Schritt galt vor allem einer besseren Überwachung der Studenten. Ein zu bestimmender Seminargruppensekretär hatte zu diesem Zweck etwa die Aufgabe, Anwesenheitslisten in den Pflichtveranstaltungen zu führen und bei Bedarf Beurteilungen der Studenten zu formulieren.

In Halle war nach dem gescheiterten Versuch, Hans Stubbe zum Rektor zu wählen, eine erneute Wahl notwendig. In der Niederschrift über die Senatssitzung am 2. Februar 1951 heißt es: „Der Rektor [...] teilt mit, dass der Minister [...] den Professor mit Lehrstuhl für politische Ökonomie Dr. rer. pol. Dipl. Handelslehrer Rudolf Agricola als seinen Kandidaten bezeichnet hat. Er bittet, die Wahl vorzunehmen. Die Wahlzettel werden verteilt und das Ergebnis der Wahl durch den ältesten Senator [...] bekanntgegeben. Danach ist Prof. Dr. Agricola mit 10 Stimmen bei 5 Stimmenthaltungen zum Rektor gewählt." Die fünf Enthaltungen dürften die Voten der Senatoren Winter, Heinzelmann, Kraatz, Gallwitz und Schmalfuß gewesen sein.

Rudolph Agricola[3]

Damit war ein vor allem politisch agierender Hochschullehrer Rektor der Universität. Von einer wirklich freien Wahl konnte auch deshalb keine Rede sein, weil der Minister im vorab mitteilte, wen er als Magnifizenz zu sehen wünschte. Insofern sind fünf Stimmenthaltungen eine notierenswerte Begebenheit – später wurde grundsätzlich die Einstimmigkeit angestrebt; und zumeist auch erreicht.

Der politische Ton in den Senatssitzungen wird nun rauh. Am 13. Februar 1951 findet eine Arbeitsbesprechung mit Reinhard Vahlen[4] statt. Er referierte unter anderem zu Fragen der Studienreform und schätzte dabei ein, dass „[...] in den ersten Jahren seit 1945 für die Universität die Aufgabe stand, die Demokratisierung der Hochschulen durchzuführen und zu beenden [...]". Jetzt gelte es für die Universität, „[...] wieder ihr echtes

2 Ammer 1969, S. 15 und 16.
3 UAH.
4 Reinhard Vahlen (1917–1981), seit September 1945 Referent in der Abteilung Volksbildung der Provinzialverwaltung, Abteilungsleiter im Ministerium für Volksbildung der Landesregierung (Nachfolger von Skopp), bis April 1951, 1952 komm. Verwaltungsdirektor der Universität Halle.

eigenes Leben zu entwickeln, indem sie sich in den Rahmen des Fünfjahrplans einspannt und mithilft, seine Aufgaben zu erfüllen, nicht nur materieller Art, sondern im Dienste der grossen politischen Aufgaben: Kampf um die Einheit Deutschlands, Gewinnung eines Friedensvertrages für Deutschland, Kampf für den Frieden in der Welt überhaupt."

Herzerfrischend in der Sitzung ist die Wortmeldung des Vertreters der Theologischen Fakultät Lehmann[5], der zur Umgestaltung des Studiums bemerkte, die Theologische Fakultät sei „unabhängig von diesen Dingen. Die Fakultät wäre nicht dafür, 6 oder 7 Monate hintereinander zu lesen. [...], man kann nicht so viele Monate auf geistiger Höhe wandern."

Ende April stand abermals eine Resolution zur Beratung an. Paula Hertwig schrieb an Rektor Agricola: „[...] beiliegend übersende ich Ihnen den Entwurf über die Entschliessung zur Erhaltung des Weltfriedens anlässlich der 1. Senatssitzung im SS. 1951 zurück. Die erste Seite habe ich gekürzt und stilistisch etwas geändert, indem ich mehr die Universität in den Vordergrund der Erörterungen gestellt habe. Hinsichtlich der Aufgabenstellung habe ich nur eine Abänderung in dem ersten Absatz vorgenommen [...]". Ganz in diesem Sinne enfaltete die Universität immer neue Aktivitäten „im Kampf um den Frieden". Die Tagesordnung der Senatssitzung am 28. April 1951 macht das sehr eindringlich deutlich:

„... Die Aufgaben der Universität im Kampf um den Frieden,
... Die Aufgaben der Universität und die Hochschulreform,
... Die Aufgaben des Zentralen Friedenskomitees der Universität,
... Die Vorbereitung der Weltjugendfestspiele".

Paula Hertwig referierte in diesem Zusammenhang über „Die Aufgaben des zentralen Friedenskomitees an der Martin-Luther-Universität im Kampf um die Erhaltung des Friedens". Für ihre Darlegungen dankt der Rektor und brachte „[...] zum Ausdruck, daß der Senat es begrüßt, daß sie als bedeutende Wissenschaftlerin und als Persönlichkeit sich bereit erklärt hat, die Arbeit des Vorsitzenden des Zentralen Friedenskomitees an der Universität zu leisten."

Nach erfolgter Aussprache, so verzeichnet das Protokoll, werden die vorbereiteten „Entwürfe der Beschlüsse verlesen." Das ist eine Neuerung, denn Beschlussprotokolle waren bis hierher nicht üblich. Unzweifelhaft trägt auch diese Novität die Handschrift Rudolph Agricolas.

---

5 Arno Lehmann (1901–1984), Evangelischer Theologe. Studium der Theologie in Leipzig und Birmingham, 1925 Ordinariat, 1926 Missionar in Südindien, 1934–1950 Inspektor der Leipziger Mission und Studentenpfarrer und Missionsinspektor in Dresden, 1950 – als Nachfolger von Hilko Wiardo Schomerus – Ordenlicher Professor für Missionswissenschaften, Allgemeine Religionsgeschichte sowie südindische Geschichte und Dravidologie an der MLU.

In der außerordentlichen Senatssitzung am 18. Mai, an der Staatssekretär Gerhard Harig[6] teilnahm, wurde zur Studienreform beraten. Das Protokoll verzeichnet, dass künftighin „die Rechts- und Staatsw. Fakultät" aufgeteilt werden wird „in eine juristische und eine wirtschaftwissenschaftliche" und „die Nat. Fak." in Zukunft als „Mathematisch-Naturw. Fak." firmiert. Daneben ist erneut das Geschehen um die Leopoldina, die offiziell immer noch nicht wieder zugelassen ist, Diskussionsgegenstand: „In der von Prof. Gallwitz erwähnten Angelegenheit der Leopoldina führt der Staatssekretär aus, dass diese mit der Angelegenheit der Akademien überhaupt geregelt werden würde. Der Rektor schlägt vor, an das Staatssekr. einen Bericht zu senden, der über die DMG[7] und die Leopoldina orientiert."[8]

Zur Arbeitsbesprechung der Dekane am 2. August ist Staatssekretär Harig abermals anwesend. Alle hauptamtlichen Hochschullehrer, wird hier festgelegt, bekommen neue Anstellungsverträge. Einzelverträge können abgeschlossen werden. Ihr Ziel war vor allem, die Hochschullehrer zum Bleiben in der DDR zu ermuntern. Vertraglich sind dabei Vergünstigungen vereinbart worden, wobei ein ganz zentraler Punkt war, dass die Kinder der Vertragsinhaber die Möglichkeit haben sollten, entsprechend ihren Wünschen zur Oberschule zu gehen und später ein Studium aufzunehmen. Das war nicht selbstverständlich, denn grundsätzlich wurden die Arbeiter- und Bauernkinder bevorzugt. Auch konnte eine religiöse Bindung Hinderungsgrund für den Besuch der Oberschule sein, so dass im ungünstigen Fall der christliche Schüler weder das Abitur ablegen noch studieren konnte. Die Kirche löste dieses Problem teilweise, indem sie kirchliche Oberschulen einrichtete, so zum Beispiel in Naumburg oder in Hermannswerder bei Potsdam. Die Absolventen dieser Schulen konnten allerdings nur Theologie studieren.

Weiter wurde hier festgelegt und damit die politische Gängelung der Studenten verstärkt: „An jeder Universität wird ein Institut für gesellschaftswiss. Grundstudium eingerichtet, dass direkt dem Rektorat unterstellt ist unter Zuständigkeit des Prorektors für gesellschaftswissenschaftliches Grundstudium."

Dies bedeutete auch eine Neuvergabe von zahlreichen Räumen, das Hallenser Institut für Gesellschaftswissenschaften bekam dabei eine prominente Adresse: „Hauptgebäude I. Stock".

---

6 Gerhard Harig (1902–1966), Wissenschaftshistoriker und -funktionär, 1951–1957 erster Staatssekretär des neu konstituierten Staatssekretariats für das Hochschulwesen, unter seiner Leitung Einführung des marxistisch-leninistischen Grundstudiums als Pflichtfach für alle Studenten in der DDR. (Müller-Engbergs et al. 2000)

7 Deutsche Morgenländische Gesellschaft.

8 Die Leopoldina wurde weder mit der Deutschen Morgenländischen Gesellschaft noch mit der Berliner noch mit der Sächsischen Akademie zusammengeschlossen, sondern sie wurde 1952 als eigenständige Akademie wieder eröffnet.

Der Rektor informierte während dieser Zusammenkunft über seine Erfahrungen in der Sowjetunion und betonte das besondere Verhältnis zwischen Professoren und Studenten, „das auch wir anstreben soll(t)en. Die Ruhe und Sauberkeit in den sowj. Univ. ist nicht nur Äusserlichkeit, sondern Disziplin.“

Nun tritt mit dem Historiker Leo Stern ein Mann auf, dessen Einfluss auf die Umgestaltung der Universität kaum überschätzt werden kann. Stern war die entscheidende Person, die, gleichermaßen mit großer Machtfülle und Durchsetzungskraft ausgestattet, die „bürgerlichen Professoren“ unter Kontrolle hielt. Sein Einzug in den Senat vollzog sich vielsagend: In einem Schreiben am 31. Mai 1951 teilte Staatssekretär Harig Rektor Agricola mit, dass Leo Stern zum Stellvertreter des Rektors bestellt wurde!

Am selben Tag schreibt Harig an den Senat, dass Stern ab sofort Stellvertreter des Rektors ist, und erweckte dabei den Eindruck, die Initiative hierzu sei von Agricola ausgegangen: „Ich bin überzeugt, dass der Vorschlag des Rektors sich mit der Auffassung des Senats deckt, zumal Herr Professor Dr. Stern auf solchen Wisenschaftsgebieten anerkannten Rang besitzt, die wesentlich zur erfolgreichen Durchführung der Hochschulreform beitragen.“

Mit der Ankunft von Leo Stern nahm die politische Entwicklung an der Universität deutlich Fahrt auf. Schon die Arbeitsbesprechung der Dekane am 29. August 1951 legt davon Zeugnis ab: Im Protokoll zum Tagesordnungspunkt „Vorlesungen“ heißt es unter anderem: „Das gesellschaftsw. Grundstudium soll im Studienplan einer jeden Fakultät organisch eingebaut werden. Jede Fak. hat für die gesellschaftsw. Vorlesungen eigene Dozenten. Auch diese Vorlesungen sind möglichst in eigenen Räumen der Fakultät durchzuführen.“ Und weiter wird beschlossen: „Die Eröffnungsfeier der ABF wird [...] am 3.9.1951, 8.00 Uhr, im Klubhaus der Gewerkschaften stattfinden.“[9]

Der „Studentenprozess"

In diese Zeit fällt der vom MfS so bezeichnete „Studentenprozess“. In der Anklageschrift heißt es:

„1. Der Student Schulze, Egon, seit dem 26.10.1950 in der U.-Haftanstalt des MfS,
2. Der Student Wagner, Günter, seit dem 26.10.1950 in der U.-Haftanstalt des MfS,
3. Der Student Barthels, Herbert, seit dem 26.10.1950 in der U.-Haftanstalt des MfS,

9 Unterstreichungen mit Rotstift.

4. Der Student Walther, Joachim, seit dem 26.10.1950 in der U.-Haftanstalt des MfS,
5. Der Student Heimberger, Egon, seit dem 26.10.1950 in der U.-Haftanstalt des MfS,
6. Der Student Heiser, Siegfried, seit dem 26.10.1950 in der U.-Haftanstalt des MfS,
7. Der Student Regel, Hans, seit dem 26.10.1950 in der U.-Haftanstalt des MfS,
8. Der Schlosser Thieme, Dieter, seit dem 31.10.1950 in der U.-Haftanstalt des MfS,
9. Der Student Viol, Hans-Joachim, seit dem 26.10.1950 in der U.-Haftanstalt des MfS,
10. Der Dipl. Volkswirt Goetze, Horst, seit dem 26.10.1950 in der U.-Haftanstalt des MfS,
11. Der Student Götz, Julius, seit dem 1.11.1950 in der U.-Haftanstalt des MfS,
12. Der Student Söndergaard, Günter, seit dem 1.11.1950 in der U.-Haftanstalt des MfS,
13. Der Student Konetznik, Rolf, seit dem 1.11.1950 in der U.-Haftanstalt des MfS,
14. Der Gerichts- Referendar Reichardt, Dr., Ernst, seit dem 26.10.1950 in der U.-Haftanstalt des MfS [...] werden angeklagt,

zu 1 bis 14

nach dem 8.5.1945 durch Erfindung und Verbreitung tendenziöser Gerüchte den Frieden des deutschen Volkes gefährdet zu haben, indem sie zu 1 bis 14 in teilweiser Zusammenarbeit zu Gruppen illegales Hetzmaterial aus Westberlin von der sogenannten ‚Kampfgruppe gegen Unmenschlichkeit' von der Berliner SPD und von der studentischen Opposition Bade erhielten oder sich selbst in Berlin abholten und dieses unter der Bevölkerung der DDR in böswilliger Absicht verbreiteten.

Darüberhinaus haben sie teilweise an die oben genannten Stellen Berichte über aktuelle Ereignisse in der DDR übermittelt, um dem Gegner Material in die Hand zu geben, damit die DDR in gemeiner und gehässiger Weise zu diffamieren.

Zu 8: kommt unbefugter Waffenbesitz hinzu."[10]

In dieser Sache informierte der Generalstaatsanwalt Sachsen-Anhalts den Generalstaatsanwalt der DDR im Januar 1951: „14 Personen, fast ausschließlich Studenten der Universität in Halle, hatten sich zusammengeschlossen mit den sich inzwischen nach West-Berlin abgesetzten Walter Hofmann und Detlev Girrmann, um eine illegale

10 BStU Außenstelle Halle, MfS BV Halle, AU 49/51 Bd. 5, Bl. 2 ff.

Gruppe aufzustellen, welche westliches Propagandamaterial aus Westberlin herausschaffte, um es unter der Bevölkerung und der Studentenschaft in Halle zu verbreiten. Der Hauptangeklagte Schulze verschaffte dem vorgenannten Hofmann schriftlich und mündlich Berichte über die gesellschaftspolitische Arbeit an der Universität. So wurden u. a. Berichte gegeben über Lehrkräfte, die die Ausbildung von FDJ-Studiengruppen übernommen haben. Personalveränderungen wurden mitgeteilt, gleichzeitig wurden Angehörige der vorgenannten illegalen Gruppe in Massenorganisationen gesandt, um über alle Vorkommnisse zu berichten.

Die illegale Studentengruppe nahm Verbindung zu einem BGL-Vorsitzenden eines Magdeburger Industriebetriebes auf, um über diesen Weg eine Beeinflussung der dortigen Belegschaft vorzunehmen. [...] Die illegale Gruppe hatte unmittelbare Verbindung mit der sogenannten ‚Kampfgruppe gegen die Unmenschlichkeit' in Westberlin. Von hier aus wurde auch wiederholt Propagandamaterial wie z. B. ‚Der kleine Telegraf' und Broschüren ‚1984' besorgt, die dann in Halle und Magdeburg durch Angehörige der illegalen Gruppe verteilt wurden. Die Akten sind zur Terminanberaumung an die Große Strafkammer beim Landgericht in Halle weitergereicht."[11]

Zu einer ersten Verhandlung am 19. Februar 1951 wurden die Angeklagten gefesselt vorgeführt.

Es handelte sich hier um fünf Jurastudenten, zwei Pädagogikstudenten, zwei Studenten der Wirtschaftswissenschaften, einen Student der Landwirtschaftswissenschaften, zwei Studenten der Psychologie, einen Studienbewerber und einen wissenschaftlicher Mitarbeiter an der Juristischen Fakultät.

Sie wurden zu einer großen Gruppe zusammengefasst, weil Gruppenverhaftungen und Gruppenverurteilungen mehr Aufsehen erregten und damit propagandistisch wirksamer waren. Auch wenn sich einige untereinander kannten, waren sie nicht die festgefügte Widerstandsgruppe, als die sie im Prozess dargestellt wurde. Einige von ihnen waren Mitglieder der SED, was in den Vernehmungsprotokollen notiert ist.

Wenn man ihre Lebensläufe betrachtet, lassen sich einige Charakteristika erkennen: Sie waren zwischen 1917 und 1929 geboren und hatten nach der Schulzeit den Reichsarbeitsdienst absolviert. Dann folgte die Einberufung zur Wehrmacht. Auf diese Weise hatten viele von ihnen kostbare Lebenszeit verloren und waren in nun schon nicht mehr ganz jungen Jahren erst dabei, sich durch ein Studium die Basis für eine eigene Existenz zu schaffen. Siegfried Heiser, der Älteste, war mit 33 Jahren noch Student. Jetzt würde er noch einmal durch die Haft vier Jahre seines Lebens verlieren.

Doch damit nicht genug. Das MfS teilte damals den Angehörigen nicht einmal mit, wo sich die Verhafteten befanden. Am 11. Juni 1951 schrieb die Ehefrau des

11 BStU Außenstelle Halle, MfS BV Halle, ASt 5579 Bd. 2, Bl. 105.

KOPIE BStU

Landgericht,Strafkammer. 49 Halle/S,den 3o.1.51

13 a StKs 9/51

BStU 000086

An die Volkspolizeihaftanstalt

in Halle/S

Kirchtor

In der Strafsache gegen

1) den Student Egon Schulze, geb. am 12.2.1925 in Ebendorf b. Magdeburg, wohnh. in Olvenstedt b.Magdeburg
2) den Student Günter Wagner, geb. am 25.1o.1929 in Magdeburg wohnhaft in Magdeburg-Alts Fermersleben Nr. 4o
3) den Student Herbert Barthels,geb.am 1o.1o.1927 in Magdeburg, wohnhaft in Halle/S. Marktplatz 11,
4) den Student Joachim Walther, geb.am 15.3.192o in Metz/Elsaß wohnhaft in Halle/S. Robert-Franz-Ring 2 a,
5) den Student Egon Heimberger, geb.am 18.5.1921 in Halle/S. wohnhaft in Halle/S. Sternstr. 11,
6) den Student Siegfried Heiser, geb.am 25.5.1917 in Swakopmund wohnhaft in Güsen b.Magdeburg, Friedensstr. 16,
7) den Student Hans Regel, geb. am 7.1o.1925 in Stollberg/Erzg. wohnhaft in Halle/S. Gütchenstr. 14,
8) den Schlosser Dieter Thieme, geb. am 12.11.1928 in Magdeburg, wohnhaft Magdeburg,Gnadauerstr. 3,
9) den Student Hans Joachim Viol, geb. am 19.6.1928 in Artern, wohnhaft in Artern, zweite Anschrift,Halle/S. Karl v.Ositzkistr.8,
1o) den Dipl.Volkswirt Horst Goetze, geb.am 12.5.1925 in Halle/S. wohnhaft in Halle/S. v.Einbeckstr. 1o,
11) den Student Julius Götz, geb. am 5.3.1925 in Stettin, wohnhaft in Halle/S. Georgstr. 5,
12) den Student Günter Söndergaard, geb. am 5.3.1925 in Halle wohnhaft in Halle/S. Ankerstr. 2,
13) den Student Rolf Konetznik geb.am 12.5.1927 in Rogätz/Wolmirstedt wohnhaft in Halle/S. Humboldtstr. 17 a,
14) den Gerichtsreferendar Dr.Ernst Reichardt, geb.am 24.6.192o, in Erfurt, wohnhaft in Halle/S. Kröllwitzerstr. 33,

steht Termin an vor der 3. Strafkammer des Landgerichts in Halle/S. Kl.Steinstr. 7,Saal 37 am

19. Februar 1951 9 Uhr

Ich ersuche die dort einsitzenden

Schulze, Wagner, Barthels, Walther, Heimberger,

Brief des Landgerichtes Halle an die Volkspolizeihaftanstalt Kirchtor[12]

12 Ebd., Bd. 1, Bl. 86/87.

BStU
000087

KOPIE BStU

Heiser, Regel, Thieme, Viol, Goetze, Götz, Söndergaard, Konetznik und Reichardt
rechtzeitig zum Termin vorführen zu lassen.
Fesselung wird angeordnet.

gez- Heimsath. Dierl.

Beglaubigt.
Justizangestellte.

Landgericht Halle/S.

Brief des Landgerichtes Halle an die Volkspolizeihaftanstalt Kirchtor (Seite 2)

Studenten Rolf Konetznick an das Oberste Gericht der DDR, Abt. Staatssicherheit, Berlin: „Am 28. Oktober 1950, also fast vor 8 Monaten, wurde mein Ehemann – Rolf Konetznick, stud.rer.pol der juristischen Fakultät an der Martin-Luther-Universität zu Halle – in der neunten Morgenstunde von zwei Kriminalbeamten zu einer Vernehmung abgeholt. Weder ist er bis zum heutigen Tage zurückgekehrt, noch habe ich als Ehefrau ein Lebenszeichen von ihm erhalten.

Meine bisherigen Bemühungen, Näheres über meinen Mann zu erfahren, blieben erfolglos. Jedoch stets in der Hoffnung, daß eine Verhandlung meinem Manne die Freiheit wiedergibt, nahm ich davon Abstand, mich in dieser Angelegenheit an Sie zu wenden. Nunmehr aber sehe ich mich dazu veranlaßt. […] Ich möchte Sie daher bitten, nicht stillschweigend zuzusehen, wie ein Mensch in quälender Ungewißheit seelisch zu Grunde geht und mich von Ihren veranlaßten Maßnahmen zu unterrichten […]“[13]

Auch Karl Heiser fragte am 25. Juni 1951 beim Innenministerium nach dem Verbleib seines Sohnes: „Mein Sohn wurde am 25.10.1950 in Halle, wo er studierte, verhaftet. Da ich als Vater nicht weiß, wo sich mein Sohn befindet, bitte ich, mir als alten Mann von 69 Jahren, wenn möglich Nachricht zu geben.“[14]

Auch der Prozess ist in seinem Ablauf generalstabsmäßig geplant worden:

13 BStU Außenstelle Halle, MfS BV Halle, AU 49/51 Bd. 5, Bl. 70.
14 Ebd., Bl. 6.

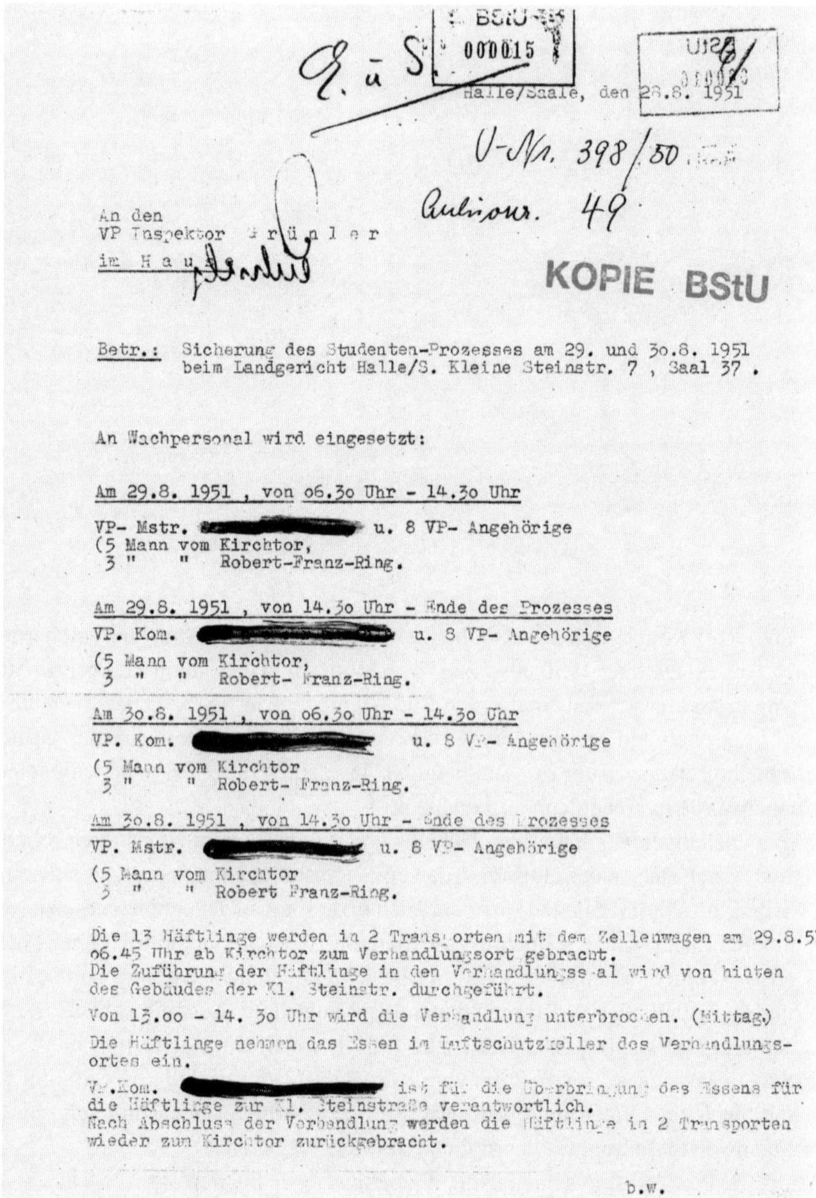
BStU 000015

Halle/Saale, den 28.8. 1951

U-Nr. 398/50

KOPIE BStU

An den
VP Inspektor G r ü n l e r
im H a u s

Betr.: Sicherung des Studenten-Prozesses am 29. und 30.8. 1951 beim Landgericht Halle/S. Kleine Steinstr. 7 , Saal 37 .

An Wachpersonal wird eingesetzt:

Am 29.8. 1951 , von 06.30 Uhr - 14.30 Uhr

VP- Mstr. [redacted] u. 8 VP- Angehörige
(5 Mann vom Kirchtor,
3 " " Robert-Franz-Ring.

Am 29.8. 1951 , von 14.30 Uhr - Ende des Prozesses

VP. Kom. [redacted] u. 8 VP- Angehörige
(5 Mann vom Kirchtor,
3 " " Robert- Franz-Ring.

Am 30.8. 1951 , von 06.30 Uhr - 14.30 Uhr

VP. Kom. [redacted] u. 8 VP- Angehörige
(5 Mann vom Kirchtor
3 " " Robert- Franz-Ring.

Am 30.8. 1951 , von 14.30 Uhr - Ende des Prozesses

VP. Mstr. [redacted] u. 8 VP- Angehörige
(5 Mann vom Kirchtor
3 " " Robert Franz-Ring.

Die 13 Häftlinge werden in 2 Transporten mit dem Zellenwagen am 29.8.51 06.45 Uhr ab Kirchtor zum Verhandlungsort gebracht.
Die Zuführung der Häftlinge in den Verhandlungssaal wird von hinten des Gebäudes der Kl. Steinstr. durchgeführt.

Von 13.00 - 14. 30 Uhr wird die Verhandlung unterbrochen. (Mittag)

Die Häftlinge nehmen das Essen im Luftschutzkeller des Verhandlungsortes ein.

VP.Kom. [redacted] ist für die Überbringung des Essens für die Häftlinge zur Kl. Steinstraße verantwortlich.
Nach Abschluss der Verhandlung werden die Häftlinge in 2 Transporten wieder zum Kirchtor zurückgebracht.

b.w.

„Sicherung des Studentenprozesses am 29. und 30. 8. 1951"[15]

15 Ebd., Bl. 15 und 16.

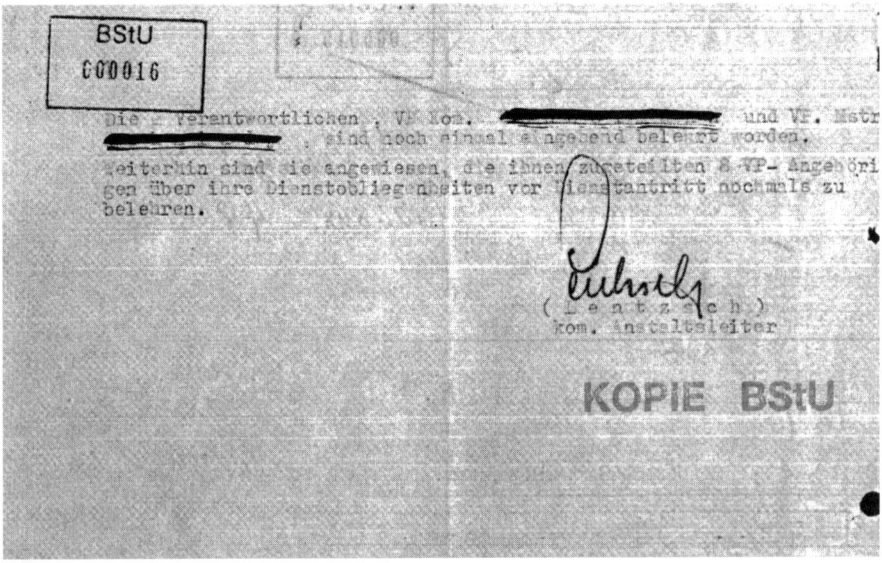

BStU
000016

Die Verantwortlichen, VP Kom. [redacted] und VP. Mstr [redacted], sind noch einmal eingehend belehrt worden.

Weiterhin sind sie angewiesen, die ihnen zugeteilten 8 VP-Angehörigen über ihre Dienstobliegenheiten vor Dienstantritt nochmals zu belehren.

(Lentzsch)
kom. Anstaltsleiter

KOPIE BStU

„Sicherung des Studentenprozesses am 29. und 30. 8. 1951"

Der Staatsanwalt hielt beim Prozessauftakt am 30. August 1951 eine Rede, die ein konfuses Sammelsurium ohne jede Logik ist. Er erging sich in Schmähungen gegen westliche Politiker und die Angeklagten gleichermaßen – die Rede ist eines Staatsanwalts unwürdig.

Getreu des Drehbuchs zum Prozess wurden folgende Strafen für die Verhafteten beantragt: „Schulze, Wagner und Walter je 12 Jahre Zuchthaus und Sühnemassnahmen [alle haben Sühnemassnahmen nach Direktive 38], Heimberger 10 Jahre Zuchthaus, Barthels 8 Jahre Zuchthaus, Regel 10 Jahre Zuchthaus, Heiser 8 Jahre Gefängnis, Thieme 5 Jahre Gefängnis, Söndergaard und Konnetznik 2 Jahre Gefängnis, Götze, Viol und Reichert Freispruch mangels Beweisen. Anrechnung der Untersuchungshaft bei allen Angeklagten.
30. August 1951."[16]

In ihrem Urteil blieben die Richter nur bei Thieme mit drei Jahren unter dem Antrag des Staatsanwaltes.[17]

16 Ebd., Bl. 23 und 24.
17 Ebd., Bl. 186, Urteil vom 29./30. August 1951.

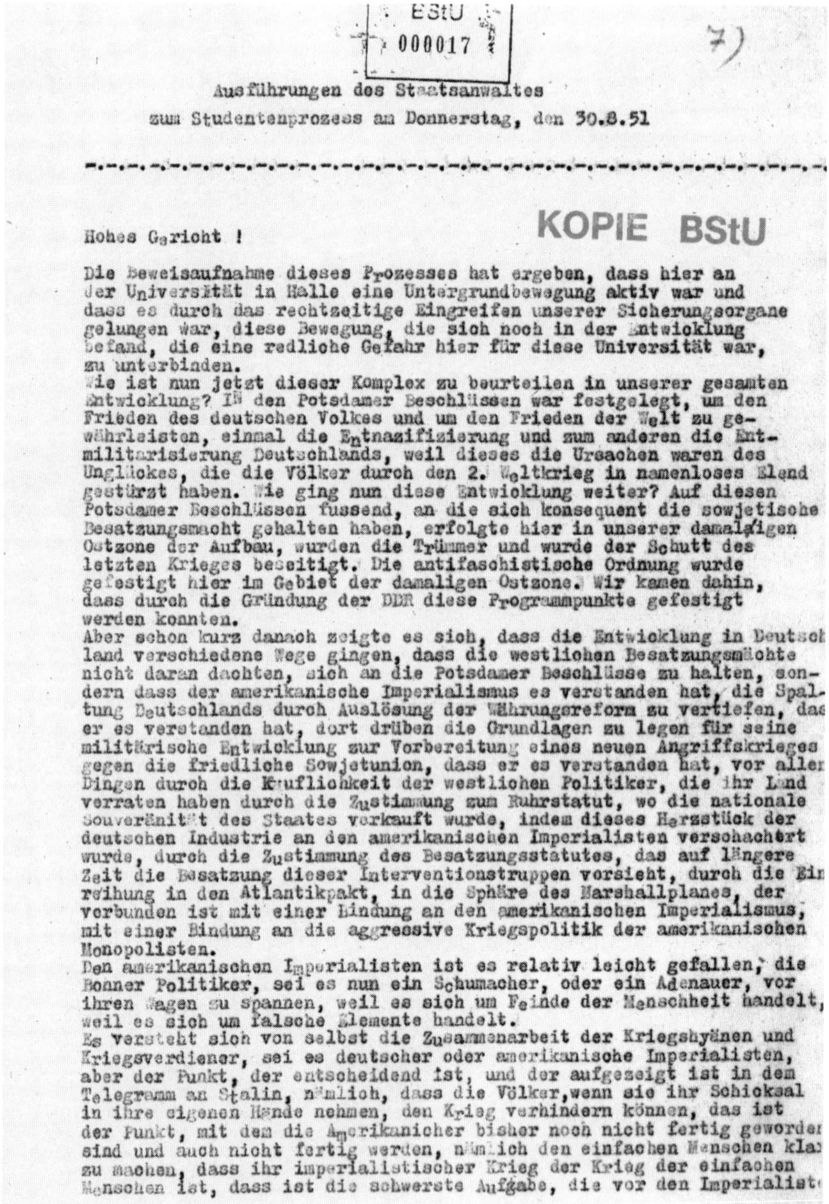

BStU 000017

7)

Ausführungen des Staatsanwaltes
zum Studentenprozess am Donnerstag, den 30.8.51

-.-

KOPIE BStU

Hohes Gericht !

Die Beweisaufnahme dieses Prozesses hat ergeben, dass hier an der Universität in Halle eine Untergrundbewegung aktiv war und dass es durch das rechtzeitige Eingreifen unserer Sicherungsorgane gelungen war, diese Bewegung, die sich noch in der Entwicklung befand, die eine redliche Gefahr hier für diese Universität war, zu unterbinden.
Wie ist nun jetzt dieser Komplex zu beurteilen in unserer gesamten Entwicklung? In den Potsdamer Beschlüssen war festgelegt, um den Frieden des deutschen Volkes und um den Frieden der Welt zu gewährleisten, einmal die Entnazifizierung und zum anderen die Entmilitarisierung Deutschlands, weil dieses die Ursachen waren des Unglückes, die die Völker durch den 2. Weltkrieg in namenloses Elend gestürzt haben. Wie ging nun diese Entwicklung weiter? Auf diesen Potsdamer Beschlüssen fussend, an die sich konsequent die sowjetische Besatzungsmacht gehalten haben, erfolgte hier in unserer damaligen Ostzone der Aufbau, wurden die Trümmer und wurde der Schutt des letzten Krieges beseitigt. Die antifaschistische Ordnung wurde gefestigt hier im Gebiet der damaligen Ostzone. Wir kamen dahin, dass durch die Gründung der DDR diese Programmpunkte gefestigt werden konnten.
Aber schon kurz danach zeigte es sich, dass die Entwicklung in Deutschland verschiedene Wege gingen, dass die westlichen Besatzungsmächte nicht daran dachten, sich an die Potsdamer Beschlüsse zu halten, sondern dass der amerikanische Imperialismus es verstanden hat, die Spaltung Deutschlands durch Auslösung der Währungsreform zu vertiefen, dass er es verstanden hat, dort drüben die Grundlagen zu legen für seine militärische Entwicklung zur Vorbereitung eines neuen Angriffskrieges gegen die friedliche Sowjetunion, dass er es verstanden hat, vor allen Dingen durch die Käuflichkeit der westlichen Politiker, die ihr Land verraten haben durch die Zustimmung zum Ruhrstatut, wo die nationale Souveränität des Staates verkauft wurde, indem dieses Herzstück der deutschen Industrie an den amerikanischen Imperialisten verschachert wurde, durch die Zustimmung des Besatzungsstatutes, das auf längere Zeit die Besatzung dieser Interventionstruppen vorsieht, durch die Einreihung in den Atlantikpakt, in die Sphäre des Marshallplanes, der verbunden ist mit einer Bindung an den amerikanischen Imperialismus, mit einer Bindung an die aggressive Kriegspolitik der amerikanischen Monopolisten.
Den amerikanischen Imperialisten ist es relativ leicht gefallen, die Bonner Politiker, sei es nun ein Schumacher, oder ein Adenauer, vor ihren Wagen zu spannen, weil es sich um Feinde der Menschheit handelt, weil es sich um falsche Elemente handelt.
Es versteht sich von selbst die Zusammenarbeit der Kriegshyänen und Kriegsverdiener, sei es deutscher oder amerikanische Imperialisten, aber der Punkt, der entscheidend ist, und der aufgezeigt ist in dem Telegramm an Stalin, nämlich, dass die Völker, wenn sie ihr Schicksal in ihre eigenen Hände nehmen, den Krieg verhindern können, das ist der Punkt, mit dem die Amerikanicher bisher noch nicht fertig geworden sind und auch nicht fertig werden, nämlich den einfachen Menschen klar zu machen, dass ihr imperialistischer Krieg der Krieg der einfachen Menschen ist, dass ist die schwerste Aufgabe, die vor den Imperialisten

Rede des Staatsanwaltes (erste Seite)[18]

18 Ebd., Bl. 17 und 18, Ausführungen des Staatsanwaltes.

 - 2 - 8

steht und zur Lösung dieser Aufgabe ~~setzen sie ihre~~ Agenten an, benutzen sie die vielfältigsten Methoden.
Zu diesen Aufgaben hat sie auch die Angeklagten benutzt, zu diesen Aufgaben haben objektiv die Angeklagten Hilfestellung geleistet, nämlich die Erschütterung der organisierten Friedensfront, die ein festes Glied unserer DDR ist, die Erschütterung dieser Friedensfront durch Hetzliteratur, durch Übermittlung von Nachrichten oder sonst verschiedene Dinge, die auf Anweisung des Ostbüros, der SPD oder anderer westlicher Politiker ausgelöst sind, die sich in einer Vielzahl von Meldungen ausdrücken und die durch eine Vielzahl von Sachen belegt sind und die vom Nationalrat im "Weissbuch" zusammengefasst sind.
Zur Beurteilung der Angeklagten dieses Prozesses ist es notwendig, dass man eingehend auf die Rolle unserer Universitäten überhaupt eingeht.
Unsere Universitäten konnten nur errichtet werden und können sich nur aufrecht erhalten durch die Kraft und durch die Leistung unserer schaffenden Menschen, durch die Leistungen unserer Aktivisten, die mit unsaglichen Entbehrungen hier unser Leben überhaupt wieder lebenswert gemacht haben, unsere Nation vor dem Untergang gerettet haben, vor dem Untergang, wie es die Nazigegner dem deutschen Volk zugedacht hatten.
Unsere Universitäten sollten den Nachwuchs geben für die leitenden Stellungen in der Wirtschaft, für die leitenden Stellungen in der Politik, in der Kultur, auf allen Gebieten. Und wie haben die Angeklagten gehandelt? Soweit sie Studenten sind, haben sie fast ausnahmslos, ausser Walter, Stipendien erhalten, sie hatten jede Möglichkeit sich fortzubilden, sie hatten diese Möglichkeit, trotzdem sie in ihrer jugendlichen Verblendung dem Nazismus Dienste geleistet haben, trotzdem sie in der faschistischen Zeit mit schuldig geworden sind an dem Verbrechen Deutschlands, an der Menschheit, an dem Fortschritt. Und wie haben die Angeklagten dem Volke, den schaffenden Menschen gedankt?
Ich möchte hier nicht im einzelnen eingehen, ich möchte hier die Verhandlungsführung würdigen, die eindringlich zu den einzelnen Punkten Stellung genommen hat, das was die einzelnen Angeklagten trotz ihres Windens und Sträubens zugeben mussten, und zwar

S c h u l z e Sch. hat dem Hofmann, von dem ihm bekannt war, dass er Mitglied der rechten SPD war, Berichte gegeben, von diesem Hoffmann hat er Material empfangen, mit diesem Hoffmann hat er durch Frl. Lindenberg Verbindung aufgenommen. Er hat mit Regel zusammengearbeitet, er versuchte Frl. Henning aus Wolmirstedt für diese Arbeit zu gewinnen. Sie hatten Treffs in der Wohnung von Wagner organisiert.
Er hat sich Notizen gemacht zum Zwecke der eigenen Sicherung, von vornherein war sich diese Gruppe bewusst, wie verwerflich ihr Handeln war und sie wollten sich dadurch decken. Seine subjektive Einstellung ist klar erwiesen durch seine Eintragungen im Tagebuch, die ja sein Innerstes wiedergeben. Er hat nicht damit gerechnet, dass dieses Buch mal als Beweis in einer Verhandlung verwertet wird. Nach Ansicht der Anklage hat der Angeklagte Schulze den Tatbestand des Artikels 6 der Verfassung der DDR verwirklicht, durch sein Tätig werden hat er Boykotthetze getrieben gegen demokratische Einrichtungen.

- 3 -

Rede des Staatsanwaltes (zweite Seite)

Dass menschenverachtend mit den verurteilten Studenten umgegangen wurde, wird auch aus diesem Schreiben deutlich:

„Regierung der DDR
Ministerium für Staatssicherheit
Verwaltung Sachsen-Anhalt Kdr. Grabner

An den Leiter der Strafvollzugsanstalt
Magdeburg – Sudenburg, 20.5.1952
Betr.: Strafgefangenen Egon Schulze, geb. 14.2.25

Schulze, Egon wurde von der Gr. Strafkammer in Halle am 29. und 30.8.1951 zu 10 Jahren Zuchthaus verurteilt wegen Zugehörigkeit zu einer Untergrundbewegung. Schulze verblieb nach seiner Verurteilung in unserer Haftanstalt Halle, Kirchtor. Infolge Platzmangel ist es uns jetzt nicht möglich, den Schulze weiter hier zu belassen. Ich bitte daher, den Schulze in Ihrer Anstalt aufzunehmen unter Berücksichtigung folgender Hinweise:

1.) Schulze darf nur mit Häftlingen zusammengelegt werden, die ebenfalls Freiheitsstrafen nicht unter 10 Jahren haben.
2.) Schulze ist nicht zu Arbeiten außerhalb der Anstalt heranzuziehen, sondern nach Möglichkeit nur mit Beschäftigungen innerhalb der Zelle zu betrauen.
3.) Schulze darf auf keinen Fall mit nachstehend aufgeführten Häftlingen zusammengelegt werden:

Joachim Walther, Herbert Bartels, Siegfried Heiser, Rolf Konecsnik, Günther Söndergа[a]rd, Dieter Thieme, Günther Wagner, Otto Schropp, Herbert Weygandt.
Ich bitte, mich von Ihren Maßnahmen schriftlich in Kenntnis zu setzen.“[19]

Welche besonderen Schwierigkeiten es bei Julius Götz gab, konnten wir nicht klären. Er erkrankte in der Haft schwer und ist laut Studentenbund am 28. Mai 1952 aus dem Haftkrankenhaus Tangermünde geflohen. In den Akten ist ein verzweifelter Brief von Götz archiviert, den er am 22. April 1952 an den Kommandeur der Untersuchungshaftanstalt des Staatssicherheitsdienstes richtete:
„Sehr geehrter Herr Kommandeur!
Ich wende mich heute abermals mit der Bitte an Sie, meinen Termin festzusetzen. Ich bin jetzt 18 Monate in Haft. Dadurch, daß ich noch keinen Termin hatte, ist es mir während dieser Zeit auch noch nicht gestattet gewesen, mit meinen Familienangehörigen in Verbindung zu treten. Ich mache mir große Sorgen um meine Familie. Wenn die Herbeiführung eines Termines nicht möglich sein sollte, so bitte ich, mir doch die Schreiberlaubnis zu erteilen.“

19 BStU Außenstelle Halle, MfS BV Halle, AU 49/51 Bd. 5, B. 32.

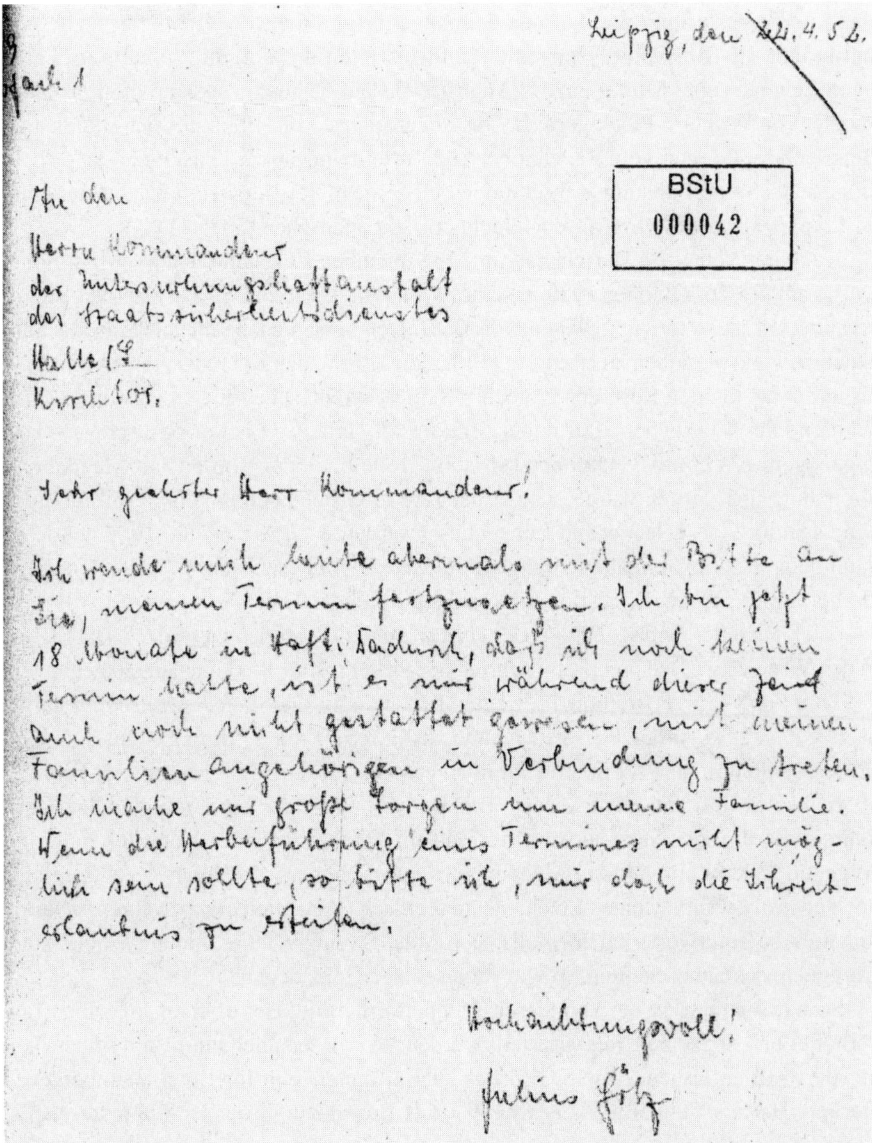

Fach 1

Leipzig, den 22.4.52.

BStU
000042

An den
Herrn Kommandeur
der Untersuchungshaftanstalt
des Staatssicherheitsdienstes
Halle/S.
Kirchtor.

Sehr geachteter Herr Kommandeur!

Ich wende mich heute abermals mit der Bitte an Sie, meinen Termin festzusetzen. Ich bin jetzt 18 Monate in Haft. Dadurch, daß ich noch keinen Termin hatte, ist es mir während dieser Zeit auch noch nicht gestattet gewesen, mit meinen Familienangehörigen in Verbindung zu treten. Ich mache mir große Sorgen um meine Familie. Wenn die Herbeiführung eines Termines nicht möglich sein sollte, so bitte ich, mir doch die Schreiberlaubnis zu erteilen.

Hochachtungsvoll!
Julius Götz

Brief von Julius Götz[20]

20 Ebd., ASt 5579 Bd. 1, Bl. 42, handschr. Brief von Julius Götz vom 22.4.1952 an den Kommandeur der Untersuchungshaftanstalt.

Nach der Verurteilung wurden von den Angehörigen mehrere Gnadengesuche gestellt, aber die Strafvollzugsanstalten befürworteten diese nicht. So hatte im Falle Egon Schulze seine Mutter am 17. August 1953 ein Gnadengesuch an die Präsidialkanzlei von Wilhelm Pieck gestellt. Das angeforderte Gutachten aus der Haftanstalt Brandenburg Görden vom 31. Oktober 1953 urteilte negativ: „Er ist nicht zur Arbeit eingesetzt. Seine Führung während der Zeit seines Hierseins ist zufriedenstellend. [...] der Strafzweck (wird) als noch nicht erreicht angesehen."[21]

Auch der Vater von Bartels bat am 17. November 1952 um Gnade: „Mein Sohn wurde am 25./26. Oktober 1950 in seiner Wohnung [...] vom Staatssicherheitsdienst verhaftet. Er ist so töricht gewesen, von Bekannten verschiedene illegale Schriften anzunehmen und dieselben zu lesen. [...] Er hat dieselben nach Kenntnisnahme verbrannt bis auf einen kleinen Rest, den er noch in seiner Aktentasche für sich verwahrte. [...] Während der 49 Wochen Haft in der Strafanstalt Halle [...] hat er sich schwere Tbc zugezogen. Als er am 3. Oktober 1951 von Halle nach der Strafanstalt Magdeburg Sudenburg überwiesen wurde, wog er bei 1,78 m Größe noch ungefähr 90 Pfund. Er hatte ständig Fieber, Herz- und Lungenbeschwerden. [...] Am 6. Juni 1952 wurde er dann dem Haftkrankenhaus Leipzig Klein-Meusdorf überwiesen. [...] Seitdem liegt Herbert in Leipzig in der Station für Kranke mit offener Tbc."[22]

Auch nach der Entlassung aus der Haft wurden den Studenten in der DDR Steine in den Weg gelegt. Beispielsweise schrieb der Prorektor für Studentenangelegenheiten der Humboldt-Universität am 12. September 1956 an die Staatsanwaltschaft Halle, nachdem sich Hans Regel beworben hatte, als Externer seine Prüfung abzulegen. Der Prorektor meinte, das sei doch wohl noch etwas zu früh. Regel war am 15. Februar 1956 aus der Haft entlassen worden. Der Berliner Prorektor bittet um eine Stellungnahme, die ihm der Staatsanwalt Steffens am 1. Oktober 1956 gibt: „Ich halte im Augenblick den Zeitpunkt zur Ablegung des Staatsexamens für Herrn Regel ebenfalls noch etwas verfrüht. Meines Erachtens muß er sich tatsächlich erst bewähren. Gelingt ihm dies, so befürworte ich ebenfalls nach Ablauf weniger Jahre ihm die Möglichkeit zur geben, das Staatsexamen, so wie vorgeschlagen, abzulegen."[23]

So wie die meisten der von dieser Gruppenverhaftung Betroffenen am selben Tag verhaftet und am selben Tag verurteilt wurden, so wurden auch einige am selben Tag aus der Haft entlassen. Am 15. Februar 1956 öffneten sich für Egon Heimberger[24], Herbert Bartels[25] und für Hans Regel[26] „auf Bewährung" die Gefängnistore. Sie

21 Ebd., ASt 5579 Bd. 6, Gnadenheft Egon Schulze, Bl. 5, Antrag der Mutter Bl. 2.
22 Ebd., AU 49/51 Band 8, Gnadenheft Bartels, Bl. 2.
23 Ebd., ASt 5579 Bd. 6, Bl. 26 und Bl. 27.
24 Ebd., AU 49/51 Bd. 4, Bl. 3.
25 Ebd., Bl. 5/6.
26 Ebd., Bl. 11.

wurden weiterhin vom MfS überwacht, erst durch einen Beschluß vom 11. Mai 1960 wurde ihnen die Reststrafe endgültig erlassen. Von Joachim Walther war bekannt, daß er seit 1956 „republikflüchtig" sei.[27]

Eingegangen in die Akten des „Studentenprozesses" sind auch zwei Briefe der Dekanin der Rechts- und Staatswissenschaftlichen Fakultät, Professor Dr. Gertrud Schubart-Fikentscher,[28] für ihren Assistenten Ernst Reichardt, aus denen hier Auszüge abgedruckt werden. Am 28. Oktober 1950 schrieb sie an den Generalstaatsanwalt:

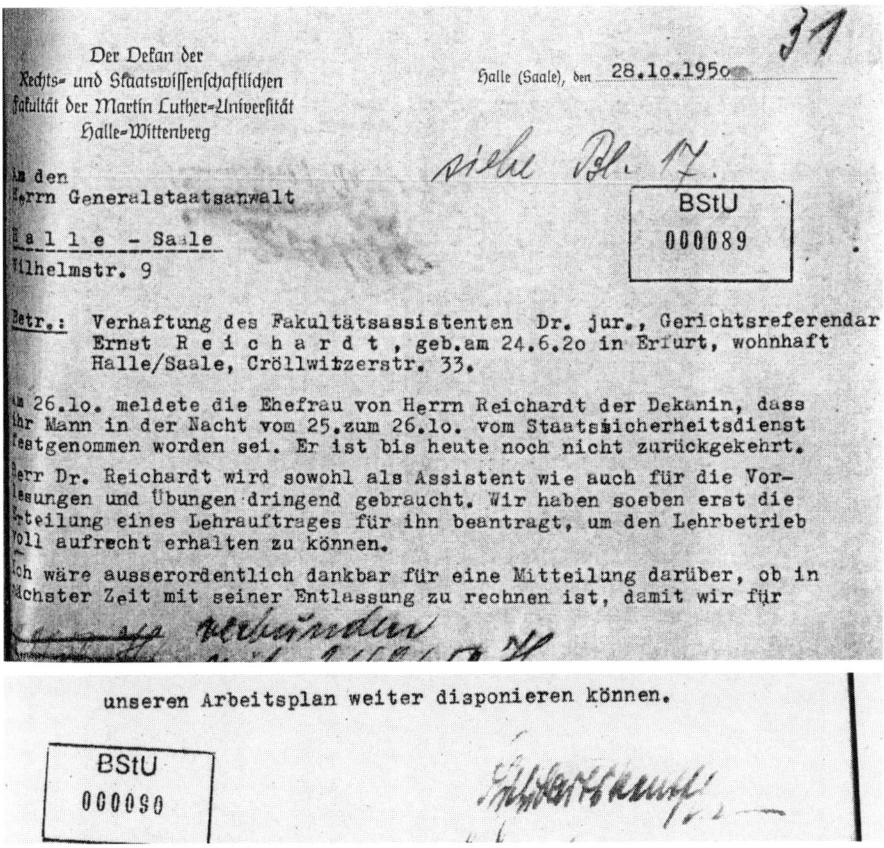

31

Der Dekan der Rechts- und Staatswissenschaftlichen Fakultät der Martin Luther-Universität Halle-Wittenberg

Halle (Saale), den 28.1o.195o

siehe Bl. 17.

BStU 000089

..n den
..rrn Generalstaatsanwalt
..alle - Saale
..ilhelmstr. 9

..etr.: Verhaftung des Fakultätsassistenten Dr. jur., Gerichtsreferendar Ernst Reichardt, geb.am 24.6.2o in Erfurt, wohnhaft Halle/Saale, Cröllwitzerstr. 33.

..m 26.1o. meldete die Ehefrau von Herrn Reichardt der Dekanin, dass ..hr Mann in der Nacht vom 25.zum 26.1o. vom Staatssicherheitsdienst ..estgenommen worden sei. Er ist bis heute noch nicht zurückgekehrt.

..err Dr. Reichardt wird sowohl als Assistent wie auch für die Vor- ..esungen und Übungen dringend gebraucht. Wir haben soeben erst die ..rteilung eines Lehrauftrages für ihn beantragt, um den Lehrbetrieb ..oll aufrecht erhalten zu können.

..ch wäre ausserordentlich dankbar für eine Mitteilung darüber, ob in ..ächster Zeit mit seiner Entlassung zu rechnen ist, damit wir für unseren Arbeitsplan weiter disponieren können.

BStU 000090

Brief vom 28. Oktober 1950 (zwei Seiten)[29]

27 Ebd., Bl. 15.

28 Gertrud Schubart-Fikentscher (1896–1982), Direktorin des Instituts für Staats- und Rechtsgeschichte an der Juristischen Fakultät, Dekanin.

29 BStU Außenstelle Halle, MfS BV Halle, ASt 5579 Bd. 2 Bl. 89/90 Anfrage von Dekan der Staats- u. Rechtswissenschaftlichen Fakultät.

Sie wiederholte ihre Bemühungen am 4. Juni 1951 und am 2. Juli 1951.

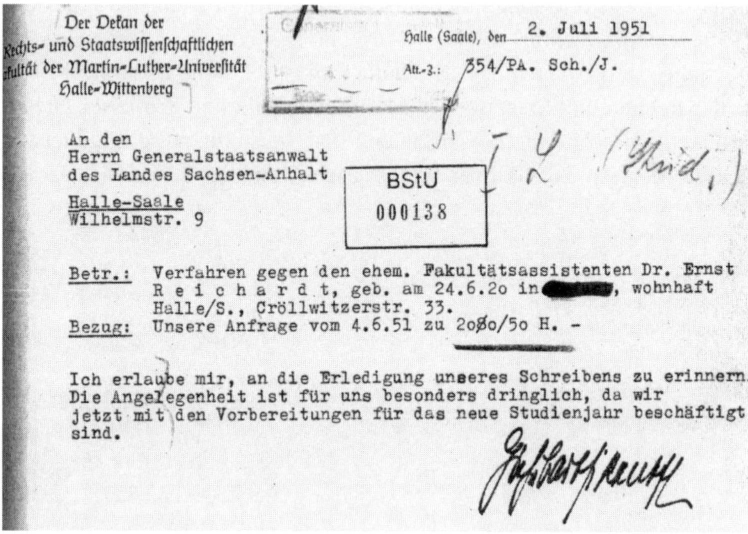

Der Dekan der
Rechts- und Staatswissenschaftlichen
Fakultät der Martin-Luther-Universität
Halle-Wittenberg

Halle (Saale), den 2. Juli 1951

Az.-Z.: 354/PA. Sch./J.

An den
Herrn Generalstaatsanwalt
des Landes Sachsen-Anhalt
Halle-Saale
Wilhelmstr. 9

BStU
000138

Betr.: Verfahren gegen den ehem. Fakultätsassistenten Dr. Ernst R e i c h a r d t, geb. am 24.6.2o in [redacted], wohnhaft Halle/S., Cröllwitzerstr. 33.

Bezug: Unsere Anfrage vom 4.6.51 zu 2080/5o H. -

Ich erlaube mir, an die Erledigung unseres Schreibens zu erinnern. Die Angelegenheit ist für uns besonders dringlich, da wir jetzt mit den Vorbereitungen für das neue Studienjahr beschäftigt sind.

Brief vom 2. Juli 1951.[30]

Rechts Gertrud Schubart-Fikentscher, daneben Rudolf Joerges, Günther Hertwig. Im Hintergrund Paula Hertwig.[31]

Ernst Reichardt[32]

30 Ebd., Bl. 138 Frau Schubart-Fikentscher fragt am 2.7.1951 wieder nach Reichardt.

31 Photo UAH.

32 Photo UAH.

Ernst Reichardt entschied sich, wie viele andere, nach der Haft die DDR zu verlassen.

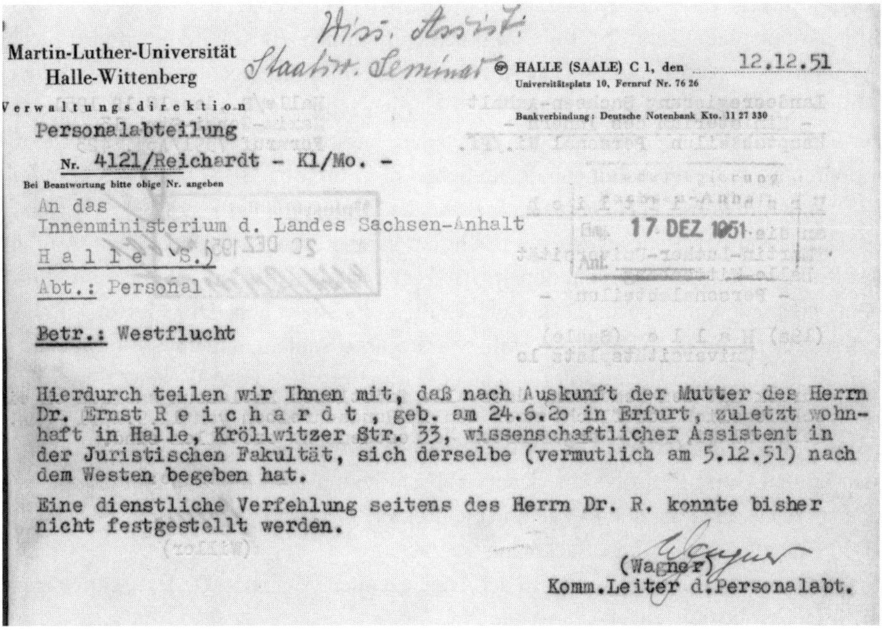

Martin-Luther-Universität Halle-Wittenberg
Verwaltungsdirektion
Personalabteilung
Nr. 4121/Reichardt - Kl/Mo. -
Bei Beantwortung bitte obige Nr. angeben

HALLE (SAALE) C 1, den 12.12.51
Universitätsplatz 10, Fernruf Nr. 76 26
Bankverbindung: Deutsche Notenbank Kto. 11 27 330

An das
Innenministerium d. Landes Sachsen-Anhalt
Halle/S.
Abt.: Personal

17 DEZ 1951

Betr.: Westflucht

Hierdurch teilen wir Ihnen mit, daß nach Auskunft der Mutter des Herrn Dr. Ernst Reichardt, geb. am 24.6.20 in Erfurt, zuletzt wohnhaft in Halle, Kröllwitzer Str. 33, wissenschaftlicher Assistent in der Juristischen Fakultät, sich derselbe (vermutlich am 5.12.51) nach dem Westen begeben hat.

Eine dienstliche Verfehlung seitens des Herrn Dr. R. konnte bisher nicht festgestellt werden.

(Wagner)
Komm.Leiter d.Personalabt.

Die „Flucht" Reichardts wird gemeldet[33]

Eine Feier mit Konsequenzen

Am 3. Mai 1951, dem Himmelfahrtstag, trafen sich die Studenten Werner Kirsten[34], Wolf Günter Hilscher[35], Günter Schönfeld und der Assistent am Institut für Physikalische Chemie Dr. Horst Sackmann[36] zu einer feuchtfröhlichen Feier dieses Tages. Sie zogen von einer Kneipe zur anderen. Nach Mitternacht brannte vor einer der Kneipen ein Plakat mit einem Stalinbild.[37] Anwohner, die das beobachtet hatten, alarmierten ein Schnellkommando der Polizei, das die vier verhaftete.

33 Ebd., PA Dr. Ernst Reichardt Nr. 12879.

34 Kirsten, Werner, geb. 29.10.1925 in Leipzig, Student an der MLU.

35 Hilscher, Wolf-Günther, geb. 5.7.1926 in Weißenfels, Student an der MLU.

36 Horst Sackmann, geb. 3.2.1921 in Freiburg im Breisgau, Chemiker, von 1946 bis 1986 Assistent, Oberassistent und dann Hochschullehrer an der MLU, 1973 bis 1987 Vizepräsident der Leopoldina.

37 BStU Außenstelle Halle, MfS BV Halle, AU 141/52.

Im Laufe der Verhöre zeigte sich, dass der Blutalkoholspiegel aller Beteiligten relativ hoch gewesen war – zufällig hatte ein Medizinstudent, der seine Doktorarbeit über Blutalkoholspiegel schrieb, Blut von ihnen entnommen. Es konnte ihnen also nicht nachgewiesen werden, dass sie das Anzünden des Stalinbildes geplant hatten, was der Wahrheit entsprach. Drei der Betroffenen wurden schon bald, am 17. Mai 1951, aus der Haft entlassen. Günther Schönfeld, den der Hauptvorwurf getroffen hatte, musste monatelang in Untersuchungshaft bleiben. Am 3. Oktober 1951 wurde er von der 1. Strafkammer des LG Halle mangels Beweises freigesprochen.

Damit war der Staatsanwalt offensichtlich unzufrieden, denn nach einem Antrag auf Revision kam es zu einem neuen Urteil. Am 3. April 1952 wurde Schönfeld erneut, diesmal vom Oberlandesgericht Halle, freigesprochen. Die Martin-Luther-Universität verlor nach diesem Vorfall zwei begabte Studenten, denn sowohl Schönfeld als auch Kirsten flohen sofort nach der Haftentlassung in den Westen.

Interessant ist bei diesem Fall die Reaktion auf die Verhaftung an der Universität. Für den Assistenten Horst Sackmann setzten sich sein Direktor Franz Sauerwald[38] und sein Freund Horst Hanson[39] ein. Sauerwald schrieb am 15. Mai 1951 an die Landesvolkspolizeistelle über den Dekan und den Rektor:

„Betr. Angelegenheit Dr. H. Sackmann

Ich gestatte mir hiermit, mich in der Angelegenheit des Herrn Dr. H. Sackmann an die Landesvolkspolizeistelle zu wenden.

Im Interesse der Arbeiten des Instituts wäre es sehr erwünscht, wenn die Sache Sackmann mit möglichster Beschleunigung behandelt werden könnte."

Er äußert sich sehr positiv über seinen Mitarbeiter und wurde darin vom Dekan der Naturwissenschaftlichen Fakultät Hans Gallwitz unterstützt, der sich Sauerwalds positivem Urteil „befürwortend" anschloss.

Auch Horst Hanson wurde in dieser Sache tätig. Am 18. Mai 1951 schrieb er auf einem Kopfbogen der „Landesregierung Sachsen-Anhalt, Staatliche Lehranstalt für technische Medizin" an die Polizei. Hans Hanson, der wie Sackmann in jener Einrichtung nebenamtlich als Dozent tätig war, setzte sich für Sackmann mit der Begründung ein, dass er der einzige Dozent für das Lehrgebiet Chemie an der Fachschule sei und seit Jahren die Prüfung in diesem Fach abnähme.

Ganz anders die Reaktion der Personalabteilung der Universität. Sie leitete das Schreiben von Sauerwald und Gallwitz am 17. Mai 1951 zwar an die Polizei weiter, fügte aber hinzu: „Die Personalabteilung hat gemäss einer Mitteilung des Universitätsrats vom 11.5.1951 die rückwirkende fristlose Entlassung des wiss. Ass. Sack-

38 Franz Sauerwald (1894–1979), Ordinarius für Physikalische Chemie, Leopoldina-Mitglied seit 1953.
39 Horst Hanson (1911–1978), Ordinarius für Physiologische Chemie, Leopoldina-Mitglied seit 1955.

mann lt. Erlass des Ministeriums für Volksbildung vom 3.10.1950 zum 3.5.1951 ausgesprochen.

Im übrigen erlauben wir uns, Ihnen mitzuteilen, dass wir den Direktor des Inst. von der ausgesprochenen Kündigung sofort in Kenntnis gesetzt haben mit der Bitte, zwecks Aufrechterhaltung des Studienbetriebes die Stellung neu zu besetzen."

Das war, wie sich zeigte, vorschnell. Im Unterschied zu Schönfeld und Kirsten entschied sich Horst Sackmann trotz dieser depremierenden Erfahrung, im Ostteil Deutschlands zu bleiben und vertrat die Physikalische Chemie als Nachfolger seines integren Chefs Sauerwald bis zu seiner Emeritierung im Jahr 1986.

Auch für Günther Schönfeld engagierten sich Hochschulangehörige. Der Direktor der Inneren Klinik der MLU Rudolf Cobet[40] wandte sich am 23. Mai 1951 mit der Bitte, sich für Schönfeld einzusetzen, an den Dekan Kraatz. Dieser wiederum schrieb am 26. Mai 1951 einen demgemäßen Brief an die Volkspolizei.

Fast ein Jahr später, am 27. März 1952, berichtete Völkering Leo Stern über den „Fall Schönfeld": „1. Nach Mitteilung von Herrn Dr. Borchert geschah in der Med. Fak. folgendes:
a) in einem am Sonnabend, den 22.3.52, durchgeführten Seminar kam die Sprache auf den Staatssicherheitsdienst. Die Studenten äußerten Angst vor dieser Einrichtung unseres demokratischen Staates, weil, wie sie formulierten, die Arbeitsmethoden unseres Staatssicherheitsdienstes schlimmer seien als die der Gestapo. Als Beispiel führten sie die Verhaftung des stud. med. Schönfeld an, der wegen einer Handlung, die er im betrunkenen Zustand begangen habe, bereits ein Dreivierteljahr in Haft sei, ohne daß die Gründe bekannt seien. Der damalige Dekan, Herr Prof. Kraatz, hätte alles getan, um die Angelegenheit zu klären, er wäre jedoch ‚von den Leuten des Staatssicherheitsdienstes wie ein dummer Junge behandelt worden'. In der einzigen öffentlichen Verhandlung wäre gesagt worden, daß Schönfeld wegen eines Formfehlers in Haft sei."[41] Zu diesem Zeitpunkt befand sich Günther Schönfeld schon in der Bundesrepublik.

Eine Gruppenverhaftung endet mit Freilassungen

Im Sommer 1951 glaubte das MfS, eine ausschließlich aus Medizinstudenten bestehende Widerstandsgruppe an der MLU „entlarvt" zu haben. Erhoben wurde der Vorwurf, die Betroffenen hätten: „Verbindungen zur Kampfgruppe gegen Unmensch-

40 Rudolf Cobet (1888–1964), Ordinarius für Innere Medizin, Leopoldina-Mitglied seit 1939.
41 UAH, Rep. 7, Nr. 809.

lichkeit in Westberlin“ gesucht und „Hetzschriften im Kreise von Studenten verbreitet“.[42]

Zunächst ist am 27. Juli 1951 Manfred Grassow verhaftet worden. Am 30. Juli 1951 folgten die Verhaftungen Arno Raths und Theodor Günthers, am 3. August 1951 die von Axel Simon (er wurde schon einen Tag später wieder entlassen), am 6. August 1951 die von Franz Kunert und am 8. August 1951 ist Günter Zielke inhaftiert worden.

Alle wurden gründlich vernommen. Sie waren Freunde, die sich zum Schachspielen trafen. Arno Raths war Universitätsschachmeister. Für ihn hatte eine Tante, die in Los Angeles lebte, „Das Beste“ abonniert. Es lag nahe, dass er seine Hefte auch den Freunden borgte. Eine Rolle spielte gleichfalls die Weitergabe der Zeitschrift „Tarantel“.

Weitere Fakten waren zunächst nicht zu gewinnen. In der Vernehmung gab allerdings einer der Verhafteten preis: „Hahn erzählte mir weiterhin, dass er mit der KgU in Verbindung steht und zwar nimmt er an einen gewissen Cloudee[43], Lamprecht oder Bade Berichte von Halle mit, die er zum Teil selbst geschrieben hat [...] Im Februar 1951 ist Hahn in Berlin gewesen [...] und ist nach seinen eigenen Aussagen bei einem Ausschuss der Freiheitlichen Juristen in Berlin-Zehlendorf gewesen.“

Es war zwar nicht der Vernommene, der die Kontakte zur KgU hatte. Doch hätte in anderen Fällen solch „Delikt“ für eine Verurteilung zu mehreren Jahren Haft ausgereicht. Hier jedoch kam es zu einer überraschenden Wendung: Nacheinander abgeheftet sind in der betreffenden Akte die Entlassungsbeschlüsse vom 14. August 1951 für alle Verhafteten, und dies mit immer derselben Begründung: „Der Hauptbeschuldigte in diesem Vorgang mußte, da sein Schwiegervater Nationalpreisträger ist, entlassen werden.“[44] Was für ein Glück für alle Betroffenen! Sie konnten nicht den „Hauptbeschuldigten“ entlassen und die anderen verurteilen. Es zeigt sich hier, dass das MfS zumindest bei dieser Gruppenverhaftung nicht die Entscheidungen traf. Die politische Willkür war groß und das Schicksal der Verhafteten hing, so zeigt dieser Vorgang einprägsam, von zahllosen Zufälligkeiten ab.

In der Senatssitzung am 14. September 1951 ist erstmalig der Direktor der ABF Heinz Kursitza[45] dabei. Es werden an diesem Tag etliche „Ernennungen“ besprochen, u. a. wird Leo Stern zum Prorektor für das gesellschaftswissenschaftliche Studium

42 Alle Informationen stammen aus der Akte BStU Außenstelle Halle, MfS BV Halle, AU 514/51 Bd. 1.
43 Claudé.
44 In dieser Akte Bl. 59 bis 66.
45 Heinz Kursitza (geb. 1926), Gesellschaftswissenschaftler, kommissarischer Direktor der Arbeiter-und-Bauernfakultät.

ernannt. Unter der Überschrift „Veränderungen im Lehrkörper“ vermerkt das Protokoll: „nach dem Westen: Doz. Dr. Junecke“, „Prof. Dr. theol. Dr. phil. Otto Eißfeldt wurde der Grad Doctor of Divinity von der Universität Glasgow verliehen.“ Das war eine große Ehrung für Otto Eißfeldt.

In der vierseitigen Niederschrift an diesem Tag ist weiter festgehalten: „Der Rektor dankt für die Einladung zu den Fakultätssitzungen und wird in Zukunft in weitgehendstem Maße Gebrauch davon machen.“

Neu ernannte Professoren werden sodann eingeführt: „Prof. Dr. Koennecke, Landw. Fakultät, gibt als erster einen kurzen Abriss seiner wissenschaftlichen Laufbahn. [...] Auf den Universitätsversuchsgütern setzt er sich für die Neuerungen in der Landwirtschaft entsprechend den in der SU entwickelten Forschungsmethoden ein. [...] Sommerpflanzung von Kartoffeln und Saatgutversuche nach Lyssenko. [...], Prof. Dr. Rothmaler[46], Math.-Nat. Fakultät (Botanik), gelernter Gärtner, vorwiegend Autodidakt. [...] 1947 Habilitation in Halle. [...] 1946–47 Berührung mit den ersten sowjetischen Arbeiten. Nach anfänglicher Ablehnung gaben die eintreffenden Originalarbeiten Mitschurins und Lyssenkos positive Erkenntnis und führten zu neuen Beziehungen zur landwirtschaftlichen Praxis und zur praktischen Mitschurinarbeit, zur populärwissenschaftlichen Arbeit und zur aktiven Mitarbeit an den Biologielehrbüchern des Volk- und Wissen-Verlages.“

Es war ein Beispiel, dass die Ideologie auch Einfluß auf eine Naturwissenschaft nehmen konnte, in diesem Fall auf die Biologie und speziell die Genetik. Der Lyssenkoismus konnte sich freilich an der Universität Halle kaum etablieren. Hier vertraten nur zwei Wissenschaftler öffentlich den Lyssenkoismus: Rothmaler, der 1955 nach Greifswald wechselte, und Gerhard Müller[47]. Beide hielten eine Vorlesung über „Abstammungslehre und schöpferischen Darwinismus“, die auf den Annahmen Lyssenkos basierte.[48]

Zur einer außerordentlichen festlichen Senatssitzung am 19. Oktober 1951 „zu Ehren der beiden Nationalpreisträger Prof. Dr. Carl Brockelmann und Dr. Max Schneider[49]“, zu der auch die Philosophische Fakultät versammelt war, schickt Bernard Koenen am 18. Oktober 1951 einen Entschuldigungsbrief an den Rektor mit dem Briefkopf: „Sozialistische Einheitspartei Deutschlands, Landesleitung Sachsen-Anhalt“ und zeichnete als „Bernard Koenen, Mitglied der Philosophischen Fakultät der Martin-Luther-Universität“.

---

46 Werner Rothmaler (1908–1962), Botaniker.

47 Gerhard Müller (*1913), Biologe, Dozent für Zoologie, er ging 1960 als Professor mit Lehrauftrag für das Fachgebiet Biologie an die Medizinische Akademie Magdeburg.

48 Siehe hierzu vor allem Ekkehard Höxtermann: ‚Klassenbiologen‘ und ‚Formalgenetiker‘ – Zur Rezeption LYSSENKOS unter den Biologen in der DDR. Acta Historica Leopoldina 36 (2000) 273–300.

49 Max Schneider (1875–1967), Musikwissenschaftler, Musikhistoriker (Bachforscher) an der MLU.

Erstmals ist Franz Wohlgemuth[50] als Vertreter des Staatssekretariats anwesend. Mit ihm werden die Senatoren später noch häufig konfrontiert sein. Wohlgemuth trat stets als ideologischer Hardliner auf, bis er selbst die Flucht in den Westen ergriff.

Der Dekan der Medizinischen Fakultät, Professor Dr. Kraatz, gab einen Bericht zur Situation der Medizinischen Fakultät. Sie habe 810 Studierende, davon 151 Zahnmediziner und 659 Vollmediziner. Der Lehrkörper umfasse 18 Professoren mit Lehrstuhl, 4 Professoren mit vollem Lehrauftrag, 7 Professoren mit Lehrauftrag, 5 Dozenten und 17 Lehrbeauftragte. Die Assistentenschaft umfasse rund 180 Personen.

Kraatz bezeichnet die Fakultät als „eine der geschlossensten und vollzähligsten der DDR“ und betonte, „dass eben besonders der wissenschaftliche Nachwuchs“ fehle. Man wolle gern mehr Assistenten einstellen, denn die Medizinische Fakultät müsse auch ihre Aufgaben bei der Krankenversorgung erfüllen. Assistenten hielten Facharztsprechstunden in Polikliniken einzelner Fabriken, in den Städtischen Polikliniken, in Leuna, Buna und Wolfen. Die meisten Institute und Kliniken müssten baulich erweitert werden. Es seien zu viele Studenten immatrikuliert worden, die Anatomieausbildung sei mit dem Lehrpersonal und den räumlichen Möglichkeiten nicht zu schaffen.

Nun kommt ein neuralgischer Punkt zur Sprache: Der Vertreter des Studentenrates Dieter Bergner[51] schlägt vor, zur „[…] Einhaltung der Studiendisziplin […] von den Dekanaten aus Maßnahmen zu treffen für eine Kontrolle in den Seminargruppen, so u. a. Anwesenheitslisten zu führen, […] bei Abwesenheit müßten sich die Studenten entschuldigen.“ Kraatz wendet sich dagegen: „Der Dekan spricht sich gegen eine Studienkontrolle durch die Professoren aus. Er sieht darin einen Einbruch in das Vertrauensverhältnis. Es muß versucht werden, die Studenten an sich heranzuziehen, aber nicht in der Form des Paukers.“

Das war ein geschickter, aber wirkungsloser Einwand. Denn der neu ernannte Prorektor Stern schmettert ihn ab: „Die Studienkontrolle ist nicht so zu verstehen, daß sie von Seiten des Professors zu lösen ist, sondern die Leiter der staatlichen Seminargruppen übernehmen diese Aufgabe im Interesse der Studenten.“

---

50 Franz Wohlgemuth (geb. 1915), 1952 Hauptabteilungsleiter im Staatssekretariat für Hochschulwesen. 1957 wurde er als Professor mit Lehrauftrag für das Fachgebiet „Wissenschaftlicher Sozialismus“ an das Institut für Gesellschaftswissenschaft der MLU berufen. Im Frühjahr 1958 floh er in den Westen, nachdem er selbst bei allen Gelegenheiten Staatskritikern gegenüber eine harte Linie vertreten hatte. (Daten aus dem UAH).

51 Dieter Bergner (1928–1984), 1952 Student für Gesellschaftswissenschaften, später Professor für Philosophie am Institut für Marxismus-Leninismus und von 1977 bis 1980 Rektor der MLU.

Zahlreiche neue Persönlichkeiten kommen in jener Zeit an die Universität. Im Protokoll der Senatssitzung am 16. November 1951 ist vermerkt, dass der „ Prof. m. Lehrauftrag Dr. Arno Lehmann zum Prof. m. vollem Lehrauftrag für Missions- u. Religionsgeschichte und südindische Geschichte und Drawidologie ernannt worden" war. Der Mathematiker Ott-Heinrich Keller[52] wurde zum Prof. mit Lehrstuhl berufen. Sowohl Lehmann als auch Keller werden in Senatssitzungen später wichtige Rollen spielen. Lehraufträge sind vergeben worden an: „Harro Lucht für Sowjetliteratur in der Philosph. Fak. [er wird später zu den Verhafteten gehören] [...] Dr. Horst Sackmann für Spezielle Physikalische Chemie des Atom- und Molekülbaus". In dieser Sitzung stellen sich die Chemiker Herbert Funk[53] und Wolfgang Langenbeck[54] vor.

Dem Protokoll hinzugefügt ist die Anweisung Nr. 17 des Staatssekretariats für Hochschulwesen der DDR vom 8. November 1951 „Formen des akademischen Unterrichts", worin festgelegt worden ist: „Von jeder Seminargruppe wird ein Seminarsekretär benannt. Die Aufgabe des Seminarsekretärs besteht vor allem darin, die Anwesenheit der Angehörigen der Seminargruppe in den Vorlesungen, Seminaren, Übungen, Praktika und Spezialseminaren (einschliesslich der Vorlesungen, Seminare, Übungen usw. im gesellschaftswissenschaftlichen Grundstudium, in russischer Sprache und Literatur, in deutscher Sprache und Literatur und im obligatorischen Sport) festzustellen und dem Professor oder Dozenten bzw. im Wiederholungsfalle dem Dekan oder Fachrichtungsleiter Mitteilung von unentschuldigtem Fehlen zu machen. Der Seminarsekretär hat über die Anwesenheit der Studierenden eine Strichliste zu führen, die den jeweiligen Professoren oder Dozenten sowie dem Fachrichtungsleiter, Dekan und Prorektor für Studentenangelegenheiten nach Bedarf zur Verfügung steht. Das Führen einer zirkulierenden Anwesenheitsliste ist unzulässig." Unterschrieben ist die Anweisung von Hans Goßens, dem Stellvertreter des Staatssekretärs.

In der Senatssitzung am 18. Dezember 1951 wird eine wichtige Personalie behandelt: Kurt Mothes[55] habe die kommissarische Leitung des Pharmazeutischen Instituts übertragen bekommen.

Der Biochemiker Kurt Mothes, der aus sowjetischer Kriegsgefangenschaft zurückgekehrt und zunächst unter dem Direktorat von Hans Stubbe im Institut für Genetik und Kulturpflanzenforschung in Gatersleben tätig war, spielte in der Halleschen Wis-

52 Ott-Heinrich Keller (1906–1990), Mathematiker, Leopoldina-Mitglied seit dem 16.12.1958.

53 Herbert Funk (1895–1985), Anorganische Chemie.

54 Wolfgang Langenbeck (1899–1967), Chemiker, Leopoldina-Mitglied seit 1952.

55 Kurt Mothes (1900–1983), Biochemiker, Professor für Pharmakognosie, Botaniker, Leopoldina-Präsident 1954–1974.

senschaft eine überragende Rolle. Als Leopoldina-Präsident von 1954 bis 1974 und als ebenso streitbarer wie unerschrockener Hochschullehrer, der mit einem außergewöhnlichen Charisma die Studenten und Mitarbeiter begeisterte, formte er mit Hilfe der anderen Präsidiumsmitglieder die Leopoldina zu einer in der DDR einzigartigen Begegnungsstätte zwischen Wissenschaftlern aus Ost und West, wo jene auch mit Regierungsvertretern offen über Probleme der Wissenschaft und an der Universität reden konnten.

Von Verhaftungen liest man in den Protokollen des Jahres 1951 nichts mehr, obwohl es diese durchaus zahlreich gegeben hat. Hier sind die aktenkundigen Fälle noch einmal zusammengestellt:

In Saalfeld wurde der Student der Pädagogik und Geographie Dieter Schmidt verhaftet und zu 8 Jahren Zuchthaus verurteilt. Alles Weitere ist unbekannt.

Gleiches gilt für die Assistentin an der Zahnklinik der Universität Halle Dr. med. dent. Hildegard Seiler. Auch ihr weiteres Schicksal ist nicht überliefert.

Am 25. Januar 1951 war der Student an der ABF Walter Scharf verhaftet worden. Ihn verurteilte ein SMT in Halle zu 15 Jahren Zwangsarbeitslager „mit Beschlagnahme". Entlassen wurde er am 17. Januar 1954.

Am 4. Mai 1951 wurden die Studenten der Medizin Günther Schönfeld[56], Werner Kirsten und Wolf-Günther Hilscher sowie der Assistent am Institut für Physikalische Chemie Horst Sackmann verhaftet. Kirsten, Hilscher und Sackmann wurden am 17. Mai 1951 entlassen, Schönfeld am 4. April 1952.

Am 31. Mai 1951 ist der Student der Chemie Gerhard Schulze inhaftiert und am 20. Juni 1952 von der 1. Großen Strafkammer des LG Greifswald zu 5 Jahren Zuchthaus verurteilt worden. Er verbüßte die Strafe bis zum 12. Juni 1954.[57]

Am 1. Juni 1951 wurden der Student der Chemie Fritz Lange, der Student der Pädagogik Otto Kruggel und der Student an der Mathematisch-Naturwissenschaftlichen Fakultät Wolfgang Bernhard Bruns verhaftet. Lange ist vom LG Greifswald zu 4 Jahren Zuchthaus verurteilt worden, seine Entlassung geschah am 6. Januar 1954.[58] Kruggel verurteilte das BG Halle zu 15 Jahren Zuchthaus, ihn entließ man 1962.[59] Bruns Strafe lautete auf 3 Jahre Zuchthaus, er ist am 24. Dezember 1953 entlassen worden.

56 Namentlich in Senatssitzung am 9.4.1952 erwähnt. UAH, Rep. 7, Nr. 809.
57 Ebd.
58 Ebd.
59 Ebd.

Am 26. Juni 1951 wurde der Student der Pädagogik (Hauptfach Sport, Nebenfach Erdkunde) Herbert Hubl in Leipzig verhaftet und am 20. Februar 1952 vom 1. Strafsenat des Obersten Gerichts Berlin zu 10 Jahren Zuchthaus verurteilt, entlassen worden ist er am 12. April 1957.

Am 5. Juli 1951 wurde der Student der Philosophie Werner Welser in Halle verhaftet. Sein weiteres Schicksal ist ungeklärt.

Am 25. Juli 1951 ist in Dessau die Studentin der Pädagogik (Kunsterziehung/Sport) Johanna Felicitas Hensel inhaftiert worden. Ihr Urteil: 10 Jahre Zuchthaus. Am 2. August 1956 entliess man sie.

Am 26. Juli 1951 wurde der Student der Pädagogik (Studienfach Erdkunde/Sport) Horst Abendroth beim Volleyball-Training verhaftet und am 22. Juni 1952 von der 1. Großen Strafkammer des LG Greifswald zu 8 Jahren Zuchthaus verurteilt. Entlassen wurde er am 3. September 1956.

Auf den 27. und 30. Juli 1951 datiert die Gruppenverhaftung von Raths, Kunert, Günther, Simon, Zielke, Grassow. Alle wurden nach wenigen Tagen wieder freigelassen.

Im Juli 1951 wurden der Student der Chemie Rolf Flemminger und der Student der Geographie Ulrich Höfer verhaftet und zu 1 1/2 Jahren bzw. 15 Jahren Zuchthaus verurteilt. Weiteres ist über beide nicht bekannt.

Am 30. Juli 1951 wurde der Student der Medizin Georg Kujat in Hadersleben bei Eisleben verhaftet. Sein Urteil lautete auf 25 Jahren Zwangsarbeitslager. Entlassen wurde er Ende Januar 1954.

Im Juli 1951 wurde der Student Herbert Schulz verhaftet und zu lebenslänglicher Haft verurteilt, das Strafmaß wurde dann herabgesetzt auf 12 Jahre. Weiteres ist nicht bekannt.

Am 30. August 1951 wurde der Student der Pädagogik (Studienfach Pädagogik, Geschichte Sport) Horst Kraft verhaftet, am 18. Juni 1952 vom LG Greifswald zu 4 Jahren verurteilt und am 21. Dezember 1953 entlassen.

Am 27. September 1951 [oder 10. Oktober 1951] wurde der Student der Slawistik Herbert Schönmuth verhaftet. Ihn verurteilte ein SMT am 29. Dezember 1951 zum Tode. Schönmuth ist am 20. März 1952 in Moskau erschossen worden. Die russische Militärhauptstaatsanwaltschaft rehabilitierte ihn im Juni 1996.

Am 22. Oktober 1951 ist der Student der Medizin Wolfgang Hölscher in Ostberlin verhaftet worden, er verbrachte rund ein halbes Jahr in Haft. Am 11. März 1952 ist er freigelassen worden.

Am 22. November 1951 wurde der Jurastudent Gerhard Zack in Weißenfels verhaftet und im Februar 1952 von einem SMT zu 25 Jahren Zwangsarbeitslager verurteilt. Entlassen wurde er am 17. Januar 1954.

Diese Bilanz zeigt, dass es auch 1951 noch sehr gefährlich sein konnte, sich zu widersetzen. Zwar waren jetzt zunehmend DDR-Gerichte tätig, aber auch sie zeigten unerbittliche Härte. Die SMT arbeiteten darüber hinaus weiter, auch die Todesstrafe war wieder eingeführt worden. Davon betroffen war namentlich der Student Herbert Schönmuth.

Vom SMT zum Tode verurteilt und hingerichtet – der Slawistikstudent Herbert Schönmuth

Herbert Schönmuth

Am 2. Oktober 1950 schrieb sich der Student Herbert Schönmuth bei der Universität Halle ein.[60] Auf dem Immatrikulationsschein mit der Nummer 4653 gab er an, dass er Oberschullehrer werden wolle, sein Studienfach war die Slawistik. Zu diesem Zeitpunkt war er 24 Jahre alt.

Er war noch vor seinem 18. Geburtstag zur Wehrmacht eingezogen worden und Soldat bis zum Ende des Zweiten Weltkrieges. Nach dem Krieg trat er der NDPD bei.

Der handschriftliche Lebenslauf Schönmuths ist heute eine wichtige Quelle. Denn nur wenig ist darüber hinaus zu ihm bekannt. In dem am 19. Juli 1950 geschriebenen Dokument heißt es unter anderem: „Ich, Karl Gustav Herbert Schönmuth, wurde am 3.6.1926 als Sohn des Landarbeiters Gustav Schönmuth und seiner Ehefrau Auguste Schönmuth geb. Sucher in Langengrassau Kr. Luckau geboren. 1932 kam ich in die Grundschule zu Langengrassau. [...] Da es für mich keinen anderen Weg zur Weiterbildung gab, setzte sich mein Lehrer für mich ein und seinen Bemühungen gelang es, dass ich eine Freistelle 1936 auf der Oberschule des Großen Waisenhauses in Potsdam erhielt. In dieser Schule blieb ich bis zu meiner Einberufung zur Wehrmacht im Jahre 1944. Da meine Einberufung vor Ablegung der Reifeprüfung erfolgte, erhielt ich nur den Reifevermerk.

60 UAH, Immatrikulationsschein und Beispielsammlung Nr. 239.

4653/303

Stempel der Universität

Eingangsdatum: ....

Bewerbungsantrag

Entscheid der Zulassungskommission

Fak. ....

Fachsch. ....

Nr. .... S/WS ....

Der Bewerbungsantrag ist bis spätestens 20. Juli des Jahres beim zuständigen Kreisvolksbildungsamt oder bei dem Studentendekan der gewünschten Universität einzureichen.
Bewerber aus Berlin, die an der Humboldt-Universität Berlin studieren wollen, richten ihren Antrag direkt an den Studentendekan der Humboldt-Universität Berlin.
Bewerbungen für die Arbeiter- und Bauernfakultät sind über die Betriebsgewerkschaftsleitungen bzw. die Kreisvorstände des FDGB, der FDJ oder der VdgB an die Kreisvolksbildungsämter zu richten.
Nur **genaue, sinngemäße** Beantwortung in lesbarer Schrift ermöglicht eine Bearbeitung. Alle Fragen sind eindeutig zu beantworten; Striche sind nicht zulässig. Antrag auf Gebührenerlaß bzw. Gewährung eines Stipendiums ist auf besonderem Blatt des Zulassungsbescheides zu stellen.

I.

Name: Schönmuth (in Blockschrift) Vorname: Herbert (in Blockschrift)

Geburtsdatum: 3. 6. 1926 Geburtsort: Langengrassau

Familienstand: Led., ~~verh.~~, ~~verw.~~, ~~geschied.~~ (Nichtzutreffendes ist durchzustreichen) Staatsangehörigkeit: deutsch

Nationalität: deutsch

Heimatort und -kreis: Langengrassau Kr. Herzberg (Luckau)

Jetzige Anschrift: z. Zt. Liebenwerda Fr. Engelstr. 50

Anschrift der Eltern: Langengrassau Kr. Luckau, Gustav Schönmuth

Leben Ihre Eltern in einer Gemeinde unter 2000 Einwohnern? ja

II.

1. Welche Zeugnisse besitzen Sie?
   a) Reifezeugnis? Reifevermerk
   Welche Schule? Wann Prüfung? Oberschule 1944
   b) Abschlußzeugnis einer Arbeiter- und Bauernfakultät? nein
   Wann Abschlußprüfung? Wo?
   c) Abschlußzeugnis einer staatlich anerkannten Fachschule? nein
   Welche Fachschule, welches Studienfach?
   d) Sonstige Zeugnisse?
2. Haben Sie bereits eine abgeschlossene Berufsausbildung? nein
   Welche?
3. Üben Sie seit Abschluß Ihrer Schulzeit eine Tätigkeit aus? von 1945 – Dezember 1949
   a) Welche? sowjetische Gefangenschaft.
   b) Wo?
   c) Wann?

Form.-Spez.-Dr. VEB Lpz. / M 104 / Z 9888

Bewerbungsantrag zum Studium von Herbert Schönmuth

Bad Liebenwerda, den 19.7.50.

Lebenslauf des Bewerbers Herbert Schönmuth.

Ich, Karl, Gustav, Herbert Schönmuth wurde am 3.6.1926 als Sohn des Landarbeiters Gustav Schönmuth und seiner Ehefrau Auguste Schönmuth geb. Sucker in Langengrassau Kr. Luckau geboren. 1932 kam ich in die Grundschule zu Langengrassau. In der Dorfschule zeigte es sich bald, daß ich trotz der schlechten sozialen Stellung meiner Eltern meine Mitschüler überflügelte. Da es für mich keinen anderen Weg zur Weiterbildung gab, setzte sich mein Lehrer für mich ein und seinen Bemühungen gelang es, daß ich eine Freistelle 1936 auf der Oberschule des Großen Waisenhauses in Potsdam erhielt. In dieser Schule blieb ich bis zu meiner Einberufung zur Wehrmacht im Jahre 1944. Da meine Einberufung vor Ablegung der Reifeprüfung erfolgte, erhielt ich nur den Reifevermerk.

Als der Krieg beendet war und die Hitlerarmeen zerschlagen waren, geriet ich in sowjetische Kriegsgefangenschaft. Zuerst fiel es mir schwer, mich von der nazistischen Ideologie frei zu machen, da uns dieser Ungeist doch regelrecht eingepaukt wurde. Aber je länger ich in der S.U. verblieb, um so mehr kam mir zum Bewußtsein, wie falsch die Goebbelspropaganda gewesen war und wie unrecht unser Volk am sowjetischen gehandelt hatte. Schulungen und Selbststudium brachten mich so weit, daß ich endgültig und für immer mit der nazistischen Ideologie Schluß machte. Als ich im Dezember 1949 entlassen wurde, war ich nicht mehr ein Feind, sondern ein Freund der Sowjetunion geworden. 5 Tage nach meiner Heimkehr starb meine Mutter.

Seit dem 6. Juni 1950 bin ich im Neulehrerkursus in Bad Liebenwerda. Da es aber schon immer mein Wunsch gewesen war, zu studieren und ich schon immer lebhaftes Interesse für Sprachen zeigte, möchte ich gern Sprachen studieren.

Herbert Schönmuth

Handschriftlicher Lebenslauf Herbert Schönmuths

Als der Krieg beendet war und die Hitlerarmeen zerschlagen waren, geriet ich in sowjetische Kriegsgefangenschaft. Zuerst fiel es mir schwer, mich von der nazistischen Ideologie frei zu machen, da uns dieser Ungeist doch regelrecht eingepaukt wurde. Aber je länger ich in der SU verblieb, um so mehr kam mir zum Bewusstsein, wie falsch die Goebbelspropaganda gewesen war und wie unrecht unser Volk am sowjetischen gehandelt hatte. Schulungen und Selbststudium brachten mich so weit, dass ich endgültig und für immer mit der nazistischen Ideologie Schluß machte. Als ich im Dezember 1949 entlassen wurde, war ich nicht mehr ein Feind, sondern ein Freund der Sowjetunion geworden. 5 Tage nach meiner Heimkehr starb meine Mutter. Seit dem 6. Juni 1950 bin ich im Neulehrerkursus in Bad Liebenwerda. Da es aber schon immer mein Wunsch gewesen war, zu studieren und ich schon immer lebhaftes Interesse für Sprachen zeigte, möchte ich gern Sprachen studieren."

Am 15. Juni 1951 beantragte Herbert Schönmuth einen Nebenfachwechsel. Sein Hauptfach solle Slavistik bleiben, daneben wolle er Spanisch im ersten Nebenfach und Romanistik im zweiten Nebenfach studieren. Die ursprüngliche Entscheidung für ein Nebenfach Anglistik sollte damit korrigiert werden: „Da ich durch die Hitlerzeit und später durch die Kriegsgefangenschaft nicht in der Lage war, Englisch weiterzulernen, ich seit 1943 nicht mehr Unterricht in Englisch besuchen konnte, fällt es mir zu schwer, den Anschluß wiederzufinden." Sein Antrag wurde damals genehmigt.

Hiernach hatte er nur noch ein Jahr die Gelegenheit zum Studium. Am 27. September 1951 wurde Schönmuth in Halle verhaftet. Das Sowjetische Militärtribunal Nr. 48240[61] verurteilte ihn am 29. Dezember 1951 wegen angeblicher Spionage für den französischen Geheimdienst zum Tode durch Erschießen. Sein Gnadengesuch wurde am 18. März 1952 vom Präsidium des Obersten Sowjets abgelehnt. Zwei Tage später, am 20. März 1952, wurde er in Moskau erschossen.[62]

In den Universitätsakten finden sich keinerlei Hinweise auf das Schicksal Herbert Schönmuths. Im März 1952 wurde er aus der Studentenliste mit dem Vermerk: „Tag und Art des Abgangs: 9.3.52 A.Z. 3084 wegen Nicht-Rückmeldung" gestrichen. Einen solchen Vermerk finden wir mit aktuellen Abwandlungen auf den meisten erhalten gebliebenen Immatrikulationsscheinen der von Repressionsmaßnahmen Betroffenen.

Die Autoren des Buches „Erschossen in Moskau", die die Namen von 927 Deutschen öffentlich gemacht haben, die zwischen 1950 und 1953 auf dem Moskauer Friedhof Donskoje ihre letzte Ruhe gefunden haben – unter ihnen auch Herbert Schönmuth, Kurt Böhme und Helmut Huwe – stellen die Umstände in Moskau so dar:

61 Es war dasselbe Militärtribunal, das auch Helmut Huwe verurteilte. Von dem Sowjetischen Militärtribunal Nr. 48240 wurden wohl die meisten (wenn nicht alle) Todesurteile ausgesprochen.

62 Informationen aus „Erschossen in Moskau …", S. 335–336. Eine Publikation speziell zu Sachsen-Anhalt von Rudolph, Drauschke und Sachse erschien 2006.

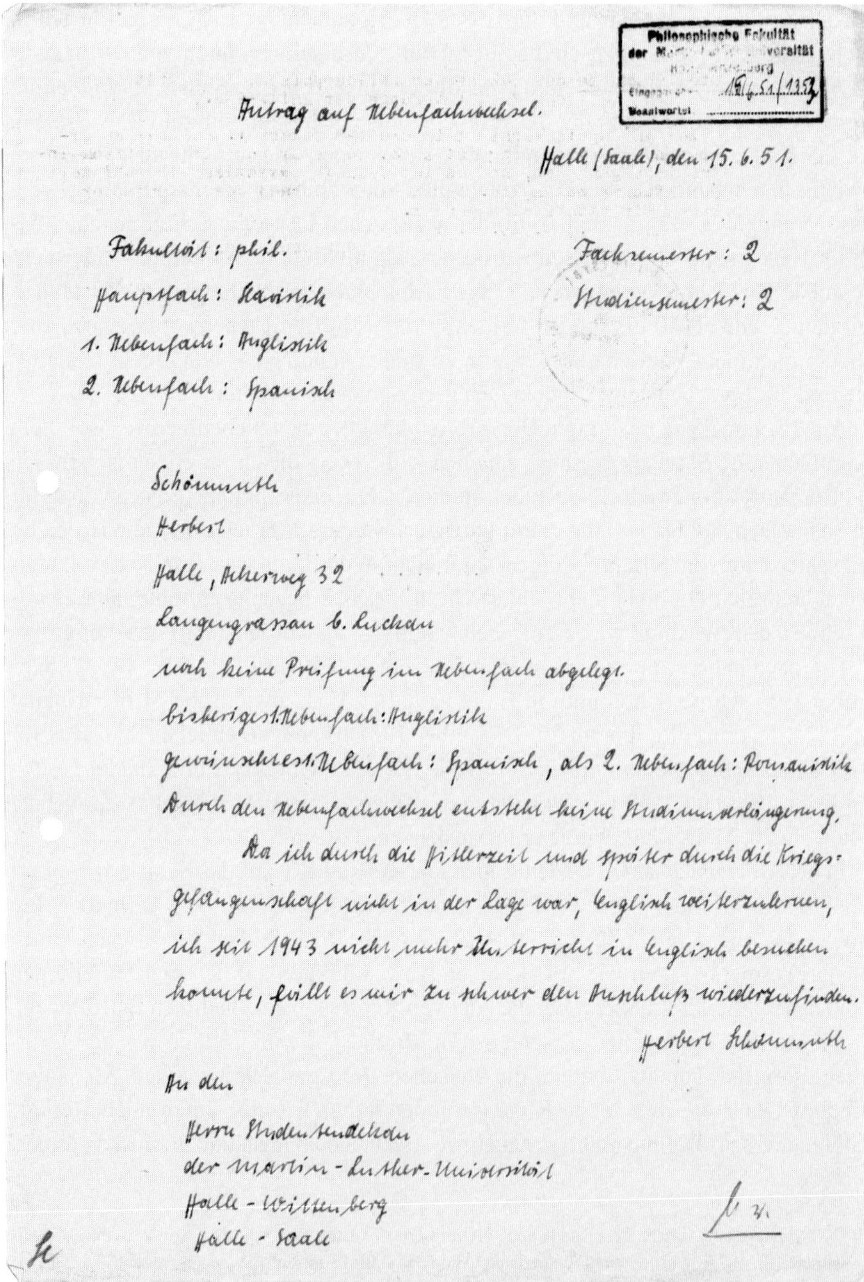

Philosophische Fakultät
der M... Universität
Eingegangen ... 18/6.51/1357
Beantwortet ...

Antrag auf Nebenfachwechsel.

Halle (Saale), den 15. 6. 51.

Fakultät: phil.
Hauptfach: Slavistik
1. Nebenfach: Anglistik
2. Nebenfach: Spanisch

Fachsemester: 2
Studiensemester: 2

Schönmuth
Herbert
Halle, Ackerweg 32
Langengrassau b. Luckau
noch keine Prüfung im Nebenfach abgelegt.
bisheriges 1. Nebenfach: Anglistik
gewünschtes 1. Nebenfach: Spanisch, als 2. Nebenfach: Romanistik
Durch den Nebenfachwechsel entsteht keine Studienverlängerung.

Da ich durch die Hitlerzeit und später durch die Kriegsgefangenschaft nicht in der Lage war, Englisch weiterzulernen, ich seit 1943 nicht mehr Unterricht in Englisch besuchen konnte, fällt es mir zu schwer den Anschluß wiederzufinden.

Herbert Schönmuth

An den
Herrn Studentendekan
der Martin-Luther-Universität
Halle-Wittenberg
Halle-Saale

Handschriftlicher Antrag

„Nach dem Urteilsspruch durch das SMT durften die zum Tode Verurteilten ein Gnadengesuch stellen, über das meist innerhalb von 90 Tagen entschieden wurde. In der Zwischenzeit wurden sie über Berlin-Lichtenberg und Brest-Litowsk nach Moskau gebracht und dort im Gefängnis Butyrka inhaftiert. Nachdem Stalin und das Politbüro, offiziell aber das Präsidium des Obersten Sowjets, die Gnadengesuche in den meisten Fällen abgelehnt hatten, wurde das Urteil fast immer kurz vor Mitternacht im Keller des Butyrka Gefängnisses vollstreckt. Die Leichen wurden innerhalb einer Stunde zum einzigen Krematorium Moskaus auf dem Friedhof Donskoje gebracht und sofort verbrannt, die Asche in dortige Massengräber gekippt.

Nur acht bis zehn Prozent der Gnadengesuche wurde stattgegeben und die Strafe in 20 oder 25 Jahre Arbeitslager umgewandelt. [...] Willkür war ein konstituierendes Prinzip des Stalinismus, sei es bei der Verhaftung, beim Urteil oder letztlich bei der Frage der Begnadigung.“[63]

43 Jahre später, am 28. März 1995, wurde Herbert Schönmuth rehabilitiert. Das Rehabilitierungsdokument konnte Horst Hennig der Martin-Luther-Universität überreichen. Eine Familie des Hingerichteten, der man es hätte übergeben können, war nicht auffindbar.

„Generalstaatsanwaltschaft der Russischen Föderation
OBERSTE MILITÄRSTAATSANWALTSCHAFT
MITTEILUNG über eine Rehabilitierung

Auf der Grundlage des Art. 3a und Art. 5a des Gesetzes der Russischen Föderation ‚Über die Rehabilitierung der Opfer politischer Verfolgung‘ vom 18. Oktober 1991 wird der (die) Bürger(in)

SCHÖNMUTH, Herbert rehabilitiert.

Militärstaatsanwalt
der Abteilung Rehabilitierung
der Obersten Militärstaatsanwaltschaft
Dienstsiegel“

1995 wurde das Faksimile der Rehabilitierung von Herbert Schönmuth unter dem Titel „Wer kannte den Studenten Herbert Schönmuth? Rehabilitation nach dreiundvierzig Jahren“[64] in der Universitätszeitung der MLU abgedruckt. Es löste keinerlei Reaktion aus.

63 Ebd. S. 13.

64 Scientia halensis 3/1995. Der Aufruf, sich zu melden, wenn man etwas über Herbert Schönmuth oder seine Familie wüsste, blieb ohne jedes Echo.

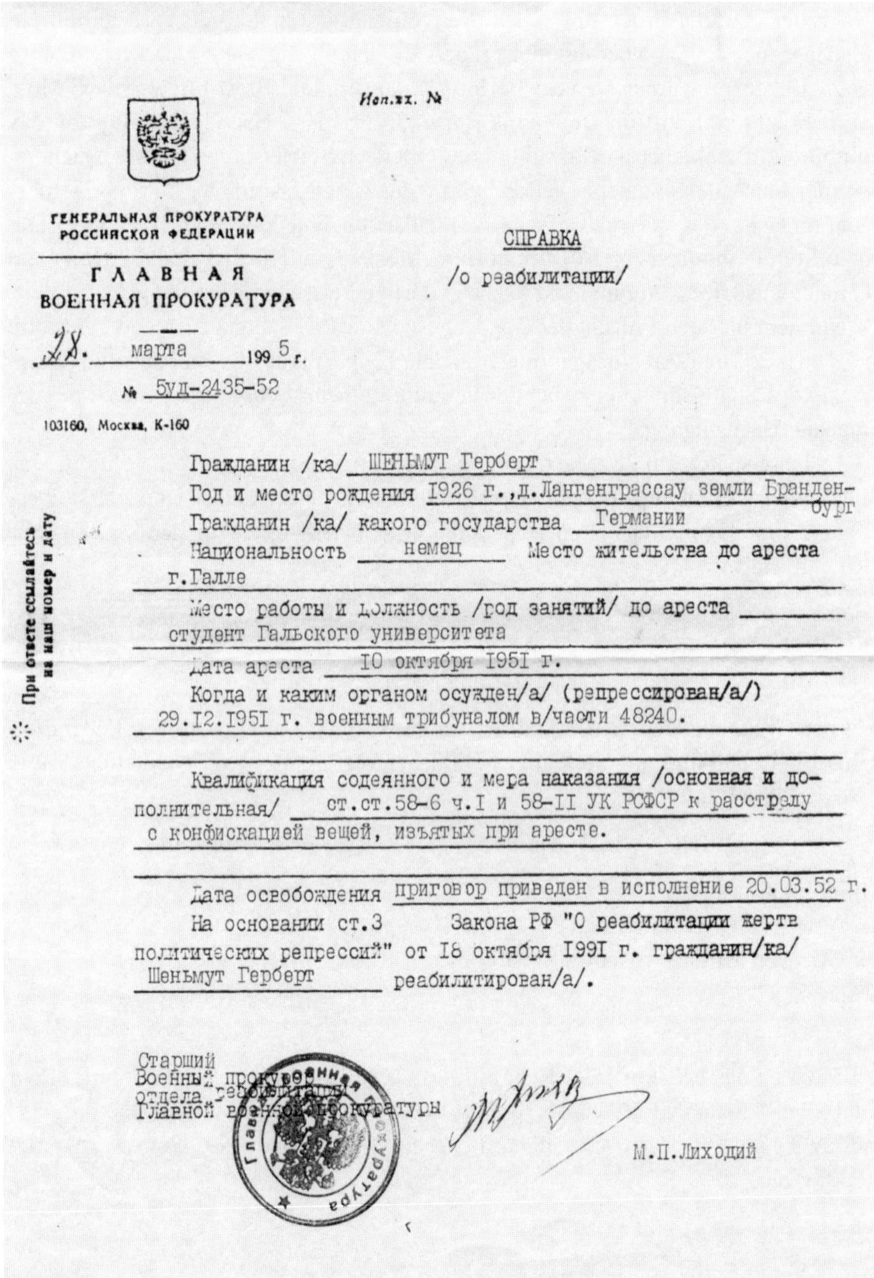

Исп.хх. №

ГЕНЕРАЛЬНАЯ ПРОКУРАТУРА
РОССИЙСКОЙ ФЕДЕРАЦИИ

ГЛАВНАЯ
ВОЕННАЯ ПРОКУРАТУРА

28. марта 1995 г.

№ 5уд-2435-52

103160, Москва, К-160

СПРАВКА
/о реабилитации/

Гражданин /ка/ ШЕНЬМУТ Герберт

Год и место рождения 1926 г.,д.Лангенграссау земли Бранденбург

Гражданин /ка/ какого государства Германии

Национальность немец Место жительства до ареста г.Галле

Место работы и должность /род занятий/ до ареста студент Гальского университета

Дата ареста 10 октября 1951 г.

Когда и каким органом осужден/а/ (репрессирован/а/) 29.12.1951 г. военным трибуналом в/части 48240.

Квалификация содеянного и мера наказания /основная и дополнительная/ ст.ст.58-6 ч.I и 58-II УК РСФСР к расстрелу с конфискацией вещей, изъятых при аресте.

Дата освобождения приговор приведен в исполнение 20.03.52 г.

На основании ст.3 Закона РФ "О реабилитации жертв политических репрессий" от 18 октября 1991 г. гражданин/ка/ Шеньмут Герберт реабилитирован/а/.

Старший
Военный прокурор
отдела реабилитации
Главной военной прокуратуры

М.П.Лиходий

При ответе ссылайтесь на наш номер и дату

Russisches Original der Rehabilitierung Herbert Schönmuths

ÜBERSETZUNG

(Wappen)
Generalstaatsanwaltschaft
der Russischen Föderation
OBERSTE
MILITÄRSTAATSANWALTSCHAFT
28. März 1995
Nr. 5ud - 2435-52

MITTEILUNG
über eine Rehabilitierung

103160 Moskau, K - 160
(Bei Antwort auf unsere
Nr. und Datum beziehen)

Der (die) Bürger (in) SCHÖNMUTH, Herbert

Jahr und Geburtsort 1926 in Langengrassau, Mark Brandenburg

Bürger (in) welchen Staates Deutschland

Nationalität deutsch Wohnort bis zur Verhaftung

Halle/Saale

Arbeitsplatz und Amt/Art der Beschäftigung/ bis zur Festnahme
Student der Universität Halle/Saale

Festnahmedatum: 10. Oktober 1951
Wann und durch welche Organe verurteilt/verfolgt/
29. Dezember 1951 durch das Militärtribunal des Truppenteiles
Nr. 48240

Tatbezeichnung und Strafmaß/grundsätzlich und ergänzend/
gem. des Art. 58 - 6 und 58 - 11, zum Tode durch Erschießen, unter
Konfiskation der anläßlich der Haft abgenommenen Wertsachen

Datum der Freilassung: Urteil bestätigt und vollstreckt am 20.3.1952

Auf der Grundlage des Art. 3a und Art. 5a des Gesetzes der Russisch
Föderation "Über die Rehabilitierung der Opfer politischer Verfolgung" vom 18. Oktober 1991 wird der (die) Bürger (in)

SCHÖNMUTH, Herbert rehabilitiert

Militärstaatsanwalt
der Abteilung Rehabilitierung
der Obersten Militärstaatsanwaltschaft
Dienstsiegel

gez.: M.P. Lichodii

F.d.R. der Übersetzung:
27404 Zeven, den 23.06.1996

Horst Maltzahn
(Horst Maltzahn)

Übersetzung der Rehabilitationsurkunde

1952 Ein Jahr unerbittlicher Auseinandersetzungen und Urteile

Aus dem Jahr 1952 sind siebzehn Verhaftungen aktenkundig: Karl-Heinz Lübke, Helmut Huwe, Bodo Schnalke, Adolf Karger, Kurt Paul Zinke, Karl Weber, Jakob Adam, Hans-Joachim Fischer, Friedhelm Thiedig, Hans-Dieter Dell, Otto Gottfried Richard Bauske, Wolfgang Baumbach, Herbert Bartels, Erwin Hahs, Dieter Feige, Hans-Jürgen Adolf Burkhardt und Fritz Herzel.

Helmut Huwe[1]

Am 14. März 1952 wurde der Sportlehrer und Assistent am Institut für Sportwissenschaft Helmut Huwe nach einer Denunziation verhaftet.[2] Vier Monate später, am 9. Juli 1952, ist er vom Sowjetischen Militärtribunal Nr. 48240 wegen angeblicher Spionage für einen ausländischen Geheimdienst und Mitwirkung in einer antisowjetischen Spionageorganisation zum Tode durch Erschießen verurteilt worden. Sein Gnadengesuch wurde vom Präsidium des Obersten Sowjets am 8. September 1952 abgelehnt, das Urteil ist am 10. September 1952 in Moskau vollstreckt worden. Am 31. Dezember 1994 wurde Helmut Huwe durch die Militärhauptstaatsanwaltschaft Moskau rehabilitiert.

Welche Spuren[3] Helmut Huwes finden wir im Universitätsarchiv? Im Sommer 1951 hatte er einen „Fachlehrgang für körperliche Erziehung am Institut für körperliche Erziehung und Schulhygiene" an der Pädagogischen Fakultät der Universität Leipzig absolviert und dafür ein gutes Zeugnis bekommen. Auch seine Lehrbefähigung war hoch gelobt worden.

Das Zeugnis vom 21. August 1951, das der Vorsitzende der Hauptprüfungskommission Günter Hofmann am 29. August 1951 unterschrieben hat und das Huwes Leistungen mit der „Gesamtleistung II" zusammenfasst, stellt ihm ein insgesamt

1 UAH, PA Nr. 8294 Helmut Huwe.

2 Informationen aus „Erschossen in Moskau …", S. 208.

3 UAH, PA Nr. 8294 Helmut Huwe. Alle hier zitierten Dokumente zu Helmut Huwe, die nicht anderweitig gekennzeichnet sind, stammen aus dieser Akte.

günstiges Gesamturteil aus: „a) politisch: besitzt politisches Wissen, verhält sich jedoch passiv. b) charakterlich: etwas bequem, auf Grund seiner praktischen Leistungen gern im Mittelpunkt stehend, in der Gruppe hilfsbereit und guter Kamerad."

Zur Bewerbung an der Martin-Luther-Universität sandte er einen handgeschriebenen Lebenslauf: „Am 11. Mai 1927 bin ich als Sohn des Zahnarztes Walter Huwe und seiner Ehefrau Frieda, geb. Laser, in Allenstein geboren. Vom 6. Lebensjahr an besuchte ich die Volksschule, von der ich mit dem 10. Lebensjahr in die Oberschule überwechselte. Diese besuchte ich bis zur Unterprima und dann wurde ich als Luftwaffenhelfer eingezogen. Sommer 1944 Arbeitsdienst in Polen. Oktober 1944 bin ich dann zur ‚Wehrmacht' eingezogen worden. Im April 1945 im Westen in amerikanische Gefangenschaft geraten. 18 Monate Gefangenschaft in Frankreich. 1946 Heimkehr nach Berlin. Besuch des 2jährigen Lehrerseminars in Potsdam-Babelsberg. 1948 als Lehrer in Eberswalde eingesetzt. 1950 Besuch eines Schwimmlehrganges in Luckenwalde, anschließend 3 Monate Sportlehrerausbildung an der Humboldt-Universität in Berlin. Seit dem 1. September 1950 als Sport- und Deutschlehrer an der Grundschule IV in Eberswalde tätig."

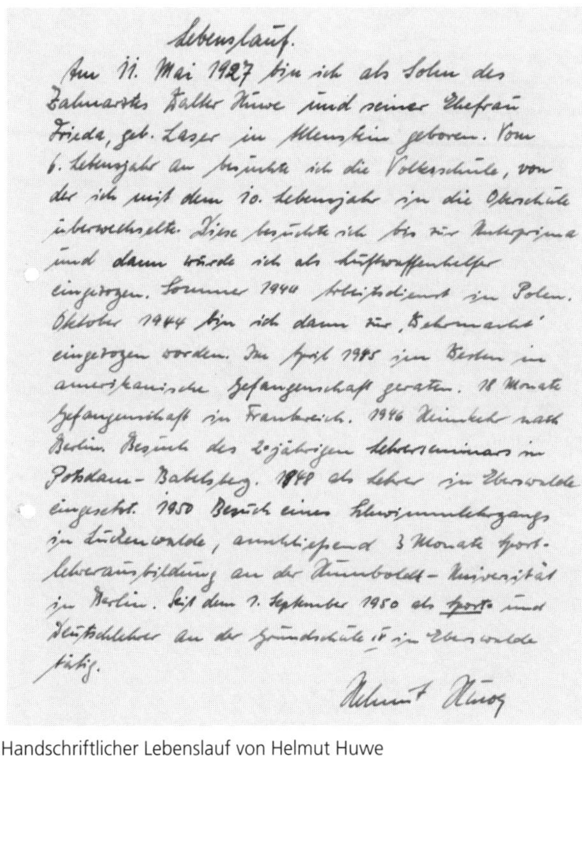
Lebenslauf.

Am 11. Mai 1927 bin ich als Sohn des Zahnarztes Walter Huwe und seiner Ehefrau Frieda, geb. Laser in Allenstein geboren. Vom 6. Lebensjahr an besuchte ich die Volksschule, von der ich mit dem 10. Lebensjahr in die Oberschule überwechselte. Diese besuchte ich bis zur Unterprima und dann wurde ich als Luftwaffenhelfer eingezogen. Sommer 1944 Arbeitsdienst in Polen. Oktober 1944 bin ich dann zur ‚Wehrmacht' eingezogen worden. Im April 1945 im Westen in amerikanische Gefangenschaft geraten. 18 Monate Gefangenschaft in Frankreich. 1946 Heimkehr nach Berlin. Besuch des 2jährigen Lehrerseminars in Potsdam-Babelsberg. 1948 als Lehrer in Eberswalde eingesetzt. 1950 Besuch eines Schwimmlehrganges in Luckenwalde, anschließend 3 Monate Sportlehrerausbildung an der Humboldt-Universität in Berlin. Seit dem 1. September 1950 als Sport- und Deutschlehrer an der Grundschule IV in Eberswalde tätig.

Helmut Huwe

Handschriftlicher Lebenslauf von Helmut Huwe

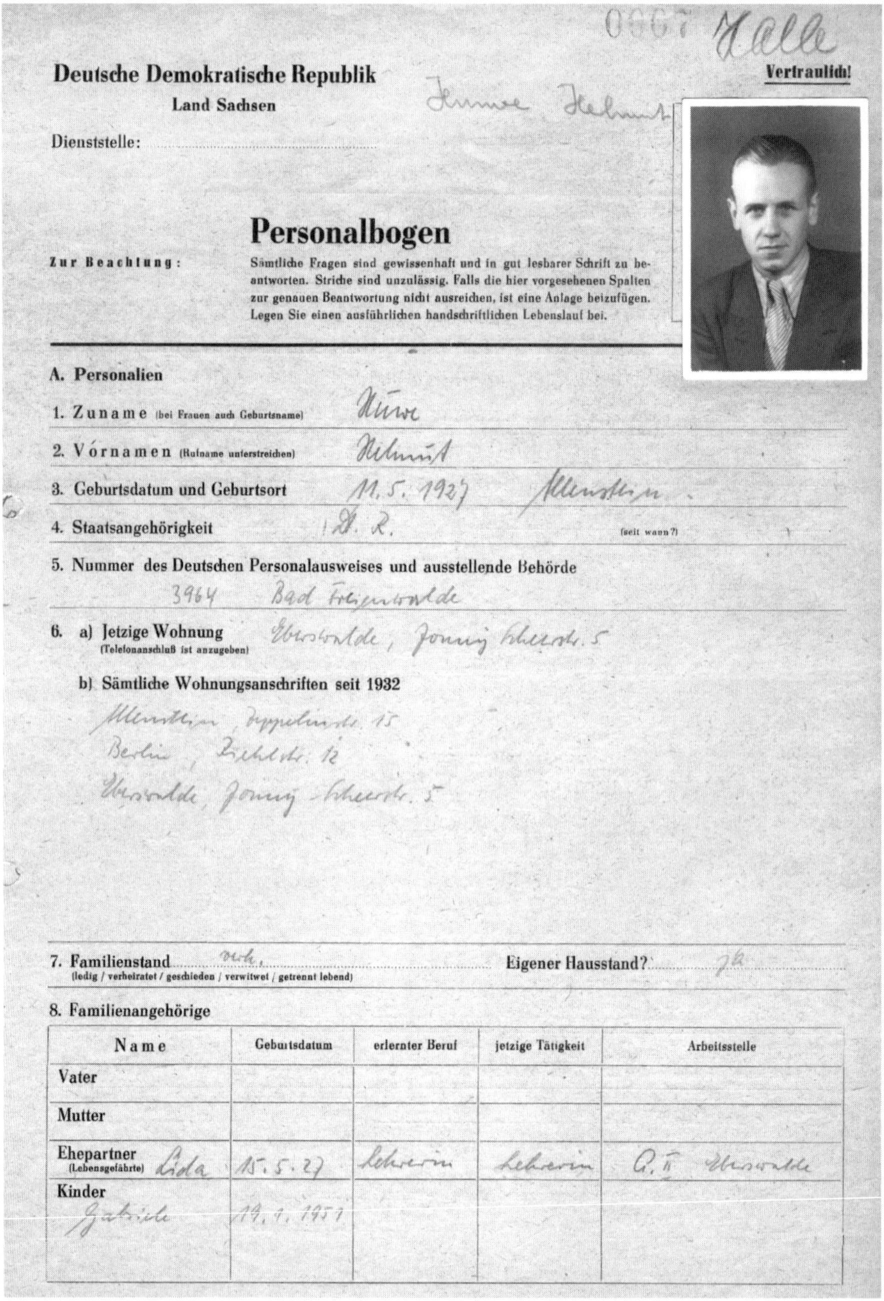

0667 Halle

Deutsche Demokratische Republik

Land Sachsen

Vertraulich!

Huwe Helmut

Dienststelle: ....

Personalbogen

Zur Beachtung: Sämtliche Fragen sind gewissenhaft und in gut lesbarer Schrift zu beantworten. Striche sind unzulässig. Falls die hier vorgesehenen Spalten zur genauen Beantwortung nicht ausreichen, ist eine Anlage beizufügen. Legen Sie einen ausführlichen handschriftlichen Lebenslauf bei.

A. Personalien

1. Zuname (bei Frauen auch Geburtsname) Huwe
2. Vornamen (Rufname unterstreichen) Helmut
3. Geburtsdatum und Geburtsort 11. 5. 1927 Allenstein
4. Staatsangehörigkeit D. R. (seit wann?)
5. Nummer des Deutschen Personalausweises und ausstellende Behörde
   3964 Bad Freienwalde
6. a) Jetzige Wohnung (Telefonanschluß ist anzugeben) Eberswalde, Jonny Scheerstr. 5
   b) Sämtliche Wohnungsanschriften seit 1932
   Allenstein, Doppelinstr. 15
   Berlin, Zietholstr. 12
   Eberswalde, Jonny-Scheerstr. 5
7. Familienstand (ledig / verheiratet / geschieden / verwitwet / getrennt lebend) verh. Eigener Hausstand? ja
8. Familienangehörige

Name	Geburtsdatum	erlernter Beruf	jetzige Tätigkeit	Arbeitsstelle
Vater				
Mutter				
Ehepartner (Lebensgefährte) Lida	15. 5. 27	Lehrerin	Lehrerin	G. II Eberswalde
Kinder Gabriele	19. 1. 1951			

Personalbogen vom 17. August 1951 von Helmut Huwe

Aus dem Personalbogen vom 17. August 1951 geht hervor, dass er von Dezember 1944 bis Mai 1945 Soldat der Infanterie und von Mai 1945 bis März 1946 in Heilbronn im Kriegsgefangenlager war. Huwe gehörte dem FDGB, der FDJ, der DSF und dem DS an.[4]

Zum 1. September 1951 wurde er an der MLU angestellt. Zu diesem Zeitpunkt war er 24 Jahre alt, verheiratet mit der Lehrerin Lida[5]. Ihre gemeinsame Tochter Gabriele war erst neun Monate alt. Helmut Huwe erhielt durch den Dekan der Pädagogischen Fakultät die Mitteilung, dass er bis auf weiteres als Hilfssportlehrer eingestellt sei.

Helmut Huwe verschwindet spurlos

Gerhard Lukas[6], der Direktor des „Pädagogischen Institutes für Körpererziehung“, meldete 12 Tage nach dessen Verschwinden, am 25. März 1952:

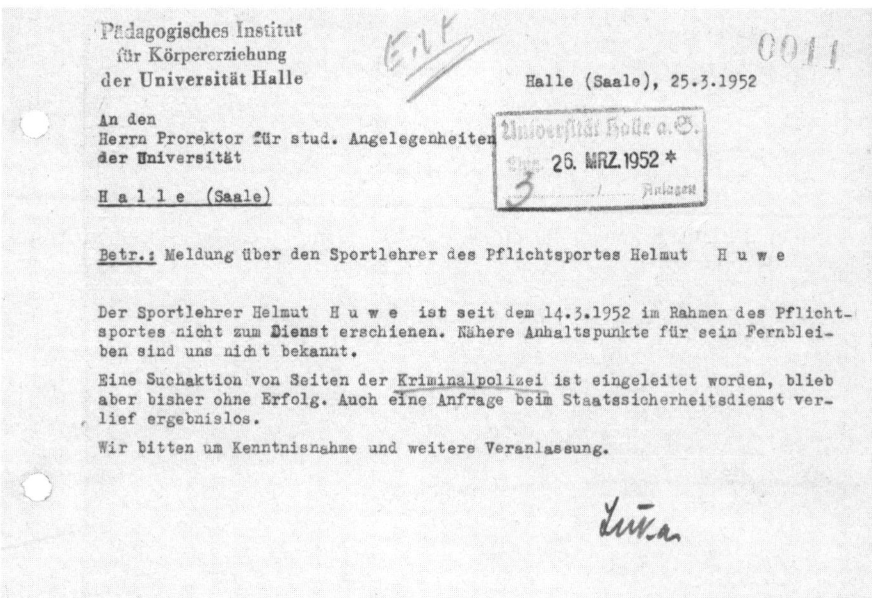

Pädagogisches Institut
für Körpererziehung
der Universität Halle

0011

Halle (Saale), 25.3.1952

An den
Herrn Prorektor für stud. Angelegenheiten
der Universität

Halle (Saale)

Universität Halle a.S.
Eing. 26. MRZ. 1952 *
3 ... / ... Anlagen

Betr.: Meldung über den Sportlehrer des Pflichtsportes Helmut Huwe

Der Sportlehrer Helmut Huwe ist seit dem 14.3.1952 im Rahmen des Pflichtsportes nicht zum Dienst erschienen. Nähere Anhaltspunkte für sein Fernbleiben sind uns nicht bekannt.

Eine Suchaktion von Seiten der Kriminalpolizei ist eingeleitet worden, blieb aber bisher ohne Erfolg. Auch eine Anfrage beim Staatssicherheitsdienst verlief ergebnislos.

Wir bitten um Kenntnisnahme und weitere Veranlassung.

Lukas

Brief von Lukas vom 25. März 1952

4 DS – bei Müller-Enbergs 2001 steht unter dieser Abkürzung „Deutscher Sportausschuss“, aber vielleicht ist hier ein Vorläufer des DTSB, des Deutschen Turn- und Sportbundes gemeint.
5 Lida Huwe, geb. Schaper, war am 15.5.1927, vier Tage nach ihrem Ehemann, geboren.
6 Gerhard Lukas (*1914), ab 1948 Direktor des Institutes für Körpererziehung.

Hier ist unverkennbar, dass Lukas eine Verhaftung nicht ausschloss – warum hätte er sonst beim Staatssicherheitsdienst nachfragen sollen? Nicht nur von den Kollegen, auch von der Dienststelle der Ehefrau erreichten die Universitätsleitung schon bald Anfragen nach Huwes Verbleib:

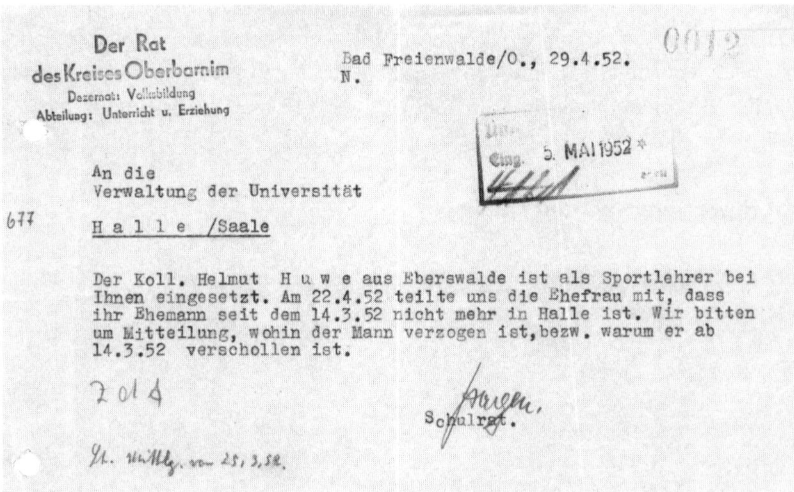

Der Rat
des Kreises Oberbarnim
Dezernat: Volksbildung
Abteilung: Unterricht u. Erziehung

Bad Freienwalde/O., 29.4.52.
N.

0012

Eing. 5. MAI 1952

An die
Verwaltung der Universität

677 H a l l e /Saale

Der Koll. Helmut H u w e aus Eberswalde ist als Sportlehrer bei Ihnen eingesetzt. Am 22.4.52 teilte uns die Ehefrau mit, dass ihr Ehemann seit dem 14.3.52 nicht mehr in Halle ist. Wir bitten um Mitteilung, wohin der Mann verzogen ist, bezw. warum er ab 14.3.52 verschollen ist.

2014

Schulrat.

Brief des Rates des Kreises Oberbarnim vom 29. April 1952

Personalleiter Reinicke antwortete am 14. Mai 1952 dem Rat des Kreises Oberbarnim:

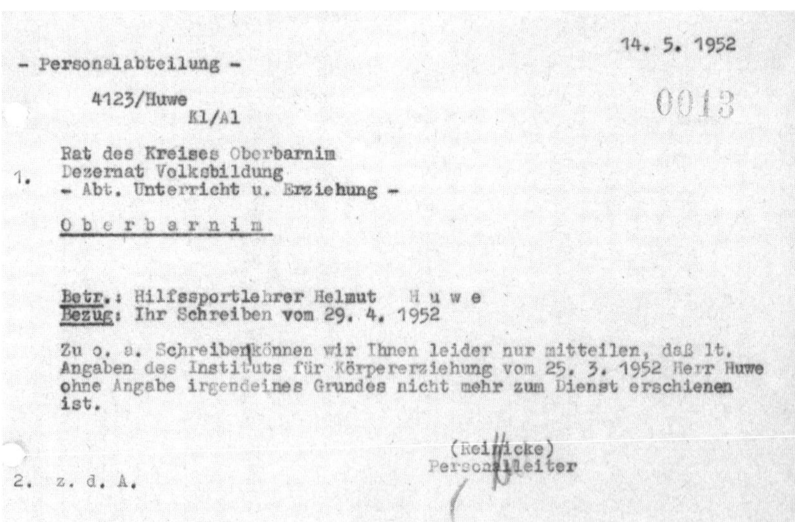

14. 5. 1952

- Personalabteilung -

4123/Huwe
Kl/Al

0013

1. Rat des Kreises Oberbarnim
Dezernat Volksbildung
- Abt. Unterricht u. Erziehung -

O b e r b a r n i m

Betr.: Hilfssportlehrer Helmut H u w e
Bezug: Ihr Schreiben vom 29. 4. 1952

Zu o. a. Schreiben können wir Ihnen leider nur mitteilen, daß lt. Angaben des Instituts für Körpererziehung vom 25. 3. 1952 Herr Huwe ohne Angabe irgendeines Grundes nicht mehr zum Dienst erschienen ist.

(Reinicke)
Personalleiter

2. z. d. A.

Brief von Reinicke vom 14. Mai 1952

Am 24. Mai 1952 war Personalleiter Reinicke offenbar überzeugt, dass Helmut Huwe in den Westen geflohen war. Er meldete dies an die Landesregierung, an das Staatssekretariat für Hochschulwesen, an das Volkspolizeipräsidium und an den Rektor, an das Amt für Arbeit, die Statistik und die Planstellenkartei.

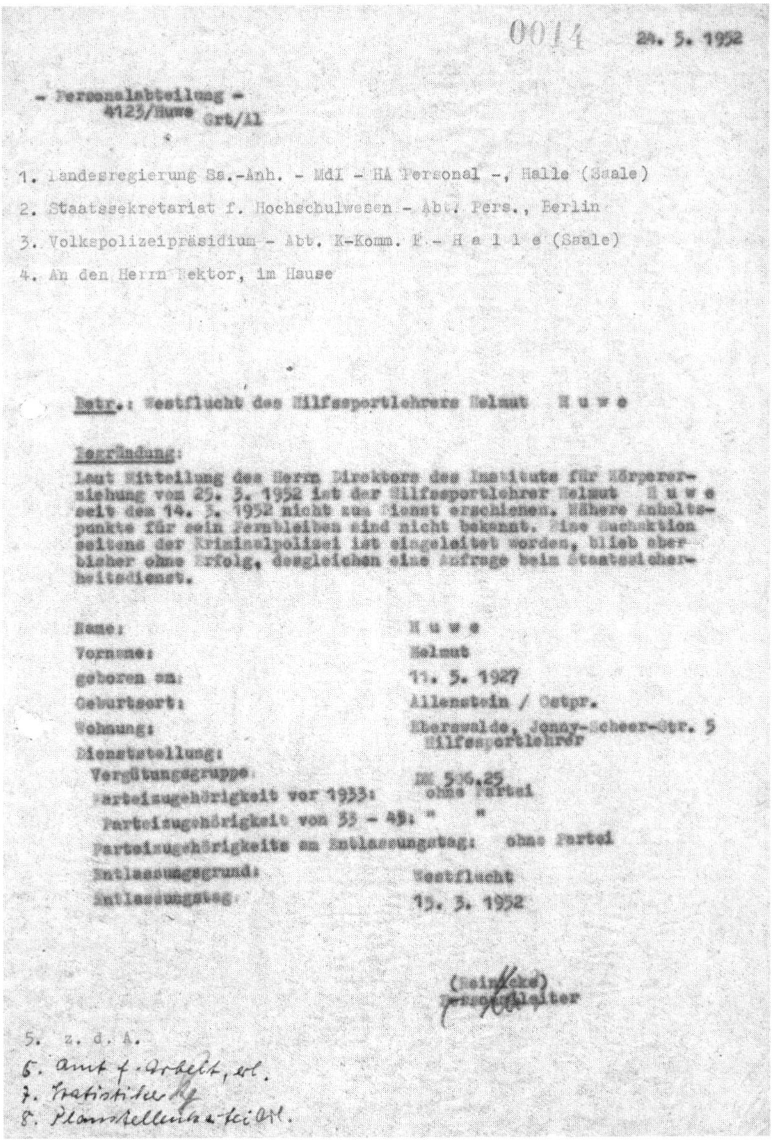

0014 24. 5. 1952

- Personalabteilung -
4123/Huwe Grt/Al

1. Landesregierung Sa.-Anh. - MdI - HA Personal -, Halle (Saale)
2. Staatssekretariat f. Hochschulwesen - Abt. Pers., Berlin
3. Volkspolizeipräsidium - Abt. K-Komm. F - H a l l e (Saale)
4. An den Herrn Rektor, im Hause

Betr.: Westflucht des Hilfssportlehrers Helmut H u w e

Begründung:
Laut Mitteilung des Herrn Direktors des Institute für Körpererziehung vom 23. 5. 1952 ist der Hilfssportlehrer Helmut H u w e seit dem 14. 5. 1952 nicht zum Dienst erschienen. Nähere Anhaltspunkte für sein Fernbleiben sind nicht bekannt. Eine Suchaktion seitens der Kriminalpolizei ist eingeleitet worden, blieb aber bisher ohne Erfolg, desgleichen eine Anfrage beim Staatssicherheitsdienst.

Name: H u w e
Vorname: Helmut
geboren am: 11. 5. 1927
Geburtsort: Allenstein / Ostpr.
Wohnung: Eberswalde, Jenny-Scheer-Str. 5
Dienststellung: Hilfssportlehrer
Vergütungsgruppe: DM 536,25
Parteizugehörigkeit vor 1933: ohne Partei
Parteizugehörigkeit von 33 - 45: " "
Parteizugehörigkeits am Entlassungstag: ohne Partei
Entlassungsgrund: Westflucht
Entlassungstag: 15. 5. 1952

(Reinicke)
Personalleiter

5. z. d. A.
6. Amt f. Arbeit, ...
7. Statistik ...
8. Planstellenkartei ...

Brief Reinickes vom 24. Mai 1952

Die von ihm vermutete „Westflucht des Hilfssportlehrers Helmut Huwe“ begründete Reinicke so: „Laut Mitteilung des Herrn Direktors des Instituts für Körpererziehung vom 25.3.1952 ist der Hilfssportlehrer Helmut Huwe seit dem 14.3.1952 nicht zum Dienst erschienen. Nähere Anhaltspunkte für sein Fernbleiben sind nicht bekannt. Eine Suchaktion seitens der Kriminalpolizei ist eingeleitet worden, blieb aber bisher ohne Erfolg. Desgleichen eine Anfrage beim Staatssicherheitsdienst.“

Auch die Ehefrau Lida Huwe wandte sich mit zwei handschriftlichen Briefen an die Universität. Am 10. Juni 1952 schrieb sie: „Ich beziehe mich auf das seltsame Verschwinden meines Mannes Helmut Huwe (14. III. 52), der als Sportlehrer bei Ihnen tätig war.

Sie wissen, daß ich damals nach Halle gefahren bin, leider vergeblich. Da bereits vier Monate verstrichen sind, ohne dass sich irgend etwas ereignet hat, sehe ich mich genötigt, an Sie heranzutreten mit der Anfrage, ob Sie inzwischen über den Verbleib meines Mannes etwas gehört haben oder ob er da in irgendwelche Dinge verwickelt ist, die auf irgendwelche Schlüsse hinzielen.

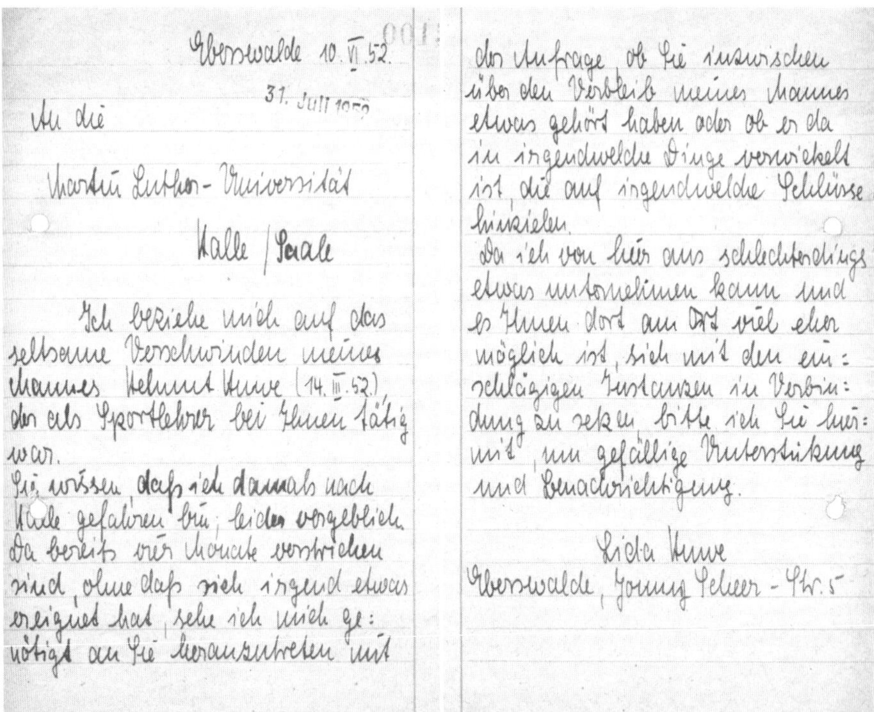

Eberswalde 10. VI. 52.

31. Juli 195[illegible]

An die

Martin Luther-Universität

Halle/Saale

Ich beziehe mich auf das seltsame Verschwinden meines Mannes Helmut Huwe (14. III. 52), der als Sportlehrer bei Ihnen tätig war.

Sie wissen, daß ich damals nach Halle gefahren bin, leider vergeblich. Da bereits vier Monate verstrichen sind, ohne daß sich irgend etwas ereignet hat, sehe ich mich genötigt an Sie heranzutreten mit der Anfrage, ob Sie inzwischen über den Verbleib meines Mannes etwas gehört haben oder ob er da in irgendwelche Dinge verwickelt ist, die auf irgendwelche Schlüsse hinzielen.

Da ich von hier aus schlechterdings etwas unternehmen kann und es Ihnen dort am Ort viel eher möglich ist, sich mit den einschlägigen Instanzen in Verbindung zu setzen, bitte ich Sie hiermit um gefällige Unterstützung und Benachrichtigung.

Lida Huwe

Eberswalde, Jonny Scheer-Str. 5

Handschriftlicher Brief von Lida Huwe an die Martin-Luther-Universität

Da ich von hier aus schlechterdings etwas unternehmen kann und es Ihnen dort am Ort viel eher möglich ist, sich mit den einschlägigen Instanzen in Verbindung zu setzen, bitte ich Sie hiermit, um gefällige Unterstützung und Benachrichtigung."

Der zweite Brief von Lida Huwe ist im August geschrieben, also zu einer Zeit, da ihr Mann schon zum Tode verurteilt war: „[...] Es befremdet mich, daß Ihrerseits nichts unternommen wird, um das plötzliche Verschwinden eines Ihrer Angestellten aufzuklären. [...] Versetzen Sie sich bitte in meine verzweifelte Lage; ich warte täglich auf einen Bescheid, dem ich nunmehr mit Bestimmtheit entgegensehe."

Personalleiter Reinicke antwortete Lida Huwe am 8. August 1952: „Wir erhielten Ihr Schreiben vom 3.8.1952, können Ihnen jedoch leider keine näheren Angaben über den Verbleib Ihres Ehemannes machen. Wie wir bereits auf eine Anfrage der Abt. Unterricht und Erziehung des Kreises Oberbarnim mitteilten, ist Ihr Mann seit dem 25.3. 1952 [korrekt: seit dem 14.3.] im Institut für Körpererziehung nicht mehr zum Dienst erschienen. Eine von der Kriminalpolizei eingeleitete Suchaktion blieb erfolglos und es besteht die Vermutung, dass sich Ihr Mann seit dieser Zeit in Westdeutschland aufhält."

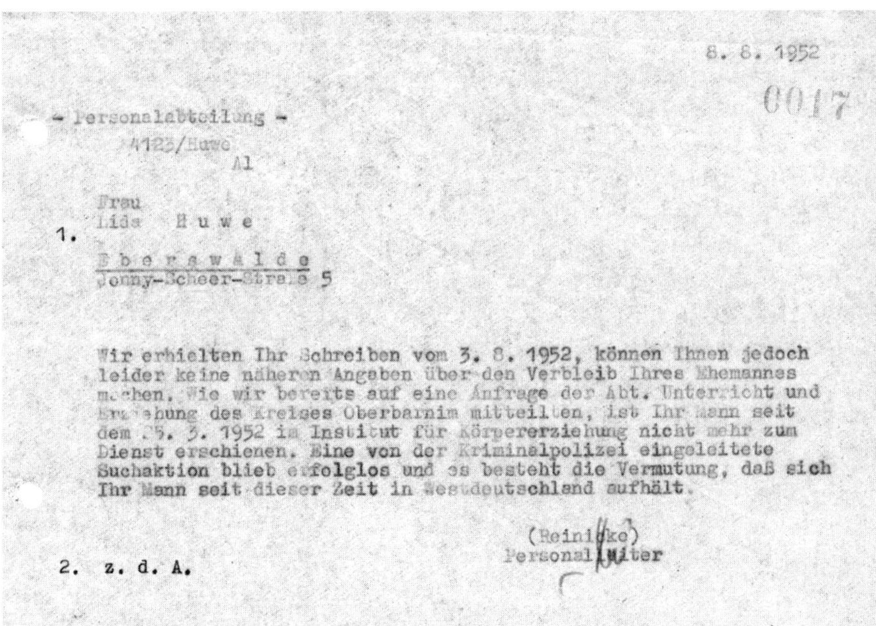

8. 8. 1952

0017

- Personalabteilung -
4123/Huwe
Al

1\. Frau
Lida Huwe

Eberswalde
Jonny-Scheer-Straße 5

Wir erhielten Ihr Schreiben vom 3. 8. 1952, können Ihnen jedoch leider keine näheren Angaben über den Verbleib Ihres Ehemannes machen. Wie wir bereits auf eine Anfrage der Abt. Unterricht und Erziehung des Kreises Oberbarnim mitteilten, ist Ihr Mann seit dem 25. 3. 1952 im Institut für Körpererziehung nicht mehr zum Dienst erschienen. Eine von der Kriminalpolizei eingeleitete Suchaktion blieb erfolglos und es besteht die Vermutung, daß sich Ihr Mann seit dieser Zeit in Westdeutschland aufhält.

(Reinicke)
Personalleiter

2\. z. d. A.

Reinicke an Lida Huwe vom 8. August 1952

Es macht auch heute noch betroffen, wenn ein Personalleiter annimmt, dass ein junger Familienvater ohne weiteres seine Frau, sein kleines Kind und die gerade angetretene Arbeitsstelle verlässt, um in den Westen zu verschwinden. Wie ist Lida Huwe mit diesen Informationen umgegangen?

Am 3. August 1952 schrieb Lida Huwe noch einen zweiten Brief, an die Dienststelle für Staatsicherheit Berlin/Lichtenberg:
„[…] Mein Mann war seit September 1952 Sportlehrer an der Martin-Luther-Universität in Halle. Er verließ am 14. März 1952 seine dortige Wohnung und ist seitdem spurlos verschwunden.

Sie können sich vorstellen, dass ich in höchster Besorgnis um den Verbleib meines Mannes bin. Ich wäre Ihnen sehr zu Dank verbunden, wenn Sie mir eventuell Mitteilung darüber geben könnten, wo sich mein Mann befindet und aus welchem Grunde er möglicherweise in Haft genommen sein könnte.“[7]

Die „Bezirksverwaltung Halle, Abt. XII des Ministeriums für Staatssicherheit, O.Rat Schönig“ schrieb am 26. September 1952 an das „MfS Abteilung XII“ in Berlin mit der Bitte um Auskunft: „[…] Da der Obengenannte auch in hiesiger Kartei nicht registriert ist, bitten wir Ihrerseits Ermittlungen anzustellen und mitzuteilen ob und in welcher Form eine Benachrichtigung erfolgen könnte.“[8]

Zu diesem Zeitpunkt war Helmut Huwe schon tot, worüber offenbar auch das MfS nicht informiert war. Seine Frau schrieb verzweifelt einen Brief nach dem anderen an die verschiedenen „Dienststellen“. Etwa richtete sie am 15. Oktober 1952 einen handschriftlichen Brief an die Generalstaatsanwaltschaft Berlin: „[…] Am 10.10.52 war ich bei Ihnen und Sie stellten mir anheim, mein Ersuchen schriftlich bei Ihnen einzureichen. Ich tue dies hiermit und erwarte, dass ich von Ihnen doch nun endlich Auskunft bekommen werde.“[9]

Der Staatsanwalt Loser schrieb am 23. Oktober 1952 an das Ministerium für Staatssicherheit in der Normannenstraße, in Berlin: „Beiliegend übersende ich Ihnen die Eingabe der Obengenannten mit der Bitte um Erledigung. […] Abgabenachricht wurde erteilt.“[10]

Doch die so sehr erhoffte abschließende Nachricht blieb weiter aus. Noch fünf Jahre später wusste Lida Huwe nicht, dass ihr Mann hingerichtet worden war; sie wusste nun lediglich, dass er verhaftet worden war. Auch den Verwaltungsangestellten der

7 BStU, MfS, HA IX/11, SMT, Band 20, Bl. 332. Wir danken Frau Edda Ahrberg und dem Landesbeauftragten von Sachsen-Anhalt für die Unterlagen des Staatssicherheitsdienstes der ehemaligen DDR, Gerhard Ruden, für die Überlassung der Dokumente.

8 Ebd., Bl. 331.

9 Ebd., Bl. 330.

10 Ebd., Bl. 329.

MLU war sein Schicksal zu dieser Zeit noch unbekannt. Das lässt sich an dem folgenden Briefwechsel ablesen:

„Eberswalde, 27.8.57

An die
Martin-Luther-Universität Halle
Mein Mann Helmut Huwe, geb. am 11.5.27, war bis zum 13.3.52 als Sportlehrer bei Ihnen tätig.
Ich bitte Sie, mir mitzuteilen, auf welche Sparkasse in Halle und evtl. auf welches Konto meines Mannes laufende Gehaltszahlungen überwiesen wurden.
Lida Huwe
Eberswalde, Jonny Scheer Str. 5“

Urschriftlich zurück mit dem Bemerken, dass wir ohne Angaben von Gründen und ohne Vollmacht Ihres Mannes Auskünfte in Sparkassen und Gehaltssachen nicht erteilen dürfen.

Halle/S., den 7.9.52
Leiter der Lohn-u.Gehaltsstelle
(Becker)

Eberswalde, den 13.7.58

Antwortlich Ihrer umseitigen Bemerkung teile ich Ihnen mit, daß mein Mann Helmut Huwe am 14. März 1952 in Halle mit unnachweisbarem Verbleib verhaftet wurde.
Ich bitte nochmals um Beantwortung meiner umseitigen Anfrage.
Lida Huwe

Urschriftlich zurück mit dem Bemerken, dass wir die Gehälter für Ihren Mann an die Stadt und Saalkreissparkasse Halle [...] überwiesen haben.
Halle/S., 7.8.58

(Becker)
Leiter der Lohn- u. Gehaltsstelle“

Dies ist der letzte Hinweis auf Helmut Huwe im Universitätsarchiv. Von seiner Hinrichtung erfuhr die Martin-Luther-Universität erst durch die Publikation „Erschossen in Moskau...“ im Jahr 2005.[11] Noch zum Universitätsjubiläum 2002 konnte Theo

11 Zur Eröffnung der Ausstellung „Erschossen in Moskau ...“ vom 23. September bis 3. November 2006 in der Gedenkstätte „Roter Ochse“ am 23. September 2006 würdigte der Innenminister Sachsen-Anhalts, Holger Hövelmann, Helmut Huwe. Anwesend war auch Hans-Dieter Krumpe, der Anfang der fünfziger Jahre Assistent am Institut für Sportwissenschaft war und Helmut Huwe kannte, aber nichts von dessen Verhaftung wußte.

Austermühle das Schicksal Helmut Huwes in seinem Beitrag über das Institut für Sportwissenschaft daher nicht berücksichtigen. Lida Huwe erfuhr 1970 zunächst lediglich, dass ihr Mann in der Sowjetunion „gestorben" sei. Nach der Wende 1990 erhielt sie auf Anfrage die Nachricht, dass er hingerichtet worden war. Am 31. Dezember 1994 wurde Helmut Huwe durch die Militärhauptstaatsanwaltschaft Moskau rehabilitiert.

Herbert Schönmuth und Helmut Huwe sind zwei uns heute detailliert bekannte Fälle von vollstreckten Todesurteilen an Angehörigen der Martin-Luther-Universität Halle-Wittenberg. In der Dokumentation des Verbandes Deutscher Studentenschaften[12] sind 43 Namen von Personen aufgeführt, die hingerichtet wurden oder in der Haft verstarben. Weder Schönmuth noch Huwe finden sich darunter.

Hinzu kommt für die MLU Dr. phil. Kurt Böhme. Er war Dozent für Pädagogik an der Universität Halle. Anfang August 1950, während eines Familienurlaubs, ist Böhme durch das MfS zusammen mit fünf anderen Personen verhaftet und am 26. Dezember 1950 vom SMT Nr. 48240 wegen angeblicher Spionage für die Amerikaner und Mitgliedschaft in einer konterrevolutionären Organisation zum Tode durch Erschießen verurteilt worden.

Nach Aufenthalten in den NKWD-Gefängnissen Dresden und Berlin-Lichtenberg wurde Böhme in die Sowjetunion verbracht. Das Präsidium des Obersten Sowjets lehnte sein Gnadengesuch am 30. März 1951 ab. Er soll jedoch schon unmittelbar vor diesem Tag, am 27. März 1951, im Haftkrankenhaus des Moskauer Gefängnisses Butyrka verstorben sein.

Auch Kurt Böhme rehabilitierte die russische Militärhauptstaatanwaltschaft im Jahre 1995. Nichtsdestoweniger gibt es von ihm im Universitätsarchiv Halle keinerlei Spuren. Zumindest ebenso erwähnenswert sind die Namen Fritz Herzel, Ulf Müller und Hans-Joachim Stoye. Auch gegen diese drei Universitätsangehörigen ergingen Todesurteile, die allerdings sämtlich auf dem Begnadigungsweg kassiert worden sind.

In den Jahren 1950 bis 1952 wurden auch Studenten und Mitarbeiter anderer Universitäten der DDR in Moskau hingerichtet. An der Universität Rostock[13] wurde der hochbegabte Jurastudent Arno Esch, der sich mit beispielhaftem Engagement für die demokratische Entwicklung in der DDR einsetzte – Arno Esch war Mitglied des Landesjugendbeirates der LDP und in dieser Funktion wesentlich an der Ausarbeitung des Parteiprogramms der LDP beteiligt – in der Nacht vom 18. zum 19. Oktober 1949

12 „Dokumentation des Terrors – Namen und Schicksale der von 1945 bis 1962 in der SBZ/DDR verhafteten und verschleppten Professoren und Studenten" 1962, Reprint 1994, hrsg. vom Verband ehemaliger Rostocker Studenten e. V.

13 Ammer 1969.

von sowjetischen Sicherheitsbeamten verhaftet (im Zusammenhang mit einer großen Verhaftungsaktion von LDP-Mitgliedern), am 20. Juli 1950 zum Tode durch Erschießen verurteilt und am 24. Juli 1951 in der Sowjetunion hingerichtet.[14] Der Student Karl-Alfred Gedowski der Rostocker Pädagogischen Fakultät wurde am 26. Juni 1951 verhaftet, am 6. Dezember 1951 vom SMT Schwerin zum Tode verurteilt und 1952 in der Sowjetunion hingerichtet.

An der Universität Leipzig wurde der Student der Volkswirtschaft Herbert Belter am 5. Oktober 1950 verhaftet und am 28. April 1951 erschossen.[15]

Die Zerschlagung des „Widerstandskreises der Jugend der Sowjetzone" durch Hilde Benjamin[16]

Im Jahr 1951 wurde das MfS auf einen „Widerstandskreis der Jugend der Sowjetzone" aufmerksam, der zum „Bund deutscher Jugend" gehörte. Seine Zentrale war in Frankfurt am Main angesiedelt. Die Anlaufstellen für die Mitglieder im Ostteil Deutschlands befanden sich in Westberlin. Aus der Sicht des MfS galt der „Bund deutscher Jugend" als eine neofaschistische Vereinigung, in der sich überwiegend ehemalige Adolf-Hitler-Schüler organisierten, um als illegale Gruppen tätig zu werden. Die Aktivitäten dieses „Widerstandskreises" seien „das Verbreiten von Hetzschriften und Anbringen von Hetzparolen sowie Sammlung von Informationen über das Leben und Vorkommnisse in der Deutschen Demokratischen Republik". Ein Leiter der Organisation lebe in Berlin-Dahlem, ein anderer „Verbindungsmann" sei „ein gewisser Herr Bade" im Referat für gesamtdeutsche Fragen an der Freien Universität, der früher zweiter Studentenratsvorsitzender der Universität Halle gewesen sei.[17] Die Treffen der Mitglieder in Westberlin wären als „I. und II. Freies Parlament"

---

14 In der Eingangshalle des Hauptgebäudes der Rostocker Universität gibt es zwei Gedenktafeln:
„Zur Erinnerung an Prof. Dr. med. Hans Moral
8.7.1885–6.8.1933
und allen anderen Opfern des nationalsozialistischen Terrors an der Universität Rostock in ehrendem Gedenken"
und:
„Dem Studenten Arno Esch, geboren am 6. Februar 1928
hingerichtet am 24. Juli 1951
und allen Opfern und Verfolgten des Stalinismus an dieser Universität zum mahnenden Gedenken"

15 Wiemers und Blecher 1997.

16 Hilde Benjamin (1902–1989), 1949–1953 Vizepräsidentin des Obersten Gerichts, 1953–1967 Ministerin für Justiz der DDR.

17 BStU Außenstelle Halle, MfS BV Halle, AU 131/52 Fischer, Karl-Heinz, Band 4, Bl. 133ff Vernehmungsprotokoll vom 8.11.1951 in Berlin.

bezeichnet worden. Das „I. Freie Parlament“[18] traf sich am 10. Dezember 1950 in Westberlin, das „II. Freie Parlament“ am 1. April 1951 in der Zentrale des Bundes in Berlin-Halensee. Es waren hier jeweils ungefähr 25 Personen zusammengetroffen, bei der zweiten Sitzung auch der Bundesführer aus Frankfurt/Main.[19]

Aus MfS-Vernehmungsprotokollen geht hervor, dass einige von den der Zugehörigkeit zum „Widerstandskreis …“ Beschuldigten an diesen Treffen teilgenommen hatten. Nach der Wahl am 15. Oktober 1950 in der DDR fuhren auch drei Studenten aus Halle nach Westberlin, nahmen an einer Pressekonferenz teil (ohne ihre Identität offenzulegen) und berichteten über die Wahl.

In Halle tauschten sie untereinander und mit anderen Studenten westliche Literatur aus, darunter die satirische Zeitschrift „Tarantel“. Und sie klebten Flugblätter in der Innenstadt. Bei einer solchen Flugblattaktion wurden der Chemiestudent Gerhard Schulze, der Student der Naturwissenschaften Wolfgang Bruns, der Student der Pädagogik Otto Kruggel und der Chemiestudent Fritz Lange überrascht und inhaftiert. Weitere Verhaftungen folgten gezielt: am 25. Juli 1951 in Dessau Johanna Felicitas Hensel (Studentin der Pädagogik), am 26. Juli 1951 in Leipzig Herbert Hans Josef Hubl (Student der Pädagogik) und Horst Abendroth (Student der Pädagogik) beim Volleyball-Training, am 30. August 1951 in Halle Horst Kraft (Student der Pädagogik).

Die Gruppe der Verhafteten umfasste schließlich nicht nur Studenten, sondern auch Lehrer, Angestellte, eine Tänzerin, eine Musikstudentin aus Erfurt, einen Bauingenieur aus Naumburg. Es war eine großangelegte Verhaftungsaktion des MfS, die dessen Mitarbeiter – liest man ihre Berichte hierzu – als Erfolg verbuchten. Einige der Haftbeschlüsse sind von Erich Mielke bzw. Bruno Beater[20] unterschrieben. Die Anklage ist immer von Melsheimer[21] unterschrieben. Es drängt sich förmlich der Verdacht auf, dass die Repressionsorgane unter Erfolgsdruck standen und diesen hier einzufahren gewillt waren: Dem erweckten Anschein nach hatten sie hier einen gefährlichen Widerstandskreis zerschlagen. Hilde Benjamin nahm sich der Sache persönlich an und leitete den Prozess gegen eine große Gruppe.

Johanna Hensel, Otto Kruggel und Herbert Hubl wurden im Februar 1952 in einem Gruppenprozess vom 1. Strafsenat des Obersten Gerichts der DDR in Berlin verurteilt. Zusätzlich fand in Greifswald ein Nebenprozess statt, zu dessen Hauptangeklagten Horst Abendroth wurde. Fünf der halleschen Studenten – Abendroth,

18 Ebd., Band 5, Bl. 17.
19 Ebd., Band 4, Bl. 140 ff.
20 Bruno Beater (1914–1982), 1. Stellvertreter des Ministers für Staatssicherheit.
21 Ernst Melsheimer (1897–1960), Generalstaatsanwalt.

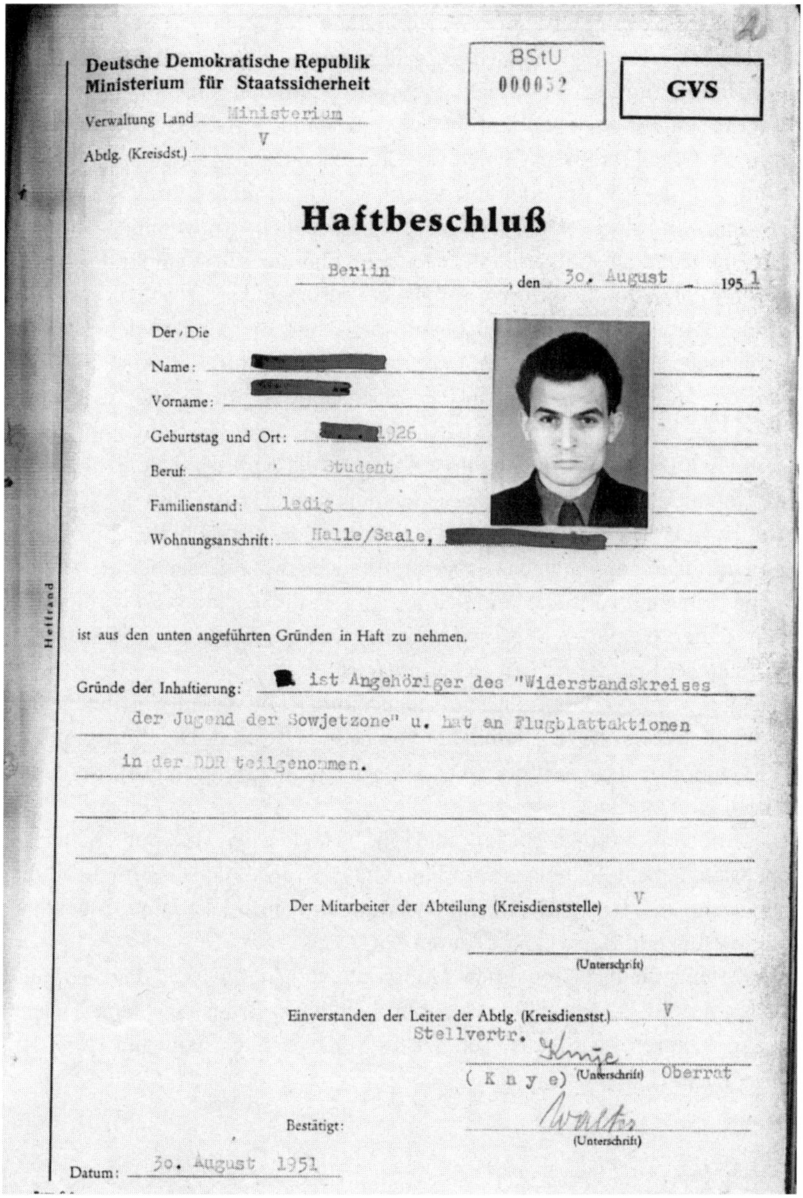
Deutsche Demokratische Republik
Ministerium für Staatssicherheit

Verwaltung Land Ministerium
Abtlg. (Kreisdst.) V

BStU
000052

GVS

Haftbeschluß

Berlin, den 30. August 1951

Der / Die
Name: [redacted]
Vorname: [redacted]
Geburtstag und Ort: [redacted]1926
Beruf: Student
Familienstand: ledig
Wohnungsanschrift: Halle/Saale, [redacted]

ist aus den unten angeführten Gründen in Haft zu nehmen.

Gründe der Inhaftierung: [redacted] ist Angehöriger des "Widerstandskreises der Jugend der Sowjetzone" u. hat an Flugblattaktionen in der DDR teilgenommen.

Der Mitarbeiter der Abteilung (Kreisdienststelle) V

(Unterschrift)

Einverstanden der Leiter der Abtlg. (Kreisdienstst.) V
Stellvertr. Knye
(K n y e) (Unterschrift) Oberrat

Bestätigt: Walter
(Unterschrift)

Datum: 30. August 1951

Heftrand

Haftbeschluss für Otto Kruggel[22]

22 BStU Außenstelle Halle, MfS BV Halle, AU 131/52 Fischer, Karl-Heinz Band 11, Bl. 52, Haftbeschluß Kruggel mit Photo

Bruns, Lange, Schulze und Kraft – wurden am 22. Juni 1952 von der 1. Großen Strafkammer des Landgerichts Greifswald verurteilt. Der Prozess in Berlin begann mit der Beschuldigung, die Angeklagten hätten „ in den Jahren 1950 und 1951 im Auftrag des amerikanischen und des wiedererstandenen deutschen Imperialismus eine illegale Organisation im Gebiete der Deutschen Demokratischen Republik aufgebaut und als deren Mitglieder fortgesetzt – insbesondere durch Herstellung und Verbreitung von kriegshetzerischen, gegen die friedliche Entwicklung des deutschen Volkes und gegen die Völker der Sowjetunion und die volksdemokratischen Länder gerichteten Schriften und durch Spionage – Kriegshetze betrieben und damit die friedliche Entwicklung des deutschen Volkes und die Sicherheit der Deutschen Demokratischen Republik und den Frieden der Welt gefährdet."

Von der Hauptverhandlung in der „Strafsache gegen Fischer usw. am 18. u. 19.2.1952 Oberstes Gericht der DDR, Vorsitzende Frau Dr. Benjamin" gibt es ein 538seitiges Protokoll![23] Am Beginn des Protokolls heißt es: „Generalstaatsanwalt Dr. Melsheimer: Ich beantrage, die Verhandlung unter Ausschluß der Öffentlichkeit stattfinden zu lassen, und zwar wegen Gefährdung der staatlichen Sicherheit, und nur den von mir hier namentlich bezeichneten Personen die Anwesenheit zu erlauben."[24]

Seine Mitverantwortliche stimmt zu: „Vors. Frau Benjamin: Es wird beschlossen und verkündet: Gemäß § 172 GVG wird die Öffentlichkeit ausgeschlossen, da die Gefährdung der Staatssicherheit zu besorgen ist."[25]

Bei der Urteilsverkündung sind noch einmal alle Verantwortlichen genannt: „Vizepräsident Frau Dr. Benjamin als Vorsitzende, Richter Dr. Rothschild, Richter Trapp, Generalstaatsanwalt der DDR Dr. Melsheimer, Staatsanwalt Seideman und Protokollführer Barfus".[26]

Die Strafen im Berliner Prozess sind sehr hoch. Fischer, Höfer und Schulz werden zu lebenslänglichem Zuchthaus verurteilt, Graul, Kruggel und Ostermuth zu fünfzehn Jahren Zuchthaus, Höfer, Hoffmann und Bimmermann zu 12 Jahren Zuchthaus und Kösterke, Hubl und Hensel zu 10 Jahren Zuchthaus.[27]

Die Urteile, die das Landgericht Greifswald verhängt, wirken dagegen milder. Es werden verurteilt: Abendroth zu 8 Jahren Zuchthaus, Bruns zu 3 Jahren Zuchthaus, Lange zu 4 Jahren Zuchthaus, Schulze zu 5 Jahren Zuchthaus und Horst Kraft zu 4 Jahren Zuchthaus.

23 BStU, Außenstelle Halle MfS BV Halle AU 131/52 Band 15, Gerichtsakte, Bl. 1–538.
24 Hier Bl. 2.
25 Bl. 3.
26 BStU, Außenstelle Halle MfS BV Halle AU 131/52 Band 20, Urteil ab Bl. 34 – Bl. 112.
27 Zu diesem Prozeß siehe auch Elisabeth Graul 1996.

Otto Kruggel

Horst Abendroth

Herbert Hubl

Otto Kruggel berichtet über die Untersuchungshaftanstalt des Staatssicherheitsdienstes in Berlin-Hohenschönhausen, dass seine Zelle kein Fenster hatte, die Lampe Tag und Nacht brannte und er, wenn abends die Decken für die Nacht ausgeteilt waren, zum Verhör geholt wurde, das bis um 5 Uhr morgens dauerte. Um 6 Uhr war die „Nachtruhe" beendet, und tagsüber durfte man nicht schlafen. Er hat dies 14 Tage nacheinander erlebt. Man kann sich vorstellen, dass man durch diese Tortour körperlich und seelisch gebrochen wird.

Otto Kruggel geht davon aus, dass das Hauptziel der Prozesse die Abschreckung war. Für diese Annahme sprechen gewichtige Gründe: Es regte sich in dieser Zeit in der DDR einiger Widerstand, darunter auch in Halle. Studenten schrieben nachts an die Hauswände „W", was „wehrt Euch" bedeutete. Noch in der Nacht beseitigte die Polizei dies.

Da Kruggel im Prozess Hilde Benjamin widersprochen hatte und auch in den Vernehmungen nichts unterschrieb, was nicht zutraf, wurde seine Untersuchungshaft nicht angerechnet und er wurde zu einem Jahr Isolierhaft verurteilt.[28] Otto Kruggel kannte nur Felicitas Hensel, Horst Abendroth und Herbert Hubl. Die anderen aus der Gruppenverhaftung waren ihm unbekannt. Otto Kruggel gehörte schließlich mit Heinz Nöhricke zu den Verurteilten, die am längsten inhaftiert waren (10 Jahre). Er unterlag danach einem Berufsverbot und wurde neun Jahre später (1971) von der Bundesregierung „freigekauft". Auch er wurde rehabilitiert.

28 Persönliche Auskünfte von Otto Kruggel im August 2008.

Ausfertigung /~~Beglaubigte~~ Abschrift

LANDGERICHT BERLIN

Beschluß

Geschäftsnummer: 552 Rh 797/92
3 Js 46.92

In der Rehabilitierungssache

des Otto K r u g g e l ,
geboren am 7. Januar 1926 in Grünewalde,
wohnhaft: Am Rischbleek 22, W-3308 Königslutter,

w e g e n Verbrechens gemäß Kontrollratsdirektive Nr. 38

hat die 52. große Strafkammer des Landgerichts Berlin - Rehabilitierungskammer - in der Sitzung vom 11. August 1992 beschlossen:

Auf den Antrag des Betroffenen wird das Urteil des Obersten Gerichts der DDR vom 20. Februar 1952 - Geschäftszeichen: 1 Zst (I) 3/52 - I/1 - 596/51 - aufgehoben, soweit es sich gegen den Betroffenen richtet.

Der Betroffene wird rehabilitiert.

Falkenberg Fischer Frauendorf

Ausgefertigt/~~Beglaubigt~~

Justizangestellte

LANDGERICHT BERLIN

Rehabilitationsurkunde für Otto Kruggel

Die von diesen Prozessen Betroffenen waren bei Kriegsende sehr jung. Fritz Lange war im Mai 1945 gerade 13 Jahre alt und selbst der Älteste, Otto Kruggel, noch nicht einmal 20 Jahre. Man sieht schon daran die Willkür der Gerichtsentscheidungen; und dies nicht nur bei der Urteilsbemessung, sondern später auch bei den Haftentlassungsterminen.

Ausgesprochen wurden die folgenden Strafen: Otto Kruggel 15 Jahre Haft, dann begnadigt zu 10 Jahren, Entlassung 10 Jahre nach dem Urteil (bei ihm wurde die Untersuchungshaft nicht angerechnet); Horst Abendroth 8 Jahre Haft, Entlassung nach 5 Jahren; Felicitas Hensel, 10 Jahre Haft, Entlassung nach 5 Jahren; Herbert Hubl 10 Jahre Haft, Entlassung nach 6 Jahren; Wolfgang Bruns 3 Jahre Haft, Entlassung nach 2 ½ Jahren; Fritz Lange 4 Jahre Haft, Entlassung nach 2 ½ Jahren; Gerhard Schulze 5 Jahre Haft, Entlassung nach 3 Jahren; Horst Kraft, Urteil 4 Jahre, Entlassung nach 2 Jahren und 4 Monaten. Die mit diesem Prozess beabsichtigten Ziele liegen auf der Hand: Abschreckung, Verunsicherung und Disziplinierung der DDR-Bevölkerung.

Felicitas Hensel, die während der Haft besondere Peinigungen erlitt, war nach mehreren Verlegungen seit März 1954 zuletzt im „Roten Ochsen“ inhaftiert. Hier übte das MfS heftigen Druck auf sie aus, um sie zur Mitarbeit zu bewegen. Im Gefühl, eine längere Haft und weitere Schikanen nicht überleben zu können, unterschrieb sie schließlich, dass sie zur Mitarbeit bereit sei. Daraufhin wurde sie aus der Haft entlassen. Wenige Tage nach der Entlassung floh sie über Westberlin in die Bundesrepublik. Sie meldete sofort nach ihrer Ankunft in Westberlin, dass sie vom MfS zur Mitarbeit gezwungen worden war. Damit war ihre Zusammenarbeit mit dem MfS, ohne eigentlich begonnen zu haben, beendet.

In ihrer „Strafnachricht“ – die Strafkarte stammt vom 8. März 1976! – ist registriert: „d. Präs. d. DDR vom 9.7.56 begnadigt […] Entlassung 23.7.56 d. Gnadenerweis“.[29] Ihre Eltern hatten ein Gnadengesuch an Wilhelm Pieck geschrieben. Unmittelbar nach ihrer Entlassung aus der Haft erhielten die Eltern das Antwortschreiben auf ihr Gesuch, das mitteilte, dass ihre Tochter wegen der Schwere der Tat nicht vorfristig entlassen werden könne. Das MfS hatte sie zu diesem Zeitpunkt aber schon entlassen, nachdem sie sich zur Zusammenarbeit verpflichtet hatte.[30]

An dieser Stelle kann verallgemeinernd einfügt werden, dass es zur Praxis des MfS gehörte, in den Haftanstalten Insassen zu finden, die sich zu einer zukünftigen Zusammenarbeit verpflichteten. Auch Angehörige der MLU sind – zumeist unter beträchtlichem Druck – solche Verpflichtung eingegangen. Die in ihrer Mehrheit zweifellos erpressten Verpflichtungserklärungen waren für viele der Betroffenen eine zusätzliche psychische Belastung.

29 BStU Strafnachricht.

30 Persönliche Auskunft ihres späteren Ehemannes Horst Abendroth.

Diskussionen über Verhaftungen im Senat im Jahr 1952[31]

Im Jahr 1952 spielen Repressionen in den Senatsprotokollen eine zentrale Rolle. Selbst Prorektoren und Verwaltungsdirektoren waren vor Verhaftungen nicht gefeit. Die damit einhergehende Atmosphäre der Verunsicherung, das Klima der Denunziationen und des Misstrauens sind auch heute noch aus den Akten ablesbar.

Betroffen waren auch der Prorektor Fritz Käbel und Reinhardt Vahlen, der Verwaltungsdirektor der Universität. Die Verhaftungen wurden in verschiedenen Universitätsgremien besprochen. Der Prorektor für das gesellschaftswissenschaftliche Grundstudium, Leo Stern, meldete die Ergebnisse der Diskussionen, an denen er beteiligt war, dem Staatssekretariat für Hochschulwesen.

Zeitgleich konnte die Leopoldina, dies fiel zudem mit dem 300. Jahrestag ihrer Gründung zusammen, ihre Arbeit als Akademie wieder aufnehmen.

Leopoldina-Präsident Otto Schlüter (Mitte) bei der 300-Jahrfeier der Leopoldina 1952 im Händedruck mit Staatssekretär Harig, im Hintergrund links Horst Hanson[32] und rechts Adolf Butenandt[33].

31 Die Protokolle der Senatssitzungen aus dem Jahr 1952 befinden sich in der Akte UAH, Rep. 7, Nr. 809 Senatsprotokolle, Rektorat, 1952, mit Beiakte.

32 Horst Hanson (1911–1978), Physiologische Chemie, Leopoldina-Mitglied seit 1955, erster Generalsekretär der Leopoldina.

33 Adolf Butenandt (1903–1995), Biochemiker, Nobelpreisträger, Leopoldina-Mitglied seit 1934, Ehrenmitglied seit 1960, Vizepräsident der Leopoldina.

Daneben beschäftigten weitreichende administrative Entscheidungen den Senat. Beispielsweise wandten sich vier Dekane an die Stellenplankommission und führten Beschwerde über die Universitätsverwaltung der MLU:

„Martin-Luther-Univ.
Halle-Wittenberg

Halle, den 13.3.1952
Pädagogische Fakultät
Medizinische Fakultät
Math.-Natur. Fakultät
Landwirtschaftl. Fak.

An die ZKK Stellenplankommission z. Hd. Herrn Hartmann
Berlin W, Leipziger Platz, Tor 16

Anläßlich des Besuches der Stellenplankommission in Halle zur Festlegung der Planstellen an der Universität Halle ist die Univ.-Verwaltung für die Errichtung einer zentralen Beschaffungsstelle auch für Lehr- und Forschungsmittel, wissenschaftl. Apparate u. Instrumente eingetreten und hat die hierfür erforderlichen Planstellen beantragt. Diese Beantragung ist ohne Rücksprache mit den Fakultäten und den Institutsdirektoren erfolgt, also ohne Diskussion über die Zweckmässigkeit einer derartigen Einrichtung mit den durch diese beabsichtigte Umänderung betroffenen Stellen. [...]"

gez. Ahrbeck, Winkler[34], Gallwitz, Schmalfuß"

Dieses Schreiben löste eine heftige Reaktion bei Leo Stern aus. Er reagierte am 8. April 1952 mit zwei denunzierenden Briefen. Dem Zentralkomitee der SED gab er das Schreiben zur Kenntnis und setzte hinzu, bei „[...] dem Dekan Gallwitz handelt es sich um einen Hochschullehrer, der ständig gegen die Studienreform gearbeitet hat und jetzt bereits zu mehr oder weniger massiven Angriffen übergeht, indem er sich zum Sprecher aller irgendwie gegen die Studienreform gerichteten Tendenzen macht". Im an das Staatsekretariat für Hochschulwesen gerichteten zweiten Brief wird dieser Vorwurf ebenfalls erhoben: „Gallwitz geht bereits in massiver Weise gegen die Studienreform vor."

Offensichtlich verflochten sich die aufgelaufenen Probleme zu einer kritischen Gesamtsituation. Am 1. April 1952 setzte eine Eingabe der Dekane der Mathematisch-Naturwissenschaftlichen, der Landwirtschaftlichen, der Medizinischen, der

34 Friedrich Winkler (1890–1972), Ordinarius für Hygiene, Leopoldina-Mitglied seit dem 20.5.1957.

Pädagogischen und der Theologischen Fakultät den Rektor unter weiteren Handlungsdruck, der schließlich zu einer außerordentlichen Senatssitzung am 9. April 1952 führte. Die Eingabe rückte die zunehmenden Repressionen gegen Universitätsangehörige in den Mittelpunkt, indem sie beklagte:

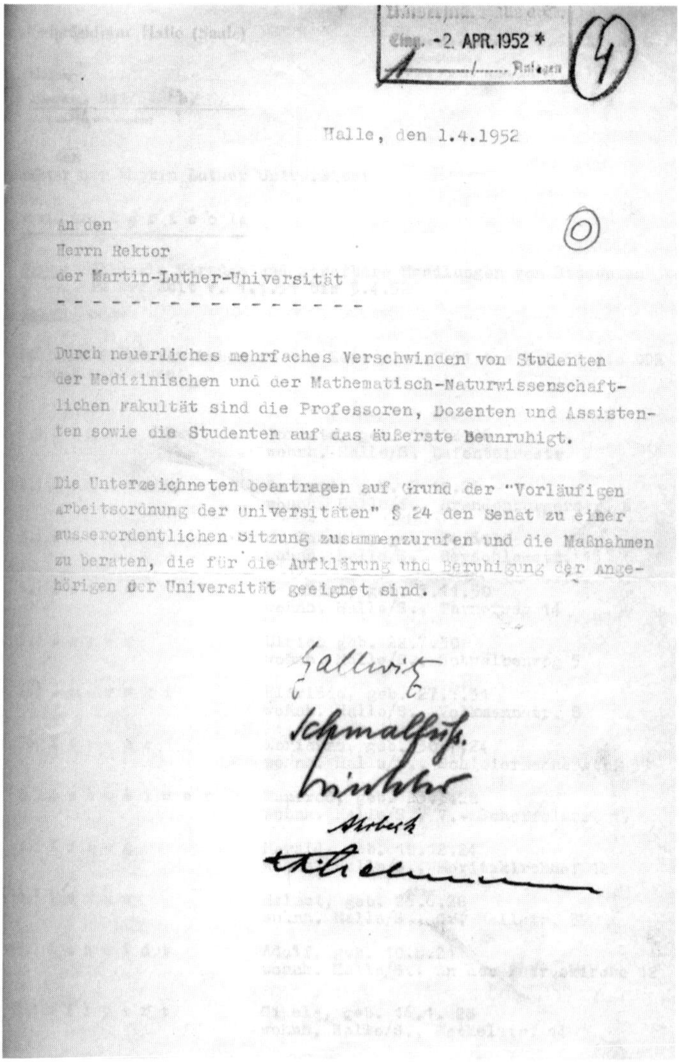

Eing. -2. APR. 1952 *

(4)

Halle, den 1.4.1952

An den
Herrn Rektor
der Martin-Luther-Universität

Durch neuerliches mehrfaches Verschwinden von Studenten der Medizinischen und der Mathematisch-Naturwissenschaftlichen Fakultät sind die Professoren, Dozenten und Assistenten sowie die Studenten auf das äußerste Beunruhigt.

Die Unterzeichneten beantragen auf Grund der "Vorläufigen Arbeitsordnung der Universitäten" § 24 den Senat zu einer ausserordentlichen Sitzung zusammenzurufen und die Maßnahmen zu beraten, die für die Aufklärung und Beruhigung der Angehörigen der Universität geeignet sind.

Original der Eingabe vom 1. April 1952.[35]

35 UAH, Rep. 7, Nr. 809.

„Durch neuerliches mehrfaches Verschwinden von Studenten der Medizinischen und der Mathematisch-Naturwissenschaftlichen Fakultät sind die Professoren, Dozenten und Assistenten sowie die Studenten auf das äußerste beunruhigt.

Die Unterzeichneten beantragen auf Grund der ‚Vorläufigen Arbeitsordnung der Universitäten' § 24 den Senat zu einer ausserordentlichen Sitzung zusammenzurufen und die Maßnahmen zu beraten, die für die Aufklärung und Beruhigung der Angehörigen der Universität geeignet sind.

[gez.] Gallwitz, Schmalfuß, Winkler, Ahrbeck, Lehmann"

Das MfS reagierte zunächst mit der an Leo Stern gerichteten Frage, warum es nur fünf Dekane waren, die die Anfrage formulierten, und nicht alle neun.[36] Eine Antwort hierauf ist nicht überliefert. Die fünf Dekane, die die Eingabe unterschrieben hatten, wußten freilich, dass sie von den verbleibenden Amtsbrüdern bei dieser Aktion nicht öffentlich unterstützt werden würden.

Die in der Eingabe geforderte außerordentliche Senatssitzung fand am 9. April 1952[37] um 18.30 Uhr im Dienstzimmer des Rektors statt. Einziger Tagesordnungspunkt war die Stellungnahme zur Eingabe vom 1. April. Da der Rektor erkrankt war, leitete Stern die Sitzung. Es war sein erster großer Auftritt im Senat als Repräsentant der Macht.

Anwesend[38] waren neben ihm Herbert Funk, Prorektor für Forschungsangelegenheiten, Werner Rothmaler, Prorektor für die wissenschaftliche Aspirantur, der Dozent an der ABF Fritz Käbel als Prorektor für Studenten-Angelegenheiten, Hans Hartwig als Dekan der Juristischen Fakultät, Werner Liebau als Dekan der Wirtschaftswissenschaftlichen Fakultät, Eugen Häusler als Dekan der Philosophischen Fakultät, Hans Gallwitz als Dekan der Mathematisch-Naturwissenschaftlichen Fakultät, Hans Ahrbeck als Dekan der Pädagogischen Fakultät, Karl Schmalfuß als Dekan der Land-

36 Die neun Fakultäten sind laut Personalverzeichnis: Philosophische Fakultät: Dekan Eugen Häusler, Juristische Fakultät: Dekan Hans Hartwig, Wirtschaftswissenschaftliche Fakultät: Dekan Werner Liebau, Pädagogische Fakultät: Hans Ahrbeck, Theologische Fakultät: Arno Lehmann, Medizinische Fakultät: Friedrich Winkler, Mathematisch-Naturwissenschaftliche Fakultät: Hans Gallwitz, Landwirtschaftliche Fakultät: Karl Schmalfuß, Arbeiter- und Bauernfakultät „Walter Ulbricht": Direktor Heinz Kursitza, Prorektoren waren 1952: Leo Stern Prorektor für das Gesellschaftswissenschaftliche Grundstudium, Herbert Funk Prorektor für Forschungsangelegenheiten, Werner Rothmaler Prorektor für die wissenschaftliche Aspirantur, Fritz Käbel (Dozent an der ABF) Prorektor für Studenten-Angelegenheiten, Verwaltungsdirektor Leopold Jacobson.

37 Teile dieses Kapitels wurden von Gerstengarbe 2004 im Zusammenhang mit einem Zeitzeugenbericht von Friedhelm Thiedig, der hier ebenfalls gekürzt abgedruckt wird, in den Schriften der Leopoldina publiziert.

38 UAH, Rep. 7, Nr. 809, Anwesenheitsliste, die Reihenfolge entspricht der Liste.

wirtschaftlichen Fakultät, Friedrich Winkler als Dekan der Medizinischen Fakultät, Arno Lehmann als Dekan der Theologischen Fakultät, Heinz Kursitza als Direktor der ABF „Walter Ulbricht[39]“, Verwaltungsdirektor Leopold Jacobson[40], Dieter Bergner als Vorsitzender des Studentenrates, Rudolf Gaedecke[41] als Vertreter der BGL[42] und Hermann Meusel[43].

Das Protokoll dieser Zusammenkunft ist, da wörtlich mitstenographiert, sehr aussagekräftig. Dadurch können wir nicht nur jedes Wort, das gesprochen wurde, verfolgen, sondern auch die Stimmung sehr authentisch nachempfinden. Zudem entsteht hier ein plastisches Bild von Leo Stern. Jener hatte zu dieser Sitzung ein zwanzigseitiges Referat vorbereitet.[44]

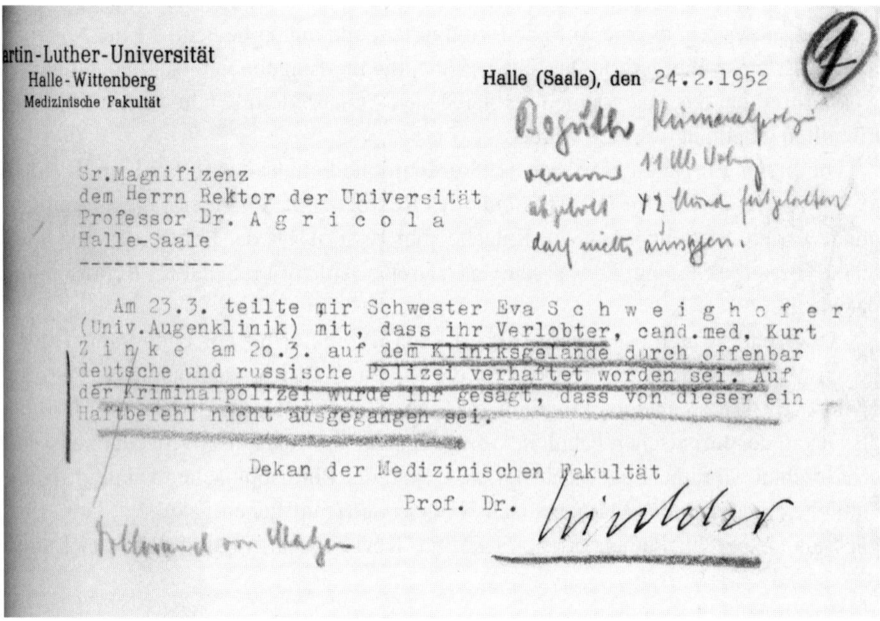
rtin-Luther-Universität
Halle-Wittenberg
Medizinische Fakultät

Halle (Saale), den 24.2.1952

Sr.Magnifizenz
dem Herrn Rektor der Universität
Professor Dr. A g r i c o l a
Halle-Saale

Am 23.3. teilte mir Schwester Eva S c h w e i g h o f e r (Univ.Augenklinik) mit, dass ihr Verlobter, cand.med. Kurt Z i n k e am 2o.3. auf dem Kliniksgelände durch offenbar deutsche und russische Polizei verhaftet worden sei. Auf der Kriminalpolizei wurde ihr gesagt, dass von dieser ein Haftbefehl nicht ausgegangen sei.

Dekan der Medizinischen Fakultät
Prof. Dr. Winkler

Brief vom 24. Februar 1952

39 Walter Ulbricht (1893–1973), SED-Politiker, Staatsratsvorsitzender, 1955–1960 1. Stellv. des Vors. des Min.-Rats; 1950–1953 Generalsekretär, 1953–1971 Erster Sekretär des ZK, ab 3.5.1971 Vorsitzender der SED; 1960–1973 Vorsitzender des Staatsrats.

40 Leopold Jacobson (geb. 1920), Verwaltungsdirektor der Universität 1952–1982.

41 Rudolf Gaedeke (geb. 1912), Mineraloge und Petrograph.

42 Betriebsgewerkschaftsleitung.

43 Hermann Meusel (1909–1997), Botaniker, Leopoldina-Mitglied seit 1969. Da er SED-Mitglied war, wurde er von Stern nicht den „bürgerlichen Professoren“ zugerechnet.

44 UAH, Rep. 7, Nr. 809. Die Verlesung seiner Rede dauerte 5 Viertelstunden (Bericht von Dekan Winkler in der folgenden Fakultätssitzung der Med. Fak., UAH, Rep. 29, Nr. 304).

Zunächst las er mehrere Briefe von Professoren[45] und die Eingabe der fünf Dekane vor. Von besonderem Gewicht sind dabei folgende:
1. das Schreiben des Dekans der Medizinischen Fakultät, Professor Winkler, vom 24. Februar 1952. Winkler informierte darin, dass ihm die in der Augenklinik tätige Schwester Schweighofer (Univ.Augenklinik) mitteilte, dass „ihr Verlobter, cand. med. Kurt Zinke am 20.3. auf dem Kliniksgelände durch offenbar deutsche und russische Polizei verhaftet worden sei. Auf der Kriminalpolizei wurde ihr gesagt, dass von dieser ein Haftbefehl nicht ausgegangen sei."

Zum Namen Zinke geht ein roter Strich mit dem Kommentar: „Doktorand von Matzen", handschriftlich ist mit Rotstift hinzugesetzt: „Boguth Kriminalpolizei? 11 Uhr Wohnung abgeholt 42 Stunden festgehalten darf nichts aussagen."

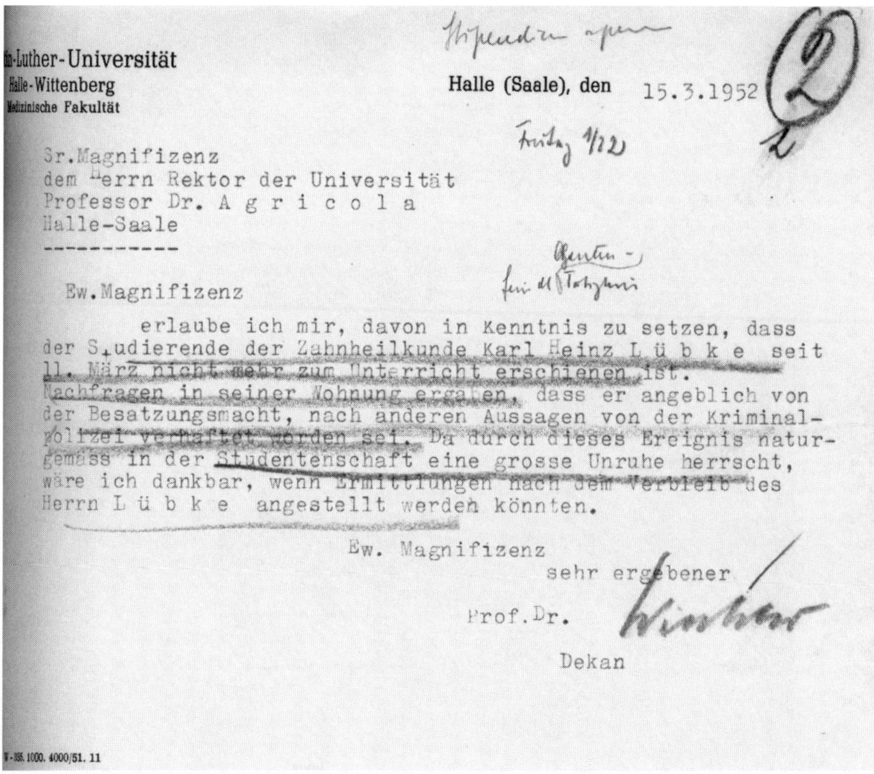

-Luther-Universität
Halle-Wittenberg
Medizinische Fakultät

Halle (Saale), den 15.3.1952

Sr.Magnifizenz
dem Herrn Rektor der Universität
Professor Dr. A g r i c o l a
Halle-Saale

Ew.Magnifizenz

erlaube ich mir, davon in Kenntnis zu setzen, dass der Studierende der Zahnheilkunde Karl Heinz L ü b k e seit 11. März nicht mehr zum Unterricht erschienen ist. Nachfragen in seiner Wohnung ergaben, dass er angeblich von der Besatzungsmacht, nach anderen Aussagen von der Kriminalpolizei verhaftet worden sei. Da durch dieses Ereignis naturgemäss in der Studentenschaft eine grosse Unruhe herrscht, wäre ich dankbar, wenn Ermittlungen nach dem Verbleib des Herrn L ü b k e angestellt werden könnten.

Ew. Magnifizenz
sehr ergebener
Prof.Dr.
Dekan

Brief von Winkler vom 15. März 1952

45 Die Nummerierung der abgehefteten Briefe erfolgte mit einem Rotstift.

Bemerkenswert ist der Bleistiftkommentar: „Stipendium sperren“.

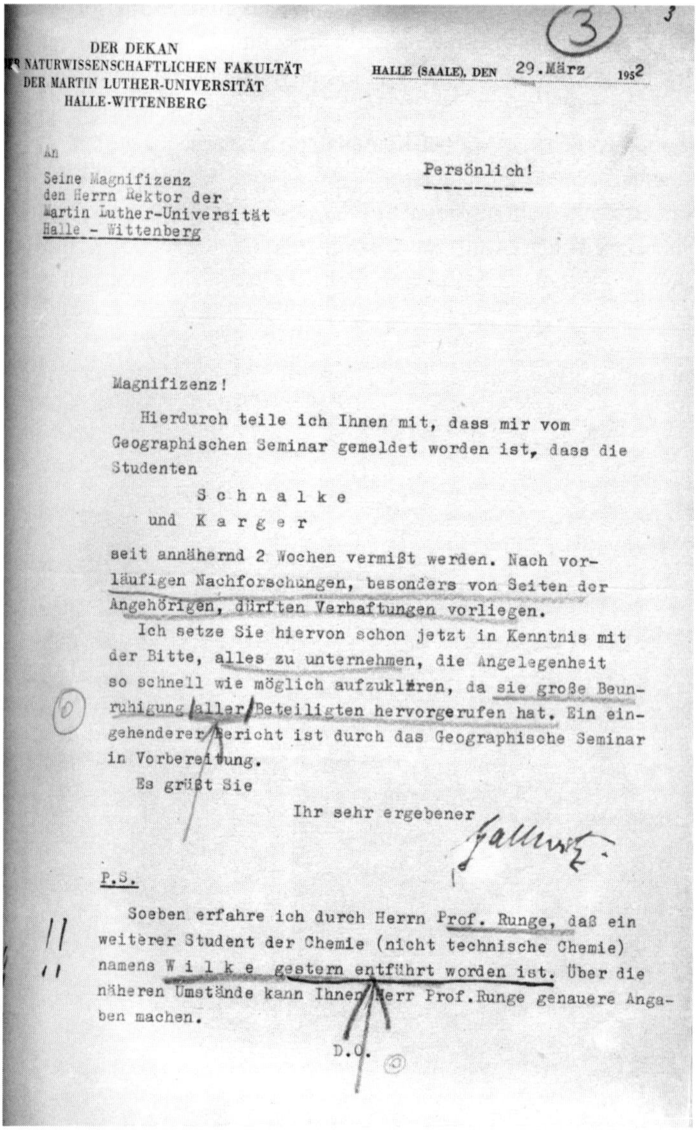

DER DEKAN
DER NATURWISSENSCHAFTLICHEN FAKULTÄT
DER MARTIN LUTHER-UNIVERSITÄT
HALLE-WITTENBERG

HALLE (SAALE), DEN 29. März 1952

An
Seine Magnifizenz
den Herrn Rektor der
Martin Luther-Universität
Halle - Wittenberg

Persönlich!

Magnifizenz!

Hierdurch teile ich Ihnen mit, dass mir vom Geographischen Seminar gemeldet worden ist, dass die Studenten

S c h n a l k e
und K a r g e r

seit annähernd 2 Wochen vermißt werden. Nach vorläufigen Nachforschungen, besonders von Seiten der Angehörigen, dürften Verhaftungen vorliegen.

Ich setze Sie hiervon schon jetzt in Kenntnis mit der Bitte, alles zu unternehmen, die Angelegenheit so schnell wie möglich aufzuklären, da sie große Beunruhigung aller Beteiligten hervorgerufen hat. Ein eingehenderer Bericht ist durch das Geographische Seminar in Vorbereitung.

Es grüßt Sie

Ihr sehr ergebener
Gallwitz

P.S.

Soeben erfahre ich durch Herrn Prof. Runge, daß ein weiterer Student der Chemie (nicht technische Chemie) namens W i l k e gestern entführt worden ist. Über die näheren Umstände kann Ihnen Herr Prof. Runge genauere Angaben machen.

D.O.

Hans Gallwitz an Rektor Agricola am 29. März 1952[46]

46 UAH, Rep. 7, Nr. 809 Senatsprotokolle, Rektorat, 1952.

Auf dem Immatrikulationsschein von Bodo Schnalke finden wir die stenographische Bemerkung: „verhaftet"

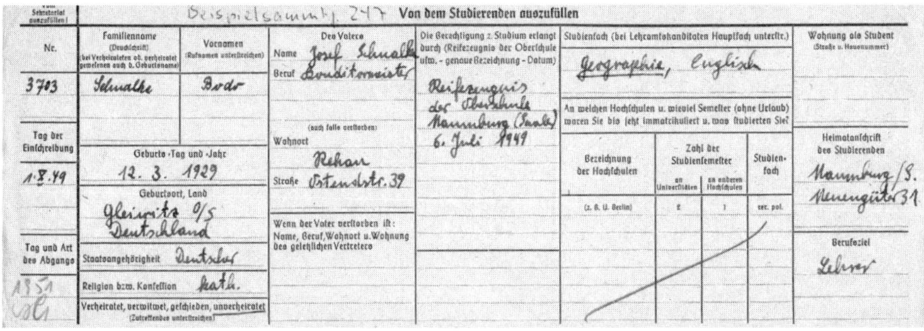

Von dem Studierenden auszufüllen
Nr. 3703
Familienname (Druckschrift) (bei Verheirateten od. verheiratet gewesenen auch d. Geburtsname): Schnalke
Vornamen (Rufnamen unterstreichen): Bodo
Tag der Einschreibung: 1.X.49
Geburts-Tag und -Jahr: 12. 3. 1929
Geburtsort, Land: Gleiwitz O/S Deutschland
Tag und Art des Abgangs
Staatsangehörigkeit: Deutscher
Religion bzw. Konfession: kath.
Verheiratet, verwitwet, geschieden, unverheiratet (Zutreffendes unterstreichen)
Des Vaters Name: Josef Schnalke
Beruf: Konditormeister
(auch falls verstorben) Wohnort: Rehau
Straße: Ostendstr. 39
Wenn der Vater verstorben ist: Name, Beruf, Wohnort u. Wohnung des gesetzlichen Vertreters
Die Berechtigung z. Studium erlangt durch (Reifezeugnis der Oberschule usw. – genaue Bezeichnung – Datum): Reifezeugnis der Oberschule Naumburg (Saale) 6. Juli 1949
Studienfach (bei Lehramtskandidaten Hauptfach unterstr.): Geographie, Englisch
An welchen Hochschulen u. wieviel Semester (ohne Urlaub) waren Sie bis jetzt immatrikuliert u. was studierten Sie?
Bezeichnung der Hochschulen | Zahl der Studiensemester an Universitäten | an anderen Hochschulen | Studienfach
(z. B. U. Berlin) | 2 | 1 | rer. pol.
Wohnung als Student (Straße u. Hausnummer)
Heimatanschrift des Studierenden: Naumburg/S. Neuengüter 31
Berufsziel: Lehrer

Immatrikulationsschein Bodo Schnalke[47]

Leo Stern hatte zu jener Zeit offenbar überall seine Informanten, denn einer berichtete ihm schriftlich über die Vorgänge:

„Institut für Pol. Ökonomie
Abt. f.d.gesellsch.wiss.Grundstudium — Halle, den 27.3.52

Vertraulich!

An den Herrn
Prorektor f. d. gesellsch. wiss. Grundstudium

Nachstehend übermittle ich folgende besonderen Vorkommnisse im gesellschaftswissenschaftlichen Grundstudium:

1. Nach Mitteilung von Herrn Dr. Borchert geschah in der Med. Fak. folgendes:

a) in einem am Sonnabend, den 22.3.52, durchgeführten Seminar kam die Sprache auf den Staatssicherheitsdienst. Die Studenten äußerten Angst vor dieser Einrichtung unseres demokratischen Staates, weil, wie sie formulierten, die Arbeitsmethoden unseres Staatssicherheitsdienstes schlimmer seien als die der Gestapo. Als Beispiel führten sie die Verhaftung des stud.med. Schönfeld an, der wegen einer Handlung, die er im betrunkenen Zustand begangen habe, bereits ein Dreivierteljahr in Haft sei, ohne daß die Gründe bekannt seien. Der damalige Dekan, Herr Prof. Kraatz, hätte alles getan, um die Angelegenheit zu klären, er wäre jedoch ‚von den Leuten des Staatssicherheitsdienstes wie ein dummer Junge behandelt worden'. In der einzigen öffentlichen Verhandlung wäre gesagt worden, daß Schönfeld wegen eines Formfehlers in Haft sei.
   Dr. Borchert war bei dieser Aussprache zugegen.

47 Ebd.

Institut für Pol.Ökonomie
Abt.f.d.gesellsch.wiss.Grundstudium

Halle, den 27.3.52

An den Herrn

Vertraulich!

Prorektor f.d.gesellsch.wiss. Grundstudium

Nachstehend übermittle ich folgende besonderen Vorkommnisse im gesellschaftswissenschaftlichen Grundstudium:

1. Nach Mitteilung von Herrn Dr.Borchert geschah in der Med.Fak folgendes:

a) in einem am Sonnabend, den 22.3.52 durchgeführten Seminar kam die Sprache auf den Staatssicherheitsdienst. Die Studenten äußerten Angst vor dieser Einrichtung unseres demokratischen Staates, weil, wie sie formulierten, die Arbeitsmethoden unsere Staatssicherheitsdienstes schlimmer seien als die der Gestapo. Als Beispiel führten sie die Verhaftung des stud.med. Schönfeld an, der wegen einer Handlung, die er im betrunkenen Zustand begangen habe, bereits ein Dreivierteljahr in Haft sei, ohne daß die Gründe bekannt seien. Der damalige Dekan, Herr Prof. Kraatz hätte alles getan, um die Angelegenheit zu klären, er wäre jedoch " von den Leuten des Staatssicherheitsdienstes wie ein dummer Junge behandelt worden". In der einzigen öffentlichen Verhandlung wäre gesagt worden, daß Schönfeld wegen eine Formfehlers in Haft sei.
Dr. Borchert war bei dieser Aussprache zugegen.

b) Diese Auffassungen scheinen von vielen Studenten der Medizin geteilt zu werden, was folgender Vorfall zeigt:
Nach Mitteilung des Hilfsassistenten Kinnigkeit hat der Dozent Dr. Matzen kürzlich in seiner Vorlesung (3. und 4.Studienjahr) bekanntgegeben, daß der stud.med. Zinke verschwunden sei. Er bat die Studenten mitzuhelfen, daß diese dunkle Angelegenheit geklärt werde. Daraufhin sagte ein Student, er habe beobachtet, wie Zinke von einer Dame und drei Herren abgeholt worden sei, von denen 2 seiner Meinung nach "Russen" gewesen seien.

c) Seit mehreren Tagen wird stud.med.dent. Lübke vermißt.

2. In der Naturwissenschaftlichen Fakultät wird seit etwa 14 Tagen der Student Karger vermißt (6.Semester). Weder seine Wirtin, die übrigen Angehörigen seiner Seminargruppe noch das Geographische Seminar, bei dem Karger als Hilsass. angestellt war, könne Angaben über seinen Verbleib machen.
Es sollen noch weitere Studenten in letzter Zeit verschwunden s

Ich halte es für notwendig, von der Universitätsleitung aus Maßnahmen zu treffen, um den unter den Studenten anzutreffenden Stimmungen zu begegnen, die im Gegensatz zu den Zielen des gesellschaftswissenschaftlichen Grundstudiums stehen.

Völkering

Bericht von Völkering an Stern vom 27. März 1952

b)[48] Diese Auffassungen scheinen von vielen Studenten der Medizin geteilt zu werden, was folgender Vorfall zeigt:
Nach Mitteilung des Hilfsassistenten Kinnigkeit hat der Dozent Dr. Matzen kürzlich in seiner Vorlesung (3. und 4. Studienjahr) bekanntgegeben, daß der stud. med. Zinke verschwunden sei. Er bat die Studenten mitzuhelfen, daß diese „dunkle Angelegenheit" geklärt werde. Daraufhin sagte ein Student, er habe beobachtet, wie Zinke von einer Dame und drei Herren abgeholt worden sei, von denen 2 seiner Meinung nach ‚Russen' gewesen seien.

c) Seit mehreren Tagen wird stud.med.dent. Lübke vermißt.

2. In der Naturwissenschaftlichen Fakultät wird seit etwa 14 Tagen der Student Karger vermißt (6. Semester). Weder seine Wirtin, die übrigen Angehörigen seiner Seminargruppe noch das Geographische Seminar, bei dem Karger als Hilfsass. angestellt war, können Angaben über seinen Verbleib machen.
Es sollen noch weitere Studenten in letzter Zeit verschwunden sein.

Ich halte es für notwendig, von der Universitätsleitung aus Maßnahmen zu treffen, um den unter den Studenten anzutreffenden Stimmungen zu begegnen, die im Gegensatz zu den Zielen des gesellschaftswissenschaftlichen Grundstudiums stehen.

[gez.] Völkerling"

Nach der Verlesung der Briefe machte Leo Stern seinen Standpunkt deutlich: „In der Erkenntnis der moralischen Bedeutung und politischen Tragweite dieser von fünf Fakultäten unserer Universität an das Rektorat gerichteten Eingaben und der darin aufgeworfenen heiklen Fragenkomplexe – deren Beantwortung naturgemäss nicht im Kompetenzbereich des Rektorats allein gelegen sein kann – in der Erkenntnis, dass eine ausweichende oder dilatorische Behandlung dieser Eingabe die ohnedies nicht allzu gesunde moralische und politische Atmosphäre an unserer Universität nicht zur Gesundung bringen könnte, sah sich die Universitätsleitung veranlasst, sich mit allen in Betracht kommenden Staatsstellen in Verbindung zu setzen und von ihnen die zweckdienliche Klärung der gegebenen Situation zu erbitten.

Ich darf den Mitgliedern des Akademischen Senats die Versicherung abgeben, dass die in Frage kommenden Staatsstellen mit grösster Zuvorkommenheit, Aufgeschlossenheit und Bereitwilligkeit die erbetenen Auskünfte gegeben haben, ja, es sogar begrüssten, dass die Universität – deren Studenten leider immer wieder im Mittelpunkt von kriminellen oder staatsfeindlichen Aktionen stehen – von sich aus

48 Der Abschnitt b ist links am Rand angestrichen.

Fragen aufwirft, deren Klärung nur geeignet sein kann, das Vertrauen in die Korrektheit, Gesetzlichkeit und Sauberkeit des Vorgehens unserer Exekutiv- und Justizorgane zu stärken.

Um diese Korrektheit, Gesetzlichkeit und Sauberkeit unserer zuständigen Exekutiv- und Justizorgane in allen konkreten Fällen klar zu demonstrieren, ist es erforderlich, einige prinzipielle Vorbemerkungen zu machen.

1. Vorläufige Festnahmen durch Behörden des Polizei- und Sicherheitsdienstes werden nur vorgenommen, wenn sich der Verdacht einer strafbaren Handlung ergibt. Strafbare Handlungen können einen politischen Hintergrund haben oder ohne Zusammenhang mit einem solchen gegeben sein.

Politische Gründe allein sind niemals die Grundlage für eine Festnahme, sondern nur dann, wenn sie den Tatbestand einer strafbaren Handlung bilden (z. B. Spionage, Diversionsakte nach Befehl 160 usw.).

2. Mit den spezifischen Aufgaben des Polizei- und Sicherheitsdienstes, für die staatliche Sicherheit zu sorgen, ist es nicht verträglich, den Grund einer Festnahme allgemein bekanntzugeben, da sonst der Zweck der Untersuchung (Ermittlung und ggf. Festnahme weiterer Verdächtiger, Auffinden von Beweismitteln usw.) gefährdet werden kann. Dieser Grundsatz ist in jedem Staatswesen gültig; er hat auch während des Kaiserreichs und in der Weimarer Republik gegolten.

3. Bei uns in der DDR ist die Zulässigkeit und Grenze der Freiheitsentziehung durch den Artikel 136 der Verfassung festgelegt; die Behörden des Polizei- und Sicherheitsdienstes haben das Recht des ersten Zugriffs, d.h. zu vorläufigen Festnahmen, Haussuchungen und Beschlagnahmungen.

Über die Zulässigkeit und Fortdauer einer Freiheitsentziehung entscheidet der Richter. Es heisst weiter in Art. 136, Abs. 3: ‚Der Grund der Verhaftung ist dem Festgenommenen bei der ersten richterlichen Vernehmung zu eröffnen und auf seinen Wunsch einer von ihm benannten Person innerhalb 24 Stunden mitzuteilen.‘ Daraus ergibt sich, entsprechend dem Zweck der Verhaftung, dass erst der Richter (nicht die Behörden des Polizei- und Sicherheitsdienstes) befugt ist, den Grund der Verhaftung bekanntzugeben, und zwar nicht allgemein, sondern nur dem Festgenommenen und auf Wunsch einer von ihm benannten Person.

Der Zweck dieser Vorschrift ist unschwer zu erkennen: sie soll dem Schutz und dem Interesse des Verhafteten dienen.

4. Die Verfolgung und Aburteilung strafbarer Handlungen erfolgt grundsätzlich durch deutsche Behörden und in besonderen gesetzlich vorgesehenen Fällen auch durch die Besatzungsmacht. Massgebend dafür, in welchen Fällen die Besatzungsmacht anstelle deutscher Behörden in Strafsachen zuständig ist, sind in der DDR nicht Anordnungen der Sowjetischen Besatzungsmacht, sondern die Bestimmungen des Kontrollratsgesetzes Nr. 4 vom 30. Oktober 1945, dessen Artikel III lautet:

‚Die Zuständigkeit der deutschen Gerichte erstreckt sich auf alle Zivil- und Strafsachen mit folgenden Ausnahmen:

a) Strafbare Handlungen, die sich gegen die Alliierten Besatzungsstreitkräfte richten;
b) Strafbare Handlungen, die von Nazis oder von anderen Personen begangen wurden und die sich gegen Staatsangehörige Alliierter Nationen oder deren Eigentum richten, sowie Versuche zur Wiederherstellung des Naziregimes oder zu Wiederaufnahme der Tätigkeit der Nazi-Organisationen;
c) Strafbare Handlungen, in die Militärpersonen der Alliierten Streitkräfte oder Alliierte Staatsangehörige verwickelt sind;
d) Andere Zivil- oder Strafsachen, die der Zuständigkeit der deutschen Gerichte nach den Anordnungen des Alliierten Militärbefehlshabers entzogen werden;
e) Wenn eine strafbare Handlung ihrem Wesen nach die Sicherheit der Alliierten Streitkräfte nicht gefährdet, kann der Militärbefehlshaber sie den deutschen Gerichten zur Aburteilung überlassen.‘

Das sind die Rechtsgrundlagen für das Vorgehen aller Besatzungsmächte in Fällen direkter subversiver Aktionen deutscher Staatsangehöriger zum Schutz ihrer Interessen.

5. Es ist überall und ständig anerkannter Grundsatz, dass in ein schwebendes Verfahren von anderen, nicht zuständigen Stellen nicht eingegriffen werden darf. Mit diesem Grundsatz ist es nicht vereinbar, dass jemand für oder gegen einen Verdächtigen zu einer Zeit Stellung nimmt, in der noch nicht feststeht, ob der Verdacht begründet ist oder nicht.

Dieser Grundsatz muss ganz besonders dann zur Geltung kommen, wenn die Frage der Einmischung einer amtlichen Stelle akut ist; es ist ganz unerträglich, dass eine staatliche Stelle (Universität) gegen eine andere staatliche Stelle Stellung nimmt und dadurch dazu beiträgt, das Vertrauen der Bevölkerung in die staatliche Tätigkeit der Exekutiv- und Justizorgane zu untergraben.

6. Entsprechend diesen Grundsätzen ist es bei der hiesigen Universität bisher auch nicht üblich gewesen, dass die Universität sich mit schwebenden Verfahren beschäftigt. Als im Jahre 1949 bei der Verhaftung von Prof. Brundert bei der Juristischen Fakultät von einem Mitglied des Lehrkörpers angeregt wurde, sich seitens der Fakultät für eine Freilassung einzusetzen, haben die Mitglieder der Fakultät es abgelehnt, da ein Eingriff in ein schwebendes Verfahren als unzulässig angesehen wurde. Ebenso haben die Organe der Universität keine Stellung genommen, als im Jahre 1950 eine Anzahl von Studenten der Halleschen Universität vom Polizei- und Sicherheitsdienst festgenommen worden war.

Unter diesem Gesichtswinkel und auf der Basis dieser prinzipiellen Erwägungen kommt der von den Herren Dekanen Gallwitz, Schmalfuß, Winkler, Ahrbeck und Lehmann an das Rektorat gerichteten Eingabe eine besondere Bedeutung zu. Es handelt sich bei dieser Eingabe klarerweise nicht um eine Anfrage an den Rektor, deren

Beantwortung zum normalen Aufgabenbereich des Rektorats gehört, sondern um eine Eingabe bei der – ausgesprochen oder unausgesprochen – die Universität als Staatsstelle sich gegenüber anderen Staatsstellen Kompetenzen arrogiert, die ihr juristisch keineswegs zustehen. Es ist das eine Grenzüberschreitung, deren subjektiv ehrliche und psychologisch verständliche Motive nicht angezweifelt werden, die aber die prekäre juristische und moralische Position der Universität im allgemeinen und der fünf Fakultäten im besonderen keineswegs mindert, ja im Gegenteil mit besonderer Schärfe hervortreten lässt.

7. Die leider nicht seltene Festnahme von Studenten der hiesigen Universität lässt bei den erwähnten Staatsstellen die Frage auftauchen, ob seitens des Lehrkörpers der Universität die Erziehung der Studenten in der notwendigen Weise gefördert worden ist. [...]

Ich habe bei der Besprechung der Verhaftungsfälle an der Universität mit den zuständigen Staatsinstanzen nicht nur Fragen gestellt, sondern von ihnen auch Fragen gestellt bekommen mit dem Ersuchen, sie in dieser ausserordentlichen Senatssitzung vor dem Forum des Akademischen Senats und darüber hinaus vor den Fakultäten und der Studentenschaft zu Sprache zu bringen; Fragen, die insbesondere die Pflichten des Lehrkörpers, die ihr anvertraute Jugend im Sinne des demokratischen Staatsbewusstseins, des Humanismus, des Fortschritts und des demokratischen Patriotismus zu erziehen, betreffen.

Diese Fragen lauten:

1. Warum haben nur fünf und nicht alle neun Fakultäten diese Eingabe gemacht?
2. Wie erklären wir die fatale Regelmässigkeit, dass die Verhaftungen in den allermeisten Fällen die naturwissenschaftliche, medizinische und landwirtschaftliche Fakultät betreffen?
3. Warum besteht die Unruhe unter den Professoren und Dozenten, wo doch Studenten verhaftet wurden?
4. Was haben Rektor, Senat, Fakultäten und Lehrkörper bisher getan, um die Studenten zu demokratischer Gesetzlichkeit und demokratischem Staatsbewusstsein zu erziehen?
5. Was gedenken Rektor, Senat, Fakultäten und Lehrkörper in Zukunft zu tun, um ihre offenkundigen Unterlassungen auf dem Gebiete der Erziehung der Studenten zu demokratischem Staatsbewusstsein zu beheben?

Ich gehe nunmehr zur Darlegung der konkreten Fälle über, auf Grund der Angaben, die dem Rektorat von Seiten der Exekutivorgane zur Verfügung gestellt wurden: [...]
Von Seiten der Staatssicherheit sind dem Rektorat folgende Mitteilungen zugekommen:

Im Monat August 1951 wurde vor der Großen Strafkammer die Verhandlung gegen Schulze, Wagner, Barthels, Walther, Heimberger und andere geführt, von denen Viol, Götze, Reichert wegen Mangel an Beweisen freigesprochen wurden, während die anderen Angeklagten zu langjährigen Zuchthausstrafen verurteilt wurden, und zwar wurde auf der Verhandlung einwandfrei festgestellt: Bildung einer verbrecherischen Organisation mit dem Ziel, die Ordnung der Deutschen Demokratischen Republik zu beseitigen.

Im Juni 1951 wurden Kruggel, Schulze, Bruns und Lange von der Volkspolizei festgenommen, die im Stadtgebiet Halle antidemokratische und antisowjetische Hetzliteratur geklebt hatten und verbreitet hatten. Weiterhin wurde festgestellt die Verbindung zu verbrecherischen Organisationen in Westberlin. Genannte wurden zu Zuchthausstrafen verurteilt.

Schönfeld wurde festgenommen, weil er in einem öffentlichen Lokal in Trunkenheit ein Stalinbild und ein Bild des Staatspräsidenten Pieck demoliert hat und sich in Schmähungen gegen den Staat ergangen hat. Auf der Hauptverhandlung am 3.10.51 wurde auf Antrag des Staatsanwaltes Revisions-Verhandlung beantragt. Dieselbe fand am 4.2.1952 statt. Sch. wurde wegen Mangel an Beweisen freigesprochen, da der Hauptzeuge sich in Westdeutschland befindet.

Lübke, Zinke, Schnalke und Karger wurden wegen Spionage festgenommen. Das Untersuchungsverfahren läuft.

Der Großteil der Verhafteten gehörte der staatsfeindlichen Organisation ‚Freies Parlament‘ an. Diese Organisation wurde von den westlichen sog. Bund Deutscher Jugend (BDJ) im Auftrage des amerikanischen Geheimdienstes aus faschistischen und deklassierten Elementen geschaffen.

Der Stab der Organisation fand sich im Amerikanischen Sektor in Berlin, Wildenow 40. Die Tätigkeit der Organisation wurde von den Amerikanern und von den westdeutschen Industriellen finanziert und gelenkt. Den Angehörigen der Organisation wurden Aufgaben zur Störung des Ablaufes der 3. Weltfestspiele der Jugend und Studenten in Berlin, der Schaffung von terroristischen Banden in der Deutschen Demokratischen Republik, der Sammlung von Spionageinformationen sowie der Verbreitung von Hetzliteratur und Flugblättern gestellt.

Von den Angehörigen der Organisation war geplant, während der Festspiele Unruhen im demokratischen Sektor von Berlin zu provozieren, die Transport- und Verbindungsmittel zu desorganisieren und Ampullen mit entzündbaren Stoffen auszuwerfen. Die Anführer der Organisation werden bald vor dem Gericht der Deutschen Demokratischen Republik erscheinen.

Das Ministerium für Staatssicherheit wird auch in Zukunft, auf die Wachsamkeit und das Streben des deutschen Volkes zur friedlichen Arbeit gestützt, rücksichtslos alle Feinde des Volkes, Söldner der westlichen imperialistischen Staaten ausmerzen. [...] Es gehört zu den elementarsten Pflichten des staatlichen Selbstsschutzes, daß die zur Wahrung der Staatssicherheit berufenen Organe gegen diese kriminellen subversiven, staatsfeindlichen Elemente einschreiten. Es gehört aber auch zu den elementarsten Pflichten aller Staatsbürger, den Organen der Staatssicherheit bei ihrer schweren und verantwortungsvollen Arbeit der Sicherung der antifaschistisch-demokratischen Ordnung gegen Saboteure, Schädlinge, kriminelle Elemente und Staatsfeinde zu helfen. Ganz besonders gehört es zu den Pflichten des Lehrkörpers unserer Universität als einer der höchsten staatlichen Lehranstalten, denen nicht nur die fachliche, sondern auch die staatsbürgerliche Erziehung der Jugend anvertraut ist, den staatlichen Justiz- und Executivorganen bei ihrer Arbeit zur Sicherung der antifaschistisch-demokratischen Ordnung zu helfen.

Was ist jedoch in Wirklichkeit der Fall?

Anstatt diese Organe zu unterstützen, anstatt alles daran zu setzten, das fachliche und staatsbürgerliche Erziehungsziel zu erreichen und dem Staat und der Regierung bei der Verwirklichung ihrer Ziele tatkräftig an die Hand zu gehen, werden verschiedene Mitglieder des Lehrkörpers, Dekane zumal, deren subjektive Ehrlichkeit – ich betone es ausdrücklich – nicht angezweifelt werden soll – objektiv zu Förderern dieser destruktiven staatsfeindlichen Elemente, indem sie sich schützend vor sie stellen.

Ich bringe zur Illustration folgende Fakten:
Mit Beginn des Frühjahrssemesters 1952 sind folgende Studenten der landwirtschaftlichen Fakultät ohne Abmeldung Herrn Prof. Dr. Blohm nach Kiel gefolgt [es folgen 7 Namen]. Und nun ergab sich folgendes:

Anlässlich eines nochmaligen kurzen Aufenthaltes in Halle bemühte sich Prof. Dr. Blohm über den Herrn Dekan der Landwirtschaftlichen Fakultät um die Aushändigung der Original-Reifezeugnisse der betr. Studierenden.

Prof. Blohm, den ich kenne und dessen persönliche Integrität ich keineswegs anzweifle, war sich offenkundig der Groteske der Situation gar nicht bewußt. Obwohl er, dem bei seinem Abgang von unserer Universität kein Hindernis entgegengestellt wurde, direkt oder indirekt die Ursache für die Flucht dieser Studenten war, sah er es offenkundig als durchaus normal und korrekt an, hier staatsfeindlichen Elementen Vorschub zu leisten.

Ein zweiter Fall:
Der Dozent Dr. Matzen hatte kürzlich in seiner Vorlesung (3. und 4. Studienjahr) bekanntgegeben, daß der stud.med. Zinke verschwunden sei. Er bat die Studenten mitzuhelfen, daß diese ‚dunkle Angelegenheit' geklärt werde. Daraufhin sagte ein

Student, er habe beobachtet, wie Zinke von einer Dame und drei Herren abgeholt worden sei, von denen zwei seiner Meinung nach ‚Russen' gewesen seien.

Wie sehr dieses unqualifizierbare Vorgehen des Dozenten Dr. Matzen allen Vorstellungen von einem Erzieher der akademischen Jugend Hohn spricht, liegt klar auf der Hand, doch scheint sich auch Dr. Matzen gar nicht bewußt zu sein, wie sehr er sich mit diesen staatsfeindlichen Elementen bereits solidarisierte und ihnen moralischen Vorschub leistet.

Aus falsch verstandenem väterlichen Wohlwollen und daher falsch interpretierten Auffassungen über: ‚akademische Freiheit', ‚universitas litterarum', aus deplacierter Burschenherrlichkeitsromantik setzen sich manche Professoren objektiv in eine Front mit diesen kriminellen, staats- und volksfeindlichen Elementen, solidarisieren sich mit ihnen statt sich von ihnen zu distanzieren, intervenieren für sie statt diesen Elementen, die durchaus nicht immer reine Toren sind, die Verwerflichkeit ihres Tuns und Treibens vor Augen zu führen.

Oder kann jemand so naiv sein, zu glauben, daß es sich bei diesem asozialen und staatsfeindlichen Treiben um den traditionellen übermütigen Studentenulk oder um jugendlichen Überschwang und unschuldige Dummejungenstreiche handelt? Gewiß – es gibt viele Irregeleitete und Verführte, deren Jugendlichkeit, Unerfahrenheit und Leichtsinn von verbrecherischen Elementen bewußt ausgenutzt wird, um sie zu ihrem staatsfeindlichen, asozialen, destruktiven Verhalten zu treiben. Es gibt aber auch Elemente, die sehr genau wissen, was sie tun und keinesfalls Unschuldslämmer sind, als die sie gewissen Professoren erscheinen.

Es ist nun einmal Tatsache, daß Deutschland gespalten ist, daß Westdeutschland der Aufmarschplatz und das Rekrutenkontingent des aggressiven USA-Imperialismus darstellt, und daß die westdeutschen Politiker und Staatsmänner diesen aggressiven Kriegskurs des USA-Imperialismus durch dick und dünn mitmachen, also auch seine sog. Politik des kalten Krieges, wobei sie alle, auch die skrupellosesten Mittel anwenden (Sabotage, Diversion, Desorganisation, Spionage, moralische Zersetzung, Gerüchtemacherei etc.), um die antifaschistisch-demokratische Ordnung der DDR zu erschüttern. Es ist durchaus kein Zufall, daß von diesen Kriegstreibern gerade die Universitäten als die günstigsten Stätten für ihre destruktiven Pläne angesehen und bevorzugt werden. Die Universitäten werden von ihnen als geeignete Infiltrationsstätten für Agenten und destruktive Ideen darum bevorzugt, weil hier Jugend und mangelnde Erfahrung, mangelndes politisches Urteil, falsche Romantik, Leichtsinn und aus der sozialen Herkunft bestimmter Studenten herrührende Vorurteile gegen die bestehende antifaschistisch-demokratische Ordnung ihnen für die Werbung von Agenten die geeigneten Ansatzpunkte bieten. Wenn nun der Lehrkörper, anstatt sich klar und unmißverständlich von den unter den Studenten geworbenen Agenten abzugrenzen und zu distanzieren, diese in Schutz nimmt, wenn ihnen von den zuständigen Staatsorganen das Handwerk gelegt wird, so leisten sie – bei aller Lauterkeit der subjektiven Motive, von denen sie sich bei ihren Interventionen leiten lassen – diesen Agenten und ihren Hintermännern objektiv Vorschub und Hilfe. Ich möchte bei dieser Gelegenheit die Antwort des Stellvertreters des Ministerpräsidenten Walter Ulbricht zitieren, der auf einer Pressekonferenz auf ähnliche Fragen, wie sie hier von den fünf Dekanen vorgebracht wurden, die treffende Antwort gab: ‚Sie sollen uns keine Agenten schicken und wir werden sie auch nicht einsperren.'

Es ist auch kein Zufall, daß in diesem Kampf des Krieges gegen den Frieden, der Reaktion gegen den Fortschritt, des Alten gegen das Neue, der Vergangenheit gegen die Zukunft der Feind die schärfsten Angriffe gegen die Studienreform richtet und mit allen Mitteln trachtet, die unkritische Jugend zu verwirren, zu desorientieren und sie gegen die Studienreform aufzuputschen. Doch für jeden, der die Gesetzmäßigkeiten der Geschichtsentwicklung kennt und anerkennt, und aus den geschichtlichen Erfahrungen gelernt hat, ist es auch absolut klar, dass das Neue über das Alte, die Zukunft über die Gegenwart, die Einheit Deutschlands über die Spaltung trotz allem siegen wird. Es ist fernerhin klar, daß alle diejenigen, die wegen ihrer sozialen Herkunft, Erziehung, Stellung etc. gegenüber der antifaschistisch-demokratischen Ordnung, gegenüber dem Marxismus-Leninismus noch ihre Vorbehalte haben, früher oder später kommen werden, weil sie durch die Praxis überzeugt werden, daß Wort und Tat, Theorie und Praxis, Idee und Wirklichkeit eins sind.

Der Marxismus-Leninismus kennt keine Mentalreservation, keine doppelte Buchführung in der Moral. Der Marxismus-Leninismus sagt, was er denkt, und tut, was er sagt. Es galt auch im Zusammenhang mit den von den Herren Dekanen aufgeworfenen Fragen zu sagen, was ist, um Klarheit zu schaffen namentlich über die Funktion der Professoren und Dozenten als Erzieher der Jugend. Hier sind von uns allen schwere Unterlassungen begangen worden und die zuständigen Staatsstellen haben recht, wenn sie dem Lehrkörper unserer Universität gerade diesen Punkt vorhalten.

Es ist klar und kann auch nicht anders sein, daß im Lehrkörper unserer Universität sich heterogene Welten und Weltanschauungen berühren und überschneiden. Doch bei alledem gibt es für uns alle einen gemeinsamen Nenner für unsere gemeinsame Arbeit als Lehrer und Erziehen. Dieser gemeinsame Nenner ist: Ehrlichkeit, Loyalität, demokratische Staatsgesinnung, der Ethos des Lehrers und Erziehers, der für Staat und Gesellschaft fachlich gediegene und ethisch vollwertige, positive Menschen heranschulen soll. Auf dieser Ebene können und müssen wir uns treffen. Notwendig ist überzeugende Mitarbeit am großen Aufbau des Staates. Darum keine inneren Vorbehalte, keine ‚innere Emigration', keine Haltung, die die antifaschistisch-demokratische Ordnung untergräbt, sondern eine, die sie stützt und stärkt.

Die Universität ist ein wichtiger Bestandteil unserer antifaschistisch-demokratischen Ordnung. Ihre Aufgabe ist es, alles zu tun, um feindlichen Elementen das Handwerk zu legen. Niemals darf die Universität staats- und friedensfeindlichen Elementen Unterschlupf gewähren oder sie gar decken vor dem gerechten Zugriff der Staatsorgane.

Wenn es sich darum handelt, Rechtssicherheit zu schaffen, so doch nur, um jedem anständigen Bürger das Gefühl zu geben, daß er nicht in Unsicherheit durch solche gegen das Gesetz verstoßende Personen versetzt werden kann. Niemals kann und darf Rechtssicherheit so ausgelegt werden, daß der Verbrecher vor dem Zugriff des Gesetzes geschützt wird. Wie hier und da Fälle bekannt geworden sind, dass Angehörige der Universität verhaftet worden sind, ohne dass der eine oder andere seiner Angehörigen sofort über die Gründe seiner Verhaftung erfuhr, so wurde in diesen Fällen, laut Auskunft der zuständigen Behörden, genau nach der Verfassung verfahren.

Die Verhaftung sofort an weitere Personen bekanntzugeben, wäre wegen der Gefahr der Verschleierung, des Eingreifens in ein schwebendes Rechtsverfahren und der Warnung evtl. Komplizen nicht zweckmässig.

Dass unsere Sicherheitsorgane erst zugreifen, wenn sie glauben, den Täter hundertprozentig überführt zu haben, ist eine Tatsache, die durch folgende Beispiele erhärtet werden mag:

In vielen Fällen wurden bereits inhaftierte Personen wieder freigelassen, da man nicht genügend Beweismaterial gegen sie sofort zur Hand hatte. In sehr vielen von diesen Fällen sind die Täter dann nach dem Westen geflüchtet, und später stellte es sich heraus, dass man Verbrecher freigelassen hatte.

1948: Die ehemaligen Studenten unserer Fakultät Lamprecht und Klauthe [Claudé – S. G., H. H.] waren bereits verhaftet, wurden jedoch wieder freigelassen, flüchteten sofort nach dem Westen und dann fand man bei uns sehr viel sie der Spionage überführendes Material.[49]

Vielen Personen gelang es, nach dem Westen zu flüchten, die in der DDR sich eines Vergehens schuldig gemacht hatten und die bereits durch unsere Sicherheitsorgane beobachtet wurden. Unsere Sicherheitsorgane hatten jedoch noch nicht zugegriffen, weil noch nicht genügendes Beweismaterial vorhanden war.

Die Ursache dafür, daß auch andere Studenten nach dem Westen geflüchtet sind, ist die Tätigkeit feindlicher Agenten, die Leichtgläubigen weiszumachen versuchen, in der DDR wäre keine Sicherheit. Dazu ist nur zu sagen: Jawohl, in der DDR ist Unsicherheit für Agenten und kriminelle Verbrecher, Sicherheit jedoch für jeden anständigen Bürger, denn ihn schützen unsere Verfassung und unsere demokratische Gesetzgebung und -ausübung.

49 Vgl. hierzu den Bericht von Horst Hennig in dieser Dokumentation.

Wer sich diese Erkenntnis zu eigen macht, wer nicht auf die Einflüsterungen fortschrittsfeindlicher Agenten hört, wer für Recht und Sicherheit im persönlichen wie im staatlichen Leben ist, wird sich dem Treiben feindlicher Agenten, dem Treiben krimineller Elemente an der Universität mit der ganzen Kraft seiner Persönlichkeit entgegenstellen.

Nur wenn wir der Jugend erreichbare Ideale und den Weg zu ihrer Erreichung zeigen, wenn wir alle Wege dazu ebnen, können wir das Wohlergehen der Jugend und ihre Zukunft sichern!
Was von staatlicher Seite bisher dazu getan werden konnte, ist getan!

Tun wir alles, um dieses große Ziel zu sichern!
Rücken wir ab von verwerflichen und schmutzigen Taten!
Sorgen wir dafür, daß das Studium unserer Studenten
und unsere eigene Forschungsarbeit gesichert bleibt!
Erziehen wir unsere Jugend zu kämpferischen Demokraten,
zu glühenden deutschen Patrioten, zu Kämpfern für
die Sache des Fortschritts und des Friedens!"[50]

Mit diesen Sätzen im Ohr trat der Senat nun in die Diskussion ein. Stern hatte ein demagogisches Glanzstück vorgelegt. Seine Sprache zeigt, dass er die verhafteten Studenten, die „Elemente", die „Söldner der westlichen imperialistischen Staaten", als Feinde betrachtete, die das Ministerium für Staatssicherheit „rücksichtslos ausmerzen" würde. Diese von Stern völlig unkommentierte Aussage war eine harte Drohung, die sicher die Senatoren auch so verstanden. Zum Schluss seiner Rede versuchte er, die „bürgerlichen" Professoren auf ein gemeinsames Ziel einzuschwören: „Ehrlichkeit, Loyalität, demokratische Staatsgesinnung". Nur, die Verhaftungen an der Universität hatten nichts mit demokratischer Staatsgesinnung zu tun. Stern hätte bedenken müssen, dass auch politisch Andersdenkende ein Recht auf Ausbildung haben müssen und dass es nichts mit Demokratie zu tun hatte, wenn man sie ausgrenzte, wegschloss oder zur Flucht trieb.

In der Diskussion äußerten sich zunächst die fünf Dekane, die die Eingabe unterschrieben hatten. Sie versuchten zunächst, sich zu rechtfertigen und Loyalität zu demonstrieren.

50 In der Akte finden wir einen Zettel mit dem handschriftlichen Datum vom 9. April 1952: „Die in diesem Protokoll enthaltene Niederschrift der Diskussion ist infolge unzureichender Mit-Stenografierung nicht vollständig. Zum Teil sind stilistische Fehler enthalten. Sie gibt jedoch ein ungefähr genaues Bild des Verlaufes und des Inhaltes der Diskussion. Die Niederschrift der Rede von Herrn Prof. Dr. Stern ist wörtlich, aufgrund seines Manuskripts, angefertigt worden".

„Prof. Ahrbeck:
Es war außerordentlich aufschlußreich, Herr Prof. Stern, was Sie uns mitteilten, und es ist sicher sehr nötig, daß wir das einmal erfahren. Es ist für uns genau so eine sehr große Überraschung wie für Sie. Ich glaube auch, daß wir uns hier alle verantwortlich fühlen und mithelfen wollen, unsere junge Welt zu erziehen, da wir hier wissen, woran wir sind. Ich möchte sagen, daß es schön ist, daß wir dieses positive Material haben, wo wir anschneiden können und es wäre zu überlegen, was wir machen. Ich habe eben Namen in meiner Liste gefunden, einer ist 1951 verhaftet, und den habe ich eben unter ihren Leuten gefunden. Ich habe nun überrascht erfahren, was er eigentlich gemacht hat. Wenn man diese Dinge gut und rechtzeitig weiß, dann haben wir auch andere Mittel zu wirken, diese Dinge in der breiten Öffentlichkeit zu besprechen. Ich will zum Ausdruck bringen, daß es durchaus loyal und in positivem Sinne zu verwerten ist.
Prof. Gallwitz:
Ich muß mich zur Mitteilung des Herrn Prof. Stern rechtfertigen, denn wenn wir diese Eingabe nicht gemacht hätten, hätten wir diese Mitteilung nicht bekommen. Ich bedaure sehr die Bemerkung, die hier aus unserer Eingabe herausgelesen wurde. Sie haben Unausgesprochenes aus unserer Eingabe herausgelesen. Sie versichern, daß diese unausgesprochenen Dinge nicht in unserer Eingabe drin ständen. Wir haben die Bestrebungen, die Studenten auf den rechten Weg zu bringen und sie vor jeglicher Handlung gegen die Regierung, gegen die Besatzungsmacht zurückzuhalten, und darum haben wir diese Eingabe gemacht. Sie fragen ferner, was wir versucht hätten, wenn nicht heute diese a.o. Senatssitzung einberufen wäre; so hätte ich eine erweiterte Fakultätssitzung, vielleicht eine Vollversammlung mit Studenten, einberufen. Die Einladungen waren bereits geschrieben. Ich hatte die Absicht, die Studenten ausdrücklich davor zu warnen, mit irgend welchen Einflüsterungen, propagandistischen Machenschaften oder gar Handlungen hervorzutreten, die sie in die größte Gefahr bringen. Wenn man aus unserer Eingabe herauslesen kann, daß wir uns in dieses Verfahren einmischen wollten; wir wollen in kein schwebendes Verfahren eingreifen. Das ist mit keinem Wort in der Eingabe gesagt. Wir wollen gerade dafür sorgen, daß der Ruf unserer Universität unantastbar ist. Ich bedaure sehr, daß Andeutungen gemacht sind, daß wir uns irgend schützend vor solche staatsfeindlichen Elemente stellen."

Auch Gallwitz sprach wie Stern von „staatsfeindlichen Elementen". Dieser Begriff wurde auch von anderen Diskussionsrednern verwendet, und er steht in der Entschließung des Senates! Möglicherweise nahmen sie Sterns Bezeichnung auf, um ihre „Loyalität" zu demonstrieren. Es wird aber deutlich, daß sich Gallwitz für seine Studenten verantwortlich fühlte und sie vor Verhaftungen bewahren wollte. Schließlich versuchte er, einen Konsens innerhalb des Senates zu finden.

Leo Stern antwortete Ahrbeck und Gallwitz: „Damit keine abwegige Diskussion gerade in diesem Punkte einsetzt, möchte ich sagen, das sind Fragen, die mir im Gespräch mit diesen Staatsorganen gestellt sind, die von Berufs wegen mißtrauisch zu sein haben, und daß die Lage an der Universität ernst ist. Ich teile Ihre Auffassung, Herr Prof. Ahrbeck, daß es Zeit war, über diese Dinge zu sprechen. Aber wenn ich nun ersucht werde von den Spitzenorganen der Justiz und Polizei, diese Fragen dem Lehrkörper vorzulegen, so war das, wenn Sie wollen, eine klare und eindeutige Andeutung. Aber sie war notwendig. Sie kommen mir mit Fragen, ich werde sie beantworten, und wir werden das in der heutigen Senatssitzung machen. Sie sind so freundlich, mir mitzuteilen, was der Lehrkörper zu diesen Fragen zu sagen hat. Ich glaube, das ist kein Mißtrauensvotum, keine Unterschiebung von irgend welchen Malefizien. Ich bin mir bewusst, daß dies ein sehr brennend heisses Thema ist. Wenn wir als Universität, als Staatsbehörde, zu einer anderen Behörde kommen und über solche Fragen Auskunft verlangen, so ist es meines Erachtens billig seitens dieser Behörden, uns Fragen zu stellen, deren Legitimität ich persönlich nicht zurückweisen kann.

Prof. Gallwitz:

Ich wollte dies noch einmal kurz betonen, um das Mißtrauen in unserem Kreis auszuschalten. Das wäre vergiftend. Wir müssen die Loyalität voraussetzen. Es war wichtig, daß einmal festzustellen.

Prof. Winkler:

Ich betone, daß es Zeit war, daß diese Fragen hier einmal erörtert werden, und das ist ja auch die Meinung von uns, die wir diese außerordentliche Senatssitzung beantragt haben. Es ist selbstverständlich, daß wir uns in keiner Weise vor diese verbrecherischen Elemente stellen. Aber es ist für uns interessant gewesen, zu erfahren, was eine Reihe von Studenten begangen haben. Es wäre meiner Meinung nach richtig gewesen, wenn, sobald das Gerichtsverfahren über sie abgeschlossen ist, der Universität und auch den Studenten Bescheid gegeben wird, dieser und jener ist wegen dieses Vergehens verurteilt. So ist die ganze Sache die, die Kommilitonen wissen über die Betreffenden nicht Bescheid. Dies gibt zu vielen Reden Anlaß. Es ist auch sehr wesentlich, das, was Sie, Herr Prof. Stern, gesagt haben so über die juristische Grundlage, das ist meiner Meinung nach wichtig, daß unserer Studenten dies erfahren. Ich würde bitten, irgend eine Form zu finden und diese Aufklärung an sie heranzubringen; dann werden auch sie anders urteilen.

Prof. Lehmann:

Ich glaube, eine meine ersten Äußerungen in dieser Angelegenheit war die, als ich sagte: in der Vorlesungsarbeit sehen wir für uns die Hauptaufgabe. Wir wollen nicht in ein schwebendes Verfahren eingreifen. Das muß von vornherein festgestellt werden. Wir sind hier, um Maßnahmen zu beraten, die für die Aufklärung und Beruhigung der

Arno Lehmann[51]

Universität geeignet sind. Ich würde mich sehr schwer gekränkt fühlen, wenn die Aufrichtigkeit dieses Satzes offen angezweifelt wird. Ich wüsste gar nicht, welcher Empfindungen ich dann fähig wäre. Man könnte sehr konkret sagen, was geschehen soll, wenn der Herr Dekan der Juristischen Fakultät uns ein Kurzreferat halten würde. Es wäre eine reine Zeitfrage. Wer würde etwas dagegen haben. Wir wissen doch, was Humanität ist. Wir möchten unsere Jungen und Mädel vor Dummheiten bewahren. Es würde mir sehr schwer, wenn es eines Tages hieße: der und der ist aus einem Grunde, den wir nicht kennen, festgenommen, und das ist auch der Grund, Herr Prorektor, weshalb wir unterschrieben haben.
Prof. Schmalfuß:
Ich möchte nur betonen, Herr Prorektor, daß mich die gleichen Beweggründe veranlasst haben, zu unterschreiben. In der Angelegenheit Schmidt weiß ich gar nichts. Wir haben den Fall behutsam behandelt, und Sie wissen ja, warum, und so sollte meine Unterschrift gewertet werden, aus der Sorge um die jungen Menschen heraus: dass man erfuhr, was alles los ist, was man nicht weiß. Über den Fall Blohm werde ich nachher noch sprechen."

Bis zu diesem Zeitpunkt hatten nur jene Dekane das Wort ergriffen, die Unterzeichner der Eingabe waren. Nun traten weitere Redner hinzu:
„Prof. Häusler:
Ich möchte das, was der Herr Dekan eben sagte, auch an die Studenten heranbringen. Es wurde vorhin gesagt, daß es von den Organen der Polizei gewünscht ist, daß es von der Dozentenschaft und der Studentenschaft erwartet wird.

Ich würde es gerne sehen, wenn das hier durch eine Entschließung oder Zusammenfassung aus dem Kreis des Senats zustande käme, daß der Senat sich distanziert, daß selbstverständlich der Senat und die Professoren davon abrücken, und dass es nicht angängig ist, das zu dulden, daß gerade die Universität als Basis für solche Vorkommnisse dient. Aus dem, was Sie, Herr Prof. Stern, vorgetragen haben, etwas festzulegen, es irgendwie den Studenten vorzulegen und zur Kenntnis zu bringen in der Form einer Entschließung. Dies müsste erzieherisch wirken. Ich würde vorschla-

51 UAH.

gen, hierzu eine Kommission zu bilden. Die Kommission müsste zusammenstellen, was wir dann weitergeben: etwa in den ‚Mitteilungen des Rektors', in Fakultätssitzungen, in Studentenversammlungen, einheitlich, selbstverständlich. Ich stelle den Antrag, eine Entschließung bzw. Zusammenfassung dessen, was heute hier besprochen worden ist, als Grundlage zu nehmen.
Prof. Stern:
Gerade hier habe ich das Gefühl gehabt, eine persönlich schwierige und heikle Mission von beiden Seiten übernommen zu haben. Ich bitte Sie, die ganze Schwierigkeit der Situation zu bedenken.

Fünf Fakultäten stellen diesen Antrag, berufen sich auf die vorläufige Arbeitsordnung. Es wäre die Möglichkeit, ich habe es selbst empfunden, daß es notwendig ist, hier die Atmosphäre, die nicht gesund ist, zu klären. Ich freue mich außerordentlich, daß meine Erwartungen, die ohne allen Optimismus waren, doch im wesentlichen weit über alles Erwarten erfüllt sind. Was ich zu hören und zu lesen bekam, hat mich aus der Fassung gebracht. Ich wußte, daß Gerüchte gestreut werden. Ich sah, daß so ziemlich der psychologische Schock von uns allen erlebt wurde. Es war hoch an der Zeit zu sprechen. Wenn Sie meinen, daß die letzten Worte des Konzepts eine geeignete Basis abgeben könnten, stelle ich sie zur Verfügung."

Einem gründlichen Leser des Protokolls wird hier kaum entgehen, dass dies zuvor offenbar abgesprochen war: Häusler würde eine Entschließung fordern, deren Kernsätze „zufällig" von Stern schon formuliert waren. Hier noch einige Auszüge aus Diskussionsbeiträgen, die diesen Eindruck noch verstärken.

„Prof. Liebau:
[...] In der FDJ-Versammlung der Landwirte wurde der Ausschluß eines Studenten abgelehnt, der offiziell erklärt hat, daß er sofort nach dem Examen nach dem Westen gehen wollte und daß man ihn dann über den RIAS hören könnte. Diese Angelegenheit hat speziell dem Ministerpräsidenten in Berlin vorgelegen und so ist die Universität Halle hinsichtlich der Studenten sehr schlecht aufgefallen in den obersten Regierungsstellen. [...]
Prof. Hartwig:
[...] Ich bin nicht völlig gegen eine Entschließung. Mit der Entschließung ist jedoch der Zustand nicht geändert, das ist nun mal formal. Unsere Aufgabe ist es, durch eine ständige Erziehung auf die Studenten einzuwirken. [...]
Direktor Kursitza:
[...] Meiner Meinung nach ist es ein Mangel, daß wir [...] in der Frage der Disziplinarbestrafung praktisch so gut wie nichts getan haben. [...] Es ist fahrlässig von uns, wenn wir nicht ordnungsmässig exmatrikulieren, daß keine Disziplinarverfahren angestrengt werden, wenn ein gerichtlicher Bescheid vorliegt. [...]

Studentenrat Bergner:
In Ergänzung zu dem vorhin Gesagten […] möchte ich erklären, wenn der Lehrkörper von diesem Gesichtspunkt an die Klärung herangeht, ergibt sich von selbst, daß die Zahl der kriminellen Elemente absinkt. Sie können sich nur auf dem Boden einer allgemeinen Unzufriedenheit ausbreiten. Von dem Gesichtspunkt des Herrn Prof. Liebau aus werden wir wesentliche Fortschritte erreichen in bezug auf die Entlarvung der Elemente, aber auch hinsichtlich der Zusammenarbeit mit den Organen der Staatssicherheit und der Partei.
Prof. Gallwitz:
Zunächst müsste man noch einmal das aussprechen: Daß Prof. Stern diese Mitteilungen gemacht hat, hat ganz wesentlich die Situation geklärt. Wir sind deswegen besonders dankbar, weil ich auf diese Weise nicht genötigt bin, vor die Fakultät mit unklaren Angaben treten zu müssen. Studenten sind schon seit einem Monat fort, wir wissen nicht, wo sie geblieben sind. Das ist nun natürlich sehr viel klarer und bestimmter ausgesprochen und geeignet, das Vertrauen zu stärken. Im Namen unserer aller bin ich tief erschüttert über die Angaben, dass [… sie …] unter dem Verdacht der Spionage stehen. Wir müssten bedenken, was weiter zu tun ist. Dies ist vielleicht als Ergebnis der heutigen Sitzung zu betrachten, daß wir vielleicht noch den Staatsbehörden gegenüber um Verständnis dafür bitten, daß solche Fälle so schnell wie möglich der Universität zur Kenntnis gegeben werden, damit nicht Wochen verstreichen, bis wir erfahren, was hier vorliegt. Der Vater des Karger ist hier gewesen und hat sich bei verschiedenen Stellen erkundigt, hat aber keine Auskunft erhalten. Durch solche Vorgänge wird natürlich die Atmosphäre der Gerüchte sehr gefördert. Es wäre wirklich im allgemeinsten Interesse, wenn hier schnell eine Verlautbarung erfolgt […] Ich möchte die Frage stellen: kann ich z. B. über das Verbleiben von Schnalke und Karger Auskunft geben?
Prof. Stern:
Ohne weiteres.
Prof. Gallwitz:
Das ist sehr wichtig, das würde die Situation sehr schnell beruhigen und klären, daß aus den und den Gründen die und die bestraft worden sind und damit geht die Sache ihren Gang.
Prof. Lehmann:
Die Meinung von Herrn Prof. Gallwitz, daß der Vater keine Auskunft bekommt, gibt mir Veranlassung zu bitten – habe ich recht verstanden: solange ein Mensch bei der Polizei ist, erhält man keine Auskunft. Erst wenn er in die Hand des Richters kommt, wird ihm gesagt innerhalb einer bestimmten Frist, weshalb er verhaftet wurde. Dann darf an den Vater Mitteilung ergehen. Vielleicht ist der Betreffende auch abgehauen. Es würde zur Beruhigung dienen, wenn ein Vater erfährt, Voruntersuchung bei der Polizei. […]

Prof. Häusler:
Wo es sich um Spionageverdacht handelt, ist es verständlich, daß nichts gesagt wird; wenn man einen gegriffen hat, will man doch das ganze Nest greifen, deshalb wird überhaupt nichts gesagt. Und nun passt man auf, wird beaufsichtigen, beobachten und nicht ausstreuen. Einen haben wir gegriffen. Ich kann mir vorstellen, daß es ein halbes und ein Jahr dauert.
Prorektor Käbel:
[...] Ich wollte sagen, daß ich Leidtragender war. Gerade aus diesem Grund hat sich mein Vertrauen ganz besonders gestärkt. Persönlich war ich natürlich nicht besonders erfreut. Ich muß sagen, ich habe diese eine Woche, wo ich im Polizeigefängnis in Untersuchungshaft war, sehr gut ausgenutzt, habe großzügig mit einer ganzen Reihe sprechen können und meine Studien gemacht. Ich habe festgestellt, daß nicht ein einziger Fall vorhanden war, der über 24 Stunden dort geblieben ist, ohne daß er dem Richter vorgeführt wurde. Wenn der Tatbestand vorliegt, kann auf Wunsch Benachrichtigung von bestimmten Personen erfolgen."

Leo Stern reagiert auf Käbels Bericht sehr verhalten: „Ich weiß nicht, ob man sich freuen kann. Aber Authentisches zu hören, ist immerhin ein wertvoller Beitrag zur Klärung dieser komplizierten Rechtsfrage."

„Prof. Schmalfuß:
Zur Angelegenheit Blohm. Blohm hatte gebeten, die Reifezeugnisse herauszugeben. Ich habe die Bitte auftrags- und pflichtgemäß weitergegeben. Herr Käbel hat gehandelt, wie er musste. Wir haben miteinander gesprochen, ich habe einen Zettel vorgelegt mit der Unterschrift Schmalfuß.
Prorektor Käbel:
Ich habe erklärt, daß wir die Papiere nicht herausgeben. Die Studenten haben die selbstverständlichen Ordnungsregeln nicht eingehalten, daher wurden die Papiere nicht herausgegeben.
Prof. Schmalfuß:
Nochmals zur Angelegenheit Blohm: 8 Ordinarien sind im Laufe von vier bis fünf Jahren weggegangen. Zu dem besondern Falle ist zu sagen, daß Prof. Blohm sich hier für die Studenten noch eingesetzt hat.
Prof. Stern:
Ich will nicht hoffen, daß auch nur irgend ein Schatten auf Prof. Blohm gefallen sein kann. Ich kann das in meinem Namen und im Namen aller der Stellen sagen, die irgendwie sich seinerzeit mit Blohm unterhalten haben. Aber die Tatsache, daß Studenten weggingen, die mit ihm in Verbindung stehen, wobei ihm offenkundig aus einer Rechtskenntnis heraus die heikle Situation seiner Stellung und seiner Person nicht klar wurde, das wurde seltsam empfunden. Sechs oder sieben Studenten gehen

geschlossen illegal nach Kiel. Der Staat hat für sie eine ganze Menge Aufwendungen gemacht. Sie gehen weg, und nun kommt Herr Prof. Blohm, der legal geht. Alle anderen hätten sich die Aufregungen eines Nachtmarsches ersparen können. Sie hätten ruhig gehen können, wenn sie diesen Wunsch geäussert hätten. Blohm hat nicht sehr korrekt gehandelt, aber das Groteske der Situation ist, die Studenten gehen bei Nacht und Nebel über die Grenze, und er verlangt auch noch die Papiere. Ich empfinde dies tatsächlich auch als grotesk. Das Staatssekretariat hat gesagt: Ihr an der Universität habt komische Rechtsbegriffe.

Prof. Schmalfuß:

Ich möchte noch betonen, daß Prof. Blohm[52] im gesamtdeutschen Arbeitskreis aktiv mitgearbeitet hat. Er ist deswegen in Westdeutschland schwer angefeindet worden wegen des Eintretens für die DDR und die Agrarreform.

Prof. Stern:

Ich möchte bemerken. Ein Mann, der nicht gerade auf legalem Weg weggegangen ist unter Verschleierung von Tatsachen, die nicht geklärt worden sind, der nun ernsthaft und wirklich aus lauter Enttäuschung über das, was ihm dort wiederfahren ist, hat das Staatssekretariat gebeten, ob er nicht zurück kann. Es ist ernsthaft erwogen, ihm den Weg zurück freizugeben. Die Angelegenheit wird großzügig behandelt. Ich habe dies nur erwähnt, weil der Fall wirklich grotesk ist.

Verwaltungsdirektor Jacobson:

Es hat mir, der ich gerade ganz neu an der Universität bin, einen Schock gegeben. Ich glaube, es wird doch notwendig sein, daß [...] den Staatssicherheitsorganen unserer Regierung der Dank ausgesprochen wird für die Unterstützung der Universität. Es ist notwendig, daß der Akademische Senat in dieser Form offiziell sich distanziert von den Vorkommnissen. Ich unterstütze daher voll und ganz den Antrag des Dekans Häusler und bitte, das doch noch einmal zu erörtern.

Prof. Häusler:

Ich wiederhole meinen Antrag auf Bildung einer Kommission bestehend aus den Professoren Ahrbeck, Winkler, Hartwig, Lehmann und beantrage auf Grund der letzten Seite des Manuskripts des Herrn Prorektors Stern eine Entschließung zu fassen. Ich erhebe dies zum Antrag und bitte, darüber abzustimmen.

---

52 Im Personal- und Vorlesungsverzeichnis des Sommersemesters 1951, S. 28, steht unter der Überschrift Landwirtschaftl. Fakultät, Professoren mit Lehrstuhl: „Blohm, Georg, Dr. sc. nat., Mitglied der Deutschen Akademie der Wissenschaften, Halle (S.), Wasserweg 6, Landwirtschaftliche Betriebslehre". Vorlesungen, Angewandte landw. Betriebslehre (6. Sem.), Betriebswirtschaftliche Übungen, Arbeitsverfassung u. Arbeitsleistung der Landwirtschaft (5. Sem.), Betriebstypen der deutschen Landwirtschaft (6. Sem.), Exkursionen (6. Sem.), Anleitung zu wissenschaftl. Arbeiten.

Prof. Stern:
Ich möchte einen Ergänzungsantrag machen bei der Bildung der Kommission unter Einbeziehung des Dekans Prof. Häusler. Es liegt der Antrag von Herrn Dekan Häusler vor, eine Kommission zu bilden, um in der vom Verwaltungsdirektor angedeuteten Weise eine Resolution abzufassen, worin den Justiz- und Sicherheitsbehörden der Dank offiziell ausgesprochen wird, und dann auch entsprechende Distanzierung von den verbrecherischen Elementen.
Prof. Häusler:
Ich bitte über den Antrag Prof. Ahrbeck, Prof. Winkler, Prof. Hartwig, Prof. Lehmann abzustimmen.
Prof. Stern:
(…) Ich bitte nun, durch Handerheben Ihre Zustimmung zu geben. Wer ist dafür? Das Handzeichen ergibt Einstimmigkeit – Gegenprobe? Der Antrag ist einstimmig angenommen.

Wenn ich die Quintessenz unserer heutigen a.o. Senatssitzung in einigen Worten zusammenfassen darf, so ist die allgemeine Auffassung wohl die: die Aussprache war notwendig, positiv und fruchtbar. Das Wichtigste war doch, dass die Vorbehalte, die gegenüber den Staatsorganen und den anderen Behörden bestanden haben, gewichen sind und eine Atmosphäre des Vertrauens geschaffen wurde. Ich glaube, dafür wird man wohl noch Rücksprache halten müssen mit den zuständigen Staatsorganen. […]

Jeder Fakultät sollen die Fakten zur Verfügung gestellt werden, die übrigen nach Zahlen. Das ist der Weg, der hierfür gegangen werden könnte. Das alles wird noch die Entschließung zeigen. Nicht nur Deklarationen, sondern kategorischer Imperativ für alle, denn wir haben manche Unterlassung auf diesem Gebiet zu verzeichnen."

Hier endet das Protokoll. Wie in der Senatssitzung vom 9. April 1952 beschlossen, formulierten Ahrbeck, Winkler, Hartwig und Lehmann eine Entschließung, die in der nächsten außerordentlichen Senatssitzung am 18. April angenommen wurde. Am 17. April 1952 schickte Dekan Hartwig den Entwurf an Stern. Hier wird plastisch sichtbar, wie die beiden miteinander umgegangen sind:
„Lieber Genosse Stern!
Anliegend übersende ich Dir den Entwurf einer Entschließung für die am 18. ds. Mts. stattfindende Senatssitzung, wie er am 16.4. von den 4 Mitgliedern der für die Entschließung vorgesehenen Kommission besprochen worden ist.
Ich bin zwar vom 15. bis einschließlich 19. ds. Mts. beurlaubt, da ich noch einen Resturlaub aus dem vorigen Jahr zu erhalten hatte, werde aber an der Senatssitzung am 18.4. teilnehmen.
Mit Parteigruß
Dein Hartwig"

Die „Entschließung" vom 18. April 1952

Dem Senat hat in seiner außerordentlichen Sitzung am 9. April d. Js. eine Eingabe der Mathematisch-Naturwissenschaftlichen, Landwirtschaftlichen, Medizinischen, Pädagogischen und Theologischen Fakultät vom 1. 4. 1952 vorgelegen, in der im Hinblick auf mehrfache Verhaftungen von Studenten um Beratung von Maßnahmen gebeten wurde, die der Aufklärung und Beruhigung der Angehörigen der Universität zu dienen geeignet wären.

Nach Rücksprache des Herrn Prorektors Prof. Dr. Stern mit den für die Staatssicherheit verantwortlichen Stellen gab der Herr Prorektor einen ausführlichen Bericht. Er legte die Gründe dar, die zur Einleitung von Strafverfahren, zu Verhaftungen und zu Bestrafungen von Studierenden der Universität geführt haben.

Der Senat erachtet es als seine Pflicht, allen für die Staatssicherheit verantwortlichen Stellen seinen Dank für die dadurch erhaltenen Auskünfte auszusprechen. Der Senat hat auf diese Weise ein umfassendes Bild von den einzelnen Vergehen und von den Maßnahmen erhalten und aus den Ausführungen des Herrn Prorektors die Überzeugung gewonnen, daß alle beteiligten Amtsstellen mit Korrektheit und unter Wahrung der Gesetze ihre Aufgaben erfüllt haben.

Gleichzeitig hat der Senat aber auch mit tiefer Erschütterung davon Kenntnis genommen, daß sich in den Reihen der Studierenden kriminelle, asoziale und destruktive Elemente befinden, die ihr akademisches Studium und die ihnen von der Deutschen Demokratischen Republik gewährten Vergünstigungen mißbrauchen und das Ansehen sowie den Ruf der Martin-Luther-Universität gefährden. Diese Zustände sind nach der Überzeugung des Senats auch darauf zurückzuführen, daß die Studenten an der Universität nicht in genügendem Maße zur Wahrung der Gesetzlichkeit und zu einem wahrhaft demokratischen Patriotismus erzogen worden sind. Hierin einen eindeutigen Wandel zu schaffen, ist eine Aufgabe aller an der Universität tätigen Lehrkräfte.

Der Senat ruft deshalb alle Angehörigen des Lehrkörpers mit eindringlichem Ernst dazu auf, sich mehr als bisher der ihnen anvertrauten hohen Aufgabe bewußt zu werden, die Studenten zu ehrlichen Menschen und zu demokratisch gesinnten Staatsbürgern zu erziehen, ihr Vertrauen zu den Staatsorganen zu stärken und dadurch die Regierung in ihren Maßnahmen tatkräftig zu unterstützen.

Die Universität ist ein wichtiger Bestandteil unserer antifaschistisch demokratischen Ordnung. Niemals darf die Universität staatsfeindlichen Elementen Unterschlupf gewähren oder sie vor dem gerechten Zugriff der Staatsorgane schützen.

Tun auch wir alles, um dieses große Ziel zu sichern!
Rücken wir ab von verwerflichen und schmutzigen Taten!
Sorgen wir dafür, daß das Studium unserer Studenten und unsere eigene Forschungsarbeit gesichert bleibt!

Erziehen wir unsere Jugend zu kämpferischen Demokraten, zu glühenden deutschen Patrioten, zu Kämpfern für die Sache des Fortschritts und des Friedens!

Es ist nunmehr Sache der Fakultäten, nach eingehenden Erwägungen und Aussprachen in den erweiterten Fakultäten auf der Grundlage der Senatssitzung vom 9. 4. 1952 und dem Referat von Herrn Prorektor Prof. Dr. Stern über den Tatbestand zu konkreten Maßnahmen zu kommen.
Die Fakultäten leisten damit den Studenten einen entscheidenden Dienst, in dem sie sie vor ungesetzlichen Handlungen warnen, und sie zur Korrektheit, Gesetzlichkeit und Sauberkeit erziehen.

Rektor und Senat
der Martin-Luther-Universität
Halle-Wittenberg

Prof. Dr. Agricola Prof. Dr. Stern Prof. Dr. Funk Prof. Dr. Rothmaler
F. Käbel Prof. Dr. Hartwig Prof. Dr. Liebau Prof. Dr. Häusler
Prof. Dr. Gallwitz Prof. Dr. Ahrbeck Prof. Dr. Schmalfuß
Prof. Dr. Winkler Prof. Dr. Lehmann H. Kursitza Dr. Gaedeke
cand. phil. D. Bergner L. Jacobson P. Lawitschka[53]

Halle, den 18. 4. 1952“[54]

Während sich Hartwig und Leo Stern noch mit Details dieser Entschließung befassten, beklagte Professor Gallwitz schon den nächsten Zwischenfall. In einem Brief vom 19. April, der an den Rektor gerichtet war, teilte er mit: „[…] dass sich gestern, am 16.4., 11 Uhr, ein Kriminalbeamter und eine Kriminalbeamtin auf dem Büro des Dekanats nach dem Studienplan für das I. Studienjahr Geologie erkundigt haben. Meine Frage, ob sie noch weitere Unterlagen benötigen, verneinten sie und verließen das Institut. Am Nachmittag des gleichen Tages sind ohne mein Wissen nochmals zwei Kriminalbeamte beim Pförtner des Institutes gewesen und haben sich längere Zeit mit ihm unterhalten. Ich bedaure, dass sie sich nicht mit mir in Verbindung gesetzt haben, um bei ihren Ermittlungen behilflich zu sein.
Die Gründe ihrer Anwesenheit sind mir nach wie vor nicht bekannt.“

53 Paul Lawitschka, 1952 1. Sekretär der FDJ-Hochschulgruppe. Weitere Informationen zur Person gibt es im Universitätsarchiv nicht.

54 UAH, Rep. 7 a+b, Nr. 577.

Entschließung

Dem Senat hat in seiner außerordentlichen Sitzung am 9. April d. Js. eine Eingabe der Mathematisch-Naturwissenschaftlichen, Landwirtschaftlichen, Medizinischen, Pägagogischen und Theologischen Fakultät vom 1. 4. 1952 vorgelegen, in der im Hinblick auf mehrfache Verhaftungen von Studenten um Beratung von Maßnahmen gebeten wurde, die der Aufklärung und Beruhigung der Angehörigen der Universität zu dienen geeignet wären.

Nach Rücksprache des Herrn Prorektors Prof. Dr. Stern mit den für die Staatssicherheit verantwortlichen Stellen gab der Herr Prorektor einen ausführlichen Bericht. Er legte die Gründe dar, die zur Einleitung von Strafverfahren, zu Verhaftungen und zu Bestrafungen von Studierenden der Universität geführt haben.

Der Senat erachtet es als seine Pflicht, allen für die Staatssicherheit verantwortlichen Stellen seinen Dank für die dadurch erhaltenen Auskünfte auszusprechen. Der Senat hat auf diese Weise ein umfassendes Bild von den einzelnen Vergehen und von den Maßnahmen erhalten und aus den Ausführungen des Herrn Prorektors die Überzeugung gewonnen, daß alle beteiligten Amtsstellen mit Korrektheit und unter Wahrung der Gesetze ihre Aufgaben erfüllt haben.

Gleichzeitig hat der Senat aber auch mit tiefer Erschütterung davon Kenntnis genommen, daß sich in den Reihen der Studierenden kriminelle, asoziale und destruktive Elemente befinden, die ihr akademisches Studium und die ihnen von der Deutschen Demokratischen Republik gewährten Vergünstigungen mißbrauchen und das Ansehen sowie den Ruf der Martin-Luther-Universität gefährden. Diese Zustände sind nach der Überzeugung des Senats auch darauf zurückzuführen, daß die Studenten an der Universität nicht in genügendem Maße zur Wahrung der Gesetzlichkeit und zu einem wahrhaft demokratischen Patriotismus erzogen worden sind. Hierin einen eindeutigen Wandel zu schaffen, ist eine Aufgabe aller an der Universität tätigen Lehrkräfte.

Der Senat ruft deshalb alle Angehörigen des Lehrkörpers mit eindringlichem Ernst dazu auf, sich mehr als bisher der ihnen anvertrauten hohen Aufgabe bewußt zu werden, die Studenten zu ehrlichen Menschen und zu demokratisch gesinnten Staatsbürgern zu erziehen, ihr Vertrauen zu den Staatsorganen zu stärken und dadurch die Regierung in ihren Maßnahmen tatkräftig zu unterstützen.

Entschließung des Senats vom 18.4.1952

Die Universität ist ein wichtiger Bestandteil unserer antifaschistisch demokratischen Ordnung. Niemals darf die Universität staatsfeindlichen Elementen Unterschlupf gewähren oder sie vor dem gerechten Zugriff der Staatsorgane schützen.

Tun auch wir alles, um dieses große Ziel zu sichern!
Rücken wir ab von verwerflichen und schmutzigen Taten!
Sorgen wir dafür, daß das Studium unserer Studenten und unsere eigene Forschungsarbeit gesichert bleibt!

Erziehen wir unsere Jugend zu kämpferischen Demokraten, zu glühenden deutschen Patrioten, zu Kämpfern für die Sache des Fortschritts und des Friedens!

Es ist nunmehr Sache der Fakultäten, nach eingehenden Erwägungen und Aussprachen in den erweiterten Fakultäten auf der Grundlage der Senatssitzung vom 9. 4. 1952 und dem Referat von Herrn Prorektor Prof. Dr. Stern über den Tatbestand zu konkreten Maßnahmen zu kommen.

Die Fakultäten leisten damit den Studenten einen entscheidenden Dienst, in dem sie sie vor ungesetzlichen Handlungen warnen, und sie zur Korrektheit, Gesetzlichkeit und Sauberkeit erziehen.

Rektor und Senat
der Martin-Luther-Universiät
Halle-Wittenberg

Prof. Dr. Agricola *Prof. Dr. Stern* *Prof. Dr. Funk* *Prof. Dr. Rothmaler*
F. Käbel *Prof. Dr. Hartwig* *Prof. Dr. Liebau* *Prof. Dr. Häusler*
Prof. Dr. Gallwitz *Prof. Dr. Ahrbeck* *Prof. Dr. Schmalfuß*
Prof. Dr. Winkler *Prof. Dr. Lehmann* *H. Kursitza* *Dr. Gaedeke*
cand. phil. D. Bergner *L. Jacobson* *P. Lawitschka*

Halle, den 18. 4. 1952.

Entschließung des Senats vom 18.4.1952

Gallwitz wusste in diesem Moment nicht, dass in den Morgenstunden des 16. April 1952 der Chemiestudent Dieter Dell und der Geologiestudent Friedhelm Thiedig verhaftet worden waren und dass es sich bei dem von ihm beschriebenen Kriminalbeamten um Mitarbeiter des MfS handelte, die jetzt nach Leopold Benda suchten.[55] Jenem war zu dieser Zeit jedoch bereits gelungen, zu entkommen.

Leo Stern, gefolgt vom Rektor der Leipziger Universität Georg Mayer (im Hintergrund)

Die Senatoren Gallwitz, Ahrbeck und Häusler (von rechts nach links)[56]

55 Vergleiche hierzu Thiedigs Bericht in diesem Kapitel und Thiedig 2004, S. 331 und 332.

56 Beide Photos entstammen dem Nachlass von Hans Gallwitz.

Nun fanden Fakultätsversammlungen statt, die darauf zielten, die Studenten über den Inhalt der außerordentlichen Senatssitzung zu informieren und und sie mit der Entschließung bekanntzumachen. In der Medizinischen und der Pädagogischen Fakultät übernahm Leo Stern diese Information.

Der Rat der Mathematisch-Naturwissenschaftliche Fakultät beschäftigte sich gleich in zwei Sitzungen[57] mit der Thematik. Während der zweiten Zusammenkunft am 6. Mai 1952 berichtete Dekan Gallwitz über die Senatssitzung und verlas die Entschliessung des Senats und das Referat Sterns. Nach längerer Diskussion, ist dem Protokoll zu entnehmen, wurde „beschlossen, eine Entschliessung zu entwerfen und besprochen, Herrn Prof. Stern zu einer Fakultätssitzung einzuladen. [...] Die Entschliessung der Fakultät zum Referat des Herrn Prof. Stern wird diskutiert. Sie wird mit 16 Stimmen bei 4 Enthaltungen angenommen. Dem Dekan wird mit 16 Stimmen bei 3 Enthaltungen und einer Gegenstimme die Ermächtigung erteilt, evtl. in der Abendveranstaltung der FdJ von dieser Entschliessung Gebrauch zu machen. Herr Prof. Keller übernimmt es, den Leiter der Angestellten-Versammlung am 7.5. über das Vorliegen der Entschliessung der Fakultät aufzuklären."

Diese Entschließung enthielt einige kritische, an Stern gerichtete Bemerkungen: „Nach Anhören des Protokolls über die a.o. Senatssitzung vom 9.4. spricht die Math.-Nat. Fakultät den Dekanen der 5 Fakultäten ihren Dank dafür aus, dass sie mit ihrem Schritt den Anstoß zur Aufklärung der schwebenden Fragen und zur Beruhigung der Universität gegeben haben, wie dies auch laut Abschnitt 2 des Memorandums von Prof. Stern die in Frage kommenden Staatsstellen anerkannt haben. Die Fakultät begrüßt die Entschließung des Senats vom 18. April.

Umsomehr ist die Fakultät befremdet durch die diffamierenden Beschuldigungen, die den 5 Dekanen sowie dem gesamten Lehrkörper von seiten des Herrn Prorektor Stern zuteil geworden sind mit folgenden Sätzen des Memorandums:
S. 13. Anstatt diese Organe zu unterstützen, anstatt alles daran zu setzen, das fachliche und staatsbürgerliche Erziehungsziel zu erreichen und dem Staate und der Regierung bei der Verwirklichung ihrer Ziele tatkräftig an die Hand zu gehen, werden verschiedene Mitglieder des Lehrkörpers, Dekane zumal, deren subjektive Ehrlichkeit – ich betone es ausdrücklich – nicht angezweifelt werden soll – objektiv zu Förderern dieser destruktiven staatsfeindlichen Elemente, indem sie sich schützend vor sie stellen.
S. 15: Wenn nun der Lehrkörper, anstatt sich klar und unmißverständlich von den unter den Studenten geworbenen Agenten abzugrenzen und zu distanzieren, diese in Schutz nimmt, wenn ihnen von den zuständigen Staatsorganen das Handwerk gelegt wird, so leisten sie – bei aller Lauterkeit der subjektiven Motive – von denen sie sich

57 Die Fakultätssitzungen waren am 22.4. und am 6.5.1952. UAH, Rep. 31, Nr. 270.

bei ihren Interventionen leiten lassen – diesen Agenten und Hintermännern objektiv Vorschub und Hilfe.

Die Fakultät mißbilligt es weiter, daß diese Beschuldigungen den Studenten der mediz. Fakultät zur Kenntnis gebracht sind. Sie bittet den Herrn Prorektor Stern, diese Beschuldigungen in derselben Form, in der sie erhoben sind, zurückzunehmen.
Halle, den 6. 5. 1952“[58]

Diese Entschließung empörte Stern; und er informierte unverzüglich mehrere staatliche Stellen darüber. Er fühlte sich hier persönlich angegriffen, besonders durch die Bitte der Fakultät, etwas von dem, was er gesagt hatte, zurückzunehmen.

In der Senatssitzung vom 9. Mai 1952, von der ein Protokoll[59] nach stenographischer Mitschrift vorliegt, wurde diese Entschließung der Mathematisch-Naturwissenschaftlichen Fakultät von Stern heftig attackiert und Gallwitz persönlich angegriffen. Das Manuskript seiner Rede und die Mitschrift der Senatssitzung sandte Stern am 13. Mai 1952 mit folgendem Brief an das Staatssekretariat für Hochschulwesen, die Betriebsparteiorganisation der SED, den Zentralrat der FDJ, an das Zentralkomitee der SED, Abteilung Propaganda, und an die Landesleitung der SED.

Es wird hier in seltener Klarheit offenkundig, dass Stern direkt auf Anweisung Walter Ulbrichts handelte: „Entsprechend den Direktiven des Genossen Walter Ulbricht wurde die am 9. April 1952 im Senat begonnene Offensive gegen die destruktiven Erscheinungen an unserer Universität sowohl in den Fakultäten als auch in den Studenten-Versammlungen weitergeführt, und der Erfolg dieser Offensive ist auch nicht ausgeblieben.

Die Mathematisch-Naturwissenschaftliche Fakultät mit dem Dekan Professor Dr. Gallwitz an der Spitze als Wortsprecher der reaktionär gesinnten Professoren versuchte, das Positive der offenen und offensiven Behandlung der feindlichen Agententätigkeit vor der gesamten Universitätsöffentlichkeit durch ihre Entschließung vom 6.5.1952 zu torpedieren und zunichte zu machen.

Noch mehr, sie versuchte den Spieß umzudrehen und aus moralisch Angeklagten sich in Ankläger zu verwandeln.

Diese gefährlichen politischen Gegenmanöver wurden in der Senatssitzung vom 9.5.52, deren volles Stenogramm vorliegt, durch die beiliegende Stellungnahme in einem Maße zerschlagen, daß der Dekan Prof. Gallwitz völlig isoliert dastand und

---

58 UAH, Rep. 31, Nr. 270. Anwesend waren zu dieser Sitzung u.a.: Gallwitz, Brandt, Buder, Funk, Langenbeck, Mothes, Neef, Keller, Sauerwald, Freund, Grötzsch, Messerschmidt, Meusel, Rothmaler, Schilder, Giszycki, Gießler, Käubler, Keilbach, Richter, Klohr. Diese Entschließung sandte Stern am 13. 5. 1952 an das Staatssekretariat, BA DR 3 Nr. 9, 1535 (1. Schicht), Bl. 8–9.

59 BA DR 3 Nr. 9, Nr. 1535 (1. Schicht), Bl. 22–97, auch enthalten in UAH, Rep. 7, Nr. 809.

nicht einmal von seinen engeren Gesinnungsgenossen unterstützt wurde. Er wurde sogar genötigt, in offener Senatssitzung auf einstimmigen Beschluß diese Entschließung zurückzunehmen, sie als nicht existent anzusehen und in der eigenen Fakultät eine neue positive Entschließung abfassen zu lassen, in der auch die Mathematisch-Naturwissenschaftliche Fakultät an dem an der Universität begonnenen moralischen Reinigungsprozeß mitzuarbeiten sich bereit erklärt.

Um dem Dekan Professor Gallwitz, einem der ärgsten und offensivsten Reaktionäre, keine weiteren Manöver mehr zu ermöglichen, wurde die beiliegende Stellungnahme im Senat allen Mitgliedern der Engeren Fakultät von mir zugeschickt und zugleich auch die Bereitschaft ausgesprochen, in der Fakultätssitzung eine offene Diskussion mit dem Lehrkörper über alle einschlägigen Fragen zu beginnen.

Ich möchte besonders betonen, daß vor der Senatssitzung eine Aussprache der SED-Mitglieder des Senats stattgefunden hat mit klarer Erarbeitung der auf der Senatssitzung einzuhaltenden Strategie und Taktik. Als besonders bemerkenswert wäre hervorzuheben, daß auch die Genossen, die sich sonst passiv und versöhnlerisch verhalten, einen ausgezeichneten Kampfgeist an den Tag legten und die Senatssitzung zu einem vollen Erfolg für unsere Partei führten.“[60]

Profesor Gallwitz, einer der „ärgsten und offensivsten Reaktionäre“, „versöhnlerisch“ – dies ist anklagender, stalinistischer Sprachgebrauch. Weiter kann Sterns Rede entnommen werden, wie die Parteigruppe des Senates die Sitzung vorbereitet hatte. Die Parteiversammlung vor der Senatssitzung, die „Strategie und Taktik“ bauten auf den Erfahrungen in der Sowjetunion auf. Aus Sterns Wortwahl wird klar, dass es sich tatsächlich um einen Kampf handelte, zu dem man „Kampfgeist“ brauchte. Auch die „bürgerlichen“ Professoren trafen sich außerhalb der Senatssitzung, auch sie besprachen sich und überlegten, wie sie vorgehen könnten – aber sie hatten keinen Zugriff auf die Macht, sondern waren im Gegenteil deren Willkür ausgesetzt.

Die Theologische Fakultät distanzierte sich mit einem Brief ihres Prodekans Lehmann vom 9. Mai 1952 an Prorektor Stern in eindeutiger Form. Ihr hätte Sterns Rede vorgelegen, man habe „mit Bedauern davon Kenntnis genommen, daß auf Seite 6, 16 und 17 die politische Integrität der Professoren in Zweifel gezogen wird. Es ist pro-

60 BA DR 3 Nr. 9, 1535 (1. Schicht), Bl. 1 und 2, Brief Sterns an das Staatssekretariat für Hochschulwesen vom 13.5.1952, ohne Anrede, aber mit dem Zusatz „Vertraulich“. In der Akte UAH, Rep. 7, Nr. 809, ist dieser Brief von Stern auch enthalten. Auf dem Exemplar im Universitätsarchiv steht mit Bleistift:
„An Betriebsparteiorg. der SED
Zentralrat FdJ
ZK – Prop. Abt.
Staatssekretariat
LL SED [Landesleitung?]“.

tokollarisch festgehalten worden, daß die Herren der Theologischen Fakultät sich von den betreffenden Sätzen nicht getroffen fühlen."[61]

In der Senatssitzung am 9. Mai 1952 begrüßte Rektor Agricola den Hauptabteilungsleiter im Staatssekretariat Franz Wohlgemuth, den er selbst gebeten habe, „angesichts der Bedeutung der heutigen Sitzung an ihr teilzunehmen". Zunächst informierte er über eine Konferenz der Rektoren der Universitäten und Hochschulen der DDR am 28. April 1952 im Staatssekretariat. Auch seine Wortwahl und die der von ihm zitierten Politiker atmen den Geist und zeichnen die Feindbilder des Kalten Krieges. Agricola zitierte aus einem Referat von Hans Gossens, dem Stellvertreter des Staatssekretärs Harig, jener habe betont „daß diese Politik, wie sie in der gegenwärtigen Situation in Westdeutschland betrieben wird, klar und eindeutig zeigt, daß der Bonner Bundeskanzler Adenauer Vorbereitungen trifft für Krieg und Bürgerkrieg. Das ist auch [...] sehr eindringlich zum Ausdruck gekommen in der Rede unseres Staatspräsidenten, Herrn Pieck, zum 1. Mai. Dort sagte unser Staatspräsident: ‚Wie einst Hitler, so verkündet auch Adenauer eine allgemeine Neuordnung Osteuropas als Ziel seiner Kriegspolitik. Sie ist gegen die Deutsche Demokratische Republik gerichtet und beschwört die ungeheure Gefahr eines Bruderkrieges zwischen den Deutschen herauf.'"[62]

Gossens habe weiter hervorgehoben, dass klar sei, „daß die Gegner eines geeinten, friedlichen, demokratischen Deutschlands ihr Hauptaugenmerk auch auf die Universitäten richten werden. [...] Wir müssen mehr Studenten ausbilden, wir müssen fachlich gute Studenten ausbilden, und wir müssen Studenten ausbilden, die treue, bewußte Staatsbürger sind. Die Aufgabe ist also: Die fachliche Qualifikation erhöhen und die staatsbürgerliche Erziehung der Studenten wesentlich verbessern."

Danach ging der Redner auf Verhaftungen von Studenten ein: „In Jena sind einige starke Studentengruppen verhaftet worden mit Waffen, auch mit Maschinengewehren, die ausgehalten wurden von der Westberliner Agentenzentrale, die in Westberlin Unterricht erhielten im Schießen, in der Verübung von Diversionsakten usw. Es hat bewaffnete Interzonenübertritte gegeben seitens dieser Gruppen. In diesem Zusammenhang kann man auch Beispiele nennen von Versuchen die sich mehren, Sprengstoffattentate zu verüben gegen unsere Einrichtungen. In Berlin sind Volkspolizisten ums Leben gekommen durch eine Höllenmaschine usw. [...] So ist es vorgekommen in letzter Zeit, daß Professoren telefonisch angerufen wurden in ihren Instituten folgendermaßen: ‚Sie werden morgen verhaftet. Packen Sie die Koffer!' usw., um sie

61 UAH, Beiakte zu den Senatsprotokollen, Rep 7, Nr. 809, Beiakte, Protokoll über die ausserordentliche Senatssitzung am Mittwoch, den 9.4.1952.

62 BA DR 3 Nr. 9, 1535 (1. Schicht), Bl. 23, 24.

in eine Angstpsychose zu jagen. Allerdings; unsere Professoren haben zum überwiegenden Teil diese Angstpsychose nicht."[63] Es ging dann um ein Memorandum von Rostocker Professoren, sämtlich Dekane, das sich in der Hoffnung, andernorts hierbei Unterstützung zu finden, gegen die Umgestaltung der Universitäten durch die Hochschulreform richtete.[64]

Das Memorandum selbst findet man in den Senatsakten allerdings nicht. Die Rektorenkonferenz formulierte schließlich eine Entschließung gegen die Rostocker Professoren, zu der Kowalczuk bemerkt, „dass sich am 31. März 1952 sechs Dekane der Universität Rostock in einem gemeinsamen Memorandum gegen die Einführung des 10-Monate-Studiums, bestimmte Aspekte der Hochschulverfassung sowie das Prüfungswesen aussprachen. Diesem Memorandum schlossen sich 52 weitere Professoren der Ostseeuniversität an. In der DDR sprachen sich daraufhin alle anderen Rektoren gegen das Schreiben aus. Nur die Mathematisch-Naturwissenschaftliche Fakultät der Universität Halle, offensichtlich organisiert durch Hans Gallwitz, solidarisierte sich expressis verbis mit der Rostocker Eingabe."[65]

In der Rede Agricolas findet sich hierzu der Hinweis, dass der „Präsident der Akademie der Wissenschaften in seiner Eigenschaft als Rektor der Humboldt-Universität erklärt [habe], daß das Schreiben der Rostocker Professoren offene Meuterei ist. [...] Der Dekan der naturwissenschaftlichen Fakultät hat unter dem 24. April dem Staatssekretariat für Hochschulwesen geschrieben – auf dem Dienstweg –, daß die mathematisch-naturwissenschaftliche Fakultät von der mathematisch-naturwissenschaftlichen Fakultät Rostock ein Schreiben zur Kenntnisnahme erhielt, das im Namen von 6 Fakultäten an den Herrn Staatssekretär eingereicht wurde. Die Fakultät schließe sich der Auffassung von Rostock an usw.

Ich habe dem Herrn Dekan zurückgeschrieben: ‚Ich bestätige den Eingang des an das Staatssekretariat für Hochschulwesen gerichteten Schreibens und teile Ihnen mit, daß ich, bevor ich hierzu Stellung nehme, die Angelegenheit in der nächsten Senatssitzung berichten werde'. [...] Ein ähnliches Schreiben ist von der landwirtschaftlichen Fakultät und von der theologischen Fakultät hierher gerichtet worden."

Im weiteren Verlauf seiner Rede gab Agricola zu verstehen, daß er sich als Rektor übergangen fühlte. Er kritisierte das Schreiben von Ahrbeck, Gallwitz, Winkler und Schmalfuß an die Stellenplankommission vom 13. März 1952, von dem er nichts gewusst habe, das also am Rektor vorbei an das Staatssekretariat geschickt worden war. Agricola fragt nach:

63 Ebd., Bl. 25.
64 Vgl. hierzu Ammer 1969 (1994).
65 Kowalczuk 2003, S. 454.

„Mich interessieren hier einige Fragen bei diesem Brief: 1. Wie wird das organisiert an unserer Universität? Gibt es hierfür eine besondere Universität außerhalb des Rektorats? 2. Warum ist dieser Brief nur von 4 Fakultäten an die Stellenplankommission gerichtet worden? Hat man sich auch an andere Fakultäten gewandt? Wenn ja, haben sie abgelehnt; wenn nein, warum hat man sich nicht an die anderen Fakultäten gewandt? Die nächste Frage: warum hat man nicht mit dem Rektorat gesprochen? Ich möchte hier erklären, daß die Abschrift, die in meinem Besitz ist, mir von dem Vors. der Stellenplankommission übermittelt wurde. Ich habe bis heute von dem Schritt der 4 Dekane offiziell nichts erfahren. Ich bitte Sie, sich in der Diskussion zu äußern, ob Sie diesen Weg für richtig halten. [...]

Prof. Hanson[66] schreibt an das Dekanat der medizinischen Fakultät, an den Herrn Rektor der Universität, an den Herrn Verwaltungsdirektor der Universität, an das Volkspolizeipräsidium Halle, an den SSD Halle und bittet um Nachforschungen nach dem Verbleib eines Institutsangehörigen.[67] [...] Das ist auch wieder ein neuer Weg. Bisher war der Weg so, daß man sich an das Rektorat gewandt hat; und die außerordentliche Senatssitzung war ja das Ergebnis dieser Frage. Aber ich glaube, man kann Prof. Hanson den Rat geben, daß er doch etwas mehr Vertrauen zu unseren Staatsorganen besitzt und wartet, bis er die Dinge hört und verweist auf die ausgezeichnete Stellungnahme des Referats von Prof. Stern, das über diese Dinge ja sehr, sehr ausführlich alles Notwendige gesagt hat. Aber in diesem Falle waren baldmöglichste Nachforschungen von den betr. Stellen gar nicht notwendig, denn es wurde mir mitgeteilt – und wir haben das auch in den Fakultäts-Vollversammlungen zum Ausdruck gebracht –, daß es sich bei den hier Verhafteten – es war noch ein weiterer Student des Instituts von Prof. Hanson dabei – um Studenten[68] handelte, die Spionage betrieben hatten, die Drohbriefe geschrieben haben an Mitglieder des Rektorats, an Professoren, an Mitglieder des Lehrkörpers, und zwar ungefähr des Inhalts: ‚Verleben Sie dies Ostern noch einmal, es werden die letzten Ostern für Sie sein!' Es waren also Briefe, die direkte Mordandrohungen enthielten. Sie werden verstehen, daß ich einen solchen Brief in diesem Zusammenhang hier verlesen habe."

Agricola zitierte noch einmal Goßens; und dabei wird deutlich, welche Kreise das Geschehen an der halleschen Universität nun DDR-weit zog. Er sagte: „daß das Staatssekretariat für Hochschulwesen offiziell dem Rektor, vor allem dem Herrn Prorektor Prof. Dr. Stern dankt für die Außerordentliche Senatssitzung und insbesondere für seine dort gemachten Ausführungen. Die vom Senat einstimmig gefaßte

66 Horst Hanson (1911–1978), Vertreter der Physiologischen Chemie, Leopoldina-Mitglied seit dem 18.10.1955, 1957–1968 Schriftführer des Präsidiums, Generalsekretär 1965–1978.

67 Dabei handelt es sich um Hans-Joachim Fischer.

68 Dies ist die Gruppe Krüper, die Friedhelm Thiedig 2004 beschreibt.

Entschließung wurde allen Rektoren abschriftlich auf der Rektorenkonferenz ausgehändigt. Im Zusammenhang mit seinen Ausführungen über die grundsätzlichen Fragen der Universitäten, wie ich sie eingangs berichtet habe, zog Herr Gossens die Schlußfolgerung, daß einige Herren im Lehrkörper an den Universitäten und Hochschulen der Deutschen Demokratischen Republik mehr oder weniger unbewußt den vertrauensvollen Boden der Zusammenarbeit mit der Regierung verlassen haben. Und er sagt an anderer Stelle, daß seitens des Staatssekretariats für Hochschulwesen das Vertrauen zu dem Dekan der medizinischen Fakultät in Rostock, Herrn Prof. Merck, und zu dem Dekan der math.-naturw. Fakultät in Halle, Herrn Prof. Gallwitz, erschüttert ist."[69]

Leo Stern stellte sein Referat vor dem Senat in derselben Sitzung unter das Thema: „Stellungnahme zur Entschliessung der Math.-Naturwissenschaftlichen Fakultät vom 6.5.1952" und sagte zunächst: „Ich möchte hier eine Zwischenbilanz über die Ergebnisse und Auswirkungen ziehen, die die ausserordentliche Senatssitzung vom 9.4.1952 auf den Lehrkörper und die Studentenschaft gehabt hat.

Man kann wohl die einmütige Feststellung machen, dass die großzügige Bereitschaft der zuständigen Staatsstellen, die von der Universität erbetenen Auskünfte über die Ursachen der Festnahme von Studenten zu geben, auf unsere Professoren und Studenten wie ein reinigendes Gewitter gewirkt hat. Gerade die offene und rückhaltlose[70] Sprache bei der juristischen, politischen und moralischen Beleuchtung aller dieser Fälle, nicht nur vor dem Senat und den Fakultäten, sondern vor der Masse der Studenten selbst, hat es bewirkt, dass <u>die moralische Demarkationslinie an unserer Universität, die Grenze zwischen konstruktivem und destruktivem Verhalten, zwischen kriminellem und asozialem Treiben und moralisch einwandfreiem, sozialem Handeln, zwischen illoyaler und staatsfeindlicher Betätigung und loyalem und staatsbejahendem Verhalten, zwischen politischer Amoralität und demokratischem Staatsbewußtsein, zwischen patriotischer und antipatriotischer Gesinnung für unsere Studentenschaft nunmehr streng und klar gezogen ist.</u> […]"[71]

Eine „moralische Demarkationslinie" zwischen Schwarz und Weiß! Stern gab den Senatoren zu verstehen, daß seine Position von Staats- und Parteiführung unterstützt werde und seine Ausführungen nicht improvisiert, sondern genau durchformuliert seien. „Nach allen vorliegenden Berichten waren die von den 9 Fakultäten durchge-

69 UAH, Rep. 7, Nr. 809, Stenogrammabschrift S. 1/12.

70 Dieses „rückhaltlos" erinnert in fataler Weise an die Sprachregelung in der NS-Zeit, dort findet man oft in den Akten: er oder sie setzt sich rückhaltlos (oder eben nicht rückhaltlos) für das „neue Deutschland" ein.

71 BA DR 3 Nr. 9, 1535 (1. Schicht), Rede Sterns: Bl. 4–21 und Bl. 34–47. Die Unterstreichungen finden wir so in den Akten des Staatssekretariates. Vgl. auch UAH, Rep. 7, Nr. 809.

führten Studentenversammlungen sowie die Versammlung der Verwaltungsangestellten, denen allen mein Referat als Quellenmaterial zu Grunde lag, in jeder Hinsicht positiv verlaufen. Ich selbst hatte Gelegenheit, eine solche Versammlung in der medizinischen Fakultät und in Stellvertretung des Herrn Prorektors Käbel an der pädagogischen Fakultät als Referent durchzuführen. [...] Ich muß sagen, überall wurde von zahlreichen Studenten mit hohem Ernst zu den aufgeklärten Vorfällen und Zuständen an unserer Universität Stellung genommen und ebenso Entschliessungen eingebracht, die an Eindringlichkeit, Verantwortungsbewußtsein und sittlichem Ernst der Entschliessung des Senats nicht nachstanden. Zu bedauern war nur, dass der Lehrkörper bei den von der FDJ einberufenen Studentenversammlungen im allgemeinen schwach vertreten war, wodurch die erzieherische Wirkung der dargelegten Fälle und namentlich der Senatsentschliessung leider empfindlich beeinflußt wurde. Wenn wir also nach den durchgeführten Studentenversammlungen aller Fakultäten unserer Universität eine Zwischenbilanz zu ziehen berechtigt sind, so ist es die, daß in der moralischen und politischen Atmosphäre unserer Universität ein Reinigungsprozess begonnen hat, der bei weitem noch nicht abgeschlossen ist und seiner Natur nach auch nicht abgeschlossen werden kann, da die Universität alljährlich eine neue Studentengeneration aufnimmt, die fachlich und moralisch erzogen werden muß, gar nicht zu reden von den 5500 Studenten unserer Universität, die ihrer sozialen Herkunft nach, ihrer Erziehung und Weltanschauung nach sehr verschiedenartig zusammengesetzt sind, so dass es einer zähen, langwierigen und geduldigen Erziehungsarbeit des gesamten Lehrkörpers bedürfen wird bis unsere Universität aus einer vom USA-Imperialismus bevorzugten Infiltrationsstätte für kriminelle, asoziale und staatsfeindliche Elemente zu einer in politisch-moralischer Hinsicht unerschütterlichen Hochburg des demokratischen Staatsbewußtseins geworden ist. Wir Professoren, Dozenten und Assistenten werden hart arbeiten müssen, um unsere Universität zu einem vollwertigen Bestandteil unserer antifaschistisch-demokratischen Ordnung zu machen.

[...] Dieser gemeinsame Nenner ist, wie ich das in meinem Referat vom 9. April 1952 auszuführen Gelegenheit hatte: Ehrlichkeit, Loyalität, demokratische Staatsgesinnung, das Ethos des Lehrers und Erziehers der Jugend und das staatsbürgerliche Verantwortungsbewußtsein gegenüber Staat und Regierung. Auf dieser Ebene können und müssen wir uns treffen, was uns sonst auch immer von einander scheiden mag. Unter diesem Aspekt betrachtet wird der durch die gutnachbarliche Zusammenarbeit zwischen den Angehörigen des Lehrkörpers aller Fakultäten begonnene Reinigungsprozess unserer Universität unzweifelhaft seine von uns allen gewünschten Wirkungen haben.

[...] Leider ist in diesen verheißungsvollen Anfang ein feindlicher und störender Mißton hineingetragen worden und zwar in Gestalt der in der Fakultätssitzung der mathematisch-naturwissenschaftlichen Fakultät vom 6. Mai gefaßten Entschließung, die von Se. Magnifizenz vorgelesen wurde. Ich muß sagen, diese Entschliessung der mathematisch-naturwissenschaftlichen Fakultät ist ein in vieler Hinsicht bemerkenswertes Dokument. [...]

Jetzt natürlich, nach 4 Wochen, da der Nimbus und die Gloriole des politischen Märtyrertums der inhaftierten Studenten deren kriminelles, gesetzwidriges und offen staatsfeindliches Treiben durch die klare Aufzeigung des Tatbestandes geschwunden ist, ist es logisch und selbstverständlich, dass man sich gegen diese Elemente abgrenzen muß, dass man gegen sie eine klare Demarkationslinie ziehen muß. [...]

Also müssen die an sich absolut korrekten und einwandfreien Ausführungen in meinem Referat vom 9. 4., das nebenbei bemerkt keine Improvisation war, sondern in allen Einzelheiten wohl überlegt und den zuständigen Staatsstellen rechtzeitig zur Kenntnis gebracht worden war, unter dem damaligen Aspekt betrachtet werden, wo noch das Ergebnis meiner Intervention bei den juristischen und Exekutivorganen dem Senat noch nicht bekannt gegeben worden war. Dass damals die vorherrschende Stimmung der Herren Dekane bei ihren mündlichen und schriftlichen Interventionen im Rektorat über den Verbleib verschiedener Studenten noch durchaus so war, als ob es sich in allen Fällen um unschuldig Verfolgte oder um politische Märtyrer handelte, geht eindeutig aus verschiedenen Eingaben hervor, von denen ich der Kuriosität halber nur eine hervorheben möchte, eben die des Herrn Dekans Gallwitz, die ich in meinem Referat eingangs zitierte. [...]

Ich hatte schon einmal Gelegenheit, in einer Senatssitzung auf die psychologisch interessante Fehlleistung in dieser Eingabe des Herrn Dekans Gallwitz hinzuweisen, wo von der ‚großen Beunruhigung aller Beteiligten' gesprochen wird. Ich möchte jetzt auch noch auf die für einen Professor und Dekan höchst eigenartige Diktion hinweisen, die Prof. Gallwitz in einem offiziellen Schreiben gebraucht, nämlich bei einer Verhaftung von ominöser ‚Entführung' zu sprechen – eine Diktion, die sich wohl zwanglos in das Vokabular der seinerzeitigen Goebbels- oder der heutigen RIAS-Propaganda einfügt, aber keineswegs zum Vokabular eines Staatsbeamten der Deutschen Demokratischen Republik vom hohen Range eines Universitätsprofessors gehören kann.[72] [...]

Dass eine Fakultät in ihrer Entschliessung sozusagen ein Verdikt über mich fällt und von mir verlangt, ich möchte die angebliche Beschuldigung des Lehrkörpers in der selben Form, in der sie erhoben worden sind, zurücknehmen, ist ein Vorgehen, das nach Form und Inhalt keiner Kritik standhalten kann und in juristischer Hinsicht noch seine Beleuchtung durch berufene Stelle erfahren wird. [...]

72 BA DR 3 Nr. 9, 1535 (1. Schicht), Bl. 13.

Zweitens. Doch an dieser Entschliessung der mathematisch-naturwissenschaftlichen Fakultät ist nicht so sehr die juristische, sondern vielmehr die politische und moralische Seite der Sache bemerkenswert. [...]

Es ist eine immerhin bemerkenswerte Koexistenz der Fälle, dass gerade auf die Fakultäten, in denen am energischsten für das nur Fachstudium und gegen das gesellschaftswissenschaftliche Studium Sturm gelaufen wird, die grösste Zahl von kriminellen und staatsfeindlichen Elementen entfällt.[73] [...]

Gewiss gibt es noch viele Studenten mit Vorbehalten, verschiedenen Wenn und Aber und wohl auch noch verschiedene Agenten unter ihnen, aber wir werden die gutwilligen wenn auch schwankenden Elemente gewinnen und die Agenten isolieren, indem wir den moralischen Sumpfboden an unserer Universität trockenlegen. Die sog. Unentwegten unter den Studenten, die man vielleicht noch als Helden ansieht, ferner die Agenten werden vielleicht versuchen, ihr kriminelles und subversives Verhalten fortzusetzen. Ein Teil ist ja festgesetzt worden, die Namen wurden verlesen. [...]

Sowohl in den beiden in der Entschliessung zitierten Stellen meines Referates, wie auch sonst noch öfters, habe ich immer wieder und ausdrücklich die subjektive Ehrlichkeit und Lauterkeit der Motive der Herren Dekane und Professoren bei ihren Interventionen hervorgehoben; allerdings auch die objektive Wirkung ihres Tuns, da sie, ohne Kenntnis des Tatbestandes des begangenen Delikts, allein schon durch die Bereitschaft für die festgesetzten Studenten zu intervenieren und zum Teil auch durch die temperamentvolle Art der Intervention bei einer moralisch angeschlagenen, zum Teil direkt staatsfeindlichen gesinnten Studentenschaft, negative Wirkungen auslösen musste, insbesondere dadurch, dass sie in jedem Falle ‚Erniedrigte und Beleidigte', ‚Unschuldige und Verfolgte', ‚Opfer und Märtyrer' einer angeblich ungerecht und blindwütig wirkenden Staatsgewalt sehen zu müssen glaubten. [...]"

Nun erwähnte Stern auch den Studenten Dell und den Laboranten Fischer, die beide zur gleichen Zeit wie Friedhelm Thiedig verhaftet worden waren. Die Angehörigen der Inhaftierten waren noch nicht über die Verhaftungen informiert, für sie waren sie „einfach verschwunden". Stern dagegen war vom MfS informiert worden: „[...] Wie nunmehr feststeht, wurden der Student Joachim Schmidt, der Laborant Hans-Joachim Fischer von der Medizinischen Fakultät und der Student Hans-Dieter Dell von der naturwissenschaftlichen Fakultät festgenommen. Es stellte sich dabei heraus, dass die Genannten der ‚Kampfgruppe gegen die Unmenschlichkeit' angehören. Unter anderem sind sie die Verfasser der Drohbriefe, die in den Osterfeiertagen an Leitungsmitglieder der Universität, Professoren und Dozenten, verschickt wurden."[74]

73 Unterstreichung im Original.
74 UAH, Rep. 7, Nr. 809, und BA Berlin, DR 3 Nr. 9, Akte 1535 (1. Schicht), Bl. 16, 17.

Stern drohte noch einmal ausdrücklich den Studenten, die in irgendeiner Form Widerstand leisten wollten; und interessant ist, welche Passagen seiner Rede im Staatssekretariat angestrichen wurden und welche Passagen, die uns heute (aber wohl auch den Senatoren damals) ungeheuerlich erscheinen, nicht des Anstreichens wert waren: „Gewiss gibt es noch viele Studenten mit Vorbehalten, mit verschiedenen Wenn und Aber und wohl auch noch verschiedene Agenten, aber wir werden die gutwilligen, wenn auch schwankenden Elemente durch zähe und geduldige Überzeugungsarbeit, durch Wort und Tat gewinnen, und von ihnen die Agenten isolieren, indem wir den moralischen Sumpfboden an unserer Universität trocken legen. Die sogenannten Unentwegten unter den Studenten, die als Pseudohelden und Pseudomärtyrer wirkenden USA-Agenten, die ihr kriminelles und subversives Treiben fortsetzen sollten, werden angesichts der fehlenden moralischen Schutzschicht von falschem Wohlwollen, gedankenlosem Mitgefühl, Liberalismus, Versöhnlertum, mangelnder Wachsamkeit aus ihrer studentischen Umgebung noch viel rascher herausfallen und festgesetzt werden als es den Drohbriefschreibern der Osterfeiertage erging, deren Namen eben verlesen wurden.“[75]

In der Diskussion nahm Gallwitz ausführlich zu den Vorwürfen ihm gegenüber Stellung: „Und was mein ganz persönliches Schreiben anbetrifft, was ich damals mit dem bewußten Nachsatz geschrieben habe, so war das ja wohl so, daß der Vater des einen Vermißten zu mir kam und sagte: ‚Ich bin bei allen Stellen, einschlägigen Stellen, gewesen, bei der Kriminalpolizei, bei dem Staatssicherheitsdienst und bei dem Staatsanwalt, und sie haben mir alle erklärt, sie wüßten nichts von meinem Sohn.‘ Ich weiß nicht, welche Stelle ihm den Rat gegeben hat, Vermißtenanzeige zu stellen. Ja, in einem solchen Falle halte ich mich für verpflichtet, dem Vater zu helfen und alles zu tun, was man für die Aufklärung tun kann. Und nachdem wir schon über andere Fälle innerhalb unserer Fakultäten gesprochen haben, haben wir dies damals in die Wege geleitet. Was nun den Nachsatz und die Äußerung betrifft, daß ein Student entführt worden sei, da muß ich nun, weil ich hier angegriffen bin, den Tatbestand ganz kurz berichten.

Es kommt eine junge Dame in das Institut für technische Chemie und fragt nach einem Studenten Wilke. Dieser Student wird herangeholt. Sie sagt ihm: ‚Herr Wilke, im Café so und so – in der Nähe also –, dort werden Sie erwartet. Es ist ein Herr dort, der will Ihnen ein Paket überreichen!‘ Herr Wilke ist etwas erstaunt über diese Aufforderung. Er kennt die Dame nicht und geht mit ihr fort. Unterwegs fragt sie ihn nach seinem Vornamen – ich glaube, es war Gerhard. Da sagt die Dame: ‚Ach nein, Sie sind nicht der Richtige. Gibt es noch einen Chemiker Wilke unter den Studenten?‘

75 BA DR 3 Nr. 9, 1535 (1. Schicht), Bl. 18.

Daraufhin sagt der Student: ‚Ja; es ist ein Namensvetter von mir dort. Er ist in dem chemischen Institut!' Sie gehen zusammen dorthin. Herr Wilke ist nicht greifbar, er ist gerade in der Zwischenprüfung. Der erste Wilke überläßt die Dame dort dem Pedell des Instituts, überzeugt sich aber in dem bewußten Café, daß diese Verabredung fingiert war. Als er dann zurückkommt, um die Dame zur Rede zu stellen, ist diese mit dem richtigen Wilke, der gerade mit glückstrahlendem Gesicht aus der bestandenen Zwischenprüfung herauskam, fort gewesen. Und dieser Herr Wilke ist 2 Tage fort gewesen. Als er wiederkam, ist er von den Kommilitonen gleich besucht worden, hat aber jede Auskunft über sein Verbleiben in der Zwischenzeit verweigert. Ich habe heute noch Herrn Prof. Runge gefragt, was aus Wilke geworden ist; und er meinte, der wäre wieder weg. Auf welchem Wege, weiß ich nicht. Das sind Dinge, die man wohl Entführung nennen kann. Ich kann es nicht anders nennen, und ich möchte fragen, ob dieser Vorwurf wegen der Bezeichnung dieser Vorgänge berechtigt ist, noch dazu, als ich in dem Moment, als ich den Tatbestand so übermittelt bekam, das Schreiben aufsetzte. Und diese Vorgänge sind mir heute noch schleierhaft, und ich kann nicht überblicken, was da vor sich gegangen ist. Deswegen habe ich in der Studentenversammlung die Studenten ausdrücklich darauf aufmerksam gemacht, daß sie hier selbst die größte Vorsicht walten lassen müssen, daß sie nicht zu Verabredungen mit Unbekannten hingehen sollen oder zumindest mit mehreren, damit Zeugen dabei sind, daß nicht solche Dinge vorfallen, wo man nicht weiß, von welcher Seite sie ausgehen. Das ist doch nicht in Ordnung.[…]"[76] Nach Gallwitz Überzeugung waren die Studenten in Gefahr, nämlich in der Gefahr verhaftet zu werden, und es war nicht der Staat in Gefahr durch Aktionen der Studenten, wie es Stern darstellte.

Schon zur Senatssitzung vom 9. Mai 1952 verschärfte sich der Ton. Rektor Agricola attackierte Gallwitz heftig und jener reagierte ebenso vehement: „Wenn ich die Liste der verhafteten Studenten und dessen, was man ihnen zum Vorwurf macht, durchsehe, so ist gerade die naturwissenschaftliche Fakultät mit ganz wenigen Studenten nur vertreten […] Wenn das so gesagt wäre, daß gerade die naturwissenschaftliche Fakultät den Hauptanteil an den Verhaftungen hätte, so hätte ich vor den Studenten widersprechen müssen. Nein, das ist ja gar nicht der Fall. Wir haben bedauerlicherweise in den letzten Tagen tatsächlich einige Verhaftungen gehabt; aber das ist bei weitem noch nicht dem Durchschnitt der übrigen Fakultäten entsprechend."[77]

Nun griff der Hauptabteilungsleiter im Staatssekretariat für Hochschulwesen, Franz Wohlgemuth, Gallwitz scharf an: „Objektiv steht bei der Rostocker Resolution fest, Herr Prof. Gallwitz, daß sie die gesamte Hochschulreform, an der alle Profes-

76 BA DR 3 Nr. 9, 1535 (1. Schicht), Bl. 51, 52.
77 Ebd., Bl. 56.

soren, zumindest die maßgeblichen, beteiligt sind, verwirft, bis auf 3 Verordnungen, nämlich die Verordnung über die Einzelverträge, die Hochschullehrervergütung und die Altersversorgung. Das ist eine objektive Feststellung und ein objektiver Tatbestand. Wenn Sie nun [...] die Form der Rostocker Entschließung übersehen und nur den angeblich richtigen Inhalt diskutieren wollen, dann unterstützen Sie objektiv, nicht subjektiv die Bestrebungen des Gegners, nicht nur die Hochschulreform, sondern auch die demokratische Ordnung der Deutschen Demokratischen Republik zu untergraben. [...]

Leider aber, Herr Prof. Gallwitz, ist es so – und ich muß das nach den Erfahrungen, die wir gemacht haben, feststellen –, daß Sie immer nur unter dem objektiven Vorwand, alles sei in Ordnung, Sie wollen ja nur gute Ratschläge geben, offenbar auch objektive Dinge erreichen an der Universität, die das Leben an dieser Universität Halle buchstäblich gefährden. Das Leben an der Universität Halle – das berichten unsere Mitarbeiter, die mit Ihrer Fakultät zu tun haben, [...] wird durch Herrn Prof. Gallwitz am laufenden Band gestört, nicht etwa durch subjektive Amtshandlungen; es sind manchmal beiläufige Bemerkungen, die man sich gefallen läßt. Aber leider scheint mir, daß Sie, wenn man überhaupt einen Vorwurf seitens Prof. Stern annehmen will, diesen Vorwurf auf sich beziehen müßten. [...] Ich kenne ein Schreiben, in dem Sie von der Unmöglichkeit berichten, die fachlichen und gesellschaftswissenschaftlichen Prüfungen zu einer Benotung zusammenzuziehen. Sie stellen da eine Statistik auf, die einer objektiven Kritik nicht standhält, die direkt burschikos wirkt, und man hat den Eindruck, Sie wollen uns auf die Schippe nehmen. Das tun wir vielleicht auf einem Fakultätsabend; aber ich denke, zwischen uns gibt es eine normale Basis, Dinge sachlich auszusprechen.

Ich würde Ihnen raten, Herr Prof. Gallwitz, auch in der Erziehung Ihrer Studierenden und in der Zusammenarbeit hier an der Universität etwas mehr Wert zu legen auf Dinge, die ihnen vorgelegt sind, ihnen nachzugehen bis auf den Boden. Dazu sind Sie wissenschaftlich verpflichtet, und ich glaube auch als Dekan und Demokrat.

Sie stellen sich z. B. hinter die Berichte der Eltern, deren Angehörige verhaftet sind. Sie stellen sich z. B. hinter die Rostocker Resolution, ohne diesen Dingen auf den Grund zu gehen. Wenn Sie etwas [...] politischen Verstand hätten, Herr Prof. Gallwitz, hätten Sie beim ersten Lesen dieses Briefes aus Rostock feststellen müssen, daß es sich nur um eine Rache handelt, nicht um den Versuch, die Hochschulreform durch eine richtige, vernünftige Diskussion auf vertrauensvoller Basis weiterzubringen. Das haben Sie nicht fertiggebracht, und das ist kläglich, wenn das sowohl Mitglieder des Senats wie auch Mitglieder des Staates einem Dekan sagen müssen. Übrige kleinere Anzeichen sprechen leider ebenso dafür, daß Sie subjektiv offenbar nicht in der Lage sind, objektive Zusammenhänge zu erkennen, und dadurch auch objektiv Schaden anrichten.

Vielleicht ist Ihnen dadurch der Zusammenhang zwischen subjektiv und objektiv etwas klarer geworden und Ihnen auch klar geworden, warum diese scharfe Sprache hier gesprochen werden muß."

Diese scharfe Kritik forderte Gallwitz zu einer Erwiderung heraus, wobei er sich direkt an Wohlgemuth wandte: „Wenn ich also hier minderer geistiger Qualitäten bezichtigt werde, so muß ich sagen, das wird wohl für das Gros der naturwissenschaftlichen Fakultät auch zutreffen". Wohlgemuth reagierte darauf mit der Feststellung, er habe Gallwitz keineswegs minderer geistiger Qualitäten bezichtigt, sondern er habe nur gesagt, „wenn Sie etwas mehr politischen Verstand hätten, würden Sie manche Dinge nicht tun. Wenn Sie mindere Qualitäten besitzen, wären Sie nicht Professor und auch nicht Dekan."[78]

Nunmehr griff Prorektor Käbel in die Diskussion ein, indem er schilderte, dass ihm Gallwitz zum Charakter einer Zwischenprüfung im Gespräch anvertraut habe: „‚Sprechen wir es doch ehrlich aus, was es ist: das ist eine politische Gesinnungsprüfung zur Zwangsverschickung von Studenten'. [...] Er sprach vom Marxismus-Leninismus mit abfälliger Betonung."

Gallwitz erwiderte hierauf, er werde künftighin seine Ausführungen „mitstenographieren lassen. Ich erinnere mich sehr genau, gesagt zu haben: ‚Unsere Studenten sind meist schon in einem festen Anstellungsverhältnis. Wozu haben wir Berufslenkung oder müssen die Studenten die solche festen Verhältnisse schon haben auch zur Berufslenkungskommission kommen?'".

Im weiteren Fortgang der Diskussion wurde Gallwitz unter Druck gesetzt, in seiner Fakultät eine neue Entschließung herbeizuführen. Leo Stern verteilte dazu unterstützend seine Stellungnahme an die Senatsmitglieder.

Hauptabteilungsleiter Wohlgemuth schlug vor, dass Gallwitz die Sache noch einmal in seiner Fakultät diskutieren solle und dann die Entschließung zurücknähme.[79] Auch Dekan Hartwig plädierte dafür, den Beschluss der Mathematisch-Naturwissenschaftlichen Fakultät „aus der Welt zu schaffen", nachdem er ausgeführt hatte, dass es nicht um die „Sorge um die Studenten, die verhaftet worden sind", gehe, sondern um „die Sorge um die Staatssicherheit".[80] Auch Stern war sehr daran interessiert, „ daß im Hinblick auf das Gesamtresümee dieser ganzen, doch schon 4 Wochen die Universität beschäftigenden Aktion es geboten wäre, daß die math.-naturw. Fakultät, auf diesem oder einem anderen Wege, mal diese leidige Entschließung aus der Welt schafft und daß sie doch irgendwie in den allgemeinen Chor der Entschließungen aller Fakultäten

78 BA DR 3 Nr. 9, 1535 (1. Schicht), Bl. 64.
79 Ebd., Bl 88.
80 Ebd., Bl. 58, 59.

einstimmt. Es soll doch irgendwie eine homogene, einheitliche Linie erreicht werden können, und ich kann mir nicht vorstellen, daß Spektabilis Gallwitz diesen Notwendigkeiten der Universität sich verschließen kann."[81]

Hierauf folgte eine Kaskade von Sitzungen verschiedener Gremien. Die Partei- und Staatsführung setzten die Mathematisch-Naturwissenschaftliche Fakultät massiv unter Druck. Am 16. Mai 1952 fand eine außerordentliche Sitzung des Rates der Fakultät, an der Franz Wohlgemuth und Rektor Agricola teilnahmen, statt. Dekan Gallwitz berichtete über die Senatssitzung und die Rede von Stern. Das Protokoll vermerkt hierzu: „Weiterhin wurde über das Vorhandensein einer Untergrundbewegung berichtet, die einen Teil der Studentenschaft erfasst hat. Diese Vorgänge unter den Studenten legen Zeugnis davon ab, dass die politische Lage an den Universitäten die volle Aufmerksamkeit aller Dienststellen und insbesondere der Professoren- und Dozentenschaft erfordert, um Saboteuren und anderen destruktiven Elementen die Arbeit unmöglich zu machen.

Die Fakultätsentschliessung der math.nat. Fakultät zum Bericht des Prorektors Herrn Prof. Stern und die Stellungnahme des Letztgenannten zu derselben wurde in der Senatssitzung verlesen und diskutiert. Der Dekan Herr Prof. Gallwitz stellte dazu fest: 1. dass Bedenken gegen die als Diffamierung verstandenen Sätze des Berichtes Prof. Sterns von ihm bereits in der ausserordentlichen Senatssitzung erhoben worden sind. Diese wurden vor dem damals im Vordergrund stehenden Programm der Entschliessung zurückgestellt. Eine Stellungnahme war auch erst möglich, nachdem das Protokoll der Senatssitzung vorlag. 2. Es ist bis heute nicht erwiesen und wird auch nicht angenommen, dass bei den als ‚Entführung' bezeichneten und in der Senatssitzung näher beschriebenen Vorgängen staatliche Organe mitgewirkt haben. Die auf Seite 10 der Stellungnahme gemachte Unterstellung, der Dekan habe bei einer Verhaftung von Entführung gesprochen, ist damit hinfällig.

Nach dem Bericht über die Senatssitzung wurde über die Stellungnahme Prof. Sterns diskutiert. Die Fakultät kam dabei zu folgendem Schluss. Da Herr Prof. Stern erklärt hat, dass von seiner Seite aus keine Diffamierung der Mitglieder des Lehrkörpers und damit der math.-nat. Fakultät beabsichtigt war, ist es der Wunsch der Fakultät, diese Angelegenheit endgültig zu bereinigen und die Atmosphäre des Vertrauens innerhalb des gesamten Lehrkörpers wieder herzustellen und zu stärken. Der Dekan wird Herrn Prof. Stern schriftlich davon in Kenntnis setzen und ihn nochmals einladen, an der nächsten Fakultätssitzung teilzunehmen."[82]

81 Ebd., Bl, 86.
82 UAH, Rep. 31, Nr. 270, Protokoll der ausserordentlichen Fakultätssitzung vom 16.5.1952.

Schriftlich informierte Gallwitz Leo Stern am 17. Mai 1952 über diese Fakultätssitzung, indem er resümierte, die „Mathematisch-Naturwissenschaftliche Fakultät hat gestern eingehend über Ihre Stellungnahme zur Entschließung der Fakultät beraten, nachdem der Dekan über die Senatssitzung vom 9.5. berichtet hatte. [...]

Die Aussprache kam zu dem Ergebnis, daß der Anlaß zu der Entschließung der Fakultät hinfällig geworden ist, nachdem Sie sowohl in der Stellungsnahme zur Entschließung, wie in der Aussprache im Senat erklärt haben, daß Ihnen jede Insinuation, jede Pauschalverdächtigung der Dekane oder des Lehrkörpers absolut fern gelegen habe.

Die Fakultät hofft, daß nunmehr die Voraussetzungen zu einer positiven Aussprache gegeben sind, und würde sich freuen, Sie hierzu in der Fakultätssitzung am 20.5. begrüssen zu können."[83]

Von links nach rechts: Die Hallenser Senatoren Meusel, Zaunick, Mothes, Mönch, Langenbeck, Schlüter, Freund[84]

Hauptabteilungsleiter Wohlgemuth fertigte zu dieser Sitzung einen dreiseitigen Aktenvermerk, der an Staatssekretär Harig ging und hier dem „Vorgang Halle" zugeordnet worden ist: „Ich habe um 17.00 Uhr den Dekan Gallwitz angerufen und ihm

83 UAH, Rep 7, Nr. 809, Beiakte Protokoll über die ausserordentliche Senatssitzung am Mittwoch, dem 9.4.1952.

84 Aus dem Nachlass von Hans Gallwitz.

mitgeteilt, dass ich von der ausserordentlichen Fakultätssitzung erfahren hätte. Da die Sitzung sich mit Fragen befasste, die bereits in der letzten Senatssitzung behandelt worden seien, an der ich teilgenommen hätte, wünsche ich, dabei zu sein. Es handele sich um grundsätzliche Angelegenheiten der Entwicklung der Universität, so dass das Staatssekretariat der Tagesordnung grossen Wert beimesse. Gallwitz begrüsste meine Anmeldung." Zu deren Verlauf notierte er: „Professor Gallwitz gab einen sehr flauen Bericht über den Verlauf der Senatssitzung. Soweit er über die in der Senatssitzung zur Sprache gekommene Agententätigkeit der Imperialisten an unseren Universitäten berichtete, erschien mir sein Bericht bewusst flau gehalten zu sein. Es stellte sich aber heraus, dass er auch über die gegen seine Fakultät und insbes. gegen ihn vorgebrachten Äusserungen genauso mässig Bericht erstattete. Gallwitz hat entweder keine Gabe zu überzeugen und zu sprechen, oder aber er war durch meine und des Rektors Anwesenheit gebremst. [...] An der Diskussion beteiligten sich die Angehörigen der Fakultät Meusel, Rothmaler, Klohr[85] und Funk als Vermittelnde.

Meusel brachte den Rektor in eine peinliche Situation, als er erklärte, er finde die Lage aufgrund der Senatssitzung, deren Protokoll er eingesehen habe, völlig verändert (der Rektor hatte aber dem Dekan erklärt, er habe noch niemand das Protokoll gegeben).

Die übrigen Mitglieder der Fakultät begannen wieder eine Wortdiskussion um die angeblichen Diffamierungen gegen den Lehrkörper, sie blieben jedoch im wesentlichen sachlich. Am wenigsten wollte sich Professor Buder[86] mit dem Referat von Professor Stern einverstanden erklären. Professor Runge erklärte sinngemäss, dass der ‚lange Schrieb' von Professor Stern ja eigentlich nichts Neues bringe.

Professor Freund[87] drückte seine Angst aus, dass durch die ‚grosse Eloquenz des Kollegen Stern' er, Freund, in eine Sache gezogen werden könne, mit der er nichts zu tun habe. Er wisse, dass bei seiner Regierung (ČSR) ein Akt über ihn geführt würde und er wolle nicht, dass sein Lebensabend durch eine nicht konkrete Äusserung, die sich auch auf ihn beziehen könne, verdorben werde. [...] Der Rektor und ich griffen mehrfach in das Gespräch ein und versuchten, den Gegenstand des Gesprächs auf den Kernpunkt zu bringen, nämlich die Eingliederung der Fakultät in die positive Arbeit der gesamten Universität.

85 Olof Klohr war zu diesem Zeitpunkt Dozent für Grundlagen des Marxismus-Leninismus an der math.-nat. Fakultät. Lt. Kowalczuk 2003 (S. 429) erhielt er 1964 den ersten Lehrstuhl für „wissenschaftlichen Atheismus" in der DDR, in Jena.

86 Johannes Buder (1884–1966), Botaniker, Leopoldina-Mitglied seit dem 14.3.1950, Sekretär Nat. 1954–1960, Obmann 1952–1962.

87 Ludwig Freund (1878–1953), Zoologe, Leopoldina-Mitglied seit dem 16.9.1953.

Ein Vorschlag von Prof. Gallwitz wurde einmütig angenommen, nach welchem Prof. Gallwitz beauftragt ist, Herrn Professor Stern zu erklären, die fragliche Entschliessung der Fakultät sei aufgrund der Senatssitzung gegenstandslos geworden, da Herr Prof. Stern erklärt habe, mit seinen Darlegungen sei niemand beleidigt worden.

Nach einer kurzen Aussprache über die Verpflichtung zur Erziehung der Studierenden durch die Hochschullehrer kam man überein, Herrn Professor Stern zu einem kollegialen Gespräch über die Fragen der Erziehung der Studierenden zu guten Staatsbürgern zu bitten.

Professor Gallwitz sowohl, wie auch die Professoren Buder und Freund äusserten zum Schluss der Sitzung die Bitte, man solle ihre Anregungen zur Verbesserung der Hochschulreform nicht missverstehen und ihnen Misstrauen entgegensetzen, sie seien bestrebt, im Sinne der demokratischen Gesetzlichkeit der DDR mitzuarbeiten."

Abschließend formulierte Wohlgemuth einen Gesamteindruck, wobei die folgenden Gesichtspunkte Interesse verdienen: „Meine Anwesenheit brachte einen gemässigten Ton in die Fakultätssitzung. Mit den Professoren lässt sich zweifellos arbeiten, obwohl feststeht, dass der grösste Teil von ihnen sehr skeptisch ist. Gallwitz und Runge erscheinen mir als die unangenehmsten Typen. Die fortschrittlichen Kräfte in der Fakultät treten nicht entschieden genug auf. Es ist aber möglich, die meisten Mitglieder der Fakultät für die Mitarbeit zu gewinnen.

Die Basis für die weitere Diskussion mit der Fakultät ist geschaffen.

Die Disziplin der Fakultätssitzung war m.E. schlecht, weil während der zweistündigen Dauer etwa $^1/_3$ der Professoren, unter ihnen Professor Rothmaler, die Sitzung verliess.

Die Fakultät machte nicht den Eindruck, als sei man über das Erscheinen des Rektors oder über mein Erscheinen aufgebracht. Der Rektor brachte zum Ausdruck, dass seiner ersten Teilnahme an der Fakultätssitzung der Math-Nat. Fak. hoffentlich weitere Besprechungen über Fragen der Hochschulreform und über Fragen der Entwicklung der Universität folgen würden; das wurde mit Beifall quittiert."[88]

Vom 20. Mai 1952 ist ein Schreiben Staatssekretär Harigs an Stern überliefert, das deutlich macht, dass Stern selbst in dieser Sache unter Druck stand. Harig forderte: „Bezüglich der Ereignisse in Halle stellt Gen. Ulbricht die Forderung, die Angelegenheit bis zur Parteikonferenz konsequent zu Ende zu führen. Ich bitte Dich deshalb, mir umgehend über Deine heutige Aussprache mit der Math.-nat. Fakultät zu berichten, damit wir dann weiteres unternehmen können."[89]

Aus dem Protokoll der hier gemeinten Fakultätssitzung mit Leo Stern am 20. Mai 1952 wird klar, daß Rektor Agricola, mit dem die Vertreter der Fakultät noch vier Tage

88 BA DR 3 Nr. 9, 378 (1. Schicht), Bl. 2–4.
89 Ebd., Bl. 31.

vorher zusammengesessen hatten, nicht mehr der mächtigste Mann an der Universität war. Seither hatte Stern diese Position gewonnen, er war jetzt der entscheidende Mann in der Universitätsleitung. Dies geht auch aus einem eingeschriebenen Brief Sterns an Walter Ulbricht vom 3. Juli 1953 hervor, in dem es unter anderem heißt: „Ich leite bekanntlich die Geschäfte der Universität inoffiziell seit 2 Jahren, offiziell seit 1 Jahr [...] Ich glaube, den Auftrag der Partei sowohl in der Führung der Amtsgeschäfte selbst wie auch in der Durchführung der 300-Jahrfeier der ‚Leopoldina' und der 450-Jahrfeier der Universität Halle-Wittenberg in Ehren erfüllt zu haben."[90]

Nach dem Protokoll diskutierte die Mathematisch-Naturwissenschaftliche Fakultät am 20. Mai 1952 „mit Herrn Prof. Stern über verschiedene [...] Fragen und die Frage der direkten Einwirkung seitens der Professorenschaft auf die Studenten in politischer Beziehung. Da die in der Fakultätssitzung zur Verfügung stehende Zeit für die Klärung mancher Fragen nicht ausreicht, schlägt er Aussprachen in kleinerem Kreise vor. Er verlässt die Fakultät mit dem Wunsche, sie möge eine Entschliessung im Sinne der Senatsentschliessung vom [im Original ist hier eine Lücke, es war die Entschließung vom 9. April 1952] fassen.

Im Anschluss erklären sich die Herren Professoren Funk und Keller und Herr Klohr bereit, eine solche Entschliessung auszuarbeiten und der Fakultät bei ihrer nächsten Sitzung vorzulegen."[91]

In dieser neuerlichen Entschließung sind alle kritischen Passagen entfernt. Stern hatte, nicht zuletzt durch das Wirken seines Beauftragten Klohr, sein Ziel erreicht:
„Entschliessung der mathematisch-naturwissenschaftlichen Fakultät
Nach Anhören des Protokolls über die ausserordentliche Senatssitzung vom 9.4.52 spricht die mathematisch-naturwissenschaftliche Fakultät den Dekanen der fünf Fakultäten und darüber hinaus dem gesamten Senat ihren Dank dafür aus, dass sie mit ihrem Schritt den Anstoss zur Aufklärung der schwebenden Fragen und zur Beruhigung der Universität gegeben haben.
Die Fakultät begrüsst die Entschliessung des Senats vom 18.4.52.
Die Fakultät betrachtet es als ihre Aufgabe, das Vertrauensverhältnis zwischen Professoren und Studenten noch weiter zu vertiefen, um die Studenten durch persönliche Einwirkung im Sinne der Entschliessung des Senats zu ehrlichen Menschen und zu demokratisch gesinnten Staatsbürgern zu erziehen, ihr Vertrauen zu den Staatsorganen zu stärken und dadurch die Regierung in ihren Massnahmen tatkräftig zu unterstützen."[92]

---

90 Ebd., Bl. 44.
91 UAH, Rep. 31, Nr. 270. Dekanatsakte, Dekan Hans Gallwitz, 1.8.1950 bis Mai 1953.
92 Ebd.

Als es 1958 darum ging, Gallwitz mit einem Disziplinarverfahren unter Druck zu setzen und den Spirituskreis[93], dessen Mitglied er war, zu verbieten,[94] wurde sein Verhalten im Zusammenhang mit den Verhaftungen der Studenten im Jahr 1952 im handschriftlichen Bericht eines IM aus dem unmittelbaren Umfeld des Rektors noch einmal als belastendes Material vorgelegt.[95]

In jenen Monaten regte sich nicht nur an dieser Fakultät Widerstand, auch an der Medizinischen Fakultät setzten sich namhafte Hochschullehrer für verhaftete Studenten ein. „Frau Prof. Hertwig regt an", heißt es in einem Protokoll über eine dortige Fakultätsversammlung Anfang 1952, „im Zuge der Amnestie auf die inhaftierten Studenten der Med. Fakultät hinzuweisen unter Betonung, dass der Grund der Verhaftung und die Höhe des Urteils der Fakultät unbekannt seien."[96]

Im März 1952 ist eine außerordentliche Fakultätssitzung anberaumt worden, die sich abermals dieses Themas annehmen musste. Hierzu ist als Summe des Meinungsbildungsprozesses überliefert : „Durch die immer wieder vorkommenden Verhaftungen von Studenten, die ohne Angabe der Gründe bzw. Haftbefehl, vor allem auch ohne Bekanntgabe der auftraggebenden Behörde erfolgen, werde, wie der Dekan hierzu erklärt – eine ständige Beunruhigung in die Reihen der Studenten wie auch des Lehrkörpers hineingetragen [...]. Der Dekan verliest ein von ihm vorbereitetes an den Rektor gerichtetes Schreiben, indem in nachdrücklichster Weise die Abstellung dieser unhaltbaren Zustände gefordert wird."

Weiter vermerkt das Protokoll: „In der sich anschliessenden Diskussion werden insbesondere Fragen der gegebenen Rechtslage ventiliert, weiterhin die Frage des ‚wie', d.h. wie die Forderungen mit Aussicht auf Erfolg durchgesetzt und in juristisch einwandfreier Formulierung abgefasst werden können. Einmütigkeit der Ansichten herrscht darüber, dass derartige Inhaftierungen, insbesondere die äussere Form der Verhandlungsführung (Realinjurien), die Menschenwürde auf das beschämendste herabwürdigen. Diese Mißstände fordern einen kategorischen Einspruch heraus. Es wird weiterhin zum Ausdruck gebracht, dass eine Regelung dieser Angelegenheiten nicht allein Aufgabe der Medizinischen Fakultät sein könne, sondern hier hinsichtlich einer entsprechenden energischen Interessenwahrung ein Versäumnis des Rektors, als dem berufenen Vertreter der gesamten Universität vorliege. Schliesslich wird folgendes zum gemeinsamen Beschluss erhoben: Das vom Dekan ausgearbeitete Exposé

93 Dieser Kreis wurde in den siebziger Jahren des 19. Jahrhunderts gegründet.

94 Vgl. hierzu Gerstengarbe 1997 und Mühlpfordt et al. 2004.

95 BStU Außenstelle Halle 1695/70 AIM Teil 2, Nr. 2, Bl. 163–164 (AIM bedeutet Archivierter IM-Vorgang).

96 UAH, Rep. 29, Nr. 304, Fakultätssitzung der Medizinischen Fakultät am 10.10.1951.

soll unter Abänderung bezw. Hinzufügung nachfolgend aufgeführter Punkte – von 3 Vertretern der Fakultät dem Rektor in Gegenwart des Prorektors übergeben werden:

1. Die immer wieder unter den oben genannten Umständen erfolgenden Verhaftungen von Studenten bedingen, abgesehen von anderen schwerwiegenden Folgen, eine Abwanderung derselben aus der DDR, was unter den gegebenen Verhältnissen, d.h. dem zur Zeit herrschenden katastrophalen Ärztemangel, unverantwortbar ist.
2. Die äussere Form der Verhandlungsführung schlägt der Würde und Freiheit eines Menschen auf das Empörendste ins Gesicht.
3. Die Schritte, die sich die Fakultät auf verfassungsmässiger Grundlage vorbehält für den Fall, dass ihre Schreiben (wie frühere gleichen Inhaltes) bis zu einem noch zu terminierenden Zeitpunkt unbeantwortet bleibt, sollen nicht konkret formuliert werden, sondern zunächst nur ein Hinweis darauf erfolgen.
4. Die endgültige Formulierung soll unter Hinzuziehung eines Juristen ausgearbeitet werden.

Schliesslich erscheint es zweckmässig, die Dekane der anderen hiesigen Fakultäten hiervon in Kenntnis zu setzen und so evtl. die Basis des Einspruches zu verbreitern.“ Unterzeichnet ist das Protokoll von Schriftführer Ahrens[97] und Dekan Winkler.[98]

Aus den Mitschriften der Fakultätssitzungen der Medizinischen Fakultät ist klar erkennbar, dass die Professoren in ihrem Kreis offen und ohne taktische Rücksichten diskutierten und diesen Meinungsbildungsprozess auch ungeschützt protokollierten. Auch die folgende Episode belegt dies: Zur Rede Sterns in der Senatssitzung und zu Überlegungen der Medizinischen Fakultät, wie sie auf die Verhaftungen reagieren solle, protokollierte der Hygieniker Walter Ahrens am 9. April 1952 die Meinung von Prof. Holtz[99], dass „ein Abseitsstehen in dieser Angelegenheit gleichzustellen ist mit der seinerzeit stillschweigend hingenommenen Durchführung der Nürnberger Gesetze“.[100]

Ähnliches kann anhand der Mitschrift zur Beratung der Medizinischen Fakultät am 19. Mai 1952 konstatiert werden. Gegenstand ist die Auswertung der Senatssitzung vom 9. Mai, wo die Diskussion dahingehend resümiert wurde, dass „[...] die Entwicklung des Vorgehens der Fakultät hinsichtlich der Verhaftungen von Studenten nicht den gewünschten Verlauf genommen habe, vielmehr auf Fragen abgeglitten ist, die den Kern des Fakultätsbeschlusses nicht berühren.

Prof. H o l t z schlägt ein erneutes Vorgehen im ursprünglichen Sinn vor, während Frau Prof. H e r t w i g meint, man könne den Studenten unter den gegebenen Ver-

97 Walter Ahrens (1910–1981), Hygieniker.
98 UAH, Rep. 29, Nr. 304, Protokoll der ausserordentlichen Fakultätssitzung am 26.3.1952.
99 Friedrich Holtz (1898–1967), Pharmakologe.
100 UAH, Rep. 29, Nr. 304, Protokoll der Fakultätssitzung am 9.4.1952.

hältnissen nicht helfen, da es den Rahmen des Könnens der Fakultät, der Universität und Staatssekretariates überschritte. Nachdem die Herren Lueken[101], Eckert–Möbius[102] und Rothe Stellung genommen hatten, wurde von Prof. Pönitz[103] vorgeschlagen, da [...] z. Zt. weitere Aktionen keinen Erfolg versprechen, wenigstens die Meinung der Fakultät protokollarisch festzulegen. Das geschieht, nachdem der Antrag, die Angelegenheit als abgeschlossen anzusehen, mit 15:6 Stimmen angenommen worden war, in folgender Weise:

Die Fakultät stellt zu ihrem Bedauern fest, dass die eigentliche Absicht der Fakultät nicht erreicht worden ist. Ihr Wunsch ist nicht im Sinne des Fakultätsbeschlusses aufgefasst und behandelt worden. Die Absicht der Fakultät ist dadurch so verändert und verfahren, dass von weiteren Schritten in der Angelegenheit zunächst nichts zu erwarten ist und solche deshalb unterbleiben sollen. Diese Form wurde mit 19:2 Stimmen (Holtz, Fassbender) angenommen."[104]

Daß es der politischen Führung der DDR im Jahr 1952 darum ging, in einer demonstrativen Aktion die Universität Halle zu „säubern", wird in einem fünfseitigen „Bericht über die Lage in der Studentenschaft an der Universität Halle" deutlich, der von Herbert Meissner und Gerhard Harig stammt. Staatssekretär Harig sandte ihn mit einem erläuternden Brief[105] am 30. Juli 1952 an Walter Ulbricht. Hier heisst es „[...] Am 30.5.1952 wurde im Sekretariat beschlossen, eine Säuberung der Universität Halle von kriminellen und feindlichen Elementen durch eine Kommission des Staatssekretariats für Hochschulwesen bis zum 30.6.52 durchzuführen. [...]

Als Anlage übersende ich den Abschlussbericht mit der Bitte um Kenntnisnahme. Der Sekretariatsbeschluss wurde fristgemäss durchgeführt. Selbstverständlich wurde von der Abtlg. Propaganda die Parteiorganisation und von uns die Verwaltung der Universität Halle darauf hingewiesen, die Wachsamkeit noch zu verstärken und etwa noch verbliebene negative Elemente im Laufe des Herbstsemesters zu entfernen. Es sind alle Vorbereitungen getroffen, um zu Beginn des Herbstsemesters die Auswertung der durchgeführten Aktion unter der Studentenschaft zu verstärken."

Tatsächlich sprechen allein die folgenden Zahlen für sich: Es wurden 122 Studenten von der Universität „entfernt" (34 von der Medizinischen Fakultät, 34 von der Arbeiter-und-Bauern-Fakultät, 13 von der Juristischen Fakultät, 7 von der Philosophi-

101 Bernd Lueken (1908–1978), Physiologe, Leopoldina-Mitglied seit dem 5.11.1957, Adjunkt für Sachsen-Anhalt 1963–1968, Obmann 1968–1978.

102 Adolf Eckert-Möbius (1889–1976), HNO-Heilkunde, Leopoldina-Mitglied seit dem 17.11.1932, Sekr. der Med. Abteilung 1952–1963.

103 Karl Pönitz (1888–1973), Psychiater, Leopoldina-Mitglied seit dem 20.4.1959.

104 UAH, Rep. 29. Nr. 304, Protokoll der Fakultätssitzung der Medizinischen Fakultät am 19.5.1952.

105 Ebd., Bl. 38.

schen Fakultät, 2 von der Wirtschaftswissenschaftlichen Fakultät, 15 von der Mathematisch-Naturwissenschaftlichen Fakultät, 12 von der Landwirtschaftlichen Fakultät und 5 von der Pädagogischen Fakultät).

Der von Gerhard Harig gegengezeichnete Abschlussbericht stellte hierzu fest: „Vom 17. Juni bis 2. Juli 1952 wurde durch zwei Beauftragte des Staatssekretärs für Hochschulwesen die Lage in der Studentenschaft der Universität Halle überprüft. Die Aufgabe bestand darin, entsprechend dem Beschluß des Sekretariats des Zentralkomitees bis zum 30. Juni solche Studenten festzustellen, die systematisch gegen unsere Staatsordnung und die Maßnahmen der Regierung auftreten, antisowjetische Hetze betreiben, Verbindung nach Westdeutschland und Westberlin haben oder aus moralischen und fachlichen Gründen nicht für das Studium geeignet sind und ihnen die Studienerlaubnis zu entziehen. […]

Die Beauftragten stützten sich bei der Durchführung ihrer Arbeit auf die Personalkenntnisse des Prorektors für Studentenangelegenheiten und auf die Personalunterlagen der Studenten. Studenten mit großbürgerlicher Herkunft wurde besondere Aufmerksamkeit gewidmet. Studenten, die in westlicher Gefangenschaft waren und dort zum Teil sogar Lehrgänge besuchten, fanden ebenfalls besondere Beachtung. Weiterhin wurden die Prüfungsunterlagen aus den Fächern Gesellschaftswissenschaftliches Grundstudium, russische Sprache und russische und sowjetische Literatur sowie deutsche Sprache und Literatur herangezogen. Auch die Prüfungsnoten in den Spezialfächern wurden beachtet, und es zeigte sich erneut, dass Studenten mit schlechten Noten im gesellschaftswissenschaftlichen Grundstudium auch im Spezialfach sehr schwach sind. Die Personalkenntnisse der Dozenten bzw. Assistenten des gesellschaftswissenschaftlichen Grundstudiums, die sie im Laufe des Studienjahres während der Seminararbeit gesammelt haben, wurden ebenfalls ausgewertet. Außerdem wurden von jeder Fakultät von der Parteileitung einige der zuverlässigsten Genossen zur Rücksprache gebeten, wobei ebenfalls wichtige Hinweise gegeben wurden.

Es bestand auch die Absicht, sich auf die Kenntnisse der örtlichen Verwaltung für Staatssicherheit zu stützen. Dies war nur in äußerst beschränktem Umfange möglich, da das dort vorliegende Material unzureichend war. Bei der Überprüfung wurde von dem Prinzip ausgegangen, daß es sich nicht nur darum handelt, Studenten von der Universität zu entfernen, bei denen begründeter Verdacht auf Agententätigkeit besteht, sondern daß es darauf ankommt, alle jene Studenten auszusondern, die nicht die Voraussetzungen haben, um nach Abschluß ihres Studiums hochqualifizierte Wissenschaftler zu werden bzw. im wirtschaftlichen und politischen Leben unserer Gesellschaft leitende Funktionen auszuüben. Hierbei lag der Schwerpunkt in der Argumentation. Jeder Einzelfall wurde sorgfältig geprüft. […]

Von den 88 Studenten ist 30 die Studienerlaubnis wegen unzureichender fachlicher Leistungen oder völlig ungenügender Studiendisziplin entzogen worden. Beim größten Teil der übrigen paart sich eine absolut negative Einstellung zur Politik unseres Staates mit mangelhaften fachlichen Leistungen und in einigen Fällen auch mit einem untragbaren moralischen Verhalten. Es gibt nur einige Fälle, in denen trotz fachlich guter Leistungen die Studienerlaubnis entzogen werden musste, weil die Betreffenden versuchten, andere Studierende durch systematische Beeinflussung in Opposition gegen unsere gesellschaftliche Ordnung zu bringen.

Bei der Besprechung mit Parteifunktionären aus den Fakultäten sowie mit dem Prorektor für Studentenangelegenheiten, Genossen Käbel, und mit FDJ-Funktionären zeigte sich immer wieder, daß bisher an der Universität Halle sehr versöhnlerisch gearbeitet wurde. Viele von den von uns untersuchten Fällen waren vorher bereits soweit bekannt, daß ein Ausschluß aus der Universität notwendig gewesen wäre. Durch die Arbeit der beiden beauftragten Genossen wurden der Parteiorganisation, der FDJ-Hochschulgruppe und auch der Verwaltung der Universität die Richtschnur für ihr Handeln in weiteren ähnlichen Fällen gegeben.

An der Arbeiter- und Bauernfakultät erfolgte die Überprüfung in der gleichen Weise. Lediglich der Maßstab war etwas straffer, weil die Absolventen der Arbeiter- und Bauernfakultät in Zukunft in jeder Hinsicht zuverlässig sein müssen. [...]

Der Entzug der Studienerlaubnis wird den Studierenden durch den Prorektor für Studentenangelegenheiten der Universität schriftlich mitgeteilt. Ein Grund wird in dieser Mitteilung nicht angegeben, sondern der Studierende gebeten, zur Regelung seiner Angelegenheit (z.B. Abgabe des Studienbuches) beim Prorektor vorzusprechen. Bei dieser Rücksprache wird dem Studierenden vom Prorektor der Grund seines Ausscheidens mündlich mitgeteilt, der Student bekommt darüber nichts Schriftliches in die Hand. [...]

Die Dekane der Fakultäten erhalten zu Beginn des neuen Studienjahres (8. September 1952) die Nachricht, welche Studierenden im vergangenen Jahr an ihrer Fakultät aus den verschiedensten Gründen ausgeschieden sind. [...]

Die Überprüfung ergab, daß 29 Verwaltungsangestellte entlassen werden müssen. Es wurde hier ein etwas lockererer Maßstab angelegt als bei der Studentenschaft. [...] Bei den zu entlassenden Mitarbeitern werden selbstverständlich die gesetzlichen Bestimmungen (z. B. Kündigungsfrist) eingehalten.

Am 30. Juni war die Überprüfung im wesentlichen abgeschlossen. Ehe Mitteilungen an Studenten wegen Entzug der Studienerlaubnis ergingen, wurde am 30. Juni, 15 Uhr, durch den Rektor der Universität eine Senatssitzung einberufen, auf der als Vertreter des Staatssekretariats Genosse Meißner den Senat über die Maßnahmen der Regierung an der Universität informierte. [...] Die Senatssitzung verlief ohne Schwierigkeiten. Die bürgerlichen Mitglieder des Senats stimmten den Maßnahmen grundsätzlich zu und brachten lediglich einige Einwände gegen die Verfahrensweise vor. Es wurden ausführliche öffentliche Disziplinarverfahren gefordert, und die

Möglichkeiten einer zuverlässigen Überprüfung in der Kurzfristigkeit, wie sie von uns durchgeführt worden war, in Frage gestellt. […] Der Senat nahm den Bericht des Regierungsbeauftragten mit Einstimmigkeit zur Kenntnis.

Um jedoch die Information des Lehrkörpers der einzelnen Fakultäten nicht den Dekanen zu überlassen, wurde am 2. Juli durch den Rektor eine Versammlung des Lehrkörpers der Universität einberufen. Auch hier sprach Genossen Meißner über die Maßnahmen der Regierung und fand die Zustimmung der Anwesenden. In der Diskussion wurde die Notwendigkeit dieser Maßnahmen unterstrichen.

Um die Diskussion auch in die Studentenschaft zu tragen, wurden am 7. Juli Parteiversammlungen in den Fakultäten durchgeführt, auf denen am Beispiel einiger besonders krasser Fälle die grundsätzliche Linie besprochen wurde. Am 9.7. wurden FDJ-Versammlungen in den Fakultäten in der gleichen Weise durchgeführt. Da am 7. und 8. Juli die letzte Auszahlung der Stipendien vor den Ferien stattfand, war gewährleistet, dass zu diesen beiden Terminen nochmals die Mehrzahl der Studierenden in Halle anwesend war. Außerdem wurde mit dem Chefredakteur des ‚Forum' die Auswertung der Überprüfung in Halle bis ins einzelne besprochen. Zur Information der Öffentlichkeit und auch zur Anleitung für die anderen Universitäten und Hochschulen wurde die vom Genossen Meißner in Senat und Lehrkörperversammlung gehaltene Rede im wesentlichen abgedruckt. Es wurde organisiert, dass an der Universität während der Stipendienzahlung und den FDJ-Versammlungen diese Ausgabe des ‚Forum', die aus diesen Gründen 8 Tage vor dem normalen Termin erschien, in genügend Exemplaren vertrieben wurde.

Die Zusammenarbeit mit der örtlichen Verwaltung für Staatssicherheit war formal gut. Sachlich konnten uns jedoch keine ernsthaften Hinweise gegeben werden. […] Einige Studenten stehen seit längerer Zeit unter Beobachtung durch die Staatssicherheitsorgane. Es liegt noch nicht genügend Material vor, um sie den Straforganen zu übergeben. Das vorliegende Material macht jedoch seit langem erforderlich, sie von der Universität auszuschließen.

In diesen Fällen vertritt der für Universitätsfragen zuständige Bearbeiter bei der örtlichen Verwaltung für Staatssicherheit, Genosse Kowall, den Standpunkt, dass man sie auf jeden Fall auf der Universität lassen müsse, um sie dadurch leichter und ständig im Auge zu behalten. In einigen Fällen hat er die Universitätsverwaltung direkt angewiesen, die Leute nicht zu exmatrikulieren. Dadurch wurde sowohl der Universitätsverwaltung als auch der Parteiorganisation der Universität eine klare Entscheidung in solchen Fällen erschwert. Es bedurfte längerer Diskussion der Genossen Lindner und Meißner mit Genossen Kowall, um ihn zu überzeugen, dass dieser Standpunkt im allgemeinen falsch ist.

Bei der Durchführung der gesamten Überprüfung bestand stets eine enge Zusammenarbeit mit der Leitung der Universität, mit der Leitung der Parteiorganisation der Universität, der Leitung der FDJ-Hochschulgruppe und der Landesleitung der Partei. Die Parteileitung hat die Arbeit der Regierungsbeauftragten beständig und gut unterstützt.

Die Landesleitung der Partei hat bisher der Universität offensichtlich zu wenig Aufmerksamkeit gewidmet. Nur so ist es zu erklären, daß ein für diese Aufgaben völlig ungeeigneter Genosse (Genosse Planert) lange Zeit in der Propaganda-Abteilung der Landesleitung alle Universitätsfragen bearbeitet hat. [...] Die politische Auswirkung der Prozesse an der Universität hätte bei besserer Vorbereitung wesentlich größer sein können. Allerdings spielt hierbei wiederum eine Rolle, daß von den Genossen in den Staatssicherheitsorganen bei der Vorbereitung der Prozesse eine Reihe von Bedenken erhoben wurden, die weniger von politischen als vielmehr von formal-kriminalistischen Erwägungen ausgingen.

Um die Sowjetische Kontrollkommission über unsere Maßnahmen an der Universität Halle zu informieren, gab uns Herr General Rodionow Gelegenheit, mit ihm zu sprechen. Eine weitere Besprechung konnte mit seinem Vertreter und dem zuständigen Hochschuloffizier geführt werden. Die Besprechungen trugen im wesentlichen informatorischen Charakter.

Insgesamt hat diese Akton wesentlich dazu beigetragen, die politische Atmosphäre an der Universität Halle zu reinigen und allen leitenden Funktionären und Organisationen der Universität eine klare Orientierung für weitere ähnliche Fälle zu geben.“ [106]

Forschungen Ilko-Sascha Kowalczuks liefern hierzu ergänzend interessante Zahlen. Nach seinen Recherchen in den Akten des Staatsekretariats sind Ende 1952 republikweit aus allen Universitäten (außer der Berliner Universität), der TH Dresden und der Bergakademie Freiberg 741 Studenten relegiert worden. Auch diese Relegierungen fanden im Umfeld von Verhaftungen und Verurteilungen statt, wobei die Staatssicherheit jeweils Gruppenzusammenhänge konstruierte. An der Berliner Universität sind im November 1952 134 Studierende relegiert worden.[107]

Der Gesprächsfaden in dieser Sache wurde während der Senatssitzung am 30. Juni wieder aufgenommen. Gäste dieser Zusammenkunft waren die beiden Vertreter des Staatssekretariats, denen die Prüfung der MLU oblegen hatte. Rektor Agricola bat einen dieser beiden Repräsentanten der Staatsmacht, die Anwesenden nun genauer zu unterrichten. Jener führte daraufhin unter anderem aus, dass man einigen Studieren-

106 BA, SAPMO, (Stiftung Archiv der Parteien und Massenorganisationen der DDR im Bundesarchiv) Institut für Marxismus-Leninismus beim ZK der SED, Zentrales Parteiarchiv, Bestand Walter Ulbricht, NY 4182/934, Bl. 39–43. Der Bericht ist von Gerhard Harig und von Herbert Meissner unterschrieben.

107 Kowalczuk 2003, S. 429.

den die Studienerlaubnis habe entziehen müssen. „Wodurch", fragte er rhetorisch, „wurde die Entwicklung gehemmt?", um die Antwort gleich selbst nachzureichen, wonach: „an unseren Universitäten und Hochschulen in der Studentenschaft noch immer Kräfte tätig waren, die mehr oder weniger bewusst, aber nichtsdestoweniger sehr systematisch die volle Entfaltung unserer wissenschaftlichen Arbeit zu untergraben versuchten.

Welches Gesicht diese Kräfte haben, das wurde uns vor kurzem bei den in Halle durchgeführten Prozessen gegen einige Studenten sehr eindringlich vor Augen geführt. Ich habe diesen Prozessen beigewohnt und war geradezu erschüttert, zu sehen, was für Menschen es gelungen ist, sich als Studenten in unserer Universität einzuschleichen und hier ihre Wühlarbeit zu leisten. Und wenn man sieht, wie es solchen bezahlten Subjekten, die ihre Aufträge direkt von der Agentenzentrale von Westberlin erhielten, gelungen ist, andere Studenten durch Hetze und Irreführung mit in diesen Sumpf des Verbrechens hineinzuziehen, so muss man überlegen, welche Massnahmen getroffen werden können, um solchen Kräften ihre Tätigkeit im allgemeinen und an unserer Universität im besonderen unmöglich zu machen. [...]

Und die beiden Prozesse gegen die Hallenser Studenten zeigten, dass es solchen gegnerischen Kräften bereits gelungen ist, hier an der Universität Fuss zu fassen. [...] Walter Ulbricht stellte zugleich auch die Aufgabe, dafür zu sorgen, dass solche Kräfte umgehend von unseren Universitäten entfernt werden. Daher haben sich zwei Beauftragte der Regierung intensiv mit der Lage in der Studentenschaft der Universität Halle beschäftigt.

Es kommt jetzt darauf an, in der Studentenschaft eine politisch-moralische Einheit herzustellen, die es den Feinden unserer Republik unmöglich macht, in unsere Studentenschaft einzudringen und unter ihr zu arbeiten. Auch solche Studenten gehören nicht an unsere Universität, die systematisch Gerüchte verbreiten, den RIAS hören und Gerüchte und RIAS-Parolen ständig in Umlauf setzen. Sie versuchen, damit eine politische Unsicherheit in das Universitätsleben hereinzutragen, die die Entfaltung einer ruhigen Atmosphäre wissenschaftl. Arbeitens zerstört. Darüber hinaus aber stellen sie das Reservoir dar, aus dem der Gegner seine Agenten anwirbt. Gerade die Studentenprozesse zeigten deutlich, welche Rolle der RIAS beim Zustandekommen von Agentengruppen im Gebiete unserer Republik spielen. Alle Angeklagten führten aus, dass ihre ständige Beeinflussung durch die RIAS-Sendungen entscheidend dazu beigetragen haben, sie aktiv und in organisierter Form gegen unsere antifaschistische demokratische Ordnung, arbeiten zu lassen. Mir ist bei diesem Prozess anschaulicher denn je die verbrecherische Rolle dieses Lügensenders vor Augen geführt worden."

Nun nennt er Namen: Wolfgang Lenk, Germanistikstudent, „verbreitete laufend die Nachrichten und Argumente des RIAS", außerdem der Physikstudent Günter Freyer, der Medizinstudent Georg Westermann, der Student der Landwirtschaft

Richard Heinicke, die Studenten an der Juristischen Fakultät Harald Hollenberg, Christl Knoche, Kurt Maskus, Rudolf Uckert, Rudolf Röhling, Rudi Dörre, die Medizinstudenten Wilhelm Kabisch und Hans-Joachim Franzmann. Alle, teilte er mit, würden exmatrikuliert.

Nicht alle Anwesenden waren bereit, dies widerspruchslos zu akzeptieren. In der Diskussion wurde etwa die Frage aufgeworfen, dass normalerweise bei Vorwürfen gegen Studenten zunächst an der Universität ein Disziplinarverfahren stattzufinden habe, erst danach würde über eine Relegation entschieden. Das hier angekündigte Verfahren sei demgegenüber neu.

Und schließlich vermerkt das Protokoll: „Auf eine Anfrage des Prof. Liebau nach der Zahl der Studenten, die von den Maßnahmen der Regierung betroffen werden, erklärt Herr Meissner: ‚Die Aktion ist noch nicht abgeschlossen, wir haben noch keinen endgültigen Überblick.‘ “

In den Strafvollzugsanstalten Halle und Torgau in den Jahren 1952 bis 1955

Ein Essay von Friedhelm Thiedig

Begegnungen mit Hans Gallwitz[108]

Als Ausgräber im Geiseltal

Schon in meiner Schulzeit an der Oberschule *Zur Himmelspforte* (heute *Thomas-Mann-Oberschule*) in Erfurt hatte ich – gemeinsam mit meinem späterer Freund Heinz Wiefel – die außergewöhnliche Gelegenheit, als Helfer bei den paläontologischen Ausgrabungen im Geiseltal mitarbeiten zu dürfen. Im August 1951 haben wir dann zahlreiche, etwa 50 Millionen Jahre alte fossile Reste von Säugetieren, Reptilien, Fischen, Insekten und Pflanzen im Braunkohle-Tagebau von Neumark West bei Mücheln geborgen. Mitte August 1951 besuchte uns Hans Gallwitz im Braunkohlentagebau am Grabungsort, um sich über den Stand der Arbeiten und Funde zu infor-

Friedhelm Thiedig

108 Anlässlich einer Veranstaltung im November 1996 zum 100.Geburtstag des Akademiemitgliedes Hans Gallwitz, der mein erster akademischer Lehrer war, hat Sybille Gerstengarbe in Halle einen Vortrag über seine Verfolgung durch die Behörden der DDR gehalten, der 1997 im Halleschen Jahrbuch für Geowissenschaften publiziert wurde.

mieren. Zufällig hatte ich an diesem Tage eine große Schildkröte entdeckt und freigelegt. Dafür zollte mir Hans Gallwitz Lob und Anerkennung während unserer ersten Begegnung.

Zulassung zum Geologie-Studium

Da ich aus einer durch die Kriegsereignisse zwar mittellosen Kaufmanns-, aber nicht aus einer Arbeiter- oder Bauernfamilie stammte, rechnete ich mir zunächst nur geringe Chancen aus, für ein Geologie-Studium in Halle zugelassen zu werden. So war ich freudig überrascht, als ich einen Studienplatz für die Universität Greifswald erhielt. Wegen der Ausgrabungstätigkeit im Geiseltal und erster Besuche im Geologisch-Paläontologischen Institut und Geiseltalmuseum in Halle fühlte ich mich aber schon zur Martin-Luther-Universität zugehörig. Tatsächlich gelang es Hans Gallwitz mit sehr großem Einsatz, meine Zulassung für Halle zu erwirken, so dass ich Anfang September 1951 an der Martin-Luther-Universität immatrikuliert wurde. Auf einer FDJ-Veranstaltung für die Erstimmatrikulierten erfuhr ich dann den wahren Grund für meine Zulassung: Wir sollten die neuen Kader werden für die Besetzung wichtiger Dienstposten im Westen eines wiedervereinigten „sozialistischen" Deutschland, das unter der Herrschaft der SED in absehbarer Zeit errichtet werden sollte.

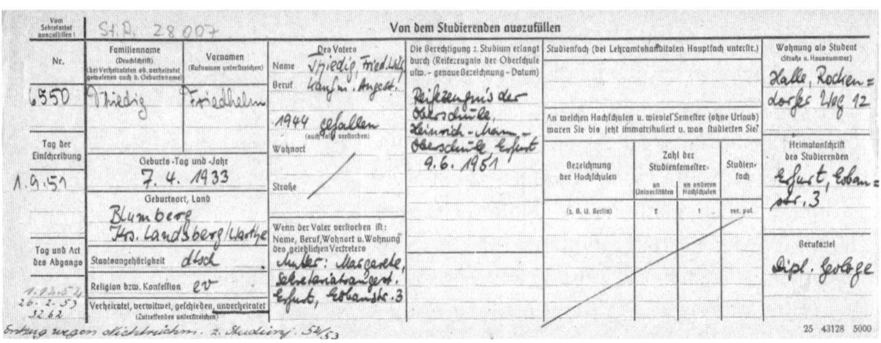
Vom Sekretariat auszufüllen!
St.A. 28007
Von dem Studierenden auszufüllen
Nr. 6550
Familienname (Druckschrift) (bei Verheirateten od. verheiratet gewesenen auch d. Geburtsname): Thiedig
Vornamen (Rufnamen unterstreichen): Friedhelm
Des Vaters Name: Thiedig, Friedr. Wilh.
Beruf: Kaufm. Angest.
1944 gefallen (auch falls verstorben)
Wohnort
Straße
Tag der Einschreibung: 1.9.51
Geburts-Tag und -Jahr: 7. 4. 1933
Geburtsort, Land: Blumberg Kr. Landsberg/Warthe
Staatsangehörigkeit: dtsch.
Religion bzw. Konfession: ev
Verheiratet, verwitwet, geschieden, unverheiratet (Zutreffendes unterstreichen)
Tag und Art des Abgangs: 1.12.52 / 26. 2. 53 / 3262
Wenn der Vater verstorben ist: Name, Beruf, Wohnort u. Wohnung des gesetzlichen Vertreters: Mutter: Margarete, Sekretariatsangest., Erfurt, Eobanstr. 3
Die Berechtigung z. Studium erlangt durch (Reifezeugnis der Oberschule usw. – genaue Bezeichnung – Datum): Reifezeugnis der Oberschule, Heinrich-Mann-Oberschule, Erfurt 9.6.1951
Studienfach (bei Lehramtskandidaten Hauptfach unterstr.)
An welchen Hochschulen u. wieviel Semester (ohne Urlaub) waren Sie bis jetzt immatrikuliert u. was studierten Sie?

Bezeichnung der Hochschulen	Zahl der Studiensemester an Universitäten	an anderen Hochschulen	Studienfach
(z. B. U. Berlin)	2	1	rer. pol.

Wohnung als Student (Straße u. Hausnummer): Halle, Rockendorfer Weg 12
Heimatanschrift des Studierenden: Erfurt, Eobanstr. 3
Berufsziel: Dipl. Geologe
25 43128 5000
Entzug wegen Nichtrückm. 2. Studienj. 52/53

Immatrikulationsschein von Friedhelm Thiedig[109]

Vorlesungen und Exkursionen

Hans Gallwitz begann die Vorlesung in Allgemeiner Geologie an einem Abend in der Nähe einer Endstation der Straßenbahn im Norden Halles, wo keine Häuserfronten den sternklaren Himmel verstellten, mit einer astronomischen Einführung, die uns die

109 UAH.

Erde als kleinen Teil des Sonnensystems und als winzigen Körper im riesigen Weltall bewusst machte. Als gläubiger Christ sah er das Weltall als eine göttliche Schöpfung.

Im Oktober 1951 durfte ich an meiner ersten geologischen Exkursion in das Kyffhäusergebirge teilnehmen. Am 27. November 1951 führte uns Hans Gallwitz mit einer Exkursion in das Geiseltal, das mir ja durch meine eigene Ausgräbertätigkeit schon sehr vertraut war.

Seine Vorlesung war sehr anschaulich und lebendig, und ich erinnere mich sehr genau an die Darstellung von Lavaseen der Kilauea und Mauna Loa Vulkane auf Hawaii mit unterschiedlichem Gasgehalt, der für die verschiedenen „Seespiegel"-Höhen der Lavaseen verantwortlich gemacht wurde. Sie blieben mir so lebhaft in Erinnerung, dass ich noch dreißig Jahre später auf dem Weg zu einer Expedition in die Antarktis einen Umweg über Hawaii machte, um die Krater zu besuchen. Leider konnte ich dann Hans Gallwitz keinen Postkartengruß mehr nach Halle schicken.

Als „Abkömmling einer bürgerlichen Familie" stand mir trotz des Verlustes unseres Vaters im Krieg und als Flüchtling aus der östlichen Mark Brandenburg, die uns durch den unseligen Krieg Nazideutschlands verloren gegangen war, kein Stipendium zu. Meine Mutter arbeitete hart, um unsere Familie mit 2 weiteren Geschwistern und Großmutter durchzubringen und mir ein Studium zu ermöglichen.

Hans Gallwitz wusste um diese Probleme und schlug mich im Dezember 1951 für eine nicht näher deklarierte Förderung vor, für die er begabte Studenten benennen sollte. Von dieser Benennung erfuhr ich im Februar 1952, als ich vor eine Kommission des FDJ-Sekretariats der Universität Halle geladen wurde. Man eröffnete mir, dass ich ausgewählt worden sei, an der Moskauer Lomonossov-Universität studieren zu dürfen. Ich empfand die strengen Fragen zu meinen Ansichten über den Sozialismus und insbesondere zur Politik der Sowjetunion wie ein Verhör vor einem Tribunal. Ich hatte Angst vor einem Leben im Ghetto der Moskauer Universität und wollte meine Mutter und Geschwister in Thüringen nicht für Jahre verlassen. Meine ablehnende Haltung konnte ich den FDJ-Funktionären schwer verständlich machen, ich gab vor allem mangelnde russische Sprachkenntnisse und geringe Sprachbegabung als Gründe an.

Widerstandsgruppe

Im März 1952 wurde ich von dem Kommilitonen Leopold Benda, mit dem ich mich im gleichen Studienjahr der Geologie befand, angesprochen. Er habe bemerkt, dass ich offensichtlich kein Freund des sozialistischen DDR-Staates sei; und ob ich bereit sei, in einer studentischen Widerstandsgruppe mitzuarbeiten. Er und der mit ihm befreundete und in einer Wohngemeinschaft lebende Mathematik-Student Karl Weber zeigten mir dann unauffällig das damalige Dienstgebäude des MfS im Robert-Franz-Ring in Halle mit seinen Kellerverliesen, wo wir uns im Falle einer Aufdeckung unserer illegalen Tätigkeiten wiederfinden könnten. Man gab mir zwei Tage Bedenkzeit.

Unvergessen war mir eine Äußerung unseres von uns Schülern sehr verehrten Deutschlehrers Dr. Karl Hertling in Erfurt geblieben, der uns ermahnt hatte, dass wir uns nicht auch später einmal vorwerfen lassen sollten, totalitäre Systeme nicht bekämpft zu haben, wie es ihm und seiner Generation erging und beschuldigt zu werden, das totalitäre Reich Hitlers und seiner Helfershelfer nicht rechtzeitig verhindert zu haben.

In unserer Schulzeit mussten wir immer große „fortschrittliche" Transparente in unseren Klassenzimmern aufhängen. Als die Freiheitskämpfer von 1807/08 für die Erhebung gegen Napoleon, die damals für eine allgemeine Volksbewaffnung eintraten, plötzlich wieder von der DDR-Regierung für ihre Propaganda wichtig wurden, haben wir ein riesiges Spruchband aufgehängt mit der Maxime Fichtes: „Und handeln sollst Du so, als hinge von Dir und Deinem Tun allein das Schicksal ab der deutschen Dinge und die Verantwortung wäre Dein".

Wir sahen nun erneut die totalitären Geister in Deutschlands Osten auferstehen, nur in einem anderen Gewand. Es fiel mir nicht schwer, mich für den Widerstand zu entscheiden.

Meine einzige Aktion, an der ich teilnahm, war die Verteilung von Westberliner Zeitungen mit stark verkleinertem Schriftbild, die speziell auf sehr dünnem Papier im Briefformat gedruckt waren – Flugblätter der sog. Kampfgruppe gegen Unmenschlichkeit (KgU) und Exemplare der farbigen satirischen Zeitschrift „Die Tarantel".[110] Ursprünglich war die Kampfgruppe gegen Unmenschlichkeit 1948 von ehemaligen politischen Häftlingen (meist Studenten) in West-Berlin gegründet worden, die in Speziallagern der sowjetischen Besatzungsmacht in unglaublich schlechten Verhältnissen überlebt hatten.[111] Die KgU wurde im April 1949 von der Alliierten Kommandantur in Westberlin zugelassen. Der erste Leiter Rainer Hildebrandt kam aus dem Widerstandskreis von Professor Albrecht Haushofer und war selbst bei den Nazis in Haft gewesen.

---

110 Friedhelm Thiedig war beteiligt an der Publikation „Tarantel – Satire im Kalten Krieg" 2003.

111 Finn, G. 1996: Die Widerstandsarbeit der Kampfgruppe gegen Unmenschlichkeit. In: Finn, G., Hagemann, F., Maser, P., Müller-Enbergs, H., Wagenlehner, G. u. Wentker, H.: Unrecht überwinden – SED-Diktatur und Widerstand. Aktuelle Fragen der Politik, H. 38, S. 23–32, Hrsg. v. d. Konrad-Adenauer-Stiftung, St. Augustin; Finn, G. 1998: Hinter dem Eisernen Vorhang. Zur Wahrnehmung der DDR-Gefängnisse in der frühen Bundesrepublik. S. 215–221. In: Haase, N. u. Oleschinski, B. (Hrsg.) 1998: Das Torgau – Tabu. Wehrmachtstrafsystem, NKWD-Speziallager, DDR-Strafvollzug, Leipzig.; Merz, K.-U. 1987: Kalter Krieg als antikommunistischer Widerstand. Die Kampfgruppe gegen Unmenschlichkeit 1948–1959, München 1987.

Die Westberliner Zeitungen (vermutlich der sog. „kleine Telegraf") wurden, was ich aber erst bei der Gerichtsverhandlung erfahren habe, von dem als Kurier fungierenden Otto Krüper aus Westberlin in die DDR eingeschleust. Während der Bahnfahrten durch die DDR hatte er das blaue Hemd der FDJ-Organisation an, das mit dem offensichtlich die kontrollierende Volkspolizei im Zug besonders beeindruckenden Abzeichen „Für Gutes Wissen" in Gold oder Silber geschmückt war und den Karton mit den gefürchteten Flugblättern auf den Knien. Er hat die Kartons nie öffnen müssen.

Die Versendung dieser Schriften erfolgte in einfachen Briefumschlägen. Wir fügten noch eine im Matritzenverfahren mit einer Drohung beschriftete Osterpostkarte bei, in der die Empfänger aufgefordert wurden, vom kommunistischen System abzulassen und dass „Menschen ihres Schlages eines Tages mit einer schnellen Beseitigung zu rechnen hätten".

Die Empfänger waren „fortschrittliche" Professoren der philosophisch-marxistischen, der ökonomischen und juridischen Fächer. Insgesamt elf der 26 Briefe unserer Osteraktion 1952 gelangten, wie aus den Unterlagen bei der BStU hervorgeht, in den Besitz des MfS, der Rest ist verschollen.

Vor meinem Beitritt hatte die „Widerstandsgruppe der KgU – Sachsen-Anhalt", wie sie in den Stasi-Akten geführt wurde, Flugzettel mit der Aufschrift „Rattenbekämpfung ist nationale Pflicht" an Fensterläden und Türen geklebt. Die darauf abgebildete, von zwei Fingern am Schwanz gehaltene Ratte trug Hammer und Sichel auf der Stirn.

Bei anderen Aktionen wurden mit einer farblosen Kupferlösung einzelne große „F"-Buchstaben (für „Freiheit") auf Propaganda-Plakate des DDR-Systems in der Universität in Halle geschrieben, die erst nach einer gewissen Zeit durch das Ausfällen von schwarzem elementaren Kupfer sichtbar wurden und die Machthaber besonders verärgerten.

Einzelne von uns hatten eine „unsichtbare" Tinte, mit der irgendwelche Nachrichten an eine Westadresse geschickt wurden. Die auf den freien Zeitungsrändern aufgetragene unsichtbare Schrift konnte vom Empfänger mit chemischen Mittel sichtbar gemacht werden.

Verhaftung, Vernehmungen und Einzelhaft

Wenige Wochen nach der Briefaktion wurde ich am 16. April 1952 frühmorgens in der mit dem befreundeten Kommilitonen Heinz Wiefel gemeinsam gemieteten Studentenwohnung im Rockendorfer Weg aus dem Bett geholt. Nachdem die beiden Zimmer, wiewohl ohne schriftlichen Befehl, gründlich durchsucht und Briefe, Papiere, Fotoapparat, Photos und andere Utensilien beschlagnahmt waren, wurde ich auch ohne Vorlage eines schriftlichen Haftbefehls mitgenommen. Heinz Wiefel war der einzige

Zeuge, der über mein Verschwinden berichten konnte. Tatsächlich wurde ich zunächst in das Stasi-Gebäude am Robert-Franz-Ring in Halle gebracht. Dort wurde ich vernommen, ohne dass man mir einen Grund der Verhaftung mitteilte. Nach zwei Tagen beschuldigte man mich illegaler Tätigkeiten, die ich anfangs leugnete, bis man mir den mitbeschuldigten Karl Weber aus unserer Gruppe gegenüberstellte. Da ahnte ich, dass wir durch irgendeinen Verrat gefasst worden waren.

Eine Sekretärin der KgU in Westberlin, die in Wirklichkeit Agentin des sowjetisch gelenkten kommunistischen Staatssicherheitsdienstes der DDR war, soll im Frühjahr 1952 die gesamte Kartei, die auch den Namen und das Geburtsdatum von Otto Krüper, dem Kopf unserer Gruppe, aber nicht die anderen Namen enthielt, nach Ostberlin gebracht haben.

Otto Krüper wurde am 9. April 1952, Karl Weber am 12. April 1952, Herbert Bartels am 14. April 1952, Hans-Dieter Dell und Friedhelm Thiedig am 16. April 1952 sowie Jochen Fischer am 17. April 1952 verhaftet. Krüper hat einige Tage unter einer unmenschlichen Folter gelitten und standgehalten. Er hatte gehofft, dass sein Verschwinden von Karl Weber bemerkt worden sei und wir geflüchtet seien, wie er mir später im Gebäude des Landgerichts berichtete. Auch noch Jahre nach unserer aller Entlassung und glücklichem Aufenthalt in Westdeutschland, hat ihn diese Situation lange verfolgt, obwohl wir ihm schon am Tag der Verurteilung verziehen hatten. Ein Student der Landwirtschaftlichen Fachschule Eisenach, Jürgen Burkardt, der auch zu der Gruppe gehörte, wurde erst am 1. Mai 1952 in Oberpöllnitz verhaftet und nach Halle überführt.

Der Kommilitone Leopold Benda, der mich für die Gruppe geworben hatte, kam aus den Osterferien einen Tag nach unserer Verhaftung an die Universität Halle zurück und wurde sofort von anderen Kommilitonen darüber informiert, dass ich verhaftet worden sei. Im Institut hat man Benda natürlich sofort gewarnt und bemerkenswerterweise hat ihm der SED-Parteigenosse Fritz Reuter, ein Gallwitz-Schüler und späterer ordentlicher Professor für Ingenieurgeologie und Felsmechanik an der Bergakademie Freiberg, das Fahrgeld für die Flucht nach Westberlin gegeben, weil Benda nicht genügend Geld für eine Reise nach Berlin bei sich hatte. Andere Kommilitonen versteckten ihn dann zunächst in den weitläufigen Dachböden des Geologisch-Paläontologischen Instituts (der ehemaligen bischöflichen Neuen Residenz am Domplatz/ Domstrasse). Zwei „Ledermäntel", die im Institut auftauchten, verlangten von Hans Gallwitz eine Hausdurchsuchung, die er aber mit großer Empörung und Erregung ablehnte und lautstark verhinderte. Hans Gallwitz hatte zum Glück keine Kenntnis, dass sich Benda tatsächlich im Institut versteckt hielt. Einige Tage später wurde Benda von einem älteren Kommilitonen nachts sicher in einer Braunkohlengrube bei Helmstedt, in der beiderseits der Demarkationslinie Kohle abgebaut wurde, über die Grenze gebracht.

Im „Roten Ochsen" – Zuchthaus Halle

Wenige Tage später wurden wir in den berüchtigten „Roten Ochsen" in Halle transportiert, eine Haftanstalt, die 1842 als damals modernste „königlich-preußische Straf-Lern- und Besserungs-Anstalt" errichtet worden war. In den Jahren der Naziherrschaft sind dort Tausende Menschen gefoltert und häufig auch erschossen worden. Unter der sowjetischen Besatzungsmacht hat der NKWD in denselben Gebäuden seine brutale Herrschaft ausgeübt und viele deutsche und auch ausländische Zivilisten und ehemalige Wehrmachtsangehörige gefoltert und meist ohne ordentliche Gerichtsverfahren durch Sowjetische Militärtribunale zu hohen Freiheitsstrafen verurteilt. Erst zwei Jahre nach der Gründung der DDR ist das Zuchthaus „Roter Ochse" mit allen Insassen an den Staatssicherheitsdienst der DDR übergeben worden.

Hinter meterdicken massiven Mauern in einer ca. 6 m^2 großen Zelle mit einem kleinen Fenster, das draußen noch mit einer hölzernen Sichtblende verkleidet war, verbrachte ich dann die mehrere Monate dauernde Untersuchungshaft. Die aus Halleschem Quarzporphyr fest gefügten damals schon über 100 Jahre alten Außenmauern waren etwas bröselig angewittert. So entdeckte ich voller Freude Quarze und Feldspäte, die gelegentlich in den Holzkasten (Sichtblende) vor dem Fenster rieselten, obwohl es streng verboten war, das hinter den Eisengittern befindliche hochgelegene Fenster zu erklettern. Den Himmel konnte ich nur als kleinen schmalen Streifen sehen, wenn ich mich dicht an die höher gelegene Fensternische drückte. In der Zelle befanden sich lediglich ein altes eisernes Bettgestell, auf dem ein mit Häcksel gefüllter Strohsack und eine Wolldecke lagen und ein Aluminiumkübel mit einem Deckel für die Notdurft. Es gab in dieser Zelle weder Stuhl oder Hocker noch einen Tisch. Neben der Zellentür verliefen zwei meist kalte oder höchstens lauwarme Heizungsrohre senkrecht durch den Raum.

In einer kleinen vergitterten Maueröffnung oberhalb der dicken Zellentür war die Anstaltsordnung unter einer Tag und Nacht leuchtenden stärkeren Glühbirne angebracht, die nichts außer Stehen und Gehbewegungen auf der etwa 3 m^2 freien Bodenfläche oder das Sitzen auf der Bettkante erlaubte. Liegen war nur in der Zeit zwischen 22 und 6 Uhr gestattet, in der meist die Vernehmungen stattfanden. Ich habe diese Zelle in den drei Monaten der Einzelhaft nur zu den meist nächtlichen Gesprächen mit dem Stasi-Mitarbeiter in den Vernehmungsräumen (heute die Räume der Gedenkstätte Roter Ochse Halle, Am Kirchtor 20a) verlassen dürfen.

Während der Untersuchungshaft trugen wir unsere zivile Kleidung, in der wir verhaftet worden waren. Das war bei mir eine kurze schwarze Hose, ein leichtes graubraunes Jackett, ein buntes kariertes Oberhemd und ein weißes kariertes Taschentuch. Man musste in seiner Unterwäsche schlafen. An einen Wäschewechsel in dieser Zeit kann ich mich nicht erinnern. An den meist kühlen Frühjahrstagen habe ich hinter den dicken Mauern oft gefroren, wärmere Bekleidung wurde uns verweigert. Die einzige

Wolldecke für die Nacht durften wir uns tagsüber nicht umlegen. Als ich es einmal dennoch tat, schlugen die Wächter gegen die Zellentür und forderten lautstark, dass ich dies zu unterlassen habe. Sie schlichen ständig in unregelmäßigen Abständen in ihren geräuschlosen Filzpantoffeln auf den Fluren umher und beobachteten uns durch die „Spione" – kleine Gucklöcher mit einer verschließbaren Klappe. Nach kurzer Trainingszeit konnte ich erkennen, ob sich diese exzentrisch befestigte Klappe bewegte und ein nicht erkennbares Auge auf mich gerichtet war. Diese Feststellung gelang mir dann aber nicht mehr, als man in diese Klappe ein winziges Loch gebohrt hatte, um mich in meiner kleinen Zelle, die mir wie eine verkehrte Camera obscura erschien, völlig unauffällig zu beobachten.

Einen sogenannten Freigang auf dem Hof gab es nicht in dieser Zeit. Außer der Anstaltsordnung und den zu unterschreibenden Protokollen habe ich kein Blatt Papier, weder ein Buch noch eine Zeitung zu lesen bekommen. Postverkehr mit den Angehörigen war nicht erlaubt. Diese wussten allerdings sowieso nicht, wo ich versteckt gehalten wurde.

Die Verpflegung war sowohl qualitativ als auch quantitativ sehr mangelhaft, morgens z.B. zwei trockene Brotscheiben mit einem Löffel Zucker und einem halben Liter „Kaffeegetränk". An Wochentagen gab es mittags meist Suppe oder einfache Gerichte mit Pellkartoffeln nach einem festen, unveränderten Wochenplan. Nur am Sonntag gab es zu Salzkartoffeln und Rotkohl mit Soße auch eine kleine Fleischbeilage. Meist blieb ich hungrig, bis auf solche Tage, an denen Gefängniswärterinnen eingesetzt waren auf unserer Etage. Diese boten mir gelegentlich Reste von der Essenverteilung an, manchmal auch die von anderen Häftlingen in den Abfallkübel geworfenen Kartoffeln. Ich bekam aber nur Nachschlag, wenn ich meinen Blechnapf schon leer gegessen hatte. Da der „Fütterungsrundgang" auf unserer Etage manchmal schneller beendet war, musste ich mich mit der ersten Zuteilung beeilen, sie schneller zu vertilgen, um noch in den Genuss eines Nachschlages zu gelangen.

Für die Notdurft stand ein Kübel mit ätzendem Chlorkalk zur Verfügung. Pro Tag gab es ein einziges Blatt Toilettenpapier. Nachts mussten der Essnapf, der Löffel und die abgelegte Kleidung (außer der Unterhose) vor der Zellentür militärisch exakt aufgeschichtet werden.

Mein Vernehmer hatte mir auf meine Frage zur Dauer der mir unendlich lang erscheinenden Untersuchungshaft geantwortet, dass ich genügend Zeit hätte, jetzt 25 Jahre lang die Zuchthäuser der DDR zu studieren, dies war das übliche Strafmaß der sowjetischen Militär-Tribunale, die bis 1951 fast alle politischen Fälle im Gebiet der DDR verhandelten. Da war mir endgültig klar, dass ich meine schwache Hoffnung begraben musste, bald wieder in Freiheit leben zu können, weil die Staatsmacht meine relativ kurze Zugehörigkeit zu der Gruppe als geringfügig einschätzen könnte.

Einmal habe ich ein nächtliches Protokoll nicht unterschrieben, weil darin zu viele Rechtschreibfehler enthalten waren. Bei den folgenden Vernehmungen bemerkte ich, dass mein Vernehmer in einer Schublade seines Schreibtisches verborgen in einem Buch blätterte; vermutlich hatte er sich einen Duden besorgt.

Eines Tages erinnerte ich mich, früher einmal etwas von einem Gefängnis-Krankenhaus gehört zu haben, wo man es vielleicht besser haben könnte. Schon sich am Tage auch mal hinlegen zu dürfen, erschien mir begehrenswert. Ohne besondere medizinische Kenntnisse zu besitzen, bildete ich mir nach kurzer Zeit ein, an einer Hirnhautentzündung erkrankt zu sein. Ich würde es nicht glauben, wenn ich es nicht selbst an mir erfahren hätte: Bereits nach zwei Tagen spürte ich tatsächlich ein intensives Brennen unter der Schädeldecke. Schließlich wagte ich, als die Schmerzen immer unerträglicher wurden, nach einem Arzt zu rufen. Es dauerte einige Stunden, bis eine Sanitäterin der Stasi in Begleitung von zwei männlichen Gefängnisaufsehern in meine Zelle kam. Ohne weitere Untersuchung stellte sie fest, dass ich gar nicht krank sei. Meinen Widerspruch ließ sie nicht gelten und gab mir lediglich eine Schmerztablette, (vielleicht auch nur ein Placebo?), die ich sofort schlucken musste. Schlagartig wurde mir klar, dass ich in diesem Haus auf keinen Fall richtig krank werden dürfe. Ich brauchte zwei Tage, bis der Spuk aus meinem Kopf wieder verschwunden war.

Interessant war für mich, dass die Stasi-Mitarbeiter, die die Vernehmungen durchführten, nie über politische Ansichten sprechen oder gar diskutieren wollten. Sie interessierten sich auch nicht für die Gründe, warum wir Gegner des Regimes geworden waren.

Sie drängten förmlich darauf, dass ich einen Passus unterschrieb, in dem ich erklären musste, dass ich durch illegalen Aufenthalt in Westberlin und Westdeutschland mit dem Fahrrad 1950 und 1951 (man fand bei der Wohnungsdurchsuchung einen Jugendherbergsausweis vom Rheinland) von den Imperialisten und vor allem durch das Abhören des RIAS-Senders verführt worden sei. Damit und mit der folgenden Verurteilung war ihre Pflicht erfüllt. Es hat nie jemand versucht, mich zum Sozialismus zu bekehren.

Um geistig beschäftigt zu sein, hatte ich schon nach wenigen Tagen der ersten Verzweiflung und des inneren Aufruhrs begonnen, mich sinnvoll zu beschäftigen und mein Gedächtnis zu trainieren. Zuerst lernte ich Rechenbeispiele mit Quadrat- und Kubikzahlen bis 20, die ich vorher mit einem kleinen Stück ausgebrochenen Fensterkitts auf der mit dunkler Ölfarbe angestrichenen schräg nach oben verlaufenden Fensternische errechnet hatte. Ich hatte entdeckt, dass diese schräge, mit etwa 45° ansteigende Fläche in der Fensternische, den schmalen von der hölzernen Sichtblende begrenzten Lichteinfall total reflektierte. Dadurch war meine Schrift mit Fensterkitt auf dieser Fläche weder durch den Spion noch bei geöffneter Tür sichtbar.

Aus meiner Schuhsohle (Schuhe waren damals noch genagelt) hatte ich einen winzigen Nagel mühsam herausgezogen, um ihn als Schreibgegenstand für einen in die Wand geritzten Kalender zu benutzen. Als an einem Donnerstag im Mai 1952 der normalerweise bis in die Zelle dringende städtische Geräuschpegel deutlich geringer war, irritierte mich dieses sehr, bis ich mich an meinem selbstgemachten Kalender orientierte und herausfand, dass es der Himmelfahrtstag war.

Ziemlich zu Anfang meiner Haftzeit kam ich auf die Idee, die Größe meiner Zelle abzumessen, um später darüber berichten zu können und begann dafür ein „Urmaß" für meine Zelle, nach dem Pariser Vorbild des Urmeters, herzustellen. Aus jener Decke, mit der ich mich nachts zudecken konnte, zog ich Wollfäden, die ich zu einem langen Faden verband. Mit Hilfe meiner Körpergröße, der Fußlänge und der Spanne zwischen Daumen und Zeigefinger sowie der Daumenbreite hatte ich den gewonnenen Faden auf etwa 2 m Länge abgemessen. Nachdem der Faden in zwanzig gleich lange Teile zerlegt war, eichte ich diese Länge an einem aus der „Matratze" (alter durchgelegener Strohsack) stammenden Strohhalm, auf den ich noch mit meinem kleinen Nagel eine Zentimeter-Einteilung markierte.

Mit diesem Maßstab habe ich dann die Zelle vermessen, u.a. auch ein kleines Eck-Wandbrett, auf dem tagsüber der Essnapf mit dem Löffel aufbewahrt werden musste. Ich habe dann versucht, die Größe der Brettoberfläche (ein Viertelkreis) mit Hilfe der Kreisformel, aus der Aufteilung in Dreiecke und mit der Integralrechnung und deren Abweichungen zu ermitteln.

Ein weiteres Objekt war die Repetition der Kristallklassen und mineralogischen Flächenbezeichnungen von Mineralen, die wir gerade im Wintersemester in den Vorlesungen der Mineralogie gelernt hatten.

Täglich absolvierte ich ein Laufpensum von ca. 2 km abwechselnd links und rechts herum kreisend in meiner winzigen Zelle. Dabei benutzte ich mein Schrittmaß (65 Doppelschritte auf 100 m), das ich gerade im letzten Semester im Fach Geographie für die Aufnahme eines Itinerars erlernt und eingeübt hatte.

Aber all diese Beschäftigungen erfüllten die täglich langen Stunden höchstens für etwa zwei Wochen, bis ich anfing, mich mit meiner eigenen Vergangenheit zu beschäftigen. Ich hatte den Ehrgeiz, mich möglichst früher Kindheitseindrücke zu erinnern. Es gelang mir durch die Kombination mit später erworbenen Daten, wie Hochzeit, Umzug oder Erwerb von Gegenständen sowie Besuche und Reisen meiner Eltern einzelne Vorgänge zeitlich einzuordnen und bis an den Anfang meines dritten Lebensjahres wieder lebendig werden zu lassen. Plötzlich erkannte ich, für mich überraschend, dass bestimmte Gegenstände und Begriffe, wie Haus, Küche, Bad, Schlafzimmer, Bauernhaus, Scheune, Getreidefeld, Allee, Strasse, Werkzeuge, aber auch geographische Begriffe wie Hang, Feldweg, Sandgrube oder einzelne große oder bestimmte Bäume wie Kiefern mit solchen identisch waren, die ich in meinem

Lebensraum bis zum 6. Lebensjahr als reale Gegenstände zum ersten Mal kennen gelernt habe und dann in meinem Bewusstsein gespeichert waren. Ich nannte sie „Archetypen" meiner Kindheit, die sich in mein Gedächtnis eingeprägt hatten.

Dann versuchte ich die Stadt Schwiebus zu rekonstruieren, 75 km östlich von Frankfurt/Oder, wo ich von 1939 kurz vor Beginn des Krieges bis zur Flucht 1945 zur Schule ging, mit all ihren Häusern, Straßen und Bewohnern, die ich kannte. Die Details führten mich bis zu Treppenaufgängen, Haustüren, Schaufenstern, Dächern, Einrichtungen von Wohnungen, die ich besucht hatte und vielen anderen Einzelheiten der Stadt und seiner nahen Umgebung.

Als ich 50 Jahre später diese Stadt mit meiner Frau und unseren drei Kindern wieder besuchen konnte, waren mir sehr zum Erstaunen meiner Familie viele Einzelheiten noch außergewöhnlich gut vertraut, nur die Häuserlücken des Krieges und die polnischen Schilder, Straßenbezeichnungen und die Menschen waren für mich neu.

Ich war so vertieft in diese Welt, dass ich bei der Rekonstruktion meiner Vergangenheit nur bis zum 15. Lebensjahr gekommen war, als ich für 3 Tage zum öffentlichen Schauprozess in die dunklen Zellen des Landgerichts in Halle überführt wurde. Ich habe nie wieder in meinem Leben soviel Zeit zum Nachdenken gehabt.

Gerichtsverhandlung

Einen Tag vor dem Prozess, der am 26. Juni 1952 im Landgericht Halle stattfand, besuchte mich ein Herr in einem offiziellen Besucherraum, der sich als Rechtsanwalt Dr. Eberle aus Gardelegen vorstellte. Er teilte mir mit, dass der Prozess am nächsten Tage stattfinden würde und er als Pflichtverteidiger bestellt worden sei. Obwohl in den Akten ein Haftbeschluss vom 17. April 1952 mit den Unterschriften der VP-Räte Stange und Schumann sowie einem Chefinspektor Weigert vorliegt, habe ich weder einen schriftlichen Haftbefehl noch eine Anklageschrift zu Gesicht bekommen. Beides habe ich genauso wie das schriftliche Urteil erst nach der Wende 1995 in den BStU-Akten in Ost-Berlin einsehen können.

Die Gerichtsverhandlung der 1. Großen Strafkammer des Landgerichts fand in einem großen Saal in Anwesenheit von Rundfunk und Presse als Schauprozess statt. Die etwa 60 Personen Öffentlichkeit waren geladene Delegationen vermutlich aus Berlin, wie aus einem Fernschreiben der Stasi vom 24. Juni 1952 hervorgeht. In einem Aktenvermerk teilte der Landesstaatsanwalt von Sachsen-Anhalt mit, dass auf Wunsch der EB (Ermittelnden Behörde?) und einer anderen, nicht genau benannten Stelle das Verfahren nicht in erweiterter Öffentlichkeit durchgeführt werden soll, was von den Zuhörern moniert worden sei. Zeugen oder Sachverständige waren nicht geladen.

Angeklagt in der Strafsache 1Lg 71/52 gegen Krüper u.a. waren diese 6 Studenten:
Otto Krüper, stud. ing. aus Mittweida, Jahrgang 1929 *Osterburg/Altmark
Karl Weber, stud. math. Halle, Jahrgang 1929 *Osterburg/Altmark
Hans-Dieter Dell, stud. chem. Halle, Jahrgang 1931 *Halle
Friedhelm Thiedig, stud. geol. Halle, Jahrgang 1933 *Blumberg, (aus Erfurt)
Hans-Joachim Fischer, Halle, Jahrgang 1932 *Berlin-Karlshorst
Herbert Bartels, Praktikant, Krs.Osterburg, Jahrgang 1928 *Osterburg

Anwesend waren der 1. Vorsitzende, Oberrichter Blumrich, als Beisitzende Richterin die Landrichterin Dierl, Friedrich Erdapfel (Halle), Margarete Mende (Halle) und Richard Schatz (Halle) als Schöffen, der Staatsanwalt Flucke und der Justizangestellte Hinke als Beurkunder der Geschäftsstelle. Als Pflichtverteidiger waren die Rechtsanwälte Kolberg (Halle) für Krüper, Herzfeld (Halle) für Weber, Dellin (Halle) für Dell, Dr. Eberle (Gardelegen) für Thiedig, Schirmer (Gardelegen) für Fischer und Dr. Hänisch (Dessau) für Bartels erschienen. Die Anklage lautete: Strafsache wegen Vergehen III A III KD (Kontrollrats-Direktive), Artikel 6 der Verfassung der DDR. Sogenannte Boykotthetze gegen demokratische Einrichtungen und Organisationen wurden als „Verbrechen im Sinne des Strafgesetzbuches“ gekennzeichnet und geahndet. Damit hatte die SED die rechtlichen Voraussetzungen zur strafrechtlichen Verfolgung jeglicher Opposition geschaffen. Diese Grundrechte der Verfassung dienten als „Instrument des Klassenkampfes“[112], Oppositionelle wurden als Politische Gefangene durch die Strafjustiz der DDR kriminalisiert.[113]

Die Vorführung vor dem Richter fand einzeln statt, weil der Staatsanwalt die getrennte Vernehmung beantragt hatte, „[…] um eine wahrheitsgemäße Darlegung des Sachverhaltes zu garantieren […]“, lediglich der Hauptangeklagte durfte den Vernehmungen der anderen Angeklagten beiwohnen. Außer Karl Weber habe ich alle Mitangeklagten zum ersten Mal nach der Einzelvernehmung gesehen und damit von deren Existenz erfahren.

112 Schröder 2000, Kaff, B. (Hrsg.) 1995: Gefährliche politische Gegner. – Widerstand und Verfolgung in der sowjetischen Zone/DDR. – 262 S. Droste Verlag Düsseldorf, Kaff, B. & Kos, J. 1998: Die Ausschaltung Christlicher Demokraten unter sowjetischer Besatzung und SED-Herrschaft, S. 1–61. In: Buchstab, G. (Hrsg.): Verfolgt und entrechtet. – Konrad-Adenauer-Stiftung, Droste Verlag, Düsseldorf.

113 Justizverwaltungen der Länder Berlin, Brandenburg, Mecklenburg-Vorpommern, Sachsen, Sachsen-Anhalt und Thüringen 1996: Politische Strafjustiz in der früheren DDR, Erfurt, Ministerium für Justiz und Europaangelegenheiten, Brauckmann, R. 1998: Planziel: Politische Gefangene. Zur Kriminalisierung der Opposition durch Strafjustiz in der DDR, S. 222-231. In: Haase, N. u. Oleschinski, B., (Hrsg.) Universität Leipzig und die Vereinigung von Förderern und Freunden der Universität Leipzig (Hrsg.) 1998: Studentischer Widerstand an der Universität Leipzig 1945–1955. Sax-Verlag Beucha, Engelmann, R. u. Vollnhals, C. (Hrsg.) 1999: Justiz im Dienste der Parteiherrschaft. Rechtspraxis und Staatssicherheit in der DDR, Ch.Links Verlag Berlin.

Die Gerichtsverhandlung begann am frühen Vormittag und dauerte bis in die Nacht hinein, wofür die Rechtsanwälte um die Erhöhung der Gebühr für unsere Verteidigung auf je 100 Mark baten, „weil die zur Aburteilung stehende Straftat von besonderer Bedeutung war und sich die Hauptverhandlung bis 22.15 Uhr hingezogen habe".

Nachdem ich als dritter Angeklagter in den Gerichtsaal geführt, die Vernehmung abgeschlossen und eine kurze Anklage gegen mich verlesen worden war, erhob sich Rechtsanwalt Dr. Eberle und verteidigte sich zunächst in einer ausführlichen Rede, dass er als zugeordneter Pflichtverteidiger durch die fortschrittlichen Gesetze der DDR gezwungen sei, selbst solche schweren Verbrechen verteidigen zu müssen, wie wir sie begangen hätten. Dafür müssten wir Angeklagten dankbar sein.

Die Pflichtverteidiger hatten im Grunde nichts oder nur sehr wenig für unsere Verteidigung vorzubringen. Sie beantragten in drei Fällen ein milderes Urteil, einmal eine geringere Strafe als 5 Jahre für ihren Angeklagten, dreimal ein gerechtes Urteil und zweimal die Anrechnung der Untersuchungshaft.

Die Angeklagten hatten dann das letzte Wort. Krüper bat um ein mildes Urteil für Karl Weber und erklärte: „Ich bin schuldig". Drei bereuten ihre Tat, einer bekannte sich schuldig und erklärte, dass er beweisen möchte, jetzt anders geworden zu sein. Ich selbst erklärte: „Ich bekenne mich schuldig [im Sinne der DDR-Gesetze] und erwarte meine Strafe".

Die Rede zur Urteilsbegründung des Oberrichters Blumrich ist in den Stasi-Akten – vermutlich im Wortlaut – maschinenschriftlich mit seiner Unterschrift erhalten. Er sah unsere Taten als Ausdruck und Erscheinungsform der damaligen politischen Situation in der DDR. Hier einige Auszüge aus der insgesamt 6 Seiten umfassenden Rede: „Der Angelpunkt der gegenwärtigen Kriegsgefahr ist in der heutigen internationalen Situation Westdeutschland als die Basis des wiederbelebten angriffslustigen deutschen Imperialismus, als Kettenhund des amerikanischen Monopolkapitalismus. Die Tragweite und Gefahrenschwere der letzten internationalen Ereignisse, wie die Unterzeichnung des Generalkriegsvertrages, fordern, dass diesen Gefahren in noch größerem Maße als bisher begegnet wird. Eine Drohung wächst von Tag zu Tag, die Drohung des Faschismus […].

In Westdeutschland bildet sich heute eine neue Form des Faschismus heraus, der Europa-Faschismus, der sich in der europäischen Verteidigungsgemeinschaft seine Waffen schafft, in welche die Bonner Wehrmacht eingegliedert ist. Das Ziel ist die Erringung der Weltherrschaft, die Zurückgewinnung der östlichen Hälfte der Erde mit ihren Märkten und Rohstoffen. […] Eine Regierung, die solche Ziele hat, eine solche Politik verfolgt und unterstützt, greift zur Erringung derselben zu Terror und Hetze gegen die Kräfte des Friedenslagers. Mit Hilfe der gefügigen Presse und des Rundfunks in Westdeutschland soll die politische Wirklichkeit in das Gegenteil verkehrt werden. Zu diesem Zwecke werden Agenten, Saboteure, Spione und Diversanten im

Gebiet der DDR eingesetzt, um Ordnung und Sicherheit zu gefährden, die Wirtschaft zu schädigen, den Staat zu stürzen.

Gerade diese Verhandlung beweist erneut, mit welch mörderischer Kaltblütigkeit und Skrupellosigkeit die Vollbringer der verbrecherischen Aufgaben gesucht, gewählt und verwendet werden. Fast immer sind es junge Menschen, die den Agenten zum Opfer fallen, um durch diese gleißnerische Propaganda auf den falschen Weg zu kommen, der zum Verbrechen führt. Gerade diese jungen Menschen werden von den Kopfjägern des 20. Jahrhunderts für ihre Zwecke missbraucht. Die Wege aller dieser Verbrecher münden in der sogenannten „Kampfgruppe gegen Unmenschlichkeit", bei Organisationen ähnlicher Art und letzten Endes beim ausländischen Geheimdienst mit seinen imperialistischen Auftraggebern.

Mosaik an Mosaik, das die Agenten zusammentragen, geben ein großes Bild unserer Wirtschaft, unseres Verkehrs, unseres Neuaufbaus und unserer Politik. Wie Ratten wühlen sie von unten an dem neuen Staat und seinen Einrichtungen. Die Kampfgruppe ist aus den großen Prozessen bereits zur Genüge bekannt. Ihre Aufgabe besteht darin, einen zukünftigen Krieg vorzubereiten, gegen die Friedenskräfte mit den Mitteln der Verleumdung, der Hetze, Drohung, mit Gewalt und Terror vorzugehen.

Alle Angeklagten waren zugehörig der sogenannten KgU. Deren Aufgaben sind auf Störung, Unterdrückung und Sturz der bestehenden Ordnung gerichtet. Die KgU und ähnliche Organisationen werden demnach gekennzeichnet durch militärische Propaganda und Kriegshetze, die sich in verschiedenen Formen der Hetzpropaganda, in Wort und Schrift, durch persönliche Beeinflussungen, Drohungen und Terror bis zur Gewalt steigern. Unlösbar verbunden ist damit der Hass gegen die SU. Danach ist die KgU als verbrecherische Organisation mit den tatsächlich festgestellten und rechtlich als Boykotthetze und Bekundungen von Völkerhass zu würdigenden Zielen anzusehen, die alle gegen den Art. 6 der Verf. verstoßen. […]

Geleitet von den hohen Grundsätzen der friedliebenden Politik, die auf Festigung des Friedens und die freundschaftlichen Beziehungen zu den Völkern gerichtet ist, ist es notwendig und ergibt sich aus dem Gewissen und Rechtsbewusstsein der Völker, die im Verlaufe des Lebens einer einzigen Generation die Leiden zweier Weltkriege durchgemacht haben, solche Taten der Kriegspropaganda und Schwächung der Friedensfront wie kriminelle Schwerverbrecher zu bestrafen, diese Täter richten gegebenenfalls nicht einen Menschen, nicht nur ein Volk, sondern ganze Völker zugrunde.

Die Jugend der Angeklagten konnte nur zu einem Teil als strafmildernd angesehen werden. Die Angeklagten waren Studenten und sie hatten die Möglichkeit, sich gesellschaftspolitisch und fachlich ein besonders hohes Wissen anzueignen. Ihnen war es möglich, auf Grund ihrer besonderen Ausbildung ein höheres geistiges und politisches Niveau zu erreichen, als unsere jungen werktätigen Menschen.

Strafverschärfend war bei allen Angeklagten zu bewerten, dass sie auf Kosten der werktätigen Bevölkerung studierten und besonders das Vertrauen des Volkes missbrauchten, da sie als Beste zum Studium ausgewählt wurden und die neue fortschrittliche Intelligenz unseres Staates werden sollten. Das Gericht ist aber nicht nur ein strafendes, sondern zugleich auch heilendes Organ. Es hat neben der Aufgabe des Kampfes mit den konkreten Verbrechen die andere nicht minder wichtige und wertvolle Aufgabe: ‚Verhütung und Prophylaxis' […]. Das Gericht dient damit der Propagierung unserer demokratischen Gesetze und der Anerziehung einer neuen Disziplin."

Verurteilungen zu Zuchthaus und Sühnemaßnahmen

Gegen 22 Uhr wurden die Urteile verlesen. Otto Krüper erhielt 13 Jahre Zuchthaus, Karl Weber 12 Jahre, Hans-Joachim Fischer wurde mit 7 Jahren belegt, statt der vom Staatsanwalt beantragten 6 Jahre, „wegen seines besonders intensiven Eintretens, das noch über die Aufträge hinausging". Er wurde ein paar Monate später in einem anderen Verfahren zu 2 weiteren Zuchthausjahren verurteilt, weil er in der Zelle des Gerichtsgefängnisses den Spruch der Freiheitsglocke in Westberlin in die Wand eingeritzt hatte: „Ich glaube an die Freiheit und an die Unantastbarkeit der Menschenwürde […]." Beide Strafen wurden dann zu einer Haftzeit von 8 Jahren 6 Monaten addiert. Herbert Bartels erhielt 4 Jahre 6 Monate, Hans-Dieter Dell 5 Jahre und Friedhelm Thiedig 3 Jahre und 6 Monate.

Allen Angeklagten wurden zusätzlich nach Verbüßung der Haftstrafe noch Sühnemaßnahmen für die Dauer von 5 Jahren auferlegt. Was diese Sühnemaßnahmen alles beinhalten, hat man uns nie mitgeteilt. Sie bedeuten nicht nur den Verlust aller bürgerlichen Ehrenrechte, wie Wahlrecht, Verbot der Fortsetzung des Studiums, sondern vor allem auch Aufenthaltsbeschränkungen usw., wie ich nach meiner Haftentlassung erfahren musste.

Im Grunde hatten wir bei dem Prozess noch Glück, dass wir nicht wie noch wenige Monate zuvor üblich, von sowjetischen Militärtribunalen verurteilt wurden, die dann meist mit vieljährigen Aufenthalten in der Sowjetunion endeten.

Interessanterweise fand ich in den Akten der Stasi eine Aufforderung der Abteilungen IX und VI vom 5. Juni 1952 an die Universität Halle, eine Aufstellung über die soziale Zusammensetzung der Studenten und deren materielle Unterstützung zu liefern: „Zu einer in der nächsten Zeit stattfindenden öffentlichen Gerichtsverhandlung wird ein Entwicklungsbericht über die Martin-Luther-Universität benötigt. Dieser Bericht soll aufzeigen, welche sozialen Bevölkerungsschichten die Möglichkeiten hatten, zu studieren. Weiter soll zum Ausdruck kommen die finanziellen Ausgaben für die Universität [Halle] selbst und für die einzelnen Studenten. Zeitmäßig soll der Bericht untergliedert sein in die Jahre vor 1918, von 1918 bis 1933, von 1945 bis heute [1952]".

Schon nach zehn Tagen lag ein Bericht vor, der Angaben über die Zahl der Studierenden von 1700 bis 1734, um 1801, 1843, 1900 und 1931 sowie über 1947/48 enthielt. Dabei zeigte sich, dass schon im 18. Jahrhundert zwischen 25 und 40 Prozent der Studierenden an der Universität Halle graduiti [d.h. unentgeltlich] waren. Bei der sozialen Herkunft überwogen Lehrer, mittlere Beamte, Angestellte, Kaufleute, Handwerker, auch Geistliche. Die Zahl der Arbeiter und Kleinbauern war verschwindend gering, sie stieg ab 1947/48 stärker an, wurde aber immer noch von der Gruppe der Angestellten übertroffen. Während der Gerichtsverhandlung kamen diese Dinge am Rande zur Sprache, als uns vorgeworfen wurde, auf Kosten der werktätigen Bevölkerung Stipendien erhalten zu haben. Die fünf Seiten umfassende Aufstellung über die soziale Herkunft der Studenten und ihre finanziellen Einkünfte in Form von Stipendien hat wohl nicht die ideologisch erwartete Herausstellung des DDR-System erbracht. Dabei ist interessant, dass man auf keinen Fall einen Vergleich mit dem Naziregime wagen wollte. Diese Jahre sind bewusst nicht abgefragt worden.

Über den Verlauf der Gerichtsverhandlung hat der Staatsanwalt Flucke in einem Aktenvermerk bekundet, dass die Verhandlung „gut gelaufen sei und dass unter den Zuhörern verschiedene Studenten zum Ausdruck gebracht hätten, warum die Verhandlung nicht in erweiterter Öffentlichkeit durchgeführt wurde. Die Presse wird über Krüper und Adam [aus einem anderen Prozess, der etwa zeitgleich behandelt wurde] in den nächsten Tagen etwas veröffentlichen".

Erst nach meiner Entlassung aus der Haft 1955 habe ich erfahren, dass in der Zeitung „Junge Welt" ein ganzseitiger Artikel über unseren Prozess veröffentlicht worden war. In der Ausgabe vom Mittwoch, den 2. Juli 1952, berichtet Werner Micke unter der Überschrift: „Der D-Zug Halle-Berlin und die Unbelehrbaren. Zum Prozess gegen die Agentenbande Krüper und einige Schlussfolgerungen" ausführlich über unsere „Agententätigkeit" und den Ablauf des Prozesses.

Darin wiederholen sich die schon in der Anklageschrift aufgelisteten Behauptungen über phantasievoll nachempfundene Untergrundtätigkeiten, die in einer reißerischen Propaganda-Reportage dargestellt sind. Sie sind größtenteils frei erfunden, wie angebliche Sprengungen von Brücken, Anlegen von Bränden usw. Es ist weder in den Vernehmungsprotokollen noch in der Anklageschrift ein einziges konkretes Beispiel außer der „Verteilung von Hetzschriften" erwähnt. Im selben Jahr 1952 fanden zahlreiche weitere Prozesse gegen Mitglieder der KgU in der DDR statt, wie aus Zeitungsartikeln in der „Jungen Welt" hervorgeht.[114]

114 Junge Welt, 6. Jahrgang, Nr. 116 A vom 28. Juni, Nr. 119 A vom 2. Juli, Nr. 123 A vom 6. Juli, Nr. 128 vom 12. Juli, Nr. 141 vom 27. Juli und Nr. 147 vom 3. August 1952.

Vor allem wurde aber auch in Presseberichten von anderen Prozessen hervorgehoben, dass es die amerikanischen Imperialisten waren, die uns verführt haben, wobei besonders der Hetzsender RIAS eine wichtige Rolle gespielt habe. Unter den Schlussfolgerungen findet man: „Wir sind nicht bereit, uns bei der Durchführung dieser wichtigen Aufgabe von gewissenlosen Verbrechern stören zu lassen. Aber wir sind bereit, das amerikanische Agentengesindel in unseren Universitäten und Hochschulen schnell und unerbittlich auszuräuchern und dem Eindringen von Banditen ein für allemal einen Riegel vorzuschieben".

Unter der Überschrift „Solche ‚Studenten' brauchen wir nicht" wird ausgeführt: „Das ist jedoch nicht allein eine Aufgabe unserer Staatssicherheitsorgane, sondern ehrenvolle Pflicht eines jeden, der an unseren Universitäten und Hochschulen arbeitet. Wachsamkeit, Wachsamkeit und noch einmal Wachsamkeit – das ist die Losung, die sowohl Studenten wie auch Professoren und Dozenten mit Leben erfüllen müssen, die im Mittelpunkt der Arbeit unserer FDJ-Hochschulgruppen stehen muß. Diese Wachsamkeit darf aber nicht erst dort beginnen, wo die Krüpers bereits Hetzschriften verteilen, Brände anlegen und Spionage betreiben. Sie müssen schon dort wirksam werden, wo gewisse Leute Antisowjethetze mit dem demokratischen Recht auf freie Meinungsäußerung ‚verwechseln' oder glauben, ihre ‚Informationen' über den Hetzsender RIAS beziehen zu müssen, oder der Auffassung sind, dass Objektivismus eine ‚wissenschaftliche Tugend' sei. Solche Leute gibt es auch noch unter unseren Studenten. Solche ‚Studenten' sind – wie die Erfahrung zeigt, begannen die meisten feindlichen Agenten ihre Laufbahn mit RIAS-Hören, Objektivismus und Antisowjethetze – die geeignetsten Objekte für die Werber der feindlichen Agenturen. Solche ‚Studenten' sind deshalb völlig ungeeignet, an unseren Hochschulen auf Kosten unserer, um die Erfüllung der Pläne kämpfenden Werktätigen zu studieren. Und es ist an der Zeit, einige Unbelehrbare von dort zu entfernen, wo wir Kader für das einige friedliebende Deutschland schmieden."

Strafvollzug in Halle und Torgau

Nach dem Prozess wurden wir Verurteilten rasch getrennt. Während des Strafvollzuges bin ich lediglich Hans-Joachim Fischer und Hans-Dieter Dell wieder begegnet.

Zunächst musste ich als Hausarbeiter im „Roten Ochsen" arbeiten: Kübel von Mitgefangenen leeren und Küchendienste leisten, wobei ich mich zum ersten Mal wieder an Kartoffeln satt essen konnte. Hier durfte ich auch meinen ersten Besuch empfangen. Mein Freund Heinz Wiefel besaß den großen Mut, meine Mutter dabei zu begleiten. Dafür bin ich ihm ganz besonders dankbar.

Am 25. Oktober 1952 wurde ich in einem Gefangenen-Transportfahrzeug nach Torgau (Fort Zinna) überführt. Die Strafvollzugsanstalt Torgau, die schon ein berüchtigtes Zuchthaus für Wehrmachtangehörige war, hatte ab 1945 die sowjetische Armee verwaltet und mit ehemaligen Wehrmachtangehörigen und als Nazis beschuldigten Häftlingen gefüllt, die durch sowjetische Militärgerichte abgeurteilt worden waren. Im Frühjahr 1950 ist die Strafvollzugsanstalt samt Insassen an Dienststellen der DDR übergeben worden.[115]

Zahlreiche deutsche Kriegsgefangene waren hier eingesperrt und sind den DDR-Behörden mit übergeben worden. Diese ehemaligen Soldaten hatten nicht viel vom Ende der Hitlerzeit und der Nachkriegsentwicklung erfahren. Außerdem gab es die sogenannten Waldheimer, die vor allem als Mitläufer der NSDAP oder aus anderen politischen Gründen 1945 verhaftet und oft erst viel später im Zuchthaus Waldheim von sowjetischen Militärgerichten in Schnellverfahren verurteilt worden waren. In einigen Fällen fand eine Verurteilung nach Jahren des Gewahrsams erst durch Ferngerichte in Moskau statt.

Auf dem Innenhof der Strafvollzugsanstalt in Torgau wurden wir sehr unfreundlich empfangen; man sollte sofort merken, dass hier ein anderer Wind weht. Mit dem Gesicht zur Wand wurden wir durchsucht – als hätten wir unterwegs die Gelegenheit gehabt, uns zu bewaffnen. Umgehend wurden wir in Anstaltskleider gesteckt und mit Filzlappen und Holzschuhen ausgestattet. Zu sechst sperrte man uns in ehemalige Ein-Mann-Zellen.

Das Zuchthaus war völlig überfüllt, als die Behörden der DDR es übernahmen. Immerhin besaßen die Zellen ein Waschbecken und eine Toilette, bei deren Benutzung natürlich alle Zelleninsassen beteiligt waren. Wir hatten für die sechs Insassen nur fünf Strohsäcke als Lager, weil der Platz für 6 Strohsäcke zu klein war. So lagen die meisten von uns immer auf einer Ritze. Tagsüber mussten die mit Häcksel gefüllten Strohsäcke mit den Wolldecken zu einem „Sofa“ aufgebaut werden, das aber nicht benutzt werden durfte. Einmal hatte ich fast ein Jahr lang rote juckende Pusteln, die meinen ganzen Körper bedeckten. Nach der jährlichen Verbrennung der Strohsäcke war ich plötzlich ohne rote Flecke auf der Haut, weil meine Peiniger, Flöhe, mit verschwunden waren.

Am Jahresbeginn 1953 kam ich zum Arbeitseinsatz im Schrottkommando.[116] In einer großen Arbeitshalle waren primitive Holztische auf Böcken aufgestellt, auf deren wackeligen Brettern wir mit Hammer und Meißel die Nieten von Flugzeugteilen abschlagen und sortieren mussten. Diese Wiederverwertung der kostbaren Wertstoffe betraf vor allem Militärflugzeuge, die im Krieg zerstört worden waren. Etwa 400 bis 500 Häftlinge waren in Brigaden eingeteilt, die von ausgewählten

115 Haase, N. u. Oleschinski, B., 1998 (Hrsg.): Das Torgau-Tabu. Wehrmachtstrafsystem, NKWD-Speziallager, DDR-Strafvollzug, 2. Aufl., 274 S., Forum Verlag Leipzig.

116 Finn 1998, Gedenkstätte für die Opfer politischer Gewalt Moritzplatz Magdeburg, S. 199.

kriminellen Häftlingen, sogenannten „Brigadiers", als Antreiber geleitet wurden. Hier wurde in drei Schichten gearbeitet, wobei die Nachtschicht von 22 Uhr abends bis 6 Uhr morgens für mich immer die schwerste war.

Die Brigadiers rissen sich bei jeder neuen Schrottlieferung um die schweren Stücke, weil es Belohnungen für diejenigen Brigadiers gab, die die meisten Kilo abgeliefert hatten. Wir anderen Häftlinge hatten davon keinerlei Vorteile, was unsere Motivation nicht besonders stärkte und zu unangenehmen Auseinandersetzungen mit den Brigadiers und dem Wachpersonal führte. Die monatlichen Belohnungen nur für die Brigadiers waren meist Einkäufe von zusätzlichen Lebensmitteln im Werte von etwa 20 Mark, die sie natürlich für sich behielten.

So war es für die Antreiber nützlicher, einen schweren Motorblock zu erwischen, als nur die verschiedenen sehr leichten Aluminium-Legierungen zu zerlegen. Einmal wurde ich in der Nachtschicht beobachtet und denunziert, weil ich mich sehr intensiv mit einem ehemaligen Direktor der Solvay-Werke unterhielt und dabei weniger Schrott bearbeitete. Er war wegen des Besitzes von Aktien verurteilt worden, die er nicht abgeliefert oder angemeldet hatte. Von dem Wachoffizier, der in einem Raum über den Köpfen der Häftlinge unsere Arbeit beobachten konnte, wurde ich beschuldigt, mit meiner Untätigkeit den Wiederaufbau zu sabotieren. Er drohte mit der Möglichkeit, mir einige Jahre Verlängerung in Torgau zu verschaffen.

In dieser Zeit hatte meine Mutter ohne mein Wissen einen Antrag auf Begnadigung gestellt, der aber abgelehnt worden war. Meine Mutter hatte offensichtlich Hans Gallwitz um eine Beurteilung über mich im Dezember 1952 gebeten, die sie vermutlich im Frühjahr 1953 zusammen mit einem Begnadigungsantrag eingereicht hatte. Mit dieser Bescheinigung, die vom 19. Dezember 1952 datiert ist, hat Hans Gallwitz den Genossen der SED und der Stasi zugleich schriftlich bekundet, dass er sich für ehemalige Studenten einsetzte, die die SED noch viel länger als Schwerverbrecher im sicheren Zuchthaus isoliert haben wollte. Hans Gallwitz schrieb darin: „Ich würde es sehr begrüßen, wenn er bald seine ausgezeichneten Fähigkeiten zu produktiver Arbeit in unserem sozialistischen Aufbau einsetzen könnte". Dieses sehr mutige Eintreten hat die Stasi mindestens registriert und vielleicht auch später in die lange Liste seiner „Vergehen" eingetragen, wie auch seine anderen Aktivitäten in der Universität, in der Studentengemeinde[117] und nicht zuletzt auch seine Tätigkeiten in der Deutschen Akademie der Naturforscher Leopoldina, was dann alles sicherlich dazu beigetragen hat, ein Disziplinarverfahren gegen Hans Gallwitz einzuleiten.[118]

117 Reichstein, M., 1997: Hans Gallwitz (1896–1958) und die Geschichte des Geologisch-Paläontologischen Institutes in Halle, Hallesches Jahrb. Geowiss. B. 19, S. 7–16 Halle (Saale), Fachber. Geowiss. Univ. Halle (Saale).

118 Gerstengarbe, S., 1997: Das Mitglied der Leopoldina Hans Gallwitz und seine Auseinandersetzungen

Die Arbeit, die in der Haftanstalt eine besondere Vergünstigung darstellte, wurde am 5. März 1953 jäh unterbrochen. Nur die politischen Häftlinge (die es offiziell gar nicht gab), wurden isoliert und neu eingekleidet mit breiten roten Biesen auf den grauen Drillichhosen und -jacken, die nun auffällig „Generalsuniformen“ ähnelten und der Früherkennung gefährlicher Häftlinge innerhalb des Zuchthauses und bei Fluchtversuchen dienen sollten. Dann wurde uns das Haupthaar zu einer Glatze geschoren, was wir als besonders demütigend empfanden. Verängstigt wollten wir erfahren, was denn geschehen sei. Den Grund für diese scharfen Maßnahmen flüsterte uns der Frisör, gleichfalls ein Häftling, zu: Stalin war tot. Staatstrauer, an der wir auf diese Weise unfreiwillig teilnehmen mussten. Nach wenigen Wochen durften wir dann wieder arbeiten, bis der 17. Juni 1953 kam.

Alles kam plötzlich zum Stillstand. Von dem Aufstand der Arbeiter in der DDR erfuhren wir erst nach einigen Tagen. Gerüchte kamen auf, dass in manchen Orten, wie beispielsweise in Halle, sogar Gefangene befreit worden seien. Auch in Torgau solle es starke Unruhe bei der in der Nachbarschaft des Zuchthauses angesiedelten Kasernierten Volkspolizei gegeben haben. Wieder isoliert, durften wir mehrere Monate nicht arbeiten.

In dieser Zeit wurde in unsere jetzt nur mit 4 Mann belegten Zelle ein Häftling verlegt, der durchblicken ließ, dass er von einem Sondergericht in Halle zu 7 Jahren Zuchthaus verurteilt worden war, weil er als Agent des Verfassungsschutzes der Bundesrepublik bei einem Auftrag in der DDR gefasst worden war. Karl-Heinz Hedtke (vermutlich ein Deckname) hatte Frau und einen Sohn in Wolfenbüttel und musste seine Strafe voll absitzen. Er war meist gut gelaunt, wusste sich fast immer zu beschäftigen und ertrug seine Strafe leicht. Wir übten auf seinen Vorschlag z. B. bei Neuankömmlingen in der Zelle, in kürzester Zeit durch Befragen herauszufinden, wo es „Lücken“ in deren Lebenslauf gab. Merkwürdig war, dass er bei Schilderungen aus seiner Vergangenheit nur in der „dritten Person“ berichtete und dabei sehr abenteuerliche Geschichten erzählte, bei denen man nicht wusste, ob sie nur erfunden waren und ob sie ihn überhaupt betrafen. Er gab sich jedenfalls als Gegner des kommunistischen Regimes der DDR zu erkennen. Nach seiner Entlassung nach Wolfenbüttel war er für eine Versicherung tätig.

Fast 30 Jahre später erfuhr ich, dass er ein hoher Stasi-Offizier war, der den Auftrag hatte, sich in das Amt für Verfassungsschutz des Landes Niedersachsens einzuschleusen. Dieser Mensch hat offenbar freiwillig dafür 7 Jahre mit uns in den Zellen

mit der Staatsmacht 1946 bis 1958, Hallesches Jahrb. Geowiss. B. 16, 17–36, Halle/Saale, Gerstengarbe, S., 2000: Die Leopoldina in den konfliktreichen Jahren 1958–1962, Vorträge und Abhandlungen zur Wissenschaftsgeschichte 1999/2000. Acta Historica Leopoldina, 36. S. 63–110, Deutsche Akademie der Naturforscher.

verbracht, um sich ein sicheres Alibi für seine vorgesehene Agententätigkeit in der Bundesrepublik zu verschaffen. So etwas habe ich mir als Häftling nicht einmal ausdenken können.

Die Mithäftlinge in unserer Zelle waren damals ein ehemaliger Arbeitsdirektor der Buna-Werke, Karl-Heinz Hoffmann, sowie ein früherer NS-Oberstaatsanwalt aus Westberlin, Erich Kolbe, die aber längst verstorben sind. Möglicherweise waren wir als politische Mithäftlinge von der Stasi oder von ihm selbst sogar ausgesucht worden, um eines Tages im Westen über seinen Aufenthalt als Strafgefangener in der DDR wertvolles Zeugnis ablegen zu können.

Einige Jahre später, nach unserer Flucht in den Westen, wurden wir im Aufnahmelager Marienfelde in Westberlin tatsächlich gebeten, alle Namen und Einzelheiten über Mitgefangene in Listen für das DRK und die Aufnahmebehörden einzutragen. Ich hatte die Namen, Adressen und andere Daten von mehr als 120 Mithäftlingen im Kopf behalten. Sie dienten später oft als Haftnachweise bei Entschädigungen.

Der 17. Juni und vielleicht auch Stalins Tod brachten im Laufe der Zeit einige Hafterleichterungen, wie Musiklautsprecher in den Treppenhäusern der Zellentrakte. Gelegentlich fanden sogar Filmvorführungen im großen Saal statt, in dem dann auch monatlich abwechselnd evangelische und katholische Gottesdienste abgehalten wurden und zuweilen ein Häftlingschor und Strafgefangene als Musiker auftraten. Allerdings durften die als „Zeugen Jehovas" verurteilten Häftlinge den Gottesdienst nicht besuchen. Einige von ihnen waren schon in der Hitlerzeit inhaftiert gewesen. Eine Zeit lang gab es sogar Zeitungen (Neues Deutschland und die Zeitung der Sowjetischen Besatzung Tägliche Rundschau) und vereinzelt auch Fachbücher.

Einmal im Monat wurden vom Kalfaktor (Hausarbeiter-Häftling) Bücher getauscht, die zum Teil aus einer einmaligen Aktion stammten, als die Angehörigen aufgefordert worden waren, jeweils ein Buch für die Gefängnisbibliothek zu spenden. Dabei wurden manche Bücher allerdings eliminiert, wie z.B. Homers Odyssee, weil darin etwas von „Geenschen" (= Königen) stand, die als Feudalisten nicht mehr zeitgemäß waren, wie der zuständige an seiner Aussprache deutlich erkennbar aus Sachsen stammende Kommissar der Volkspolizei erklärte. Wir bekamen häufig Gedichtbände von Erich Weinert, manchmal drei identische in eine Zelle, die wir bald nicht mehr sehen mochten; seine Lobeshymne auf den großen Stalin „[...] im Kreml brennt noch Licht" kannten wir zur Genüge. Es waren vermutlich in der DDR unverkäufliche Exemplare, die man der Gefängnisbücherei geschenkt hatte.

Als wir dann nach einigen Monaten wieder arbeiten durften, wurde ich dem Netz-Kommando zugeteilt. Aus rauen dicken Perlonfäden, die in einer Lauge weich gemacht wurden, um sie verarbeiten zu können, haben wir im Akkord 2-3 m breite und etwa 20 m lange Netze filiert, die für Tarnzwecke in Schützengräben bei der Volksarmee eingesetzt werden sollten. Wir mussten auf hölzernen Hockern sitzend eine hohe Anzahl von Knoten über einem Holzbrettchen knüpfen und uns sehr anstrengen, um die obligatorischen Netzmeter zu schaffen.

Später mussten wir für die Abdeckung großer Militärfahrzeuge aus sehr festem Garn gefertigte Tarnnetze mit Flicken nach einem bestimmten Muster bedecken. Die Netze waren so groß, dass sie über zwei hohe Holzgestelle gezogen werden mussten. Die bunten tarnfarbigen Flicken wurden von einer Schneiderbrigade mit Hilfe von Schablonen zugeschnitten und von uns auf einfachen Bänken stehend angenäht.

An Arbeitstagen konnten wir täglich drei Zigaretten erwerben. Für mich als Nichtraucher waren diese Zigaretten sehr wertvolle Tauschobjekte, die mir z.B. halfen, bessere Bücher zu bekommen. Dadurch konnte ich neben vielen Büchern russischer Schriftsteller wie Tolstoi, Turgenjew, Gogol und Gorki gelegentlich auch einige andere Bücher lesen. Einmal war ein Exemplar des von der Deutschen Akademie der Naturforscher Leopoldina herausgegebenen Werkes über die Majaforschung dabei, was mich sehr interessierte und erfreute.

Zwei- bis viermal im Jahr durfte mich meine Mutter für eine halbe Stunde in einem besonders eingerichteten Besucherzimmer in Torgau besuchen. Ganz besonders dankbar bin ich, dass Hans Gallwitz ihr dies durch gelegentliche Geldzuwendungen für die Bahnfahrt von Erfurt nach Torgau ermöglichte. In einem der monatlichen vorgedruckten Briefe im DIN A5-Format habe ich am 20. Januar 1953 namentlich darum gebeten „[…] Frau [Ruth] Gallwitz besonders [dafür] zu danken“. Wie ich von ihrem Sohn Klaus Gallwitz erfuhr, hat die Familie davon nichts gewusst.

Bei einem der Besuche hörte ich sehr betrübt, dass meinem jüngeren Bruder Ulrich trotz guter Schulnoten der Besuch der Oberschule versagt worden war. Nach vielen vergeblichen Einsprüchen teilte das Kultusministerium meiner Mutter mit, dass nicht die gute Note, sondern die soziale Herkunft ausschlaggebend sei. Trotz erfolgreicher Aufnahmeprüfungen wurde er weder bei einer Forstfachschule noch beim Vermessungsamt in Gotha als Auszubildender aufgenommen. Da in der DDR eine Ausbildungspflicht bestand, wurde er schließlich gezwungen, eine Lehrstelle in einem Schlossereibetrieb in Erfurt anzunehmen. Erst nach meiner Entlassung habe ich erfahren, dass kurz nach meiner Verhaftung bzw. Verurteilung ein Angehöriger der Volkspolizei in das Mietshaus einzog, in dem unsere Familie in Erfurt wohnte. Die ununterbrochene Beobachtung und Verfolgung durch diese Person empfand meine Familie als ständige Bedrohung.

Ärztliche Betreuung

Diese erfolgte durch einen Arzt, der selbst Häftling war: Prof. Dr. med. Friedrich (genannt Fritz) Timm, Gerichtsmediziner aus Leipzig. Er soll als Gutachter in Katyn mitgewirkt haben, wo die Rote Armee einen Großteil der polnischen Elite, darunter mehrere Tausend polnische Offiziere, Intellektuelle und Geistliche, beim Einmarsch in Ostpolen 1940 umgebracht hatte. Die Nazis untersuchten diese Massengräber 1943 unter Mitwirkung internationaler Gutachter, die dabei gewonnenen Befunde kamen der Nazipropaganda sehr gelegen.

Die Russen dagegen behaupteten, dass die Polen von Deutschen umgebracht worden seien. Wegen seiner Gutachtertätigkeit im Fall Katyn wurde Friedrich Timm von einem sowjetischen Militär-Tribunal zu 25 Jahren Zwangsarbeit verurteilt und zusätzlich bekam er fünf Jahre wegen „Lügen". Er befand sich nach 1945 zunächst im KZ Sachsenhausen und später in den Strafvollzugsanstalten Torgau und Berlin-Hohenschönhausen. Ihm sei angeboten worden, sofort frei zu sein, wenn er seine Beurteilung über Untersuchungsergebnisse von Katyn widerrufen würde. Er hätte den Russen geantwortet, dass er nichts als die Wahrheit sage und er würde nichts anderes sagen können, auch wenn sie ihn umbrächten. Die von den Sowjets gegen die Deutschen erhobenen Beschuldigungen, polnische Offiziere und Intellektuellen ermordet zu haben, wurde schon bei den Kriegsverbrecherprozessen in Nürnberg 1946 entkräftet, aber erst vor wenigen Jahren von Russland zugegeben.

Eines Tages sickerte das Gerücht zu uns durch, dass sich bei vielen Arbeitern des Schrottkommandos Anzeichen von Bleivergiftungen gezeigt hätten, die Fritz Timm als erfahrener Gerichtsmediziner an der Blutarmut, am Haarausfall, an Veränderungen des Zahnfleisches und an Magen- und Darmerkrankungen entdeckt hatte. Er veranlasste, dass am Institut für Gerichtsmedizin an der Universität Leipzig, seiner ehemaligen Wirkungsstätte, Blutproben untersucht wurden. Irgendwie soll diese Entdeckung auch in Westdeutschland bekannt geworden sein. Das Ergebnis war, dass wir plötzlich Milch und besseres Essen bekamen. Die Ursachen unserer Bleivergiftungen waren sehr wahrscheinlich die beim Absturz verbrannten Treibstoffe der Flugzeuge, die vermutlich mit dem hochgiftigen Bleitetraäthyl als Antiklopfmittel versetzt worden waren. Bei der Zerstörung der Flugzeuge, die wir damals zerlegen mussten, haben sich Treibstoffreste über die Flugzeugteile ergossen, wobei die giftigen Bleiverbindungen an den rauen Oberflächen haften blieben. Diesen bleihaltigen Staub haben wir während der Arbeit eingeatmet. Möglicherweise sind auch bei kleinen Verletzungen bleihaltige Substanzen in unsere Körper gelangt.

Friedrich Timm hat uns allen sehr geholfen. Er wurde 1955 entlassen und ging nach Göttingen, wo er zuletzt für die Max-Planck-Gesellschaft und an der Universität tätig war.[119]

119 Verband deutscher Studentenschaften (Hrsg.) 1962: Dokumentation des Terrors. Namen und Schicksale der seit 1945 in der sowjetisch besetzten Zone Deutschlands verhafteten und verschleppten Professoren und Studenten, Berlin-Dahlem. Merkwürdigerweise ist er in dem Buch von Kadell (1991) nicht erwähnt: Kadell, F. 1991: Die Katynlüge. Geschichte einer Manipulation. Fakten, Dokumente und Zeugen. 352 S., Herbig Verlagsbuchhandlung München. Sein wissenschaftlicher Bericht und seine Rehabilitation durch die russische Militärhauptstaatsanwaltschaft sind im Universitätsarchiv Leipzig dokumentiert.

Entlassung

Normalerweise wurden Häftlinge, deren Entlassung bevorstand, ein bis zwei Monate vorher in Isolationshaft gebracht. Weil ich in der zweiten Septemberhälfte 1955 noch immer im Arbeitskommando beschäftigt war, beunruhigte mich dieser Umstand. Ich hatte ausgerechnet, dass ich am 15. Oktober entlassen werden müsste (schriftlich hatte ich ja das Urteil nie zu sehen bekommen) und brachte bei der Anstaltsleitung mühsam in Erfahrung, dass die Anrechnung meiner Untersuchungshaft nicht in den Akten eingetragen war und meine Haftentlassung für den 25. Dezember vorgesehen sei. Ich erinnerte mich aber genau, dass die Anrechnung der Untersuchungshaft ausdrücklich in der Gerichtsverhandlung bei der Urteilsverkündung für alle Angeklagten genannt worden war, weil jeder von uns ein Schuldbekenntnis abgelegt hatte. Die Verwaltung war nicht bereit, diese Frage zu klären.

Den Septemberbrief an meine Mutter hatte ich schon am 10. September 1955 geschrieben. Nach mehreren Versuchen wurde mir schließlich am 23. September erlaubt, einen vorgezogenen Oktoberbrief abzusenden, in dem ich meine Mutter dringlich darum bat, die Staatsanwaltschaft in Halle aufzusuchen. Ihr Einspruch hatte Erfolg, so dass ich dann tatsächlich am 15. Oktober entlassen wurde.

Bei Eintreffen der Bestätigung der Staatsanwaltschaft, etwa am 10. Oktober 1955, für meine Entlassung am 15. Oktober 1955, wurde ich sofort von meinem Arbeitsplatz im Netz-Kommando abgeholt und isoliert. Man ließ mir kaum Zeit, mich von den Haftkameraden meiner Brigade zu verabschieden.

Man sperrte mich dann mit einem angeblich aus Detmold stammenden Sohn eines höheren Niedersächsischen Polizeibeamten in eine im Parterre liegende „Abgangszelle“ ein, den ich rasch als Spitzel erkannte. Er wollte unbedingt von meinen weiteren Lebensplänen Kenntnis erhalten und bot mir ein späteres Treffen in Detmold an. Ich blieb aber stur und sagte, dass ich jetzt in Ruhe und Frieden mit meiner Mutter und meinen jüngeren Geschwistern zusammenleben wollte und mich wieder verstärkt am Aufbau der inzwischen 6 Jahre alten DDR beteiligen wollte und einiges „gutzumachen“ hätte. Der Spitzel hatte verbotenerweise auch einen kleinen Bleistift bei sich, mit dem wir gemeinsam ein Kreuzworträtsel in einer von mir zum ersten Mal erblickten Torgauer Tageszeitung lösten. Seit meiner Verhaftung war mir dies nicht vergönnt gewesen.

Auf meinem Stockbett liegend freute ich mich auf die in zwei Tagen zu erwartende Entlassung, und ich hatte ohne Holzkasten (Sichtblende) vor dem vergitterten Fenster einen nur wenig eingeschränkten Blick auf einen der Höfe. Plötzlich bemerkte ich draußen eine Kommissarmütze direkt unter dem Fenster. Der Lauscher stand mit dem Rücken zur Wand unter mir zum Greifen nahe. Er wollte die Gespräche zwischen dem Spitzel und mir abhören, zu deren Ablauf der Mithäftling offensichtlich instruiert war. Ich habe ihm dann mit klopfendem Herzen wunderbare Geschichten erzählt. Am nächsten Morgen wurde plötzlich die Zellentür aufgerissen und der Kommissar beschuldigte mich lautstark, Briefe, Adressen und Nachrichten heraus schmuggeln zu wollen. Ich musste mich zweimal nackt ausziehen, wobei alle Körperöffnungen untersucht wurden, ob nicht irgendwo etwas versteckt wäre. Jedes Mal musste ich meine Drillichkleidung wechseln. Man hatte aber auch nichts in den Nähten finden können, weil ich Informationen im „Kopf" hatte, später fiel mir zu dieser Situation Heinrich Heines Gedicht ein: nur „[...] die Gedanken sind frei, wer kann sie erraten".

Bei einer weiteren „Untersuchung" wurde mir die Kehle fest zugeschnürt, ich solle endlich sagen, was ich für Nachrichten mit hinaus nehmen solle. Ich war sehr erregt, habe dann sehr plötzlich explosionsartig den Kommissar mit voller Kraft angeschrieen, er solle mich endlich in Ruhe lassen, ich hätte nichts bei mir. Das hat geholfen.

Mit einem drei Tage gültigen Entlassungsschein, einem kleinen Verpflegungspaket, Eigengeld, Arbeitsentlohnung sowie Reisegeld in Höhe von 40,22 Mark und mit wenig Gepäck aus der Effektenkammer begab ich mich am 15. Oktober 1955 zu Fuß zum Bahnhof Torgau. Auf dem Entlassungsschein war angegeben, dass ich eine Fahrkarte zum Entlassungsort Erfurt erhalten hätte. Mir war aber keine Fahrkarte ausgehändigt worden. Vielleicht hätte ich den Entlassungsschein am Schalter vorlegen müssen, das hatte mir aber niemand gesagt, außerdem schämte ich mich, damit sofort als entlassener Häftling erkannt zu werden. Ich habe mir dann von meinem Entlassungsgeld eine einfache Fahrt nach Erfurt selbst gekauft.

Es war ein unbekanntes Glücksgefühl, wieder frei umhergehen zu können und ich schaute mich desöfteren um, ob mir auch kein Aufpasser folgte. Ganz mochte ich der neuen Situation noch nicht Vertrauen schenken. Während der Zugfahrt sog ich förmlich die an mir vorbeiziehenden Landschaften ein. So etwas Schönes hatte ich viele Jahre nicht mehr gesehen.

Mit großer Freude wurde ich in der Familie wieder aufgenommen und von vielen Freunden und Nachbarn sehr herzlich und mit unvergesslicher Anteilnahme empfangen. Ein riesiger Berg erlesenen Obstes, darunter Weintrauben und Südfrüchte, die ich jahrelang entbehrt hatte, erfreute mich sehr. Am nächsten Tag musste ich dann einen Laufzettel abarbeiten und davon zuerst die polizeiliche Anmeldung vornehmen. Dort wurde ich ziemlich zynisch gefragt, wie mir denn der „Urlaub" in Torgau gefallen hätte.

Zwei Tage später meldete ich mich beim Einwohnermeldeamt, beantragte einen Personalausweis und musste schließlich noch das Amt für Arbeit und Sozialfürsorge aufsuchen, das schon einen Arbeitsplatz als Abfüller in einer Schuhcreme-Fabrik für mich bereithielt. Ich antwortete, dass ich mich ja schon immer sehr für die Chemie interessiert hätte und sagte zu, dort in der Produktion zu arbeiten. Man wollte mich dorthin sogar begleiten, damit mir nicht zu viele unangenehme Fragen gestellt würden. Ich dankte für soviel Freundlichkeit und konnte mit Mühe noch einen 14-tägigen „Urlaub“ aushandeln, um mich an die gerade gewonnene Teilfreiheit zu gewöhnen, zu der auch wieder der Umgang mit Geld und der Besitz einer Uhr und vieles andere mehr gehörte, wie auch die völlig vergessene Feststellung, dass Frauen eine höhere Stimmlage besitzen.

Meine geplante Urlaubsreise führte „zufällig“ über Berlin, weil mich unsere Kirchengemeinde in Erfurt zu einem Aufenthalt in einem kirchlichen Erholungsheim in Bad Saarow östlich von Berlin eingeladen hatte. Dorthin durfte ich eigentlich gar nicht reisen, weil auf meinem provisorischen Personalausweis, der nur aus einem einzigen Wertzeichenblatt bestand, vermerkt war, dass er nur im Bezirk Erfurt Gültigkeit habe (das gehörte wohl zu den fünfjährigen Sühnemaßnahmen nach den sogenannten Kontrollratsgesetzen, die man uns zusätzlich aufgebrummt hatte).

Auf dem Weg nach Berlin Ende Oktober 1955 suchte ich Hans Gallwitz in Halle auf. Er empfing mich in seinem Haus sehr herzlich. Wir sprachen über Vergangenheit und Zukunft. Auf meine Frage, wo ich denn nun weiter studieren solle, empfahl er mir die Universität Tübingen, wo eine Schülerin von ihm mit dem dort lehrenden Geologie-Professor Eugen Seibold verheiratet war. Zum Abschied schenkte mir Hans Gallwitz seinen wertvollen Freiberger Geologenkompass mit einer modernen 400° Einteilung aus Messing, mit der Herstellernummer 174266, den er während der Kriegszeit als Wehrgeologe benutzt hatte. Er hat mir stets die richtige „Streichrichtung“ angezeigt.

Auf der nächtlichen Fahrt nach Berlin am 28. Oktober 1955 wurde ich unauffällig von meinem Schwager Otto Meyer begleitet, wofür ich ihm sehr dankbar war. Mein provisorischer Personalausweis, den ich in eine Schutzhülle gesteckt und mit einer Pappe unterlegt hatte, sah fast wie ein normaler aus, zumal ich bei den Kontrollen den diskriminierenden Text mit der Gültigkeitsbeschränkung auf den Bezirk Erfurt mit meinem Daumen verdeckte.

Ein gewaltiger Schreck durchfuhr mich, als ich beim Umsteigen in die S-Bahn auf dem Bahnhof Oberschöneweide einem hohen Stasi-Offizier begegnete, der keine 4 Wochen vorher im Netz-Kommando im Zuchthaus Torgau aufgetaucht war, um unsere wichtigen Arbeiten für die Volkspolizei zu kontrollieren. Da ich damals gerade wegen einer Sehnenscheiden-Entzündung von dem anstrengenden Stricken frei gestellt war, wurde ich zu Schreibarbeiten eingeteilt und musste mit roter und schwarzer Tinte die Sollerfüllung jedes Häftlings eintragen. Der Stasi-Offizier hatte sich bei diesem längeren Gespräch darüber beschwert, dass ich damit keine produktive Arbeit leistete und erzählte mir von seinen Hafterlebnissen während der Nazizeit. Er hatte festgestellt, daß es uns hier in Torgau und überhaupt in der DDR sehr gut erginge. Als ich ihn an der Bahnsteigkante erkannte, wandte ich mich rasch ab und wartete hinter einer Plakatwand, bis der Zug mit ihm abgefahren war. Mit dem nächsten Zug habe ich das Zentrum Berlins erreicht. Ohne Gepäck bin ich dann durch die Volkspolizei-Kontrollen an der U-Bahnstation in den westlichen Teil der Stadt gelangt.

Am 28. Oktober 1955, nachdem ich die DDR gerade verlassen hatte, schickte mir die BDVP-Halle/Saale, Abt. SV (Strafvollstreckung) eine Kostenrechnung an die Adresse meiner Mutter in Erfurt in Höhe von 639,20 Mark für Kost und Logis für 426 Tage, an denen ich nicht gearbeitet hatte oder nicht arbeiten durfte. Von den 1277 Tagen meiner Haftzeit wurden 851 abgezogen, an denen ich für den „sozialistischen Aufbau" tätig war. Schließlich hatte man mir bei der Haftentlassung eine Bescheinigung mitgegeben, auf der vermerkt war, dass ich von 1953 bis Oktober 1955 mit Unterbrechungen als Schrottarbeiter und Hausarbeiter „gute Arbeitsleistungen" gezeigt hätte.

Neubeginn in Tübingen, Stationen in Hamburg und Münster

Vom Notaufnahmelager Berlin-Marienfelde wurde ich Ende November 1955 nach Frankfurt geflogen und fuhr mit der Bahn ins Jugendauffanglager Bad Antogast bei Oppenau im Badischen. Dort stellte man fest, dass für die Fortsetzung des Geologie-Studiums mein Abitur nicht anerkannt werden könnte, weil es ein halbes Jahr nach dem Stichtag 1. Januar 1952 abgeschlossen wurde und ich ein mindestens 3-semestriges Fachstudium auch nicht vorweisen konnte. Sehr hilfsbereit wurde ich in einen schon begonnenen Abiturlehrgang der Evangelischen Kirche aufgenommen, der mich in der Jugendherberge in Stuttgart auf eine neue Abiturprüfung vorbereitete. Zum Sommersemester 1956 wurde ich dann an der Eberhard-Karls-Universität in Tübingen immatrikuliert.

Mehrere Jahre lang haben mich das spätere Ehrenmitglied der Leopoldina Prof. Dr. Eugen Seibold und seine Frau Dr. Ilse in Tübingen rührend unter ihre Fittiche genommen und mein Studium sehr gefördert, wofür ich ihnen ganz besonders dankbar bin. In Tübingen habe ich eine wunderbare Zeit verlebt, vor allem als dann im folgenden Jahr zuerst mein jüngerer Bruder nachkam. Bei seiner Flucht im Januar 1956 nach Westberlin hatte wieder Hans Gallwitz für einen Begleiter gesorgt. Wenig später haben auch meine Mutter und Großmutter die Flucht ergriffen. Meine Mutter hatte damit gewartet, bis wir in Sicherheit waren. Die Landschaft um die Schwäbische Alb und später die geologischen Arbeitsgebiete in den Ostalpen für die Diplomarbeit und Dissertation unter Reinhard Schönenberg haben mich sehr beglückt. Tübingen und mein Arbeitsgebiet in Kärnten wurden mir zur neuen Heimat.

Der Tod von Hans Gallwitz am 11. August 1958 auf der Rückreise von Wien nach Halle hat mich sehr betroffen gemacht. Aber vielleicht ist ihm dadurch noch viel Leid und Demütigung erspart geblieben. Am 29. Dezember 1957 hatte er sich noch für unsere Weihnachtsgrüsse bedankt und sich nach dem Fortgang meines Studiums in Tübingen erkundigt. Meine Mutter hat den Schriftwechsel auch später noch mit seiner Frau Ruth Gallwitz fortgesetzt.

1964 wurde ich als Assistent an der Universität Hamburg bei Ehrhard Voigt eingestellt, anschließend konnte ich als Wissenschaftlicher Rat meine eigenen Forschungsvorhaben fortsetzen.

Durch umfangreiche Lehrtätigkeit und die Vergabe und Betreuung zahlreicher Examensarbeiten in den Ostalpen, Kärnten, Iran, auf Spitzbergen (Svalbard), im südlichen Schwarzwald und in Libyen (Altersdatierung quartärer Seen in der Sahara) konnte ich mich weiter qualifizieren. Dies führte 1977 zu einer Professur an der Universität Hamburg. Weitere Forschungsreisen in die Antarktis, nach Spitzbergen und Nordgrönland und später nach Südamerika konnte ich von Münster aus fortsetzen, etwa um die Herkunft mediterraner Fischarten in den Seen auf dem Alti Plano Nordchiles und Perus zu erforschen, nachdem ich 1986 auf den Lehrstuhl für Historische und Regionale Geologie an die Westfälische Wilhelms-Universität nach Münster berufen wurde. Jetzt bin ich im Ruhestand und immer noch in Forschungsvorhaben eingebunden.

Wie ich die Haftzeit überstanden habe

Auf die Frage, wie und warum ich diese schwere Zeit so gut überstanden habe, kommen mir verschiedene Antworten in den Sinn:

- Ich war ein bewusster Gegner dieses totalitären Staates nach den bösen Erfahrungen mit dem Hitlerreich. Es war zwar ein Zufall, dass ich zu dieser Gruppe stieß, aber früher oder später wäre ich ohnehin mit diesem Regime kollidiert oder hätte mich nach Westdeutschland absetzen müssen. Ich habe meine Taten nie bereut, was ich bei meinem Auftritt vor Gericht zum Ausdruck brachte, in dem ich es unterließ, die gewünschte Formel zu sprechen: „... ich bereue meine Taten".
- Die Verurteilung und Strafe habe ich akzeptiert und in meinem Schlusswort nicht für eine milde, sondern nur für eine gerechte Strafe plädiert. Außerdem habe ich versucht, einen in mir aufkommenden Hass gegen das SED-Regime zu bekämpfen. Sie waren die Machthaber und in der Haft einen Widerstand fortzusetzen, wäre selbstzerstörerisch gewesen. Ich hatte mich mit meinem Schicksal abgefunden und konnte so den Stress der Haft abbauen.
- Langeweile habe ich nie aufkommen lassen, sondern habe mich mit den sehr geringen Möglichkeiten, besonders in der Einzelhaft immer bemüht, mich intensiv geistig zu beschäftigen, was ohne Bücher, Zeitschriften, Papier und Bleistift nicht leicht war. Auch sonst habe ich alle Gelegenheiten genutzt, mich zu beschäftigen, in Arbeitskommandos zu arbeiten oder Mithäftlinge zu Gesprächen anzuregen.
- Das relativ geringe Strafmass und meist gleichgesinnte Haftkameraden haben dazu beigetragen, weniger Verzweiflung aufkommen zu lassen. Auch die Vorfreude auf die zu erwartende Entlassung in mehr als 3 Jahren und der feste unerschütterliche Glaube an ein neues und schöneres Leben in der Freiheit West-

deutschlands trugen mich über die harten Zeiten. Sicher spielte auch mein jugendliches Alter eine Rolle, so dass es mir leichter fiel als meinen meist älteren Mitgefangenen, auf den Zeitpunkt der Entlassung mit großer Geduld zu warten.

- Eine wichtige Lehre aus den harten Kriegs- und vor allem Nachkriegsjahren war für mich auch früher schon, auch aus einem Unglück positive Erfahrungen zu ziehen. Mit der Maxime „carpe diem“ versuchte ich mich mit meinem Wissen zu beschäftigen, meine Lebenskenntnisse zu erweitern, von anderen Lebensläufen zu lernen, den Tag zu nutzen.
- In der Freiheit habe ich allen, die sich dafür interessierten, vor allem meinen Kommilitonen in Tübingen von meinen Erlebnissen berichtet. Insbesondere spielte die Geborgenheit in der Familie zuerst mit Mutter, Bruder und Großmutter und dann mit meiner Frau Elke und unseren Kindern Ulrike, Anke und Frank eine wichtige positive Rolle. Oft habe ich auch meinen Studenten in Hamburg auf Exkursionen am Lagerfeuer und im Freundeskreis in Norderstedt und bei vielen anderen Gelegenheiten von dieser Zeit erzählt und habe mich durch diese Gespräche von bedrückenden und belastenden Eindrücken selbst befreien können. Ich hielt es für wichtig, meine Erfahrungen, deren ich mich nie geschämt habe, weiterzugeben. Sie waren ein integrierter Teil meines Lebens. Die vorausgehende Erfahrung oder vielleicht auch ererbte Struktur, dass man Schicksalsschläge überwinden kann, sich im Ernstfall auf das Schlimmste gefasst machen und sich darüber freuen kann, wenn das Schicksal dann doch nicht so hart zuschlägt, hat mich innerlich gefestigt. Andererseits erfüllte mich eine unbändige Sehnsucht nach der Freude an der Natur, nach Wissen und Beruf und der unerschütterliche Glaube und Wille, meine Ziele zu erreichen, es doch zu schaffen, mein Leben gegen alle Widerstände zu meistern.

Die Situation von Hans Gallwitz spitzt sich zu

Der in diesem Bericht hochgelobte Hans Gallwitz galt 1952 als einer der heftigsten Gegner des Umbaus an der Martin-Luther-Universität. Dies belegt ein Angriff Leo Sterns, der damals vom Staatsekretariat verlangte, Gallwitz seines Amtes als Dekan zu entheben und ihn möglichst ganz vom Dienst zu suspendieren: „Mit Bedauern muss ich feststellen, dass seitens des Staatssekretariats entgegen allen Vorsätzen nicht nur nichts getan wurde, um einen notorischen Schädling der gesamten Arbeit unserer Universität unschädlich zu machen, sondern im Gegenteil alles getan wird, um seine Position und sein moralisches Gewicht in der Fakultät und im Senat zu stärken. Anstatt Herrn Prof. Gallwitz, der in offener Senatssitzung der bewussten Irreführung der Behörden bezichtigt wurde und der namentlich in der Aktion der 5 Dekane im

März des Jahres in der Sache der staatsfeindlichen Elemente sich als treibende Kraft unrühmlich hervorgetan hat, unmißverständlich zur Ordnung zu rufen (befristete oder völlige Suspendierung), wird ihm mit der Ernennung zum Mitglied des wiss. Beirates moralisch der Rücken gesteift.

Es steht zu befürchten, dass Prof. Gallwitz bei den bevorstehenden Dekanwahlen nicht 50, sondern 90 bis 95 % der Stimmen erhält, da er sich in der Zwischenzeit nicht durch wissenschaftliche Leistungen, dafür um so mehr durch seine subversive Tätigkeit die Gunst der reaktionären Elemente der Fakultät erworben hat. [...]

Ich komme daher auf den dem Herrn Staatssekretär und auch Herrn Hauptabteilungsleiter Wohlgemuth gestellten Antrag zurück, Herrn Prof. Gallwitz – wenn auch nur zwei Tage vor Durchführung der Dekanwahlen – seiner Funktion als Dekan auf Grund des bewussten Zuwiderhandelns gegen die Anordnungen der Regierung zu entheben. Diese Maßnahme wird nicht nur für ihn selbst, sondern auch für eine Reihe anderer seinesgleichen eine heilsame Warnung sein. Noch niemals hat sich in der Geschichte der deutschen Universitäten ein Professor in einer solchen Art über die Weisungen der Regierung hinweggesetzt wie Prof. Gallwitz.

Die vom Staatssekretariat an das Rektorat zwecks Ausfolgung an Prof. Gallwitz übersandte Ernennungsurkunde, die offenkundig auf Grund von Fehlinformationen zustande kam, schicke ich mit gleicher Post zurück.“[120]

Staatssekretär Harig nahm diesen Vorschlag Sterns nicht auf, sondern sandte eine neue Berufungsurkunde in den Beirat des Staatssekretariates an die Privatadresse von Gallwitz, mit Durchschrift an den Rektor. Dies kann sicher als Zeichen gewertet werden, dass es im Staatssekretariat Mitarbeiter gab, die Gallwitz unterstützten. Trotzdem zeigt der Vorgang, in welcher Gefahr für die eigene Position und Person die Hochschullehrer standen, die sich öffentlich für verhaftete Studenten einsetzten.

In den nächsten Senatssitzungen standen die 450-Jahrfeier der Universität mit Festakten und Staatsempfang sowie die „Grosskundgebung der studentischen Jugend auf dem Hallmarkt“ im Zentrum. Der atmosphärische Kontrast zu den Erlebnissen von Friedhelm Thiedig könnte nicht größer sein. In einem Bericht über die 450-Jahrfeier wird stolz bilanziert: Rund 1.000 Gäste waren geladen, „als Vertreter des Staates waren anwesend: Minister Dr. Wandel, Minister Prof. Zeisser, Minister Nuschke, Staatssekretär Prof. Dr. Harig, Staatssekretärin Fabisch sowie Mitglieder des Staatssekretariats, Vertreter der Universitäten der DDR Rektoren: Neye Berlin, Meyer Leipzig, Beyer Greifswald, Schlesinger Rostock, Hämel Jena, Koloc TH Dresden, Präsidenten der Akademien: Prof. Dr. Dr. Frings, Prof. Dr. Stubbe, Prof. Dr. Friedrich, Direktor der Akademie der Wissenschaften: Naas, Rektoren der westlichen

120 UAH, Personalakte 6466 Hans Gallwitz, Brief von Stern vom 24.10.1952 an das Staatssekretariat für Hochschulwesen, Personalabteilung. Stern unterschrieb als „Stellvertreter des Rektors“.

Umzug auf dem Marktplatz in Wittenberg[121]

121 UAH.

Festliche Versammlung zur Universitätsfeier[122]

Universitäten und andere westl. Wissenschaftler: Gerstenberg (Würzburg), Frau Prof. Kast (Krefeld), Ludwig (Heidelberg), Hett (Erlangen), Elze (München), Frau Dr. Kabelitz, die Tochter von Emil Abderhalden (Benzheim), Oberbürgermeister Schön (Schweinfurt), Oberstudendir. Dr. Hellfrich (Schweinfurt), Prof. Stauffer (Erlangen), Prof. Sprockhoff (Kiel), Prof. Eltester (Marburg), Prof. Elliger (Tübingen), Generalsuperind. Krummacher (Berlin-Weißensee), Prof. Bihzer (Bonn), Prof. Zimmerli (Göttingen), Prof. Jeremias (Göttingen), Prof. v. Rad (Heidelberg), Prof. Rendtorff (Kiel), Prof. Jacobs (Münster), Prof. Rapp (Mainz), außerdem 9 westdeutsche Studenten, Empfänge: Regierungsempfang, Empfang der Stadt Halle, Empfang der Stadt Wittenberg, Rektoratsessen."

Das Jahr 1952, in dem mit einer festlichen Wiedereröffnung der Leopoldina und mit der 450-Jahrfeier der Universität zwei aufwendig und öffentlichkeitswirksam gestaltete Feste stattfanden, war, so muss resümiert werden, in Bezug auf die Verhaftungen und auf den Stil im Senat ein schlechtes Jahr. Leo Stern hatte einen ideologischen Kampf geführt, dabei hatte er versucht, auch Widerstand im Senat zu brechen. Das war ihm nicht gelungen, aber er hatte eine Atmosphäre der Unsicherheit und teilweise auch der Angst geschaffen. Und es war Helmut Huwe hingerichtet worden, aber das wusste an der Universität Halle zu diesem Zeitpunkt wohl niemand.

122 UAH.

Ansprache von Gerhard Harig

Verhaftungen des Jahres 1952:

Der Student der Chemie Wolfgang Baumbach wurde 1952 verhaftet und 1953 vom BG Halle zu 10 Jahren Zuchthaus verurteilt. Über sein weiteres Schicksal wissen wir nichts.

Der Student der Zahnmedizin Karl-Heinz Lübke wurde am 11. März 1952 in Halle durch Beauftragte des MWD verhaftet und durch ein sowjetisches Militärtribunal zu 25 Jahren Zwangsarbeitslager verurteilt.[123]

Der Student der Geographie Bodo Schnalke wurde am 13. März 1952 in Halle verhaftet und von einem SMT zu 25 Jahren ZAL verurteilt. Entlassen wurde er am 11. Oktober 1955.[124]

Der Sportlehrer und Assistent in der Sportwissenschaft an der Martin-Luther-Universität Helmut Huwe wurde am 14. März 1952 verhaftet, am 9. Juli 1952 vom Sowjetischen Militärtribunal Nr. 48240 wegen angeblicher Spionage für einen ausländischen Geheimdienst und Verdingung zu einer antisowjetischen Spionageorganisa-

123 Liste März 1955. Namentlich in Senatssitzung am 9.4.1952 erwähnt. UAH Rep. 7, Nr. 809.
124 Namentlich in Senatssitzung am 9.4.1952 erwähnt. UAH Rep. 7, Nr. 809.

tion zum Tode durch Erschießen verurteilt. Hingerichtet wurde er am 10. September 1952 in Moskau.

Der Student der Naturwissenschaften (Studienfach: Geographie; Englisch) Adolf Karger wurde am 17. März 1952 in Halle verhaftet, im Herbst 1952 von einem SMT zu 25 Jahren ZAL verurteilt und am 13. Dezember 1955 entlassen.[125]

Der Student der Medizin Kurt Zinke wurde am 20. März 1952 in Halle verhaftet, von einem SMT zu 25 Jahren ZAL verurteilt und am 13. Januar 1955 entlassen.[126]

Der Student der Mathematik Karl Weber wurde am 12. April 1952 in Osterburg vom SSD verhaftet, am 26. Juni 1952 von der 1. Großen Strafkammer des LG Halle zu 12 Jahren Zuchthaus verurteilt und am 26. November 1960 entlassen.

Der Student der Medizin Bartels wurde im April 1952 in Halle mit mehreren anderen Studenten verhaftet, am 26. Juni 1952 durch die Erste Große Strafkammer des Landgerichts Halle zu 4 ½ Jahren Zuchthaus verurteilt, das Entlassungsdatum kennen wir nicht.[127]

Der Student der ABF Jakob Adam wurde am 15. April 1952 verhaftet, durch das LG Halle am 25. Juni 1952 zu 10 Jahren Zuchthaus verurteilt, entlassen wurde er am 12. August 1957.

Der Student der Chemie Hans-Dieter Dell wurde am 16. April 1952 in Halle verhaftet, am 26. Juni 1952 von der 1. Großen Strafkammer des LG Halle zu 5 Jahren Zuchthaus verurteilt und am 21. Oktober 1955 entlassen.

Der Studienbewerber und Chemie-Praktikant Hans-Joachim Fischer wurde am 16. April 1952 in Halle mit 5 Studenten verhaftet, am 26. Juni 1952 von der 1. Strafkammer des LG Halle zu 8 1/2 Jahren Zuchthaus verurteilt, am 15. September 1957 entlassen, Suizid am 9. oder 10. Mai 1958.[128]

Der Student der Geologie Friedhelm Thiedig wurde am 16. April 1952 in Halle verhaftet, am 26. Juni 1952 von der 1. Großen Strafkammer des LG Halle zu 3 ½ Jahren Zuchthaus verurteilt und am 15. Oktober 1955 entlassen.

125 Namentlich in Senatssitzung am 9.4.1952 erwähnt. UAH Rep. 7, Nr. 809.

126 Ebd.

127 Liste März 1955.

128 S. Ahrberg und Thiedig 2005.

Der Student der Mathematik Otto (Gottfried Richard) Bauske wurde am 23. April 1952 in Halle verhaftet, im Juli 1952 vom SMT Berlin-Karlshorst zu 25 Jahre ZAL verurteilt und am 10. Oktober 1955 entlassen.

Der Prof. für Angewandte Kunst an der Kunsthochschule Burg Giebichenstein/Halle Erwin Hahs, wurde im Juni 1952 in Halle wegen angeblichen Verleitens von Studenten zum Formalismus verhaftet.

Der Student der Chemie Dieter Feige wurde am 4. August 1952 gemeinsam mit vier anderen Personen in Halle verhaftet und am 8. Oktober 1952 vom LG Halle zu drei Jahren Zuchthaus und 5 Jahren Sühnemaßnahmen wegen angeblicher Spionage und sowjetfeindlicher Äußerungen verurteilt.[129] Das Datum der Entlassung ist uns unbekannt.

Der Student der Landwirtschaft Hans-Jürgen, Adolf Burkhardt wurde im September 1952 verhaftet und zu 6 Jahren Zuchthaus verurteilt. Sein weiteres Schicksal ist uns unbekannt.[130]

Der Student der Chemie Fritz Herzel wurde am 19. November 1952 in Halle vom SSD verhaftet und am 19. Februar 1953 vom SMT Berlin-Lichtenberg zum Tode verurteilt. Am 1. April 1953 wurde er in Moskau zu 25 Jahren ZAL begnadigt. Entlassen wurde er am 19. Oktober 1955.

Die Bilanz 1952: 17 Verhaftungen, zwei Todesurteile, eines davon vollstreckt. Sieben Universitätsangehörige wurden noch 1952 von Sowjetischen Militärtribunalen verurteilt. 1952 war ein trauriges Jahr.

---

129 In der Begründung des Urteils von Dieter Feige steht: „[…] freundschaftlich verbunden mit der Angeklagten […] hat gehetzt […] verächtlich Stellung genommen, gegen die Sowjetunion, insbesondere deren kulturellen Stand, abfällige Aeusserungen gemacht und gegen die zur Sicherung der Errungenschaften der DDR notwendige Verstärkung der Volkspolizei Stellung genommen, westliche nicht lizenzierte illustrierte Zeitungen in das Gebiet der DDR verbracht." (BStU Außenstelle Halle, MfS BV Halle, AU 247/52 Bd. 2).

130 Liste März 1955.

1953 Der Studentenpfarrer Johannes Hamel wird 1953[1] verhaftet

Aus dem Jahr 1953 sind neun Verhaftungen aktenkundig: Wolfgang Stiehl, Johannes Hamel, Ernst Julius Kurt Aland, Ernst-Adolf Soa, Herbert Priew, Hans-Georg Isermeyer, Harry Schuster, Gotthardt Pilz und Günter Moh.

Das Jahr 1953 ist als „Karl-Marx-Jahr“ (am 14. März jährte sich sein Todestag zum 70. Mal) in die Geschichte eingegangen. Als sich nach Stalins Tod und insbesondere nach dem 17. Juni in der DDR die Ereignisse zuspitzten, trat dieser Aspekt in den Hintergrund. Aber noch am Anfang des Jahres hatte Leo Stern den Senat in dieser Sache unter Druck gesetzt.

In der Senatssitzung am 29. Januar 1953 stand die Durchführung des Karl-Marx-Jahres an der Universität auf der Tagesordnung. Stern belehrte den Senat, daß „das deutsche Volk besondere Veranlassung hat, einen seiner grössten Söhne in gebührender Weise zu würdigen“. Er hielt hier ein Referat und zitierte: „Lenin charakterisierte die Lehre von Marx folgendermassen: ‚Die Lehre von Marx ist allmächtig, weil sie wahr ist‘.“

Die Parallele zum allmächtigen Gott war hier nicht zu übersehen. Und jetzt verlangte er, dass die Fakultäten „Aktivitäten“ vorweisen. Er bemängelte, dass bislang nur die Juristische und die ABF-Fakultät aus eigener Initiative ein „umfangreiches Arbeitsprogramm aufgestellt haben. [...] Der Bericht der Math.-Naturw. Fakultät ist eigentlich sehr lakonisch. Ich bitte Stellung zu nehmen. Es gibt umfangreiche Werke von Marx. Marx war ein namhafter Mathematiker.“

In der Diskussion verteidigten sich die angegriffenen Dekane. Der Dekan der Medizinischen Fakultät Winkler erklärte: „Uns waren die Unterlagen nicht bekannt, die hier zur Verlesung gebracht wurden. Bei uns wurde in einem der grössten Räume ein Vortrag gehalten von Frau Prof. Hertwig. Weiter wurde ein Artikel für die Wissenschaftliche Zeitung zusammengestellt.“ Stern entgegnete darauf, es handele sich nicht so sehr darum, Beziehungen zu finden zwischen Marx, Engels und Lenin, es handelt sich vielmehr um die marxistische Methode. Viele Wissenschaftler, die in gar keiner Beziehung zur marxistischen Wissenschaft stünden, handeln danach, ohne dass sie sich dessen bewusst seien: „In ihrer privaten Anschauung dagegen sind sie

1 Alle Protokolle der Senatssitzungen des Jahres 1953 sind in der Akte UAH, Rep. 7, Nr. 810, 1953 Senatsprotokolle, enthalten.

religiös und metaphysisch gebunden. Denken wir an Pawlow, ein fortschrittlicher Mann, aber in seinem Privatleben sehr religiös."

Der Dekan der Theologischen Fakultät, Prof. Lehmann, bat, seine Fakultät im Hinblick auf das Marx-Jahr mit der Philosophischen Fakultät zusammenlegen zu können, sie hätten sonst gar keinen Überblick über Marx. Die Beiträge von Lehmann sind immer herzerfrischend: Man muss dabei bedenken, dass ein Exemplar der Marx-Gesamtausgabe die NS-Zeit unter der Obhut des Theologen Ernst Barnikol[2] in der Theologischen Fakultät überdauert hatte. Der Dekan der Philosophischen Fakultät, Eugen Häusler,[3] reagierte freundlich: „Die Theologen sind herzlich eingeladen, an unseren Vorträgen teilzunehmen. Jedes Kolleg kann noch 50 Theologen aufnehmen. Die Philosophische Fakultät stellt sich der Theologischen gern zur Verfügung."

Stern fragt nun, was die Landwirtschaftliche Fakultät zu tun beabsichtigt. Hierauf erwidert Dekan Lengerken: „Die Ausgestaltung des Karl-Marx-Jahres haben wir auch angeschnitten, wir hatten aber keine näheren Richtlinien. Wir haben uns den Kopf zerbrochen und haben schließlich eine festliche Lektion anberaumt, die am 26. Januar 1953 um 18.00 Uhr stattfand. Vortragende war Frau Sternbeck. Das ist wohl dasselbe, das auch die Medizinische Fakultät getan hat." Unübersehbar ist, dass die Dekane versuchten, Stern irgendwie zufrieden zu stellen und seinem Druck mit möglichst belanglosen Aktivitäten zu begegnen.

In diese Zeit fiel die erste Verhaftung des Jahres 1953. Am 1. Februar 1953 wurde der Student an der ABF Wolfgang Stiehl nach einem Besuch in Westberlin denunziert und durch den Staatssicherheitsdienst inhaftiert. Er ist am 22. April 1953 durch den IA Strafsenat des Bezirksgerichtes in Halle zu 6 Jahren Zuchthaus verurteilt worden, seine Entlassung ist am 20. August 1956 erfolgt.

Dann geschah, was insbesondere die osteuropäische Welt veränderte – am 5. März 1953 starb Stalin. In der Senatssitzung am 20. März 1953 waren nach dem Protokoll „Stern, Funk, Käbel, Haußherr, Schubart-Fikentscher, Liebau, Lindemann, Lehmann, Winkler, Gallwitz, Schmalfuss, Meusel, Grossert und Jugendfreund Glodniok" anwesend. Leo Stern eröffnete diese Zusammenkunft und „begrüsst die Anwesenden. Vor Eintritt in die Tagesordnung erfolgt die Ehrung des großen Führers der Sowjetunion, Josef Wissarionowitsch Stalin, und des Präsidenten der Tschechoslowakischen Republik, Clement Gottwald[4]."

---

2 Ernst Barnikol (1892–1968), Theologe, Professor für Kirchengeschichte, ab 1929 an Universität Halle-Wittenberg.

3 Eugen Häusler (1895–1977), Slawist.

4 Klement Gottwald (1896–1953), tschechoslowakischer Politiker, seit 1946 Ministerpräsident.

Hierauf ist der neugewählte 1. Sekretär der FDJ-Hochschulgruppe, Günther Glodniok vorgestellt worden. Dann führte Stern die Regie und erklärte zunächst, dass zur Verbesserung der Arbeit des Friedenskomitees „unbedingt notwendig ist, dass Fakultätsfriedenskomitees errichtet werden. Ich habe gleichzeitig die Mitteilung zu machen, dass, lt. einer Mitteilung der Philosophischen Fakultät, Prof. Dr. Thieme abgereist ist. Ich schätze Herrn Prof. Dr. Thieme sehr und bedauere es deshalb umsomehr, daß er das Opfer seiner eigenen Psychose geworden ist". Thieme war Vorsitzender des Friedenskomitees der Universität, mit „abgereist" meinte Stern, dass Thieme aus der DDR geflohen war. Darauf entgegnete Hans Haussherr, dass ihm bekannt gewesen sei, dass Thieme „[…] nach unserer Besprechung nochmals in Berlin gewesen ist und ziemlich verzweifelt zurückgekommen ist.

In einem Gespräch, welches ich anschliessend nach der Fahrt zum Staatssekretariat mit Herrn Prof. Thieme führte, sagte dieser, daß vom Herrn Staatsekretär erklärt wurde, ‚ihre Klamotten bekommen Sie aber nicht mit'. Das wird der Grund des illegalen Wegganges gewesen sein."

Johannes Hamel[5]

Der Studentenpfarrer Johannes Hamel wird verhaftet

Studentenpfarrer und Mitglieder der Studentengemeinden wurden in der DDR überwacht und mit unterschiedlicher Intensität verfolgt. Die Repression kannte verschiedene Spielarten, zu den drakonischen Maßnahmen dabei zählten Verhaftungen und Verurteilungen.[6] Der eigentliche Kirchenkampf begann im Sommer 1952, als gelegentlich der II. Parteikonferenz der SED beschlossen wurde, in der DDR den Sozialismus aufzubauen.[7]

In Rostock wurde der 1910 geborene katholische Studentenpfarrer Hermann Jansen 1948 verhaftet, vom SMT Schwerin wegen angeblicher Spionage zu 25 Jahren Zwangsarbeitslager verur-

5 Wir danken Heinrich Hamel, Propst i. R., dem Sohn von Johannes Hamel, für die Überlassung dieses Photos.

6 Vgl. hierzu auch den Bericht von Roland Hedewig in dieser Dokumentation.

7 Vgl. Thulin, S. 13.

teilt und erst nach neun Jahren, 1957, aus der Haft entlassen.[8] In Leipzig wurde der 1915 geborene evangelische Studentenpfarrer Dr. Siegfried Schmutzler[9] am 5. April 1957 verhaftet und im November 1957 vom Bezirksgericht Leipzig zu 5 Jahren Zuchthaus wegen angeblicher Boykotthetze verurteilt. Bis April 1961 war er in der Strafvollzugsanstalt Torgau.[10] In Potsdam wurden der evangelische Studentenpfarrer Günther Brandt am 19. Mai 1953 und der Leiter der evangelischen Studentengemeinde Eberhard Grauer 1961 verhaftet. Der Studentenpfarrer in Weimar, Martin-Otto Giersch, wurde im Juni 1957 verhaftet.[11]

Das Ausmaß der Aktionen des Staates gegen die Kirche im Jahr 1953 wird durch einen Brief des Schweizer Theologen Karl Barth[12] deutlich, den er am 2. März 1953 an den Minister für Staatssicherheit der DDR, Wilhelm Zaisser, schrieb und in dem er sich für die Verhafteten einsetzte: „In diesen Tagen erreichte mich nun die Nachricht von den Verhaftungen des evangelischen Studentenpfarrers Johannes Hamel und des Vikars Althausen in Halle, des Jugendpfarrers Reinhold George in Ost-Berlin, des Diakons Dost und der Gemeindehelferin Schilling in Leipzig, des Pfarrers Dr. Winterhager in der Mark und von der Verurteilung des Predigers Schumann in Zwickau. Die Vielzahl der Fälle läßt darauf schließen, daß es sich um ein planmäßiges Vorgehen der Regierung der DDR handelt. […]

Es scheint sich dann etwas vom Schlimmsten, was die ausgesprochenen Gegner der östlichen Staats- und Regierungsform im ganzen Westen immer behauptet haben, zu bewahrheiten: es könne in dem Machtbereich der DDR (wie einst im Machtbereich des Hitlerstaates) nur eine der offiziellen Kulturdoktrin gleichgeschaltete, also unfreie, also notwendig unchristliche Kirche legitimen Bestand haben, es werde sich eine Kirche, die sich als christliche Kirche erhalten wolle, in irgendwelche ‚Katakomben' zurückziehen müssen. […]

Nehmen Sie es mir, hochgeehrter Herr Minister, nicht übel, daß ich mir als Ausländer herausnehme, Sie in dieser Sache anzureden. Ich musste es tun, weil diese Sache wirklich nicht nur Deutschland, sondern kirchlich wie politisch alle angeht, die sich für die bisherigen und für die kommenden Entwicklungen mitverantwortlich wissen."[13]

---

8 Ammer 1969, S. 47.

9 Nach der Liste des Studentenbundes wurde er 1922 geboren. Siehe dazu auch Wiemers und Blecher 1997.

10 Namen und Schicksale der von 1945 bis 1962 in der SBZ/DDR verhafteten und verschleppten Professoren und Studenten, Reprint 1994.

11 Diese Aufzählung ist nicht vollständig, die Daten stammen aus den Listen des Studentenbundes.

12 Karl Barth (1886–1968), reformierter Theologe, Professor in Göttingen, Münster, Bonn und Basel. Auch unter seinem Einfluss kam es zum Widerstand der Bekennenden Kirche gegen den Nationalsozialismus.

13 Gursky 1998, S. 3–5.

In Halle hatte von Dezember 1946 bis April 1955 der 1911 geborene Johannes Hamel das Amt des evangelischen Studentenpfarrers inne. Er war ein Schüler von Karl Barth und seit 1934 Mitglied und bis 1945 Vikar und Hilfsprediger der Bekennenden Kirche. Seine Ehefrau, die Theologin Renata Schomerus,[14] hatte fünf Kinder geboren. Das Ministerium für Staatssicherheit der DDR eröffnete bereits im Juli des Jahres 1950 einen Vorgang „Riga", in dessen Mittelpunkt die Überwachung von Johannes Hamel stand. Am 12. Februar 1953 wurde er in Halle vom Staatssicherheitsdienst verhaftet und beschuldigt, „fortgesetzt handelnd in seiner Eigenschaft als Studenten-Pfarrer in Halle antisowjetische sowie antidemokratische Hetze betrieben und damit den Frieden des deutschen Volkes und den Frieden der Welt gefährdet zu haben". Dies zähle zu den Verbrechen nach Artikel 6 der Verfassung der DDR.

Hamel war Untersuchungsgefangener des Ministeriums für Staatssicherheit in Halle und später in Berlin-Hohenschönhausen, er ist Mitte Juli 1953 entlassen worden.[15]

Leo Stern im Gespräch mit Ulbricht[16]

14 Renata Hamel (1910–1982), war die Tochter des halleschen Theologieprofessors Hilko Wiardo Schomerus (1879–1945).

15 Sämtliche Informationen zu Hamel stammen aus den Publikationen von Gursky 1998 und Thulin 2004.

16 UAH.

Einen Anteil an der Verfolgung des Pfarrers Hamel hatte Leo Stern, der am 28. Oktober 1952 an Walter Ulbricht[17] schrieb und dabei die Verhaftung Hamels vorschlug: „[…] 2. Die anderen Beilagen betreffen den berüchtigten Studentenpfarrer Hamel, den ich Dir schon vor einem Jahre signalisiert habe. Wenn diesem nicht sehr bald durch Verhaftung oder auf eine andere Art das Handwerk gelegt werden wird, kann der Schaden an unserer Universität unübersehbar werden.“[18]

Sterns denunzierender Brief belegt, dass das Wirken Johannes Hamels, auch wenn er kein Mitarbeiter der MLU war, für die Universität Gewicht besaß. Nicht allein Ansprechpartner der Studenten in konfessionellen Fragen, gab er ihnen durch seine theologische und seelsorgerische Arbeit Geborgenheit. Und er war Gesprächspartner für Professoren, so auch für Hans Gallwitz und Erich Hoffmann. 1952 hatte Stern noch erlaubt, dass die Studentengemeinde, die sich sonst in den Räumen der Stadtmission und im Heim der Studentengemeinde in der Rathausstraße 15 traf, eine Vortragsreihe im Hauptgebäude der Universität durchführte. 1953 gab er eine solche Genehmigung nicht mehr.[19]

Einen Tag nach der Verhaftung Hamels hatte Martin Niemöller[20] ein Gespräch mit dem DDR-Ministerpräsidenten Otto Grotewohl, in dem er unter anderem darum bat, den Kampf gegen die Kirche in der DDR zu beenden. Grotewohls Hinweis folgend, ging er anschließend zu dem für die Verhaftung Hamels verantwortlichen Walter Ulbricht, der beschied: „Wie er [Hamel] zu den Studenten sprach – das konnten wir nicht länger zulassen.“ Wenige Tage später kam Niemöller nach Halle und sprach vor ca. 800 Mitgliedern der Studentengemeinde.[21]

Folgt man einem Verhörprotokoll Hamels aus dem „Roten Ochsen“, gab jener an, dass zur Studentengemeinde 425 aktive Mitglieder gehören würden, von denen 375 an den Bibelstunden teilnähmen.[22] Ob sich der Vernehmer vorstellte, dass Hamel am Eingang stand und die Studenten zählte? Dennoch bleibt unzweifelhaft, dass die hallesche Evangelische Studentengemeinde zu den großen und aktiven Studentengemeinden in der DDR zählte.

17 Leo Stern und Walter Ulbricht kannten sich aus ihrer gemeinsamen Zeit in der Sowjetunion.

18 Siehe Gursky 1998, S. 37 und 38, Thulin S. 22–25, Quelle bei Besier 1993: Institut für die Geschichte der Arbeiterbewegung, Zentrales Parteiarchiv der SED (IfGA ZPA NL 182/1097).

19 Zeitzeugenbericht von Jürgen Runge in: Gursky 1998, S. 88–92.

20 Martin Niemöller (1892–1984), ev. Theologe, aktiv in der Bekennenden Kirche, 1938–1945 in verschiedenen KZ, 1947 bis 1964 Kirchen-Präsident der Evangelischen Kirche in Hessen und Nassau.

21 Thulin, S. 37–39.

22 Verhör am 12. Februar 1953, 12 Uhr bis 23.30 Uhr, Gursky, S. 49.

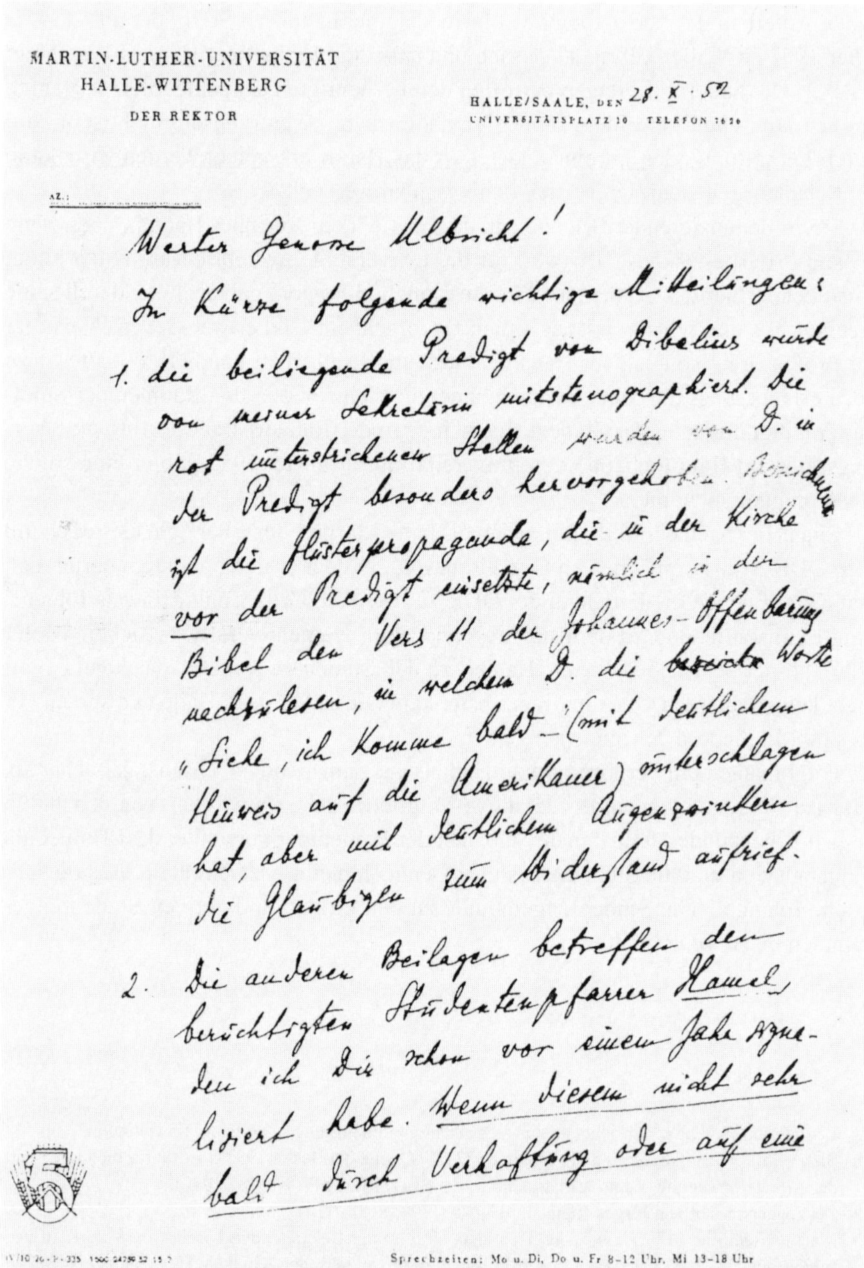

MARTIN-LUTHER-UNIVERSITÄT
HALLE-WITTENBERG
DER REKTOR

HALLE/SAALE, DEN 28. X. 52
UNIVERSITÄTSPLATZ 10 TELEFON 7626

AZ.:

Werter Genosse Ulbricht!

In Kürze folgende wichtige Mitteilungen:

1. die beiliegende Predigt von Dibelius wurde von meiner Sekretärin mitstenographiert. Die rot unterstrichenen Stellen wurden von D. in der Predigt besonders hervorgehoben. Bezeichnend ist die Flüsterpropaganda, die in der Kirche vor der Predigt einsetzte, nämlich in der Bibel den Vers 11 der Johannes-Offenbarung nachzulesen, in welchem D. die ~~[illegible]~~ Worte „Siehe, ich komme bald" (mit deutlichem Hinweis auf die Amerikaner) unterschlagen hat, aber mit deutlichem Augenzwinkern die Gläubigen zum Widerstand aufrief.

2. Die anderen Beilagen betreffen den berüchtigten Studentenpfarrer Hamel, den ich Dir schon vor einem Jahr signalisiert habe. Wenn diesem nicht sehr bald durch Verhaftung oder auf eine

Sprechzeiten: Mo u. Di, Do u. Fr 8-12 Uhr, Mi 13-18 Uhr

Handschriftlicher Brief Leo Sterns an Walter Ulbricht vom 28.10.1952

andere Art das Handwerk gelegt
werden wird, kann der Schaden an unseren
Universität unübersehbar werden.

Mit sozialistischem Gruß
Leo Stern

P.S. Ein weiterer wichtiger Faktor zur Gesundung
(neben völlig darniederliegenden)
der Parteiarbeit an den Universitäten und
Hochschulen ist:
a) die Bestellung eines hauptamtlichen Partei-
sekretärs für jede Fakultät und eines die
Arbeit der Sekretäre aller Fakultäten koor-
dinierenden und leitenden Parteiorganisators
des ZK.
So hat z. B. die Universität Halle-Wittenberg
ca 6500 Studenten, 2500 Arbeiter und Angestellte,
ca 1000 Professoren, Dozenten, Assistenten, Lehr-
beauftragte, also insgesamt ca 10.000 Menschen,
die im Augenblick von nur einem, dazu noch
schwachen Genossen, politisch betreut werden.
Die Lage ist einfach katastrophal und wird
sich nicht eher ändern, bis nicht gründliche
Maßnahmen in der angegebenen Richtung ge-
troffen werden.

Bemerkenswert ist, dass sich auch Studenten für Johannes Hamel einsetzten, indem sie Briefe an das Ministerium für Staatssicherheit schrieben und sich nach ihm erkundigten. Dies zeugt von wirklicher Zivilcourage; und es waren nicht nur Theologiestudenten, die hier fragten.

Aus der Zeit der Inhaftierung von Johannes Hamel sind 89 Vernehmungsprotokolle erhalten. Der Staatssicherheitsdienst versuchte, sich ein Bild von der Struktur und den Aktivitäten der Studentengemeinde und von dem Verhältnis der Kirche zum DDR-Staat zu machen. Besonderes Interesse galt dabei Bischof Dibelius[23].[24]

André Gursky hatte 1997 die Gelegenheit, Johannes Hamel zu treffen. Er erfuhr unter anderem, dass ein Brief von Joliot Curie an Walter Ulbricht, in dem er sich für die Freilassung Hamels einsetzte, dessen Entlassung aus der Haft beschleunigte hatte.

Hamel war nach seiner Entlassung noch zwei Jahre Studentenpfarrer in Halle und ging dann als Dozent für Praktische Theologie an das Katechetische Oberseminar in Naumburg.

Seine Frau Renata schrieb nach seiner Verhaftung und einer Hausdurchsuchung einen Bericht, der hier zitiert werden soll, weil er die Arbeitsweise des Staatssicherheitsdienstes charakterisiert und zeigt, wie die Familien oder im Falle der verhafteten Studenten die Vermieter der Studentenzimmer mitbetroffen waren.

Anlässlich des 27. Deutschen Evangelischen Kirchentages hielt Johannes Hamel am 18. Juni 1997 in der Gedenkstätte „Roter Ochse" einen Rückblick.[25] Er beschrieb, dass er einen menschlichen Kontakt zu seinem Vernehmer gefunden hatte, dass er mit ihm während der Vernehmungen über die Bergpredigt sprach, dass er ihn nach der Wende suchte, 1994 fand, und dass er sein Freund wurde. Diese besondere Versöhnung war sicher nicht die Regel und auch nicht jeder Vernehmer hat sich so menschlich zu den Gefangenen verhalten. Hamel hatte selbst die Erfahrung gemacht: „[...] die anderen brüllten, sie tobten, sie drohten".

---

23 Otto Dibelius (1880–1967), ev. Theologe, 1933 als Mitglied der Bekennenden Kirche suspendiert, 1945 bis 1966 Bischof der Ev. Kirche von Berlin-Brandenburg, 1949–1961 Vorsitzendes des Rates der EKD (Evangelische Kirche in Deutschland).

24 Auch Leo Stern hatte Interesse an Dibelius. Wie wir seinem Brief vom 28. Oktober 1952 an Walter Ulbricht entnehmen können, ließ er die Predigt von Dibelius in der Stadtkirche zu Wittenberg am 19. Oktober 1952 von seiner Sekretärin mitstenographieren und schickte eine Abschrift an Ulbricht.

25 Gursky, S. 128–130.

Bericht über das Verschwinden des Studentenpfarrers Johannes H a m e l, Halle/S., und die Haussuchung in seiner Wohnung am 12. Februar 1953

Am Donnerstag, den 12. Februar 1953, fuhr mein Mann, Studentenpfarrer Johannes Hamel, mit dem P-Zuge 8.50 Uhr nach Erfurt in ganz persönlicher Angelegenheit (er wollte ein Klavier, das er von seiner 1945 verstorbenen Mutter geerbt hatte und das wir in Erfurt an Frau Vogt, Nonnenrain 56, verliehen hatten, für den Transport nach Halle mit alten Decken und Tüchern, die er in einem Karton bei sich führte, notdürftig schützen).

I. <u>Vorgeschichte:</u> Am Dienstag, 10.II., wurde meinem Mann mitgeteilt, dass die Studentengemeinde mit Haussuchungen zu rechnen habe. Am Mittwoch wurde beobachtet, dass unser Haus offensichtlich von dem gegenüberliegenden Hause aus ständig beobachtet wurde. Am Mittwoch Abend hielt mein Mann die Bibelstunde der Studentengemeinde in der Stadtmission. Nach Schluss der Bibelstunde verliessen mein Mann und ich mit einigen Studenten und Studentinnen als letzte die Stadtmission, hinter uns wurde das Tor abgeschlossen. Auf der Strasse neben dem Tor, ganz an die Wand gedrückt, stand ein Mann, den mein Mann nicht kannte. In der Meinung, es sei ein Student, der die Bibelstunde besucht hatte, redete er ihn an, wie er es öfters tat, und erhielt auf seine Fragen nach Namen und Fakultät zuerst verwirrte, dann ausweichende Antworten und dann spielte er den Betrunkenen. Als wir die Strasse überquerten, um zur Haltestelle zu gehen, fielen uns an der Ecke Weidenplan drei männliche Gestalten auf, die uns offensichtlich beobachteten, sich auffällig zurückzogen - in demselben Augenblick fuhr ein Auto, das an der Ecke stand, ab - und nachher an der Haltestelle wieder auftauchten, wie übrigens auch der den Betrunkenen Markierende. Als wir, und mit uns ein Student und eine Studentin, in die Strassenbahn Linie 3 (vorderer Wagen) einstiegen, beobachtete ein Student von der Strasse aus, dass zwei von den Männern nach uns in denselben Wagen einstiegen - und zwar einer vorn und einer hinten. -

Als mein Mann am Donnerstag Morgen etwa 8.10 Uhr das Haus verlassen hatte und in die Wolfenstein-Strasse eingebogen war, beobachtete unser 12-jähriger Sohn Heinrich, dass drei Männer das gegenüberliegende Haus verliessen und in entgegengesetzte Richtung, zur Karl Robert-Strasse hin, gingen. Heinrich folgte, wie es abgemacht war, sofort seinem Vater und berichtete ihm das. An der nächsten Strassenecke (Wolfenstein - Fischer - von-Erlach Strasse) fiel ihnen ein dort stehendes Auto auf, das sie in der Reilstrasse, in langsamem Tempo hin und her fahrend, wieder sahen. Mein Mann ging ein Stückchen in die Brunnenstrasse hinein und liess Heinrich das Auto beobachten. Es hielt kurz vor der Strassenbahnhaltestelle. Mein Mann und Heinrich gingen dann zur Haltestelle und stiegen in die Strassenbahn 5 ein. Sie sahen noch, dass dann das Auto wieder in Richtung Norden (Karl Robert-Str.) zurückfuhr. (Vermutlich sind aber ein oder zwei dieser Männer mit in die Strassenbahn eingestiegen.) Als mein Mann auf dem Bahnhof am Fahrkartenschalter eine Fahrkarte "ein Mal Erfurt

<u>hin</u>

Bericht von Frau Renata Hamel (6 Seiten)[26]

26 EZA 36/333, Wir danken der Familie Hamel, speziell dem Propst i. R. Heinrich Hamel, und dem Evangelischen Zentralarchiv in Berlin für die Genehmigung, diesen Bericht hier abdrucken zu dürfen.

- 2 -

hin und zurück" löste, merkte er, dass ein hinter ihm stehender Mann sich erstaunt zu einem anderen hin umwandte. Heinrich ging mit auf den Bahnsteig und hat den Zug noch abfahren gesehen. Um 18.06 Uhr, spätestens mit dem D-Zug gegen 19.30 Uhr wollte er zurückkommen.

II. Haussuchung.

Als ich am Donnerstag Nachmittag gegen 18.15 Uhr mit meinen beiden Söhnen nach Hause zurückkam (ich war beim Arzt gewesen), warteten im Amtszimmer meines Mannes zwei Herren in Zivil, die mich sprechen wollten. Mir war sofort klar, dass das die Polizei sei - als ich durch die halb geöffnete Tür die beiden sah, war es mir noch klarer. Ich zog mich in aller Ruhe aus und suchte meine erste Erregung niederzukämpfen. Im Amtszimmer sassen unsere beiden kleinen Töchter friedlich spielend am Tisch, die älteste machte am Schreibtisch ihre Schularbeiten. Die Herren begrüssten mich. Ich sagte: "Ihre Namen bitte?" Der eine stellte sich vor als "Schraube", den Namen des anderen verstand ich nicht. Dann sagte Herr Schraube, der das Wort führte: "Frau Hamel, wir möchten Sie gern allein sprechen." Ich schickte die Kinder hinaus. "Kriminalpolizei. Wir möchten eine Haussuchung vornehmen." "Bitte". Ich habe wohl daran gedacht, mir ihre Ausweise zeigen zu lassen, da es mir aber so klar war, dass das ja kommen musste, dachte ich: wozu noch? Die Kommissare ordneten dann an, nachdem sie gefragt hatten, wer alles im Hause wohne, dass niemand das Haus verlassen dürfte und alle im Haus Anwesenden sich im Nebenzimmer aufzuhalten und das Zimmer nicht zu verlassen hätten. Ich weigerte mich, meine Mutter, Frau Professor Schomerus, herunterzuholen mit dem Hinweis auf ihr Alter und ihre Tbc-Krankheit. Ich musste ihr dann sagen, dass sie ihr Zimmer nicht verlassen dürfte. Auf die Frage, wo mein Mann wäre, sagte ich, dass er in persönlicher Angelegenheit (s.o.) nach Erfurt gefahren sei und abends um 18 Uhr spätestens 20 Uhr zurückkommen wollte. Später fragten sie noch nach dem mitgenommenen Gepäck (Aktenmappe und ein Karton mit alten Dekken und Bindfäden). Ihre Frage, ob wir Telephon hätten, verneinte ich, nachdem ich zuerst gesagt hatte: "Das wissen Sie doch" (dabei taten sie <u>sehr</u> erstaunt).

Dann begann die Durchsuchung des Amtszimmers. Sie legten Wert darauf, dass immer einer im Zimmer dabei sei. Sie begannen mit dem Schreibtisch. Ich setzte mich auf einen Stuhl, holte mir ein Strickzeug und versuchte möglichst genau zu beobachten. Als ich nach kurzer Zeit fragte: "Haben Sie einen Haftbefehl für meinen Mann?", taten sie <u>sehr</u> erstaunt, wie ich denn darauf käme. Ich sagte: "Nun, wenn <u>Sie</u> hier Haussuchung machen, dürfte das ja nicht allzu fern liegen. Ausserdem haben wir ja schliesslich gemerkt, dass mein Mann beobachtet wurde." "So? Wieso denn? Darauf habe ich nur allgemein geantwortet. Als die Zeit verstrichen war, nach der er auch mit dem zweiten Zug hätte zurück sein müssen, sagte ich: "Darf ich mal etwas fragen?" "Bitte." "Wo ist mein Mann? Ist er verhaftet?" "Sie haben doch selber gesagt, dass er in Erfurt ist." "Nein, dann müsste er längst zurück sein. Da ist er nicht." "Er wird in Erfurt geblieben sein." "Nein. Ist er verhaftet?" "Das wissen wir nicht." "Das

glaube

- 3 -

glaube ich Ihnen nicht." Keine Antwort. - Nach ca. zwei bis zweieinhalb Stunden sagte Herr Schr. seufzend: "Hier kommen wir ja nicht durch. Wo kann man hier telephonieren?" "Nebenan der Senatspräsident Senz wird wohl Telephon haben." Herr Schr. ging dann fort um zu telephonieren (er ist aber nicht bei dem Senatspräsidenten gewesen), kam nach ziemlich langer Zeit zurück und setzte sich wieder an den Schreibtisch. Nach wieder ca. einer halben Stunde kamen noch zwei Kommissare, einer war anscheinend ein höherer Kommissar - er nahm sofort die Führung in die Hand, und ich merkte bald, dass es nun erst wirklich ernst wurde -, der andere sehr jung und sichtlich unerfahren. Auf meine Bemerkung: "Da kann ich mich wohl auf die ganze Nacht gefasst machen? sagte dieser "Oberkommissar", der einen klugen, menschlich-sympathischen Eindruck machte: "Das liegt an Ihnen. Wenn Sie uns helfen ...." Er fragte dann, ob und wo mein Mann Briefe, Zeitschriften, Bücher hätte, die gefährlich seien. Ich wies darauf hin, dass man darüber wohl verschiedener Ansicht sein könnte, was gefährlich sei und was nicht. Ich wüsste nicht, was sie da meinten. "Nun, z.B. westliche Zeitschriften" - es hatte gerade einer einen Stoss Hefte (Kreyssig:"Kirche im Volk") auf den Tisch gelegt - "wo haben Sie die Bücher und Zeitschriften her? Haben Sie Pakete bekommen?" "Nein - das weiss ich nicht so genau." "Sie müssen doch wissen, ob in Paketen Bücher gewesen sind." "Nein." Als der "Oberkommissar" dann bei verschiedenen Bücherreihen nachsuchte, ob dahinter etwas versteckt sei, und sehr sorgfältig einzelne Bücher daraufhin ansah, ob Briefe oder dergl. darin lagen, sagte ich: "Ich weiss nicht recht, was Sie wollen. Meinen Sie etwa, dass in oder hinter den Büchern etwas versteckt sei? Dann können Sie lange suchen und werden nichts finden." Schliesslich, als ich merkte, dass sie <u>nichts</u> verschonen würden, wies ich auf ein Regal hin, in dem vor allem Zeitschriften lagen. Damit waren sie dann stundenlang beschäftigt.

Auf eine nochmalige Frage, ob mein Mann verhaftet sei, antworteten sie wieder mit dem Hinweis, dass er wohl in Erfurt sei und dass sie nichts wüssten.

Es war wohl nach Mitternacht, als der "Oberkommissar" mich aufforderte, die anderen Räume zu zeigen. (Die drei jüngsten Kinder hatte ich übrigens längst ins Bett bringen lassen dürfen, auch die Hausgehilfin durfte jetzt gehen). Zwei Kommissare gingen mit mir durchs Haus; zuerst kam die Küche dran, wo sie sich nur kurz umsahen (aus meinem Küchenschrank nahmen sie nur flüchtig die Kochbücher in die Hand). Auf meine Bemerkung: "Warum sind Sie eigentlich so misstrauisch? Sie dürften doch wirklich allmählich gemerkt haben, dass wir nichts versteckt haben!" sagte der eine nur: "Wir tun ja auch nur unsere Pflicht." Ich wies darauf hin, dass mein Mann doch wie wenige immer alles in aller Offenheit getan und gesagt hätte.

Die beiden Schlafzimmer sahen sie ziemlich schnell durch - im Kleiderschrank durchsuchten sie die Anzüge meines Mannes, im Schlafzimmer nahmen sie Bonhoeffers "Widerstand und Ergebung" mit. Darauf sagte ich erstaunt: "Den Bonhoeffer nehmen Sie mit? Das ist doch der von den Nazis umgebrachte Pfarrer." Sie haben es aber unten dann doch dagelassen. Auch das Zimmer meiner Mutter

haben

- 4 -

haben sie - gegen meinen Protest - angesehen, allerdings nichts angerührt. Auf dem oberen Flur musste ich eine Truhe öffnen. Dann fragten sie nach weiteren Räumen unten, und ich musste ihnen ein Kinderzimmer unten, Kohlenkeller, Kellerraum, Waschküche und Klosett zeigen. Zuletzt kam das Ess-Wohnzimmer an die Reihe, in dem immer noch meine Mutter, die schliesslich heruntergekommen war, und unsere beiden ältesten Kinder sassen. Sie durchsuchten vor allem sehr gründlich meinen Sekretär, aus dem sie zunächst eine Reihe Briefe und verschiedene Bücher mitnahmen, die sie aber nachher fast alle daliessen. Sie beanstandeten die westlichen Bücher. Ich entgegnete: "Warum sollen wir an dem Guten, das der Westen hat, nicht teilnehmen?" Darauf meinte der "Oberste": "Gehen Sie doch hier in die Bibliotheken" - sehr wenig überzeugend klang dann seine angefügte Bemerkung: "Da kriegen Sie das Richtige." Einige sehr persönliche Briefe liessen sie auf meine ausdrückliche Bitte unberührt, beschlagnahmten dagegen verschiedene Medikamente, die wir einige Tage vorher für das schwerkranke Kind einer Flüchtlingskriegerwitwe über das Hilfswerk in Berlin bekommen hatten. Sie versicherten, dass die Medikamente der Frau, deren Adresse ich angeben musste, zugestellt würden.

Gegen 1.15 Uhr fingen sie an, das Protokoll der beschlagnahmten Sachen aufzunehmen. Dabei sortierten sie aus einem grossen Stapel Bücher und Zeitschriften usw. noch einen Teil aus. Als sie das Protokoll beendet hatten, fragten sie mich, ob ich gegen die Beschlagnahme der Bücher usw. Einspruch erhöbe. Ich sagte, ich könne nicht übersehen, was das hiesse; ich wüsste nicht, was das rechtlich bedeute und was es für einen Sinn haben solle. Meine Mutter, die - ebenso wie meine beiden ältesten Kinder - nun mit mir im Amtszimmer sass, sagte: "Das würde ich doch auf jeden Fall tun", worauf Herr Schraube, der das Protokoll getippt hatte, sagte: "Ja, ja, die Oma hat ganz recht, erheben Sie ruhig Einspruch." Ich: "Ich weiss nicht, was das für einen Sinn haben soll. Mitnehmen werden Sie die Sachen ja wahrscheinlich so und so." Darauf sagte der "Oberste": "Ja, Sie würden die Sache dadurch erschweren." Ich war zu erschöpft, um nach allem die Bedeutung dieser Sache und des Folgenden nohh übersehen zu können und verzichtete auf den Einspruch. - Sie legten mir dann einen Haufen einzelner Blätter vor mit der Aufforderung, nur eben zu unterschreiben, dass diese Blätter bei uns gefunden seien. Ich wehrte mich zunächst und wies darauf hin, dass ich doch gar nicht wüsste, was das für Schriftstücke seien, ich sie nicht kannte und nicht unterschreiben könne. Das sei nicht wichtig, ich brauche ja nur zu unterschreiben, dass sie in unserer Wohnung gefunden seien. Ich hatte ja gesehen, wie sie alles durchsucht hatten, und wohl beobachtet, dass sie einzelne Schriftstücke, die ihnen besonders wichtig erschienen, für sich gelegt hatten. Um diese handelte es sich offensichtlich. Ich kann heute nicht mehr verstehen, warum ich gar nicht misstrauisch wurde. Ich dachte: dass sie in unserer Wohnung gefunden sind, kann ich ja schliesslich unterschreiben. Was dies für Blätter waren, kann ich nicht mehr sagen. Beim ersten fiel mir auf, dass es nur ein Blatt (S. 5 u. 6) von einem also mehrere Seiten umfassenden Schriftstück war. Als ich darauf

hinwies,

- 5 -

hinwies, hiess es, das machte nichts, dies genügte. Dann kam - soviel ich mich erinnere - nachher dasselbe Blatt nochmal. Unter diesen Schriftstücken lag auch ein Briefumschlag, den der "Oberste" ziemlich am Anfang seiner Untersuchung in einem Buch gefunden hatte, und zwar kurz nachdem ich gesagt hatte, dass sie nach versteckten Briefen und dergl. vergeblich suchen würden. Er hatte diesen "Fund" mit einem leisen Zischen begleitet und den Brief einem seiner Kollegen gezeigt. Ich konnte zuerst nur erkennen, dass mit der Handschrift meines Mannes oben auf dem Umschlag stand: "Zur Aufbewahrung" und eine Adresse die ich nicht entziffern konnte, mit Schreibmaschine darauf geschrieben war. Jetzt stellte ich fest, dass der Brief adressiert war an Herrn Rechtsanwalt Dr. Knauth-Calbe/S. Er enthielt in zweifacher Ausfertigung (mit Schreibmaschine geschrieben) eine Vollmacht, dass er im Falle seiner Verhaftung Herrn Rechtsanwalt Dr. Knauth mit seiner Verteidigung beauftrage. Ich sagte: "Das brauche ich ja wohl nicht zu unterschreiben und das müsste ich ja wohl behalten!" "Nein, das lassen Sie nur hier, das geht ja dann von uns aus" (oder so ähnlich). Nachträglich fällt mir natürlich auf, dass ihnen an diesen Unterschriften besonders viel lag - auf jedes einzelne Blatt warteten sie mit einer gewissen Spannung und nahmen mir jedes einzeln ab. Das letzte, das ich unterschrieb, war ein Schreibmaschinenblatt, das mir durch seinen seltsamen Druck auffiel. Jede Zeile enthielt nur ein Wort (vielleicht auch gelegentlich zwei, drei kurze) und war in folgender Weise gedruckt:

- - - -
        - - - -
                - - - -
                        - - - -
- - - -
        - - - -
                - - - -
                        - - - -

Es war ca. 1 1/3 Seiten lang. Darunter stand, in Klammern getippt: "Aus einer Ostzeitung" (oder Ostzeitschrift). Ich könnte keinerlei Worte angeben, aber ich hatte den Eindruck, als ob es sich um eine Persiflage des Kommunismus handle. Dann fragten sie, ob ich die beschlagnahmten Bücher usw., die sie alle auf einen Stuhl gelegt hatten, nochmal an Hand des Protokolls vergleichen wolle. Ich konnte nicht mehr und verzichtete darauf.

Zuletzt legte man mir das Protokoll zur Unterschrift vor. Es war ein vorgedrucktes Formular, mit dem Kopf (etwa so):

"Ministerium"
(2. Zeile? vielleicht: "des Innern"
"Amt für Sicherheit" (oder ähnlich)

Im Text hiess es etwa (nicht wörtlich)

"Im Auftrage d.......
wird wegen Gefährdung der Sicherheit (oder: zum Schutze der Sicherheit) die Beschlagnahmung . . . ? . . . angeordnet."
Auf der 2. Seite folgte die Liste der beschlagnahmten Schriften (s. Abschrift des Protokolls, Anlage).

Ich

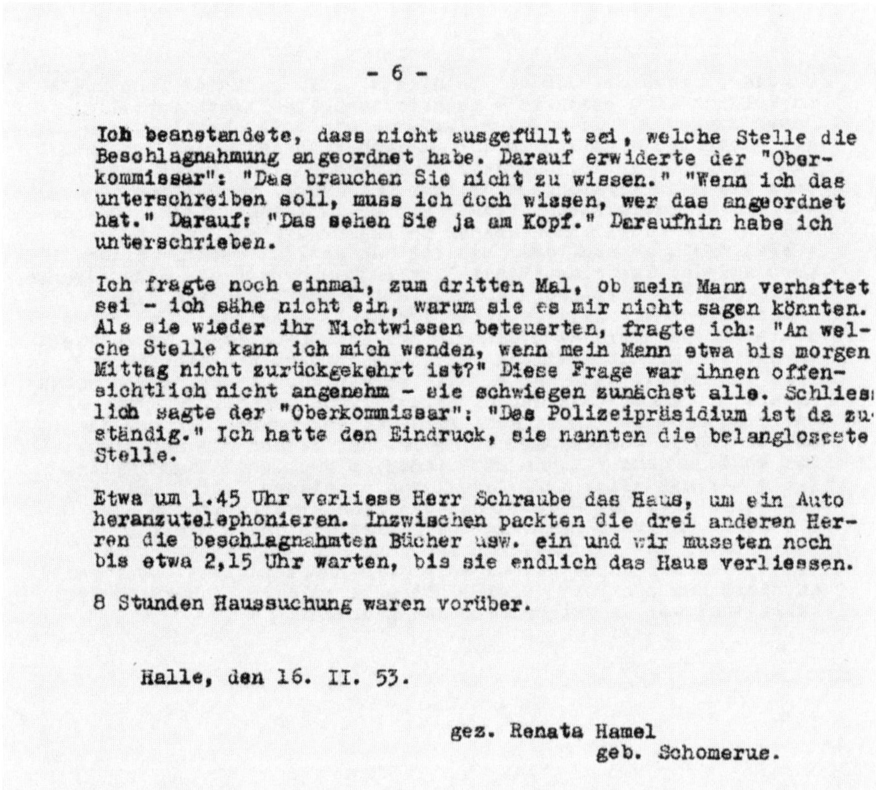

\- 6 -

Ich beanstandete, dass nicht ausgefüllt sei, welche Stelle die Beschlagnahmung angeordnet habe. Darauf erwiderte der "Oberkommissar": "Das brauchen Sie nicht zu wissen." "Wenn ich das unterschreiben soll, muss ich doch wissen, wer das angeordnet hat." Darauf: "Das sehen Sie ja am Kopf." Daraufhin habe ich unterschrieben.

Ich fragte noch einmal, zum dritten Mal, ob mein Mann verhaftet sei - ich sähe nicht ein, warum sie es mir nicht sagen könnten. Als sie wieder ihr Nichtwissen beteuerten, fragte ich: "An welche Stelle kann ich mich wenden, wenn mein Mann etwa bis morgen Mittag nicht zurückgekehrt ist?" Diese Frage war ihnen offensichtlich nicht angenehm - sie schwiegen zunächst alle. Schliesslich sagte der "Oberkommissar": "Das Polizeipräsidium ist da zuständig." Ich hatte den Eindruck, sie nannten die belangloseste Stelle.

Etwa um 1.45 Uhr verliess Herr Schraube das Haus, um ein Auto heranzutelephonieren. Inzwischen packten die drei anderen Herren die beschlagnahmten Bücher usw. ein und wir mussten noch bis etwa 2,15 Uhr warten, bis sie endlich das Haus verliessen.

8 Stunden Haussuchung waren vorüber.

Halle, den 16. II. 53.

gez. Renata Hamel
geb. Schomerus.

Der Theologe Ernst Julius Kurt Aland war Mitglied des Spirituskreises und geriet bereits 1949 in das Visier der Partei. Am 13. April 1953 wurde er wegen „staatsfeindlicher Äußerungen“ und einer angeblichen „Verbindung zur Kampfgruppe gegen Unmenschlichkeit“ in Untersuchungshaft genommen und nach vier Wochen wieder freigelassen. Im Jahr 1958 wurde der Spirituskreis verboten. Jetzt wurde auch ein Disziplinarverfahren gegen Aland durchgeführt, dass mit dem Ergebnis endete, ihm die Lehrtätigkeit zu entziehen. Er floh mit seiner Familie am 14. Juli 1958 nach Münster. Im Jahr 1953 hatte das MfS keinerlei Hemmungen, gegen Studentenpfarrer wie Hamel, gegen Mitarbeiter der Kirche und auch gegen Theologieprofessoren wie Aland mit starken Repressionen vorzugehen.[27]

27 Die Informationen zu Aland stammen aus den biographischen Studien von Schenk und Meyer 2007.

Es lohnt, an dieser Stelle zu den Senatssitzungen zurückzukehren: In der Sitzung am 27. April teilte Leo Stern mit, dass bei der Mathematisch-Naturwissenschaftlichen Fakultät der Physiker Wilhelm Messerschmidt[28] zum Dekan und Hans Gallwitz zum Prodekan gewählt worden seien. Anschließend war ein Ritual zu behandeln, das noch jahrelang eine Rolle spielen würde – die Demonstration am 1. Mai. Dieser Tag wurde in der DDR jahrzehntelang als Disziplinierungs- und Massenveranstaltung inszeniert. Stern hier nachdrücklich: „Ich möchte doch darum bitten, daß von Seiten der Herren Dekane auf die Beteiligung an der diesjährigen Maidemonstration entschiedener hingewiesen wird, als dies in den vergangenen Jahren der Fall war“. Leo Stern wies auf die Bedeutung des 1. Mai hin und betonte die Notwendigkeit, dass auch der Lehrkörper sich an der Demonstration beteiligt, „da die Universität nicht außerhalb des gesellschaftlichen Lebens steht“. Hierauf entspann sich, so ist dem Protokoll zu entnehmen, ein kurzer Wortwechsel: „Lehmann: Es gibt viele Herren, die auf Grund ihres Alters oder durch Krankheit diesen langen Marsch nicht mitmachen können.

Stern: Das schliesst nicht aus, daß die Herren Professoren auch nur kurz an der Demonstration teilnehmen. Hartwig: Wir beschliessen, daß der Senat sich geschlossen beteiligt. Wir haben ja auch im vergangenen Jahr geschlossen an der Demonstration teilgenommen.“

Dann kam ein brisantes Thema zur Sprache, und Franz Runge[29] setzte sich dabei für die Studenten ein: „Ich möchte noch mitteilen, daß die Überprüfung und der Umtausch der Mitgliedsbücher der FDJ eine gewisse Beunruhigung der Studenten, besonders der Examenskandidaten, ist. Sie wissen nicht, wie sie sich verhalten sollen. Im Hintergrund dieser Aktion steht wohl die Exmatrikulation.“

Leo Stern erwiderte: „Das eine hat mit dem anderen nichts zu tun. Kein Examensstudent braucht in Unruhe zu verfallen. Es besteht kein Zweifel darüber, wer zu exmatrikulieren ist. Das sind Studenten mit schlechten Studienleistungen oder kriminellen Vergehen.“ Hier wird einmal mehr deutlich, welch politischer Druck damals auf den Studenten lastete.

Der Dekan und Geologe Hans Gallwitz wird von Leo Stern verfolgt

Nach mehrjähriger Amtszeit als Dekan wurde Hans Gallwitz im April 1953 mit großer Mehrheit zum Prodekan gewählt. Kurz darauf trug er eine öffentliche Auseinandersetzung mit der Staatsmacht aus, in deren Verlauf die FDJ-Leitung der

28 Wilhelm Messerschmidt, (1906–1975), Experimentalphysiker, Leopoldina-Mitglied seit 1958.

29 Franz Runge (1893–1973), Chemiker, Leopoldina-Mitglied seit 1953.

Hans Gallwitz[30]

Universität die Studenten massiv unter Druck setzte. Diejenigen, die der Staatsmacht gegenüber kein Wohlverhalten zeigten, sollten exmatrikuliert werden. Hauptfeinde aus der Sicht der FDJ-Leitung waren dabei die Studenten, die in der Studentengemeinde aktiv waren.

Die FDJ nahm einen Austausch der Mitgliedsbücher zum Anlass, um mit jedem Studenten ein kritisches Gespräch zu führen. Im Ergebnis dieser Aktion wurden etliche Studenten aus der FDJ ausgeschlossen, und für einige beantragte die FDJ-Leitung die Exmatrikulation. Das war für Hans Gallwitz unerträglich. Er sah sich als Sachwalter der hier Gemaßregelten und fühlte sich vor allem der Kirche und der Studentengemeinde verbunden.

Er berief, dabei letztmalig als Dekan fungierend, für den 12. Mai eine Fakultätssitzung ein, zu der er auch Vertreter der FDJ einlud. In dieser Fakultätssitzung entlud sich die große Erregung, die viele Hochschullehrer erfasst hatte. Sie sprachen Dinge offen aus, obgleich unter den stalinistischen Verhältnissen dies selbst für sie keineswegs risikofrei war.

Zwei Teilnehmer haben nach der Sitzung aus der Erinnerung berichtet[31]: „Prof. Gallwitz brachte sinngemäß folgendes zum Ausdruck: Die Prüfungen sind gefährdet, da die Studenten stunden- und tagelang von der FDJ überprüft werden. Das nimmt ihnen die Zeit zur Vorbereitung der Zwischenprüfungen und vor allem geraten sie in seelische Spannungen. In den Überprüfungen reden oft 3 bis 4 Mann auf einen Studenten ein und stellen ihm Fragen. [Als wörtliches Zitat haben die beiden den folgenden Satz aufgeschrieben: ‚Man muss schon sagen, daß das ein Kreuzverhör ist.'] Die FDJ beschliesst einfach über die Entfernung von Studenten von der Universität, ohne daß die Professoren gehört werden.

Prof. Mothes: Durch ein derartiges Verfahren der ungesetzlichen Entfernung von Studenten von der Universität verlieren wir die wertvollsten Kräfte. Viele haben schon die DDR verlassen. Wenn das so weiter geht, dann sind bei uns bald keine geistig schöpferischen Kräfte mehr vorhanden. Wir haben eine andere Situation als in der SU,

30 Photo aus dem Nachlass von Hans Gallwitz. Wir danken der Tochter Antje Tuchelt, geb. Gallwitz, und dem Sohn Prof. Klaus Gallwitz für die Überlassung zahlreicher Photos aus dem Nachlass ihres Vaters, von denen wir einige in dieser Dokumentation verwendet haben.

31 UAH, Rep. 7 Nr. 810 1953.

Der Biochemiker und Pflanzenphysiologe Kurt Mothes[33]

denn dort waren die Grenzen geschlossen. [...] Ich habe nichts mit der Studentengemeinde zu tun und gehe auch nicht in die Kirche, aber ich behalte meinen religiösen Glauben. Den Kampf gegen religiöse Überzeugung lehne ich ab. Es werden als Ergebnis der Überprüfung beliebig viele Studenten von der Universität verjagt. Heute kann keiner mehr etwas sagen. Es sind nur ganz wenige, die sich erlauben können, ihre Meinung zu sagen. ‚Ein schlauer Kerl erzählt nichts.' In der Sowjetunion hat man sich ganz anders gegenüber der Intelligenz verhalten. Man arbeitet mehr mit der Methode der Überzeugung. Das habe ich selbst in der SU erlebt.[32] Wir können aus der heutigen Aussprache sehr viel lernen und sind auch bereit dazu. Aber man hat ja die Meinung, die alte Intelligenz muss man noch so lange dulden, wie sie gebraucht wird, um sie dann davonzujagen.

Prof. Brandt: Man soll doch nicht glauben, daß dieses System Anhänger hat. Wenn die Besatzungsmacht freie Wahlen anordnen würde, würde die SED höchstens 2 % bekommen. Ich habe noch keinen Arbeiter getroffen, der für dieses System ist. Die Gesinnungsschnüffelei, die hier durchgeführt wird, ist der reinste Primitivismus. Die Auffassung, daß die Wünsche und Meinungen der Menschen die Entwicklung hemmen oder fördern können, ist der reinste Primitivismus. Es verläuft doch in der gesellschaftlichen Entwicklung alles nach dem ersten dynamischen Gesetz. [...] Seit 1945 hat man die besten Leute, die die beste Gewähr für die Entwicklung gaben, von der Universität entfernt. Prof. Keller[34] äusserte, daß ihm zwei gute Studenten mehr wert seien, als 98 andere Studenten.

Prof. Gallwitz: Die Zwangsmethoden, die hier angewandt werden, müssen wir unbedingt ablehnen. Die Studenten werden bedroht. Z. B. wurde Fräulein Toege gesagt, daß für sie noch eine Gummizelle der DDR frei wäre, sie wurde als Verbrecherin bezeichnet, obwohl sie keine staatsfeindlichen Äusserungen gemacht hatte. Er bat die anwesenden Mitglieder der SED, keinen Gebrauch von dieser Information zu machen, da sonst Frl. Toege Schwierigkeiten erwachsen könnten. [...]

32 Kurt Mothes war mehrere Jahre in sowjetischer Kriegsgefangenschaft und kannte die Verhältnisse.

33 Kurt Mothes (1900–1983), Biochemiker, Leopoldina-Präsident von 1954–1974, Photo aus dem Leopoldina-Archiv.

34 Ott-Heinrich Keller (1906–1990), Mathematiker an der MLU, Leopoldina-Mitglied seit dem 16.12.1958.

Die Debatte dauerte etwa zwei Stunden. Die hier festgehaltenen Aussprüche und Meinungen sind bei weitem nicht eine vollständige Wiedergabe aller rückständigen und reaktionären Auffassungen, die in der Diskussion geäussert wurden. Die Flut der Angriffe war so gross, daß wir uns an eine Reihe von Ausführungen nicht mehr erinnern können. Die Ausführungen der Professoren wurden sinngemäss und nicht wörtlich wiedergegeben."[35]

Nachdem Stern diesen Bericht gelesen hatte, führte er eine „Unterredung" mit Mitgliedern der Mathematisch-Naturwissenschaftlichen Fakultät durch:
„Aktenvermerk über die Unterredung mit Professoren der Mathematisch-Naturwissenschaftlichen Fakultät in der Angelegenheit Prof. Gallwitz
Anwesend: Stern, Messerschmidt, Buder, Freund, Keilbach, Häusler, Hartwig, Funk, Mothes, Prorektor Käbel und Verw. Direktor Jacobson am 28.5.1953

Stern verliest ein Schreiben der FDJ an das Rektorat, in dem ein Bericht über den Verlauf der Fakultätssitzung vom 12.5. gegeben wird. Dieser Bericht wurde von Herrn Naumann und Klohr bestätigt. [...] Im Zusammenhang mit diesen Vorkommnissen hat Prof. Stern anläßlich der Delegiertenkonferenz der Gewerkschaft Wissenschaft mit Minister Wandel und Staatssekretär Harig über diese Angelegenheit gesprochen. Als seinerzeit die Neuwahl des Dekans in der Math.-Nat. besprochen wurde, wurde Prof. Gallwitz in einem kleinen Kreis darüber informiert, daß eine Wiederwahl seiner Person als Dekan nicht möglich ist. Prof. Gallwitz hatte nach dieser Besprechung eine Erklärung an den Herrn Staatssekretär abgegeben. Inzwischen wurde nun auch Prof. Messerschmidt zum neuen Dekan gewählt und Prof. Gallwitz als Prodekan bestätigt. Prof. Gallwitz hat sich entgegen allen Geflogenheiten an die seinerzeit abgegebene Erklärung nicht gebunden gefühlt. Minister Wandel und Staatssekretär Harig haben daher angeordnet, daß das Verhalten von Prof. Gallwitz Gegenstand einer außerordentlichen Senatssitzung sein soll. Im Anschluß an diese Senatssitzung müßte eine Fakultätssitzung stattfinden, in der eine mehrgliedrige Kommission des Senats den Beschluß des Senats der Nat. Fak. übermittelt. Es ist erforderlich, daß wir den an uns ergangenen Auftrag in einer ruhigen Atmosphäre und auf der Basis gegenseitigen Vertrauens diese Angelegenheit klären.

35 Dieses „Gedächtnis-Protokoll" ist von Dozent Olof Klohr (geb. 1927) und dem FDJ-Vertreter Naumann unterschrieben.

Messerschmidt: Ich selbst habe bisher zweimal mit Herrn Gallwitz gesprochen. [...] Ich habe gehört, daß einige Studenten zur Rechenschaft gezogen wurden und daß diese Angelegenheit sehr einfach war. Schwierigkeiten ergaben sich in der Math.-Nat. Fakultät. Einige Professoren glauben sich distanzieren zu müssen. Über die Form der Einladungen kann man diskutieren, sie widerspricht sich nicht. Es steht fest, daß Äußerungen gemacht wurden, die nicht notwendig waren. Allerdings haben auch Herr Klohr und der FDJ-Vertreter gesprochen, was nicht im Protokoll steht. [...]
Stern: Prof. Gallwitz jedoch versandte an die FDJ eine separate Einladung. Durch sein besonderes Klugseinwollen hat er eine solche Kalamität herbeigeführt. Die Rede von Prof. Brandt ist nicht so tragisch zu nehmen und ist mehr auf eine unüberlegte Handlung zurückzuführen. Es wäre die Aufgabe von Prof. Gallwitz gewesen, den Verlauf der Sitzung in geordnete Bahnen zu lenken.

Ich wagte es nicht zu sagen und teile es pro domo mit, es stand die Frage der Suspendierung vom Dienst und nicht nur vom Prodekanat. Es wäre zu überlegen, wie diese Perspektive abgeändert werden kann. Auf alle Fälle ist uns eine außerordentliche Senatssitzung auferlegt. Hartwig meint, man solle Gallwitz ruhig vom Dienst suspendieren.

Mothes: Herr Klohr sagte, eine solche Aussprache sollte man wiederholen. Ich habe das in Zweifel gestellt. Der Kluge wird schweigen, die sich äußern werden Arbeit haben, wie z. B. Prof. Brandt. Ich habe jede Diskussion in dieser Richtung immer verworfen. Ich kann mich daher mit der Äußerung von Prof. Brandt nicht solidarisch erklären, politischer kann es nicht mehr zugehen. Wohl sollte man diese Dinge überprüfen, ich habe nicht gesagt, daß die besten Menschen vertrieben werden. Ich kenne Träger nicht, das soll aber nicht heißen, daß viele Fragen in Ruhe besprochen werden müssen. Auf keinen Fall ist die Fakultät der richtige Rahmen hierzu. Ich bin der Meinung, was im Vorjahr getan wurde, hat Unruhe hervorgerufen.

Stern: Die im Vorjahr exmatrikulierten Studenten wurden fast zu 90 % wegen krimineller Vergehen ausgeschlossen.

Mothes: Ich kenne Studenten, die verhaftet wurden, von mir wurde die Form beanstandet. Ich kenne Prof. Aland nicht, so etwas sollte in einem Rechtsstaat nicht vorkommen.

Stern: Die Frage der Kritik wird recht verschieden vertreten und da Kritik an verschiedenen Dingen zu üben ist, haben wir die Aussprache gesucht. Es haben zwei Kontaktbesprechungen stattgefunden, in Anwesenheit von Prof. Hager bzw. Minister Wandel und Staatssekretär Harig. Es kam vieles zur Sprache. Ich bin der Meinung, daß man alles zur rechten Zeit und am rechten Ort sagen kann. In der Universität besteht die Möglichkeit, zu solchen Dingen zu sprechen. Es ist nicht so, wie Prof. Mothes es erklärte, daß am besten der Kluge den Mund halten sollte. Ich bewundere die Art von Prof. Mothes, Dinge mit viel Temperament vorzutragen, über ihre

Aufrichtigkeit besteht kein Zweifel. Die Worte von Prof. Brandt nehme ich nicht so tragisch, bitte aber, daß keine Verschiebung in der Diskussion eintritt. Zu der Angelegenheit von Prof. Aland möchte ich sagen, daß er am besten die Dinge persönlich bestätigen kann. [...] Prof. Gallwitz hat sich exponiert. Er [hat] sich Dinge geleistet, die zum Schiffbruch führen. Ich möchte betonen, daß ich mit der Herausstellung dieser Dinge keine besondere Dramatisierung beabsichtige. Es stehen vor uns zwei Varianten

1) Suspendierung vom Dienst und die Behandlung dieser Angelegenheit auf einer Rektorenkonferenz,
2) das Mildere, Belassung im Dienst und Suspendierung vom Amt des Prodekans.

Messerschmidt: Sollen Maßnahmen ergriffen werden, oder ist die Sache abgeschlossen? Ich habe mich über die Fakultätssitzung mit Prof. Brandt unterhalten, die Stimmung von Prof. Brandt ist verzweifelt. Er ist sich völlig im Klaren, daß seine Ausführungen unmöglich sind, er würde eine Unterredung mit ihnen begrüßen.

Leo Stern und Johannes Buder[36] im Gespräch

Buder: Ich habe die Äußerung von Prof. Brandt nicht gehört, weil ich der Sitzung nicht beiwohnen konnte. Prof. Gallwitz hat vergebens versucht, ihm ins Wort zu fallen.

Mothes: Es ist zur Sache Brandt zu sagen, daß sachlich dagegen gesprochen wurde. Der Dekan sagte, wir wollen zur Sache zurückkehren. Man sollte alle Probleme kollegial klären und nicht durch eine grobe Maßregelung. Die letzte Methode mißbillige ich. Äußerungen, die im Zusammenhang mit der Exmatrikulation von Studenten gemacht wurden, beziehen sich nicht auf die Person von Herrn Käbel.

Stern: [...] Ich möchte noch einmal betonen, daß die Sache Gallwitz nicht mehr im Kompetenzbereich der Universität liegt. Es ist möglich, daß an der Senatssitzung ein Vertreter des Staatssekretariats teilnimmt.

Messerschmidt: In der Angelegenheit Brandt würde ich vorschlagen, von seiten des Senats einen Verweis zu erteilen, im übrigen aber seine Lehrtätigkeit nicht einzuschränken. Es wäre ein schwerer Verlust für die Universität, wenn Prof. Brandt aus-

36 Dieses Photo stammt aus dem Jahr 1959 (Leopoldina-Archiv). Es zeigt Stern mit Rektorkette und den Botaniker Johannes Buder (Leopoldina-Archiv). Johannes Buder (1884–1966), Botaniker, Leopoldina-Mitglied seit 1950.

fiele, außerdem aber würde sich Prof. Brandt verletzt fühlen, wenn er nicht mehr die Möglichkeit hätte, eine Lehrtätigkeit auszuüben. Bei Prof. Gallwitz würde ich vorschlagen, daß er nicht mehr das Amt des Prodekans ausübt, im übrigen aber in seiner Funktion verbleibt.

Stern: Das sollte auch die Marschroute für die Fakultätssitzung sein. Ich möchte annehmen, daß die Fakultät diese Lösung auch als die richtige ansieht. [...] Einige Herren, auf die er [Gallwitz] hört, sollten mit ihm sprechen.

Buder: Ich habe mit ihm gesprochen und versucht, ihn zu überzeugen, er ist außerordentlich christlich. Ohne Falsch wie eine Taube, aber leider nicht so klug wie eine Schlange. Ich bin von seiner Bona fides überzeugt.

Stern: Prof. Gallwitz muß einsehen, daß eine Resignation nicht möglich ist. Vielleicht ist es möglich, daß der Vorschlag der Fakultät Prof. Gallwitz vom Amt des Prodekans zu suspendieren, in einen Senatsbeschluß einmünden kann."

Wilhelm Messerschmidt[37]

Während der folgenden Senatssitzung am 29. Mai wäre Hans Gallwitz beinahe entlassen worden. Es existiert hier eine Anwesenheitsliste mit 20 Unterschriften. Lesbar sind hiervon: Käbel, Jacobson, Langenbeck, Lehmann, Klemperer, Häusler, Mönch (?), Schmalfuß, Buder, Paula Hertwig, Ahrbeck, Messerschmidt, Liebau und Stern.

Aus dem Protokoll geht hervor, dass Glodniok als Vertreter der FDJ und Liebau anwesend waren. Es war dies abermals eine außerordentliche Senatssitzung, in ihrem Zentrum stand die „Stellungnahme des Akademischen Senats zur Fakultätssitzung der Mathematisch-Naturwiss. Fak. vom 12.5.1953".

Der Anlaß der Sitzung war eine Beschwerde der FDJ. Gallwitz hatte an sie eine Einladung zur Fakultätssitzung geschickt, die einen anderen Wortlaut hatte als die Einladung an andere Fakultätsmitglieder. Es gibt zum Protokoll der Senatssitzung viele Anlagen, Abschriften von Briefen und Berichten, die hier vor dem Bericht über die Senatssitzung abgedruckt werden sollen.[38]

37 Wir danken Prof. Ulrich Messerschmidt für die Überlassung dieses Photos von seinem Vater.

38 Die Nummerierung ist nicht fehlerlos.

Anlage 1 ist die Abschrift eines Briefes der FDJ Hochschulgruppe der MLU an den Rektor vom 10. Mai 1953

„Sehr geehrter Herr Rektor!
Am 11.5.1953 erhielt die Hochschulgruppenleitung eine Einladung des Herrn Prodekan Prof. Dr. Gallwitz zu einer Fakultätssitzung am 12.5.1953. Als Tagesordnung war angegeben, daß Fragen über die Durchführung der Zwischenprüfungen besprochen werden sollten. Wir waren sehr erfreut darüber, daß die Herren Professoren der Mathematisch-Naturwissenschaftlichen Fakultät mit Vertretern der FDJ gerade dieses Problem beraten wollten. Mit grösster Entrüstung mussten wir jedoch feststellen, daß die durchgeführte Sitzung nicht die uns mitgeteilte Tagesordnung behandelte, daß die Herren Professoren eine andere Tagesordnung – Aussprache über ‚übermäßige Beanspruchung der Studenten durch die laufenden Überprüfungen der FDJ' – zugestellt bekamen.

Die Hochschulgruppenleitung der FDJ legte gegen diese offensichtliche Unkorrektheit des Herrn Prodekan Prof. Dr. Gallwitz schärfsten Protest ein. Die Hochschulgruppenleitung bittet den Herrn Rektor der MLU diese, das Ansehen der Mathematisch-Naturwissenschaftlichen Fakultät beschämende Handlungsweise des Herrn Prodekan Prof. Dr. Gallwitz auf der nächsten Sitzung des akademischen Senats zu behandeln. [...]

Auf Beschluss des Zentralrats der FDJ wird im gesamten Verband der FDJ der Umtausch der Mitgliedsbücher durchgeführt. Diese Umtauschaktion ist verbunden mit einer Aussprache durch eine Kommission mit allen Mitgliedern der FDJ. Diese Aussprachen, die durch die besten und aktivsten Funktionäre unseres Verbandes durchgeführt werden, dienen dem Ziel, alle unsere Mitglieder besser kennen zu lernen, ihre Sorgen und Nöte zu hören, ihre Kritik entgegenzunehmen. Die bis auf wenige Ausnahmen abgeschlossenen Aussprachen haben gezeigt, daß wir die besten Erfolge in dieser Aktion errungen haben, daß wir in Zukunft noch besser unsere Aufgabe, der Partei, der Regierung und den Professoren und Dozenten an der Universität zu helfen, die studentische Jugend zu aufrechten und ehrlichen deutschen Patrioten und zu besseren Studienleistungen zu erziehen, erfüllen werden.

Bei diesen Aussprachen haben die Leitungen der FDJ ebenfalls einige Studenten kennengelernt, die nicht würdig sind, weiterhin Mitglieder des Verbandes der FDJ zu sein und die auch nicht würdig sind, an unserer sozialistischen Universität zu studieren.

Auf mehreren öffentlichen Studentenversammlungen wurden einige dieser Studenten zur Rechenschaft gezogen. Die Versammlungen beschlossen in verschiedenen Fällen den Ausschluss aus der FDJ. In einigen Fällen wurde beschlossen, an das Prorektorat für Studentenangelegenheiten den Antrag zu stellen, diese Studenten zu exmatrikulieren. [...]

In der letzten Zeit wurde in der Presse Tatsachenmaterial über die Rolle und das Wesen der illegalen republikfeindlichen Jungen Gemeinde, der Tarnorganisation für

Kriegshetze, Sabotage und Spionage veröffentlicht. Dieses erdrückende Tatsachenmaterial kann durch viele Beispiele aus der Universität ergänzt werden.

Die Freie Deutsche Jugend wird auch weiterhin auf der Grundlage der Erklärung des Staatssekretariats des Innern den Kampf gegen diese illegale Organisation führen. Die FDJ wird unvermindert die Rädelsführer der Jungen Gemeinde und der evangelischen Studentengemeinde entlarven und den Antrag stellen, diese Elemente von der Universität zu verweisen.

Wir werden aber gleichzeitig alles tun, um die ehrlichen Christen, die aus religiöser Überzeugung in die Fänge der Rädelsführer der Jungen Gemeinde und der evangelischen Studentengemeinde geraten sind, zu überzeugen, daß sie einen falschen, für sie selbst verderblichen Weg gehen. Es ist überflüssig zu sagen, daß wir keinen Kampf gegen die Kirche führen, wir wehren uns jedoch gegen den Mißbrauch der Kirche und der Religion durch die Junge Gemeinde.

Die FDJ steht fest auf der Basis der Verfassung der DDR und der Erklärung des Staatssekretariats des Innern."

Dieser Brief zeigt die nicht anders als fanatisch zu charakterisierende Einstellung der leitenden FDJ-Funktionäre gegenüber der Studentengemeinde und den Hochschullehrern, die sich der Studentengemeinde verbunden fühlten. Es genügte, ein aktives Mitglied der Studentengemeinde zu sein, um exmatrikuliert zu werden – der Druck auf diese Studenten war wirklich immens.

Dies ist die Anlage 2, die den Einladungsbrief[39] Gallwitz' an die Fakultätsmitglieder zeigt:

„Um den reibungslosen Ablauf der Zwischenprüfungen zu gewährleisten, ist es erforderlich, bereits am 12.5. eine Fakultätssitzung abzuhalten, zu der Sie hiermit eingeladen werden. Diese soll durch Hinzuziehung eines Vertreters der FDJ die Möglichkeit bieten, sich über die starke Beanspruchung der Studierenden durch die laufenden Überprüfungen von Seiten der FDJ auszusprechen.

Tagesordnung.

1. Protokoll der letzten Sitzung
2. Fragen zur Durchführung der Zwischenprüfungen am Ende des laufenden Studienjahres
3. Personalangelegenheiten
4. Verschiedenes

gez. Gallwitz"

39 Abschrift, 11.5.1953 Einladung an Prof. Menner zur Fakultätssitzung.

Anlage 3 ist eine Abschrift des Briefes von Gallwitz an die FDJ vom 11. Mai 1953. Wir sehen, dass er der FDJ nicht die gesamte Tagesordnung mitteilt, sondern nur den Punkt, der die Studenten betrifft, was ja vollkommen korrekt ist:
„Am Dienstag, den 12.5., 17 Uhr, findet im Geologischen Institut, Dom-Str. 5, eine Sitzung der Math.-Nat. Fak statt, in der Fragen über die Durchführung der Zwischenprüfungen besprochen werden sollen. Zu dieser Aussprache ladet die Fakultät einen oder zwei Vertreter der FDJ hiermit ein.
gez. Gallwitz"

Anlage 4 ist der schon zitierte Bericht von Klohr und Naumann über die Fakultätssitzung. Auch er wurde verlesen.

Anlage 5 ist eine Abschrift eines Briefes von Staatssekretär Harig an Prorektor Stern vom 3. November 1952:
„Betr.: Dekanswahl der Mathematisch-Naturwissenschaftlichen Fakultät
Wir bitten Sie, der Math.-nat. Fakultät Mitteilung davon zumachen, daß das Staatssekretariat für Hochschulwesen Wert auf die baldige Durchführung der jetzt anstehenden Dekanswahl legt. Es wird hierbei festgestellt, daß eine evtl. Wiederwahl des Herrn Prof. Dr. Gallwitz nicht bestätigt werden könnte, da:

1. im Interesse der wissenschaftlichen Arbeit ein Hochschullehrer im Regelfalle nicht für mehrere Amtsperioden Dekan sein soll,
2. gegen Herrn Prof. Dr. Gallwitz als Dekan während seiner Amtszeit mehrmals Stellung genommen werden musste, weil er die demokratische Studienreform nicht unterstützte, sondern sie durch destruktive Kritik zu untergraben, dabei die Leitung der Universität und das Staatssekretariat für Hochschulwesen irrezuführen versuchte und trotz aller Hinweise für inzwischen öffentlich abgeurteilte subversive Elemente Stellung nahm."

Anlage 6 ist die Abschrift eines – sehr mutigen – Briefes der Naturwissenschaftler Hans Schubert (Mathematiker), Ott-Heinrich Keller (Mathematiker), Hans Gallwitz (Geologe), Franz Runge (Chemiker) und Rudolf Käubler (Geograph) an Stern vom 13. Mai 1953:
„Sehr geehrter Herr Prorektor Stern!
Nachdem die Mehrzahl von uns bereits andere Versammlungen der Freideutschen [Unterstreichung mit Bleistift] Jugend besucht und ihre Bedenken gegen die dort geübte Verfahrensweise geäussert hatten, haben wir heute in der Versammlung der Fachschaften Mathematik, Geologie, Mineralogie und Geographie feststellen müssen, daß auch hier wieder die primitivsten Regeln einer sachlichen Diskussion nicht beachtet wurden.

Dem ‚Angeklagten' Lorenz z. B. wurde zum Beginn seiner Verantwortung erklärt, daß ihm kein Vertrauen und Verstehen entgegengebracht werden könnte. In seiner Stellungnahme zu den ihm vorgelegten Fragen wurde er ständig aus der Versammlung heraus unterbrochen und dabei aufs gröblichste beschimpft (‚Wir wollen jetzt keinen Brei mehr hören;' ‚Sie haben die Unverschämtheit zu behaupten'; ‚das ist ein Lippenbekenntnis' usw.)

Als Herr Professor Mende in unbeherrschter Heftigkeit Lorenz Gewissenlosigkeit vorwarf, wurde es uns klar, daß damit auch die Stelle, von der eine Beruhigung und Zurückführung auf Sachlichkeit erwartet werden konnte, gerade das Gegenteil bewirken wollte. Dadurch wurde uns die Sinn- und Würdelosigkeit des ganzen Verfahrens so drastisch vor Augen geführt, daß wir es nicht mehr verantworten konnten, dieser Versammlung weiterhin beizuwohnen.
Wir distanzieren uns hiermit nachdrücklich von solchem Vorgehen gegen Studenten.

Mit vorzüglicher Hochachtung!
gez. Schubert, Keller, Gallwitz, Runge und Käubler"

Die Anlage 5b ist die Abschrift eines Briefes von vier Mathematikprofessoren, die sich für ihre exmatrikulierten Studenten einsetzten. Sie wollten ihre Studenten vor der Exmatrikulation bewahren:

„I. Mathematisches Institut — Halle, den 15.5.1953
An den derzeitigen Vertreter des Rektors
Herrn Prorektor Professor Dr. Stern
Am 13. Mai wurde von der FDJ beschlossen, die Exmatrikulation der Studenten der Mathematik Rolf Lorenz und Friedemann Singer zu beantragen. Vorgänge aus dem vergangenen Studienjahr veranlassen uns zu der Bitte, die Exmatrikulation in einem ordentlichen Disziplinarverfahren, bei dem auch der Dekan und einer von uns Stimme hat, zu beraten, wie dies auch im Universitätsstatut festgelegt ist. Dabei müsste den beiden Studenten noch einmal Gelegenheit gegeben werden, zu den Anklagepunkten Stellung zu nehmen. Bei dem Kreuzverhör, dem sie am 13. Mai unterworfen wurden, geschah dies nicht in der richtigen Weise.

gez. Brandt gez. Keller gez. Grötzsch gez. Schubert"

Heinrich Brandt[40]

Ott-Heinrich Keller[41]

Anlage 5c ist die Abschrift eines Briefes an Stern vom 18. Mai 1953 – ein sehr dramatischer Brief, der bemerkenswerterweise ohne Anrede auskommt: „Wir halten es für notwendig, auf ganz dringende Gefahren hinzuweisen, welche direkt die Existenz unserer Universität bedrohen. Die Mathematik bildet nun einmal die unentbehrliche Grundlage unserer Fakultät. Wir haben die besten Arbeitsmöglichkeiten, um den Anforderungen der Studienpläne in vollem Umfange zu entsprechen. Auch für den Fortgang der Forschung und für den wissenschaftlichen Nachwuchs bestehen die besten Aussichten. Aber der für unsere Arbeit erforderliche Arbeitsfrieden ist durch die bekannten Vorgänge in diesen Tagen erheblich gestört worden, und zwar in einem solchen Umfange, daß man sich ernsthaft fragen muss, ob unter diesen Umständen die wissenschaftliche Arbeit überhaupt noch sinnvoll ist.

Wir bitten den Herrn Vertreter des Rektors dafür zu sorgen, daß die ungestörte Ausbildung unserer Nachwuchskräfte sichergestellt wird.

gesehen: gez. Messerschmidt gez. Brandt"

40 Wir danken Renate Bauer, geb. Brandt, für die Überlassung dieses Photos ihres Vaters.
41 Wir danken dem Sohn von Ott-Heinrich Keller, Dr. Wolfgang Keller, für die Überlassung dieses Photos.

Anlage 5d ist die Abschrift eines Schreibens von Gallwitz an Stern vom 13. Mai 1953, den er nach der strittigen Fakultätssitzung geschrieben hat und in dem er um ein Gespräch bittet:
„Sehr verehrter Herr Prorektor!
In der gestrigen Fakultätssitzung habe ich versucht, unter Hinzuziehung einer Vertretung der Freien Deutschen Jugend, einige Unklarheiten wegen der Durchführung der Zwischenprüfungen zu beheben. Insbesondere brachte die Fakultät ihre Sorge zum Ausdruck, daß die Überprüfungen, die z. Zt. von der FDJ durchgeführt werden, die Studierenden zeitlich und nervlich sehr stark belasten, was sich auf die Leistungen in den Zwischenprüfungen auswirken könnte. Die vorgebrachten Bedenken wurden von Seiten der FDJ-Vertretung verständnisvoll aufgenommen und weitere Besprechungen dieser Art vereinbart. Der Besuch der Fachschaftsversammlung Biologie am gleichen Abend hat mich aber durch die Art der Verhandlung belehrt, daß meine Absicht, zu einer positiven Zusammenarbeit zu kommen, als gescheitert zu betrachten ist.
In dieser Angelegenheit bitte ich um eine Rücksprache bei Ihnen gemeinsam mit dem Prodekan oder, falls dieser verreist sein sollte, einem anderen Kollegen der Fakultät."

Anlage 6 ist die Abschrift eines Briefes des neuen Dekans Messerschmidt vom 29. Mai 1953, ohne Anrede, vermutlich an Stern adressiert: „Die engere Mathematisch-Naturwissenschaftliche Fakultät hat am 12.5.1953 eine Sitzung abgehalten, in welcher die Wirkung der Überprüfung der Studierenden [...] auf den Ablauf der Zwischenprüfungen diskutiert werden sollte, um eine etwaige seelische und geistige Überlastung der Studierenden durch Beratungen mit Vertretern der FDJ zu mildern. Leider hat sich diese Absicht, die den Dekan zur Einberufung veranlasst hat, im Verlauf der Sitzung nicht verwirklicht, weil die Debatte immer mehr von dem angestrebten Ziel abwich. Die Fakultät bedauert dies auf das lebhafteste, weil dadurch der angestrebte Nutzen für die Studierenden verloren ging.

Die Fakultät muss zugeben, daß auch die Form und der Inhalt mancher im Laufe der Debatte gefallenen Äusserungen nicht gebilligt werden kann, wenn dies auch durch die während der Debatte sich steigernde Nervosität zu erklären ist, muß doch die Fakultät ihr Bedauern darüber aussprechen.

Nach der Geschäftsordnung trägt der Dekan Gallwitz als Leiter der Versammlung die Verantwortung für den Verlauf der Sitzung. Die Fakultät ist aber davon überzeugt, daß er im guten Glauben gehandelt hat und tatsächlich das eingangs erwähnte Ziel im Auge gehabt hatte. Die Fakultät hält die Beanstandungen des Staatssekretariats für Hochschulwesen gegen Herrn Gallwitz als Dekan nicht für so belastend, daß sie eine Suspendierung von seiner Professur als gerechtfertigt ansehen könnte. Sie ist der

Meinung, daß man ihm zwar Ungeschicklichkeit und mangelnden Takt vorwerfen kann, nicht aber bösen Willen.

Sie bittet daher, es mit der Enthebung von seinem Amte als Prodekan bewenden zu lassen.

gez. Messerschmidt"

Anlage 7 ist die gedruckte Fassung der Entschließung des Senats vom 18. April 1952. Sie ist oben schon zitiert.

Anlage 8 ist die Abschrift eines Briefes der Hochschulgruppe der Martin Luther-Universität der Freien Deutschen Jugend vom 26. Mai 1953 an den Prorektor für Studentenangelegenheiten. Hier heißt es: „Die Hochschulgruppenleitung der Freien Deutschen Jugend hat an das Staatssekretariat für Hochschulwesen und an den Herrn stellv. Rektor unserer Universität, Herrn Prof. Dr. Stern, ein Schreiben gerichtet, mit der Bitte, das Verhalten des jetzigen Prodekans der Mathematisch-Naturwissenschaftlichen Fakultät, Herrn Prof. Dr. Gallwitz, anläßlich einer Sitzung […] auf der nächsten Senatssitzung zu behandeln. […] Das Verhalten des bisherigen Dekans und jetzigen Prodekans der Mathnat. Fak., Herrn Prof. Dr. Gallwitz, wurde von der Hochschulgruppenleitung entschieden verurteilt. Viele Studenten der Mathematisch-Naturwissenschaftlichen Fakultät brachten der Hochschulgruppenleitung gegenüber ihr Befremden darüber zum Ausdruck, daß sich Herr Prof. Dr. Gallwitz besonders für die Studenten einsetzt, die aus dem Verband der Freien Deutschen Jugend ausgeschlossen wurden und die von der Studentenschaft zum Teil auch für den Ausschluß aus der Universität vorgeschlagen wurden. Es handelt sich dabei in jedem Falle um Studierende, die eine negative Einstellung zu unserer Republik haben und die Auszeichnung, an der höchsten Bildungsstätte unseres Staates zu studieren, nicht verdienen. Besonders empört waren unsere Studenten und die zu öffentlichen Studentenversammlung der Fachrichtung Biologie/Pharmazie eingeladenen Freunde aus Betrieben darüber, daß sich Herr Prof. Dr. Gallwitz eindeutig für den ehemaligen sogenannten Studentenpfarrer Hamel einsetzte und erklärte, er sei bereit für Hamel, der bekanntlich von unseren Staatsorganen als staatsfeindlicher Agent entlarvt wurde, vor Gericht auszusagen. […]

Die in der letzten Sitzung der Mathematisch-Nat. Fak. teilweise herrschende staatsfremde Atmosphäre ist nach unserer Auffassung im wesentlichen auf das völlige Versagen des Herrn Prof. Dr. Gallwitz zurückzuführen, der zu dieser Sitzung als Dekan einlud und diese auch leitete. Wir verhehlen nicht, daß uns verschiedene in der Fakultätssitzung gemachten Äußerungen einiger Herren des Lehrkörpers der Fakultät auf das tiefste befremdet haben. […]

Das bedeutet, daß unsere Professoren und Dozenten ihre Arbeit mit darin sehen sollen, unsere Jugend zu bewußten, ehrlichen, aufrechten Patrioten zu Kämpfern für den gesellschaftlichen Fortschritt zu erziehen.

Die Hochschulgruppenleitung ist der Auffassung, daß Herr Prof. Dr. Gallwitz diese Aufgabe nicht erfüllt. Als Vertretung von weit über 5.000 Studenten unserer Universität bittet die Hochschulgruppenleitung Sie, Herr Prorektor für Studentenangelegenheiten, in der Sitzung des akademischen Senats dahin zu wirken, daß gegen Herrn Prof. Dr. Gallwitz schärfste disziplinierte Maßnahmen eingeleitet werden. Wir bringen mit dieser Forderung unsere stärksten Bedenken zum Ausdruck, ob Herr Prof. Dr. Gallwitz weiterhin geeignet ist, als Lehrer und Erzieher an unserer Universität zu wirken. […]“

Die Anlage 9 dokumentiert ein Beispiel für die Maßregelung eines Studenten durch die FDJ. In einem Brief an die Hochschulgruppe der FDJ heißt es:
„Betr.: Ausschluß des Jugendfreundes Zandt.
Am 20.5. kamen die unterzeichnenden Jugendfreunde mit dem Jugendfreund Zandt in der Wohnung des Jugendfreundes Jürgen Koch auf dessen Einladung zusammen.

Zweck: J. Koch hatte Zandt auf der öffentlichen Studentenversammlung der med. Fak. am 13.5. kritisiert wegen seines passiven Verhaltens in der FDJ und wollte mit ihm noch einmal persönlich sprechen, da er bei der Versammlung nicht anwesend war. In dieser Aussprache ergab sich folgendes:

1. Der Jugendfreund Zandt ist Mitglied der sogen. Studentengemeinde und gab an, daß er wiederholt im engerem Kreise mit Hamel zusammengewesen sei. In keinem Punkt distanzierte er sich von der Studentengemeinde.
2. Den Veröffentlichungen in unserer Presse über den ehemaligen Pfarrer Hamel schenkt er keinen Glauben und zweifelt auch in anderen Fragen die Richtigkeit unserer Veröffentlichungen an.
3. Als Christ glaubt er nicht am Friedenskampf aktiv teilnehmen zu können, und hält ein passives Verhalten für das Beste, einen neuen Krieg zu verhindern.
4. Seiner Meinung nach sind die Imperialisten genau so schlecht und gut wie jeder andere Mensch und daher nicht zu verurteilen.
5. Zandt behauptete, daß unsere Justiz nicht gerecht urteilt, da schon manche wegen Meinungsverschiedenheiten und nicht wegen Vergehens gegen die demokratische Gesetzlichkeit bestraft wären.
6. Die Verfassung der FDJ kann er nicht anerkennen und kann sich damit auch nicht für die Ziele der FDJ einsetzen. […]
9. Eine Organisierung aller am Frieden interessierten Menschen zur Erhaltung des Friedens lehnt er ab und meint, es genüge, wenn jeder ‚nach den 10 Geboten‘ in seinem kleinen Kreise Gutes tue.

10. Er sagte ferner, der größte Teil der Menschen in der DDR hätten zu den Volkswahlen unter Zwang gestimmt und auch jetzt wäre der größte Teil des Volkes von Wut erfüllt, auch die meisten Genossen der SED, die er kenne.
11. Er selbst stellte am Schluß der Diskussion fest, daß er ein Lügner sei, da er bis jetzt noch Mitglied der FDJ war und die Ziele nicht vertreten kann. Er sei Mitglied der FDJ gewesen und geblieben, da er wie jeder andere Mensch Egoist sei und sein Studium nicht gefährden wollte. Er kenne sehr viele, die genau so denken wie er.

Wir fordern auf Grund dieser Tatsachen den sofortigen Ausschluß von Zandt aus der FDJ und die sofortige Exmatrikulation, da unserer Meinung nach Zandt die Ansprüche, die an einen Arzt gestellt werden, nicht erfüllt.

Außerdem bitten wir die CDU-Hochschulgruppe, sich mit seinem Verhalten zu beschäftigen, da es sich unserer Meinung nach nicht mit der Mitgliedschaft in einer demokratischen Partei vereinbaren läßt.

Außerdem bitten wir die FDJ-Hochschulgruppe um Überprüfung der Kommission, die mit Zandt die Aussprache über den Umtausch des FDJ-Mitgliedbuches durchgeführt hat.

Zandt behauptet, daß er über einige angeführte Fragen eine gleiche Meinung bei der Aussprache vertreten habe."

Dieses Dokument belegt nachdrücklich, dass damals bereits ausreichte, zur Studentengemeinde zu gehören und als Anhänger des „Feindes" Hamel zu gelten, um exmatrikuliert zu werden. Es ist nachweisbar, dass sich Paula Hertwig sehr engagiert für Wolfgang Zandt eingesetzt hat. Sie schrieb dabei Anfang Juni 1953 an ihn:

„Lieber Herr Zandt!
Die Entschließung über alle bisher ausgesprochenen Exmatrikulationen in allen Fakultäten wird nochmals überprüft. Zu diesem Zweck kommt ein Personal-Chef aus Berlin nach Halle. Professor Winkler hat verlangt, dass der Dekan oder sein Vertreter bei dieser Besprechung zugegen ist. Ferner wird wahrscheinlich an Sie eine Einladung ergehen, zu dieser Rücksprache zu erscheinen. Ich bitte Sie, diesmal persönlich zu kommen und bin fast sicher, dass die Besprechung positiv ausfallen wird. [...]

Mit besten Grüßen
[gez.:] P. Hertwig"[42]

42 Wir danken Dr. Agnes Beleites und Dr. Horst Uhlmann für die Überlassung dieses Briefes an Wolfgang Zandt.

Am 29. Juni 1953 notierte Paula Hertwig in ihrem Tagebuch: „Mit Zandt z. Käbel, Rückimmatrikulation erreicht“. Das war ein großartiger Erfolg.

Anlage 10 ist die Abschrift einer Erklärung von Heinrich Brandt vom 29. Mai 1953, die er an den Dekan der Math. Nat. Fakultät sandte:
„Erklärung
Die Mathematik ist im Laufe ihrer mehrtausendjährigen Geschichte niemals weltanschauliche Bindungen eingegangen. Deshalb habe ich bei meinen Mitarbeitern auch nie nach der religiösen oder politischen Einstellung gefragt. Wenn ich darüber etwas wusste, so habe ich das immer nur zufällig erfahren. Um so mehr bedaure ich es, daß gute mathematische Nachwuchskräfte, welche für die Deutsche Demokratische Republik arbeiten würden, in Konflikte geraten, welche zu ihrer Abwanderung nach dem Westen führen und uns entzogen werden, während sich der Westen bedankt.
Dieser Mißstand hat mich schon immer in höchster Weise erregt. Dazu kam die grosse Ermüdung nach einem sehr anstrengenden Semester.
So erklärt es sich, daß einige Äußerungen von mir in der Fakultätssitzung vom 12.5.1953 erfolgt sind und dadurch Mißverständnisse erregt haben, was ich sehr bedaure.
gez. Prof. Dr. Brandt“

In der Begründung für seine sehr kritischen Äußerungen formuliert Heinrich Brandt einige Wahrheiten, die weder Stern noch der FDJ gefallen haben dürften. Sie beleuchten aber einen wesentlichen Aspekt dieser Dokumentation: Durch Drohungen und Verfolgungen wurden viele Menschen bis 1961 aus der DDR vertrieben, was zu einer Verarmung im Osten führte.

Nachdem diese Anlagen auf die Dramatik der Situation einstimmen, folgen Auszüge aus dem Protokoll der hier im Zentrum stehenden Sitzung. In ihrem Verlauf greift Stern Gallwitz scharf an. Dann spricht Hartwig, wobei der letzte Satz seines Plädoyers heißt: „Ich kann von mir aus nur den Vorschlag machen, Gallwitz von seinen Funktionen als Dekan und als Hochschullehrer zu entbinden.“

Der Chemiker Wolfgang Langenbeck[43] schwächt ab: „Gallwitz ist bestimmt kein finsterer Staatsfeind, dazu ist er gar nicht fähig, man könnte von einer rührend kindlichen Ungeschicklichkeit sprechen. Er hat vielleicht das Bedürfnis, manche Dinge extrem scharf zu sagen. Es gibt Menschen, die die Sachen so ausdrücken, dass sie sich als Märtyrer fühlen. Dass er kein Staatsfeind ist, dafür möchte ich die Hand ins Feuer legen.“

43 Wolfgang Langenbeck (1899–1967), Chemiker, Leopoldina-Mitglied seit 1952.

Victor Klemperer ist nicht auf Gallwitz' Seite: „Ich habe gegen die Person etwas einzuwenden. Ich sitze längere Zeit schon im Senat. Ich habe immer beobachten müssen, dass Prof. Dr. G. der böse Geist der Universität ist. Von einer Ungeschicklichkeit kann man von ihm kaum sprechen. Mit einer ungemeinen Starrheit versucht er immer das zu vertreten, was wir staatsfeindlich nennen müssen. Er hat immer die Ungeschicklichkeit, im letzten Moment eine Entschuldigung vorzubringen. […]

Die Mat. u. Phys. sind keine polit. Fächer. Wir alle wissen als Universitätslehrer auf das genaueste, dass der Student sehr feinfühlig ist, und dass jedem Univers.Lehrer oft nur durch den Tonfall die Gelegenheit gegeben ist, auf die Gesinnung der Studentenschaft einzuwirken. Wenn Prof. G. durchaus gegen unseren Staat steht – er will ja gar kein Märtyrer werden – er treibt die Dinge auf die Spitze. Ich bin völlig überzeugt davon, wenn heute mit Milde geurteilt wird, kann man das als einen Ausgangspunkt betrachten zu einer nächsten Affäre.

Wir wissen alle ganz genau, in welcher bedrängten Lage unser Staat ist. Sie wissen ganz genau, welche ungeheure Wichtigkeit es ist, wo die Universität steht. Wenn jemand ständig gegen uns steht, das kann man nicht unterstützen. […]

Wovon leben wir hier an der Universität? Von unserem Staat und der Arbeiterschaft. Wie soll der Arbeiter der Intelligenz trauen, wenn wir etwas derartiges denken. Hier würde ich mich entsetzen, wenn der Senat etwas anderes beschlösse als Schluss machen hiermit. Mit einer solchen Nachgiebigkeit können wir uns ans Messer liefern und zwar an ein gerechtes Messer."[44]

Paula Hertwig wendet sich in der Diskussion an Käbel: „Sie meinten, dass die Professoren und die Dekane sich im Falle Gallwitz für diejenigen einsetzten, die exmatrikuliert werden sollten oder zur Diskussion standen.

Das ist doch zum Teil eine Sache, die sich ergibt durch unser Amt. Uns wird ja nicht zur Diskussion gestellt, über gute Leute zu sprechen, sondern wir erhalten … [Punkte im Original] die auf schwachen Füssen stehen. Kraft unseres Amts sind wir verpflichtet, herauszufinden, was … [Punkte im Original] irgendwie verteidigen könnte. Ich möchte dies nur gesagt haben, damit nicht Gallwitz ein Vorwurf gemacht wird, dass er sich besonders eingesetzt hat für Studierende, die sich in einer schwierigen Lage befanden: Fragen der Exmatrikulation oder eine andere schwierige Lage."[45]

Glodniok: „Ich denke, dass die Hochschulgruppenleitung den richtigen Vorschlag macht, um Gallwitz vom Dienst zu suspendieren. […] Ich möchte die Ausführungen damit schliessen, dass ich als Vertreter der Hochschulgruppenleitung der Ansicht bin, dass man weiter diskutiert, ob Gallwitz fähig ist, vom staatspolitischen Standpunkt aus Erzieher zu sein."

44 Die Rede ist vom Stenographen Aderhold mitstenografiert worden.
45 Sen. Sitzg. 19 [S. 19].

Herbert Funk[46] und Johannes Buder setzen sich dafür ein, dass Gallwitz Hochschullehrer bleiben kann.

„Prof. Hertwig, P.: Es sind harte Worte gefallen, die wir nicht so leicht vergessen werden – ebenfalls was die FDJ gesagt hat. Es ist etwas, was in uns nachwirken wird. Es ist eine Angelegenheit, bei der wir jede Sentimentalität vergessen müssen. Die Sache zieht weite Bahnen, nicht allein für das Fach Geologie, für die Lehrtätigkeit in diesem Falle.

Die Fakultät hat Gallwitz als Dekan gewählt, sie hat ihr weiteres Vertrauen ausgesprochen, da sie ihn als Prodekan wieder zugelassen hat, und so trifft der Vorwurf, der gegen Gallwitz erhoben wurde, nicht Gallwitz allein, sondern alle Fakultätsangehörigen, die anwesend waren. […] Und wenn wir noch einmal das zusammenfassen, so ist gerade an dieser Bereitwilligkeit, an dem Aufbauwillen nicht der geringste Zweifel geäussert worden, sondern es ist ihm doch von Seiten der Fakultät bestätigt worden, dass er seine volle Kraft eingesetzt hat. Ich glaube, das muss man in die Wagschale werfen."

Nun fasst Stern zusammen, zunächst die Äußerungen, die das „Ziel hatte[n], irgendwie die Substanz zu erhalten. Dieses Plädoyer vornehmlich haben gehalten die Herren Messerschmidt, Ahrbeck, Häusler, Funk, Paula Hertwig, Buder, Liebau, Lehmann."

Hiernach schwächt Klemperer sein negatives Votum ab: „Magnifizenz! Ihre Ausführungen haben mich überzeugt. Das will nicht heissen, dass ich irgend etwas von dem widerrufe, was ich gesagt habe. […] Aber, wie Sie sagen, hat er doch sehr viel Porzellan zerschlagen, das muss ich bestätigen. Aber wenn die Hoffnung besteht, dass ein Beschluss ihn hindern wird, noch weiteres Porzellan zu zerschlagen, dann werde ich dem Beschluss zustimmen."

Stern: „Wenn wir Prof. G. in der Form seine Fehlhandlungen entgelten lassen, dass er nur von seinem Amte suspendiert wird, dass er eine Rüge bekommt, dass wir ihn in der Universität wirken lassen, in der Form, dass tatsächlich von denen, die ihm nahestehen, auf die er hört, an ihm eine bestimmte Erziehungsarbeit geübt wird. In diesem Sinne möchte ich unsere heutige Senatssitzung dem Abschluss entgegenbringen und möchte bitten, dass diese Anregungen in irgendeiner Weise eine konkrete Form annehmen."

Schließlich wird eine Entscheidung gefällt. Stern: „Wer ist dafür, dass Gallwitz im Amt belassen wird und dass ihm die Funktion als Prodekan entzogen wird und ihm vom Senat bezw. durch mich, ein Verweis bezw. eine Rüge erteilt wird?

– Alle sind dafür, keine Stimmenthaltung. Einstimmig angenommen."

46 Herbert Funk (1895–1985), Chemiker, von 1950 bis 1952 an der MLU, Prorektor für Forschungsangelegenheiten.

Das Ergebnis der Sitzung ist als Entschliessung des Senats der MLU vom 29. Mai 1953 formuliert (Anlage 11):

„1. […] bei dem Staatssekretariat für Hochschulwesen zu beantragen, Herrn Prof. Gallwitz unter Belassung in seiner bisherigen Stellung das Amt des Prodekans mit sofortiger Wirkung zu entziehen.
2. Herrn Prof. Gallwitz durch den amtierenden Rektor einen strengen Verweis aussprechen zu lassen.
3. Eine Kommission aus Mitgliedern des Senats zu beauftragen, diesen Senatsbeschluss in einer ausserordentlichen Sitzung der Mathematisch-Naturwissenschaftlichen Fakultät zum Gegenstand einer Aussprache zu machen, die betreffenden Fakultätsmitglieder von ihrem fehlerhaften Verhalten zu überzeugen und die Stellungnahme des Senats der Fakultät verbindlich zu übermitteln.

Der Senat begrüsst es dankbar, daß die Hochschulgruppenleitung der FDJ mit politischem Verständnis die Anregung zu dieser Aussprache im Senat gegeben hat und gibt der Überzeugung Ausdruck, daß die eingehende Behandlung der aufgeworfenen Fragen massgeblich dazu beitragen wird, die gemeinsame Erziehungsarbeit in gegenseitigem Vertrauen so zu leisten, wie Staat und Regierung dies erwarten.

Dieser Senatsbeschluss ist zum Gegenstand einer Aussprache auch in den übrigen Fakultäten zu machen."

Am 3. Juni 1953 meldete Prof. Hartwig dem Rektor: „Betr. Aussprache in der Fakultätssitzung der Math. Nat Fak am 2.6. ds. J.

Die in der Senatssitzung am 29.5. ds. J. gewählte Kommission (Prof. Ahrbeck, Prof. Paula Hertwig, Prof. Häusler und der Unterzeichnete) hat an der außerordentlichen Sitzung der Math. Nat Fak am 2.6. ds.J. teilgenommen. Prof. Ahrbeck gab den Bericht aus der Senatssitzung vom 29. Mai, anschließend verlas der Unterzeichnete die Entschließung des Senats vom gleichen Tage und gab dann einige Erläuterungen.

Prof. Brandt war zu der Fakultätssitzung nicht erschienen. Auf die Frage des Unterzeichneten, warum er nicht erschienen sei, gab Prof. Messerschmidt die Auskunft, daß Prof. Brandt sich schriftlich entschuldigt habe.

[…] Prof. Gallwitz bedauerte, daß es ihm nicht gelungen sei, in der Fakultätssitzung am 12.5.1953 die Debatte in der Hand zu behalten, obwohl er es versucht habe. Im übrigen wolle er sich zu dem ganzen Vorgang jetzt nicht weiter äußern, da er in dem ganzen Verfahren nicht gehört worden sei. Die letzte Bemerkung veranlaßte mich zu folgender Richtigstellung: Es sei bedauerlicherweise nicht möglich gewesen, Herrn Prof. Gallwitz zu der Vorbesprechung der Senatssitzung und zu der Senatssitzung selbst hinzuzuziehen, da er nach Angabe von Prof. Messerschmidt auf einer Exkursion gewesen sei. Herr Prof. Mothes würde aber bestätigen können, daß Herr Prof. Stern bedauert habe, daß Prof. Gallwitz nicht habe anwesend sein können.

Andererseits sei für die Erledigung der Angelegenheit bekanntlich auch keine Zeit zu verlieren gewesen. Es dürfe auf keinen Fall der Eindruck entstehen, als wenn man Prof. Gallwitz von der Erörterung der Angelegenheit habe ausschließen wollen. Prof. Gallwitz dankte für diese Aufklärung, die von Prof. Mothes bestätigt wurde.

Anschließend sprach Frau Prof. Paula Hertwig und führte aus, daß ein gegenseitiges Vertrauensverhältnis für die Zukunft die feste Basis für eine gute Zusammenarbeit sein müsse. Ich hatte den Eindruck, daß die Ausführungen von Frau Prof. Hertwig ihre Wirkung auf die Fakultätsangehörigen nicht verfehlt haben. Auch Prof. Häusler ergriff noch das Wort und wandte sich weniger an Prof. Gallwitz als an die anderen Professoren der Fakultät wegen ihrer nicht zu billigenden Ausführungen in der Fakultätssitzung am 12.5. [...]

Wenn auch bei mir der Eindruck bestand, daß die Professoren der Fakultät im ganzen in der Diskussion Zurückhaltung übten, so muß doch andererseits gesagt werden, daß die Angehörigen der Fakultät den Ausführungen ihres Dekans, der in seiner ruhigen und sachlichen Art den Inhalt und die Bedeutung des Senatsbeschlusses unterstrich, zustimmten. Der Gesamteindruck war, daß die Aussprache auf die Angehörigen der Fakultät klärend und beruhigend gewirkt hatte.
gez. (Prof. Dr. Hartwig)“

Die Ereignisse des 17. Juni 1953 drängten diese Konflikte augenblicklich in den Hintergrund; auch wenn Stern sie nicht vergaß, wie sich später zeigen sollte.

Der 17. Juni 1953 an der MLU[47]

Das mitteldeutsche Industriegebiet, zu dem Halle gehört, war ein Zentrum des Widerstands und des Volksaufstandes gegen die Staatsmacht, dessen Höhepunkt am 17. Juni 1953 erreicht war und dessen Zerschlagung mit polizeilicher und sowjetischer militärischer Gewalt noch am gleichen Tag begann. In einer aktuellen Publikation über den „17. Juni 1953 im Spiegel sowjetischer Geheimdienstdokumente“[48] wird deutlich, dass der DDR-Staat ohne das Eingreifen des sowjetischen Militärs zusammengebrochen wäre. Im „Bericht des Bevollmächtigten des MWD der UdSSR in Deutschland über die Situation in der DDR“ vom 10. Juli 1953 heißt es: „Bis zum 10. Juli d. J., 12.00 Uhr, wurden insgesamt 10 886 Teilnehmer an den regierungsfeindlichen Erhebungen festgenommen, dabei sind bei der Filtrierung 7 740 wieder auf freien Fuß gesetzt und gegen 2 941 ist Haftbefehl erlassen worden; bei 2 476 Personen

47 Zu den Ereignissen des 17. Juni 1953 an der MLU hat uns dankenswerter Weise Herr Dr. Herbert Priew umfangreiches Material zur Verfügung gestellt, das hier in Auszügen abgedruckt wird.
48 Müller, Scherrieble und Schmeitzner (Hrsg.) 2008.

sind die Ermittlungen abgeschlossen und die Fälle an ein Gericht übergeben worden. 542 Personen sind zu unterschiedlichen Haftstrafen verurteilt worden, 701 wurden von der Staatsanwaltschaft freigelassen bzw. von deutschen Gerichten freigesprochen."[49] Soweit diese Bilanz.

Die Hintergründe und das Geschehen des 17. Juni in Halle beschreibt und analysiert Hans-Peter Löhn 2002 und 2003. Er beginnt sein Vorwort 2003 mit dem Satz: „Der 17. Juni 1953 war für die Regierenden in der DDR ein traumatisches Datum."

Genauso richtig und vielleicht von noch größerer Bedeutung ist aber auch, dass der 17. Juni 1953 für die Bevölkerung der DDR ein traumatisches Datum war und dass die Zerschlagung des Aufstandes, ergänzt durch den Mauerbau am 13. August 1961, den Handlungsspielraum der DDR-Bevölkerung bestimmte. Die Vorgänge am 17. Juni 1953 hatten die Menschen in der DDR immer im Hinterkopf, wenn sie entschieden, wieviel Widerstand sie in diesem Staat wagen konnten.

Marktplatz Halle am 17. Juni 1953[50]

49 Ebd., S. 124–128, Zitat S. 128.

50 BStU Archiv der Außenstelle Halle, MfS BV Halle, AU 236/54 Bd. 1 Fotoband.

In Halle begann der Aufstand mit einer Demonstration der Arbeiter des Betriebes Waggonbau Ammendorf. Sie zogen zu Fuß von ihrem Betrieb zum Zentrum der Stadt. Auf diesem Weg schlossen sich Arbeiter und Angestellte aus anderen Betrieben, die am Weg lagen, an. Auch aus anderen Betrieben kamen Züge streikender Arbeiter ins Zentrum. Die sowjetischen Generäle entschieden zunächst, keine Gewalt gegen die Demonstranten anzuwenden (weder von der Polizei noch von der Sowjetarmee), sondern Agitatoren sprechen zu lassen. Auf dem Hallmarkt wurde eine Lautsprecheranlage aufgebaut, da der Chef der SED-Kreisleitung Halle, Karl Schumann, zu den Demonstranten sprechen wollte. Angesichts der Menschenmassen auf dem Markt verzichtete er aber auf diesen Plan.

Die SED-Bezirksleitung hatte ihren Sitz im „Haus der Einheit", dem roten Backsteinbau am Steintor. Dieses Gebäude wurde in den Mittagsstunden von den Aufständischen gestürmt. An dieser Aktion war auch der Physikstudent Ernst-Adolf

Zeitgenössische Aufnahme vom Reileck

Soa beteiligt. Zwei Gruppen von Polizisten versuchten, den Mitarbeitern in der Bezirksleitung (an der Spitze stand Werner Bruschke, der Vorsitzende des Rates des Bezirkes Halle) zu Hilfe zu eilen. Sie wurden aber von den Aufständischen entwaffnet und vertrieben. Beim Verhör durch den Staatssicherheitsdienst sagte Soa am 13. Juli 1953 aus: „Nachdem die Volkspolizisten aufgefordert wurden, die Schulterstücke und

Koppel abzulegen, und die Volkspolizisten den Lkw verließen, beteiligte ich mich aktiv daran, die Schulterstücke abzureißen."[51] Dies klingt nicht danach, als wäre es so von einem Physikstudenten formuliert worden.

Auf jeden Fall kam es im Zusammenhang mit der Erstürmung der Parteizentrale im „Haus der Einheit" zu Gewalt gegen Polizisten und auch gegen Parteifunktionäre. Ernst-Adolf Soa und der Student der Landwirtschaft Gotthard Pilz gaben später in ihren Verhören an, „sie seien von den Massen mitgerissen worden".[52] Pilz sagte im Verhör aus: „Als aus dem ‚Haus der Einheit' mehrere Volkspolizeikommissare einzeln herausgeschlagen und immer mehr von den Massen belästigt wurden, sagten verschiedene Arbeiter: ‚Der war anständig, vergreift Euch nicht an diesem!'"[53]

Vom Steintor aus ging der Demonstrationszug zur Bezirksregierung in der Willi-Lohmann-Straße und anschließend zum Reileck. Hier kam aus einem vorbeifahrenden Lautsprecherwagen die Information, dass um 18 Uhr eine Kundgebung auf dem Hallmarkt stattfinden würde. „Kaum war der Lautsprecherwagen aus dem Blickfeld verschwunden, besetzten die Studenten der Landwirtschaftlichen Fakultät Hans-Georg Isermeyer, Wieland Krüger, Herbert Priew und Harry Schuster das Häuschen des Verkehrspostens am Reileck. Ein Arbeiter setzte die für den Verkehrspolizisten bestimmte Lautsprecheranlage in Gang. Dann sprachen die Studenten nacheinander den folgenden Text durch das Mikrofon: ‚Deutsche Männer! Deutsche Frauen! Wir demonstrieren heute Abend um 18.00 Uhr auf dem Hallmarkt für Frieden, Einheit und Freiheit. Erscheint in Massen, verhaltet Euch diszipliniert. Denn nur so können wir etwas erreichen. Einheit macht stark!'[54] Darüber hinaus appellierten die vier Studenten an die Demonstranten, nicht gewaltsam gegen die Volkspolizei und die Besatzungsmacht vorzugehen."[55]

Gegen 14 Uhr gelangte der Demonstrationszug zum Zuchthaus, um die politischen Gefangenen zu befreien. In diesem Zug befand sich auch Student der Landwirtschaft Gotthard Pilz. Inzwischen hatte der Bezirks-Polizeichef Zaspel folgenden Befehl erlassen:

„1. Die wesentlichen Objekte, wie Volkspolizeiämter, Strafvollzugsanstalten, SED-Kreisleitungen, Räte der Kreise […] sind unter allen Umständen zu sichern.
2. Die Benutzung der Schusswaffe bei Abwehrhandlungen ist ab sofort erlaubt!"[56]

51 Zitiert bei Löhn 2003, S. 50. Quelle: BStU, ASt Halle, AU 287/53, Bd. 2, Bl. 27.
52 Löhn 2003, S. 51.
53 BStU, ASt Halle, AST 4480/53, Bl. 14, zitiert nach Löhn 2003, S. 51.
54 Es gab keinen vorher festgelegten Text. Dieser Text stammt aus dem Urteil von Herbert Priew. Die anderen formulierten es mit ihren eigenen Worten.
55 Löhn 2003, S. 59.
56 LAM, Bestand BdVP Halle 19, Nr. 73, Bl. 152, zitiert nach Löhn 2003, S. 62.

Gegen 18.30 Uhr wurde schließlich vom Sowjetischen Kommandanten der Ausnahmezustand über die Stadt verhängt.[57]

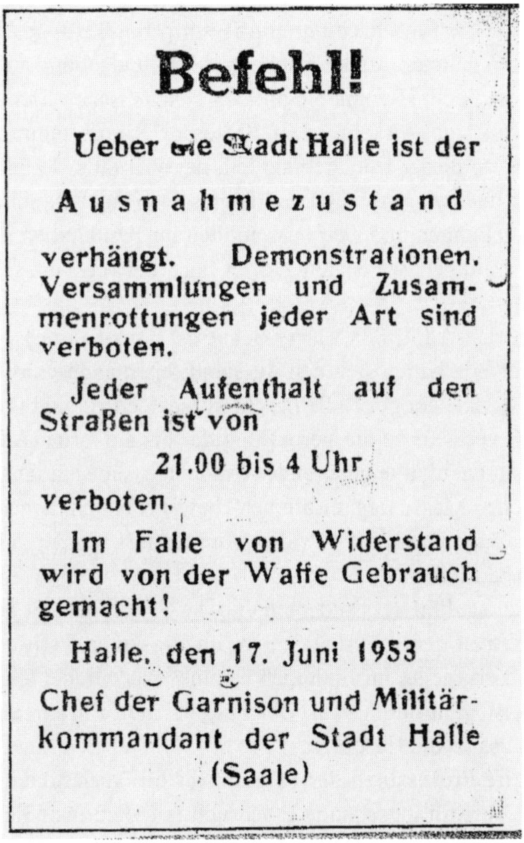

Befehl!

Ueber die Stadt Halle ist der

Ausnahmezustand

verhängt. Demonstrationen, Versammlungen und Zusammenrottungen jeder Art sind verboten.

Jeder Aufenthalt auf den Straßen ist von

21.00 bis 4 Uhr

verboten.

Im Falle von Widerstand wird von der Waffe Gebrauch gemacht!

Halle, den 17. Juni 1953

Chef der Garnison und Militärkommandant der Stadt Halle (Saale)

So wurde die Erstürmung des „Roten Ochsen“ verhindert. Fünf Demonstranten wurden getötet und etliche erlitten Schußverletzungen. Die nachträgliche Statistik der Opfer ergab, dass in Halle acht Personen beim Aufstand starben und 43 verletzt wurden, davon 22 schwer. Von den Vertretern der Staatsmacht wurden 16 verletzt, sechs davon schwer.[58]

57 Scherrieble 2008, S. 396.
58 Löhn 2003, S. 182.

Deutlich ist, dass weder die Studenten der Martin-Luther-Universität noch die Angehörigen des Lehrkörpers eine zentrale Rolle gespielt haben. Beim Studium der MfS-Akten fand Hans-Peter Löhn in einem Bericht der Bezirksverwaltung für Staatssicherheit Halle die Einschätzung: „Professor [Franz] Runge (Technische Chemie) ließ es sich nicht nehmen, an der faschistischen Kundgebung auf dem Hallmarkt teilzunehmen, wobei er seine Sympathie mit den faschistischen Elementen durch seinen Beifall zum Ausdruck brachte. Mit Professor Runge nahm auch Professor [Herbert] Grötzsch[59] an dieser Kundgebung teil, der ebenfalls Beifall spendete. Prof. [Max] Schneider (Musikwissenschaft) und Professor [Hans] Haußherr (Historiker), die sonst bei Kundgebungen und Demonstrationen ihr Fernbleiben aus gesundheitlichen Gründen entschuldigen, waren den ganzen Tag unterwegs, um sich über die Lage zu ‚informieren'."[60]

Die Studenten Ernst-Adolf Soa, Harry Schuster, Hans-Georg Isermeyer, Herbert Priew und Gotthardt Pilz hatten sich den Aufständischen angeschlossen. Sie wurden verhaftet und vom Bezirksgericht Halle in sehr kurzer Zeit zu ein bis drei Jahren Haft verurteilt. Das MfS veranlasste die Verhaftung der bis auf Ernst-Adolf Soa alle der Landwirtschaftlichen Fakultät angehörenden Studenten, die sich jahrelang nachweisbar in „demokratischen Massenorganisationen" bewährt hatten, denen im Studienverlauf sehr gute Leistungen von ihren Professoren testiert wurden, als „vom Westen gelenkte faschistische Elemente".

Das Gerechtigkeitsgefühl der Studenten und die Solidarität mit den aufbegehrenden Arbeitern führte zu deren Verhaftungen, unzulässigen Verhörmethoden ohne Rechtsbeistand, und erbrachte im Endergebnis eines parteilichen Gerichtes Gefängnis- und Zuchthausstrafen und Verlust der bürgerlichen Ehrenrechte (Sühnemaßnahmen) im Anschluss an die Haftzeiten.

Obwohl namhafte Professoren der Fakultät für die Verhafteten schriftlich und mündlich auf allen Verwaltungsebenen Einspruch erhoben, inszinierten die Richter des Bezirksgerichtes Halle auf höhere Weisung einen abschreckenden Schauprozeß.

Der Student der Naturwissenschaften (Physik und Mathematik) Ernst-Adolf Soa wurde am 17. Juni 1953 in Halle verhaftet und im September 1953 vom Bezirksgericht Halle zu 3 Jahren Zuchthaus verurteilt. Entlassen wurde er im November 1955.

---

59 Camillo Herbert Grötzsch, (1902–?), Mathematiker, Leopoldina-Mitglied seit 1959.

60 BStU, ASt Halle, Sachakte-AKG, Nr. 1715. Bd. 1, Bl. 10. Situation an der Universität während der Ereignisse am 17.6.1953, Bericht der BVfS Halle, 1958. Zitiert nach Löhn 2002, S. 570.

Der Student der Chemie Günter Moh wurde am Abend des 17. Juni 1953 von sowjetischen Truppen in der Farbenfabrik Wolfen verhaftet und ist am 29. Juni 1953 freigelassen worden.

Der Student der Landwirtschaft Harry Schuster wurde im Zusammenhang mit dem 17. Juni 1953 am 18. Juni 1953 durch den Staatssicherheitsdienst verhaftet und am 31. August 1953 zu einem Jahr Gefängnis wegen Landfriedensbruch durch den 1. Strafsenat Bezirksgericht Halle (gemeinsam mit Priew und Isermeyer) verurteilt.

Der Student der Landwirtschaftswissenschaften Hans-Georg Isermeyer wurde am 18. Juni 1953 in Halle verhaftet, am 31. August 1953 zu 2 ½ Jahren Gefängnis verurteilt und am 16. Dezember 1955 entlassen.

Der Student der Landwirtschaftswissenschaften Herbert Priew wurde am 18. Juni 1953 in Halle vom SSD verhaftet, am 31. August 1953 vom 1. Strafsenat des BG Halle zu 2 Jahren Gefängnis und 5 Jahren Sühnemaßnahmen verurteilt und am 17. Juni 1955 entlassen.

Der Student der Landwirtschaftswissenschaften Gotthardt Pilz wurde am 23. Juni 1953 in Halle verhaftet, am 2. Juli 1953 vom BG Halle zu 3 Jahren Zuchthaus verurteilt und am 23. April 1956 entlassen.

Dass sie nicht die einzigen Universitätsangehörigen bei dem Volksaufstand in Halle gewesen waren, zeigt das Protokoll der Senatssitzung vom 18. Juni 1953. Hier kam zur Sprache: „ 1.) Erörtert wurde, ob die Fakultäten und Institute durch die Ereignisse des 17. Juni 1953 in irgend einer Weise in Mitleidenschaft gezogen worden sind. Prof. Winkler teilte mit, daß, soweit ihm bekannt sei, in den Medizinischen Kliniken keine Schäden eingetreten seien.

Prof. Schmalfuss gab bekannt, daß ein Aspirant am 17. Juni durch eine verirrte Kugel getötet worden sei[61] und daß 4 Studenten verhaftet sein sollten. [...]

Prof. Messerschmidt hatte keine wesentlichen Bemerkungen zu machen und wies nur darauf hin, daß die meisten Studenten der Universität ja im Praktikum seien, und sich deshalb kein abschliessendes Bild über die Beteiligung der Studenten am Demonstrationszuge gewinnen lasse.

Prof. Stern: Bei der illegalen Kundgebung auf dem Hallmarkt am 17. Juni seien auch Professoren anwesend gewesen, am Tage vorher seien im Demonstrationszuge

61 Der Aspirant an der Landwirtschaftlichen Fakultät der MLU Gerhard Schmidt, der zum Zeitpunkt der versuchten Erstürmung des „Roten Ochsen“ zufällig auf der anderen Straßenseite vorbeiging, wurde „von einem Geschoß aus dem Gewehr eines Polizisten, das an einem Straßenbaum abgeprallt war, tödlich getroffen.“ Löhn 2002, S. 560.

Studenten der Landwirtschaftlichen und der Arbeiter- und Bauernfakultät mitmarschiert. Studenten der Zahnmedizin hätten durch Gesten und Haltung ihre Sympathie mit den Demonstranten bekundet. Es komme jetzt darauf an, ein Vertrauensverhältnis zu schaffen. Er könne für sich und seine engsten Mitarbeiter erklären, daß sie nicht Anhänger einer Rachepolitik seien. Die Ereignisse hätten eine Klärung bewirkt und gezeigt, was tatsächlich ist. Die Vertreter der Intelligenz hätten Beherrschung gezeigt, aber wenn einige Wissenschaftler geglaubt hätten ihren Gefühlen Ausdruck geben zu müssen, so müssten sie in die Schranken verwiesen werden. Er sehe davon ab, zur Zeit Namen zu nennen. Als Milderungsgrund könne man nur eine beispiellose Naivität annehmen. Viele hätten nicht gedacht, daß Staatsmacht und Besatzungsmacht in der Lage seien, die Ordnung schnell wieder herzustellen. Eine Reihe von Fragen, die durch offene Fehler entstanden seien, müssten geklärt werden. Die von der Universitätsleitung verfolgte Politik habe sich als richtig erwiesen und sei fortzusetzen.
2.) Prof. Dr. Stern forderte dann dazu auf, in offener Aussprache zentrale Fragen zu besprechen, um eine gute Arbeitsatmosphäre zu schaffen.

Prof. Lehmann [Theologische Fakultät] kam darauf zu sprechen, daß 2 Studenten in seiner Fakultät exmatrikuliert worden seien, weil sie sich offen und freundschaftlich ausgesprochen hätten. So etwas dürfe nicht vorkommen, wenn Vertrauen herrschen solle. […]

Prof. Messerschmidt stellte die Frage, ob die durch das Kommuniqué der Regierung neugeschaffene Lage es nicht erforderlich mache, den Inhalt der Senatssitzung vom 29. Mai ds. Js. (Fall Gallwitz) aufzugreifen.
Prof. Stern sagte zu, sich in dieser Hinsicht zu bemühen. […]
3) Es wurde sodann die Frage erörtert, was die Universität zu den Ereignissen des 17. Juni zu sagen habe. Prof. Stern wies darauf hin, daß die Universitäten für die Öffentlichkeit zu Tagesfragen Stellung nehmen.

Prof. Hartwig gab bekannt, daß die Juristische Fakultät bereits eine Entschliessung gefasst habe, die er vorlas. Diese Entschliessung bildete die Grundlage für eine längere Diskussion, in der zum Ausdruck kam, daß man keine abgegriffenen Formulierungen verwenden dürfe.

Prof. Lehmann hatte überhaupt Bedenken gegen die verlesene Entschliessung, weil Entschliessungen solcher Art entwertet seien und die Regierung sich erst das Vertrauen erwerben müsse, das ihr ausgesprochen werden solle.

Prof. Winkler brachte zum Ausdruck, daß er mit sich ringe, um Vertrauen zur Regierung zu fassen. Nach weiterer Aussprache billigten alle Beteiligten den Wortlaut der nachfolgenden Entschliessung[62]:

62 Die Entschließung wurde vom Dekan der Landwirtschaftlichen Fakultät Schmalfuss erst nach der Zusage des amtierenden Rektors Stern, sich für die verhafteten Studenten einzusetzen, unterschrieben.

Rektor und Senat der Martin-Luther-Universität Halle-Wittenberg bedauern und verurteilen es, daß sich Bürger unserer Republik unter Ausnutzung einer zum Teil berechtigten Unzufriedenheit von feindlichen Elementen zu Angriffen auf die Ergebnisse der Aufbauarbeit unseres Staates missbrauchen liessen.

Die Angehörigen der Universität haben gegenüber den Versuchen, die Maßnahmen unserer Regierung zur Verbesserung der Lage der Werktätigen und zur beschleunigten Wiedervereinigung Deutschlands zu durchkreuzen, Ruhe bewahrt und Lehr- und Forschungsstätten geschützt.

Als Vertreter der Universität erklären wir uns in dieser Stunde mit der Regierung unserer Republik einig.

Wir werden in unserer Lehr- und Erziehungsarbeit alle Maßnahmen zur Wiederherstellung der für unseren Frieden und Aufbau nötigen Ordnung unterstützen.
Weiter auf dem Wege zu Einheit und Frieden!"[63]

Im Protokoll der Fakultätssitzung der Medizinischen Fakultät vom 22. Juni 1953 lesen wir:
„Auf Antrag von Frau Prof. Hertwig in ihrer Eigenschaft als Prodekan beschließt die Fakultät einstimmig, ein Schreiben folgenden Inhaltes dem Rektor der Martin Luther-Universität zuzuleiten: ‚Aus gegebener Veranlassung beschließt die Fakultät, daß der Dekan oder sein Vertreter bei politischen Entscheidungen, die ihm von Wichtigkeit zu sein scheinen, gebunden ist, vorher die Meinung der Fakultät einzuholen.'"[64]

Damit war der Dekan abgesichert, wenn er eine Unterschrift verweigerte. Das akzeptierte Stern nicht.

In dem gebundenen Protokollbuch der Senatssitzungen des Jahres 1953 fehlen die Protokolle von zwei Julisitzungen! Aber diese Sitzungen wurden von Paula Hertwig für die Medizinische Fakultät protokolliert, und dadurch können wir von den Sitzungen und dem brisanten Inhalt erfahren! Sie hat bei beiden Aktennotizen als Datum der Sitzung den 3. Juli 1953 angegeben, die Sitzungen müssen aber an zwei unterschiedlichen Tagen stattgefunden haben. In der ersten Sitzung berichtet Stern vom neuen Kurs an den Hochschulen, den er auf einer Zusammenkunft der Rektoren im Staatssekretariat erfahren hat. Der „neue Kurs" gab zu Hoffnungen Anlass, wurde aber später so nicht verwirklicht. In der zweiten Sitzung geht Stern dann schon wieder gegen die widerständigen Fakultäten bzw. Dekane vor.

---

63 UAH, Rep 7, Nr. 810, 1953, Senatsprotokolle 1953. Auf dem Protokoll ist ein Stempel „Vertraulich" und es steht handschriftlich: „Original". Die Entschließung trägt die Unterschrift von Hartwig. Die Entschließung ist noch einmal auf einem Extrablatt als Abschrift, bzw. Durchschlag, darunter sind die Unterschriften mit Schreibmaschine, „gez.", die Unterschrift von Lehmann fehlt als einzige!

64 UAH, Rep 29, Nr. 304.

Dies sind die Aktennotizen von Paula Hertwig, zunächst die, den „neuen Kurs“ zeigen:
„Aktennotiz
über die Besprechung im Senat am 3. Juli 1953, 17.00 – 20.30 Uhr

Anwesende:	Vorsitzender	Prof. Stern
	Prorektoren	Funk, Käbel,
	Dekane	Runge, Hoffmann, Lehmann
		P. Hertwig, Liebau, Häusler, Grossert

Prorektor Stern berichtete über die Ergebnisse der erweiterten Rektorenbesprechung. Prof. Harig hatte über die Vorschläge des Ministerrates über den neuen Kurs referiert. Der Vortrag gliederte sich in 4 Teile:

1.) Förderung der wissenschaftlichen Arbeit
2.) Ausbildung der Studenten und des akademischen Unterrichtes
3.) Leitung der Universität und Beziehungen zum Staatssekretariat
4.) Perspektiven für die Zukunft

Der Beschluß des Ministerrates über das Statut der Universitäten und Hochschulen der DDR bleibt bestehen.

Zu Pkt. 1)

Eine Überspitzung der Universitätspolitik soll in Zukunft vermieden werden. Wissenschaftliche und religiöse Überzeugung sind frei. Ein Meinungsaustausch und eine Kritik muß fachlich sein. Die Freiheit der Kritik ist nach allen Seiten zu wahren. Sowjet-Wissenschaft und deutsches Kulturerbe sollen vordringlich berücksichtigt werden. Über die Vorrangigkeit der beiden Aufgaben wurde längere Zeit auf der Rektorenkonferenz diskutiert. Wissenschaftsfeindliche Theorien wie z. B. die Rassentheorie bleiben wie bisher verpönt.

Wissenschaftliche Gesellschaften sind in größerer Zahl zu gründen, jedoch besteht keinerlei Hindernis, auch Mitglied von westdeutschen Gesellschaften zu sein. Veröffentlichungen auch in westdeutschen Verlagen sind ohne weiteres erlaubt. Die Teilnahme an wissenschaftlichen Tagungen wird befürwortet. Die Beschränkung für Interzonenpässe entfällt. Es sind keine Anträge mehr beim Staatssekretariat nötig, nur ein Beurlaubungsgesuch beim Rektor, das er genehmigen kann, wenn keine Störung von Unterricht und Forschung eintritt. Ob ein Kongreßbesuch als Dienstreise angesehen werden kann, wird vom Rektor entschieden. In diesem Fall geht das Gesuch an das Staatssekretariat. Es wird selbstverständlich erwartet, daß der Kongreßbesucher als Vertreter der DDR auftritt. Berufungen sollen erleichtert werden, desgleichen Studienreisen.

Die Grundlagenforschung soll besonders gefördert werden. Die Direktoren der Institute sollen volle Bewegungsfreiheit hinsichtlich der Wahl ihrer Arbeitsthemen erhalten. Die Beschaffung der Instrumente wird vereinfacht, besonders auch Beschaffungen aus dem Ausland. Probesendungen bleiben für Wissenschaftler unverzollt.

Paula Hertwig[65]

Zu Pkt. 2)
Es bleibt bestehen, was sich bei der Studienreform bisher bewährt hat, d. h. das 10-Monate-Studienjahr, die Zwischenprüfungen, die Seminargruppenarbeit, desgleichen die Einrichtung der Prorektorate. Folgende neuen Vorschläge stehen zur Diskussion:

Das gesellschaftswissenschaftliche Studium soll in 3 Jahren erledigt sein, und zwar mit 3 Wochenstunden pro Semester. Im ersten Jahr inhaltliche Einführung in die allgemeinen Grundlagen, im zweiten Jahr Philosophie, im dritten Jahr Politische Ökonomie. In den Zwischenprüfungen dieses Faches sollen keine Gewissensfragen gestellt werden, vielmehr nur fachliche Fragen, die im Zusammenhang mit der Fachwissenschaft stehen. Es wird angestrebt, daß zwei moderne Fremdsprachen bis zur Beherrschung des Studiums der Fachliteratur gelehrt werden, darum sollen Lektorate für Englisch und Französisch eingerichtet werden. Deutsch entfällt bis auf diejenigen Fälle, wo die Vorbildung einer Ergänzung im Deutschen bedarf. Auch im Pflichtsport sind Korrektive möglich. Die obligatorischen Studienpläne bleiben, aber die Fachrichtungsleiter dürfen sie den örtlichen Gegebenheiten anpassen. Der Inhalt der Vorlesungen ist dem eigenen Ermessen der Professoren überlassen; Programme werden aufgestellt, sie sind aber nicht bindend.
Prüfungen: Das Zentrale Prüfungsamt entfällt, Regelung der Prüfungen geht zurück an die Fakultäten. Über Benotung und Prüfungsverfahren erfolgen noch besondere Ausarbeitungen. Zwischenprüfungen können auch durch ‚Beleg'-Arbeiten ersetzt werden, dafür werden Beleg-Pläne ausgearbeitet werden. Der Rahmen-Zeitplan bleibt bestehen, er soll so sein, daß Zeit für eigene Interessen übrig bleibt.

Der Tenor dieser Ausführungen war, daß die Neuordnung eine Auflockerung bedeuten soll hinsichtlich des Studienverlaufes, aber auch besonders hinsichtlich der Lehrtätigkeit der Dozenten.
Zulassung der Studenten: Die Kontingente bleiben bestehen, jedoch soll entsprechend dem Beschluß des Ministerrates vom Mai 1953 die soziale Lage kein Hindernis für die Zulassung sein.

65 UAH, Personalakte Paula Hertwig.

Die Einführung von Aufnahmeprüfungen wurde erwogen, jedoch größtenteils abgelehnt, auch das Stipendienwesen soll eine Neu-Regelung finden. Das Leistungsprinzip bleibt bestehen, entscheidend soll nicht die soziale Herkunft, sondern das soziale Bedürfnis sein. Das Pieck- und das Marx-Stipendium bleibt bestehen. Hochschulwechsel soll erleichtert werden. Exmatrikulationen sollen nur nach Durchführung eines ordentlichen Verfahrens stattfinden. Eine neue Disziplinarordnung ist in Vorbereitung. Sie soll elastisch sein, aber keine Rechtsunsicherheit aufkommen lassen. Die Rechte der Organisationen (FDJ usw.) werden neu geordnet.
Zu Pkt. 3)
Eine Verbesserung der Arbeit des Staatssekretariates wird angestrebt. Es soll eine engere Verbindung zur Hochschulleitung hergestellt werden. Die Individualität der einzelnen Hochschulen ist besonders zu berücksichtigen. Das Staatssekretariat soll Wissenschaftler zur Mitarbeit heranziehen. Auch der Verwaltungs-Apparat der Universität soll Mitarbeiter erhalten, die weniger universitätsfremd sind als bisher. Aus den Vorsitzenden der 42 Wissenschaftlichen Beiräte soll zur Unterstützung des Staatssekretariates ein Wissenschaftlicher Rat gebildet werden. Die Wissenschaftlichen Beiräte sollen erweitert werden. Dienstbesprechungen der Rektoren sollen öfter stattfinden, ebenso Dienstbesprechungen im Senat und in den Fakultäten. Die Universitäten wie auch die Fakultäten sollen wieder mehr Rechte erhalten und brauchen sich nicht mehr in allen Fragen an das Staatssekretariat zu wenden.
Zu Pkt. 4) Perspektiven:
Die Fachrichtungskomplexe sollen einzelnen Universitäten bestimmte Noten geben, das bedeutet aber nicht Vereinseitigung der Universitäten. Die Errichtung von Spezial-Hochschulen, wie z.B. die Hochschule für Plan-Ökonomie in Berlin, wird weiter angestrebt, ohne daß dadurch die Universitäten in ihrer Arbeitstätigkeit behindert werden sollen. Die einzelnen Universitäten sollen Vorschläge für die von ihnen gewünschten Akzente machen, denn danach sollen die Arbeits- und Stellenpläne eingerichtet werden. […]
Halle (S.), 6. Juli 1953“

Wäre, was hier formuliert wurde, umgesetzt worden, wäre die Entwicklung der Wissenschaftslandschaft in der DDR ganz anders verlaufen. Es ist in diesem Protokoll von Paula Hertwig vieles erwähnt, was sich die Wissenschaftler in der DDR bis zum Jahr 1989 gewünscht haben. Schon hier kann aus einer Aktennotiz über eine zweite Sitzung zitiert werden, die den Dekanen die Hoffnung auf eine Wende in der Wissenschaftspolitik wieder nimmt:

„Besprechung mit den Dekanen im Senatszimmer am 3. Juli d. J.

anwesend: Prorektoren Stern, Funk, Käbel
Dekane oder Stellvertreter: Lehmann, Lindemann, Runge, Walter Hoffmann, P. Hertwig, Häussler, Hartwig, Liebau, Dr. Grossert.

Prorektor Stern referierte über die Nachwirkungen der Senatserklärung vom 18. Juni d. J. Sie hätte eine sehr verschiedenartige Reaktion bei den Fakultäten und einzelnen Professoren ausgelöst.

Im ganzen hätte sich das Bild an der Universität geklärt, der 17. Juni hätte die politische Stellung der einzelnen Professoren eindeutig geklärt. Besonders zu behandeln wären 1.) das Zurückziehen der Unterschrift durch den Dekan der theol. Fakultät, Lehmann, 2.) das Schreiben des Dekans der Med. Fakultät vom 24.6.1953.

Herrn Lehmann wurde besonders von Häussler u. [handschr. eingefügt: Hartwig] vorgeworfen, daß er zuerst der Resolution durch seine Mitarbeit eine andere Fassung gegeben hätte als die beiden Herren es gewünscht hätten, um dann erst zurückzuziehen. Prorektor Stern hätte die nachträgliche Streichung gar nicht annehmen dürfen.

Lehmann: Es handelte sich bei der Resolution um eine Sache, die sich in ihrer Wirkung entscheidend von anderen Fragen abhebe. Er habe, ohne vorher mit jemandem zu sprechen, nach reiflicher Überlegung aus innerer Überzeugung zurückziehen müssen. Durch seine 4stündige Mitarbeit habe er seine Bereitschaft, eine richtige Formulierung zu finden, gezeigt. Es hätte ihn besonders gedrückt, daß gewisse Dinge gesagt seien, andere nicht. Warum wäre Halle als einzige Universität so entschließungsfreudig gewesen? Die Resolution sei zu früh gefaßt worden. Man dürfe nicht einseitig verurteilen. Justizminister Fechner habe dieser Tage das Streikrecht ausdrücklich anerkannt. – Es sei mehr geschehen, als sich mit den Worten von den ‚faschistischen Provokateuren‘ abtun lasse. Dazu seien die Hintergründe zu groß. Es sei nicht gut, wenn man mit Resolutionsvorschlägen überstülpt würde. – Die theol. Fakultät hätte mit Stimmenthaltung von Prof. Barnikol sein Verhalten gebilligt. Die Theologen kennen keine absolute Bindung an eine Regierung. Vertrauen müsse erworben werden. – [Das Folgende ist so durchgestrichen, daß man es kaum lesen kann.] Prof. Lehmann ~~stellt abschließend sein Amt als Dekan u. Prof. zur Verfügung~~, sagt, er habe die Möglichkeit seiner Entfernung aus Dekanat, ja Professur sehr klar ins Auge gefaßt – er habe trotzdem so handeln müssen.

Prorektor Stern weist die letzten Worte von Dekan Lehmann zurück, von Amt-zur-Verfügung-stellen wäre nicht die Rede. – Er hielt die Entschließung vom 18. Juni nach wie vor für bedeutsam und nimmt an, daß Halle bald darauf stolz sein wird, sie abgegeben zu haben. Man müsse Einblick in die Vorgänge haben. Es seien am 17.6. etwa 460 Kriminelle befreit worden. 110 hätten sich in den nächsten Tagen selbst zurückgemeldet. 390 sind wieder in Gewahrsam. 60 Kriminelle seien noch nicht eingefangen und machten auch heute noch die Randbezirke von Halle unsicher. – Es sei einmalig in der Geschichte, daß der kühne Schritt einer Regierung, offen Fehler zuzugeben und ihre Abstellung zu versprechen, mit einer Revolte erwidert worden wäre. Es sei die Pflicht einer Universität, hierzu die Visitenkarte abzugeben. – Seit wann ständen Hallenser Professoren auf der Seite der Arbeiter? Aus der Vergangenheit sei ihm dieses Verhalten nicht bekannt. – Er könne auch schon auf günstige Auswirkungen hinweisen. Er hätte bei verhafteten Studenten interveniert, alle wären wieder auf freiem Fuß.

Die Resolution der Med. Fakultät sei unmöglich. Er hätte anläßlich der Rektorenkonferenz mit den anderen Rektoren darüber gesprochen, besonders der Rektor in Jena hätte diese Stellung einer Fakultät für unmöglich erklärt. Der Dekan würde dadurch Briefträger oder Sprechmaschine. Der Dekan müsse unbedingt als selbständige Rechtsperson der Fakultät gelten. Jedenfalls sei eine Situation geschaffen worden, die die Arbeit an der Universität in Frage stelle.

Vorher hatte bereits Prof. Runge erklärt, daß nach Rücksprache mit Dekan Messerschmidt die naturw. Fakultät evtl. eine ähnliche Entschließung fassen würde und Prodekan Hertwig gab etwa folgende Erklärung ab:

Es sei richtig, daß die Fakultät die Resolution des Senates vom 18.6. nicht gebilligt hätte und daher die zur Diskussion stehende Entschließung einstimmig angenommen hätte. Wir könnten nicht ohne weiteres einer Regierung, die viele schwere Fehler, die sie in anerkennenswerter Weise zugegeben hat, gemacht hat, unser Vertrauen aussprechen. – Im übrigen bedeute die Entschließung keinesfalls eine Arbeitsbehinderung des Senates, da die Einschränkung der Befugnisse des Dekans, als Fakultätsvertreter zu zeichnen, ja nur auf bestimmte seltene Fälle beschränkt und zudem noch die Beurteilung der Fälle seinem Ermessen anheim gestellt sei. Die Ereignisse des 17. Juni seien nicht einfach abzutun, da das deutsche Volk wieder [handschr. eingefügt: blutige] Opfer zu beklagen hätte.

Es folgte eine längere Auseinandersetzung, an der sich in erster Linie die Dekane Hartwig, Liebau, Lindemann positiv zur Resolution aussprachen, die in einer herzlichen Atmosphäre‘ des Einverständnisses gefaßt worden wäre. – Runge regt an, die ehemalige Resolutionskommission wieder ins Leben zu rufen.

Prorektor Stern erklärt, auf Worte von Dekan Hartwig zurückgreifend, die Fakultätsentschließung als juristisch unmöglich, denn der Senat müsse ein selbständiges Gremium bleiben. Es ergäbe sich durch das gebundene Mandat der Med. Fakultät ein ex lex-Zustand, der beseitigt werden müsse. Die Resolution gehe daher an die Fakultät zurück mit der Aufforderung, sie als nicht existent zu betrachten.
Halle (S.), 7. Juli 1953“[66]

66 UAH, Rep. 29, Nr. 304. Die Unterschrift heißt He/Fr: Hertwig und Friedrich, das war die Dekanatssekretärin.

Dieses Protokoll verdient, wie auch das vorausgehende, genau gelesen zu werden. Die Courage von Arno Lehmann ist bewundernswert. Interessant sind die Argumente von Leo Stern, besonders bemerkenswert: „Seit wann ständen Hallenser Professoren auf der Seite der Arbeiter?“ War das denn nicht das Ziel, dass die Professoren an der Seite der Arbeiter standen, im Arbeiter- und Bauern-Staat?

Am 14. Juli 1953 sandte Paula Hertwig einen Brief an das Staatssekretariat, den sie gemeinsam mit drei Kollegen formuliert hatte. Es ist ein Brief, der unter dem Schock des 17. Juni geschrieben wurde, der aber trotzdem voller Hoffnung für die Zukunft ist. Er spiegelt Paula Hertwigs Persönlichkeit – klarsichtig, analytisch und voller Hoffnungen.

„Regierung der Deutschen Demokratischen Republik
Staatssekretariat für Hochschulwesen
Unterabteilung Medizin

Die Medizinische Fakultät der Martin Luther-Universität hat in ihrer Sitzung vom 8. Juli 1953 Kenntnis genommen von dem Bericht des Herrn Prorektors Stern über die Rektorenkonferenz Ende Juni 1953, in der über den neuen Kurs der Universitäten beraten wurde. – Die Aufforderung, unsere Kritik und Wünsche zu äußern, verpflichtet die Fakultät, zu Fragen, die in den letzten Jahren schon oft Gegenstand eindringlichster und z. T. vergeblicher Aussprachen und Eingaben waren, erneut Stellung zu nehmen.

I. Das Verhältnis von Staatssekretariat und Universität muß auf eine gesündere Basis gestellt werden. […] es muß […] zu einer fruchtbaren Zusammenarbeit zwischen Staatssekretariat und Fakultäten kommen. Diese kann u. E. am besten erreicht werden,

- wenn im Hochschulsekretariat Leiter und Sachbearbeiter mit einem hohen Maß von Fachkenntnis und Einfühlungsvermögen in die Gegebenheiten der einzelnen Universitäten, die Fakultäten beraten und anleiten,
- den Fakultäten und den anderen Selbstverwaltungsorganen der Universität ein höheres Maß von Selbstbestimmungsrecht als bisher zugebilligt wird,
- die Berufungen wieder normalisiert werden. […]

Das Staatssekretariat sollte bemüht sein, das Vertrauen […] wieder herzustellen. Dazu gehört die Ausarbeitung eines Disziplinarverfahrens und vor allen Dingen, daß alle Fälle von Verhaftungen und Maßregelungen aus politischen Gründen seit der Wiedereröffnung der Universität nach den neuen Grundsätzen revidiert werden und daß nach Möglichkeit eine Amnestie ausgesprochen wird.

II. Das Studium mit seiner augenblicklichen körperlichen und geistigen Überbelastung ist unserer Ansicht nach schädlich für die Gesundheit und Entwicklung unserer Studenten. Wir erwarten daher eine Reform der Semesterverteilung, die den Bedürfnissen der einzelnen Fakultäten Rechnung trägt und, im Falle der Medizinischen Fakultät, in erster Linie eine Verlängerung des vorklinischen Studiums. – Ferner erhoffen wir eine Milderung des übermäßigen Zwanges im Studienbetrieb sowie der von vielen Studenten unangenehm empfundenen Bevormundung innerhalb der Studiengruppen durch Mitstudierende.

III. Das Universitäts-Statut bedarf aus allen diesen Gründen einer den jetzigen Gegebenheiten angepaßten neuen Bearbeitung, die zweckmäßig bis nach der Reorganisation des Staatssekretariates zu vertagen ist. [...]“[67]

Hochschullehrer der MLU haben sich sehr für ihre im Zusammenhang mit dem 17. Juni 1953 verhafteten Studenten eingesetzt. In der Senatssitzung am 4. September 1953 ging es nicht um die Ereignisse des 17. Junis, aber in der Sitzung am 9. September 1953, die von 18 Uhr bis 22.20 Uhr dauerte, wurde ausführlich darüber gesprochen. Leo Stern war krank und wurde vom Prorektor Funk vertreten. Wieder wurden die Senatssitzungen mitstenographiert, so dass sehr umfangreiche Protokolle vorliegen. Auf der Tagesordnung stand die Verabschiedung des Statuts. Dies war ein sehr brisanter Tagesordnungspunkt, denn das neue Statut würde eine noch stärkere Einflussnahme des Staates auf die Angelegenheiten der Universität ermöglichen. Wir erfahren zunächst, wie Leo Stern an die Universität kam:
„Prof. Häusler: Es wurde vorhin gesagt, es würde praktisch nicht vorkommen, dass die Regierung jemand beruft, ohne vorher die Fakultäten zu befragen. Das ist praktisch vorgekommen und kommt praktisch seit Kaiser Wilhelms Zeiten vor. Es ist immer noch ein altes Recht namentlich der Regierung, wenn ein Lehrstuhl neu errichtet wird, diesen Lehrstuhl zu besetzen. Das ist auch bei meiner Fakultät vorgekommen und auf diese Weise kam Prof. Stern in die Fakultät. Wir haben nichts davon gewusst, gewiss haben wir uns gefreut darüber. [...]“

Es geht danach um den Statutenentwurf, den die MLU vorgelegt hat. Das Staatssekretariat hat etliche Änderungswünsche, z. B. werden die Professoren nun vom Staatssekretär ernannt. Es folgt die Abstimmung zum Statut: „Wer stimmt unter diesen Bedingungen dem Entwurf zu und wer lehnt ihn unter diesen Bedingungen ab?

67 UAH, Rep. 29. Nr. 571, Dekanat der Med.-Fak., Aktentitel: Dekanat Prof. Winkler. Staatssekretariat Berlin. zeitlicher Umfang: 1951–1956.

Wer zustimmt, möge das durch Handzeichen bekunden. (8 Zustimmungen)
Ich bitte diejenigen, die gegen diesen heutigen Entwurf stimmen, sich durch Handzeichen bemerkbar zu machen. (4 Ablehnungen).
Stimmenthaltungen: keine.
Handschriftlich steht darunter: Ablehnungen: Math.nat. (Prof. Messerschmidt), theolog. (Prof. Lehmann), med. (Prof. Winkler), agrar (Prof. Hoffmann)“

Nachdem dieser entscheidende Punkt abgehandelt war, meldete sich der Dekan der Landwirtschaftlichen Fakultät zu Wort: „Prof. Hoffmann: Ich bin von meiner Fakultät beauftragt, das Augenmerk des Senats auf die ausserordentlich harten Urteile, die über 3 Studenten im Zusammenhang mit dem 17. Juni gefällt worden sind, zu richten. Es sind Studenten der Landwirtschaftl. Fakultät zu 3 Jahren Zuchthaus, zu 2 Jahren Gefängnis verurteilt worden. Die Fakultät steht auf dem Standpunkt, dass damals durch die Abgabe der Unterschriften der Dekane auch nach ausdrücklichem Hinweis Rektor Stern zugesagt hat, in diesen Fällen zu intervenieren, um aufgrund des guten Standes, den die Universität hat, die politischen Urteile zu mässigen und für die Studenten einzutreten. Ich möchte deshalb bitten, dass der Stellv. Rektor die politischen Stellen darauf verweist, welche Unruhe in der Studentenschaft sowohl als auch innerhalb der Fakultäten durch diese ausserordentlich harten politischen Urteile entstanden ist, die in keiner Weise geeignet sind – was wir doch alle anstreben – zur Befriedung und Beruhigung innerhalb der Universität beizutragen. Die Fakultät und auch ich wären zu dankbar, wenn hier Schritte bei den politischen Stellen unternommen würden.

Prof. Funk: Darf ich fragen, ob jene Unterredung zwischen Ihnen und dem Staatsanwalt Neubert zustande gekommen ist?

Prof. Hoffmann: Die Unterredung ist zustande gekommen. Ich habe sowohl mit dem Staatsanwalt wie auch mit den Rechtsanwälten Fühlung aufgenommen, aber es hat leider nichts an der Tatsache geändert, dass die Urteile ausserordentlich hart ausfielen.

Soweit ich unterrichtet bin, ist es doch so gewesen, dass einer dieser Studenten, Pilz, an diesem Sturm auf das Gefängnis am Neuwerk beteiligt gewesen ist. Hier wird es selbst Herrn Prorektor Stern natürlich schwer sein, zu intervenieren, man wird ihm entgegenhalten: Der Mann hat aktiv teilgenommen – ein ganz klarer Fall. Ich möchte noch darauf verweisen, dass nach der Verlautbarung unserer Regierung festgestellt wurde, dass nur Rädelsführer oder solche, die mit westlichen Agenten in Zusammenhang standen, hier besonders zur Rechenschaft gezogen werden sollen. Es soll nicht der Eindruck entstehen, dass wir Hochschullehrer uns nur um die Studenten kümmern, solange es glatt geht, sondern auch dann, wenn sie solche Dummheiten gemacht haben – ich kann es jedenfalls nicht anders bezeichnen.

Prof. Funk: Ich kann nur sagen, was mir berichtet worden ist – ich möchte das betonen. Mir ist gesagt worden, dass gerade dieser Herr Pilz eben in gewisser Beziehung als Rädelsführer aufzufassen sei, denn er habe sich eine Anzahl junger Leute gegriffen und die Aktion dort geleitet. Ich weiss aber nicht, ob das wahr ist.

Prof. Hoffmann: Das war der eine Fall. Aber in dem anderen Falle handelte es sich um die Ingangsetzung des Lautsprechers am Reileck, der in sehr reaktionären, aufrührerischen Händen war und dann von den Studenten übernommen wurde, die dann zu Ruhe und Ordnung gemahnt haben, was auch in der Gerichtsversammlung zur Sprache kam. Es hat einen sehr unguten Eindruck bei der 1. Verhandlung gemacht, dass der eine Student derartig geschlagen worden ist, sodass er aus Mund und Nase geblutet hat, und sich heute in ärztlicher Behandlung bei Prof. Eckert-Möbius befindet, weil hierdurch Gleichgewichtsstörungen eingetreten sind.[68] Diese Fälle haben in der ganzen Fakultät und Studentenschaft ausserordentliche Beunruhigung und Aufregungen hervorgerufen.

Prof. Messerschmidt: Bei uns im Institut ist seit dem 17. Juni ein Student verhaftet worden. Leider ist bei ihm zu sagen, dass er sich an Tätlichkeiten gegen die Polizei beteiligt hat. […] Ich bin mehrmals am Robert Franz-Ring gewesen und habe damals erfahren, dass bei ihm eine Rädelsführerschaft in diesem Sinne nicht in Betracht komme. Persönlich und nach seinen Leistungen kann ich dem Menschen nur das beste Zeugnis ausstellen, er hat sämtliche Vorprüfungen mit 1 abgelegt. Was an diesem Tage mit ihm los war, weiss ich nicht. Die Verhandlung steht bevor und ich befürchte, dass er verurteilt wird.

Prorektor Funk: Es ist merkwürdig, dass Studenten, die man vom Unterricht her als ruhige Menschen kennt und die fachlich häufig sehr gute Leistungen aufweisen, aus nicht definierbaren psychischen Einstellungen heraus sich plötzlich bei solchen Gelegenheiten als sehr temperamentvoll entpuppen und dann Dinge tun, die eben straffällig sind. Man kann natürlich nicht erwarten und verlangen, wenn sie straffällige Dinge tun, dass man darüber hinwegsieht. Man kann vielleicht verhandeln oder diskutieren, ob die Strafen zu schwer sind, ob das Strafausmass zu hoch ist, aber man hat einen sehr schweren Stand, es wird einem entgegengehalten – (Prof. Messerschmidt: Er hat einen Polizeioffizier entwaffnet!) – dass etwas los gewesen ist, der Mann hat das oder das getan und er ist nach diesem oder jenem Paragraphen zu bestrafen, so zu bestrafen. Was will man da viel machen? Man kann sagen, der Mann hat gute Leistungen und war sonst sehr ruhig, das kann man machen, aber die Geschichte mit dem Lautsprecher, das ist schon ein Delikt.

68 Dies betraf Harry Schuster.

Herr Glodniok (Vertreter der FDJ): Was den Studenten betrifft, der das mit dem Lautsprecher gemacht hat: der Student hat ein gewisses Mass von Wissen. Es ist nicht ein blosser grober Unfug, wenn ein Student durch den Lautsprecher zum Sturz der Regierung auffordert. Oder wenn er in Betriebe geht und zum Streik auffordert, wenn er eine Friedensecke und eine Stalinecke herunterreisst. Er ist zu zweieinhalb Jahren verurteilt worden auf Grund der Kontrollratdirektive 39. Der Student Pilz war aktiv beteiligt bei der Erstürmung des Zuchthauses, er hat auch Jugendliche aufgefordert, mitzukommen. So ungefähr war es. Dieser Student wurde wegen Landfriedensbruch zu drei Jahren Zuchthaus verurteilt. Ich habe selbst mit einem grossen Teil der Landwirtschaftlichen Fakultät gesprochen, die Studenten sind einverstanden, dass die Studenten Pilz und Priew in dieser Form zur Rechenschaft gezogen werden. Wir haben Beispiele aus der Landwirtschaftlichen Fakultät, dass sich die Studenten hervorragend gehalten haben, fast aus allen Fakultäten unserer Universität.

Prof. Hoffmann: Ich möchte betonen, dass Prof. Schmalfuss, der damalige Dekan der Landwirtschaftlichen Fakultät im Vertrauen auf die gute und feste Stellung des Herrn Prof. Stern durch die Abgabe seiner Unterschrift unter die damalige Erklärung erwartet hat, dass Herr Prof. Stern sich für diese Fälle besonders einsetzt und die politischen Stellen mobil macht, um hier ein möglichst geringes Strafmass zu erwarten. Diese Erwartung wird nicht eingehalten und nicht erfüllt. Ich möchte das feststellen.

Prorektor Funk: Als Spectabilis und die Gewerkschaftsvertretung der Landwirtschaftlichen Fakultät sich wegen dieses Studenten an mich wendeten, habe ich getan, was ich für zweckmässig hielt. Ich habe eine Besprechung zwischen ihm und dem Staatsanwalt vermittelt, welcher mir sagte: Der Dekan wird am besten in der Lage sein, die Angelegenheiten seiner Fakultätsstudenten zu vertreten, viel besser als ich, der ich von diesen Dingen erst indirekt Kunde erhalten habe. Wenn es auch ihm nicht gelungen ist, etwas zu bewirken, so kann ich verstehen, dass es auch Herrn Prorektor Stern nicht gelungen ist. Denn es liegen tatsächlich Vergehen vor, die nicht so oberflächlich sind.

Prof. Häusler: Wenn Sie (zu Prof. Hoffmann) sagen, Prof. Stern habe sein Versprechen nicht eingehalten, diesen Vorwurf kann man ihm nicht machen. Aus der bisherigen Zeit weiss ich, bei allen Verhaftungen, als unser Prorektor verhaftet wurde, der für Studentenangelegenheiten, der Verwaltungsdirektor oder Prof. Aland, da hat sich Prof. Stern sofort eingesetzt. Jetzt ist er schwer krank, liegt auf der Klinik, am einen Ende wird er operiert, am anderen Ende studiert er Erlasse. Wenn Prof. Stern einigermassen zur Gesundheit kommt und auch bei uns ist, wird er sich mit allem Nachdruck einsetzen. Er hat sich für alle Studenten eingesetzt, ich würde nicht sagen, er hätte etwas versäumt. Er wird sich bestimmt einsetzen, mit aller Kraft und soweit seine Beziehungen reichen. Dass einer nicht verurteilt wird, das liegt nicht in seiner Macht.

Direktor Ebschbach (ABF): Ich bitte zu bedenken, dass viele unserer Studenten so schwer geschlagen wurden bei den Ereignissen am 17. Juni, dass sie heute noch im Krankenhaus liegen. In Chemnitz wurden durch verhetzte Elemente Studenten, die bloss ihre Arbeitsstätte schützten, verletzt, so dass sie heute noch nicht studieren können. Ebenso war es in Leipzig. Auch viele Arbeiter wurden geschlagen. Wenn sich ein Student an solchen Dingen beteiligt und so unwürdig handelt, um mit solchen Mitteln irgendwelche Misstände zu beseitigen, dann muss er eine derartige Strafe bekommen. Die Dinge sind sehr hart, aber ich glaube, sehr gerecht.

Prof. Messerschmidt: Kann man etwas unternehmen bezüglich des Studenten Soa?

Prorektor Funk: Diese Verhandlung war öffentlich. Es war zunächst ein Fehler, die Fakultät hätte feststellen müssen, das Rektorat hätte es auch tun können, damals als die Verhandlung war, da war ich nicht betraut mit der Rektoratsführung. Die Fakultät und das Rektorat hätten die Möglichkeit gehabt, an dieser Verhandlung teilzunehmen. Es hat auch ein Angehöriger der Fakultät teilgenommen, z.B. Herr Lautsch. Auf Grund der Verhandlung hätte man vielleicht doch hinterher in diesem oder jenen konkreten Falle etwas tun können. Aber wenn man nicht beigewohnt hat, ist es schwer. Ich würde empfehlen, dass der Dekan der Verhandlung beiwohnt, weil er dann ein anderes Bild hat. Auf Grund dieses Bildes kann er dann mit den massgebenden Stellen verhandeln. Ich bin bereit, wenn ich wieder da bin, ein Zusammentreffen mit den massgebenden Stellen zu bewirken.

Dr. Lautsch (BGL): Bei der Intervention in solchen Angelegenheiten sollte man sich überlegen, wofür man interveniert. Z.B. der Fall des Studenten, der hier erwähnt wurde. Wenn es sich so zugetragen hat, gibt es keine Möglichkeit zu intervenieren. Da würde man das Ansehen der Intervenierenden durchaus schädigen. Man würde sich auch der Möglichkeit begeben, in anderen Fällen mit Erfolg einzugreifen, wo es sich um Dummheitsdelikte, Trunkenheit oder dergl. handelt. Solche Fälle sind vorgekommen, ich habe selbst in solchen Fällen eingreifen können, wo jemand in der Trunkenheit auf dem Marktplatz Plakate abgerissen hat. Er wurde eingesperrt, er ist ohne irgendwelche gerichtliche Folgen entlassen worden und steht heute vor der Dozentur. Wenn solche Dinge vorkommen, dass sich jemand an einem Aufstand beteiligt, so muss man das berücksichtigen, denn mit dem Standpunkt, dass er sonst in seinem Fach gut ist, erreicht man auf keinen Fall etwas.

Prorektor Käbel: In dieser Frage befinden wir uns in der gleichen Situation wie in der ausserordentlichen Aussprache im Vorjahre im Senat, wo Prof. Stern eine Übersicht gab über die Verhaftungen von Studenten und wo der Ausgangspunkt ebenfalls eine Eingabe von Senatsmitgliedern war. Da wurde doch klar erklärt, dass wir als Senat und als öffentliches Organ in keiner Weise einen Anlass haben, jetzt Organen der Justiz und der Staatssicherheit von uns aus mit Misstrauen zu begegnen, dass sie nicht den Massstab an die Dinge anlegen, der nach der Sicherheit unseres Staates anzulegen ist. Wir müssen bedenken, was am 17. Juni auf dem Spiele stand, faktisch die Beseitigung unserer DDR, dieses Staates der Werktätigen.

Prorektor Funk: In Ihrem Falle (zu Prof. Messerschmidt) weiss ich überhaupt nicht, ob man etwas tun kann. Das Verfahren läuft noch. Diese anderen Verfahren sind abgeschlossen und ich glaube kaum, dass man eine Revision der Urteile erreichen wird, wenn man nicht zur Tatsache selbst etwas beibringen kann, was beweist, dass es doch nicht so war, wie es in der Verhandlung angenommen wurde. Dadurch, dass man sagt, die Kenntnisse sind sehr gut, werden die Behörden vermutlich auf keinen Fall beeindruckt. Es besteht die Gefahr, dass man uns vorwirft: Die Leute haben das und das getan, darauf steht Strafe, für diese Leute tretet ihr ein! Wenn kleine Dinge vorliegen, kann man vielleicht auf dem Standpunkt stehen, dass Unüberlegtheit vorhanden war, aber zumindest in dem einen Falle, im Falle Pilz, sind Dinge geschehen, da kann man wohl nicht sehr von Unüberlegtheit sprechen.

Glodniok: Z.B. hat der ehemalige Student Schubert (?) [Fragezeichen im Original, es ist wohl Harry Schuster gemeint] sofort nach der Urteilsverkündung gesagt: Ich nehme das Urteil voll und ganz an – also er selbst war damit einverstanden.

Prorektor Käbel: Ich bin der Meinung, dass von Seiten des Senats nichts dazu gesagt oder getan werden kann. Selbstverständlich ist es möglich, dass irgendjemand durch eine Beurteilung, eine Charakterisierung, durch eine gerechte Einschätzung der Tat etwas für den Studenten tun kann und das den entsprechenden Stellen mitteilt. Es ist zu begrüssen, dass man so etwas tut. Wir haben aber keine Möglichkeit, den Tatbestand noch einmal zu analysieren, sondern nur derjenige, der einen Menschen kennt, kann seine Einschätzung den betreffenden Stellen mitteilen.

Prof. Funk: Man muss so einem Verfahren beiwohnen, damit man genau weiss, was los ist. Ich weiss alles nur vom Hören-Sagen, das kann ebenso richtig wie verkehrt sein. Ich glaube, einen Beschluss können wir nicht fassen. [...] Ich möchte damit die heutige Senatssitzung schliessen und danke Ihnen allen.“[69]

Wir wissen von den Betroffenen und durch Akteneinsicht im Archiv der BStU, dass sich die Hochschullehrer sehr für ihre verhafteten Studenten eingesetzt haben. Am Beispiel von Herbert Priew soll dies dargestellt werden.

Mit einem vierseitigen Flugblatt hetzte die Zentrale Parteileitung der MLU unter dem Titel „Unsere Universität darf nicht zum Tummelplatz der Feinde des werktätigen Volkes werden!“ gegen die verhafteten Studenten.

69 UAH, Rep. 7, Nr. 810, 1953 Senatsprotokolle. Das Protokoll wurde unterschrieben vom persönlichen Referenten des Rektors Lausch. Er hat sicher Agricola und auch Stern aus erster Hand informiert.

Herbert Priew vor der Haft

Herbert Priew nach der Haft

In seiner Akte bei der BStU fand Priew seinen Haftbefehl, ausgestellt vom Kreisgericht Halle am 24. Juni 1953 unter dem Geschäftszeichen I-AS-173/53, den er vorher nie zu sehen bekommen hatte. In diesem Haftbefehl wird er beschuldigt, „an den Provokationen am 17.6.1953 in Halle massgeblich beteiligt gewesen zu sein. Verbrechen: nach Art. 6 der Verfassung in Verbindung mit KD 38, Abschn. II. Er ist dieser Straftat dringend verdächtig und da ein Verbrechen Gegenstand der Untersuchung bildet, ist der Haftbefehl gesetzlich begründet."

Seine Mutter Barbara Priew, die in Bernburg lebte, schrieb 11 Tage nach der Verhaftung ihres Sohnes an den Volkskammerpräsidenten Dieckmann: „In meiner Not wende ich mich an Sie als den höchsten Repräsentanten der Staatsgewalt in der Deutschen Demokratischen Republik.

Am 18. d. Mts. Vormittag 1/2 8 Uhr ist mein Sohn, der Student der Landwirtschaft Herbert Priew, geb. am 10.6.1930, der in diesem Monat sein Studium beendet hätte, in seiner Wohnung in Halle, Reilshof 2, von Polizeifunktionären verhaftet worden. Seitdem fehlt jede Nachricht über seinen Verbleib.

Wir haben weder eine Nachricht erhalten, noch haben die Versuche meines Mannes, seinen Aufenthalt zu ermitteln, Erfolg gehabt.

Sie haben, Herr Volkskammerpräsident, vor wenigen Tagen die Behörden an ihre den Vorschriften der Verfassung der DDR und den einfachsten Gesetzen der Menschlichkeit entsprechende Pflicht zur sofortigen Benachrichtigung der Angehörigen ermahnt. In tiefer Besorgnis um das Ergehen meines Sohnes bitte ich Sie auch in diesem Falle dem Recht und Ihrem Willen Geltung zu verschaffen. […].

Wie wir erfahren haben, ist meinem Sohn, der beim Erscheinen der Polizeifunktionäre nur mit Hemd und kurzer Hose bekleidet war, mit den Worten: ‚das ist nicht nötig' verboten worden, seine Jacke zu holen. Der Abtransport erfolgte in einem mit dem Roten Kreuz gekennzeichneten Wagen. Billigen Sie, Herr Volkskammerpräsident, ein derartiges Vorgehen der Polizei? Ich bitte Sie, Herr Volkskammerpräsident, zu veranlassen, dass ich beschleunigt Nachricht über den Verbleib meines Sohnes erhalte und die Möglichkeit habe, ihm die notwendigsten Kleidungsstücke und Gebrauchsgegenstände zukommen zu lassen.“

Unsere Universität darf nicht zum Tummelplatz der Feinde des werktätigen Volkes werden!

Professoren, Dozenten, Studenten, Arbeiter und Angestellte!

Tausende von Menschen an unserer Martin-Luther-Universität Halle-Wittenberg sind täglich am Werke, um der Wissenschaft neue Erkenntnisse zu erringen, um junge Menschen zu hervorragenden Fachleuten zu qualifizieren, um sich ein gründliches Wissen anzueignen und den Lehr- und Forschungsbetrieb ständig zu verbessern.

Der neue Kurs von Partei und Regierung, dessen Hauptinhalt die grundlegende Verbesserung der wirtschaftlichen und politischen Lage in der Deutschen Demokratischen Republik ist, hat bei allen ehrlichen Menschen freudige Zustimmung gefunden und sie zu noch größeren Leistungen angespornt, denn der neue Kurs ist zugleich ein bedeutender Schritt zur friedlichen Wiedervereinigung Deutschlands und damit zur Erhaltung des Friedens.

Am 17. Juni versuchten vom amerikanischen Geheimdienst und seiner West-Berliner Agentenzentrale gelenkte faschistische Provokateure den von Partei und Regierung am 9. und 11. Juni 1953 beschlossenen neuen Kurs unmöglich zu machen. Der Aufbauwille der Bevölkerung, unsere demokratischen Einrichtungen, der Kampf um den Frieden sollten zunichte gemacht, unsere Regierung gestürzt, eine monopolkapitalistische Diktatur nach westdeutschem Muster errichtet und der neue Weltkrieg vom Zaune gebrochen werden. **An unseren Universitäten und Hochschulen, im Leben unserer Studenten, sollten die sattsam bekannten westdeutschen Zustände Einzug halten.**

Jeder ehrliche Mensch wendet sich mit Abscheu von den Drahtziehern des Tages „X“. Vielen ist erst nach dem 17. Juni klar geworden, was damals auf dem Spiele stand.

Die überwältigende Mehrheit unserer Professoren, Dozenten, Studenten, Arbeiter und Angestellten distanzierte sich entschieden von den faschistischen Provokateuren und erklärte ihre Treue zur Regierung der Deutschen Demokratischen Republik. Der akademische Senat unserer Universität brachte mit seiner Entschließung vom 18. Juni diese Haltung der Universität deutlich zum Ausdruck.

Gemeinsam mit den fortschrittlichen Arbeitern von Halle kämpften unsere klassenbewußten Studenten für die Niederschlagung des faschistischen Putsches. Das Zentralkomitee der Sozialistischen Einheitspartei Deutschlands hat diese vorbildliche Haltung unserer Studenten auf seiner 15. Tagung besonders gewürdigt.

Auch in unseren eigenen Reihen gibt es einige Elemente, die ihre wichtigste Aufgabe darin sehen, Gerüchte zu machen, Unruhe zu säen, gegen die Errungenschaften des werktätigen Volkes und seine Regierung zu hetzen, um einen neuen furchtbaren Weltkrieg vorbereiten zu helfen.

Am 17. Juni zeigte es sich, daß sich in die Reihen der Universitätsangehörigen faschistische Provokateure eingeschlichen hatten. Diese Subjekte, denen das Vertrauen unserer Republik, der Werktätigen, unserer Professorenschaft und Studenten gehörte, haben am 17. Juni ihre faschistische Physiognomie gezeigt. Sie nutzten die demokratischen Errungenschaften unserer Werktätigen und die Großzügigkeit unserer Regierung für ihr faschistisches Treiben aus.

Flugblatt der SED-Organisation der MLU 1953

Wer waren die faschistischen Elemente?

Priew, Herbert *)
Student der Landwirtschaft.
Erhielt 200 DM Stipendium monatlich.

Isermeyer, Hans-Georg
Student der Landwirtschaft.
Erhielt 200 DM Stipendium monatlich.

Schuster, Harry
Student der Landwirtschaft.
Erhielt 150 DM Stipendium monatlich.

Diese drei besetzten am 17. Juni die Lautsprecheranlage der Verkehrspolizei am Reileck und hetzten zur Teilnahme an der faschistischen Kundgebung auf dem Hallmarkt und zur Beseitigung unserer Regierung, der Regierung der Arbeiter- und Bauernmacht, die ihnen ein sorgenfreies Studium ermöglichte.

Isermeyer hetzte außerdem in einem halleschen Betriebe zum Streik, zerstörte eine Friedensecke und riß ein Stalinbild herunter.
Die Mitgliedschaft in einer demokratischen Partei (DBD) war für sie nur Tarnung. Am Tage „X" zeigten sie ihr wahres Gesicht: Auf dem Hallmarkt gröhlten sie das Deutschlandlied!

Moh, Günther
Student der Chemie, erhielt 200 DM Stipendium monatlich,

arbeitete in der Farbenfabrik Wolfen im Berufspraktikum. Er war aktives Mitglied der faschistischen Streikleitung des Betriebes und versuchte, die Werktätigen, die durch ihre schwere Arbeit es möglich machten, daß er ein Stipendium erhielt, gegen ihre Regierung aufzuhetzen.

Auf der von faschistischen Provokateuren und Agenten inszenierten „Kundgebung" in Bitterfeld, trat er als einer der Rädelsführer auf. In seiner „Rede" besaß er die Frechheit, zu behaupten, die Studenten würden sich mit den Streikenden solidarisch erklären!

Inzwischen hat er sich zu seinen Auftraggebern nach dem Westen abgesetzt.

Eckstein, Günther
Student der Physik, erhielt 200 DM Stipendium monatlich,

arbeitete bis zum 17. Juni im Leunawerk im Praktikum. Am 17. Juni tauchte er im Bunawerk auf. „Weil er Angst hatte", setzte er sich am 18. Juni nach West-Berlin ab. Hier hatte er „Rücksprachen" mit einigen der Hauptdrahtzieher des Tages „X", u. a. mit Reuter und Scharnowski. Diese delegierten ihn zu einer Gewerkschaftskonferenz nach Schweden, wo er gegen die demokratischen Errungenschaften der Werktätigen und gegen die mit dem neuen Kurs unserer Regierung eingeleiteten Maßnahmen zur schnellen Hebung des Lebensstandardes der Bevölkerung aufzutreten hatte.

Vor ca. 4 Wochen wieder nach Halle zurückgekehrt, wollte er wieder das Studium aufnehmen!!

*) Leistungsstipendium
die Prüfungen unter 1,5 Durchschnitt

Pilz, Gotthard
Student d. Landwirtschaft, erhielt 80 DM Stipendium monatlich.

Seine Eltern waren aktive Mitglieder der Nazipartei. Er selbst war HJ-Führer. Nach 1945 wurde sein Vater wegen Wirtschaftsvergehen rechtskräftig verurteilt.

Der 17. Juni war für ihn der Tag, an dem er seine Maske fallen lassen und seiner Tradition und Neigung freien Lauf geben konnte. Es war einer der Eindringlinge im Haus der Einheit, an der Spitze der Randalierenden beim Rat des Bezirkes und war an der Haftanstalt zu finden.

Er machte sich zum Anführer einer mit Knüppeln bewaffneten Bande von Jugendlichen, die von der Ulestraße her die Haftanstalt stürmten.

Soa, Ernst-Adolf,
Student d. Physik, erhielt 200 DM Stipendium monatlich,

verließ am 17. Juni um 13.00 Uhr das Institut und schloß sich auf dem Platz der Opfer des Faschismus einer randalierenden Gruppe an. Mit dieser „stürmte" er das Haus der Einheit. Mit anderen Provokateuren griff er Volkspolizisten tätlich an. Im Verlaufe der Schlägerei riß er einem Volkspolizisten ein Schulterstück und einem anderen die Signalpfeife von der Uniform. Mit einem der Volkspolizei geraubten LKW fuhr er dann mit einer johlenden Meute zur Haftanstalt am Kirchtor, um diese zu stürmen.

Vor Gericht versuchte der Provokateur und Schläger Soa dann alle begangenen Taten zu bagatellisieren. Die Schulterstücke des Volkspolizisten hatte er auf einem Heuboden versteckt, weil er sie, wie er sagte, „als Andenken an den 17. Juni aufbewahren wollte".

Für Rowdys, Landfriedensbrecher, Putschisten, Abenteurer und faschistisches Gesindel ist kein Platz an der Universität! Die demokratische Justiz hat das Urteil über die Verbrecher an der Ruhe und Sicherheit unserer Bürger gesprochen. Mit Abscheu wenden sich alle ehrlichen Menschen von diesen Rädelsführern des Tages „X".

Im Auftrage Adenauers und des amerikanischen Geheimdienstes wollten sie die Deutsche Demokratische Republik „aufrollen", an unseren Universitäten und Hochschulen die gleichen Zustände wie in Westdeutschland einführen.

Reißt ihnen die Maske vom Gesicht!

Aus den Erfahrungen des 17. Juni gilt es die Lehren zu ziehen. Angehörige der Martin-Luther-Universität! Entlarvt die Provokateure und Agenten! An unserer Universität ist kein Platz für Gerüchtemacher, Unruhestifter, Feinde des Volkes. Wir werden keine faschistischen Provokateure in unseren Reihen dulden. Wir werden unnachgiebig mit diesen Elementen Schluß machen.

Professoren, Studenten, Arbeiter und Angestellte! Erhöht die Wachsamkeit gegenüber Agenten und Provokateuren! Tragt durch Eure tägliche Arbeit, durch die stetige Steigerung Eurer Leistungen zur Verwirklichung des neuen Kurses zur weiteren Verbesserung der wirtschaftlichen und politischen Lage in unserer Deutschen Demokratischen Republik, zur friedlichen Wiedervereinigung unseres Vaterlandes und zur Erhaltung des Friedens bei!

Vorwärts auf dem neuen Kurs unserer Regierung, zu Einheit, Frieden und Wohlstand!

Unwiderlegbare Tatsachen!

Einige Vergleiche führen jedem klar denkenden Menschen den großen Unterschied zwischen Ost und West, die großen Errungenschaften, die unsere Werktätigen auf dem Gebiete der Bildung und Entwicklungsperspektive haben, vor Augen:

„Das Studium ist heute auf alle Fälle ein soziales Experiment, dessen Ausgang unter gegenwärtigen Verhältnissen in 90 v. 100 Fällen ungewiß ist." („Industrie-Kurier", Düsseldorf Nr. 75 v. 15. Mai 1952).

An der Martin-Luther-Universität studieren heute 6 565 Studenten gegenüber 1 180 im Jahre 1936.

„Nur 6 v. 100 der Studenten in Westdeutschland leben und studieren nach eigenen Angaben ausschließlich aus öffentlichen Mitteln oder Renten" („Die neue Zeitung", Berlin Nr. 247 v. 21.—22. Okt. 1951).

An der Martin-Luther-Universität erhalten 94 % aller Studenten Stipendien . . .

„Heute gibt es in der ganzen Bundesrepublik 1000 Studentenfreiplätze, also nicht einmal 1% der Studierenden kann mit Erlaß der Gebühren rechnen. Selbst wenn die Rektoren der Universitäten mit ihrer Forderung nach Verdoppelung dieser Zahl Erfolg haben sollten, so wäre auch sie noch zu gering und keineswegs geeignet, wie es im Antrag der Rektoren heißt: „der hiesigen Elite frei von wirtschaftlichen Schwierigkeiten das Studium zu ermöglichen." („Die neue Zeitung", Nr. 178 v. 13. August 1952).

An der Martin-Luther-Universität werden monatlich 1 250 000 DM Stipendien gezahlt ...

Am 9. August 1952 äußerte der „Industrie-Kurier", daß eine weitere Belastung des Sozialetats durch fortwährende Inanspruchnahme durch den akademischen Nachwuchs ohne Sicherung der Verzinsung dieser Hilfen nicht verantwortet werden kann".

D. h.: Sobald eine Verstärkung und Verbesserung des akademischen Nachwuchses für die Privatinteressen des westdeutschen Monopolkapitals nicht mehr erforderlich ist, verdient sie nach Meinung der westdeutschen Industriellen keine weitere Förderung, sondern ist zu unterbinden.

An der Martin-Luther-Universität wurden 1953 insgesamt 2264 Studenten neu immatrikuliert ...

Nach Angaben des Rektors der Universität München, Prof. Schmaus, fehlen etwa 120 Mill. Westmark, um die bayrischen Universitäten erst einmal wieder auf den Vorkriegsstand zu bringen.

„Die Zustände riefen nach dem Staatsanwalt, erklärte Schmaus; an der Münchner Universitäts-Klinik z. B. müßten die Patienten zur Operation über die Straße gefahren werden, bakteriologische Untersuchungen blieben aus Mangel an Assistenten monatelang liegen und im Chemischen Institut gäbe es nicht mal Toiletten. Dafür, daß an diesen Zuständen etwas geändert wird, bestehen gar keine Aussichten, da der bayrische Staatshaushalt ein Defizit von 84 Mill. aufweist." („Frankfurter Rundschau", Nr. 167 v. 23. Juli 1952).

Die Martin-Luther-Universität erhält allein im Jahre 1953 10 012 000 DM an Investitionen, das sind 80,2% mehr als 1952.

„Ein hochspezialisierter Wissenschaftler, einstmals Ordinarius, ist heute wissenschaftlicher Hilfsarbeiter mit einem Stundenlohn von 1,66 Westmark. Ein Professor arbeitet als Landbriefträger, ein weltbekannter Tiermediziner als Kürschner in der Lüneburger Heide, ein Sprachwissenschaftler als Fabrikarbeiter, ein Professor für römisches Recht als Bürogehilfe. Andere Kapazitäten schlagen sich als Kellner, Waldarbeiter und Bauarbeiter durch. Einem Professor, der in tiefster Not um Hilfe bat, erklärte ein Ministerialrat, „ich könnte Ihnen eine Reihe hervorragender Gelehrter nennen, die sich in gleicher Lage befinden. Diese Professoren gehen im Sommer in den Wald und sammeln Pilze, um sie an der Landstraße an vorüberfahrende Autos zu verkaufen." („Aachener Nachrichten", Nr. 61 v. 14. März 1953).

Angehörige der Martin-Luther-Universität!

Am 17. Juni 1953 haben sich die Feinde des werktätigen Volkes entlarvt. Sie wollten mit Hilfe eines faschistischen Putsches den neuen Kurs von Partei und Regierung durchkreuzen, die Regierung der Deutschen Demokratischen Republik stürzen und das Monopolkapital und die Junker wieder in den Sattel heben. Sie haben sich selbst entlarvt. Sie bemühen sich, nach dem mißglückten Putschversuch, wieder ein demokratisches Mäntelchen umzuhängen, um so getarnt ihre Wühlarbeit fortsetzen zu können. **Der 17. Juni 1953 hat gezeigt, daß sich in den Reihen der Studierenden noch immer republikfeindliche Elemente befinden.** Der akademische Senat unserer Universität hatte diese Tatsache bereits in seiner Entschließung vom 18. 4. 1952 mit folgenden Worten festgestellt:

„Der Senat ... hat ... mit tiefer Erschütterung davon Kenntnis genommen, daß sich in den Reihen der Studierenden kriminelle, asoziale und destruktive Elemente befinden, die ihr akademisches Studium und die ihnen von der Deutschen Demokratischen Republik gewährten Vergünstigungen mißbrauchen und das Ansehen sowie den Ruf der Martin-Luther-Universität gefährden."

Darum gelten heute in verstärktem Maße die mahnenden Worte des Senats vom **18. April 1952:**

„Der Senat ruft deshalb alle Angehörigen des Lehrkörpers mit eindringlichem Ernst dazu auf, sich mehr als bisher der ihnen anvertrauten hohen Aufgabe bewußt zu werden, die Studenten zu ehrlichen Menschen und zu demokratisch gesinnten Staatsbürgern zu erziehen, ihr Vertrauen zu den Staatsorganen zu stärken und dadurch die Regierung in ihren Maßnahmen tatkräftig zu unterstützen.

Sorgen wir dafür, daß das Studium unserer Studenten und unsere eigene Forschungsarbeit gesichert bleibt! Erziehen wir unsere Jugend zu kämpferischen Demokraten, zu glühenden deutschen Patrioten, zu Kämpfern für die Sache des Fortschritts und Friedens!"

Es lebe die Deutsche Demokratische Republik, das feste Bollwerk der friedliebenden und demokratischen Kräfte unseres Vaterlandes!

Verantwortlich: Zentrale Parteileitung der Sozialistischen Einheitspartei Deutschlands an der Martin-Luther-Universität Halle-Wittenberg

H (1) Pz 8145/53 6000

Am 11. Juli 1953 intervenierte die Gewerkschaftsleitung der MLU beim stellvertretenden Rektor Herbert Funk für die verhafteten Studenten der Landwirtschaft: „Die BGL der Martin-Luther-Universität Halle-Wittenberg wendet sich auf Grund einer einstimmigen Beschlussfassung in der BGL-Sitzung am 10.7.1953 an Sie in folgender Angelegenheit:

Studenten der Landwirtschaft wie auch Angehörige der AGL 4 sind in den letzten Tagen mehrfach an Mitglieder der BGL mit der Bitte herangetreten, zu erfragen, was den Studenten der Landwirtschaft zur Last gelegt wird, die anlässlich der am 17.6.53 in Halle (Saale) erfolgten Ereignisse verhaftet wurden, und wo sich diese Studenten gegenwärtig befinden.

Es wurde dabei verschiedentlich die Ansicht begründet, daß es sich bei den inhaftierten Studenten in keinem Fall um Provokateure handelt, die mit dem Westen in Verbindung standen, bzw. an der Vorbereitung der Unruhen oder an Ausschreitungen während der Demonstration beteiligt waren. Es besteht vielmehr die begründete Meinung unter den Studenten und Werktätigen, daß Beteiligungen der verhafteten Studenten an Demonstrationen spontan erfolgte Handlungen darstellen, zu denen sie unter dem Eindruck des Geschehens veranlasst wurden.

Unter Hinweis auf den in der Tagespresse erschienenen Artikel von Max Fechner erscheint deshalb den Kollegen der AGL 4 und den Studenten der Landwirtschaft ein weiteres Verbleiben der inhaftierten Studenten in der Haft nicht gerechtfertigt zu sein für den Fall, daß die vorstehenden vorgetragenen Ansichten unserer Werktätigen und Studenten zu Recht bestehen.

Die BGL beschloß [...], Sie als den derzeitigen Stellvertreter des Rektors zu bitten, den Mitgliedern der AGL 4 und den Studenten der Landwirtschaft die erwünschte Aufklärung zu verschaffen und gegebenenfalls eine erneute Überprüfung der Angelegenheit zu erwirken.

Es handelt sich um folgende Studenten: Hans-Georg Isermeyer, Herbert Priew, Gotthard Pilz, Harry Schuster, Wieland Krüger.

Die BGL bittet Sie, bei den zuständigen Stellen vorstellig zu werden und ihr von der Auskunft dieser Stellen baldmöglichst Mitteilung zu machen.“[70]

Auch die Professoren der Landwirtschaftlichen Fakultät, allen voran der Dekan Walther Hoffmann, engagierten sich für ihre Studenten. Hoffmann schrieb am 15. Juli 1953 an den Rechtsanwalt Dellin in Halle: „Auf Ihre Anfrage über eine Begutachtung der Studenten der Landwirtschaftlichen Fakultät P r i e w und Harry S c h u s t e r gestatte ich mir, Ihnen im Namen der Landwirtschaftlichen Fakultät der Universität Halle folgendes mitzuteilen.

70 LHASA, MER, SED-GO der MLU Halle, IV/7/501, Nr. 43, Bl. 1.

Die Studenten Priew und Schuster haben sich während ihres ganzen Studiums durch besonderen Fleiß und Gewissenhaftigkeit ausgezeichnet [...]. Nach Ansicht der Fakultät besteht die begründete Annahme, dass es sich bei ihnen in keinem Fall um Provokateure handeln kann, da sie mit dem Westen in keinerlei Verbindung standen und auch an irgendwelchen Vorbereitungen der Unruhen und Ausschreitungen, die nach den bekanntgewordenen Richtlinien der Regierung als strafbar bezeichnet wurden, nicht beteiligt gewesen sein können. Es kann nach der einmütigen Auffassung der Fakultät heutzutage nicht verantwortet werden, junge in der Ausbildung begriffene Menschen, die wir beim Aufbau unseres Wirtschaftslebens dringend benötigen, längere Zeit ohne besonders schwerwiegende Gründe in Haft zu halten und dadurch am Weiterstudium zu hindern.

Die Fakultät hat sich auch in dieser Frage an Se. Magnifizenz den Herrn Rektor der Universität gewandt und ihn gebeten, alle ihm geeigneten Maßnahmen zu ergreifen, damit die vorliegenden Verhandlungsfälle nochmals genauestens dahingehend überprüft werden, ob die vorhandenen Tatbestände eine Inhafthaltung bzw. Verurteilung der Genannten rechtfertigen."

Am selben Tag, am 15. Juli 1953, schrieb Hoffmann an den Rektor: „Im Zusammenhang mit den Ereignissen des 17. Juni d.J. sind auch die Studenten der Landwirtschaftlichen Fakultät Hans-Georg Isermeyer, Herbert Priew, Harry Schuster und Gotthard Pilz verhaftet worden. [...] Im Namen der Landwirtschaftlichen Fakultät der Universität Halle gestatte ich mir, Ihnen die Bitte zu unterbreiten, alle ihnen geeigneten Maßnahmen zu ergreifen, um zu erreichen, dass die vorliegenden Verhandlungsfälle nochmals genauestens überprüft werden, ob die vorhandenen Tatbestände eine Inhafthaltung bezw. Verurteilung der Genannten rechtfertigen. [...] Nach der Meinung der Fakultät kann es sich bei den Genannten in keinem Fall um Provokateure handeln, die in Verbindung mit westlichen Mächten gestanden haben, ebenso ist in keinem Fall anzunehmen, dass sie an der Vorbereitung der Unruhen oder an Ausschreitungen während der Demonstrationen sich derart beteiligt haben, dass eine Verurteilung nach den Richtlinien des Justizministers Max Fechner gerechtfertigt erscheinen könnte. Es kann nach Ansicht der Fakultät heutzutage nicht verantwortet werden, junge in der Ausbildung begriffene Menschen, die wir beim Aufbau unseres Wirtschaftslebens dringend benötigen, längere Zeit ohne besonders schwerwiegende Gründe in Haft zu halten und dadurch am Weiterstudium zu verhindern.

Für eine Benachrichtigung über die eingeleiteten Schritte und deren Erfolge wäre ich Ihnen zu besonderem Dank verpflichtet."[71]

71 Wir danken Herrn Isermeyer für die Überlassung dieses Schreibens.

Am 31. August 1953 wurde das Urteil gegen die Studenten Herbert Priew, Harry Schuster und Hans-Georg Isermeyer vom 1. Strafsenat des Bezirksgerichts Halle unter dem Oberrichter am Bezirksgericht Sachert gesprochen: Die Angeklagten I s e r m e y e r und P r i e w werden wegen Vergehens nach KRD. 38 Abschn. II Art. III A III verurteilt, und zwar der Angeklagte I s e r m e y e r zu einer Gefängnisstrafe von 2 Jahren und 6 Monaten, der Angeklagte P r i e w zu einer Gefängnisstrafe von 2 Jahren.

Der Angeklagte S c h u s t e r wird wegen Landfriedensbruchs zu einer Gefängnisstrafe von 1 Jahr verurteilt.

Den Angeklagten Isermeyer und Priew werden die Sühnemaßnahmen der KRD. 38 Abschn. II, Art. III, Ziffer 3-9, davon die der Ziffer 7 auf die Dauer von 5 Jahren auferlegt. Die Untersuchungshaft wird in voller Höhe auf die erkannte Strafe angerechnet. Die Kosten des Verfahrens haben die Angeklagten zu tragen.“

Die zitierten Sühnemaßnahmen sahen so aus: „[...]

3. Sie dürfen kein öffentliches Amt einschließlich Notariat und Anwaltschaft bekleiden.
4. Sie verlieren alle Rechtsansprüche auf eine aus öffentlichen Mitteln zahlbare Pension oder Zuwendung.
5. Sie verlieren das aktive und passive Wahlrecht, das Recht, sich irgendwie politisch zu betätigen oder Mitglied einer politischen Partei zu sein.
6. Sie dürfen weder Mitglieder einer Gewerkschaft noch einer wirtschaftlichen oder beruflichen Vereinigung sein.
7. Es ist ihnen auf die Dauer von mindestens fünf Jahren nach ihrer Freilassung untersagt:
   a) In einem freien Beruf oder selbständig in irgendeinem gewerblichen Betriebe tätig zu sein, sich an einem solchen zu beteiligen oder dessen Aufsicht oder Kontrolle auszuüben.
   b) In nicht selbständiger Stellung anders als in gewöhnlicher Arbeit beschäftigt zu sein.
   c) Als Lehrer, Prediger, Redakteur, Schriftsteller oder Rundfunk-Kommentator tätig zu sein.
8. Sie unterliegen Wohnraum- und Aufenthaltsbeschränkungen.
9. Sie verlieren alle ihnen erteilten Approbationen, Konzessionen und Vorrechte sowie das Recht, ein Kraftfahrzeug zu halten.“

Das Urteil für Herbert Priew wurde unter anderem folgendermaßen begründet: „Der Angeklagte P r i e w, der in den Mittagsstunden [...] von den Unruhen hörte, begab sich in das Stadtzentrum und stellte fest, daß faschistische Ausschreitungen stattfanden. In den Nachmittagsstunden begab er sich zum Reileck und traf mit seinen Studienkollegen, den Mitangeklagten Schuster und Isermeyer, zusammen. Als der Angeklagte Isermeyer durch den Lautsprecher zu den Demonstranten gesprochen hatte, ging er ebenfalls an das Mikrophon und erließ folgenden Aufruf:

‚Deutsche Männer, deutsche Frauen. Wir demonstrieren heute Abend um 18 Uhr auf dem Hallmarkt für Frieden, Einheit und Freiheit. Erscheint in Massen, verhaltet Euch diszipliniert, denn so nur können wir etwas erreichen. Einheit macht stark.'

Diesen Ausruf wiederholte der Angeklagte vier bis fünfmal. Der Angeklagte beteiligte sich ebenfalls an der Kundgebung auf dem Hallmarkt und der anschliessenden Demonstration. Hierbei sang er das Deutschlandlied mit." Außerdem wurde Isermeyer und Priew in der Urteilsbegründung vorgeworfen: „Die Schwere ihrer Handlungsweise liegt jedoch darin, dass sie die irregeleiteten und abwartenden Massen zu einer von faschistischen Provokateuren inszenierten Putschkundgebung aufriefen und sie mit Nachdruck aufforderten, daran teilzunehmen. Sie machten sich damit zum Sprecher dieser Provokateure, die dann in den Abendstunden die Massen zum Vorgehen gegen demokratische Einrichtungen unserer Regierung aufforderten. [...] womit sie Faschisten und anderen staatsfeindlichen Elementen, die am Tag X ein faschistisches Regime errichten wollten, Vorschub leisteten. Sie unterstützten Parolen der deutschen und amerikanischen Monopolherren, die ein Interesse daran haben, die deutsche Arbeiterklasse zu desorganisieren und sie ihrer Führung zu berauben, um ihr Ziel, die DDR aufzurollen, zu erreichen."

Ein Jahr später, am 11. September 1954, fragte der Dekan Walther Hoffmann noch einmal beim Bezirksgericht nach den verurteilten Studenten: „Im Zusammenhang mit den Ereignissen des 17. Juni 1953 wurden die damaligen Studierenden der Landwirtschaft [...] rechtskräftig zu mehrjährigen Gefängnisstrafen verurteilt. Mit vorliegendem Schreiben sei der Versuch unternommen, eine Strafmilderung auf dem Wege der Begnadigung herbeizuführen.

Bereits während der Gerichtsverhandlung [...] hat der Herr Staatsanwalt in seinem Plädoyer ausgeführt, daß die beiden Verurteilten ihren Pflichten als Staatsbürger in der Zeit bis zum 17. Juni in vorbildlicher Weise nachgekommen sind. Ihr Verhalten lediglich am 17. Juni selbst sei die Veranlassung zu dem von ihm vorgeschlagenen Strafmaß.

Die Fakultät ist nach wie vor der Meinung, dass die Verurteilten sich am 17.6. mehr durch Unüberlegtheit, wie sie in einem solchen jugendlichen Alter gelegentlich anzutreffen ist, als durch vorbedachte Böswilligkeit haben leiten lassen.

Da die Genannten im Rahmen ihres Studiums der Landwirtschaft überdurchschnittliche fachliche Qualifikationen aufgewiesen haben, bittet die Landwirtschaftliche Fakultät der Martin-Luther-Universität Halle-Wittenberg, zu prüfen, ob den beiden Verurteilten die weitere Strafverbüßung auf dem Gnadenwege erlassen werden kann. Sie hat sich zu diesem Antrag insbesondere im Hinblick darauf entschlossen, daß etwa die Hälfte der Strafdauer bereits abgelaufen ist und daß, nach Kenntnis des Unterzeichneten, die beiden Strafgefangenen in dieser Zeit eine gute Führung an den Tag gelegt haben."[72]

Staatsanwalt Steffens vom Bezirksgericht Halle teilt den Eltern von Herbert Priew am 28. Oktober 1954 mit, dass er trotz des Gesuches des Dekans Hoffmann keinen „Antrag auf bedingte Strafaussetzung" für Herbert Priew stellen kann, „da die äusserst verwerflichen Handlungen Ihres Sohnes, auch unter Berücksichtigung der bisher verbüssten Haftzeit, einen derartigen Antrag nicht rechtfertigen." Auch am 22. März 1955 sah sich Staatsanwalt Steffens dazu nicht in der Lage.

So musste Herbert Priew die gesamte Strafe verbüßen und wurde erst am 17. Juni 1955 entlassen. Im Juli 1955 floh er nach West-Berlin und von dort ging er nach Stuttgart-Hohenheim, wo er an der Landwirtschaftlichen Hochschule sein Studium mit dem Diplom abschloß.

Zwei bemerkenswerte Briefe seiner halleschen Hochschullehrer aus der Zeit nach seiner Haftentlassung sind erhalten:

„Verden, 4.11.55

Lieber Herr Priew!
Für kurze Zeit, zum Hann. Hengstmarkt, befinde ich mich in Verden. Bei dieser Gelegenheit möchte ich Ihnen von hier – dies geht besser – die Beurteilung der Diplomarbeit zusenden, die Sie sicher brauchen können. Gestern war Ihre Frau Mutter kurz bei mir und hat von Ihnen und Ihrem Ergehen erzählt. Ich schickte sie mit ihrem Anliegen zu Dekanat, wo sie scheinbar alles bekommen hat, denn sie ist nicht wieder zurückgekommen. Alles Gute für Ihr weiteres Fortkommen! Eine Bestätigung dieses Briefes ist nicht nötig.
Herzlichen Gruß auch an die anderen beiden Hallenser (Krüger u. Schuster)!

Ihr Wussow"

Am 24. März 1959 meldete sich der ehemalige hallesche Dekan Walther Hoffmann aus Berlin-Dahlem, wo er inzwischen Direktor des Institutes für Vererbungs- und Züchtungsforschung[73] der Technischen Universität Berlin, Fakultät für Landbau, war, bei Herbert Priew. Auch er hatte Halle verlassen und schrieb: „[...] recht herzlichen Dank für Ihr freundliches Schreiben [...] Es war doch damals eine Selbstverständlichkeit, dass man versucht hat, Ihnen in Ihrer schwierigen Lage zu helfen. Es hat

72 BStU Außenstelle Halle, MfS BV Halle, AU 236/54 Band 5, Bl. 2.

73 An diesem Institut, das für Erwin Baur gegründet worden war, war Paula Hertwig von 1921 bis 1946, bis zu Ihrer Berufung nach Halle, tätig.

mich besonders gefreut, dass Sie sowie Herr Isermeyer und Herr Schuster ihr Ziel erreicht haben und nunmehr im Berufsleben stehen. [...]"

1991 erinnert sich der damalige Hochschullehrer Friedrich an das Jahr 1953: „Einige Zeit nach dem 17. Juni 1953 fanden die Prozesse gegen die Teilnehmer an den Demonstrationen statt. Durch Angehörige der Juristischen Fakultät der MLU wurde uns der Termin der Verurteilung unserer Studenten bekannt. Prof. Schmalfuß, damaliger Dekan, forderte in der vorangehenden Fakultätssitzung alle Professoren auf, geschlossen und demonstrativ am Prozess teilzunehmen. [...]

Alle Angehörigen der Fakultät, soweit sie in Halle wohnten, gingen am Tage des Prozesses in den Gerichtssaal. Wir traten geschlossen ein. Das missfiel dem am Eingang sitzenden Gerichtsdiener. [...] Er fragte, von dem selbstbewussten ‚Einmarsch' anscheinend etwas schockiert: ‚Wer sind Sie eigentlich?', darauf Prof. Wussow: ‚Die Professoren der Studenten, die Sie hier verurteilen wollen'. [...]

Die Prozessführung unter Leitung eines ‚Oberrichters' ließ von Anfang an erkennen, dass es hier nicht um die Rechtsfindung, sondern nur um die Verurteilung der Angeklagten ging. Noch heute liegt mir das Brüllen des Richters, der ähnlich wie Freisler in der NS-Zeit die Angeklagten nur anschrie, in den Ohren. Die Prozessführung war entsprechend. Wenn keine schlüssigen Beweise vorgebracht werden konnten, wurden die Angeklagten einfach bestimmte Handlungen unterstellt. Hinweise der Angeklagten auf Misshandlungen durch die Polizei wurden vom Richter mit Drohungen beantwortet. Alles in allem ein Schauprozeß, wie wir ihn vom 3. Reich her kannten.

Es war für die Professoren erdrückend, machtlos zusehen zu müssen, wie hier Unrecht geschah. Wir hatten wenigstens die Genugtuung unseren Studenten moralische Unterstützung gegeben zu haben. Das Gericht konnten wir sicherlich nicht beeindrucken, zumal das Urteil von vornherein feststand."[74]

Die Professoren der Landwirtschaftlichen Fakultät haben sich für alle verhafteten Studenten eingesetzt. Hier wurden nur die Briefe, die Herbert Priew betrafen, zitiert, aber dies steht exemplarisch auch für die anderen Betroffenen. Etwa hat der Direktor des Landmaschinen-Institutes Prof. Riedel dem Staatsanwalt ein gutes Leumundzeugnis für Hans-Georg Isermeyer gegeben und Dekan Hoffmann hat sich beim Rechtsanwalt auch nach Hans-Georg Isermeyer erkundigt und gleichfalls ein positives Gutachten für ihn ausgestellt.

Sowohl für Priew als auch für Isermeyer legten die Rechtsanwälte im September 1953 beim Obersten Gericht der DDR Berufung ein, die innerhalb einer Woche „verworfen" wurde.[75]

74 Sämtliche Dokumente hat uns Dr. Herbert Priew freundlicherweise zur Verfügung gestellt.
75 Ebd., Bl. 209.

Untermaßfeld
Strafvollzugsanstalt

BStU
000030

Mutter
1281/53

Besuchserlaubnisschein
Nur für Strafgefangene

Herr / Frau / Frl. Margarete Schuster, Weimar erhält die Erlaubnis,
den / die Strafgefangene(n) Schuster, Harry geb. 14.4.28
am Montag, dem 12.4. 1954, um 13.00 Uhr
zu sprechen. — Die Sprechzeit beträgt 30 Minuten.

Auf die Einhaltung der Besuchserlaubnis-Bestimmungen (siehe Rückseite) wird besonders hingewiesen.

Untermaßfeld, den 25.3. 1954

1. Besuch abgehalten: Peter
2. Auf der Karteikarte B eingetragen.

Leiter der Strafvollzugsanstalt

SV 39 (VA) Besuchserlaubnisschein VP 00 1 53 401,9

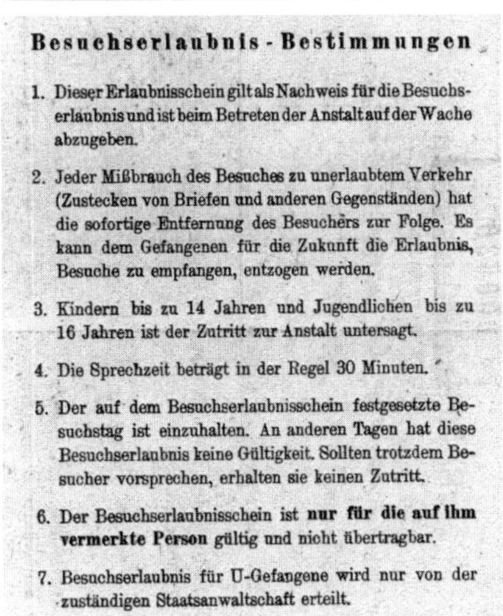

Besuchserlaubnis - Bestimmungen

1. Dieser Erlaubnisschein gilt als Nachweis für die Besuchserlaubnis und ist beim Betreten der Anstalt auf der Wache abzugeben.
2. Jeder Mißbrauch des Besuches zu unerlaubtem Verkehr (Zustecken von Briefen und anderen Gegenständen) hat die sofortige Entfernung des Besuchers zur Folge. Es kann dem Gefangenen für die Zukunft die Erlaubnis, Besuche zu empfangen, entzogen werden.
3. Kindern bis zu 14 Jahren und Jugendlichen bis zu 16 Jahren ist der Zutritt zur Anstalt untersagt.
4. Die Sprechzeit beträgt in der Regel 30 Minuten.
5. Der auf dem Besuchserlaubnisschein festgesetzte Besuchstag ist einzuhalten. An anderen Tagen hat diese Besuchserlaubnis keine Gültigkeit. Sollten trotzdem Besucher vorsprechen, erhalten sie keinen Zutritt.
6. Der Besuchserlaubnisschein ist **nur für die auf ihm vermerkte Person** gültig und nicht übertragbar.
7. Besuchserlaubnis für U-Gefangene wird nur von der zuständigen Staatsanwaltschaft erteilt.

Besuchsschein für Frau Schuster (die Mutter von Harry Schuster) und Regeln für den Besuch in der Haftanstalt Untermassfeld[76]

Auch für Ernst-Adolf Soa setzten sich Hochschullehrer und Mitarbeiter der Physik ein. So schrieben Wilhelm Messerschmidt, der kommissarische Direktor des Instituts für Theoretische Physik Max Hieke und der Oberassistent und spätere Leopoldina-Präsident Heinz Bethge[77] befürwortende Gutachten.[78]

---

76 BStU Außenstelle Halle, MfS BV Halle, AU 236/54 Bd. 6 Schuster Harry. Bl. 30, Sprecherlaubnis für die Mutter von Harry Schuster vom 12.4.54.

77 Heinz Bethge (1919–2001), Experimentalphysiker, Präsident der Leopoldina von 1974–1990.

78 BStU Außenstelle Halle, MfS BV Halle, AU 287/53 Band 1 Soa.

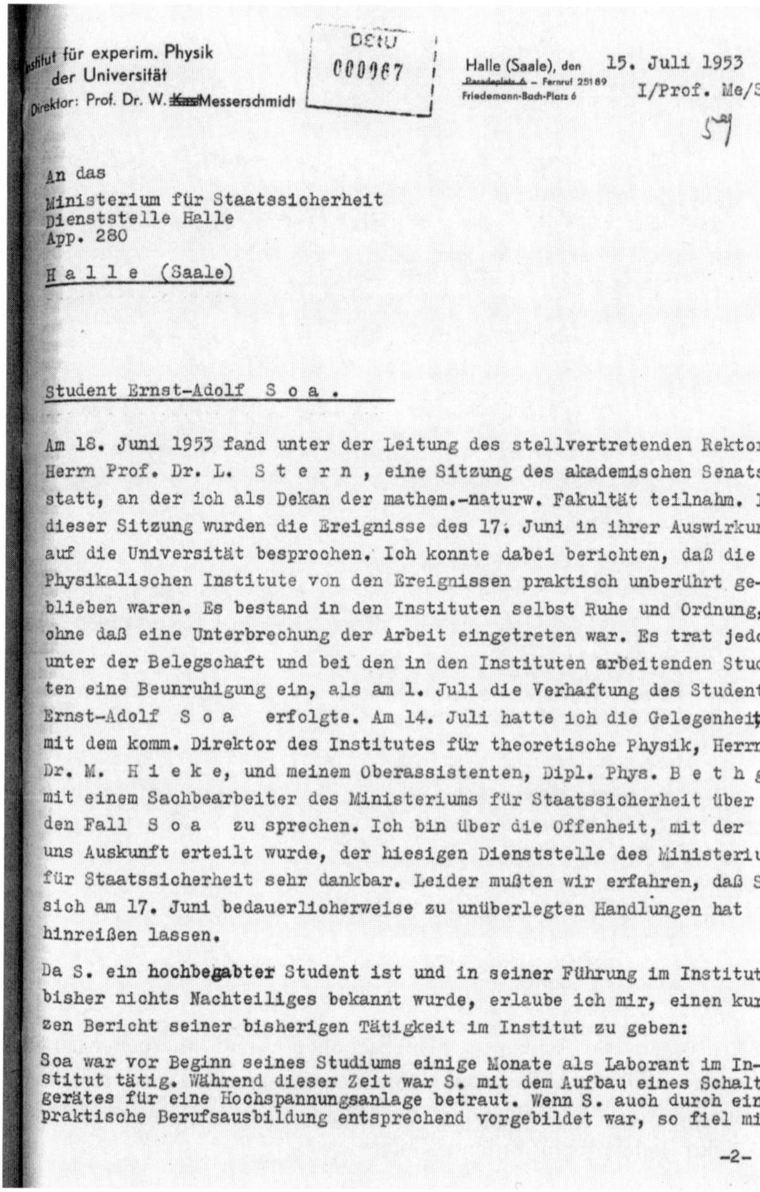

Institut für experim. Physik
der Universität
Direktor: Prof. Dr. W. Messerschmidt

BStU
000067

Halle (Saale), den 15. Juli 1953
~~Paradeplatz 6~~ – Fernruf 25189
Friedemann-Bach-Platz 6

I/Prof. Me/S:

57

An das
Ministerium für Staatssicherheit
Dienststelle Halle
App. 280

H a l l e (Saale)

Student Ernst-Adolf S o a .

Am 18. Juni 1953 fand unter der Leitung des stellvertretenden Rektor Herrn Prof. Dr. L. S t e r n , eine Sitzung des akademischen Senats statt, an der ich als Dekan der mathem.-naturw. Fakultät teilnahm. I dieser Sitzung wurden die Ereignisse des 17. Juni in ihrer Auswirkun auf die Universität besprochen. Ich konnte dabei berichten, daß die Physikalischen Institute von den Ereignissen praktisch unberührt geblieben waren. Es bestand in den Instituten selbst Ruhe und Ordnung, ohne daß eine Unterbrechung der Arbeit eingetreten war. Es trat jedo unter der Belegschaft und bei den in den Instituten arbeitenden Stud ten eine Beunruhigung ein, als am 1. Juli die Verhaftung des Student Ernst-Adolf S o a erfolgte. Am 14. Juli hatte ich die Gelegenheit mit dem komm. Direktor des Institutes für theoretische Physik, Herrn Dr. M. H i e k e, und meinem Oberassistenten, Dipl. Phys. B e t h g mit einem Sachbearbeiter des Ministeriums für Staatssicherheit über den Fall S o a zu sprechen. Ich bin über die Offenheit, mit der uns Auskunft erteilt wurde, der hiesigen Dienststelle des Ministeriu für Staatssicherheit sehr dankbar. Leider mußten wir erfahren, daß S sich am 17. Juni bedauerlicherweise zu unüberlegten Handlungen hat hinreißen lassen.

Da S. ein hochbegabter Student ist und in seiner Führung im Institut bisher nichts Nachteiliges bekannt wurde, erlaube ich mir, einen kurzen Bericht seiner bisherigen Tätigkeit im Institut zu geben:

Soa war vor Beginn seines Studiums einige Monate als Laborant im Institut tätig. Während dieser Zeit war S. mit dem Aufbau eines Schaltgerätes für eine Hochspannungsanlage betraut. Wenn S. auch durch ein praktische Berufsausbildung entsprechend vorgebildet war, so fiel mi

-2-

Brief Wilhelm Messerschmidts vom 15. Juli 1953[79]

79 Ebd., Bl. 67 und 68.

Blatt 2 zum Schreiben des Institutes für experimentelle Physik an das Ministerium für Staatssicherheit, Halle/Saale, v. 15.7.1953

---

doch sein Eifer und sein überaus reges Interesse auf, so daß ich ihm als weitere Aufgabe die selbständige Entwicklung eines Versuches für das Praktikum für Fortgeschrittene übertragen konnte. Seine Zulassung zum Studium wurde von mir befürwortet.

Da das erste Studienjahr eines Physikstudenten wesentlich durch mathematische Vorlesungen belegt ist, hatte er während dieser Zeit wenig B rührung mit dem Institut. Während der Semesterferien arbeitete er wieder im Institut und war im Rahmen der Durchführung von dringenden Forschungsaufträgen als Laborant gegen stundenweise Bezahlung eingestell Im zweiten Studienjahr absolvierte er seine Praktika im Institut und erledigte dort auch sein Ferienpraktikum, um während dieser Zeit eini neue Versuche für eine meiner Spezialvorlesungen vorzubereiten und auszuprobieren. Diese Begünstigung konnte ich ihm auf Grund seiner Le stungen bei den Zwischenprüfungen gewähren. Im Studienjahr 1952/53 gewann Soa durch Teilnahme an Spezialvorlesungen und -seminaren Kontakt mit der wissenschaftlichen Arbeit des Institutes. In den Seminaren zeigte Soa durch sein über das pflichtmäßige hinausgehendes Interesse und seine Gründlichkeit bei der Behandlung der gestellten Themen sehr gute Begabung für die wissenschaftliche Arbeit. Seit Mitte Juni d. Jr war Soa zur Ableistung des Ferienpraktikums wiederum im Institut einge setzt, mit der Aufgabe, zwei größere Vorlesungsversuche aufzubauen un meßtechnisch zu bearbeiten.

Eine zusammenfassende fachliche Beurteilung kann nur ergeben, daß Soa entsprechend seiner weit über dem Durchschnitt liegenden Leistungen hervorragende Begabung für den Beruf des wissenschaftlichen Physikers zeigt. Seine Leistungen, die sich in den ausgezeichneten Noten seiner Prüfungen ausdrücken, sind aber nicht zuletzt seinem intensiven und gründlichen Studium zuzuschreiben.

Menschlich ist Soa mir und allen Angehörigen des Institutes als ein aufrechter Charakter bekannt. Dies veranlaßte mich, den stellvertreten den Rektor, Herrn Prof. Dr. L. S t e r n, von der Verhaftung des Soa zu unterrichten und ihn um Einholung von Nachrichten über die Gründe der Verhaftung im Ministerium für Staatssicherheit zu veranlassen.

Zu den in der Besprechung vom 14. Juli vom Ministerium für Staatssicherheit mitgeteilten Verfehlungen möchte ich noch folgendes hinzufügen:

Wie ich durch Umfrage im Institut feststellen konnte, war Soa am fraglichen Tage bis Mittag im Institut. Wahrscheinlich geriet er auf dem Weg zum Essen in den Aufruhr in der Stadt. Die ihm zur Last gelegten Ausschreitungen sind mir einzig und allein erklärbar durch seine Jugendlichkeit, die sich dem Pädagogen auch in der Äußerlichkeit der Per son ausdrückt. Bei Charakterisierung seiner Persönlichkeit kommt man nicht umhin, ihn als einen impulsiven und vielleicht allzuleicht entflammbaren Charakter zu kennzeichnen. Daß es sich bei Soa um einen Provokateur im Sinne der in der Presse mitgeteilten Beispiele handeln könnte, ist ausgeschlossen. Ich würde es bedauern, ihn als Studenten zu verlieren.

Eine weitere Beurteilung durch den Komm. Direktor des Institutes für theoretische Physik füge ich bei.

Messerschmidt

Prof.Dr.W.Messerschmidt

In einer späteren Analyse, am 29. Oktober 1962, stellte ein MfS-Mitarbeiter der Hauptabtl. V/4 Berlin einen „Auskunftbericht" über Soa zusammen: Er sei „Mitglied der Ev. Akademikerschaft und gehört zum leitenden Kopf der Ev. Akademikerschaft in Jena um Dr. Nebe. 1953 vom MfS festgenommen wegen konterrv. Betätigung, am 17.6.1953 in Halle zu 3 Jahren Zuchthaus verurteilt.

1948 wurde er bereits wegen Verdacht eines Schwarzsenders festgenommen und der SMA übergeben. Am 15.11.1955 vorzeitige Haftentlassung, danach aktive Unterstützung von Prof. Messerschmidt und Oberassistent Bethge vom Phys. Inst. der Uni Halle.

Der Prof. Görlich[80], Abteilungsleiter des DFE – Bereiches des VEB-Zeiss-Jena wirkte aktiv bei der Einschleusung des Soa ins Forschungslabor des VEB-Zeiss-Jena.

Ohne Kenntnis der Kaderabteilung des Werkes und ohne Wissen der zuständigen Stellen der Universität Halle (Prorektor für Studentenangelegenheiten) hat Soa seine Diplomprüfung bei Prof. Messerschmidt abgelegt, trotzdem Soa noch in der Bewährungsfrist stand."[81]

In seinem Bewerbungsschreiben an Görlich nach seiner Entlassung aus der Haft am 15. Dezember 1955 bat Soa, ihm eine Tätigkeit „[…] innerhalb Ihres Elmi-Laboratoriums zu ermöglichen, wobei ich daran denke, daß ich mich als Laborant oder wissenschaftliche Hilfskraft betätigen könnte. Da ich mich vor meiner Verhaftung im Labor von Herrn Dr. Bethge in Halle mit dem Beginn einer Diplomarbeit zum Thema ‚Elektronenspiegel' beschäftigt hatte, und ich auch während meiner zweieinhalbjährigen Haftzeit in Naumburg laufend Gelegenheit hatte, theoretisch zur Elektronenoptik zu arbeiten, wozu mir durch Vermittlung von Herrn Prof. Dr. Messerschmidt die Literatur zur Verfügung gestellt wurde, glaube ich, daß ich mich auf diesem Gebiet nach besten Kräften nützlich machen kann."[82]

So halfen seine Lehrer ihm, seine Haftzeit besser zu überstehen, sein Studium abzuschließen und eine Stelle zu finden. Denn sie empfahlen ihn an Prof. Görlich in Jena, wo er, weil er von Messerschmidt und Bethge kam, mit Freude aufgenommen wurde.

Im 6. Forum vom 24. Oktober 1953 berichtete Wolfgang Heun von der MLU unter dem Motto „Mehr Schwung, Freunde!": Am 13. Oktober, dem „Tag der Aktivisten", habe die Aktivtagung der Hochschulgruppe der Freien Deutschen Jugend der Martin-Luther-Universität in Halle stattgefunden. „Der 1. Sekretär der FDJ-Hochschulgruppe […] hielt ein gutes Referat über die Lage an unserer Universität und die Aufgaben der FDJ bei der Durchführung der Neuwahlen.

80 Paul Görlich (1905–1986), Physiker, Leopoldina-Mitglied seit 1957.
81 BStU HA XX AP 22255/92 Soa, Bl. 7.
82 Ebd., Bl. 15.

Er kritisierte die Atmosphäre der Selbstzufriedenheit unter unseren Studenten nach dem 17. Juni. Manche Studenten denken noch nicht über die Hintergründe des 17. Juni nach. Sie fühlen sich auch nicht mit dem neuen Kurs unserer Regierung verbunden.

Der müde Trott in einigen Fakultäten kommt darin zum Ausdruck, daß z.B. die FDJ-Fakultätsgruppenleitung der Landwirtschaftlichen Fakultät die vier ehemaligen Studenten Isermeyer, Priew, Schuster und Pilz, die wegen ihrer Rädelsführerschaft am 17. Juni von unseren Staatsorganen verurteilt worden waren, erst am 5. Oktober aus der FDJ ausschloß. Sie hat es versäumt, diese vier vor der gesamten Fakultät zu entlarven und die Neuimmatrikulierten und die anderen Studenten über diese Verbrecher aufzuklären.

Auch die Leitungen der Chemiker und Physiker haben eine versöhnlerische Haltung gezeigt. Der ehemalige Student Günter Moh von der Fachschaft Chemie war Mitglied der Leitung des faschistischen Putsches in Wolfen. Die Funktionäre der Fachschaft Chemie haben sich von ihm erzählen lassen, er sei zufällig da hineingeraten und daran haben sie nichts Verbrecherisches gesehen. Es gibt aber noch ein Beispiel von dem Versöhnlertum der FDJ-Leitung der Chemiker. Moh, der sich zu seinen Gönnern nach dem Westen abgesetzt hat, war für sie keine Lehre. Der ehemalige Physikstudent Eckstein flüchtete am 18. Juni nach Westberlin, nachdem er sich im Buna-Werk an der Zerstörung von Transparenten beteiligt hatte. [...] Günter Glodniok rief die Freunde auf, noch wachsamer zu sein."

Hans-Peter Löhn hat beschrieben, wie der Chemiestudent Günter Moh und der Physikstudent Günther Eckstein, die am 17. Juni 1953 im Betriebspraktikum (Moh in der Farbenfabrik Wolfen und Eckstein in den Leuna-Werken) in den Aufstand gerieten. Günter Moh gehörte der Streikleitung der Farbenfabrik Wolfen an. Am Abend des 17. Juni 1953 wurde er in den Räumen der Streikleitung des Werkes von sowjetischen Truppen verhaftet. Er kam in das Untersuchungsgefängnis Bitterfeld, am 20. Juni 1953 wurde er in den „Roten Ochsen" gebracht und am 29. Juni 1953 freigelassen, weil die Haftrichterin, die Kreisgerichtsdirektorin Voelzke, die Anweisungen von Justizminister Max Fechner[83], milde Urteile gegen Teilnehmer des 17. Juni zu fällen, umsetzte. In der Nacht vom 21. zum 22. September 1953 floh Moh nach Westberlin, wo er sein Studium fortsetzte.[84]

83 Max Fechner (1892–1973), Minister für Justiz der DDR vom Oktober 1949 bis zum Juli 1953. Er selbst wurde am 15. Juli 1953 verhaftet (weil er sich in einem Interview des ND gegen die Strafverfolgung streikender Arbeiter ausgesprochen hatte), verurteilt und im April 1956 aus der Haft entlassen. Seine Nachfolgerin war Hilde Benjamin.

84 Löhn 2002, S. 590 und 591.

Günther Eckstein floh nach dem 17. Juni 1953 nach Westberlin und kehrte im August 1953 nach Halle zurück, wo er im Herbst sein Studium wieder aufnahm. Das MfS war daran maßgeblich beteiligt. Einzelheiten können bei Löhn nachgelesen werden.[85]

Noch einmal sei der Blick auf die Fakultätsakten gerichtet. In der Sitzung am 25. September 1953 wird Olof Klohr[86] begrüßt, „der vom Herrn Staatssekretär mit der Wahrnehmung der Geschäfte des Prorektors für Gesellschaftswissenschaften betraut worden ist". Vor der nächsten Senatssitzung findet am 31. Oktober und 1. November 1953 in Leipzig eine SED-Hochschulkonferenz statt. Bei dieser Gelegenheit führt Kurt Hager[87] zur Situation an den Hochschulen aus: „Das Präsidium der Akademie der Wissenschaft, der Senat der Martin-Luther-Universität Halle und andere wissenschaftliche Gremien haben sich eindeutig gegen die von Imperialisten inszenierten provo-katorischen Putschversuche gewendet. Viele Wissenschaftler sind den Provokateuren entschlossen entgegengetreten, so Prof. Dr. Kunzen, der den Banditen den Eintritt in die Univ. Klinik Jena verwehrte, Studenten, Arbeiter und Angestellten haben an der ABF Görlitz ihre Instrumente geschützt. Die Studenten im Berufspraktikum haben sich zum Kampf gegen die faschistischen Provokateure zusammengeschlossen. Die Parteiorganisationen haben vielfach rasch und umsichtig gehandelt.

Jedoch gab es auch eine Reihe negativer Erscheinungen. An der Univ. Halle wurde eine Agentengruppe unter den Studenten der landw. und der math.-nat. Fak. aufgedeckt, die sich aktiv an den Provokationen beteiligte und inzwischen verurteilt worden ist. Auch an anderen wissenschaftl. Institutionen wurden faschistische Agenten unterstützt. Einige Angehörige des Lehrkörpers der Universität Halle glaubten, sich für diese Provokateure einsetzen zu müssen. Der neue Kurs stellt jedoch keineswegs, wie einige Studenten und Professoren zu glauben scheinen, einen Freibrief für feindliche Tätigkeit dar. Wir müssen mit allem Nachdruck erklären, dass niemand, wie er sich auch tarnen möge, sei es durch das Mitgliedsbuch unserer Partei oder einer gesellschaftlichen Organisation, sei es durch Zugehörigkeit zur jungen Gemeinde oder einer religiösen Organisation, niemand wird unbestraft bleiben, wenn er unseren friedlichen Aufbau zu stören wagt. Wer das Schwert gegen unseren Arbeiter- und Bauernstaat hebt, wird auch durch das Schwert umkommen."[88]

Weiter unterstrich der Redner: „Methoden des Feindes erfordern höchste Wachsamkeit und ein rasches Reagieren auf jedes Anzeichen feindlicher Tätigkeit, damit es

85 Ebd., S. 590–595.

86 Olof Klohr war zu diesem Zeitpunkt Dozent für Grundlagen des Marxismus-Leninismus an der math. nat. Fakultät.

87 Kurt Hager war ab 1952 Leiter der Abteilung Wissenschaft und Hochschulen im ZK der SED.

88 BArch, IV 2/904 Nr. 8, Bl. 16 und 16a.

nicht vorkommt, dass die Agenten ungeschoren zu ihren Auftraggebern zurückkehren können. Die Parteiorganisationen haben bisher – z.B. am Chemischen Institut in Leipzig, wo es eine feindliche Agentengruppe gibt, an der Landwirtschaftlichen Fakultät in Halle, an den Universitätskliniken, in den wissenschaftlichen Bibliotheken – den Kampf zur Aufdeckung und Entlarvung der Agenten noch nicht entschlossen genug geführt. Sie haben nicht die ehrlichen Studenten, Professoren und Dozenten über den Charakter des 17. Juni aufgeklärt und zur Wachsamkeit aufgerufen.

Genossen, man darf über die Ereignisse des 17. Juni nicht den Schleier legen, vielmehr ist es notwendig, das Verhalten jedes einzelnen, auch jedes einzelnen Mitgliedes unserer Partei, an diesem Tag sorgfältig zu prüfen und dazu Stellung zu nehmen, da sich am 17. Juni neben Mut und Entschlossenheit im Kampf gegen die faschistischen Provokationen auch feiges Kapitulantentum und offene Feindschaft zur Republik zeigten. Wir würden eine schweren, unentschuldbaren Fehler begehen und uns vor dem deutschen Volk versündigen, wenn wir nicht an jedem einzelnen Institut, in jeder Fakultät, in jeder Parteiorganisation, in jeder gesellschaftlichen Organisation klipp und klar das Verhalten jedes einzelnen, besonders jedes Genossen am 17. Juni überprüfen und die entsprechenden Beschlüsse nicht fassen.

Bisher ist diese Erkenntnis jedoch noch nicht Gemeingut aller Mitglieder unserer Partei in den wissenschaftlichen Institutionen. In einer Reihe von Parteiorganisationen gab es am und nach dem 17. Juni kleinbürgerliche Panikmacherei und Kapitulantentum, die die feindliche Tätigkeit begünstigten. Anstatt sofort die Genossen fest zusammenzuschliessen und zum Kampf gegen die faschistischen Provokateure zu mobilisieren, wurde eine endlose Diskussion über Fehler der Partei begonnen."[89]

Auch Leo Stern tritt zu dieser Konferenz mit einer Rede auf, der Ton ist erneut kämpferisch: „Ich möchte zu einigen Fragen Stellung nehmen, die Genosse Kurt Hager in seinem umfassenden Referat als besonders wichtig herausgestellt hat. Es ist die Frage des 17. Juni. Der 17. Juni ist unzweifelhaft für das Verhalten der gewöhnlichen Staatsbürger, aber auch für das Verhalten der Genossen ein Barometer gewesen. Wie war die Haltung der Genossen an der Martin-Luther-Universität? Man kann sagen, dass auch die Stimmungen an den Fakultäten Defensiv-Stimmungen, defaitistische Stimmungen waren. Es wurden die Bilder vom Präsidenten Wilhelm Pieck und vom Ministerpräsidenten Otto Grotewohl abgenommen an Orten, wo überhaupt keine Demonstrationen gewesen waren. So wurden sie dann an Stätten versteckt, die unwürdige Stätten sind. Es wurde von manchen Genossen, die es eigentlich hätten wissen müssen kraft ihrer politischen ideologischen Vorbildung, der Charakter der faschistischen Provokation nicht erkannt. Es gab auch eine schwankende Einstellung zum ZK,

89 Ebd., Bl. 19.

zur Regierung und es gab auch ein sehr unklares Verhalten über das Auftreten der sowjetischen Armee, namentlich in Halle, das ja mit eines der Zentren der faschistischen Provokation war. Ich glaube nicht, dass die Universität Halle oder die zentrale Parteileitung und die Grundorganisationen der Universität die Frage des 17. Juni mit der gebührenden prinzipiellen Schärfe untersucht haben. Hier hat es z. B. auch Fälle gegeben, wo Genossen, wohl über 100 an der Zahl, im Hauptgebäude der Universität vorhanden waren, sie haben die Losungen abgenommen, bzw. abnehmen lassen oder sie sind passiv dabei gewesen, als 10 oder 15 Rowdies kamen und die Losungen herunterrissen. Mit einem Wort, will man die Erneuerung der Arbeit in den Hauptgliedern der Universität, in einer der wichtigsten Stätte der ideologischen Front, anleiten, so glaube ich, muss diese Haltung am 17. Juni mit aller prinzipiellen Schärfe restlos geklärt werden.

Ich möchte auf eine Tatsache hinweisen. Die Parteileitung hat vor kurzem ein offensives und meines Erachtens gutes Flugblatt herausgegeben, worin die faschistischen Provokateure aufgezeigt werden mit Namen, Adresse und Foto. Das hatte eine sehr interessante und positive Nebenwirkung. Während bis dahin die Professoren kamen und eine Einstellung an den Tag legten, nicht kolaborieren und ähnliche Einstellungen, während sie immer wieder appellierten, man möge Milde walten lassen, das Vergehen wäre nicht so gross und schwer gewesen, so kann man sagen, dass das Durchgreifen der zuständigen Staatsorgane wie ein reinigendes Gewitter gewirkt hat. Diese Stimmen höre ich seit längerer Zeit nicht mehr. [...]

Eine zweite Frage, die, glaube ich, nicht nur in Halle schlecht liegt, sondern wohl an allen Universitäten und Hochschulen, und das ist die Kernfrage, auf die Genosse Hager schon hingewiesen hat, nämlich Verbesserung der politischen Erziehungsarbeit und die Frage der Massenarbeit. Es ist keine Frage, dass das eine operative Arbeit der zentralen Parteileitung wie aller Grundorganisationen erfordert, das erfordert vor allem eine operative Arbeit des Sekretariats. Die Lage in Halle ist trotz mancher Signale, die nun heute schon ein Jahr zurückliegen, besorgniserregend insofern, als tatsächlich die Hauptlast der Arbeit auf den hauptamtlichen Sekretären ruht, die von Sitzung zu Sitzung hetzen, die nirgends zu Rande kommen können, nichts eigentlich gründlich durcharbeiten können und einen Arbeitsstil entwickeln, der unmöglich auf die Dauer durchgehalten werden kann. Es gibt Sitzungen bis 3 oder 4 Uhr morgens. Dieses Hetztempo und dieser Arbeitsstil führen zum physischen Ruin und vor allem zur Vernachlässigung der Parteiarbeit. [...]

Es steht die Frage der Vermehrung der Zahl der hauptamtlichen Funktionäre. Wir haben in Halle 9 Fakultäten als Schwergewichtsfakultäten, darunter die landwirtschaftliche, die medizinische, die für Naturwissenschaften usw. Es ist unbedingt notwendig, dass zur wirklichen Arbeitsverbesserung an diesen Fakultäten, mindestens an diesen Schwergewichtsfaktultäten, hauptamtliche Funktionäre eingesetzt werden. Das ist bis jetzt nicht der Fall, und ich muss sagen, dass von der Kreisleitung und vielleicht auch von der Bezirksleitung, wo wir immer wieder anfragen und fordern, gebt uns Genossen, doch eine sehr ernsthafte Unterschätzung der Arbeit an der Universität besteht, bedeutete das doch, und das ist keine Übertreibung, ein Stück fachliche und politische Erziehung.“[90]

In der Senatssitzung am 23. Oktober 1953 wird Leo Stern im ersten Wahlgang – 2 waren vorgesehen – mit 17 von 17 möglichen Stimmen gewählt! Und er hält sofort eine kleine Antrittsrede: „Ich werde nach wie vor bestrebt sein, das Ansehen, das wissenschaftliche Ansehen der Universität mit allen Kräften zu wahren. Ich werde nach wie vor bestrebt sein, wie das auch bisher der Fall war, alles Sektierertum und allen Extremismus, von welcher Seite immer das kommen mag, im Interesse der guten Traditionen, der lebensfähigen Traditionen auszuschalten, allerdings auch die neuen Traditionen, den Geist der neuen Traditionen einzupflanzen, wie das auch bisher schon der Fall war. [...] Das ist im wesentlichen alles, was ich zu dieser überraschenden Wahl sagen möchte.“

Auch in der letzten Senatssitzung des Jahres am 4. Dezember wird nicht über Verhaftungen gesprochen. Das so ereignisreiche Jahr 1953 ging äußerlich ruhig zu Ende.

90 BArch, IV 2/904 Nr. 8, Bl. 160–162. Wir danken Dr. Herbert Priew für die Überlassung dieser Dokumente. Die Schreibweise des Originals wurde hier übernommen.

1954 Ein Jahr ohne Verhaftungen

Aus dem Jahr 1954 sind keine Verhaftungen aktenkundig.

Der Tod Stalins 1953 und die nachfolgenden innenpolitischen Erschütterungen in der Sowjetunion führten zu einer Phase der gesellschaftlichen Entwicklung, deren Lockerungen zumeist mit dem „Tauwetter"-Begriff umschrieben werden. Wenngleich in abgemilderter Form, waren doch Fernwirkungen dieser ersten vorsichtigen, später schnell wieder zurückgenommenen Entstalinisierung im Machtbereich Moskaus überall zu spüren. Die DDR machte dabei keine Ausnahme.

Insoweit ist die Tatsache, dass es 1954 offenbar keine Verhaftungen von Angehörigen der MLU gegeben hat, nicht überraschend. Das kann aber nicht den Blick dafür verstellen, dass das Schicksal jener Universitätsangehörigen, die sich in Haft befanden, die Gemüter bewegte.

In einer außerordentlichen Sitzung des Akademischen Senats am 20. Januar 1954 waren alle Tagesordnungspunkte zunächst routinemäßig verhandelt worden und Leo Stern im Begriff, die Zusammenkunft mit der Frage: „Damit sind wir am Ende unserer Sitzung, hat noch einer der Herren eine Bemerkung zu machen?" zu schließen. An dieser Stelle meldete sich der Dekan der Medizinischen Fakultät, Prof. Winkler, zu Wort: „Zu uns ist jetzt ein Student zurückgekommen, der in der UdSSR in Haft war. Er wurde 1950 verhaftet, hatte schon 1 Jahr Medizin studiert. Ich wollte fragen, ob beim Rektorat irgend etwas über diese Entlassung bekannt ist?" Stern erwiderte hierauf, er höre dies erstmalig. Winkler entgegnete mit der Frage: „Ist dem Rektorat bekannt, dass von den entlassenden Stellen die Universität benachrichtigt wird?"

Hierauf ergriff Prorektor Käbel das Wort und führte aus: „Der Betreffende kam heute mit seinem Vater zu mir wegen Fortsetzung seines Studiums. Er gehört mit zu den Entlassenen, die von der Sowjetunion freigegeben sind mit allen Möglichkeiten und Perspektiven, dass sie jetzt gleichberechtigte Studierende der DDR sind. Ich bin der Meinung, dass die Fortsetzung seines Studiums möglich sein wird. Wir müssen nur noch eine kurze Rückorientierung darüber einholen, ob das mit den Bestimmungen übereinstimmt und dann bekommt er sofort Bescheid."

Erneut fragte Winkler: „Es kommen aber auch Strafgefangene aus den hiesigen Strafanstalten. Vielleicht kann mir der Jurist Auskunft geben, ob auch diejenigen, die von deutschen Gerichten verurteilt worden sind, eine Amnestie zu erwarten haben, oder ob wir von der Fakultät aus ein Gesuch einreichen müssen, dass von Seiten unserer Regierung eine parallele Aktion gemacht wird. Ich hatte erwartet, dass bei der Wiederwahl von Präs. Pieck irgendeine Amnestie kommen würde, es ist gewöhnlich so. Wir hatten schon lange daran gedacht, einmal für unsere Studenten einzutreten, um für sie auf dem Begnadigungswege die Abkürzung ihrer Haft zu erreichen." Stern reagierte ausweichend: „Das ist eine schwierige Frage. Es ist sicherlich naheliegender, dass die unmittelbaren Angehörigen das tun. Ob es zweckmässig wäre, dass eine Fakultät das tut, möchte ich dahingestellt sein lassen. Ich würde es nicht für sehr empfehlenswert halten. Die menschliche Seite und Anteilnahme ist verständlich. Ich lasse mich gern eines besseren belehren und stelle das zur Diskussion." Winkler unterstrich daraufhin, dass er lediglich eine Frage gestellt habe. Es habe nicht in seiner Absicht gelegen, hierzu einen Antrag einzubringen.

An dieser Stelle griff Prof. Hartwig in die Diskussion ein und stellte fest: „Bis jetzt ist nur eine Amnestie für die von russ. Gerichten Verurteilten bekannt, über die von den deutschen Gerichten Verurteilten ist nichts bekannt. Wir können keine Teil-Amnestie für Studenten beantragen und uns nur auf den Einzelfall einstellen. Das andere ist Angelegenheit der Angehörigen, nicht der Fakultät, höchstens dass sich der Dekan der einzelnen Angehörigen annimmt." Offenbar auch dankbar für diese Stellungnahme resümierte Stern: „Vielleicht wollen wir doch diese Diskussion für heute abbrechen. Ich teile mit, dass ich keine Anordnung habe. Ich bin aber bereit, nachzufragen. Ich bin auch in Verlegenheit, wo ich Nachfragen anstellen könnte. Zu gegebener Zeit würde ich dann berichten."

Dass es aber keineswegs ungewöhnlich war, dass Einrichtungen Gnadengesuche für ihre Mitarbeiter einreichten, kann nachfolgend gezeigt werden.

Die Gnade des Präsidenten. Dokumente aus der Rechtsabteilung der Präsidialkanzlei

Informationen hierzu finden wir im Aktenbestand der Rechtsabteilung des Präsidialbüros von Wilhelm Pieck, die für die Gnadengesuche zuständig war. Darüber hinaus ist der Blick in die Akten der BStU wichtig, auch hier befinden sich Teile des Briefwechsels der Angehörigen von Verurteilten mit der Bitte um Gnade.

Rektor Stern war zu solch einem Gesuch für verurteilte Studenten der MLU nicht bereit, obzwar solche Gnadengesuche von Betrieben, von FDJ-Gruppen und sogar von Parteigruppen an der Tagesordnung waren. Durch diese Gnadengesuche erfuhr die Regierung vom Ausmaß der Verhaftungen. Chef der Präsidialkanzlei und Staatssekretär war Max Opitz[1]. Die Leiterin der Rechtsabteilung war Frau Thaler, die mit

1 Max Opitz (1890–1982), 1949–1951 Oberbürgermeister von Leipzig, 1951–1960 Chef der Präsidialkanzlei und Staatssekretär beim Präsidenten der DDR Wilhelm Pieck.

den höchsten Stellen der Regierung und auch mit den zuständigen Vertretern der SMAD verhandelte. Wir erkennen aus ihrem Schriftwechsel, ihren Berichten und Statistiken, wie ihre eigene Betroffenheit über das Schicksal der Verhafteten im Laufe der Zeit zunimmt. Denn sie sieht, wie viele aus nichtigen Gründen verhaftete Jugendliche (die zum Zeitpunkt der Verhaftung teilweise erst 15 Jahre alt waren) lange Haftzeiten zu erleiden hatten, einige nach acht Jahren immer noch in Haft waren.

Bereits am 4. Oktober 1952 schrieb Johannes Dieckmann[2] an den Minister des Innern Karl Steinhoff[3] in einer „Vertraulichen Verschlusssache“: „In den letzten Wochen habe ich eine ganze Anzahl von Briefen an Sie weiterreichen müssen, die sich auf das Schicksal von Menschen (oft sehr jugendlichen Alters) bezogen, die in den letzten Jahren inhaftiert worden sind und von denen die Angehörigen seither nichts mehr gehört haben. Soweit es sich um Internierte handelt, die kürzlich in Waldheim verurteilt sind, laufen die betreffenden Anfragen bzw. Gnadengesuche nach der kürzlich erfolgten Regelung bei Herrn Minister Fechner zusammen, der mich vor einiger Zeit bat, alle solche Gesuche an ihn zu richten. Wie er mir dieser Tage mitteilte, bezieht sich dies auch auf diejenigen Personen, die von sowjetischen Gerichten abgeurteilt sind und in Bautzen (und wohl auch in Torgau) ihre Strafe verbüßen. […] Ich würde Ihnen zu Dank verbunden sein, wenn Sie überprüfen lassen würden, ob diese Gesuche und Anfragen inzwischen sämtlich an Herrn Minister Fechner weitergegeben worden sind. Zu dieser Bitte veranlasst mich eine Reihe von Zuschriften, in denen die Petenten – oft enttäuscht oder auch verbittert – behaupten, daß sie auf ihre Eingaben und Anfragen bis jetzt überhaupt keine Antwort erhalten haben. Die dritte Kategorie von Gesuchen bezw. Anfragen bezieht sich auf Personen, die sich anscheinend weder in Waldheim noch in Bautzen usw. befinden, über deren Schicksal und Ergehen die Angehörigen nach ihren Angaben also ganz im …“[4] Das Weitere fehlt in der Akte!

In mehreren Fällen hatte Wilhelm Pieck die Gelegenheit, Verurteilte zu begnadigen bzw. die Begnadigung durch die sowjetischen Behörden zu bestätigen, z. B. am 29. Dezember 1952: „Verfügung! Nachdem die Strafgefangenen […] und […] vom Präsidium des Obersten Sowjets der Union der Sozialistischen Sowjetrepubliken begnadigt worden sind, verfüge ich hiermit ihre sofortige Haftentlassung.“[5]

2 Johannes Dieckmann (1893–1969), LDPD-Funktionär, Volkskammerpräsident ab. 7.10.1949.

3 Karl Steinhoff (1892–1981), Ministerpräsident des Landes Brandenburg, 1949–1952 Minister des Innern.

4 BArch DA/4/ Nr. 91, 1952 Gnadenentscheidungen der Präsidenten der DDR, Bl. 7, das nächste Blatt des Briefes fehlt.

5 BArch DA/4/ Nr. 91, 1952 Gnadenentscheidungen der Präsidenten der DDR, Bl. 15.

Am 2. Oktober 1952 wird für „594 Häftlinge gnadenweise der Rest der Strafe durch den Präsidenten der DDR erlassen“, zu ihnen gehört auch der hallesche Student der Chemie Helmut Zohm, dem am 14. September 1952 von seinem Strafmaß 3 Jahre Gefängnis 1 Jahr und 1 Monat erlassen werden.[6]

Hinsichtlich der von sowjetischen Militärtribunalen Verurteilten wird das folgende Verfahren für verbindlich erklärt: „[...] regelt sich die Zuständigkeit für Begnadigungen nach dem Recht der Union der Sozialistischen Sowjetrepubliken ohne Rücksicht darauf, ob diese Verurteilten deutschen Behörden zum Strafvollzug übergeben sind. Gnadengesuche für solche Verurteilte können ausschließlich bei den dafür zuständigen Stellen der Sowjetunion angebracht werden. Für Personen, die durch Gerichte der Deutschen Demokratischen Republik verurteilt worden sind, ist das Begnadigungsrecht durch die Verfassung geregelt. Sie unterscheidet zwischen Einzelbegnadigungen und Amnestien. Amnestien bedürfen eines Gesetzes.“[7]

Auf den 28. März 1952 ist eine Zwischenbilanz von Frau Thaler datiert, die einen guten Überblick zum damaligen Stand der Dinge ermöglicht:

„Betr. Ts-Sachen[8] Mil. Tribunal

Es liegen insgesamt gegenwärtig an unbearbeiteten Eingängen vor = 2030
Nähere Angaben sind vorhanden für etwa = 1450

Anstalten

Tribunalverurteilte sitzen ein in folgenden der DVP unterstellten Anstalten: Bautzen, Torgau, Brandenburg, Untermaßfeld, Luckau, Hoheneck-Stollberg (für Frauen), Waldheim.

Nach den Angaben, die wir besitzen, verteilen sich die Inhaftierten, für die Gesuche vorliegen, auf folgende Anstalten:

Bautzen	= 43 %
Torgau	= 16 %
Brandenburg	= 15 %
Untermaßfeld	= 2 %
Luckau	= 7 %
Hoheneck	= 10 %
Waldheim	= 7 %

6 BArch DA/4/ Nr. 94, Präsidialkanzlei Vorschläge für Entlassungen, Verurteilte nach Befehl 201.
7 BArch DA/4/ Nr. 93, Streng vertraulich! Akte „Begnadigungen“ vom Büro Pieck, ZK. Bl. 117.
8 „Ts-Sachen“ steht wohl für SMT-Verurteilte.

Die Polizei hat uns in letzter Zeit auf unsere Anfragen die Anstalten nicht mehr bekanntgegeben, wahrscheinlich weil vielfach Verlegungen stattfinden.

Strafmaß

Nach den Angaben gliedert sich dieses wie folgt auf:

Lebenslänglich	= 8 %
25 Jahre	= 45 %
20 Jahre	= 7 %
17 Jahre	= ½ %
15 Jahre	= 5 %
12 Jahre	= 1 %
10 Jahre	= 29 %
8 Jahre	= 2 %
7 Jahre	= 2 %
5 Jahre	= ½ %

Strafarten

Verbrechen gegen die Menschlichkeit	= 39 %
Spionage	= 22 %
Antisowjethetze und antidemokratische Hetze	= 13 %
Beteiligung an Untergrund- bzw. Terror- oder Geheimorganisationen	= 8 %
Unerlaubter Waffenbesitz	= 7 %
Diebstahl, Unterschlagungen und Sachbeschädigungen an sowjetischem Eigentum	= 6 %
Sabotage und Diversionen	= 2 %
Beihilfe zur Fahnenflucht	= 1,5 %
Illegaler Grenzübertritt	= 1,5 %“[9]

Hinzugefügt ist[10] eine Zusammenstellung[11] der „Eingaben an den Präsidenten der Deutschen Demokratischen Republik, Wilhelm Pieck, zugunsten von Verurteilten durch sowjetische Militärtribunale“, aus der hier zitiert werden soll:

9 BArch DA/4/ Nr. 93, Bl. 135 und 136.

10 BArch DA/4/ Nr. 76 Präsidialkanzlei, Sekretariat Opitz, Rechts- und Gnadenangelegenheiten. Wir danken der Mitarbeiterin des Bundesarchivs Frau Cordula Sperlich für den Hinweis auf diese für uns so relevanten Akten.

11 Ebenda Bl. 8–12.

„I.

Es handelt sich bei diesem Komplex durchweg um Urteile von sowjetischen Militärtribunalen innerhalb der DDR (bzw. der früheren sowjetischen Zone) aus der Zeit von Mitte 1945 bis hauptsächlich Ende des Jahres 1952. Urteile aus späterer Zeit sind uns aus den Eingaben nur vereinzelt bekannt geworden.

Diese Verurteilten befinden sich im allgemeinen in den Vollzugsanstalten der DDR. Ein geringfügiger Teil von diesen Verurteilten schreibt aus der Sowjetunion.

Die Urteile lauten zu einem sehr wesentlichen Teil auf Strafarbeits- oder Erziehungslager, zum anderen kleinen Teil auf Strafhaft.

In den Haftanstalten arbeiten beträchtlich viele von diesen Verurteilten, nicht alle.

Soweit die Einbeziehung in Arbeit noch nicht erfolgt ist, wenden sich häufig die Angehörigen an den Präsidenten wegen Vermittlung von Arbeit. Wir haben solche Eingaben bisher stets an die Hauptabteilung Strafvollzug der HVDVP gesandt, und sehr oft ist der Bitte auch entsprochen worden.

Die Strafdauer der Tribunalverurteilten beträgt hauptsächlich 25 Jahre, die Mindestdauer mit geringsten Ausnahmen 10 Jahre. In gewissem Umfange erschienen auch Strafen von 15 und 20 Jahren. Dazwischenliegende Differenzierungen kommen kaum vor.

Es sind bisher verschiedene Entlassungsaktionen durchgeführt worden, im Jahre 1951 und ein weiteres Mal in verhältnismässig geringem Umfange und zuletzt im Januar 1954 die bekannte grosse Aktion, durch die mehr als 6000 Inhaftierte zur Entlassung gelangten. Das Auswahlprinzip ist unbekannt geblieben. Es sind im grossen Umfange solche Verurteilten entlassen worden, deren Strafe 25 Jahre betrug, und es wurden uns auch Fälle unter den Entlassenen bekannt mit lebenslänglicher Strafe. Unter den Entlassenen mit 25jähriger Strafdauer waren viele, die von dieser ausgedehnten Strafe erst wenige Jahre verbüßt hatten.

Demgegenüber ist eine grosse Zahl von Inhaftierten mit Strafdauer von 10 Jahren von der Amnestie nicht berücksichtigt worden, obwohl von dieser Strafe $^4/_5$ bereits verbüsst waren und die Führungszeugnisse gut, zum Teil sogar ausgezeichnet sind.

Auch die Klassenzugehörigkeit der Inhaftierten ist ersichtlich unberücksichtigt geblieben, wie sich aus der später noch von uns zu zeigenden sozialen Struktur ergibt. Unter den im Januar 1954 zurückgebliebenen Inhaftierten befinden sich viele, die zur Tatzeit und im Zeitpunkt ihrer Verurteilung noch jugendlich waren. In dieser Gruppe Jugendlicher sind auch vielfach solche, deren Strafe 10 Jahre beträgt, wovon im gegenwärtigen Zeitpunkt 8 oder sogar 9 Jahre bereits vollstreckt sind.

Weiterhin ist von uns in zahlreichen Fällen festgestellt worden (z. B. Verurteilte aus Wandlitz), daß von den in Gruppen Verhafteten aus manchen Orten ein Teil entlassen worden ist und ein Teil zurückgehalten wurde. Öfter sind es hierbei die zu härtesten Strafen Verurteilten, die in Freiheit gesetzt worden sind, während die milder

Bestraften (oft Bestarbeiter mit allgemeinem guten Verhalten in den Anstalten) in den Vollstreckungsanstalten verblieben.

Aus den im Laufe der Zeit in der Präsidialkanzlei eingegangenen tausenden von Eingaben dieses Inhalts ergeben sich zwei Gruppen von SMT-Verurteilten:
1.) wegen Kollektivschuld,
2.) wegen individueller Strafhandlungen Bestrafte.
In der ersten Gruppe erkannten wir:
die Angehörigen bestimmter Truppenteile, die im Osten eingesetzt waren, Polizeieinheiten, Landwehr, ferner Angehörige der Landwacht, Bewachungspersonal aus Arbeitslagern, in denen sich sogenannte Fremdarbeiter, insbesondere sowjetische Zivilgefangene und sowjetische Kriegsgefangene, befanden. Angestellte der Arbeitsämter (wegen Organisierung und Durchführung der Deportationen), landwirtschaftliche Sonderführer, die im Osten tätig waren, Angehörige des Werwolf usw. Das Delikt lautet in diesen Fällen stets: Verbrechen gegen die Menschlichkeit.

In der zweiten Gruppe erscheinen die Verurteilten, deren aktive Tätigkeit in den genannten Organisationen nachgewiesen ist und im übrigen solche, die nach dem Mai 1945 Strafhandlungen begangen haben. Hier bei letzteren treten folgende Delikte in Erscheinung: illegaler Waffenbesitz, antisowjetische Hetze, antidemokratische Äußerungen, Spionage, Diebstahl sowjetischen Eigentums (hauptsächlich bei der Wismut) und auch Verursacher von Verkehrsunfällen, bei denen sowjetische Fahrzeuge und Menschen Schaden erlitten.

Diese Übersicht ergibt sich nicht nur aus den Ausführungen, die uns in Eingaben gemacht werden, sondern vor allem aus den Strafregistervollzugsauszügen.

Soziale Struktur

Nach unseren Eingaben-Querschnitten durch bestimmte Zeitabschnitte ergibt sich folgende soziale Struktur bei den Inhaftierten:

etwa	55 %	Arbeiter
„	12 %	werktätige Bauern
„	18 %	Angestellte
„	5 %	Intelligenz
„	5 %	selbständige Handwerker und Gewerbetreibende
„	5 %	Großunternehmer und Großbauern

etwa 18 % der Inhaftierten sind zum Zeitpunkt der Verhaftung jugendlich gewesen, unter ihnen etwa 1/5tel weiblich.

Diese nur für bestimmte Perioden aufgestellte Statistik auf Grund der Eingaben kann aber nicht völlig den Tatsachen entsprechen. Genaue Zahlen muß aber die Hauptabteilung Strafvollzug angeben können.

Seit Januar 1954 wenden sich an den Präsidenten die Angehörigen der bei der Entlassungsaktion nicht berücksichtigten Inhaftierten. Unter diesen Eingaben befinden sich zahlreiche, denen unter Berücksichtigung aller Umstände politisch ein besonderes Gewicht zukommt, z. B. Befürwortungen durch Belegschaften, Organisationen, Parteien, Wähleraufträge an Abgeordnete, sehr fortschrittliche Familienangehörige usw.

Wir haben wegen solcher Fälle während der letzten zwei Jahre mehrfach in Karlshorst vorgesprochen und dort Rücksprachen gehabt mit Oberst Tito, mit Gen. Koroboff, mit Oberst Jakupof, mit Gen. Bafmanof und zuletzt, in der Sowjetischen Botschaft, mit Gen. Sokolow, der noch in unserer Gegenwart den Gen. Orlof informierte. Mit Oberst Jakupof sprachen wir Anfang Januar 1954, also noch vor der Veröffentlichung der Amnestie. Wir erhielten damals von der bevorstehenden Aktion Kenntnis und es wurde uns von vornherein empfohlen, besondere Wünsche nachträglich geltend zu machen, wenn die Betreffenden etwa von der Amnestie nicht erfaßt sein sollten. Wir haben dann die 1. nachträgliche Befürwortungsliste des Präsidenten persönlich in Karlshorst am 11. Mai 1954 überreicht. Es handelte sich hierbei um 46 Vorschläge. Bei der Gelegenheit wurden wir gefragt, wieviele solcher Vorschläge noch ungefähr folgen würden, und wir bezifferten diese auf ungefähr 200. Es sind dann noch zwei weitere Listen von uns überreicht worden, insgesamt 226 Entlassungsbefürwortungsvorschläge.

In einem Gespräch mit Gen. Bafmanof am 14. Juli 1954 erlaubten wir uns, auf bestimmte politisch ungünstige Verhältnisse hinzuweisen, insbesondere auf den von uns ermittelten außerordentlich hohen Prozentsatz der inhaftierten Arbeiter und werktätigen Bauern, auf die große Zahl der Jugendlichen, die zum Teil 8 Jahre und länger sich in Haft befinden und auf die Auswirkungen der Entlassungen von Anführern und Hauptschuldigen innerhalb von Gruppen unter Zurückhaltung minderschwer Belasteter.

Wir regten innerhalb der Unterhaltung an, uns evtl. zu gestatten, eine Kommission zu bilden, welche die Insassen der Vollzugsanstalten überprüft und Entlassungsvorschläge auf Grund eingehender weiterer Ermittlungen überreicht.

Gen. B. meinte, der Vorschlag sei nicht schlecht, aber ihm fehle ein Wesentliches, nämlich das Urteil, das sich in Moskau befinde. Wir stimmten ihm völlig bei und bemerkten, daß es sich ja auch nur um Vorschläge von unserer Seite handeln könne. Von Gen. Bafmanof wurden wir im Juni 1954 telefonisch davon verständigt, daß sich unsere 1. Liste bereits in Moskau befinde. Fest steht, daß wir in der Sache bisher nicht Weiteres gehört haben.

Unser Vorschlag ging davon aus, daß die zufallsweise Beseitigung von besonderen Härten durch Entlassungsempfehlungen des Präsidenten dem Gewicht der Sache nicht entspricht, daß vielmehr eine grundsätzliche Bereinigung nottut.

Von allen sowjetischen Genossen, mit denen wir inzwischen gesprochen haben, ist am Schluß der Unterhaltung stets geäußert worden: Es werde darum gebeten, daß die Angelegenheit ihnen vom Gen. Walter Ulbricht oder Otto Grotewohl vorgetragen wird. Mit Gen. Sokolow, der nur vertretungsweise während des Urlaubs des Gen. Bafmanof diese Angelegenheit bearbeitet, ist nicht eingehend über das Grundsätzliche der Angelegenheit gesprochen worden. Im wesentlichen wurde ihm die letzte Befürwortungsliste überreicht.

II.

Eingaben für Verhaftete aus der Zeit vom Mai 1945 bis Mitte 1953.

Hier handelt es sich nach dem Inhalt der Zuschriften um Verhaftungen, die zumeist in der Form durchgeführt worden sind, daß neben deutschen Zivilisten ein sowjetischer Soldat oder russisch sprechende Zivilisten mit auftraten. Es fand fast regelmässig unmittelbar nach der Verhaftung eine Haussuchung statt, und sehr oft konnten die Angehörigen dann noch einmal Wäsche für den Inhaftierten in einem Gefängnis abgeben.

Von da ab fehlt Nachricht von den Verhafteten.

Diese Art Eingaben an den Präsidenten sind seit längerer Zeit besonderes aggressiv gehalten, weil man hierin eine Verletzung demokratischer Gesetzlichkeit erblickt, und auch, weil auf alle diese Zuschriften seit längerem von keiner Stelle mehr geantwortet wird und darin wieder ein Verstoss gegen die Verordnung über die Prüfung von Vorschlägen und Beschwerden der Werktätigen vom 6.2.53 erblickt wird.

Auch in diesen Fällen wenden sich vielfach Belegschaften, Parteien, Massenorganisationen, besonders auch die Nationale Front und in letzter Zeit vielfach Volksvertreter und sogar oberste Regierungs-Funktionäre (Min. Selbmann) an uns.

Im allgemeinen beantworten wir derartige Eingaben seit langem nicht.

Von Umfang und Bedeutung dieses Komplexes zeugt vielleicht folgende Tatsache:

Ein Mitarbeiter unserer Präsidialkanzlei hat dieser Tage eine Sprechstunde im Stahlwerk Gröditz gehalten. Es sind ihm hierbei 4 Anliegen der vorgenannten Art von Arbeitern aus dem Stahlwerk vorgetragen worden, 1 SMT-Fall, 3 Verhaftungsfälle.

Die Eingaben wegen Verhaftungen gliedern sich nach gewonnenen Erfahrungen auf Grund des Inhalts dieser Eingaben wie folgt:

1.) Internierte, das heisst, Verhaftungen aus der Zeit von Mitte 1945 bis Ende 1949. Diese Verhafteten haben sich vor allem zuerst in den Lagern Sachsenhausen, Buchenwald und Mühlberg befunden.

1950 wurde ein Teil der Insassen entlassen, ein anderer den deutschen Behörden zur Aburteilung übergeben. Die Prozesse wurden in Waldheim durchgeführt. Nicht wenige werden in der Zeit der Internierung, wie andere Bürger auch, verstorben sein.

Ein Teil ist auf Antrag der Angehörigen hin inzwischen für tot erklärt worden, und ein anderer schreibt jetzt mehr oder minder regelmässig aus der Sowjetunion.

Erstmalig schreiben z.B. nach unseren Eingaben seit Anfang 1954 aus der SU solche, die vor 6, 7 und sogar vor 8 Jahren verhaftet worden sind. Deren Angehörige richten nun an den Präsidenten die Bitte, ihnen Näheres zu vermitteln über Urteil, Strafdauer usw.

Es gibt jedenfalls Internierte aus der Zeit von 1945 bis 1949 in erheblicher Zahl, von denen die Angehörigen bisher nichts gehört haben, und diese wollen durch den Präsidenten erfahren, ob die Betreffenden noch leben, wo sie sich befinden usw.

2.) Verhaftungen aus der Zeit von 1950 bis Ende 1953.

Unter diesen in der genannten Zeit Verhafteten befinden sich, nach den Zuschriften an den Präsidenten, verhältnismässig wenig Menschen aus der Arbeiterklasse. Dagegen ist z.B. die technische Intelligenz zahlreich vertreten. Von diesen Verhafteten meldet sich ein Teil seit Anfang 1954 erstmalig aus der Sowjetunion, vielfach aus Workuta.

Eine erhebliche Anzahl von Verhafteten aus dieser Gruppe hat sich jedoch noch nicht gemeldet. Für diese letzteren gehen zahlreiche Eingaben beim Präsidenten ein.

Seit Mitte 1953 dürften die Verhaftungen in der Zahl sehr bedeutend zurückgegangen sein. Dies ergibt sich jedenfalls aus den Eingaben.

<u>Zahl der Eingaben zu I und II</u>

I (SMT-Urteile) im II. Vierteljahr 1954	850
(Darunter etwa 25 % Wiederholungsschreiben)	
II (Verhaftungen) im II. Vierteljahr 1954	420
(Darunter etwa 35 % Wiederholungsschreiben)“	

Am 10. Juli 1954 informiert Frau Thaler den „Kollegen Staatsekr. Opitz“ über einen „Besuch des Rektors der Universität Jena, Professor Hämel[12], Verdienter Arzt des Volkes“. Hämel war schon mehrmals dort gewesen, er hatte sich zuvor stets angemeldet. Diesmal geht es um Dr. Haupt, einen Mitarbeiter der Universitätsnervenklinik. Die Angehörigen haben nichts von ihm gehört. Sie schreibt: „Dr. Haupt hat Verwandte in Westdeutschland, diese hätten sich bereits an Dr. Niemöller gewendet.“ Professor Hämel gebe weiter an, davon Kenntnis zu haben, dass ein westdeutscher Bischof[13] eine Zentrale organisiert habe, die eine Statistik über die Angaben führt, die von

12 Josef Hämel (1892–1969), Prof. für Dermatologie, Rektor in Jena, Leopoldina-Mitglied seit 1956.

13 Vermutlich ist hier Theodor Heckel (1894–1967) gemeint, Bischof des Evangelisch kirchlichen Amtes für auswärtige Angelegenheit, 1939 Ev. Hilfswerk für Internierte und Kriegesgefangene, nach 1945 „Vater der Kriegsgefangenen“. Vgl.: Das Personen-Lexikon zum Dritten Reich, Frankfurt/Main 2003, Stichwort „Heckel“.

Zurückgekehrten aus der Sowjetunion gemacht werden über Namen solcher deutscher Staatsbürger, die sich in der Sowjetunion aufhalten. Auf diese Weise sei auch in Jena Kenntnis von dem Aufenthalt einiger Verhafteter erlangt worden, nicht aber von Dr. Haupt. Weiter notiert sie, Hämel habe angeregt, „von oberster Regierungsstelle darauf hinzuwirken, daß alle Namen der in der S.U. Internierten u. während der verflossenen Jahre in der DDR Verhafteten möglichst bekannt gegeben werden. Wir haben Herrn Professor Hämel erklärt, daß wir seine Anregung weiterleiten werden."[14]

Nach einer Liste des Studentenbundes war Dr. Helgi Haupt, geboren am 10. Dezember 1926 und Assistent an der Universitäts-Nervenklinik der Friedrich-Schiller-Universität, in Jena im März 1952 verhaftet, von einem SMT wegen angeblicher Spionage zum Tode verurteilt und später zu 25 Jahren Zwangsarbeitslager begnadigt worden. Er wurde in die UdSSR verbracht und ist dort verstorben. Aller Einsatz für ihn hat nichts genützt – aber wir sehen, dass es Rektoren gab, die auch zu „höchsten Stellen" in Berlin fuhren, um sich für ihre Mitarbeiter einzusetzen.

Leo Stern, das zeigte die damalige Entwicklung, betrachtete die Verhafteten selbst als Feinde des Staates. Hämel dagegen hatte eine andere Einstellung. Er verließ später, als der Druck im Zusammenhang mit dem Universitätsjubiläum in Jena zunahm und die Politisierung rasant voranschritt, folgerichtig die DDR.

Wir finden in diesen Akten weitere Schriftstücke, auf denen mit Rotstift „Panzer!" vermerkt ist – mithin ein Fall für den Panzerschrank. Dazu gehört auch die folgende Aufstellung[15]:

„SMT-Eingaben

Eingabeneingänge im Monat Juni 1954 510

Es gliedern sich in Bearbeitung befindliche 120 Eingaben wie folgt:

weibliche Inhaftierte	= 20
männliche Inhaftierte	= 100, unter ihnen befinden sich 35 Jugendliche, davon 5 weibliche

Strafdauer:

10 Jahre in 47 Fällen; hiervon im Durchschnitt 8 Jahre, d. h., 4/5tel der Strafe verbüßt,
15 Jahre in 7 Fällen; hiervon im Durchschnitt 7 Jahre, das ist ca. die Hälfte verbüßt,
20 Jahre in 12 Fällen; hiervon im Durchschnitt 7 Jahre verbüßt,
25 Jahre in 54 Fällen; hiervon im Durchschnitt 6 Jahre verbüßt.

14 BArch DA4 Nr. 76 Präsidialkanzlei, Sekretariat Opitz, Rechts- und Gnadenangelegenheiten, Blatt 13.
15 Ebd., Bl. 14.

<u>Soziale Schichtung:</u>

70 Eingaben	=	Arbeiter
24 Eingaben	=	werktätige Bauern
10 Eingaben	=	Intelligenz
16 Eingaben	=	Angestellt“

Die Mitarbeiter der Rechtsabteilung waren auch konfrontiert mit Klagen über die Situation in den Hafteinrichtungen. So gab es eine „Beschwerde gegen die Zustände im Arbeitshaus Schönebeck/Elbe“, es gab Eingaben von 25 Frauen aus der Anstalt und eine Einzeleingabe des Anstaltsleiters. Zur Reaktion hierauf heißt es: „Staatsanwalt Jahnke[16] wurde vom Generalstaatsanwalt und der Direktor des Bezirksgerichts Magdeburg vom Ministerium der Justiz beauftragt, gemeinsam an Ort und Stelle Ermittlungen anzustellen.

Das Ministerium für Arbeit hatte auf unsere Anregung hin kurz zuvor allein eine Besichtigung vorgenommen. Staatsanwalt Jahnke sprach heute [...] bei uns vor. Es handelt sich bei Staatsanwalt Jahnke um einen alten Kämpfer aus der Arbeiterbewegung, der unter der Naziherrschaft viele Jahre im KZ und im Zuchthaus verbracht hat. Er äußerte, daß auch bei seinen eigenen Erfahrungen ihm die Verhältnisse in Schönebeck als unglaublich schlecht erscheinen und dass jedenfalls die Haftanstalten der DDR, also die Unterbringung der zu Zuchthaus Verurteilten, unvergleichlich besser seien, als diese Anstalt in Schönebeck. Es sei noch erwähnt, daß sein Begleiter und auch die Vertreterin des Ministeriums für Arbeit ihm gegenüber geäußert haben, daß sie der Eindrücke wegen, die sie in Schönebeck hatten, die Nacht über nicht hätten schlafen können.“[17] Es werden dann die schrecklichsten Zustände ausführlich geschildert.

Ähnlich aufschlussreich ist ein Vermerk vom 17. November 1952 „betreffs:

1. Beschwerden über die von den Organen der Staatssicherheit vorgenommenen Verhaftungen sowie über die Methode der Behandlung dieser Beschwerden;
2. Behandlung der Gnadengesuche für die von dem Sowjetischen Militärtribunal verurteilten Personen;
3. Gnadengesuche für die vom Sowjetischen Militärtribunal verurteilten Jugendlichen.

16 Friedrich Wilhelm Karl Jahnke (1906–1963), war Oberstaatsanwalt in Cottbus, OdF und „Volksstaatsanwalt“, danach Staatsanwalt bei der Obersten Staatsanwaltschaft der DDR in Berlin und „Verbindungsanwalt“ zum MfS. Zeitweilig amtierte er als „Vollstreckungsanwalt“ beim Vollzug von Todesstrafen. Er starb an Alkoholismus. Jahnke fungierte auch als Anklagevertreter bei der Verurteilung von Karl Wilhelm Fricke, der aus Berlin-West von dem MfS entführt wurde und in Bautzen in Haft war. (Karl Wilhelm Fricke 1997)

17 BArch DA/4/Nr. 76 Präsidialkanzlei, Sekretariat Opitz, Rechts- und Gnadenangelegenheiten. Bl. 69.

Drei Kategorien von massenweisen Eingaben an den Genossen Präsidenten der Deutschen Demokratischen Republik geben zu Bedenken Anlaß.

Es sind dies:

1. Beschwerden wegen der durch die Organe des Ministeriums für Staatssicherheit durchgeführten Verhaftungen, bei denen die nächsten Angehörigen während sehr langer Zeit nach der Verhaftung keine Kenntnis des Aufenthaltes der Inhaftierten erlangen und auch nicht des Grundes.

Es gehen monatlich ca. 250 Zuschriften der gekennzeichneten Art in der Präsidialkanzlei ein. Während der letzten Wochen befanden sich darunter viele, bei denen die Verhaftung 2 Jahre und länger zurückliegt.

Die Bearbeitung durch die Präsidialkanzlei erfolgt in der Weise, daß der Einsender [...] folgenden Bescheid erhält: ‚Der Präsident hat das Ministerium für Staatssicherheit auf Ihre Eingabe hin ersucht, die Angelegenheit zu überprüfen und Ihnen über das Ergebnis Mitteilung zu machen.'

Eine Zeitlang entsprach das Ministerium für Staatssicherheit dem Wunsche des Präsidenten auf Beantwortung in der Weise, daß ein Beauftragter in der Familie des Betroffenen vorsprach und dort etwa folgendes bekanntgab: ‚Der [...] lebt und es geht ihm gut'.

Derartige Benachrichtigungen erfolgten aber nur in einer verhältnismäßig geringen Anzahl der Fälle. Die Form der Nachricht führte in vielen Fällen erneut zu Beschwerden an uns. Es erregte Unwillen, daß die Beauftragten zum Beispiel zu ungewöhnlicher Stunde (am späten Abend) vorsprachen, sich nicht auswiesen und auf keine weitere Frage antworteten. [...]

2. Es gehen bei dem Genossen Präsidenten fortlaufend Gnadengesuche für Verurteilte von Sowjetischen Militär-Tribunalen ein. Ihre Zahl beträgt im Monat ca. 300. Einem besonderen Abkommen zufolge wurden diese Zuschriften im allgemeinen überhaupt nicht beantwortet. Ein Komplex von ca. 3 000 Schreiben dieser Art liegt vor, frühere sind weitergeleitet, aber auch von der betreffenden Stelle nicht bearbeitet worden. Die Gesuchsteller geben natürlich keine Ruhe, sie melden sich immer wieder. Die Reaktion auf das Schweigen des Präsidenten auf diese Zuschriften ist erkennbar schlecht. Diese Angehörigen wissen aber jedenfalls, wo sich der Verurteilte befindet, können ihn in den meisten Fällen regelmäßig besuchen, ihm Pakete und Briefe schicken.

Seit einiger Zeit sind wir dazu übergegangen, Zuschriften solcher Art, die dringlichen Charakter haben, operativ zu bearbeiten, das heißt, wir sprechen mit den Menschen in der Öffentlichen Sprechstunde des Präsidenten. [...]

Die Präsidialkanzlei hat in dieser Angelegenheit mehrfach in Karlshorst vorgesprochen. Die Freunde brachten hierbei zum Ausdruck, daß nichts dagegen spräche, wenn der Präsident oder die Regierung in dieser Angelegenheit mit entsprechendem

Material, das heißt, mit gesammelten und gut begründeten Gesuchen, hervortreten würden. Dagegen werde eine einfache Zuleitung als formal empfunden.
3. Unter den von Sowjetischen Militärtribunalen Verurteilten befinden sich viele, die ihre Straftat im jugendlichen Alter begingen und nun bereits 6 Jahre und länger in Strafhaft sind. Die Strafhandlung besteht bei ihnen vielfach im Waffenbesitz. Es haben seinerzeit nach dem Zusammenbruch des Hitlerstaates überall Waffen herumgelegen und Jugendliche nahmen sie an sich. Zu einem wesentlichen Teil handelte es sich dabei um verrostete und nicht ohne weiteres brauchbare. Soweit diese Fälle vor die Gerichte der damaligen Ostzone gekommen sind, sind geringe Strafen verhängt worden, entsprechend den damals geltenden Gesetzen, und die Bestraften sind nur kurze Zeit in Haft gehalten worden. Eine gewisse Sichtung für eine eventuelle Begnadigung in dieser Richtung ist auch bereits von der Abteilung Strafvollzug bei der HVDVP durchgeführt.

Die an den Präsidenten gerichteten Gnadengesuche betreffen zu einem sehr hohen Prozentsatz solche Jugendliche.
Berlin, den 17. November 1952“[18]

Auch bei Präsident Wilhelm Pieck hatte sich in dieser Angelegenheit ein Problemstau aufgebaut, wie in einem Brief vom 22. Oktober 1952 deutlich erkennbar wird. An die sowjetische Seite gewandt, bat Pieck um Hilfe: „auf Grund von Anträgen auf Gnadenerlass bei Leuten, die vom Militärtribunal verurteilt wurden, ist [...] geantwortet worden, dass sie sich wegen der Bitte um Begnadigung [...] an das Präsidium des Obersten Sowjets der UdSSR zu wenden“ hätten. Unterzeichnet ist das Schreiben vom Büro für Schreiben der SKK[19] in Deutschland, Berlin-Karlshorst, Rolandseck 3.

In einem anderen Falle ist unter dem 6. September 1952 dem Antragsteller vom Briefbüro der Informationsabteilung der SKK in Deutschland geantwortet worden, dass er sich mit seiner Bitte um Gnadenerlass an das zuständige Ministerium der Deutschen Demokratischen Republik wenden möchte. „Ich denke, das Letzte ist nicht zutreffend. Da beim Präsidenten der Republik fortgesetzt solche Bitten um Gnadenerlass einlaufen, wäre es zweckmässig zu wissen, was in den betreffenden Fällen den Antragstellern geantwortet werden soll. Wahrscheinlich wird für die Übermittlung solcher Gnadengesuche an das Präsidium des Obersten Sowjets das Justizministerium der DDR zuständig sein. Ich bitte um Ihre Meinung.“[20]

18 Ebd., Bl. 90–93.
19 SKK Sowjetische Kontrollkommission, Nachfolge der SMAD nach der Gründung der DDR.
20 BArch DA/4/76, Bl. 98.

Die hierauf ergangene Antwort lässt etwas vom Ausmaß der damaligen Verhaftungen erkennen:

„Geehrter Genosse Pieck!

Zu der in Ihrem Schreiben vom 22. Oktober 1952 angeschnittenen Frage teile ich mit, dass der Justizminister der DDR, Max Fechner, im August 1951 der SKK in Deutschland eine Liste von 5.063 deutschen Bürgern überreicht hat, die von sowjetischen Gerichten in Deutschland verurteilt wurden und deretwegen Begnadigungsgesuche an die verschiedenen deutschen Organe gerichtet wurden. Die SKK in Deutschland hat vor den zuständigen sowjetischen Organen die Frage der Prüfung dieser Gesuche gestellt. Ich würde es für zweckmässig halten, sich bis zum Erhalt des Bescheides der zuständigen sowjetischen Organe der Erteilung von Antworten an die Bittsteller zu enthalten. Was die bei ihnen eingehenden Gesuche zur Begnadigung von durch sowjetische Gerichte verurteilten Personen betrifft, die nicht in der genannten Liste enthalten waren, so würde ich vorschlagen, diese Gesuche durch den Justizminister der DDR an die SKK einreichen zu lassen, damit sie dem Präsidium des Obersten Sowjets der UdSSR weitergeleitet werden.

gez. Semjonow, 11. November 1952“[21]

Aus derselben Quelle sind auch Auskünfte zu den „Provokateuren des 17.6.1953“ zu gewinnen: Am 12. November 1953 meldete Frau Thaler an Staatssekretär Otto Winzer[22]: „Zahl der Eingaben in den Monaten August, September und Oktober zusammen 625. Sie verteilen sich fast gleichmäßig auf die einzelnen Monate. […] In letzter Zeit, seit etwa Juni 1953, kann eine veränderte Praxis an Hand der Eingaben und auf Grund unseres Wissens von den Dingen festgestellt werden.

Eine erhebliche Anzahl Verhafteter, vor allem Provokateure des 17.6.1953, sind nachweislich von Tribunalen abgeurteilt. Die Urteile weisen durchweg eine weit geringere Strafhöhe aus als frühere SMT-Urteile: 4 Jahre, 6 Jahre, 7 Jahre, 8 Jahre. Diese Abgeurteilten sind den Vollzugsanstalten der DDR übergeben worden. Es finden auf sie also die normalen Bedingungen des Strafvollzugs in der DDR Anwendung. Das heißt, sie können mit ihren Angehörigen in Briefwechsel treten, können nach angemessener Zeit Besuche empfangen, usw.

Andere Fälle von Verhaftungen dieser Art führten nach unseren Unterlagen in zahlreichen Fällen nach Abschluß des Ermittlungsverfahrens – in der Regel nach einigen Monaten – zu Strafverfahren bei den Bezirksgerichten. Diese neuen Fälle können

21 Ebd., Bl. 97.

22 Otto Winzer (1902–1975), 1949–1956 Staatssekretär und Chef der Privatkanzlei des Präsidenten der DDR, 1956–1959 stellvertretender Außenminister, 1959–1965 Staatssekretär und 1. Stellvertreter des Außenministers, 1965–1975 Minister für Auswärtige Angelegenheiten.

also mit den zurückliegenden bis etwa zum Anfang des Jahres 1950 nicht verglichen werden.

Darüber hinaus gibt es offensichtlich unter den neuen Verhaftungen aber wohl auch Fälle, die in der alten Art behandelt werden.“[23]

Auch Volkskammerpräsident Johannes Dieckmann beschäftigen die zahlreich bei ihm eingehenden Gnadengesuche. Er wandte sich in dieser Sache bereits 1953 an den Staatssekretär und späteren Minister für Staatssicherheit Ernst Wollweber, durchschriftlich brachte er dieses Schreiben auch Wilhelm Pieck zur Kenntnis. Im Zentrum seines zweiseitigen Briefes stand die Bitte, die Angehörigen mögen erfahren, wo sich die Gefangenen befinden würden. Weiter heißt es: „Der frühere Minister für Staatssicherheit hat mich vor einigen Monaten, als ich ihn gelegentlich einer Volkskammersitzung hierauf hinwies, gebeten, ihm solche Fälle persönlich zuzuleiten. Ich habe das getan, ohne jedoch – zum Teil trotz wiederholter Anmahnungen – auch nur in einem einzigen Falle eine Antwort erhalten zu haben.“

Im Juli 1953 nimmt sich Johannes Dieckmann erneut des Themas Gnadenrecht an. Er schreibt einen dreiseitigen Brief an Otto Grotewohl, eine Kopie[24] davon schickt er am 16. Juli 1953 an den Chef der Präsidialkanzlei der DDR, Staatssekretär Opitz.

Zunächst entschuldigt er sich bei Grotewohl, ihn im Urlaub zu kontaktieren, da zweifellos „der Herr Staatspräsident diese Frage von seinem Urlaubsort aus nicht ohne eingehende Rücksprache in Berlin lösen könnte. Da andererseits der Zeitpunkt seiner Rückkehr unbestimmt ist, glaube ich mit der Erörterung dieser Frage nicht noch unbestimmte Zeit warten zu können.“ Es handele sich bei seinem Anliegen darum, „daß nach der Aufhebung der früheren Länder im Gebiete unserer Republik keine Instanz mehr vorhanden ist, die das Gnadenrecht [rot unterstrichen] ausüben könnte. Bekanntlich hat der Präsident der Republik alsbald nach Gründung unserer Republik von dem ihm nach der Verfassung allein zustehenden Gnadenrecht der Art Gebrauch gemacht, daß er die Regelung der Gnadenerweise nach dem bis dahin geübten Verfahren bestätigt und sich persönlich nur die Gnadenerweise bei Urteilen des Obersten Gerichts vorbehalten hat.

Nach der Ausübung des bis dahin den Landtagen bzw. Landesregierungen vorbehaltenen Gnadenrechts [ist] in dieser Hinsicht seit langen Monaten ein absolutes Vakuum entstanden. Das hat zur Folge, daß ganze Stöße von Gnadengesuchen von einer Verwaltungsstelle zur anderen wandern, ohne dass eine der angeschriebenen Stellen sich in der Lage sieht, Entscheidungen zu fällen. […]

Ich halte es für erforderlich, daß der Präsident der Republik das Gnadenrecht nicht nur bei Urteilen des Obersten Gerichts unmittelbar ausübt, sondern darüberhinaus bei

23 Barch DA/4/76, Bl. 113.
24 Ebd., Bl. 124–126.

allen in der Republik gefällten Todesurteilen, – ferner, daß er sich, wenn er im übrigen sein Gnadenrecht auf die Bezirksgremien delegiert, vorbehält, jedes Gnadenverfahren an sich zu ziehen. Auf eine besondere Begründung dieser meiner Meinung glaube ich hier verzichten zu können."

Dieckmann konnte seine Überlegungen dabei auf den neunten Entwurf des Begnadigungsrechtes vom 3. März 1953 stützen, nach dem dieses vom Präsidenten der DDR ausgeübt werde. Jener, so war hier festgelegt, könne sich dazu mit der Gnadenkommission beraten, der der Minister der Justiz, der Präsident des Obersten Gerichts der DDR und der Generalstaatsanwalt der DDR angehörten. Im Paragraph 5 war unmissverständlich formuliert:
„Einreichung von Gnadengesuchen
(1) Gnadengesuche können von dem Verurteilten oder seinen nächsten Angehörigen eingereicht werden.
(2) Nächste Angehörige im Sinne dieser Bestimmung sind:
a) der Ehegatte des Verurteilten,
b) die Geschwister des Verurteilten,
c) Personen, die mit dem Verurteilten in gerader Linie verwandt oder durch Annahme an Kindes Statt verbunden sind.
(3) Ist der Betroffene zum Tode verurteilt, so kann das Gnadengesuch auch durch einen in der Deutschen Demokratischen Republik zugelassenen Rechtsanwalt eingereicht werden.

§ 6

Sondervorschrift bei Todesurteilen

(1) Wird von einem Gericht der Deutschen Demokratischen Republik ein Todesurteil gefällt, so hat das Gericht unmittelbar nach Rechtskraft des Urteils je eine vollständige Urteilsausfertigung an die Präsidialkanzlei und an den Generalstaatsanwalt der Deutschen Demokratischen Republik zu übersenden.
(2) Das Todesurteil darf erst dann vollstreckt werden, wenn die Präsidialkanzlei dem Generalstaatsanwalt mitgeteilt hat, daß der Präsident von seinem Begnadigungsrecht keinen Gebrauch macht."[25]

Am 11. Juni 1953 hatten zudem wichtige Nachrichten aus Moskau das Ministerium für Auswärtige Angelegenheiten der DDR erreicht: „Von unserer Diplomatischen Mission in Moskau erhielten wir die Mitteilung, daß Genosse Appelt gelegentlich einer Unterredung im Außenministerium der UdSSR mit Genossen Semjonow die Frage stellte, ob der Amnestie-Erlaß vom 27.3.1953 auch auf Bürger der DDR Anwendung findet.

25 Ebd., Bl. 131–133.

Genosse Semjonow antwortete darauf, daß diese Amnestie auch auf Ausländer und damit selbstverständlich auch auf Bürger der DDR zutrifft. Er betonte, daß diese Antwort als offiziell angesehen werden kann. Gleichzeitig bemerkte er aber, daß er nicht allzu große Hoffnungen machen will."[26]

Soweit ein Rückblick, der veranschaulicht, dass die hier anstehenden Probleme noch mit vielerlei Unklarheiten und offensichtlich auch mit einander widersprechenden Kompetenzen behaftet waren. Allerdings ist dabei unstrittig, dass der Staatssicherheitsdienst von Anfang an Methoden die sowjetische Praxis kopiert hat, insbesondere fällt die Gepflogenheit auf, die Angehörigen von Verhafteten über das Schicksal der Betroffenen lange im unklaren zu lassen.

Der zusammenfassende Blick in die Senatsprotokolle des Jahres 1954 zeigt, dies sei ebenso vermerkt, dass die Sitzungen jetzt einen gemäßigteren Ton als vor dem 17. Juni 1953 haben. Etwa wurde am 21. Mai 1954 das neue Universitätstatut durch den Hauptabteilungsleiter des Staatssekretariats für Hochschulwesen, Wohlgemuth, präsentiert, der diesen Anlass unter anderem zu folgenden Darlegungen nutzte: „Herausgefallen aus diesem jetzigen Statut sind die Überreste der ehemaligen Universitätsstatuten, die auf feudale, rückschrittliche Verhältnisse schliessen liessen. Geblieben ist das, was aus unserer grossen wissenschaftlichen Tradition – und auch der Tradition der berühmten Universität Halle-Wittenberg – an Fruchtbarem, Fortschrittlichem, Zukunftsweisendem sein muss, damit die deutsche Wissenschaft dem Fortschritt und dem Frieden weiter diene. Neu verankert in den Statuten ist unsere fortgeschrittene Gesellschaftsordnung. Verankert darin ist, dass wir in einem Staat der Arbeiter und Bauern die Kinder der Klasse der Arbeiter- und Bauernschaft fördern werden, verankert ist darin das 10-Monate-Studienjahr, das das Studium, die Lehre und Forschung an unseren Universitäten auf eine neue, dem Volke verpflichtende Basis hebt. Verankert ist darin auch ein neues Verhältnis zum Staat."

Und in der Sitzung am 24. September 1954 weist Stern zunächst auf die Volkswahlen am 17. Oktober hin, um dann zu betonen: „Wir haben seit dem 9.6.1953 den neuen Kurs unserer Regierung inauguriert. Unsere Universität hat damals, vor allem in den Tagen des 17. Juni, einige kritische Situationen durchgemacht und ich glaube mit gutem Grund sagen zu können, dass die Universität diese Situation in Ehren gemeistert hat. Es gehört zu den moralischen Aktiven unserer Universität, sich am 18.6.53 klar und entschieden von allen Abenteuern abgegrenzt zu haben und klaren Kurs auf die DDR, auf ihre Regierung genommen zu haben."

26 Ebd., Bl. 145, Unterstreichungen mit blauem Stift.

1955 In Solidarität zu den Greifswalder Kollegen[1]

Aus dem Jahr 1955 ist eine Verhaftung aktenkundig: Joachim Kirchhoff.

Am 4. Oktober 1955 ist der Lektor für das Grundstudium Joachim Kirchhoff verhaftet und im Dezember 1955 vom 1. Strafsenat des BG Halle wegen angeblicher Spionage für die „Kampfgruppe gegen Unmenschlichkeit" (KgU) zu 8 Jahren Zuchthaus verurteilt worden. Seine Haft währte rund fünf Jahre. Im Dezember 1960 wurde Joachim Kirchhoff entlassen und arbeitete anschließend als Lektor in mehreren Verlagen.

Die Protokolle werden jetzt immer länger, sie bezeugen die überlangen, teilweise bis weit über Mitternacht hinausreichenden Sitzungen. Stern liess alles mitstenographieren, die Rektoratssekretärin Zimmermann transkribierte hiernach diese Aufzeichnungen. Dem späteren Leser offenbaren sich daher auch Details, die bei grosszügigerer Protokollführung nicht mehr rekonstruierbar wären.

In der Senatssitzung am 4. Februar 1955 stellte Stern neue Mitglieder vor: die Dozenten Erhard Forgbert und Dr. Gerhard Bondi[2], letzterer wird später Stern als Rektor ablösen. Forgbert ist in Nachfolge von Käbel kommissarischer Prorektor für Studentenangelegenheiten, der junge aufstrebende Dozent Dr. jur. Bondi kommt aus der Wirtschaftswissenschaftlichen Fakultät. Und schon zur nächsten Senatssitzung, am 22. April 1955, ist Gerhard Bondi nunmehr als deren Dekan anwesend!

Ein stiller Protest in Solidarität zu den Greifswalder Medizinern

Der spürbar moderatere Ton des Jahres 1954 wird wieder schärfer, namentlich Leo Stern macht den „bürgerlichen Professoren" jetzt harte Vorwürfe. Zum Verständnis des Protokolls der Senatssitzungen im Frühsommer 1954 muss man wissen, dass an der Greifswalder Universität seit 1955 Militärärzte ausgebildet wurden und dass dort wirkende Mediziner und auch nicht wenige Studenten versuchten, sich der Umwandlung ihrer Fakultät in eine militärärztliche Akademie durch einen Vorlesungsstreik entgegenzustemmen.[3] Etwa teilte der Verband Deutscher Studenten 1962 mit,

1 Alle Senatsprotokolle des Jahres 1955 befinden sich in der Akte UAH, Rep. 7. Nr. 812.
2 Gerhard Bondi (1911–1966).
3 Ammer 1969, S. 17.

dass „beim Greifswalder Studentenstreik zunächst über zweihundert Studenten verhaftet worden waren“.[4]

Aus der rückschauenden Sicht des Militärs war es so, dass die im Sommer 1955 eingerichtete Dienststelle zur Ausbildung medizinischer Kader der KVP[5] nach strukturellen und personellen Veränderungen am 5. Oktober 1956 als Militärmedizinische Sektion der NVA in die Streitkräfte der DDR übernommen wurde. Erst später, am 15. Januar 1964, erfolgte ihre Angliederung an die Ernst-Moritz-Arndt-Universität Greifswald unter Beibehaltung ihres Charakters als Dienststelle der NVA. Im Detail verliefen die Entwicklungen offenbar konfliktreicher, als dieses nüchterne Resümee vermuten lässt.

Durch Forschungen von Ilko-Sascha Kowalczuk ist belegt, dass Gerhard Harig am 23. März 1955 dem Rektor der Universität Greifswald mitgeteilt hat, dass „die Medizinische Fakultät der Universität zukünftig Militär- und Polizeimediziner auszubilden hätte“.[6] Greifswalder Rektor war zu dieser Zeit Gerhardt Katsch, ein international anerkannter und parteiloser Mediziner. Er vertrat den Standpunkt, die Medizinische Fakultät der Ernst-Moritz-Arndt-Universität sei „keine Militärakademie und kein Polizeiinstitut, sondern sie bleibt medizinische Fakultät einer deutschen Universität, die weiterhin im Verband der Gesamthochschulen nur dem Staatssekretariat für Hochschulwesen unterstellt ist. Unsere neue Aufgabe ist dabei nur, Medizinstudenten in Uniform zu guten Ärzten auszubilden.“[7]

Das trifft den Kern freilich nicht, denn die Medizinstudenten, die nicht bereit waren, sich zur Kasernierten Volkspolizei verpflichten zu lassen, mussten die Fakultät verlassen und an einer anderen Universität in der DDR weiterstudieren. An ihre Stelle traten Medizinstudenten, die sich für eine Laufbahn bei der Polizei bzw. später bei der NVA entschieden.

Soweit dieser Blick auf eine Entwicklung, die auch in die Diskussionen in Halle einwirkte. In der Senatssitzung am 2. Juli wurde Prof. Hans-Herbert Becker[8] auf Geheiß des Staatssekretariats als Prorektor für wissenschaftliche Aspirantur der MLU eingeführt. Stern nutzte diesen Tag zu einem politisch geprägtem Grundsatzreferat, etwa kritisierte er, daß viele der Professoren nicht zur Leipziger Hochschulkonferenz gekommen wären, wiewohl alle Dekane, Prodekane und Fachrichtungsleiter einge-

4 Namen und Schicksale der von 1945 bis 1962 in der SBZ/DDR verhafteten und verschleppten Professoren und Studenten, Steer und Quell, Vorwort zur Ausgabe 1962, S. 6.

5 Kasernierte Volkspolizei.

6 Diese und die folgenden Informationen aus Kowalczuk 2003, S. 186–189 und S. 479.

7 Ebd., S. 189.

8 Prorektor für die wissenschaftliche Aspirantur Hans-Herbert Becker, Prof. mit Lehrstuhl, sein Fachgebiet war Systematische Pädagogik in der Philosophischen Fakultät.

laden gewesen seien. Dem folgte eine Bilanz seiner Amtszeit, dabei schenkte Stern der Zeit um den 17. Juni 1953 herum viel Aufmerksamkeit. Seine Worte klangen durchaus drohend: „Es sind viele Herren, die an unserer Universität wirken, die in früherer Zeit, in den Tagen des 3. Reiches, sehr häufig – mehr als es notwendig war – ihre politische Seele und ihren politischen Geist offenbarten und unter Beweis gestellt haben, womit ich allerdings nicht in einem Augenblick ein Gleichheitszeichen gesetzt wissen will zwischen der Arbeiter- und Bauernmacht heute und diesem passagärem Gebilde, das unzweifelhaft zu einem der trübsten und unrühmlichsten Kapitel der Geschichte gehört. Ich habe eine Menge von Unterlagen über diese Zeit vorliegen, und möchte davon einiges zur Verlesung bringen, auch auf die Gefahr hin, daß einiges ‚Porzellan zerschlagen' wird. [...]

Ich will Ihnen die Liste der Namen von den Herren, die bei uns z. T. noch wirken, nicht nennen, aber irgendwann hat auch die Geduld eine Grenze und muß man es einmal zur Sprache bringen. Ich will Ihnen nur eine Präsenz-Liste aus verschiedenen Anlässen sehr zweifelhafter Gestalt zu Gehör bringen. Ich habe die Präsenzlisten von allen damaligen Sitzungen und hier sind eine Menge von Herren zu finden, die heute noch an unserer Universität wirken und bei derlei Anlässen stets vollzählig versammelt waren. Ich möchte auch noch ein Faktum anführen, auch auf die Gefahr hin, daß unsere Sympathien etwas leiden. Nach dem 17. Juni 53 führten wir am 18. eine Senatssitzung durch. In Halle ging es damals draußen sehr dramatisch zu, wir hatten eine interessante Begleitmusik. Das Ergebnis unserer Sitzung war ein sehr mageres Kommunique von 8 Zeilen. Ich darf das mit gutem Grund sagen, es war das nicht nur eine Ehrenrettung unserer Universität und der Universitäten der gesamten Republik, denn wir waren die ersten und einzigen, die damals eine klare Orientierung in dieser Situation gefunden haben [...] Es gibt auch noch einen zweiten, ähnlichen Fall.

Und zwar betrifft das den 25.6., wo die feierliche Verabschiedung der Medizinstudenten stattfand – derjenigen Studenten, die von Halle nach Greifswald gehen, um als Offiziere der Kasernierten Volkspolizei auf dem Gebiet der Medizin ihren Dienst zu verrichten. Der Fakultät war es seit langem bekannt, daß eine feierliche Verabschiedung erfolgen sollte. Ich habe persönlich alle Herren der Medizinischen Fakultät eingeladen. Die Einladung war bereits Dienstag in den Händen der Herren. Es haben sich jedoch nur 2 Professoren schriftlich und 4 Professoren telefonisch entschuldigt, von den insgesamt 21 zur Fakultät gehörenden Klinik- und Institutsdirektoren. Lediglich Prof. Koch war in Vertretung des Dekans erschienen.

Dies war ebenfalls eine Brüskierung, auch wenn man angab, dringende Operationen bzw. eine Doktorpromotion durchführen zu müssen. [...]"

Dies kann man als einen stillen Protest der halleschen Medizinordinarien in Solidarität zu ihren Greifswalder Kollegen bezeichnen, den Stern energisch zurückweist: „Wenn die Herren der Medizinischen Fakultät unbedingt Wert darauf legen, daß ich ihnen die Präsenzliste bei verschiedenen früheren Angelegenheiten vorlege, wo die Herren zugegen waren, will ich es tun. Ich betone nochmals, es gibt da keinen Vergleichswert, aber damals waren sie zugegen und heute sind sie es nicht. Das geht nicht auf die Dauer."

Stern greift in diesem Moment Franz Runge[9], einen untadligen und über jeden Zweifel erhabenen Wissenschaftler und Forscher, massiv an, der zu einer Tagung in Frankfurt am Main alle Assistenten mitgenommen hatte. Wiewohl sie keine Genehmigung des Staatssekretariates hatten, hätten alle dort Westgeld angenommen und es „in zweifelhaften Lokalen verbraucht". Dies zu behaupten, war sich Stern nicht zu schade – ein kaum zu glaubender Stil im Umgang mit den Hochschullehrern.

Entsprechend hitzig verlief die Diskussion. Hanson reagierte auf Sterns Vorwurf mit der Bemerkung, er hätte die Einladung zur Verabschiedung der Medizinstudenten zu spät bekommen. Er fügte hinzu: „[...] wir haben die Tatsache mit einer gewissen Erschütterung zur Kenntnis genommen, daß man versuchen wollte, eine Fakultät aus der Universität herauszulösen, um sie als eine Art Militärakademie einzurichten. Nun, die ganze Angelegenheit hat sich als etwas anders, als von der Fakultät vermutet, erwiesen. Vielleicht lag auch aus diesen Gründen, das gebe ich zu, eine gewisse negative Einstellung vor.

In diesem Zusammenhang darf ich vielleicht auch noch kurz auf die Frage der Reisen zu sprechen kommen. Es war doch wohl bisher so üblich, daß die Mitglieder des Lehrkörpers ihre Reisen dem Rektorat mitteilen, und nicht, daß sie um Erlaubnis ersuchen müssen, um an solchen Reisen teilnehmen zu können." Hierauf ruderte Stern zurück: „Die von mir angeführte Präsenz in gewissen Situationen des 3. Reiches erwähnte ich nicht, um Taktlosigkeiten heraufzubeschwören – sondern um zu beweisen, daß der von einigen Herren so betonte A-Politismus gar nicht besteht."

Das Protokoll der folgenden Sitzung am 23. September 1955 ist ungemein umfangreich. Zunächst ist, so kann man ihm entnehmen, der neue Dekan der Mathematisch-Naturwissenschaftlichen Fakultät, Rudolf Käubler[10], eingeführt worden. Walther Hoffmann ist wieder zum Dekan der Landwirtschaftlichen Fakultät gewählt. Gerhard Behnke als 1. Sekretär der FDJ-Leitung und Günther Glodniok als Sekretär der SED-Grundorganisationsleitung gehören nun aufgrund ihrer Funktionen dem Senat an.

Leo Stern politisiert auch an diesem Tag wieder: „Ich muß hier folgendes berühren: Genf, die beiden Reisen der Regierungschefs, einmal der DDR und zum

9 Franz Runge (1893–1973), Chemiker, Leopoldina-Mitglied seit 1953.

10 Rudolf Käubler (1904–1989), Geograph, Leopoldina-Mitglied seit 1959.

Universitätsplatz mit Losung[11]

anderen der Bundesrepublik, ich erinnere an die Erfolge dieser Reisen, daß trotz allem und nach verschiedenen ‚Wenn und Aber' die diplomatischen Beziehungen zwischen der UdSSR und der Bonner Bundesrepublik aufgenommen werden, ich erinnere an den eben abgeschlossenen Staatsvertrag zwischen der Sowjetunion und der Deutschen Demokratischen Republik. [...] Es ist eine Tatsache, daß die Weltpolitik im Zeichen der sichtbaren Entspannung steht." Hierauf folgt eine drohende Feststellung, die einschüchternd verstanden werden kann: „Es ist doch merkwürdig, daß beispielsweise – sprechen wir es offen aus – die Medizinische Fakultät einen solchen starken Abstrom zu verzeichnen hat. [...] Auf ein Moment möchte ich in diesem Zusammenhang noch verweisen. Sie dürften wohl davon Kenntnis haben: nämlich, daß kürzlich in Westdeutschland das Abitur wie auch das Staatsexamen, welche in der DDR abgelegt wurden, anerkannt worden ist. [...] Das alles ist der Kalte Krieg, der hier seinen Ausdruck findet in der Abwerbung von Kräften."

Die Zusammensetzung des Akademischen Senates im Jahr 1955 zeigt eine Anwesenheitsliste vom 18. Oktober 1955. Danach waren zugegen: „Rektor Stern, Prorektor

11 UAH.

Herbert Funk, Prorektor Hans-Herbert Becker, Prorektor Wolfgang Jahn, Prorektor Erhard Forgbert, Verwaltungsdirektor Leopold Jacobson, Dekan Häusler, Dekan Hartwig, Dekan Bondi, Dekan Lehmann, Dekan Hanson, Dekan Käubler, Dekan Walther Hoffmann, Direktor Hans Ahrbeck, Direktor Horst Ebschbach, Prof. Erhard Selbmann, Kollg. Siegfried Kellner, Prof. Victor Klemperer, Herr Gerhard Behnke als Vertreter der FDJ, Herr Günther Glodniok als Vertreter der SED-Betriebsparteiorganisation. Entschuldigt fehlten: Prof. Dr. Dr. Hans Stubbe, Prof. Dr. Hermann Meusel".

Vergleicht man diesen Senat mit dem der Jahre1946/47, fällt zunächst das starke Anwachsen der Personenzahl auf. Es gibt vier Prorektoren, viele Vertreter von politischen Organisationen, dagegen bleiben nur noch relativ wenige „bürgerliche Professoren" im Senat übrig. Unter den 22 Senatsmitgliedern sind sieben Dekane. 14 Senatsmitglieder sind Mitglieder der SED, sie haben nicht damit nicht nur die Macht, sondern auch die Mehrheit. Die „bürgerlichen Professoren" haben keine Möglichkeit mehr, eine Mehrheit zu schmieden. Allein, ihnen bleibt die Möglichkeit, ihre Meinung zu sagen, ihre Kritik zu artikulieren und gegenüber Zumutungen Opposition deutlich zu machen.

Die Tagesordnung dieser Zusammenkunft umfasste nur einen Punkt: die Wahl des Rektors. Hartwig, Häusler und Lehmann bildeten die Wahlkommission. Es gab 18 Stimmberechtigte, und der erste Wahlgang endete mit einer einstimmigen Wahl von Leo Stern! Jener hält eine Rede; und was er sagt, klingt sehr kooperativ. Er möchte mehr persönliche Kontakte zu allen, auch die Gratulationen sind sehr freundlich.

Die Senatssitzung am 13. Dezember 1955, deren Protokoll 55 Seiten umfasst, hält interessante Aspekte fest: Der Dekan der Juristischen Fakultät, Prof. Hartwig, berichtet zunächst über die Leipziger Hochschulkonferenz, danach über seine eigene Fakultät: „Die Verbindung mit der Praxis halten wir aufrecht durch eine ständige Verbindung mit dem Kreis- und Bezirksgericht, mit dem Staatlichen Vertragsgericht und dem Rat des Bezirkes, deren Vertreter zu Sitzungen der Institute eingeladen werden. Zwei Angehörige des Lehrkörpers sind außerdem zugleich Richter an dem hiesigen Bezirksgericht. Der Verbindung mit der Praxis dient auch die seit dem vorigen Studienjahr in unserer Fakultät eingerichtete wissenschaftliche Vortragsreihe, in der neben Wissenschaftlern auch Praktiker zu Worte kommen. Ich erinnere daran, daß in der vergangenen Woche der Präsident des Obersten Gerichts über die ‚Aufgaben des Obersten Gerichts zur Vertiefung der demokratischen Gesetzlichkeit' bei uns gesprochen hat und daß [...] z. B. auch Frau Minister der Justiz Dr. Benjamin im Mai d. J. in unserer Fakultät einen Vortrag hielt." In den Erläuterungen zum Arbeitsplan der Fakultät wird von ihm ein „Forum gemeinsam mit dem Staatssicherheitsdienst" vorgestellt, dabei fällt kein Wort zum Schicksal verhafteter Studenten und Mitarbeiter der MLU.

1956 Vorsichtige Entstalinisierung und neue Konflikte[1]

Aus dem Jahr 1956 sind fünf Verhaftungen aktenkundig: Friedrich-Karl Winkler, Klaus Dölling, Gerhard Thiele, Horst Lohde und Kurt Findeisen.

Der Oberassistent und Lehrbeauftragte der MLU Dr. Friedrich-Karl Winkler wurde am 23. Januar 1956 in Halle „wegen Mitwisserschaft" verhaftet und am 29. April 1956 entlassen. Für seine Karriere war das folgenlos: Friedrich-Karl Winkler wirkte seit 1967 als Dozent und Stellvertreter des Direktors für Erziehung und Ausbildung an der MLU.

Am 28. Dezember 1956 sind die vier Studenten der Technischen Hochschule für Chemie Halle-Merseburg verhaftet worden, zwei von ihnen in Dresden. Der Student Gerhard Thiele wurde am 7. März 1957 vom Bezirksgericht Halle zu 3 Jahren Zuchthaus verurteilt. Entlassen wurde er am 14. Oktober 1958. Der Chemiestudent Horst Lohde wurde ebenfalls in Dresden vom SSD verhaftet, gleichfalls am 7. März 1957 vom Bezirksgericht Halle zu 3 Jahren Zuchthaus verurteilt und am 5. Januar 1959 entlassen.

Der Student Klaus Dölling, der sich am 3. September 1954 mit dem Berufsziel Diplom-Chemiker in der Hochschule eingeschrieben hatte, wurde am 9. März 1957 relegiert und am gleichen Tag verurteilt. Entlassen wurde er am 28. November 1958. Und auch der Student Kurt Findeisen wurde vom Bezirksgericht Halle verurteilt und im Oktober 1957 entlassen.

Weltpolitisch gesehen, war 1956 ein turbulentes Jahr. Die Auseinandersetzungen während des XX. Parteitages der KPdSU und hier namentlich Chruschtschows Geheimrede, die Verbrechen der Stalinzeit brandmarkte und abermals eine kurzzeitige Entstalinisierung einleitete, hatten Auswirkungen auf andere Staaten des Moskauer Einflussbereichs, insbesondere auf Polen und Ungarn. Aufstandsversuche wurden jedoch blutig niedergeschlagen. Die Parteispitze der DDR hatte keinerlei Interesse an Veränderungen, die ihre Machtposition gefährden würden. Dies waren die politischen Koordinaten dieses spannungsreichen Jahres.

Was ist von alledem in den Senatsakten spürbar? Zur ersten Sitzung des Jahres am 24. Februar sind Magnifizenz Stern, die Prorektoren Funk, Jahn und Forgbert, die Dekane Käubler, Hoffmann, Hanson, Häusler, Hartwig, Lehmann und Bondi, die Direktoren Ahrbeck, Selbmann und Ebschbach, Verwaltungsdirektor Jacobson sowie die Funktionäre Kellner, Glodniok sowie Behnke versammelt.

1 Alle Senatsprotokolle des Jahres 1956 sind in der Akte UAH, Rep. 7 Nr. 813 enthalten.

Punkt 1 der Tagesordnung ist Sterns Bericht über die Rektorenkonferenz vom 18. Januar 1956, die sich den „Neuen Aufgaben des Hochschulwesens“ widmete. Der Redner resümierte sie so: sie „ergeben sich aus folgenden Ereignissen bzw. Tatsachen: aus der II. Hochschulkonferenz der SED in Leipzig, aus der […] Prager Deklaration des Weltfriedenslagers, der Rektorenkonferenz vom 18.1.56, aus dem zweiten Fünfjahrplan über den Wirtschaftsaufbau der Deutschen Demokratischen Republik, aus dem eben zu Ende gegangenen XX. Parteitag der Kommunistischen Partei der Sowjetunion und schließlich aus der bevorstehenden III. Parteikonferenz der SED.

Ich möchte, um gar keine Unklarheiten aufkommen zu lassen, gleich von vornherein sagen: Ich spreche in der Eigenschaft als Rektor, ich spreche primär als Mitglied der Sozialistischen Einheitspartei Deutschlands, als Mitglied der Bezirksleitung der SED. […] Aus diesen Ereignissen sind auch die Direktiven für unsere Arbeit in Lehre und Forschung zu entnehmen, sowohl in den Fragen der fachlichen Ausrichtung, als auch in den Fragen der politisch-ideologischen Erziehung der Studenten.“

Sterns Rede umfasst im Protokoll 19 Seiten. Er erwähnt in seinem explizit politisch angelegten Referat unter anderem, dass er den Mathematikprofessor Keller auf dem Universitätsplatz für das Evangelische Hilfswerk im Februar Geld sammeln sah und dass er ihm gesagt habe, dass das einem Universitätsprofessor nicht zukäme. Es sind dies jene Nuancen, die die „bürgerlichen Professoren“ kaum missverstanden haben dürften.

In der Sitzung am 11. April werden neue Senatsmitglieder eingeführt: Erwin Reichenbach[2], Könnecke, Prorektor Becker, der Werkleiter aus Hettstedt Nationalpreisträger Bandel, der Werkleiter der Bunawerke Nationalpreisträger Dr. Dr. Nelles, der Werkleiter der Leunawerke Prof. Dr. Schirmer, Rudi Büntig (1. Sekretär der Zentralen Parteileitung der SED), Behnke, Prof. Dr. Asinger, Werkleiter Dr. Dr. Heyder (Bitterfeld). Diese Erweiterung ist von tiefem symbolischen Gehalt: Vertreter der Industrie gewinnen ein ganz neues Gewicht im Senat. Mit Erwin Reichenbach, dem Direktor der Universitätszahnklinik, zieht zugleich eine integere Persönlichkeit in den Senat ein. Die Medizinische Fakultät war stets gut im Senat repräsentiert, an diese Tradition knüpfte Reichenbach hier nahtlos an. Fast ist man zur Aussage geneigt, dass vorauszusehen war, dass auch er schon bald politische Schwierigkeiten mit dem DDR-Staat bekommen würde.

Die Tagesordnung jener Beratung zeigt die Wichtung der Themen:

„1. Einführung der neuen Senatsmitglieder,
2. Auswertung der III. Parteikonferenz der Sozialistischen Einheitspartei Deutschlands,
3. Forschungsangelegenheiten.“

Die Politik rangiert jetzt grundsätzlich vor der Forschung.

2 Erwin Reichenbach (1897–1973), Ordinarius für Stomatologie, Leopoldina-Mitglied seit 1950.

Im Jahr 1956 feiert die Universität das 10-jährige Jubiläum der Wiedereröffnung nach dem Krieg.

Das Jubiläum: Die 10-Jahresfeier der Wiedereröffnung der Universität nach dem Krieg (von links nach rechts: Otto Schlüter (mit Stock), Kurt Mothes, Leo Stern, Hans Stubbe)

Leo Stern teilt dem Senat eher beiläufig mit, dass auch die MLU „das 10-jährige Wirken der Sozialistischen Einheitspartei Deutschlands feiern“ werde, dazu habe man den 20. April 1956 vorgesehen. Und ganz am Ende der Sitzung kommt noch einmal Brisanz in diese Zusammenkunft. Stern erklärt: „Wir wären somit am letzten Punkt unserer Tagesordnung angelangt. Es sind noch 2 Fragen, die dem Akademischen Senat vorgelegt werden sollen.

Das erste ist eine sehr ernste Frage. Ich glaube nicht, daß es einen Sinn hat, die Dinge zu verschweigen. Es geht die Medizinische Fakultät an. Ich habe allein in dieser Woche 5 Mitteilungen über die Republikflucht von Schwestern erhalten. So geht es nun aber jede Woche. Dies ist ein untragbarer und unhaltbarer Zustand. Es ist richtig, man wird sagen, es ist eine Frage der mangelnden Bezahlung, aber ganz ist dem nicht so. Bei uns wird soviel in die Ausbildung der Schwestern investiert, kaum sind sie jedoch fertig, nehmen sie ihren Weg nach dem Westen. Hier ist irgend etwas nicht in Ordnung. Es ist zu berücksichtigen, daß es immer wieder die Kliniken sind, die sozusagen die bevorzugten Sprungbretter für den Westen sind. Hier muß etwas geändert werden, es muß eine Korrektur gefunden werden.“

Damit ist Erwin Reichenbach zur Erwiderung herausgefordert. Er nimmt Stellung: „Daß diese Tatsache besteht, ist nicht abzuleugnen. Aber wenn ich ganz aufrichtig sein darf, glaube ich, daß der Grund dafür bei uns selbst zu suchen ist. Es liegt sehr wesentlich mit daran, daß für die Schwestern sehr schlecht gesorgt ist. Wir sind desöftern an die Verwaltung herangetreten und haben Vorschläge gemacht, aber es ist nichts unternommen worden. Die Schwestern haben einen sehr schweren Dienst, wenn sie nach Hause kommen, finden sie zum Teil nur schlechte, oft auch gar keine ausreichenden Wohnverhältnisse vor. Sie müssen, wie sie glaubhaft berichten, nach ihrem schweren Dienst noch nach Nahrungsmitteln anstehen.“ Einen Lösungsvorschlag vermag an diesem Abend niemand zu formulieren, und so vertagt der Senat das Thema auf später.

An der Senatssitzung am 22. Juni nimmt ein Vertreter des Staatssekretariates für Hochschulwesen, der Abteilungsleiter Karl Fabert, teil. Stern begrüßt ihn und umreißt das Arbeitsfeld des Gastes so: „Er ist Mitglied des Kollegiums des Staatssekretariats und hat die Aufgabe […] der Gesamtbetreuung der Universität und aller ihrer Belange mit dem eindeutigen Zweck einer operativen Durchführung all der Anliegen, mit denen sich unsere Universität an das Staatssekretariat wendet, übernommen“.

Leo Stern geht in seiner Rede auch auf das Thema der „Westreisen“ von Studenten ein und hier erfahren wir etwas von einem ganz besonderen Widerstand in Dresden[3] und in Halle: „Es dürfte auch bekannt sein, daß es in diesem Zusammenhang namentlich an der Technischen Hochschule Dresden zu Kundgebungen der Studenten gekommen ist gegen das Staatsekretariat, gegen die Regierung wegen angeblicher administrativer Maßnahmen in der Frage der Westreisen. Es hat auch vor kurzem hier in Halle eine Kundgebung stattgefunden, wo rund 400 Studenten aller Universitäten und Hochschulen hier versammelt waren. […] Der Grundsatz des Staates und unser Grundsatz in dieser Frage ist von folgendem diktiert: Kein Student wird daran gehindert, in den Ferien nach Westdeutschland zu fahren. Aber wir haben die Pflicht – immer unter dem Aspekt der Spaltung Deutschlands und des Vorhandenseins zweier deutscher Staaten mit verschiedenen Zielsetzungen – ihnen zu sagen, welche Verantwortung sie gegenüber der Deutschen Demokratischen Republik bei Durchführung dieser Reisen tragen. […] Es ist aber eine Tatsache, daß doch aus irgendwelchen Gründen, deren Motive ich nicht weiter analysieren will, doch der Sog nach dem Westen Kreise und Formen annimmt, die unter den gegebenen Verhältnissen der doch noch vorhandenen, von uns beklagten und nicht gewollten Spannung, sofort eine politische Färbung annehmen.“

3 „Am 25. Mai 1956 demonstrierten etwa 2000 Studenten aus Dresden vor der Mensa der TH gegen das Verbot von Westreisen für Studenten.“ Vgl.: Kowalczuk 2003, S. 480.

Nach einer sich an diese Feststellungen anschließenden kurzen Diskussion zu Details mischt sich der Dekan der Theologischen Fakultät, Lehmann, in die Debatte ein: „Sind wir uns alle so wenig gewiß nach einer Erziehungsarbeit von 10 Jahren? Ich kann nur für die Theologen sprechen. [...] Von uns waren auch private Delegationen in Westdeutschland und es hieß dann drüben sogar: Ihr Theologen seid ja die reinsten Kommunisten. Werden denn die Theologen und sonstigen Studenten alles vergessen, auch ihre gute Erziehung? Für mich ist das eine ernste Frage. Denn das Recht zu reisen hat der Mensch und ein junger Mensch will und muß reisen und einmal über die Grenzen hinauskommen. Bedenken Sie meine Herren, wie die West-Leute reisen können. Sie fahren nach Holland, Schweden usw." Das klang wie ein Schlusswort, doch tatsächlich war auch dieses Problem hier nur vertagt worden.

In der Senatssitzung am 5. Oktober 1956 gibt es nach den besprochenen personellen Veränderungen und den Regularien nach längerer Zeit Neuigkeiten zu Verhaftungen und Konflikten. Leo Stern resümierte: „Am 15. und 16. Oktober feiert die Universität Greifswald das 500. Jubiläum ihres Gründungstages. Die Universität Greifswald hat naturgemäß – wie alle Universitäten bei solchen Anlässen – alle Universitäten der Welt und auch Westdeutschlands eingeladen. Bedauerlicherweise hat die westdeutsche Rektorenkonferenz, die unmittelbar vor Semesterschluß getagt hat, gerade im Zusammenhang mit dieser Feier in Greifswald einen Beschluß gefaßt, an dieser Feier nicht teilzunehmen. Die Gründe hierfür sind z. T. durch eine kurze Mitteilung in der Hamburger ‚Die Welt' und auch in der ‚Frankfurter Allgemeinen Zeitung' veröffentlicht, worin es heißt, die Universität Greifswald könne eigentlich nicht als eine Universität im herkömmlichen Sinne angesehen werden, da dort die Freiheit der Lehre nicht gewährleistet sei und dort eine Ausbildungsstätte in der Medizinischen Fakultät für die Angehörigen der KVP geschaffen worden sei.

Weiterhin wären dort vor einigen Jahren Studenten verhaftet worden. In der Rektorenkonferenz in Warnemünde war bereits dieser Beschluß der westdeutschen Rektorenkonferenz bekannt. Nichtsdestoweniger hat die Rektorenkonferenz in Warnemünde beschlossen, sich doch an der 500-Jahr-Feier der Universität Freiburg/Breisgau im Juni kommenden Jahres zu beteiligen. D.h., daß wir beschlossen haben, gleiches mit ungleichem zu beantworten."

Der Mathematiker Ott-Heinrich Keller betrauert die Toten von Ägypten und Ungarn

Von der Senatssitzung am 14. November liegt ein erneut umfangreiches Protokoll vor, es umfasst hier 81 Seiten. Zunächst fällt auf, dass die Atmosphäre der Zusammenkunft überaus angespannt gewesen sein muss. Hierzu trugen zunächst dramatische aussenpolitische Entwicklungen bei – neben der Zuspitzung der Situation in Ungarn bewegten vor allem die Konfrontationen in Ägypten die Gemüter. Das Land am Nil hatte 1963 die Republik ausgerufen und damit der britischen Kolonialherrschaft ein Ende bereitet. Die folgenden Jahre gerieten zum Kräftemessen zwischen den politischen Lagern. Im Herbst 1956 griffen Grossbritannien, Frankreich und Israel Ägypten zunächst aus der Luft, und mit der Landung von Truppen in Port Said im November, schließlich auch zu Lande an. Dieser Militärschlag geriet allerdings schnell zum Desaster, der Rückzug dieser Truppen war schon bald unvermeidlich. In der Folgezeit suchte die ägyptische Führung unter Gamal A. Nasser noch stärker den Schulterschluss zu den sozialistischen Staaten und versicherte sich deren Unterstützung auf einem eigenständigen Weg in eine Zukunft mit sozialistischer Perspektive. Diese Entwicklungen waren von beträchtlicher weltpolitischer Tragweite, verkörperten sich doch in ihnen das Ringen um eine gesamte globale Ordnung nach Ende des Zweiten Weltkrieges. Diese dramatischen Zuspitzungen begleiteten die schon erwähnte Senatssitzung, die durch die Anwesenheit zweier Vertreter des Staatsekretariats – anwesend waren der stellvertretende Staatssekretär Wohlgemuth und der Abteilungsleiter Fabert – noch ein besonderes Gewicht erlangte. Leo Stern liess keinen Zweifel aufkommen, dass jetzt klare politische Stellungnahmen erforderlich seien: „um gleich in medias res zu kommen:[4] […] Was ist zu Ungarn zu sagen? Ich sage das deshalb, weil mir bekannt und mitgeteilt worden ist, daß manche Studenten, die sonst betonten A-Politismus an den Tag legen, eine seltsame Neigung haben, große weltpolitische Ereignisse in einer dramatisierten Form zu diskutieren. […] In dem Maße, wie diese Regierung Nagy sich als unfähig erwies und einem bewußt geschaffenen Chaos zutrieb, wurde die Regierung Kadar gebildet und Nagy, wie auch Kadar haben die dort in Ungarn seit 1945 […] befindlichen sowjetischen Truppen ersucht, bei der Schaffung von Ruhe und Ordnung mitzuhelfen. […]

Ich muß aber zu meinem Bedauern dem Akademischen Senat mitteilen, daß z. B. ein Mitglied der Mathematisch-Naturwissenschaftlichen Fakultät, Herr Prof. Keller, es für nötig gefunden hat – Keller mag ein großer Mathematiker sein, ich spreche ihm aber jedwede Kompetenz in politischen Dingen ab – in einer Weise zu handeln, die ich als illoyal ansehen muß. Er hat es für nötig gefunden, eines Tages auf dem Podium zu erscheinen in schwarz von oben bis unten, und als ob die Studenten noch nicht genügend von der Schwärze seines Anzugs Kenntnis genommen hatten, stellte er die rhetorische Frage, ob sie sich nicht wundern, daß er ganz in schwarz käme, wobei er gleich selbst die Antwort auf die von ihm gestellte Frage gab: er sei deshalb in schwarz erschienen, weil er die Toten von Ungarn und Ägypten – das letzte fügte er noch hinzu – betrauere.

4 Alle Unterstreichungen mit blauem Stift.

\- 15 -

gut, schon seit langem nicht. Es ist bekannt, und wir haben auch schon des öfteren darüber gesprochen: die Arbeiter sagen immer wieder: 'wir schicken Euch sozusagen Proleten an die Universität, aber was zurückkommt, sind schlimme Kleinbürger.
Hier in Halle haben die Arbeiter, und zwar aus den namhaftesten Betrieben, erklärt: - und ich s-elbst konnte mir das anhören, mir war das sehr peinlich -:wenn tatsächlich irgendwelche Demonstrationen der Studenten excessive Formen annehmen sollten - sie haben von ähnlichen Dingen gehört, wie das auch anderswo den Anfang genommen hat - so würden die Arbeiter nicht zögern, hier einzuschreiten.
Mit einem Wort: Ich halte mich für verpflichtet, das dem Akademischen Senat mitzuteilen. Ich möchte das alles in einem spruch abschließen über die von uns allen mit Interesse begrüßte diszıplinierte Lage an unserer Universität. Ich wüßte niemand der hier ist und sonst auch irgendwie dem Lehrkörper angehört, der nicht an diesen Forderungen Interesse hätte. Ich muß aber zu meinem Bedauern dem Akademischen Senat mitteilen, daß z.B. ein Mitglied der Mathematisch-Naturwissenschaftlichen Fakultät, Herr Prof. K e l l e r , es für nötig gefunden hat - Keller mag ein großer Mathematiker sein, ich spreche ihm aber jedwede Kompetenz in politischen Dingen ab - in einer Weise zu handeln, die ich als illoyal ansehen muß. Er hat es für nötig gefunden, eines Tages auf dem Podium zu erscheinen in schwarz von oben bis unten, und als die Studenten noch nicht genügend von der Schwärze seines Anzugs Kenntnis genommen hatten, stellte er die rhetorische Frage, ob sie sich nicht wundern, daß er ganz in schwarz käme, wobei er gleich selbst die Antwort auf die von ihm gestellte Frage gab: er sei deshalb in schwarz erschienen, weil er die Toten von Ungarn und Ägypten - das letztere fügte er noch hinzu - betrauere. Ich muß sagen, ich mißbillige dieses Verhalten auf das schärfste und ich spreche diese Mißbilligung hier vor dem Akademischen Senat aus, und ich wäre dem Herrn Dekan Käubler sehr verbunden, wenn er es übernehmen würde, diese Mißbilligung Herrn Keller mitteilen zu wollen.
Ich möchte von weiteren Sanktionen absehen in der Annahme,

-16-

Seite aus dem Protokoll der Senatssitzung vom 14. November 1956

Ich muß sagen, ich mißbillige dieses Verhalten auf das schärfste und ich spreche diese Mißbilligung hier vor dem Akademischen Senat aus, und ich wäre dem Herrn Dekan Käubler sehr verbunden, wenn er es übernehmen würde, diese Mißbilligung Herrn Keller mitteilen zu wollen. Ich möchte von weiteren Sanktionen absehen in der Annahme, daß das ein Einzelfall ist und bleibt, und daß die Herrn Dekane das ihre dazu tun werden, daß derartige destruktive Aktionen in einer diffizilen Zeit, in der wir leben, unterbleiben."

Hierauf reagierte Käubler: „Ich möchte etwas zu Keller sagen. [...] Heute morgen habe ich nun mit Keller gesprochen, und er sagte mir, daß er im dunkelblauen Anzug mit schwarzem Schlips erschienen sei und er habe dann mitgeteilt, er trage Trauer um Ägypten und Ungarn. Die Reihenfolge der Dinge ist auch nicht ganz unwichtig. Er sagte mir weiter, daß das durchaus nicht nur so ein Wort von ihm gewesen wäre, sondern er habe auch die Tat folgen lassen und habe demzufolge an alle Professoren für Mathematik in Ungarn einen Brief geschrieben, ob sie oder ihre Bekannten irgendeine Hilfe materieller Art brauchen würden. Er möchte dadurch der Verbindung der beiden Völker Ausdruck verleihen."

Stern darauf: „Interessant, sehr interessant. Für einen Mathematiker zieht Herr Prof. Keller erstaunlich weite Kreise."

Hierauf Käubler: „Er sagte dazu: als überzeugter Christ wäre er der Meinung und habe das auch nur ausdrücken wollen, daß solches Blutvergießen nicht vorkommen solle. Dabei meinte er auch beide Gebiete, Ägypten und Ungarn, und hat nur als Christ ausdrücken wollen, daß es auch auf anderem Wege geht, indem er eine rein persönliche Aktion aufzeigte. [...] Ich glaube auch nicht, daß Keller ein Mensch ist, der die Absicht hat, aufzuwiegeln." Leo Stern kommt im Laufe der Sitzung noch mehrfach auf Keller zurück und wird auch in den nächsten Sitzungen daran erinnern.

Im weiteren Verlauf dieses Abends kommt es zu einer bemerkenswerten Drohung Sterns, die im wörtlichen Zitat Beachtung verdient: „Ich bin aber dafür, im Hinblick auf die wenigen wirklichen renitenten Elemente, mit denen wir es gegebenenfalls in den nächsten Tagen noch zu tun haben werden, auch wenn man ihnen Räson predigt, dieses Sprichwort in Anwendung zu bringen: *‚Wenn Du zum Schlage ausgeholt hast und nicht zuschlägst, wenn es notwendig ist, verliert die Drohung ihre Wirkung.‘ Ich meine die Disziplinarordnung. [...] Wenn es sich also tatsächlich um Elemente handelt, von denen wir wissen, daß sie andere Geschäfte besorgen und hier – wie gesagt – kleinere oder größere Feuerchen anlegen oder unterhalten, so muß die Möglichkeit bestehen, denn das gehört zum elementarsten Recht der Universitätsleitung, für die Fakultäten wie für das Rektorat, ebenfalls die Konsequenzen zu ziehen und nicht erst von Pontius zu Pilatus gehen zu müssen, um sich verschiedene Sanktionen oder Rückversicherungen zu holen.*

D.h., wenn tatsächlich hier in Halle im Zusammenhang mit den Ereignissen bestimmte Aktionen auftreten sollten, in welcher Fakultät es auch immer sei, und es notorisch ist, daß das die 'bona fides' längst überschritten hat, muß die Möglichkeit bestehen, kurzerhand die Konsequenzen zu ziehen. Ich möchte Sie bitten, dazu Stellung zu nehmen, denn es gibt Fälle in der Vergangenheit, wo man mehrmals mächtig ausgeholt hat und die Konsequenz nicht gefolgt ist. Das ist nicht geeignet, die Autorität zu erhöhen. [...]"[5]

Stern wünscht sich an dieser Stelle und in Anwesenheit des Stellvertretenden Staatssekretärs Dr. Wohlgemuth eine Erklärung in folgendem Sinn: „[...] Der Akademische Senat hat in seiner Sitzung auch die politische Lage an der Martin-Luther-Universität analysiert und zu den in Zusammenhang mit den Ereignissen in Ägypten und Ungarn an unserer Universität aufgetretenen disziplinwidrigen Verhalten von Studenten Stellung genommen. [...]"

Dem widersprach Dekan Hoffmann: „Wir haben doch festgestellt, daß es in Halle weiter nichts gegeben hat, als daß sich einige Studenten im Ton vergriffen haben, das ist doch in dem Sinne keine Disziplinlosigkeit, das sind doch nur kleinere Dinge, die wir doch nicht in einem Beschluß als Disziplinlosigkeit festhalten können, sondern wir sollten das positiv ausdrücken, daß wir erfreut sind, darüber, daß die Disziplin im großen und ganzen an der Universität gewahrt geblieben ist."

Stern darauf: „Das ist ‚pro präterito', wir nehmen das ja auch mit Genugtuung zur Kenntnis. Nur muß man das auch pro futuro festlegen. Das darf nicht nur eine Angelegenheit des Rektorats und der Prorektorate sein, sondern dafür müssen sich auch die Dekane, wie überhaupt die Mitglieder des Lehrkörpers, für den kontinuierlichen und disziplinierten Ablauf des Studienbetriebes verantwortlich fühlen. [...] Ich kenne den Horror unserer Herren vor Entschließungen und Resolutionen. [...] Dieser geringe Fall Keller geht mir selbst gegen den Strich. Das, was er sich geleistet hat, ist etwas, womit ich mich nicht ohne weiteres abfinden kann. Ich bin bereit, die großzügigste Auslegung seiner reinen Absichten zu geben, ich knüpfe auch keine weiteren Sanktionen daran, aber solche Dinge gehören m. E. nicht in den normalen Ablauf des Lehrbetriebes."

Die spontane Aktion im dunklem Anzug und ebensolcher Krawatte wird Leo Stern Ott-Heinrich Keller noch jahrelang vorwerfen.[6]

5 Alles kursiv Gedruckte ist am Rand angestrichen, mit blauem Stift.

6 Vgl. vor allem S. 475 f. in diesem Band.

Vier Chemiestudenten empören sich über das Eingreifen der sowjetischen Armee in Ungarn – und werden verhaftet

Am 28. Dezember 1956 wurden die vier Studenten der Technischen Hochschule für Chemie Halle-Merseburg Gerhard Thiele, Horst Lohde, Klaus Dölling und Kurt Findeisen vom MfS verhaftet. Offenbar aufgrund einer Anfrage gab der „Auswerter" Schröder aus der Sicht des MfS am 2. März 1987 eine Zusammenfassung des Vorgangs speziell zu Findeisen: „1956 legte die KD Merseburg den OV ‚Student' an, erfaßte sieben Personen und bearbeitete diese wegen Verdachts staatsfeindlicher Handlungen gem. § 19 STEG. Unter diesem Personenkreis befand sich Findeisen, der zu dieser Zeit Student der TH Chemie Merseburg war. Der Verdacht wurde in der operativen Bearbeitung bestätigt. Die selbstgefertigten Hetzschriften forderten den Abzug der sowjetischen Truppen aus der DDR, Freiheit für Ungarn und Durchführung freier Wahlen in der DDR. Findeisen war einer der Beschuldigten.

Er wurde am 28.12.56 festgenommen und der BV[7] Halle, Abt. IX, zugeführt. Die Hetzschriften waren im Internatszimmer des F. u.a. hergestellt und zum Teil an der TH verbreitet worden. [...] Der OV war mit der Inhaftierung von vier Studenten abgeschlossen worden."[8]

In den Akten sind nicht nur die vorgeblichen Flugblätter abgelegt, auch manche weitere Information lässt sich hieraus gewinnen. Tatsächlich haben die Studenten, die zusammen im Internat lebten, damals mit Hilfe eines kleinen Druckkastens Zettel hergestellt, für die der Ausdruck „Flugblatt" allzu gewaltig klingt. Diese Klebezettel trugen Aufschriften wie:

„IWAN RAUS!
FREIHEIT FÜR UNGARN
Für freie Wahlen"

Als Beweismittel wurden einige dieser „Flugblätter" vom MfS photographiert.

Am 12. Dezember 1956 legten die Studenten die Flugblätter in den Toiletten des Anorganischen Instituts (Neubau und Altbau) aus. Am 13.12. 1956 wurden die gleichen Flugblätter gegen 14 Uhr in der Toilette des Internates 1 (1. Stock) in Merseburg

7 BV: Bezirksverwaltung.
8 BStU Außenstelle Halle, MfS BV Halle, AOP 75/58.

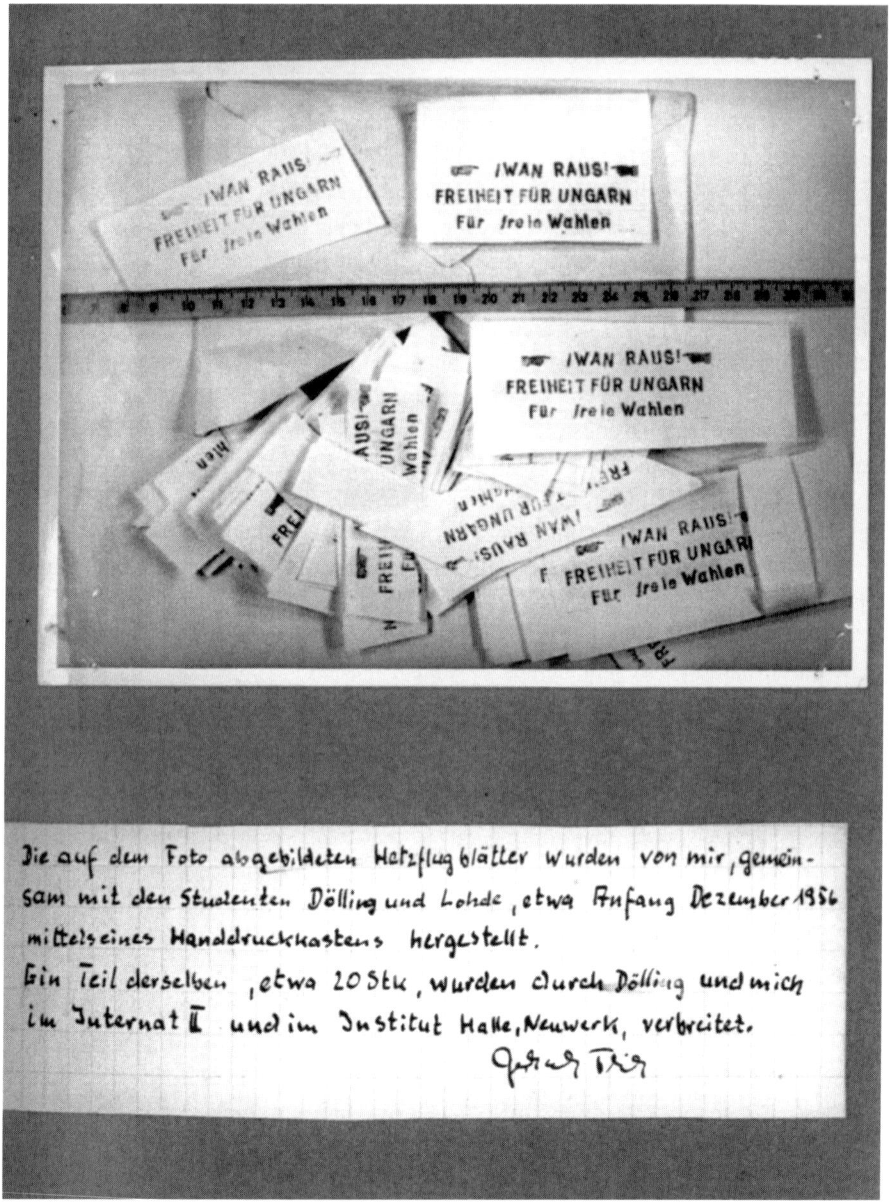

Klebezettel als Beweismittel im MfS-Archiv.[9]

9 Ebd., AU 22/57 Band 7, Beweismittelmappe, Bl. 2.

gefunden.[10] Nun wurde das MfS aktiv. Es wurde ein Beschluss[11] für das Anlegen eines Vorganges gefasst und im Operativ-Plan vom 15. Dezember 1956 festgelegt:

„1. Alle Studenten, welche der Jungen Gemeinde angehören, sind zu erfassen und genauestens aufzuklären. Die Aufklärung dieser Personen muss an beiden Wohnsitzen erfolgen. […]
5. Es müssen einige parteilose Studenten aufgeklärt werden, um diese als GI zu verpflichten."[12]

Wieder stehen die Junge Gemeinde bzw. die Studentengemeinde im Blickpunkt des MfS und werden wie ein Feind behandelt. Im Abschlussbericht heißt es noch einmal: „Am 13.12.1956 berichtet GI ‚Gerhard', daß in Halle an der Technischen Hochschule Feindtätigkeit einiger Studenten zu verzeichnen sei. […] 12.12. und 13.12. Flugblätter […] Zimmerdurchsuchung – 90 selbstgefertigte Flugblätter […] Drucksatz mit der gesamten Hetzlosung, Stempelkissen und Druckkasten."[13] Ein Zuträger war damit der Ausgangspunkt, um die Studenten sämtlich am 28. Dezember 1956 zu verhaften.

Neben der Herstellung und Verbreitung der Flugblätter wurde ihnen weiter vorgeworfen, dass sie an einem Anschlagbrett im Internat eine GST-Übung abgesagt hätten und dass sie ein Bild von Walter Ulbricht, das im Flur des Internates hing, zerstört hätten. Das MfS vernimmt die Verhafteten ausführlich, Klaus Dölling z. B. wird nach der Festnahme am 28. Dezember 1956 „von 14 Uhr – 4.30 Uhr, unterbrochen 18.30 – 20.30 Uhr" vernommen. Im Protokoll notieren sie u. a. diese Äußerungen von Dölling: „In unseren Diskussionen entwickelte sich dann eine gewisse Sympathie für die ‚streikenden Studenten' und ‚Arbeiter' und wir konnten uns nicht einverstanden erklären mit den Massnahmen der ungarischen Regierung gegen die ‚Streikenden'. Als wir dann in den Nachrichten erfuhren, dass die Sowjet-Armee in die Ereignisse in Ungarn eingegriffen hat, waren wir darüber sehr empört, und brachten unsere Empörung auch während der Diskussionen zum Ausdruck. Lediglich Findeisen hat sich bei diesen Diskussionen zurückgehalten."[14]

In der Hauptverhandlung im März 1957 gegen den Beschuldigten Thiele und drei weitere Angeklagte fordert der Staatsanwalt harte Urteile:

„Wegen Verbrechen nach Artikel 6, Absatz 2 der Verfassung
für den Angeklagten Thiele 3 Jahre, 6 Monate Zuchthaus,

10 Ebd., AOP 75/58, Bl. 17.
11 Ebd., Bl. 6.
12 Ebd., Bl. 25.
13 Ebd., Bl. 100 ff.
14 Ebd., AU 22/57 Band 2, Bl. 33–38.

für den Angeklagten Dölling 3 Jahre Zuchthaus,
für den Angeklagten Lohde 3 Jahre, 6 Monate Zuchthaus,
für den Angeklagten Findeisen wegen Verbrechen nach § 139 StGB 10 Monate Zuchthaus."

Tatsächlich fallen die Urteile zwar nicht ganz so drakonisch wie gefordert, aber doch streng aus:

Findeisen zehn Monate Gefängnis,
Thiele drei Jahre Zuchthaus,
Dölling zwei Jahre acht Monate Zuchthaus,
Lohde drei Jahre Zuchthaus.

Die vier Verurteilten wurden in nahegelegene Haftanstalten verbracht; in das Arbeitslager Rossleben und in die Strafvollzugsanstalt Volkstedt.

Zwischenzeitlich war die Öffentlichkeit auf den Prozess aufmerksam geworden. Dies geht etwa aus einem Briefwechsel mit dem Vertreter der Studentenschaft in Köln hervor. Hubert Dobers, damals Sprecher des Studentenparlaments der Studentenschaft der Universität Köln, schrieb am 1. März 1957 an die Staatsanwaltschaft des Bezirksgerichtes Halle: „Aus Nr. 3–4 (Februar-Ausgabe) des ‚Forum' erfahren wir die Verhaftung von 4 Studenten der Technischen Hochschule für Chemie in Halle/Merseburg. Das Studentenparlament, das die legitime Vertretung aller Studenten der Universität zu Köln darstellt, hat mich in seiner letzten Sitzung einstimmig beauftragt, Ihnen die Bitte zu unterbreiten […] zu diesem Prozeß Studenten der Kölner Universität als Beobachter zuzulassen."[15]

Staatsanwalt Steffens antwortet am 22. März 1957: „Ihre Bitte […] ging erst am 4. März bei mir ein. Die Verhandlung gegen die genannten Studenten wurde aber bereits am 5., 6. und 7. März vor dem 1. Strafsenat des Bezirksgerichts Halle/S. durchgeführt. Daher war es mir nicht möglich, Sie zur Teilnahme, die selbstverständlich möglich gewesen wäre, einzuladen. […] Bitte, nehmen Sie davon Kenntnis, daß der Prozeß gegen die genannten Studenten öffentlich durchgeführt wurde. […] Ich bin bereit, sofern Sie den Wunsch haben, mit Ihnen oder auch anderen Studenten über den Inhalt des durchgeführten Prozesses zu sprechen."[16]

Am 6. April 1957 schreibt die Studentenschaft der Universität Köln abermals und bedauert, nicht an dem Prozeß gegen die Studenten teilgenommen zu haben: „In der Tat sind wir der Ansicht, daß nur dann eine objektive Betrachtung eines Prozesses möglich ist, wenn wir durch Beobachter daran teilnehmen können."[17]

15 Ebd., Band 13, Bl. 20.
16 Ebd., Bl. 19.
17 Ebd., Bl. 122 und 123.

Staatsanwalt Steffens reagiert hier nochmals: „Was Ihre Bitte hinsichtlich der Entlassung der verurteilten Studenten der Hochschule für Chemie anbetrifft, muß ich Ihnen sagen, daß es sich hier nicht um Jugendliche handelt. Die vier Studenten sind älter als 21 Jahre.“ Und jetzt schlägt er aus seiner Sicht zurück: „Der Ausschuß für Deutsche Einheit hat auf einer internationalen Pressekonferenz am 23. Mai 1957 in Berlin dokumentarisches Material veröffentlichet, wonach heute in der Justiz der Bundesrepublik 118 ehemalige Richter und Staatsanwälte der hitlerschen Ausnahmegerichte wieder in verantwortlichen Stellen tätig sind, obwohl allein unter ihrer maßgeblichen Mitwirkung über 400 Personen wegen antifaschistischer Haltung und Einstellung zum Tode verurteilt wurden. [...] Was dagegen die Frage der eventuellen vorzeitigen Entlassung der ehemaligen Studenten der Hochschule für Chemie betrifft, wollen Sie bitte beachten, daß eine solche Maßnahme dann durchgeführt wird, wenn meine nach dem Gesetz ständig durchzuführenden Prüfungen ergeben haben, daß der Strafzweck bereits erfüllt ist. Gegenwärtig ist dies allerdings noch nicht der Fall.“[18]
Solch Graben war freilich nicht überbrückbar.

18 Ebd., Bl. 129.

1957 Nachwirkungen des XX. Parteitages[1]

Aus dem Jahr 1957 sind zwölf Verhaftungen aktenkundig: Reginald Rudorf, Peter Bischoff, Hartmut Harreß, Harro Lucht, Charlotte Kossuth, Harry Schmidtke, Horst Reinhold Bohm, Günther Habedank, Martin Hosemann, Heinrich Blobner, Karl-Heinz Drong und Arno Seifert.

Im Jahr 1957 prägten die Nachwehen der Erschütterungen von 1956 das politische Klima in Osteuropa. Auch die DDR-Regierung war verunsichert, das MfS reagierte häufig nervös und sah allerorten Anzeichen, dass die Entwicklungen in Polen und Ungarn eine Fortsetzung in der DDR finden könnten. Schon bei kleinsten Anzeichen etwa von Sympathie für die ungarischen Aufständischen reagierten MfS-Mitarbeiter kompromißlos.

Es überrascht daher nicht, dass nach den relativ ruhigen Jahren 1954 bis 1956 die Repressionen wieder zunehmen. Im Jahr 1957 sind immerhin zwölf Mitarbeiter und Studenten der Universität Halle verhaftet worden, die zunächst genannt werden sollen.

Der Dozent für Gesellschaftswissenschaften Reginald Rudorf wurde Anfang Februar verhaftet und zu 2 Jahren Zuchthaus verurteilt. Entlassen wurde er im März 1959.

Der Student der Chemie Peter Bischoff wurde am 27. Februar 1957 inhaftiert. Der 1. Strafsenat des Bezirksgerichtes Halle verurteilte ihn am 22. Mai zu einem Jahr und 6 Monaten Zuchthaus, aus der Haft ist er 1958 entlassen worden. Er gehört zu den wenigen, die nach der Haft an die MLU zurückkehrten. Peter Bischoff wurde 1959 reimatrikuliert und bestand 1962 sein Examen.[2]

Der Lektor für Russisch Hartmut Harreß wurde am 17. Juni 1957 verhaftet und 1958 zu einem Jahr und acht Monaten Haft verurteilt. Ebenfalls am 17. Juni ist die Lektorin an der MLU und Dozentin an der ABF Charlotte Kossuth, geb. Scheitzel, inhaftiert worden. Das Urteil lautete ein Jahr und acht Monate Haft. Entlassen wurde sie am 16. Februar 1959.

Der Lektor für Russisch Dr. Harro Lucht wurde am selben Tag verhaftet. Er wurde vom 1. Strafsenat des BG Halle zu acht Jahren Haftstrafe verurteilt und kehrte aus ihr im September 1964 zurück. Und auch der Lektor für russische Sprache Harry Schmidtke

1 Die Senatsprotokolle des Jahres 1957 sind in der Akte UAH, Rep. 7 Nr. 814 enthalten.
2 In der Senatssitzung am 24. Mai 1957 wurde seine Verurteilung vom Prorektor Herrmann dem Senat mitgeteilt.

wurde am 17. Juni 1957 vom MfS verhaftet. Die Begründung für das Urteil, eine vierjährige Haftstrafe, lautete auf Bildung einer „illegalen staatsfeindlichen Gruppe“.

Am 20. Juni 1957 wurde der Student der Germanistik Martin Hosemann vom MfS verhaftet, am 28. Oktober 1957 vom 1 a Strafsenat des BG Halle zu 4 Monaten Gefängnis verurteilt und am 29. Oktober 1957 entlassen. Gleichfalls am 20. Juni inhaftierte das MfS den Studenten der Germanistik Horst Reinhold Bohm, der am 20. September 1957 wieder auf freien Fuß gesetzt wurde. Und auch der Student der Germanistik Günther Habedank wurde am 20. Juni 1957 in Halle vom MfS verhaftet. Am 28. Oktober 1957 vom 1 a Strafsenat des BG Halle zu 6 Monaten Gefängnis verurteilt, entließ man ihn am 18. Dezember 1957.[3]

Den Studenten der Philosophie und Geschichte Heinrich Blobner verhaftete man am 21. September 1957. Im Juli 1958 vom BG Halle wegen „Staatsverrats“ zu 7 Jahren Zuchthaus verurteilt, erlangte er durch den sogenannten „Häftlingsfreikauf“ gemeinsam mit Arno Seifert im August 1964 die Freiheit.

Der Student der Volkswirtschaft Karl-Heinz Drong ist am 3. Dezember 1957 in Berlin inhaftiert worden. Am 19. März 1958 verurteilte ihn das KG Halle zu 9 Monaten Gefängnis. Sein Haftentlassungsdatum ist der 18. Juni 1958.

Der Student der Geschichte und Romanistik Arno Seifert wurde am 13. Dezember 1957 in Halle verhaftet und am 15. September 1958 vom BG Halle zu 7 Jahren Zuchthaus verurteilt. Durch „Freikauf“ konnte er nach Verbüßung des weitaus größten Teils dieser Strafe im August 1964 die Haftanstalt verlassen.

Das MfS und die „Boykotthetzer“ Bischoff, Bohm, Hosemann und Habedank

Zu jener Zeit verfügte das MfS bereits über einen umfangreichen Spitzelapparat, der sich auch an den Universitäten etabliert hatte. Wir erfahren aus den Berichten dieser Zuträger, wie erregt viele Studenten durch die Ereignisse des Jahres 1956 waren.

Der Chemiestudent Bischoff geriet Anfang 1957 ins Blickfeld des MfS. Am 27. Februar 1957 wurde ein Vorgang zu seiner Person eingeleitet, der so motiviert worden ist: „Der Beschuldigte Bischoff betrieb fortgesetzt im Kreise seiner Studiengruppe der Martin-Luther-Universität Halle/S. Boykotthetze im Zusammenhang mit den Ereignissen in Ungarn und dem Aufbau des Sozialismus in der DDR. Darüber hinaus versuchte er laufend, durch Imitationen W. Ulbricht zu verunglimpfen und unter den Studenten lächerlich zu machen.“[4]

3 In der Senatssitzung am 16. Dezember 1957 sprach Prorektor Herrmann über ihn.
4 BStU, Außenstelle Halle, MfS BV Halle, AU 40/57 Bd. 1, Bl. 1.

Peter Bischoff[5]

Im Haftbefehl sind diese Vorwürfe bekräftigt: „Er wird beschuldigt, anlässlich der Ereignisse in Ungarn gegen die Deutsche Demokratische Republik Wühltätigkeit und Hetze betrieben zu haben, indem er im Kreise mehrerer Studenten die Sendungen imperialistischer Rundfunkstationen verbreitete und in der Folgezeit auch versuchte, führende Staatsmänner der Deutschen Demokratischen Republik und die Partei der Arbeiterklasse zu verunglimpfen und lächerlich zu machen. [...] Es besteht Fluchtverdacht, weil die besondere Gesellschaftsgefährlichkeit eine erhebliche Freiheitsstrafe nach sich ziehen wird."[6]

Der Festnahmebericht dokumentiert: „Am 27.2. 1957 gegen 7.00 Uhr wurde der Bischoff, Peter [...] in seiner Wohnung festgenommen [und] aufgefordert, zwecks einer nochmaligen Aussprache mit zur Kriminalpolizei zu kommen."[7] Es wurde ausdrücklich notiert, dass er keinen Widerstand leistete und sich ruhig verhielt.

Noch am selben Tag erfolgte die Hausdurchsuchung mit einer genauen Auflistung des gesamten Inventars. Bis zum Abend des nächsten Tages hatte die Ehefrau Bischoffs sein möbliertes Zimmer zu räumen, damit es anderweitig vermietet werden könne.[8]

In der Vernehmung am 1. März 1957 antwortete Bischoff auf die Frage nach seiner politischen Entwicklung: „Anfang des Jahre 1949 trat ich der FDJ bei. [...] Allerdings änderten sich meine politischen Ansichten und meine Einstellung nach dem XX. Parteitag der KPdSU sehr nachteilig, da ich mit den dort gefaßten Beschlüssen und Gesagtem nicht richtig fertig wurde und somit zu zweifeln begann, welches zur Folge hatte, daß ich kein richtiges Vertrauen mehr zu der gesamten Politik der Sowjetunion besaß. Dieses wirkte sich auch auf meine Einstellung zu unserer Regierung, der SED und der Politik der DDR aus. Insbesondere traten meine politischen Schwankungen durch die Berichte und Kommentare über die von Stalin begangenen Fehler in Erscheinung. Ich begann auf Grund dessen mit negativen Diskussionen, welche durch die politischen Ereignisse in Polen und Ungarn noch gestärkt wurden."[9]

5 UAH.
6 BStU Außenstelle Halle, MfS BV Halle, AU 40/57 Bd. 6, Bl. 2.
7 Ebd., Bl. 43.
8 Ebd., Bl. 79.
9 Ebd., Bl. 98.

Die Interpretation des MfS erfahren wir aus einem „Entstehungsbericht“ vom 5. März 1957, den Hauptmann K., Leiter der Abteilung V, verfasste: „Durch die im Oktober 1956 durch Ungarn und Polen übertragenen Ereignisse an unserer Universität trat eine ganze Gruppe Studenten in Erscheinung, die durch Hetze an der demokratischen Propaganda und umstürzlerische Forderungen bekannt wurde. Den Kern dieser Gruppe bildeten Studenten der Fachrichtung Chemie des 3. Studienjahres. [...] Der Student Bischoff, Peter [...] konnte praktisch als Hauptorganisator dieser Hetze und Forderungen der Studenten festgestellt werden. Daher wurde festgelegt, den B i s c h o f f, Peter in Haft zu nehmen. Die Begründung war folgende; daß die Bezirksleitung der SED am 27. 2. 57 eine Aktivtagung an der Universität durchführte und dazu ein bestimmtes Material notwendig hatte und konkrete Argumentationen brauchte, da von Seiten der Parteileitung der Universität nichts vorhanden war.

Der Genosse B e n d a der Bezirksleitung führte diesbezüglich mit hiesiger Dienststelle verschiedene Absprachen, um einen bestimmten Weg festzulegen, um die Parteiarbeit innerhalb der Universität wieder zu festigen und die gegnerischen Elemente zurückzudrängen.

Der Student B i s c h o f f trat mit folgenden Argumenten und Forderungen auf: Er imitierte die Stimme des Genossen Walter Ulbricht sehr genau und sagte: ‚In Ungarn sind die Studenten auf den Barrikaden, wann fangen wir an!‘ Oder ‚Wenn unsere LPG-Bauern ihr Soll nicht erfüllen, können sie ihre Ferien in Waldheim verbringen (Zuchthaus)‘. Er stellte die provokatorische Forderung: ‚Weg mit Walter Ulbricht!‘

Während der Wahl der FDJ-Leitung brachte er durch seine Argumentation fertig, die fortschrittlichen Kräfte unter den Studenten zurückzudrängen und den negativen Teil gegen unsere Genossen zu beeinflussen. [...] Die nach der Festnahme bestehenden Diskussionen an der Universität sind im überwiegenden Teil positiv. Zu verzeichnen ist, daß die Argumentation von der Parteiaktivtagung ihre Wirkung nicht verfehlte.

Wie sich bis jetzt zeigt, hat sich die Festnahme des Bischoff positiv ausgewirkt.“[10]

Prorektor Herrmann erkundigt sich am 13. März 1957 beim Staatsanwalt des Bezirkes Halle in Sachen des Studenten Peter Bischoff: „Wie wir erfahren haben, schwebt gegen den Obengenannten ein Strafverfahren wegen Verbrechens gegen die DDR. Da wir in solchen Fällen, in denen sich Studierende eines Verbrechens schuldig gemacht haben, über die Exmatrikulation entscheiden müssen, bitten wir Sie um Nachricht, ob das Verfahren ./. Bischoff beendet ist. [...] Sollten irgendwelche Bedenken bestehen, dem Prorektorat für Studentenangelegenheiten diese Mitteilung zu machen, so bitten wir um Nachricht, damit wir diese Frage grundsätzlich entweder

10 Ebd., Bd. 1, Bl. 126.

mit dem Herrn Bezirksstaatsanwalt oder mit der Obersten Staatsanwaltschaft der DDR klären können."[11] Verurteilt wurde Peter Bischoff, wie schon erwähnt, zu einem Jahr und sechs Monaten Zuchthaus.

Die Studenten Günther Habedank, Horst Bohm und Martin Hosemann wurden am 20. Juni 1957 verhaftet. Auch hier konnte sich das MfS auf Denunzianten stützen. Der GI (Geheime Informant) „Lohmann" lieferte detaillierte Informationen, die in die Berichte eingingen: „Habedank und zwei weitere Personen (Hosemann und Bohm) betreiben an der Universität Halle antidemokratische Propaganda in übelster Weise. Insbesondere verleumden und diskriminieren sie führende Funktionäre der Partei (SED) und Regierung."[12]

Im MfS-Eröffnungsbericht vom 7. Mai wurde festgelegt: „GI Lohmann ist angesetzt zur operativen Bearbeitung". GI „Lohmann" berichtete überdurchschnittlich oft und regelmäßig und die Anstreichungen der MfS-Mitarbeiter lassen erkennen, welche Informationen besonders willkommen waren. Etwa ist besonders markiert worden: „Zur Frage des Eingreifens der Roten Armee in Ungarn sagte der Student Martin Hosemann (4. Stud. Jahr, Germanistik, parteilos): ‚Durch das Eingreifen der Russen hat sich doch die Lage erst verschärft. Durch den Aufmarsch der Sowjetarmee ist das Blutvergießen erst ausgelöst worden. Die Vorkommen in Ungarn sind rein ungarische Angelegenheiten, die die Russen – trotz des Warschauer Paktes – nichts angehen. Wir regen uns doch sonst immer auf, wenn irgendwo in westlichen Ländern sich die Besatzer einmischen, und nun tun die Russen dasselbe.[13]

Meiner Meinung nach ist es völlig richtig – und hier hat der Westen Recht – wenn sich der Sicherheitsrat mit dieser Sache beschäftigt. Wenn wir in Algerien das Eingreifen der UNO fordern, dann müssen wir mit dergleichen Konsequenz für Ungarn dasselbe gelten lassen."[14]

Horst Bohm sagte: „Die Russen haben sich wieder was geleistet da unten in Ungarn, eine Brutalität sondergleichen. [...] Man kann ein Volk noch so lange unterdrücken, das Freiheitsgefühl kann man niemals ausrotten. Die Freiheit ist stärker auch als sowjetische Bajonette.' Die anglo-französische Invasion in Ägypten lehnte Bohm vom ‚Standpunkt des Christen' ab."[15]

Der GI Lohmann war eifrig, er berichtete in kürzesten Fristen und detailliert: „Martin Hosemann sagte: ‚Damals hat man uns – als all diese Prozesse in der SU und

11 Ebd., Bd. 6, Bl. 5.

12 Ebd., AOP 163/57, Bl. 6.

13 Unterstreichungen mit Rotstift, der nächste Absatz ist rot am Rand angestrichen.

14 BStU Außenstelle Halle, MfS BV Halle, AOP 163/57, Bl. 12.

15 Ebd., Bl. 13.

den Volksdemokratien waren – eingeredet, es handele sich um Staatsfeinde, Volksfeinde und Agenten. Jetzt hat man einen nach dem anderen rausgelassen. Es ist doch aber nun sehr interessant, dass viele von den damals Verurteilten in ihren Geständnissen das gesagt haben, was die Machthaber hören wollten. Allein daraus lässt sich doch schließen, dass vor allem die GPU mit Methoden vorgegangen ist, die die faschistischen Gestapomethoden übertreffen. Heute schlägt man sich an die Brust und redet von Fehlern, schiebt es auf die Partei. Das ist ja lächerlich. An der Struktur dieser Partei liegt es nämlich, am Diktaturprinzip, dass sich so etwas entwickeln konnte.

Bei uns war es doch dasselbe, obwohl ich zugebe, wenn man in Russland 100 Mann umgebracht hat, dann hat der SSD höchstens 10 verschwinden lassen. Wer hier aber im Stalinkult etwas dagegen gesagt hat, ob er nun Genosse war oder nicht, der verschwand bei Nacht und Nebel. Und mancher konnte sicher von Glück sagen, wenn er nicht gleich an die Wand gestellt wurde.

Es hat sich ja etwas gebessert, aber noch nicht viel. Ich traue dem Laden noch nicht. Ich habe bis jetzt immer ziemlich offen meine Meinung gesagt das ist vielleicht grundfalsch. Wenn mich mal einer denunzieren würde, ich würde sofort abhauen, denn ich habe zu denen vom SSD absolut kein Vertrauen. Die bringen es fertig, wenn die einen erst in der Kur haben, dass man zum Schluss selbst glaubt, dass man ein Agent gewesen ist.

Die Menschen, die die schon alle umgebracht oder unglücklich gemacht haben, zählen bestimmt nach Tausenden. Und die haben nichts davon, wenn sie nach Jahrzehnten wieder ausgegraben und rehabilitiert werden, wie das jetzt bei uns zum Muster wird.

Bei uns wird der Mensch erst dann für voll genommen und als Mensch behandelt, wenn er erst mal abgehauen ist. [16]

In dieser Hinsicht hat unser Staat manche Beziehung zu der Inquisition des Mittelalters gehabt. Und Verbrechen kann man nicht so schnell durch Selbstkritiken aus der Welt schaffen."[17]

Zu „Lohmann" hatte Martin Hosemann, das scheint offensichtlich, uneingeschränktes Vertrauen. Denn noch drei Berichte konnte „Lohmann" geben, ehe die Studenten verhaftet wurden:

„1. Die Studenten Hosemann und Habedank diskutierten über ‚Deportationen ungarischer Bürger nach der SU.' Sie meinten abschließend, hier zeige sich ‚die sowjetische Brutalität in ihrer vollen Aktivität'. Desgleichen hätte man Imre Nagy[18] verschleppt.

16 Dieser kursiv gedruckte Absatz ist am Rand rot angestrichen.
17 BStU Außenstelle Halle, MfS BV Halle, AOP 163/57, Bl. 18.
18 Imre Nagy (1896–1958), hingerichtet. Er war 1956 Ministerpräsident.

2. Am 26.11. hatte ich in der UB eine Diskussion mit Hosemann und Habedank über den Geheimbericht Chrustschows auf dem XX. Parteitag.

Hosemann sagte: ‚Wenn man sich diese Verbrechen ansieht, die der alte Stalin begangen hat – und in den anderen sozialistischen Ländern wurde das ja nachgemacht – dann kann man auch verstehen, wenn die Volkswut in Ungarn mit den Sicherheitsleuten so fürchterlich aufgeräumt hat. – Wer garantiert uns denn aber nun, daß sich nicht noch einmal so etwas entwickelt. Diese Diktaturbestrebungen sind eben nun mal dem Sozialismus eigen. Und nach den fürchterlichen Verbrechen, die ja Chrustschow selbst auf dem Parteitag enthüllt hat, kann ich es durchaus verstehen, wenn sich Menschen – und sei es mit Flugblättern – gegen so ein System zur Wehr setzen. Wir haben eben keine wahre Freiheit.‘

Habedank und Hosemann forderten dann wieder freie Wahlen, sowohl bei uns als auch in Ungarn: ‚Wenn man die Verbrechen des alten Stalin zur Kenntnis nimmt, dann ergibt sich daraus die Konsequenz, daß man ein solches System auflockern muß. Und das geschieht eben bei uns nicht. Und die Russen beweisen es ja in Ungarn, wie ernst es ihnen mit der Beseitigung des Stalinismus ist.‘“[19]

„Zum 30. Plenum: Die Studenten Horst Bohm, Günther Habedank und Martin Hosemann vertraten folgende Meinung: Jetzt wird die ideologische Schraube wieder angezogen, man darf nicht mehr viel sagen. Ulbricht klammert sich an die Macht wie nie zuvor. Die Rückkehr zum Stalinismus ist schon längst wieder vollzogen. Die haben doch aus der Geschichte nichts gelernt.“[20]

Nach diesen aus der Sicht des MfS ungeheuerlichen Äußerungen bekam der Vorgang am 1. März 1957 Dringlichkeitsstufe III.[21] Am 20. Juni sind die drei Studenten schließlich verhaftet worden. Im Untersuchungsplan des MfS wurde Günther Habedank als Straftat „Boykotthetze“ vorgeworfen: „Kurzer Tatbestand: Habedank hat fortlaufend in Diskussionen gegen Walter Ulbricht gesprochen und dessen ‚Beseitigung‘ gefordert. Desweiteren sprach er sich für die Konterrevolution in Ungarn aus und verbreitete Hetzmeldungen der Westsender.“[22]

In einer Vernehmung von Günther Habedank am 20. Juni 1957, die von 15.30 Uhr bis 23 Uhr dauerte, wurde er gefragt: „War Ihnen bekannt, dass die Verbreitung der Sendungen westlicher Rundfunkstationen verboten ist und bestraft wird?

Antwort: Ja, dies ist mir bekannt.

19 BStU Außenstelle Halle, MfS BV Halle, AOP 163/57, Bl. 19.
20 Ebd., Bl. 28.
21 Ebd., Bl. 29.
22 Ebd., AU 1/58 Bd. 1, Bl. 7.

Frage: Warum haben Sie trotzdem diese Hetzsendungen in Form des ‚Meinungsaustausches' in der Mensa verbreitet?

Antwort: Dieses habe ich getan, da damals die Ereignisse in Ungarn Tagesgespräch waren."[23]

Günther Habedank erhielt Unterstützung von einem prominenten Hochschullehrer an der MLU, von Kurt Mothes.

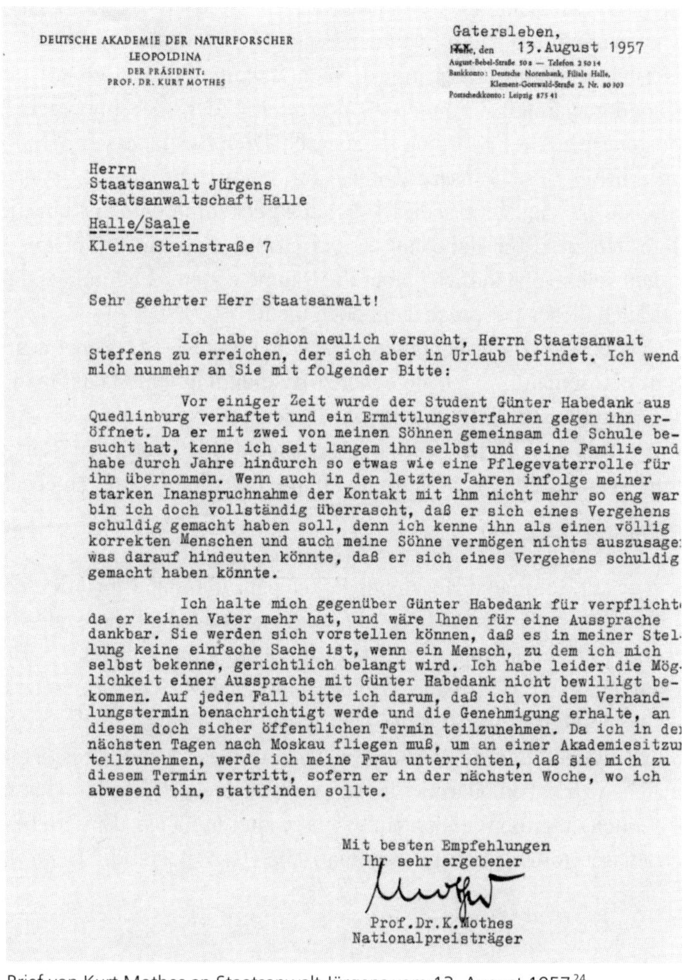

DEUTSCHE AKADEMIE DER NATURFORSCHER
LEOPOLDINA
DER PRÄSIDENT:
PROF. DR. KURT MOTHES

Gatersleben,
~~Halle~~, den 13.August 1957
August-Bebel-Straße 50a — Telefon 25014
Bankkonto: Deutsche Notenbank, Filiale Halle,
Klement-Gottwald-Straße 2, Nr. 80303
Postscheckkonto: Leipzig 87541

Herrn
Staatsanwalt Jürgens
Staatsanwaltschaft Halle

Halle/Saale
Kleine Steinstraße 7

Sehr geehrter Herr Staatsanwalt!

Ich habe schon neulich versucht, Herrn Staatsanwalt Steffens zu erreichen, der sich aber in Urlaub befindet. Ich wend mich nunmehr an Sie mit folgender Bitte:

Vor einiger Zeit wurde der Student Günter Habedank aus Quedlinburg verhaftet und ein Ermittlungsverfahren gegen ihn eröffnet. Da er mit zwei von meinen Söhnen gemeinsam die Schule besucht hat, kenne ich seit langem ihn selbst und seine Familie und habe durch Jahre hindurch so etwas wie eine Pflegevaterrolle für ihn übernommen. Wenn auch in den letzten Jahren infolge meiner starken Inanspruchnahme der Kontakt mit ihm nicht mehr so eng war bin ich doch vollständig überrascht, daß er sich eines Vergehens schuldig gemacht haben soll, denn ich kenne ihn als einen völlig korrekten Menschen und auch meine Söhne vermögen nichts auszusage: was darauf hindeuten könnte, daß er sich eines Vergehens schuldig gemacht haben könnte.

Ich halte mich gegenüber Günter Habedank für verpflicht da er keinen Vater mehr hat, und wäre Ihnen für eine Aussprache dankbar. Sie werden sich vorstellen können, daß es in meiner Stellung keine einfache Sache ist, wenn ein Mensch, zu dem ich mich selbst bekenne, gerichtlich belangt wird. Ich habe leider die Möglichkeit einer Aussprache mit Günter Habedank nicht bewilligt bekommen. Auf jeden Fall bitte ich darum, daß ich von dem Verhandlungstermin benachrichtigt werde und die Genehmigung erhalte, an diesem doch sicher öffentlichen Termin teilzunehmen. Da ich in de nächsten Tagen nach Moskau fliegen muß, um an einer Akademiesitzu teilzunehmen, werde ich meine Frau unterrichten, daß sie mich zu diesem Termin vertritt, sofern er in der nächsten Woche, wo ich abwesend bin, stattfinden sollte.

Mit besten Empfehlungen
Ihr sehr ergebener
Prof.Dr.K.Mothes
Nationalpreisträger

Brief von Kurt Mothes an Staatsanwalt Jürgens vom 13. August 1957[24]

23 Ebd., Bd. 9, Bl. 4ff, Bl. 7.
24 Ebd., AU 1/58 Bd. 5, Bl. 41.

Kurt Mothes verwendete für diesen Bittbrief den Briefkopf der Leopoldina, deren Präsident er war. Er setzt sich für Günther Habedank als „Pflegevater“ ein und fühlt Verantwortung für diesen jungen Menschen. Doch auch Kurt Mothes wurde verwehrt, mit Habedank in der Untersuchungshaft direkt zu sprechen. Staatsanwalt Jürgens räumte ihm lediglich ein Gespräch mit ihm selbst ein: „Da der Termin zur Verhandlung nicht unmittelbar bevorsteht, würde ich Ihnen den Vorschlag unterbreiten, nach Ihrer Rückkehr aus Moskau in der Woche vom 26.8.–31.8.1957 am Montag vormittag bzw. Mittwoch nachmittag bei mir vorzusprechen.

Unter Berücksichtigung Ihrer dienstlichen Belange bin ich jedoch auch bereit, einen von Ihnen gewählten Zeitpunkt zu akzeptieren, der allerdings nicht nach dem 31.8.1957 liegen sollte. In Erwartung Ihres geschätzten Besuches [...]“[25]

Welchen Einfluß dieser Einsatz Mothes’ auf das Verfahren hatte, ist nachträglich schwer abzuschätzen. Vielleicht ist dieses darauf zurückzuführen: „Sprechgenehmigung für Verteidiger Herzfeld für Habedank 21.9.57 ‚ohne Aufsicht‘!“[26] „Ohne Aufsicht“ war sicher nicht selbstverständlich – aber die Räume hatten Abhöranlagen, ganz ohne Aufsicht war auch dieses Gespräch denn doch nicht.

Am 28. Oktober 1957 wurde Günther Habedank vom 1. Strafsenat des BG Halle gemeinsam mit Hosemann wegen angeblicher Beleidigung von Staatsfunktionären zu 6 Monaten Gefängnis verurteilt und am 18. Dezember 1957 entlassen.[27] Am 20. Dezember 1957 wurde er vom Disziplinarausschuss der MLU „für die Zeit vom 15.2. 1958 bis zum 31.8.1958 vom Studium an allen Universitäten und Hochschulen der DDR ausgeschlossen.“

Die Vorwürfe gegen Bohm und Hosemann lauten ganz ähnlich. Im Haftbeschluss vom 19. Juni 1957 heißt es: „B. [Bohm] betreibt antidemokratische Propaganda in übelster Form – besonders richten sich seine Ausfälle gegen Gen. Ulbricht.“[28] Bei Martin Hosemann klang das so: „Hosemann wird beschuldigt, seit 1956 fortgesetzt handelnd, unter den Studenten der Martin-Luther-Universität Halle Boykotthetze gegen demokratische Einrichtungen und den ersten Stellvertreter des Ministerpräsidenten Walter Ulbricht betrieben zu haben. Darüber hinaus verbreitete er Hetzsendungen westlicher Rundfunkstationen unter den Studenten.“[29] Und weiter heißt es: „Er wird beschuldigt, seit den Ereignissen in Ungarn eine systematische Hetze gegen die Deutsche Demo-

25 Ebd., Bl. 42.
26 Ebd., Bl. 255.
27 Ebd., Bd. 3 und Band 9.
28 Ebd., Bd. 2, Bl. 13.
29 Ebd., Bd. 3, Bl. 16.

kratische Republik, führende Persönlichkeiten und gegen die Sowjetunion getrieben zu haben. Er hat insbesondere mit den Beschuldigten Bohm und Habedank seine Wühltätigkeit durchgeführt."[30]

Im öffentlichen Hauptverfahren vor dem 1. Strafsenat des BG Halle am 25. Oktober 1957 lautete das Urteil: „Die Angeklagten werden unter Freispruch im übrigen wegen Staatsverleumdung gemäss § 131 StGB wie folgt verurteilt:

Der Angeklagte H a b e d a n k zu einer Gefängnisstrafe von s e c h s Monaten,
der Angeklagte H o s e m a n n zu einer Gefängnisstrafe von v i e r Monaten.

Die Untersuchungshaft seit dem 20.6.1957 wird ihnen auf die erkannte Strafe angerechnet."[31]

Rechtsanwalt Fritz Herzfeld hatte für seinen Mandanten Habedank auf Freispruch plädiert. Auch Rechtsanwalt Stolle plädierte für Freispruch für seinen Mandanten Hosemann. Die Rechtsanwälte legten Berufung ein, die aber in der öffentlichen Hauptverhandlung am 4. November 1957 vom Obersten Gericht in Berlin zurückgewiesen wurde.[32]

Der Haftbefehl gegen Horst Bohm lautete: „Er wird beschuldigt, seit dem konterrev. Aufstand in Ungarn in der Universität in Halle, Boykotthetze und darüber hinaus eine üble Hetze gegen die Sowjetunion betrieben zu haben, indem er insbesondere demokratische Massnahmen herabwürdigte und führende Persönlichkeiten verleumdete."[33] In den Protokollen seiner Vernehmungen wird die Einstellung der „Vernehmer" zu den Christen in der DDR deutlich: „Bohm ist sehr stark religiös und vertritt die christliche Weltanschauung. Dadurch wird bewirkt, dass er antimarxistisch ist. [...] Er betrachtet alles von seinem christlichen Standpunkt aus."[34] Dennoch hatte Bohm Glück, sein Prozess ging glimpflich für ihn aus: „Das Verfahren [...] wird gem. § 153 StPO (a.F.) eingestellt. Begründung: Bohm hat als Student der Martin-Luther-Universität Halle, wie die Feststellungen ergeben haben, fortgesetzt Hetze gegen unseren Staat und gegen die Sowjetunion betrieben. Das trifft besonders zu für die Zeit der Ereignisse in Ungarn. [...] Besonderen Einfluß hat bei ihm die Kirche und die Junge Gemeinde, der er anhängt.

Da nicht festzustellen war, daß Auswirkungen der Diskussionen des Beschuldigten Bohm eintraten und inzwischen selbst bei ihm Klarheit zu den von ihm verbreiteten hetzerischen Äußerungen entstand, ist von einer Bestrafung abzusehen. Das Ver-

30 Ebd., Bd. 4, Bl. 43.
31 Ebd., Bd. 4, Bl. 339.
32 Ebd., Bd. 4, Bl. 387–389.
33 Ebd., Bd. 5, Bl. 7.
34 Ebd., Bd. 4, Bl. 186. Hier rot angestrichen.

fahren gegen ihn wird deshalb [...] eingestellt."[35] Sein Verteidiger Fritz Herzfeld hatte offensichtlich gute Arbeit geleistet.

Interessante Hintergründe zur Urteilsfindung erfahren wir aus einem Brief von Staatsanwalt Steffens an die Oberste Staatsanwaltschaft vom 19. September 1957: „Betr. Verfahren gegen die Studenten Habedank, Hosemann und Bohm [...] Ich hatte in den Tätigkeitsberichten wiederholt auf dieses Verfahren hingewiesen. Es ist jetzt sehr gründlich geprüft worden, ob und in welchem Umfang eine Anklage vertretbar wird. Gegen Bohm habe ich die Einstellung nach § 153 StPO (a.F.) veranlaßt und gegen die beiden anderen wegen Staatsverleumdung Anklage erhoben. Eine Abschrift füge ich bei. *Die Sache wurde sehr gründlich mit MfS und der Bezirksleitung der SED besprochen.* Im Endeffekt ist eine Anklage nach Art. 6 d. Verf., besonders zu den Ereignissen in Ungarn, deshalb nicht möglich geworden, weil es an klaren Zeugenaussagen mangelt. In der Verhandlung werden gegen die beiden Beschuldigten keine Gefängnisstrafen von über einem Jahr beantragt werden."[36]

Auch im Senat der Universität Halle war die Verschärfung der Stimmung zu registrieren. Leo Stern erhöhte den Druck auf die „bürgerlichen Professoren" wieder. In der ersten Sitzung am 4. März 1957 stellte sich neben den beiden Medizinern Franz Mörl[37] und Karlheinz Sommer[38] ein Jurist vor: John Lekschas.[39] Er sollte in den folgenden Jahren an der Universität eine zentrale Rolle spielen.

Lekschas, Jahrgang 1925, präsentierte sich dabei so: „Ende des Jahres 1950 wurde ich in die wissenschaftliche Aspirantur aufgenommen und seit der 1. Hälfte des Jahres 1951 arbeitete ich dann mit meinen jetzigen Kollegen Prof. Renneberg und Eratz in Forst Zinna[40] zusammen. Wir arbeiteten zusammen an den Grundlagen des Strafrechts und haben dann im Jahr 1951 unsere Hochschullehrerlaufbahn begonnen. 1952 habe ich meine Promotion abgeschlossen und wurde gleichzeitig Mitglied des Deutschen Instituts für Rechtswissenschaft und der Redaktion der Zeitschrift ‚Staat und Recht', unserer führenden Zeitschrift in wissenschaftlichen Fragen unseres Rechtes der Republik. Seit 1952 bin ich auch gleichzeitig als wissenschaftlicher Berater beim Obersten Gericht tätig und seit 1954 außerordentlicher Richter beim hiesigen Gericht,

35 Ebd., Bd. 5, Bl. 45.

36 Ebd., Bd. 6, Bl. 1.

37 Franz Mörl (1899–1979), Ordinarius für Chirurgie, Leopoldina-Mitglied seit 1959.

38 Karlheinz Sommer (1907–1989), Ordinarius für Gynäkologie, Leopoldina-Mitglied seit 1959.

39 John Lekschas (1925–1999), 1947 Studium an der ABF in Halle, Eintritt in die SED, Studium der Rechtswissenschaften in Halle und Berlin, ab 1951 Hochschullehrer an MLU Halle-Wittenberg und Direktor des Instituts für Strafrecht. 1952 Promotion.

40 In dieser Zeit gab es in Forst Zinna eine Verwaltungsakademie, die später nach Babelsberg verlegt wurde.

um die Verbindung zwischen Wissenschaft und Praxis zu wahren. Seit 1952 bin ich Dozent an der hiesigen Fakultät und wurde 1956 zum Professor mit Lehrauftrag ernannt." An dieser Senatssitzung nimmt er als Prodekan der juristischen Fakultät teil; ein Hochschullehrer, der sich im Strafvollzug auskennt und vollständig auf der Seite der Partei steht.

Stern informierte den Senat über weitere Personalia: „Wie sie wissen, ist Prof. Dr. Harig nach Leipzig zurückgekehrt, wo er die Geschichte der Naturwissenschaften lesen wird; seine Stelle hat Herr Dr. Girnus[41] [...] übernommen."

Prorektor Becker gibt hiernach einen Bericht zur Lage an der Universität, worin es heißt: „Der in Ungarn versuchte Einbruch in das sozialistische Lager, hervorgerufen durch schwere Fehler der ungarischen Partei auf politischem, wirtschaftlichem Gebiet, ausgedrückt durch die konterrevolutionären Erhebungen, ist gescheitert. Die Widersprüche im imperialistischen Lager haben sich verschärft. Das sind zweifellos positive Erscheinungen, aber dennoch besteht gerade für unser deutsches Volk Anlaß zu ernster Besorgnis. [...]

Zur Stärkung [der DDR] haben auch die Diskussionen über die Folgen des Personenkults um Stalin und den Dogmatismus beigetragen, die in den vergangen Monaten durchgeführt wurden. Diese Diskussionen wurden sehr offen geführt, viele Fehler wurden dabei aufgedeckt und z. T. auch schon beseitigt.

Es ist immer gut und ein Zeichen der Stärke, wenn Fehler erkannt und überwunden werden. Dieser Prozeß ist auch noch längst nicht abgeschlossen. Der Gegner hat versucht, diesen Reinigungsprozeß für seine Zwecke auszunutzen. Er wollte aus dem Kampf gegen den Dogmatismus einen Kampf gegen die Weltanschauung des Marxismus-Leninismus machen, aus dem Kampf gegen den Personenkult um Stalin einen solchen gegen alle leitenden Kräfte der Arbeiterbewegung, aus dem notwendigen wissenschaftlichen Meinungsstreit eine alles zersetzende Kritik, aus dem Kampf gegen die Schwächen des Grundstudiums einen Kampf gegen das Grundstudium überhaupt, aus den Bemühungen der Verbesserung des Fremdsprachenstudiums eine Abschaffung des Russisch-Unterrichts.

Dies führte zu Zersetzungsversuchen, die teilweise auch Erfolg hatten. [...] So stellte sich, wie mir aus übermittelten Unterlagen hervorgeht, der Physikstudent Barthold offen auf die Seite der Konterrevolution, nahm Stellung gegen die Hilfe der Sowjetunion, störte den Lehrbetrieb und drohte, daß er und seine Gesinnungsgenossen andere Mittel ergreifen müßten, wenn seine Forderungen nicht erfüllt würden.

41 Wilhelm Girnus (1906–1985), Intendant des Berliner Rundfunks, Chefredakteur der Zeitschrift „Sinn und Form", 1957–1962 Staatssekretär für Hoch- und Fachschulwesen.

Ähnliche Erscheinungen gab es bei den Medizinern, wo die Studenten Frühauf und Lange durch provokatorische Fragen und Zwischenrufe eine Studentenversammlung störten und sich bei einer Aussprache mit dem Prorektor ungehörig benahmen. Der Student Lange versuchte auch durch aufputschende Äußerungen Unruhe zu stiften. Später versuchte er dann den Eindruck zu erwecken, als ob er Reue verspüre.

Der Chemie-Student Bischoff rief die Studenten auf, wie die ungarischen Konterrevolutionäre auf den Barrikaden zu kämpfen, machte den Stellvertreter des Ministerpräsidenten und 1. Sekretär des ZK der SED, Walter Ulbricht, verächtlich und forderte seine Entfernung aus dem Staats- und Parteiapparat. Es hat auch unter den Assistenten Erscheinungen ähnlicher Art gegeben und selbst der Lehrkörper ist, wie wir wissen, nicht verschont geblieben. Ich erinnere an die Beispiele – von Magnifizenz auf der letzten Senatssitzung vorgetragen – bezüglich der Angelegenheit des Herrn Kollegen Keller.

Ich bin beauftragt, auch noch einen anderen Vorfall zu erwähnen. Es handelt sich dabei um Herrn Prof. Dr. Dr. Friedrich H o l t z [42], Medizinische Fakultät. Prof. Holtz hat in seiner Vorlesung vor dem 3. Studienjahr erklärt, daß er bereits im Jahr 1926 eine sog. ‚Schutz-Einheits-Dosis' – abgekürzt SED – entwickelt habe, wobei er unter dem Beifall eines großen Teils der Studenten folgendes Wortspiel durchführte: ‚Meine kleine SED (er schreibt dabei die Buchstaben an die Wandtafel) ist eine Schutz-Einheits-Dosis gegen alle äußerlich fremden Einflüsse. Merken Sie sich diese Abkürzung SED.'

Es schlossen sich daran auch noch einige Bemerkungen an. Man muß sagen, solche Äußerungen sind nicht gerade angetan, die Erziehungsarbeit unter den Studenten zu unterstützen, sondern sie zu zerstören und gewissen negativen Ansätzen Vorschub zu leisten.

Es ist deshalb vorgesehen, diese Tatsache dem Staatssekretariat zu unterbreiten, da gewisse Erscheinungen an der Medizinischen Fakultät unter den Studenten im Zusammenhang gesehen werden müssen. [...]"

Hierauf ergriff Prorektor Herrmann das Wort und erklärte: „Meine Herren! Wenn sie gestatten, möchte ich noch einiges zu den Studenten sagen, gegen die Disziplinarverfahren eingeleitet werden. Ich bin der Ansicht, daß es nicht genügt, nunmehr festzustellen, daß der Student Barthold das Gebiet der Republik verlassen hat, der Student Lange nach Westdeutschland gegangen ist. Es genügt nicht, dies festzustellen und sie zu exmatrikulieren. Obwohl die Geschehnisse lange zurückliegen und die Studenten nicht mehr da sind, halte ich es für richtig, ein Disziplinarverfahren durchzuführen und die Studenten zu diesem öffentlichen Disziplinarverfahren einzuladen, damit sie

42 Friedrich Holtz, Pharmakologe.

kennenlernen, wie sie irregeführt werden sollten und in welcher Weise sie ihre Lehren daraus zu ziehen haben. Im Disziplinarverfahren gegen den Studenten Barthold ist Hauptverhandlungstermin für Freitag angesetzt. [...] Auch gegen Lange wird in 2 Wochen Hauptverhandlung sein, obwohl auch er flüchtig ist [...].

Ein Disziplinarverfahren gegen den Studenten Frühauf ist noch nicht eingeleitet, bisher schweben noch die Ermittlungen. [...] Wir haben früher davon Gebrauch gemacht, in den Fällen, in denen die Studenten flüchtig geworden sind, diese Studenten ohne Durchführung der Hauptverhandlung zu exmatrikulieren. Von dieser Praxis wollen wir jetzt abweichen und dadurch ein erzieherisches Ziel auf alle Studenten durch die Durchführung der Hauptverhandlung auch in Abwesenheit erreichen."

Stern hält das für eine gute Idee: „Ich danke Ihnen für Ihre Mitteilung. Ich halte es auch für zweckmäßig – und ich habe in meiner Amtseigenschaft auch die zuständigen Staatsorgane gebeten, in irgendeiner Weise ihr Tatsachenmaterial und Tatsachenwissen über die Zustände an der Universität der Studentenschaft wie den Professoren vorzutragen und eines zu bewirken: Die Elemente bei uns, die doch offenkundig keine Räson trotz Zureden anzunehmen wünschen, doch auf die Tragweite ihres Tuns aufmerksam zu machen, um vor allem dadurch andere vor der Wiederholung solcher Aktionen zu bewahren. Insofern halte ich die Durchführung eines Disziplinarverfahrens in absentia für durchaus richtig und gerechtfertigt, denn das hat hier einen ausgesprochen erzieherischen Zweck und Charakter."

Schützenhilfe kam hier von Büntig: „Es ist vielleicht auch bemerkenswert, daß dem Studenten Lange sehr deutlich gesagt worden ist, daß seine Weiterentwicklung durchaus nicht abgeriegelt wurde. Die Vertreter der Betriebe haben in sehr kameradschaftlicher Weise gesagt: ‚Komm zu uns in den Betrieb, arbeite dich heraus, und die Arbeiten werden dann entscheiden, wann Du weiter studieren kannst!' Also sehr humane Methoden. [...]"

Stern darauf: „Wenn sie [gemeint sind die kritischen Professoren wie Keller] glauben, es mit ihrem Gewissen und ihrer Weltanschauung und mit sonstigen Dingen nicht vereinbaren zu können, hier zu sein, bei uns zu wirken, wofür wir selbst mit allen Mitteln eingetreten, dann sollen sie das tun und die Konsequenzen daraus ziehen. [...]

Ich werde aber auch dafür eintreten, daß Herr Prof. Holtz vom Staatssekretariat für sein Verhalten zur Verantwortung gezogen wird, denn es muß an unserer Universität auf eine klare und saubere Atmosphäre hingelenkt werden, namentlich im Lehrkörper und schließlich auch unter der Studentenschaft. Ich darf noch erwähnen: Wir hatten ähnliche Fälle, ich kann mich erinnern an die seinerzeit sehr unangenehm berührende Frage, wie sie etwa mit Herrn Prof. Gallwitz verbunden war. Wir haben Großzügigkeit walten lassen, nachdem er in seiner Fakultät und auch im Senat völlig isoliert war. Es wäre ein leichtes gewesen, alle Konsequenzen zu ziehen. Es ist das nicht geschehen. Aber das alles so auslegen, das geht auch nicht an."

Dekan Häusler setzt sich daraufhin für Holtz ein, indem er zu bedenken gibt, dass man ihn jetzt nicht in Abwesenheit verurteilen könne. Man müßte auch ihn hören, und woher wüßte man eigentlich so genau, was er gesagt habe? Sterns Reaktion fiel kühl aus: „Was den Bericht betrifft, so ist er authentisch durch Zeugen belegt." Das Spitzelsystem funktioniert also, und was der Spitzel sagt, wiegt schwer und wird als Wahrheit betrachtet.

An dieser Stelle griff der FDJ-Vertreter Behnke in die Diskussion ein[43]: „Herr Prof. Holtz hat im Oktober 1955, als die Medizinische Fakultät in Greifswald in eine Medizinische Fakultät zur Ausbildung von Militärärzten umgewandelt wurde [und daraufhin einige Studenten nach Halle wechselten] vor dem gesamten Forum der Studentenschaft folgendes sinngemäß zum Ausdruck gebracht: *‚Ich begrüße die Studenten aus Greifswald, die sehr viel Mut bewiesen und Charakter gezeigt haben'*.

Ich habe das auch noch schriftlich. Er meinte also, indem die Studenten sagten, was sie denken, brachten sie zum Ausdruck, daß sie mit dieser Entwicklung nicht einverstanden sind. Schon aus dieser einzigen Bemerkung heraus, die man nicht dulden kann, war ersichtlich, daß es sich nicht um eine Entgleisung handeln kann, sondern die Studenten bewußt in eine Opposition zu bringen [...]. Wir haben damals eine Aussprache mit Herrn Holtz durchgeführt, eine Aussprache von einer Stunde. Er hat nichts von dem zurückgenommen und auch nichts abgestritten, im Gegenteil, er blieb auf diesem Standpunkt. Damals waren Herr Friedrich und ich bei ihm und haben darauf bestanden, vor dem gleichen Studienjahr eine Aussprache durchzuführen. Wir hatten damals Herrn Dekan Hanson eingeladen, aber niemand war von den Herren anwesend."

Stern ergreift darauf das Wort und kommt auf Keller zurück. Er hatte mit jenem ein ausführliches Gespräch: „[...] Ich möchte es nicht unterlassen, hier zu sagen, daß ich Herrn Keller zu mir rufen ließ und ihm u.a. sagte: ‚Ich habe den Eindruck, dass es Ihnen aus irgendwelchen Gründen bei uns an unserer Universität und vielleicht auch in unserem Staat nicht gefällt. *Ich mache mich erbötig – was ich mit ihm zu zweit sprach, mache ich jetzt publik – Ihnen in allem behilflich zu sein, wenn sie den Wunsch äußern, die Deutsche Demokratische Republik zu verlassen, damit Sie nun dort stehen, wo Sie zu stehen glauben müssen."*

Stern wollte, dieses Eingeständnis liegt hier aus seinem Munde vor, die ihm politisch nicht genehmen Professoren aus der Universität heraustreiben. Längst ging es ihm hier nicht mehr um eine gute Arbeitsatmosphäre, es ging um politische Unter-

43 Gerhard Behnke (*1932), 1. Sekretär der FDJ der MLU, seit 1950 als FDJ-Funktionär tätig, Besuch der SED-Bezirksparteischule, Sekretär für wissenschaftliche Arbeit in der FDJ-Organisation der MLU, 1952 Mitglied der FDJ-BL Halle, 1955 1. Sekretär der FDJ-Kreisleitung der MLU, 1959 stellv. UPL-Sekretär der SED, 1975 2. Sekretär der FDJ-BL Halle.

werfung und darum, eine von der Parteidoktrin abweichende Meinung nicht mehr zu akzeptieren. Einige der „bürgerlichen Professoren“ hatten aber die innere Kraft und den Mut, sich durch die ständigen Drohungen nicht einschüchtern zu lassen.

In der Senatssitzung am 15. März 1957, zu der der neue Staatssekretär Wilhelm Girnus und Franz Wohlgemuth[44] als sein Stellvertreter anwesend waren, spielt der Fall Holtz erneut eine Rolle. Stern berichtet: „Ich sprach ihn [Holtz] dann hinterher, er hat diese Äußerungen nicht geleugnet, er hat die Sache eigentlich bagatellisiert und gesagt, daß er eigentlich das seit langem in den Vorlesungen gebracht hätte, u. dgl. mehr. [...] Wir haben nun heute die Aufgabe, dieses Problem zu klären.“

Horst Hanson[45]

Senator Hanson gab zu bedenken, dass dies in Abwesenheit von Holtz nicht glücklich sei. Zudem argumentierte er: „Zweifellos hat Herr Holtz dem Inhalt nach sich richtig ausgedrückt. Das ist literarisch dokumentiert. Die SED ist also ein wissenschaftlicher Begriff, der seit 1926 vorliegt. Er hat nichts Falsches gesagt und ich möchte annehmen, auch nichts anzüglich gemeint, wie das von den Studenten hingestellt wird.“

Hanson setzt sich stark für Holtz ein: „Es ist jedem von uns auch schon so etwas passiert und man würde sich schärfstens dagegen verwahren, wenn man nachher beschuldigt wird, sich irgendwelcher zweifelhafter Ausdrücke bedient zu haben. Z. B. gibt es speziell in meinem Gebiet eine chemische Formel, die man abgekürzt nur als VP bezeichnet. Ich käme nie auf den Gedanken, daß man das irgendwie mit der Volkspolizei in Verbindung bringen könnte. Es ist aber tatsächlich vorgekommen, daß auch Studenten angefangen haben zu lachen und das irgendwie auf die Volkspolizei bezogen. Das lag mir aber völlig fern. So etwas kann jedenfalls vorkommen und ist auch schon vorgekommen. Der Senat muß sich jedoch hüten, Mißbilligungen auszusprechen wenn keine völlige Sicherheit besteht, daß die Dinge tatsächlich in dieser Art vorgefallen und gemeint sind.“

Hoffmann weist darauf hin, dass Holtz an der Entwicklung der Schutzeinheitsdosis sehr beteiligt war, und dass die Studenten deshalb Beifall gaben, um ihn zu ehren.

44 Franz Wohlgemuth (1915–1972).

45 Wir danken Heike Messerschmidt für dieses Photo ihres Vaters.

Lekschas dagegen plädiert unbedingt für Einleitung eines Disziplinarverfahrens gegen Holtz.

Rzesnitzek[46] weist auf die neue Anordnung über die disziplinarische Verantwortlichkeit der Hochschullehrer vom 8. Februar 1957 hin. Holtz müsse seiner Meinung nach vor den Disziplinarausschuss, „[…] der aber noch eingesetzt werden muß".

Justitiar Bürgener schildert die Rechtsgrundlagen zu dem Fall: ein Disziplinarverfahren muß bis 4 Wochen nach dem Vorfall beantragt werden, innerhalb von 8 Wochen soll es abgeschlossen sein. „Vorsitzender des Disziplinarausschusses ist der Rektor oder sein Vertreter. […] Die Verhandlung ist nicht öffentlich. Der Disziplinarausschuß hat die Möglichkeit, 4 Disziplinarstrafen zu verhängen, die sog. leichteren, Verweis und Rüge, die schweren – die strenge Rüge – oder – als schwerste Strafe – die fristlose Entlassung. Bei der fristlosen Entlassung kann allerdings der Disziplinarausschuß noch nicht allein das letzte Wort sprechen, sondern es ist dafür die Zustimmung der für die Einstellung oder Entlassung des Hochschullehrers zuständige Stelle erforderlich."

Man kann beim Staatssekretariat Beschwerde gegen die Entscheidung des Disziplinarausschusses einlegen. Wilhelm Girnus sichert zu, dass der Fall zügig entschieden werden soll. Stern liest daraufhin einen Antrag der Betriebsgewerkschaftsleitung auf Einleitung eines Disziplinarverfahrens gegen Herrn Prof. Dr. Dr. Holtz vor. Im folgenden geht es um die Zusammensetzung dieses Ausschusses. Stern macht Vorschläge: „Hartwig und Hoffmann und als Vertreter Lekschas und Käubler. Können wir darüber abstimmen?"

Der Vorschlag wird einstimmig angenommen. Damit ist ein Verfahren gegen Holtz eingeleitet. Es geht nun darum, ob er unverzüglich als beurlaubt zu betrachten ist. Dagegen spricht Hoffmann, Ebschbach ist für die Beurlaubung, Reichenbach rät von einer Beurlaubung ab.

Stern hält eine lange Rede und sagt unter anderem: „Ich würde also dafür plädieren, während des Disziplinarverfahrens die Beurlaubung von Herrn Prof. Holtz auszusprechen, um vor allem denen, die es angeht, die Möglichkeit zu geben, die Klärung der Angelegenheit in die Hände des eingesetzten Disziplinarausschusses zu geben."

Hanson: „Vielleicht darf ich noch kurz vor dem Herrn Staatssekretär sprechen. Trotz der vielen Argumente von Magnifizenz habe ich mich nicht überzeugen lassen können, daß eine Beurlaubung von Herrn Holtz auf Grund der jetzt noch im Widerspruch stehenden Aussagen gerechtfertigt ist. Das muß man auch von der anderen Seite sehen. Welche Situationen ergeben sich? Das Institut steht zunächst verwaist da, welches mit maßgeblichen Aufgaben nicht nur im Lehrbetrieb betraut ist, sondern im

46 Fritz Rzesnitzek (1904–1978), Dekan der Wirtschaftswissenschaftlichen Fakultät.

Auftrage des Ministeriums für Gesundheitswesen zahlreiche wichtige Sonderaufgaben erfüllt. Ich möchte auch annehmen, daß die Beurteilung noch weitere Konsequenzen haben könnte, denn es ist uns bekannt, daß Herr Holtz einen guten internationalen Namen besitzt, und wir wissen, daß – nun ich möchte sagen – andere Stellen darauf warten, daß er dort leitende Positionen übernimmt. Diese Situation muß man auch sehen und die Konsequenzen beachten.

Ich möchte auch bezweifeln, ob für Herrn Holtz die Beurlaubung eine Zeit ist, wo er sich ruhig hinsetzt, um seine Entschuldigungen auszuarbeiten. Ich möchte eher annehmen, daß er sich um andere Positionen umsieht. Das wird sehr erschwerend für die gesamte Situation an der Fakultät und Universität, das muß aber berücksichtigt werden. Und ich glaube auch, die Medizinische Fakultät würde gerade von diesem Gesichtspunkt aus schwerste Bedenken erheben müssen gegen eine Beurlaubung wegen eines Vorfalles, der noch gar nicht geklärt ist. Denn staatsgefährliche Äußerungen sind im Sinne des Justitiars gar nicht gefallen. Ich glaube, die Gründe liegen in keinem Falle so, daß eine Beurlaubung im gegenwärtigen Zeitpunkt gerechtfertigt und auf Verständnis der Fakultät stoßen würden. Prof. Holtz ist nicht nur im Bereich der Universität anerkannt, sondern auch im Bereich des Gesundheitswesens."

Hoffmann: „Darf ich einmal ganz offen und ehrlich sagen, was meiner Meinung nach die sog. ‚bürgerlichen' Professoren davon halten werden, daß das ein Einschüchterungsversuch der Professoren in jeglicher Hinsicht ist, und daß das in Zusammenhang gebracht wird mit Ihrer Eigenschaft als Mitglied der SED im Ausschuß hier und daß die mühselige Arbeit, die wir während Ihres Rektorates, Magnifizenz, versucht und mit Erfolg aufgebaut haben, zwischen dem Staatsapparat und den Staatsfunktionären, der Partei usw. das Einvernehmen und das gute Zusammenarbeiten wird mit solch einem Schritt wegen einer Sache, die bis jetzt noch nicht einmal geklärt ist, infrage gestellt. Es wird sofort eine Abwehrreaktion bei vielen Professoren eintreten. Ist das zweckmäßig? Ich sage nein und deshalb warne ich davor."

Stern: „Sind ihre Worte an mich gerichtet?"

Hoffmann: „Persönlich an Sie gerichtet. Ich glaube, die bürgerlichen Professoren sehr gut zu kennen. Ich habe mich sehr dafür eingesetzt, ein gutes Verhältnis zwischen dem Staatsapparat, dem Rektor und den Professoren herzustellen. Ich sehe nicht ein, dass alles das, was wir aufgebaut haben, infrage gestellt wird."

Stern: „Keine Staatsform zu keiner Zeit hat es jemals gestattet – ich erinnere an die Kirchengeschichte, wo selbst Theologen eingesperrt und enthauptet wurden. [...] Ich habe aus dem Zwang der Dinge heraus diese Entscheidung getroffen, die mir zugefallen ist, bis zur Klärung des Falles die Amtsenthebung und Suspendierung auszusprechen. Ich tue das hiermit."

Dieses 76seitige Protokoll vermittelt insgesamt eine gespenstische Atmosphäre.

Auch von der Senatssitzung am 26. April 1957 existiert solch genaues, dabei überlanges Protokoll. Leo Stern war hier nicht anwesend. An seiner Stelle leitete Prorektor Becker die Sitzung.

Prorektor Jahn sprach über die Lage an der Universität: Die Adenauer-Regierung wolle dazu übergehen, die westdeutsche NATO-Armee mit Atom- und Wasserstoffbomben auszurüsten. Hier habe sich Protest geregt, etwa der Appell der Göttinger Achtzehn, auch von Joliot Curie, Albert Schweitzer und dem Papst seien besorgte Wortmeldungen vernommen worden. In diesem Sinn habe sich auch die MLU geäußert: „Besonders die Entschließungen der Wirtschaftswissenschaftlichen, Medizinischen und Juristischen Fakultät, die Stellungnahme von Magnifizenz, von Frau Professor Paula Hertwig, Professor Lehmann, Professor Walter Hoffmann, Professor Siegmund-Schultze und Professor Piersig möchte ich hier aus der Fülle der Beispiele hervorheben." Allerdings hätten sich die Mitglieder der Mathematisch-Naturwissenschaftlichen Fakultät nicht beteiligt.

Senator Lehmann lockerte die Stimmung auf: „Ich möchte die Hilfe des Akademischen Senats in folgender Sache anrufen: Es geht um den Ruf unserer Universität. Aus der Sowjetunion wollen Leute bei uns studieren, ebenfalls aus Budapest, aus Prag, ja man kann alle Länder nennen. Aber es ist eher möglich, daß Studenten aus der Sowjetunion jetzt 3 Jahre in England studieren, als bei uns. Man kann offenbar leichter im kapitalistischen Ausland Theologie studieren als bei uns. [...] Man kann nirgends so gut Theologie studieren wie bei uns. Das hängt nicht nur mit uns strahlenden Persönlichkeiten zusammen, sondern auch bibliotheksmäßig."

Dann geht es abermals um Professor Holtz. Das Disziplinarverfahren hatte zwischenzeitlich stattgefunden, wozu Lekschas berichtete. Die Sitzung war öffentlich, Stern hat verschiedene Zuhörer eingeladen: Reichenbach, Paula Hertwig, Käubler, Herrmann, Büntig und Behnke waren gekommen. Das Ergebnis ist eine strenge Rüge für Holtz.

Zum Schluß der Sitzung wird eine Entschließung formuliert: *„Der Akademische Senat der Martin-Luther-Universität Halle-Wittenberg hat in seiner ersten Sitzung nach Bekanntwerden der mutigen Tat der 18 Göttinger Atomwissenschaftler Gelegenheit genommen, ihr Handeln zu würdigen. Dieses Manifest an das Weltgewissen hat die Menschheit aufgerüttelt. Wir begrüßen im Namen der ganzen Universität insbesondere, daß damit in entscheidender Stunde der Schritt vom Wort des Protestes zur Tat vollzogen worden ist.*

Der Akademische Senat gibt der Erwartung Ausdruck, daß sich die Wissenschaftler der Welt in die Gefolgschaft der Göttinger Forscher begeben und mit ihnen allem widerstehen, was die großartige Entdeckung der Atomenergie in einen Fluch verwandeln könnte."

Das Verbot von Westreisen für Studenten und Drohungen gegen „bürgerliche Professoren"

Die Senatssitzung am 24. Mai stand in ihrer Brisanz den vorhergehenden Zusammenkünften in nichts nach. Dabei ragt der Bericht über die Lage an der Universität des Prorektors Herrmann heraus. Sein Augenmerk galt dabei besonders der politischen Situation. Hier zentrale Gesichtspunkte: „Am 16. Mai 1957 erbrachte die Pressekonferenz an der Humboldt-Universität den Beweis, dass der amerikanische und französische Geheimdienst sowie das von Bonn finanzierte ‚Amt für gesamtdeutsche Studentenfragen' ein Komplott vorbereitet hatten, das dem Missbrauch von Studenten der Deutschen Demokratischen Republik durch westliche Geheimdienste dienen sollte.

Die Untersuchungen haben ergeben, dass Studenten der Humboldt-Universität in den Novembertagen des vorigen Jahres zu Ausschreitungen gegen unsere Arbeiter- und Bauern-Macht aufgewiegelt werden sollten.

Der offene Brief des Ministeriums für Staatssicherheit an den Lehrkörper und die Studentenschaft der Humboldt-Universität schildert den Ablauf der Ereignisse, die mit dem Scheitern des verbrecherischen Unternehmens und der Entlarvung der Agenten endeten. Sie alle, meine Herren, kennen die Ereignisse. Ich darf es mir daher ersparen, auf Einzelheiten einzugehen.

Magnifizenz und Herr Büntig haben an der Konferenz teilgenommen. [...] Die Informationen haben auch für die politische Lage an unserer Universität große Bedeutung. Sie führen uns zurück in die Tage der Konterrevolution in Ungarn. Damals gab es auch im Lehrkörper unserer Universität Schwankungen. Ich erinnere in diesem Zusammenhang an das Verhalten des Herrn Professor Dr. Keller, das der Senat seinerzeit gemißbilligt hat. Die kürzlich stattgefundene Wahl von Herrn Professor Dr. Keller zum Dekan der math.-nat. Fakultät wird aus diesem Grunde von vielen Kollegen des Lehrkörpers unserer Universität nicht verstanden.

Die auf der Pressekonferenz gegebenen Informationen bestätigen das, was wir schon im November vorigen Jahres vermutet hatten: Den Diskussionen und Forderungen der Studenten im Zusammenhang mit dem Russisch-Unterricht, im Zusammenhang mit dem Gewi-Grundstudium, der provokatorischen Streikandrohung des inzwischen exmatrikulierten westflüchtigen Studenten Barthold von der Fachrichtung Physik und anderen Provokationen lag eine planmäßige Störungstätigkeit westlicher Geheimdienststellen zu Grunde, von denen die Losung nach Abschaffung des Russisch-Unterrichts und des gesellschaftswissenschaftlichen Grundstudiums ausgingen. Das zur Zeit noch schwebende Disziplinarverfahren gegen den stud. med. Frühauf weist in Teilen seines Sachverhaltes deutliche Parallelen zu den Provokationen auf, die sich in Berlin ereigneten. So wie in Berlin wurde von Frühauf auch an unserer medizinischen Fakultät versucht, in einer FDJ-Versammlung zu den Ereignissen in Ungarn Stellung zu nehmen mit der Perspektive, durch Solidarisierung mit dem konterrevolutionären Putsch in Ungarn unter unseren Studenten Verwirrung zu stiften und Unruhen zu schaffen. Ganz ähnlich verhielt sich der inzwischen exmatrikulierte westflüchtige Student der Medizin Harald Lange. Noch weiter gingen die inzwischen beurlaubten Studenten der Landwirtschaft Adrian und Konetschni, die unter der Maske des Naturapostels und des Weltverbesserers die Landwirtschaftspolitik unserer Regierung böswillig kommentierten, die Maßnahmen der Regierung auf dem Gebiete des Gesundheitswesens herabzusetzen und zu entstellen versuchten und schließlich dazu übergingen, Funktionäre des Staatssekretariates für Hochschulwesen sowie des Zentralkomitees der Sozialistischen Einheitspartei zu verleumden. Vorgestern wurde der Student der Fachrichtung Chemie Bischoff wegen Verbrechens gegen die DDR nach Artikel 6 der Verfassung zu 1 Jahr und 6 Monaten Zuchthaus verurteilt. Trotz dieser Einzelfälle an unserer Universität darf man feststellen: Soweit einige Studenten bei uns irgendwelche Zersetzungsversuche unternahmen, haben sie dafür noch weniger als in der Humboldt-Universität eine Basis gefunden. […]“

Es ist zweifellos ein Glücksfall, dass Stern darauf bestanden hatte, dass jedes Wort in der Senatssitzung mitstenographiert wurde! So ist detailliert nachvollziehbar, was insbesondere nach dem Aufstand in Ungarn an der MLU passierte. Die Studenten, die sich öffentlich geäußert hatten, sahen sich massiver Verfolgung ausgesetzt. Und Ott-Heinrich Keller, der sich persönlich betroffen fühlte und dies ausdrückte, war der Partei ein Dorn im Auge, aber seine Fakultät schätzte ihn umso höher und wählte ihn zum Dekan!

Herrmann fuhr fort: „Es […] besteht für den Lehrkörper die erhöhte Pflicht, Maßnahmen zu beschließen, die jeden störenden Einfluß auf die Universität unmöglich machen.

Einige westdeutsche Universitäten haben bereits jetzt Studenten der DDR eingeladen, im Sommersemester zu Besuch nach Westdeutschland zu kommen. Welche Absichten mit solchen Einladungen verfolgt werden, geht daraus hervor, daß sich der Staatssekretär des Kaiser-Ministeriums erboten hat, den Aufenthalt der Studenten aus der DDR in Westdeutschland zu finanzieren. Jeder Student, der einer solchen Einladung Folge leistet, begibt sich damit in die Gefahr, sich den Werbern des Kaiser-Ministeriums auszuliefern, in das westliche Agentennetz verstrickt zu werden und dann eines Tages vor unseren Untersuchungsorganen zu stehen. Allein im Jahre 1956 erhielt das Amt für gesamtdeutsche Studentenfragen in Berlin-Dahlem, das eine Einrichtung des Kaiser-Ministeriums zur Zersetzung unserer Studenten ist, finanzielle Zuwendungen in Höhe von 96.000 DM. […]

Ein recht beträchtlicher Teil der Studenten an unserer Universität hat sehr deutlich auch die unmoralische Seite der Studentenreisen nach Westdeutschland erkannt. Sie haben sehr gut den Widerspruch begriffen, der darin besteht, daß die Bundesregierung ihre eigenen Studenten hungern läßt, während sie für Studenten aus der DDR Gelder bereitstellt, um sie dazu zu verlocken, ihre Ferien in Westdeutschland zu verbringen. [...]

So haben sich die Studenten des 3. Studienjahres der juristischen Fakultät entschlossen, grundsätzlich nicht mehr nach Westdeutschland zu fahren, bis die Agentenzentralen beseitigt und auch in Westdeutschland die Monopole entmachtet sind. Anläßlich einer Wählerversammlung haben vorgestern 54 Studenten der Fachrichtung Geschichte beschlossen: Wir fahren nicht nach Westdeutschland!

Als Antwort auf die Lockrufe aus Westdeutschland haben sich bisher über 800 Studenten unserer Universität verpflichtet, in einem Teil ihrer Ferien an Brennpunkten des sozialistischen Aufbaus zu helfen. Studenten der ABF I und II leisteten in Braunkohlebetrieben bereits 11.000 Arbeitsstunden. 60 Studenten der juristischen Fakultät arbeiteten 3 Wochen im Braunkohlenrevier Ammendorf, 19 Studenten der Fachrichtung Chemie, 108 Studenten der Fachrichtung Geschichte, 90 Studenten der Fachrichtung Germanistik, 60 Studenten der Landwirtschaft und viele andere wollen ihnen folgen. [...]

Herr Staatssekretär Dr. Girnus hat auf einer kürzlichen Besprechung der Prorektoren für Studienangelegenheiten erklärt, dass das Staatssekretariat für Hochschulwesen an einer Anweisung arbeitet, die sich mit einer Kontrolle der Reisen der Studenten in alle NATO-Staaten befasst. Danach werden bei dringenden familiären Anlässen, sofern es sich um nächste Verwandte handelt (Eltern, Großeltern, Kinder, Geschwister), Reisen in die NATO-Staaten genehmigt. Genehmigt werden Studienreisen der Studenten, deren Notwendigkeit vom Rektor bestätigt ist und die im Rahmen des allgemeinen Studienplanes liegen, ferner Reisen, die von gesellschaftlichen Organen der DDR im Dienste der friedlichen Annäherung zwischen der DDR und dem betreffenden Staat erfolgen. Der Antrag auf Genehmigung solcher Reisen ist 4 Wochen vorher schriftlich beim Prorektor einzureichen. Nur in dringenden Fällen sind Ausnahmen zulässig. *Bei Verstößen gegen diese Anweisung werden eindeutige Schlußfolgerungen gezogen werden*. Es handelt sich bei dieser Anweisung, die wir in wenigen Tagen erwarten, nicht um ein Verbot, sondern es geht darum, keine unkontrollierten Reisen von Studenten nach Westdeutschland zu gestatten. [...]

Vor jedem Angehörigen unseres Lehrkörpers steht jetzt die Aufgabe, gegen die menschheitsfeindliche und kriminelle Tätigkeit aufzutreten, wie sie unter dem Protektorat des Bonner Staates versucht wird, unsere Universitäten zu infiltrieren. Durch sein eigenes Beispiel, durch die Kraft seiner Persönlichkeit muß jeder Hochschullehrer den Studenten zeigen, Partei für den Fortschritt zu ergreifen. [...] Die FDJ ist gern bereit, den Lehrkörper dabei weitgehend zu unterstützen.“

Herrmann schloß mit einem Vorschlag: „Aus diesem Grunde sollte der Senat heute einen Beschluß erwägen

a) worin den Studenten empfohlen wird, auf Reisen in die NATO-Staaten zu verzichten,
b) wonach sowohl unsere heutige Beratung über die Reisen der Studenten in die NATO-Staaten als auch die erwartete Anweisung des Staatssekretariates für Hochschulwesen eingehend in den Sitzungen der Räte der Fakultäten zu behandeln sind."

Nach diesem 29seitigen Referat Herrmanns schildert Büntig seine Eindrücke von der Konferenz. Als dann die Diskussion freigegeben ist für alle, fragt Dekan Häusler vorsichtig: „Ich möchte nur fragen: es wird gesprochen von den Reisen der Studenten, bezieht sich das auch auf die Reisen des Lehrkörpers, also der Assistenten usw.?"

Prorektor Dr. Herrmann: „In der Anweisung wird nur von Reisen der Studenten gesprochen, nicht vom Lehrkörper." Häusler fragt vorsichtshalber noch einmal nach: „Wenn Assistenten meiner Fakultät den Wunsch hätten zu reisen, brauche ich ihnen nicht abzuraten." Stern entscheidet: „Wenn das sachlich begründet ist und der Institutsdirektor diese Reise billigt, dann ist dem stattzugeben."

Lekschas berichtete anschließend von einer Tagung der Bezirksbehörde der Deutschen Volkspolizei, wo er erfahren hatte, „daß durch die westlichen Agenten-Organisationen, die bei uns in der Deutschen Demokratischen Republik einen konterrevolutionären Putsch inszenieren möchten, Berlin und Halle als die Schwerpunkte betrachtet werden".

Er malt die Gefahr aus dem Westen in düsteren Farben aus und dann teilt mit: „So mussten wir einen Studenten ausschließen, weil er bei den Agenten-Auffangstellen 10,– oder 100,– Mark in Empfang genommen hat. Desweiteren hatten wir eine Exmatrikulation, weil er durch den Kauf von Waren in Westberlin die Vorschriften über den innerdeutschen Warenverkehr verletzt hat. Es sind auch noch andere Studenten sehr ernst zur Rechenschaft zu ziehen, die sich in ähnlicher Weise vergangen haben. Aber es ist dadurch ebenfalls festzustellen, daß unsere Studenten nicht die Lage begriffen haben, nur die Oberfläche sehen und mit falschen Einstellungen zurückkehrten von den Privatreisen."

Nach diesem Tagesordnungspunkt richtet der Verwaltungsdirektor Jacobson den Blick wieder auf Ott-Heinrich Keller und dessen Fakultät: „Was mich sehr erschüttert hat, ist die Tatsache, dass die Mathematisch-Naturwissenschaftliche Fakultät zu ihrem Dekan Herrn Prof. Keller gewählt hat. Er ist ein angesehener Wissenschaftler, aber er steht meiner Meinung nach nicht ganz auf dem Boden unserer Republik und wenn er eine Fakultät vertreten soll, dann bin ich der Meinung, dass das nicht richtig ist. Ich möchte sogar sagen, daß es vielleicht richtig wäre, wenn wir – wir können nicht

Ott-Heinrich Keller[47] während einer Vorlesung

anders – dem Staatssekretariat vorschlagen bzw. die Empfehlung geben, eine Bestätigung nicht vorzunehmen. Ich halte es von meiner Seite aus für nicht opportun, daß so etwas an unserer Universität geschieht."

Dieser Vorschlag ist brisant. Denn er bedeutet nichts anderes, als den Fakultätsmitgliedern die Möglichkeit zu entziehen, ihren Vertreter selbst zu wählen. Jacobson hatte wohl auch nicht verstanden, dass die Naturwissenschaftler Keller ganz bewusst gewählt hatten, und dass die meisten von ihnen „nicht ganz auf dem Boden unserer Republik" standen.

Doch nun schlug auch Prorektor Jahn vor, das Staatssekretariat zu bitten, die Wahl von Keller zum Dekan nicht zu bestätigen. Häusler kommentierte dazu: „Wenn ich mich recht entsinne, ist Prof. Keller der Herr, der den falschen Anzug und den falschen Schlips zur falschen Gelegenheit trug und praktisch gegen den Staat auftrat. Die Diplomatie ist mir daher unbegreiflich, wie er jetzt als Vertreter dieses Staates, nämlich der Mathematisch-Naturwissenschaftlichen Fakultät präsentiert werden kann. Das kann irgendwie falsch aufgefasst werden. [...]"

Damit ist Professor Messerschmidt gefragt, der Prodekan der Fakultät. Er sagt: „Die Dekan-Wahl ist ein sehr schwieriges Problem [...] es sind praktisch immer 3 Fragen zu klären: Wer kann, wer möchte, wer darf? Die Fakultät steht bei uns auf dem Standpunkt, daß einer, der es bereits einmal war, nicht noch einmal gewählt werden sollte. Auf diese Weise scheiden bereits 4 Angehörige der Fakultät aus, dann sind auch eine Reihe von Herren da, von denen man sagen muß, daß sie verhandlungsmäßig nicht allzu geschickt sind.

Die Zahl, die wirklich infrage käme, schmilzt dabei wirklich zusammen. Viele davon sind laufend unterwegs, so daß es auch wenig Zweck hätte, sie für diesen Posten in Aussicht zu nehmen. Wenn man also die Reihen durchsieht, bleiben praktisch nur Herr Hüsing[48] und Herr Keller übrig. Wenn Herr Prof. Mothes in Halle wohnen würde, hätten gar keine Zweifel bestanden, ihn für die Wahl vorzuschlagen. [...] Herr Hüsing ist noch sehr jung in der Fakultät. Es ist daher gewählt worden zwischen Herrn Hüsing und Herrn Keller. Wir nahmen an, daß infolgedessen, daß Herr Keller jetzt in

47 Wir danken Dr. Wolfgang Keller für die Überlassung dieses Photos seines Vaters.

48 Johannes Otto Hüsing (1912–1990), Zoologe.

Leningrad gewesen ist, es doch so aussieht, als ob über die Angelegenheit schon wieder etwas Gras gewachsen ist."

Rektor Stern: „Das Gras war ich, ich habe es Herrn Keller praktisch erlaubt."

Prodekan Messerschmidt: „Ich möchte aber doch bemerken, daß frühere Vorkommnisse in der Fakultät gewesen sind, aber diese Fälle schienen unkrauthaltig zu sein, so daß nie wieder Gras wächst. Die betreffenden Personen werden immer wieder aus der Versenkung geholt, was m. E. nicht nötig ist. Die Fakultät ist sich klar gewesen, daß bei Herrn Keller die Frage ‚wer darfs' Schwierigkeiten bereiten dürfte. Die Wahl ist aber trotzdem erfolgt. Herr Hüsing hatte 7 Stimmen, Keller 13 Stimmen und Käubler 1 Stimme. Das Wahlergebnis zeigt, daß doch der Glauben bestand, daß auf Grund der Reise nach Leningrad Gras gewachsen sein konnte."

Stern fügt nun hinzu, dass es sich in Leningrad um den 250. Geburtstag von Leonhard Euler[49] gehandelt hatte, dass Keller schon lange gemeldet war – auch als Delegationsleiter, das konnte man nicht mehr rückgängig machen. Und er fährt fort, „[...] ich glaube aber nicht, daß so rasch über einen solchen Schlips Gras gewachsen ist. [...] Leningrad ist nicht Mekka und kann nicht Absolution für Sünden sein, die begangen worden sind; das wird Herr Keller bestimmt verstehen."

Die Verhaftung von vier Russischlektoren

Knapp vier Wochen nach der eben skizzierten Senatssitzung, am 17. Juni 1957, wurden vier Lektoren für russische Sprache vom Staatssicherheitsdienst verhaftet: Charlotte Kossuth, Harro Lucht, Harry Schmidtke und Hartmut Harreß.

Charlotte Kossuth fasste im Januar 2008 die Ursachen, Umstände und Hintergründe der Verhaftungen folgendermaßen zusammen: „Nach dem XX. Parteitag der KPdSU kam es an der Universität Halle zu kontroversen Diskussionen: über die Enthüllungen Chrustschows[50] und notwendige Konsequenzen auch für die DDR. Ich war damals im Rahmen des Grundstudiums in der Abteilung Sprachunterricht als Lektorin für Russisch und Englisch tätig und nahm innerhalb der dortigen SED-Parteigruppe an diesen zunächst offiziell geduldeten Diskussionen teil. Wir kritisierten vor allem die ungenügende Information – die Chrustschow-Rede war nur in der Westpresse

49 Leonhard Euler (1707–1783), Mathematiker.

50 Nikita Sergejewitsch Chruschtschow (1894–1971), 1953–1964 erster Sekretär der KPdSU und von 1958 bis 1964 Ministerpräsident. Auf dem XX. Parteitag im Februar 1956 leitete er mit seiner „Geheimrede" über den Machtmißbrauch Stalins und den ihn umgebenden Personenkult die Entstalinisierung ein.

abgedruckt – und das Verhalten der obersten Parteiführung, die zwar von ‚unten' ständig Selbstkritik forderte, aber keine Stellung zu eigenem Fehlverhalten bezog. Wir organisierten Aussprachen mit Vertretern des ND, die zu keinem Ergebnis führten, trugen die Diskussionen in Parteiversammlungen, wobei uns viele, zumindest in Privatgesprächen, unterstützten.

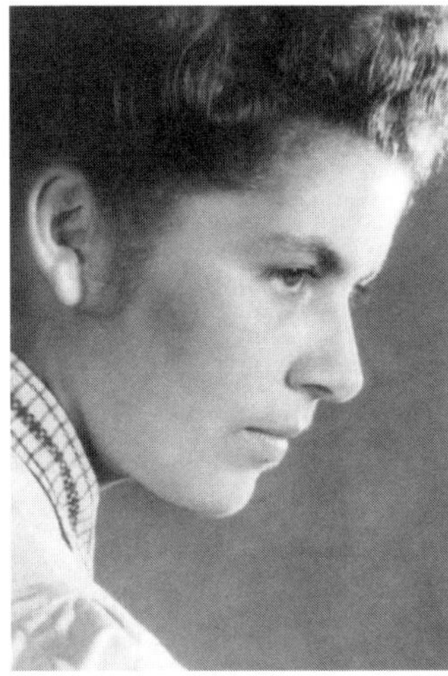

Charlotte Kossuth[51]

Nach einiger Zeit wurde uns bedeutet, es sei Zeit, die Diskussionen zu beenden, da wegen der Ereignisse in Polen und Ungarn Gefahr für den Bestand der DDR bestehe. Da uns diese Anweisungen nicht überzeugten und wir uns ihnen nicht fügten, erschienen im Juni 1957 Vertreter des ZK, die von uns forderten, uns von bisherigen Äußerungen zu distanzieren und einen Kollegen – er hatte die unter uns kursierenden Ausschnitte aus der Westpresse und das uns sehr bewegende Buch von Wolfgang Leonhard ‚Die Revolution entlässt ihre Kinder' besorgt – zum ‚Alleinschuldigen' zu deklarieren. Wer das dann tat, blieb im wesentlichen unbehelligt, wurde nur noch zu Vernehmungen benötigt. Vier Mitglieder der ehemaligen Parteigruppe, Dr. Harro Lucht, Harry Schmidtke, Hartmut Harreß und ich, wurden kurz darauf, am 17.6.57, von der Staatssicherheit verhaftet und verbrachten zunächst anderthalb Jahre in Untersuchungshaft. In der Zwischenzeit wurde in Leipzig eine ähnliche Gruppe verhaftet, zu der auch der Schriftsteller Erich Loest gehörte.

Vorgeworfen wurde uns allen, eine ‚staatsfeindliche Gruppe' gebildet zu haben, die sich die Plattform von Harich[52] zu eigen gemacht hatte. Angeblich hätten wir das

51 Wir danken Frau Charlotte Kossuth für die Überlassung dieses Photos.

52 Wolfgang Harich (1923–1995), Philosoph, Publizist, 1948 Lehrbeauftragter für marxistische Philosophie an der Pädagogischen bzw. Gesellschaftswissenschaftlichen Fakultät der HU Berlin, nebenberuflich Lektoratsarbeit beim Aufbau-Verlag. Er „konzipierte in der kurzen ‚Tauwetter-Periode' nach dem XX. KPdSU-Parteitag im Herbst 1956 eine ‚Plattform für einen bes. dt. Weg zum Soz.', zur soz. Demokratisierung der DDR sowie zur ‚friedl. (demokrat.-soz.) Wiedervereinigung Dtl.'; daraufhin am 29.11.1956 Verhaftung durch das MfS u. im März 1957 in einem Schauprozeß Verurteilung durch das Oberste Gericht der DDR zu zehn Jahren Zuchthaus wegen ‚Bildung einer konspirativ-staatsfeindl./konterrev. Gruppe', zu der noch der damalige Ltr. Des Aufbau-Verlages Walter Janka u. die Red. der Ztschr. ‚Sonntag' Gustav Just u. Heinz Zöger gehörten, die ebenfalls verurteilt wurden; Ende 1964 nach einer Amnestie freigelassen u. seit 1965 ohne feste Anstellung." (Müller-Enbergs et al. 2001).

Ziel verfolgt, ‚die Regierung und die Staats- und Gesellschaftsordnung der DDR mit Hilfe planmäßiger Untergrabung zu beseitigen und ein konterrevolutionäres Regime zu errichten'.

Daß wir unmittelbar nach der Verhaftung fristlos aus unserem Arbeitsverhältnis entlassen und aus der Partei ausgeschlossen wurden, versteht sich wohl von selbst.

Die Anklageschrift wurde mir Weihnachten 1958 für einige Stunden in einer Einzelzelle überlassen. Meine Rechtsanwältin schadete mir im Prozeß dann mehr, als dass sie mir half, denn sie hinderte mich, gegen einen unzutreffenden Vorwurf zu protestieren, zu dem sie selbst dann nicht mehr Stellung bezog. Ein Urteil wurde mir nie ausgehändigt, ich erhielt trotz Bitten auch keine Bescheinigung über die Haftzeit.

Mir persönlich wurde – soweit ich mich erinnere – vorgeworfen:

1. Zusammenkünfte einer ‚illegalen staatsfeindlichen Gruppe' organisiert zu haben. (Wir trafen uns bisweilen im Freundeskreis bei uns zu Hause, diskutierten da u.a. uns bewegende Fragen, also auch Leonhards Buch und Zeitungsausschnitte aus dem ‚Spiegel', der ‚Welt' und ‚Christ und Welt'. Einmal – das war besonders belastend – nahm an solch einem Beisammensein auch ein Pole teil, der Ehemann einer Kollegin. Daß die Anregung für dieses Treffen von meinem Mann ausging, wurde trotz seiner Aussage nicht zur Kenntnis genommen. Ich hatte allerdings ‚zugegeben', die Einladung ausgesprochen zu haben, da es mir darauf auch nicht mehr ankam.)
2. Teilnahme an ‚partei- und staatsfeindlichen' Diskussionen, Forderung nach umfassender Information, wissenschaftlichem Meinungsstreit, Ablösung von ‚stalinistischen' Funktionären.
3. Lektüre und Weitergabe von westlicher Literatur.
4. Versuch einer Kontaktaufnahme zu Wolfgang Leonhard in England.

(Wir wollten die in England lebende Schwester meines Mannes besuchen. Als Dr. Lucht einmal beiläufig zu mir sagte, dann könne ich ja mit W. L. sprechen, lehnte ich zwar sofort ab, weil mir das gefährlich schien, es blieb aber als Anklagepunkt erhalten.)

Nach der Entlassung aus der Haft – die letzten zwei Monate blieb ich unter etwas besseren Bedingungen bei der Stasi – kam für mich eine Arbeit im pädagogischen Bereich nicht mehr in Frage. Die Stasi, die mich zum Abschied mahnte, ein zweites Mal würde ich nicht so ‚glimpflich' davonkommen, riet mir zwar, von weiterer Berufstätigkeit Abstand zu nehmen, ich zog aber vor, für einige Zeit als Montiererin im EAW[53] Treptow zu arbeiten. Später fand ich nach etlichen vergeblichen Versuchen Arbeit im Aufbau-Verlag.

53 Elektroanlagenwerk.

Bis zu meiner Rente war ich im Aufbau-Verlag als Lektorin und Redakteurin vorwiegend auf dem Gebiet der russischen klassischen und der frühen Sowjetliteratur tätig. Ich begann selbständig als Übersetzerin zu arbeiten (Aitmatow, Granin, Nagibin, Bunin etc.), war auch als Rentnerin noch bis zu meinem 76. Lebensjahr als Übersetzerin dann für den Unionsverlag Zürich tätig. [...]

Ich war während der gesamten Haftzeit im ‚Roten Ochsen' in Halle – anderthalb Jahre dauerte die Untersuchungshaft, die zwei Monate nach der Verurteilung saß ich – wohl, weil sich eine Verlegung nicht mehr lohnte – unter etwas leichteren Bedingungen ebendort."

Wie wurde das Urteil begründet? „Wir haben nie eine schriftliche Ausfertigung unseres Urteils erhalten, selbst meine Bitte, mir wegen freiwilliger Renten-Nachzahlungen eine solche auszuhändigen, blieb unbeantwortet. Verurteilt wurden wir auf Grund eines Paragraphen 13 des Strafrechtsergänzungsgesetzes, das es zum Zeitpunkt unserer Verhaftung noch gar nicht gab."

Haben Hochschullehrer sich für Sie eingesetzt und an der Verhandlung teilgenommen? „Mir ist nicht bekannt, dass sich je ein Hochschullehrer für uns eingesetzt hätte. Allein mein Mann, obwohl selbst knapp einer Verhaftung entgangen, hatte sich an alle möglichen Instanzen bis hin zu Walter Ulbricht gewandt. Wie wenig selbst Hochschullehrer über Vorgänge an der Universität informiert waren, könnten Sie auch bei Victor Klemperer ‚Tagebücher 2' nachlesen, der immerhin Hartmut Harreß als Doktorand betreute und durch seinen Schwager, einen Slawisten, einen gewissen Einblick hatte. Eine scharfe Anklagerede gegen die Inhaftierten soll Kurt Hager vor unserer Verurteilung in Halle gehalten haben – Studenten berichteten mir später, mir sei sogar Spionage vorgeworfen worden. Wer hätte sich da für uns einsetzen sollen!"

Wie erfolgte die Aufhebung der Urteile 1990? „Nach der Kassation des Urteils gegen ‚Walter Janka und andere' beantragte ich am 10.12.1989 beim Generalstaatsanwalt die Kassation des Urteils vom 23.12.1958. Die Kassation erfolgte am 26.02.1990."[54]

Auch Dr. Harro Lucht hat später wichtige Einzelheiten dieser Entwicklungen aufgezeichnet. Er war 1947 von Hamburg nach Halle gekommen, wo er Slawistik studieren wollte. Seinen Wechsel nach Halle beschreibt er so: „Da ich politisch links orientiert war (zwei Disziplinarverfahren in der NS-Zeit, aktive Mitarbeit in der kommunistischen Studentengruppe), fiel es mir leicht, nach zwei Semestern meine Übersiedlung nach Halle/Saale zu realisieren. Dorthin wurden zeitgleich mit Hilfe der Partei auch andere Hamburger Jugendliche delegiert: an die ABF. Daß ich bald darauf

54 Alle Zitate stammen aus dem Brief von Charlotte Kossuth an Sybille Gerstengarbe vom 29.1.2008. Sie beantwortete darin die zitierten Fragen.

Harro Lucht[55]

dortselbst noch als Student Russischunterricht erteilen durfte, musste mir – verglichen mit der Situation in Hamburg – als eindrucksvolle Bestätigung meines Wechsels erscheinen. Unter den Schülern war dann auch noch meine jetzige Frau (Heirat 1949).

Nach drei Jahren Hauptfachstudium schickte man mich und einige weitere Hallenser Slawisten nach Berlin zu einem Sonderlehrgang zur Heranbildung von Hochschullehrern unseres Fachbereichs, wo wir 1951 das Staatsexamen (plus Diplom) ablegten. Nach Halle zurückgekehrt, wurde ich in die planmäßige wissenschaftliche Aspirantur aufgenommen, die mit der Doktorpromotion 1956 abschloß.

1951 Übernahme eines Lehrauftrages für sowjetische Literatur, dessen Vorlesungen auch von den Germanistik-Studenten besucht werden mussten. Seit 1955 Lektor für Russisch an der Abteilung Sprachunterricht, wobei ich es mit denselben Germanisten zu tun hatte.

Politisch wurde ich gleich nach meiner Ankunft in Halle 1947 in der SED-Grundorganisation Phil. Fak. aktiv, war dort zuerst ‚Vorsitzender' (damalige Bezeichnung), später Leitungsmitglied. Als Lektor dann nur noch in der Parteigruppe tätig. Nach einem Jahrzehnt überzeugter Mitgliedschaft kam es 1956/57 durch den XX. Parteitag der KPdSU zu den ersten starken Zweifeln an dieser Art von Sozialismus, die ich nun in der einen oder anderen unerwünschten Weise in Umlauf brachte – mit den bekannten Folgen.

Nach Haftentlassung im September 1964 scheiterten zunächst alle Versuche (Briefe an Verlage u.a.), eine Tätigkeit als Übersetzer aufzunehmen. Die punktuell aufscheinende Möglichkeit, an der EOS[56] ‚Thomas Müntzer' einen ausgefallenen Russischlehrer zu ersetzen, scheiterte sofort nach Bekanntwerden meiner Vergangenheit. So blieb es – neben einer nur zweimonatigen Beschäftigung im VEB Chemische Werke Buna – bei sehr sporadischen Gelegenheitsarbeiten wie kleine Übersetzungen für ‚Presse der Sowjetunion', ‚Kunst und Literatur' und ähnliches, die zum Lebensunterhalt nicht ausreichten. Dieser wurde nur durch die Ersparnisse meiner sparsamen Frau gewährleistet.

Erst 1968 wurde ich offenbar durch Vermittlung staatlicher Organe beim Rat des Bezirkes, Abteilung Kultur, als Redakteur einer kurz zuvor ins Leben gerufenen Monatszeitschrift eingesetzt, die 1972 aus ökonomischen Gründen eingestellt wurde.

55 Wir danken Dr. Harro Lucht für die beiden in der Dokumentation abgedruckten Photos.

56 EOS: Erweiterte Oberschule, führte in der DDR zum Abitur.

1973 bin ich auf ein Angebot des Berliner Akademie-Verlags eingegangen, als freiberuflicher Übersetzer im Bereich Philosophie und Literaturwissenschaft mit vertraglich gesichertem Honorarfixum zu arbeiten. Auf Grund später eintretender Auftragsabschwächung Übergang zu anderen Verlagen, vor allem Dietz und Aufbau.

Die 1980er Jahre markieren den letzten und zugleich erfreulichsten Abschnitt meiner Berufstätigkeit: die redaktionelle Mitwirkung an den von der Leipziger Theaterhochschule herausgegebenen ‚Informationsdiensten'. Diese ganz auf mich zugeschnittene Tätigkeit war begleitet von einer sehr wohlwollenden Einstellung der leitenden Personen, so dass ich dort ganz uneingeschränkt meine wiedererlangte Gleichstellung empfinden konnte. Dem entsprach die auf eigenen Wunsch verlängerte Mitarbeit über den Renteneintritt hinaus."[57]

Victor Klemperer, der an der Martin-Luther-Universität lehrte, notierte in seinen Tagebüchern auch die Verhaftungen der Russischlektoren. Unter dem Datum 1. Juli 1957 findet sich folgender Eintrag: „Am Di, 25. Juni, in Halle. Das Kontingent der Neu-Studenten. Zehn bewilligt (auch für Berlin und Leipzig nicht viel mehr), davon drei unmöglich – ohne frz. ohne lat. Kenntnisse. – Der ‚geholte' Harreß. Doctorand, Genosse, russisch-Lektor. Eine Gruppe ist ‚geholt' worden – Flugblätter – Haussuchungen. Seine Frau (zwei Kinder!) hat auch bei mir studiert, kam erzählen."[58]

Am 10. Oktober 1957 schreibt Klemperer in sein Tagebuch: „Ich besuchte in seinem Amtszimmer den Prorektor Jahn. Die Sache *Wolter.* Die Partei hat Bedenken ihn zum Lektor (u. damit zum pensionsberechtigten Beamten) zu machen: er sei politisch zu lau, zu ‚labil', bei einer Versammlung um die Gruppenverhaftung herum (Lucht, *Harress* etc) scheint er sich sehr zurückgehalten zu haben. Ich: er sei tüchtig, zuverlässig, ehrlich. Mir sei ein ehrlicher NDP-Mann lieber als ein 150 %iger Konvertit. Man will überprüfen. [...] Jahn sagt, die Gruppe habe nicht bloß gegen Ulbricht agitiert; man scheint ihr nachweisen zu können, dass sie Beseitigung der ganzen Regierung, ev. mit Gewalt, angestrebt habe – es werde auf hohe Zuchthausstrafen hinauslaufen."[59]

Am 26. Dezember 1958 wusste Klemperer schon, wie der Prozess ausgegangen war: „Zweiter Faktor mit Doppelbewirkung auf diese Weihnacht: unmittelbar vorher, am 23.XII., Urteil in dem Hallenser-Leipziger Studentenprozeß – Harreß, die beiden Schröder – zwei bis zehn Jahre Zuchthaus. Das würde ein ganzes Capitel meines Curr. ergeben. Wie die Frau Harreß zu mir kam, wie seine Dissertation bei mir liegt – die beiden Schröders – hier auf Gottfried übergreifend, den man verhört, der jetzt Zeuge

57 Diese Informationen entstammen einem Brief von Dr. Harro Lucht vom 27. März 2008 an Sybille Gerstengarbe.

58 Klemperer 1999, Band II, S. 631.

59 Ebd., S. 655.

war – die Angst der Eltern Kirchner. […] Bisher weiß man nur Andeutungen durch Telefonat mit Gottfried (sain et sauf), durch summarische Äußerungen des Rias; unsere Zeitungen schweigen. Doppelte Wirkung auf unser Weihnachtsfest. Einerseits verdüsternd. Andrerseits: Gottfried scheint sozusagen gerettet. Und ebenso andrerseits: ich kann weniger als je gegen die verbitterte Ostfeindlichkeit der Kirchners sagen, weil auch mich unser Regime immer mehr anwidert. Ohne dass freilich der Westen mir attraktiver würde."[60]

Wenig später wusste er Genaueres. Am 18. Januar 1959 schreibt Klemperer: „[…] Gottfried war als Zeuge in dem schändlichen Prozeß gegen die Studentengruppe Halle-Leipzig verwickelt, die gegen den Diktator Ulbricht conspiriert haben sollte. Darunter mein Doctorand Harres, dessen Dissertation über Vogüé bei uns lag, um sie vor Confiscation zu schützen. Die Leute haben fast anderthalb Jahre in Untersuchungshaft gesessen. Gottfried, einmal von der ‚Staatssicherheit' verhört, immer in Gefahr, selber verhaftet zu werden. Er hatte der Frau seines Freundes Schröder (?) geholfen, hatte Korrespondenz etc. Die Gruppe hat jetzt Strafen bis zu 10 Jahren Zuchthaus bekommen – das ging nur durch den Rias, nicht durch unsere Sender u. Blätter. Ständige Angst der Schwiegereltern, die auch jetzt nicht beruhigt sind. […] Spannungen u. Konflikte wie in der Nazizeit. […] Harreß ist milde weggekommen. Etwa anderthalb Jahre, die zum größten Teil durch vorherige Haft verbüßt. Faktisch kann die ganze Gruppe nichts Ernstliches verbrochen haben. Nichts als Discussionen / Ulbricht untereinander. Zu allem andern fehlte die Macht, Verbindungen mit Bonn kamen gar nicht in Frage."[61]

Mitte März 1959 notiert Klemperer schließlich: „Neuer Willkürfall: Naumann, Ordinarius, Jena. […] plötzlich gestürzt. Soll um die Affaire gewusst haben, in der neulich Schröder, Harreß usw. abgeurteilt wurden, die über Gottfried schwebte u. jetzt beendet schien. Aus der Partei gestoßen, zum Oberschullehrer degradiert. Ohne Rechtsverfahren. Und Degradation zum Schullehrer? Wie wirkt das auf die Lehrer, wie wirkt er selber auf die Schuljugend?"[62]

Unter dem Datum 25. März 1959 ist schließlich festgehalten: „In Halle gestern besuchte mich Harreß, der jetzt aus dem Gefängnis Entlassene. 38 Jahre, 2 Kinder. Er sagt, er sei zu dieser Strafe – Verschwörung gegen den Staat! – gekommen, wie die Magd zum Kinde. Er ist ein ganz unpolitischer Mensch. Er will jetzt als Übersetzer tätig sein. Lektoren etc. werden gebraucht. Wenn man den Strafvermerk in seinem Paß sieht, lehnt man ihn ab. Cf Jean Valjean bei der Rückkehr aus dem Bagno."[63]

60 Ebd., S. 732.
61 Ebd., S. 734–735.
62 Ebd., S. 741.
63 Ebd., S. 742.

Victor Klemperer wusste offenbar nicht, was wirklich zu den Verhaftungen geführt hatte – er kannte die Vorgänge offenbar vor allem aus den RIAS-Berichten und hörte einen der Betroffenen nach der Haft.

Erich Loest, der zur selben Zeit wie die vier Russischlektoren verhaftet wurde, beschreibt in seinen Büchern „Durch die Erde ein Riß" und „Prozesskosten" sehr eindrucksvoll die Vorgeschichte und seine eigene Haftzeit. Über die halleschen Slawisten finden wir: „Im Juni besuchte ihn [Erich Loest] ein Freund: In Halle sei ein halbes Dutzend Slawisten verhaftet worden, ‚Leute von uns', die Frau des einen hätte vor kurzem Zwillinge geboren, es fehle an Geld. [...] Ende Juni wurden Janka, Just und Zöger abgeurteilt. Aus dem Harich-Prozeß hatte Janka ausgeklammert werden müssen, in seiner Renitenz hätte er alle Ablaufpläne verdorben. Gegen den Richter Melsheimer wehrte sich ein Mann, der schon bei den Nazis in Bautzen gesessen hatte und ausgebürgert worden war. Im Spanischen Bürgerkrieg hatte er als Offizier eine Stoßeinheit geführt, wurde verwundet, entkam nach Frankreich und von dort nach Mexiko. Seine Emigrationsgefährten waren Anna Seghers, Alexander Abusch, Ludwig Renn und Paul Merker. Mit ihnen kehrte er heim in die DDR, war Merkers Sekretär und danach Leiter des Aufbau-Verlages."[64]

Auch Erich Loest war, wie die vier halleschen Russischlektoren und wie viele andere auf der Liste der Verhafteten der MLU Mitglied der SED gewesen. Er beschreibt seinen Eintritt in die Partei so: „In diesem Winter trat er in die SED ein. Er war Journalist einer Parteizeitung und arbeitete im Hause einer Kreisleitung, alle um ihn waren Genossen und nahmen ohnehin an, er sei Genosse, und behandelten ihn so. Es ging um den Frieden, den Frieden, alles andere war zweitrangig. Der Imperialismus hatte die Welt in zwei Kriege gestürzt, der dritte drohte, nun mussten alle Gegner des Faschismus und des Imperialismus zusammenstehen. Am energischsten im Friedenskampf, im Aufbaukampf war die SED. Täglich begegnete er Menschen, die Antifaschisten waren ihr Leben lang und ihn ohne Vorbehalt aufnahmen, integere Frauen und Männer. Viele kamen aus der SPD, nicht so viele aus der KPD, manche aus Splittergruppen. Die jüngeren waren Kinder von organisierten Arbeitern. Sein Vater war Eisenwarenhändler, er selbst war Jungvolkführer und Reserveoffiziersbewerber gewesen – jetzt bist du für uns, sagten sie, arbeitest mit uns, was sollen die alten Geschichten. Die Aufnahme in die SED dauerte eine Viertelstunde und war absolut unfeierlich, sie war ein selbstverständlicher Schritt nach anderen und vor anderen, sie kostete keine Überwindung und war ein formeller Akt. Sein Ausschluß elf Jahre später war organisatorisch und seelisch tausendmal aufwendiger."[65]

---

64 Loest: „Durch die Erde ein Riß", 1981/90, S. 309.

65 Ebd., S. 126; es war der Winter 1946/47, über den er hier schreibt.

Jene vier Russischlektoren, die hier verhaftet worden waren, sind ein Beispiel dafür, dass die Partei sofort ihre eigenen Mitglieder verfolgte, sobald diese sich kritisch äußerten. In den fünfziger Jahren war der Staat aller Kritik gegenüber besonders nervös. Machterhalt und politische Stabilität genossen oberste Priorität. Folgerichtig verließen zwei der vormaligen Lektoren, Harry Schmidtke und Hartmut Harreß, nach der Haftentlassung die DDR. Charlotte Kossuth und Dr. Harro Lucht blieben im Lande. Beide hatten keine Gelegenheit mehr, zu lehren, sie hatten nur noch die Möglichkeit, bei einem Verlag zu arbeiten und ihre Sprachbegabung zu nutzen. Die Zeit der Haft war für alle, wie es auch Erich Loest beschreibt, eine schwere Zeit.

In den Akten des MfS befindet sich die 31seitige Anklageschrift vom 8. Dezember 1958 gegen Winfried Schröder, Ruth Hötzsch, Silka Ruzicka, Charlotte Kossuth und Hartmut Harreß.[66] Hier einige Auszüge daraus: „In den Jahren 1956 und 1957 kam es zur Bildung konterrevolutionärer Gruppen in Leipzig und Halle, die in engster Verbindung und Zusammenarbeit mit dem konterrevolutionären Zentrum Harich-Janka in Berlin standen. Die konterrevolutionäre Tätigkeit dieser staatsfeindlichen Gruppen bestand darin, daß sie sich 1. eine staatsfeindliche Konzeption schufen und 2. diese staatsfeindliche Konzeption durchsetzten mit dem staatsverräterischen Ziel, die Staats- und Gesellschaftsordnung der DDR durch planmäßige Untergrabung zu beseitigen und ein konterrevolutionäres Regime zu errichten.

Die Beschuldigten haben an der Tätigkeit dieser staatsfeindlichen Gruppen mitgewirkt, die einmal in Leipzig von den Staatsverrätern Ralf Schröder – Erich Loest – Ronald Lötzsch und in Halle von den Staatsverrätern Harro Lucht und Harry Schmidtke geführt wurden.[67] […] Unmittelbar nach dem Bekanntwerden von Luchts Verhaftung empfahl der Staatsverräter Ralf Schröder die Organisierung einer Geldsammlung zur Unterstützung der Ehefrau des Lucht. Diese Aktion wurde von den Mitgliedern der staatsfeindlichen Gruppe ‚Rote Hilfe' genannt. Das ist eine ungeheuerliche Diskriminierung der in der Geschichte der Arbeiterbewegung bekannt gewordenen Einrichtung der internationalen proletarischen Solidarität.[68] […] Die konterrevolutionären Störversuche im Jahre 1956 in der Volksrepublik Polen und der Putschversuch im gleichen Jahr in der Volksrepublik Ungarn wurden von den Mitgliedern der konterrevolutionären Gruppe in Leipzig eifrig besprochen. Auf Grund der einseitigen Information der Gruppenmitglieder durch die feindlichen Nachrichtensendungen westlicher Rundfunkstationen waren sie der Meinung, daß die Situation in Polen von der Regierung der DDR und der SED nicht richtig eingeschätzt wird. Sie schlußfolgerten, daß deshalb auch in der DDR Fehler gemacht werden."

66 BStU, MfS AS 452/62, ab Bl. 1 ff, 13. Ausfertigung Staatsanwalt des Bezirkes Halle an BG 1. Strafsenat.
67 Ebd., Bl. 7.
68 Ebd., Bl. 9.

Die Forderungen der Gruppe hätten nach diesen Aufzeichnungen des MfS in folgendem bestanden:
„1) Personelle Veränderungen im Staats- und Parteiapparat
Das bedeutet Ablösung des 1. Sekretärs des ZK der SED, Walter Ulbricht, Ablösung aller anderen Mitglieder der SED, die konsequente Vertreter des Marxismus-Leninismus waren und die als sogenannte ‚Stalinisten' und ‚Apparatschiki' verleumdet wurden.
2) Änderung der ideologischen Arbeit
Hierunter wurde verstanden, daß in der Agitation und Propaganda keine kämpferischen Auseinandersetzungen mit feindlichen Ideologien stattfinden sollten.
3) Veränderung der Pressearbeit
Es sollte schneller und umfassender im Sinne der kapitalistischen Berichterstattung berichtet werden.
4) Beseitigung des ‚Gesinnungsterrors'
Darunter wurde die Zulassung feindlicher Ideologien und ihre Propagierung verstanden.
5) Keine Duldung von Maßnahmen, wie sie bei dem Verbot des Programms ‚Rührt Euch' des politisch-satirischen Kabaretts angewendet worden waren.

Das heißt Duldung staatsfeindlicher Programme.
6) ‚Erhöhung der Demokratie in der Partei im Rahmen des demokratischen Zentralismus'

Das bedeutet Beseitigung der Parteidisziplin und des demokratischen Zentralismus und damit Zulassung des Revisionismus im Rahmen der Partei
7) Zulassung einer Fehlerdiskussion

Das bedeutet Hemmung des Aufbaus des Sozialismus und Rückentwicklung
8) Justiz und Ministerium für Staatssicherheit sollen ihre Arbeit derart ändern, daß sie Personen, die gleicher Auffassung wie die Mitglieder der staatsfeindlichen Gruppe haben, strafrechtlich nicht belangen.

Das bedeutet Entwaffnung der DDR und heißt, die Arbeiter-und-Bauern-Macht schutzlos in die Hände der Feinde zu geben sowie Änderung der sozialistischen Gesetzlichkeit und der Verfassung der DDR."[69]
Diese Punkte bedürfen keiner Kommentierung.

69 Ebd., Bl. 10.

Die Zerschlagung eines „feindlichen Debattierklubs"

„Wir können ruhig sagen, daß wir etwas Entscheidendes nicht versäumt haben an Pflicht vor dem allgemeinen Geist und dem besonderen Anstand. Ja, wir sind im letzten Sinne nicht mißverstanden worden, das ist jedenfalls tröstlich!"[70]

Die beiden Geschichtsstudenten Heinrich Blobner und Arno Seifert waren Kritiker des Systems. Heinrich Blobner studierte Geschichte und Geographie und Arno Seifert Geschichte und Romanistik. Beide versuchten, sich selbst über die Inhalte der Staatsdoktrin klar zu werden, ihre Schwächen zu benennen und sie einer kritischen Analyse zu unterziehen. Sie trafen sich ab März 1957 mit acht weiteren Geschichtsstudenten im privaten Raum, abwechselnd in den verschiedenen Wohnungen der Teilnehmer, hielten sich gegenseitig Vorträge und diskutierten darüber.

Günther Mühlpfordt, Günter Schenk und Regina Meyer sehen darin eine Parallele zum Spirituskreis. Auch er war durch die geringe Mitgliederzahl ein exklusiver Kreis, und es war eine Ehre, dazuzugehören. Ein solcher Kreis passte nicht in die DDR, denn es war den SED-Funktionären suspekt, wenn sich mehrere Leute trafen und über ernsthafte Themen diskutierten, ohne dass die Partei eine Kontrolle darüber hatte. So wurde der Spirituskreis vom MfS überwacht und 1958 in einer großangelegten Aktion in einer außerordentlichen Senatssitzung verboten.[71]

Die Studenten Blobner und Seifert waren Schüler der Mitglieder des Spirituskreises Martin Lintzel, Hans Haussherr, Günter Mühlpfordt und Hans Gallwitz. Auch sie trafen sich nun wie ihre Lehrer regelmäßig zur ernsthaften Arbeit an verschiedenen Themen. Aber sie betrachteten sich selbst nicht als kleinen Spirituskreis, zumal sie von dessen Existenz zu diesem Zeitpunkt nichts wussten. Dieser Studentenkreis war den Parteifunktionären suspekt. Auch in den späteren Jahrzehnten des Bestehens der DDR waren freie Diskussionen nur in privatem Rahmen und im kirchlichen Raum risikolos möglich.

Die Gruppe um Blobner und Seifert nannte sich „Diskussionskreis für Gegenwartsprobleme zur Lösung oder Erfassung der wichtigsten gesellschaftlichen Probleme unserer Zeit". Sie diskutierten Themen aus der Geschichtstheorie, ideologische und aktuelle politische Fragen. Sie arbeiteten mit Publikationen aus westdeutschen Fachzeitschriften und aus der FAZ, sie diskutierten z. B. Karl Jaspers „Vom Ursprung und Ziel der Geschichte". Der Studentenkreis hatte ein Statut, die Ziele

70 Aus einem Geburtstagsbrief von Arno Seifert an Heinrich Blobner 1962 in der Haftanstalt Bautzen, der wunderbarerweise seinen Adressaten erreichte.

71 Dies wurde ausführlich und mit großem Detailwissen von Mühlpfordt, Schenk und Meyer dargestellt. (2004).

Heinrich Blobner[72]

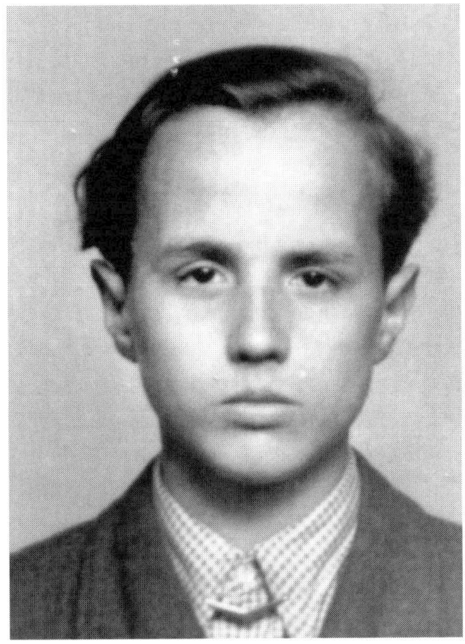

Arno Seifert[73]

waren Meinungs- und Diskussionsfreiheit in der DDR, Öffnung nach dem Westen, Zugang zu westlicher Literatur und Reisefreiheit.[74] Aus der Bibliothek des Instituts von Mühlpfordt erhielten sie auch die Geheimrede Chruschtschows vom XX. Parteitag der KPdSU.

Der Staatssicherheitsdienst wurde schon bald auf den Studentenkreis aufmerksam und verhaftete am 21. September 1957 Heinrich Blobner. Nur wenig später, am 13. Dezember, wurde auch Arno Seifert inhaftiert. Das MfS vermutete in ihnen eine „Keimzelle für den geplanten Umsturz in der DDR" und schlug als Strafmaß sieben bis acht Jahre wegen „Staatsverrats" bzw. Bildung einer „staatsverräterischen Gruppierung" vor.

In der Studentenakte Heinrich Blobners befindet sich eine zweiseitige maschinenschriftliche Beurteilung über ihn, geschrieben am 12. November 1957 – also nach seiner Verhaftung – und unterzeichnet mit: „Gebhardt für die Seminargruppe".

72 Wir danken Heinrich Blobner für dieses Photo und für seine Unterstützung unserer Dokumentation durch Gespräche und Informationen.

73 Wir danken Frau Angelika Seifert für die Überlassung dieses Photos ihres verstorbenen Mannes. Auch ihr danken wir für ihre Unterstützung und für ihr Manuskript über diese Vorgänge.

74 Mühlpford, Schenk und Meyer 2004, S. 622–637.

Dieses Zeugnis beginnt mit Bemerkungen zum Studium. Blobner hatte zunächst seit Herbst 1953 nur Geschichte studiert, „1956 erhielt er die Gelegenheit, als zweites Fach Geographie zu studieren und kam in die Seminargruppe der Zweifachstudenten mit einem Jahr Studienverlängerung. [...] Obwohl bekannt war, daß er westliche Radiosendungen hörte und im Besitz westlicher Literatur war, läßt sich irgendeine feindliche Tätigkeit innerhalb der Seminargruppe von unserer Seite aus nicht nachweisen.

Durch die Verhaftung unseres ehemaligen Mitstudenten Heinrich Blobner ist uns vor Augen geführt worden, daß wir wahrscheinlich unser Vertrauen leichtfertig einem Unwürdigen geschenkt haben. Sollte ihm, wie wir annehmen müssen, ein republikfeindliches Verhalten nachgewiesen werden, so möchten wir betonen, daß wir uns energisch von einer solchen Handlungsweise distanzieren und ihn für unwürdig halten, Student einer sozialistischen Universität und Mitglied der FDJ zu sein."[75]

Die Witwe von Arno Seifert, Angelika Seifert, schreibt im Jahr 2000: „Am 24.2. 1957 kennen sich Heinz und Arno vom gemeinsamen Geschichtsstudium in Halle gerade drei Jahre; sie sind nicht näher miteinander befreundet, aber von zahlreichen Gesprächen wissen sie gegenseitig um ihre Ablehnung des politischen Systems. Welche Umstände führen den kontaktfreudigen ‚Macher' Heinz mit dem einzelgängerischen ‚Philosophen' Arno zu einem gemeinsamen Schicksal zusammen? An diesem Tag notiert Heinz im Tagebuch: ‚Arno entwickelt bemerkenswerte Aktivität, um uns aus Nichtstun, Lethargie und alleiniger Verbundenheit durch Negation herauszureißen; entsprechende Pläne geschmiedet und sofortiges Handeln beredet. Endlich!' Eine Woche später: ‚Abends bei mir, wo Cercle-Konstituierung statthat. Arnos Super-Idealismus erleidet durch reale Einwendungen einige Niederlagen. Prinzipielle Zustimmung und Bereitschaft allerdings wertvoll.'

So entsteht Anfang März 1957 auf Initiative des 22-jährigen Heinz Blobner und des 20-jährigen Arno Seifert ein ‚Diskussionskreis für Gegenwartsprobleme zur Lösung oder Erfassung der wichtigsten gesellschaftlichen Probleme unserer Zeit', an dem sich bis zu 10 ausgewählte Geschichtsstudenten beteiligen, und der sich sechsmal trifft, um auf der Basis von Vorträgen einzelner Mitglieder über die Themen ‚Wege zur Wiedervereinigung Deutschlands', ‚Was ist Bolschewismus?', ‚Perspektiven des Sozialismus im Weltmaßstab' und ‚Sowjetischer Historismus' zu diskutieren. Ende April 1957 stellt der Diskussionszirkel wegen der bevorstehenden Prüfungen seine Tätigkeit ein.

Was trieb die beiden Inspiratoren des Debattierklubs dazu, zu diesem Zeitpunkt einen kleinen Kreis oppositionell gesinnter Studenten um sich zu sammeln? Wie war es möglich, daß das MfS darin die Gründung eines ‚Petöfi-Kreises'[76], einer Keimzelle

75 UAH, Nr. 342, Heinrich Blobner.

76 Petöfi-Kreis, Gruppe ungarischer Schriftsteller, die durch freiheitliche Forderungen den ungarischen Aufstand im Herbst 1956 mit vorbreiteten.

für den geplanten Umsturz in der DDR, sah und ein Strafmaß von 7 bis 8 Jahren wegen ‚Staatsverrats' vorschlug? Wie wurden die beiden mit dieser absurden Deutung fertig, und in welcher psychischen und moralischen Verfassung überstanden sie die siebenjährige Haftzeit?

Heinz hatte dem System von Haus aus ablehnend gegenüber gestanden, gefördert durch seinen christlichen Glauben und intensive Kontakte in den Westen. Bei Arno, einem zunächst überzeugten Kommunisten, kam der Bruch allmählich und wurde schließlich besiegelt durch einen demütigenden Versuch des FDJ-Kollektivs, ihn zur Selbstkritik wegen eines Schulaufsatzes über die Bedeutung der Stalin-Noten von 1952 zu bewegen. 1953, zu Beginn des Geschichtsstudiums in Halle, stand ihre ablehnende Haltung gegenüber dem politischen System der DDR fest. In ihren öffentlichen Äußerungen blieben sie aber vorsichtig, und es dauerte Jahre, bis sich aus den fast 100 Geschichtsstudenten ihres Jahrgangs ein lockerer Kreis von Gleichgesinnten herausgefiltert hatte, der seine zunehmende Erbitterung angstfrei aussprechen konnte, vor allem über den wachsenden ideologischen Zwang. Im Rückblick beschreibt Arno die Hallenser Zeit als ‚vier demütigende Jahre geprägt von Druck, Drohung und Verstellung, denn von Historikern wurde mehr als das übliche Maß an ideologischer Rechtgläubigkeit verlangt', und Heinz notiert im Januar 1956 im Tagebuch: ‚Es ist eine Schweinerei, wenn man so wider sein eigenes Gewissen reden muß. Die Geschichte ist schon schlimm genug, aber Gewi ist ein ganz besonderer Mist. Da macht man sich tagelang Vorwürfe.'

Nachdem Chruschtschows Geheimrede auf dem XX. Parteitag der KPdSU im Februar 1956 bekannt wird, scheinen sich auch für die Hallenser Studenten hoffnungsvolle Perspektiven zu ergeben. Gespannt verfolgen sie den Fall Harich, und ihre Sympathien gehören den Reformern in Polen und den Aufständischen in Ungarn. Die Niederschlagung des Ungarnaufstands und die wieder wachsende Intoleranz im politischen Leben hinterläßt bei der Mehrzahl der Studenten in der DDR Gefühle der Ohnmacht und der Erbitterung, bei Heinz und Arno darüber hinaus ein verstärktes Bedürfnis nach bekennendem Handeln. Im Sinne seiner politischen Überzeugung ist Heinz schon seit 1950 tätig. Auf seinen zahlreichen Reisen zu nahen Verwandten in den Westen erweitert er seine Kontakte und versorgt sich mit Westliteratur, die er über die Grenze schmuggelt und an Freunde weitergibt. Ihm liegt die Rolle als Organisator von Westinformationen für den Freundeskreis. In den Westsendern verfolgt er die politischen Debatten in der Bundesrepublik, vor allem über die Chancen für eine Wiedervereinigung. Bei einer Seminararbeit über den deutschen Widerstand im 3. Reich werden ihm Parallelen zwischen den beiden Diktaturen klar. Er erwägt die Flucht, ringt sich aber im Januar 1957 zu der Entscheidung durch: ‚Obwohl alle meine Sympathien dem Westen gehören, sehe ich meine pädagogische Aufgabe im Osten als gegeben an; nicht zuletzt, um meine Freunde dort weiter in ihrer Grundhaltung zu unterstützen.'

Arnos Jahre in Halle sind ‚eine spröde und karge Zeit, geprägt von Einsamkeit und Askese', die er auf der Suche nach Antworten auf ‚die Rätselhaftigkeit des Menschseins' schreibend, grübelnd und lesend, ‚mit Stolz' trägt. Die Kommunikation mit gleichgesinnten Kommilitonen beschränkt sich auf ‚das lustige zerstörende Witzeln', auf ‚Analyse und Kritik' und ein ‚zu beinahe allem eine Meinung haben'. Nach drei Jahren genügt ihm der ‚Positivismus' nicht mehr, ihm fehlen ‚impulsive, über den leichten Witz hinausgehende Geistigkeit' und ‚fruchtbare Debatten von etwas längerem Atem'. So wird er aktiv, indem er die vertrauten Spötter und Negierer um sich sammelt, um sie durch die förmliche Gründung eines Debattierklubs ‚zum Geiste zu bekehren', sie zum ‚über das unmittelbar Gegebene hinausreichenden Griff nach großen Zusammenhängen' zu führen und durch ein schriftliches, von ihm ausgedachtes Statut [es bleibt Entwurf] bei der Stange zu halten. Heinz und Arno sind enttäuscht, daß der Kreis nur 8 Wochen besteht, aber bevor sie wieder aktiv werden können, wird Heinz im September 1957 verhaftet. Niemand hatte ihn verraten. In Leipzig wird ein enger Freund, der den Klub kennt, wegen Verbreitung von sogen. ‚Hetzschriften' verhaftet – die Spur führt zu Heinz, von ihm zum Klub und zu Arno, der im Dezember ebenfalls festgenommen wird.

Nach wenigen Wochen lag für das MfS das ganze ‚Verbrechen' von Heinz und Arno auf dem Tisch, gestützt durch Tagebücher, Statut, Protokolle und Zeugenaussagen. Zu bestreiten gab es nichts mehr, es sei denn, was die Bedeutung des Ganzen anlangte. Beide hatten sich von Anfang an ideologisch als Dissidenten bekannt, die ‚Verteidigungslinie war so sehr klar und einfach': nämlich, daß die ‚Gründung unserer Gruppe nicht den Zweck gehabt habe, zur Verwirklichung unserer politischen Wunschvorstellung (der Verbindung der sozialistischen Wirtschaftsordnung mit einer freiheitlich-demokratischen Ordnung) praktisch beizutragen' und ‚daß es nicht zulässig sei, aus unserer politischen Überzeugung auf die Zielsetzungen unserer Gruppe zurückzuschließen.'

Genau das aber tat das Gericht: auf 28 Seiten wies es im September 1958 nach, daß Heinz und Arno Staatsverrat nach §13 des erst am 1.2.1958 (!) in Kraft getretenen neuen Strafrechtsergänzungsgesetzes (StEG) begangen hatten, indem sie durch die Gründung einer konspirativen illegalen Gruppe ‚planmäßig auf die Beseitigung unserer verfassungsmäßigen Staats- und Gesellschaftsordnung' hingewirkt hätten. Vergeblich wiesen die Angeklagten darauf hin, daß es ihnen nur um die ‚offene Diskussion' gegangen sei – das Gericht beharrte darauf, daß es sich bei den Diskussionen um ein ‚Unternehmensdelikt' gehandelt habe, weil ‚bereits das objektive Verhalten', ‚das früheste Stadium der Verwirklichung des verbrecherischen Zweckes' ‚als vollendetes Verbrechen zu behandeln ist', da es die ‚Voraussetzungen [...] für die Verwirklichung des [...] verbrecherischen Endzweckes schafft [...] Entscheidend ist hierbei die Zielsetzung der Angeklagten.' Diese wiederum sei aus ihrer staatsfeindlichen

Haltung und dem Inhalt der geführten Debatten ersichtlich. Als belastend wurde angeführt, daß sie die ‚konterrevolutionäre Konzeption des Harich verwandt' und dessen ‚feige Reumütigkeit vor Gericht' verachtet hätten. Einen ‚Putsch wie in Ungarn hätten sie nur wegen seiner Aussichtslosigkeit abgelehnt. Deshalb hätten sie eine Art ‚Petöfikreis' gebildet, um ‚weitere Bürger für ihre verräterischen Zwecke zu gewinnen, um dann eines Tages auf einer gewissen Massenbasis' ihre ‚Forderungen den führenden Gremien unseres Arbeiter- und Bauernstaates mit entsprechendem Nachdruck […] zu unterbreiten'.

Das Oberste Gericht der DDR, das Heinz und Arno wegen dieses ‚offenbaren Fehlurteils' angerufen hatten, bestätigte das Urteil im Oktober 1958 und verwarf 1959 auch einen Kassationsantrag. Den Gang zum Obersten Gericht hätten sie sich sparen können, wenn sie die Korrespondenz gekannt hätten, die von Februar bis Oktober 1958 zwischen MfS, Staatsanwaltschaft Halle, Oberster Staatsanwaltschaft in Berlin und der Abteilung Staats- und Rechtsfragen des ZK der SED hin- und herging. Für den Prozeß gab es ein ‚Drehbuch', in dem Ort, Teilnehmerkreis und Strafmaß im voraus festgelegt waren. Er wurde als Pilotprozeß für die erstmalige Anwendung des Staatsverratsparagraphen sorgfältig vorbereitet und auf Tonband aufgenommen. Er galt als exemplarisch, das Berufungsurteil wurde 1961 in den ‚Entscheidungen des Obersten Gerichts der DDR in Strafsachen' abgedruckt. Außerdem war er der erste in einer Reihe von kurz aufeinander folgenden Prozessen gegen weitere oppositionelle Studentengruppen (u.a. die Jenenser um den Eisenberger Kreis), bei denen §13 dann schon wie selbstverständlich angewandt wurde. Die offensichtliche Überdehnung des Straftatbestandes und das grobe Mißverhältnis zwischen Handlung und Strafmaß läßt sich nur aus dem größeren Zusammenhang heraus erklären: seit dem Umschwung in der sowjetischen Politik nach dem Ungarnaufstand ging auch Ulbricht seit Herbst 1956 daran, alle seine Kritiker im Politbüro, in der SED und unter den Intellektuellen der DDR mundtot zu machen – da mußte auch ein nach dem Ungarnaufstand gegründeter Debattierklub exemplarisch als ‚staatsverräterisch' herhalten: ‚Die Bildung einer konspirativen Gruppe mit dem Ziel, die Teilnehmer mit einer Konzeption vertraut zu machen, die auf die Beseitigung der Staats- und Gesellschaftsordnung […] gerichtet ist, und sie zu befähigen, andere Personen in diesem Sinne zu beeinflussen, ist Staatsverrat im Sinne des § 13 StEG.'

Obwohl 1994 die Ermittlung gegen den Vorsitzenden Richter Kaulfersch und den die Anklage vertretenden Staatanwalt Jürgens wegen Rechtsbeugung aus prozeßökonomischen Gründen abgelehnt worden war (K. war tot und J. bereits wegen mehrerer Todesurteile in Waldheim verurteilt), wäre dieses Urteil nach Aussagen der Staatsanwaltschaft Berlin nach dem gegenwärtigen Stand der Rechtsprechung ein klassischer Fall von Rechtsbeugung.

Erst die Bedeutung, die der Staat ihren Aktivitäten beimaß, sowie das überzogene Strafmaß machten aus Heinz und Arno die potentiellen Freiheitskämpfer, als die sie sich nie gefühlt hatten. Daß sie keine Reue heuchelten, sondern sich während der gesamten Haftzeit offen zu ihrer Systemgegnerschaft bekannten, gab beiden den nötigen moralischen Rückhalt. Heinz' Familie [im Westen] akzeptierte seine ‚Uneinsichtigkeit' in die ‚begangenen schwer wiegenden Verbrechen' während Arno unter den wohlmeinenden Versuchen seiner Familie [im Osten] litt, ihn zu aktiver Mitwirkung bei seinem ‚Umerziehungsprozeß' zu bewegen. Mit stolzer Verachtung ertrugen sie es, daß die staatsanwaltlichen Überprüfungen einer bedingten Strafaussetzung und die Gnadengesuche der Verwandten Jahr für Jahr abschlägig beschieden wurden und sie ihre Strafe bis zuletzt absitzen mußten. Heinz' Organisationstalent bewährte sich, als es ihm gelang, den Urteilstext und Teile von Arnos philosophischen Skizzen und Gedichten aus der Haft nach draußen zu schmuggeln. So blieb auch ein Brief Arnos an ihn zu seinem 28. Geburtstag 1962 in Bautzen erhalten: ‚Positiv war auf jeden Fall der Versuch, positiv auch, daß wir unser Wort gesagt haben, positiv als eine Dokumentation unserer Nonkonformität; in gewissem Sinne sogar positiv, daß es offiziell so verstanden wurde. Wir können ruhig sagen, daß wir etwas Entscheidendes nicht versäumt haben an Pflicht vor dem allgemeinen Geist und dem besonderen Anstand. Ja, wir sind im letzten Sinne nicht mißverstanden worden, das ist jedenfalls tröstlich!'

Heinz Blobner und Arno Seifert wurden im August 1964 im Zuge des ersten großen Häftlingsfreikaufs nach Westberlin entlassen. Heinz war bis zu seiner Pensionierung als Gymnasiallehrer für Geschichte, Gemeinschaftskunde und Erdkunde und in der Lehrerausbildung in Kassel tätig. Arno war bis zu seinem Tod 1987 Professor für Mittlere und Neuere Geschichte mit dem Schwerpunkt Geschichtsphilosophie und -theorie an der Universität München."[77]

Heute können diesem Bericht Dokumente[78] aus dem Universitätsarchiv Halle hinzugefügt werden, die den Umgang der Partei- und Universitätsleitung und des Gerichtes mit der Opposition verdeutlichen.

Auf dem Umschlag der Akte von Arno Seifert steht: „Dezember 1957 inhaftiert". Auf seinem Aufnahmeantrag für die MLU hatte er „Oberstufenlehrer" als Berufsziel angegeben. In seiner handschriftlichen „Darstellung meiner Entwicklung" vom 18. Mai 1953 schreibt Seifert, bis 1944 habe er in Breslau gelebt, ab 1945 in Grumbach. Sein

77 Angelika Seifert: Heinz Blobner und Arno Seifert. In Karl Wilhelm Fricke, Peter Steinbach und Johannes Tuchel (Hrsg).: Opposition und Widerstand in der DDR (in der Ära Ulbricht). Politische Lebensbilder. München 2002.

78 UAH, Beispielsammlung Nr. 345, frühere Nummer 90209, Seifert Arno. Wir danken Frau Angelika Seifert für die Genehmigung, die Akte von Arno Seifert benutzen zu dürfen. Alle Dokumente, die jetzt folgen und nicht anders gekennzeichnet sind, stammen aus dieser Akte im UAH.

254

Regierung der
Deutschen Demokratischen Republik
Ministerium des Innern
Staatssekretariat für Staatssicherheit

BStU
000078

Verwaltung/Bez.-Verwaltung Leipzig

Leipzig den 13.12. 1957

Einlieferungsanzeige

I.

Am 13.12. 1957 gegen 11.30 Uhr

wurde in Halle

Bezirk

wegen Verbrechen nach Artikel 6 der Verf. der DDR

festgenommen:

Name: [redacted]
(auch Deck- und Beinamen)

Vornamen: [redacted]
(Rufnamen unterstreichen)

geboren am: [redacted]936 in: [redacted]

Beruf und letzte Tätigkeit: Student

Familienstand ledig

Staatsangehörigkeit und Nationalität: DDR - Deutscher

Wohnung: Halle,[redacted]
(bei Jugendlichen auch Anschrift des Erziehungsberechtigten)

Name und Anschrift der nächsten Angehörigen:

[redacted]Krs. Lobenstein

Hoffmann Ltn.
Name und Dienstgrad des Einliefernden
(H o f f m a n n)
Leutnant

D 1551 1254 20.0 Form 12

Seifert Einlieferungsanzeige[79]

79 BStU MfS Außenstelle Leipzig, AU 36/58 Band 2, Bl. 78 Einlieferungsanzeige von Arno Seifert.

Vater, Dr. Fritz Seifert, Altphilologe am Gymnasium, sei 1940 „auf Luftschutzwache in seinem Gymnasium spurlos verschwunden.“ 1944 wären sie zur Großmutter nach Polsnitz bei Freiburg in der Nähe von Breslau gezogen, 1945 im Januar sei die Mutter mit den beiden Kindern im Flüchtlingsstrom „fast unsere ganze Habe zurücklassend“ gewesen. „Wir fanden in Dresden bei einer Freundin meiner Mutter Unterkunft. Unvergeßlich für immer werden mir die schrecklichen Bombennächte des 13. und 14. Februar bleiben, die wir in einem Dresdener Luftschutzkeller verbrachten. […] Im Frühjahr 1952 wurde ich im Zusammenhang mit meiner Entwicklung von Zweifeln an unserer bestehenden Ordnung ergriffen, die ich offen in einem Deutschaufsatz aussprach. Ich wurde von der FDJ-Schulgruppe aufgeklärt und kritisiert und erhielt im Zeugnis der Klasse 11 eine entsprechend scharfe gesellschaftliche Beurteilung. Es ist mir bis heute gelungen, diese Zweifel restlos zu überwinden und den Anschluß an unsere gesellschaftliche Entwicklung wiederzufinden.“ Er ist Mitglied des Orchesters der FDJ-Kulturgruppe und bekommt ein Grundstipendium. Am 24. September 1956 befürworten der FDJ-Sekretär Fritz Jentzsch und der Seminargruppensekretär Lothar Walther nur das Grundstipendium: „Seine gesellschaftliche Arbeit steht nicht im Einklang mit der fachlichen Arbeit, so daß ein Leistungsstipendium nicht gerechtfertigt ist.“

Arno Seifert wurde am 13. Dezember 1957 in Halle verhaftet und am 3. Februar 1958 schreibt Referent Emil Sobotta an ihn:

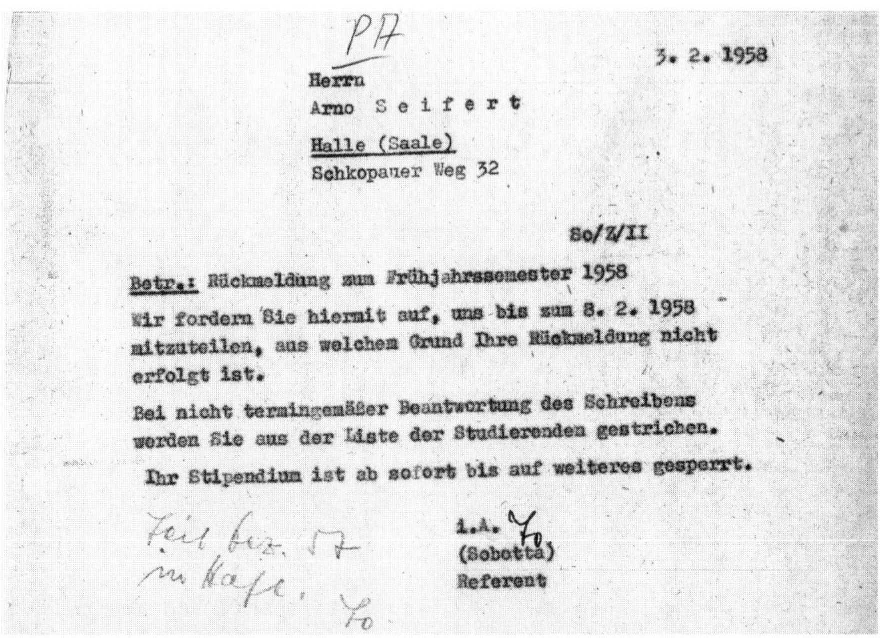

3. 2. 1958

Herrn
Arno Seifert
Halle (Saale)
Schkopauer Weg 32

So/Z/II

Betr.: Rückmeldung zum Frühjahrssemester 1958

Wir fordern Sie hiermit auf, uns bis zum 8. 2. 1958 mitzuteilen, aus welchem Grund Ihre Rückmeldung nicht erfolgt ist.

Bei nicht termingemäßer Beantwortung des Schreibens werden Sie aus der Liste der Studierenden gestrichen.

Ihr Stipendium ist ab sofort bis auf weiteres gesperrt.

i.A.
(Sobotta)
Referent

Brief vom 3.2.1958 von Emil Sobotta

Interessant ist der handschriftliche Zusatz: „Seit Dez. 57 in Haft. So.“

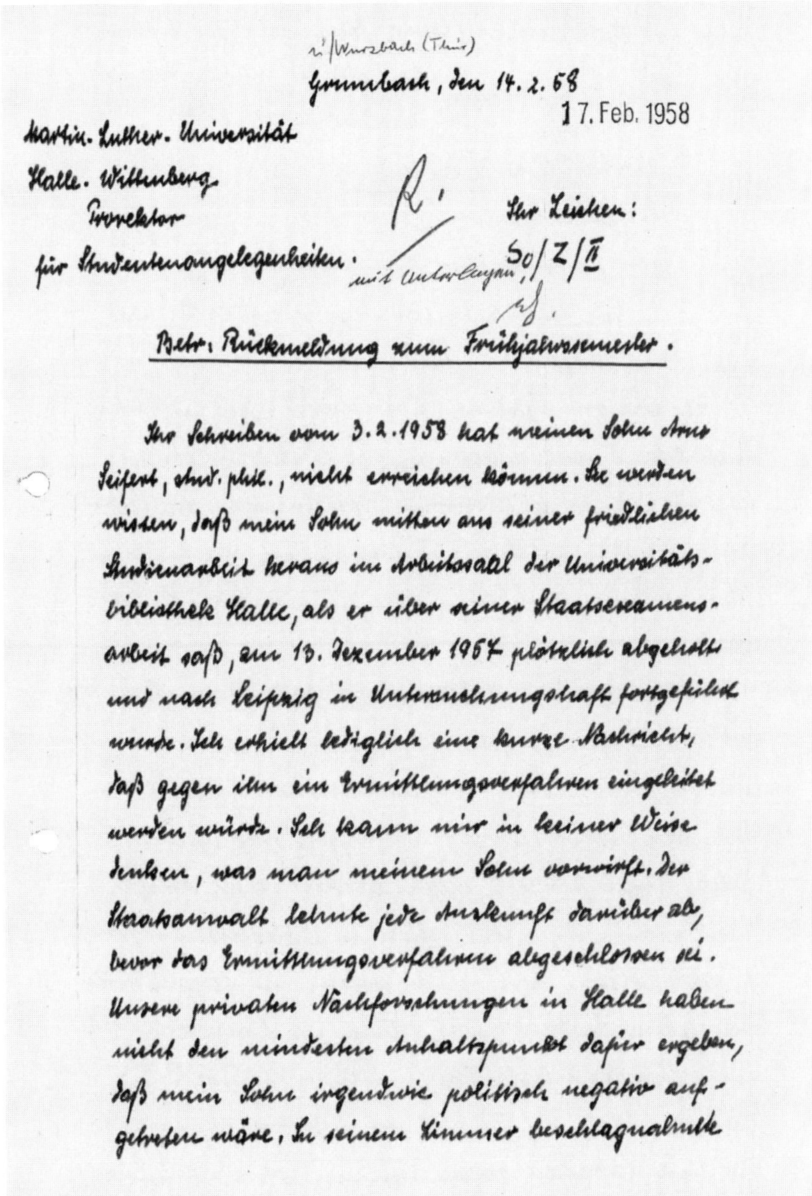

z/ Wurzbach (Thür)

Grumbach, den 14. 2. 58

17. Feb. 1958

Martin-Luther-Universität
Halle-Wittenberg
Prorektor
für Studentenangelegenheiten.

R.

mit Unterlagen

Ihr Zeichen:
So/Z/II

ef.

Betr.: Rückmeldung zum Frühjahrssemester.

Ihr Schreiben vom 3.2.1958 hat meinen Sohn Arno Seifert, stud. phil., nicht erreichen können. Sie werden wissen, daß mein Sohn mitten aus seiner friedlichen Studienarbeit heraus im Arbeitssaal der Universitätsbibliothek Halle, als er über seiner Staatsexamensarbeit saß, am 13. Dezember 1957 plötzlich abgeholt und nach Leipzig in Untersuchungshaft fortgeführt wurde. Ich erhielt lediglich eine kurze Nachricht, daß gegen ihn ein Ermittlungsverfahren eingeleitet werden würde. Ich kann mir in keiner Weise denken, was man meinem Sohn vorwirft. Der Staatsanwalt lehnte jede Auskunft darüber ab, bevor das Ermittlungsverfahren abgeschlossen sei. Unsere privaten Nachforschungen in Halle haben nicht den mindesten Anhaltspunkt dafür ergeben, daß mein Sohn irgendwie politisch negativ aufgetreten wäre. In seinem Zimmer beschlagnahmte

Handschriftlicher Brief der Mutter Arno Seiferts

man: 36 Westpfennige (mein Sohn war vor 4 Jahren
völlig legal bei meiner Schwester
in Bayern zu Besuch.)

1 zerknülltes Flugblatt,

Tagebuchblätter,

ein paar Bücher aus Westverlagen.

Ich kann Ihnen nur versichern, daß mein Sohn, außer diesem Besuch bei meiner Schwester in Bayern vor 4 Jahren, überhaupt nicht in Westdeutschland und auch nie in Westberlin gewesen ist. Auch hatte er keinerlei Beziehungen zu Westdeutschland und bekam keinerlei Post von drüben. Was wirft man denn meinem armen Jungen vor?

Ich bin davon überzeugt, daß mein Sohn nichts Schlechtes getan hat, und deswegen möchte ich das Prorektorat der Universität Halle bitten, sich doch dieser ganzen traurigen und unverständlichen Angelegenheit anzunehmen. Zwei Monate sitzt mein Sohn jetzt schon in Untersuchungshaft, herausgerissen aus seiner Arbeit und abgeschnitten von jedem Verkehr mit seinen nächsten Angehörigen. Staatsanwalt Holzmüller, Leipzig C 1, Beethovenstr. 2, Ruf 34256, vom Bezirk Leipzig, hat für dieses Vorgehen gegen meinen Sohn verantwort-

sehr gezeichnet. Ich grüble Tag und Nacht, wie ich meinem Sohn helfen könnte, der mir bisher nur Freude gemacht hat und in seiner stillen Art seinen Weg sicher gegangen ist. Wenn es mir gelingen möchte, ihn aus seiner furchtbaren Lage zu befreien: Sie können überzeugt sein, daß er sich dann mit größter Freude und größtem Eifer wieder an seiner Universität zum Semester zurückmelden würde, um sein Studium abzuschließen.

Möchte die Bitte einer sehr unglücklichen Mutter Sie dazu bewegen, meinem armen Sohn zu helfen! Sorgt das Prorektorat nicht für das Wohlergehen seiner Studenten? Bitte, bitte, vergessen Sie auch meinen Sohn Arno Seifert nicht!!

Ihre sehr ergebene

Frau Margarete Seifert,
Schulleiter in Grumbach über
Wurzbach/Thür.

Diese Anfrage nach der Rückmeldung beantwortete die Mutter, Margarete Seifert, Schulleiterin in Grumbach, in einem dreiseitigen handschriftlichen Brief mit dem Eingangsstempel vom 17. Februar 1958. In dem an den Prorektor für Studentenangelegenheiten gerichteten Breif heißt es: „Ihr Schreiben vom 3.2.1958 hat meinen Sohn Arno Seifert, stud.phil., nicht erreichen können. Sie werden wissen, daß mein Sohn mitten aus seiner friedlichen Studienarbeit heraus im Arbeitssaal der Universitätsbibliothek Halle, als er über seiner Staatsexamensarbeit saß, am 13. Dezember 1957 plötzlich abgeholt und nach Leipzig in Untersuchungshaft fortgeführt wurde. Ich erhielt lediglich eine kurze Nachricht, daß gegen ihn ein Ermittlungsverfahren eingeleitet werden würde. Ich kann mir in keiner Weise denken, was man meinem Sohn vorwirft. Der Staatsanwalt lehnte jede Auskunft darüber ab, bevor das Ermittlungsverfahren abgeschlossen sei. Unsere privaten Nachforschungen in Halle haben nicht den mindesten Anhaltspunkt dafür ergeben, daß mein Sohn irgendwie politisch negativ aufgetreten wäre. In seinem Zimmer beschlagnahmte man:

36 Westpfennige (mein Sohn war vor 4 Jahren völlig legal bei meiner Schwester in Bayern zu Besuch.), 1 zerknülltes Flugblatt, Tagebuchblätter, ein paar Bücher aus Westverlagen.

Ich kann Ihnen nur versichern, daß mein Sohn, außer diesem Besuch bei meiner Schwester in Bayern vor 4 Jahren, überhaupt nicht in Westdeutschland und auch nie in Westberlin gewesen ist. Auch hatte er keinerlei Beziehungen zu Westdeutschland und bekam keinerlei Post von drüben.

Was wirft man denn meinem armen Jungen vor? Ich bin davon überzeugt, daß mein Sohn nichts Schlechtes getan hat, und deswegen möchte ich das Prorektorat der Universität Halle bitten, sich doch dieser ganzen traurigen und unverständlichen Angelegenheit anzunehmen. Zwei Monate sitzt mein Sohn jetzt schon in Untersuchungshaft, herausgerissen aus seiner Arbeit und abgeschnitten von jedem Verkehr mit seinen nächsten Angehörigen. Staatsanwalt Holzmüller, Leipzig, hat für dieses Vorgehen gegen meine Sohn verantwortlich gezeichnet. Ich grüble Tag und Nacht, wie ich meinem Sohn helfen könnte, der mir bisher nur Freude gemacht hat und in seiner stillen Art seinen Weg sicher gegangen ist. Wenn es nur gelingen möchte, ihn aus seiner furchtbaren Lage zu befreien! Sie können überzeugt sein, daß er sich dann mit größter Freude und größtem Eifer wieder an seiner Universität zum Semester zurückmelden würde, um sein Studium abzuschließen.

Möchte die Bitte einer sehr unglücklichen Mutter Sie dazu bewegen, meinem armen Sohn zu helfen! Sorgt das Prorektorat nicht für das Wohlergehen seiner Studenten? Bitte, bitte, vergessen Sie auch meinen Sohn Arno Seifert nicht!!“

17. 2. 58

Staatsanwalt des Bezirkes Leipzig
Abt. I

Leipzig C 1
Beethovenstr. 2

Dr.He/Do

Betr.: Strafverfahren gegen den Studenten Arno Seifert, Fachrichtung Geschichte, geb. 27. 7. 1936

Herr Seifert studiert seit dem Jahre 1953 an unserer Philosophischen Fakultät Geschichte und beabsichtigt, Oberstufenlehrer zu werden. Ich erhielt heute ein Schreiben seiner Mutter vom 14. 2. 1958 (Frau Margarete Seifert, Schulleiter in Grumbach/Wurzbach (Thüringen). Darin teilt sie mir mit, dass ihr Sohn am 13. 12. 1957 verhaftet wurde und sich in Leipzig in Untersudungshaft befindet. Sie will bei Herrn Staatsanwalt Holzmüller um nähere Auskunft gebeten, jedoch eine solche Auskunft nicht erhalten haben. Daraufhin verlangt sie nun Auskunft von mir.

Ich bin nicht gewillt, für Frau Seifert Auskünfte bei Ihnen einzuholen. Da ich jedoch auf diesem Wege zum ersten Mal über die Inhaftierung dieses Studenten unterrichtet wurde, bitte ich um Bestätigung, ob es stimmt, dass gegen den Studenten Arno Seifert ein Strafverfahren schwebt. Sehr dankbar wäre ich Ihnen, wenn Sie mir mitteilen könnten, wegen welchen Verbrechens Tatverdacht gegen ihn besteht. Diese Angaben sind für das Prorektorat darum notwendig, weil sofort das Stipendium zu sperren wäre. Bei einer Verurteilung müßte auch die Exmatrikulation des Studenten Seifert erwogen werden. Auch aus diesem Grunde bitte ich Sie darum, mir später mitzuteilen, nach welchem Strafgesetz und zu welcher Strafe der Student verurteilt wurde, damit der Disziplinarausschuss die Exmatrikulation oder gar Relegierung beschließen kann.

Für eine baldige Nachricht, wenigstens über die Tatsache des schwebenden Strafverfahrens und die Inhaftierung des Studenten Seifert, wäre ich Ihnen sehr verbunden.

He.

(Dr. Herrmann)

Brief von Herrmann vom 17. Februar 1958

Am 17. Februar 1958 schrieb Dr. Herrmann[80] an den Staatsanwalt des Bezirkes Leipzig: „Herr Seifert studiert seit dem Jahre 1953 an unserer Philosophischen Fakultät Geschichte und beabsichtigt, Oberstufenlehrer zu werden.

Ich erhielt heute ein Schreiben seiner Mutter vom 14. 2. 1958. [...] Darin teilt sie mir mit, dass ihr Sohn am 13.12.1957 verhaftet wurde und sich in Leipzig in Untersuchungshaft befindet. Sie will bei Herrn Staatsanwalt Holzmüller um nähere Auskunft gebeten, jedoch eine solche Auskunft nicht erhalten haben. Daraufhin verlangt sie nun Auskunft von mir.

Ich bin nicht gewillt, für Frau Seifert Auskünfte bei Ihnen einzuholen. Da ich jedoch auf diesem Wege zum ersten Mal über die Inhaftierung dieses Studenten unterrichtet wurde, bitte ich um Bestätigung, ob es stimmt, dass gegen den Studenten Arno Seifert ein Strafverfahren schwebt. Sehr dankbar wäre ich Ihnen, wenn Sie mir mitteilen könnten, wegen welchen Verbrechens Tatverdacht gegen ihn besteht. Diese Angaben sind für das Prorektorat darum notwendig, weil sofort das Stipendium zu sperren wäre. Bei einer Verurteilung müßte auch die Exmatrikulation des Studenten Seifert erwogen werden. Auch aus diesem Grunde bitte ich Sie darum, mir später mitzuteilen, nach welchem Strafgesetz und zu welcher Strafe der Student verurteilt wurde, damit der Disziplinarausschuss die Exmatrikulation oder gar Relegierung beschließen kann.

Für eine baldige Nachricht, wenigstens über die Tatsache des schwebenden Strafverfahrens und die Inhaftierung des Studenten Seifert, wäre ich Ihnen sehr verbunden."

Staatsanwalt Holzmüller aus Leipzig antwortete Prorektor Herrmann am 24. Februar 1958.

80 Personal- und Vorlesungsverzeichnis 1957/58: S. 14: Prorektor für Studienangelegenheiten: Dr. Rudolf Herrmann, Dr. jur., Dozent

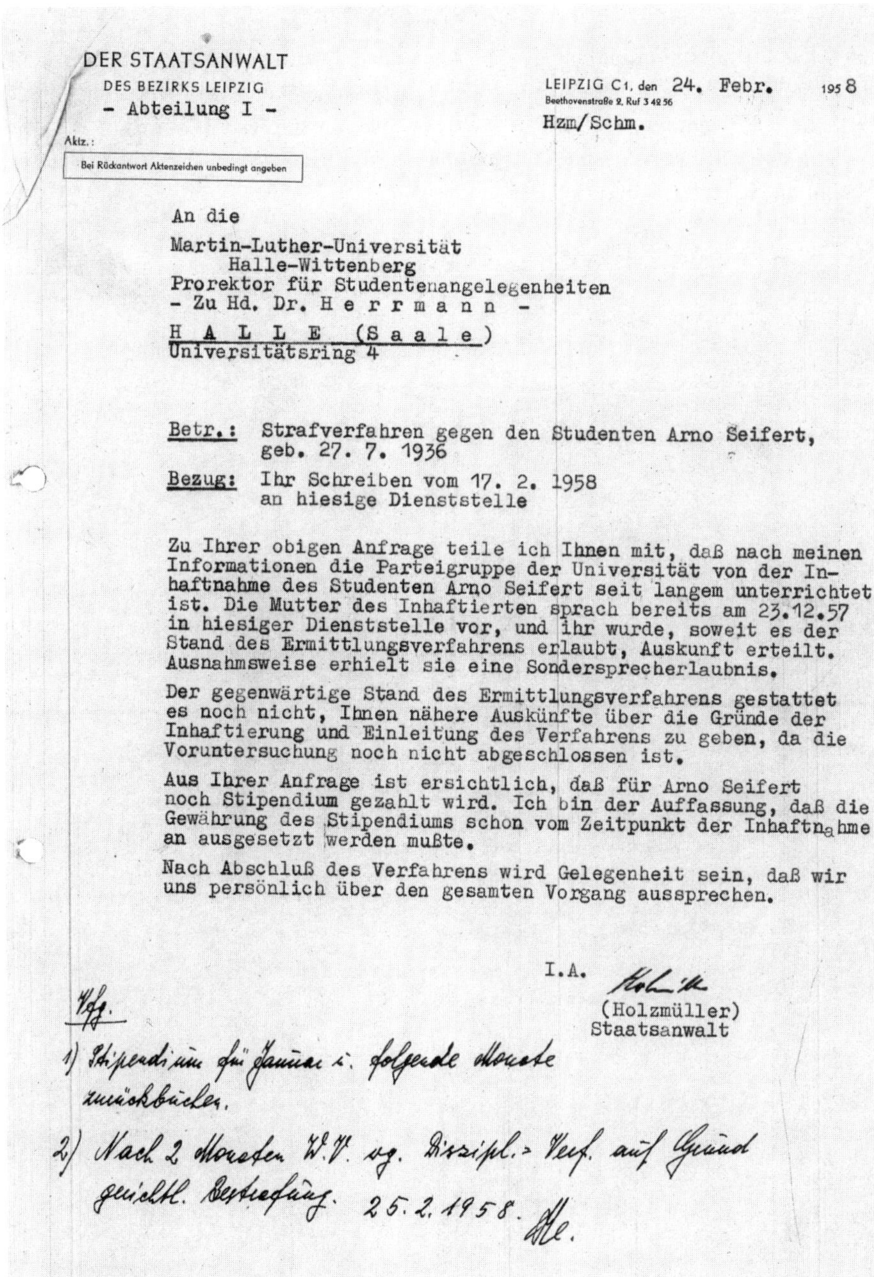

DER STAATSANWALT
DES BEZIRKS LEIPZIG
- Abteilung I -

LEIPZIG C1, den 24. Febr. 1958
Beethovenstraße 2, Ruf 3 42 56

Hzm/Schm.

Aktz.:

Bei Rückantwort Aktenzeichen unbedingt angeben

An die
Martin-Luther-Universität
Halle-Wittenberg
Prorektor für Studentenangelegenheiten
- Zu Hd. Dr. H e r r m a n n -
H A L L E (S a a l e)
Universitätsring 4

Betr.: Strafverfahren gegen den Studenten Arno Seifert, geb. 27. 7. 1936

Bezug: Ihr Schreiben vom 17. 2. 1958 an hiesige Dienststelle

Zu Ihrer obigen Anfrage teile ich Ihnen mit, daß nach meinen Informationen die Parteigruppe der Universität von der Inhaftnahme des Studenten Arno Seifert seit langem unterrichtet ist. Die Mutter des Inhaftierten sprach bereits am 23.12.57 in hiesiger Dienststelle vor, und ihr wurde, soweit es der Stand des Ermittlungsverfahrens erlaubt, Auskunft erteilt. Ausnahmsweise erhielt sie eine Sondersprecherlaubnis.

Der gegenwärtige Stand des Ermittlungsverfahrens gestattet es noch nicht, Ihnen nähere Auskünfte über die Gründe der Inhaftierung und Einleitung des Verfahrens zu geben, da die Voruntersuchung noch nicht abgeschlossen ist.

Aus Ihrer Anfrage ist ersichtlich, daß für Arno Seifert noch Stipendium gezahlt wird. Ich bin der Auffassung, daß die Gewährung des Stipendiums schon vom Zeitpunkt der Inhaftnahme an ausgesetzt werden mußte.

Nach Abschluß des Verfahrens wird Gelegenheit sein, daß wir uns persönlich über den gesamten Vorgang aussprechen.

I.A.
Holzmüller
(Holzmüller)
Staatsanwalt

Vfg.
1) Stipendium für Januar u. folgende Monate zurückbuchen.
2) Nach 2 Monaten W.V. wg. Diszipl.-Verf. auf Grund gerichtl. Bestrafung. 25.2.1958. He.

Brief von Staatsanwalt Holzmüller vom 24. Februar 1958

Am 26. Februar 1958 schrieb Prorektor Herrmann an Frau Seifert, er hätte sich mit dem Staatsanwalt in Verbindung gesetzt. Jener habe ihm mitgeteilt hätte, daß sie nicht ohne Nachricht gewesen sei und auch den Sohn besuchen konnte. Er würde ihr weiteres mitteilen, wenn alles entschieden sei, ansonsten resümierte Herrmann: „Soweit Sie über das Verfahren und über Ihren Sohn Auskunft wünschen, steht Ihnen nur der Weg an die Strafverfolgungsbehörden selbst offen."

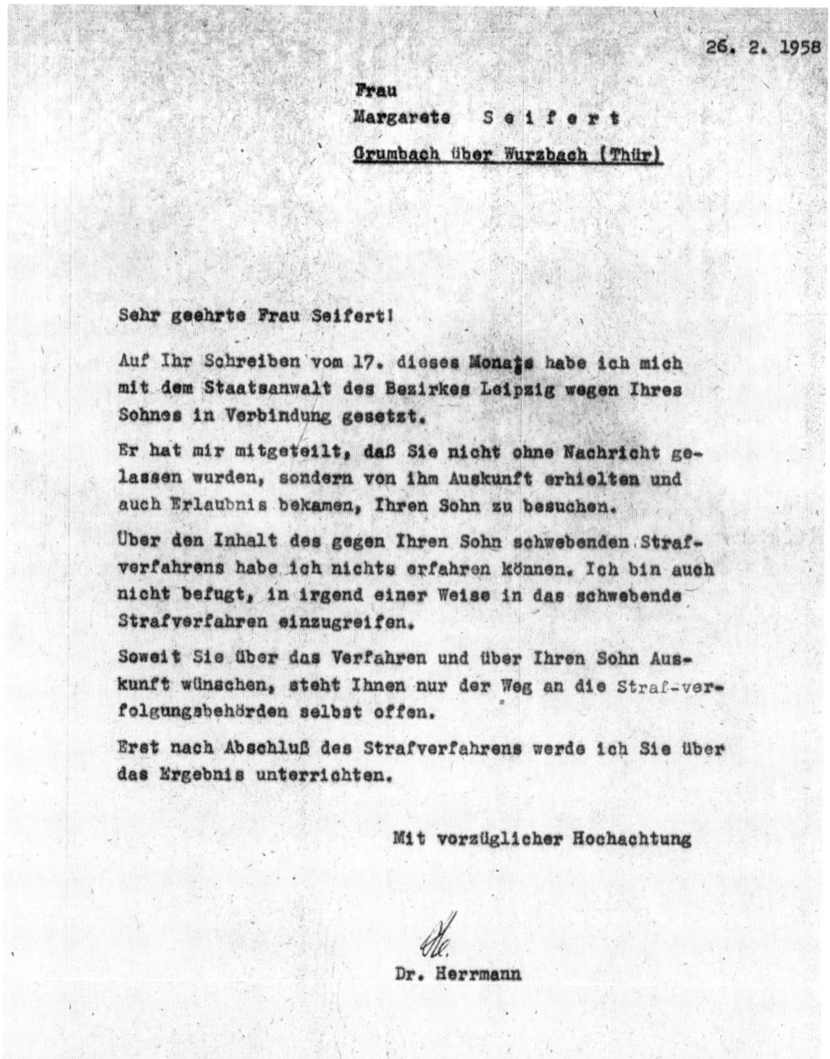

26. 2. 1958

Frau
Margarete S e i f e r t
Grumbach über Wurzbach (Thür)

Sehr geehrte Frau Seifert!

Auf Ihr Schreiben vom 17. dieses Monats habe ich mich mit dem Staatsanwalt des Bezirkes Leipzig wegen Ihres Sohnes in Verbindung gesetzt.

Er hat mir mitgeteilt, daß Sie nicht ohne Nachricht gelassen wurden, sondern von ihm Auskunft erhielten und auch Erlaubnis bekamen, Ihren Sohn zu besuchen.

Über den Inhalt des gegen Ihren Sohn schwebenden Strafverfahrens habe ich nichts erfahren können. Ich bin auch nicht befugt, in irgend einer Weise in das schwebende Strafverfahren einzugreifen.

Soweit Sie über das Verfahren und über Ihren Sohn Auskunft wünschen, steht Ihnen nur der Weg an die Straf-verfolgungsbehörden selbst offen.

Erst nach Abschluß des Strafverfahrens werde ich Sie über das Ergebnis unterrichten.

Mit vorzüglicher Hochachtung

Dr. Herrmann

Prorektor Herrmann vom 26. Februar 1958

Am 15.1.1959, schreibt der Kaderinstrukteur der Karl-Marx-Universität Leipzig an die Kaderabteilung der MLU. Das Wort „Geschichte" ist mit Rotstift unterstrichen:

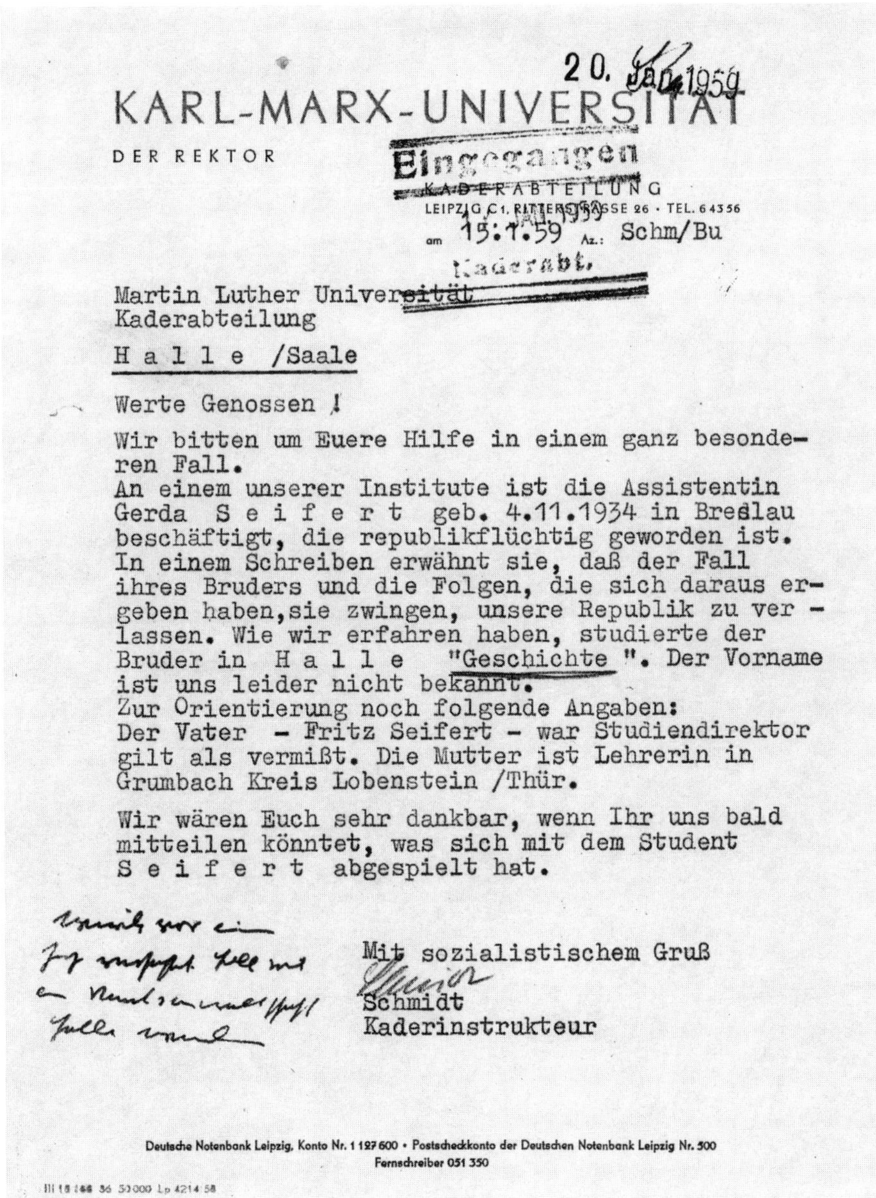

20. Jan. 1959

KARL-MARX-UNIVERSITÄT

DER REKTOR

Eingegangen
KADERABTEILUNG

LEIPZIG C 1, RITTERSTRASSE 26 · TEL. 64356

am 15.1.59 Az.: Schm/Bu

Kaderabt.

Martin Luther Universität
Kaderabteilung

H a l l e /Saale

Werte Genossen !

Wir bitten um Euere Hilfe in einem ganz besonderen Fall.
An einem unserer Institute ist die Assistentin Gerda S e i f e r t geb. 4.11.1934 in Breslau beschäftigt, die republikflüchtig geworden ist.
In einem Schreiben erwähnt sie, daß der Fall ihres Bruders und die Folgen, die sich daraus ergeben haben, sie zwingen, unsere Republik zu verlassen. Wie wir erfahren haben, studierte der Bruder in H a l l e "Geschichte ". Der Vorname ist uns leider nicht bekannt.
Zur Orientierung noch folgende Angaben:
Der Vater - Fritz Seifert - war Studiendirektor gilt als vermißt. Die Mutter ist Lehrerin in Grumbach Kreis Lobenstein /Thür.

Wir wären Euch sehr dankbar, wenn Ihr uns bald mitteilen könntet, was sich mit dem Student S e i f e r t abgespielt hat.

[illegible]

Mit sozialistischem Gruß
[Unterschrift]
Schmidt
Kaderinstrukteur

Deutsche Notenbank Leipzig, Konto Nr. 1 127 600 · Postscheckkonto der Deutschen Notenbank Leipzig Nr. 500
Fernschreiber 051 350

III 18 168 56 50000 Lp 4214 58

Brief des Kaderinstrukteurs

Etwas über die Umstände des Prozesses erfahren wir aus einem MfS-internen Brief:

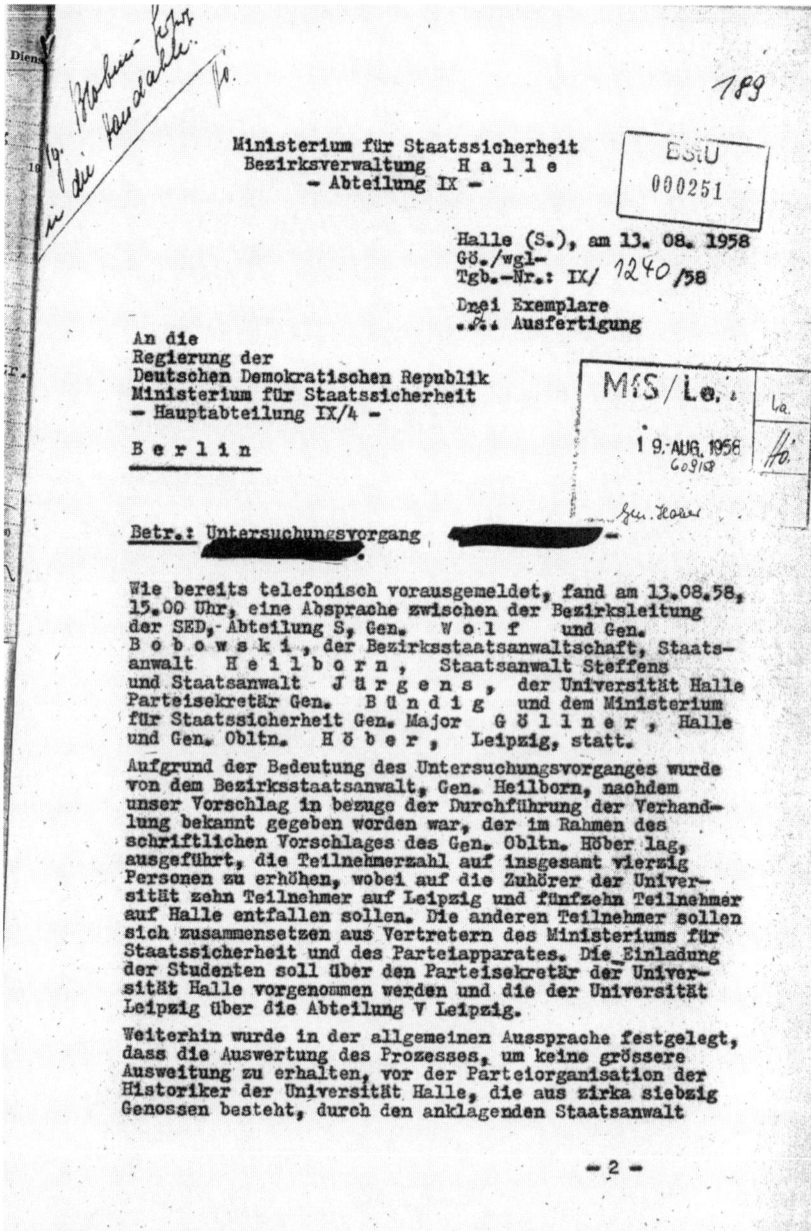

189

Ministerium für Staatssicherheit
Bezirksverwaltung Halle
- Abteilung IX -

BStU 000251

Halle (S.), am 13. 08. 1958
Gö./wgl-
Tgb.-Nr.: IX/ 1240 /58

Drei Exemplare
../. Ausfertigung

An die
Regierung der
Deutschen Demokratischen Republik
Ministerium für Staatssicherheit
- Hauptabteilung IX/4 -

Berlin

MfS/Le. 19. AUG. 1958

Betr.: Untersuchungsvorgang [redacted] -

Wie bereits telefonisch vorausgemeldet, fand am 13.08.58, 15.00 Uhr, eine Absprache zwischen der Bezirksleitung der SED,- Abteilung S, Gen. Wolf und Gen. Bobowski, der Bezirksstaatsanwaltschaft, Staatsanwalt Heilborn, Staatsanwalt Steffens und Staatsanwalt Jürgens, der Universität Halle Parteisekretär Gen. Bündig und dem Ministerium für Staatssicherheit Gen. Major Göllner, Halle und Gen. Obltn. Höber, Leipzig, statt.

Aufgrund der Bedeutung des Untersuchungsvorganges wurde von dem Bezirksstaatsanwalt, Gen. Heilborn, nachdem unser Vorschlag in bezuge der Durchführung der Verhandlung bekannt gegeben worden war, der im Rahmen des schriftlichen Vorschlages des Gen. Obltn. Höber lag, ausgeführt, die Teilnehmerzahl auf insgesamt vierzig Personen zu erhöhen, wobei auf die Zuhörer der Universität zehn Teilnehmer auf Leipzig und fünfzehn Teilnehmer auf Halle entfallen sollen. Die anderen Teilnehmer sollen sich zusammensetzen aus Vertretern des Ministeriums für Staatssicherheit und des Parteiapparates. Die Einladung der Studenten soll über den Parteisekretär der Universität Halle vorgenommen werden und die der Universität Leipzig über die Abteilung V Leipzig.

Weiterhin wurde in der allgemeinen Aussprache festgelegt, dass die Auswertung des Prozesses, um keine grössere Ausweitung zu erhalten, vor der Parteiorganisation der Historiker der Universität Halle, die aus zirka siebzig Genossen besteht, durch den anklagenden Staatsanwalt

- 2 -

2 Seiten MfS BV Halle an MfS HA IX Berlin vom 13. August 1958

198

- 2 -

unter Beisein eines Mitarbeiters des Ministeriums für Staatssicherheit und des Parteisekretärs der Universität Halle durchgeführt wird.

Unsererseits wird vorgeschlagen, den bei der Verhandlung zugegen gewesenen Genossen der Abteilung Agitation Berlin an der Auswertung teilnehmen zu lassen.

Ebenfalls wurde festgelegt, die im Schlussbericht genannten Zeugen nochmals ermitteln zu lassen, damit die Garantie vorhanden ist, dass sie sichnoch im Gebiet der Deutschen Demokratischen Republik befinden. Diese Aufgabe wird seitens des Gen. Obltn. Höber durchgeführt.

Darüber hinaus werden von dem Parteisekretär der Universität, Gen. Bündig, auf Ersuchen des Bezirksstaatsanwalter Charakteristiken über das Verhalten der Zeugen nach Liquidierung der staatsverräterischen Gruppierung angefertigt.

Über die Frage, ob während der Verhandlung Zeugen festgenommen werden sollen, konnte keine endgültige Klärung erzielt werden, weil der Bezirksstaatsanwalt, Gen. Heilborn, dieses von den Ermittlungen und dem Verhalten der Zeugen abhängig macht.

Als Strafmass würdensieben bis acht Jahre Zuchthaus in Vorschlag gebracht.

Der Verhandlungstermin ist in den ersten Tagen des Monat September 1958 geplant. Genaue Termindurchführung wird fernschriftlich bekannt gegeben.

Verteiler:
1 x H A IX/4 Bln,
1 x Abt. IX Leipzig
1 x Abt. IX Halle

Leiter der Abteilung IX

(Gärtner)
Major

Dipl. rer. pol. Kasten antwortet am 23. Januar 1959 der Kaderabteilung in Leipzig:

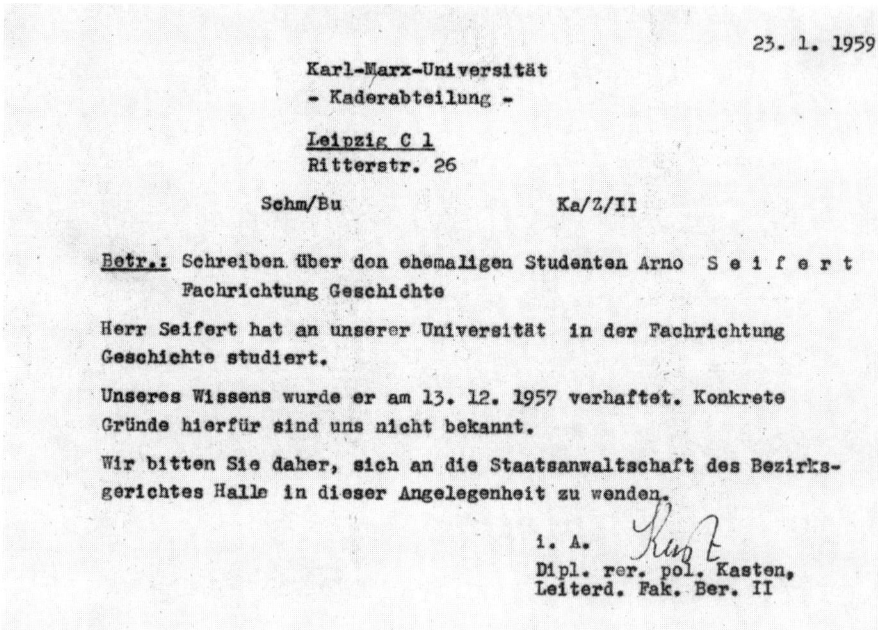

23. 1. 1959

Karl-Marx-Universität
- Kaderabteilung -

Leipzig C 1
Ritterstr. 26

Schm/Bu Ka/Z/II

Betr.: Schreiben über den ehemaligen Studenten Arno Seifert
Fachrichtung Geschichte

Herr Seifert hat an unserer Universität in der Fachrichtung Geschichte studiert.

Unseres Wissens wurde er am 13. 12. 1957 verhaftet. Konkrete Gründe hierfür sind uns nicht bekannt.

Wir bitten Sie daher, sich an die Staatsanwaltschaft des Bezirksgerichtes Halle in dieser Angelegenheit zu wenden.

i. A.
Dipl. rer. pol. Kasten,
Leiterd. Fak. Ber. II

Brief von Kasten vom 23. Januar 1959

Auch das MfS räumte gelegentlich auf, sie konnten unmöglich alle beschlagnahmten Bücher und Schriften aufbewahren. Aber vor der „Vernichtung“ kam das Protokoll. So wurden auch im Zusammenhang mit der Verhaftung und Verurteilung von Heinrich Blobner und Arno Seifert viele Bücher vernichtet:

Leipzig, den 1o.6.196o.

BStU
000011

V e r n i c h t u n g s p r o t o k o l l

Die nachstehend aufgeführten Schriften, bei denen es sich um nichtlizenzierte Schriften und solche mit faschistischen und militaristischen Inhalt handelt und beim Beschuldigten [redacted] beschlagnahmt wurden, werden im Einvernehmen der Staatsanwaltschaft Halle nach der Gerichtsverhandlung vernichtet:

1. 1 Briefumschlag des Verlages KOENIG, Köln mit einem Broschürenteil "Wenn die SPD gewinnt", 5 Hefte des Bulletin der Indischen Botschaft in Bonn Nummer 2, 4, 6, 7, 8 und 1 Schrift "Universal Declaration of Human Rights".

2. 1 Briefumschlag des Verlages HOLZNER, Würzburg mit Werbematerial und Prospekten

3. 1 Briefumschlag von Agfa Leverkusen mit einem Vorlesungsplan der Hochschule für Politik Berlin-Schöneberg, 9 Artikel einer Schriftenreihe und ein Werbeprospekt.

4. 1 Umschlagseite des "Spiegel" vom 17.7.1957 einliegend Material des 9. Plenums des ZK der Vereinigten Polnischen Arbeiterpartei, Herausgeber Presseabteilung der Militärmission Polens beim Alliierten Kontrollrat.

5. 9 Zeitschriften der "Gegenwart" der Jahrgänge 1947 u. 1955

6. 1o Bücher des Verlages FISCHER, Frankfurt, mit dem Titel "Dante Alighieri", "Phantastische Nacht", "Luther", "Marx", "Machiavelli", "Der Nationalsozialismus" - Dokumente 1933 bis 1945, "Christliche Religion"
(3 Bücher wurden von den 1o Stück als Beweismittel verwandt)

7. 2 Bücher des ULLSTEIN-Verlages, "Verlust"der Mitte", "Albert EINSTEIN" - mein Weltbild"

3 Bücher des ROWOHLT-Verlages, "Die Gewerkschaften", "Sozialogie der Sexualität", Gruppendynamik"

8. 5 Schriften der "Neuen Auslese" Nr. 2, Jahrgang II, Nummer 5, 8 und 9 Jahrgang III und Nummer 1 Jahrgang IV.

9. 13 Bulletin der Indischen Botschaft in Bonn, Band 6 Nummer 1o - 12 und 1 - 9; davon Nr. 8 zweimal

1o. 3 Hefte des "Europa-Archiv" vom 2o.11. und 2.5.1956 und 2o.1.1957

11. 2 Hefte "Der neuen Gesellschaft" Nr. 2/1956 Nr. 6 1956

- 2 -

Vernichtungsprotokoll[81] (3 Seiten)

81 BStU MfS Außenstelle Leipzig, AU 36/58 Beiheft, Bl. 11–13.

- 2 -

BStU
000012

12. 1 Buch von WEBER "Einführung in die Soziologie"

13. 1 Buch von Walter SCHÄTZEL "Der Staat"

14. 1 Buch "Ich bitte um Widerspruch" von Cube

15. 1 Buch "Jefferson und Hamilton von Claude A.BOWERS

16. 1 Buch "Deutsche Geschichte" von SUCHENWIRTH

17. 1 Broschüre "Demokratische Ausblicke" Walt WHITMANN

18. 1 Broschüre über die 22. Versammlung deutscher Historiker in Bremen

19- 1 Buch mit dem Titel "Sudetendeutsches Jugendbuch" von Franz LORENZ

2o. 1 Buch "Volk ohne Führung" von ZIEGLER

21. 4 Frankfurter Hfte Nr. 2/47, 8/48, 6/57 und 7/57

22. 1 Broschüre "Stimmen der Zeit"

23. 1 Broschüre "Kapitulation vor der Geschichte" von HEIMPEL

24. 1 Broschüre "Deutsche Rundschau", Heft 12/56

25. 1 Broschüre "Die Sünde wider Europa"

26. 1 Verfassung des Landes Hessen und der Bundesrepublik

27. 1 Buch "Mahadmagandi" von FISCHER

28. 1 Broschüre "Die Hohenstauffen und der 1. Habsburger

29. 1 Buch "Das Ende der Elbe" von THORWALD

3o. 1 Broschüre von Göhring "Stresemann - Mensch, Staatsmann, Europäer"

31. 2 Broschüren "Quellen und Arbeitshefte für den Geschichtsunterricht" Nr. 2 und 3

32. 1 Buch "Abriß der Geologie von Sachsen"

33. 1 Klemmrücken mit 6 Einlagen über "Ostlandkunde im Unterricht"

34. 1 Heft Nr. 21 der Bundeszentrale für Heimatdienst

35. 2 Hefte der "Uniteol Nations-Loke Success Basic Facts about the miteol Nations" The will to co-operate

36. 1 Broschüre "Mensch und Gesellschafter im Zeitalter der Messe"

- 3 -

- 3 -

BStU
000013

37. Bulletin der Uniteol Nations v. November 1956 eine

38. Rede von W. GOMULKA auf dem 8. Plenum der Vereinigter Polnischen Arbeiterpartei.

Hoffmann
Oberleutnant

Das hätte sich der freie Denker Albert Einstein sicher nicht vorstellen können, dass sein Buch „Mein Weltbild“ vom MfS vernichtet würde.

Nach seinem „Freikauf“ schrieb Arno Seifert an das Prorektorat für Studienangelegenheiten der MLU.

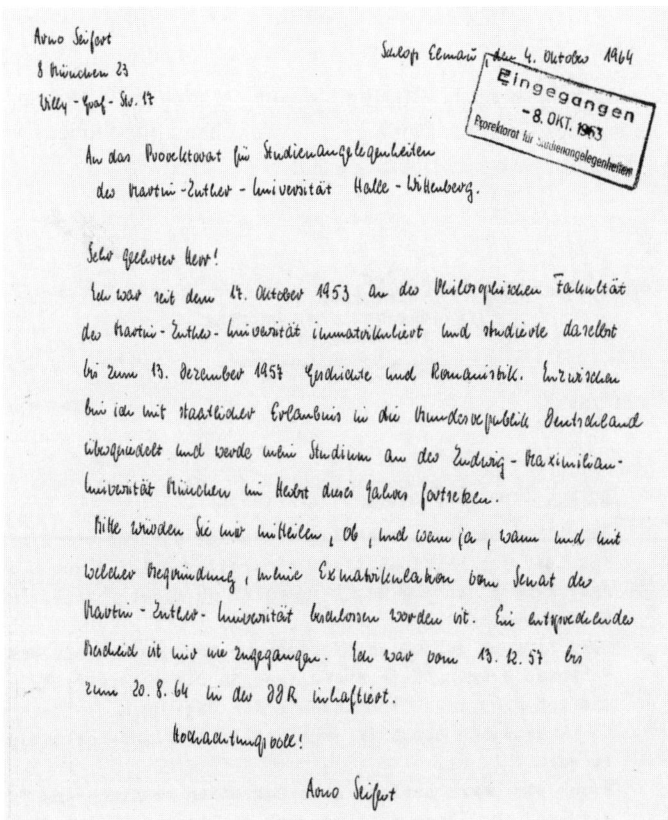

Arno Seifert
8 München 23
Willy-Graf-Str. 17

Schloß Elmau, den 4. Oktober 1964

Eingegangen
-8. OKT. 1963
Prorektorat für Studienangelegenheiten

An das Prorektorat für Studienangelegenheiten
der Martin-Luther-Universität Halle-Wittenberg.

Sehr geehrter Herr!
Ich war seit dem 17. Oktober 1953 an der Philosophischen Fakultät der Martin-Luther-Universität immatrikuliert und studierte daselbst bis zum 13. Dezember 1957 Geschichte und Romanistik. Inzwischen bin ich mit staatlicher Erlaubnis in die Bundesrepublik Deutschland übergesiedelt und werde mein Studium an der Ludwig-Maximilian-Universität München im Herbst dieses Jahres fortsetzen.
Bitte würden Sie mir mitteilen, ob, und wenn ja, wann und mit welcher Begründung, meine Exmatrikulation vom Senat der Martin-Luther-Universität beschlossen worden ist. Ein entsprechender Bescheid ist mir nie zugegangen. Ich war vom 13. 12. 57 bis zum 20. 8. 64 in der DDR inhaftiert.

Hochachtungsvoll!

Arno Seifert

handschr. Brief von Arno Seifert vom 4. Oktober 1964

„Schloß Elmau, den 4. Oktober 1964

Sehr geehrter Herr!
Ich war seit dem 17. Oktober 1953 an der Philosophischen Fakultät der Martin-Luther-Universität immatrikuliert und studierte daselbst bis zum 13. Dezember 1957 Geschichte und Romanistik. Inzwischen bin ich mit staatlicher Erlaubnis in die Bundesrepublik Deutschland übergesiedelt und werde mein Studium an der Ludwig-Maximilian-Universität München im Herbst dieses Jahres fortsetzen.

Bitte würden Sie mir mitteilen, ob, und wenn ja, wann und mit welcher Begründung, meine Exmatrikulation vom Senat der Martin-Luther-Universität beschlossen worden ist. Ein entsprechender Bescheid ist mir nie zugegangen. Ich war vom 13.12.57 bis zum 20.8.64 in der DDR inhaftiert.
Hochachtungsvoll!
Arno Seifert“

Der Leiter des Fakultätsbereiches III, Emil Sobotta, schrieb am 9. November 1964 an den Staatsanwalt des Bezirkes Leipzig: „[…] der ehemalige Student Arno Seifert wurde 1958 durch Ihr Bezirksgericht verurteilt.

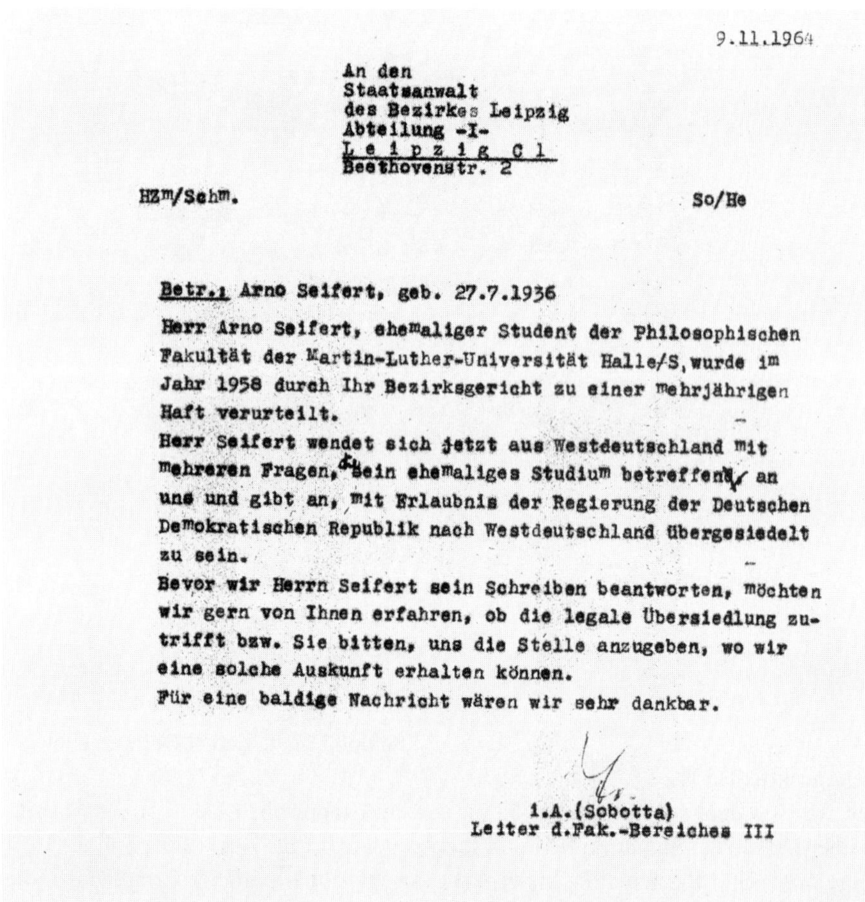

9.11.1964

An den
Staatsanwalt
des Bezirkes Leipzig
Abteilung -I-
L e i p z i g C 1
Beethovenstr. 2

HZm/Schm. So/He

Betr.: Arno Seifert, geb. 27.7.1936

Herr Arno Seifert, ehemaliger Student der Philosophischen Fakultät der Martin-Luther-Universität Halle/S, wurde im Jahr 1958 durch Ihr Bezirksgericht zu einer mehrjährigen Haft verurteilt.
Herr Seifert wendet sich jetzt aus Westdeutschland mit mehreren Fragen, sein ehemaliges Studium betreffend, an uns und gibt an, mit Erlaubnis der Regierung der Deutschen Demokratischen Republik nach Westdeutschland übergesiedelt zu sein.
Bevor wir Herrn Seifert sein Schreiben beantworten, möchten wir gern von Ihnen erfahren, ob die legale Übersiedlung zutrifft bzw. Sie bitten, uns die Stelle anzugeben, wo wir eine solche Auskunft erhalten können.
Für eine baldige Nachricht wären wir sehr dankbar.

i.A. (Sobotta)
Leiter d.Fak.-Bereiches III

Brief von Sobotta 9. November 1964

Herr Seifert wendet sich jetzt aus Westdeutschland mit mehreren Fragen, die sein ehemaliges Studium betreffen an uns und gibt an, mit Erlaubnis der Regierung der Deutschen Demokratischen Republik nach Westdeutschland übergesiedelt zu sein. Bevor wir Herrn Seifert sein Schreiben beantworten, möchten wir gern von Ihnen erfahren, ob die legale Übersiedlung zutrifft bzw. Sie bitten, uns die Stelle anzugeben, wo wir eine solche Auskunft erhalten können.
Für eine baldige Nachricht wären wir sehr dankbar."

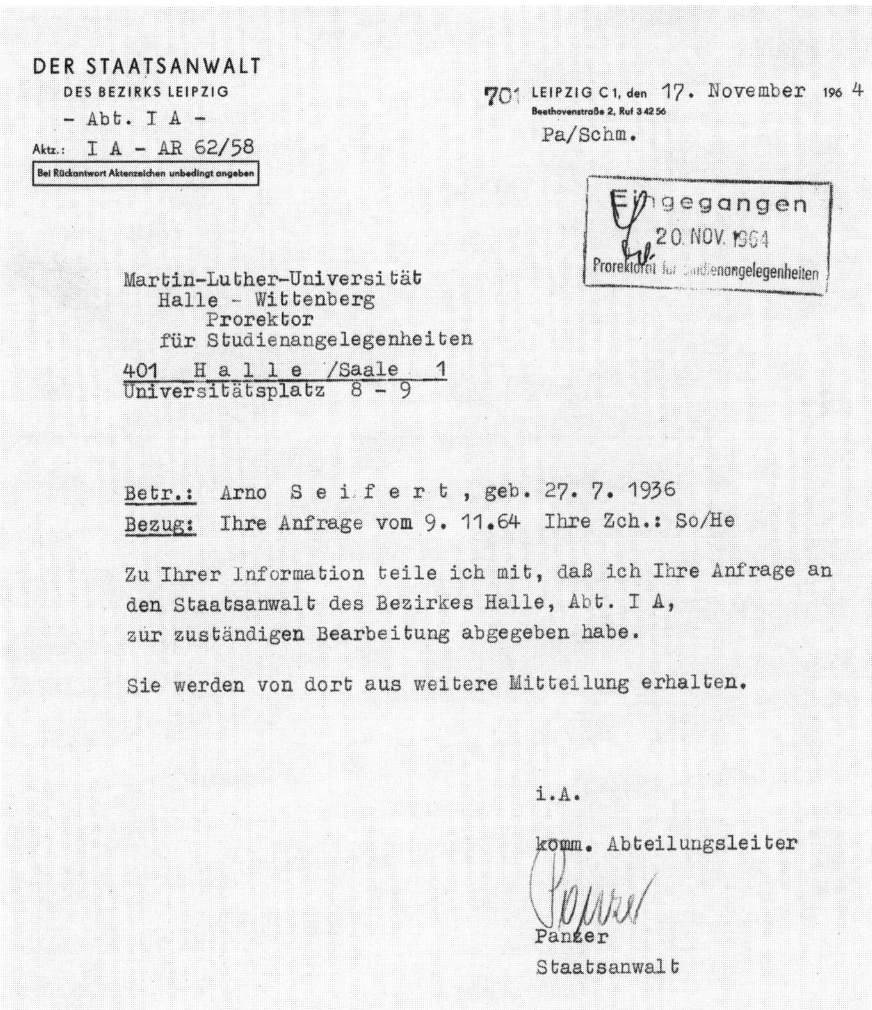
DER STAATSANWALT
DES BEZIRKS LEIPZIG
- Abt. I A -
Aktz.: I A - AR 62/58
Bei Rückantwort Aktenzeichen unbedingt angeben

701 LEIPZIG C 1, den 17. November 1964
Beethovenstraße 2, Ruf 34256
Pa/Schm.

Eingegangen
20. NOV. 1964
Prorektorat für Studienangelegenheiten

Martin-Luther-Universität
Halle - Wittenberg
Prorektor
für Studienangelegenheiten
401 H a l l e /Saale 1
Universitätsplatz 8 - 9

Betr.: Arno S e i f e r t , geb. 27. 7. 1936
Bezug: Ihre Anfrage vom 9. 11.64 Ihre Zch.: So/He

Zu Ihrer Information teile ich mit, daß ich Ihre Anfrage an den Staatsanwalt des Bezirkes Halle, Abt. I A, zur zuständigen Bearbeitung abgegeben habe.

Sie werden von dort aus weitere Mitteilung erhalten.

i.A.

komm. Abteilungsleiter

Panzer
Staatsanwalt

Brief von Staatsanwalt Panzer

Daraufhin schreibt am 17. November 1964 der kommissarische Abteilungsleiter Panzer, Staatsanwalt in Leipzig, an den Prorektor, dass er die Anfrage an den Staatsanwalt des Bezirkes Halle, Abt. I A, weitergegeben hat. Und von dort kommt 10 Tage später, am 26. November 1964, folgendes Schreiben von Staatsanwalt Heger aus Halle:
„Betr.: Arno Seifert, geb. 27.7.1936
Auf Ihr Schreiben vom 9.11.1964 teile ich mit, daß Seifert als Feind der DDR aus unserer Republik ausgewiesen worden ist."

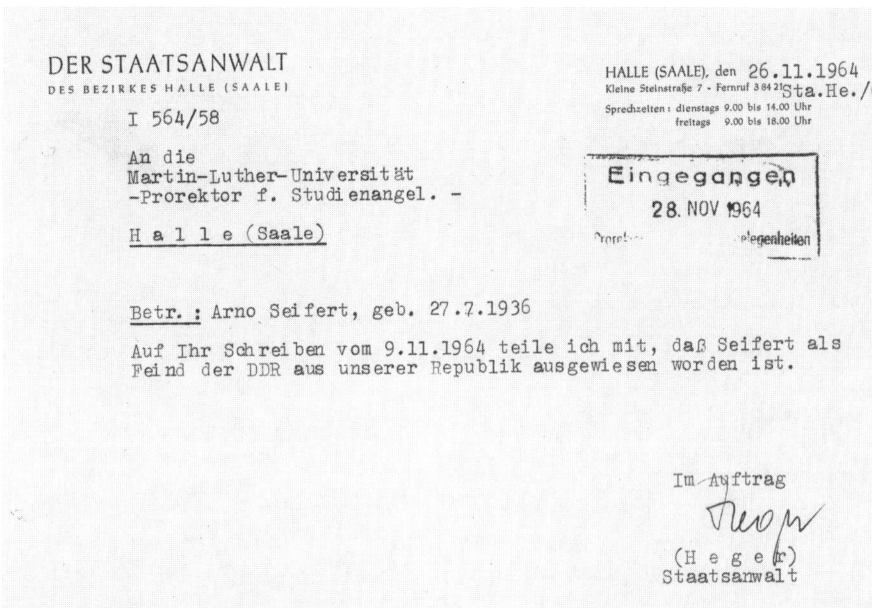

DER STAATSANWALT
DES BEZIRKES HALLE (SAALE)

HALLE (SAALE), den 26.11.1964
Kleine Steinstraße 7 - Fernruf 38421 Sta.He./G
Sprechzeiten: dienstags 9.00 bis 14.00 Uhr
freitags 9.00 bis 18.00 Uhr

I 564/58

An die
Martin-Luther-Universität
-Prorektor f. Studienangel. -
H a l l e (Saale)

Eingegangen
28. NOV 1964

Betr.: Arno Seifert, geb. 27.7.1936

Auf Ihr Schreiben vom 9.11.1964 teile ich mit, daß Seifert als Feind der DDR aus unserer Republik ausgewiesen worden ist.

Im Auftrag
(H e g e r)
Staatsanwalt

Brief des Staatsanwaltes Heger vom 26. November 1964

Damit hatte sich nicht nur die Universität, sondern auch der DDR-Staat von einem seiner besonders begabten „Staatsbürger", einem „Feind der DDR", verabschiedet. Und dies betraf in gleicher Weise Heinrich Blobner.

Heinrich Blobner schrieb am 11. Februar 1965, ein halbes Jahr nach seiner Entlassung aus der Haft und seinem Weggang aus der DDR, einen emotionalen und zornigen Brief an einen Hauptmann in der Strafvollzugsanstalt Bautzen, der im Archiv des MfS landete.[82]

82 BStU HA IX-9355, Bd. 1, Bl. 55–60.

[redacted]

11. Feb. 1965

BStU
000055

Herr Hauptmann [redacted]!

Als wir vor einem Jahr im Waschraum der Wäscherei miteinander sprachen, d.h. fast 2½ Stunden lang miteinander diskutierten, da wußten weder Sie noch ich, wie der Kampf ausgehen würde, den zu kämpfen ich entschlossen war. Zu kämpfen nicht, weil ich aus mir heraus ein kämpferischer Mensch wäre, sondern weil Sie und Ihre Genossen und der Staatsapparat, den Sie vertreten, repräsentieren, so „menschlich" ist, die Menschen, die ihm unterstehen, zu ihrem Heil oder Glück zu zwingen; letzten Endes mit Gewalt. – Voll Ironie hatte ich damals auf den lobhudelnden Brief des ehemaligen Mitgefangenen [redacted] aus Luckenwalde hingewiesen, den Sie im Speisesaal ausgehängt hatten; offenbar, um einfältige Gemüter zu beeindrucken. Zu zeigen, wie sehr man sich um die Entlassenen kümmere und sie wieder in die Gesellschaft eingliedere. Damals regten Sie an, ich könne ja auch nach einer gewissen Zeit einmal an Sie schreiben. Es war ein ungeheurer Zynismus von Ihnen, mir das anzuraten, denn Sie wußten genau: es würde entweder eine geheuchelte Angelegenheit oder es böte Ihren Genossen vom SSD einen neuerlichen Grund, auf mich das Verfahren anzuwenden, nach dem Sie Tausende und Abertausende bisher aus ihren Familien gerissen haben, aus der Gesellschaft, aus dem Leben, die oft zerstört, vernichtet wurden, da sie nicht so handelten wie man ihnen befahl, weil ihr Gewissen sich nicht unterdrücken ließ und denen Sie natürlich den Status politischer Häftlinge versagen, ohne zu bedenken, daß man sich damit vor aller Welt bloßstellt, in infernalischem Haß gegen diejenigen, die sich nicht unterjochen lassen, denn Sie noch so viel von Humanität erzählen können: die Erfahrungen prägen den Menschen und bedingen sein Handeln – sofern er nicht zum Lumpen wird, der seine Meinung und sein Gewissen verkauft für die vage Hoffnung die Sie ihm bieten. Sie regten diesen Brief vor einem Jahre an: hier ist er! Sie werden nicht den Mut haben, ihn auch an dieser Stelle im Speisesaal

–1–

Bl. 1 des Briefes von Heinrich Blobner

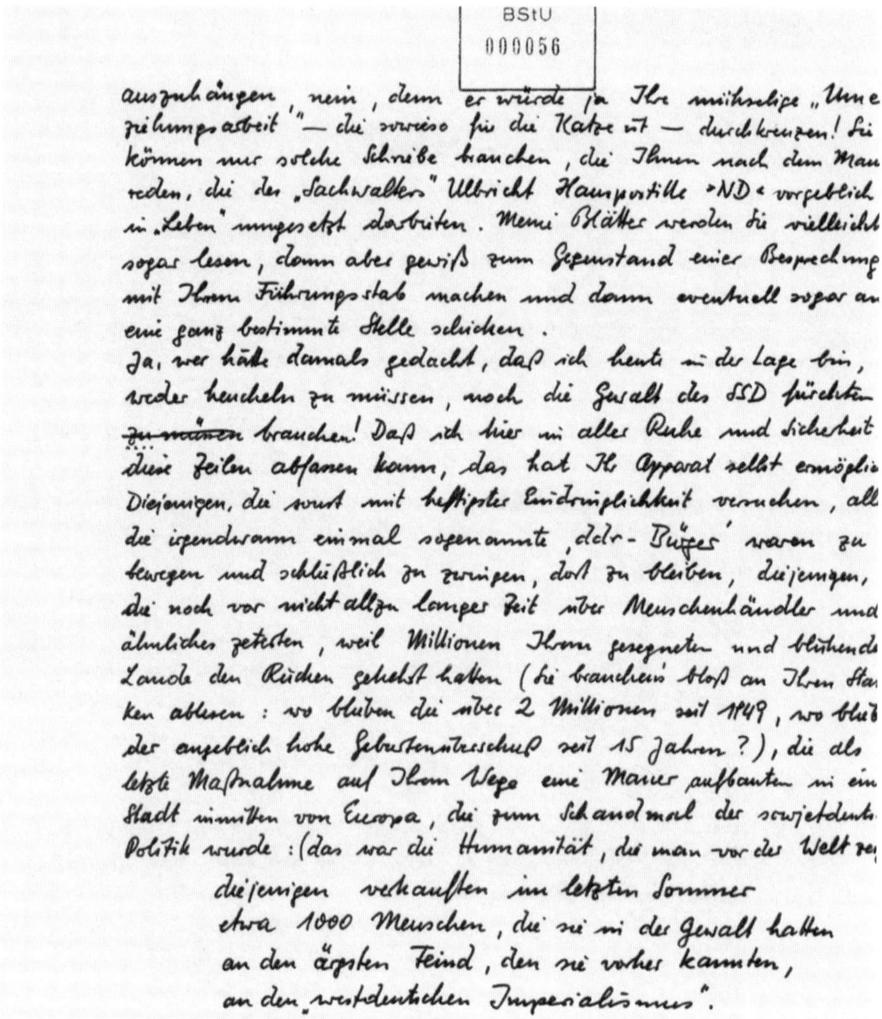
BStU
000056

auszuhängen, nein, denn es würde ja Ihre mühselige „Umerziehungsarbeit" – die sowieso für die Katze ist – durchkreuzen! Sie können nur solche Schreibe brauchen, die Ihnen nach dem Mau reden, die der „Sachwalters" Ulbricht Hauspostille »ND« vorgeblich in „Leben" umgesetzt darbieten. Meine Blätter werden Sie vielleicht sogar lesen, dann aber gewiß zum Gegenstand einer Besprechung mit Ihrem Führungsstab machen und dann eventuell sogar an eine ganz bestimmte Stelle schicken.
Ja, wer hätte damals gedacht, daß ich heute in der Lage bin, weder heucheln zu müssen, noch die Gewalt des SSD fürchten ~~zu müssen~~ brauchen! Daß ich hier in aller Ruhe und Sicherheit diese Zeilen abfassen kann, das hat Ihr Apparat selbst ermöglic Diejenigen, die sonst mit heftigster Eindringlichkeit versuchen, all die irgendwann einmal sogenannte ‚ddr-Bürger' waren zu bewegen und schließlich zu zwingen, dort zu bleiben, diejenigen, die noch vor nicht allzu langer Zeit über Menschenhändler und ähnliches zeterten, weil Millionen Ihrem gesegneten und blühende Lande den Rücken gekehrt hatten (Sie brauchens bloß an Ihren Sta ken ablesen: wo blieben die über 2 Millionen seit 1949, wo blieb der angeblich hohe Geburtenüberschuß seit 15 Jahren?), die als letzte Maßnahme auf Ihrem Wege eine Mauer aufbauten in ein Stadt inmitten von Europa, die zum Schandmal der sowjetdeut Politik wurde: (das war die Humanität, die man vor der Welt ze
diejenigen verkauften im letzten Sommer
etwa 1000 Menschen, die sie in der Gewalt hatten
an den ärgsten Feind, den sie vorher kannten,
an den „westdeutschen Imperialismus".

Bl. 2 des Briefes von Heinrich Blobner

In seinem Brief prangert Heinrich Blobner die Praxis der DDR-Behörden an, die sonst über die bundesdeutschen „Menschenhändler und ähnliches zeterten", seit 1964 in großem Stil politische Häftlinge aus DDR-Gefängnissen an die Bundesrepublik zu verkaufen: „Ihre Oberen verkaufen Menschen, 1000 Menschen für 32 Millionen harte Westmark, Deutsche Mark!".

Ihn bringt zum einen die Ungerechtigkeit auf, die aus der Auswahl der Verkauften „aus Bautzen I und II, aus Brandenburg und Waldheim, aus dem Lager X in Hohenschönhausen und aus allen den festen Anstalten“ spricht. Sie bedeute eine Praxis des Festhaltens jener „restlichen 10.000 oder mehr politischen Gefangenen“, die „gegen ihren Willen gezwungen wurden und heute noch gezwungen werden, nach der Entlassung dort bleiben zu müssen, von wo sie lieber heute als morgen verschwinden wollten. Allein die ‚humane‘ Drohung mit Tretminen und MPi’s an den Grenzen Ihres usurpierten Machtbereichs hält diese Menschen bei Ihnen fest: Zwang, Drohungen, Repressalien und Zuchthaus – und die anderen werden abgeschoben, verkauft für bares Geld.“

Zum anderen verbittert ihn die moralische Heuchelei dieser Aktion: „Jahrelang bemühten sich die Angehörigen um eine vorzeitige Haftentlassung; immer hieß es wahrheitsgemäß im Ablehnungsbescheid der Staatsanwaltschaft, daß eine Umerziehung noch nicht stattgefunden habe, keine Einsicht in die Verwerflichkeit der ‚Tat‘ bestehe! Und nun [...] heißt es, besonders in der letzten Zeit habe der Gefangene das Verwerfliche seiner Tat eingesehen. So lügt ein Gericht in seinem Beschluß über die Entlassung, so wie es im Urteilsbeschluß 6 Jahre vorher gelogen hat. In beiden Fällen so plump, daß man sich nicht getraut, dem Betroffenen die Beschlüsse in die Hand zu geben.“[83]

Franz Wohlgemuth wird als Professor in Halle eingesetzt

In der Senatssitzung vom 11. Oktober 1957 wurde Franz Wohlgemuth als neuer Professor an der halleschen Universität vorgestellt. Wohlgemuth war den Senatoren durch die Jahre als Stellvertreter des Staatssekretärs, der dabei die Parteilinie unerbittlich bis zur Rücksichtslosigkeit vertrat, bekannt.[84]

Wohlgemuth hielt nach der Vorstellung durch Stern eine kleine Rede, aus der folgende Gedanken bemerkenswert sind: „[...] Es ist eine eigenartige Situation, dass ich jetzt von anderer Position aus – wo ich in diesem Senat oft gewesen bin – mich vorzustellen habe. In den letzten Tagen, als ich mich bei einigen Kollegen meines jetzigen Wirkungskreises bekannt machte und auch heute in der Begrüßung mit dem Herrn Dekan der Theol. Fakultät gab es eine eigenartige zweifelnde Frage: ‚Soll man Sie beglückwünschen, oder ist es peinlich?‘

83 Die Kürzung und Zusammenfassung des Briefes stammt von Angelika Seifert.

84 Lt. Kowalczuk (2003) war Wohlgemuth über die Bewegung „Freies Deutschland“ nach Deutschland zurückgekehrt und zunächst kommissarischer Kreisleiter der KPD in Greifwald geworden. Dort war er offenbar Hauptdenunziant des Rektors Lohmeyer, der am 19. September 1946 in Greifswald hingerichtet wurde. Sechs Wochen nach Lohmeyers Verhaftung wurde Wohlgemuth zum Kurator der Greifswalder Universität ernannt. Ab 1951 war er im Staatssekretariat in Berlin tätig.

Von links nach rechts: Prorektor Herbert Funk, Leo Stern und Franz Wohlgemuth

Ich möchte diesen Zweifeln die Wurzel ziehen. Es ist wirklich für mich eine Freude, hier in Halle tätig sein zu können. Daß es ausgerechnet Halle ist, das ist Magnifizenz' Schuld, mit dem mich sehr viel politisches und menschliches und vor allen Dingen das verbindet, dass er mir des öfteren sagte: In Halle herrscht ein sehr schlechtes Klima (das wirkliche)[85], aber es lässt sich hier sehr gut arbeiten. Da nun auch die Fachrichtung Geschichte, mein besonderes Anliegen, hier in Halle sehr gut vertreten ist, habe ich den Schritt nach Halle getan.

Mein Weg bis heute weicht in vielem von dem normalen akademischen Weg ab. Bei allen Komplikationen, die mein bisheriges Leben gezeigt hat, musste ich feststellen, dass es immer glückliche Umstände waren, die mich im Verlauf der letzten 15 Jahre bis zum ‚heute' gebracht haben. Ich möchte das in einigen wenigen Daten schildern.

85 Ortsunkundigen muss man erklären, dass die Luft in Halle durch die chemische Industrie (Leuna, Buna, Bitterfeld), die großen Braunkohlekraftwerke und die Ofenheizung der meisten Wohnungen bis zum Ende der DDR-Zeit sehr belastet war, und dass das Wasser der Saale so verschmutzt war, dass der Fluss nie zufror und keine Fische in ihm leben konnten.

Ich bin heute 42 Jahre alt. Im Jahre 1936 nach dem Besuch des humanistischen Gymnasiums begann ich – gegen den Willen meines sehr realistisch denkenden Vaters, der Schlosser ist – ein Studium in Philosophie, Geschichte und Katholischer Theologie. Der Widerspruch zwischen der Idee und der Wirklichkeit des Lebens hat mich während des Studiums sehr bald zur Einsicht kommen lassen, dass das, was ich wollte, als Erzieher wirksam zu sein, sich gegen die immer stärker werdenden Kräfte des Faschismus nicht verwirklichen lasse. Nach dem Philosophischen Abschluss-examen in Bonn wollte ich Alte Geschichte und Philologie studieren, um wissenschaftlich tätig zu sein. Die Soldatenzeit und der Krieg haben diese Dinge völlig gewandelt.

Als deutscher Offizier kam ich in sowjetische Gefangenschaft, nach der Schlacht bei Stalingrad, am letzten Tage dieses Kampfes. Die sehr harte Gegenüberstellung des antihumanistischen Krieges und der sozialistischen Wirklichkeit hat mich und viele tausend andere neue Gesichtspunkte zu dem bisher gewonnenen Wissen kennen gelehrt, bzw. hat uns überhaupt befähigt, diese neuen Gesichtspunkte auf unser Wissen anzuwenden. Ich habe damals zum ersten Mal mit der Wissenschaft des Marxismus-Leninismus Bekanntschaft gemacht und habe dann in dieser Zeit – ich bin meinen Lehrern dafür dankbar – in Moskau Gelegenheit gehabt, meine Studien der Philosophie, der Geschichte und der Politischen Ökonomie auf ganz anderer Ebene, ganz neu, zu sehen. Mein Lehrer war damals u.a. der jetzt in Leipzig tätige sowjetische Professor Jantzen. Zum ersten Mal habe ich auch damals die Geschichte der deutschen Arbeiterklasse, insbesondere zwischen den beiden Weltkriegen, kennengelernt. Da waren meine Lehrer ebenfalls erfahrene und angesehene Menschen, wie Walter Ulbricht, Hermann Matern und Prof. Lindau. Nun muß man Erkenntnisse in der Praxis erproben.

Ich habe als Angehöriger des Nationalen Komitees ‚Freies Deutschland' mich 1944 aus diesem Grunde freiwillig zur antifaschistischen Arbeit nach Deutschland zurückgemeldet und bin dort bis zum Kriegsende verblieben. Zunächst habe ich nach dem Krieg als Sekretär eines Kreises einer Kommunistischen Partei im Kreis Greifswald gearbeitet, wo ich die Bodenreform und die Säuberung des Verwaltungsapparates mit einleitete. Dann wurde ich Universitätskurator von Greifswald, ging als Hauptabteilungsleiter in das Volksbildungsministerium in Mecklenburg und schließlich als Hauptabteilungsleiter und Stellvertreter des Staatssekretärs nach Berlin. Durch diese Arbeit, die über 11 Jahre gedauert hat und nicht leicht war, reich an Problemen, reich an Erfahrungen, habe ich aber den Kontakt mit meiner ursprünglichen Absicht, einmal wissenschaftlich selbst zu arbeiten, wieder gewonnen und meine gesamte Freizeit darauf verwandt, weiter wissenschaftliche Arbeit zu treiben. Aus dieser Zeit habe ich eine Reihe von hochschulpolitischen, kulturpolitischen und hochschulpädagogischen Veröffentlichungen vorzulegen.

Ich habe ohne Unterbrechung meiner Arbeitszeit in einer sehr harten Arbeit im Jahr 1954 zum Dr. phil promoviert unter dem Dekanat von Herrn Prof. Hartke, dem jetzigen Rektor von Berlin, an der Phil. Fakultät in Rostock, und zwar mit einer Arbeit: Beiträge zur Geschichte des Hochschulwesens in der Deutschen Demokratischen Republik, geprüft in Alter Geschichte, Geschichte der Erziehung und Pol. Ökonomie. Seitdem habe ich immer wieder und unnachgiebig die Bitte geäußert, mich endlich in die wissenschaftliche Arbeit zu entlassen. Ich freue mich, jetzt am Ziel dieser Wünsche zu sein und hoffe, künftig tätig sein zu können speziell in der Erforschung der gesellschaftlichen Ergebnisse insbesondere der ausgehenden Antike vom 2.–3. Jahrhundert, weil dort meine philologischen und historischen Kenntnisse begründet sind. Sie werden mich fragen, warum ich bei dem Gesellschaftswissenschaftlichen Grundstudium mitwirke.

Ich will Ihnen auch das beantworten: Ich bin der Meinung, daß neben der wissenschaftlichen Arbeit, die ich in diesem kommenden Jahr nicht als eine Muße betrachte, für uns alle die Aufgabe steht, auch hier aufzutreten und der erzieherischen Arbeit besonderen Vorrang zu geben. Ich bin durch die Erfahrungen meines Lebens belehrt – durch meine Arbeit der letzten Jahre insbesondere –, daß es sehr notwendig ist, unseren Studenten, die einmal unsere Nachfolge in allen Gebieten des gesellschaftlichen Lebens antreten werden, soviel mit auf den Weg zu geben, daß sie nicht nur Fachleute, sondern daß sie für ihre Sache, die Sache des Sozialismus, geradestehen als Wissenschaftler und als Persönlichkeiten. Persönlichkeit aber muß man sein, um überhaupt Wissenschaftler sein zu können. Ich habe mit dem Herrn Prorektor für das gesellschaftswissenschaftliche Grundstudium darüber gesprochen, wo ich mich am besten bewähren könne, und wir sind übereingekommen, daß dies bei der Medizinischen Fakultät der Fall sein dürfte.

Ich glaube, dieser Entschluß war richtig. Es ist eine sehr große, angesehene Fakultät mit einem hohen gesellschaftlichen Wirkungsgrad der bei ihr ausgebildeten Menschen, so daß mein Schritt besonders gerechtfertigt erscheint. Ich hoffe, daß es mir gelingt, die Verbindung zwischen dem Lehrkörper der Hohen Medizinischen Fakultät und mir recht wirksam zu gestalten, um mit ihrer Hilfe wie auch mit der meinigen, unsere künftigen Ärzte zu sozialistischen Ärzten zu erziehen. Ich darf dem Hohen Senat und besonders Ihnen Magnifizenz, versichern, daß ich meine gesamte Arbeit darauf einrichten werde, um den Ruhm der Universität Halle zu mehren und daß ich insbesondere mein Augenmerk darauf richten werde, das Ganze des Hochschulwesens, nämlich die Ausbildung und die sozialistische Erziehung zu fördern. Ich bitte meinerseits nicht nur die Herren Senatoren, sondern auch die Kollegen aller Fakultäten und die Genossen meiner Partei, zu helfen, daß beide Aufgaben gelöst werden, die eine, die mich im wesentlichen selbst angeht, endlich in Halle den Beweis anzutreten für meine wissenschaftliche Potenz, und zum anderen die objektive und

Dekan Prof. Dr. Erwin Reichenbach

doch wohl wichtigere, die Entwicklung der Universität zu einer sozialistischen Hochschule. Darum bitte ich um die Unterstützung aller Angehörigen des Lehrkörpers, insbesondere Magnifizenz auch um Ihre Hilfe."

45 Jahre später würde sich der Pathologe Günter Bruns in einem Gespräch an Franz Wohlgemuth erinnern: „Er ist Jesuitenschüler gewesen und war Hauptmann im letzten Weltkrieg. Und ging über das Komitee ‚Freies Deutschland' in die DDR und landete unter Vermittlung von Herrn Winter, der eine ungute Rolle spielte, in Halle und wurde der Medizinischen Fakultät gewissermaßen zugeordnet. Darauf hatte die Fakultät gar keine Einwirkungsmöglichkeit. Er kam aus dem Staatssekretariat und hatte seine Aufgabe und fing da also auch an. Von Reichenbach, der war Dekan, wurde ihm gesagt, daß er hier unerwünscht wäre. Nur aufgrund der Einwirkung des Staatssekretariates bekam er hier Zugang zur Fakultät, ohne ihr anzugehören. Er gehörte ihr aber an. Das war damals alles noch möglich. Reichenbach hat das unverblümt gesagt, der war ja sehr hart in dieser Beziehung immer.

Er benahm sich dann recht passabel, bis auf Einwürfe, da merkte man, er war ein intelligenter Mann. Ich kriegte mich auch mit ihm einmal in die Haare, aber das also beiläufig. Er spielte allerdings gar keine Rolle. Er wurde gewissermaßen nicht für voll genommen. Er erschien aber immer und berichtete, an Winter oder an wen immer. Dann verschwand er eines Tages, ging nach dem Westen und landete bei Grünthal, das ist eine große pharmazeutische Firma und wurde dort Pressechef. Das war die Firma, die die Contergan-Affaire hervorgerufen hatte, [...]".[86]

Die Arbeitsordnung der Senatssitzung dieses Tages hielt weitere brisante Punkte bereit. Dazu zählte auch die erneute Beschäftigung mit dem Abwandern vieler Schwestern der Medizinischen Fakultät in den Westen. Dekan Reichenbach führte aus: „Bei uns wohnen die Schwestern z. T. in feuchten Kellern. In der Kinderklinik gibt es Schwesternwohnräume, wo das Wasser herunterfließt." Eine Lösung vermochten die Anwesenden freilich nicht zu erarbeiten.

In der Sitzung am 16. Dezember 1957 wurde zunächst Professor Joerges gedacht, der am 4. Dezember im 90. Lebensjahr verstorben war. Dann wird ein neuer Kollege

86 Gespräch zwischen Sybille Gerstengarbe und Prof. Günter Bruns am 21. März 2002 in Jena.

vorgestellt, der in den nächsten Jahren im Senat eine offene Opposition praktizieren würde, der Pathologe Günter Bruns. Auch er wurde später aus politischen Gründen von der Universität Halle vertrieben, das geschah aber erst nach dem Mauerbau 1961. Zur Selbstcharakterisierung an diesem Tag trug Bruns unter anderem vor: „[...] Ich wurde 1914 in Berlin geboren, mein Vater fiel 1916. Ich kam, nachdem ich im Hause der Großeltern erzogen worden war und die Grundschule besucht hatte, 1924 auf das Lessing-Gymnasium in Berlin, wo ich 1933 mein Abitur ablegte. Anschließend arbeitete ich 1 Jahr als Vorbereitung zum Medizin-Studium als Werkstudent. Die Universität bezog ich 1934 und immatrikulierte mich an der Medizinischen Fakultät. Hier studierte ich bis kurz vor Ausbruch des Krieges 1939, machte dann dort noch das Staatsexamen und promovierte gleichzeitig. Dann war ich 6 Jahre Soldat und wurde 1945 aus amerikanischer Gefangenschaft entlassen.

Anschließend war ich Assistent bei Prof. Fischer in Jena. Dann habe ich mich nach langer Krankheit – Lungentuberkulose als Berufsinfekt – bis 1952 auf die Habilitation vorbereitet. 1952 habilitierte ich mich, mein besonders Interesse galt der Nierenpathologie. 1953 wurde Prof. Fischer emeritiert und ich habe das Institut für 1 ½ Jahre kommissarisch geleitet, bis zum Januar 1955. Zu diesem Zeitpunkt wurde ich als Prorektor an die neue Heilstätte Bad Berka berufen, wo ich das dortige Institut aufbaute. Im Januar dieses Jahres wurde ich durch die hohe wissenschaftliche Medizinische Fakultät an die hiesige Martin-Luther-Universität nach Halle berufen."

Prorektor Herrmann berichtet über die Verhaftung des Studentenpfarrers Schmutzler

Nach diesen Vorstellungen berichtete Prorektor Herrmann über die Lage an der Universität. Dabei geht er auf Verhaftungen ein, wobei zunächst die des Studentenpfarrers Schmutzler[87] in Leipzig im Zentrum stand: „Daß auch die Universitäten im Brennpunkt eines solchen Kampfes standen, beweist der Prozess gegen Schmutzler in Leipzig. Schmutzler hat auf Anweisung von Stellen gehandelt, die außerhalb unserer Republik ihren Sitz haben. Seine Tätigkeit hatte nichts mit der Tätigkeit eines Pfarrers gemein und deshalb hatte auch der Prozeß nichts mit der Kirche zu tun. Der Prozeß ist für uns sehr lehrreich, weil er die konspirative Tätigkeit der Gegner an der Universität Leipzig aufdeckte.

Ich habe beim Staatsanwalt des Bezirkes Leipzig mit dem Anklagevertreter gesprochen und ich habe auch die 17seitige Begründung des gerichtlichen Urteils

87 Zur Persönlichkeit Schmutzlers vergl. vor allem Wiemers 2005.

gelesen und Einblick in die Akten nehmen dürfen. Was mich ganz besonders an diesem Prozeß interessiert hat, war die Art und Weise, wie Schmutzler unter den Studenten illegale Zirkel organisiert hat, wie er diese Zirkel dazu missbraucht hat, die Studenten gegen unsere Arbeiter-und Bauernmacht aufzuhetzen, wie er die Studenten nicht nur in Verwirrung gestürzt, sondern sie in Konflikte verwickelt hat. Zielbewußt ist Schmutzler darauf ausgegangen, das akademische Leben an der Karl-Marx-Universität in Leipzig zu stören. So stellten seine Vertrauensleute unter den Studenten nicht nur die auch uns bekannten Forderungen nach Abschaffung des gesellschaftswissenschaftlichen Grundstudiums und des russischen Sprachunterrichts auf, sondern sie zielten darüber hinaus auf die Auflösung jeder geordneten und systematischen Ausbildung ab, indem sie nämlich die demagogische Behauptung zu verbreiten versuchten, Zwischenprüfungen – und zwar jeder Art – seien Eingriffe in die akademische Freiheit.

Aus den illegalen Zirkeln wählte Schmutzler etwa 70 der ‚zuverlässigsten' Studenten aus und ‚delegierte' sie zu Lehrgängen und Seminaren nach Westdeutschland. Weitere 200 Studenten fuhren auf seine Veranlassung zu sogenannten Freizeiten in die Bundesrepublik. Offiziell wurden die Reisen mit Besuchen bei Verwandten getarnt. In Wirklichkeit ließ sich Schmutzler regelmäßig Hetzmaterial durch die Studenten mitbringen.

Ich ging auf diesen Teil der Verbrechen Schmutzlers ein, weil es auch an unserer Universität ähnliche Vorgänge gab. So erschlich sich der ehemalige Student der Theologie Wolfgang Bonhage im Juli 1957 die Genehmigung einer Reise nach Westdeutschland zum Besuch seiner Eltern in Westfalen. Tatsächlich aber fuhr er erst nach Heidelberg zu seinem Onkel, sodann zum evangelischen Studententag nach Stuttgart und am Ende seiner Reise dann noch zu seinen Eltern. Von Westdeutschland brachte er in die DDR Hetzmaterial mit, dass er dazu benutzte, antisowjetische Argumente westdeutscher Geschichtsfälscher in die Seminare des gesellschaftswissenschaftlichen Grundstudiums hineinzutragen und die Studenten zu verwirren. Bonhage wurde daraufhin in der öffentlich durchgeführten Verhandlung des Disziplinarausschusses relegiert. Er hat inzwischen seinen Verrat an der Universität und an der Arbeiter- und Bauernmacht, die ihn jahrelang gefördert und ausgebildet hat, durch Republikflucht bestätigt.

Der Student der Theologie Röber, der ohne Genehmigung des Prorektorates für Studienangelegenheiten nach Stuttgart zum evangelischen Studententag gereist war, hat sofort Republikflucht begangen, als er nur eine Karte vom Prorektorat mit der Aufforderung erhielt, im Prorektorat vorzusprechen. Die eine Reise nach Westdeutschland hatte genügt, alle erforderlichen Vorbereitungen für die Republikflucht zu treffen."

Dieser Kurs gegen die Kirche und die Studentengemeinden in dieser Zeit ist erschreckend. Dies umso mehr, als unter den anwesenden Senatsmitgliedern viele der

Kirche sehr verbunden waren und deren Kinder zu dieser Zeit oder später auch Mitglieder der Studentengemeinde (Lehmann, Reichenbach, Käubler, Hoffmann, Hanson) waren.

Man kann sich ihre Gefühle beim Anhören der Rede von Herrmann vorstellen.

Weiter betonte der Redner: „Ein anderer Disziplinarfall, das Verfahren gegen die Studenten der Fachrichtung Germanistik Hosemann und Habedank zeigt u.a. folgenden Sachverhalt: Von einer ihm persönlich ganz unbekannten Frau aus Westdeutschland erhielt der Student Habedank regelmäßig Geschenkpakete. Habedank besuchte schließlich diese Frau in Westdeutschland und erfuhr, dass sie seine Anschrift von einer Organisation erhalten hatte, die sie nicht nenne wollte. In der Folge verbrachte Habedank mehrfach seine Ferien in Westdeutschland und geriet dabei völlig unter den Einfluß der gegnerischen Ideologie. Gemeinsam mit dem Studenten Hosemann, der sich durch Sendungen des nordwestdeutschen und des bayrischen Rundfunks hatte benebeln lassen, begann Habedank, in Gesprächen mit Studenten gegen den stellvertretenden Ministerpräsidenten Walter Ulbricht zu hetzen und seine Absetzung zu fordern. Hetze gegen die Sowjetunion und gegen Einrichtungen unserer Republik schlossen sich an. Beide Studenten wurden schließlich wegen Staatsverleumdung zu 6 und 4 Monaten Gefängnis verurteilt. Hosemann verbüßte am 19. Dezember den letzten Tag seiner Strafe. Für die darauffolgende Zeit ist ein Disziplinarverfahren angesetzt."

Herrmann resümierte: „Wo solche Erscheinungen an unserer Universität erkannt wurden, ist ihnen im allgemeinen in einer gemeinsamen Front der FDJ, der Angehörigen des Lehrkörpers und der Universitätsleitung entgegengetreten worden."

Schließlich richtet sich Herrmanns Bericht in der Senatssitzung auch noch gegen Professor Gallwitz. Dies geschieht am „Fall Consemüller", der dazu genutzt werden soll, Gallwitz endgültig zu Fall zu bringen. Wörtlich ist dazu überliefert: „Ich hatte dem Senat in der letzten Sitzung darüber berichtet, daß der ehemalige Student der Fachrichtung Geologie, Consemüller, zwischen der Ablegung seines Abiturs und der Aufnahme des Studiums an unserer Universität nach Westdeutschland gefahren war. Die Schule bzw. die Abteilung Volksbildung beim Rat der Stadt hatte ihm ausdrücklich die Genehmigung zur Westreise versagt. Daraufhin war er ohne Genehmigung gefahren. Als die Schule davon erfuhr, zog sie die Delegierung zum Studium zurück. Soweit hatte ich es dem Senat vorgetragen. Magnifizenz hatte demzufolge auf Grund der Anweisung des Staatssekretariates über Reisen von Studierenden in die NATO-Staaten den Student Consemüller im Verwaltungsverfahren bis zum September 1958 vom Studium an unserer Universität ausgeschlossen.

Leider hat die Sache damit kein Ende gefunden. Herr Consemüller hat trotz des Ausschlusses durch Magnifizenz, eines Ausschlusses, von dem Herr Prof. Dr. Gallwitz Kenntnis hatte, weiter an Vorlesungen und Seminaren teilgenommen. Er hat die Studenten der Fachrichtung Geologie beeinflußt, die von Magnifizenz getroffene

Maßnahme als unrechtmäßig anzusehen und sie nicht anzuerkennen. Statt den Studenten die Maßnahme des Rektors zu erläutern und sie von der Richtigkeit dieser Maßnahme zu überzeugen, hat Herr Professor Dr. Gallwitz selbst vor den Studenten sein Nichteinverständnis damit dargelegt, und auf diese Weise die Stellungnahme der Studenten gegen die Maßnahme des Rektors sowie den exmatrikulierten Studenten Consemüller unterstützt.

Herr Behnke und ich haben am 9. Dezember einer FDJ-Versammlung der Studenten der Fachrichtung Geologie beigewohnt, in der Herr Prof. Dr. Gallwitz offen in dieser Weise auftrat. Statt die Studenten anzuhalten, die Maßnahme des Rektors zu respektieren, unterstützte er die Opposition Herrn Consemüllers, der gar nicht mehr der Universität angehört und der Studenten gegen die Maßnahmen des Rektors. Er ging sogar soweit, zu erklären, daß die ungenehmigte Reise Herrn Consemüllers in die Bundesrepublik für die Universität von Nutzen gewesen sei. Er begründete dies dadurch, daß Consemüller wertvolles Fotomaterial aus den Alpen mitgebracht habe. Ich glaube, die Universität ist nicht angewiesen auf Herrn Consemüller, der sein Studium noch gar nicht aufgenommen hatte, und ich denke, daß auch aus dem Geologischen Institut schon mehrere Herren Westreisen zu Studienzwecken unternommen haben und man sollte annehmen, daß man daher auf Herrn Consemüller wirklich nicht angewiesen war. Die Begründung, die Prof. Gallwitz gab, erscheint mir daher nicht glaubhaft bzw. nicht annehmbar.

Ein solches Verhalten des Herrn Professor Dr. Gallwitz widerspricht absolut sowohl den Aufgaben, die Herrn Prof. Dr. Gallwitz als Erzieher obliegen, als auch den Pflichten, die ihm daraus erwuchsen, daß der Senat die Angehörigen des Lehrkörpers verpflichtet hatte, die Anweisung des Staatssekretariates über die Reisen von Studierenden in die Nato-Staaten durchsetzen zu helfen und auch in dieser Weise zur Erziehung der Studenten beizutragen. Die FDJ, die Angehörigen des Lehrkörpers, die Universitätsleitung, mögen ihre Anstrengungen in einer gemeinsamen Erziehungsarbeit noch so sehr verstärken – ihre Bemühungen sind vergeblich und werden zunichte gemacht, wo und solange ein Angehöriger des Lehrkörpers offen oder versteckt, aber aktiv, diese Erziehungsmaßnahmen von den Studenten herabsetzt oder gar untergräbt."

Herrmann verband dies geschickt mit Instruktionen, die eine Disziplinierung der Studenten bedeuteten, indem er Richtlinien entwickelte, wann man Reisen von Studenten nach Westdeutschland nicht befürworten dürfe:

„1. Wenn Studierende im Jahre 1957 bereits Verwandte in Westdeutschland besucht haben;
2. wenn Studierende nicht am Produktionseinsatz teilgenommen haben;
3. wenn nächste Verwandte des Studierenden republikflüchtig geworden sind."

Hat man die Senatsarbeit im Auge, dann endete 1957 in unguter, weil angespannter und zuweilen direkt vergifteter Atmosphäre.

Der Student der Volkswirtschaft Karl-Heinz Drong wird in der Berliner U-Bahn verhaftet, weil er keinen Personalausweis bei sich hat

Es kann abschließend noch ein Blick auf die Verhaftung und die Vernehmungen des Studenten der Volkswirtschaft Karl-Heinz Drong nach den Akten des MfS geworfen werden. Drong wurde vom MfS BV Potsdam erstmals am 29. Juli 1957 festgenommen, weil er „westl. liz. Material, Zeitungen ect. bei sich" getragen habe. Die Potsdamer Dienststelle meldete dies nach Halle und fragte, ob gegen Drong etwas vorläge. Hier notierte man zunächst: „Ltn. Reinicke vereinbarte, da der Student nicht bekannt ist, dass uns das Material zugestellt wird. BV Potsdam lässt Studenten frei."[88]

Karl-Heinz Drong war seit dem 14. August 1956 Student der Volkswirtschaft, Geschichte und Philosophie an der Universität Halle. Er gehörte der CDU seit 1954 an und hatte politische Konflikte an der MLU. Einige Kommilitonen und die Partei gingen hart gegen ihn vor. Sie formulierten ein diffamierendes Flugblatt, das ihn schließlich zur Flucht nach Westberlin trieb:

„Freunde und Genossen!

Was sagt ihr dazu, daß ein Student unserer Fakultät sich darüber beschwert, dass er mit Arbeitern in einem Zugabteil fahren muß, unsere Theater als ‚Plebs-Theater' bezeichnet, in denen ‚man' sich nicht wohlfühlen kann, der arrogant die Nase rümpft, wenn Arbeiter- und Bauern-Studenten sich in seiner Nähe aufhalten, dauernd im Adenauer-Jargon unseren Arbeiter- und Bauern-Staat als ‚Ostzone' bezeichnet, ‚die sowieso bald auseinanderfällt'???

Dieser Student ist Karl-Heinz D r o n g , Seminar IV 2.

Freunde und Genossen!

Was muß man im Seminar IV/2 eigentlich noch alles ‚von sich geben', um von allen Freunden als Feind unserer Arbeiter-und-Bauern-Macht erkannt zu werden?

Wir sind der Meinung, dass solche Studenten an unserer Universität nichts zu suchen haben!

Gibt es bei uns noch Freunde, die nicht dieser Meinung sind?

Gibt es bei uns noch mehr solcher ‚Drongs'?

FDJ-Fakultätsleitung SED-Fakultätsleitung"[89]

---

88 BStU Außenstelle Halle, MfS BV Halle, AU 37/58, Bd. 1, Bl. 14.

89 Exemplare des Flugblattes befinden sich im UAH, Karl-Heinz Drong Nr. 11095 und BStU Außenstelle Halle, MfS BV Halle, AU 37/58, Bd. 2, Bl. 167.

Am 27. Oktober 1957 verließ Karl-Heinz Drong Halle und ging nach Westberlin. Er nahm am 28. Oktober 1957 dort das Studium an der Deutschen Hochschule für Politik auf. Er machte allerdings den Fehler, noch einmal den Ostteil Berlins zu betreten. So wurde er am 3. Dezember 1957 wiederum verhaftet: „Am heutigen Tage gegen 19.20 Uhr wurde durch den VP-Ltn. Schmiega der Student Karl-Heinz Drong, 14.4.38 in Görlitz geb., auf dem U-Bahnhof Potsdamer Platz aus der U-Bahn zur Kontrolle geholt. D. ist ohne Personalausweis. Der D. ist eingehend zu überprüfen."[90]

Noch in der Nacht fand das erste Verhör durch die Polizei in Berlin statt. Hier ein Ausschnitt aus dem Protokoll: „Zur Sache: Mir ist bekannt, dass gegen mich ein Ermittlungsverfahren gemäss § 106 StPO wegen Verstoss gegen die Meldeverordnung und VO vom 27. 11. 52 eingeleitet wurde. […] Ich begab mich am 27. 10. 57 illegal nach Westberlin unter Mitnahme meines Personalausweises. Ich habe mich auch nicht in Halle polizeilich abgemeldet. Mein Personalausweis befindet sich zur Zeit in der Universität in Westberlin bei der dort befindlichen Beglaubigungsstelle, weil ich die Absicht habe, die Beglaubigung beim Notaufnahmeverfahren einzureichen und den PA wieder nach Halle zu senden, weil mir bekannt ist, dass er in Westberlin für Agentenzwecke verwandt werden kann.

Der Grund meines illegalen Verzuges war, dass ich in meiner zuständigen FDJ-Grundorganisation ein Disziplinarverfahren laufen hatte. Durch ein Flugblatt, welches innerhalb unserer Fakultät kursierte und von Studenten der gleichen Fakultät herausgegeben wurde, wurde mein schlechtes Verhalten aufgezeigt und dies machte mir eine Fortsetzung meines Studiums an der Universität in Halle unmöglich. Ich ging deshalb nach Westberlin."[91]

Der Haftbeschluss vom 6. Dezember 1957 führte folgerichtig als Grund an: „Betreten des demokratischen Sektors von Berlin ohne DPA, Einschleusen von Hetzmaterial, Verdacht der Spionage."[92]

Im Laufe der Vernehmungen erfährt das MfS, dass Drong aktiv in der Katholischen Studentengemeinde (KSG) in Halle war. Dies war willkommenes Wissen zu intensiven Befragungen über den katholischen Studentenpfarrer Adolf Brockhoff,[93] über das Leben in der KSG und in der katholischen Heimatgemeinde Drongs in Görlitz.

Drong antwortete auf die Frage, seit wann ihm der Studentenpfarrer Brockhoff bekannt sei: „Ich wurde im September 1956 an der Universität Halle immatrikuliert

90 BStU Außenstelle Halle, MfS BV Halle, AU 37/58, Bd. 1, Bl. 22.

91 Ebd., Bl. 25ff

92 Ebd., Bl. 30.

93 Adolf Brockhoff (1919–1997), Katholischer Priester und Theologe. Er war von 1953–1966 Studentenpfarrer und Leiter des Sprachenseminars in Halle.

und lernte zu dieser Zeit auch den Studentenpfarrer Brockhoff kennen. Von meinem letzten Religionslehrer in Görlitz, Kaplan Hön, wurde ich bei meiner Verabschiedung angehalten, mich gleich in Halle bei dem zuständigen Studentenpfarrer anzumelden. Von wem ich die Adresse des Brockhoff erfahren habe, weiss ich nicht.

Ich meldete mich auch bei ihm und Brockhoff selbst fertigte über meine Personalien, wie auch über die der anderen Studenten, eine Karteikarte an, auf der er neben Fragen über die Person auch die Heimatpfarrei sowie meine Fakultät und Semester notierte. […] Von anderen Studenten hatte ich gelegentlich erfahren, dass Brockhoff die letzten Semester in München studiert hat, und zwar Staats- und Kirchenrecht. Mehr weiss ich über das Persönliche des Brockhoff nicht. […]

Ich besuchte regelmässig Mittwoch abends die Glaubensstunde, die er organisierte und leitete.

Ausserdem finden vorpriesterliche Seminare statt, in denen angehende Theologiestudenten in Altsprachen unterrichtet werden, um dann später in Erfurt das direkte Theologiestudium zu beginnen."

Der katholische Studentenpfarrer Brockhoff war eine charismatische Persönlichkeit, die nicht nur die Studenten, sondern auch andere Hochschulangehörige, selbst jene aus dem Lehrkörper, anregte und begeisterte. Der Anteil der katholischen Studenten an der Studentenschaft der halleschen Universität war nicht so hoch wie der der evangelischen Studenten. Trotzdem war die katholische Studentengemeinde auch in der DDR-Zeit eine sehr aktive Gemeinde, ein Platz des geistigen, geistlichen und persönlichen Austauschs, ein Ort der Geborgenheit für die Studenten.

In der Vernehmung vom 13. Januar 1958 erfuhr der MfS-Mitarbeiter etwas ganz Besonderes: „Im Verlaufe der Befragung machte Drong Angaben darüber, dass ihm durch seinen Vater bekannt geworden sei, dass der Vatikan im Jahre 1954 oder 1955 eine Verfügung erlassen habe, nach der alle Personen katholischer Konfession, sobald sie Mitglied der SED werden, exkommuniziert werden, d.h. vom Glauben ausgestossen werden. Weitere Angaben kann Drong angeblich dazu nicht machen."[94]

Im Vernehmungsprotokoll vom 8. Januar 1958 sind weitere Informationen zur halleschen Studentengemeinde und zum Sprachenkurs enthalten. Nach Drongs Aussagen gehörten „zum vorpriesterlichen Seminar etwa 25-30 Personen, die meines Wissens aus der gesamten Deutschen Demokratischen Republik hier zusammen genommen sind. Mir sind keine Personen namentlich bekannt. […] Dabei hält der ‚Sprecher' die

94 BStU Außenstelle Halle, MfS BV Halle, AU 37/58, Bd. 1, Bl. 149 und 150, Aktenvermerk von Ltn. Simon.

Verbindung zwischen Studentenschaft und Studentenpfarrer aufrecht. Kommen also seitens der Studenten irgendwelche Anregungen, zum Beispiel Durchführung einer Tanzveranstaltung, Ferienreise an die Ostsee, zusätzliche Durchführung einer Messe usw., so trägt der ‚Sprecher' diese dem Studentenpfarrer vor. Ist ein Student erkrankt oder verzogen, so erhält der Studentenpfarrer durch den ‚Sprecher' davon Kenntnis. [...] Die katholische Studentengemeinde Halle steht mit den katholischen Studenten in Köln in enger Verbindung und es findet schon seit Jahren ein reger gegenseitiger Besuch statt."[95]

Soweit zu den hier offengelegten Details aus den Aussagen Drongs. Gegen ihn fand am 19. und 20. März 1958 ein Gerichtsverfahren statt, das Urteil wegen „Vergehens gegen die Verordnung ü. d. Ausgabe von DPA u. Vergehen nach der StVO und der Anordnung über die Ein- u. Ausfuhr von Zahlungsmitteln"[96] lautete: „6 Monate 2 Wochen Gefängnis, Untersuchungshaft wird angerechnet. Der Angeklagte hat die Auslagen des Verfahrens zu tragen."[97]

Die Universität Halle blieb unerbittlich gegenüber Karl-Heinz Drong. Am 18. Dezember 1957 schrieb die Parteileitung der SED der MLU eine Beurteilung über ihn. Ihr letzter Satz lautet: „Die Parteigruppe verurteilt im Namen aller Freunde der Seminargruppe den republikflüchtigen Drong und erwartet von Seiten der Sicherheitsorgane, eine ihm gebührende Strafe zu erteilen."[98] Und am 12. September 1958 schloss ihn die MLU auch vom Studium aus.[99]

Prof. Hartwig von der Juristischen Fakultät setzte schließlich am 16. Dezember 1957 den Schlusspunkt unter diese Personalie. Er schrieb an den Prorektor für Studienangelegenheiten: „In dem Disziplinarverfahren gegen Karl-Heinz Drong übermittele ich Ihnen eine beglaubigte Abschrift der von mir erlassenen Disziplinarverfügung. Von einer öffentlichen Bekanntmachung sehe ich ab und nehme Ihr Einverständnis hierzu an." In diesem Dokument heißt es: „Der Student Karl-Heinz Drong hat unter Verletzung von gesetzlichen Bestimmungen das Gebiet der Deutschen Demokratischen Republik verlassen. Gemäß § 4 der Disziplinarordnung für Studierende der Universitäten und Hochschulen verfüge ich den

<u>Ausschluß vom Studium.</u>

Der Ausschluß vom Studium kann nach Rückkehr des Studenten vom Staatssekretariat für Hochschulwesen nach Anhören des Disziplinarbefugten aufgehoben werden."

95 BStU Außenstelle Halle, MfS BV Halle, AU 37/58, Bd. 1, Bl. 154.
96 BStU Strafnachricht.
97 BStU Außenstelle Halle, MfS BV Halle, AU 37/58, Bd. 2, Bl. 137.
98 Ebd., Bd. 1, Bl. 263.
99 Dieses und die nächsten Dokumente stammen aus UAH, Karl-Heinz Drong Nr. 11095.

1958 Die Zerschlagung des Spirituskreises[1]

Aus dem Jahr 1958 ist eine Verhaftung aktenkundig: Roland Hedewig.

Wiewohl die Verhaftungen von Studenten und Wissenschaftlern der MLU im Zentrum dieses Buches stehen, soll nicht übersehen werden, dass diese Verhaftungen jeden betreffen konnten und als Bedrohung allgegenwärtig waren. Im Tagebuch des Geologischen Institutes, das unter dem Direktorat von Hans Gallwitz geführt wurde, ist durchaus exemplarisch im Januar 1958 vermerkt: „Auch muß wieder eine Belegschaftsversammlung steigen. Es geht diesmal um die Zustimmung, unseren bewährten Tischler Alb. Pfitzner vor einer allzu langen Gefängnishaft zu bewahren. Die Gerichtsverhandlung war am 14. Jan., zu der Prof. Gallwitz und Dr. Reichstein gingen. Wegen seiner unbedachten politischen Äußerungen muß Pfitzner 6 Monate die Freiheit entbehren.“[2]

Zur ersten Senatssitzung des Jahres am 25. Januar sind Staatssekretär Wilhelm Girnus und Herr Lojewski, sein persönlicher Referent, anwesend. Rektor Stern leitet die Sitzung. Im Zentrum steht abermals „Die Entwicklung unserer Universitäten und Hochschulen zu sozialistischen Universitäten.“

Girnus berichtet zunächst von der Umgestaltung des Staatsapparates. „In Zukunft werden 23 Hochschulen – in dieser Zahl sind die 6 Universitäten einbegriffen – und etwa 75 Ingenieurschulen dem Staatssekretariat direkt unterstellt werden. Was ist nun der Sinn?

Das ist in der Präambel klar ausgesprochen: Es muß eine einheitliche politisch-ideologische und wissenschaftliche Leitung des gesamten Hochschulwesens geschaffen werden. Das zentrale staatliche Organ für diese einheitliche politisch-ideologische und wissenschaftliche Leitung des Hoch- und Fachschulwesens ist das Staatssekretariat für das Hoch- und Fachschulwesen, wie es wahrscheinlich umbenannt werden wird.“

Das Referat von Girnus ist umfangreich. Er spricht über neue Entwicklungen, so die vor zwei Monaten erzielten Erfolge sowjetischer Wissenschaftler und Techniker mit dem Sputnik, und dies sei nur möglich gewesen, weil sie Atheisten sind – seine Argumentation ist hier stark verkürzt wiedergegeben –, er zitiert Carl Friedrich von

1 Alle Senatsprotokolle des Jahres 1958 befinden sich in der Akte UAH, Rep. 7 a+b Nr. 578, die Protokolle sind nicht mehr gebunden, sondern nur geheftet.

2 Tagebuch des Geologischen Institutes von 1946 bis 1958.

Weizsäcker[3], der sich gegen Atomwaffen in der Bundesrepublik wendet. Girnus meint als Konklusion, auch für die Naturwissenschaftler wäre es besser, sie wären Atheisten.

Weiter betont er: „Wir sind auch nicht dafür, daß Bürger unserer DDR als Repräsentanten der DDR in westlichen Gesellschaften und Vereinigungen auf dem Gebiete der Geisteswissenschaften vertreten sind. Wir sind vielmehr der Meinung, daß wir hier unsere eigenen Gesellschaften gründen sollten."

Diese Abgrenzungspolitik sollte die deutsche Wissenschaft vollständig spalten. Tatsächlich versuchten viele Wissenschaftler, die Kontakte zu den westdeutschen Kollegen zu halten, viele traten auch aus den wissenschaftlichen Gesellschaften nicht offiziell aus.

In der nächsten Sitzung am 15. Februar 1958 wird Prof. Hüsing als neuer Dekan der Mathematisch-Naturwissenschaftlichen Fakultät vorgestellt. Unschwer erkennbar ist, dass die Professoren der Mathematisch-Naturwissenschaftliche Fakultät unter Druck gesetzt worden waren, jetzt den von ihnen gewählten Ott-Heinrich Keller durch Hüsing zu ersetzen – ein depremierendes Zeichen.

Stern verabschiedete Prof. Asinger, der einen Ruf nach Dresden angenommen hatte. Er gab ihm auf den Weg: „Es darf jetzt gesagt werden, daß wir große Pläne mit Ihnen vorhatten. Ich darf es sagen, falls es nicht bekannt sein sollte, daß die Absicht bestand seitens der Mathematisch-Naturwissenschaftlichen Fakultät, Herrn Asinger zum Dekan der Fakultät zu wählen und weiter die Absicht bestand, ihn zum Prorektor und auch sogar zum Rektor unserer Universität zu machen." Der so Umworbene antwortete diplomatisch: „Ich habe am 1. Februar das Institut für Anorganische Chemie in Dresden übernommen, habe aber die Brücken weder zur Universität, noch zu den Leuna-Werken abgebrochen, da ich auch noch eine große Anzahl Diplomanden und Doktoranden zu betreuen habe und mit Leuna noch vertragliche Bindungen habe."

In der nächsten Sitzung, die am 14. März 1958 stattfand, wird Franz Wohlgemuth schon als Vertreter des Prorektors für wissenschaftlichen Nachwuchs vorgestellt. Auch ist Staatssekretär Girnus mit seinem Referenten Lojewski gekommen. Das Protokoll der Sitzung, mit 73 Seiten erneut voluminös, zeigt, was diese Gäste erneut nach Halle geführt hatte: Es ging um die mit der 3. Hochschulkonferenz der SED verbundenen Weichenstellungen.

Der erste Sekretär der UPL, Büntig, referierte hierzu und betonte unter anderem: „Um diese Hauptaufgabe der sozialistischen Umgestaltung zu erfüllen, ergeben sich vor allem 2 Grundforderungen:

1. In der Auseinandersetzung mit reaktionären Theorien und kleinbürgerlichen,

3 Carl Friedrich von Weizsäcker (1912–2008), Physiker und Philosoph, Leopoldina-Mitglied seit 1959. Er hatte für die Leopoldina in der DDR-Zeit eine überragende Bedeutung.

unwissenschaftlichen Auffassungen muß die Vorherrschaft der Ideen des wissenschaftlichen Sozialismus erkämpft werden.
2. Die gesamte Lehre und Forschungstätigkeit muß fest mit unserer sozialistischen Praxis verbunden sein und den Kampf der Arbeiter, Bauern und der Intelligenz um die weitere Entwicklung der sozialistischen Volkswirtschaft aktiv unterstützen."

Diese Orientierung ging mit einer Reihe von detaillierten Forderungen einher, etwa jener: „Der Student, der von der Liebe zu unserem Arbeiter- und Bauern-Staat erfüllt ist, muß auch bereit sein, die Errungenschaften unseres sozialistischen Aufbaus gegen alle Feinde zu verteidigen. Dazu gehört, daß der Student in unseren bewaffneten Kräften die Hüter unserer Republik sieht und seine Verbundenheit mit den Offizieren und Soldaten der Nationalen Volksarmee auch dadurch zum Ausdruck bringt, daß er bereit ist, sich militärische Kenntnisse und Fähigkeiten anzueignen, um unter Einsatz seiner ganzen Person für den Staat der Arbeiter und Bauern in der DDR eintreten zu können."

Die Aberkennung akademischer Grade für Westflüchtlinge

Danach kommt ein noch heikleres Thema zur Sprache. Prorektor Doz. Herrmann[4] führt aus: „Bisher hat niemand gesprochen zu der Aberkennung der akademischen Grade derjenigen Personen, die die Deutsche Demokratische Republik illegal verlassen haben. Ich entnehme daraus, daß wir damit die Meinung aller Herren getroffen haben. Trotzdem möchte ich hier noch etwas dazu sagen, nämlich was gestern der Präsident des Obersten Gerichts zu diesem Thema bemerkte: Wenn hier jemand illegal die Republik verläßt, dann erklärt er damit: ‚Ich will hier von den Verhältnissen nichts wissen.' Er wird zum Verräter an der deutschen Sache. Drüben verhält er sich ebenfalls feindlich gegen die Deutsche Demokratische Republik und erkennt dann auch nicht mehr die Auszeichnungen an, die er hier erhalten hat. Aber merkwürdiger Weise legen diejenigen, die die Republik verraten haben, Wert darauf, daß sie weiter den Doktor-Grad führen dürfen, den sie hier in unserer Republik erworben haben. Mit

4 Rudolf Karl Herrmann (*1913), Jurist, Strafrechtler, Prorektor für Studienangelegenheiten. Er hat zunächst nicht studiert, sondern sich im Oktober 1945 als „Volksstaatsanwalt im Soforteinsatz" beworben. Vom 7.12. bis zum 31.12.1947 war er Staatsanwalt bei der Staatsanwaltschaft in Magdeburg. 1948 Erster Staatsanwalt und Aufsicht in Strafverfahren gegen Naziverbrecher nach SMAD-Befehl 201 bei Staatsanwaltschaft Magdeburg, 1949 5 Monate Verwaltungsakademie Forst Zinna, 1950–1954 Fernstudium an der PHS „Karl Marx" beim ZK der SED in Kleinmachnow, weitere Lehrgänge an verschiedenen Einrichtungen, 1954 Dissertation am Deutschen Institut für Rechtswissenschaft in Potsdam-Babelsberg, 1955 mit der Wahrnehmung einer Dozentur in Halle beauftragt, 1956 Habilitation (Gutachterin Hilde Benjamin), 1957 Prorektor für Studentenangelegenheiten, 1963 Prof. mit Lehrauftrag.

Recht bezeichnete Präsident Schumann das als unlogisch. Wenn der Betreffende gegen die Sache, gegen die Verhältnisse und gegen die Auszeichnungen ist, warum will er dann die Auszeichnung behalten? Die logische Konsequenz ist, daß ihm die akademischen Grade aberkannt werden."

Wilhelm Girnus

Hanson wendet ein, dass die Promotion die Sache der Fakultäten ist. Wohlgemuth nimmt Stellung; er ist für die Aberkennung. Rzesnitzek legt den anderen folgendes in den Mund: „Daß die Republikflucht ein unwürdiges Verhalten im Sinne des § 14 darstellt, dieser Meinung ist der Senat. Ich halte es für ausgeschlossen, daß eine Fakultät etwas anderes feststellen könnte."

Wilhelm Girnus greift in die Diskussion ein, indem er exemplarisch vorträgt: „In dem Fall, der hier in der Mathematisch-Naturwissenschaftlichen Fakultät vorliegt – Dr. Will war Angehöriger des Staatssekretariats –, liegt die Sache noch schärfer, denn er gehörte zu der Gruppe von Bürgern, die sozusagen Geheimnisträger waren, ganz unabhängig davon, daß er sich verpflichtet hatte, niemals den Westsektor oder die Bundesrepublik zu betreten. Hier ist die Aberkennung überhaupt kein Gegenstand der Diskussion. Aber selbstverständlich werden wir auch noch außerdem den rechtmäßigen Weg gehen, so daß er zu Gefängnis verurteilt werden wird, ganz unabhängig von dem Paßgesetz."

Als anschließend eine politische Resolution verabschiedet werden soll, wenden sich Käubler und Hanson dagegen. Im Protokoll heißt es: „Prof. Hanson verliest ein Schreiben der Fakultät, wonach darum ersucht wird, Resolutionen usw. im Entwurf bereits vor Besprechung im Senat den Fakultäten zur Bearbeitung zugehen zu lassen. Diese Grundsatzerklärung ist offenbar durch die Universitätsparteileitung abgefaßt worden. Ich weiß nicht, wer mitwirkt und ob Professoren überhaupt mitgewirkt haben. Aber offensichtlich haben die Vertreter der sog. Schwerpunktfakultäten nicht mitgearbeitet. Die Mediziner waren aber jedenfalls nicht an der Ausarbeitung dieser Resolution beteiligt."

Hierauf entsteht folgender Wortwechsel:

Rektor Stern: „Das ist eine Arbeit der Parteigruppe des Senats und der Vorschlag an den Senat. Es tut uns schrecklich leid, daß so wenig Genossen unter den Medizinern sind, die hätten mitarbeiten können."

Rudolf Käubler[5]

Prof. Hanson: „Es gibt aber Leistungen, die das Leben der Universität so berühren, auch von Nichtparteimitgliedern. Ich glaube nicht, daß das ausschließlich von Parteimitgliedern beraten werden muß."

Rektor Stern: „Das ist richtig."

Jetzt eskaliert die Diskussion, die Parteimitglieder treiben die „bürgerlichen Professoren" in die Enge.

Prof. Käubler: „Sie müssen es mir glauben, daß es von mir nur gut gemeint ist, wenn ich Bedenken hege. Soll mir aber Herr Lekschas nicht den Vorwurf machen wollen, ich hätte das schon längst lesen müssen. Das verbitte ich mir. Ich sage meine Meinung heraus, das ist nicht böser Willen. Schön, ich quittiere gern meinen Dienst. Ich habe immer aufrichtig meine Meinung gesagt und dies niemals in zersetzender Absicht getan."

Stern antwortet: „Ich glaube, daß niemand die Aufrichtigkeit Ihrer Worte verkennt. Sie haben tatsächlich Ihren Standpunkt klar dargestellt, Herr Käubler. [...] Ich meine also, daß Sie hier unbedingt das Vertrauen der gesamten Partei haben, die nicht allein und verloren in der DDR dasteht, sondern der eine große Armee angehört. Sie werden verstehen, daß wir hier als Motor fungieren müssen.

Ein zweites Moment: Ich glaube, daß Kollege Hanson im guten Glauben und in bester Überzeugung – ich weiß nicht, wie das juristisch ist – aber politisch einen falschen Standpunkt vertritt. Der Standpunkt lautet: Ich bin Repräsentant der Fakultät und zu dem Zweck bin ich in den Senat delegiert, die Interessen der Fakultät mit allen Mitteln gegen den bösen Senat zu verteidigen, der mich überfallen oder sonstwie zwingen will. Auch hier ist eine Wendung um 180° nötig.

Der Dekan ist ein integrierender Bestandteil des Senats, des führenden Gremiums der Universität und er hat die Pflicht, mit dem Senat gegen die Fakultät etwas durchzusetzen. Dann werden wir uns auch ausgezeichnet verstehen.

Was die Resolutionen als solche betrifft, so haben wir natürlich oft welche zu fassen gehabt. Die Geschichte geht rasch voran. Ein altes Sprichwort heißt: Doppelt gibt, wer sofort gibt. Ansonsten ist der ganze Effekt des raschen Handelns und der raschen Entscheidung weg."

5 Wir danken Frau Dr. Hadwig Röpke für die Überlassung dieses Photos von ihrem Vater.

Wilhelm Girnus argumentierte in eine vergleichbare Richtung: „Der Senat ist ein Gremium, das eigenverantwortlich ist. Und die Dekane, die hier Mitglieder des Senats sind, sind nicht an Aufträge der Fakultäten gebunden. Sie sind im Senat tätig als Mitglieder des Senats. [...] Wir werden einen richtigen Weg finden für eine richtige Durchsetzung des demokratischen Zentralismus."

Käubler reagierte überlegt, indem er erwiderte: „Mir ist es sehr ernst darum. Ich bin früher Arbeiter gewesen und gehe gern wieder zurück. Man sollte das nicht so sagen. Wir müssen uns wohl um 180° drehen. Ich bin vielleicht ein guter Sozialist und die Zugehörigkeit dazu hängt zweifellos nicht ab vom Parteiabzeichen. Es sind nicht alle positiv, die das Abzeichen tragen. Die Leute, die aus meinem Institut nach dem Westen geflüchtet sind, waren alles SED-Mitglieder. Das ist die Situation. Ich wäre doch nicht hier, wenn ich den Sozialismus nicht wollte."

Die Situation verhärtete sich an dieser Stelle spürbar, Käubler hat sich schon sehr weit vorgewagt, denn mit diesen Worten hatte er praktisch seine Stelle zur Verfügung gestellt. Das ist ein starkes Zeichen von Verzweiflung für einen engagierten Hochschullehrer.

Jetzt meldete sich der Theologe Lehmann zu Wort: „In einem Punkt der Grundsatzerklärung wird gesagt, daß die Wissenschaft beim Aufbau des Sozialismus insbesondere mit der wissenschaftlich-atheistischen Weltanschauung des Marxismus-Leninismus zusammen gehen muß. Sie werden verstehen, daß das für uns keine schöne Vokabel ist, wenn die Grundsatzerklärung angenommen wird. Ich möchte daher sagen, daß ich für mich eine derartige Erklärung nicht als verbindlich annehmen kann als Dekan und Theologe. Ich rede in diesem Fall als Christ und bin überzeugt, daß die Christen an unserer Universität so denken werden." Ihm trat jetzt Hanson mit einer Erklärung zur Seite: „Wir sind als Parteilose eben nicht parteigebunden und haben nicht den evtl. Parteiauftrag, den wir erfüllen oder nicht. Das müssen wir mit uns selbst ausmachen. Wir ringen mit den Dingen. Das kostet wirklich manche schlaflose Nacht. [...] Rein persönlich finde ich die Aberkennung der Doktorgrade beim illegalen Verlassen der Republik zu hartherzig. Ich kann mich persönlich dazu nicht entschließen. In meinem Institut hat es in den ganzen 13 Jahren keinen Assistenten gegeben, der westflüchtig geworden ist."

Stern darauf: „Wir haben eine Grundsatzerklärung. *Natürlich müssen und werden wir sie beschließen*. Sie haben den Rückhalt nicht, den wir haben. Wir sind parteigebunden, sind eine freiwillige Kampfgemeinschaft von Gleichgesinnten. Ich kann mir sehr gut vorstellen, wie es einem zumute ist, der diesen starken Gleichschritt von Gleichgesinnten nicht irgendwie spürt."

Die Fronten sind nun klar, es erscheint wie ein Ringen zwischen diesen beiden Gruppen. Wer die Oberhand gewinnen würde, musste sich bei der folgenden Abstimmung zeigen. Ihr Ergebnis gab Leo Stern bekannt: „Wir stellen fest, 17 Stimmen dafür, dagegen keine, 3 Stimmenthaltungen (Prof. Käubler, Hanson und Grüneberg). Ich danke Ihnen, damit ist die Grundsatzerklärung angenommen, und ich denke doch, daß auch beim nächsten Mal die 3 Stimmen, die sich hier enthalten haben, in unseren Antrag ebenfalls mit einstimmen werden."

Eine Stimmenthaltung unter diesen Bedingungen erforderte Mut, den die drei Senatoren Käubler, Hanson und Grüneberg damit bewiesen.

Nur einen Monat später erschütterte die „Republikflucht Wohlgemuth" auch den Senat. Welche Tragweite dieser unvorgesehene Schritt hatte, lässt sich noch heute aus den Quellen ablesen. Am 18. April 1958 schrieb Staatssekretär Girnus an Leo Stern: „Magnifizenz! Hiermit entziehe ich mit sofortiger Wirkung Franz Wohlgemuth, vorm. Professor mit Lehrauftrag am Institut für Gesellschaftswissenschaften der Martin-Luther-Universität Halle-Wittenberg, wegen Verrats der Arbeiter-und-Bauern-Macht den akademischen Titel Professor.

Dem Genannten wurde weiterhin durch die Philosophische Fakultät der Universität Rostock der akademische Grad eines Dr. phil. aberkannt."

Auch die Rostocker Universität reagierte umgehend und stellte nur wenige Tage später klar: „Der Rektor der Universität Rostock erlaubt sich mitzuteilen, daß der Rat der Philosophischen Fakultät der Universität Rostock in der am 18.4.1958 stattgefundenen Sitzung einstimmig beschlossen hat, Herrn Franz Wohlgemuth [...] Grad eines ‚Dr. phil' zu entziehen. Wohlgemuth hat die Deutsche Demokratische Republik illegal verlassen und sich nach Westdeutschland begeben. Die Fakultät sieht in diesem Verhalten einen Verrat an unserem Staat und an der Sache des Sozialismus."

Die Zerschlagung des Spirituskreises

Die Situation war nicht zuletzt wegen der Republikflucht Wohlgemuths in diesem Augenblick auf das höchste gespannt, als Leo Stern auf Geheiß der Regierung daran ging, den Spirituskreis zu zerschlagen. Aussagekräftig dazu ist vor allem das Protokoll der außerordentlichen Senatssitzung am 22. April 1958.[6] In deren Vorfeld hatte sich das MfS ausführlich mit den Mitgliedern des Kreises beschäftigt, Sitzungen abgehört und alle Schritte für ein Verbot vorbereitet. Die Mitglieder wurden unterschiedlicher Dinge angeklagt, dies ist von Mühlpfordt, Schenk und Meyer (2004) sehr ausführlich dargestellt worden. Hier sollen lediglich einige Gesichtspunkte exemplarisch geschildert werden.

Generell unterstellte die Bezirksverwaltung Halle des MfS, dass zwischen Spirituskreis und Leopoldina enge Bindungen bestehen würden, weshalb sich die reak-

6 Das Protokoll dieser Sitzung ist in UAH, Rep 7 a+b Nr. 579 enthalten.

tionären bürgerlichen Wissenschaftler bei einer Liqiuidierung des Spirituskreises im „halleschen Zentrum der Leopoldina“ mit dem Ziel sammeln würden, die sozialistischen Veränderungen an der Universität zu verhindern.[7]

In einem geheimen Bericht an das Staatssekretariat über die Leopoldina aus dem Jahr 1959 heißt es: „Verschiedene hallenser Mitglieder der Leopoldina bildeten zusammen mit anderen Elementen den sogenannten ‚Spirituskreis‘, in dem sowohl hallenser als auch allgemeine Hochschulpolitik gemacht wurde bzw. wird. Als führendes Mitglied dieses Kreises war der mittlerweile verstorbene Sekretär der Naturwissenschaftlichen Abteilung der Leopoldina, Prof. Dr. Gallwitz, bekannt.“[8]

Im April 1958 besuchte Walter Ulbricht Halle und diskutierte dabei auch mit den Vertretern der Intelligenz. Nach dieser Aussprache erschien die Broschüre „Über Fragen der sozialistischen Bewußtseinsbildung“[9], in der Ulbricht seinen Standpunkt noch einmal deutlich machte. Einiges klingt wie eine offene Drohung; etwa wenn er ausführt, dass es an den Universitäten nicht genügend Platz für die jüngeren nachrückenden Wissenschaftler gäbe und es die Aufgabe des Staatssekretariates sei, „hier einen gesunden Kompromiss zu finden“[10], oder wenn er spöttisch darauf eingeht, dass „einige der Herren Professoren nicht einverstanden [seien], daß ihre Töchter an der Universität schießen lernen. Gut, wenn sie nicht schießen lernen wollen – niemand zwingt sie dazu. Wir werden schießen lernen. Dazu zwingen uns die kriegslüsternen Militaristen in Westdeutschland. Entscheidend ist, daß die Arbeiterklasse gut schießen kann!“

Ulbricht initiierte in der Verfolgung solcher Politik nicht nur das Verbot des Spirituskreises, sondern er war auch an der Maßregelung von Günter Mühlpfordt beteiligt, der in den nachfolgenden Jahren unter einem faktischen Berufs- und Publikationsverbot leiden musste.[11]

---

7 Archiv des Bundesbeauftragten für die Unterlagen des Staatssicherheitsdienstes der ehemaligen Deutschen Demokratischen Republik, (BStU), Außenstelle Halle, AOP 3557/69 OV Komet, Band I Bl. 167, 8.12.1958.

8 BArch DR-3, Min. f. Hoch-und Fachschulwesen, Staatssekretariat für das Hoch- und Fachschulwesen, aktenführende Stelle: Sekretariat des Staatssekretärs, Aktentitel: Berichte über die Leopoldina, Zeitl. Umfang: 1959, 1963–1964, Signatur: DR 3 2360.: „Vertrauliche Dienstsache Tgb. Nr. 3/59. Betrifft: Entwicklung und derzeitige Lage der Deutschen Akademie der Naturforscher (LEOPOLDINA), Halle/S.“

9 Leopoldina-Archiv, Mothes-Nachlass 19/03/01 12b: „Walter Ulbricht: Über Fragen der sozialistischen Bewusstseinsbildung. Antwort des Ersten Sekretärs des ZK der SED, Genossen Walter Ulbricht, auf Fragen von Wissenschaftlern, Lehrern und Werktätigen auf dem Diskussionsabend des Deutschen Kulturbundes in Halle am 21. April 1958“.

10 Vgl. hier besonders S. 31–32.

11 Vgl. hierzu Volker Erdmann 2002 und Mühlpfordt, Schenk und Meyer 2004. Der Spirituskreis, Band 2.

In der außerordentlichen Senatssitzung der Universität am 22. April 1958, die von 11 Uhr bis 24 Uhr dauerte, wurde ausführlich zum Spirituskreis beraten und dieser am Ende verboten.

Das Protokoll[12] dieser Sitzung ist umfangreich und aufregend.

Am Vortag hatte eine Aussprache von Walter Ulbricht mit Vertretern der Intelligenz des Bezirkes Halle stattgefunden, in der einige Hochschullehrer bzw. Leopoldina-Mitglieder, u.a. der Präsident der Leopoldina Kurt Mothes, den Vertretern der Staatsmacht kritisch widersprachen. Verschiedene Punkte dieses Gespräches wurden in der Senatssitzung aufgegriffen. Es ging unter anderem um Angriffe auf den Theologen Kurt Aland[13] und den Landwirtschaftswissenschaftler Erich Hoffmann[14] sowie auch gegen den Spirituskreis. Sowohl Aland als auch Hoffmann wurden noch in der Sitzung „beurlaubt". Beide waren Mitglieder des Spirituskreises.

Eingangs führte Leo Stern aus: „Die zweite sehr wichtige Frage, die uns seit Jahren in den Augen der Öffentlichkeit, in den Augen der Staatsorgane und der gesell-

---

12 UAH. Aktenführende Stelle: Rektorat Aktenplannummer: 10.011, Aktentitel bzw. Akteninhalt: Protokoll der außerordentlichen Senatssitzung vom 22. April 1958, Bandnummer Bd. 5 Beiheft 1, Zeitlicher Umfang 1958, Signatur: Rep. 7 a+b Archivnummer 579.

Lt. Protokoll waren bei dieser Sitzung folgende Personen anwesend:
„Rektor Leo Stern, Historiker
Prorektor für Forschungsangelegenheiten Herbert Funk, Anorganische Chemie
Prorektor für das gesellschaftswissenschaftliche Grundstudium Wolfgang Jahn, Politische Ökonomie
Prorektor für Studienangelegenheiten Rudolf Herrmann
Spect. Eugen Häusler (Philosophische Fakultät)
Spect. John Lekschas (Juristische Fakultät)
Spect. Friedrich Rzesnitzek (Wirtschaftswissenschaftliche Fakultät)
Spect. Johannes Hüsing (Mathematisch-Naturwissenschaftliche Fakultät)
Spect. Arno Lehmann (Theologische Fakultät)
Spect. Walther Hoffmann (Landwirtschaftliche Fakultät)
Spect. Erwin Reichenbach (Medizinische Fakultät)
Prof. Ahrbeck
Prof. Gustav Könnecke
Prof. Horst Hanson
Herr Ebschbach
stellv. Verwaltungsdirektor Kindiger
Herr Büntig, Parteileitung
Herr Kellner, Univ. Gewerkschaftsleitung
Herr Behnke, FDJ-Organisation

13 Kurt Aland (1915–1994), Theologe. Das gegen ihn eingeleitete Disziplinarverfahren endete mit seiner Entlassung von der Universität. Es wurde höchst unsachlich und rein politisch motiviert von John Lekschas durchgeführt. Nach der Entlassung verließ Aland die DDR und baute in Münster ein Institut auf (vgl. Stengel).

14 Erich Hoffmann (1904–1989), Landwirtschaftswissenschaftler. Er wurde im Zusammenhang mit dem Verbot des Spirituskreises von der MLU entlassen und war anschließend an der Akademie der Landwirtschaftswissenschaften tätig.

schaftlichen Organisationen auf das schwerste belastet, ist gewissermaßen diese Symbiose zwischen der Universität Halle und dem ominösen Spiritus-Kreis. […]

Es muß diese Synthese, diese Symbiose in einem Atemzuge genannt werden – Universität und Spiritus-Kreis – denn der Spiritus-Kreis nimmt offenkundig durch seine Existenz eine Hintergrundhaltung ein. Prof. Gallwitz hat zwar gesagt, das wäre im Grunde ein harmloses Kaffeekränzchen, es würden Vorträge gehalten, man könnte Einsicht nehmen in die Protokolle. […]

Was ist er, wie lange besteht er, wer gehört ihm an, was geschieht dort, was wird dort gesprochen. Denn wenn hier der Vorwurf erhoben wird – das haben Sie gehört – es bestanden an der Universität zwei Leitungen, wobei mir der Vorwurf nicht erspart wurde ‚Ihr glaubt zu schieben und Ihr werdet geschoben, Ihr glaubt die Leitung zu sein und praktisch ist hinter Euch das, was man so eine Art gespenstische Leitung nennt, die alles dirigiert und regelt, sogar Rektoren einsetzt und absetzt, oder gewissermaßen die Besetzung des Rektorats, Berufungsfragen usw. erledigt.'

D. h., daß hinter der praktischen Leitung, die äußerlich physisch durch mich, durch die Prorektoren und die ganze Universitätsverwaltung repräsentiert wird, daß hinter uns eine nicht greifbare, nicht sichtbare, aber sehr spürbare Leitung an der Universität existiert, die sozusagen gewissermaßen alles in ihrem Sinn dirigiert und wir bzw. ich wurde hier in die Rolle gedrängt eines Menschen, der sozusagen diese geheimen Einflüsse ganz einfach nicht kennt, die aber doch da sind. […]"

Drei Photos von einem gemeinsamen Ausflug des Spirituskreises nach Wernigerode aus dem Nachlass von Hans Gallwitz: Wir danken der Familie Gallwitz, besonders Prof. Klaus Gallwitz, für die Überlassung der Photos. Von links nach rechts: Bischoff, ?, Eißfeldt, Aland, Schubert, Ahrbeck, Hoffmann, Lueken

von links nach rechts: Bischoff, Eißfeldt, Aland, Ahrbeck, Schubert, Hoffmann

von links nach rechts: Aland, Schubert, Hübener, Gallwitz, Ahrbeck

Um Aufklärung über den Kreis in den gesamten Senat zu tragen, war auch Otto Eißfeldt, Rektor bis 1948 und dem Zirkel angehörig, zu der Sitzung gebeten worden. Er gab dabei zu Protokoll: „Es heißt eigentlich Ring, es ist nämlich ein Name, der den Kreis lächerlich machen soll. Es galt als eine gewisse Auszeichnung, in diesen Kreis aufgenommen zu werden. [...] Es war früher eine Zusammenkunft ausschließlich von Herren der sog. Geisteswissenschaftlichen Fakultäten, wie Theologen, Juristen und Philosophen. Andere Herren waren nicht darin. Das ist dann erst allmählich anders geworden, weil die Zahl immer kleiner geworden war. Sinn der Sache war: wissenschaftliche Vorträge aus dem betreffenden Gebiet in völlig freier Folge, alle Monate einmal während des Semesters, durchzuführen. Man hat sich auch nicht ganz beschränkt auf Angehörige des Lehrkörpers. Am Anfang war sogar der Oberbürgermeister von Erfurt auch Mitglied. Irgendwelche Statuten hat es nie gegeben. Es hat bis vor 10 Jahren im Rektoratszimmer immer ein Bild gehangen, wo die Gründer [...] des Kreises zu sehen waren. Der Kreis hat sich dann von selbst weiter ergänzt, ohne dass irgendwelche Formalitäten existiert haben. Man schlug sich gegenseitig vor.

Die Sitzung selbst fängt an mit dem Vortrag auf betreffendem Fachgebiet, man sitzt dann etwas gesellig beisammen mit etwas Beibrot, welches je nach den Zeiten wechselseitig ausfiel – zeitweilig war es nur ein trockenes Brötchen und ein Glas Bier, jetzt ist es wieder besser geworden – und bleibt etwa 2 Stunden beieinander.

Das darf ich wohl sagen, das einzige Anliegen war die innere Verbundenheit und der Wunsch, sie zu dem zu halten, was sie eben ist. Was Magnifizenz sagte von irgendwelchen Verabredungen oder Konspirationen – derartige Dinge sind gar nicht erörtert worden."

Prof. Ahrbeck[15]: „Magnifizenz, ich darf doch auch ganz offen sprechen, nur dadurch kommen wir weiter und wird die Atmosphäre bereinigt.

Ich höre seit 2/3 Jahren Vorwürfe gegen den Spiritus-Kreis, gegen ein Gespenst. Diese Vorwürfe geistern immerzu herum. Man spricht wohl auch von einer grauen Eminenz – womit ich wohl selber gemeint bin. [...] Ich empfinde es außerordentlich quälend und drückend, wenn immer wieder dieselben Dinge gesagt werden. Woher kommt das Gerücht, wir würden von Magdeburg und Westberlin beeinflußt.[16]

Ich habe mit Ihnen oft gesprochen. Ich persönlich muß zunächst sagen, daß ich in diesem Kränzchen sachlich sehr viel gelernt habe und auch wissenschaftlich. Denn es sind doch nicht irgendwelche Leutchen, die ihm angehören, es sind das Eißfeldt, der

15 Hans Ahrbeck (1890–1981), Prof. für Pädagogik an der MLU. Er ließ sich nach den Vorgängen im Zusammenhang mit dem Spirituskreis emeritieren.

16 Hiermit ist die evangelische Kirchenleitung gemeint.

ehemalige Ministerpräsident Hübener,[17] Nationalpreisträger Schneider[18]. Das sind doch keine leichtsinnigen Leute, die subversive Dinge treiben. [...] Das ist zum Verzweifeln. Ich bin hier 13 Jahre und glaube, daß ich mich aufgerappelt habe, um etwas Vernünftiges und Solides auf die Beine zu bringen, Jetzt wird mir gesagt – durch die Blume gesagt: Du bist ein recht suspekter Mann [...]"

Zu dieser Sitzung war auch Hans Gallwitz geladen und ausführlich befragt worden. Er war es dann, der auf eine Aufforderung von Leo Stern die Namen der Mitglieder des Spiritus-Kreises aufzählte:

Hans Gallwitz mit seinem Lehrer Hans Stille[19]

„Ich darf hier auf die Frage antworten, die Magnifizenz gestellt hat. Die Bezeichnung des Spiritus-Kreises als Organisation ist mir neu. Ich fasse das nicht als eine Organisation auf, wenn einige Professoren während des Semesters monatlich einmal zusam-

17 Erhard Hübener (1881–1958), Jurist, 1922 Landeshauptmann Provinz Sachsen in Merseburg, 1933 zwangspensioniert, nach 1945 Mitbegründer der Demokratischen Volkspartei, ab September 1945 LDP, Mai 1945 von amerikanischer Besatzungsmacht wieder als Landeshauptmann eingesetzt, 1946–1949 Ministerpräsident von Sachsen-Anhalt.

18 Max Schneider (1875–1967), Musikwissenschaftler an der MLU.

menkommen, und eine alte Tradition unterhalten, die auf die 70er Jahre zurückgeht. Sich wissenschaftlich über ihr eigentliches engeres Fachgebiet hinaus mit Kollegen aus anderen Fachgebieten auszusprechen, das ist meines Wissens – ich bin in den 70er Jahren nicht dabeigewesen – die Grundtendenz dieses Kreises gewesen. Daß er illegal gewesen ist, wußte ich nicht, ich kenne keine gesetzlichen Bestimmungen, die verbieten, daß man in einem Kreis zusammenkommt, um sich über seine fachwissenschaftlichen und darüber hinausgehenden Fragen zu unterhalten.

Die Geschichte habe ich eben schon gestreift. Sie geht sehr weit zurück. Es sind jedenfalls immer 12 Herren in diesem Spiritus-Kreis zusammengekommen in der Zusammensetzung, daß möglichst aus allen Fakultäten Vertreter vorhanden waren.

Ich bin mit meiner Tätigkeit in Halle – das war wohl 1946 oder 1947 – aufgefordert worden, auch dorthin zu kommen und habe das auch sehr gern getan. Ich habe auch seit der Zeit – mit wenigen Ausnahmen, wo ich verhindert war – die Zusammenkünfte immer wahrgenommen, denn sonst bekommt man ja im Drang der täglichen Geschäfte kaum noch die Zeit, sich gegenseitig wissenschaftlich kennenzulernen. Das Werk des Spiritus-Kreises ist festgehalten in einem Verzeichnis der in dem Kreis gehaltenen Vorträge. Da ist auch niedergelegt, wann wir zusammenkommen, wer spricht und worüber. Daran stets hat sich eine Aussprache angeschlossen, die den Vortrag des betreffenden Herrn auswertete.

Dieses Wirken ist auch heute noch dasselbe geblieben. Wir kommen jetzt auch immer noch zusammen. Es wird also jedesmal bestimmt, bei wem der nächste Abend sein soll und der Vortrag dauert dann 1-1½ Stunden. Daran schließt sich eine Aussprache von etwa einer halben bis einer Stunde. Dann stärkt man sich, sitzt noch etwas beisammen und bespricht natürlich das, was einen bewegt. Die personelle Zusammensetzung ist jederzeit jedem zugänglich. Ich muß aus dem Kopf die Herren nennen. Es sind Prof. Ahrbeck, Prof. Eißfeldt, Prof. Aland, Prof. Erich Hoffmann, Prof. Hübener, Prof. Bischoff, Prof. Dr. Dr. Schneider, Prof. Menzer[20], Prof. Lueken[21], Prof. Gallwitz, Prof. Haussherr[22], Dr. Schubert[23], Landeskonservator."

19 Hans Stille (1876–1966), Geologe, Leopoldina-Mitglied seit 1912.

20 Paul Menzer (1873–1960), Philosoph.

21 Bernd Lueken (1908–1978), Physiologe, Leopoldina-Mitglied seit dem 5.11.1957, Adjunkt für Sachsen-Anhalt 1963–1968, Obmann für Physiologie 1968–1978.

22 Hans Haussherr (1898–1960), Historiker, Pädagoge, er verließ nach diesen Vorfällen die DDR.

23 Horst-Wolf Schubert (geb. 1903), Landeskonservator.

Die Zerschlagung des Spirituskreises wird in Angriff genommen

In dieser Sitzung spielte Lekschas eine wichtige Rolle. Er warf in die Diskussion: „Ein solcher Kreis, der mit solchen Aufgaben tätig ist, der sich darüber hinaus nicht bei der Universitätsöffentlichkeit akkreditiert hat und bei der weiteren Öffentlichkeit nicht bekannt ist, ein solcher Kreis, der solche Organisationsformen angenommen hat, ist seinem Wesen nach ein illegaler Kreis, auch wenn man es nicht wahrhaben will. Das ist so. Das bedeutet nicht, daß alle Mitglieder dieses Kreises auf einen Nenner zu identifizieren sind. Tatsache ist aber, daß dieser Kreis sich von der Forderung nach der sozialistischen Umgestaltung der Universität herausgelöst hat, Kraft verwendet hat auf andere Dinge, während wir sie notwendig brauchten für unsere wichtigen Aufgaben. Deshalb bin ich der Meinung, daß der Kreis aufhören muß zu bestehen, wenn wir weiterkommen wollen. Eine andere Schlußfolgerung bleibt nicht übrig. [...]

Es nützt keinesweg das Verbot dieses Kreises allein, sondern es ist notwendig, gleichzeitig die Einsicht damit zu verbinden, daß man der Universität durch diese Art von Tätigkeit keinerlei Dienst geleistet hat, sondern viele ihrer Mitglieder von den eigentlichen Aufgaben abgehalten hat. [...]

Der Sozialismus blüht nicht in dieser Organisation und deswegen kann sie nicht bestehen und deswegen müssen alle die Überlegung anstellen – und nicht nur die Dinge verteidigen – war es tatsächlich ein Kaffekränzchen oder steckte etwas anderes dahinter. [...]"

Horst Hanson setzte sich für die Angegriffenen ein: „Wenn wir das durchführen, was Prorektor Herrmann meint, daß der Senat beschließen solle, die Tätigkeit dieses Kreises zu unterlassen, das können wir nicht. Wir sind doch keine Richter in dieser Angelegenheit. Wir stellen damit 12 wertvollen Angehörigen des Lehrkörpers ein Zeugnis aus, was in keiner Weise zu belegen ist. Wer hat denn die illegale Tätigkeit festgestellt? Das sind einseitig erhobene Anklagen. Wie stehen wir da nach außen, wenn der Senat sagt: Der Kreis ist zu unterlassen, wie stehen wir in der Welt da, wenn der Senat einen solchen Beschluß faßt."

Darauf reagierte Stern sofort: „Sie geben der Sache sicherlich von Ihrem Standpunkt aus eine falsche Wendung. Sie haben die Einleitung nicht gehört, von der wir ausgegangen sind, weil Sie zu spät kamen. [...]"

Hans Gallwitz wurde in einer späteren Phase der Diskussion noch einmal in die Sitzung gebeten, die übrige Zeit musste er vor der Tür warten. Er sollte sich über den Vortrag von Erich Hoffmann am 15. März 1958 äußern. Dies war die Sitzung des Spirituskreises, über die das MfS durch seine Abhöraktion sehr gut Bescheid wusste.[24]

---

24 Vgl. Stengel 1996.

Hans Gallwitz hielt sich mit seinen Äußerungen zu Hoffmanns Vortrag vollständig zurück und gab vor, sich nicht mehr erinnern zu können. Da der Vortrag erst einen Monat zurücklag, waren diese Gedächtnislücken vorgetäuscht, Gallwitz wollte Hoffmann nicht belasten.

Wie bereits vor der Sitzung von Partei und MfS beschlossen worden war, würde Erich Hoffmann von Leo Stern „beurlaubt". Dass dies auch für Stern eine schwierige Situation war, geht aus seinen Worten hervor: „Sind noch Wortmeldungen in diesem Zusammenhang vorhanden? Anscheinend nicht der Fall. Dann kann ich Ihnen nur soviel sagen: Aus verschiedenen Gründen, die wir hier und die ich hier zu klären nicht imstande bin, bin ich doch genötigt, diese Beurlaubung auszusprechen.

Ich habe auch noch den Auftrag, hier dem Akademischen Senat und Herrn Prof. Erich Hoffmann gegenüber die Bitte der Volkspolizei zu übermitteln, daß Herr Prof. Erich Hoffmann sich nicht über das Weichbild der Stadt Halle hinaus bis zur Klärung dieser Fragen, die gegen ihn erhoben werden, deren Umfang und Inhalt ich im einzelnen nicht zu nennen vermag, zu begeben und sich zur Verfügung zu halten.

Ich entledige mich dieses Auftrages, indem ich das dem Akademischen Senat und Ihnen hier vortrage, und ich zweifele gar nicht, daß die erforderliche Klärung mit der gebotenen Gründlichkeit, Sachlichkeit erfolgen wird und daß nun doch der Fragenkomplex, über den ich selbst im ganzen Umfang nicht informiert bin, doch von den hierfür zuständigen Instanzen geklärt wird. Es tut mir leid, daß ich das sagen muß, aber das ist ein Wunsch und Auftrag, der an mich in meiner Amtseigenschaft als Rektor übermittelt worden ist, dessen ich mich nun entledige durch die offizielle Mitteilung. Das wäre eigentlich abschließend, was ich dazu zu sagen hätte. Alles andere bedarf der Klärung durch die zuständigen Instanzen.

Ich danke Ihnen, Herr Hoffmann, für Ihr Erscheinen und möchte die anderen Herrn bitten, doch noch ein wenig zu verbleiben. … [Punkte im Original]

Ich glaube, die Frage des Herrn Hanson, welche Gründe hier vorliegen gegen Herrn Hoffmann, die zu diesen Maßnahmen mich in meiner Amtseigenschaft veranlaßt haben dahingehend zu beantworten: Wenn mir nicht von zuständiger Seite mitgeteilt worden wäre, daß die Gründe zureichend sind, hätte ich mich nicht berufen gefühlt, dies auszusprechen. Ich hoffe und erwarte, daß die Klärung in gebührender und entsprechender Weise erfolgen wird. […]"

Und folgerichtig endet das Protokoll der Sitzung auf S. 130 mit der Mitschrift der abschließenden Worte Sterns: „[…] Ich bringe mit aller Eindringlichkeit und mit aller Konsequenz in diesen Aufgaben diesen Beschluß [die Auflösung des Spirituskreises] heute zur Abstimmung und frage Sie, wer dafür ist, den bitte ich, dies durch Handzeichen kundzutun.

Ich bitte um Auszählung: 13 Stimmen für die Annahme des Entschlusses, 6 Stimmenthaltungen (Prof. W. Hoffmann, Prof. Ahrbeck, Prof. Hanson, Prof. Reichenbach[25], Prof. Könnecke, Prof. Lehmann)".[26]

Hans Gallwitz war an der Abstimmung nicht beteiligt, denn er war zu diesem Zeitpunkt kein Senatsmitglied.[27] Diese Senatssitzung mit dem Verbot des Spirituskreises und allen Verfolgungen von Mitgliedern des Spirituskreis, die damit zusammenhängen, waren ein absoluter Tiefpunkt in der Senatsgeschichte während der DDR-Zeit.

In der nächsten Sitzung, die am 9. Mai 1958 stattfand, gab es hierzu noch ein Nachspiel. Zunächst wurde Gerhard Bondi[28] vorgestellt, der Stern bald im Amt ablöste. Dann ergriff Stern das Wort und verlas ein Schreiben, in dem Prof. Hanson um Entbindung von seinen Pflichten als Mitglied des Akademischen Senats bittet. Dies kommentierte er wie folgt: „Ich habe Herrn Hanson heute nochmals hierher bemüht. Ich darf Ihnen noch einmal den Dank des Akademischen Senats aussprechen. Wir haben viel große Arbeit geleistet und viele Schlachten geschlagen. Ich darf hoffen, Sie scheiden in guter Erinnerung von uns. Auf jeden Fall: den besten Dank des Akademischen Senats und auch meinen persönlichen Dank. Alles Gute."

Dekan Reichenbach gibt nun eine Erklärung ab, die von Hoffmann, Könnecke, Lehmann, Ahrbeck, Hüsing, Hanson und von ihm selbst unterschrieben ist. Alle Unterzeichner sind anwesend. Die Erklärung hat folgenden Wortlaut:
„Im Verlauf der letzten außerordentlichen Sitzung des Akademischen Senates vom 22. April 1958 wurde ein Verfahrensweg zur Klärung von Sachverhalten eingeschlagen, der mit den Aufgaben, der Würde und dem Ansehen dieses leitenden Universitätsgremiums nicht zu vereinbaren ist. Bei voller Anerkennung des Rechtes und der Pflicht des Akademischen Senates, sich Klarheit über Vorkommnisse an der Universität zu verschaffen, die ihr Ansehen nach außen schädigen und ihren inneren Arbeitsfrieden stören können, ist es jedoch nicht angängig, zur Erfüllung dieser Aufgabe der

25 Nach dem Verbot des Spirituskreises durch den Senat und dem Disziplinarverfahren gegen Aland trat Reichenbach als Dekan zurück.

26 Ausdrücklich gegen den Entschluss hatten sich in der Diskussion Reichenbach, Funk, Hoffmann, Lehmann und Ahrbeck ausgesprochen.

27 Vergleiche auch Sybille Gerstengarbe: Das Mitglied der Leopoldina Hans Gallwitz und seine Auseinandersetzungen mit der Staatsmacht 1946–1958. Hallesches Jahrb. Geowiss. B 19, (1997): 17–36.

28 Gerhard Bondi (1911–1966), Wirtschaftshistoriker, Abitur, Studium an der Hochschule für Welthandel in Wien, Mitglied der SPÖ, 1928 Mitglied der KPÖ, 1933 Handelsschule in Nürnberg, 1934 Flucht nach Tschechien, 1938 Promotion zum Dr. jur. in Prag, 1939 Emigration über Polen nach England, 1943 wiss. Assistent am Institut für Statistik in Oxford, 1945 Statistiker beim britischen Handelsministerium in London, 1946 Rückkehr nach Deutschland, SED, ab 1953 an MLU, 1954 Ernennung zum Professor, 1955 Habilitation, 1959–1963 Rektor der MLU.

Sitzung den Charakter eines Verhörs mit weithin vorgefaßten Meinungen einiger Vernehmenden und mit Unterstellung übler Motive bei den Vernommenen und Beschuldigten zu geben.
Das in der letzten Sitzung praktizierte Vorgehen muß in der akademischen Öffentlichkeit und darüber hinaus eine Vertrauenskrise und stärkste Bedenken darüber auslösen, ob der Akademische Senat seiner Aufgabe gerecht werden kann, in der notwendigen sachlichen Form und mit dem für die Belange einer Universität erforderlichen Verständnis auf dem Boden der erlassenen gesetzlichen Bestimmungen die Kontinuität der Arbeit an der Universität zu gewährleisten und für Erhaltung und Mehrung des wissenschaftlichen Niveaus zu sorgen.
Im Bewußtsein ihrer Verantwortung gegenüber der Gesamtuniversität und gegenüber den von ihnen vertretenen Fakultäten und Mitgliedern des Lehrkörpers halten sich die Unterzeichneten für verpflichtet, gegen den Verfahrensweg der letzten außerordentlichen Senatssitzung Einspruch zu erheben.
Es wird gebeten, diese Erklärung zu Protokoll zu nehmen.

Halle, 9. Mai 1958“

Damit war Leo Stern zu einer Reaktion herausgefordert, die prompt erfolgte: „Ich bedaure es sehr, diese Erklärung ihrem Inhalt und ihrem Sinn nach nicht entgegennehmen zu können, weil sie ein eklatantes Dokument zu sein scheint oder ist für ein Verhalten der Unterzeichneten, das offenkundig unberührt geblieben ist von all dem, was die Öffentlichkeit, die Universitätsöffentlichkeit und die Öffentlichkeit des Bezirkes Halle und der gesamten DDR bewegt.“ Stern nimmt Bezug auf die Gespräche mit Walter Ulbricht.

Der folgende Bericht zur Lage an der Universität von Gerhard Bondi ist unmissverständlich zugespitzt. Es geht dabei in Sonderheit um eine Assistentenversammlung an der Medizinischen Fakultät, zu der auch Lehrstuhlinhaber eingeladen waren. Dort war hart und kritisch diskutiert worden, was jetzt als feindliches Verhalten eingeschätzt wird. Stern etwa betont: „Ausgerechnet Prof. Keller, der hat es ganz besonders nötig gehabt, für einen Protest gegen mich und den Akademischen Senat einzutreten, ausgerechnet er. Wir haben in großzügigster Weise ihn amnestiert für ein Verhalten, das eindeutig war in den Herbsttagen 1956. Ausgerechnet er stellt den Antrag, sich zu distanzieren von den Beschlüssen des Senats und auch von den Entscheidungen des Rektors.“

Es geht in dieser Sitzung noch längere Zeit um die Assistentenversammlung an der Medizinischen Fakultät, in der eine Reihe von aktuellen Problemen zur Sprache gekommen waren. Auch der Beitrag Reichenbachs spitzte die Atmosphäre weiter zu: „Die Assistenten wissen es sehr wohl, daß sie ruhig Assistenten und Oberassistenten sein können und trotzdem sonntags in die Kirche gehen können, das ist bekannt. Aber was die Leute bedrückt ist ja, was ich bereits gesagt habe, daß die Kinder mit anderen Meinungen nach Hause kommen oder den Eltern gesagt wird, wenn Eure Kinder konfirmiert werden, dann können sie nicht auf die Oberschule gehen. [...] Ich wollte nur sagen, daß ich daraus nur entnehmen kann, daß ich anscheinend nicht zum Dekan geeignet bin und mein Amt daher zur Verfügung stelle. Etwas anderes kann ich daraus nicht entnehmen.

Ich kann nur sagen, daß ich mit besten Gewissen und Wissen gemeint und wirklich gedacht habe, die Partei und die Gewerkschaft können offene Wort vertragen."

Nach einer Pause konzentriert sich die Diskussion noch einmal auf Erich Hoffmann. Stern greift ihn jetzt hart an, wobei ihm Behnke sekundiert. Schließlich resümiert der Rektor: „Ich beantrage, daß der Akademische Senat dem Staatssekretariat nahelegt, Herrn Prof. Hoffmann von seinen Lehrverpflichtungen an der Universität zu entbinden und ihm eine in weitgehendem Rahmen angemessene Betätigung zusichert unter Wahrung seiner materiellen und wissenschaftlichen Interessen."

Über eine Sitzung des Rates der Mathematisch-Naturwissenschaftlichen Fakultät am 3. Juni 1958 wurden sowohl Walter Ulbricht als auch Kurt Hager[29] durch ein ausführliches Protokoll[30] vom Parteiorganisator der SED-Gruppe des Rates der Fakultät, Dr. Bergner, informiert. In dieser Sitzung berichtete zunächst Dekan Hüsing über die Senatssitzung und teilte die Beurlaubung von Erich Hoffmann mit. Die folgende Diskussion fasste Bergner so zusammen: „[...] Prof. Schubert fragte an, wieso die Tätigkeit des Spirituskreises zu verurteilen sei. Niemand würde verbieten, sich bei irgendwelchen Zusammenkünften über Fragen der Hochschulpolitik zu unterhalten. Dies sei durchaus verfassungsmässig. Der Spirituskreis hätte nicht im Widerspruch zur Verfassung gehandelt.

Von den Genossen der Parteigruppe des Rates der Fakultät wurde darauf hingewiesen, dass der Spirituskreis faktisch eine zweite Universitätsleitung war und sich mit Fragen der Universitätspolitik im Gegensatz zur Linie des Senats beschäftigt habe (z.B. Problem Rektoratswahl).

Daraufhin ergriff Prof. Mothes das Wort. Er erklärte, die Frage Rektoratswahl sei völlig harmlos und lediglich mehr scherzhaft in Einzelgesprächen erörtert worden. Der Spirituskreis hätte keine feindliche Tätigkeit ausgeübt. Er wende sich dagegen, dass, weil Walter Ulbricht gesagt habe, es existiere eine zweite Leitung, dies deshalb als feststehende Tatsache betrachtet würde. Eine Nebenregierung an der Universität

29 Kurt Hager (1912–1998), Mitglied des Politbüros des ZK der SED, ab 1952 Leiter der Abteilung Wissenschaft und Hochschulen im ZK der SED.

30 SAPMO DY 30/IV 2/9.04/46/224–230: Hörnig schickt an Ulbricht und Hager einen Bericht über die Sitzung der Math. Nat. Fakultät Halle vom 3. Juni 1958. Das Protokoll ist von Bergner.

würde es geben. Diese sei aber nicht der Spirituskreis, sondern z.B. Herr Lausch [persönlicher Referent des Rektors]. [...] Es würde eine Politik des Abschiessens von Professoren betrieben. [...] Alsbald würde der Name Mothes zur Diskussion stehen. Er sähe dieser Diskussion mit Ruhe entgegen, er hätte wieder eine Berufung nach Westdeutschland. Er gehe jedoch nicht nach dem Westen, er stelle sich der Diskussion. [...]"

Zu einem späteren Zeitpunkt ging es in dieser Sitzung um die Aberkennung des akademischen Grades für „Westflüchtlinge". Die Professoren der Mathematisch-Naturwissenschaftlichen Fakultät waren, wie übrigens auch die der Medizinischen Fakultät, nicht bereit, hierbei der schon erwähnten Entschließung des Senates zu folgen. Bergner charakterisierte die Stimmung in der Sitzung so: „Als dieser Tagesordnungspunkt zur Sprache kam war im Kreise der Fakultätsmitglieder eine deutlich spürbare ablehnende Stimmung vorhanden (Ablehnende Handbewegungen, Seufzer, Unruhe)." Auch der Mathematiker Schubert wandte sich ausdrücklich und sehr emotional gegen diese Aberkennung. „Nachdem er seine Bemerkungen gemacht hatte", heißt es weiter, „passierte folgendes: In diesem Augenblick brüllt Prof. Mothes los: ‚Grinsen Sie nicht, Herr FDJ-Sekretär, dieses Grinsen, Kollege von der FDJ, ist unerträglich. Es ist empörend, wenn diese ernsten Dinge, die uns im Innersten bewegen, von Ihnen ins Lächerliche gezogen werden.' Prof. Mothes steht auf und stürmt aus dem Saal. Ihm folgen: die Herren Schubert, Buder, Runge, Gallwitz, Keller, Zaunigk [Zaunick]. [...] Die Professoren Sauerwald und Messerschmidt hatten bereits vorher die Fakultätssitzung verlassen. Messerschmidt ziemlich demonstrativ bereits in dem Augenblick, als die Frage der Aberkennung der Dr.-Grade vom Dekan zur Diskussion gestellt wurde. Er erklärte dem Dekan, daß er physisch dem weiteren Verlauf der Diskussion nicht mehr folgen könne und deshalb bittet, nach Hause zu gehen. [...]"

Kurt Mothes schrieb unmittelbar nach dieser Fakultätssitzung[31] einen Brief an Ulbricht:

„Sehr geehrter Herr Ministerpräsident!
Entschuldigen Sie bitte, daß ich mich unmittelbar an Sie wende und Ihre kostbare Zeit durch Hallesche Angelegenheiten beanspruche. Aber die Verantwortung zwingt mich dazu alles zu tun, was in meinen Kräften steht, um großes Unheil zu verhindern. Ich möchte ausdrücklich betonen, daß ich nur aus diesen Gründen schreibe und nicht, um den Gerüchten entgegen zu treten, die offenbar gegen meine Person von leitenden Funktionären der Universität heute ausgestreut worden sind. Ich war vierzehn Tage verreist und kehrte am Montag Abend zurück. Ich hatte gehofft, daß die Verhältnisse an der Universität sich unterdessen wieder stabilisiert hätten. Ich fand aber am

31 UAH, Rep 31 Nr. 272. Von dieser Fakultätssitzung gibt es auch ein Gedächtnisprotokoll von Dekan Hüsing.

Kurt Mothes bei der Jahresversammlung der Leopoldina 1959, neben ihm Adolf Butenandt[32].

Dienstag eine ausgesprochen kritische Situation vor. Wesentliche Teile des Lehrkörpers und der Studenten sind in einem Maße erregt wie es im Februar und März 1953 zweifellos nicht der Fall gewesen ist. Die Maßnahmen, die von den unteren Funktionären der Partei ergriffen werden, um die Professoren endlich zur Räson zu bringen, sind zum Teil so töricht, daß sie das völlige Gegenteil erreichen. Die Entfremdung zwischen Hochschule und Partei ist, so glaube ich sagen zu dürfen, nie so groß gewesen wie jetzt.

Ich darf behaupten, daß eine Reihe von Kollegen mit mir in den Wochen nach jener öffentlichen Kundgebung, in der Sie zu uns sprachen, alles tat, was in unseren Kräften stand, um eine Beruhigung der Universität herbeizuführen. Die Sitzungen der Medizinischen und Naturwissenschaftlichen Fakultäten vermitteln darüber ein ganz klares Bild. Bitte lassen Sie sich darüber von objektiven Personen unterrichten und nicht von jenen Leuten, die zur Rechtfertigung ihres Verhaltens die Lage von Tag zu Tag schwieriger machen. Ein Professor nach dem anderen wird in einer übertriebenen und oft überhaupt unzutreffenden Weise angegriffen. Es gibt kaum einen Professor

32 Adolf Butenandt (1903–1995), Biochemiker, Nobelpreisträger, Vizepräsident der Leopoldina.

mehr in unseren Fakultäten, der nicht ‚angeschlagen' ist. Allmählich wird sich ein Zustand herausbilden, in dem jeder geradezu stolz darauf ist, ‚angeschlagen' zu sein. *Man spricht bereits von der geschlossenen Abwanderung ganzer Fakultäten.*

Sie haben mir in jener öffentlichen Kundgebung entgegnet, daß von einer Krisis an der Universität nicht die Rede sein kann. Ich glaube, daß Sie nicht richtig unterrichtet sind. Ich bin der Meinung, daß die Lage sehr ernst ist, und zwar nicht in dem Sinne wie ängstliche Politiker vermuten, daß es morgen zu einem Budapester oder Posener Aufstand kommt, sondern in dem Sinne, daß wir so viele wesentliche Leute verlieren, daß wir nicht mehr arbeitsfähig sind. Ich stehe auf dem Standpunkt, daß wir es uns nicht mehr leisten können, auch nur einen einzigen tüchtigen Arzt zu verlieren. Das Geschwätz, das junge, noch unerfahrene Menschen hier fast täglich machen, daß ein Arzt nicht nur Kranke heilen soll, sondern sie auch erziehen, muß schleunigst aufhören. Ist es nicht alarmierend, wenn z.B. der Antibiotikaforscher und Nationalpreisträger [...] erkrankt und sich kein Arzt mehr findet, der in der Lage ist, eine Blinddarmentzündung zu erkennen, um rechtzeitig einzugreifen und zu verhindern, daß eine Perforation des Blinddarms die Bauchhöhle infiziert und diesen um die Bekämpfung der bakteriellen Krankheiten hochverdienten Mann an den Rand des Todes bringt. Wenn so etwas in Westdeutschland passierte, würden unserer Zeitungen voll davon sein. Hier besteht die Gefahr, daß die Direktoren der Kliniken weiter am laufenden Band ihre ersten Mitarbeiter verlieren. Es bedarf keines seherischen Blickes, um zu erkennen, daß die Folge davon eine Überarbeitung der Direktoren selbst ist, bis auch sie die Nerven verlieren und eines Tages nicht mehr da sind. Ich betrachte diese Dinge ganz nüchtern und fühle mich völlig frei davon, zu irgendwelchen Zwecken Dinge aufzubauschen oder gar aufzuputschen, wie gesagt wird. Ich halte es für verantwortungslos, wenn von politischer Seite gesagt wird: ‚Diese Herren können ruhig nach dem Westen gehen. Gehen sie jetzt nicht, so werden sie es später tun. Im übrigen werden uns die Sowjetunion und China genügend tüchtige Menschen schicken, um unserer Kranken zu behandeln.' Ich muß Ihnen offen gestehen, daß ich zu meiner eigenen Beschämung mir manchmal im Stillen gewünscht habe, die Sowjetunion möge uns wieder Universitätsoffiziere senden, um den ungeheuerlichen Unfug abzustellen, der seit Wochen in den unteren Bezirken der Universität getrieben wird.

Die gestrige Sitzung unserer Fakultät war kennzeichnend für die Situation. Zum ersten Mal waren die Vertreter der Partei und der FDJ anwesend. Obwohl die Erregung über verschiedene Vorgänge sehr stark war, gelang es über einen großen Teil der Sitzung, die Behandlung schwieriger Fragen in Ruhe durchzuführen. Es wird mir jeder bezeugen müssen, daß ich selbst bis an die Grenzen dessen gegangen bin, was ich noch verantworten kann. So habe ich entgegen der Meinung der Mehrheit der Fakultät dem Wunsch der Partei, einen Vertreter in die Berufungskommission zu entsenden, zugestimmt. Der Parteisekretär mußte seine Anwesenheit durch eine Jungfernrede bemerkbar machen, in der er sich mit der kritischen Analyse des offenen Tages der Universität beschäftigte. Er ging nicht darauf ein, was bei der Vorbereitung dieses Tages in organisatorischer Beziehung von den übergeordneten Stellen versäumt wurde (einzelne Institutsdirektoren hatten keinerlei Anweisung oder Unterrichtung empfangen). Der Parteisekretär verstand es aber ausgezeichnet, mit einigen wenigen Ausnahmen die Professoren wiederum als schlechte und schuldige Leute hinzustellen. *Die Professoren sind aber einfach nicht dumm genug, um sich durch solche Reden erziehen zu lassen*. Die Erregung stieg aber weiter, als erneut die Diskussion über die Aberkennung des Doktorgrades für Republikflüchtige kam. Der Dekan und auch ich versuchten, eine Vertagung dieser Angelegenheit zu erreichen, um in Gegenwart des Rektors alle schwebenden und grundsätzlichen Fragen zu behandeln. Der Prorektor Hermann widersprach jedoch diesem Vorschlag. Er erging sich in einer der üblichen Reden, daß a l l e Republikflüchtlinge Feinde unseres Staates seien, in Westdeutschland in den Dienst der feindlichen Macht treten und gewissermaßen wie Verbrecher zu behandeln seien. Ich selbst habe dazu nichts gesagt, weil ich keine Gelegenheit mehr fand. Aber ich möchte Ihnen nochmals zum Ausdruck bringen, daß wir Professoren der Naturwissenschaftlichen Fakultät in Halle diese unsinnige Verallgemeinerung der Halleschen Scharfmacher unter keinen Umständen akzeptieren werden. Ich halte es aber auch für die Regierung und für die Partei für dringend notwendig einzusehen, daß der größere Teil der Republikflüchtlinge gern hier blieb und erst durch die Maßregeln, die in den letzten Wochen ergriffen worden sind gegen zahlreiche verdiente und mehr als loyale Bürger der DDR, gezwungen war, das Vaterland zu verlassen. Dabei spielen nicht nur beleidigende Provokationen und ständige Beunruhigungen eine große Rolle, sondern auch das Schicksal der Kinder, die nicht in die Oberschule können oder nicht zur Universität oder die an der Universität verurteilt werden, ein Jahr in die Produktion zu gehen, wahrscheinlich, um dort zu lernen, daß die Arbeiter der großen Betriebe wie Leuna oder Buna eine viel eindeutigere Einstellung als die von der Regierung geförderte Intelligenz besitzen. Als in der weiteren Diskussion der Mathematiker Professor Schubert, ein sehr ernster, prinzipiell denkender und zum Unbedingten neigender Mensch, vielleicht etwas hart seine durchaus berechtigte Meinung zum Ausdruck bracht, grinste der anwesende Vertreter der FDJ wiederholt in zynischer Weise. In früheren Zeiten hätte man so etwas als eine ungeheuerliche Flegelei bezeichnet. Ich konnte angesichts dieses unmöglichen Verhaltens nichts anderes mehr tun, als dagegen schärfstens zu protestieren und die Sitzung zu verlassen. Heute erfuhr ich von dem Herrn Dekan, daß die nicht zur Partei gehörigen Professoren mir fast vollständig gefolgt sind. Aus diesem Grunde läuft hier nun eine Propaganda wegen meines provokatorischen Wirkens.

Herr Ministerpräsident, jede Kleinigkeit im Versagen oder ungeschickten Verhalten eines Professors wird zum Gegenstand unerfreulichster und oft öffentlicher

Kritik genommen. Was sich aber täglich sehr junge Parteimitglieder an der Universität gegenüber einzelnen Professoren erlauben, wird nirgends sichtbar verurteilt und gibt keinen Anlaß zu öffentlicher Kritik. Auf solchem Wege wird die Partei die Intelligenz nicht gewinnen. In einem Augenblick, wo die Gelehrten der Welt allen Grund hätten, zusammenzugehen, inszeniert man einen Rummel, der jedes tieferen politischen Sinnes bar zu sein scheint. Wenn man uns los sein will, dann kann man das wirklich auf einfachere Weise haben.

Das Katastrophale an dem derzeitigen Zustand liegt darin, daß der größte Teil der Wissenschaftler in dem Vorgehen wahrscheinlich nicht autorisierter Personen eine Absicht höherer Stellen und damit ein System sieht. Ich glaube, daß es viele Monate sorgfältiger Bemühungen kosten wird, um das wieder in Ordnung zu bringen, was jetzt zerschlagen worden ist. Ich fürchte, daß es im Grunde persönliche und innerparteiliche Gegensätze sind, die kunstvoll auf die Universität abgelenkt und zu ihrem dauernden Schaden ausgetragen werden. Ich schreibe Ihnen dies nicht nur als Hallescher Professor, sondern als Präsident der Leopoldina, der seine Zeit lieber sinnvoll für den Staat verwenden möchte, als seine Kräfte sinnlos zu verzehren.

Mit besten Empfehlungen

Ihr sehr ergebener Mothes“[33]

Ulbricht antwortete Mothes umgehend:

„Sehr geehrter Herr Professor!

Ich danke Ihnen für den Brief vom 4. Juni 1958. Ich verstehe Ihre Sorgen und kann Ihnen versichern, daß wir alles tun werden, um normale Bedingungen für die wissenschaftliche Arbeit an der Universität zu schaffen. Ich möchte Sie bitten, auf einige Ihrer Herren Kollegen einzuwirken, damit solche Zuspitzungen vermieden werden, wie sie durch die Erklärung eines Ihrer Kollegen für den Spiritus-Kreis hervorgerufen wurden.

In meinem Referat zum Entwurf der Thesen für den V. Parteitag der SED habe ich auch zu Fragen der Hochschulen Stellung genommen. Aus dem Text, der in diesen Tagen veröffentlicht wird, werden Sie auch die Beantwortung einiger von Ihnen aufgeworfener Fragen entnehmen können.

Sie werfen in Ihrem Brief die Frage des Produktionsjahres für Kinder der Angehörigen der Intelligenz auf, die zur Universität zugelassen werden wollen. Ihre Annahme, daß diesen Jugendlichen beigebracht werden soll, daß die Arbeiter eine eindeutigere Einstellung als die Intelligenz besitzen, gibt mir Anlaß, vorzuschlagen, daß mit den Angehörigen der Intelligenz an der Universität Halle und mit Vertretern aus

33 Leopoldina-Archiv, Mothesnachlass, 19/03/01 Bl. 10–12.

den Betrieben eine Aussprache über Probleme der Pädagogik durchgeführt wird. Der Beschluß des Staatssekretariats für Hochschulwesen entspricht den Grundsätzen der fortschrittlichen Pädagogik. In Westdeutschland lernt ein Teil der Studenten das Leben kennen, indem er sein Studiengeld durch Teppichklopfen und andere Arbeiten verdient. Bei uns gelten andere Prinzipien an den Schulen und Universitäten. Ich begrüße, daß Sie die Frage grundsätzlich aufgeworfen haben und hoffe, daß es eine interessante und wissenschaftlich fruchtbare Diskussion geben wird.

Mit vorzüglicher Hochachtung
W. Ulbricht“[34]

Ulbricht machte Mothes damit deutlich, dass er nicht nur von ihm, sondern auch von anderer Seite über die Sitzung informiert worden war, denn den Spirituskreis hatte Mothes in seinem Brief nicht erwähnt, und es war ja nicht nur ein „Herr Kollege“ gewesen, der für den Spirituskreis eingetreten war, sondern auch Mothes selbst.

In der Senatssitzung am 3. Oktober 1958 werden zunächst Personalia erörtert. Doch sofort danach drängt sich das Problem der Republikflüchtigen in den Vordergrund. Der Direktor der Chirurgischen Klinik Mörl[35], ein neuer Senator, informiert: „Nun ist es mir aber auch passiert, daß mir ein Mann verloren ging, der tatsächlich unersetzlich ist. Es gibt in der ganzen Republik nur 3 Fachkräfte. Der Mann hatte das Pech, an der Grenze einer Kontrolle in die Hände zu fallen, die das Tragbare überschritten hat. Das hat ihm einen derartigen Schock versetzt, daß er drüben geblieben ist. [...] Wir haben zwischen 800 und 1000 Ärzte verloren in diesem Monat. Es handelt sich dabei nicht um Anfänger, sondern meistens hochqualifizierte Ärzte, die uns verlassen haben. [...] Aber wir wollen uns doch klar darüber sein: eine organisierte Abwerbung von Ärzten gibt es nicht. [...] Wir sind bereit, konstruktiv zu arbeiten. Aber man muß uns auch die Atmosphäre dazu geben. Geben Sie den Ärzten Aufgaben, stellen Sie ihnen vernünftige Probleme, an deren Lösung sie mitzuarbeiten haben. Das ist die beste Medizin und gleichzeitig ein wertvoller Beitrag für die Gesellschaft.“

Leo Stern: „Kollege Mörl, ich möchte Ihnen spontan sagen, daß ich Ihre Ausführungen für so bedeutungsvoll halte, daß ich nicht anstehe, hier zu erklären, den Wortlaut Ihrer Ausführungen gerade im Hinblick auf die bedeutungsvolle, ja geradezu historische Aussprache, die wir in Halle hatten mit dem 1. Sekretär Walter Ulbricht, ihm, dem Staatssekretär, Prof. Hager, dem Ministerium für Gesundheitswesen, auf kürzestem Wege zuzuleiten.“

34 Ebd., Bl. 12a.
35 Franz Mörl (1899–1979), Ordinarius für Chirurgie, Leopoldina-Mitglied seit 1959.

In der folgenden Senatssitzung am 4. November 1958 ist Prof. Bruns als Vertreter der Medizinischen Fakultät zugegen. Die Sitzung beginnt mit einer traurigen Mitteilung Leo Sterns: „Bevor ich zur heutigen Tagesordnung übergehe, erfülle ich eine schmerzliche Pflicht, dem Akademischen Senat den schweren Verlust mitzuteilen, den die Mathematisch-Naturwissenschaftliche Fakultät und die gesamte Universität durch das Hinscheiden von Prof. Dr. Hans Gallwitz erlitten hat. Sie haben sich, um Herrn Prof. Gallwitz zu ehren, erhoben, ich danke Ihnen."

Mithin war auch das Jahr 1958 ein schlechtes Jahr in der Senatsgeschichte. Die Aufmerksamkeit soll nun noch auf ein Thema gelenkt werden, das in den Senatssitzungen bemerkenswerterweise nicht zur Sprache kam.

Die Verfolgung von Roland Hedewig

Der Student der Geographie Roland Hedewig wurde am 14. April 1958 in Halle vom MfS verhaftet, am 18. Oktober 1958 vom Bezirksgericht Halle zu einem Jahr und 9 Monaten Zuchthaus verurteilt und am 8. Dezember 1959 entlassen.

Wir haben für das Jahr 1950 einen Zeitzeugenbericht von Horst Hennig über die Atmosphäre an der Universität Halle, seine Verhaftung und seine Haftzeit in Workuta in diese Dokumentation aufgenommen. Friedhelm Thiedig hat seine Erfahrungen mit Verhaftung und Verurteilung im Jahr 1952 dargestellt. An dieser Stelle folgt ein dritter ausführlicher Bericht von Roland Hedewig. Mittels des Vergleichs der Erinnerungen der Verfolgten werden Ähnlichkeiten und Unterschiede deutlich. Im Jahr 1950 lag die Verfolgung Andersdenkender überwiegend in den Händen der sowjetischen Besatzungsmacht. Schon 1952 war Friedhelm Thiedig vom MfS verhaftet worden. Im Jahr 1958 hatte der Staatssicherheitsdienst die Verfolgung in Zusammenarbeit mit Parteistellen vollständig in die eigenen Hände genommen, obwohl sie die „Freunde" in Berichten informierten.

Während in den frühen Jahren nach 1945 das Urteil zumeist „25 Jahre Zwangsarbeitslager" lautete und von Sowjetischen Militärtribunalen verhängt wurde, ging es nun um Haftstrafen von wenigen Jahren bis zu 10 Jahren, und die Urteile wurden von DDR-Gerichten ausgesprochen. Während die Kollegen bzw. Mitstudenten an der Universität in den frühen Jahren oft nicht wussten, wo der Betroffene geblieben war, auch die Senatsmitglieder nicht, war nun, nach fast neun Jahren Existenz der DDR, die Universität an der Verfolgung beteiligt. Nicht nur, dass Kollegen oder Mitstudenten dem Staatssicherheitsdienst zuarbeiteten, jetzt unterschrieb der Rektor anstandslos einen „Beschluß" (und dieser steht nur als Beispiel, so wurde in der Zeit in allen Fällen verfahren), wonach der verurteilte Student „dauernd vom Studium an allen

Universitäten und Hochschulen der Deutschen Demokratischen Republik ausgeschlossen“ wird! Diese Verantwortung tragen der Rektor und, mit ihm, der Senat.

Die Aktenüberlieferung aus dem Senat belegt, dass die ausschließlich „bürgerlichen Professoren“ anfangs gemeinsam versuchten, solche Situationen zu meistern. Dies endete bereits 1948, als der Senat geschlossen zurücktrat. Der wirkliche Einfluss der „bürgerlichen Professoren“ auf die politische Situation war Ende der fünfziger Jahre äußerst gering. Bereits eine Stimmenthaltung bei Abstimmungen bedeutete schon Widerstand. Die „bürgerlichen Professoren“ hatten aber großen Einfluss auf das Niveau der Universität, indem sie ihre ganze Kraft für eine gute Lehre und eine fundierte Forschung einsetzten. Und sie konnten sich für den einzelnen verhafteten Studenten einsetzen. Hierzu folgt ein nochmaliges Beispiel.

Bericht über meinen Lebensweg

Ein Essay von Roland Hedewig

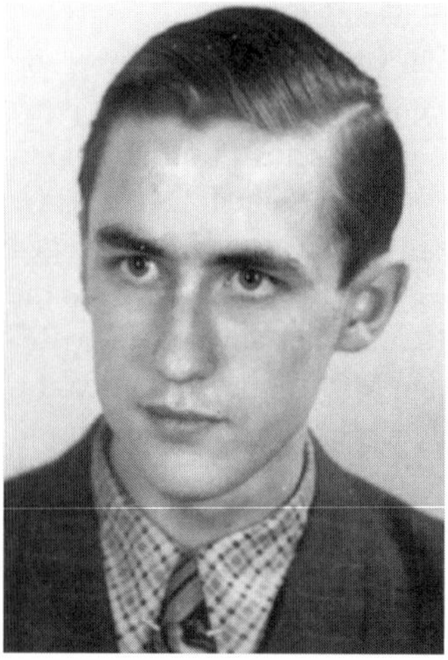

Roland Hedewig[36]

Studium an der Universität Halle

Von September 1954 bis April 1958 studierte ich an der Universität Halle Geographie, seit Einführung des Zweifachstudiums von 1956 bis 1958 auch Biologie, beides mit dem Berufsziel Oberstufenlehrer. Bestandteil des Studiums waren auch Gesellschaftswissenschaften, Pädagogik und Psychologie. Das Studium finanzierte ich mit einem Stipendium. Im 1. Studienjahr erhielt ich monatlich 180,00 DM, im 2.–4. Studienjahr 220,00 DM. Kurz vor Studienbeginn war ich der FDJ beigetreten, danach auch noch der GST und dem FDGB.

Direktor des Geographischen Instituts der Universität Halle war seit 1954 Prof. Dr. Rudolf Käubler (parteilos). In unserer aus 12 Studierenden bestehenden Seminargruppe dominierten die SED-Mitglieder Klaus Mylius (später bis 1990 Professor für Indologie an der Universität Leipzig) und Max Linke (später Professor und Prorektor an der Universität Halle).

Von September 1955 bis Dezember 1957 war ich am Geographischen Institut Hilfsassistent (studentische Hilfskraft) und erhielt im Frühjahr 1957 ein eigenes kleines Dienstzimmer.

36 Wir danken Prof. Hedewig für das Photo.

Im Geographischen Institut betreute ich Ende 1955 bis Anfang 1957 die Wandzeitung, danach leitete ich die Revisionskommission der FDJ-Gruppe. An allen geforderten gesellschaftlichen Aktivitäten der Studenten unseres Instituts, darunter auch Ernteeinsätzen, nahm ich teil.

Reisen nach Westdeutschland und ins westliche Ausland

Von 1954 bis Mitte 1957 war es DDR-Bürgern möglich, zum Besuch von Verwandten Reisen nach Westdeutschland (BRD) zu unternehmen. Man gab am Wohnort seinen DDR-Personalausweis ab und erhielt eine für die Dauer der Reise geltende „Personalbescheinigung“.

Ich nutzte diese Gelegenheit und fuhr mit dem Fahrrad 1954, 1955 und 1956 durch Westdeutschland, besuchte dabei Verwandte im Rheinland, nahm 1955 an einem vierwöchigen evangelischen ökumenischen Aufbaulager für Studenten verschiedener Länder auf Borkum teil und fuhr im August 1956 mit dem Rad bis nach Venedig und zurück (3000 km in 28 Tagen). Für die Reise nach Italien benötigte ich einen bundesdeutschen Reisepass, den mir das Landratsamt in Garmisch ausstellte und nach der Rückkehr wieder zurücknahm. Die Reisepassgeschichte erzählte ich niemandem außer meinen Eltern, so dass diese Angelegenheit dem MfS nicht bekannt wurde. Von den West-Reisen brachte ich auch einige Hefte „Das Beste aus Readers Digest“ mit, die ich in meinem Zimmer in Halle aufbewahrte und auch einigen Studenten zeigte.

Nach dem Ungarnaufstand im Herbst 1956 wurde die mit dem „Neuen Kurs“ Mitte 1953 eingeleitete und mit der Entstalinisierung im Frühjahr 1956 verstärkte Lockerung des politischen Drucks ab Frühjahr 1957 schrittweise wieder rückgängig gemacht. So veranstaltete man 1957 an Universitäten eine Kampagne zur „freiwilligen“ Unterschriftensammlung gegen Westreisen von Studenten. Für Geographiestudenten des 4. Studienjahrs, dem ich ab September 1957 angehörte, hatte aber unser Institutsdirektor Prof. Dr. Käubler zusammen mit Geographen der Universität Jena eine Süddeutschland-Exkursion mit Alpen-Exkursion für Oktober 1957 geplant, die von Prof. Dr. Berninger (Universität Erlangen) geleitet werden sollte. Ich war als Teilnehmer vorgesehen und beteiligte mich deshalb nicht an einer Abstimmung in einer FDJ-Versammlung des Geographischen Instituts am 22. Mai 1957, mit der die Studenten ihren „freiwilligen“ Verzicht auf Westreisen bekunden sollten und unterschrieb auch nicht die in einem Seminar von Max Linke eingebrachte Unterschriftenliste, in der der Verzicht auf Westreisen gefordert wurde. Das wurde von Spitzeln an das MfS gemeldet.

Die Süddeutschland-Exkursion (Bamberg, Frankenalb, Nürnberg, München, Walchensee. Garmisch, Mittenwald, Karwendel-Gebirge) fand im Oktober 1957 statt und wurde ein voller Erfolg. Wir waren die letzte hallenser Studentengruppe, die noch nach Westdeutschland fahren durfte.

Tätigkeit in der Evangelischen Studentengemeinde

Vom Beginn meines Studiums in Halle im September 1954 bis zur Verhaftung am 14. April 1958 besuchte ich Veranstaltungen der Evangelischen Studentengemeinde Halle. Eine formale Mitgliedschaft mit Mitgliedsausweis und Mitgliederliste gab es nicht. Insofern war die ESG auch keine „illegale Organisation“, wie es SED-Funktionäre und MfS-Mitarbeiter später behaupteten.

Pfarrer Christoph Hinz war Studentenpfarrer. Von Februar bis Juni 1957 war ich 1. Vertrauensstudent der ESG. Zusammen mit vier weiteren Vertrauensstudenten und in Absprache mit dem Studentenpfarrer hatte ich die Veranstaltungen für das Frühjahrssemester zu organisieren. In dieser Eigenschaft unterschrieb ich die Ankündigungen für Veranstaltungen der ESG, die im Heim der ESG in der Rathausstraße aushingen. Dies bemerkten auch inoffizielle Mitarbeiter der Staatssicherheit.

Einmal gelang es mir, Propst Grüber[37], den in Berlin tätigen Bevollmächtigten der Ev. Kirche bei der Regierung der DDR, für einen Vortrag in der ESG Halle zu gewinnen.

Die westdeutsche Patengemeinde der ESG Halle war die ESG Göttingen. Wir trafen uns mit Studenten dieser ESG bei den Patengemeindetreffen in Halle und (bis 1957) in Göttingen.

Als ab Sommer 1957 Reisen nur noch in Ausnahmefällen Privatpersonen in die BRD genehmigt wurden, trafen wir uns in Westberlin. Dort war die Grenze zum Westen noch offen.

Die ESG wurde nur von außen observiert, d.h. Mitarbeiter des MfS lasen die Aushänge der ESG. Jeweils ein IM des MfS besuchte die an jedem Mittwoch in einem Saal stattfindenden Bibelstunden, d.h. Versammlungen aller ESG-Studenten, bei denen der Informant allenfalls dadurch auffiel, dass er die Lieder nicht mitsang. Daneben gab es die ESG-Kleinkreise zu verschiedenen Themen, in denen die eigentliche gemeinsame Arbeit erfolgte, in denen jeder jeden kannte und in denen es offensichtlich keine MfS-Informanten gab. Diese wären uns dort durch ihre Unkenntnis biblischer Sachverhalte aufgefallen.

Pfarrer Hinz wurde 1957/58 häufig an Mittwochnachmittagen, also vor unseren Bibelstunden, von MfS-Mitarbeitern aufgesucht, verhört und verwarnt.

Kritik am politischen System

Im Oktober 1957 nach dem Start der 1. sowjetischen Raumsonde „Sputnik“ erschienen Lobeshymnen von Dichtern und Schriftstellern auf diese Großtat der Sowjetwissenschaft. Sogar ein „Kinderlied vom Sputnik“ von Kuba (Kurt Barthel) war erschienen („Der Sputnik, der ist kugelrund und wiegt 160 Pfund“). Gleichzeitig

37 Heinrich Grüber (1891–1975), Mitglied der Bekennenden Kirche, nach 1945 Propst zu Berlin.

wurde der politische Druck an der Universität verstärkt. Systemkritische Professoren wurden von offizieller Seite verwarnt und in der FDJ-Hochschulzeitung mit gehässigen Artikeln angegriffen, so auch der Physikprofessor Messerschmidt. Diese Kampagne nahm ich zum Anlass, in einem Brief an meinen früheren Klassenkameraden Christian Kahlert, der in Bayern Medizin studierte, folgende Zeilen zu schreiben: „Seit nun die Sputniks den Mathematikern zeigen, wie man große Ellipsen malt, ist die Hybris ihrer Schöpfer ins Unermessliche gestiegen. Unsere Dichterlein Johannes Robert Becher und Barthels Kurt wetteifern um die besten Sputnik-Reime, einen für den Kindergarten, einen den Vati und einen für die Oma. Heisa! Unserem Physikprofessor, der den lästigen Interviewern sein Missfallen über ihre Aufdringlichkeit deutlich in die Ohren pfiff, zeigten unsere Zauberkünstler, dass der gleichfalls elliptische Bahnen beschreibende Holzhammer noch nicht ausgestorben ist. Ein dreifaches Hoch der proletarischen Tradition.“ Eine Kopie des Briefes bewahrte ich daheim in meinem Zimmer auf.

Bei einem Treffen von ESG-Studenten aus Halle und Leipzig in Sehlis bei Leipzig hielt ich ein Referat mit dem Thema „Die Enderwartungen im Kommunismus“. Für die Ausarbeitung hatte ich westdeutsche Literatur, vor allem ein Buch eines Theologen, aus der Studentengemeinde-Bibliothek in Halle verwendet. Im Vortrag ging es um typische Kennzeichen der kommunistischen Ideologie und ihrer gesellschaftlichen Praxis, wobei ich diese Ideologie auch als Religionsersatz darstellte und die staatlich verordneten Demonstrationen mit religiösen Prozessionen verglich. Der Vortrag enthielt nur allgemeine Aussagen. Namen von Politikern habe ich dabei nicht genannt. Offensichtlich war kein MfS-Spitzel anwesend, so dass ich keine Verhöre über diesen Vortrag über mich ergehen lassen musste.

Als 1957 wieder Exmatrikulationen und Verhaftungen von Studenten der Studentengemeinden und auch Verhaftungen von zwei Studentenpfarrern erfolgten, legte ich Anfang Juli 1957 zu meiner eigenen Information eine Liste der Betroffenen an. Die Informationen erhielt ich von Pfarrer Hinz und Vikarin Winkler. Die Liste enthielt folgende Fälle:

Leipzig: Studentenpfarrer Schmutzler verhaftet, mehrere Studenten exmatrikuliert.

Berlin: Mehrere Studenten der med. und landw. Fakultät verhaftet.

Halle: Verhaftungen: Studenten Bischof (Chemie), Habedank, Hosemann und Bohm (alle Germanistik) und 8 Studenten der Landwirtschaft. Exmatrikulationen: Studenten Burkhard Tschirch (Geschichte), Lange (Medizin) und ein weiterer Medizinstudent.

Weimar: Verhaftungen: Studentenpfarrer Giersch und 20 Studenten.

Über die Verhaftungen von Habedank, Hosemann und Bohm sowie über die Verurteilung von Habedank berichtete ich in einem Brief an die Studentin Renate Stuart (Ludwigsburg), die ich 1955 im ökumenischen Aufbaulager auf Borkum kennen gelernt hatte.

Besonders gravierend war die Verhaftung (5.4.) und Verurteilung (November) von Pfarrer Schmutzler zu 5 Jahren Zuchthaus wegen angeblicher Boykotthetze. Von dieser Verurteilung sollte eine Signalwirkung auf alle Studentengemeinden der DDR ausgehen.

Denunziation

In meinem Dienstzimmer bewahrte ich aber auch einige Notizen auf, die später zum Belastungsmaterial wurden.

In einem offenen Sitzungsraum in dieser Abteilung fand ich eines Abends auf dem Tisch ein Protokollbuch der Instituts-SED-Versammlungen mit einem vom Studenten Max Linke handgeschriebenen Protokoll, in dem der Satz stand „Hedewig unter dem Deckmantel der Freundlichkeit gegen uns."

Ein Dozent[38] des Instituts ging am 12. Juli 1957 gegen 15.00 Uhr in meiner Abwesenheit in mein Zimmer, fand dort das Manuskript meines Referates „Enderwartungen des Kommunismus", den Zettel mit Namen verhafteter Studenten evangelischer Studentengemeinden, meinen Bericht über die Arbeit der ESG Halle im Frühjahr 1957, eine Liste mit Wahlvorschlägen für Vertrauensstudenten und andere Papiere, packte diese Papiere in seine Aktentasche und brachte sie gegen 16.30 Uhr zur MfS-Dienststelle in Halle am Robert-Franz-Ring. Nachdem diese Unterlagen dort kopiert wurden, brachte er sie wieder in mein Zimmer zurück. Diesen Sachverhalt erfuhr ich erst am 11. Juni 1993 bei der Lektüre meiner MfS-Akte in der BStU-Behörde in Berlin. Der Name des Denunzianten steht in den Unterlagen im Klartext und ist nicht unkenntlich gemacht.

Das Ermittlungsverfahren

Im Februar 1958 nahm ich an einem Wochenende in Berlin-Zehlendorf an einem Treffen mit Studenten der ESG Göttingen teil.

Beim Versuch am Montagmorgen, die Rückfahrt nach Halle per Anhalter zu unternehmen, wurde ich in Michendorf bei Potsdam an der Autobahn verhaftet und bei der MfS-Dienststelle Potsdam-Wildpark von 9 bis 18 Uhr durch einen MfS-Mitarbeiter in Zivil verhört, der sich als Jurist ausgab. In meiner Tasche fand man einige Taschenbücher, die ich in Westberlin gekauft hatte, darunter „Der Aufstand der Massen" von Ortega y Gasset. Die Bücher musste ich abgeben. Man vermutete, dass ich in Westberlin eine Spionage-Organisation besucht hätte, was nicht der Fall war. Ich musste meinen in Westberlin aufgenommenen Film aus der Kamera nehmen und abgeben.

38 Die Namen aller drei Denunzianten sind Roland Hedewig durch seine Akteneinsicht beim BStU bekannt.

Dieser Film erwies sich später für mich als vorteilhaft, denn er zeigte nur Studenten aus Göttingen und Halle bei einer Schneeballschlacht in Berlin-Zehlendorf. Nach dem neunstündigen Verhör wurde mir mitgeteilt, dass gegen mich ein Ermittlungsverfahren eingeleitet wird. Dann fuhr ich mit der Bahn nach Halle zurück, wobei mich ein MfS-Soldat zum Bahnhof Potsdam brachte und meine Abfahrt kontrollierte. Auch der am Treffen teilnehmende Theologiestudent Hartmut Knappe war bei der Rückreise von MfS-Leuten aufgegriffen und verhört worden. Wir begegneten uns nach der Rückfahrt auf dem Hauptbahnhof in Halle und berichteten von unseren Verhören.

Nach der Ankunft in meinem Zimmer verbrannte ich einige Papiere, die bei einer Haussuchung belastend sein konnten (z.B. Gutscheinhefte westdeutscher Jugendherbergen, in denen ich übernachtet hatte und einige Briefe) und packte weitere Papiere, darunter auch meine Tagebücher und einige Briefe in einen kleinen Karton, den ich am nächsten Tag meiner Zimmerwirtin, Frau Ebert, zeigte mit der Bitte, diesen Karton bei einer Haussuchung beiseite zu schaffen und später meinen Eltern zu übergeben.

Die anderen Studenten aus Halle, die an dem Berliner Treffen teilnahmen, waren keine Geographen, sondern Theologen sowie Antje Gallwitz, Tochter des Geologieprofessors Gallwitz. Das MfS hat auch die Namen dieser Studenten (außer Knappe) offensichtlich zu keiner Zeit erfahren, denn außer Knappe und mir sind keine weiteren Teilnehmer verhört worden – und wir beide haben dicht gehalten.

Vom Ermittlungsverfahren spürte ich zunächst nichts. Aber aus meiner MfS-Akte geht hervor, dass ab Februar 1958 Befragungen erfolgten. Die schriftlichen Einlassungen beider Belastungszeugen sind mir durch die Einsicht in meine MfS-Akte bekannt geworden.

Bereits am 26. Februar 1958 verfasste der MfS-Unterleutnant Reinicke einen Sachstandsbericht, der mit dem völlig aus der Luft gegriffenen Vorwurf endet: „Durch das vorliegende Material muß vermutet werden, dass Hedewig diese Tätigkeit im Auftrage imperialistischer Geheimdienste oder Agentenzentralen sowie volksfeindlicher Organisationen ausführt."

Kommentar: Diese Unterstellung, dass ich alles nur im Auftrag westlicher Geheimdienste getan hätte, wurde von den Vernehmungsoffizieren auch bei den Verhören ständig wiederholt. Traute man wirklich den Studenten nicht zu, dass sie selbständig denken und aus eigener Erkenntnis begründete Kritik am politischen System der DDR üben konnten? Glaubte man vielleicht, dass man die Jugend der DDR bis 1958 bereits so weit auf die Parteilinie gebracht hatte, dass diese das selbständige Denken sein ließ und sich nur noch an der jeweilig neuesten Ausgabe des „Neuen Deutschland" orientierte, wie man das von SED-Genossen erwartete? Nach dieser Logik konnte jemand, der etwas anderes äußerte oder tat, nur durch einen imperialistischen Geheimdienst bestochen und verführt worden sein.

Aus den MfS-Unterlagen geht noch hervor, dass das MfS im Frühjahr 1958 Erkundigungen über mein Umfeld einzog. Meine damalige Freundin und spätere Ehefrau, die Kirchenmusikstudentin Heidi Zwirner, die ich in der ESG kennengelernt hatte, blieb unbehelligt, weil von ihrer Existenz im Geographischen Institut nichts bekannt war und das MfS damals offensichtlich unter den ESG-Mitgliedern keine Spitzel hatte.

Trotz einer drohenden Verhaftung habe ich eine Flucht nach Westdeutschland nicht erwogen, weil mein Abiturzeugnis bei der Universitätsverwaltung lag und dieses erst nach bestandenem Examen ausgehändigt wird. Ebenso hatte ich keinen schriftlichen Nachweis über die Dauer meines Studiums in Halle in den Händen, außer erworbenen Seminarscheinen. Außerdem rechnete ich nur mit einigen Verhören, nicht aber mit einer Verurteilung, die automatisch das Verbot des Studiums an allen Lehranstalten der DDR auf Lebenszeit bedeutet. Schließlich musste ich bei einer Flucht nach Westberlin mit einer Verhaftung rechnen, weil jede Person, gegen die ein Ermittlungsverfahren läuft, im Fahndungsbuch der Grenzkontrollen stand.

Der Haftbeschluss des MfS vom 12. April 1958 enthält als Begründung für die geplante Verhaftung: Verdacht der Spionage, Verleumdung von Bürgern der DDR wegen ihrer staatlichen und gesellschaftlichen Tätigkeit, Verstoß gegen das Gesetz zum innerdeutschen Zahlungsverkehr.

Kommentar:

Punkt 1 traf nicht zu und wurde auch in der Anklageschrift vom 24. August 1958 nicht erwähnt.

Punkt 2 traf nicht zu. Ich hatte nur Kritik an Gedichten von zwei Dichtern geäußert.

Punkt 3 traf nicht zu und wurde auch in der Anklageschrift vom 24. August 1958 nicht erwähnt.

Die Behauptung, ich sei wegen Spionage verhaftet worden, wurde auch unter den Studenten des Geogr. Instituts verbreitet.

Kommentar: Vielleicht sollte durch den Verdacht „Spionage“ die Ausstellung des Haftbefehls durch das zuständige Kreisgericht erleichtert werden. Die am Geogr. Institut lancierte Behauptung, ich sei wegen Spionage verhaftet worden, diente offensichtlich der Herabsetzung des Verhafteten und sollte Solidarisierungen entgegen wirken, denn Spionage galt selbst unter Systemkritikern als anrüchig.

Politischer Hintergrund: Im Frühjahr 1958 wurde der politische Druck auf die Universität Halle erheblich verstärkt. Es hieß, Halle sei die letzte Universität, die noch nicht sozialistisch umgestaltet sei. Walter Ulbricht hielt sich im April 1958 vier Wochen lang in Halle auf, um entsprechende Maßnahmen zusammen mit Rektor Stern durchzuführen. Mehrere Professoren verloren ihre Stellen oder wurden anderweitig gemaßregelt. Zudem fand im Mai ein SED-Parteitag statt, der auch zur Verschärfung des politischen Drucks beitrug. Die 1957 begonnene Verhaftungswelle wurde ver-

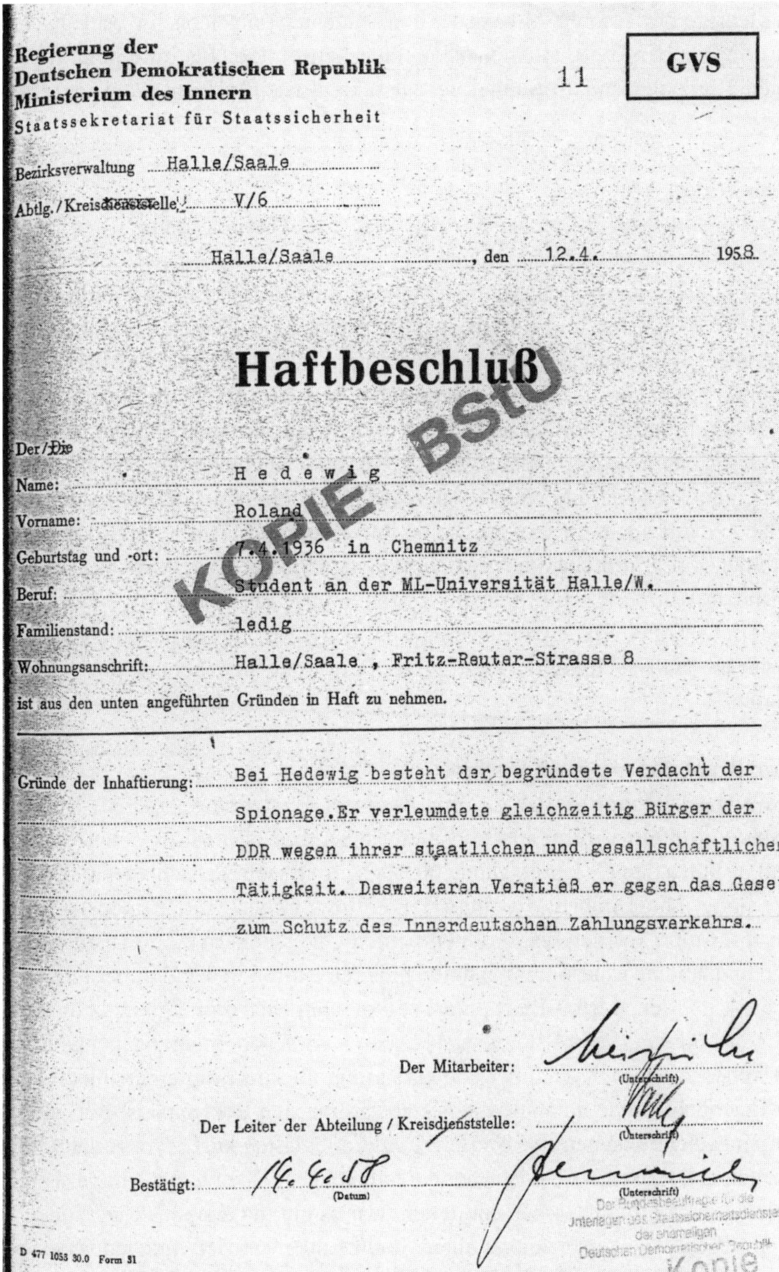

Regierung der
Deutschen Demokratischen Republik
Ministerium des Innern
Staatssekretariat für Staatssicherheit

11

GVS

Bezirksverwaltung Halle/Saale

Abtlg. / Kreisdienststelle: V/6

Halle/Saale, den 12.4. 1958

Haftbeschluß

Der/Die

Name: Hedewig

Vorname: Roland

Geburtstag und -ort: 7.4.1936 in Chemnitz

Beruf: Student an der ML-Universität Halle/W.

Familienstand: ledig

Wohnungsanschrift: Halle/Saale, Fritz-Reuter-Strasse 8

ist aus den unten angeführten Gründen in Haft zu nehmen.

Gründe der Inhaftierung: Bei Hedewig besteht der begründete Verdacht der Spionage. Er verleumdete gleichzeitig Bürger der DDR wegen ihrer staatlichen und gesellschaftlichen Tätigkeit. Desweiteren Verstieß er gegen das Geset zum Schutz des Innerdeutschen Zahlungsverkehrs.

Der Mitarbeiter: (Unterschrift)

Der Leiter der Abteilung / Kreisdienststelle: (Unterschrift)

Bestätigt: 14.4.58 (Datum) (Unterschrift)

D 477 1055 30.0 Form 31

Der Haftbeschluss der MfS-Dienststelle Halle für Roland Hedewig

stärkt. Mehrere Professoren, Mitarbeiter und Studenten gingen nach Westdeutschland. Erst im September 1958, als die Arbeitsfähigkeit einiger Institute gefährdet war, wurde die Kampagne auf Weisung des Staatssekretariats für Hochschulwesen (Berlin) beendet.

Die Verhaftung

Am Wochenende vom 12. zum 13. April 1958 besuchte ich meine Eltern in Karl-Marx-Stadt. Meine Mutter hatte meine Examensarbeit fertig getippt. Jetzt waren für diese nur noch einige Landkartenzeichnungen anzufertigen. Am Montagmorgen, 14. April 1958, fuhr ich sehr früh nach Halle zurück. Als ich gegen 9.15 Uhr in meinem Zimmer in Halle eintraf, sagte mir Frau Ebert, dass eben ein Mann, der mit einem EMW gekommen sei, nach mir gefragt habe. Während ich noch rätselte, wer das gewesen sein könnte, kam besagter Mann erneut, trat in mein Zimmer, zeigte sehr kurz seinen kleinen MfS-Klapp-Ausweis, sagte, er käme von der Volkspolizei und forderte mich auf, zur Klärung eines Sachverhaltes mitzukommen. Da ich ahnte, das so etwas lange dauern kann, nahm ich meine Reisebrote mit, öffnete beim Vorbeigehen am Zimmer von Frau Ebert kurz die Tür und sagte ihr: „Grüßen Sie bitte Hinz von mir“. Pfarrer Christoph Hinz war unser Studentenpfarrer. Der MfS-Mann brachte mich zu dem EMW. Gleichzeitig gingen zwei MfS-Mitarbeiter vom Wagen zum Haus, um die Haussuchung durchzuführen. Frau Ebert beobachtete die Szene vom Fenster aus.

Die Durchsuchung meines Zimmers

Über die Haussuchung berichtete mir nach der Haftentlassung Frau Ebert: Die Untersuchung meines Zimmers und meines Schrankes im Flur dauerte mehrere Stunden, weil ich damals bereits rund 200 Bücher und viele Zeitschriften und sonstige Papiere hatte. Die 14jährige Tochter Heike, die von der Mutter über den kleinen Karton informiert worden war, bot den beiden Untersuchern beim Ausräumen ihre Hilfe an und brachte es fertig, im dunklen Flur den Karton in das Zimmer ihrer Mutter zu bringen, die den Karton Ende Juni 1958 meinen Eltern übergab, als diese mein Zimmer ausräumten. Mein Vater versteckte den Karton daheim im Kohlenkeller unter den Briketts, so dass ich nach der Haftentlassung alles in Empfang nehmen konnte. Meine Tagebücher enthielten allerdings keine politischen Bekenntnisse oder Angaben über irgendwelche konspirative Treffen, sondern lediglich kurze Notizen über meine Tätigkeiten und Reisen, wobei ich aber die Italientage nicht erwähnt hatte. Da aber die Tagebücher auch etliche Namen enthielten, war es gut, dass sie nicht gefunden wurden. So blieben viele Personen, vor allem Studierende, von Befragungen verschont.

Frau Ebert wurde von den MfS-Leuten über mich befragt. Sie machte aber keine mich belastenden Aussagen. Die Untersucher nahmen einige schriftliche Materialien mit: Mein Referat über Enderwartungen im Kommunismus, die Kopie des Briefes an Christian Kahlert, die Liste über verhaftete Studenten, Hefte „Das Beste aus Readers Digest“, einige vergilbte Flugblätter vom Ostbüro der SPD („Stoppt die Normenschraube. Dem Ulbricht-Regime keinen Groschen mehr“). Die Flugblätter hatte ich im Wald gefunden, in den Schrank gelegt und vergessen. Nach der Durchsuchung wurde mein Zimmer verschlossen und versiegelt.

Die Benachrichtigung meiner Eltern

Frau Ebert ließ am 15. April durch ihre Tochter der Klassenlehrerin mitteilen, dass ich verhaftet wurde. Die Lehrerin, die häufig Veranstaltungen der ESG besuchte, ging noch am selben Tag zu Pfarrer Hinz und berichtete ihm von der Verhaftung. Pfarrer Hinz besuchte daraufhin meine Eltern in Karl-Marx-Stadt, teilte ihnen die Verhaftung mit und besprach mit ihnen die Bestellung eines Anwaltes.

Der Staatsanwalt des Bezirkes Halle informierte meine Eltern über die Verhaftung erst in einem Brief vom 24. April 1958, der einige Tage später bei ihnen einging. Meine Eltern erfuhren also erst nach zwei Wochen offiziell etwas von meiner Verhaftung.

Meine Mutter schrieb am 20. Mai 1958 an Prof. Käubler mit der Bitte, ihr Vermutungen über die Gründe für meine Verhaftung zu nennen. Prof. Käubler antwortete sofort in einem Brief vom 23. Mai 1958 und schrieb, dass er von Studenten gehört habe: „Es kann sein, dass Ihr Sohn Anlaß gegeben hat durch private Reisen, die wohl auch ins Ausland führten. Aber es können natürlich auch andere Gründe vorliegen.“

Einlieferung ins Gefängnis und Vernehmung durch den Haftrichter

Am 14. April 1958 wurde ich im Auto auf dem Rücksitz zwischen dem Verhafter und einem weiteren MfS-Mann zum MfS-Untersuchungsgefängnis in Halle, Am Kirchtor 20a, einem Teil des Gefängnis-Komplexes „Roter Ochse“, gefahren. Während der kurzen Fahrt fragte mich der Verhafter, wer Herr Hinz sei und ob ich von diesem am selben Tag Besuch erwarte. Ich sagte ihm, dass das der Studentenpfarrer ist und dass dieser mich nicht an diesem Tag besuchen wollte. Bei der Einfahrt durch das Gefängnistor fragte ich den Verhafter, ob er überhaupt einen Haftbefehl habe. Er antwortete nicht darauf, schnauzte mich aber in einem rüden Ton an, sobald sich das Gefängnistor hinter uns geschlossen hatte. Ich bekam keinen Haftbefehl zu sehen, sondern musste mich in dem dicht hinter der Außenmauer liegenden, zweigeschossigen Vernehmungstrakt sofort ausziehen und Häftlingskleidung anziehen, gestreiftes Hemd, schwarze Hose und schwarze Jacke mit je einem eingenähten, breiten, gelben Streifen. Behalten durfte ich nur meine Schuhe ohne Schnürsenkel, den Kamm und die in Papier eingewickelten Reisebrote. Ich erhielt die Häftlingsnummer 8/12 mit der Ermahnung, bei Öffnung der Zelle und auf den Fluren auf Befragen niemals meinen Namen, sondern nur diese Nummer zu nennen.

Ein MfS-Laufbursche, von Häftlingen Nurmi genannt, brachte mich über den Hof in den großen Zellenbau des MfS-Untersuchungsgefängnisses (erbaut 1842) und dort in eine Einzelzelle, mit dem Hinweis, dass ich die an der Wand befestigte „Ordnung für Zellen und Hafträume" lesen und befolgen solle.

Gegen 12 Uhr teilte ein Kalfaktor in Begleitung eines Schließers das Mittagessen an den Zellentüren aus, so auch bei mir. Erst 16 Uhr wurde ich zum Haftrichter im Vernehmungsgebäude gebracht. Er nannte pauschal die Gründe meiner Verhaftung (staatsgefährdende Hetze und Propaganda) und fragte mich, was ich vom Sozialismus halte. In diesem Gebäude wurde ich auch für die Häftlingskartei fotografiert. Zu diesem Zweck erhielt ich Fotografierkleidung.

Wie ich 1993 meiner MfS-Akte entnahm, stellte das Kreisgericht Halle den Haftbefehl erst nachträglich am 15.4.58 aus.

„Das Kreisgericht Halle   Halle/S., den 15.4.1958

Haftbefehl

Der Student H e d e w i g , Roland
geb. 7.4.1936 in Karl-Marx-Stadt
wohnh. Halle, Fritz-Reuter-Str. 8

ist in Untersuchungshaft zu nehmen. Er wird beschuldigt, faschistische Propaganda und Hetze betrieben zu haben, indem er als Student der Martin-Luther-Universität in Halle im Herbst 1957 vor einer Anzahl Studenten einen Vortrag hielt, und hier die Theorie des Marxismus und die Erfolge der Sowjet-Union entstellte. Desgleichen hat er Schriftgut mit hetzerischem Inhalt zum Zwecke der Verbreitung in das Gebiet der DDR eingeführt. Verbrechen nach § 19 StEG

Er/Sie ist dieses Verbrechens dringend verdächtig. Es besteht Fluchtverdacht, weil mit einer erhebl. Freiheitstrafe zu rechnen ist."

Das Verhör am ersten Abend

Von der Zelle wurde ich in den Untersuchungstrakt in einen ca. 20 m^2 großen Vernehmungsraum gebracht und musste mich dort in einer Ecke neben der Tür auf einen Holzschemel setzen. Diagonal gegenüber saß hinter einem Schreibtisch ein Vernehmungsoffizier. Das Verhör dauerte etwa 2 Stunden und bezog sich auf die bereits genannten Sachverhalte. Vor diesem Mann lag eine Akte, in der sich die beschlagnahmten und bereits vorher kopierten Schriftstücke befanden. Ich wusste natürlich nicht, ob der kleine Karton mit Tagebüchern und Briefen gefunden worden war und welche sonstigen belastenden Materialien sich in dem Ordner befanden. Ich gab keinerlei Auskünfte über das hinaus, was mir der Vernehmer nachweisen konnte. Vor allem gab ich keine Auskünfte über andere Personen, nach denen ich immer wieder gefragt wurde. Als mich der Mann nach meiner Freundin fragte, sagte ich, dass ich keine Freundin habe. Er glaubte das zwar nicht, konnte mir aber das Gegenteil nicht beweisen. Während der Verhörzeit notierte er immer wieder etwas. Diese Notizen erwiesen sich als das ca. 5 Seiten lange, handschriftliche Vernehmungsprotokoll, das ich auf jeder Seite unterschreiben sollte. Beim Lesen fielen mir zahlreiche Aussagen auf, die ich nie geäußert hatte und die vermutlich erheblich strafverschärfend waren. Ich unterschrieb das Protokoll deshalb nicht und gab es zurück, mit der Bitte, diese Stellen so zu ändern, dass meine tatsächlichen Aussagen wiedergegeben werden. Er reagierte mit einem Wutausbruch, ich solle mich nicht so anstellen, außerdem habe er jetzt Dienstschluss und keine Lust, meinetwegen länger zu bleiben. Darauf sagte ich, dass er doch am nächsten Tag weitermachen könne. Offensichtlich wollte er das nicht. Er änderte dann die von mir monierten Passagen und ich unterschrieb schließlich, obwohl seine Aussagen immer noch Übertreibungen enthielten. Dann kam ich zurück in die Zelle. In meiner 1993 eingesehenen MfS-Akte habe ich dieses Protokoll nicht gefunden.

Als Gefangener im MfS-Untersuchungsgefängnis in Halle
Meine Zelle war ca. 3 x 2,70 m groß und enthielt keinerlei Mobiliar. Zum Schlafen diente ein Schlafsack mit Decke auf dem erhöhten Holzfußboden, der sich von der rechten zur linken Wand durch die Zelle zog und nur auf der Türseite einen 80 cm breiten Gang freiließ. In diesem Gang stand als Toilette ein Kübel mit Deckel. Als Desinfektionsmittel diente in den Kübel gestreuter Chlorkalk. Daneben stand eine Kanne mit Wasser. Außerdem gab es eine Waschschüssel, ein Stück Seife und ein Handtuch. Heizungsrohre, die die Zelle neben der Tür von unten nach oben durchzogen, befanden sich hinter einer Holzverkleidung. Das kleine Fenster war mit zwei hintereinander liegenden Glasziegelmauern so verschlossen, dass man nicht nach außen sehen konnte. Die innere Glasziegelwand ließ unten einen 15 cm breiten Luftspalt frei, die äußere Glasziegelwand oben. Der innere Luftspalt konnte durch eine Holzklappe verschlossen werden. In der Tür befand sich ein Spion, über der Tür hinter einem Glasziegel eine schwache Glühbirne, die die Wächter nachts, wenn sie durch den Spion schauten, anschalteten. Als einziger Privatbesitz in der Zelle waren ein Kamm, die Schuhe und ggf. die Brille zugelassen.

Täglich dreimal teilte ein damit beauftragter Kalfaktor durch die geöffnete Zellentür Essen aus. Morgens gab es einige Scheiben Kommisbrot mit Marmelade, dazu schwarzen Ersatzkaffee, mittags häufig nur Kartoffeln und Hering, abends einige Scheiben Kommisbrot mit Streichwurst und Tee. Das Besteck wurde bei den Mahlzeiten ausgeteilt und danach wieder eingesammelt. Einmal täglich wurde der Kübel durch Kalfaktoren abgeholt, geleert und zurückgebracht. Einmal täglich gab es auch frisches Wasser in der Kanne. Das Rasieren erfolgte im Abstand einiger Tage durch einen Friseur in Uniform durch Nassrasur. Krankheiten meldete man dem

Sanitäter, der auch für die Ausgabe von Medikamenten zuständig war. Falls erforderlich, konnte man auch zum Gefängnisarzt gebracht werden. Ein stationärer Krankenhausaufenthalt erfolgte im Haftkrankenhaus Meusdorf bei Leipzig.

Die Haftordnung schrieb vor, dass sich der Häftling bei Öffnung der Tür mit dem Gesicht zum Fenster zu stellen und sein Nummer zu sagen habe. Das Hinlegen war während der 16 Stunden Tageszeit verboten. Die ersten zwei Wochen hatte ich Einzelhaft – ohne jede Lektüre oder Schreibmöglichkeit und selbstverständlich auch ohne Radio. Was tut man 16 Stunden lang in einer verschlossenen, leeren Zelle, wenn man nichts lesen und schreiben kann und auch das Hinlegen verboten ist?

Ich ritzte in den erhöhten Holzboden mit dem Fingernagel ein Mühlebrett und spielte mit Hilfe winziger Seifenstückchen, die ich aus meinem Seifenstück heraustrennte, zeitweilig gegen mich Mühle. Einmal zählte ich die Minuten vom Frühstück (6.30 Uhr) an. Als ich meinte, jetzt müsste es Mittag sein, hörte ich draußen 9 Schläge einer Turmuhr – bis Mittag hätte ich noch lange zählen können und gab es deshalb auf.

An der Seitenwand der Zelle hörte ich ein Klopfen. Ich vermutete, dass die Anzahl der Schläge die Stellung eines Buchstabens im Alphabet bedeuten könnte (1 = a, 2 = b usw.) und zählte mit – es stimmte. Auf die Fragen von nebenan antwortete ich entsprechend. Der Klopfer war ein Lektor der Uni Halle, der schon seit Juni 1957 in Untersuchungshaft saß. Klopfer wollten jeweils von neu eingelieferten Häftlingen Nachrichten von draußen hören, denn drin erfuhr man nichts.

Die Verhöre erfolgten in den meisten Fällen nur tagsüber an Werktagen. Die Verhöroffiziere trugen MfS-Uniform, damals noch olivgrün bis braun gefärbt. Ihre Dienstgrade waren militärische Dienstgrade, z.B. Unterleutnant, Leutnant, Oberleutnant, Hauptmann. Auch die Gefängniswärter trugen MfS-Uniformen.

Hier ein Auszug aus dem Verhör vom 6. Mai 1958 (Beginn 14.30 Uhr, Ende 17.30 Uhr):

„Frage: Wann und wodurch wurde Ihnen der Studentenpfarrer H i n z bekannt?
Antw.: H i n z wurde mir etwa im September 1954 bekannt, als ich erstmalig an den Bibelstunden der Evangelischen Studenten-Gemeinde in Halle teilnahm. H i n z hatte damals bereits eine Funktion in der ESG, welche, kann ich jedoch im Moment nicht sagen.
Persönlich wurde ich mit dem Studentenpfarrer H i n z jedoch erst im Herbst 1956, im Heim der Studentengemeinde in Halle bekannt.
Frage: In welcher Verbindung standen Sie zu dem Studentenpfarrer H i n z ?
Antw.: Während des Besuches der einzelnen Vorträge der ESG, im Rahmen des Kleinkreises traf ich wohl des öfteren mit dem Studentenpfarrer H i n z zusammen, hatte aber zu ihm keine engeren Verbindungen. Wir kannten uns in der Form, wie ein Studentenpfarrer alle seine Studenten kennt. […]

Frage: Welche Tätigkeit führt H i n z in seiner Eigenschaft als Studentenpfarrer durch?
Antw.: H i n z hält einmal Bibelstunden und Gottesdienste, die er regelmäßig Mittwochs bzw. Sonntags durchführt.
Desweiteren leitet er verschiedene Diskussionsabende innerhalb der ESG und ist auch meistens bei Wochenendfreizeiten leitend beteiligt.
Frage: Unter welchem Personenkreis übt H i n z seine Tätigkeit aus?
Antw.: Der Personenkreis setzt sich überwiegend aus Theologie-Studenten und zum kleineren Teil aus verschiedenen anderen Studenten zusammen.

An den Bibelstunden nehmen zum Beispiel etwa 100 bis 200 Studenten und an den Gottesdiensten etwa 40 Studenten teil.

An den Diskussionsabenden beteiligen sich meines Wissens im Durchschnitt etwa 20 Studenten und an den Wochenendfreizeiten etwa 20 bis 30 Studenten. [...]
Frage: In welcher Form beteiligen Sie sich an der Tätigkeit der Evangelischen Studentengemeinde?
Antw.: Ich selbst habe mich aktiv an der Tätigkeit der ESG beteiligt, indem ich regelmäßig die Bibelstunden und den Gottesdienst besuchte. Desweiteren nahm ich je nach Thema an den einzelnen Diskussionsabenden teil und beteiligte mich an jeder zweiten Wochenendfreizeit.

Aufgrund meiner Interessen war ich dann auch in der Zeit vom Februar bis Juni 1957 Vertrauensstudent in der ESG in Halle.
Frage: Welche Probleme werden durch den Studentenpfarrer Hinz innerhalb der ESG behandelt?
Antw.: Soweit ich dies heute noch einschätzen kann, behandelte er in der Mehrzahl biblische Themen und zum Teil kultur- und wissenschaftliche Fragen.
Frage: Welchen Einfluss übte der Studentenpfarrer H i n z auf die Evangelische Studenten-Gemeinde aus?
Antw.: H i n z ist seit drei Jahren Studentenpfarrer der Evangelischen-Studenten-Gemeinde in Halle und übt einen großen biblischen Einfluß auf die Studenten aus. Er bestimmt praktisch über den Ton innerhalb der ESG und ich wüsste keinen der über ihm steht.
Frage: Welche gesellschaftswissenschaftlichen Probleme werden vom Studentenpfarrer Hinz innerhalb der ESG behandelt?
Antw.: Mir ist nicht erinnerlich, dass der Studentenpfarrer H i n z innerhalb der ESG Vorträge auf dem Gebiet der Gesellschaftswissenschaft gehalten hätte. [...]
Frage: Welche negativen Diskussionen oder Vorträge führte der Studentenpfarrer H i n z innerhalb der ESG durch?
Antw.: Mir ist nicht erinnerlich, dass der Studentenpfarrer H i n z jemals negative Vorträge oder Diskussionen innerhalb der Studentengemeinde geführt hat. [...]

Erinnerlich ist mir lediglich, dass Pfarrer H i n z dabei des öfteren ausführte, dass das Christentum nicht mit der Politik zu vermengen ist, da über diese Probleme keine konkreten Anhaltspunkte in der Bibel vorhanden sind. [...]
Frage: Welche Diskussionen oder Vorträge wurden vom Studentenpfarrer H i n z durchgeführt, die sich direkt gegen die Entwicklung in der DDR oder eines anderen sozialistischen Staates richteten?
Antw.: Ich habe niemals feststellen können, dass der Studentenpfarrer H i n z Vorträge oder Diskussionen innerhalb der ESG durchführte, dies ich gegen die Entwicklung in der DDR oder eines anderen sozialistischen Staates richteten. Auch mir gegenüber hat er solche Äußerungen nie getan.“[39]

Wenn Häftlinge aus der Zelle geholt oder zurückgebracht wurden, durfte sich kein Häftling einer anderen Zelle auf den Treppen und Gängen befinden. Die Wärter teilten sich deshalb den Beginn einer Häftlingspassage durch Pfeifen auf dem hohlen Ende eines Türschlüssels mit. Wenn sich ein Häftling im Treppenhaus in einem der vier Ecktürme befand, leuchtete ein rotes Licht an der Wand im Flur.

Im U-Gefängnis des MfS befanden sich männliche und weibliche Häftlinge. Während meiner Haft sah ich insgesamt nur fünf Wärter und eine Wärterin. Als ich einmal von einer Vernehmung zurückkam und im Erdgeschoss an einem Wärter vorbeiging, bewegte sich auf einer oberen Etage ein Häftling. Ich blickte nach oben und wurde sofort von diesem Wärter mit „Sie Idiot“ angebrüllt.

Nach 2 Wochen Einzelhaft war ich 6 Monate lang mit jeweils einem oder zwei anderen Untersuchungsgefangenen in einer Zelle, die ebenso aussah wie meine erste, aber zwei bzw. drei Strohsäcke enthielt. In den ersten drei Monaten der Haft gab es für uns nichts zu lesen und nichts zu schreiben. Die Lebensläufe und Haftgründe von drei Personen sind an drei 16-Stunden-Tagen erzählt. Und worüber spricht man an den vielen folgenden Tagen, wenn man keinerlei Nachrichten von draußen erhält? Glücklicherweise waren die Mitgefangenen alle politische Gefangene. Wir hatten einen gemeinsamen Gegner und vertrugen uns recht gut miteinander.

Einmal täglich gab es die „Freistunde“. Die Häftlinge einer Zelle konnten sich in einer von mehreren Freiluftzellen im Hof ca. 15 Minuten aufhalten. Diese Zellen waren ca. 4 x 5 m groß, von einer ca. 2,5 m hohen Mauer umgeben, die damals noch nicht mit einem Drahtgitter überdeckt waren. In der Zellentür befand sich ein Spion, von dem aus man jedoch nicht bis in die Ecken zu beiden Seiten der Tür schauen konnte. Ich bin deshalb einmal in einer solchen Ecke auf die Schultern eines Mit-

39 Alle hier verwendeten Dokumente erhielten wir von Prof. Roland Hedewig, sie stammen überwiegend aus seiner Akte im BStU. Die Schreibweise dieses Dokumentes wurde nicht verändert.

häftlings gestiegen, habe über die Mauer geschaut, dabei die Häftlinge der Nachbarzellen gesehen und mich ihnen durch ein leises Zischen bemerkbar gemacht. Einer trug eine Brille. Durch Klopfzeichen erfuhr ich anschließend nach der Freistunde, dass er einer der inhaftierten Lektoren der Universität war.

Ein in unsere Zelle von draußen, also aus der Freiheit herein kommender, älterer Häftling berichtete uns von der Hinrichtung des ehemaligen ungarischen Ministerpräsidenten Imre Nagy am 16. Juni 1958 – ein Zeichen für die Verschärfung des politischen Kurses in Ungarn. Ich gab diese Nachricht durch Klopfzeichen an den Lektor in der Nachbarzelle weiter.

Nach drei Monaten U-Haft, also Mitte Juli, erschien ein Staatsanwalt in Begleitung des Anstaltsleiters und fragte uns, ob wir irgendwelche Beschwerden hätten. Wir baten um Lektüre. Der Anstaltsleiter sagte, dass wir demnächst Bücher bekommen würden, und wir erhielten von da an pro Häftling ein Buch pro Woche aus der Gefängnisbibliothek, meist Übersetzungen russischer Bücher. Nach drei Monaten Haft durfte ich auch einen Brief von 20 Zeilen Länge an meine Eltern schreiben und erhielt von meinen Eltern einen Antwortbrief gleicher Länge. Aber es war verboten, irgendetwas über den eigenen Fall oder die Erlebnisse im Gefängnis zu schreiben. Was schreibt man dann? Meine Mutter teilte mir mit, dass sie zusammen mit meinem Vater mein Zimmer in Halle geräumt hatte.

Ich erhielt auch während der insgesamt 6 Monate dauernden Untersuchungshaft bis zwei Tage vor dem Prozess keinen Besuch, weder durch Angehörige oder Freunde noch durch einen Anwalt. Auch Päckchen erhielt ich nicht.

Aber an einem Tag hörte ich einen Posaunenchor, der in der Nähe des Gefängnisses blies. Nach der Entlassung erfuhr ich von Pfarrer Hinz, dass dieses Posaunenkonzert vor einer in der Nähe gelegenen Kirche für mich veranstaltet wurde – ein Zeichen dafür, dass die Studentengemeinde an mich dachte.

Die weiteren Verhöre

Die Namen meiner Vernehmer erfuhr ich nicht. Sie wurden mir erst 1993 durch Einblick in meine Stasi-Akte bekannt. Die meisten weiteren Verhöre führte nicht der noch relativ moderat fragende Offizier des ersten Tages, sondern ein brutal und bösartig wirkender Mann. Er brüllte mich häufig an, vor allem, als er meinen Text über die Sputnikgedichte und mein Referat über den Kommunismus in der Hand hatte. Allergisch reagierte er auf meine Aussage, dass es sich bei sozialistischen Staaten um Diktaturen handelt. Ich konterte mit Lenins Aussage von der zu erkämpfenden Diktatur des Proletariats. Worauf der Vernehmer nur brüllte, das sei doch etwas ganz anderes.

Als mir der Vernehmer meine Fotos von der Schneeballschlacht in Westberlin zeigte und fragte, wer die abgebildeten Studenten und Studentinnen sind, sagte ich, dass dies alles Studenten aus Göttingen seien, deren Namen ich nicht kenne. „Und wer ist diese Frau?“ fragte der Vernehmer. Es war Antje Gallwitz. Ich sagte: „Eine Göttinger Studentin.“ Auch die anderen abgebildeten Studenten aus Halle konnte das MfS nicht ermitteln, so dass sie unbehelligt blieben.

Am Ende eines jeden Verhörs, die alle tagsüber stattfanden, musste ich das Protokoll unterschreiben. Die Protokolle waren alle handschriftlich, Namen waren in Blockschrift geschrieben.

Intensiv befragt wurde ich über das Verhalten von Studentenpfarrer Hinz, und zwar durch den Vernehmer des ersten Tages. Ich betonte, dass sich dessen Tätigkeit auf rein kirchliche Inhalte beschränkte. Er behauptete, man habe jetzt den Studentenpfarrer Hinz verhaftet. Ich brauchte deshalb auf ihn keine Rücksicht mehr zu nehmen und könnte alles, was ich über ihn weiß, sagen. Darauf entgegnete ich, dass er doch dann Pfarrer Hinz selbst fragen könne, dazu brauche er mich doch nicht.

Kommentar: Nach der Haftentlassung im Dezember 1959 sagte mir Pfarrer Hinz, dass er niemals verhaftet wurde, dass man aber die Bibliothek der Studentengemeinde, die viele westdeutsche Bücher enthielt, beschlagnahmte. Als man von ihm auch die Entleiherkartei mit den Namen der Studenten haben wollte, sagte er, dass er diese vernichtet habe. Den Entleihern teilte er mit, dass sie die entliehenen Bücher behalten könnten.

Die Verhöre dauerten bis Juni 1958. Mein Prozess fand aber erst am 17. und 18. Oktober statt. Wenige Tage vor dem Prozess wurde ich aus der Zelle geholt mit der Bemerkung, dass mich jemand besuchen wolle und ob ich eine Freundin hätte. Da die Untersuchungen jetzt abgeschlossen waren und der Bote kein Vernehmer war, bejahte ich die Frage. Er fragte, wie alt die Freundin sei, ich sagte, so alt wie ich. Das erschien ihm merkwürdig, aber er brachte mich trotzdem ins Besuchszimmer. Dort wartete nicht meine Freundin, sondern die Vikarin der ESG, Frau Winkler, die etwa 40 Jahre alt war. Sie fragte nach meinem Befinden und meinen Wünschen. Ich wünschte mir etwas vitaminhaltige Kost. Am ersten Tag des Prozesses brachte sie mir Obst mit in den Gerichtssaal.

Die Rolle meines Anwaltes

Durch Vermittlung von Pfarrer Hinz beauftragten meine Eltern den Rechtsanwalt Dr. Oskar Kolbe aus Leipzig mit meiner Verteidigung. Er schrieb meiner Mutter am 23. Mai 1958, bestätigte den Auftrag und bat um die Zahlung eines Vorschusses von 400,– DM. Das konnten meine Eltern nicht bezahlen, denn mein Vater verdiente netto nur 260,– DM monatlich, meine Mutter als Halbtagskraft nur 100,– DM, und Ersparnisse waren nicht vorhanden. Schließlich bezahlte die Ev. Kirche durch Vermittlung von Pfarrer Hinz den Anwalt, der später noch weitere Zahlungen forderte.

Dr. Kolbe schrieb meiner Mutter am 23. Mai 1958, dass er mir am selben Tag noch schreibe wolle, und dass er mich erst sprechen könne, wenn er von der Staatsanwaltschaft die Erlaubnis hierzu erhalte. Das könne 10 Tage dauern. Tatsächlich konnte er mich aber bis zum 16. Oktober, also einen Tag vor meinem Prozess, überhaupt nicht sprechen. Ich habe auch niemals einen Brief von ihm erhalten.

Einen Tag vor dem Prozess kam der Anwalt zu mir ins Gefängnis, setzte sich in einem Raum mit mir an einen kleinen Tisch, deutete auf die runde Dose einer Abhöranlage an der Wand, gab mir die Anklageschrift zu lesen und hielt seinen Mittagsschlaf. Nach meiner Lektüre riet er mir, im Prozess nicht den Märtyrer zu spielen, das könne das Strafmaß nur erhöhen. Er berichtete auch von einem Gespräch mit meinem Vater und äußerte sich anerkennend über dessen Sachverstand. Ich musste die Anklageschrift wieder abgeben und er verabschiedete sich. Während des Prozesses hat er mich praktisch kaum verteidigt. Einzige für mich positiv gemeinte Aussage war seine Äußerung, dass ich nicht planmäßig im Sinne von Abs. (3) § 19 SteG vorgegangen sei.

Kommentar: Vermutlich wollte der Anwalt durch sein Verhalten im Prozess nicht seine Zulassung als Anwalt riskieren. Aufgabe eines Anwaltes in politischen Prozessen war in der DDR nicht, den Angeklagten zu verteidigen, sondern diesen zu wahrheitsgemäßen Aussagen im Prozess und zur Einsicht in sein verwerfliches Verhalten zu veranlassen und dann das Urteil anzunehmen. Das galt in noch stärkerem Maße für die sogenannten Pflichtverteidiger, die vom Staat gestellt wurden und nur 50,– DM kosteten, wenn der Angeklagte keinen privaten Anwalt bestellte, weil er ihn nicht bezahlen konnte.

Die Anklageschrift

Die Anklageschrift konnte ich nur vor dem Prozess außerhalb meiner Zelle eine halbe Stunde lang lesen, durfte sie nicht mit in die Zelle nehmen und erhielt sie auch nicht während des Prozesses ausgehändigt. Auf diese Weise war es Mithäftlingen nicht möglich, Einblick in meine Anklageschrift zu erhalten. Da ich während der halbstündigen Lektüre kein Schreibgerät erhielt, konnte ich mir auch keine Notizen machen. Eine schriftliche Vorbereitung auf den Prozess war für mich nicht möglich.

Die Anklage erfolgte nach § 19 des Strafrechtsergänzungsgesetzes vom 11. Dezember 1957. Der Paragraph stellt „Staatsgefährdende Propaganda und Hetze“ unter Strafe. Mir wurden folgende Handlungen zur Last gelegt:

1. Die Einführung einiger Hefte „Das Beste aus Readers Digest“ in die DDR und Ausleihe eines dieser Hefte an Studenten. (Einfuhr und Verbreitung von Hetzschriften)
2. Niederschrift mit Kritik an Gedichten der Dichter Johannes R. Becher und Kuba über den Sputnik und Weiterleitung dieser Niederschrift an einen Studenten in Westdeutschland.

(Verfassen und Weiterleiten einer Schmähschrift gegen Dichter und gegen die Sowjetwissenschaft)

3. Ausarbeitung und Vortragen eines Vortrages zum Thema „Enderwartungen im Kommunismus" vor Studenten in einem Freizeitheim der Studentengemeinde in Leipzig.
   (Verleumdung und Verfälschung des Marxismus-Leninismus)
4. Aufbewahrung einiger gegen die DDR gerichteter westdeutscher Flugblätter und der westdeutschen Broschüre „Lieber Landsmann von drüben"
   (Aufbewahrung von Hetzflugblättern und westdeutscher Propagandaliteratur)
5. Aufzeichnung über Studenten, die aus politischen Gründen verurteilt oder exmatrikuliert wurden und über den 1957 verurteilten Leipziger Studentenpfarrer Schmutzler
   (Unerlaubtes Sammeln von Nachrichten über Personen, die wegen Staatsverbrechen verurteilt wurden)

Der Prozess am 17. und 18. Oktober 1958

Vor dem Prozess wurde mir in der MfS-UHA gesagt, dass ich im Prozess nichts über die Umstände der Haft und der Vernehmungen sagen dürfe. Am Morgen des 17. Oktober erhielt ich in der Zelle einen Anzug und ein Oberhemd, aber keine Krawatte, für den Prozess. Die Verhandlung meines Falles erfolgte durch den 1. Strafsenat des Bezirksgerichts Halle Saale.

Anwesende:

Vorsitzender:	Oberrichter Matthes als Vorsitzender
Schöffen:	Telefonistin Karich und Schlosser Schmidt
Staatsanwalt:	Staatsanwalt Kinsky
Protokollführerin:	Justizangestellte Kube
Verteidiger:	Rechtsanwalt Dr. Oskar Kolbe (Leipzig)
MfS-Mitarbeiter:	Drei namentlich nicht genannte Personen als Prozessbeobachter
Angeklagter:	Roland Hedewig
Zuhörer:	ca. 30 Personen: Meine Mutter und deren Bruder Walter Veit (Diplomchemiker in Halle), meine Freundin und weitere Studenten der ESG Halle

Am 17.10. zeitweilig anwesend:

Belastungszeugen:	Klaus Mylius und Max Linke, beide Geographiestudenten und SED-Mitglieder
Entlastungszeuge:	Professor Dr. Rudolf Käubler, Direktor des Geographischen Instituts der Universität Halle (parteilos)

Zu Beginn des Prozesses sagte mir der Anwalt, dass links neben mir in der 1. Reihe die Prozessbeobachter des MfS sitzen.

Das Plädoyer des Staatsanwaltes, in einem gehässigen Ton vorgetragen, enthielt die Punkte der Anklageschrift, darunter auch Schandtaten von „Imperialisten", mit denen ich überhaupt nichts zu tun hatte. Ein Teil seines Plädoyers enthielt unhaltbare Behauptungen über meine feindlichen Ansichten und Absichten. Direkt danach sagte er einen Satz, der zutraf und fragte, ob das stimme. Ich sagte „Der letzte Satz, ja". Hätte ich nur ja gesagt, wäre dies als Zustimmung zu den vorangegangenen falschen Behauptungen gewesen.

Die beiden Belastungszeugen versuchten etwas von ihren in der Voruntersuchung gemachten Aussagen abzurücken und mein Verhalten etwas harmloser darzustellen, worauf sie der Staatsanwalt erbost auf ihre Aussagen in der Voruntersuchung hinwies. Kommentar: Prof. Käubler hatte beide Studenten am Morgen dieses Tages zu sich bestellt und ihnen eindringlich nahegelegt, sich mit ihren belastenden Aussagen zurückzuhalten.

Prof. Dr. Käubler musste vor seiner Zeugenaussage vor allen Zuhörern die Höhe seines Netto-Gehaltes angeben (angeblich wegen der Berechnung seiner Aufwandsentschädigung). Dann verteidigte er mich, indem er auf meine fachlichen und gesellschaftlichen Leistungen hinwies. Der Protokollant des Prozesses hat die Äußerungen Käublers handschriftlich notiert: „Der Herr Hedewig war ein äußerst fleissiger Mitarbeiter. Von seinen strafbaren Handlungen war mir nichts bekannt. Mir ist bekannt, dass der Hedewig sich sehr positiv betätigt hat und auch sehr streng Kritik an den westlichen Verhältnissen geübt hat. Ich kann nur sagen, daß ich in gesellschaftliche Hinsicht sehr viel Positives erfahren habe."[40]

Das Plädoyer meines Anwaltes beschränkte sich überwiegend darauf, die vom Staatsanwalt behauptete Planmäßigkeit meines „staatsfeindlichen" Handelns in Frage zu stellen.

Ich bestritt an einer Stelle Aussagen, die ich gemacht haben sollte, und wurde vom Staatsanwalt darauf hingewiesen, dass das aber in einem Vernehmungsprotokoll stehe. Darauf sagte ich, dass ich gezwungen wurde, auch Protokolle zu unterschreiben, die meine Aussagen entstellt wiedergeben. Der Richter fragte, ob ich geschlagen worden sei. Ich verneinte und sagte, dass es noch andere Methoden gibt, jemanden zu einer Unterschrift zu bewegen.

In einer Prozesspause sprach ich mit meinen Angehörigen, meiner Freundin und befreundeten Studenten.

40 BStU Außenstelle Halle, MfS BV Halle, AU 3/59 Hedewig, Band 1, Bl. 148 Zeugenvernehmung Käubler.

Am 2. Prozesstag wurde das Urteil verkündet: 1 Jahr und 9 Monate Zuchthaus wegen staatsgefährdender Propaganda und Hetze nach § 19 Abs. (1),2, (2) und (3). Die Dauer der Untersuchungshaft wird angerechnet. (s. Anlage) Abs. (3) lautet: „In schweren Fällen, insbesondere, wenn die Tat im Auftrage der in § 14 genannten Stellen oder Personen oder wenn sie planmäßig begangen wird, ist auf Zuchthaus zu erkennen."

Auf Vorschlag meines Anwaltes nahm ich das Urteil an. Er meinte, dass eine Anfechtung keine Aussicht auf Erfolg habe. Außerdem sagte er mir, dass das Strafmaß in politischen Prozessen vom MfS vorgeschlagen werde und sich die Gerichte daran halten würden. Das Urteil wurde mir nur verlesen. Ich erhielt es nicht schriftlich. Erst durch die Kopie, die 1993 in der BStU-Behörde in Berlin für mich angefertigt wurde, bin ich im Besitz des Urteils.

Hier als Einfügung einige Dokumente:
Am 6. Januar 1959 schrieb Sekretär Retzloff vom Bezirksgericht Halle an den Prorektor für Studienangelegenheiten der MLU: „Bezugnehmend auf Ihr Schreiben vom 19. 12. 1958 wird Ihnen in der Strafsache gegen den Studenten Kurt, Roland Hedwig mitgeteilt, daß dieser am 18. Oktober 1958 vom 1. Strafsenat des Bezirksgerichts Halle wegen fortgesetzter, teils planmäßiger staatsgefährdender Hetze und Propaganda zu einer Zuchthausstrafe von einem Jahr und neun Monaten verurteilt wurde."

Drei Tage später (am 9.1.) schrieb Senatsmitglied Ebschbach an den Rektor Stern:
„Magnifizenz!
Das Bezirksgericht Halle teilt uns unter dem 6.1.1959 mit, dass der Student Roland Hedewig am 18.10.1958 vom 1. Strafsenat des Bezirksgerichts Halle wegen fortgesetzter, teils planmäßiger staatsgefährdender Hetze und Propaganda zu einer Zuchthausstrafe von einem Jahr und neun Monaten verurteilt wurde.
Ich bitte, gemäß § 4 (2) der Disziplinarordnung für Studierende den Ausschluß des Studenten vom Studium an allen Universitäten und Hochschulen auf dem Verwaltungswege zu verfügen."

Dies tat Stern am 16. Januar 1959. Es war nicht seine Idee, er tat es gewissermaßen auf Anweisung. Trotzdem trägt er die Verantwortung.

MARTIN-LUTHER-UNIVERSITÄT
HALLE-WITTENBERG
DER REKTOR

HALLE (SAALE), den
UNIVERSITÄTSPLATZ 10
TELEFON 7961

AZ.: ....

Beschluß

1. Der Student der Geographie Roland H e d e w i g, geb. am 7.4.1936 in Karl-Marx-Stadt, zuletzt wohnhaft in Halle, Fritz-Reuter-Straße 6, ist durch Urteil des Bezirksgerichts Halle vom 18.10.1958 rechtskräftig wegen Begehung eines Verbrechens verurteilt worden. Er wird deshalb nach § 4 Abs. 2 der Disziplinarordnung für Studierende vom 26.4.1957 dauernd vom Studium an allen Universitäten und Hochschulen der Deutschen Demokratischen Republik ausgeschlossen.

2. Dieser Beschluß ist allen Universitäten und Hochschulen der Deutschen Demokratischen Republik bekannt zu geben. Ebenso ist der Herr Bezirksstaatsanwalt in Halle von dem Beschluß zu unterrichten mit der Bitte
X um Aushändigung des Beschlusses an R. Hedewig.[1)]

3. Urschriftlich dem Herrn Prorektor für Studienangelegenheiten unter Beifügung der Personalunterlagen zurückgesandt mit der Bitte um Kenntnisnahme und weitere Veranlassung zu Ziffer 2.

Halle/S., den 16. Januar 1959

Der Rektor

(Professor Dr. Stern)

1) Diese Aushändigung ist nicht erfolgt.

Beschluß von Stern vom 16. Januar 1959

Der Strafvollzug

Die Strafe verbüßte ich in den folgenden Gefängnissen:

1. Untersuchungs-Haftanstalt des MfS in Halle vom 18. Oktober bis 20. November 1958 als Kalfaktor, zwischen den Arbeiten Aufenthalt zu dritt in einer Kalfaktorzelle, danach einige Tage Übernachtung in einem Schlafsaal mit ca. 60 Häftlingen, Schlafen in dreistöckigen Betten, Aufenthalt im benachbarten Saal. Zusammen mit zwei anderen Kalfaktoren hatte ich die Toilettenkübel in einen Trichter zu entleeren, der in die Kanalisation mündete und entsetzlich stank. Außerdem brachten wir Wasser in die Zellen und teilten das Essen aus. So lernte ich auch die Küche kennen, in der gefangene Frauen arbeiteten. Im Saal hielt sich auch ein verurteilter Nationalpreisträger auf.
2. Gefängnis Halle II in der Steinstraße/Ecke Hansering von Mitte November 1958 bis Mai 1959. Das Gefängnispersonal gehörte zum Polizeiapparat, unterstand also dem Innenministerium. Dementsprechend gab es nicht Militärdienstgrade wie beim MfS, sondern Polizeidienstgrade, z.B. Polizeimeister.

Ich lebte in einer Zelle von 12 m^2 Größe, belegt mit 12 Häftlingen in 3 Dreistockbetten und auf 3 Strohsäcken, die zum Schlafen unter den Betten hervorgeholt und in den Gang zwischen den Betten gelegt wurden. Am kleinen Fenster standen ein winziger Tisch und zwei Hocker. Ich gehörte zum Arbeitskommando Lochau, das aus drei Häftlingsbrigaden bestand. Tagsüber arbeiteten wir im Braunkohlentagebau Lochau bei Halle. Abends nach dem Essen folgten zwei Stunden Aufenthalt in einem Saal neben den Zellen. Man konnte dort Bücher aus der Gefängnisbibliothek lesen.

Im Arbeitskommando arbeiteten politische und kriminelle Häftlinge mit Strafen von maximal 2 Jahren, bei denen also die Wahrscheinlichkeit eines Fluchtversuchs gering war. Wir wurden morgens mit Bussen zur Arbeit und abends zurück gefahren. Die Arbeit bestand im Anheben von Baggergleisen mit Handwinden und dem Schaufeln von Abraum unter die Schwellen der angehobenen Gleise, die dann durch eine Gleisrückmaschine weitergerückt wurden. Auf den Gleisen fuhr ein Absetzer, der Abraum ausbaggerte und umsetzte, auf 128 Rädern mit einem Gewicht von 2240 Tonnen.

Jede Brigade wurde von einem Brigadier, der selbst Häftling war, geleitet. Nach einigen Wochen wurde ich Schriftführer unserer Brigade und kam, zusammen mit einem Brigadier und einem Stellvertreter in eine Dreibettzelle. Im Gelände hatte ich die von uns täglich umgesetzte Menge an Abraum und die Anzahl und Transportwege der von uns transportierten Gleis-Schwellen zu notieren. Einmal im Monat hatte ich die Lohnvorbereitungslisten auszufüllen. Für diese Arbeit blieb ich jeweils einen Tag allein in der Zelle. Es wurde erwartet, dass wir unser Soll mit 120 bis 130 % erfüllten. Das war normalerweise nicht zu schaffen. Ich fertigte mir deshalb ein Normogramm an, mit dessen Hilfe ich berechnen konnte, wie viele Kubikmeter Abraum wir umgesetzt haben mussten und wie viele Schwellen wir wie viele Meter transportiert haben mussten, um eine entsprechende Prozentzahl zu erreichen. Diese Werte trug ich dann ins Protokollbuch ein. Kein Aufseher hat diese Manipulation zugunsten der Häftlinge bemerkt. Die Arbeit wurde vom Betrieb entlohnt mit ca. 200,00 DM pro Monat. Dreiviertel des Nettolohnes behielt der Staat, ein Viertel (also ca. 50,00 DM) erhielten die Häftlinge auf ein Konto. Viele kauften sich davon Zigaretten der Marken Salem (8 Pfennige) oder Turf (10 Pfennige), andere – wie ich – schickten das Geld nach Hause. Ich hatte an jedem Abend die Zigaretten zu verteilen.

An Tagen mit dichtem Nebel mussten wir wegen Fluchtgefahr oft stundenlang im Braunkohlengelände in einer Hütte sitzen. Der Aufseher zählte unentwegt die Häftlinge.

Im Gefängnis lasen wir in unserer Zelle täglich die Zeitung „Neues Deutschland" (Zentralorgan der SED), daneben Bücher aus der Gefängnisbibliothek. Der Antrag meines Vaters vom 23. Dezember 1958, mir eigene Bücher (Fachliteratur) senden zu dürfen, wurde abgelehnt.

Ein Arbeiter hatte sein schriftliches Urteil dabei und zeigte es mir. Sein Verbrechen bestand darin, dass er im Gasthaus gesagt hatte: „Wenn man bei uns in der DDR mal den Mund aufmacht und was sagt, wird man eingesperrt." Dafür erhielt er ein Jahr Zuchthaus – womit man ihm bewies, dass er mit seiner Aussage Recht hatte.

Einmal im Monat erhielt ich einen Brief meiner Eltern und durfte in einer Schreibzelle einen Brief von 20 Zeilen Länge an sie schreiben. Wie in der Untersuchungshaft durften meine Briefe nichts über die Haft und meinen Fall enthalten.

An einem Tag erhielt ich nach der Rückkehr von der Arbeit den Besuch eines mir unbekannten Pfarrers, der auch meine Eltern nicht kannte. Das Gespräch mit ihm fand in einem großen Raum in Anwesenheit des Gefängnisleiters statt, der meine Strafakte vor sich liegen hatte und neben dem Pfarrer saß. Unter diesen Umständen war das Gespräch unergiebig und eigentlich überflüssig.

Einmal besuchte mich mein Vater. Mit ihm konnte ich in Anwesenheit eines Wärters in einem Besuchsraum sprechen. An einem Tag sahen wir nach der Arbeit den Film „Panzerkreuzer Nadeshda", ein propagandistisches Gegenstück zu Eisensteins berühmtem Film „Panzerkreuzer Potemkin". Es war die einzige Filmvorführung während meiner Haftzeit.

3. Zuchthaus in Naumburg (6. Mai – 19. Mai 1959)

Eines Tages kam ich „auf Transport" und wurde mit anderen Häftlingen zum Hauptbahnhof gefahren, dort in Handschellen auf einen Bahnsteig geführt und in einem Gefängniswagen mit dem Zug nach Naumburg gebracht. Im Zuchthaus Naumburg war ich zuerst in einer Mehrbett-Zelle, später blieben wir einige Tage über Pfingsten in einem Schlafsaal mit ca. 25 politischen und kriminellen Häftlingen. Hier lernte ich den Studenten Heinrich Blobner (Uni Halle, Geschichte und Geographie) kennen, der zu 7 Jahren Zuchthaus wegen Staatsverrats verurteilt worden war. An einem Tag führten H. Blobner, ein Medizinstudent aus Berlin und ich in diesem Saal eine politische

Podiumsdiskussion durch, bei der die übrigen Häftlinge interessiert zuhörten. Das Wachpersonal merkte das nicht oder interessierte sich nicht dafür.

Am Pfingstsonntag nahm ich an einem Gottesdienst in der Gefängniskirche teil. Es war der einzige Gottesdienst während meiner gesamten Haftzeit, der angeboten wurde.

4. Zuchthaus in Bautzen (20. Mai – 4. Juni 1959)

Der Aufenthalt in Naumburg war offensichtlich nur eine Zwischenstation. Am 20. Mai wurden alle Gefangenen des Saales nach Bautzen transportiert. Das geschah auf der Autobahn in einem Gefangenenauto, das enge Zellen mit Metallwänden enthielt. Während einer einstündigen Mittagspause des Begleitpersonals in einer Raststätte saßen wir in den engen, verschlossenen Zellen ohne Lüftung in der Mittagssonne auf dem Parkplatz. Hitze und Luftmangel wurden unerträglich. Das ausgeatmete Wasser lief innen an den kleinen Fensterscheiben herunter.

Im Zuchthaus Bautzen lebte ich mit ca. 30 anderen Häftlingen, die Strafen bis zu 2 Jahren hatten, ca. 3 Wochen in einem kleinen Gebäude gegenüber den großen Zellenbauten. Das Schlafen erfolgte in Mehrbettzellen, der Aufenthalt in einem kleinen Saal. Heinrich Blobner wurde in eine andere Abteilung verlegt. Am Morgen des zweiten Tages wurden wir von einem Arzt und einem Sanitäter untersucht.

Die Häftlinge meiner Gruppe fuhren dann täglich mit einem Bus zur Arbeit nach Zittau. Wir arbeiteten dort im Autowerk VEB Robur an Drehbänken. Die Häftlinge wurden von einem Meister angelernt. Der Monatslohn lag bei 300,00 bis 450,00 DM brutto, vom Nettogehalt behielt der Staat drei Viertel, ein Viertel erhielten die Häftlinge. In der DDR überwies der Strafvollzug jedes Jahr beträchtliche Überschüsse an die Staatskasse.

Wir arbeiteten im Schichtbetrieb: 6.00-14.00 Uhr Frühschicht, 14.00-22.00 Uhr Spätschicht, 22.00-6.00 Uhr Nachtschicht. Zwei Schichten bestanden aus Häftlingen, eine aus Zivilarbeitern.

5. Gefängnis in Zittau (5. Juni – 8. Dezember 1959)

6 Monate in einer Zelle mit ca. 3 bis 5 anderen Gefangenen, Weiterarbeit im VEB Robur im Schichtbetrieb. Wenn wir Nachtschicht hatten, arbeiteten wir täglich zusätzlich 5 Stunden in der Landwirtschaft in Dörfern nördlich von Zittau, so dass die tägliche Arbeitszeit dann 13 Stunden betrug. Bei Früh- oder Spätschicht fand ich tagsüber Zeit zum Lesen: überwiegend Goethe, Schiller und Lessing aus der Gefängnisbibliothek.

Im Gefängnis traf ich auch Analphabeten, die es offiziell in der DDR nicht gab. Für einen von ihnen schrieb ich einmal einen Brief an seine Frau, die ebenfalls Analphabetin war und sich den Brief daheim vorlesen ließ. In Zittau erhielt ich einmal Besuch. Meine Freundin hatte es erstmalig geschafft, eine Besuchserlaubnis zu erhalten. Das Gespräch erfolgte in Anwesenheit einer Wärterin in einem Besuchsraum.

Anfang Dezember 1959 wurden wir Häftlinge in den Gefängnisflur im Erdgeschoss geführt. Dort lagen auf einem langen Tisch Lebensmittel und andere Artikel aus einem Kaufhaus. Der Anstaltsleiter sagte zu uns sinngemäß: Ich gebe ihnen jetzt die Vergünstigungen anlässlich des Weihnachtsfestes bekannt. Sie können hier von ihrem Lohn etwas kaufen und als Geschenk an ihre Angehörigen schicken – auch nach Westdeutschland.

Welch eine Infamie: Gefangene, die nur dürftiges Gefängnisessen erhielten, durften von dem geringen Lohn, den sie für ihre harte Zwangsarbeit erhielten, Lebensmittel an Westdeutsche schicken – als ob diese sich dort nichts kaufen könnten.

6. Die Entlassung aus der Haft (8. Dezember 1959)

Im Frühjahr 1959 reichten meine Eltern ein Gesuch auf vorzeitige Entlassung ein. Es wurde abgelehnt. Ein zweites Gesuch im Herbst 1959 hatte Erfolg. Ich wurde am 8. Dezember 1959 wegen guter Führung aus der Haftanstalt in Zittau entlassen. Der Rest der Strafe (9. Dezember 1959 – 13. Januar 1960, also 5 Wochen) wurde zur Bewährung ausgesetzt.

Ich erhielt einen Entlassungsschein, auf dem der Grund der Haft nicht vermerkt ist. Dies ist das einzige Schriftstück, das ich über meine Haft erhielt. Nach meiner Flucht nach Westberlin bzw. Westdeutschland im Februar 1960 konnte ich also nicht schriftlich nachweisen, dass ich wirklich aus politischen Gründen verurteilt wurde.

Auch den Beschluss des Rektors der Universität Halle vom 16. Januar 1959, dass ich wegen „Begehung eines Verbrechens" vom „Studium an allen Universitäten und Hochschulen dauernd" ausgeschlossen wurde, erhielt ich nicht schriftlich. Er wurde mir nach der Verurteilung im Gefängnis in Halle nur mündlich durch einen Gefängniswärter in der Zelle mitgeteilt. Schriftlich fand ich diese Verfügung erst in den Unterlagen, die mir die Verwaltung der Universität Halle auf meinen Wunsch hin vor einigen Jahren schickte. In diesem Schreiben von 1958 steht auch, dass man mir diese Verfügung schriftlich mitteilen möge, was nicht geschehen ist.

Bei der Entlassung in Zittau erhielt ich in einem Karton meine „Effekten", d.h. die Kleidung, die ich bei der Verhaftung trug, und Dinge, die man bei der Haussuchung mitgenommen hatte, die aber vom MfS nicht mehr benötigt wurden, und aus meinem Lohn etwas Geld für meine Bahnfahrt nach Chemnitz. Außerdem erhielt ich einen Brief, aus dem hervorging, dass ich nach meiner Entlassung in Zittau einen Pfarrer besuchen möchte. In Zittau kaufte ich zuerst einen Koffer, in den ich meine Effekten packte, und besuchte den mir noch nicht bekannten Pfarrer. Dort erhielt ich ein Mittagessen und fuhr dann mit der Bahn nach Dresden, besuchte dort auf Wunsch eines Mithäftlings dessen Frau und fuhr schließlich zu meiner Familie nach Karl-Marx-Stadt.

Aufenthalt in Halle im Dezember 1959

Am 9. Dezember fuhr ich nach Halle und besuchte dort meine Mutter in der Nervenheilanstalt. Sie war durch meine Haft in eine tiefe Depression verfallen und wurde dort behandelt, konnte aber jetzt im Dezember entlassen werden.

In Halle traf ich meine Freundin. Sie bereitete sich auf ihr Examen in Kirchenmusik und Katechetik vor, das noch vor Weihnachten erfolgte. Wir beschlossen, uns am 3. Januar 1960 in Karl-Marx-Stadt zu verloben. Mehrere Male traf ich Pfarrer Hinz und berichtete ihm von der Haft. An einem dieser Treffen nahmen auch Studenten der Studentengemeinde teil.

Aus dem Universitätssekretariat holte ich mein Abiturzeugnis, das ich anstandslos erhielt, weil ich exmatrikuliert war.

Vor dem Institut traf ich den Dozenten, der mich denunziert hatte. Er begrüßte mich freundlich und fragte, wie es mir ginge. Ich sagte, dass ich es gesundheitlich überstanden habe. Darauf entgegnete er, er wolle wissen, wie es mir ideologisch geht. Offensichtlich erwartete er von mir ein Schuldbekenntnis, verbunden mit dem Versprechen, dass ich jetzt für den Sozialismus eintrete.

In Halle konnte ich durch Vermittlung von Pfarrer Hinz etwa 10 Tage im Hause von Prof. Dr. Erich Hoffmann wohnen und in dieser Zeit meine Examensarbeit fertig stellen. Am ersten Tag arbeitete ich auch mit Genehmigung von Prof. Käubler im Geographischen Institut, zeichnete für meine Arbeit Karten am Leuchttisch und sprach mit Studenten. Am nächsten Morgen teilte mir Prof. Käubler im Institut mit, dass er telefonisch vom Rektorat die Aufforderung erhalten hätte, mir das Betreten des Instituts zu verbieten, weil ich kein Mitarbeiter des Instituts oder Student sei. Er musste das akzeptieren, entgegnete aber am Telefon, dass er mit dieser Begründung vielen Besuchern des Instituts den Zutritt verbieten müsste. Dies teilte er mir auch so mit.

Da ich bereits genug Material für meine Kartenzeichnungen gesammelt hatte, konnte ich die Examensarbeit in dem Zimmer im Hause Hoffmann in wenigen Tagen fertigstellen.

An einem Abend war ich Gast bei Prof. Käubler in dessen Haus in Halle-Dölau. Wir sprachen über meinen Fall und die unterschiedliche politische Haltung von Professoren. Er fragte, ob er sich für mich durch einen Brief an Walter Ulbricht dafür einsetzen sollte, dass ich mein Examen ablegen durfte. Ich bat ihn, das nicht zu tun, weil ich es für zwecklos hielt.

Im Dezember 1959 bemühte ich mich um eine meinen Fähigkeiten entsprechende Arbeitsstelle in der DDR, weil ich noch nicht die Absicht hatte, nach Westdeutschland zu gehen. Eine Bewerbung um eine Hilfskraftstelle im Botanischen Institut lehnte Prof. Dr. Meusel in einem in freundlicher Atmosphäre geführten Gespräch ab.

Ebenso erfolglos blieb meine Bewerbung um eine Stelle in der Sternwarte Sonneberg. Der Direktor, Prof. Dr. Cuno Hoffmeister, schrieb mir, dass er die Kaderab-

MARTIN-LUTHER-UNIVERSITÄT
HALLE-WITTENBERG
Geographisches Institut

HALLE (SAALE), den 8. 1. 60
Gustav-Nachtigal-Str. 26
Telefon 7626, App. 62

Herrn
Roland H e d e w i g

Karl-Marx-Stadt
Theodor-Körner-Platz 6

Lieber Herr Hedewig!

Ich habe gestern abends Ihr Paket erhalten und die Arbeit, weil sie mich interessierte, gleich noch in der Nacht durchgelesen. Ihre Arbeit über die Entstehung, Verbreitung und Bedeutung der Hartkrusten unter besonderer Berücksichtigung Australiens ist eine ganz hervorragende Leistung in jeder Hinsicht. Sie ist genau in der Gliederung, klar in der Gedankenführung, sehr gut in der sprachlichen Darstellung und auch gekonnt in den graphischen, kartenmäßigen und fotographischen Darstellungen. Sie ist auch im Literaturverzeichnis zuverlässig, im Sprachlichen in jeder Hinsicht einwandfrei und selbst in der äußerlichsten Form in besonderer Weise gediegen. Sie hebt sich unter den Staatsexamensarbeiten als beste Leistung meherer Jahrgänge ab. Sie ist insgesamgt eine ausgezeichnete Leistung, vor allem, wenn man beachtet, daß es sich um eine Fristarbeit handelt.

b.w.

IV/10/42 (K) Pz G 1636/54 3000

Ich habe übrigens in Ihrer Angelegenheit noch vor Weihnachten an Prof. Hoffmeister in Sonneberg geschrieben, und er hat mir bereits geantwortet. Sie müßten wohl eine persönliche Aussprache mit ihm verabreden, damit er abschätzen kann, ob eine Bewerbung auch seitens der dortigen Kaderabteilung Aussicht auf Erfolg hat.

Für Ihre Arbeit würde sich übrigens Prof. Mortensen lebhaft interessieren, weil er ja selbst über diese Fragestellung gearbeitet hat. Zum Schluß noch eine besondere Bemerkung: Falls die Arbeit in Halle getippt ist, würde ich gern erfahren, wer sie geschrieben hat; denn ich würde alles mögliche versuchen, um diese ausgezeichnete Kraft in meinem Institut einzusetzen.

Ich verbleibe mit herzlichem Gruß
Ihr
Rudolf Käubler

Brief Käublers an Roland Hedewig

teilung der Akademie der Wissenschaften in Berlin nicht für meinen Fall erwärmen könne.

Ein ehemaliger Lehrer, der aus politischen Gründen in Halle im Gefängnis saß, dem ich dort begegnete und der mehrere Monate vor mir entlassen wurde, erzählte mir bei einem Wiedersehen in Karl-Marx-Stadt, dass er nur eine Hilfsarbeiterstelle erhalten habe. Diese Aussicht wollte ich mir ersparen. Ich beschloss deshalb meine Flucht über Westberlin nach Westdeutschland und die Fortsetzung meines Studiums in Göttingen.

Drei Exemplare meiner Examensarbeit ließ ich in Karl-Marx-Stadt binden und schickte ein Exemplar Prof. Käubler. Er las die Arbeit nach Erhalt noch in derselben Nacht durch und schrieb mir einen Brief, in dem er mitteilte, dass dies die beste Examensarbeit mehrerer Jahrgänge sei und dass sich dafür auch Prof. Dr. Mortensen interessieren würde. Prof. Mortensen (1894–1964), einer der großen deutschen Geographen, Direktor des Geographischen Instituts der Universität Göttingen, war mit Prof. Käubler befreundet.

Zu meinem Studium in Göttingen

Am 23. Februar 1960 meldete ich mich im Bundesnotaufnahmelager in Berlin-Marienfelde (Westberlin), wurde dort von Geheimdienstleuten der Amerikaner, Briten und Franzosen befragt und durchlief die ersten Stationen des Notaufnahmeverfahrens und bewarb mich bereits von dort aus um einen Studienplatz an der Universität Göttingen zum Sommersemester 1960. Im Lager hielten sich damals auch viele Bauern auf, die wegen der im Januar 1960 begonnenen Zwangskollektivierung der Landwirtschaft geflohen waren.

Für die Ausstellung eines Personalausweises genügte mein DDR-Ausweis nicht. Ich benötigte eine Geburtsurkunde aus Karl-Marx-Stadt. Glücklicherweise erhielten meine Eltern diese und konnten sie mir schicken.

Die Anerkennung als politischer Flüchtling (C-Ausweis) erhielt ich, nachdem ich durch zwei Zeugen nachgewiesen hatte, dass mein Haftgrund politischer Natur war. Diese Anerkennung benötigte ich für den Rechtsanspruch auf Notaufnahme in der BRD und die Beantragung eines Stipendiums.

Beim Generalstaatsanwalt in Frankfurt beantragte und erhielt ich die schriftliche Erklärung darüber, dass meine in Halle ausgesprochene Verurteilung rechtsstaatswidrig und deshalb in der BRD ungültig ist. Die Erklärung war die Voraussetzung dafür, dass ich studieren und später als Lehrer und damit als Beamter tätig sein durfte.

Vom Sommersemester 1960 bis Sommersemester 1963 studierte ich an der Universität Göttingen. Weil man zu Biologie und Geographie für das Lehramt an Gymnasien noch ein drittes Fach brauchte, studierte ich auch noch Chemie. Da das Begleitstudium für Lehrer neben Erziehungswissenschaft auch noch Philosophie enthielt und man im Studium eine Philosophieprüfung (Philosophikum) ablegen musste, besuchte ich zudem auch noch Philosophie-Vorlesungen.

Von den 8 Semestern, die ich in Halle studiert hatte, wurden mir in Göttingen nur 2 Semester anerkannt. Das Studium finanzierte ich durch ein Lastenausgleichsstipendium (LAG). Meine Eltern blieben in Karl-Marx-Stadt und konnten mich finanziell nicht unterstützen. Nach dem Studium absolvierte ich das viersemestrige Referendariat, legte das 2. Staatsexamen für das Lehramt an Gymnasien ab und begann eine Lehrtätigkeit am Pädagogischen Fachinstitut in Kassel.

Einnerungen an Professoren in Halle

Ich habe Prof. Käubler viel zu verdanken. Er beschäftigte mich vom 3. bis 7. Semester als Hilfsassistent, hielt während der Haft Kontakt mit meiner Mutter, verteidigte mich im Prozess, schrieb nach der Haft eine sehr gute Beurteilung meiner Examensarbeit, empfahl mich bei Prof. Mortensen in Göttingen und unterhielt mit mir einen Briefwechsel von 1960 bis 1977.

Rudolf Käubler schrieb am 23. Mai 1958 an meine Mutter:

„Sehr geehrte Frau Hedewig!

Ich möchte Ihnen zu Ihrem Brief vom 20.5. schreiben, in dem Sie von der für eine Mutter besonders schmerzlichen Angelegenheit Ihres Sohnes Roland berichten. Ich habe auch keine Kenntnis von den Gründen, die für die Verhaftung vorliegen. Wenn Sie nun nach einer Vermutung fragen so will ich Ihnen schreiben, was ich von Studenten hörte: Es kann sein, daß Ihr Sohn Anlaß gegeben hat, durch private Reisen, die wohl auch ins Ausland führten. Aber es können natürlich auch andere Gründe vorliegen.

Ich habe Ihren Sohn zu Beginn seines Studiums näher kennen gelernt, als er ein sehr gutes Referat über ein sächsisches Gebiet hielt. Später habe ich jedoch die Verbindung zu ihm sehr verloren, vor allem deshalb, weil ich als Dekan der Math.-Nat. Fakultät dienstlich sehr stark belastet war.

Ich will hoffen, mit Ihnen und Ihrem Mann zusammen, daß sich sehr bald die Situation klärt, und es wäre schön, wenn sie sich auch positiv für Ihren Sohn klärte, daß also nichts Ernsthaftes vorliegt.

Mit sehr ergebenem Gruß

Ihr Rudolf Käubler

Falls Sie einmal nach Halle kommen sollten, stehe ich Ihnen gern zur Verfügung."

Bei Prof. Gallwitz hörte ich eine sehr gute Geologievorlesung. Ein zweiter Kontakt ergab sich während meiner Tätigkeit als Vertrauensstudent der ESG 1957. Prof. Gallwitz war der ESG verbunden. Es war üblich, dass sich jeder 1. Vertrauensstudent nach seiner Wahl bei Prof. Gallwitz vorstellte. So führte er auch mit mir ein Gespräch und bat mich, ihn zu besonderen Veranstaltungen der ESG einzuladen. Deshalb lud ich ihn zum Vortrag von Propst Grüber ein und er erschien auch zu diesem Vortrag. Seine Tochter Antje Gallwitz gehörte ein Semester lang dem Kreis der Vertrauensstudenten der ESG in Halle an und nahm auch an Patengemeindetreffen mit Göttinger Studenten teil.

Prof. [Erich] Hoffmann pflegte wie Prof. Gallwitz einen guten Kontakt zur ESG und zu Pfarrer Hinz und Vikarin Winkler. Nach meiner Haft durfte ich im Dezember 1959 in seinem Haus in Halle-Dölau ca. zehn Tage wohnen, um meine Examensarbeit fertig zu stellen und weitere Angelegenheiten in Halle zu regeln. An einem Abend vor einer Reise nach Westberlin kam er in mein Zimmer und führte mit mir ein gutes Gespräch über meine Situation und die Situation an der Universität und der Christen in der DDR."[41]

Der Bericht Roland Hedewigs zeigt eindrücklich die Situation an der MLU Ende der fünfziger Jahre. Das MfS vermutete hinter jedem kritischen Denker einen Staatsfeind. Die Gründe der Verhaftung und Verurteilung von Roland Hedewig sind nichtig und erschreckend. Allein der Besitz, aber besonders das Verleihen von westlicher Literatur waren staatsfeindlich und strafbar. Sich in einem Vortrag mit den Ideen des Kommunismus kritisch auseinanderzusetzen, war verbrecherisch, auch wenn es in einer geschlossenen Gesellschaft, einer Gemeinde, vorgetragen wurde.

Im Haftbefehl vom 15.4.1958 lesen wir: „Er wird beschuldigt, faschistische Propaganda und Hetze betrieben zu haben, indem er als Student der Martin-Luther-Universität in Halle im Herbst 1957 vor einer Anzahl Studenten einen Vortrag hielt, und hier die Theorie des Marxismus und die Erfolge der Sowjet-Union entstellte.

Desgleichen hat er Schriftgut mit hetzerischem Inhalt zum Zwecke der Verbreitung in das Gebiet der DDR eingeführt."

„Faschistische Propaganda und Hetze" ist eine ungeheuerliche Anschuldigung angesichts der Tatsachen. Wohltuend ist das große menschliche Engagement der Hochschullehrer Rudolf Käubler und Erich Hoffmann. Beide fühlten sich der ESG sehr verbunden und unterstützten in selbstverständlicher Weise die verfolgten Mitglieder der Gemeinde.

Roland Hedewig gehört zu jenen, denen es gelungen ist, im Westteil Deutschlands eine ihren Begabungen entsprechende berufliche Laufbahn einzuschlagen. Die Haftzeit bedeutete in jedem Fall ein Herausgerissensein aus dem normalen Leben, aus Familien-, Freundes- und Kommilitonenkreis, verbunden mit Angst, Demütigungen und Verhinerung von intensiver geistiger Arbeit.

41 Wir danken Prof. Hedewig für diesen Bericht, den er uns für diese Publikation zur Verfügung stellte.

1959 Die Ära Bondi beginnt[1]

Aus dem Jahr 1959 ist eine Verhaftung aktenkundig: Herbert Tielsch.

Gerhard Bondi[3]

Im Jahr 1959 wurde der Oberassistent am Institut für experimentelle Physik Dr. Herbert Tielsch wegen angeblicher „Republikflucht" verhaftet. Nach Aussage von Heinrich Blobner war er drei bis vier Jahre in der SVA Bautzen inhaftiert. Das ist bis zum Sommer 1961 die letzte nachweisbare Verhaftung.

Wie geht es den „bürgerliche Professoren" im Senat nach dem niederschmetternden Jahr 1958? Es gab Wechsel, da Reichenbach und Hanson ihre Ämter niederlegten, das Kesseltreiben gegen die Mitglieder des Spirituskreises zeitigte Folgen. Der Zoologe Hüsing[2] wurde nun in die Pflicht genommen, denn er war anstelle von Ott-Heinrich Keller zum Dekan gewählt und besaß keinerlei Erfahrung. Nun war er gezwungen, gleichsam an vorderster Front zu kämpfen. Diese Sprache klingt militärisch, aber tatsächlich war es ein Kampf im Senat, und Leo Stern sprach das auch sehr deutlich aus.

Zur ersten Senatssitzung am 11. Februar 1959 war Stern nicht anwesend. Er würde auch nicht mehr kommen, denn er wurde nun von der Partei aus dem Amt des Rektors herausgedrängt. Er hatte seine Aufgabe, die Universität im Sinne der Partei zu disziplinieren, erfüllt. Jetzt kamen jüngere linientreue Parteigenossen zum Zuge. Anwesend am 11. Februar waren Bondi, Funk, Ebschbach, Häusler, Hüsing, Sommer, Mäde, Borchert, Lehmann, Mörl, Lindemann, Jacobson, Büntig und für die FDJ Schulz. Entschuldigt fehlten Lekschas und Nelles sowie Bandel. Die Zusammensetzung des Senates am Beginn des Jahres 1959 zeigt, dass es nicht mehr viele „bürgerliche Elemente" im Senat gab, außer Hüsing wären hierzu noch Mörl, Sommer und Lehmann zu rechnen.

1 Die Protokolle der Sitzungen des Akademischen Senats vom Februar 1959 bis zum Dezember 1960 sind in der Akte UAH, Rep. 7 Nr. 1253 enthalten.

2 Johannes Otto Hüsing (1912–1990), Zoologe.

3 UAH.

Das Protokoll hält fest: „Prorektor Bondi eröffnete die Senatssitzung und begrüßte als Vertreter des Staatssekretariats Herrn Prof. Dr. Winter. [...] Winter gab dem Senat davon Kenntnis, daß der Rektor der Universität, Magnifizenz Stern, dem Herrn Staatssekretär wegen dringender Aufgaben, die im Zusammenhang mit der Vorbereitung der Konferenz der Deutsch-Sowjetischen Historiker-Kommission zu erledigen sind, um Arbeitsurlaub gebeten habe. Der Herr Staatssekretär habe der Bitte des Rektors entsprochen. Gleichzeitig wurde Herr Prof. Dr. Bondi, Prorektor für den wissenschaftlichen Nachwuchs, mit der Wahrnehmung der Geschäfte des Rektors beauftragt. [...]

Dekan Häusler fragt an, ob die Bestätigung von Herrn Prorektor Bondi als Amtierender Rektor durch den Herrn Staatssekretär nicht im Widerspruch stehe zum § 20 des Universitätsstatuts.

Prorektor Bondi wies darauf hin, daß unbeschadet der Regelung gemäß § 20 *der Herr Staatssekretär jederzeit die Möglichkeit habe, von sich aus die Leitung der Universität durch eine entsprechende Anordnung zu regeln*."

Das hatte natürlich mit universitärer Selbstbestimmung gar nichts mehr zu tun. Bondi war eingesetzt worden, wie schon Stern eingesetzt worden war. Das Protokoll hat nur diese eine Seite und das ist wirklich neu – nach zuvor 60 bis 80 Seiten Protokoll.

Ein Blick in das Vorlesungsverzeichnis des Studienjahrs 1958/59 vermittelt, was man damals über Bondi in Erfahrung bringen konnte: „Prorektor für den wissenschaftlichen Nachwuchs:
Bondi, Gerhard, Dr. rer. oec. Prof. mit vollem Lehrauftrag, Fachrichtungsleiter für Volkswirtschaft."
Er bot damals diese Veranstaltungen an:
S. 77: Bondi, Gerhard, Dr. rer. oec. habil., Wirtschaftsgeschichte und Geschichte der ökonomischen Lehrmeinungen
S. 101: 3. Studienjahr Geschichte: Bondi, Gerhard, Wirtschaftsgeschichte
S. 129: Bondi, Gerhard, Geschichte der ökonomischen Lehrmeinungen
S. 131: Spezialseminare: Bondi, Gerhard, Moderne ökonomische Theorien Westdeutschlands

Die nun ganz kurzen Protokolle der Senatssitzungen werden wie schon bei Stern von der Sekretärin Frau Zimmermann geschrieben. In der Sitzung am 2. März 1959 wird ein neuer 1. Sekretär der FDJ vorgestellt, an die Stelle von Herrn Behnke tritt Herr Schulz.

In der nächsten Sitzung, sie ist datiert auf den 17. April 1959, sind im Protokoll zur Anwesenheit weitere neue Namen vermerkt: amtierender Rektor Bondi, Prorektor Funk, Prorektor Ebschbach, Spect. Häusler, Spect. Lehmann, Spect. Hüsing, Prodekan Dornberger, Prodekan Rössler, Spect. Mäde, Prof. Mörl, Prof. Selbmann, Prof. Rzesnitzek, Herr Büntig, Verwaltungsdirektor Jacobson, Herr Schulz.

Es geht um eine „ökonomische Konferenz der Fachrichtung Chemie" und um die Vorbereitung der öffentlichen Senatssitzung in den Leuna-Werken ‚Walter Ulbricht'.

Prof. Messbauer berichtet über die Vorbereitung des Tages der Universität. „Weiterhin ist geplant", so das Protokoll, „durch das Auftreten von Agit-Prop-Gruppen an den Hauptverkehrsplätzen der Stadt die Bevölkerung für eine aktive Teilnahme zu gewinnen."

Der Stil hat sich vollständig verändert, z. B.: „Prorektor Prof. Funk schlägt vor, daß der Senat beschließt, die Überwachung der Verwirklichung der Empfehlungen dem Vorsitzenden der Chemiekommission in Gemeinschaft mit dem Fachrichtungsleiter, Prof. Runge, zu übertragen, die befugt werden, Personen, die dazu noch nötig sind, mit heranzuziehen, wie z. B. die 3 Vorsitzenden der Kommissionen zur Ökonomischen Konferenz – oder auch, wenn nötig, den Herrn Dekan."

In einer öffentlichen Senatssitzung im Leuna-Werk soll es um das Chemieprogramm gehen: „Außer dem Akademischen Senat werden etwa 20-25 Angehörige des Werkes an der Senatssitzung teilnehmen. Diese Auswahl wird durch die Werkleitung getroffen. Es wird sich sowohl um Wissenschaftler, Techniker als auch durch Produktionserfolge ausgezeichnete Arbeiter handeln."

Das Protokoll der Senatssitzung vom 20. April 1959 in Leuna beginnt mit einem dezidiert politischen Thema und umfasst 39 Seiten. Wieder ist ein Vertreter des Staatssekretariates anwesend, hinzu treten etwa 20 Angehörige der Leuna-Werke, darunter Dr. Linström, Dr. Kohlert und Dr. Münzing. Im zentralen Referat an diesem Tag geht es um das Chemieprogramm, zu dem ein halbes Jahr zuvor die 1. Chemiekonferenz im Leuna-Werk, in deren Verlauf auch Walter Ulbricht gesprochen hatte, das Fundament gelegt worden war.

Erst am 15. Mai 1959 rückt das schon mehrfach diskutierte Thema der „Republikflucht" wieder in den Gesichtskreis des Senats. Prof. Mörl bemerkt dazu: „Seit etwa 1 1/2 Jahren besteht eine Flucht von Ärzten aus der DDR, wie sie kein Pendant in der Geschichte hat. [...] Man muß bedenken, daß an einigen Fakultäten ein geordneter Lehrbetrieb nicht mehr gewährleistet ist und vor allem die ärztliche Versorgung der Bevölkerung so lückenhaft und schlecht ist, daß daraus ernsthafte Gefahren für die Bevölkerung erwachsen. Man muß die Frage der Republikflucht bei der Wurzel anpacken: Es ist eine endogene Abneigung des größten Teiles der Angehörigen des Ärztestandes, sich in akute politische Tagesfragen hineinziehen zu lassen. Das ist eine Erscheinung, mit der man rechnen muß. Wenn man mit ihr nicht rechnet, muß man die Konsequenz ziehen."

Derart herausgefordert, entgegnet ihm Verwaltungsdirektor Jacobson: „Sie alle wissen, daß der V. Parteitag der SED feststellte, daß in der DDR die wesentlichen Grundlagen des Sozialismus geschaffen worden sind. Er orientiert die Werktätigen der Deutschen Demokratischen Republik auf den Sieg des Sozialismus. Die Menschen der DDR haben sich den Beschluß des V. Parteitages der SED über die ökonomische Hauptaufgabe zu eigen gemacht und werden bis zum Jahre 1961 den Pro-

Kopf-Verbrauch der westdeutschen Bevölkerung an den wichtigsten Lebensmitteln und industriellen Konsumgütern einholen und überholen."

Noch einmal darf Leo Stern auftreten. In der Sitzung am 21. September 1959 gilt es, seinem Nachfolger den Weg zu bereiten. Der einzige Tagesordnungspunkt ist die Wahl des Rektors.

Da Stern die Leitung der Sitzung inne hat, ist wieder alles wörtlich protokolliert.

Das Wahlergebnis ist: 14 Stimmen für Bondi, 3 Stimmen für Mothes und 1 Stimmenthaltung. Bondis Antrittsrede ist eher gestammelt denn durchformuliert. Die Protokollantin hat es auch so aufgeschrieben, etwa die inhaltsleere Mitteilung: „[...] ist nichts notwendig als Aufgeschlossenheit und eine positive Stellungnahme zu unserem Staat und zu der sich entwickelnden sozialistischen Gesellschaft. Ich glaube, daß wir, die wir hier zusammen sind, alle diese Grundvoraussetzungen mitbringen."

Die Sitzung am 30. Oktober 1959 prägte ein Totengedenken für Prof. Dr. Dr. Otto Schlüter. Ein neues Senatsmitglied war Herr Bonnen, 1. Sekretär der UPL, Nachfolger von Büntig. Ebenso neu war: „Lt. Beschluß des Senats in der Grundsatzerklärung und in Abänderung des Statuts gehört der 1. Sekretär der Universitätsparteileitung dem Senat mit beschließender Stimme an."

Schließlich wurde von der Sitzung am 18. Dezember 1959 protokolliert, dass Karl Schmalfuß[4] und Franz Mörl vom Staatssekretariat als Senatoren für die Dauer der jetzigen Rektoratsperiode berufen worden sind.

Es geht danach um die sozialistischen Studentengruppen, es sind einige Studenten der FDJ da, die berichten. Diese Politisierung der Sitzungen ist ein bis dahin nicht gekannter Vorgang.

Spect. Lehmann gibt der Diskussion eine entspannte Wendung, indem er „seiner Freude Ausdruck gibt, daß heute praktisch zum ersten Male über Probleme gesprochen wird, wofür der Senat eigentlich da sein sollte, nämlich über den Studienbetrieb und die Studenten, d.h. daß eigentlich die Senatsmitglieder auch nie ganz orientiert waren über die verschiedenen Mängel, die bei uns offenbar gewesen sind und auch noch bestehen, aber auch über die vielen positiven Erscheinungen. Er hält es für richtig, daß sich der Senat mindestens einmal im Jahr mit diesen Dingen befassen sollte."

Damit endet das Jahr 1959. Der Stil hat sich gründlich verändert. Um auf Stern zurückzukommen: Er hat die Parteilinie im Senat durchgesetzt, er war eloquent, wie man aus den Sitzungsprotokollen unschwer entnehmen kann, und auch daran interessiert, von den „bürgerlichen Professoren" akzeptiert zu werden, selbst wenn er einige von ihnen verfolgte. Er wollte als Gesprächs- und Diskussionspartner ernst genommen werden. Es scheint so, als wäre dies Gerhard Bondi egal gewesen – denn die Machtfrage war geklärt und die Mehrheit hatte er jetzt ohnehin jederzeit hinter sich.

4 Karl Schmalfuß (1904–1976), Landwirtschaftswissenschaftler, Leopoldina-Mitglied seit 1953.

1960 Das Problem „Republikflucht“[1]

Aus dem Jahr 1960 sind keine Verhaftungen aktenkundig.

In der Sitzung am 22. Jaunar 1960 informiert Magnifizenz Bondi über eine Rektorenkonferenz, die am 12. Januar 1960 stattgefunden hatte. Er hebt mehrere „wesentliche Punkte“ hervor, unter anderem gehörte ein Überblick zur Lage an den westdeutschen Universitäten zu diesen zentralen Gesichtspunkten. Jene war in den düstersten Farben geschildert worden, denn die jüngsten „antisemitische Ausschreitungen“ in der Bundesrepublik hätten auch vor den Universitäten nicht halt gemacht.

Das Protokoll hält Bondis freilich rhetorisch missglückte Auslassung fest: „Die in Westdeutschland aufgetretenen antisemitischen Schmierereien wurden als Ausdruck der allgemeinen politischen Situation in Westdeutschland bewertet. Sie ergeben sich aus der Schlußfolgerung, daß die Bundesregierung in eine schwierige und prekäre Situation geraten ist, durch den gegenwärtig im Abbau begriffenen Kalten Krieg, der aber die Existenzgrundlage der westdeutschen Regierung bildet. Demnach ist die Politik der Bonner Bundesregierung nunmehr auf 2 Faktoren ausgerichtet: 1. auf die atomare Aufrüstung und 2. den Abbau demokratischer Rechte.“

Weiter teilt der Redner mit: „Auf der Grundlage der Beschlüsse der westdeutschen Rektorenkonferenz sind die Universitätsfeierlichkeiten in Greifswald, Jena und Leipzig boykottiert worden.“

In der Senatssitzung am 6. Mai 1960 stehen organisatorische Fragen im Mittelpunkt, unter anderem wird Prof. Dr. Lukas[2] als Stellvertreter des Rektors im Disziplinarausschuss für Studenten bestätigt. Die Sitzung am 24. Juni 1960 befasst sich mit dem Beitrag der Universität zur 1000-Jahrfeier der Stadt Halle, hierzu ist eine Festwoche in der Stadt vom 24. Juni bis 2. Juli 1961 geplant.

Als neue Mitglieder des Senats werden im Verlauf des Jahres die Dekane Bruns für die Medizinische Fakultät und Schott[3] für die Theologische Fakultät, außerdem Bergner für die UGL eingeführt.

Im Herbst berichtet Bondi über die III. Generalkonferenz der Internationalen Vereinigung der Universitäten, die vom 6. bis 12. September 1960 in Mexiko stattgefunden hatte: „Der Internationalen Vereinigung gehören etwa 3500 Universitäten aus

1 Die Protokolle der Sitzungen des Akademischen Senats vom Februar 1959 bis zum Dezember 1960 sind in der Akte UAH Rep. 7 Nr. 1253 enthalten.

2 Sein Name ist uns bekannt durch das Verschwinden von Helmut Huwe.

3 Erdmann Schott (1900–1983), Ordinarius für Systematische Theologie.

allen Ländern an, ihre Tätigkeit entwickelt sich in enger Zusammenarbeit mit der UNESCO. Der Sitz des Generalsekretariats ist in Paris. Generalkonferenzen finden alle 5 Jahre statt, die nächste Konferenz soll in Tokio durchgeführt werden. [...] Bemerkenswert ist, daß die 6 Universitäten der DDR sowie die TH Dresden und die Bergakademie Freiberg als neue Mitglieder aufgenommen wurden."

Vor dem Hintergrund eines weltweit zunehmenden Drangs der Jugend in die Universitäten sei die Frage von Gewicht, ob Universitäten auch politisch Stellung beziehen sollten. Hierzu würden weltweit unterschiedliche Auffassungen existieren. Wichtig sei zunächst die Präsenz in solchen Zusammenkünften. In Mexiko waren beide deutsche Staaten vertreten, die Bundesrepublik war mit 23 Universitätsrepräsentanten anwesend, der Ostblock insgesamt aber eher schwach vertreten. Bondi unterstreicht auch deshalb, dass insbesondere „gute Beziehungen zu japanischen und französischen Kollegen" am Ort „angebahnt" worden seien.

Die schwierige Konstellation der deutschen Doppelstaatlichkeit mit der Republikflucht von nicht wenigen Universitätsangehörigen war freilich durch diese Bestrebungen um internationale Reputation nicht aufzulösen. Deshalb überrascht es nicht, dass zur letzten Sitzung am 16. Dezember dieses Thema im Senat erneut eine Rolle spielt.

Da insbesondere die Zahl der Ärzte, die der DDR den Rücken kehrten, zunahm, sah sich die Medizinische Fakultät attackiert. Bruns und Mörl wehren sich an diesem Tag gegen Angriffe auf die Medizinische Fakultät, doch der neue SED-Vertreter Bonnen lässt deren Argumente nicht gelten: „Der Schritt nach Westdeutschland ist ein Schritt in einen anderen Staat. Die Vertreter der 81 kommunistischen und Arbeiterparteien haben erklärt, daß der westdeutsche Staat der Hauptfeind Europas ist."

1961 Die Entschließung des Senates nach dem 13. August 1961[1]

Bis zum 13. August 1961 sind keine Verhaftungen aktenkundig.

An der Senatssitzung am 25. Januar 1961 nimmt auch ein Vertreter des Staatssekretariats, Abteilungsleiter Helbing, teil, denn hier sollen Schlussfolgerungen aus der Beratung der Rektoren und Dekane am 17. Januar 1961 in Berlin gezogen werden. Der Staatssekretär hatte dort eine Reduzierung der finanziellen Ausstattung der Universitäten angekündigt. Zudem müssten „Bemühungen unternommen werden, die Abhängigkeit von ausländischen Apparaturen nach und nach zu vermindern, da wir auch nicht damit rechnen können, daß die Störungsversuche Westdeutschlands trotz des neuen Abschlusses des Handelsabkommens zwischen beiden deutschen Staaten behoben sind."

Hierzu solle der Senat eine Erklärung abgeben, sie ist bereits entworfen und liegt den Dekanen vor. Die Erklärung soll nun diskutiert werden. Namentlich Prof. Bruns ist nicht bereit, ohne alle Einwände dieses Papier der Öffentlichkeit zu übergeben. Mit ihm kommt wieder ein frischer Wind in die Senatssitzungen.

Bruns hatte bereits im Vorfeld einen Brief an den Rektor geschrieben, dabei „sich zwar im Namen der Fakultät mit dem Inhalt der Erklärung einverstanden (ge)zeigt", bittet aber, „von einer Veröffentlichung im Interesse verschiedener Dinge Abstand zu nehmen."

Bruns erläutert nun diesen Standpunkt. Seine Stellungnahme lautet im Protokoll wie folgt: „Die Fakultät ist der Meinung, daß wir mit Erklärungen und Resolutionen nach den Erfahrungen der letzten Jahre – aus welchen Anlässen auch immer – nicht gerade in der Öffentlichkeit und auch bei der Intelligenz nicht immer die richtige Resonanz gehabt haben. Daher bestehe eine gewisse Müdigkeit gegenüber Resolutionen. Die Fakultät ist weiter der Meinung, daß der Kreis, der hier in der Erklärung mit ange-sprochen wird – die medizinische Intelligenz – entsprechend dem Kommunique der SED berücksichtigt werden sollte und man daher noch einmal prüfen sollte, ob man solch eine Erklärung abgehen läßt."

Dekan Mörl ist offensichtlich der Diskussionen müde. Er kann hier nicht sekundieren, denn weder kennt er die Erklärung noch das Schreiben von Bruns. Er hat erst

1 Die Protokolle der Senatssitzungen von Januar 1960 bis November 1962 sind in der Akte UAH, Rep. 7 Nr. 1254 enthalten.

Bruns und Bondi bei der Jahresversammlung der Leopoldina 1959[2], im Hintergrund Paula und Günther Hertwig.

jetzt, in der Sitzung, die Erklärung durchgelesen und „gegen eine Veröffentlichung nichts einzuwenden".

Das kommt Bondi entgegen, er „erinnert die Herren, die dem Senat schon länger angehören, daran, daß man früher so eine Art Resolutionsmaschinerie hatte. Die letzte Erklärung liegt jedoch mehr als 1 ½ Jahre zurück und man hatte sich auch seinerzeit geeinigt, von einer sog. Inflation von Erklärungen abzusehen."

Schott „stimmt dem Inhalt der Erklärung zu, möchte aber gleichfalls die Bedenken von Spect. Bruns unterstreichen, wenn es nötig sein sollte, eine solche Erklärung zu veröffentlichen. Nach Meinung von Spect. Schott bestehen tatsächlich bei den Lesern der Zeitungen gewisse Müdigkeitserscheinungen, wenn sie solche Erklärungen lesen, weil sie alle auf denselben Ton gestimmt sein. Aber wenn wir zu der Überzeugung kommen sollten, daß man eine solche Erklärung machen könnte, hätte auch Spect. Schott zu dem Inhalt weiter nichts zu sagen."

2 Leopoldina-Archiv.

Ebschbach „bittet zu bedenken, daß wir 5.000 Studenten haben, bei denen das Wort des Hochschullehrers ein großes Gewicht hat.“

Bonnen erinnert an das vorletzte Kommunique zu Fragen der medizinischen Intelligenz, das 1958 beschlossen wurde und argumentiert: „Da gab es Menschen, die das als eine taktische Maßnahme werteten. Aber am 2. Kommunique jetzt läßt sich beweisen, daß es nicht um eine taktische, sondern um eine zielklare, folgerichtige Politik geht.“

Prof. Mörl betont anschließend erneut, dass er nichts einzuwenden habe und hoffe, daß auch Bruns seinen Standpunkt noch revidieren wird. Es springe, so sein nicht gänzlich durchschaubarer Gedanke „auf jeden Fall etwas heraus durch diese Erklärung“.

Doch Bruns gibt nicht auf. Das Protokoll hält fest: „Spect. Prof. Bruns bedauert, anderer Meinung bleiben zu müssen. Er hegt Zweifel, ob sich gewisse Leute an der Fakultät beruhigt haben und verweist auf die ständig zunehmende Republikflucht an der Fakultät. Da nicht abzusehen ist, wie diese Frage weitergeht, sollte man zu diesem Zeitpunkt, wo noch keine endgültige Entscheidung gefallen ist, noch etwas warten.

Spect. Bruns ist dafür, daß das Kommunique zur vollen Auswirkung kommt, befürchtet jedoch in der Veröffentlichung der Erklärung das neue Auftreten schwieriger Problem innerhalb der Fakultät.“

Bonnen schlägt daraufhin vor, einige Formulierungen aus der vorliegenden Entschließung zu verändern. Damit ist Bruns zur Stellungnahme gefordert, die er umgehend zu Protokoll gibt: „Spect. Prof. Bruns ist dafür, daß der Entwurf zur Abstimmung gestellt wird. Er verweist nochmals auf die von ihm dargelegten Gründe und betont, daß es ihm um die hier angezeigte spezielle Formulierung ‚Gesundheitswesen‘ und ‚kompliziert‘ geht, und er fürchtet, daß man da wohl kaum geneigt sein würde, diese Passi wegzulassen. Auch sieht er darin keine Schwierigkeit, wenn er sich als Dekan der Stimme enthalten würde. Er steht auf dem Standpunkt, daß er sich nicht dem Ernst und der Verantwortung mit einer Stimmenthaltung entziehen würde.“

Die Abstimmung erfolgt, Bondi teilt ihr Ergebnis mit: „Magnifizenz konstatiert die Annahme der Erklärung mit einer Stimmenenthaltung, wobei die Stimmenenthaltung evtl. noch eine Korrektur finden kann.“

Dem Protokoll ist der Entwurf der Erklärung hinzugefügt, darauf der handschriftliche Vermerk: „Nicht bestätigt“. Bruns hatte dies erreicht, und der vor allem von ihm beanstandete harmonisierende, die tatsächlichen Probleme kaschierende Satz ist dadurch überliefert: „Vor kurzem erst kamen die Achtung vor der Wissenschaft und das Verständnis für die vielfältigen und oft komplizierten Probleme der Wissenschaftler in der Programmatischen Erklärung des Vorsitzenden des Staatsrates und in dem Dezember-Kommuniqué des Politbüros der Sozialistischen Einheitspartei Deutschlands über Fragen des Gesundheitswesens zum Ausdruck.“

E r k l ä r u n g
des Akademischen Senats der Martin-Luther-Universität
Halle-Wittenberg

Es gehört zu den besten Traditionen deutscher Wissenschaftler, in historisch-entscheidenden Tagen zu den Schicksalsfragen der deutschen Nation Stellung zu nehmen.

Der Akademische Senat der Martin-Luther-Universität Halle-Wittenberg wendet sich deshalb im Bewußtsein seiner Verantwortung an alle Wissenschaftler, an den wissenschaftlichen Nachwuchs, an die Studierenden und an die Arbeiter und Angestellten der Universität.

Der Akademische Senat hält den Abschluß eines Friedensvertrages und die friedliche Lösung des Westberlinproblems noch in diesem Jahre für zwingend erforderlich. Er ist davon überzeugt, daß die Sicherheitsmaßnahmen der Regierung der DDR vom 13. August 1961 und die Erklärung der Regierung der UdSSR vom 30. August d.J., zu denen sich die Regierungen schweren Herzens entschließen mußten, notwendig waren, damit ein Atomkrieg verhindert und der Frieden in der Welt erhalten wird. Um dem Volk Frieden und Freiheit zu sichern, mußte die Freiheit der Militaristen beschränkt werden.

Der Akademische Senat nimmt erfreut davon Kenntnis, daß viele Wissenschaftler und Mitarbeiter, daß viele Studenten in den letzten Wochen durch Wort und Tat ihre Ablehnung der Pläne der Imperialisten und ihre Zustimmung zur aktiven Friedenspolitik unserer Regierung bekundet haben.
Der Akademische Senat drückt seine Empörung darüber aus, daß die gleichen Kräfte, die das deutsche Volk schon zweimal in die Katastrophe eines weltweiten Krieges gestürzt und die heute in Westdeutschland wieder die Macht an sich gerissen haben, in neuer Form das faschistische System restaurieren und sich anschicken, das deutsche Volk in eine dritte Katastrophe zu stürzen.

Heute steht die Menschheit vor der Alternative
Frieden oder Krieg.
Niemand kann in dieser Frage neutral sein.

1. Seite der Erklärung des Senats zum 13. August

Die folgenden Senatssitzungen behandeln vor allem Personalia und alltägliche Universitätsprobleme.

Dann kam der 13. August, der eine tiefe Zäsur für die DDR-Bevölkerung bedeutete. In der ersten Sitzung nach diesem Ereignis am 12. September muss dazu eine Erklärung verabschiedet werden.

„Erklärung
des Akademischen Senats der Martin-Luther-Universität
Halle-Wittenberg

Es gehört zu den besten Traditionen deutscher Wissenschaftler, in historisch entscheidenden Tagen zu den Schicksalsfragen der deutschen Nation Stellung zu nehmen.

Der Akademische Senat der Martin-Luther-Universität wendet sich deshalb im Bewusstsein seiner Verantwortung an alle Wissenschaftler, an den wissenschaftlichen Nachwuchs, an die Studierenden und an die Arbeiter und Angestellten der Universität. Der Akademische Senat hält den Abschluß eines Friedensvertrages und die friedliche Lösung des Westberlinproblems noch in diesem Jahre für zwingend erforderlich. Er ist davon überzeugt, daß die Sicherheitsmaßnahmen der Regierung der DDR vom 13. August 1961 und die Erklärung der Regierung der UdSSR vom 30. August d. J., zu denen sich die Regierungen schweren Herzens entschließen mußten, notwendig waren, damit ein Atomkrieg verhindert und der Frieden in der Welt erhalten wird. Um dem Volk Frieden und Freiheit zu sichern, mußte die Freiheit der Militaristen beschränkt werden.

Der Akademische Senat nimmt erfreut davon Kenntnis, daß viele Wissenschaftler und Mitarbeiter in den letzten Wochen durch Wort und Tat ihre Ablehnung der Pläne der Imperialisten und ihre Zustimmung zur aktiven Friedenspolitik unserer Regierung bekundet haben.

Der Akademische Senat drückt seine Empörung darüber aus, daß die gleichen Kräfte, die das deutsche Volk schon zweimal in die Katastrophe eines weltweiten Krieges gestürzt und die heute in Westdeutschland wieder die Macht an sich gerissen haben, in neuer Form das faschistische System restaurieren und sich anschicken, das deutsche Volk in eine dritte Katastrophe zu stürzen.

Heute steht die Menschheit vor der Alternative Frieden oder Krieg.

Niemand kann in dieser Frage neutral sein.

Wir haben aus der deutschen Geschichte gelernt, daß die Wissenschaftler ihre moralische Integrität und ihre geistige Freiheit verlieren, wenn sie gegenüber dem Mißbrauch ihrer Entdeckungen durch gewissenlose Politiker und Militaristen gleichgültig sind.

Der Akademische Senat betrachtet es deshalb als die Pflicht eines jeden Angehörigen der Martin-Luther-Universität, für den Frieden Partei zu ergreifen, seine ganze Kraft und sein Ansehen für die Stärkung der Deutschen Demokratischen Republik, des ersten deutschen Friedensstaates, einzusetzen und ein offenes Bekenntnis zu ihrer Friedenspolitik abzulegen. Er erwartet von den Angehörigen der Martin-Luther-Universität, daß sie sich durch Treue zum Arbeiter- und Bauern-Staat und durch wissenschaftliche Leistungen des vom Volk in sie gesetzten Vertrauens würdig erweisen.

Die nationale Verantwortung der Wissenschaftler der DDR gebietet uns, durch die Parteinahme für den Frieden den Wissenschaftlern in Westdeutschland Vorbild zu sein. Der Senat begrüßt und ermutigt jene westdeutschen Wissenschaftler, die standhaft gegen die militaristischen Kreise Westdeutschlands, für die Erhaltung des Friedens und die demokratischen Rechte und Freiheiten des Volkes kämpfen.

Der Akademische Senat appelliert an die Professoren und Dozenten der Universität, im Sinne dieser Erklärung den wissenschaftlichen Nachwuchs und die Studierenden zu Treue und Ergebenheit zu ihrem Staat zu erziehen und sie zu höchsten wissenschaftlichen Leistungen und Studienergebnissen anzuspornen.

Der Akademische Senat unterstützt den Kampfauftrag des Zentralrates der Freien Deutschen Jugend und ruft alle Studenten auf, im Bewußtsein ihrer nationalen Pflicht ihre Bereitschaft zum Ehrendienst für den Frieden in den bewaffneten Kräften der DDR zu erklären.

Er spricht allen Jugendlichen und Studenten, die ihren Beitrag zum Schutz des sozialistischen Vaterlandes geleistet haben, seinen Dank aus.

Wir mißbilligen das Verhalten einzelner Studenten, die entgegen der von ihnen eingegangenen Verpflichtung der Reservistenausbildung unbegründet ferngeblieben sind. Im bevorstehenden Ernteeinsatz der Studenten werden gute Arbeitsleistungen Beweis der Verbundenheit unserer Studenten zur DDR sein.

Der Akademische Senat betont die Notwendigkeit, daß alle Studierenden ernsthaft und diszipliniert daran arbeiten müssen, die Fähigkeiten eines sozialistischen Fachmannes zu erwerben. Eine wesentliche Hilfe hierzu ist die Förderung und Entwicklung der sozialistischen Studentengruppen.

Die Arbeiter und Angestellten der Universität sind aufgerufen, durch bewußte Disziplin, sparsame und rationale Verwendung der Mittel, selbstlose Unterstützung der Wissenschaftler und durch schöpferische Initiative zur Sicherung der Arbeit der gesamten Universität beizutragen.

Um die weitere wissenschaftliche Entwicklung unserer Universität zu gewährleisten, ist es in den nächsten Wochen und Monaten die Hauptaufgabe, mit allem Nachdruck den Störversuchen der westdeutschen Militaristen entgegenzutreten.

Es ist darum notwendig, daß die Universitätsangehörigen aktiv an der Vorbereitung und Durchführung der ,wissenschaftlich-ökonomischen Konferenz zur weiteren

Vertiefung der Verbindung der Universität zur sozialistischen Praxis und zur Beseitigung jeglicher Störanfälligkeit' teilnehmen.

Der Akademische Senat erblickt in dem Aufruf der Arbeiter des VEB Elektrokohle in Berlin zu einem ,Produktionsaufgebot für die Stärkung der DDR und den Abschluß eines Friedensvertrages' auch für die Universitätsangehörigen einen Ansporn, ihre eigenen Leistungen zu erhöhen, und erklärt namens der gesamten Universität, an seiner Verwirklichung nach besten Kräften mitzuwirken.

Der Senat bekennt sich zu der Auffassung, daß sich auch die Wissenschaft nur unter den Bedingungen des Friedens, einer wirklichen Demokratie und des Humanismus entwickeln kann. Die Martin-Luther-Universität wird auf diesem Wege unbeirrbar vorwärtsschreiten und alle entgegenstehenden Hindernisse überwinden, die besonders in noch vorhandener politischer Gleichgültigkeit und Neutralismus gegenüber den Machenschaften der Militaristen bestehen.

Wir werden geduldig und unablässig die Entwicklung sozialistischer Beziehungen der Menschen fördern. Der Senat erklärt zugleich unmißverständlich, dass er alle Provokationen und Versuche der politischen und moralischen Zersetzung mit Entschiedenheit zurückweisen wird.

Der Akademische Senat gibt der festen Überzeugung Ausdruck, daß die Angehörigen der Martin-Luther-Universität die gestellten Aufgaben erfüllen werden und damit dem humanistischen dem Wohle der deutschen Nation und dem Weltfrieden dienenden Anliegen der Deutschen Demokratischen Republik entsprechen.

Der Dekan der Theologischen Fakultät, der dem grundsätzlichen Inhalt dieser Erklärung zustimmt, wird den Rat der Fakultät veranlassen, eine Erklärung abzugeben, die ihren besonderen Belangen Rechnung trägt."

Das Protokoll der Sitzung vom 12. September 1961 ist ungewöhnlich, auf der ersten Seite steht:

„A) Entschuldigungen
 Bandel Urlaub
 Mörl Urlaub
 Selbmann Urlaub
B) Publikationen
C) Annahme einer Erklärung des Senats für alle Universitätsangehörigen
2. Verschiedenes"

Auf der Rückseite steht handschriftlich: „Warte mit Wortmeldung!"

Das zeigt die Dramatik der Sitzung, Genaueres geht aus der Akte aber nicht hervor.

Ein vierseitiger Entwurf der Erklärung ist abgeheftet, darauf hinzugesetzt ist: „35x". Es ist einiges handschriftlich korrigiert, aber das meiste ist unverändert in der gedruckten Erklärung enthalten. Ein eigentliches Protokoll der Sitzung ist offenbar nicht ausgefertigt worden! Die Erklärung erschien in der „Freiheit“ vom 14. September 1961 abgedruckt.

In den Akten ist allerdings eine handschriftliche zweiseitige Niederschrift abgelegt, die Bondi offenbar zur Vorbereitung auf diese Sitzung diente. Sie lässt erkennen, für welche Fragen sich der Rektor hier zu präparieren gedachte:
„Warum eine Erklärung?
Notwendig a) gegenüber den Studenten
b) dem Staat und der Regierung
Zu a) Studenten blicken auf ihre akademischen Lehrer und wollen Antwort Was tun? Schweigen vermehrt ihre Unklarheiten und erschüttert Vertrauen in ihre Lehrer.
Zu b) Es geht um entscheidende Fragen der staatlichen Existenz, des zukünftigen Status und um die Grundfrage der internationalen Entwicklung (Krieg oder Frieden), Staat hat ein Recht darauf, in diesen Fragen die Unterstützung einer solchen Körperschaft zu erwarten.
Charakter der Erklärung
Muß eindeutig sein, weil sonst Unklarheiten nicht beseitigt, sondern neue geschaffen werden. Notwendigkeit, auch Worte aus dem politischen Sprachgebrauch zu verwenden.
Ansehen des deutschen Wissenschaftlers.
In den sozialistischen Ländern können wir nur gewinnen
Die progressiven Kräfte in den imperialistischen Ländern werden Kraft u. Ermutigung schöpfen
Da wir in unserer Haltung das weitgehende Verständnis, bezw. Unterstützung der Neutralen haben, zeigt Belgrad (eigene Erfahrungen in Mexico)
Es wird manchen Schwankenden in Westdtschld. helfen, klarer zu sehen
Natürlich nicht bei Pascual Jordan u. Jaspers.
Warum die Maßnahmen des 13. August
1). Menschenhandel, Situation in Berlin u. Ökonomische Situation
Abwerbung, Psychose u. Arbeitskräftemangel
Korrumpierung von Teilen der Berliner Bevölkerung durch 1:4
Enorme Summen hineingesteckt ökonomisch
2). Vorbereitung der Liquidierung der DDR
3). Ausbruch des 3. Weltkriegs zu verhindern.
Erklärung der Sowjetregierung vom 30. August
Si vis pacem, para bellum
Erfahrungen des 2. Weltkrieges
Fortsetzung und Vorbereitung der Atomversuche durch die Nato.
Erklärung Chrustschows über die Abrüstung und Einstellung d. Versuche

Vorbereitung eines Friedensvertrages
Maßnahmen nur Schritte zum Friedensvertrag und damit Beseitigung der Reste früherer des 2. Weltkrieges
Wer den Friedensvertrag will, muß diese Maßnahmen gutheissen, da sie seinen Abschluß erleichtern.
Schlußfolgerungen für die Universität
Ausspruch Mothes: Dreimal soviel arbeiten
Störungsfrei machen – eine Hauptaufgabe
Studenten zu einem vorbildlichen Staatsbewußtsein erziehen, das seinen Ausdruck in Taten findet.
Gegen feindliche Bestrebungen
Nationale Aufgabe der DDR und ihrer Wissenschaft.
Zukunft Deutschlands liegt in der DDR, auch die Zukunft seiner Wissenschaft
Sozialistisches Lager – Verbündete
Vor allem aber, weil das Neue hier geboren wurde, weil die moralische Kraft mit uns ist, weil das was in der Vergangenheit Unheil brachte, ausgemerzt ist.
Wissenschaft, die dem Volke dient."

Zur Verteilung dieser Erklärung, die am 19. September vorgenommen worden ist, diente folgender Schlüssel:

„UGL	200
Phil Fak	500
Jur. Fak	100
Ldw. Fak	1000
Kliniken	1000
Nat. Fak.	1000
Wifa	100
ABF I	150
ABF II	50
Univ. Bibl.	50
Inst. f. Marx	50
Stud. Körpererz.	20"

Es sind zu diesen Vorgängen zwei Briefe von Bruns an Bondi archiviert, die noch einmal die aufgewühlte Atmosphäre jener Tage bezeugen und die daher an den Schluss dieser Dokumentation gestellt werden sollen.

Am 21. September 1961 schrieb Bruns: „Magnifizenz! Ich darf, nachdem sich die Ereignisse der letzten Senatssitzung etwas gelegt haben, auf eine Äußerung des Herrn Hartmann zurückkommen, die, wie Sie sich erinnern werden, mich auf der Senatssitzung bereits veranlaßt hat, vor Ihnen, den Mitgliedern des Senats, mein Befremden auszudrücken.

Es ist von Herrn Hartmann der Hinweis gemacht worden, daß meine Diskussion über die Tagesordnung inhaltlich der Unlauterkeit zu zeihen wäre. Dieser Versuch einer mir nicht zulässig erscheinenden Auslegung meines Verhaltens ist weder von Ihnen Magnifizenz, noch von anderer Seite zurückgewiesen worden. Leider muß ich die Angelegenheit hier schriftlich aufnehmen, da sie ja sicher im Protokoll der Senatssitzung erscheint.

Ich darf Sie, Magnifizenz, bitten, mir mitzuteilen, ob Sie diese Feststellung des Herrn Hartmann als zulässig ansehen und weiterhin, unter der Einschätzung der Situation, als zutreffend. Für eine gelegentliche Mitteilung wäre ich ew. Magnifizenz dankbar."

Zwei Tage später, am 23. September 1961, folgte dieses Schreiben:
„Magnifizenz!
Es wird in der Öffentlichkeit die Meinung vertreten, daß die Erklärung des Akademischen Senats vom 12. September 1961 einmütig angenommen worden ist. Ich beziehe mich u.a. auf Äußerungen in einer Vorlesung am Freitag, dem 15.9.61, mit dem Thema ‚Der Kampf um den Abschluß eines Friedensvertrages mit Deutschland' und auf die Universitäts-Zeitung vom 21.9.61, S. 1, unter Mitteilung.

Diese Auslegung kann ich nicht teilen. Sie entspricht auch nicht den Tatsachen. Ich selbst habe in einem persönlichen Gespräch mit Ihnen und auch in der Diskussion mit dem Senat auf Bedenken hingewiesen, die ich auf Grund der Gemeinsamkeit einer solchen Erklärung zurückzustellen gewillt war.

Ich treffe diese Feststellung, weil ich meiner Fakultät wahrheitsgetreu berichten werde. In diesem Zusammenhang kann ich also nicht die öffentlich festgestellte Einmütigkeit der Erklärung unterstreichen und muß mich dieserhalb in den Gegensatz der offiziell geäußerten Meinung der Leitung der Parteiorganisation an der Universität stellen."

Aber ein Protokoll dieser wichtigen Sitzung existiert nicht. Die Mitschrift der nächsten Sitzung am 12. Oktober 1961, in der die Rektorwahl im Zentrum steht, hat lediglich zwei Seiten. Für die Amtsperiode 1961–1963 wurde abermals Bondi mit dem Rektorat betraut, er ist an diesem Tag einstimmig gewählt worden!

Neuer 1. Sekretär der Parteileitung ist Hans Scholz, „anstelle des abgelösten Herrn Bonnen". Herr Hartmann ist als Vertreter der UGL im Senat. Von den ersten Sitzungen dieser Amtszeit existieren keine aussagekräftigen Protokolle, so dass der bis hier leitende Faden nicht weiter verfolgt werden kann.

Martin-Luther-Universität
Halle-Wittenberg
PATHOLOGISCHES INSTITUT
Direktor: Prof. Dr. G. Bruns

HALLE (SAALE), den 23.September 1961
Leninstraße 20 - Telefon 23162

Eingegangen
25. SEP. 1961
Rektorat

An den
Rektor der Martin-Luther-Universität
Herrn Professor Dr. B o n d i
H a l l e /S.
Universitätsplatz 10

Erledigt

Ew. Magnifizenz!

Es wird in der Öffentlichkeit die Meinung vertreten, daß die Erklärung des Akademischen Senats vom 12.September 1961 e i n m ü t i g angenommen worden ist. Ich beziehe mich u.a. auf Äußerungen in einer Vorlesung am Freitag, dem 15.9.61 mit dem Thema "Der Kampf um den Abschluß eines Friedensvertrages mit Deutschland" und auf die Universitäts-Zeitung vom 21.9.61, S.1, unter Mitteilung.

Diese Auslegung kann ich nicht teilen. Sie entspricht auch nicht den Tatsachen. Ich selbst habe in einem persönlichen Gespräch mit Ihnen und auch in der Diskussion mit dem Senat auf Bedenken hingewiesen, die ich auf Grund der G e m e i n s a m k e i t einer solchen Erklärung zurückzustellen gewillt war.

Ich treffe diese Feststellung, weil ich meiner Fakultät wahrheitsgetreu berichten werde. In diesem Zusammenhang kann ich also nicht die öffentlich festgestellte Einmütigkeit der Erklärung unterstreichen und+) mich dieserhalb in den Gegensatz der offiziell geäußerten Meinung der Leitung der Parteiorganisation an der Universität stellen.

Ew.Magnifizenz ergebener

+)muß

Bruns

(Prof.Bruns)

Brief von Bruns vom 23.9.1961

Photo anlässlich der Jahresversammlung der Leopoldina 1973, links, stehend, Bruns, daneben Max Delbrück[3], Ernst Mayr und Carl Friedrich von Weizsäcker, in der zweiten Reihe Paula Hertwig

Gleichsam als Ausblick sei noch hinzugefügt, dass Bruns unverändert mutig und konsequent agierte, indem er sich auch nach dem Mauerbau dafür einsetzte, dass es trotz der Abgrenzungspolitik, die die DDR-Regierung nun forcierte – die sogenannte „Störfreimachung" der Wirtschaft von Importen – einen Medikamentenimport aus dem Westen geben müsse. Letztendlich wird er wegen dieses Engagements von der MLU vertrieben und wechselt nach Jena an das Akademieinstitut für Mikrobiologie und experimentelle Therapie. Seine engen Kontakte zu Halle behielt er durch die Leopoldina, wo er sehr intensiv an der Gestaltung der Jahresversammlungen und spezieller, sein Fachgebiet betreffender Symposien beteiligt war – hier ein Photo von der Jahresversammlung 1973.

3 Max Delbrück (1906–1981), Genetiker, Leopoldina-Mitglied seit 1963.

Anmerkungen zur Statistik der Verhaftungen

Zur genaueren Analyse bietet es sich an, die Verhaftungen im Zusammenhang mit den einzelnen Fakultäten zu betrachten:

1. Medizinische Fakultät

MITARBEITER:

Boetzel, Klaus,	Dr. med. Ass. Arzt Hautklinik	am 8. Oktober 1948 verhaftet
Gawantka, Wolfgang,	Dr. med. Ass. Arzt Hautklinik	am 8. Oktober 1948 verhaftet
Herrmann, Werner,	Dr. med. dent. Ass. Zahnmed.	am 6. Mai 1949 verhaftet
Holz, Hans, Dr. med.	Oberarzt in der Hautklinik	am 2. März 1948 verhaftet
Langlet, Günter, Dr.	Volontärass. der Med. Fak.	am 21. September 1948 verhaftet
Seiler, Hildegard,	Dr. med. dent., Assistentin an der Zahnklinik	1951 verhaftet.

STUDENTEN:

Bartels, Herbert	Student der Medizin	im April 1952 verhaftet
Beckert, Rudi	Student der Medizin	SMT-Verurteilter
Bentz, Rudolf	Student der Medizin	am 25. September 1951 verhaftet
Deckert, Rudolf	Student der Medizin	am 8. April 1947 verhaftet
Eckert, Willi	Student der Medizin	am 11. März 1950 verhaftet
Eggers, Werner	Student der Medizin	am 16. März 1950 verhaftet
Fitzau, Werner	Student der Medizin	am 12. Januar 1949 verhaftet
Flade, Dieter	Student der Medizin	am 8. März 1950 verhaftet
Grassow, Manfred	Student der Medizin	am 27. Juli 1951 verhaftet
Günther, Theodor	Student der Medizin	am 30. Juli 1951 verhaftet
Hennig, Horst	Student der Medizin	am 10. März 1950 verhaftet
Hilscher, Wolf-Günther	Student der Medizin	am 4. Mai 1951 verhaftet
Hölscher, Wolfgang	Student der Medizin	am 22. Oktober 1951 verhaftet
Kirsten, Werner	Student der Medizin	am 4. Mai 1951 verhaftet
Koller, Erich	Student der Medizin	am 11. August 1949 verhaftet
Krug, Wolfgang	Student der Medizin	im Juni 1946 verhaftet
Kujat, Georg	Student der Medizin	am 30. Juli 1951 verhaftet
Kunert, Franz	Student der Medizin	am 6. August 1951 verhaftet
Lichtenberg, Rolf	Student der Medizin	am 12. Januar 1949 verhaftet
Lübke, Karl-Heinz	Student der Zahnmed.	am 11. März 1952 verhaftet
Nöhricke, Heinz	Student der Medizin	am 24. Mai 946 verhaftet
Petzold, Manfred	Student der Medizin	am 27. Oktober 1950 verhaftet
Platz, Hans Joachim	Student der Medizin	am 4. September 1948 verhaftet
Raths, Arno	Student der Medizin	im Spätsommer 1951 verhaftet
Runge, Wolfgang	Student der Medizin	am 12. September 1949 verhaftet

Schönfeld, Günther	Student der Medizin	am 3. Mai 1951 verhaftet
Schott, Karl-Heinz	Student der Medizin	am 15. März 1950 verhaftet
Simon, Axel	Student der Medizin	am 3. August 1951 verhaftet
Sritneff, Irmgard	Medizinstudentin	am 8. Juni 1948 verhaftet
Stoye, Hans-Joachim	Student der Medizin	am 31. März 1949 verhaftet
Weiss, Hans	Student der Zahnmed.	am 19. April 1950 verhaftet
Wenzel, Horst	Student der Medizin	am 15. Mai 1948 verhaftet
Wüstemann, Wolfgang	Student der Medizin	1950 verhaftet
Zielke, Günter	Student der Medizin	am 8. August 1951 verhaftet
Zinke, Kurt	Student der Medizin	am 20. März 1952 verhaftet

Mathematisch-Naturwissenschaftliche Fakultät

Mitarbeiter

Asinger, Friedrich, Dr.	Dozent Naturw.	im Oktober 1946 als Spezialist in die UdSSR verschleppt
Lieser, Theodor, Prof.	Chemiker	am 7. Juni 1946 verhaftet
Sackmann, Horst, Dr.	Chemiker	am 4. Mai 1951 verhaftet
Tielsch, Herbert, Dr.	Oberass. math.nat.Fak.	1959 verhaftet

Studenten

Barduhn, Josef	Student Chemie	am 25. Juni 1946 verhaftet
Baumbach, Wolfgang	Student Chemie	1952 verhaftet
Bauske, Otto	Student Mathematik	am 23. April 1952 verhaftet
Bischoff, Peter	Student Chemie	im Februar 1957 verhaftet
Bruns, Wolfgang Bernhard	Student der Naturw.	am 1. Juni 1951 verhaftet
Bunge, Günter	Student Naturwiss.	1949 verhaftet
Dell, Hans-Dieter	Student Chemie	am 16. April 1952 verhaftet
Feige, Dieter	Student Chemie	im Juli 1952 verhaftet
Flemminger, Rolf	Student Chemie	im Juli 1951 verhaftet
Hedewig, Roland	Student Geographie	am 14. April 1958 verhaftet
Herzel, Fritz	Student Chemie	am 19. November 1952 verhaftet
Höfer, Ulrich	Student Geographie	im Juli 1951 verhaftet
Irmscher, Ursula	Studentin Chemie	am 26. Januar 1949 verhaftet
Karger, Adolf	Student Geographie	am 17. März 1952 verhaftet
Lange, Fritz	Student Chemie	am 1. Juni 1951 verhaftet
Moh, Günter	Student der Chemie	am 17. Juni 1953 verhaftet
Osterroth, Hans-Georg	Student Physik	am 16. Oktober 1950 verhaftet
Schierandt, Jochen	Student Naturw.	am 14. April 1948 verhaftet
Schnalke, Bodo	Student Geographie	am 13. März 1952 verhaftet
Schulze, Gerhard	Student Chemie	am 31. Mai 1951 verhaftet
Seidenschnur, Hans	Student Naturw.	am 16. Oktober 1950 verhaftet

Soa, Ernst-Adolf	Student Naturw.	am 17. Juni 1953 verhaftet
Steingrüber, Wolfgang	Student Naturw.	am 12. Juni 1950 verhaftet
Thiedig, Friedhelm	Student Geologie	am 16. April 1952 verhaftet
Weber, Karl	Student Naturw.	am 12. April 1952 verhaftet
Werner, Hans-Rudolf	Student der Chemie	am 26. Juli 1948 verhaftet
Zöger, Karl-Heinz	Student Naturwiss.	am 12. Januar 1949 verhaftet
Zohm, Helmut	Student Chemie	am 30. Oktober 1950 verhaftet

Studenten der TH Chemie

Dennhardt, Curt	Student TH Chemie	am 21. April 1950 verhaftet
Dölling, Klaus	Student TH Chemie	am 28. Dezember 1956 verhaftet
Findeisen, Kurt	Student TH Chemie	am 28. Dezember 1956 verhaftet
Kutschbauch, Erhard	Student Chemieschule	am 23. Juni 1950 verhaftet
Lohde, Horst	Student TH Chemie	am 28. Dezember 1956 verhaftet
Thiele, Gerhard	Student TH Chemie	am 28. Dezember 1956 verhaftet

Pädagogische Fakultät

Mitarbeiter

Böhme, Kurt, Dr. phil.	Dozent Pädagogik	Anfang August 1950 verhaftet
Huwe, Helmut	Sportlehrer und Assistent	am 14. März 1952 verhaftet

Studenten

Abendroth, Horst	Student Pädagogik	am 26. Juli 1951 verhaftet
Abramowski, Günter	Student Pädagogik	am 7. Juni 1948 verhaftet
Hensel, Felicitas	Studentin Pädagogik	1951 verhaftet
Hubl, Herbert	Student Pädagogik	am 26. Juni 1951 verhaftet
Kraft, Horst	Student Pädagogik	am 30. August 1951 verhaftet
Kruggel, Otto	Student Pädagogik	am 1. Juni 1951 verhaftet
Regel, Hans	Student Pädagogik	am 25. Oktober 1950 verhaftet
Schaffernicht, Hannah	Studentin Pädagogik	am 18. März 1950 verhaftet
Schmidt, Dieter	Student Pädagogik	1951 verhaftet
Viol, Hans-Joachim	Student Pädagogik	im Oktober 1950 verhaftet
Vogel, Fritz Willi Heinz	Student Pädagogik	am 7. Februar 1949 verhaftet
Wiegleb, Friedrich	Student Pädagogik	am 4. Mai 1948 verhaftet
Wollny, Georg	Student Pädagogik	am 29. Juli 1950 verhaftet

Juristische Fakultät

MITARBEITER

Brundert, Willi, Prof.	Jurist	am 28. November 1949 verhaftet
Reichardt, Ernst, Dr. jur.	Ass. Jur. Fak.	am 25. Oktober 1950 verhaftet
Winkler, Friedrich-Karl	Oberass. und Lehrbeauftr.	Ende Januar 1956 verhaftet

STUDENTEN

Althoff, Günther	Student Rechtswiss.	am 24. Dezember 1948 verhaftet
Bartels, Herbert	Student Rechtswiss	am 25. Oktober 1950 verhaftet
Fiedler, Siegfried	Student Rechtswiss.	am 4. Mai 1948 verhaftet
Fröde, Hubert	Student Rechtswiss.	am 10. Dezember 1949 verhaftet
Götz, Julius	Student Rechtswiss.	am 28. Oktober 1950 verhaftet
Heimberger, Egon	Student Rechtswiss.	am 25. Oktober 1950 verhaftet
Jaensch, Theo	Student Rechtswiss.	am 25. Juli 1949 verhaftet
Konetznick, Rolf	Student rer. pol.	am 28. Oktober 1950 verhaftet
Lentz, Siegfried	Student Rechtswiss.	am 15. Januar 1949 verhaftet
Richter, Hans-Georg	Student Rechtswiss.	im Oktober 1950 verhaftet
Römer, Axel	Student Rechtswiss.	am 4. Mai 1948 verhaftet
Wagner, Günther	Student Rechtswiss.	am 25. Oktober 1950 verhaftet
Zabel, Fritz	Student Rechtswiss.	am 15. Mai 1948 verhaftet
Zack, Gerhard	Student Rechtswiss	am 22. November 1951 verhaftet

Philosophische Fakultät

MITARBEITER

Harress, Hartmut	Lektor an der Universität	am 17. Juni 1957 verhaftet
Jekel, Gustav-Adolf, Dr. phil	Dozent f. Journalistik	am 29. Januar 1949 verhaftet
Kirchhoff, Joachim	Lektor	am 4. Oktober 1955 verhaftet
Klaeden, Hans-Egbert	Dozent f. Philosophie	am 16. Juni1950 verhaftet.
Kossuth, Charlotte	Russischlektorin	am 17. Juni 1957 verhaftet
Lucht, Harro, Dr.	Lektor f. Russisch	am 17. Juni 1957 verhaftet
Rudorf, Reginald	Dozent f. Gewi.	Anfang Februar 1957 verhaftet
Schmidtke, Harry	Russischlektor	am 17. Juni 1957 verhaftet

STUDENTEN

Blobner, Heinrich	Student Geschichte, Geogr.	am 21. September 1957 verhaftet
Bohm, Horst	Student German., Roman.	am 20. Juni 1957 verhaftet

Claudé, Bernhard Herbert	Student der Philosophie	im September 1950 verhaftet
Edelmann, Horst	Student Philosophie	am 12. Januar 1949 verhaftet
Fischer, Johannes	Student der Geschichte	am 8. Januar 1949 verhaftet
Habedank, Günther	Student Germanistik	am 20. Juni 1957 verhaftet
Hampe, Hans	Studienbewerber phil. Fak.	am 18. Januar 1949 verhaftet
Heiser, Siegfried	Student Psychologie	am 25. Oktober 1950 verhaftet
Hosemann, Martin	Student Germanistik	am 20. Juni 1957 verhaftet
Köhn, Hans	Student Philosphie	im Dezember 1950 verhaftet
Lamprecht, Helmut	Student Philosophie	im März 1950 verhaftet
Müller, Ulf	Student der Soziologie	1948 verhaftet
Rühling, Rolf	Student Philosophie	am 16. August 1949 verhaftet
Schönmuth, Herbert	Student Slawistik	am 27. September 1951 verhaftet
Schulze, Egon	Student Psychologie	am 25. Oktober 1950 verhaftet
Seifert, Arno	Student Geschichte	am 13. Dezember 1957 verhaftet
Thielecke, Wolfgang	Student Philosophie	am 24. Dezember 1948 verhaftet
Weiss, Eberhard Berthold	Student der Philologie	am 24. Juni 1948 verhaftet
Welser, Werner	Student Philosophie	am 5. Juli 1951 verhaftet
Zoder, Fritz	Student Germanistik	am 17. Januar 1949 verhaftet

Theologische Fakultät

Mitarbeiter

Aland, Ernst Julius Kurt	Prof. f. Kirchengeschichte	am 13. April 1953 verhaftet

Studenten

Greulich, Wilhelm	Student Theologie	am 4. September 1948 verhaftet

Wirtschaftswissenschaftliche Fakultät

Studenten

Drong, Karl-Heinz	Student Volkswirtsch.	am 3. Dezember 1957 verhaftet
Goetze, Horst	Student Wirtschaftswiss.	am 26. Oktober 1950 verhaftet
Söndergaard, Günther	Student Volkswirtsch.	am 27. Oktober 1950 verhaftet
Stock, Horst	Student Betriebswirtsch.	am 8. April 1947 verhaftet

Landwirtschaftliche Fakultät

Studenten

Burkhardt, Adolf	Student Landw.	im September 1952 verhaftet
Isermeyer, Hans-Georg	Student Landw.	am 18. Juni 1953 verhaftet
Pilz, Gotthardt	Student Landw.	am 23. Juni 1953 verhaftet
Priew, Herbert	Student Landw.	am 18. Juni 1953 verhaftet
Schuster, Harry	Student Landw.	am 18. Juni 1953 verhaftet
Walther, Joachim	Dipl.-Landwirt, Doktorand	am 21. Oktober 1950 verhaftet

Vorstudienanstalt und Arbeiter- und Bauern-Fakultät

Adam, Jakob	Student an der ABF	am 15. April 1952 verhaftet
Krause, Rolf	Student Vorstudienanstalt	am 21. Juli 1948 verhaftet
Levin, Ernst	Student Vorstudienanstalt	am 19. April 1947 verhaftet
Scharf, Walter	Student an der ABF	am 25. Januar 1951 verhaftet
Stiehl, Wolfgang	Student an der ABF	am 1. Februar 1953 verhaftet

Hinzu kommen noch folgende Personen, die sich den oben aufgeführten Fakultäten nicht zuordnen lassen:

Bergner, Gerhard-Hellmuth	Studienbewerber	am 26. Dezember 1947 verhaftet
Bohnhardt, Arthur	Dozent, Musikhochschule	am 10. Oktober 1950 verhaftet
Erdmann, Kurt	Student an der MLU	am 17. März 1950 verhaftet
Feuerhake, Margot	Studentin Kirchenmusik	am 14. Juni 1948 verhaftet
Fischer, Hans-Joachim	Studienbewerber	am 16. April 1952 verhaftet
Hahs, Erwin, Prof.	Prof. f. Angewandte Kunst	im Juni 1952 verhaftet
Hamel, Johannes	ev. Studentenpfarrer	am 12. Februar 1953 verhaftet
Krebs, Ulrich	Studienbewerber	am 2. März 1947 verhaftet
Schulz, Herbert	Student	im Juli 1951 verhaftet
Skrobek, Bodo	Student	am 26. Juli 1948 verhaftet
Sosa, Student an Burg	Kunststudent Burg	etwa 1951 verhaftet
Thieme, Dieter	Studienbewerber	am 30. August 1951 verurteilt

Am stärksten von den Verhaftungen betroffen war die Medizinische Fakultät. Es wurden sechs Mitarbeiter und 35 Studenten verhaftet (insgesamt 41), gefolgt von der Mathematisch-Naturwissenschaftlichen Fakultät, hier wurden vier Mitarbeiter und 28 Studenten verhaftet (insgesamt 32). Hinzu kamen sechs Studenten der Technischen Hochschule für Chemie, die zu dieser Zeit auch in Halle angesiedelt war.

Es wurden acht Mitarbeiter und 20 Studenten (insgesamt 28) der Philosophischen Fakultät verhaftet. Von der Juristischen Fakultät waren drei Mitarbeiter und 14 Studenten (insgesamt 17) betroffen. Bei der Pädagogischen Fakultät waren es zwei Mitarbeiter und 13 Studenten (insge-

samt 15). Schließlich waren noch sechs Studenten der Landwirtschaftlichen Fakultät, fünf Studenten der Vorstudienanstalt bzw. der ABF, vier Studenten der Wirtschaftswissenschaftlichen Fakultät betroffen, ein Mitarbeiter und ein Student der Theologischen Fakultät und 12 Personen, die wir nicht den oben genannten Fakultäten zuordnen können.
Unter den Verhafteten waren sieben Frauen, davon zwei Mitarbeiterinnen und fünf Studentinnen. Insgesamt waren 168 Personen betroffen.

Im 1994 erschienenen Reprint[1] der Dokumentation des Terrors fügen die Bearbeiter eine Statistik an zu den Verhaftungen von 1945 bis 1962. In diese Statistik ordnet sich die Universität Halle wie folgt ein:

Jahr	Berlin	Dresden	Greifswald	Halle	Jena	Leipzig	Rostock	west
1945	8	1		-			2	
1946	3	1	3	**2**			1	1
1947	13	1	3	**3**	3	5	4	4
1948	7	3	4	**17**	15	14	6	12
1949	26	2	2	**15**	14	6	17	3
1950	27	4	4	**38**	12	22	14	3
1951	42	9	5	**19**	7	7	10	4
1952	21	3	1	**13**	16	16	4	1
1953	30	4	2	**6**	8	8	1	1
1954	15	2	3		6	6	10	3
1955	12	2	8	**1**		2	1	1
1956	12			**5**		3		
1957	16	2	1	**10**	2	12	2	
1958	25	4		**1**	16	6	5	
1959	4	8	2	**1**	2	2		2
1960	3							
1961	24				2		2	4
1962	2							
unbekannt:	6	3		2	5	2		2
insgesamt:	296	49	38	**133**	108	111	79	41
Gesamt-summe:	1078							

Wenn man die Gesamtsumme der einzelnen Universitäten betrachtet, so gab es an der Humboldt-Universität die meisten Verhaftungen, gefolgt von der Universität Halle. Im Jahr 1950 gab es in Halle die höchste Anzahl von Verhaftungen, in Berlin war es 1951.

1 Verband ehemaliger Rostocker Studenten e. V. (VERS): Namen und Schicksale der von 1945 bis 1962 in der SBZ/DDR verhafteten und verschleppten Professoren und Studenten. Erweiterter, ergänzter und überarbeiteter Reprint 1994 der VDS-Dokumentation 1962, Rostock 1994. S. 202 und 203 Tabelle: Übersicht Jahr der Verhaftung. In der Spalte Halle steht: Halle Halle-Merseburg, es gibt noch eine Spalte „andere ostdt. Studienorte", dazu gehören insgesamt 70 Verhaftete und ohne Ortsangabe, dazu gehören 153 Verhaftete.

Den 133 Personen, die auf der Liste des Studentenverbandes für die hallesche Universität stehen, haben wir im Ergebnis unseres Aktenstudiums noch fünfunddreißig weitere Personen hinzugefügt. Nach unseren bisherigen Kenntnissen gab es an der Universität Halle folgende Verhaftungen:

1945	–	1951	30	1957	12
1946	5	1952	17	1958	1
1947	5	1953	9	1959	1
1948	22	1954	–	+ 1, bei dem das Jahr der	
1949	20	1955	1	Verhaftung nicht bekannt	
1950	39	1956	5	ist (Rudi Beckert).	
Summe: 168					

1960 und bis zum August 1961 gab es keine Verhaftungen. Wir wissen, dass diese Zahlen nicht vollständig sind.

Bis zur Gründung der DDR im Oktober 1949 wurden alle Verhaftungen und Verurteilungen von sowjetischen Stellen verantwortet. Bis zum Ende des Jahres 1949 wurden mit einer Ausnahme alle von Sowjetischen Militärtribunalen verurteilt, das waren bis dahin 51 Personen. Der erste Angehörige der MLU, der von einem DDR-Gericht in einem Schauprozeß verurteilt wurde, war das Senatsmitglied und Mitglied des Lehrkörpers Willi Brundert! Der Einstieg der neuen Regierung in das Rechtswesen war kein guter. Die Willkür, die bis dahin herrschte, wurde fortgesetzt. Es gab keine Rechtssicherheit.

Insgesamt können wir an der Universität Halle 82 Verurteilungen durch Sowjetische Militärtribunale nachweisen, das ist fast die Hälfte aller Verurteilungen bis zum Jahr 1961. Die letzte Verurteilung eines MLU-Angehörigen von einem SMT, die uns bekannt ist, fand am 19. Februar 1953 statt. Der Chemiestudent Fritz Herzel, der am 19. November 1952 in Halle vom Staatssicherheitsdienst verhaftet worden war (die Zusammenarbeit funktionierte von Anfang an) wurde vom SMT 48240[2] Berlin-Lichtenberg zum Tode wegen angeblicher Spionage verurteilt. Am 1. April 1953 wurde er in Moskau zu 25 Jahren ZAL begnadigt. Er war der letzte, der in ein sowjetisches Lager, das Lager Taischet, deportiert wurde. Entlassen wurde er am 19. Oktober 1955. Herzel wurde rehabilitiert. Parallel zu den Verhaftungen und Verurteilungen der sowjetischen Stellen begann der „Rechtsapparat" der DDR sich sofort nach Gründung der DDR in Schauprozessen und Gruppenprozessen zu üben. Die Universität Halle war 1951 und 1952 von mehreren Gruppenverurteilungen betroffen, die von großer Willkür geprägt waren.

2 Dieses Tribunal sprach überwiegend Todesurteile aus.

Das Strafmaß wird im Reprint folgendermaßen aufgeschlüsselt:

Tabelle 2[3]: Übersicht Strafmaß und Anzahl der Verurteilten an den verschiedenen Studienorten

Strafmaß	**Berlin**	**Dres.**	**Greif.**	**Halle**	**Jena**	**Leip.**	**Rost.**	**and.**	**west.**	**o.A.**	**insg.**
Todesurteil	5			**1**		3	2	1		2	14
Todesurteil begnadigt	1			**1**	2	1	2		1	1	9
Lebenslang	2		1	**1**			1				5
25 Jahre	57	6	11	**40**	36	32	25	17	19	48	292
20 Jahre	2	1		**3**		4	2		1	1	14
15 Jahre	10	1	1	**3**	5	5	4	4	3	7	44
14 Jahre	3				1						4
13 Jahre	2							1		1	4
12 Jahre	2	3	1	**4**		1			2	5	17
11 Jahre	1									1	2
10 Jahre	19	6	4	**16**	5	5	5	5		12	77
5-9 Jahre	42	14	4	**12**	14	15	7	5	4	16	133
2-4 Jahre	48	9	7	**16**	18	15	10	16	2	20	162
unter 2 J.	36	7	1	**8**	9	12	6	13		15	107
nur Untersuchungshaft	10	1	3	**6**	2		6				28
Strafmaß unbekannt	56	1	4	**21**	15	17	7	8	5	26	160
ohne Urteil bzw. auf der Flucht erschossen	4		1		1						6
Flucht gelungen			1		1					2	
in der Haft verstorben	11	2	1	**1**		2	3			6	26

Damit hat sich für die Universität Halle ergeben, dass es sieben Todesurteile gab, von denen zwei vollstreckt wurden, ein weiterer Verurteilter starb vor der Vollstreckung. Zwei Verurteilte starben in der Haft an Tbc.

3 Ebenda S. 204 f.

Zum Tode verurteilt

Rudolf Bentz wurde am 25. September 1951 in Dresden verhaftet, er wurde von einem SMT zum Tode verurteilt und zu 25 Jahren ZAL begnadigt. Er war in Workuta, im Schacht 40.

Kurt Böhme wurde am 26. Dezember 1950 vom SMT Nr. 48240 wegen angeblicher Spionage für die Amerikaner und Mitgliedschaft in einer konterrevolutionären Organisation zum Tode durch Erschießen verurteilt. Er wurde in die SU gebracht. Das Präsidium des Obersten Sowjets lehnte sein Gnadengesuch am 30. März 1951 ab. Er soll am 27. März 1951 im Haftkrankenhaus des Moskauer Gefängnisses Butyrka verstorben sein.

Fritz Herzel wurde am 19. Februar 1953 vom SMT 48240 Berlin-Lichtenberg zum Tode wegen angeblicher Spionage verurteilt. Am 1. April 1953 wurde er in Moskau zu 25 Jahren ZAL begnadigt. Er war im Lager Taischet.

Helmut Huwe wurde am 9. Juli 1952 vom Sowjetischen Militärtribunal Nr. 48240 wegen angeblicher Spionage für einen ausländischen Geheimdienst und Verdingung zu einer antisowjetischen Spionageorganisation zum Tode durch Erschießen verurteilt. Hingerichtet wurde er am 10. September 1952 in Moskau.

Ulf Müller wurde 1948 durch ein SMT erst zum Tod, dann zu 25 Jahren ZAL verurteilt.

Karl Gustav Herbert Schönmuth wurde am 29. Dezember 1951 wegen angeblicher Spionage zum Tode verurteilt. Hingerichtet (erschossen) wurde er am 20. März 1952 in Moskau.

Hans-Joachim Stoye wurde 1949 von einem SMT zum Tode verurteilt wegen angeblicher Spionage und Sabotage. Er wurde in die UdSSR deportiert, zu 25 Jahren Zwangsarbeit begnadigt und war in den Haftanstalten Potma und Suchobeswodnoje inhaftiert.

Analysieren wir die Situation an der MLU nach dem Schema des Studentenbundes:

Strafmaß	**Universität Halle**
Todesurteil	7
Todesurteil Begnadigt	4
Lebenslang	1
25 Jahre	52
20 Jahre	3
15 Jahre	3
14 Jahre	
13 Jahre	
12 Jahre	4
11 Jahre	
10 Jahre	18
5-9 Jahre	14
2-4 Jahre	19
unter 2 J.	11
nur Untersuchungshaft	19
Strafmaß unbekannt	8
Flucht gelungen	1
in der Haft verstorben	4

Von den 82 SMT-Urteilen lauteten also sieben „Todesurteil“, eines „lebenslang“ und 52 jeweils „25 Jahre“.

Insgesamt wurden die 168 Betroffenen der Martin-Luther-Universität zu fast 2000 Lebensjahren Haft verurteilt, überwiegend für Belanglosigkeiten oder vollkommen grundlos. Wir wissen von vielen nicht, wie ihr Lebensweg nach der Haftentlassung verlief. Von 66 Entlassenen wissen wir, dass sie die DDR verließen und in die Bundesrepublik gingen. Aber es sind sicher weit mehr weggegangen. Durch diese Art mit kritischen, oppositionellen oder auch widerständigen Personen umzugehen, hat der Staat viele Menschen vertrieben und verloren, die sonst die Gesellschaft in der DDR mit ihren geistigen Fähigkeiten und menschlichen Werten bereichert hätten. Es war eine Verarmung der Gesellschaft, verursacht durch die Verfolgung politisch Andersdenkender und durch die Westflucht, die in vielen Fällen auch auf die politischen Repressionen zurückzuführen war.

Kurzbiographien der an der Martin-Luther-Universität Halle-Wittenberg in den Jahren 1946 bis 1961 verhafteten Studenten und Mitarbeiter

Viele Daten dieser Kurzbiographien haben wir den Dokumentationen des Verbandes deutscher Studentenschaften (Reprint 1994) entnommen. Dort wurden nur die Personen aufgelistet, die mindestens drei Monate in Haft waren. Wir haben noch einige Namen von Universitätsangehörigen eingefügt, die kürzere Zeit in Haft waren.

Es war uns wichtig, auch Spuren im Universitätsarchiv Halle anzugeben, bei den Studenten heißt das laut Immatrikulationsschein: der „Tag der Immatrikulation" und „Tag und Art des Abgangs". Die angeführte Nummer ist die Immatrikulationsnummer bzw. Hochschulnummer der Studenten. Bei der Immatrikulation haben die Studenten auch angegeben, was sie sich als Berufsziel vorstellten. Auf dem Schein wurde in vielen Fällen handschriftlich vermerkt, dass der oder diejenige gestrichen wurde, weil sie sich bei Semesteranfang nicht zurückgemeldet hatten. Auf den Rückseiten der Immatrikulationsscheine gibt es handschriftliche Angaben zur Parteimitgliedschaft, („Parteizugeh.:"), nicht von den Studenten selbst geschrieben, sondern von Mitarbeitern der Universitätsverwaltung, auch dies ist nicht vollständig. Wir geben diese Parteimitgliedschaft an, weil dadurch deutlich wird, dass neben den vielen Parteilosen nicht nur Mitglieder der CDU oder LDP verhaftet wurden, sondern auch viele Mitglieder der SED.

Auch in der Haftkartei (z. B. in Bautzen und im Bundesarchiv) ist auf den Karteikarten die Parteizugehörigkeit angegeben. Hier wird die Mitgliedschaft in der SED mit dem Jahr der Verhaftung beendet! In der Haftkartei ist oft angegeben, „wohin" der Häftling entlassen wurde. Dies haben wir mit angeführt, weil es einen Hinweis darauf gibt, wo der oder die Betreffende versuchte, wieder Fuß zu fassen.

Wenn die Daten der Dokumentation des Verbandes deutscher Studentenschaften von den Daten anderer Quellen abweichen, dann wurde in Klammern auch das andere Datum angegeben. Wir haben Informationen aus dem Universitätsarchiv Halle, von der Stiftung Sächsische Gedenkstätten in Dresden, aus der Gedenkstätte in Bautzen, aus der Gedenkstätte in Torgau, aus dem Bundesarchiv und aus dem Archiv der BStU erhalten.

Wenn wir von der Stiftung Sächsische Gedenkstätten in Dresden, vom Landgericht Halle oder von den Betroffenen selbst erfahren haben, dass sie rehabilitiert wurden, haben wir es aufgeführt. Das bedeutet nicht, dass die anderen nicht rehabilitiert wurden, sondern dass uns keine Informationen darüber vorliegen.

Hervorzuheben sind die Fälle, die aus der Registratur des Immatrikulationsamtes der Martin-Luther-Universität faktisch getilgt wurden. Es gibt von ihnen keine Immatrikulationsscheine und damit auch keine Karteikarten in der Studentenkartei. Dies wird von uns in den Biographien erwähnt.

Die Kurzbiographien sind in Länge und Informationsgehalt sehr unterschiedlich. Bei einigen haben wir nur die Daten des Verbandes deutscher Studentenschaften und wir konnten in keinem der von uns zu Rate gezogenen Archive einen Hinweis finden, auch eine Anfrage in Moskau verlief ohne Ergebnis. Bei anderen Personen haben wir viel in Archiven gefunden oder wir haben Kontakt zu den Betroffenen oder deren Angehörigen, dann konnten wir mehr Einzelheiten aufnehmen.

Zahlreiche biographische Informationen haben wir dem Archiv der BStU entnommen. Jede erste Vernehmung begann mit den Fragen zum Lebenslauf. In den Akten des MfS erfahren wir auch in vielen Fällen, dass derjenige nach der Haftentlassung in den Westen Deutschlands geflohen ist. In vielen Fällen steht die genaue Uhrzeit der Verhaftung dabei. Sie haben wir teilweise eingefügt, Verhaftungen fanden zu allen Tages- und Nachtzeiten statt.

Ziel unserer Nachforschungen war es u. a., zu dokumentieren, wie der Lebensweg der Verhafteten nach der Haftentlassung weiterging. Wir konnten es in vielen Fällen nicht klären.

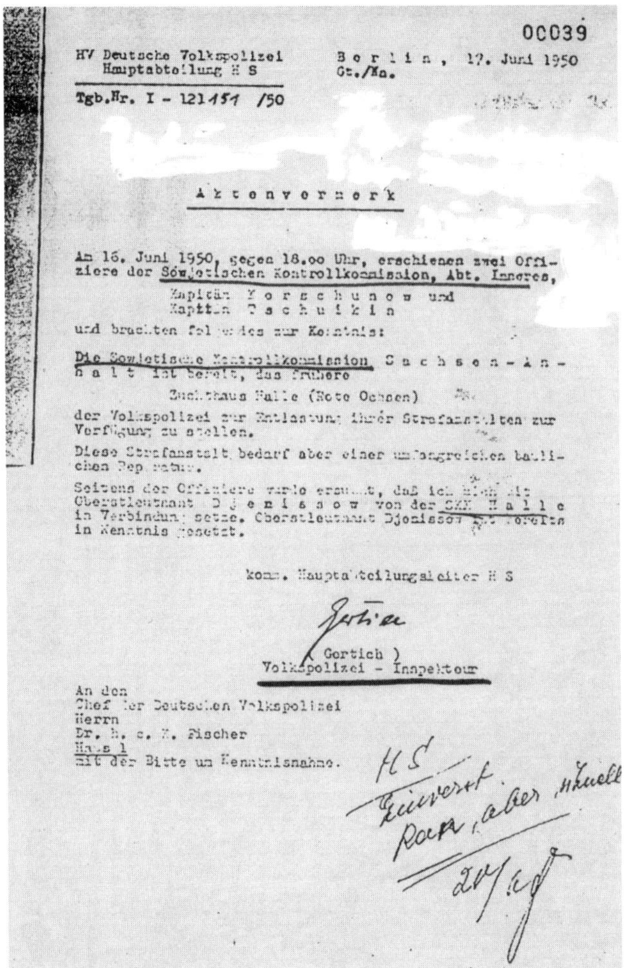

00039

HV Deutsche Volkspolizei
Hauptabteilung H S

Tgb.Nr. I - 121151 /50

Berlin, 17. Juni 1950
Gt./Ka.

Aktenvermerk

Am 16. Juni 1950, gegen 18.00 Uhr, erschienen zwei Offiziere der Sowjetischen Kontrollkommission, Abt. Inneres,

Kapitän Y o r s c h u n o w und
Kapitän T s c h u i k i n

und brachten folgendes zur Kenntnis:

Die Sowjetische Kontrollkommission Sachsen-Anhalt ist bereit, das frühere

Zuchthaus Halle (Rote Ochsen)

der Volkspolizei zur Entlastung ihrer Strafanstalten zur Verfügung zu stellen.

Diese Strafanstalt bedarf aber einer umfangreichen baulichen Reparatur.

Seitens der Offiziere wurde ersucht, daß ich mich mit Oberstleutnant D j e n i s s o w von der SKK Halle in Verbindung setze. Oberstleutnant Djenissow ist bereits in Kenntnis gesetzt.

komm. Hauptabteilungsleiter H S

(Gortich)
Volkspolizei - Inspekteur

An den
Chef der Deutschen Volkspolizei
Herrn
Dr. h. c. K. Fischer
Haus 1
mit der Bitte um Kenntnisnahme.

Übergabeprotokoll des „Roten Ochsen" von den sowjetischen Dienststellen an die Volkspolizei[1]

1 Archiv Horst Hennig.

Gedenkstätte Bautzen; Treppenhaus (Zustand 2008)[2]

2 Aufgenommen von Sybille Gerstengarbe.

Die Gesetze, die die Grundlage für die Verurteilungen bildeten

Zunächst sollen die Paragraphen angegeben werden, nach denen die meisten verhafteten Angehörigen der MLU verurteilt wurden. „Die Verurteilungen in der SBZ erfolgten in den ersten Nachkriegsjahren und mindestens bis 1953 durch Sowjetische Militär-Tribunale (SMT), die anfangs bei jeder größeren Militäreinheit bestanden und später der Ländereinteilung angeglichen wurden. Das Gesetz, nach dem dort abgeurteilt wurde, war fast ausschließlich der Artikel 58 des Strafgesetzbuches der Russischen Sozialistischen Föderativen Sowjet-Republik aus dem Jahr 1926; dabei vorwiegend die Absätze zwei, sechs, neun, zehn, elf, zwölf und vierzehn. In manchen Fällen wurden von einem Ferntribunal in Moskau die Urteile nach den Akten gefällt.*

Nach der Übergabe verschiedener hoheitlicher Rechte an die DDR-Behörden wurden ab 1950 die Urteile nach Artikel 6 der Verfassung der DDR, meistens in Verbindung mit der Kontrollratsdirektive 38, gefällt.

Mit dem Erlass des Gesetzes zur Ergänzung des Strafgesetzbuches, dem sogenannten Strafrechtsergänzungsgesetz (StEG) vom 11. Dezember 1957 wurde dieses die Grundlage für alle politischen Urteile in der DDR.

Die scheindemokratische Rechtfertigung dieser Gesetze darf nicht über ihren Unrechtcharakter hinwegtäuschen. Die nach dem Willen der SED „parteilich" urteilenden Gerichte fanden in diesen Gesetzen die Handhabe, jeden der Staatspartei unbequemen Opponenten als „Staatsfeind" zu verurteilen. Politische Ziele wurden erstrebt ohne Beachtung rechtsstaatlicher Grundsätze und unter Missachtung der elementarsten Menschenrechte - den nachfolgend aufgeführten Gesetzen haftet dieser Charakter politischer Zweckmäßigkeit an.

Kontrollratsdirektive 38, Art. III A III:
Aktivist ist auch, wer nach dem 8. Mai 1945 durch Propaganda für den Nationalsozialismus oder Militarismus oder durch Erfindung und Verbreitung tendenziöser Gerüchte den Frieden des deutschen Volkes oder den Frieden der Welt gefährdet hat oder möglicherweise noch gefährdet.

Artikel 6 der Verfassung der DDR:.
Alle Bürger sind vor dem Gesetz gleichberechtigt.
Boykotthetze gegen demokratische Einrichtungen und Organisationen, Mordhetze gegen demokratische Politiker, Bekundung von Glaubens-, Rassen-, Völkerhass, militärische Propaganda sowie Kriegshetze und alle sonstigen Handlungen, die sich gegen die Gleichberechtigung richten, sind Verbrechen im Sinne des Strafgesetzbuches. Ausübung demokratischer Rechte im Sinne der Verfassung ist keine Boykotthetze.
Wer wegen Begehung dieser Verbrechen bestraft ist, kann weder im öffentlichen Dienst noch in leitenden Stellen im wirtschaftlichen und kulturellen Leben tätig sein. Er verliert das Recht, zu wählen und gewählt zu werden [Aberkennung bürgerlicher Ehrenrechte].

* Siehe hierzu: Möller, Tschuberjan: SMAD-Handbuch; Hedeler, Hennig: Schwarze Pyramiden, rote Sklaven, S. 229 ff.

Gesetz zur Ergänzung des Strafgesetzbuches – Strafrechtsergänzungsgesetz
vom 11. Dezember 1957 (GBl. I S. 643)
§ 13
Staatsverrat
Wer es unternimmt,
1. die verfassungsmäßige Staats- oder Gesellschaftsordnung der Deutschen Demokratischen Republik durch gewaltsamen Umsturz oder planmäßige Untergrabung zu beseitigen,
2. mit Gewalt oder durch Drohung mit Gewalt die verfassungsmäßige Tätigkeit des Präsidenten der Republik, der Volkskammer oder der Länderkammer oder des Ministerrates oder ihrer Präsidien oder eines ihrer Mitglieder unmöglich zu machen oder zu behindern,
3. das Gebiet der Deutschen Demokratischen Republik einem anderen Staat einzuverleiben oder einen Teil desselben von ihr loszulösen,

wird wegen Staatsverrates mit Zuchthaus nicht unter fünf Jahren und Vermögenseinziehung bestraft.

§ 14
Spionage
Wer es unternimmt Tatsachen, Gegenstände, Forschungsergebnisse oder sonstige Nachrichten, die im politischen oder wirtschaftlichen Interesse oder zum Schutze der Deutschen Demokratischen Republik geheimzuhalten sind, an andere Staaten oder deren Vertreter, an Organisationen oder Gruppen, die einen Kampf gegen die Arbeiter- und Bauern-Macht oder andere friedliebende Völker führen, oder deren Vertreter oder Helfer auszuliefern oder zu verraten, wird wegen Spionage zum Zuchthaus nicht unter drei Jahren bestraft; auf Vermögenseinziehung kann erkannt werden.

§ 15
Sammlung von Nachrichten
Wer Nachrichten, die geeignet sind, die gegen die Arbeiter- und Bauern-Macht oder andere friedliebende Völker gerichtete Tätigkeit der in § 14 genannten Stellen oder Personen zu unterstützen, für sie sammelt oder ihnen übermittelt, wird mit Zuchthaus bis zu zehn Jahren bestraft.

§ 16
Verbindung zu verbrecherischen Organisationen oder Dienststellen
Wer zu den in § 14 genannten Stellen oder Personen in Kenntnis ihrer gegen die Arbeiter- und Bauern-Macht oder andere friedliebende Völker gerichteten Tätigkeit in Verbindung tritt, wird mit Gefängnis bis zu drei Jahren bestraft.

§ 19
Staatsgefährdende Propaganda und Hetze
(1) Wer
1. den Faschismus oder Militarismus verherrlicht oder propagiert oder gegen andere Völker oder Rassen hetzt.
2. gegen die Arbeiter- und Bauern-Macht hetzt, gegen ihrer Organe, gegen gesellschaftliche Organisationen oder gegen einen Bürger wegen seiner staatlichen oder gesellschaftlichen Tätigkeit oder seiner Zugehörigkeit zu einer staatlichen Einrichtung oder gesellschaftlichen Organi-

sation hetzt, Tätlichkeiten begeht oder sie mit Gewalttätigkeiten bedroht,
wird mit Gefängnis nicht unter drei Monaten bestraft. Der Versuch ist strafbar.

(2) Ebenso wird bestraft, wer Schriften oder andere Gegenstände mit einem derartigen Inhalt herstellt oder mit dem Ziele der Hetze einführt oder verbreitet.

(3) In schweren Fällen, insbesondere, wenn die Tat im Auftrage der in § 14 genannten Stellen oder Personen oder wenn sie planmäßig begangen wird, ist auf Zuchthaus zu erkennen.

§ 20

Staatsverleumdung

Wer 1. die Maßnahmen oder die Tätigkeit staatlicher Einrichtungen oder gesellschaftlicher Organisationen öffentlich verleumdet oder entstellt,

2. einen Bürger wegen seiner staatlichen oder gesellschaftlichen Tätigkeit oder seiner Zugehörigkeit zu einer staatlichen Einrichtung oder gesellschaftlichen Organisation öffentlich verleumdet oder verächtlich macht,

wird mit Gefängnis bis zu zwei Jahren bestraft.

Gedenkstätte Bautzen: Blick in eine Zelle (Zustand 2008)[3]

3 Diese drei Photos aus Bautzen wurden von Sybille Gerstengarbe aufgenommen.

§ 24
Schwere Fälle
(1) In schweren Fällen der §§ 13, 14, 22 und 23 kann auf lebenslanges Zuchthaus oder auf Todesstrafe erkannt werden.
(2) Ein schwerer Fall liegt insbesondere vor, wenn das Verbrechen
a) von mehreren Personen begangen wird, die sich zur Begehung derartiger Verbrechen miteinander verbunden haben; [...]“

Gedenkstätte Bautzen: Freigang 1 (Zustand 2008)

Gedenkstätte Bautzen: Freigang 2 (Zustand 2008)

Photos von Universitätsangehörigen aus der Haftkartei im Bundesarchiv

Das Bundesarchiv Berlin hat uns mit Unterstützung des Landesbeauftragten von Sachsen-Anhalt für die Unterlagen des Staatssicherheitsdienstes der ehemaligen DDR die Genehmigung erteilt, Photos von verhafteten Angehörigen der Martin-Luther-Universität aus der Haftkartei abzudrucken. Wir mussten uns verpflichten, die Photos anonymisiert, ohne den zur Person zugehörigen Namen, abzudrucken. Wir danken dem Bundesarchiv für die Genehmigung und dem Landesbeauftragten von Sachsen-Anhalt für die Unterlagen des Staatssicherheitsdienstes der ehemaligen DDR für die finanzielle Hilfe.

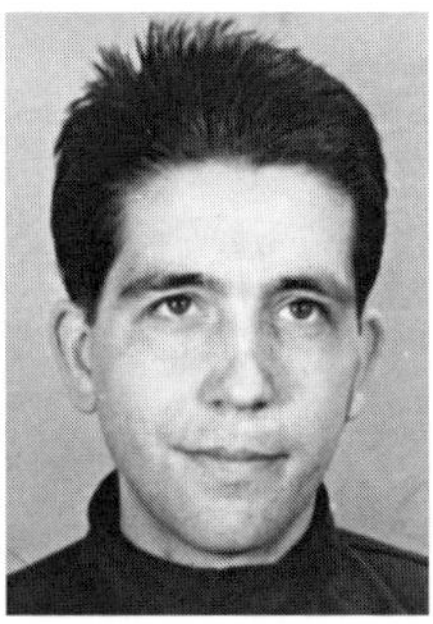
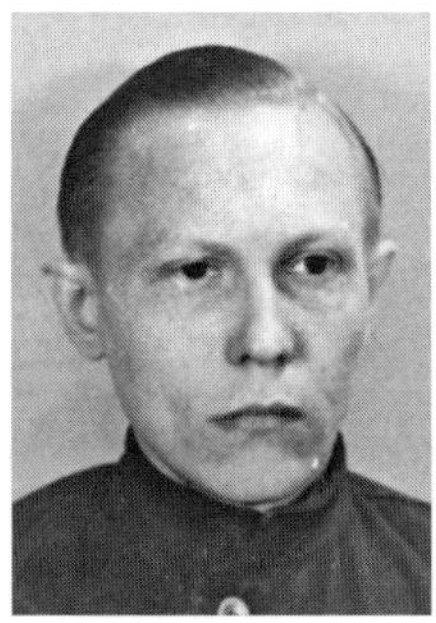
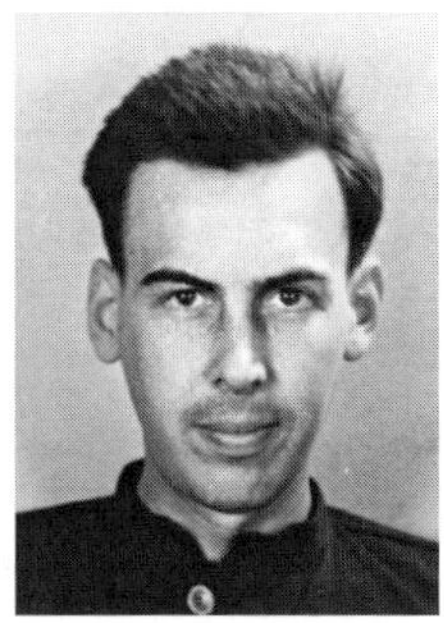
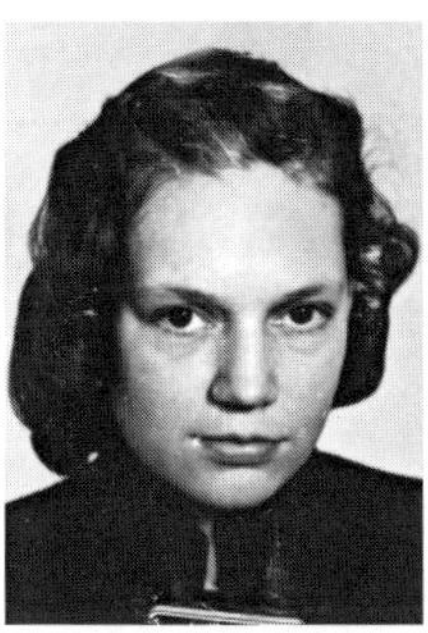
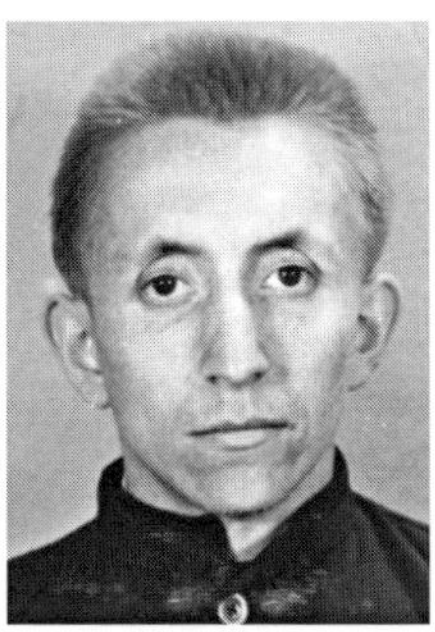

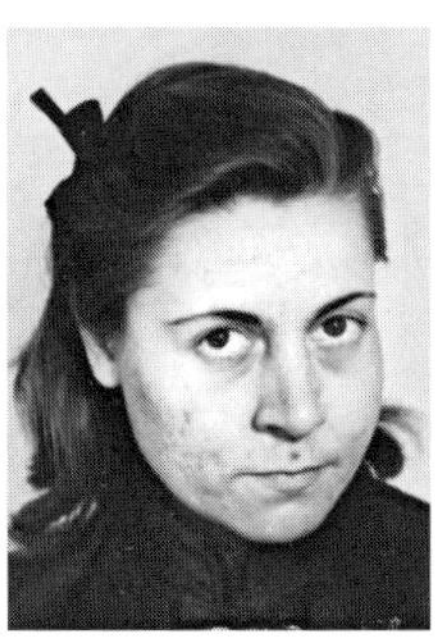

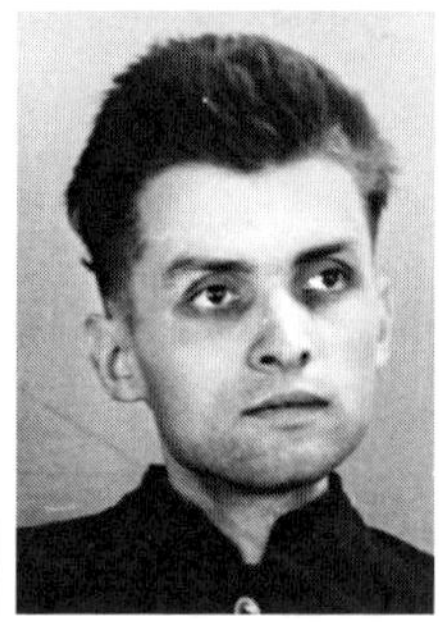

Photos von Universitätsangehörigen aus den Akten der BStU

In gleicher Weise hat uns auch das Archiv der BStU die Genehmigung gegeben, Photos von Universitätsangehörigen, überwiegend aus der Haftkartei; aber auch Photos von Fragebögen oder Studentenausweisen, anonymisiert abzudrucken. Wir bedanken uns dafür.

Kurzbiographien[5]

Abendroth, Horst

*25. November 1929 in Brachstedt bei Halle. Abitur in Halle, Student der Pädagogik an der Universität Halle Nr. 2620. Tag der Einschreibung 1. Oktober 1948, Studienfach: Erdkunde und Sport, Tag und Art des Abgangs „14.12.51 gestrichen Az. 3084 Nicht-Rückmeldung W.S. 1951/52". Er wurde am 26. Juli 1951 beim Volleyball-Training in Leipzig verhaftet und am 22. Juni 1952 von der 1. Großen Strafkammer des LG Greifswald zu 8 Jahren Zuchthaus nach Art. 6 und KD 38 Abschn. 2, Art. III A III (Mitgliedschaft im ‚Widerstandskreis der Jugend der Sowjetzone') verurteilt.[6] Er befand sich in der zentralen U-Haftanstalt des Staatssicherheitsdienstes in Berlin-Hohenschönhausen und in den StVA Bützow-Dreibergen, Waldheim und Luckau. Entlassen wurde er am 3. September 1956. Wenige Tage nach der Haftentlassung, nachdem ihm sein Personalausweis ausgehändigt wurde, floh er über West-Berlin in die Bundesrepublik. Gemeinsam mit Felicitas Hensel, die er heiratete, ging er nach Remscheid. Zunächst absolvierte er ein 2-semestriges Ergänzungsstudium an der Pädagogischen Akademie in Wuppertal. Anschließend war er als Lehrer an einer Grundschule in Remscheid tätig. Er hatte mit seiner Frau Felicitas zwei Söhne. Seine Frau litt sehr unter den Folgen der Haft und starb am 26. Februar 1984. Horst Abendroth wurde 1993 als Rektor pensioniert. Seine Rehabilitation erfolgte im Oktober 1959 durch den damaligen Generalstaatsanwalt beim Oberlandesgericht Düsseldorf, den späteren Generalbundesanwalt Dr. Rebmann, der am 28. Oktober 1959 auf seinen Antrag hin die Unzulässigkeit des Urteils feststellte.

Abramowski, Günter Paul[7]

*10. Juni 1928 in Gilgenberg, Krs. Osterode. Student der Pädagogik an der Universität Halle Nr. 554. Studienfach Pädagogik (Deutsch) Englisch, Geschichte, Nr. 2620, Tag der Einschreibung 15. Oktober 1946. Fakultätsvorsitzender der CDU-Hochschulgruppe und Vertreter im Studentenrat. Tag und Art des Abgangs: „8.12.48 gestr.". Er wurde am 7. Juni 1948 in Halle verhaftet und durch ein SMT in Dresden (Aktenzeichen 788.22) wegen angeblicher Spionage zu 25 Jahren ZAL verurteilt. Er befand sich zuletzt in der StVA Bautzen. Am 18. Januar 1954 wurde er mit Lungentuberkulose nach Kiel entlassen.[8] Sein weiteres Schicksal ist unbekannt.

Adam, Jakob

*23. Juli 1931 in Bolechow/Galizien. 1940 wurde die Familie aus Polen ausgesiedelt, 1945 wurden sie nochmals umgesiedelt nach Pratau bei Wittenberg. Zunächst Ausbildung zum

5 Folgende Photos haben wir durch Vermittlung von Frau Cornelia Liebold dankenswerterweise aus der JVA Bautzen erhalten: Deckert, Eggers, Fitzau, Hampe, Klaeden, Koller, Krause, Lichtenberg, Platz, Runge, Stock, Zabel, Zack, Zöger.

6 BStU Außenstelle Halle, MfS BV Halle, AU 131/52.

7 Informationen u. a. von der Stiftung Sächsische Gedenkstätten in Dresden.

8 BArch MDI/VSV 1/81, Kategorie V Filmrolle 1, SMT-Verurteilte, andere Verurteilungsgründe.

Schlosser und Technischen Zeichner, seit dem 5. Oktober 1950 Student an der ABF Halle. Er wurde am 15. April 1952 im Zug nach Berlin verhaftet. Verurteilt wurde er am 25. Juni 1952 durch die Große Strafkammer beim LG Halle zu 10 Jahren Zuchthaus. Er befand sich in der StVA Torgau, am 18. März 1954 wurde er nach Waldheim verlegt, am 27. Juli 1955 nach Untermaßfeld ins Lazarett, auf die Tbc-Station. Am 2. Juni 1956 wurde er von Untermaßfeld in das Haftkrankenhaus Eisenach verlegt. Am 12. August 1957 wurde er „auf Bewährung" entlassen. Lebte später in Düsseldorf. Es gibt keine Spuren von ihm im UAH.

Aland, Ernst Julius Kurt

*28. März 1915 in Berlin-Steglitz, † 13. April 1994 in Münster/Westf.. Er war Professor für Kirchengeschichte an der MLU, Mitglied des Spirituskreises von 1950 bis zu seiner Auflösung 1958. In der NS-Zeit war er aktives Mitglied der Bekennenden Kirche. Von 1939 bis 1947 war er zunächst Assistent, dann Oberassistent und schließlich Lehrstuhlvertreter für Kirchengeschichte an der Berliner Universität. 1947 wurde er zum ordentlichen Professor für Kirchen- und Dogmengeschichte an die MLU berufen, unter Beibehaltung seiner Professur in Berlin. Am 13. April 1953 wurde er wegen „staatsfeindlicher Äußerungen" und „Verbindung zur Kampfgruppe gegen Unmenschlichkeit" (KgU) verhaftet, in Untersuchungshaft genommen und nach vier Wochen wieder frei gelassen. Im Jahr 1958 nach dem Verbot des Spirituskreises und einem Disziplinarverfahrens gegen ihn mit dem Ergebnis, dass er keine Lehrtätigkeit mehr durchführen konnte, floh er mit seiner Familie am 14. Juli 1958, nach Münster. Dort wurde er 1960 zum a. o. Prof. und 1961 zum o. Professor für Kirchengeschichte und neutestamentliche Einleitungswissenschaft ernannt. In der Sitzung des Akademischen Senates der MLU vom 11. Juli 1990 wurde er gemeinsam mit dem Landwirtschaftswissenschaftler Erich Hoffmann rehabilitiert.[9]

Althof, Günther Albert Siegfried

* 6. September 1925 in Schwarzenberg/Erzgeb. Student der Rechtswissenschaften an der Universität Halle Nr. 1765. Tag der Einschreibung 18. Oktober 1947. Er war seit dem 8. August 1945 Mitglied und Kreisschatzmeister der LDP. Tag und Art des Abgangs: „gestrichen auf evtln. Widerruf durch Reg.-Verfügung Az. 6335 a wegen Inhaftierung!"[10] Als Berufsziel hatte er Rechtsanwalt angegeben. Er wurde am 24. Dezember 1948 in Köthen (lt. Haftkartei und Haftnachricht in Dessau) verhaftet und vom SMT Halle (Aktenzeichen 6909)[11] am 27. Dezember 1948 wegen „Antisowj. Tätigkeit" zu 25 Jahren ZAL verurteilt. Er war in den StVA Bautzen und Brandenburg – seit Herbst 1955 in Waldheim. Die Strafe wurde herabgesetzt auf 10 Jahre. Entlassen wurde er am 10. September 1956. Am 20. November 1956 floh er in die Bundesrepublik.[12]

9 Die Informationen zu Aland stammen aus den Biographischen Studien von Schenk und Meyer 2007. Die Einzelheiten zur Rehabilitierung stehen auf S. 634.

10 Althof ist einer der wenigen, auf dessen Immatrikulationsschein vermerkt wurde, dass er verhaftet war.

11 BArch MDI/VSV 1/81, Kategorie V Filmrolle 1, SMT-Verurteilte, andere Verurteilungsgründe und BStU Strafnachricht.

12 BStU Strafnachricht.

Asinger, Friedrich

* 26. Juni 1907 in Freiland, Niederösterreich, † 7. März 1999 in Aachen. Er studierte Chemie an der Technischen Hochschule in Wien, legte 1931 das Diplom ab und wurde 1932 promoviert. Von 1932 bis 1935 war er Assistent an der Technischen Hochschule Wien, Institut für organische Chemie. Von 1935 bis 1937 arbeitete er in Wien in der chemischen Industrie. 1937 kam er nach Merseburg und arbeitete hier als leitender Chemiker in der Industrie (Leuna). 1942 wurde er in Graz habilitiert. Von 1943 bis 1946 Dozent für organische Chemie an der Universität in Halle. Im Oktober 1946 wurde er als Spezialist aus den Leuna-Werken in die UdSSR verschleppt (Dserzhinsk bei Gorki, ehemals Nischni-Novgorod). Entlassen wurde er im Mai 1954. Er kehrte an die Leuna-Werke und an die Universität Halle zurück, war Dozent an der Naturwissenschaftlichen Fakultät und wurde 1955 Professor mit vollem Lehrauftrag an der MLU sowie Ende der 50er Jahre Senator der MLU. Er erhielt 1958 einen Lehrstuhl an der Technischen Universität in Dresden, 1959 nahm er einen Ruf an die TH Aachen an.[13]

Barduhn, Josef[14]

*30. Mai 1926 Gardelegen, Student der Chemie an der Universität Halle. 1944, im Alter von 18 Jahren, wurde er zur Luftwaffe eingezogen, Tag der Einschreibung an der MLU 7. April 1946, Tag und Art des Abgangs: „9.11.46 gestrichen". Er wurde am 25. Juni 1946 verhaftet und vom SMT in Halle am 25. Juni 1946 wegen „Reaktionaeren Gespraechs"[15] zu 10 Jahren ZAL verurteilt (Aktenzeichen 112 655)[16]. Barduhn war von 1946 bis 1950 im KZ Sachsenhausen als Sanitäter tätig. Am 2. April 1950 kam er nach Torgau.[17] Verstorben ist er am 23. Oktober 1950 in Torgau an „offener Lungen-Tbc", beigesetzt am 30. November 1950 auf dem Gertraudenfriedhof in Halle.[18] Er wurde rehabilitiert.

Bartels, Herbert

* 1. Oktober 1927 in Magdeburg. Volksschule, Oberschule in Magdeburg, RAD, Wehrmacht, englische und dann amerikanische Kriegsgefangenschaft, kehrte Mitte Juni 1945 wieder nach Hause zurück, 1946 kaufmännische Lehre,[19] Student der Rechtswissenschaften an der Universität Halle Nr. 2197. Tag der Einschreibung 1. Oktober 1948, Studienfach „Rechtswissenschaft und Volkswirtschaft ab 20.12.48." Als Berufsziel hatte er angegeben: „Dr. jur. Dipl. Volkswirt in der Wirtschaft". Tag und Art des Abgangs: „23.5.1951 gestrichen lt. Schreiben des Staatssekretariats, Az. 36/4, wegen Nicht-Rückmeldung z. S.S.1951 Htm.". Mitglied der SED ab 21. März 1946. Er wurde am 25. Oktober 1950 in Halle zusammen mit 13 anderen Studenten

13 BStU MfS AS 2103/67 (Asinger) und Eberle 2002.
14 Informationen u. a. von der Stiftung Sächsische Gedenkstätten in Dresden.
15 BStU MfS G Abt. XII/RF/500, 412, Bl. 6.
16 BArch MDI/VSV 1/81, Kategorie V Filmrolle 1, SMT-Verurteilte, andere Verurteilungsgründe.
17 BStU Strafnachricht.
18 Er gehört zu den ‚Torgauer Urnen'. DB DIZ.
19 BStU Außenstelle Halle, MfS BV Halle, AU 49/51 Bd. 5.

verhaftet und am 30. August 1951 durch die 1. Große Strafkammer des LG Halle im „Studentenprozeß“ nach Art. 6 der Verfassung KD 38, Abschn. II Artikel III A III zu 8 Jahren Zuchthaus[20] wegen angeblicher Boykotthetze verurteilt. Er befand sich in der StVA Magdeburg-Sudenburg. Im HKH Klein-Meusdorf bei Leipzig war er vom 3. Oktober 1951 bis 15. Dezember 1953, davon hat er 80 Tage gearbeitet. In dieser Zeit litt er an einer schweren Tuberculose. Am 15. Dezember 1953 nach Magdeburg-Sudenburg verlegt. Entlassen wurde er am 15. Februar 1956 „nach Magdeburg“.

Bartels, Herbert[21]
* 1928. Student der Medizin an der Universität Halle. Verhaftet im April 1952 in Halle mit mehreren anderen Studenten. Verurteilt am 26. Juni 1952 durch die Erste Große Strafkammer des Landgerichts Halle zu 4 ¹/₂ Jahren Zuchthaus wegen angeblicher Boykotthetze. Bis zur Verurteilung befand er sich im Untersuchungsgefängnis des SSD Halle ‚Roter Ochse‘. Er war in der StVA Torgau inhaftiert.

Baumbach, Wolfgang
* 1923 in Mühlhausen/Th. Student der Chemie. Er wurde 1952 verhaftet und 1953 vom BG Halle zu 10 Jahren Zuchthaus nach Art. 6 und KD 38 verurteilt. Er befand sich in der StVA Brandenburg. Er wurde mit Beschluß vom 18. Juni 1991 rehabilitiert. Es gibt keine Spuren von ihm im UAH.

Bauske, Otto Gottfried Richard
*30. September 1924 in Mehringen/Aschersleben. Student der Mathematik an der Mathematisch-Naturwissenschaftlichen Fakultät der Universität Halle Nr. 867. Tag der Einschreibung 27. Mai 1947, bei Tag und Art des Abgangs steht: „27.12.50 gestrichen lt. Reg. Kat. Az. 6335a, wegen Nichtrückmed. z. W. S. 50/51. Bi.“. Mitglied der SED vom „1.1.46–1.2.49“. Er wurde am 23. April 1952 in Halle verhaftet und im Juli 1952 vom SMT Berlin-Karlshorst wegen angeblicher Spionage, antisowjetischer Hetze und illegaler Gruppenbildung zu 25 Jahre ZAL verurteilt und in die UdSSR deportiert. Er befand sich im Lager Taischet. Vom Juli bis Oktober 1953 war er im sowjetischen Entlassungslager Tapiau, dann im Untersuchungsgefängnis Königsberg und wurde von hier nach Potma verbracht. Entlassen wurde er am 10. Oktober 1955. Hat als Versicherungs- und Finanzmathematiker des Gerlingkonzerns in Köln gearbeitet. Verstorben an langwierigen Haftfolgestörungen Mitte der Neunziger Jahre. Otto Bauske wurde am 21. September 2001 rehabilitiert.

Beckert, Rudi
Geboren etwa 1928. Student der Medizin an der Universität Halle. Verurteilt durch ein sowjetisches Militärtribunal zu 25 Jahren Zwangsarbeitslager. Er befand sich in der Strafvollzugsanstalt Bautzen.

20 Lt. BStU MfS Zentralarchiv, AS 376/62 Bartels, Bl. 47, wurde er zu 12 Jahren Zuchthaus verurteilt.

21 Informationen aus: Namen und Schicksale der seit 1945 in der sowjetischen Besatzungszone Deutschlands verhafteten und verschleppten Professoren und Studenten, 4. Auflage 1955, hrsg. vom Amt für gesamtdeutsche Studentenfragen des Verbandes Deutscher Studentenschaften.

Bentz, Rudolf
*14. April 1927 in Dortmund, † 13. März 2008 in Waldenburg. Student der Medizin an der Universität Halle Tag der Einschreibung 1. November 1949, Tag und Art des Abgangs: „12.1950 gestr. Reg.-Verfüg., Az. 6335a, wegen Nicht-Rückmeldung zum W.S. 1950/51". Vermutlich wurde er 1949 oder 1950 schon einmal verhaftet, die Streichung wegen Nicht-Rückmeldung ist ein Hinweis darauf. Nachweisbar wurde er am 25. September 1951 in Dresden verhaftet,[22] er wurde von einem SMT zum Tode verurteilt, zu 25 Jahren begnadigt, war in Workuta, im Schacht 40 und wurde am 16. Oktober 1955 aus der Haft entlassen. Seit 1950 war er verheiratet und hatte 2 Kinder. Er hat sein Medizinstudium in Westdeutschland beendet, promovierte zum Dr. med.. Er war bei der Pharmafirma Gödecke als Pharmareferent tätig. Rehabilitiert durch Moskau 1996.

Bergner, Gerhard-Hellmuth[23]
* 30. März 1925 in Köblitz (oder Röblitz) bei Saalfeld. Studienbewerber. Verhaftet wurde er am 26. Dezember 1947 von der NKWD in Goondorf bei Saalfeld. Er war Mitglied der LDP seit 1947. Verurteilt wurde er am 11. November 1948 vom sowjetischen Militärtribunal Halle unter dem Aktenzeichen 64785 wegen angeblicher Spionage zu 25 Jahren Zwangsarbeitslager. Er befand sich in den Strafvollzugsanstalten Merseburg, Halle, Bautzen und Torgau. Entlassen wurde er am 16. Januar 1954. Er floh in die Bundesrepublik, nach Isernhagen.[24]

Bischoff, Peter
*20. März 1935 in Halle, Student der Chemie an der Universität Halle. Er war verheiratet und hatte zwei Kinder. Er wurde am 27. Februar 1957 verhaftet und am 22. Mai 1957 vom 1. Strafsenat des BG Halle zu 1 Jahr und 6 Monaten Zuchthaus verurteilt, nach Artikel 6. Er befand sich im HAL Volkstedt und arbeitete dort im „Ernst-Thälmann-Schacht". Entlassen wurde er am 27. Januar 1958. Er arbeitete zunächst in dem VEB Fahlberg-List in Magdeburg. Er kehrte an die MLU zurück, wurde 1959 reimmatrikuliert und legte 1962 sein Examen ab. Anschließend ging er wieder zu Fahlberg-List. Er wurde mit Beschluß vom 28. Oktober 1993 rehabilitiert.

Blobner, Heinrich
*4. Juni 1934 in Niemes, Böhmen. Ab 1953 Student der Geschichte und ab 1956 der Geographie an der MLU Halle. Er wurde am 21. September 1957 verhaftet und im September 1958 vom Bezirksgericht Halle zu 7 Jahren Zuchthaus verurteilt, weil er mit Arno Seifert und anderen Kommilitonen einen privaten Diskussionszirkel gebildet hatte („Staatsverrat" nach § 13 StEG). Er befand sich seit 1959 in der StVA Bautzen I und wurde gemeinsam mit Arno Seifert im August 1964 „freigekauft". Fortsetzung des Studiums an der Universität Münster.

22 Informationen von der Stiftung Sächsische Gedenkstätten in Dresden.
23 Lt. 1994 erschienener Dokumentation des Studentenverbandes war er Student für Schiffbau an der TH Hannover.
24 BStU Strafnachricht.

Bis zu seiner Pensionierung war er als Gymnasiallehrer für Geschichte, Gemeinschaftskunde und Erdkunde und in der Lehrerausbildung in Kassel tätig. Die Rehabilitierung erfolgte am 19. Oktober 1992 durch das Landgericht Halle.

Boetzel, Klaus Eberhard Hermann, bzw. Claus-Eberhard, Dr. med.
*23. August 1920 in Breslau/Schlesien. 1938 bis 1944 studierte er Medizin in Breslau und Berlin, wurde in Breslau bei Prof. Gottron und Prof. Schmitz promoviert. (Schmitz hatte in der SBZ das dort nicht erhältliche Neosalvarsan durch das chemisch identische Arsoluin ersetzt.) 1940 wurde er zeitweise zum Kriegsdienst eingezogen. 1946 bis 1948 war er Assistenzarzt an der Universitätshautklinik Halle, zunächst als bezahlter Volontärassistent, dann, ab Januar 1948, eine planmäßige Assistentenstelle. Er wurde am 8. Oktober 1948 durch die NKWD-Abteilung der SMAD verhaftet und am 29. April 1949 vom SMT Halle Aktenzeichen 6418 wegen angeblicher Spionage und antisowjetischer Propaganda (laut Strafnachricht: Straftat: Untergrundorganisation SPD)[25] zu 25 Jahren Zwangsarbeitslager (später auf 12 Jahre vermindert) verurteilt. Er befand sich in den StVA Halle ‚Roter Ochse' und Bautzen. Von 1949 bis zum 1. Juni 1956 war er als Häftlingsarzt im Haftkrankenhaus Bautzen tätig. Entlassen wurde er am 1. Juni 1956 („Gnadenerweis") „nach Karlsruhe". 1957 erhielt er das Bundesverdienstkreuz 1. Klasse der Bundesrepublik Deutschland. Von 1957 bis 1963 war er medizinischer Gutachter von Versorgungsbehörden, Amtsarzt und Leiter eines Gesundheitsamtes im Kreis Darmstadt. Bis zum 82. Lebensjahr hat er als medizinischer Sachverständiger bei Gerichten und als Gutachter für KZ- und GULAG-Geschädigte ca. 30 000 Gutachten erstellt. Er wurde am 20. September 1994 rehabilitiert.

Böhme, Kurt, Dr. phil.[26]
*28. Februar 1907 in Zschöllau/Sachsen, † 27. März 1951 in Moskau. Dozent der Pädagogik an der Universität Halle. Der verheiratete Vater eines Kindes war seit 1930 Mitglied der SPD. Vor dem Krieg arbeitete er als Aushilfslehrer in Leipzig und als Lehrer an der Oberschule für Jungen in Merseburg. Ab 1943 diente er als Oberfeldwebel des Sanitätsdienstes in der Wehrmacht und wurde mit dem EK I ausgezeichnet. Nach Kriegsende war er Dozent für Pädagogik an der Universität Halle und Lehrer an einem Gymnasium in Merseburg. Er wurde Anfang August 1950 während eines Familienurlaubs in Finsterberge durch das MfS zusammen mit 5 anderen Personen verhaftet und am 26. Dezember 1950 vom SMT Nr. 48240 wegen angeblicher Spionage für die USA und Mitgliedschaft in einer konterrevolutionären Organisation zum Tode durch Erschießen verurteilt. Er befand sich bis zum Januar 1951 im NKWD-Gefängnis Dresden, später in Berlin Lichtenberg. Er wurde in die SU gebracht. Das Präsidium des Obersten Sowjets lehnte sein Gnadengesuch am 30. März 1951 ab. Er soll am 27. März 1951 im Haftkrankenhaus des Moskauer Gefängnisses Butyrka verstorben sein. Er wurde am 30. Juni 1995 rehabilitiert. Im Universitätsarchiv Halle gibt es keine Spuren von ihm.

25 BStU Strafnachricht.

26 Informationen u. a. von der Stiftung Sächsische Gedenkstätten in Dresden und aus der Dokumentation „Erschossen in Moskau...", Berlin 2005.

Bohm, Horst Karl Reinhold
* 12. Juni 1932 in Berlin. 1943 wurde die Familie aus Berlin nach Heringen/Helme evakuiert, er legte das Abitur 1951 an der Oberschule in Nordhausen ab. Anschliessend war er ein Jahr als Grundschullehrer in der russischen Sprache in Grosswechsungen bei Nordhausen tätig. Student der Germanistik (und Latein) an der Universität Halle Nr. 7329. Tag der Einschreibung 28. August 1952, als Berufsziel hatte er „Philologe" angegeben, Tag und Art des Abgangs: 31. Juli 1957 Staatsexamen. Er war Mitglied der CDU seit 1952. Er wurde am 20. Juni 1957 in Halle vom SSD wegen angeblicher Boykotthetze verhaftet.[27] Das Verfahren wurde wegen Geringfügigkeit eingestellt. Entlassen wurde Bohm am 20. September 1957.

Bohnhardt, Arthur
*3. Mai 1896 in Blankenhain, Kreis Weimar. 1913–1914 Konservatorium für Musik in Leipzig, von 1914–1926 Konzertmeister des Stadttheaters in Halle, seit 1926 selbständiger Künstler, ab 1947 Dozent an der Staatlichen Musikhochschule in Halle. Er war verheiratet und hatte zwei Kinder. Er wurde am 10. Oktober 1950 in Halle verhaftet und angeklagt, „nach dem 8. Mai 1945 durch Erfindung und Verbreitung tendenziöser Gerüchte den Frieden des deutschen Volkes gefährdet zu haben". Am 14. November 1950 wurde er zu einem Jahr Gefängnis und 5 Jahre Sühnemaßnahmen verurteilt. Er befand sich zunächst in der VP-Haftanstalt Halle und ab dem 28. April 1951 in der StVA Luckau. Entlassen wurde er am 26. Dezember 1951. Er musste bis zum letzten Tag seiner Haftzeit in Luckau bleiben. Revision und Gnadengesuch wurden abgelehnt.[28] Es gibt keine Spuren von ihm im UAH.

Brundert, Willi, Prof.
*12. Juni 1912 in Magdeburg, † 7. Mai 1970. Abitur in Magdeburg und Studium der Rechts- und Staatswissenschaften in Halle. 1930–1933 Vorsitzender der Sozialistischen Studentenschaft an der Universität Halle-Wittenberg, weiteres Studium in Frankfurt am Main 1933/34, 19. Januar 1935 I. Juristisches Staatsexamen am Oberlandesgericht Frankfurt/M., am 6. September 1935 wurde er zum Doktor der Rechte an der Universität Hamburg promoviert und legte die erste juristische Staatsprüfung ab. 1936–1939 war er Steuerassistent, später Steuersachbearbeiter in Magdeburg. Er heiratete am 19. Februar 1938 Gertrud Mittag. Von 1941 bis 1944 Wehrmachtsangehöriger, 1946 wurde er aus englischer Kriegsgefangenschaft entlassen. Am 23. November 1945 verstarb seine Frau in Ziesar an Typhus. Ihm blieben zwei kleine Kinder, geboren 1938 und 1940. Er war Lehrbeauftragter für Steuer- und Wirtschaftsrecht an der MLU, ab 5. September 1946 Oberregierungsrat bei der Provinzialverwaltung Halle, ab 1. Mai 1948 Prof. mit Lehrauftrag für öffentliches und Wirtschaftsrecht an der Universität Halle und Ministerialdirektor im Wirtschaftsministerium Sachsen-Anhalt, Leiter der Hauptabteilung im Ministerium für Wirtschaft u. Verkehr der Landesregierung Sachsen-Anhalt. 1947 Eheschließung mit Gerda Brundert geb. Wollert. Von 1948 bis zu seiner Verhaftung Senator der MLU. Verhaftet wurde er am 28. November

27 BStU Außenstelle Halle, MfS BV Halle, AU 1/58 Bd. 1.
28 Informationen aus BStU Außenstelle Halle, MfS BV Halle, ASt 6316/50, Bohnhardt.

1949. Am 24. April 1950 begann ein „Schauprozeß“ im Theater zu Dessau gegen ihn und Dr. Herwegen, den Landesvorsitzenden der CDU. Er wurde am 30. April 1950 von der 1. Großen Strafkammer des Landgerichtes Dessau wegen angeblicher Wirtschaftssabotage zu 15 Jahren Zuchthaus verurteilt. Danach StVA Brandenburg. Am 19. März 1957, nach der Entlassung, Übersiedlung in die Bundesrepublik Deutschland. 1963 Staatssekretär, Leiter der Staatskanzlei des Landes Hessen, ab 1964 Oberbürgermeister der Stadt Frankfurt/Main, 1967 Präsident des Deutschen und Hessischen Städtetags.[29]

Bruns, Wolfgang Bernhard
*11. März 1931 in Artern, bis 1949 Oberschule in Halle, Student an der Mathematisch-Naturwissenschaftlichen Fakultät der Universität Halle, am 1. November 1950 Immatrikulation an der MLU. Er wurde am 1. Juni 1951 gemeinsam mit einer Gruppe anderer Studenten verhaftet und in einem Gruppenprozeß von der I. großen Strafkammer des Landgerichts Greifswald am 20. Juni 1952 zu 3 Jahren Zuchthaus verurteilt.[30] Er war im HAL Glowe, ab 7. August 1953 in der StVA Leipzig und wurde am 24. Dezember 1953 aus der Haftanstalt in Torgau entlassen. Bruns floh dann in die Bundesrepublik.

Bunge, Günter[31]
*28. April 1928 in Ober-Gorisseiffen, Kr. Löwenberg/Schlesien, Student der Naturwissenschaften an der Universität Halle. Tag der Einschreibung 1. Oktober 1949, Studienfach agr. paed., Tag und Art des Abgangs: „4.3.52 Az 3084 Nichtrückmeldung.“. Er wurde in Köthen verhaftet und am 13. Mai 1949 von einem SMT zu 25 Jahren ZAL verurteilt. Er befand sich in den StVA Halle und Bautzen. Das Urteil wurde am 31. Mai 1955 nach einer Revision aufgehoben. Sein weiteres Schicksal ist unbekannt. Er wurde rehabilitiert.

Burkhardt, Hans-Jürgen, Adolf
* 25. Juli 1933, Student der Landwirtschaft an der Universität Halle (Biologie, Berufsziel: Agrarbiologe). Tag der Einschreibung war der 1. September 1951, Tag und Art des Abgangs: „4.3.52, A.Z. 3084, Nicht-Rückmeldung! Koch“.[32] Verhaftet wurde er im September 1952 und zu 6 Jahren Zuchthaus verurteilt. Sein weiteres Schicksal ist unbekannt.

Claudé, Bernhard Herbert
*1. Juli 1925 in Grünberg/Schlesien, † 21. August 2004 in Frankfurt am Main. Student der Philosophischen Fakultät der MLU. 1932 bis 1942 Volksschule und Städtische Handelsschule, Abschluß, Mittlere Reife. 1942–1943 kaufmännisches Praktikum in den Junkers- und Motorenwerken Dessau, Besuch von Abendkursen zur Vorbereitung auf die externe Reifeprüfung, 1943–1945 Militärdienst. 1945 englische Kriegsgefangenschaft. Von 1946 bis 1948 war er am Vorsemester der MLU und legte die Reifprüfung ab. Für seinen Unterhalt arbeitete er nachts im

29 UAH PA Nr. 5014 Willi Brundert, UAH Rep. 23/952, sowie Broszat und Weber 1990 und Müller-Enbergs et al. 2000.
30 BStU Außenstelle Halle, MfS BV Halle, AU 131/52.
31 Informationen u. a. von der Stiftung Sächsische Gedenkstätten in Dresden.
32 UAH Nr. 6151.

Salzbergwerk Alberstedt bei Halle und besuchte tagsüber als „Gasthörer“ philosophische Vorlesungen bei Prof. Menzer. Nachdem er in einer Vorlesung aus Erschöpfung eingeschlafen war, verschaffte ihm ein Hochschullehrer den Zugang zu Vorsemester, Stipendium und Studium. Am 29. April 1948 wurde er unter der Nr. 2127 für die Fächer Philosophie und Psychologie immatrikuliert. Als Berufsziel gab er „Journalist“ an. Während eines „FDJ-Urlaubs“ in Wernigerode lernte er seine spätere Frau, stud. phil. Margot Hildebrandt (geb. am 19. Mai 1927 in Eilenstedt), kennen. Nach der Inhaftierung der Gruppe Eckert, Schott, Eggers, Hennig wurde Claudé gleichfalls im September 1950 im „Roten Ochsen“ verhört, nach der Entlassung aus dem Zuchthaus nach 10 Tagen wurde er von der FDJ/SED-Leitung der philosophischen Fakultät in einem Verfahren öffentlicher Selbstkritik als „Trotzkist“ bezeichnet. Um ihre Beobachter zu irritieren, meldeten sich Helmut Lamprecht und Bernhard Claudé zum 1. Oktober 1950 für das Wintersemester an. Trotzdem steht auf seinem Immatrikulationsschein unter „Tag und Art des Abgangs“: „27.12.50 Gestrichen lt. Reg. Verf. Az. 6335a wegen Nichtrückmeld. Z. W.S. 50/51. Bi.“. Lamprecht und Claudé gelang im Oktober 1950 die gemeinsame Flucht nach Westberlin und anschließend nach Frankfurt am Main. Bereits Ende 1950 wurde Claudé in Frankfurt am Main in den ASTA gewählt und fungierte ein Jahr als Herausgeber der DDR-kritischen Monatszeitung der Universität „Diskus“. Zunächst studierte er zwei Jahre an der Naturwissenschaftlichen Fakultät, von 1956 bis 1961 Studium der Medizin an der Gutenberg-Universität in Mainz. Bernhard Claudé legte dort 1961 das Medizinische Staatsexamen ab und wurde 1963 promoviert. Von 1968 an war er Inhaber einer Facharztpraxis für Gynäkologie in Frankfurt. 1992 trat er in den Ruhestand.

Deckert, Hermann Robert Rudolf[33]

*12. Mai 1927 in Naumburg/Saale. Student der Medizin an der Universität Halle. Er wurde am 8. April 1947 in Naumburg verhaftet, von einem SMT in Berlin-Lichtenberg (Aktenzeichen 61864) zu 20 Jahren Arbeitslager verurteilt[34]. Er befand sich vom 8. April 1947 bis zum 1. Mai 1947 in Naumburg, vom 1. Mai 1947 bis 1. Juli 1947 in Potsdam, vom 1. Juli 1947 bis 1. Dezember 1947 in Hohenschönhausen (Lager) und vom 1. Dezember 1947 bis zur Entlassung in der StVA Bautzen. In der Haftanstalt Bautzen war er, obwohl er das Medizinstudium noch nicht beendet hatte, als Stationsarzt auf der Tbc-Station tätig. Am 18. Januar 1954 wurde er „nach Naumburg/Saale“ entlassen, arbeitete zunächst im Kreiskrankenhaus in Naumburg und legte hier das staatliche Examen als Arzthelfer ab. 1954 ging er nach Bonn und kehrte 1960 in die DDR zurück. Es gibt keine Spuren von ihm im UAH.

33 Haftkartei JVA Bautzen und Informationen von der Stiftung Sächsische Gedenkstätten in Dresden und BArch MDI/VSV 1/81, Kategorie V Filmrolle 2.

34 Lt. BStU Strafnachricht war der Grund für die Verurteilung: „Straftat: aktiver Nazist, verwirklichte die Ideen der Hitlerregierung“.

Dell, Hans-Dieter
*27. Juli 1931 in Halle, † 23. November 2008 in Bergisch-Gladbach. 1949 legte er an der Oberschule in Mücheln das Abitur ab. Im Oktober 1949 begann er mit dem Studium der Chemie an der Universität Halle (Nr. 3643). „Tag der Einschreibung 1.X.49, Tag und Art des Abgangs: 1951 verhaftet? [in Stenographie geschrieben!]" Mitglied der SED seit 1949. Er wurde am 16. April 1952 in Halle verhaftet und am 26. Juni 1952 von der 1. Großen Strafkammer des LG Halle nach der KD 38 und Artikel 6 der Verfassung der DDR zu 5 Jahren Zuchthaus verurteilt (in einem gemeinsamen Prozeß mit Otto Krüper, Friedhelm Thiedig, Karl Weber und Hans-Joachim Fischer). Dell wurde beschuldigt, „im Auftrage der ‚Kampfgruppe gegen die Unmenschlichkeit' Wühl- und Zersetzungsarbeit geleistet zu haben".[35] Er befand sich in den StVA Halle ‚Roter Ochse', Torgau, Glowe, Calbe und Magdeburg-Sudenburg. Entlassen wurde er am 21. Oktober 1955 „nach Krumpa/ Geiseltal". Im Sommersemester 1956 setzte er sein Studium mit dem Schwerpunkt Biochemie in Freiburg im Breisgau fort und schloß es 1960 mit dem Diplom ab. Ab 1958 arbeitete er am MPI für Medizinische Forschung in Heidelberg, nach mehreren Studienaufenthalten an der Zoologischen Station in Neapel und Forschungen am MPI in Heidelberg wurde er 1962 im Fach Biochemie promoviert. 1962 begann er in Köln in der chemischen Abteilung der Troponwerke, 1967 wurde er Leiter der neu gegründeten biochemischen Abteilung. Bis zu seiner Pensionierung 1991 umfaßte seine Publikationsliste 146 Veröffentlichungen.

Dennhardt, Curt Fritz[36]
*19. September 1929 in Leipzig. Student an der Chemie-Fachschule. Er war seit 1949 Mitglied der LDP. Er wurde am 21. April 1950 in Halle verhaftet und am 10. Mai 1950[37] von einem SMT zu 25 Jahren ZAL wegen angeblicher Verbreitung von Flugblättern und wegen antisowjetischer Propaganda und Gruppenbildung verurteilt. Er befand sich in der NKWD-Haftanstalt Halle (21. April 1950 bis 23. August 1950), in der StVA Bautzen (23. Mai 1950 bis 17. März 1953), in der StVA Torgau, Fort Zinna (17. März 1953 bis 8. August 1956).[38] Er wurde am 8. August 1956 nach Revision des Urteils vorfristig entlassen. Das weitere Schicksal ist unbekannt. Es gibt keine Spuren von ihm im UAH.

Dölling, Klaus
*7. November 1934 in Limbach/Sa., Student an der Technischen Hochschule für Chemie Halle-Merseburg Nr. 23. Tag der Einschreibung 3. September 1954, Berufsziel Dipl. Chemiker, Tag und Art des Abganges: „9.3.57 Relegation, am 28.12.56 inhaftiert, am 9.3.57 rechtskr. verurteilt wegen Verbrechen gegen Artikel 6 der Verfassung".[39] Er wurde zur gleichen Zeit wie Gerhard

35 BStU Außenstelle Halle, MfS BV Halle, AU 235/52 Bd. 1.

36 Informationen u. a. von der Stiftung Sächsische Gedenkstätten in Dresden und BArch MDI/VSV 1/81, Kategorie V Filmrolle 2.

37 DB DIZ.

38 DB DIZ.

39 Dies steht auf seinem Immatrikulationsschein im UAH.

Thiele, Horst Lohde, Kurt Findeisen, Manfred Böttger verhaftet und verurteilt. Er wurde am 28. Dezember 1956 in Limbach-Oberfrohna vom Staatssicherheitsdienst verhaftet, nach Halle in die Haftanstalt gebracht und am 7. März 1957 vom BG Halle zu 2 Jahren 8 Monaten Zuchthaus wegen angeblicher antikommunistischer Widerstandsbewegung verurteilt. Er befand sich in den HAL Volkstedt und ab Herbst 1958 im Arbeitslager Rossleben, Kaliwerk, Schacht II.[40] Entlassen wurde er am 28. November 1958. Er wurde mit Beschluss vom 10. Februar 1994 rehabilitiert.

Drong, Karl-Heinz
* 14. April 1938 in Görlitz. Student der Volkswirtschaft, Geschichte und Philosophie an der Universität Halle. Er legte sein Abitur 1956 in Görlitz ab und wurde am 14. August 1956 an der MLU immatrikuliert, mit der Hochschulnummer 3663. Er war CDU-Mitglied seit 1954. Am 27. Oktober 1957 ging er nach Westberlin und nahm am 28. Oktober 1957 das Studium an der Deutschen Hochschule für Politik in Westberlin auf. Er wurde am 3. Dezember 1957 in Ostberlin mit der Begründung: „Betreten des demokratischen Sektors von Berlin ohne DPA, Einschleusen von Hetzmaterial, Verdacht der Spionage“[41] verhaftet und im Prozeß vom 19. und 20. März 1958 vom KG Halle West zu 6 Monaten und 2 Wochen Gefängnis wegen „Vergehens gegen die der Verordnung ü.d. Ausgabe von DPA u. Vergehen nach der StVO und der Anordnung über die Ein- u. Ausfuhr von Zahlungsmitteln“[42] verurteilt. Er befand sich in der UHA Halle und in der StVA Naumburg. Entlassen wurde er am 18. Juni 1958. Er wurde mit Beschluss vom 3. September 1996 rehabilitiert.

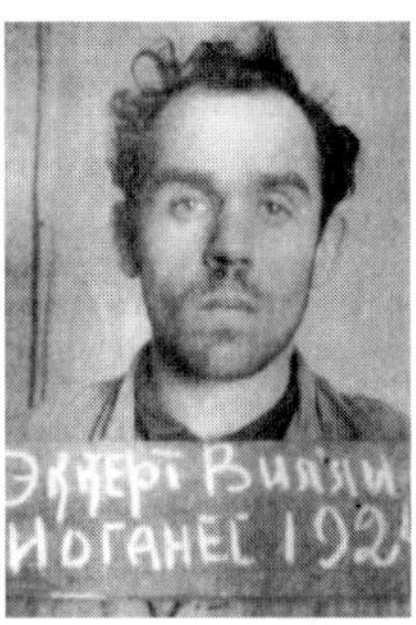

Eckert, Willi Johannes
*17. September 1924 in Kleinpörthen/Zeitz, †16. Dezember 1998 in Frankenmarkt/Österreich. Student der Medizin an der Universität Halle Nr. 2088. Von 1946 bis 1948 war er Mitglied der SED, dann der NDPD. Tag der Einschreibung an der MLU: 20. April 1948, Tag und Art des Abgangs: „15.6.50 wegen Nicht-Rückmeldung zum S.S. 50 u. Reg. Brf. Az. 6975a“. Er wurde am 11. März 1950 in der Wohnung seiner Verlobten in Zeitz verhaftet. Verurteilt wurde er am 13. Mai und 19. September 1950 vom SMT Halle zu 25 Jahren ZAL wegen illegaler Gruppenbildung. Er befand sich bis zu seiner Verurteilung in den UHA Halle und Berlin-Lichtenberg. Danach wurde er nach Workuta/UdSSR deportiert.[43] Entlassen wurde er am 11. Oktober 1955. Er beendete sein Medizinstudium und arbeitete als Internist in Berlin. Er wurde mit der Gruppe um Hennig, Schott und Eggers im Oktober 1992 rehabilitiert. Autor: Irmi und Willi Eckert: „Zwei Leben“.

---

40 BStU Außenstelle Halle, MfS BV Halle, AU 22/57 Band 13.

41 BStU Außenstelle Halle, MfS BV Halle, AU 37/58, Bd. 1.

42 BStU Strafnachricht.

43 Lt. Angaben des Roten Kreuzes: Haftanstalten Halle, Lichtenberg, Workuta, Potma, Fürstenwalde, entl. 10.10.1955 aus Fürstenwalde.

Edelmann, Horst[44]
*17. April 1926 in Köthen, Student der Philosophie an der Universität Halle. Er wurde am 12. Januar 1949 in Köthen verhaftet und durch ein SMT in Halle (ohne Aktenzeichen) zu 25 Jahren Zwangsarbeitslager verurteilt. Er befand sich in der StVA Bautzen. Am 16. Januar 1954 entlassen (Entlassungsaktion 1954). Noch 1954 floh er in die Bundesrepublik. Es gibt keine Spuren von ihm im UAH. Er wurde rehabilitiert.

Eggers, Werner Heinrich[45]
* 19. März 1929 in Schwanebeck, Krs. Oschersleben. Student der Medizin an der Universität Halle Nr. 2030. Tag der Einschreibung 17. April 1948, Tag und Art des Abganges: „15.6.50 gestr. wegen Nicht-Rückmelden zum S.S. 50 u. lt. Reg. Erl. Az. 6935 a". Mitglied der „SPD (SED) seit 1.7.45". Er wurde am 16. März 1950 in Schwanebeck verhaftet und am 18. März 1950 wegen angeblicher Spionage und „Illeg. Organisation" vom SMT Halle am 13. Mai und 19. September 1950 zu 25 Jahren „Erziehungslager mit Beschlagnahme"[46] verurteilt. Eggers befand sich in den StVA Halle (16. März 1950 bis 9. Oktober 1950) und Bautzen (9. Oktober 1950 bis 16. Januar 1954). Entlassen wurde er am 16. Januar 1954 „nach Schwanebeck" (Entlassungsaktion 1954). Eggers wurde „in die BRD entlassen"[47]. Im September 1954 nahm er sein Medizinstudium an der Universität Köln wieder auf und studierte in Köln und Hamburg. Er wurde promoviert und war von 1966 bis 1996 als Internist in Salzgitter tätig. Im Oktober 1992 wurde er durch die Militärhauptstaatsanwaltschaft mit Eckert und Hennig rehabilitiert.

Erdmann, Kurt
*3. Oktober 1928 in Nürnberg, verstorben 13. Dezember 1991 in Berlin. Oberschulbesuch in Zeitz, 1944 Luftwaffenhelfer in Breslau, dort in sowjetischer Kriegsgefangenschaft, 1947 entlassen. Abitur in Zeitz. Student an der Universität Halle. Mitglied der LDP. Verhaftet am 17. März 1950 in Zeitz. Verurteilt am 13. Mai 1950 und 19. September 1950 durch ein sowjetisches Militärtribunal in Halle wegen angeblichen Aufbaus einer Widerstandsgruppe zu 25 Jahren Zwangsarbeitslager. Er befand sich im MWD-Untersuchungsgefängnis Halle und im sowjetischen Zwangsarbeitslager Taischet/Sibirien. Vom Juli bis zum Oktober 1953 war er bereits im sowjetischen Entlassungslager Tapiau/Ostpreußen. Er wurde jedoch wieder in das Untersuchungsgefängnis Königsberg eingeliefert. Rückkehr nach Deutschland am 16. Oktober 1955.

44 Informationen u. a. von der Stiftung Sächsische Gedenkstätten in Dresden und BArch MDI/VSV 1/81, Kategorie V Filmrolle 2.

45 Informationen u. a. von der Stiftung Sächsische Gedenkstätten in Dresden und BArch MDI/VSV 1/81, Kategorie V Filmrolle 2.

46 Haftkartei JVA Bautzen.

47 BStU Strafnachricht.

In Berlin als Wirtschaftswissenschaftler am Osteuropa-Institut und im Forschungsbeirat für Wiedervereinigungsfragen tätig. Mit Gruppe Hennig, Eggers, Eckert und Schott im Oktober 1992 durch die Militärhauptstaatsanwaltschaft Moskau rehabilitiert.

Feige, Dieter

*19. Januar 1930 in Liegnitz. Student der Chemie an der Universität Halle. Bis 1945 besuchte er die Oberschule, erhielt das Notreifezeugnis und wurde noch zum Kriegshilfsdienst eingezogen. 1946–1947 hat er in Bergwitz im Braunkohlenwerk gearbeitet, begann am 1. September 1947 eine Lehre als Laborant im Stickstoffwerk Piesteritz, beendete sie 1950. Ab Herbst 1950 war er Student am Institut für technische Chemie, am 25. Juli 1952 legte er sein Examen ab. Er wurde am 4. August 1952 in Halle verhaftet und am 8. Oktober 1952 vom LG Halle zu drei Jahren Zuchthaus und 5 Jahren Sühnemaßnahmen wegen angeblicher Spionage und sowjetfeindlicher Äußerungen verurteilt.[48] Er befand sich im HAL Cottbus. Es gibt keine Spuren von ihm im UAH.

Feuerhake, Margot[49]

*3. April 1929 in Oschersleben. Studentin der Kirchenmusik an der Universität Halle. Sie war seit Januar 1946 Mitglied der CDU. Sie wurde am 14. Juni 1948 in Oschersleben vom NKWD verhaftet und am 15. Februar 1949 vom SMT in Dresden unter dem Aktenzeichen 78652 zu 25 Jahren ZAL wegen angeblicher Spionage verurteilt. Sie befand sich in Sachsenhausen (Lager, vom 14. Juni 1948 bis zum 11. Februar 1950), in den StVA Hoheneck/Stollberg (11. Februar 1950 bis 26. März 1952), in Waldheim (26. März 1952 bis 7. Mai 1952) und wieder in Hoheneck/Stollberg (7. Mai 1952 bis 16. Januar 1954). Am 16. Januar 1954 wurde sie entlassen. Über ihr weiteres Schicksal ist nichts bekannt.

Fiedler, Siegfried[50]

*27. August 1922 in Liegnitz Schlesien.[51] Student der Rechtswissenschaften an der Universität Halle Nr. 562. Tag der Einschreibung 15. Oktober 1946, Tag und Art des Abgangs: 8. Dezember 48 gestrichen. „Parteizugehörigk: SED seit 1.8.46". Er wurde am 4. Mai 1948 in Halle verhaftet und am 9. Oktober 1948 vom SMT Potsdam zu 25 Jahren ZAL verurteilt. Er befand sich in den StVA Bautzen und im Lager Inta-Abes/UdSSR. Entlassen wurde er am 12. Januar 1956. Er wurde rehabilitiert.

Findeisen, Kurt

*21. September 1935 in Delitzsch. Student der Chemie an der Technischen Hochschule für Chemie Halle-Merseburg Nr. 36. Er wurde am 3. September 1954 eingeschrieben und bei Tag und Art des Abgangs steht: „Okt. 57 [...]. Strafverfahren". Er wurde am 28. Dezember 1956 gemeinsam mit sechs anderen Personen (darunter die Studenten der TH Chemie Merseburg

48 BStU Außenstelle Halle, MfS BV Halle, AU 247/52 Bd. 1 bis 4.

49 Informationen u. a. von der Stiftung Sächsische Gedenkstätten in Dresden und BArch MDI/VSV 1/81, Kategorie V Filmrolle 2.

50 Informationen u. a. von der Stiftung Sächsische Gedenkstätten in Dresden.

51 BStU MfS Zentralarchiv, AS 6/54 Bd. 32: Fiedler, SMT-Verurteilte, Bl. 13.

Thiele, Dölling und Lohde) vom Staatssicherheitsdienst in Halle verhaftet und vom BG Halle (Az 1 Ks-33/57) wegen Zugehörigkeit zu einer angeblich antikommunistischen Widerstandsbewegung (Straftat: wegen Nichtanzeige eines Verbrechens, § 139 StGB)[52] zu 10 Monaten Gefängnis verurteilt.[53] Er befand sich im HAL Volkstedt. Entlassen wurde er am 31. August 1957 „nach Raguhn".[54] Er floh in die Bundesrepublik, beendete sein Chemiestudium, wurde promoviert und arbeitete bei Bayer Leverkusen.[55] Er wurde mit Beschluß vom 5. Februar 1998 rehabilitiert.

Fischer, Hans-Joachim
*28. Februar 1932 in Berlin-Karlshorst, † am 10. Mai 1958 in Dortmund. Studienbewerber, seit Oktober 1951 Chemiepraktikant im Institut für Physiologische Chemie der Universität Halle. Er wurde am 16. April 1952 in Halle verhaftet (in diesem Zusammenhang wurden auch Otto Krüper, Karl Weber, Friedhelm Thiedig und Hans-Dieter Dell verhaftet) und am 26. Juni 1952 von der 1. Strafkammer des LG Halle zu 8 ½ Jahren Zuchthaus wegen angeblicher Boykotthetze verurteilt. Er befand sich in der UHA des SSD Halle ‚Roter Ochse' und in den StVA Torgau, Luckau und ab 18. Dezember 1956 in Zwickau. Entlassen wurde er „nach Dortmund" am 14. September 1957, Suizid am 9. oder 10. Mai 1958.[56] Am 17. Juni 1994 wurde er vom Landgericht Halle rehabilitiert.

Fischer, Johannes
*8. August 1917 in Naumburg, Student der Geschichte, 1936 nach dem Abitur Wehrpflicht, Ausbildung zum Offizier der Luftwaffe. Er wurde am 8. Januar 1949 durch sowjetische Sicherheitsorgane in Halle verhaftet und am 14. Mai 1949 durch ein SMT in Potsdam zu 25 Jahren Zwangsarbeitslager verurteilt. Er wurde am 12. März 1957 aus der StVA Brandenburg-Görden entlassen, floh nach West-Berlin. 1958 trat er in die Bundeswehr (Luftwaffe) ein. Ab 1949 war er Historiker am Militärgeschichtlichen Forschungsamt in Freiburg im Breisgau mit dem Schwerpunkt Luftkriegsgeschichte. 1977 wurde er als Oberst in den Ruhestand verabschiedet.

Fitzau, Werner[57]
*11. September 1925 in Köthen/Anhalt. Student der Medizin an der Universität Halle, verheiratet. Er wurde am 12. Januar 1949 in Köthen verhaftet und vom SMT Halle unter dem Aktenzeichen 5979 zu 25 Jahren ZAL verurteilt. Er befand sich vom 16. Februar 1950 bis zur Entlassung in der StVA Bautzen. Am 16. Januar 1954 wurde er entlassen. Über sein weiteres Schicksal ist nichts bekannt. Es gibt keine Spuren von ihm im UAH.

52 BStU Strafnachricht.
53 BStU Außenstelle Halle, MfS BV Halle, AOP 75/58.
54 BStU Außenstelle Halle, MfS BV Halle, AU 22/57 Band 13.
55 BStU MfS Außenstelle Halle, BV Halle, AU 22/57 Bl. 20.
56 S. Ahrberg und Thiedig 2005.
57 Informationen u. a. von der Stiftung Sächsische Gedenkstätten in Dresden und BArch MDI/VSV 1/81, Kategorie V Filmrolle 2.

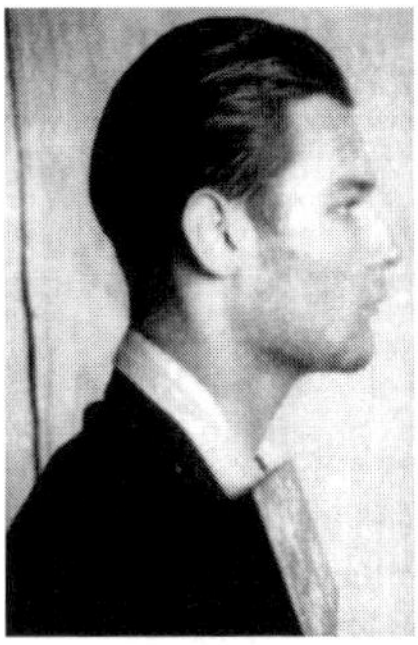

Flade, Dieter Heinrich[58]
*19. Mai 1929 in Dresden. Student der Medizin in Halle Nr. 3482. Tag der Einschreibung 1. Oktober 1949, Tag und Art des Abgangs: „15.6.50 gestr. wegen Nicht-Rückmeldung zum 5.3.50. [oder 5.9.50] u. Reg. Nr. 6335a“ „Parteizugehörigk. CDU seit 1949“. Er wurde am 8. März 1950 in Dresden verhaftet und am 13. Mai und 19. September 1950 vom SMT Halle zu 10 Jahren ZAL wegen angeblicher antisowjetischer Propaganda verurteilt. Er befand sich in den StVA Bautzen und Halle. Entlassen wurde er am 18. Januar 1954. Im März 1954 floh er nach Westberlin, zunächst Notaufnahme Marienfelde. Er heiratete 1954, drei Kinder. Aus gesundheitlichen Gründen konnte er das Medizinstudium nicht fortsetzen. Er war Verwaltungsangestellter, freier Journalist und Referent beim Südwestfunk Baden-Baden und beim ZDF. 1988 wurde er aus gesundheitlichen Gründen pensioniert. Rehabilitiert mit Eckert und Hennig im Oktober 1992.

Flemminger, Rolf
* 1930. Student der Chemie an der Universität Halle. Er wurde im Juli 1951 verhaftet und im November 1951 zu 1 1/2 Jahren Zuchthaus verurteilt. Er befand sich in der StVA Magdeburg-Sudenburg. Das Entlassungsdatum ist nicht bekannt. Es gibt keine Spuren von ihm im UAH.

Fröde, Hubert Ernst Otto[59]
*16. Februar 1924 in Liegnitz, Niederschlesien. Student der Rechtswissenschaften an der Universität Halle Nr. 7740, Tag der Einschreibung: 1. Februar 1946, Tag und Art des Abgangs: „8.12.48 gestrichen wegen Nicht-Rückmeldung zum WS 48/49, Exm. 15.XI.1949 No. 625 Staatsexamen 1949 Htm.“. Zuletzt beschäftigt als Verwaltungsjurist[60]. Er war Mitglied der LDP seit 5. Oktober 1945 und Mitglied des Kreisvorstandes der LDP in Delitzsch. Er war verheiratet und hatte ein Kind, als er am 10. Dezember 1949 in Delitzsch vom NKWD verhaftet und am 1. März 1950 vom SMT Halle zu 25 Jahren ZAL (auf 10 Jahre verkürzt) wegen angeblicher Spionage und antisowjetischer Agitation verurteilt wurde. Er befand sich bis zu seiner Verurteilung in der UHA Halle und danach in den StVA Bautzen und Brandenburg. Entlassen wurde er am 22. Oktober 1956.

Gawantka, Wolfgang, Dr. med.[61]
*19. Juni 1920 in Rawitzsch/Posen, † am 22. August 1988 in Marl. Medizinstudium in Leipzig und Halle, Promotion, Kriegsdienst, Assistenzarzt an der Universitätsklinik Halle. Er wurde am 8. Oktober 1948 gemeinsam mit Boetzel in Halle vom NKWD verhaftet und am 27. April 1949 vom SMT Halle (Aktenzeichen 6375) nach sowjetischem Strafgesetzbuch § 58,6 und § 58/11 zu 25 Jahren Zwangsarbeitslager wegen angeblicher Spionage und Antisowjethetze verurteilt.

58 Informationen u.a. BArch MDI/VSV 1/81, Kategorie V Filmrolle 2, BStU MfS Zentralarchiv AS 6/54 Bd. 30, Blatt 52 und durch Gruppe Eckert und Hennig.
59 Informationen u.a. BArch MDI/VSV 1/81, Kategorie V Filmrolle 2.
60 BStU Strafnachricht.
61 Informationen u.a. BArch MDI/VSV 1/81, Kategorie V Filmrolle 2.

Er befand sich in den StVA Halle ‚Roter Ochse' und Bautzen. Vom Juli 1949 bis zum 2. November 1956 war er als Arzt in der StVA Bautzen. Am 3. November 1956 wurde er aufgrund einer Begnadigung durch den Präsidenten der DDR entlassen. Von Januar bis April 1957 war er in der Hautklinik der MLU tätig, dann floh er in die Bundesrepublik Deutschland. Er war mehrere Jahre als Dermatologe an der Paracelsusklinik in Marl/NRW tätig. Am 22. August 1988 ist er als Inhaber einer Allgemeinpraxis in Marl verstorben. Er wurde am 20. September 1994 rehabilitiert.

Götz, Julius
*5. März 1920 in Stettin. „Volksschule, Schlosser, RAD, Wehrmacht, Fallschirmjäger, amerikanische Kriegsgefangenschaft, Schlosser auf Schiffs-Werft, 1946 Vorsemester, seit 1947 Student im dritten Semester an der medizinischen Fakultät und nunmehr im 4. Semester an der juristischen Fakultät, 2.1.1946 SPD, dann SED"[62]. Student der Rechtswissenschaften an der Universität Halle Nr. 1179, Tag der Einschreibung 1. September 1947, Studienfach: „med., Ab 24.5.49 rer.pol." Tag und Art des Abgangs: „23.5.1951 gestrichen lt. Schreiben d. Staatssekr. Az. 3614, wegen Nicht-Rückmeldung z. S.S. 1951 Htm." Er wurde am 28. Oktober 1950 zusammen mit 13 anderen Studenten verhaftet. Er ist am 28. Mai 1952 aus dem HKH Tangermünde in die Bundesrepublik geflohen.

Goetze, Horst
*12. Mai 1929 in Halle[63]. Volksschule, Mittelschule, Fachschulpraktikant, RAD, Wehrmacht, engl. Kriegsgefangenschaft, ab 1. Mai 1947 erstes Vorsemester der ABF, 1947 Reifeprüfung, Student der Wirtschaftswissenschaften an der Universität Halle Nr. 1041. Am 1. September 1947 schrieb er sich an der Universität ür das Fach Jura ein. Ab 20. Oktober 1948 wechselte er zu „rer. pol.". Tag und Art des Abgangs: „27.12.50 gestrichen lt. Reg. Verf., Az. 6335a wegen Nichtrückmeldung z. W.S. 1950/51 Bi." „Parteizugeh.: SED seit 1.5.46". (erst SPD, dann SED). Am 4. August 1950 Staatsexamen.[64] Er wurde am 26. Oktober 1950 mit 13 anderen Studenten in Halle verhaftet (lt. MfS-Akten war er 1950 bei seiner Verhaftung Diplom-Volkswirt und bei der Landesregierung Sachsen-Anhalt angestellt). Entlassen wurde er am 31. August 1951 wegen Mangels an Beweisen. Er beendete sein Studium an der MLU und schloß es 1952 mit dem Diplom ab.

Grassow, Manfred
*7. Dezember 1928 in Pirna, 1939–1945 Oberschule in Goldberg Schlesien, 1945–1947 in Eschwege, da er bei Evakuierung von den Eltern getrennt wurde. Dann nach Wiederstedt zu den Eltern. 1949 Abitur in Hettstedt, ab dem 1. Dezember 1949 Studium der Medizin an MLU,

62 BStU Außenstelle Halle, MfS BV Halle, AU 49/51 Bd. 5.
63 BStU Außenstelle Halle, MfS BV Halle, AU 49/51 Bd. 5.
64 BStU Außenstelle Halle, MfS BV Halle, AU 49/51 Bd. 5.

am 27. Juli 1951 verhaftet (wegen Verbindungen zur Kampfgruppe gegen Unmenschlichkeit)[65] und am 14. August 1951 aus der Haft entlassen. Es war eine Gruppenverhaftung von Raths, Kunert, Günther, Simon, Zielke, Grassow. Alle wurden nach wenigen Tagen wieder freigelassen.

Greulich, Wilhelm[66]
*21. Mai 1921 in Berlin. Student der Theologie an der Universität Halle Nr. 9904, Tag der Einschreibung 6. Februar 1946, Tag und Art des Abgangs: „19.5.48 exm. 1250“. Von 1945–1947 war er Mitglied der CDU und ab 1948 Mitglied der SED. Er war verheiratet und hatte zwei Kinder. Er wurde am 4. September 1948 im Kreis Salzwedel verhaftet und von einem SMT Sachsen, Az 123045, wegen „unbefugtem Waffenbesitz“ zu 10 Jahren ZAL verurteilt. Er befand sich im KZ Sachsenhausen und in der StVA Luckau. Im Januar 1954 wurde er vom Obersten Gericht der UdSSR amnestiert (Aktion 1954) und entlassen. Über sein weiteres Schicksal ist nichts bekannt.

Günther, Theodor
*14. Juni 1930 in Hedersleben, Krs. Eisleben. Medizinstudent, er wurde am 30. Juli 1951 verhaftet[67] und am 14. August 1951 entlassen. Es war eine Gruppenverhaftung von Raths, Kunert, Günther, Simon, Zielke, Grassow. Alle wurden nach wenigen Tagen wieder freigelassen.

Habedank, Günther Traugot Walter
*31. Oktober 1935 in Duneiken, Bezirk Gumbinnen/Ostpreußen. Er floh mit seiner Mutter und vier Geschwistern aus Ostpreußen nach Quedlinburg, hier seit 1953 Student der Germanistik (ab 1956 auch Latein) an der Universität Halle. Er wurde am 20. Juni 1957 gegen 11 Uhr in seiner Wohnung in Halle vom SSD verhaftet, am 28. Oktober 1957 vom 1. Strafsenat des BG Halle gemeinsam mit Hosemann wegen angeblicher Beleidigung von Staatsfunktionären zu 6 Monaten Gefängnis verurteilt und am 18.12.1957 entlassen.[68] Am 20. Dezember 1957 wurde er vom Disziplinarausschuss der MLU (geleitet von Prorektor Herrmann) „für die Zeit vom 15.2.1958 bis zum 31.8.1958 vom Studium an allen Universitäten und Hochschulen der DDR ausgeschlossen“. 1993 lebte er als leitender Ministerialrat in Wiesbaden. Er wurde mit Beschluß vom 23. August 1994 rehabilitiert.

Hahs, Erwin
*1887 Prof. an der Burg Giebichenstein, Prof. für Angewandte Kunst an der Kunsthochschule Burg Giebichenstein/Halle. Er wurde im Juni 1952 in Halle wegen angeblichen Verleitens von Studenten zum Formalismus verhaftet.

---

65 BStU Außenstelle Halle, MfS BV Halle, AU 514/51 Bd. 1.

66 Informationen u. a. von der Stiftung Sächsische Gedenkstätten in Dresden und BArch MDI/VSV 1/81, Kategorie V Filmrolle 2.

67 BStU Außenstelle Halle, MfS BV Halle, AU 514/51 Bd. 1.

68 BStU Außenstelle Halle, MfS BV Halle, AU 1/58 Bd. 3 und Band 9.

Hamel, Johannes Gotthilf Heinrich

*19. November 1911 in Schöningen (Kreis Helmstedt), † 1. August 2002 in Wernigerode. Theologiestudium in Tübingen, Königsberg und Halle (Lehrer Julius Schniewind und Karl Barth), ab 1934 Mitglied der Bekennenden Kirche, 1933–1945 Vikar und Hilfsprediger der Bekennenden Kirche, 1938 verheiratet mit der Theologin Renate Schomerus, fünf Kinder. 1941–1942 als Arbeiter in den Leunawerken zwangsdienstverpflichtet, 1942 bis April 1945 Wehrmacht, verwundet und bis September 1946 Kriegsgefangener und Lagerpfarrer in Florenz und Pisa. Von Dezember 1946 bis April 1955 evangelischer Studentenpfarrer für die Studenten der MLU und der Kunstschule Burg Giebichenstein.[69] Er wurde am 12. Februar 1953 in Halle vom Staatssicherheitsdienst verhaftet, war Untersuchungsgefangener in Halle und Berlin-Hohenschönhausen, wurde am 10. Juli 1953 entlassen und arbeitete weiter als Studentenpfarrer. Er war von 1955 bis 1976 Dozent für Praktische Theologie an der Kirchlichen Hochschule in Naumburg. 1966 erhielt er die Ehrendoktorwürde der Universität Göttingen. 1985 siedelte er legal nach Gräfelfing bei München über.[70]

Hampe, Hans[71]

*9. November 1925 in Köthen. Studienbewerber an der philosophischen Fakultät der Universität Halle. Mitglied der LDP seit 1946. Er wurde am 18. Januar 1949 zusammen mit mehreren Freunden in Hötensleben verhaftet. Hampe wurde am 19. Januar 1949 vom Sowjetischen Militärgericht in Halle unter dem Aktenzeichen 6712 zu 25 Jahren Arbeitslager verurteilt. Er befand sich in der Strafvollzugsanstalt Bautzen und wurde am 18. Januar 1954 „nach Köthen/Anh." entlassen.[72] Das weitere Schicksal ist unbekannt.

Harreß, Hartmut

*12. Juli 1921 in Ernstthal bei Hohenstein. Abitur am Reform-Real-Gymnasium in Sonneberg, RAD, November bis Dezember 1939 an Universität Jena Studium der Geschichte, Anglistik und Romanistik, Einberufung, Kriegsdienst. Januar 1946 Entlassung aus der Kriegsgefangenschaft, Mitglied der SED, 1946–1950 Studium der Anglistik, Slawistik und Romanistik an der MLU. März 1951 Staatsexamen, Lektor für russische und französische Sprache MLU, Abteilung Sprachunterricht, verheiratet, 3 Kinder.[73] Er wurde am 17. Juni 1957 vom Staatssicherheitsdienst verhaftet (gemeinsam mit Charlotte Kossuth, Dr. Harro Lucht und Harry Schmidtke), wegen „Bildung einer illegalen staatsfeindlichen Gruppe" vom 1. Strafsenat des BG Halle am 31. Dezember 1958 zu einem Jahr und acht Monaten Haft[74] verurteilt. Er ging nach der Haftentlassung in die Bundesrepublik Deutschland, wo er als Gymnasiallehrer tätig war. Er ist verstorben.[75]

69 BStU Außenstelle Halle, MfS BV Halle, AOP 173/57 Hamel, Vorgang Riga, Bl. 12.
70 S. Gursky 1998.
71 Haftkartei JVA Bautzen und BArch MDI/VSV 1/81, Kategorie V Filmrolle 3.
72 Liste März 1955.
73 UAH Nr. 7296 und BStU, MfS AS 452/62.
74 BStU Strafnachricht.
75 Informationen von Charlotte Kossuth.

Hedewig, Roland

*7. April 1936 in Chemnitz. 1954 legte er sein Abitur in Karl-Marx-Stadt ab. Von 1954 bis 1958 war er Student der Geographie und 1956 bis 1958 auch der Biologie an der Universität Halle. Am 14. April 1958 wurde er in Halle vom Staatssicherheitsdienst verhaftet und am 18. Oktober 1958 vom Bezirksgericht Halle zu 1 Jahr 9 Monaten Zuchthaus verurteilt. Er befand sich in der UHA Halle und in den StVA Naumburg, Bautzen und Zittau. Am 8. Dezember 1959 aus der Haft entlassen, floh er am 23. Februar 1959 in die Bundesrepublik. Der erste Wohnsitz war Wiesbaden. Von 1960 bis 1963 studierte er an der Universität Göttingen Biologie, Chemie und Geographie für das höhere Lehramt. 1962 heiratet er Heidi Zwirner, sie bekamen drei Kinder. Das erste Staatsexamen legte er an der Universität Göttingen ab, das zweite am Studienseminar in Kassel. Von 1966 bis 1973 übte er eine Lehrtätigkeit am Pädagogischen Fachinstitut in Kassel aus, er wurde an der Universität Kassel zum Dr. rer. nat. promoviert. Von 1973 bis 2001 war er Professor für Didaktik der Biologie an der Universität Kassel, 1982/83 Dekan des Fachbereichs Naturwissenschaften, 1981 bis 1987 Vorsitzender der Sektion Fachdidaktik im Verband Deutscher Biologen. Er nahm zahlreiche ehrenamtliche Tätigkeiten wahr und ist Mitherausgeber der Zeitschrift „Unterricht Biologie“ und eines Handbuches für den Biologieunterricht. Seine Rehabilitierung erfolgte durch den Generalstaatsanwalt in Frankfurt/Main am 7. Juni 1960.[76]

Heimberger, Egon

*18. Mai 1921 in Halle. Volksschule, 8 Monate Landjahr, Anstellung als Versicherungslehrling bis 31. Januar 1939, danach zur Wehrmacht eingezogen. Von Dezember 1947 bis Dezember 1948 Stadtverordneter bei der Stadt Halle und 1 Jahr Mitglied des Studentenrates an der Universität Halle.[77] Student der Rechtswissenschaften an der Universität Halle. Mitglied der SPD, später der SED. Verhaftet am 25. Oktober 1950 in Halle zusammen mit 13 anderen Studenten. Zu diesem Zeitpunkt war er verheiratet und hatte ein Kind. Verurteilt wurde er im „Studentenprozeß“ am 30. August 1951 zu 10 Jahren Zuchthaus wegen angeblicher Boykotthetze. Er befand sich in der Strafvollzugsanstalt Magdeburg-Sudenburg und in Waldheim. Er wurde am 15. Februar 1956 aus der Haft „nach Halle“ entlassen. Nach seiner Entlassung war er zunächst bei einer Versicherungsanstalt tätig.[78] 1960 lebte er in Halle. Er wurde mit Beschluß vom 18. Oktober 1995 rehabilitiert.

Heiser, Siegfried Paul Wilhelm

*27. Mai 1917 in Swakopmund, Südwestafrika. Realgymnasium in Burg b. Magdeburg. RAD. Anschließend ein Jahr Studium an der Hochschule für Lehrerbildung in Kiel. Ab Oktober 1939 zu Wehrmacht eingezogen. Nach 1945 KPD dann SED, Student der Psychologie an der Universität Halle Nr. 2969, Tag der Einschreibung: 5. November 1948, Studienfächer: Psychologie,

76 S. ausführliche Beschreibung des „Falls Hedewig“ in diesem Buch.

77 BStU Außenstelle Halle, MfS BV Halle, AU 49/51 Bd. 5.

78 BStU Außenstelle Halle, MfS BV Halle, ASt 5579 Bd. 1.

Biologie. Tag und Art des Abgangs: „23.5.1951 gestrichen lt. Schreiben d. Staatssekr. Az. 3614, wegen Nicht-Rückmeldung z. S.S.1951 Htm.“. Im Wintersemester 1949/50 wurde er Vorsitzender einer Untergruppe der SED – Fakultät Philosophie an der MLU.[79] Er wurde am 25. Oktober 1950 in Halle vom MfS verhaftet (Er war verheiratet und hatte 2 Kinder im Alter von 7 und 4 Jahren) und im „Studentenprozeß“ am 30. August 1951 von der 1. Großen Strafkammer des LG Halle zu 8 Jahren Zuchthaus wegen angeblicher Spionage und Boykotthetze verurteilt. Seit dem 20. September 1952 befand er sich in Halle in Haft, dann in den StVA Magdeburg-Sudenburg und Waldheim. Am 28. April 1956 wurde er aus Waldheim zu seiner Ehefrau nach Bonn-Beuel am Rhein entlassen. Langjähriger Leiter einer evangelischen Grundschule in Bonn.

Hennig, Horst

*28. Mai 1926 in Siersleben/Sachsen-Anhalt. Vom 25. Februar 1945 bis 1. Juni 1946 war er in amerikanischer Kriegsgefangenschaft. 1948 legte er sein Abitur in Halle ab. Er wurde Mitglied der FDJ und am 20. Juni 1946 Mitglied der SED. Student der Medizin an der Universität Halle Nr. 2031, Tag der Einschreibung 19. April 1948. Tag und Art des Abgangs: „15.6.50 gestr. wegen Nicht-Rückmeldung zum S.S. 50, lt. Reg. Erlaß Az. 6335“. Er wurde am 10. März 1950 in Halle vom MWD mit einer oppositionellen Studentengruppe verhaftet und am 13. Mai und am 19. September 1950 vom Sowjetischen Militärtribunal in Halle nach § 58-6, -10 und -11 zu 25 Jahren Zwangsarbeit verurteilt. Vom Januar 1951 bis März 1955 war er Häftling in Workuta – im Lager 10, im Schacht 29. Am 15. Dezember 1955 erfolgte die Entlassung nach Westberlin. Er nahm das Medizinstudium im April 1956 an der Universität in Köln wieder auf. 1961 schloß er sein Staatsexamen ab und wurde promoviert. Seit 1962 war er im Sanitätsdienst der Bundeswehr tätig. 1982 erhielt er das Bundesverdienstkreuz 1. Klasse und im März 1983 wurde er als Generalarzt aus dem Bundesministerium der Verteidigung, Bonn, in Pension verabschiedet. Er wurde im Oktober 1992 mit Eckert, Eggers, Erdmann, Flade, Schaffernicht und Schott in Moskau rehabilitiert. Ab 1992 unternahm er mehrere Archivreisen nach Moskau und Workuta. Er arbeitet ehrenamtlich in Gedenkstätten, Stiftungen und Verbänden mit. Er ist Mitherausgeber und Autor: „Begegnungen in Workuta“, „Zwischen Bautzen und Workuta“ und „Schwarze Pyramiden, rote Sklaven. Der Streik in Workuta im Sommer 1953“.

Hensel, Johanna Felicitas

*13. Mai 1928 in Torgau, 1947 Abitur in Torgau, Studentin der Pädagogik an der Universität Halle Nr. 1793, Tag der Einschreibung 18. Oktober 1947, Studienfach: Kunsterziehung Sport (Pädagogik), Tag und Art des Abgangs „14.12.51 gestrichen Az. 3084 Nicht-Rückm. S.S.1951/52“. Seit 1946 war sie Mitglied der CDU. Sie beendete ihr Studium im Sommer 1951, wurde am 25. Juli 1951 in Dessau verhaftet und am 8. Februar 1952 vom 1. Strafsenat des Obersten Gerichts der DDR in einem Gruppenprozeß gegen 12 Personen zu 10 Jahren Zuchthaus wegen angeblicher Spionage und Mitgliedschaft im ‚Widerstands-

79 BStU Außenstelle Halle, MfS BV Halle, AU 49/51 Bd. 5.

kreis der Jugend der Sowjetzone' (Art. 6 d. Verf. d. DDR u. KD 38 Abschn. II, Art. III A III) verurteilt. Sie befand sich in der zentralen U-Haftanstalt des Staatssicherheitsdienstes in Berlin-Hohenschönhausen und in den StVA Hoheneck, Zwickau und Halle. (Verlegungen: 22. Februar 1952 von Berlin nach Hoheneck, 12. August 1953 von Hoheneck nach Zwickau, 25. März 1954 von Zwickau nach Halle I).[80] Entlassen wurde sie am 2. August 1956. Flucht in die Bundesrepublik. Sie arbeitete zunächst in Remscheid als Heim-Kindergärtnerin. Nach der Hochzeit mit Horst Abendroth gab sie ihre Berufstätigkeit auf und widmete sich der Familie. Sie litt sehr unter den Folgen der Haft und verstarb am 26. Februar 1984 in Remscheid.

Herrmann, Werner, Dr. med. dent.[81]
*28. Oktober 1918 in Radewell/Saalkreis. Zahnarzt, Assistent am Zahnmedizinischen Institut der Universität Halle. Er wurde am 6. Mai 1949 in Halle verhaftet und am 17. Mai 1949 von einem SMT in Halle unter dem Aktenzeichen 127928 zu 25 Jahren ZAL (auf 15 Jahre gemindert) wegen angeblicher Spionage und antisowjetischer Haltung verurteilt. Er befand sich in den StVA Brandenburg (16. Februar 1950 bis 25. Mai 1954), anschließend Berlin und Bautzen. Lt. Strafnachricht: Verlegung von Bautzen nach Brandenburg, Luckau Arbeitslager, Bautzen; Ausbruchsversuch am 5. Januar 1955. Entlassen wurde er wegen Strafaussetzung am 19. Februar 1957 „nach Wesseling, Bez. Köln".[82]

Herzel, Fritz[83]
*31. Dezember 1930 in Eisleben. Student der Chemie an der Universität Halle Nr. 4704, Tag der Einschreibung 2. Oktober 1950, Tag und Art des Abgangs: „15.2.53, 26.2.53, 3392, Entzug wegen Nichtrückmeldung z. F.S. 52/53". Er wurde am 19. November 1952 in Halle vom Staatssicherheitsdienst verhaftet und 19. Februar 1953 vom SMT 48240 Berlin-Lichtenberg wegen angeblicher Spionage zum Tode verurteilt. Am 1. April 1953 wurde er in Moskau zu 25 Jahren ZAL begnadigt. Er befand sich in den SSD-Haftanstalten Frankfurt/O., Berlin-Karlshorst, Berlin-Lichtenberg und wurde dann in die UdSSR – Lager Taischet – deportiert. Entlassung am 19. Oktober 1955. Herzel wurde rehabilitiert.[84]

Hilscher, Wolf-Günther
*5. Juli 1926 in Weißenfels, Student an der Medizin an der MLU mit der Nummer 1161, seit 1946 Mitglied der SED. Er wurde gemeinsam mit Günther Schönfeld, Horst Sackmann und Werner Kirsten am 4. Mai 1951 verhaftet und am 17. Mai 1951 entlassen.[85] Er wurde am 1. September 1947 an der MLU immatrikuliert, hier am 31. August 1951 exmatrikuliert und wechselte an die Universität in Leipzig.

80 BStU Strafnachricht.
81 Informationen u. a. von der Stiftung Sächsische Gedenkstätten in Dresden und BArch MDI/VSV 1/81, Kategorie V Filmrolle 3.
82 BStU Strafnachricht.
83 Informationen u. a. von der Stiftung Sächsische Gedenkstätten in Dresden.
84 Außer Anfragen seines Vaters an den Staatspräsidenten vom Dezember 1952 und vom Januar 1953 (BStU MfS HA IX/11/SMT Bd. 20 Herzel) haben wir in den Archiven keine Hinweise auf Herzel gefunden.
85 BStU Außenstelle Halle, MfS BV Halle, AU 141/52.

Höfer, Ulrich
* 1928. Student der Geographie an der Universität Halle. Er wurde im Juli 1951 am Wandlitzsee verhaftet und zu 15 Jahren Zuchthaus verurteilt. Er befand sich in der StVA Brandenburg. Sein weiteres Schicksal ist unbekannt. Es gibt keine Spuren von ihm im UAH.

Hölscher, Wolfgang
*2. Mai 1923 in Freiberg/Sa. Student der Medizin an der Universität Halle Nr. 752, Er hatte sich schon einmal am 17. Juli 1945 mit der Nr. 7761 eingeschrieben. Damals war die Medizinische Fakultät noch nicht wieder zur Lehre zugelassen. So schrieb er sich wiederum ein: Tag der Einschreibung 13. November 1946, Tag und Art des Abgangs: „23.5.1951 (?) gestrichen lt. Schreiben d. Staatssekr. Az. 3614, wegen Nicht-Rückmeldung z. S.S. 1951 Htm." „Parteizugeh.: SED seit 1.5.46". Er wurde am 22. Oktober 1951 in Ostberlin verhaftet. Er befand sich in der SSD-Haftanstalt Berlin-Stadtvogtei. Entlassung am 11. März 1952.

Holz, Hans Eberhard, Dr. med.[86]
*27. Juni 1913 in Wilhelmshaven. Er war medizinischer Assistent an der Universitätshautklinik Halle. Ab 1924 staatl. Domgymnasium in Merseburg, 1932 Abitur. Er studierte Medizin in Freiburg und Halle, 1937 Staatsexamen, im selben Jahr Promotion an der Universität in Halle.[87] Am 1. Juni 1939 wird Holz zum wissenschaftlichen Assistenten an der Universitätshautklinik der MLU ernannt. Am 12. Dezember 1947 wird er auf Vorschlag von Jacoby zum Oberarzt ernannt. Er war verheiratet und hatte vier Kinder, die bei seiner Verhaftung sechs, fünf und drei Jahre alt waren, das jüngste Kind war gerade geboren. Er wurde am 2. März 1948 verhaftet und am 23. September 1948 durch ein sowjetisches Gericht nach § 58/6/11 wegen angeblicher Spionage zu 25 Jahren verurteilt. Er war in den Haftanstalten Halle, Berlin, Niederschönhausen, Brest, Orscha, Moskau, Workuta, Suchobeswodnoje und Rewda. Am 17. Dezember 1955 kam er zusammen mit 272 anderen Häftlingen aus der Sowjetunion nach Bautzen und wurde er am 14. April 1956 entlassen. Er ging nach der Haftentlassung in die Bundesrepublik und war bis zu seinem Ruhestand als Arzt tätig. Er wurde am 11. Juli 1995 mit 22 Mitverhafteten rehabilitiert.

Hosemann, Martin Robert Gottfried
*1. August 1934 in Halle. Student der Germanistik an der Universität Halle Nr. 8764, Tag und Art des Abgangs: „15.2.58 zeitweilige Entpflichtung(?)". Er wurde am 20. Juni 1957 in seiner Wohnung in Halle vom Staatssicherheitsdienst verhaftet und am 28. Oktober 1957 vom 1. Strafsenat des BG Halle in einem gemeinsamen Prozess mit Habedank wegen „Boykotthetze … nach den Ereignissen in Ungarn"[88] zu 4 Monaten Gefängnis verurteilt. Er befand sich in der UHA Halle. Entlassen wurde er am 29. Oktober 1957. Er wurde mit Beschluß vom 29. April 1996 rehabilitiert.

---

86 Informationen u. a. von der Stiftung Sächsische Gedenkstätten in Dresden.
87 BStU MfS Zentralarchiv, G-SKS 101075 Holz.
88 BStU Außenstelle Halle, MfS BV Halle, AU 1/58 Bd. 3.

Hubl, Herbert Hans Josef

*8. Juli 1929 in Zwettnitz, Kreis Teplitz/Schönau. Student der Pädagogik an der Universität Halle Nr. 2684, Hauptfach Sport, Nebenfach Erdkunde. Immatr. 1. Okt 48, Exmatr. „14.12.51 Az. 3084 Nicht Rückm. S.S.1951/52". Er wurde am 26. Juli 1951 in Leipzig verhaftet und am 20. Februar 1952 vom 1. Strafsenat des Obersten Gerichts Berlin nach Art. 6 der Verf. der DDR wegen angeblicher Spionage (als Mitglied des ‚Widerstandskreis der Jugend der Sowjetzone')[89] zu 10 Jahren Zuchthaus und Vermögenseinziehung verurteilt. Er befand sich in der UHA Berlin-Hohenschönhausen und in der StVA Brandenburg. Entlassen wurde er nach Gnadenerweis des Präsidenten der DDR vom 28. März 1957 am 12. April 1957. Am 6. Mai 1957 floh er nach Westberlin. Am 13. Mai 1957 erhielt er im Notaufnahmeverfahren in Westberlin die Anerkennung als politischer Häftling. Zum Wintersemester 1957 nahm er sein Studium an der Universität in Kiel wieder auf. Alle in Halle abgelegten Prüfungen wurden anerkannt. Nach dem Sommersemester 1960 legte er sein Staatsexamen für das Lehramt an höheren Schulen in den Fächern Geschichte, Erdkunde und Sport ab. Nach dem 2. Staatsexamen am Staatlichen Studienseminar in Kiel war er von 1960 – 1991 an der Humboldt-Schule, ab 1973 als Studiendirektor, tätig. Am Ende des Schuljahres 1990/91 wurde er in den Ruhestand versetzt. Er heiratete 1962 und hat drei Kinder. Seit 1976 wohnt er in Schönberg/Holstein. Er wurde nach dem Strafrechtlichen Rehabilitierungsgesetz (Neufasssung vom 17. Dezember 1999) rehabilitiert.

Huwe, Helmut

*11. Mai 1927 in Allenstein, Ostpreußen, † 10. September 1952 in Moskau. 1944 wurde er zur Wehrmacht eingezogen, im April 1945 kam er in amerikanische Gefangenschaft. 1946 kehrte er nach Berlin heim, besuchte das 2jährige Lehrerseminars in Potsdam-Babelsberg, war ab 1948 als Lehrer in Eberswalde eingesetzt. 1950 absolvierte er eine Sportlehrerausbildung an der Humboldt-Universität in Berlin. Ab dem 1. September 1950 war er Sport- und Deutschlehrer an einer Grundschule in Eberswalde. Er kam als Sportlehrer und Assistent an die Martin-Luther-Universität und wurde am 13. März 1952 verhaftet und am 9. Juli 1952 vom Sowjetischen Militärtribunal Nr. 48240 wegen angeblicher Spionage für einen ausländischen Geheimdienst und Verdingung zu einer antisowjetischen Spionageorganisation zum Tode durch Erschießen verurteilt. Hingerichtet wurde er am 10. September 1952 in Moskau. Er hinterließ eine Frau und eine noch nicht zwei Jahre alte Tochter. Seiner Frau Lida Huwe wurde 1970 mitgeteilt, dass ihr Mann in der Sowjetunion gestorben sei. Nach der Wende 1990 erfuhr sie auf Anfrage, dass er hingerichtet worden war. Am 31. Dezember 1994 wurde Helmut Huwe durch die Militärhauptstaatsanwaltschaft Moskau rehabilitiert.

89 BStU Außenstelle Halle, MfS BV Halle, AU 131/52.

Irmscher, Ursula[90]

*3. Januar 1926 in Ammendorf/Halle. Studentin der Chemie an der Universität Halle Nr. 9992, Tag der Einschreibung 9. Februar 1946, Tag und Art des Abgangs: „19.7.1949 Az. 6312 gestrichen wegen Nicht-Rückmeldung lt. Reg.-Erlaß." Ursula Irmscher war seit 7. März 1946 Mitglied der LPD. Sie wurde am 26. Januar 1949 in Halle vom NKWD verhaftet und am 26. September 1949 vom SMT Halle unter dem Aktenzeichen 94052 zu 25 Jahren ZAL (auf 8 Jahre gesenkt) wegen angeblicher Spionage verurteilt. Sie befand sich im KZ Sachsenhausen (vom 26. Januar 1949 bis 11. Februar 1950) und in der StVA Hoheneck/Stollberg (11. Februar 1950 bis 30. Juli 1956). Entlassen wurde sie am 30. Juli 1956 „in den Krs. Altenburg". Sie floh am 1. Dezember 1956 in die Bundesrepublik und wurde rehabilitiert.

Isermeyer, Hans-Georg

*15. Januar 1928 in Nordhausen/Harz. Besuch des Staatlichen Gymnasiums in Nordhausen, Notabitur 1945. Höhere Fachschule für Landwirtschaft in Eisenach mit einem Abschluss als Staatlich geprüfter Landwirt 1948. 1950 bis 1953 Student der Landwirtschaftswissenschaften an der Universität Halle Nr. 5042, Tag der Einschreibung 2. Oktober 1950, Tag und Art des Abgangs: „30.9.53, 3997 Entzug der Studienerlaubnis". Teilnahme am 17. Juni 1953. Er wurde am 18. Juni 1953 in Halle verhaftet und am 31. August 1953 zu 2 ½ Jahren Gefängnis wegen aktiver Beteiligung am 17. Juni durch den 1. Strafsenat BG Halle (gemeinsam mit Priew und Schuster) verurteilt. Er befand sich in den StVA Halle und Luckau. Entlassen wurde er am 16. Dezember 1955 „nach Nordhausen". Danach floh er aus der DDR. Er beendete sein Studium an der Landwirtschaftlichen Hochschule Stuttgart-Hohenheim 1956 mit dem Abschluss als Diplomlandwirt. Er war wissenschaftlicher Mitarbeiter im KTL (Kuratorium für Technik in der Landwirtschaft) 1956 bis 1965. Er war betriebswirtschaftlicher Spezialberater des Regierungspräsidiums Nordwürttemberg in Ludwigsburg von 1965 bis 1966, Referent für Landtechnik und Technik im Weinbau im Landwirtschaftsministerium Rheinland/Pfalz in Mainz von November 1966 bis 1990, Ministerialrat. Seit 1990 ist er pensioniert. Hans-Georg Isermeyer wurde mit Beschluß vom 23. Juni 1992 rehabilitiert.

Jaensch, Theo[91]

*14. August 1924 in Breslau. Student der Rechtswissenschaften an der Universität Halle. Er war Mitglied der LDP seit 1. August 1946 und Jugendreferent und Sozialreferent beim Landesverband der LDP Sachsen-Anhalt. Er wurde am 25. Juli 1949 in Bad Dürrenberg, Krs. Merseburg, verhaftet und am 28. Januar 1950 vom SMT Halle wegen angeblicher Spionage zu 25 Jahren ZAL verurteilt. Er befand sich in der NKWD-Haftanstalt Halle und in der StVA Bautzen. Entlassen wurde er am 25. August 1956. Er wurde rehabilitiert. Es gibt keine Spuren von ihm im UAH.

90 Informationen u. a. von der Stiftung Sächsische Gedenkstätten in Dresden und BArch MDI/VSV 1/81, Kategorie V Filmrolle 3.

91 Informationen u. a. von der Stiftung Sächsische Gedenkstätten in Dresden und BArch MDI/VSV 1/81, Kategorie V Filmrolle 3.

Jekel, Gustav-Adolf, Dr. phil.[92]
*22. Februar 1902 in Ludwigshafen/Rhein. Dozent für Journalistik an der Universität Halle. Er studierte in Genf, Heidelberg, in Italien und Frankreich und schloß sein Studium mit dem Hauptfach Romanische Philologie und den Nebenfächern deutsche Philologie und Philosophie mit der Promotion am 21. Februar 1929 ab. Jekel war verheiratet und hatte vier Kinder. Er war Lektor an der Universität Dijon von 1929–1931, ging 1933 nach Heidelberg, war dort am Dolmetscherinstitut, das der Universität angegliedert wurde, wurde 1936 habilitiert. Er war dann Lehrer für Französisch in Wiesbaden, Paris und Salzburg. Seit April 1945 war er an der MLU in Halle. Er wurde am 29. Januar 1949 in Halle verhaftet und im August 1949 von einem SMT in Halle unter dem Aktenzeichen 127548 wegen Spionage und antisowj. Agitation zu 25 Jahren Zwangsarbeitslager, (herabgesetzt auf 13 Jahre), verurteilt. Er befand sich im SSD-Untersuchungsgefängnis Halle und in den StVA Bautzen und Torgau. In Torgau inhaftiert vom 13. August 1951 bis 31. Mai 1956.[93] Entlassen wurde er am 1. Juni 1956 (Gnadenentscheid des Präsidenten der DDR vom 22. Mai 1956)[94] „nach Wiesbaden".

Karger, Adolf[95]
* 23. Oktober 1929 in Reitendorf/Sudentenland. Er war Student der Naturwissenschaften an der Universität Halle Nr. 3663, Studienfach Geographie, Englisch. Tag der Einschreibung 1. Oktober 1949, Tag und Art des Abgangs: „17.4.52 gestr.". Er wurde am 17. März 1952 in Halle verhaftet und am 1. Oktober 1952 von einem SMT Halle zu 25 Jahren ZAL verurteilt. Er wurde in die UdSSR – Lager Workuta, Schacht 4 – deportiert. Entlassung am 13. Dezember 1955. Er ging in die Bundesrepublik, beendete sein Studium und wurde Professor für Geographie in Tübingen.

Kirchhoff, Joachim
* 24. Januar 1929 in Kuckenburg, Krs. Querfurt. Abitur 1947 in Querfurt, 1947 wurde er Mitglied der SED, 1948–1952 Studium an der MLU, dann Lektor für Grundstudium an der Universität Halle. Er unterrichtete die Studenten der Slawistik, der Medizin, der Naturwissenschaftler und der Pharmazie in dem obligatorischen Fach „Deutsche Sprache und Literatur". 1953 Dozent an der ABF für Deutsch. Er wurde am 4. Oktober 1955 verhaftet (Er war verheiratet, seine Frau war schwanger) und am 8. Dezember 1955 vom 1. Strafsenat des BG Halle wegen angeblicher Spionage für die ‚Kampfgruppe gegen Unmenschlichkeit' zu 8 Jahren Zuchthaus verurteilt. Er befand sich in den StVA ‚Roter Ochse', Luckau, Cottbus, Waldheim und Brandenburg. Am 16. Dezember 1960 wurde er entlassen und arbeitete als Lektor u.a. beim Max Niemeyer Verlag.[96] Die Rehabilitation erfolgte mit Beschluß vom 23. Juli 1992.

92 Informationen u. a. BArch MDI/VSV 1/81, Kategorie V Filmrolle 3.
93 Friedlandkartei.
94 BStU Strafnachricht.
95 Informationen u. a. von der Stiftung Sächsische Gedenkstätten in Dresden.
96 Informationen u. a. aus dem Artikel in der Mitteldeutschen Zeitung vom 10. August 2007, „Wiederkehr der bösen Träume" von Alexander Schierholz.

Kirsten, Alwin Heinrich Werner
* 29. Oktober 1925 in Leipzig, Student der Medizin an der MLU seit 1. September 1947 mit der Nummer 1724. Er wurde gemeinsam mit Günther Schönfeld, Wolf-Günther Hilscher und Horst Sackmann am 4. Mai 1951 verhaftet und am 17. Mai 1951 wieder entlassen. Er floh sofort nach der Haftentlassung in die Bundesrepublik.[97] An der MLU wurde er am 14. Dezember 1951 „gestrichen, Az. 3084 Nichtrückmeldung W.S. 1951/52".

Klaeden, Hans-Egbert[98]
* 19. August 1909 in Berlin. Dozent für Philosophie an der Universität Halle. Er wurde am 16. Juni 1950[99] in Halle verhaftet. Er war seit 1948 Mitglied der NDPD. Am 17. Juni 1950 wurde er wegen „Anfertigung Anti.-Sowj. Flugblätter" vom SMT Halle zu „25 Jahren Arbeitslager mit Beschlagnahmung" verurteilt. Klaeden war verheiratet. Er befand sich in den StVA Bautzen und ab 5. Dezember 1953 in Halle. Am 17. Januar 1954 wurde er „nach Bierstedt, Krs. Salzwedel"[100] entlassen (Gnadenerweis). Am 20. März 1954 floh er nach Westberlin. Er wurde rehabilitiert.

Köhn, Hans
* 1926. Student der Philosophie an der Universität Halle. Er wurde im Dezember 1950 in Halle vom MfS verhaftet und im Mai 1951 vom LG Halle zu 8 Jahren Zuchthaus wegen Boykotthetze verurteilt. Er befand sich in der UHA Halle und in den StVA Torgau, Halle und Luckau. Entlassen wurde er im Januar 1957 und mit Beschluß vom 28. Juni 1994 rehabilitiert.

Koller, Erich Josef[101]
* 4. April 1925 in München. Student der Medizin an der Universität Halle Nr. 6853. Tag der Einschreibung 8. April 1944, Tag und Art des Abgangs: „22./2.49 Gestrichen Nicht-Rückmeldung z. W.W.49/50; Reg.-Verfüg. Az. 6335a". Er wurde am 11. August 1949 in Halle verhaftet. Er war seit 1946 Mitglied der CDU. Am 31. Oktober 1949 (lt. Haftkartei und Haftnachricht, BStU, am 11. August 1949) wurde er vom SMT Halle unter dem Aktenzeichen 127949 wegen angeblicher Spionage zu 20 Jahren Arbeitslager „mit Wertsbeschl." verurteilt. Koller befand sich in den StVA Halle und Bautzen. Entlassen wurde er am 18. Januar 1954 „nach Halle/S.". Das weitere Schicksal ist nicht bekannt. Er wurde rehabilitiert.

---

97 BStU Außenstelle Halle, MfS BV Halle, AU 141/52.

98 Haftkartei JVA Bautzen und Informationen u. a. von der Stiftung Sächsische Gedenkstätten in Dresden und BArch MDI/VSV 1/81, Kategorie V Filmrolle 3. Die Akte aus Moskau liegt vor.

99 Lt. Haftkartei wurde er am 21. Juni 1950 verhaftet.

100 BStU Strafnachricht.

101 Haftkartei JVA Bautzen und Informationen u. a. von der Stiftung Sächsische Gedenkstätten in Dresden und BArch MDI/VSV 1/81, Kategorie V Filmrolle 4.

Konetznick, Rolf
* 12. Mai 1927 in Rogätz. Student der Politikwissenschaft, „Volksschule, kaufm. Beruf, dann Wehrmacht, Nachrichtentruppe, im Okt. 1945 aus amerikan. Kriegsgefangenschaft entlassen, 1945–47 Praktikant in Schuhfabrik, seit 1947 Student an der MLU bei der Rechtswiss. und Staatswiss. Fak.“[102] Student der MLU Nr. 2272. Tag der Einschreibung 1. Oktober 1948, Studienfach: „rer. pol.“, Tag und Art des Abgangs: „Lt. Schreiben d. Staatssekr., Az. 36/4, wegen Nicht-Rückmeldung. z. S.S.1951 Htm.“. Er wurde am 28. Oktober 1950 in Burg verhaftet (er war verheiratet), kam am 28. Oktober 1950 in die U-Haftanst. des MfS in Halle und wurde im „Studentenprozeß“ am 30. August 1951 von der 1. Großen Strafkammer des LG Halle zu 2 Jahren Gefängnis wegen angeblicher Spionage und Boykotthetze verurteilt. Er befand sich in der UHA Halle ‚Roter Ochse‘ und in der StVA Magdeburg-Sudenburg. Entlassen wurde er am 6. Oktober 1952.

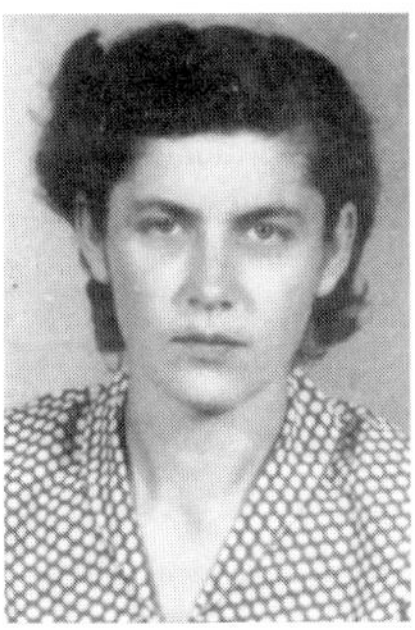

Kossuth, Charlotte, geb. Scheitzel
*16. Juni 1925 in Bolkenhain, Schlesien. März 1943 Abitur an der Oberschule in Hirschberg, Januar 1945 Umsiedlung nach Halle. 1946 Mitglied der SPD, Mai 1946 Immatrikulation an der Martin-Luther-Universität, Studium der Sprachen Russisch und Englisch; ab 1950 war sie Dozentin an der ABF und ab 1953 Lektorin für Russisch an der MLU, verheiratet mit Leonhard Kossuth. Sie wurde am 17. Juni 1957 (ebenso wie Dr. Harro Lucht, Harry Schmidtke, Hartmut Harreß) vom MfS verhaftet. Nach anderthalb Jahren Untersuchungshaft wurde sie am 31. Dezember 1958 durch BG Halle, Az 1 BS 569/58,[103] wegen Beihilfe zum Staatsverrat auf Grund § 49 StGB in Verbindung mit § 13 Abs. 1 des Strafrechtsergänzungsgesetzes, das es zum Zeitpunkt ihrer Verhaftung noch gar nicht gab, zu einem Jahr und acht Monaten Haft verurteilt. Sie verbrachte die ganze Haftzeit im „Roten Ochsen“. Entlassen wurde sie am 16. Februar 1959. Unmittelbar nach ihrer Haft arbeitete sie im Elektroanlagenwerk Treptow als Montiererin. Schließlich fand sie eine Arbeitsmöglichkeit beim Aufbau-Verlag als Lektorin und Redakteurin, vorwiegend auf dem Gebiet der russischen klassischen und der frühen Sowjetliteratur. Bis zu ihrem 76. Lebensjahr arbeitete sie auch als Übersetzerin (Aitmatow, Granin, Nagibin, Bunin etc.), u. a. für den Unionsverlag Zürich. Ihr Urteil wurde am 26. Februar 1990 kassiert.

Kraft, Horst Oskar Richard
*21. November 1930 in Bad Klosterlausnitz. Student der Pädagogik an der Universität Halle Nr. 3822. Tag der Einschreibung 1. Oktober 1949, Studienfach Pädagogik, Geschichte, Sport. Tag und Art des Abgangs: „4.3.52 A.Z. 3084 Nicht-Rückmeldung!“. Er wurde mit der Begründung „Direktive 38, Abschn. II, Art. III A III, in Verbindung mit Art. 6 der Verfassung der DDR“ am 30. August 1951 in Halle verhaftet und am 18. Juni 1952 vom LG Greifswald wegen Mitgliedschaft im „Bund der Deutschen Jugend“ zu 4 Jahren Zuchthaus verurteilt.[104] Er

102 BStU Außenstelle Halle, MfS BV Halle, AU 49/51 Bd. 5.
103 BStU Haftnachricht.
104 BStU Außenstelle Halle, MfS BV Halle, AU 131/52.

befand sich in den StVA Halle, Berlin-Hohenschönhausen, Greifswald, Bützow-Dreibergen und Zwickau (am 10. Januar 1953 verlegt von Bützow nach Glowe, 29. Juli 1953 von Glowe nach Halle I, 7. August 1953 von Halle I nach Zwickau, 8. August 1953 von Zwickau nach Aue, 11. September 1953 von Aue nach Zwickau).[105] Entlassen wurde er am 21. Dezember 1953. Im Jahr 1954 ging er nach Freiburg im Breisgau.[106]

Krause, Rolf[107]
*9. Februar 1927 in Dessau. Student an der Vorstudienanstalt der Universität Halle. Lt. Haftkartei wurde er am 21. Juli 1948 verhaftet und am 23. Juni 1948 (oder am 23. Juli 1948) vom SMT Dessau mit Aktenzeichen 64854 zu 25 Jahren Arbeitslager verurteilt, weil er lt. Haftkartei angeblich Mitglied einer „illg. anti-.sowj. Organisation" war. Er war von 1946 bis 1948 Mitglied der SED (so steht es in der Haftkartei). Er befand sich ab 16. Februar 1950 in der StVA Bautzen. Entlassen wurde er am 18. Januar 1954 „nach Zerbst/Anhalt". Im Kreis Zerbst meldete er sich nicht.[108] Vermutlich floh er in die Bundesrepublik. Sein weiteres Schicksal ist nicht bekannt. Er wurde rehabilitiert.

Krebs, Ulrich[109]
*20. August 1927 in Düsseldorf. Studienbewerber an der Universität Halle. Er wurde am 2. März 1947 in Ilsenburg verhaftet und vom Tribunal Land Thüringen unter dem Aktenzeichen 114395 im Juli 1947 wegen antisowjetischer Propaganda (§ 58/10) zu 8 Jahren ZAL verurteilt. Er befand sich im KZ Sachsenhausen und in der StVA Torgau. Entlassen wurde er am 16. Januar 1954 aus Torgau nach Hannover.[110] Es gibt keine Spuren von ihm im UAH.

Krug, Wolfgang
* 22. Februar 1925 in München, Medizinstudent an der Universität Halle. Einschreibung am 24. Oktober 1945, Tag und Art des Abgangs: „9.11.46 gestrichen", verhaftet Juni 1946. Er hatte die Nummer 9006. (Senatssitzung 19. Juni 1946: „Der Senat nahm Kenntnis von der Verhaftung des stud. med. Wolfgang Krug durch die Sowjetische Militär-Administration. Die Gründe sind nicht bekannt."[111]) Nach Auskunft der Militärhauptstaatsanwaltschaft in Moskau vom August 2008 wurde Krug wegen angeblichen Waffenbesitzes zu 10 Jahren Zwangsarbeitslager verurteilt und nicht rehabilitiert.

105 BStU Strafnachricht.
106 BStU, Außenstelle Halle MfS BV Halle AU 131/52 Bd. 13 Fritz Lange.
107 Haftkartei JVA Bautzen und BArch MDI/VSV 1/81, Kategorie V Filmrolle 4. Auf der Karteikarte im Bundesarchiv steht als Straftat: „Verdacht Untergrundbewegung u. Antisowj. Einstellung".
108 BStU Strafnachricht.
109 BArch MDI/VSV 1/81, Kategorie V Filmrolle 4.
110 Datenbank DIZ:
111 UAH Rep 4/688.

Kruggel, Otto Hermann
*7. Januar 1926 in Grünewalde, Krs. Liebenwerda, Niederlausitz. Student der Pädagogik. Mittelschulprüfung 1943, 1943–44 Lehrerbildungsanstalt Breslau, 1944 RAD, Juni 1944 als Freiwilliger zur Kriegsmarine, Seekadett. Im Juli 1945 in Bayern entlassen. Seit 1946 SPD/SED, August 1947 Abitur Arbeiter- und Bauernfakultät in Halle. 1947–1951 Student der Pädagogik an der Universität Halle Nr. 1592, „Tag der Einschreibung: (Stempel) 1. Sept. 1947, Studienfach Pädagogik, Deutsch, Kunsterz., Berufsziel Volksschullehrer, Tag und Art des Abgangs: handschriftlich mit Bleistift: „14.8.51 gestrichen Az. 3084 Nicht-Rückm. W.S.1951". Er wurde am 1. Juni 1951 (im 8. Semester) gemeinsam mit anderen in Halle verhaftet (Er war verheiratet und hatte ein Kind) und am 8. Februar 1952 vom 1. Strafsenat des Obersten Gerichts der DDR in einem Gruppenprozeß gegen 12 Personen zu 15 Jahren Zuchthaus wegen Mitgliedschaft im ‚Widerstandskreis der Jugend der Sowjetzone' und angeblicher antisowjetischer Propaganda verurteilt[112]. Er befand sich in der StVA Brandenburg. 1957 wurde seine Strafe „gnadenweise" von Wilhelm Pieck auf 10 Jahre reduziert. Entlassen wurde er 1962. Ab 1962 war er unter Berufsverbot und weiteren „Sühnemaßnahmen" in der DDR tätig als Tischler in der PGH Möbelring in Lauchhammer, Sachbearbeiter für Arbeitsstudienwesen, Arbeitsplatzgestaltung, Arbeitsnormen, Verbesserungs-, Erfindungs- und Patentwesen im VEB Radebeuler Schuhfabrik, Betriebsteil Lauchhammer, Preisbildner beim VEB Landtechnische Industrieanlagen Kleinleipisch. Er wurde am 6. August 1971 im gesonderten Verfahren mit Hilfe der Bundesregierung aus der DDR „freigekauft". Von 1971 bis 1982 war er Lehrer an der HS, RS und Steinmetzschule in Königslutter, seitdem private Forschungstätigkeit zur Geschichte der Stiftskirche in Königslutter. Er war von 1946 bis 1993 Mitglied der SPD, von 1976 bis 1979 Ratsherr der Stadt Königslutter am Elm. Am 11. August 1992 wurde er nach Aufhebung des Urteils des Obersten Gerichts der DDR vom 20. Februar 1952 durch die Rehabilitierungskammer des Landgerichts Berlin rehabilitiert.

Kujat, Georg
*11. November 1929 in Berlin. Student der Medizin an der Universität Halle. Verhaftet am 30. Juli 1951 in Hadersleben bei Eisleben. Verurteilt durch ein sowjetisches Militärtribunal zu 25 Jahren Zwangsarbeitslager wegen angeblicher Spionage. Er befand sich in der Strafvollzugsanstalt Bautzen. Entlassen wurde er Ende Januar 1954.

Kunert, Franz
*20. April 1927 in Komotau, ČSR. Student der Medizin an der MLU, 1945–47 Oberschule in Ballenstedt, 1947 Abitur, seit Oktober 1949 Studium der Medizin an MLU. Er wurde am 6. August 1951 verhaftet und am 14. August 1951 entlassen. Es war eine Gruppenverhaftung von Raths, Kunert, Günther, Simon, Zielke, Grassow. Alle wurden nach wenigen Tagen wieder freigelassen.

112 BStU Außenstelle Halle, MfS BV Halle, AU 131/52 und Strafnachricht.

Kutschbauch, Erhard[113]
*16. August 1922 in Greiz (oder Zeitz). Student an der Chemieschule Halle. Er wurde am 23. Juni 1950 in Halle verhaftet und am 19. August 1950[114] vom SMT Halle zu 25 Jahren ZAL wegen angeblicher Spionage. antisowjetischer Propaganda und illegaler Gruppenbildung verurteilt. Er befand sich in den StVA Bautzen und, ab 23. Juni 1951, in Torgau[115]. Entlassen wurde er am 13. August 1956 „nach Zeitz". In der Strafnachricht finden wir: „Am 29.3.57 DDR illegal nach Westberlin verlassen, keine Rückverbindungen mehr."

Lamprecht, Helmut
*7. April 1925 in Ivenrode/Haldensleben, † 2. Februar 1997 in Bremen. Student der Philosophischen Fakultät an der MLU. Von November 1946 bis August 1947 besuchte Lamprecht das Vorsemester der MLU, bestand sein Abitur „gut" und immatrikulierte sich am 1. September 1947 unter der Nummer 1426 für das Fach Philosophie, ab WS 1948/49 für Geschichte an der Philosophischen Fakultät in Halle. Als Berufsziel gab er an: „Journalist". Dem Autor Horst Hennig in der Studentengruppe Eckert, Schott und Eggers verbunden, klebte er gemeinsam mit dem letzteren im Februar 1950 Flugblätter im Bereich der MLU: „Studenten, geht nicht zur Wahl". Aufgrund der Zurücklassung von etwa 50 Flugblättern in der Wohnung von Hannah Schaffernicht wurde Lamprecht um den 17. März 1950 verhaftet und nach dem SMT-Gerichtsprotokoll schwer belastet. Lamprechts Bruder, Architekt in Berlin-Schlachtensee, verbanden Grundstücksverträge mit der KgU-Zentrale unter Rainer Hildebrandt in Berlin. Durch die Entlassung Helmut Lamprechts nach 14 Tagen Haft und Verhören aus dem „Roten Ochsen" hoffte der sowjetische Geheimdienst, Informationen aus der „Spionagezentrale KgU" zu erhalten. Lamprecht erregte an der MLU dadurch Aufsehen, weil ihm die Haare bereits geschoren worden waren. Nachdem Lamprecht im September 1950 seinen Kommilitonen Bernhard Claudé wegen kritischer Äußerungen vor der Philosophischen Fakultät verteidigt hatte, meldeten sich beide zunächst zum Wintersemester 1950 zurück und flohen dann gemeinsam Anfang Oktober 1950 über Berlin-West nach Frankfurt am Main. Wie bei Claudé steht auf seinem Immatrikulationsschein unter „Tag und Art des Abgangs": „27.12.50 Gestrichen lt. Reg. Verf. Az. 6335a wegen Nichtrückmeld. Z. W.S. 50/51. Bi.". In Frankfurt am Main führte Lamprecht das Studium bei Max Horkheimer und Theodor Adorno mit der Promotion bei Adorno zu Ende und nahm zunächst eine Tätigkeit als Redakteur beim Hessischen Rundfunk auf. Ab 1959 war er bei Radio Bremen als Kulturredakteur tätig. Er wurde Hauptabteilungsleiter „Kulturelles Wort" von Radio Bremen. Er war verheiratetet und hatte zwei Kinder. Während des Prager Frühlings 1968 unterhielt er enge Beziehungen zu den Intellektuellen des Aufstandes. (Horst Hennig war mit Lamprecht freundschaftlich sehr verbunden und bat ihn vor den Verhaftungen im März 1950, sein Studienbuch von der Verwaltung der MLU mitzubringen. Nach Hennigs Rückkehr aus

113 Informationen u. a. von der Stiftung Sächsische Gedenkstätten in Dresden.

114 In der Haftnachricht im BStU steht: „Verurteilt am 21.6.50 wegen Spionage 25 Jahre, herabgesetzt auf 10 Jahre".

115 Vgl. Friedlandkartei.

einem Zwangsarbeitslager in Workuta überreichte Lamprecht Hennig das Studienbuch im Januar 1956 in Frankfurt am Main.) Lamprecht war auch schriftstellerisch tätig und Mitglied des PEN-Zentrums der BRD.

Lange, Fritz
*3. Oktober 1931 in Magdeburg, Student der Chemie, Abitur 1950 in Magdeburg. Student der Chemie an der Universität Halle Nr. 5315, Tag der Einschreibung 1. November 1950, Tag und Art des Abgangs: mit Tinte: „12.12.51 Gestr. wegen Nichtrückm.“. Er wurde am 1. Juni 1951 mit einer Gruppe in Halle verhaftet und am 20. Juni 1952 vom LG Greifswald wegen Mitgliedschaft im ‚Widerstandskreis der Jugend der Sowjetzone‘ zu 4 Jahren Zuchthaus verurteilt.[116] Er befand sich in den StVA Bützow-Dreibergen, am 20. Januar 1953 wurde er von Bützow-Dreibergen nach Glowe, am 29. Juli 1953 von Glowe nach Halle I, am 7. August 1953 von Halle I nach Zwickau, am 8. August 1953 von Zwickau nach Aue, am 4. September 1953 von Aue nach Zwickau verlegt.[117] Entlassen wurde er am 6. Januar 1954 und floh am 23. April 1954 in die Bundesrepublik.[118]

Langlet, Ernst Günter, Dr.
*13. Juni 1912 in Gross-Latzkow, Kreis Pyritz (Pommern). Er war von Anfang 1946 bis zu seiner Verhaftung Assistenzarzt an der Poliklinik der Medizinischen Fakultät der Universität Halle. Er wurde am 21. September 1948 verhaftet.[119] Es geht aus einem Briefwechsel 1957 hervor, dass weder sein Rechtsanwalt, das MfS noch der Generalstaatsanwalt der DDR etwas über den Verbleib Ernst Günter Langlets wussten. Sie vermuteten, dass er nicht mehr am Leben sei.[120] Langlet starb im August 1949 in sowjetischer Haft (angeblich durch Suizid).

Lentz, Siegfried[121]
*1. Juli 1929 in Berlin-Schöneberg. Student der Rechtswissenschaften an der Universität Halle. Lentz war verheiratet und hatte zwei Kinder. Er wurde am 15. Januar 1949 in Berlin-Friedrichshain verhaftet und am 5. April 1949 vom SMT Dresden zu 25 Jahren ZAL wegen angeblicher Spionage verurteilt (vermindert auf 7 Jahre). Er befand sich in der StVA Bautzen. Entlassen wurde er am 14. Januar 1956 nach Kl. Rüden bei Braunschweig. Er wurde rehabilitiert. Es gibt keine Spuren von ihm im UAH.

Levin, Ernst[122]
*12. März 1928 in Magdeburg, Student an der ABF an der MLU von 1946 bis zu seiner Verhaftung am 19. April 1947. Vom SMT Sachsen unter dem Aktenzeichen 120028 am 19. Juli 1947 wegen „antisowjetischer Propaganda und Flugblattverteilung“ an der Universität Halle zu

116 BStU Außenstelle Halle, MfS BV Halle, AU 131/52.
117 BStU Strafnachricht.
118 BStU, Außenstelle Halle MfS BV Halle AU 131/52, Bd. 13, Fritz Lange.
119 UAH Nr. 9875.
120 BStU MfS HA IX/11/SMT Band 24 Langlet.
121 Informationen u. a. von der Stiftung Sächsische Gedenkstätten in Dresden und BArch MDI/VSV 1/81, Kategorie V Filmrolle 4.
122 BArch MDI/VSV 1/81, Kategorie V Filmrolle 4.

10 Jahren Zwangsarbeit verurteilt. Er war im NKWD-Sonderlager Nr. 7 in Sachsenhausen und ab 1950 in Torgau, Fort Zinna. 1954 wurde er entlassen. Die unmenschlichen Haftbedingungen hatten bei ihm gesundheitliche Probleme verursacht. Er arbeitete in verschiedenen Betrieben und absolvierte ein Fachschul-Fernstudium. Levin wurde am 18. Oktober 1991 rehabilitiert.[123]

Lichtenberg, Rolf[124]
*29. Dezember 1924 in Köthen. Student der Medizin an der Universität Halle Nr. 7658, Tag der Einschreibung: mit Stift: 1.5.1946, Tag und Art des Abganges: mit Rotstift: „19.7.1949 Az. 6312" mit Bleistift: „Gestrichen wegen Nicht-Zurückmeldung lt. Reg.-Verfüg.". Lichtenberg wurde am 12. Januar 1949 in Köthen verhaftet. Verurteilt wurde er am 19. Mai 1949[125] vom SMT Halle unter dem Aktenzeichen 6332 zu 25 Jahren Arbeitslager „mit Wertsachenbeschlagn." wegen „Untergrundtätigkeit" bzw. „Illegaler Gruppe antisowj. Einstellung". Er befand sich in der StVA Bautzen und wurde am 18. Januar 1954 „nach Köthen" entlassen. Er floh am 23. August 1954 in die Bundesrepublik.

Lieser, Theodor, Prof. Dr.
*30. August 1900 in Ferschweiler bei Trier, † 6. August 1973 in Darmstadt, Chemiker, 1924 Dr. Ing., 1926 Dr. phil, 1929–34 Assistent in Königsberg, 1937 Mitglied der NSDAP, Lehrauftrag in Halle, 1938 außerordentlicher Professor, hatte 1945 Anteil an der kampflosen Übergabe der Stadt Halle, am 17. Mai 1945 zum Oberbürgermeister ernannt. Nach dem Wechsel der Besatzungsmacht Auseinandersetzungen mit den Kommunisten, am 22. Oktober 1945 aus dem Amt entlassen, am 1. März 1946 zum Direktor des Instituts für Technische Chemie der MLU ernannt. Er widersetzte sich den Demontagen und Plünderungen der Universitätsinstitute durch die SMA, wurde am 7. Juni 1946 verhaftet, Fürsprache von Ministerpräsidenten Erhard Hübener und Rektor Eißfeldt. Am 16. Juli 1946 floh er aus dem Polizeigefängnis und erhielt noch im selben Jahr eine Professur an der TH Darmstadt, später an der Universität Frankfurt am Main.[126]

Lohde, Horst
*12. März 1936 in Klotzsche. Student der Chemie an der TH Halle-Merseburg. Er wurde am 28. Dezember 1956 in Klotzsche bei Dresden vom MfS inhaftiert (gleichzeitig wurden Gerhard Thiele, Klaus Dölling, Kurt Findeisen, Manfred Böttger verhaftet, sie hatten gemeinsam Flugblätter hergestellt und verteilt), am 9. März 1957 relegiert und verurteilt am 7. März 1957

123 Quelle: Ausstellungskatalog der Ausstellung „Die Speziallager des NKWD in der sowjetischen Besatzungszone" 1995. 1995 lebte L. in Magdeburg.

124 Haftkartei JVA Bautzen und Informationen u. a. von der Stiftung Sächsische Gedenkstätten in Dresden und BArch MDI/VSV 1/81, Kategorie V Filmrolle 4.

125 In der Haftkartei steht als Datum der Verurteilung der 12.1.1949.

126 Informationen aus: Eberle 2002.

vom BG Halle zu 3 Jahren Zuchthaus wegen angeblicher Beteiligung an einer antikommunistischen Widerstandsbewegung. Er befand sich in den HAL Volkstedt und Roßleben. Entlassen wurde er am 5. Januar 1959. Es gibt keine Spuren von ihm im UAH.[127]

Lübke, Karl-Heinz
* 12. Juli 1927 in Suhl. Student der Zahnmedizin an der Universität Halle. Mitglied der SED, der FDJ und des FDGB. Verhaftet am 11. März 1952 in Halle durch Beauftragte des MWD auf dem Wege zur Universität. Verurteilt durch ein sowjetisches Militärtribunal zu 25 Jahren Zwangsarbeitslager. Er befand sich in dem sowjetischen Zwangsarbeitslager Workuta, Schacht 6, und von Juli 1953 bis Oktober 1953 im sowjetischen Entlassungslager Tapiau/Ostpr. Er wurde dann wieder in das sowjetische Untersuchungsgefängnis Königsberg/Pr. eingeliefert. Er hat später sein Studium in München beendet, sein Staatsexamen abgelegt, wurde promoviert und hat sich in Kaiserslautern als Zahnarzt niedergelassen.[128]

Lucht, Harro, Dr.
*11. Oktober 1921 in Hamburg-Altona. Russischlektor an der MLU. Nach dem Abitur 1940 am Christianeum begann er als Inspektoranwärter bei der Deutschen Reichsbahn. Im Februar 1941 wurde er zur Wehrmacht eingezogen und zum Funker ausgebildet. Er war zunächst in Frankreich, später in Rußland und Weißrußland eingesetzt. Bei Kontakten mit der russischen Bevölkerung lernte er Russisch und hatte dann den Wunsch, Slawistik zu studieren. Er war Mitglied der KPD und wechselte von der Hamburger Universität nach Halle, um Slawistik zu studieren, was in Hamburg nicht möglich war. Er studierte bei Prof. Häusler an der MLU. Er heiratete 1949. In Berlin absolvierte er einen Sonderlehrgang zur Heranbildung von Hochschullehrern des Faches, 1951 Staatsexamen und Diplom. In Halle bekam er eine wissenschaftliche Aspirantur und wurde 1956 promoviert. 1951 übernahm er einen Lehrauftrag für sowjetische Literatur (auch für Germanistikstudenten), seit 1955 war er Lektor für Russisch an der Abteilung Sprachunterricht. Seit 1947 war er Mitglied der SED. Er wurde am 17. Juni 1957 (ebenso wie Charlotte Kossuth, Harry Schmidtke und Hartmut Harreß) vom MfS verhaftet. Verurteilt wurde er am 23. Dezember 1958 vom 1. Strafsenat des BG Halle wegen Bildung einer „illegalen staatsfeindlichen Gruppe" zu acht Jahren und 6 Monaten Haftstrafe, die er in Bautzen (fünf Jahre) und in Brandenburg (die übrige Zeit) durchstehen musste. Am 25. September 1964 wurde er aus der Haft entlassen. Neben einer zweimonatigen Beschäftigung im VEB Chemische Werke Buna (1965) musste er sich längere Zeit mit spärlichen Übersetzungsaufträgen zufrieden geben. Erst 1968 wurde er als Redakteur der Monatsschrift Kultur 68 beim Rat des Bezirkes eingesetzt. Ab 1973 hat er für den Akademie-Verlag übersetzt, speziell philosophische und literaturwissenschaftliche Texte. In den 1980er Jahren hat er als Redakteur an den von der Leipziger Theaterhochschule herausgegebenen ‚Informationsdiensten' mitgearbeitet. Er lebt in Hamburg.

127 Die Akten der TH Merseburg werden im UAH aufbewahrt.
128 Liste März 1955.

Moh, Günter

*2. Mai 1929 in Liegnitz/Schlesien, Student der Chemie an der MLU mit der Nr. 4402. Er wurde am 2. Oktober 1950 immatrikuliert und am 30. September 1953 exmatrikuliert. Er befand sich am 17. Juni 1953 im Betriebspraktikum in Wolfen. Er wurde in die Streikleitung der Farbenfabrik Wolfen aufgenommen. Am Abend des 17. Juni 1953 wurde er in den Räumen der Streikleitung des Werkes von sowjetischen Truppen verhaftet. Er kam in das Untersuchungsgefängnis Bitterfeld. Am 20. Juni 1953 wurde er in den „Roten Ochsen" gebracht und am 29. Juni 1953 freigelassen, weil die Haftrichterin, die Kreisgerichtsdirektorin Voelzke, die Anweisungen von Justizminister Max Fechner, milde Urteile gegen Teilnehmer des 17. Juni zu fällen, umsetzte. In der Nacht vom 21. zum 22. September 1953 floh Moh nach Westberlin, wo er sein Studium fortsetzte.[129]

Müller, Ulf

*22. Februar 1927 in Bochum, † 9. November 2007. Soziologiestudent an der MLU, seit 1945 war er aktives Mitglied der SPD, 1948 wurde er verhaftet, weil er nicht in die SED eintreten wollte. Verurteilung durch ein SMT zu 25 Jahren, Haft in Dresden, Bautzen und Torgau. Entlassen wurde er 1956, anschließend ging er in die Bundesrepublik. Am 24. Oktober 2007 erhielt er den Verdienstorden der Bundesrepublik Deutschland. Mit der Auszeichnung wurde sein langjähriges Engagement für die Gedenkstätte Sachsenhausen und die Erforschung des dortigen sowjetischen Speziallagers gewürdigt. Er war viele Jahre in der Arbeitsgemeinschaft Verfolgter Sozialdemokraten und in der AG 60plus aktiv.[130]

Nöhricke, Heinz[131]

* 26. Januar 1919 in Sarstedt, Kreis Hildesheim, † 30. Juli 2009 in Memmingen. Er besuchte Grundschule und Gymnasium in Eisleben. Ab 1940 und dann wieder ab 1946 Student der Medizin an der Universität Halle. Am 24. Mai 1946 gemeinsam mit vier früheren Schulkameraden in Eisleben verhaftet und am 7. März 1947 vom SMT Halle mit dem Az 112605 wegen antisowjetischer Propaganda und reaktionärer Studentengruppenbildung bzw. wegen „Teilnahme an einer Untergrundorganisation" zu 10 Jahren verurteilt. Er war verheiratet und hatte zwei Kinder. Seit 1946 war er Mitglied der LDP. Er befand sich im Straflager Sachsenhausen, Torgau und im Haftkrankenhaus Klein-Meusdorf bei Leipzig. Die Entlassung erfolgte am 24. Mai 1956 (nach Belsen/Tübingen). Am 25. Mai 1956 traf er nach 10 Jahren Haftzeit in der Bundesrepublik Deutschland ein. Er setzte sein Medizinstudium in Tübingen fort, absolvierte hier auch seine Facharztausbildung und wurde 1958 an der Universität Tübingen mit einer Doktorarbeit promoviert, die er in Halle bei Prof. Kneise, dem Chefarzt der Urologischen Klinik bereits vollendet hatte! Von 1961 bis

129 Löhn 2002, S. 590 und 591.

130 Informationen von Edda Ahrberg, Quelle: „Freiheitsglocke" Nr. 661/662, Nov., Dez. 2007.

131 Informationen u. a. von der Stiftung Sächsische Gedenkstätten in Dresden und BArch MDI/VSV 1/81, Kategorie V Filmrolle 5.

1984 führte er als Dermatologe eine Facharztpraxis in Memmingen.[132] Die Rehabilitation für die Gruppenverhaftung erfolgte am 23. September 2003 durch die Staatsanwaltschaft Moskau.

Osterroth, Hans-Georg[133]
*8. Juli 1926 in Wernigerode. Student der Physik an der Universität Halle Nr. 611, Tag der Einschreibung 15. Oktober 1946, Studienfach Mathematik, Physik, Berufsziel Studienrat. Tag und Art des Abgangs „15.6.1950 gestrichen lt. Reg.-Erlaß, Az. 6335a, wegen Nicht-Rückmeldung z. S.S. 1950". Verhaftet wurde er (im Zusammenhang mit der Verhaftung von Hans Seidenschnur)[134] am 23. Oktober 1950 in Oranienburg. Er wurde am 20. März 1951 von einem SMT 48240 zu 25 Jahren ZAL wegen angeblicher Spionage verurteilt. Haftanstalten: Oranienburg, Bernau, Potsdam, Lichtenberg, Lager Workuta, Ssuchobeswodnoje. Registriert am 12. Dezember 1955[135] in Friedland. Er wurde rehabilitiert.

Petzold, Manfred
*29. Mai 1929 in Halle. Student der Medizin an der Universität Halle Nr. 3520, Tag der Einschreibung 1. Oktober 1949. Im Mai 1951 gestr.: „Schreiben d. Staatssekr. Az. 36/4 wegen Nicht-Rückmeldung. z. S.S.1951 Htm.". Er war Liberaldemokrat. Er wurde am 27. Oktober 1950 in Halle verhaftet und am 18. Mai 1951[136] vom Ferntribunal Moskau zu 10 Jahren ZAL verurteilt. Er wurde in die UdSSR – Lager Workuta, Schacht 29 – deportiert. Entlassen wurde er 28. Dezember 1953. Er wurde rehabilitiert.

Pilz, Gotthardt
*10. März 1931 in Lauter/Aue. Student der Landwirtschaft an der MLU. Abitur in Aue, Lehre als Landwirt, ab 1951 Student der Landwirtschaftswissenschaften an der Universität Halle Nr. 5734, Tag der Einschreibung 1. September 1951, „30.9.53 Entzug der Studienerlaubnis v. 18.9.53". Er wurde am 23. Juni 1953 aus einer Seminargruppensitzung am Institut für Tierzucht an der Landwirtschaftlichen Fakultät in Halle verhaftet. Die Verurteilung erfolgte am 2. Juli 1953 durch das Bezirksgericht Halle, 1. Strafsenat nach § 125, Abs. 1 und 2 StGB zu 3 Jahren Zuchthaus wegen Beteiligung am 17. Juni 1953. Er befand sich in der StVA Naumburg, im Arbeitslager Querfurt und von Dezember 1955 bis zur Entlassung am 23. April 1956 im Haftarbeitslager Volkstedt bei Eisleben. Am 13. Juni 1956 floh er über West-Berlin das Aufnahmelager Hammelburg/Unterfranken nach Bayern (Freising). Mit Wintersemester 1956/57 konnte er sein in Halle begonnenes Landwirtschaftsstudium in Weihenstephan bei Freising fortsetzen und mit der Diplomhauptprüfung im Frühherbst 1958 beenden. In den Jahren 1958–1960 schloß sich die Landwirtschaftsreferendarausbildung zum Bayerischen Höheren Staatsdienst an, die im Herbst 1960 mit dem 2. Staats-

132 Brief Nöhrickes mit Lebenslauf vom 12.11.2007.
133 Informationen u. a. von der Stiftung Sächsische Gedenkstätten in Dresden.
134 BStU MfS HA IX/11/SMT, Band 28.
135 Oder am 6.12.1955.
136 andere Angabe: 14.4.1951.

examen zum ‚Landwirtschafts-Assessor' beendet wurde. Nach mehreren Stationen an Landwirtschafts-Dienststellen in Niederbayern bis 1984 folgte ab August 1984 die Tätigkeit als Sachgebietsleiter an der Bezirksregierung für Niederbayern in Landshut, Abteilung Landwirtschaft, bis zu seiner Pensionierung im Juli 1994. Mit Beschluss des Landgerichts Halle vom 19. Januar 1994 wurde die Rehabilitierung ausgesprochen.

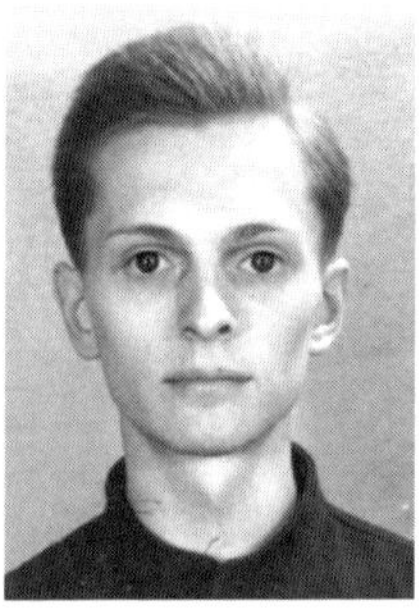

Platz, Hans-Joachim[137]

*25. März 1927 in Torgau[138], † 19. November 1990. Student der Medizin an der Universität Halle. Er wurde am 4. September 1948 in Halle vor seiner Wohnung Fischerplatz 1 verhaftet. Seit 1945 war er Mitglied der LDP. Verurteilt wurde er am 4. September 1949[139] von einem SMT in Halle zu 25 Jahren Zwangsarbeitslager wegen „Anti-Sow.-Propaganda". Es gibt keine Spuren von ihm im UAH. Er befand sich in den StVA Halle und Bautzen. Entlassen wurde er im Rahmen einer Gnadenaktion am 16. Januar 1954 (nach Berlin-Schöneberg) und floh nach Berlin-West. Am 8. Februar 1954 legte Hans-Joachim Platz dem Bundesministerium für gesamtdeutsche Fragen einen Haftbericht vor.[140] Hauptberuflich berichtete Platz für das ZDF als Korrespondent aus Israel und wohnte in Herzlia. Seine letzte Tätigkeit beim ZDF war die Mitarbeit in der „heute"-Redaktion. Er verstarb vorzeitig am 19. November 1990 an den durch Vernehmungen und Misshandlungen (Wasserkarzer) erworbenen Erkrankungen. Am 15. Januar 2003 erfolgte die Rehabilitation durch die Militärhauptstaatsanwaltschaft Moskau unter dem Zeichen 7 Y-K 514049.

Priew, Herbert

*10. Juni 1930 in Dessau. Student der Landwirtschaftswissenschaften an der Universität Halle Nr. 5366, Tag der Einschreibung 1. November 1950, Tag und Art des Abganges: „30.9.53 Entzug der Studienerlaubnis". Er war Mitglied der Demokratischen Bauernpartei (DBD). Er wurde am 18. Juni 1953 in Halle vom MfS verhaftet und am 31. August 1953 vom 1. Strafsenat des Bezirksgerichtes Halle wegen Teilnahme am 17. Juni zu 2 Jahren Gefängnis mit nachfolgenden 5 Jahren Sühnemaßnahmen verurteilt. Er befand sich nach der Verurteilung in der StVA „Roter Ochse", und ab 23. März 1954 in der StVA Waldheim/Sachsen. Dort unterlagen Verurteilte des 17. Juni 1953 aus den verschiedensten Bezirken der DDR einer ‚speziellen Sonderbehandlung'. Entlassen wurde er am 17. Juni 1955 nach Bernburg/Saale. Im Juli 1955 floh er mit Hilfe Dritter nach West-Berlin und von dort ging er nach Stuttgart, wo er an der Landwirtschaftlichen Hochschule Hohenheim

137 Haftkartei JVA Bautzen und Informationen u. a. von der Stiftung Sächsische Gedenkstätten in Dresden und BArch MDI/VSV 1/81, Kategorie V Filmrolle 6.

138 In der Haftkartei und in der Strafnachricht (BStU) steht, er wäre in Leipzig geboren.

139 Inder Haftkartei steht als Urteilsdatum: 4.9.1948, Aktenzeichen 2330.

140 Bundesministerium für gesamtdeutsche Fragen (Hrsg.) Bonn 1955: Unrecht als System. Dokumente über planmäßige Rechtsverletzungen in der Sowjetzone Deutschlands Teil II/ 1952–1954, S. 96-97.

sein Studium mit dem Diplom 1956 abschloss. 1959 wurde er an der Landwirtschaftlichen Hochschule Hohenheim mit der Arbeit „Die satzungsmäßigen Grundlagen der kollektiven Landwirtschaft in der SBZ im Vergleich mit anderen kommunistischen Ländern“ promoviert. Er war Landesbeamter in Baden-Württemberg und ab 1967 im Bundesministerium für Ernährung, Landwirtschaft und Forsten in Bonn, ab 1981 als Ministerialdirigent. 1985 erhielt er das Verdienstkreuz 1. Klasse des Verdienstordens der Bundesrepublik Deutschland. 1993 wurde er pensioniert und erfuhr später, dass sein Dienstapparat in Bonn vom Staatssicherheitsdienst der DDR abgehört wurde. Ab 1993 war er ehrenamtlich an der Landwirtschaftlichen Fakultät in Halle, insbesondere als Vorsitzender eines neu gegründeten Fördervereins, tätig. 1997 trat er auf Grund für ihn unzumutbarer Begebenheiten vom Vorsitz zurück. Dr. Herbert Priew wurde durch Beschluss des Bezirksgerichtes Halle vom 23. Juni 1992 rehabilitiert.

Raths, Arno

geb. 2.5.1930 in Lodz, Polen, Student der Medizin an der MLU, bis 1945 deutsches Gymnasium in Lodz, im Januar 1945 mit Eltern nach Quedlinburg evakuiert, 1948 dort Abitur. Oktober 1948 Immatrikulation an MLU, 5 Semester Biologie, dann wechselte er zur Medizin. Er war Universitätsmeister im Schachspielen. Student der Medizin an der Universität Halle Nr. 2551, Tag der Einschreibung 1. Oktober 1948, Tag und Art des Abgangs: 31. Dezember 1956. Am 30. Juli 1951 von der Abt. V des MfS in Halle mit dem Vorwurf festgenommen, dass er „für die Kampfgruppe gegen Unmenschlichkeit in Westberlin arbeiten und etliche Hetzschriften beziehen und verteilen würde.“[141] Es war eine Gruppenverhaftung von Raths, Kunert, Günther, Simon, Zielke, Grassow. Alle wurden nach wenigen Tagen wieder freigelassen. Er wurde am 14. August 1951 aus der Haft entlassen und konnte sein Studium fortsetzen und hat am 27. Juni 1958 das Staatsexamen an der MLU abgelegt.

Regel, Hans

*7. Oktober 1925 in Stollberg/Erzgebirge. Student der Pädagogik an der MLU, Volksschule, dann zwei Jahre Handelsschule in Altmittweida. Kaufmannslehre, zur Wehrmacht eingezogen, englische Kriegesgefangenschaft, am 11. September 1945 daraus entlassen. Ab 1946 Neulehrerlehrgang in Rochlitz, 1 Jahr als Neulehrer gearbeitet. Ab Februar 1946 SPD dann SED.[142] Student der Pädagogik an der Universität Halle Nr. 1580, Tag der Einschreibung 1. September 1947, Studienfach Päd. (Fak) Germanistik Englisch, Berufsziel Pädagoge an der höheren Schule, Tag und Art des Abgangs: mit Rotstift: „23.5.1951 Gestrichen“ mit Bleistift: „lt. Schreiben d. Staatssekr., Az. 3614, wegen Nicht-Rückmeldg. z. S.S. 1951 Htm.“. Er war seit 1. Februar 1946 Mitglied der SED. Am 25. Oktober 1950 wurde er in Halle verhaftet und im „Studentenprozeß“ am 30. August 1951 von der 1. Großen Strafkammer des LG Halle zu 10 Jahren Zuchthaus wegen angeblicher Spionage verurteilt. Er befand sich in den StVA Halle

141 BStU Außenstelle Halle, MfS BV Halle, AU 514/51 Bd. 1.
142 BStU Außenstelle Halle, MfS BV Halle, AU 49/51 Bd. 5.

‚Roter Ochse', Magdeburg-Sudenburg und ab 23. März 1954 in Waldheim. Entlassen wurde er am 15. Februar 1956 aus der Strafvollzugsanstalt Waldheim „nach Freital bei Dresden". Dezember 1957 Diplom (Staatsexamen für Psychologen) an der KMU Leipzig, anschließend Dozent für Psychologie am Lehrmeisterbildungsinstitut Magdeburg. Sein Urteil wurde kassiert.

Reichardt, Robert, Dr. jur.
*24. Juni 1920 in Erfurt, Assistent an der Juristischen Fakultät der MLU. Seit 1924 lebte er in Halle, Reform-Realgymnasium in Halle, RAD, studierte an der Universität Halle Jura, dann Wehrmacht, zwischendurch zwei Semester an MLU, am 7. Mai 1945 wurde Reichardt vom Amerikaner interniert und nach kurzer Zeit dem Engländer übergeben, bis zum 27. Juli 1945 in Kriegsgefangenschaft. Nach Wiedereröffnung der Universität Halle setzte er sein Studium fort. Im Dezember 1947 Staatsexamen und im März 1948 Gerichtsreferendar am Justizministerium Sachsen-Anhalt. Daneben versah er die Stelle eines wissenschaftlichen Assessors bei der Rechtswissenschaftlichen Fakultät. Im Mai 1949 Promotion, zusätzlich als Richter im Justizdienst. Lehrauftrag an der MLU[143], ab 1949 war er Assistent an der Juristischen Fakultät der Universität Halle. Er war verheiratet und Mitglied der CDU. Er wurde am 25. Oktober 1950 vom MfS verhaftet und im „Studentenprozeß" am 30. August 1951 wegen Mangels an Beweisen freigesprochen. Er verließ Halle im Dezember 1951 und ging mit seiner Familie in die Bundesrepublik.

Richter, Hans-Georg
*12. Mai 1926 in Bernburg. Student der Rechtswissenschaften an der Universität Halle Nr. 113. Am 14. Oktober 1946 wurde er immatrikuliert, seit 1. Mai 1946 war er Mitglied der SED. Er studierte Rechtswissenschaft und Volkswirtschaft, sein Berufsziel war die „Höhere Verwaltungslaufbahn". Tag und Art des Abgangs: „15.6.50 gestr. w. Nicht-Rückmeldung z. S.S.50 lt Reg. Verf. Nr. 6335 a". Er wurde im Oktober 1950 verhaftet und von einem SMT zu 10 Jahren ZAL wegen angeblicher Verbindung mit dem Westen verurteilt. Er befand sich in der StVA Waldheim. Entlassen wurde er 1954.

Römer, Otto Karl Robert Axel
*9. Januar 1925 in Blankenburg/Harz, Jurastudent an der Universität Halle. Der Tag der Einschreibung war der 15. Oktober 1946, als Berufsziel gab er an: Richter, seit 1. Mai 1946 war er Mitglied der SED, Tag und Art des Abgangs: „4.3.52 Az. 3084, wegen Nichtrückmeldung, 18.9.52 Nr. 2782 Hartsmann (?)". Er wurde am 4. Mai 1948 verhaftet (Senatssitzung am 10. Mai 1948).[144] Offensichtlich musste er nur kurzzeitig in der Haft bleiben und konnte dann sein Studium fortsetzen. Studium der Rechtswissenschaften 1946–1951, Staatsexamen, bis August 1959 MLU Institut für Strafrecht, September 1959 – September 1960 Staatsanwalt Wittenberg,

143 Informationen aus BStU Außenstelle Halle, MfS BV Halle, AU 49/51 Bd. 5.
144 UAH Nr. 565.

Oktober 1960 – Januar 1962 Universität Halle Hochschullehrer für Strafrecht, ab Februar 1962 Humboldt Universität Berlin.[145] Später war er Professor für Kriminalistik, an der Humboldt-Universität Berlin.[146]

Rudorf, Reginald

* 1929 Hamburg, † 31. Mai 2008 in Wasserlos bei Aschaffenburg. Dozent für Gesellschaftswissenschaften an der MLU. Er hielt neben der Lehrtätigkeit Vorträge über den Jazz und die Kultur in den USA. Vom MfS verhaftet am 25. März 1957 wegen angeblicher Spionage und Boykotthetze. Verurteilung zu zwei Jahren Zuchthaus. Verbüßung in den StVA Leipzig, Waldheim und im Haftlager Röcknitz. Im März 1959 entlassen. Flucht in die Bundesrepublik. Als Politologe, Journalist, Medienkritiker und Autor tätig, u.a. für ARD und ZDF, für FAZ, Spiegel, Die Zeit und Die Welt. Ab 1977 Herausgeber des Mediendienstes „rundy".

Rühling, Richard Hermann Rolf[147]

*7. April 1920 in Naumburg. Student der Philosophie an der Universität Halle Nr. 6092. Tag der Einschreibung: Stempel: 4. Dez. 1942, darunter handschr.: 1. Februar 1946, Studienfach: Geschichte, Tag und Art des Abgangs: mit Rotstift: „19.7.1949 Az. 6312", mit Bleistift: „Gestrichen wegen Nicht-Rückmeldung lt. Reg.-Verfüg." Rühling war verheiratet und hatte ein Kind. Er wurde am 16. August 1949 verhaftet und von einem SMT in Halle mit der Begründung „Angeworben für Wirtschaftsspionage" zu 25 Jahren ZAL verurteilt. Er befand sich in den StVA Bautzen und Torgau. In Torgau inhaftiert 1953 – 16. Januar 1954.[148] Entlassen (nach Naumburg) wurde er am 16. Januar 1954 (Gnadenaktion).

Runge, Ernst Wilhelm Wolfgang[149]

*8. Mai 1925 in Dessau. Student der Medizin an der Universität Halle. Er wurde zunächst am 23. Oktober 1945 unter der Nummer 8917 immatrikuliert und dann am 1. April 1949 unter der Nummer 3130. Am 22. Dezember 1949 wurde er „gestrichen: Nicht-Rückmeldung z. W.S. 49/50; Reg.-Verfüg. (Az. 6335a)". Er wurde am 12. September 1949 in Dessau verhaftet. Er war Mitglied der SPD, seit 1. Februar 1946 der SED. Er wurde am 21. Januar 1950 vom SMT Halle zu 25 Jahren Zwangs-Arbeitslager wegen angeblicher Spionage verurteilt.[150] Er befand sich in den StVA Halle und Bautzen. Entlassen wurde er am 18. Januar 1954 (nach Dessau). Über sein weiteres Schicksal ist nichts bekannt. Er wurde rehabilitiert.

145 BStU MfS Zentralarchiv, AP 1672/69.
146 BStU AGM/BFC.
147 BArch MDI/VSV 1/81, Kategorie V Filmrolle 6.
148 Friedlandkartei.
149 Haftkartei JVA Bautzen und Informationen u. a. von der Stiftung Sächsische Gedenkstätten in Dresden und BArch MDI/VSV 1/81, Kategorie V Filmrolle 6.
150 Auf der Haftkarteikarte steht wieder als Urteilsdatum das Verhaftungsdatum 12.9.1949.

Sackmann, Horst
*3. Februar 1921 in Freiburg im Breisgau, † am 2. November 1993 in Halle. Chemiker, von 1946 bis 1986 Assistent, Oberassistent und dann Hochschullehrer an der MLU, 1973 bis 1987 Vizepräsident der Leopoldina. Er wurde gemeinsam mit Günther Schönfeld, Wolf-Günther Hilscher und Werner Kirsten am 4. Mai 1951 verhaftet und am 17. Mai 1951 wieder entlassen.[151]

Schaffernicht, Hannah Lieselotte[152]
*30. Juli 1923 in Groß-Gräfendorf, Krs. Merseburg. Studentin der Pädagogik an der Universität Halle Nr. 2128, Tag der Einschreibung 29. April 1948, Studienfach Pädagogik Deutsch, Tag und Art des Abgangs: „15.6.1952 gestrichen lt. Reg. Erl. Az. 6335 a- wegen Nicht-Rückmeldung zum S.S. 1950. Bu.“. Seit 1946 Mitglied der SED. Sie wurde am 18. März 1950 in Halle verhaftet und am 13. Mai und 19. September 1950 vom SMT Halle wegen „Verbreitung antisowj. Flugblätter“ zu 10 Jahren „Erziehungslager“ verurteilt. Sie befand sich in Bautzen (15. März 1951 bis 4. April 1951) und in der StVA Waldheim. Entlassen wurde sie am 18. Januar 1954 (Gnadenaktion). Am 5. Februar 1954[153] floh sie in die Bundesrepublik. Sie heiratete Prof. Dr. Elzer, Universität Frankfurt. Sie ist an Haftspätfolgen verstorben. Im Oktober 1992 wurde sie mit der Gruppe Eckert, Eggers, Hennig und Schott posthum rehabilitiert.

Scharf, Walter[154]
*5. Oktober 1929 in Landeshut/Schlesien, Student an der ABF der Universität Halle. Er wurde in Halle verhaftet und am 25. Januar 1951 von einem SMT in Halle verurteilt zu 15 Jahren Zwangsarbeitslager „mit Beschlagnahme“ wegen angeblicher Spionage. Er befand sich in der StVA Halle (25. Januar 1951 bis 22. Dezember 1953) und in Waldheim (22. Dezember 1953 bis 17. Januar 1954). Entlassen wurde er am 17. Januar 1954 durch eine Gnadenaktion. Er lebte nach der Haftentlassung in Holzweißig und später in Jeßnitz.[155]

Schierandt, Jochen (Joachim Karl)[156]
*24. April 1925 in Halle, † am 23.10.1950 in der Strafanstalt Untermaßfeld. Student der Naturwissenschaften an der Universität Halle. Er war Mitglied der SED seit 1947. Er wurde am 14. April 1948 in Halle (laut Haftkartei und Haftnachricht am 3. April 1948 in Wismar) verhaftet und am 25. Juni 1948 von einem SMT Sachsen-Anhalt unter dem Aktenzeichen 121 674 zu

151 BStU Außenstelle Halle, MfS BV Halle, AU 141/52.
152 Informationen u. a. von der Stiftung Sächsische Gedenkstätten in Dresden und BArch MDI/VSV 1/81, Kategorie V Filmrolle 6.
153 Lt. BStU Strafnachricht: „15.3.1954 illegal W.D“.
154 Informationen u. a. von der Stiftung Sächsische Gedenkstätten in Dresden und BArch MDI/VSV 1/81, Kategorie V Filmrolle 6.
155 BStU Strafnachricht.
156 Informationen u. a. von der Stiftung Sächsische Gedenkstätten in Dresden und BArch MDI/VSV 1/81, Kategorie V Filmrolle 6 und BStU Strafnachricht.

10 Jahren Zwangsarbeitslager wegen angeblicher „Spionage zu Gunsten eines ausl. Staates." verurteilt. Er verstarb in der Haft, auf seiner Karteikarte ist vermerkt: „Am 23.10.50, 02.45 Uhr in der Strafanstalt Untermaßfeld an Lungen-Tbc verstorben. Bi". Es gibt keine Spuren von ihm im UAH. Er wurde rehabilitiert.[157]

Schmidt, Dieter
*17. Oktober 1928 in Langenbielau, Student der Pädagogik, Geographie an der Universität Halle Nr. 4960. Im September 1946 wurde er mit seiner Familie aus Langenbielau ausgesiedelt und gelangte nach Nienhausen im Erzgebirge. Von November 1946 bis Juli 1947 war er im Technikum der Bunawerke tätig. Im Juli 1949 legte er an der halleschen Friedrich-Engels-Schule die Reifeprüfung ab. Anschließend war er wieder in Buna tätig und wurde am 2. Oktober 1950 immatrikuliert, Tag und Art des Abgangs: „14.12.51 gestrichen Az. 3084 Nicht-Rückm. S.S. 1951/52". Er wurde 1951 in Saalfeld verhaftet und zu 8 Jahren Zuchthaus wegen angeblicher Spionage verurteilt. Er befand sich in der StVA Untermaßfeld. Alles weitere ist unbekannt.

Schmidtke, Harry
*20. April 1925 in Erzhausen, ab 1943 Kriegsdienst, dann amerikanische Kriegsgefangenschaft, Neulehrerlehrgang in Peißen mit Abschluß im Juli 1946, bis Anfang September 1948 Lehrer. Er wurde zunächst Mitglied der CDU, dann im Dezember 1946 Mitglied der SED. Er absolvierte einen zweimonatigen Lehrgang zur Erlernung der russischen Sprache. Ab September 1948 Studium an der MLU Fachrichtung Slawistik und Anglistik, Ende 1951 Lehrbeauftragter in Russisch an der MLU (parallel zum Studium), seit Dezember 1952 Lektor für russische Sprache an der MLU. Bis 1953 war er 2. Sekretär der Grundorganisation seiner Fakultät, ab 1955 bis zur Inhaftierung Parteigruppenorganisator.[158] Er wurde am 18. Juni 1957 vom Staatssicherheitsdienst gemeinsam mit Charlotte Kossuth, Dr. Harro Lucht und Hartmut Harreß verhaftet. Verurteilung wegen Bildung einer „illegalen staatsfeindlichen Gruppe" zu drei Jahren und sechs Monaten Zuchthaus. Er ging in den 80er Jahren in die Bundesrepublik Deutschland.[159] Sein Urteil wurde kassiert.

Schnalke, Bodo[160]
*12. März 1929 in Gleiwitz Oberschlesien, † 8. April 2001 in Berlin. Student der Geographie an der Universität Halle Nr. 3703. Er wurde am 1. Oktober 1949 immatrikuliert. Auf seinem Immatrikulationsschein steht in Stenographie bei Tag und Art des Abgangs: „1951 verhaftet".

157 In der Zusammenstellung vom Verband deutscher Studenten schrieben die Autoren: „In einer ‚Richtigstellung' zur vorigen Auflage unserer Denkschrift bemerkte der stellvertretende Ministerpräsident der Sowjetzonen-Regierung, O. Grotewohl, im Dezember 1956, daß sich Sch. nicht in Haft befinde, sondern verstorben sei."

158 BStU Außenstelle Halle, MfS BV Halle, AOP 53/58.

159 Information von Charlotte Kossuth.

160 Informationen u. a. von der Stiftung Sächsische Gedenkstätten in Dresden.

Er wurde am 13. März 1952 in Halle verhaftet und am 21. Mai 1952 von einem SMT in Halle zu 25 Jahren ZAL verurteilt. Hiernach in die UdSSR – Lager Workuta – deportiert. Entlassen am 11. Oktober 1955. Er wurde rehabilitiert.

Schönfeld, Günther Klaus
*20. Dezember 1926 in Hartmannsdorf. Student der Medizin an der MLU, Gymnasium in Chemnitz, 1943/44 Luftwaffenhelfer, Reichsarbeitsdienst, 1945 Wehrmacht und Kriegsgefangenschaft, 1947 nach Reifevermerk Abitur, Student der Medizin an der Universität Halle Nr. 1953. Immatrikuliert wurde er am 21. November 1947. Bei Tag und Art des Abgangs steht: „14.12.1951 gestrichen wegen Nicht-Rückmeldung z. W.S. 51/52 lt. Verfüg. d. Prorektor f. Stud.-Angel. Htm.". Er wurde am 4. Mai 1951 in Halle durch den Staatssicherheitsdienst gemeinsam mit Wolf-Günther Hilscher, Horst Sackmann und Werner Kirsten wegen angeblicher Boykotthetze verhaftet. (Sie hatten den Himmelfahrtstag, am 3. Mai 1951, gemeinsam gefeiert und am Ende brannte in der Nacht zum 4. Mai 1951 ein Stalinplakat.)[161] Schönfeld befand sich in der StVA Magdeburg-Sudenburg. Er wurde am 3. Oktober 1951 vor 1. Strafkammer des LG Halle „mangels Beweises" freigesprochen und nach Revision durch die Staatsanwaltschaft mit einem neuen Urteil vom 3. April 1952 vom Oberlandesgericht Halle ebenfalls freigesprochen. Die Mitverhafteten blieben nur wenige Tage in Haft. Am 4. April 1952 wurde er entlassen und setzte sein Studium in West-Berlin fort. 1954 nach der Approbation ging er an das Virchow-Krankenhaus des Universitätsklinikums in West-Berlin und wurde zum Dr. med. promoviert. Am 1. Dezember 1956 trat er als Arzt in der Bundeswehr ein. 1979, nach vielfältigen ärztlichen Verwendungen in Stabs- und Lehrtätigkeiten, Referatsleiter im Bundesministerium. 1982 als Generalarzt in internationaler Verwendung als Medical-Advisor, Allied Command Europa bei SHAPE in Belgien. Ab 1. April 1985 Kommandeur der Akademie des Sanitäts- und Gesundheitswesens der Bundeswehr in München. Am 31. März 1987 ging er in den Ruhestand. Träger des Verdienstkreuzes am Bande des Verdienstordens der Bundesrepublik Deutschland.

Schönmuth, Karl Gustav Herbert[162]
*3. Juni 1926 in Langengrassau, Mark Brandenburg. Student der Slawistik an der Universität Halle Nr. 4653, Tag der Einschreibung 2. Oktober 1950, Tag und Art des Abgangs: „9.3.52 A.Z. 3084 wegen Nicht-Rückmeldung". Er wurde am 27. September 1951 [oder 10. Oktober 1951] in Halle verhaftet und am 29. Dezember 1951 wegen angeblicher Spionage zum Tode verurteilt. Hingerichtet (erschossen) wurde er am 20. März 1952 in Moskau. Die Rehabilitierung erfolgte am 28. März 1995.

161 BStU Außenstelle Halle, MfS BV Halle, AU 141/52.
162 Informationen u. a. von der Stiftung Sächsische Gedenkstätten in Dresden.

Schott, Karl-Heinz[163]
*20. Dezember 1927 in Zeitz. Student der Medizin an der MLU. Er wurde mit seiner Oberschulklasse als Luftwaffenhelfer eingesetzt, danach RAD und Flak-Soldat. Zwei Monate war er in amerikanischer Gefangenschaft. Von der Oberschule wechselte er in das Vorsemester der MLU, wurde Mitglied der FDJ und am 1. Dezember 1946 Mitglied der SED. Student der Medizin an der Universität Halle Nr. 2032, Tag der Einschreibung 19. April 1948. Tag und Art des Abgangs: „15.6.50 gestr. wegen Nicht-Rückmeldung z. S.S.50 lt. Reg. Verf. Az. 6335a". Er wurde am 15. März 1950[164] als Mitglied einer studentischen Widerstandsgruppe vom MGB in Zeitz verhaftet und 1950 mit sechs weiteren Studenten vom SMT Halle zu 25 Jahren ZAL wegen illegaler Gruppenbildung verurteilt. Er befand sich in den StVA Halle (bis zum 7.12.1950) und Berlin-Lichtenberg (bis zum 13. Dezember 1950). Er wurde in die UdSSR – Lager Taischet – deportiert. Entlassen am 21. Januar 1954, floh er nach Westberlin. Im Sommersemester 1954 nahm er sein Studium in Köln wieder auf, dort wurde er 1959 promoviert. Dort war er auch am Anatomischen Institut als wissenschaftlicher Assistent tätig. Nach längerer chirurgischer Tätigkeit trat er als Arzt in die Bundeswehr ein, wurde leitender Sanitätsoffizier und 1986 in den Ruhestand versetzt. 1979 mit dem Bundesverdienstkreuz ausgezeichnet, 1992 mit der Gruppe Eckert und Hennig rehabilitiert.

Schulz, Herbert
* 1927. Student an der Universität Halle. Er wurde im Juli 1951 verhaftet und zu lebenslänglicher Haft verurteilt, dann herabgesetzt auf 12 Jahre Zuchthaus. Er befand sich in der StVA Brandenburg. Es gibt keine Spuren von ihm im UAH. Weder in deutschen noch in russischen Archiven konnte Material über ihn gefunden werden.

Schulze, Egon
*14. Februar 1924 in Ebendorf/Magdeburg[165]. Student der Psychologie an der MLU. Volksschule in Olvenstedt, anschließend Mittelschule in Magdeburg und ab 1942 in Keilhau Lehrerbildungsanstalt. Im Jahre 1943 dort Lehrerexamen. Ende Mai 1943 für 3 Monate RAD, August 1943 Wehrmacht. Mai 1945 englische Kriegsgefangenschaft, Anfang 1946 Rückkehr nach Hause. Von 15. Februar 1946 bis zum 15. Oktober 1947 in Wolmirstedt als Lehrer tätig. Anschließend Student der Psychologie an der Universität Halle Nr. 1804[166]. Er wurde am 18. Oktober 1947 an der Pädagogischen Fakultät mit den Fächern Psychologie und Deutsch immatrikuliert. Bei Tag und Art des Abgangs steht: „23.5.1951 gestrichen lt. Schreiben d. Staatssekr. Az. 36/4, wegen Nicht-Rückmeldung z. S.S. 1951 Htm.". Er wurde am 25. Oktober 1950 in Halle vom MfS verhaftet, kam in die MfS-Untersuchungshaftanstalt und wurde am 30. August 1951 von der 1. Großen Strafkammer des LG Halle im „Studentenprozeß" zu

163 Informationen u. a. von der Stiftung Sächsische Gedenkstätten in Dresden.
164 Lt. Datei Dresden und BStU MfS HA IX/11/ SMT Bd. 25 wurde er am 15. März 1950 verhaftet.
165 BStU Außenstelle Halle, MfS BV Halle, AU 49/51 Bd. 5, lt. Bl. 2 geb. am 12.2.1925.
166 BStU Außenstelle Halle, MfS BV Halle, AU 49/51 Bd. 5.

12 Jahren Zuchthaus und Sühnemassnahmen nach Direktive 38 wegen angeblicher Boykotthetze verurteilt. Bei seiner Verhaftung war er verheiratet. Er befand sich in der SSD-UHA Halle ‚Roter Ochse' und in den StVA Magdeburg-Sudenburg und Halle. Alles weitere ist unbekannt.

Schulze, Gerhard

*6. August 1930 in Magdeburg. Student der Chemie an der Universität Halle Nr. 3709. Immatrikuliert wurde er am 1. Oktober 1949, bei Tag und Art des Abgangs steht: „14.12.51 gestrichen wegen Nichtrückmeldung z. W.S. 51/52". Er war SED-Mitglied seit 24. Februar 1949. Verhaftet wurde er am 31.Mai 1951 in Halle, dabei durch einen Schuß in den Oberschenkel verletzt.[167] Am 20. Juni 1952 wurde er von der 1. Großen Strafkammer des LG Greifswald (oder Berlin?) als Mitglied des ‚Widerstandskreises der Jugend der Sowjetzone' wegen Spionage- u. Agententätigkeit nach Art. 6 d. Verfassung u. Kontr. Dir. 38 III A III zu 5 Jahren Zuchthaus verurteilt.[168] Er befand sich in den SSD-UHA Halle, Berlin-Hohenschönhausen und Greifswald sowie in der StVA Bützow-Dreibergen und im HAL Glowe. Entlassen wurde er am 12. Juni 1954.

Schuster, Harry

*14. April 1928 in Bernburg, † 11. April 1977. Student der Landwirtschaft an der MLU. Besuch der Oberschule in Weimar, Abitur, Höhere Fachschule für Landwirtschaft in Eisenach, seit 1949 Mitglied des DBD, Abschluss als Staatlich geprüfter Landwirt 1951. Als Student der Landwirtschaft an der MLU immatrikuliert am 1. September 1951, exmatrikuliert am 30. September 1953. Harry Schuster wurde im Zusammenhang mit den Ereignissen des 17. Juni 1953 am 18. Juni 1953 durch den Staatssicherheitsdienst verhaftet und am 31. August 1953 zu einem Jahr Gefängnis (und 5 Jahren Sühnemaßnahmen) wegen Landfriedensbruch durch den 1. Strafsenat BG Halle (gemeinsam mit Priew und Isermeyer) verurteilt. Er war in der Haftanstalt Untermaßfeld. Nach der Entlassung aus der Haft (am 17. Juni 1954) floh er in die Bundesrepublik und setzte sein Studium 1958 an der Landwirtschaftlichen Fakultät in Stuttgart Hohenheim fort und beendete das Studium 1959 mit dem Abschluss als Diplomlandwirt. Er war von 1959 bis 1961 wissenschaftlicher Mitarbeiter im KTL (Kuratorium für Technik in der Landwirtschaft) in Stuttgart und Abteilungsleiter in der GFK (Gesellschaft für Innere Kolonisation) in Stuttgart. Harry Schuster war Geschäftsführer der Kreisbaugenossenschaft in Hechingen. Er starb nach kurzer Krankheit im April 1977. Er wurde mit Beschluß vom 9. Juni 1995 rehabilitiert.

167 BStU Außenstelle Halle, MfS BV Halle, ASt 5787 Bd. 1.
168 BStU Außenstelle Halle, MfS BV Halle, AU 131/52, und Strafnachricht.

Seidenschnur, Hans[169]

*28. September 1927 in Wernigerode. Student der Naturwissenschaften an der Universität Halle Nr. 702, Tag der Einschreibung 15. Oktober 1946, Fächer: Mathematik und Physik, Tag und Art des Abgangs: „15.6.1950 gestrichen lt. Reg.-Erlaß, Az. 6335a, wegen Nicht-Rückmeldung z. S.S. 1950". Er wurde am 16. Oktober 1950 in Berlin-Schöneberg verhaftet (zusammen mit Manfred Petzold)[170] und am 20. März 1951 von einem SMT (Nr. 48240) zu 25 Jahren ZAL wegen angeblicher Spionage, antisowjetischer Propaganda und illegaler Gruppenbildung verurteilt. Er wurde in die UdSSR – Lager Workuta – deportiert.[171] Entlassen wurde er am 15. Oktober 1955. Er wurde rehabilitiert.

Seifert, Arno

*27. Juli 1936 in Breslau, † 3. Januar 1987 in München. Seit 1953 Student der Geschichte und seit 1956 der Romanistik an der MLU Halle. Er wurde am 13. Dezember 1957 in Halle vom MfS verhaftet und am 15. September 1958 vom Bezirksgericht Halle wegen „Gründung einer konspirativen illegalen Gruppe" zu 7 Jahren Zuchthaus verurteilt. Seit 20. Mai 1959 befand er sich in der StVA Bautzen I und wurde am 20. August 1964 im Zuge des ersten großen Häftlingsfreikaufs nach Westberlin entlassen.[172] Er setzte an der Ludwig-Maximilians-Universität in München sein Studium fort, durchlief die akademische Laufbahn und war bis zu seinem Tod Professor für Mittlere und Neuere Geschichte mit dem Schwerpunkt Geschichtsphilosophie und -theorie an der LMU München. Er wurde durch das Landgericht Halle mit Beschluß vom 19. Oktober 1992 rehabilitiert.

Seiler, Hildegard, Dr. med. dent.

Assistentin an der Zahnklinik der Universität Halle. Verhaftet 1951. Weder in deutschen noch in russischen Archiven konnten Hinweise auf Hildegard Seiler gefunden werden.[173]

Simon, Axel

*9. Mai 1931 in Riga/Lettland. 1949 in Dame, Krs. Luckenwalde, Abitur, seit Herbst 1949 Medizinstudium an MLU, seit März 1949 Mitglied der SED. Er wurde am 3. August 1951 verhaftet.[174] und am 4. August 1951 aus der Haft entlassen. Es war eine Gruppenverhaftung von Raths, Kunert, Günther, Simon, Zielke, Grassow. Alle wurden nach wenigen Tagen wieder freigelassen.

---

169 Informationen u. a. von der Stiftung Sächsische Gedenkstätten in Dresden.

170 BStU MfS HA IX/11/SMT, Band 28.

171 Die Eltern haben 27 Bittgesuche geschrieben und wussten noch 1954 nicht, wo sich ihr Sohn aufhielt! BStU MfS HA IX/11/SMT, Band 4.

172 BStU auf der Strafnachricht steht: „MfS Berlin, StVA Bln I, entlassen am 20.8.64".

173 Liste März 1955.

174 BStU Außenstelle Halle, MfS BV Halle, AU 514/51 Bd. 1.

Skrobek, Bodo[175]
*28. April 1928 in Meisdorf bei Mansfeld. Student an der Universität Halle. Er war seit 1946 Mitglied der SPD, dann SED. Er wurde am 26. Juli 1948 in Halle verhaftet und am 25. November 1948 vom SMT Halle unter dem Aktenzeichen 64866 zu 25 Jahren ZAL wegen angeblicher illegaler Gruppenbildung und Antisowjethetze verurteilt. Er befand sich in der StVA Bautzen. Entlassen wurde er am 19. Juli 1956 nach Schopfheim-Baden. Skrobek wurde rehabilitiert.

Soa, Ernst-Adolf
*16. Februar 1930 in Halle. Student der Naturwissenschaften (Physik und Mathematik) an der Universität Halle. Er wurde am 17. Juni 1953 in Halle verhaftet und im September 1953 vom Bezirksgericht Halle zu 3 Jahren Zuchthaus wegen angeblicher Aufwiegelung gegen die Regierung der DDR und Landesverrats verurteilt. Er befand sich in der StVA Naumburg. Entlassen wurde er auf Grund zahlreicher Gnadengesuche seiner schwerkranken Mutter beim Staatsanwalt des Bezirkes Halle und beim Generalstaatsanwalt in Berlin am 15. Dezember 1955. Nach der Haftentlassung ging er nach Jena, erhielt als Externer an der MLU sein Diplom und arbeitete als wissenschaftlicher Mitarbeiter bei Carl Zeiss Jena.

Sosa, ?
Kunststudent in Halle an der Burg Giebichenstein. Verhaftet wurde er etwa 1951 und von einem SMT zu 10 Jahren ZAL verurteilt. Er befand sich in der StVA Torgau.

Söndergaard, Günther
*5. März 1925 in Halle. Student der Jura und der Wirtschaftswissenschaften an der MLU. „Schule in Halle, kfm Lehrling, RAD, Wehrmacht, 1944 amerikan. Kriegsgefangenschaft im August 1946 entl., 1946–47 kfm. Angestellter am Landw. Inst. der MLU, 1947 bis 1948 besuchte er das Vorsemester und ist ab 1948 als Vollstudent an der juristischen Fakultät der Universität Halle."[176] Student der Wirtschaftswissenschaften an der Universität Halle Nr. 2292. Er wurde am 1. Oktober 1948 immatrikuliert. Bei Tag und Art des Abgangs steht: „23.5.1951 gestrichen lt. Schreiben d. Staatssekr., Az. 36/4, wegen Nicht-Rückmeldg. Z. S.S. 1951 Htm." Er hatte als Berufsziel angegeben: „Wirtschaftsprüfer". Er wurde am 27. Oktober 1950 in Halle vom Staatssicherheitsdienst verhaftet und am 30. August 1951 von der 1. Großen Strafkammer des LG Halle im „Studentenprozeß" zu 2 Jahren Gefängnis wegen angeblicher Spionage, Boykotthetze und illegaler Gruppenbildung (KD 38) verurteilt. Er befand sich in der SSD-UHA Halle und am 3. Oktober 1951 wurde er vom MfS Halle nach Magdeburg-Sudenburg verlegt. Entlassen wurde er (Gnadenerweis) am 6. Oktober 1952 „nach Halle". Er wurde mit Beschluß vom 5. Januar 1994 rehabilitiert.

175 Informationen u. a. von der Stiftung Sächsische Gedenkstätten in Dresden und BArch MDI/VSV 1/81, Kategorie V Filmrolle 7.

176 BStU Außenstelle Halle, MfS BV Halle, AU 49/51 Bd. 5.

Sritneff, Irmgard
*9. Mai 1927 in Limfernopol/Krim. Studentin der Medizin an der Universität Halle Nr. 1437. Im August 1947 hat sie an der ABF in Halle ihr Abitur abgelegt. Tag der Einschreibung 1. September 1947, Studienfach: Philosophie Germanistik Englisch. Berufsziel: Studienrätin. Tag und Art des Abganges: „8.12.48 gestrichen nicht Rückmeldung“. Sie wurde am 8. Juni 1948 in Halle verhaftet. Mit ihrer Mutter wurde sie im Oktober 1948 in die UdSSR verbracht. Es ist kein Nachweis über ihr Schicksal in deutschen bzw. russischen Archiven vorhanden.

Steingrüber, Wolfgang Hubertus[177]
*22. April 1924. Student der Naturwissenschaften an der Universität Halle Nr. 9938. Tag der Einschreibung 15. Oktober 1946, Studienfach Physik, Er war Mitglied der LDP seit Februar 1946. Tag und Art des Abgangs „8.7.1950 gestrichen lt. Reg.-Erlaß, Az. 6335a, wegen Nicht-Belegen des S.S. 1950 Exm. 17.3.51 No 1418 Aufgabe aus pers. Gründen. Bi“. Er wurde am 12. Juni 1950[178] in Halle vom NKWD verhaftet und von einem SMT in Halle am 31. August 1950 zu 25 Jahren ZAL verurteilt. Er wurde nach Mittel-Sibirien deportiert. Entlassen wurde er am 20. Oktober 1955. Steingrüber wurde rehabilitiert.

Stiehl, Wolfgang
*3. Januar 1934 in Schönebeck. 1948 nach Schulentlassung Bäckerlehre. Seit 1. September 1952 Student an der ABF der Universität Halle. Er wurde nach einem Westberlinbesuch denunziert, und durch den Staatssicherheitsdienst in einer ‚Kidnapping-Aktion‘ am 1. Februar 1953 auf dem Marktplatz in Schönebeck/Elbe verhaftet und im „Roten Ochsen“ in Halle inhaftiert. Nach der Verurteilung am 22. April 1953 durch den 1. Strafsenat des Bezirksgerichtes in Halle wegen Verbrechen nach Art. 6 der Verfassung der DDR in Verbindung mit der KD 38 Abschn. II Art. III A III zu einer Zuchthausstrafe von sechs Jahren erfolgte die weitere Strafverbüßung in der Strafvollzugsanstalt Halle von Mai 1953 bis November 1956, mit ca. 6 Wochen Unterbrechung durch Aufenthalt im Haftkrankenhaus Leipzig Klein-Meusdorf. Am 16. November 1956 wurde er nach einer Amnestieverfügung aus der Haft entlassen. 1972 nach mehreren Weiterbildungen Abschluß als Diplomingenieur (FH) der Lebensmittelindustrie, Fachrichtung Backwaren. 1975 wurde er Produktionsleiter in einem Backwaren-Groß-Betrieb, 1976 Fachdirektor für Technik, Abteilungsleitertätigkeiten. 1992 ging er in den Vorruhestand. 1992 mehrere ehrenamtliche Mandatsträger-Tätigkeiten. 1995 vielseitig in Interessengruppen als Zeitzeuge, z.B. in der Gedenkstätte am Moritzplatz in Magdeburg, der Landeszentrale für politische Bildung, in parteinahen Stiftungen usw. tätig. 1995 wurde er als Mitglied in den Gedenkstättenbeirat des Landes Sachsen-Anhalt berufen, Herausgeber von ortsbezogenen Publikationen zur politischen Bildung. Er wurde am 4. August 1992 rehabilitiert.

177 Informationen u. a. von der Stiftung Sächsische Gedenkstätten in Dresden.
178 Oder am 14. Juni 1950.

Stock, Horst Otto Karl[179]

*28. April 1920 in Halle/Saale. Student der Betriebswirtschaft an der Universität Halle Nr. 7490. Immatrikuliert wurde er am 13. Juli 1945 und am „20.5.47 Gestrichen!". Seit 1945 war er Mitglied der KPD-SED. Er wurde am 8. April 1947 in Halle vom NKWD verhaftet. Er war verheiratet und hatte zwei Kinder (1944 und 1947 geboren). Er wurde am 16. Juni 1947[180] vom SMT Werder/Havel unter dem Aktenzeichen 114479 zu 10 Jahren Zwangsarbeitslager verurteilt. Er befand sich im KZ Sachsenhausen und in den StVA Luckau (bis 10. April 1954) und Bautzen (10. April 1954 bis 25. Juni 1955). Entlassen wurde er am 25. Juni 1955 „nach Halle" (Gnadenerweis des Präsidenten). Über sein weiteres Schicksal ist nichts bekannt.

Stoye, Hans-Joachim

*9. Januar 1927 in Halle/S. Student der Medizin an der Universität Halle. Verhaftet wurde er am 31. März 1949 in Halle und von einem SMT zum Tode verurteilt wegen angeblicher Spionage und Sabotage. Er wurde in die UdSSR deportiert, dort zu 25 Jahren Zwangsarbeit begnadigt und in den Haftanstalten Potma sowie Suchobeswodnoje gefangen. Entlassen wurde er am 16. Oktober 1955.

Thiedig, Friedhelm

*7. April 1933 in Blumberg, Krs. Landsberg/Warthe. Student der Geologie an der Universität Halle Nr. 6550, Tag der Einschreibung 1. September 1951, Tag und Art des Abgangs „1.12.52, 26.2.53, Az. 3262, Entzug wegen Nichtrückm. z. Studienj. 52/53". Er wurde am 16. April 1952 in Halle verhaftet und am 26. Juni 1952 von der 1. Großen Strafkammer des Landgerichts Halle nach Artikel 6 der Verfassung, K.D. 38 Abschn. II Art. III. III zu 3 ½ Jahren Zuchthaus und Sühnemaßnahmen wegen illegaler Gruppenbildung und angeblicher Boykott-, Antisowjet- und Mordhetze verurteilt. Mit ihm wurden Otto Krüper, Karl Weber, Hans-Joachim Fischer und Hans-Dieter Dell verurteilt. Er befand sich in der UHA Halle ‚Roter Ochse' und in der StVA Torgau (er wurde am 25. Oktober 1952 vom MfS Halle nach Torgau, am 24. Februar 1953 von Torgau nach Halle I und am 5. Februar 1955 von Halle I nach Torgau verlegt). Entlassen wurde er am 15. Oktober 1955. Am 28. Oktober 1955 verließ er die DDR. Er studierte weiter in Tübingen, war Assistent in Hamburg, 1977 wurde er Professor an der Universität Hamburg, 1986 wurde er auf den Lehrstuhl für Historische und Regionale Geologie an die Westfälische Wilhelms-Universität nach Münster berufen. Er ist emeritiert und lebt in Hamburg.

179 Haftkartei JVA Bautzen und Informationen u. a. von der Stiftung Sächsische Gedenkstätten in Dresden.

180 anderes Datum: 4.7.1947. BStU Haftnachricht.

Thiele, Gerhard
*7. Dezember 1935 in Dresden. Nach der Grundschule zwei Jahre Chemiefacharbeiterlehrling, dann ABF in Leipzig, 1954 Abitur,[181] ab September 1954 Student der Chemie an der TH für Chemie Halle-Merseburg Nr. 213. Immatrikuliert wurde er am 3. September 1954, Tag und Art des Abgangs: „9.3.57 Relegation". Er wurde am 28. Dezember 1956 in Dresden vom Staatssicherheitsdienst verhaftet (Er gehörte zu der Gruppe Horst Lohde, Kurt Findeisen, Manfred Böttger und Klaus Dölling) und am 7. März 1957 vom BG Halle zu 3 Jahren Zuchthaus verurteilt. Er befand sich im HAL Volkstedt (Verlegung am 27. März 1957 nach UHA Eisleben, am 11. April 1957 nach HAL Volkstedt).[182] Entlassen wurde er am 14. Oktober 1958. Er wurde mit Beschluß vom 2. Juli 2004 rehabilitiert.

Thielecke, Franz Wilhelm Wolfgang[183]
*22. April 1926 in Köthen. Student an der Philosophischen Fakultät der Universität Halle Nr. 342. Er wurde am 15. Oktober 1946 für die Fächer Germanistik, Geschichte und Erdkunde mit dem Berufsziel „Studienrat" immatrikuliert. Am 17. Juni 1949 wurde er gestrichen „lt. Verfüg. De. Min. f. Vb. K. u. Wissensch. Exm 21.3.51, N. 1432, Aufg. pers. Gründe. Htm." Mitglied der LDP seit 1946. Er wurde am 24. Dezember 1948 in Köthen verhaftet und am 19. Mai 1949 unter dem Aktenzeichen 6026 vom SMT Halle wegen „illegaler Gruppenbildung" zu 25 Jahren ZAL verurteilt. Vom 16. Februar 1950 bis zum 17. Januar 1954 war er in der StVA Bautzen. Entlassen wurde er am 17. oder 18. Januar 1954 (Gnadenerweis).

Thieme, Dieter
*12. Januar 1928 in Magdeburg. Volksschule, Oberrealschule, 1944 eingezogen, im April 1945 in amerikanischer Kriegsgefangenschaft, im Juli 1945 wegen Krankheit entlassen. In Kupferschmiede als Lehrling, ab Ende 1945 Domgymnasium bis 1949, bewarb sich an der MLU, Oktober 1950 Gesellenprüfung als Schlosser.[184] Er wurde gemeinsam mit 12 Studenten und einem Assistenten am 31. Oktober 1950 verhaftet und im Studentenprozeß am 30. August 1951 zu drei Jahren Gefängnis verurteilt.

Tielsch, Herbert, Dr.
*2. Dezember 1907 in Darkehmen/Ostpr.. 1929 in Königsberg Abitur, an Albertus-Universität zu Königsberg Physik, Mathematik, Chemie und Mineralogie studiert, 1932–35 1. Physikalisches Inst. Königsberg Hilfsassistent, arbeitet über kosmische Strahlen, 1934 Promotion in Physik, 1935–36 Assistent, in München noch meteorologische Prüfung, 1936–1946

---

181 Informationen aus BStU Außenstelle Halle, MfS BV Halle, AU 22/57 Band 3.

182 BStU Haftnachricht.

183 Informationen u. a. von der Stiftung Sächsische Gedenkstätten in Dresden und BArch MDI/VSV 1/81, Kategorie V Filmrolle 7.

184 BStU Außenstelle Halle, MfS BV Halle, AU 49/51 Bd. 1-5.

Reichswetterdienst, als Meteorologe in den Wetterwarten Nürnberg, Ludwigslust, Wesendorf und Königsberg gearbeitet. 1941 als Regierungsrat verbeamtet, 1937 geheiratet, Kriegsgefangenschaft in Huston (Louisiana) USA, Lagertätigkeit in der Gefangenschaft: Lehrer für Physik. SED seit 15. November 1946, ab 1946 Institut für experimentelle Physik der MLU, zunächst Assistent, ab 1954/55 Oberassistent.[185] 1958 versucht Herbert Tielsch offiziell, mit Genehmigung, in die Bundesrepublik zu gehen. Ihm war eine Stelle in Selb/Oberfranken beim Elektroakustischen Labor der Fa. Rosenthal Isolatoren angeboten worden. Das Staatssekretariat für Hochschulwesen lehnt seinen Antrag auf Umsiedlung ab. Tielsch wendet sich an den Ministerpräsidenten. 1959 geht er nach Dresden und arbeitet im Institut Manfred von Ardennes. Der letzte Aktenvermerk beim MfS Halle am 24. Juni 1959: „Tielsch ist an wichtigen Forschungsaufträgen im Inst. von Prof. Ardenne tätig, er ist der VB Dresden wegen Vorbereitung zur Republikflucht angefallen."[186] Er wurde 1959 wegen angeblicher ‚Republikflucht' verhaftet. Nach Aussage von Heinrich Blobner war er drei bis vier Jahre in der StVA Bautzen inhaftiert. Er ist verstorben. Seine Frau ging später in die Bundesrepublik Deutschland.

Viol, Hans-Joachim
*19. Juni 1928 in Artern, Krs. Sangerhausen. Volksschule, Mittelschule in Kölleda, Oberschule in Buttstedt, dann Oberschule in Eberswalde, RAD, nach 1945 Oberschule Sangerhausen, 1947 Abitur, anschließend Student der Pädagogik an der Universität Halle. Erstmals wurde er am 1. September 1947 mit der Nummer 1540 immatrikuliert für Pädagogik mit dem Hauptfach Mathematik, dann wurde er am „23.5.1951 gestrichen lt. Schreiben d. Staatssekr., Az. 36/4, wegen Nicht-Rückmeldung. Z. S.S. 1951. Htm." Er war im Oktober 1950 in Halle verhaftet und im „Studentenprozeß" am 30. August 1951 wegen Mangels an Beweisen freigesprochen worden. Am 31. Oktober 1951 wurde er erneut immatrikuliert mit der Nummer 6691, für Pädagogik, Psychologie und Biologie. Er schloß das Studium am 25. Juli 1952 mit dem Staatsexamen ab.

Vogel, Fritz Willi Heinz[187]
*28. Februar 1925 in Aschersleben. Student der Pädagogik an der Universität Halle Nr. 7835. Immatrikuliert wurde er am 17. Juli 1945 für die Fächer Philosophie, Deutsch, Geschichte, Sprachen. Tag und Art des Abgangs: „8.12.48 gestrichen". Er war Mitglied der LDP seit 1945 und verheiratet. Er wurde am 7. Februar 1949 in Halle vom NKWD verhaftet. Sein Urteil vom SMT Halle unter dem Aktenzeichen 127 778 lautete: 25 Jahren ZAL wegen angeblicher Spionage für den französischen Geheimdienst und antisowjetischer Propaganda. Die Strafe wurde herabgesetzt auf 13. Jahre. Er befand sich in den StVA Bautzen und Torgau. In Torgau war er inhaftiert vom 11. August 1955 bis zum 15. August 1956.[188] Entlassen wurde er aufgrund eines

185 Die meisten hier aufgeführten Informationen über Herbert Tielsch stammen aus der Akte BStU Außenstelle Halle, MfS BV Halle, AOP 41/59 Tielsch.

186 BStU Außenstelle Halle, MfS BV Halle, AOP 41/59 Tielsch, Bl. 103.

187 Informationen u. a. von der Stiftung Sächsische Gedenkstätten in Dresden. Haftkartei JVA Bautzen. Hier ist nur sein Geburtsdatum und Geburtsort, das Aktenzeichen 5443, das verurteilende Gericht SMT vermerkt und seine Verlegung von Bautzen nach Torgau am 10. August 1955.

188 Friedlandkartei.

Gnadenerlasses[189] am 15. August 1956 (nach Aschersleben). Am 17. September 1956 floh er nach Lüneburg.[190] Vogel wurde mit Beschluß vom 28. Februar 1997 rehabilitiert.

Wagner, Günther

*25. Oktober 1929 in Magdeburg. Bis 1940 Volksschule in Magdeburg Fermersleben, dann bis 1945 das Realgymnasium in Magdeburg und von 1945 bis 1948 Domgymnasium in Magdeburg.[191] Ab 1948 ist er an der Martin-Luther-Universität in Halle Student der Rechtswissenschaften Nr. 2246. Immatrikuliert wurde er am 1. Oktober 1948 in den Studienfächern Rechtswissenschaft und Volkswirtschaft. „Lt. Schreiben d. Staatsekr. Az. 36/4, wegen Nicht-Rückmeldg. Z. S.S. 1951. Htm." wurde er gestrichen. Er wurde am 25. Oktober 1950 in Halle verhaftet und am 30. August 1951 im „Studentenprozeß" von der 1. Großen Strafkammer des LG Halle zu 12 Jahren Zuchthaus und Sühnemassnahmen nach Direktive 38 wegen angeblicher Boykotthetze verurteilt. Er befand sich in der UHA Halle ‚Roter Ochse', in der StVA Magdeburg-Sudenburg und im HKH Klein-Meusdorf. (3. Oktober 1951 vom MfS Halle nach Magdeburg Sudenb. Verlegt, 16. Februar 1952 von VA Magdeburg S. nach MfS Halle, 12. März 1952 vom MfS Halle nach VA Magdeburg S, 12. Oktober 1955 HKH Meusdorf, 15. November 1955 Magdeburg).[192] Am 15. November 1955 wurde er von Klein-Meusdorf nach Magdeburg verlegt. Entlassen wurde er am 31. Mai 1956 (Gnadenerweis des Präsidenten vom 22.5.1956). Er wurde mit Beschluß vom 2. Juli 1993 rehabilitiert.

Walther, Joachim

*15. März 1920 in Metz. In St. Goarshausen und in Wutha Oberschule bis 1938, dann landwirtschaftliche Lehre. 1942 zur Wehrmacht eingezogen, bis 1946 Leiter einer Landwirtschaft in Benkendorf/Mecklenburg. Anschließend Studium an der Universität in Halle. Diplom-Landwirt,[193] Doktorand an der Universität Halle. Seit 1947 Mitglied der SED. Verhaftet am 21. Oktober 1950 im Zug zwischen Berlin und Halle. Er war verheiratet und hatte zum Zeitpunkt seiner Verhaftung ein vier Wochen altes Kind. Verurteilt wurde er am 30. August 1951 im „Studentenprozeß" durch die Erste Große Strafkammer des Landgerichts Halle zu 12 Jahren Zuchthaus und Sühnemassnahmen nach Direktive 38 wegen angeblicher Boykotthetze. Er wurde zunächst in das SSD-Untersuchungsgefängnis Halle eingeliefert und befand sich ab 3. Oktober 1951 in der Strafvollzugsanstalt Magdeburg-Sudenburg. Am 15. Oktober 1956 Strafaussetzung. 1956 floh er in die Bundesrepublik. Er wurde mit Beschluß vom 2. Juni 1994 rehabilitiert.

189 Scherrieble 2008, S. 326.
190 BStU Strafnachricht, auf der Nachricht vom 15.8.1956 steht, dass er geschieden war.
191 BStU Außenstelle Halle, MfS BV Halle, AU 49/51 Bd. 5.
192 BStU Strafnachricht.
193 BStU Außenstelle Halle, MfS BV Halle, AU 49/51 Bd. 5.

Weber, Karl
*14. Mai 1929 in Osterburg. Student der Mathematik an der Universität Halle Nr. 4790, wechselte später zur Physik. Immatrikuliert wurde er am 2. Oktober 1950, Tag und Art des Abgangs: „1.12.52 , 26.2.53, Az. 3265, Entzug wegen Nichtrückm. Z. Studienj. 52/53“. Er war seit 1951 Mitglied der NDPD. Er wurde am 12. April 1952 in Osterburg vom Staatssicherheitsdienst verhaftet und gemeinsam mit Otto Krüper, Friedhelm Thiedig, Hans-Dieter Dell und Hans-Joachim Fischer am 26. Juni 1952 von der 1. Großen Strafkammer des LG Halle zu 12 Jahren Zuchthaus wegen Kontakten zur 'Kampfgruppe gegen Unmenschlichkeit' verurteilt. Strafverbüßung in den StVA Torgau (ab 18. Juli 1952), Waldheim (ab 20. März 1954) und Berlin-Hohenschönhausen. Entlassen wurde er „nach Gnadenerweis des Staatsrates der DDR“[194] am 26. November 1960. Er wurde mit Beschluß vom 30. Dezember 1995 rehabilitiert.

Weiss, Eberhard Berthold
*29. Oktober 1925 in Braunschweig. Student der Philologie (Latein, Griechisch, Englisch), Nr. 1965 an der Martin-Luther-Universität Halle. Er wurde am 3. April 1948 immatrikuliert und am „22.12.49 Gestrichen Nicht-Rückmeldung z. W.S. 49/50; Reg.-Verfüg. Az. 6335a“. Er wurde am 24. Juni 1948 von der Polizei festgenommen, „weil er eine Schlange anstehender Menschen fotografierte, die ihr Geld umtauschen wollten.“ Am 6. Juli 1948 wurde er „auf Veranlassung der russischen Dienststelle aus der Haft entlassen“.[195] Vermutlich verließ er nach der Haftentlassung Halle, denn auf seinem Immatrikulationsschein finden wir die oben genannte Streichung aus der Matrikel vom 22. Dezember 1949.

Weiss, Hans[196]
*10. Oktober 1923 in Kleinschelken/Siebenbürgen. Student der Zahnmedizin an der Universität Halle. Er wurde am 19. April 1950 in Halle verhaftet und im August 1950[197] vom SMT Halle zu 25 Jahren ZAL wegen angeblicher Spionage verurteilt. Er befand sich in den StVA Bautzen und Torgau. Entlassen wurde er am 5. September 1956 (nach Neuheiligen). Über sein weiteres Schicksal ist nichts bekannt. Er wurde rehabilitiert.

Welser, Werner
*30. Juni 1926. Student der Philosophie an der Universität Halle. Verhaftet wurde er am 5. Juli 1951 in Halle. Es gibt keine Spuren von ihm im UAH. Sein weiteres Schicksal ist unbekannt.

194 BStU Strafnachricht.
195 UAH Rep. 4 Nr. 1585 Verhaftungen von Studenten 1948.
196 Haftkartei JVA Bautzen und Informationen u. a. von der Stiftung Sächsische Gedenkstätten in Dresden und BArch MDI/VSV 1/81, Kategorie V Filmrolle 8.
197 Lt. Dresdner Dokumentation am 20.6.1950 und lt. Bundesarchiv am 20.4.1950.

Wenzel, Paul Oskar Horst[198]
*6. Januar 1926 in Eisenberg/Thüringen. Student der Medizin an der Universität Halle Nr. 7569, Tag der Einschreibung 16. Juli 1945. Handschr.: „Aus den Listen gestrichen wegen Nicht-Zurückmeldung lt. Reg. Verfügung vom 8.12.1948, Az. 6312, 19. April 1949. Htm.". Er war ledig und seit 1945 Mitglied der LDP. Er wurde am 15. Mai 1948 in Halle verhaftet und am 23. Oktober 1948 vom SMT Halle unter dem Aktenzeichen 5532 wegen angeblicher Spionage zu 25 Jahren ZAL verurteilt. Die Haftdauer wurde auf 12 Jahre gesenkt. Er befand sich in der UHA Halle und in der StVA Bautzen. Er war längere Zeit in der Tbc-Station als Arzthelfer tätig und betreute dort die Schwerstkranken.[199] Entlassen wurde er am 27. Juni 1956 „gemäß Gnadenerweis des Präsidenten vom 25.6.1956"[200] nach Jena. Nur wenige Tage später flüchtete er nach Berlin-West. Dort bzw. in der Bundesrepublik setzte er sein Studium fort, wurde promoviert und war anschließend als Arzt tätig.[201] Wenzel wurde rehabilitiert.

Werner, Hans-Rudolf
*2. September 1925 in Halle. Student der Chemie an der Universität Halle Nr. 1343. Tag und Art des Abgangs: „19.7.49 Az. 6312 Gestrichen wegen Nicht-Rückmeldung lt. Reg.-Erlaß". Er wurde am 1. September 1947 immatrikuliert. Am 26. Juli 1948 wurde er in seiner Wohnung von sowjetischen Offizieren verhaftet. Rektor Eißfeldt und Rektor Winter (seine Verhaftung fiel in die Zeit des Rektorwechsels) fragten bis Februar 1949 immer wieder bei den entsprechenden Stellen nach. Die einzige Nachricht, die sie erhielten war, dass er nicht in einer Polizeihaftanstalt wäre.[202] Er wurde von Halle nach Weimar gebracht, später nach Potsdam, wo er von einem SMT zu 25 Jahren verurteilt wurde. Verbringung in die Sowjetunion in das Lagergebiet Inta (in der KOMI ASSR gelegen), wo er im Kohlenschacht arbeitete. Später wurde er nach Potma gebracht. Am 5. Oktober 1955 wurde er nach Halle entlassen. Mit Hilfe seines Vaters floh er nach Westberlin, weiter nach Hannover, absolvierte ein Ingenieurstudium in Isny und ging später nach Esslingen, wo er heute lebt. Er wurde am 18. Oktober 1991 rehabilitiert.

Wiegleb, Friedrich
*2. Juli 1919 in Artern. Student der Pädagogik an der Universität Halle, Berufsziel: Lehrer, Friedrich Wiegleb war ab 1939 im Militärdienst und anschließend in sowjetischer Kriegsgefangenschaft. Am 7. Oktober 1946 schrieb er sich an der MLU ein. Seit 1. Februar 1946 war er Mitglied der SED. Er wurde am 4. Mai 1948 verhaftet und am 30. Mai 1948 wieder aus der Haft entlassen. Bei Tag und Art des Abgangs steht: „15.6.1950 Gestrichen lt. Reg.-Erlaß, Az. 6335a, wegen Nicht-Rückmeldung z.S.S.1950. Exm. 5.3.1951 Nr. 1384 Staatsex. Htm."[203] Er konnte sein Studium fortsetzen und mit dem Examen abschließen.

198 Informationen u. a. von der Stiftung Sächsische Gedenkstätten in Dresden.
199 BStU MfS AS 138/63 Wenzel.
200 BStU Strafnachricht.
201 Scherrieble 2008, S. 325.
202 UAH Rep. 4 Nr. 1585 Verhaftungen von Studenten 1948.
203 UAH, Nr. 85,

Winkler, Friedrich-Karl, Dr.
*9. November 1925 in Grossbreitenbach, bei Ilmenau. 1943 von Oberschule in Ilmenau mit Reife-Vermerk abgegangen. RAD bis August 1943, ab Oktober 1943 Wehrmacht, Kriegesgefangener bis zum 18. Mai 1945, 1945 in Jena Vorstudienschule, Abitur. 1. November 1945 KPD, Jurastudium an der Universität in Jena, 1949 erste juristische Staatsprüfung, 1949–50 Referendar, ab Januar 1951 Staatsanwaltschaft Rudolstadt, 1953 in Berlin Referendar-Abschlussprüfung, ab Herbst 1954 Vorlesungen im Zivilprozessrecht an MLU, Mai 1955 Dozent, Mitglied des Inst. für Rechtswissenschaft, Abt. Prozessrecht, Oberassistent und Lehrbeauftragter am Institut für Zivilprozeß der Universität Halle. Er wurde am 23. Januar 1956 in Halle verhaftet „wegen Mitwisserschaft“ und am 29. April 1956 aus der Haft entlassen. Ab 1967 als Dozent und Stellv. des Direktors f. Erziehung und Ausbildung. 1970 schied er aus der MLU aus. Ab September 1970 war er in Leipzig beim Kollegium der Rechtsanwälte tätig.[204]

Wollny, Johannes Georg
*24. April 1926 in Hindenburg/Oberschlesien. Student der Pädagogik an der Universität Halle Nr. 3920. LDP seit 1. Dezember 1945. Immatrikuliert wurde er am 1. Oktober 1949 für die Fächer Geschichte und Psychologie, Tag und Art des Abgangs: „27.12.1950 gestr. Lt. Reg.-Verfüg., Az. 6335 a, wegen Nicht-Rückmeldung zum W.S. 1950/51. Htm.“ Verhaftet am 29. Juli 1950 (oder 19. Juni 1950) und verurteilt am 1. August 1950 vom SMT Halle zu 25 Jahren ZAL wegen angeblicher antisowjetischer Hetze. Er befand sich im UHA Halle und in den StVA Bautzen und Brandenburg (verlegt am 7. Januar 1953 von Bautzen nach Brandenburg). „Durch E.-Verfügung des Bez.-Staatsanwalt Potsdam am 22. Oktober 1956 vorzeitig aus der Haft entlassen.“[205] 1956 floh er in die Bundesrepublik.

Wüstemann, Wolfgang
*2. Dezember 1928 in Halle. Student der Medizin an der Universität Halle Nr. 2360. Er wurde am 1. Oktober 1948 immatrikuliert, Tg und Art des Abgangs: „15.6.50 gestr. wegen Nicht-Rückmeldung zum S.S. 50 lt. Reg. Verf. Az. 6335 , Exm. 14.3.50 Nr. 1409 Aufg. aus pers. Gründen“. Er wurde 1950 verhaftet. Auf Anfrage vom 1. Mai 2008 bei der Generalhauptstaatsanwaltschaft in Moskau konnte keine Auskunft erteilt werden.

Zabel, Fritz[206]
*4. Dezember 1927 in Wernigerode. Student der Rechtswissenschaften an der Universität Halle. Er wurde am 15. Mai 1948 in Wernigerode vom NKWD verhaftet. Verurteilt wurde er am 28. Juni 1948 von einem SMT in Wernigerode (Aktenzeichen 636629) zu 20 Jahren ZAL wegen angeblicher Spionage „laut den Art. 17.-58-6, I. d. StGB d. RSFSR“.[207] Er befand sich im Untersuchungsgefängnis Dresden und in der StVA Bautzen (16. Februar 1950 bis 16. Januar 1954). Am 16. Januar 1954

204 BStU MfS BV Suhl, AU 16/56 Bd. 6 Winkler.
205 BStU Strafnachricht.
206 Haftkartei JVA Bautzen und Informationen u. a. von der Stiftung Sächsische Gedenkstätten in Dresden und BArch MDI/VSV 1/81, Kategorie V Filmrolle 8. Lt. Dresdner Angaben ist er in Gera geboren.
207 BStU MfS Zentralarchiv, G-SKS-103266 Zabel.

wurde er „nach Wernigerode" entlassen (Gnadenerweis). Über sein weiteres Schicksal ist nichts bekannt.

Zack, Gerhard Robert[208]
*2. Oktober 1927 in Gera. Jurastudent an der Universität Halle Nr. 1071. Immatrikuliert wurde er am 1. September 1947, Tag und Art des Abgangs: „14.12.51 gestrichen Az. 3084 Nicht-Rückm. W.S. 1951/52". Er wurde am 22. (oder 24.) November 1951 in Weißenfels verhaftet. Er war seit 1950 Mitglied der LDP. Verurteilt wurde er im Februar 1952 von einem SMT Halle zu 25 Jahren ZAL wegen angeblicher Spionage.[209] Er befand sich in der StVA Bautzen. Entlassen wurde er am 17. Januar 1954 (Gnadenerweis). Über sein weiteres Schicksal ist nichts bekannt.

Zielke, Günter
*25. April 1929 in Tangermünde. Bis 1949 Oberschule Tangermünde, Herbst 1949 Beginn des Studiums an MLU Med. Fak., 1948 SED Mitglied. Er wurde am 8. August 1951 verhaftet[210] und am 14. August 1951 freigelassen. Es war eine Gruppenverhaftung von Raths, Kunert, Günther, Simon, Zielke, Grassow. Alle wurden nach wenigen Tagen wieder freigelassen.

Zinke, Kurt Paul[211]
*15. März 1926 in Sandersleben. Mit der Schulklasse wurde er als Flakhelfer bei der Marine eingesetzt, danach Dienst als Soldat. 1946 aus englischer Kriegsgefangenschaft entlassen, nach Grenzübertritt in die SBZ erstmalig verhaftet wegen „Spionageverdachts". Nach mehrwöchiger Untersuchungshaft wurde er entlassen. 1947 Abitur an den Franckeschen Stiftungen in Halle. Student der Medizin und der Psychologie an der Universität Halle. Verhaftet wurde er wegen Fluchthilfe und Besitzes antisowjetischer Literatur am 20. März 1952 in Halle vom Staatssicherheitsdienst und von einem SMT in Chemnitz wegen angeblicher Spionage zu 25 Jahren ZAL verurteilt. Er befand sich in der StVA Halle und wurde dann in die UdSSR – Lager Workuta – deportiert. Nach der Entlassung am 12. Januar 1956 nahm er das Medizinstudium an der Universität Göttingen wieder auf und wurde promoviert. Bis zu seiner Pensionierung war er als Facharzt für Neurologie, Psychiatrie und klinische Psychologie als Landes-Medizinaldirektor tätig. 1995 wurde er durch die Militärhauptstaatsanwaltschaft in Moskau rehabilitiert.

208 Haftkartei JVA Bautzen und Informationen u. a. von der Stiftung Sächsische Gedenkstätten in Dresden und BArch MDI/VSV 1/81, Kategorie V Filmrolle 8.

209 Lt. BStU Strafnachricht: „24. 11.1951 verurteilt wegen Spionage von SMT Halle zu 25 Jahren Freiheitsentzug".

210 BStU Außenstelle Halle, MfS BV Halle, AU 514/51 Bd. 1.

211 Informationen u. a. von der Stiftung Sächsische Gedenkstätten in Dresden.

Zoder, Fritz[212]
*13. Mai 1927 in Köthen. Student der Germanistik an der Universität Halle Nr. 7397. Er wurde am 1. Februar 1946 für Philosophie und Psychologie immatrikuliert. Tag und Art des Abgangs: „19.7.1949, Az. 6312, gestrichen wegen Nicht-Rückmeldung lt. Reg.-Erlaß". Er wurde am 17. Januar 1949 in Halle verhaftet und am 5. April 1949 vom SMT Halle (Sachsen-Anhalt) unter dem Aktenzeichen 127 043 zu 25 Jahren ZAL wegen angeblicher Spionage, illegaler Parteitätigkeit und feindlicher Einstellung gegen die Armee verurteilt. Er befand sich in den Haftanstalten Halle, Bautzen, Torgau (14. Oktober 1952 verlegt von Bautzen nach Torgau). Entlassen wurde er am 17. Januar 1954. Am 17. März 1954 floh er in die Bundesrepublik.[213] Zoder wurde rehabilitiert.

Zöger, Karl-Heinz Joachim[214]
*21. Juni 1925 in Köthen. Student der Naturwissenschaften an der Universität Halle. Er wurde am 12. Januar 1949 in Köthen verhaftet und verurteilt von einem SMT in Halle unter dem Aktenzeichen 5894 wegen „illegaler Organisation" zu 25 Jahren ZAL. Er befand sich in der StVA Bautzen. Entlassen wurde er am 17. Januar 1954 „nach Köthen" (Gnadenerweis). Am 1. August 1954 floh er in die Bundesrepublik.[215] Es gibt keine Spuren von ihm im UAH.

Zohm, Helmut
*10. Juli 1924 in Halle. Oberschule in Berlin, Wehrmacht, Luftwaffe, amerikanische Kriegsgefangenschaft, Flucht nach Halle, wieder verhaftet und in amerikan. Kriegsgef., erneute Flucht. Im Mai 1946 kam er nach Halle, um zu studieren. Arbeitete ohne Bezahlung bei der studentischen Handbücherei der Universität, März 1947 Abitur, Student der Chemie an der Universität Halle Nr. 1745, 18. Oktober 1947 immatrikuliert; 2. April 1949 exmatrikuliert. Bis einschließlich Wintersemester 1948/49 an Universität Halle, dann ging er nach Berlin. Er wollte zum Studium nach Erlangen gehen.[216] Er wurde am 30. Oktober 1950 verhaftet und angeklagt, „durch Erfindung und Verbreitung tendenziöser Gerüchte den Frieden gefährdet zu haben".[217] Am 22. Februar 1951 wurde er von der 8. Großen Strafkammer Halle wegen „Dir. 38 Anti-Sowj. Hetze" zu 3 Jahren Zuchthaus verurteilt. Er befand sich seit dem 14. März 1951 in der StVA Torgau. Ihm wurden durch Gnadenerlaß[218] am 14. September 1952 ein Jahr und ein Monat der Strafe erlassen. Entlassen wurde er am 6. Oktober 1952.

212 Informationen u. a. von der Stiftung Sächsische Gedenkstätten in Dresden. DB DIZ und BArch MDI/VSV 1/81, Kategorie V Filmrolle 8.
213 BStU Strafnachricht.
214 Haftkartei JVA Bautzen und Informationen u. a. von der Stiftung Sächsische Gedenkstätten in Dresden und BArch MDI/VSV 1/81, Kategorie V Filmrolle 8.
215 BStU Strafnachricht.
216 BStU Außenstelle Halle, MfS BV Halle, AU 607/51 Bd. 1 Zohm.
217 BStU Außenstelle Halle, MfS BV Halle, ASt 5754/51 Zohm.
218 BArch DA/4/ Nr. 94.

Biographische Angaben zu weiteren Personen

Es war im Rahmen dieser Dokumentation nicht das Ziel, zu allen in den Texten und Dokumenten genannten Personen ausführliche Kurzbiographien zu erarbeiten. Bei den meisten Wissenschaftlern beschränken wir uns auf Lebensdaten und Fachgebiet. Oft geben wir die Leopoldina-Mitgliedschaft an. Nur bei Personen, bei denen es in unserem Zusammenhang wichtig ist, den biographischen Hintergrund genauer zu kennen, haben wir die Biographien ausführlicher gestaltet. Dabei haben wir als Quellen überwiegend Müller-Enbergs et al. 2001, Schenk und Meyer 2007, Eberle 2002 und Rupieper 2002 verwendet. Wir haben auch die Daten von Politikern hier aufgenommen, damit der Leser informiert ist, welches Amt die Person zum Zeitpunkt der Betrachtung innehatte. Horst Hennig hat die Biographien von Siegfried Bärsch und Michail Iwanowitsch Semiryaga geschrieben. Die Biographien der Rektoren sind ausführlicher gehalten.

Emil Abderhalden (1877–1950), Prof. für Physiologische Chemie und Physiologie, Leopoldina-Mitglied seit 1912, 1926–1931 Sekretar der Medizinischen Abteilung, 1932–1950 Adjunkt, 20. Präsident der Leopoldina von 1932–1950.

Rudolf Agricola (1900–1985), Prof. für Politische Ökonomie, Rektor der MLU 1951–1953, Mitglied der SED. Studium der Rechtswissenschaft, Ökonomie und Betriebslehre an den Universitäten Heidelberg, Freiburg, Erlangen und der Handelsschule Mannheim. 1924 Promotion, 1924–1931 SPD, 1926 Examen als Diplomhandelslehrer, in der Industrie tätig, ab 1933 illegale politische Arbeit, 1933 drei Monate Haft, 1935 bis 1943 Haft wegen „Vorbereitung zum Hochverrat", 1943–1945 Buchhalter in Villingen (Schwarzwald), 1945 Vorsitzender der KPD Heidelberg, 1945–1947 Mitglied des Vorstandes der Deutschen Nachrichten-Agentur in der amerikanischen Zone, 1945–1948 mit Theodor Heuss Herausgeber der Rhein-Neckar-Zeitung, 1947 Gastprofessor an der MLU, 1947/48 Direktor des Zeitungswissenschaftlichen Institutes, dann Prof. für Politische Ökonomie, 1948 Leiter des Institutes für Politische Ökonomie, 1948 SED, 1948 Dozentenlehrgang für Politische Ökonomie an der PHS Kleinmachnow, 1948–1951 Prorektor, 1951–1953 Rektor der MLU, 1950–1958 Abgeordneter der Volkskammer, 1954–1956 Aufbau des Institutes für Wirtschaftswissenschaften an der AdW in Berlin, ab 1956 Mitarbeiter des Ministeriums für Auswärtige Angelegenheiten, 1956–1965 Generalkonsul der DDR-Handelsvertretung in Finnland, 1961/62 a. o. Gesandter und Bevollmächtigter der DDR-Auslandsvertretung in Finnland.

Hans Ahrbeck (1890–1981), ab 1946 als Ordinarius für Erziehungswissenschaften an der neu gegründeten Pädagogischen Fakultät in Halle, Dekan ab Gründung der Fakultät, ca. acht Jahre. (Schenk und Meyer 2007) Er ließ sich nach den Vorgängen im Zusammenhang mit dem Spirituskreis emeritieren.

Walter Ahrens (1910–1981), Hygieniker, zunächst an der MLU, später in Dresden.

Ernst Barnikol (1892–1968), Theologe, Prof. für Kirchengeschichte.

Karl Barth (1886–1968), reformierter Theologe, Prof. in Göttingen, Münster, Bonn und Basel. Unter seinem Einfluss kam es zum Widerstand der Bekennenden Kirche gegen den Nationalsozialismus.

Siegfried Bärsch (1920–2008), 1938 Arbeitsdienst, anschließend Wehrmacht, Medizinstudium, Kriegsgefangenschaft. 1945 widersetzte er sich als SPD-Mitglied der Vereinigung von SPD und KPD. 1947 arbeitete er gemeinsam mit Hans Holz, Claus-Eberhard Boetzel und Wolfgang Gawantka in der Universitäts-Hautklinik in Halle. Nach der Verhaftung von Hans Holz floh er am 2. Mai 1948 nach Bremen. 1949 wurde er stellvertretender Landesvorsitzender der SPD Bremen, ab Juli 1948 war er politischer Redakteur der SPD-Wochenzeitschrift in Bremen. 1949 wurde er Bundestagsabgeordneter, war Mitglied der SPD-Parteivorstandes bis 1959, anschließend ließ er sich als praktischer Arzt in Köln nieder.

Bruno Beater (1914–1982), 1. Stellvertreter des Ministers für Staatssicherheit.

Gerhard Behnke (*1932), 1. Sekretär der FDJ der MLU, seit 1950 als FDJ-Funktionär tätig, Besuch der SED-Bezirksparteischule, Sekretär für wissenschaftliche Arbeit in der FDJ-Organisation der MLU, 1952 Mitglied der FDJ-BL Halle, 1955 1. Sekretär der FDJ-Kreisleitung der MLU, 1959 stellvertretender UPL-Sekretär der SED, 1975 2. Sekretär der FDJ-BL Halle.

Hilde Benjamin (1902–1989), 1949–1953 Vizepräsidentin des Obersten Gerichts, Vorsitz in einer Reihe von Schauprozessen, 1949–1967 Leiterin der Gesetzgebungskommission, 1953–1967 Ministerin für Justiz der DDR, Nachfolgerin von Max Fechner.

Dieter Bergner (1928–1984), 1952 Student für Gesellschaftswissenschaften, später Prof. für Philosophie am Institut für Marxismus-Leninismus und von 1977 bis 1980 Rektor der halleschen Universität.

Heinz Bethge (1919–2001), Experimentalphysiker, Leopoldina-Mitglied seit 1964, 23. Präsident der Leopoldina von 1974–1990.

Ulrich Bogs (1908–1984), Pharmazeut.

Gerhard Bondi (1911–1966), nach dem Abitur studierte er an der Hochschule für Welthandel in Wien (war tätig in der sozialistischen Studentenbewegung, Mitglied der SPÖ) und an der Handelsschule bzw. Universität in Berlin (Mitglied der KPD). 1932 Leiter der Reichsvereinigung freier sozialistischer Studenten in Deutschland. 1934 Flucht nach Tschechien, 1938 Promotion zum Dr. jur. in Prag, 1939 Emigration über Polen nach England, 1943 wissenschaftlicher Assistent am Institut für Statistik in Oxford. 1945 Statistiker beim britischen Handelsministerium in London, 1946 Rückkehr nach Deutschland und Mitglied der SED, 1953 Dozent für Wirtschaftsgeschichte und Geschichte der ökonomischen Lehrmeinungen an der MLU,

1955 Habilitation, 1956 Mitglied der Universitätsparteileitung, 1957 Direktor des neugegründeten Instituts für Wirtschaftsgeschichte, 1958 Prorektor für wissenschaftlichen Nachwuchs. Sommer 1959 Wahl zum Rektor, 1961 Wiederwahl, bis 1963 im Amt.

Heinrich Brandt (1886–1954), Mathematiker, erster Dekan der Naturwissenschaftlichen Fakultät nach 1945. Leopoldina-Mitglied seit 1932, ihr Vizepräsident 1952–1954.

Adolf Brockhoff (1919–1997), katholischer Priester und Theologe. 1946–1950 Studium der Theologie in Münster, Paderborn und München, 1950 Priesterweihe in München. Übersiedlung in die DDR, 1950–1953 Vikar in Merseburg. Er war 1953–1966 Studentenpfarrer und Leiter des Sprachenseminars in Halle. 1966 Absetzung und Studienurlaub, 1968–1971 Stadtpfarrer in Merseburg, 1975 Ausreise in die Bundesrepublik, 1975–1985 Gymnasiallehrer für Religion in Wiesbaden.

Theodor Brugsch (1878–1963), Internist, 1935 Weggang aus Halle aus politischen Gründen, Privatpraxis in Berlin, 1945–1957 Ordinarius für Innere Medizin und Direktor der I. Med. Klinik der Charité, 1946–1949 Vizepräsident der Deutschen Zentralverwaltung für Volksbildung, 1948–1949 an der Ausarbeitung der DDR-Verfassung von 1949 beteiligt, 1949 Dekan der Med. Fak. Humboldt-Universität Berlin, 1949–1954 Volkskammerabgeordneter, Leopoldina-Mitglied seit 1932.

Günter Bruns (1914–2003), Pathologe, Leopoldina-Mitglied seit 1960, 1979–1984 Obmann, 1963–1976 Präsidiumsmitglied der Leopoldina, Dekan der Medizinischen Fakultät zur Zeit des Mauerbaus. Er verließ die MLU im Sommer 1962. Er hatte am 18. Januar 1962 gekündigt, nachdem er sich öffentlich gegen die Maßnahmen der Regierung ausgesprochen hatte, die nach dem Mauerbau Westimporte von Medikamenten verbot, und ging nach Jena.

Werner Bruschke (1898–1995), ab 1916 SPD, 1942–1945 KZ Sachsenhausen und KZ Dachau, 1945 Sekretär des SPD-Bezirksvorstand Magdeburg, Sekretär des Provinzialvorstandes Sachsen-Anhalt, 1945/46 Vizepräsident der Provinzialverwaltung Sachsen-Anhalt, 1946 Regierungspräsident des Bezirkes Magdeburg, 1946–1948 Finanzminister der Provinzial- bzw. Landesregierung Sachsen-Anhalt, 1946–1949 gemeinsam mit Bernard Koenen Vorsitzender der SED-LV, 1949–1952 Ministerpräsident des Landes Sachsen-Anhalt.

Werner Budde (1886–1960), Chirurg, Januar 1946 bis Juli 1948 Dekan der Medizinischen Fakultät. Leopoldina-Mitglied seit 1950, Obmann für Chirurgie bis 1959. Budde, der seit 1925 a. o. Prof. an Universität Halle war, leitete von 1. Januar 1926 bis Mai 1945 die Chirurgische Abteilung des St. Barbara-Krankenhauses. 1935 wurde ihm die Lehrbefugnis entzogen, weil er mit der jüdischen Bildhauerin Margarete, geb. Goldschmidt, verheiratet war (Information von Johanna Berghaus, einer Tochter von Werner Budde).

Johannes Buder (1884–1966), Botaniker, Leopoldina-Mitglied seit 1950, Sekretär der naturwissenschaftlichen Abteilung der Leopoldina 1954–1960, Obmann 1952–1962.

Adolf Butenandt (1903–1995), Biochemiker, Nobelpreis 1939, empfangen 1949, Leopoldina-Mitglied seit 1934, Ehrenmitglied seit 1960, Obmann 1961–1973, Vizepräsident der Leopoldina 1955–1960.

Nikita Sergejewitsch Chruschtschow (1894–1971), 1953–1964 erster Sekretär der KPdSU und 1958–1964 Ministerpräsident. Auf dem XX. Parteitag im Februar 1956 leitete er mit seiner „Geheimrede" über den Machtmißbrauch und den Personenkult Stalins eine erste Entstalinisierung ein.

Rudolf Cobet (1888–1964), Ordinarius für Innere Medizin, Leopoldina-Mitglied seit 1939, Sekretär der Medizinischen Abteilung 1952–1959.

Stephan Consemüller (geb. 1938), Studienbewerber bei Hans Gallwitz.

Max Delbrück (1906–1981), Genetiker, Leopoldina-Mitglied seit 1963, Nobelpreis für Medizin 1969.

Otto Dibelius (1880–1967), evangelischer Theologe, 1933 als Mitglied der Bekennenden Kirche suspendiert, 1945 bis 1966 Bischof der Ev. Kirche von Berlin-Brandenburg, 1949–1961 Vorsitzendes des Rates der EKD.

Johannes Dieckmann (1893–1969), Studium der Nationalökonomie und Philologie, LDPD-Politiker, Volkskammerpräsident ab 7. Oktober 1949.

Felix Edmundowitsch Dshershinski (Dzierzynski) (1877–1926), Berufsrevolutionär polnischer Herkunft, Bolschewik, erster Leiter der 1917 gegründeten Tscheka und Organisator des „Roten Terrors".[1]

Adolf Eckert-Möbius (1889–1976), HNO-Arzt, Leopoldina-Mitglied seit 1932, Sekretär der Medizinischen Abteilung der Leopoldina 1952–1963, 1952–1963 im Präsidium, bis 1974 als Altpräsidialmitglied.

Otto Eißfeldt (1887–1973), Theologe (Alttestamentler, Religionshistoriker, Altorientalist). Abitur in Duisburg, 1905 Beginn des Studiums der Theologie und Orientalistik in Göttingen, Berlin, 1906 erstes, 1912 zweites theologisches Examen, 1913 Habilitation in Berlin. 1914 Heirat mit Hilde Kullrich, 1916 Promotion zum Dr. phil. in Göttingen, 1918 Titularprofessor in Berlin, 1922 Berufung nach Halle, Lehrauftrag für Altes Testament und semitische Religionsgeschichte, 1924 Studienreise nach Palästina, 1926 Dekan der Theologischen Fakultät, 1927 Studienreise nach England, 1929 Wahl zum Rektor der halleschen Universität, 1929–1930 Rektor, 1930–1932 Prorektor, 1933 Studienreise nach Ägypten, Palästina, Syrien, Irak und Iran. Ausschluß von allen Universitätsämtern bis 1944. Erster Nachkriegsrektor von 1945 bis 1948 der MLU, 1951 Doctor of Divinity (DD.) der Universität Glasgow.

1 Solschenizyn: Der Archipel GULAG 1, 2005, S. 560.

Friedrich Elchlepp (1897–?), Studium der Geschichte und Germanistik an der halleschen Universität, 1920 bis 1933 SPD, 1945 Eintritt in die KPD, von 1933 bis 1945 leitete er ein Kinderheim in Bad Suderode. Von der SMA wurde er zum Landrat in Quedlinburg ernannt, im Dezember wurde er von der Landesregierung zum Kurator bestimmt, um die ‚antifaschistische Säuberung' der Universität voranzutreiben. Er wurde 1950 inhaftiert, später rehabilitiert.

Leonhard Euler (1707–1783), Mathematiker.

Erich Fascher (1897–1978), Prof. für Neues Testament, 1945 trat er in die CDU ein, war 1948–1950 Vorsitzender des CDU-Landesverbandes von Sachsen-Anhalt. Dieses Amt verlor er, weil er sich kritisch über SED und SMA äußerte, Versetzung nach Greifswald.

Max Fechner (1892–1973), Minister für Justiz der DDR vom Oktober 1949 bis zum Juli 1953. Am 15. Juli 1953 verhaftet, weil er sich in einem Interview des ND gegen die Strafverfolgung streikender Arbeiter ausgesprochen hatte. Entlassung aus der Haft im April 1956.

Ludwig Freund (1878–1953), Zoologe, Leopoldina-Mitglied seit 1953.

Herbert Funk (1895–1985), Anorganische Chemie, von 1950–1952 an der MLU, Prorektor für Forschungsangelegenheiten.

Rudolf Gaedeke (geb. 1912), Mineraloge und Petrograph.

Hans Gallwitz (1896–1958), Geologe und Paläontologe an der MLU, Leopoldina-Mitglied seit 1950, Sekretär der Naturwissenschaftlichen Abteilung 1952–1958.

Ulrich Gerhardt (1875–1950), Zoologe an der Universität Halle, Leopoldina-Mitglied seit 1925, 1931–1950 Vorstandsmitglied, 1945–1948 Prorektor an der MLU Halle.

Wilhelm Girnus (1906–1985), Studium Malerei/Kunstgeschichte an der Akademie für Kunst und Kunstgewerbe Breslau, 1933 Entlassung. 1933–1945 illegale Arbeit, Verhaftung, Zuchthaus, April 1945 Flucht. 1946–1949 Intendant des Berliner Rundfunks, 1949–1953 Redakteur der Zeitung „Neues Deutschland". 1957–1962 Staatssekretär für Hoch- u. Fachschulwesen, Chefredakteur der Zeitschrift „Sinn und Form".

Klement Gottwald (1896–1953), tschechoslowakischer Politiker, seit 1946 Ministerpräsident.

Heinrich Grüber (1891–1975), Mitglied der Bekennenden Kirche, nach 1945 Propst zu Berlin.

Camillo Herbert Grötzsch (geb. 1902), Mathematiker, Leopoldina-Mitglied seit 1959.

Jochen Hager (geb. 1916), Dr. med., am 6. September 1949 vom NKWD verhaftet, am 10. Februar 1950 zu 25 Jahren Zwangsarbeit verurteilt. Haftverbüßung in Bautzen bis 1954. Übersiedlung nach Nürnberg im gleichen Jahr. Lungenarzt. Lebt in Oberhausen.

Kurt Hager (1912–1998), Mitglied des Politbüros des ZK der SED, 1949–1952 Leiter der Abt. Parteischulung und Parteipropaganda, ab 1952 Leiter der Abt. Wiss. u. HS im ZK der SED, 1949 ord. Prof. für Philosophie (Dialektischer und Historischer Materialismus) an der Humboldt-Universität Berlin, ab 1955 Sekretär des ZK der SED, verantwortlich für Wissenschaft, Volksbildung und Kultur.

Otto Halle (geb. 1903–?), KPD/SED-Mitglied, Leiter der Abteilung Volksbildung in der ersten unter sowjetischer Besatzung ernannten Provinzialverwaltung Sachsens. 1947–1948 Leiter der Zentralabteilung im Ministerium für Volksbildung, Kunst und Wissenschaft der Landesregierung Sachsen-Anhalts. Bis November 1950 (Amtsenthebung) Leiter der Hauptabteilung Hochschulen und wissenschaftliche Einrichtungen im Ministerium für Volksbildung der DDR.

Renata Hamel, geb. Schomerus (1910–1982), Theologin, Tochter des halleschen Theologieprofessors Hilko Wiardo Schomerus und Ehefrau des Studentenpfarrers Johannes Hamel.

Josef Hämel (1892–1969), Dermatologie, Rektor in Jena, Leopoldina-Mitglied seit 1956.

Horst Hanson (1911–1978), Vertreter der Physiologischen Chemie, Leopoldina-Mitglied seit 1955, 1957–1968 Schriftführer des Präsidiums, Generalsekretär 1965–1978, Dekan der Medizinischen Fakultät.

Wolfgang Harich (1923–1995), Philosoph, Publizist. 1948 Lehrbeauftragter für marxistische Philosophie an der Pädagogischen bzw. Gesellschaftswissenschaftlichen Fakultät der Humboldt-Universität Berlin, 1950–1956 nebenberuflich Lektoratsarbeit beim Aufbau-Verlag, konzipierte in der kurzen ‚Tauwetter-Periode' nach dem XX. KPdSU-Parteitag im Herbst 1956 eine ‚Plattform für einen bes. dt. Weg zum Soz.', zur soz. Demokratisierung der DDR sowie zur ‚friedl. (demokrat.-soz.) Wiedervereinigung Dtl.'; daraufhin am 29. November 1956 Verhaftung durch das MfS und im März 1957. In einem Schauprozess Verurteilung durch das Oberste Gericht der DDR zu zehn Jahren Zuchthaus wegen ‚Bildung einer konspirativ-staatsfeindlich/konterrevolutionären Gruppe', zu der noch der damalige Leiter des Aufbau-Verlages Walter Janka und die Redakeure des „Sonntag" Gustav Just u. Heinz Zöger gehörten, die ebenfalls verurteilt wurden. Ende 1964 nach einer Amnestie freigelassen und seit 1965 ohne feste Anstellung.

Gerhard Harig (1902–1966), Wissenschaftshistoriker und -funktionär. Studium Physik, Mathematik, Mineralogie. Promotion Leipzig, bis 1933 Assistent am Inst. f. theoret. Physik der TH Aachen, 1933 entlassen und verhaftet, KPD, illegale antifasch. Arbeit, Emigration in SU, Forschungsarbeit am Physikal. Inst. der TH Leningrad, 1938 Rückkehr zur illegalen Arbeit nach Dt., Verhaftung, bis 1945 KZ Buchenwald, 1945–1946 Leiter des Statistischen Amtes Leipzig, 1947–1948 Prof. für Geschichte der Naturwissenschaft und Technik an der neugegründeten Gesellschaftswissenschaftlichen Fakultät der Universität Leipzig, 1948–1951 Direktor des neugegründeten Franz-Mehring-Instituts der Univ. Leipzig zur Ausbildung von Lehrern für Marxismus-Leninismus, erster Prof. mit Lehrstuhl für Dialektischen und Historischen Materialismus in der DDR, 1951–1957 erster Staatssekretär des neu konstituierten Staatssekretariats für Hochschulwesen. Unter seiner Leitung Einführung des marxistisch-leninistischen Grundstudiums als Pflichtfach für alle Studenten in der DDR. 1957 Direktor des Karl-Sudhoff-Institutes für Geschichte der Naturwissenschaft u. Medizin.

Hans Hartwig (1894–1960), Jurist, Prof. für Zivilrecht.

Hans Haussherr (1898–1960), Historiker, Pädagoge. Er verließ nach den Vorfällen im Zusammenhang mit dem Spirituskreis die DDR.

Eugen Häusler (1895–1977), Slawist, Dekan der Philosophischen Fakultät. 1914 Studium am Warschauer Polytechnikum, Internierung als deutscher Staatsangehöriger in Wjatka/Russland bis 1918. 1919 Studium der Wirtschaftswissenschaften und slawischen Sprachen an der Handelshochschule in Warschau und an der Universität Königsberg. 1926 Promotion zum Dr. rer. pol. in Königsberg, 1930 Promotion zum Dr. phil. in Königsberg, 1931 a.o Prof. an der Handelshochschule in Königsberg, 1933 entlassen wegen sowjetfreundlicher Haltung und Mitgliedschaft in der SPD, 1945 Berufung an MLU als Ordinarius für slawische Philologie, 1946 Mitglied der SED, 1948 Dekan der Philosophischen Fakultät bis 1958. Er wurde 1959/60 auf Betreiben der UPL als Dekan gestürzt.

Wolfgang Hein (1883–1976), Prof. für bürgerliches Recht und Zivilprozessrecht, 1951 ging er nach Frankfurt am Main.

Helmut Heinrich (1904–1997), Mathematiker, Leopoldina-Mitglied seit 1964.

Gerhard Heinzelmann (1884–1951), Theologe.

Theodor Heckel (1894–1967), 1934 Bischof des evangelisch kirchlichen Amtes für auswärtige Angelegenheit, 1939 Evangelisches Hilfswerk für Internierte und Kriegsgefangene, nach 1945 „Vater der Kriegsgefangenen".

Rudolf Karl Herrmann (geb. 1913), Jurist, Strafrecht, Prorektor für Studienangelegenheiten. Er hat zunächst nicht studiert, sondern sich im Oktober 1945 als „Volksstaatsanwalt im Sofort-einsatz" beworben, ab 7. Dezember bis zum 31. Dezember 1947 war er Staatsanwalt bei der Staatsanwaltschaft in Magdeburg, die Kenntnisse eignete er sich im Selbststudium an. 1948 war er Erster Staatsanwalt und Aufsicht in Strafverfahren gegen Naziverbrecher nach SMAD-Befehl 201 bei der Staatsanwaltschaft Magdeburg, 1949 5 Monate Verwaltungsakademie Forst Zinna, 1950–1954 Fernstudium an der Pädagogischen Hochschule „Karl Marx" beim ZK der SED in Kleinmachnow bis 1954, weitere Lehrgänge an verschiedenen Einrichtungen, 1954 Dissertation am Deutschen Institut für Rechtswissenschaft in Potsdam-Babelsberg, 1955 mit der Wahrnehmung einer Dozentur in Halle beauftragt, 1956 Habilitation (Gutachterin Hilde Benjamin), 1957 Prorektor für Studentenangelegenheiten, 1963 Prof. mit Lehrauftrag.

Günther Hertwig (1888–1970), Anatom, Bruder von Paula Hertwig, Leopoldina-Mitglied seit 1956.

Paula Hertwig (1889–1983), Genetikerin, Leopoldina-Mitglied seit 1953, Dekanin der Medizinischen Fakultät 1948–1950, Prodekanin bis 1953.

Leo Herwegen (1886–1972), Studium der Montanwissenschaft in Clausthal und Aachen, Promotion in Aachen, ab 1913 Betriebsleiter u. a. der Riebeckschen Montanwerke in Halle, 1945 Mitbegründer der CDU in Sachsen-Anhalt, 1948–1949 stellvertretender Vorsitzender der CDU Sachsen-Anhalt. 1950 im Dessauer Schauprozeß zusammen mit Willi Brundert zu 15 Jahren Zuchthaus verurteilt. 1956 entlassen, 1958 Flucht in die Bundesrepublik.

Erich Hoffmann (1904–1989), Landwirtschaftswissenschaftler. Er wurde im Zusammenhang mit dem Verbot des Spirituskreises von der MLU entlassen und war anschließend in der Akademie der Landwirtschaftswissenschaften tätig. Die Leopoldina nahm ihn als Förderer auf.

Friedrich Holtz (1898–1967), Pharmakologe.

Erhard Friedrich Julius Hübener (1881–1958), Kommunal- und Landespolitiker, Verwaltungsjurist und Hochschullehrer, 1922 Landeshauptmann Provinz Sachsen in Merseburg, 1933 zwangspensioniert, nach 1945 Mitbegründer „Demokratische Volkspartei“ (ab Sept. 1945 LDP), im Mai 1945 von amerikanischer Besatzungsmacht wieder als Landeshauptmann eingesetzt, 10. November 1945 Präsident der Provinzialverwaltung Sachsen, 1946 Honorarprofessor für Verwaltungslehre und -wissenschaften an der MLU, 3. Dezember 1946–1949 Ministerpräsident des Landes Sachsen-Anhalt, 1950 Prof. mit vollem Lehrauftrag an der MLU, Oktober 1950 Niederlegung der Professur wegen Verbots seiner Lehrveranstaltung zum Verwaltungsrecht der Gegenwart. Mitglied des Spirituskreises.

Walter Hülse (1887–ca. 1960), 1914 Dr. med., Habilitation in Halle, 1923–1932 Oberarzt der Medizinischen Universitätsklinik, 1933–1944 Chefarzt des Elisabeth-Krankenhauses Halle, 1944 als Mitwisser der Verschwörung gegen Adolf Hitler verhaftet. 1945/46 Vizepräsident der Provinz Sachsen, 1951 Flucht aus der DDR.

Johannes Otto Hüsing (1912–1990), Zoologe, Dekan der Mathematisch-Naturwissenschaftlichen Fakultät.

Leopold Jacobson (geb. 1920), Verwaltungsdirektor der Universität 1952–1982.

Georg Jacoby (1899–1987), Dermatologe. 1936 wurde er aus der halleschen Universitäts-Hautklinik aus „rassenpolitischen Gründen“ entlassen. Er saß in mehreren Konzentrationslagern ein. 1945 kehrte er an die hallesche Hautklinik zurück, zunächst als kommissarischer Direktor, dann als Direktor. 1949 verließ er die DDR und ging nach New York. Nach seiner Pensionierung kehrte er in die Bundesrepublik Deutschland zurück.

Wolfgang Jahn (1922–2001), Prorektor für gesellschaftswissenschaftliches Grundstudium, Diplomwirtschaftler.

Friedrich Wilhelm Karl Jahnke (1906–1963), 1950/51 Oberstaatsanwalt in Cottbus und „Volksstaatsanwalt“, danach Staatsanwalt bei der Obersten Staatsanwaltschaft der DDR in Ost-Berlin und „Verbindungsanwalt“ zum MfS. Zeitweilig amtierte er als „Vollstreckungsanwalt“ beim Vollzug von Todesstrafen.

Rudolf Joerges (1868–1957), Jurist, Spezialist für Arbeitsrecht, am 18. Mai 1933 an der Universität Halle nach dem „Gesetz zur Wiederherstellung des Berufsbeamtentums“ entlassen. Kehrte nach 1945 an die MLU zurück.

Fritz Käbel (geb. 1911), Gesellschaftswissenschaftler, stellv. Direktor der Arbeiter- und Bauern-Fakultät 1966–1978.

Jakob Kaiser (1888–1961), Vorsitzender der CDU, 1949–1957 Bundesminister für Gesamtdeutsche Fragen.

Rudolf Käubler (1904–1989), Geograph, Leopoldina-Mitglied seit 1959, Präsidiumsmitglied.

Rolf Keilbach (geb. 1908), Zoologe.

Ott-Heinrich Keller (1906–1990), Mathematiker, Leopoldina-Mitglied seit 1958.

Victor Klemperer (1881–1960), Romanist, Germanist, Autor (LTI).

Bernard Koenen (eigentlich Heinrich Stafford) (1889–1964), Er war 1889 in Hamburg geboren und zunächst Metallarbeiter und Elektriker. Er wurde 1907 Mitglied der SPD, 1917 der USPD, 1920 der KPD. Von 1918 bis 1921 war er im Arbeiterrat der Leuna-Werke, seit 1921 Redakteur des ‚Klassenkampfs‘ in Halle. Er war Sekretär der Bezirksleitung Halle-Merseburg der KPD, von 1924 bis 1929 Mitglied des preußischen Staatsrates. Im Juni 1933 emigrierte er ins Saarland, dann in die UdSSR. In der Zeit von 1937 bis 1939 war er zweimal verhaftet. Er war dann Mitarbeiter des deutschen Volkssenders und der Bewegung „Freies Deutschland“. Von 1953 bis 1958 war er Botschafter der DDR in der CSR. Seit 1946 war er Mitglied des Parteivorstandes bzw. des ZK der SED, seit 1960 Mitglied des Staatsrates der DDR. Er starb am 30. April 1964.

Gustav Könnecke (1908–1992), Agrarwissenschaftler.

Helmut Kraatz (1902–1983), Gynäkologe, Leopoldina-Mitglied seit 1953.

Heinz Kursitza (geb. 1926), Gesellschaftswissenschaftler, kommissarischer Direktor der Arbeiter-und-Bauern-Fakultät.

Otto Krüper (geb. 1939), Fernmeldetechniker, Student der Ingenieurschule ‚Fritz Selbmann‘ in Mittweida, wurde gemeinsam mit Friedhelm Thiedig, Karl Weber, Hans-Joachim Fischer und Hans-Dieter Dell mit dem Vorwurf, für die ‚Kampfgruppe gegen die Unmenschlichkeit‘ zu arbeiten, verhaftet (am 8. April 1952) und am 26. Juni 1952 vom Landgericht Halle zu 13 Jahren

Zuchthaus und 5 Jahren Sühne verurteilt. Er befand sich in den StVA Halle, Waldheim, Luckau und Brandenburg. Er wurde am 6. Juni 1961 „nach Mittweida" aus der Haft entlassen.

Fritz Lange (1898–1981), Lehrer, 1920 KPD, 1933 verhaftet, KZ Sonnenburg, 1945–1948 Oberbürgermeister von Brandenburg, 1948/49 Leiter der Hauptabteilung Zentrale Kontrollkommission der DWK; 1949–1958 MdVK, 1950–1958 Kandidat des ZK der SED, 1954–1958 Minister für Volksbildung der DDR.

Wolfgang Langenbeck (1899–1967), Chemiker, Leopoldina-Mitglied seit 1952.

Arno Lehmann (1901–1984), Evangelischer Theologe. Studium der Theologie in Leipzig und Birmingham, 1925 Ordinariat, 1926 Missionar in Südindien, 1934–1950 Inspektor der Leipziger Mission, Studentenpfarrer und Missionsinspektor in Dresden. 1950 als Nachfolger von Hilko Wiardo Schomerus Ordentlicher Professor für Missionswissenschaften, Allgemeine Religionsgeschichte sowie südindische Geschichte und Dravidologie an der MLU.

John Lekschas (1925–1999), 1947 Studium an der ABF in Halle, Eintritt in die SED, Studium der Rechtswissenschaften in Halle und Berlin, ab 1951 Hochschullehrer an MLU Halle-Wittenberg und Direktor des Instituts für Strafrecht. 1952 Promotion, 1955–1957 nebenamtlicher Richter am Kreisgericht Halle, Prodekan der Juristischen Fakultät, 1956 Berufung zum Professor mit Lehrauftrag für Strafrecht, 1957 Dekan der Juristischen Fakultät, zugleich Hilfsrichter am Obersten Gericht bis 1961, 1961 Habilitation und Berufung zum Ordinarius für Strafrecht an der Humboldt Universität Berlin.

Martin Lintzel (1901–1955), Historiker (Medävist und Frühneuzeitler).

Willy Lohmann (1881–1945), Juli 1945 Ernennung zum 4. Vizepräsidenten der Provinzialverwaltung Sachsen, am 21. September 1945 Unfalltod auf Dienstreise nach Berlin.

Theodor Lieser (1900–1973), Chemiker.

Bernd Lueken (1908–1978), Physiologe, Leopoldina-Mitglied seit 1957, Adjunkt für Sachsen-Anhalt 1963–1968, Obmann für Physiologie 1968–1978.

Gerhard Lukas (geb. 1914), Studium der Germanistik, Geschichte, Altphilologie, Leibeserziehung und Religionswissenschaft, 1939 in Mediävistik zum Dr. phil. promoviert, 1945 KPD oder SPD, ab 1948 Direktor des Institutes für Körpererziehung, 1951 Habilitation an der Pädagogischen Fakultät der MLU, 1961–1977 Direktor des Institutes für Körpererziehung bzw. der Sektion Sportwissenschaft, 1963–1965 Prodekan, 1965–1969 Dekan der Philosophischen Fakultät der MLU.

Arthur Lüttringhaus (1906–1992), Vertreter der Organischen Chemie an der MLU, ab September 1951 in Freiburg im Breisgau, Leopoldina-Mitglied seit 1950, Obmann 1952–1963.

Trofim D. Lyssenko (1898–1976), sowjetischer Agrarbiologe und Agronom. Er vertrat die Lehre von der Vererbung erworbener Eigenschaften, was der stalinistischen Ideologie und Staatsdoktrin entsprach.

Ernst Melsheimer (1897–1960), 1949–1960 Generalstaatsanwalt der DDR.

Paul Menzer (1873–1960), Philosoph.

Wilhelm Messerschmidt (1906–1975), Experimentalphysiker, Leopoldina-Mitglied seit 1958, Präsidiumsmitglied.

Hermann Meusel (1909–1997), Botaniker, Leopoldina-Mitglied seit 1969.

Erich Mielke (1907–2000), Speditionskaufmann, 1931 Flucht in die UdSSR (nach der Ermordung von zwei Polizisten auf dem Berliner Bülowplatz), 1950/51 Leiter der HV zum Schutz der Volkswirtschaft des MdI, 1950–1989 Mitglied des ZK der SED, 1950–1953 Staatssekretär im MfS. 1953–1955 stellvertretender Staatssekretär, 1955–1957 stellvertretender Minister für Staatssicherheit, seit November 1957–1989 Minister für Staatssicherheit.

Günther Mönch (1902–1988), Physiker, Leopoldina-Mitglied seit 1958.

Franz Mörl (1899–1979), Ordinarius für Chirurgie, Leopoldina-Mitglied seit 1959.

Kurt Mothes (1900–1983), Botaniker, Pflanzenphysiologe, Biochemiker und Pharmakognosie. Leopoldina-Mitglied seit 1940, 22. Präsident der Leopoldina von 1954–1974.

Gerhard Müller (geb. 1913), Biologe, Dozent für Zoologie. Er ging 1960 als Professor mit Lehrauftrag für das Fachgebiet Biologie an die Medizinische Akademie Magdeburg.

Imre Nagy (1896–1958), vermutlich hingerichtet. 1956 ungarischer Ministerpräsident, verkündete den Austritt Ungarns aus dem Warschauer Pakt, daraufhin von sowjetischen Militärs in die Sowjetunion gebracht.

Johannes Nelles (1910–1968), Chemiker, Direktor der Buna-Werke.

Martin Niemöller (1892–1984), evangelischer Theologe, Bekennende Kirche, 1938–1945 in verschiedenen KZ, 1947–64 Kirchen-Präsident der Evangelischen Kirche in Hessen und Nassau.

Alfred Nitschke (1898–1960), Ordinarius für Kinderheilkunde an der MLU, wechselte 1946 nach Mainz, 1948 nach Tübingen, dort war er Dekan und Rektor. Leopoldina-Mitglied seit 1943.

Max Opitz (1890–1982), 1919 Mitbegründer der KPD-Ortsgruppe Gersdorf bei Chemnitz, 1920 Leiter des Stadtbezirks West der KPD in Chemnitz, 1934 Verurteilung wegen ‚Vorbereitung zum Hochverrat‘ zu drei Jahren und einem Monat Zuchthaus, ab Oktober 1941 KZ

Sachsenhausen, 1. Mai 1945 durch Rote Armee befreit, ab 12. Juli 1945 Polizeipräsident von Dresden, ab Mai 1949–1951 Oberbürgermeister von Leipzig, 1951–1960 Chef der Präsidialkanzlei und Staatssekretär beim Präsidenten der DDR Wilhelm Pieck.

Karl Pönitz (1888–1973), Psychiater, Leopoldina-Mitglied seit 1959.

Max Ratschow (1904–1963), Internist, Lepoldina-Mitglied seit 1950.

Erwin Reichenbach (1897–1973), Ordinarius für Stomatologie, Leopoldina-Mitglied seit 1950. Obmann 1952–1962, Vizepräsident der Leopoldina 1955–1973.

Werner Rothmaler (1908–1962), Botaniker.

Franz Runge (1893–1973), Chemiker, Leopoldina-Mitglied seit 1953.

Fritz Rzesnitzek (1904–1978), seit 1952 Prof. für Finanzwirtschaft an der MLU, 1954 Habilitation, 1956 Prodekan, 1957 Dekan der Wirtschaftswissenschaftlichen Fakultät.

Franz Sauerwald (1894–1979), Ordinarius für Physikalische Chemie, Leopoldina-Mitglied seit 1953.

Richard Schallock (1896–1956), 1945–1946 Mitarbeiter der Zentralverwaltung für Volksbildung. 1949–1951 Minister für Volksbildung der Landesregierung Sachsen-Anhalt, Rücktritt aus Gesundheitsgründen.

Otto Schlüter (1872–1959), Geograph an der MLU, Leopoldina-Mitglied seit 1923, 1942–1952 Vizepräsident, März 1952 bis Dezember 1953 21. Präsident der Leopoldina.

Karl Schmalfuß (1904–1976), Agrarwissenschaftler, Pflanzenernährung und Bodenkunde, Leopoldina-Mitglied seit 1953.

Günther Schmid (1888–1949), Botaniker, 1945 Leiter des Botanischen Instituts der MLU, 1946 Ernennung zum o. Professor , Leopoldina-Mitglied seit 1932.

Max Schneider (1875–1967), Musikwissenschaftler, Musikhistoriker an der MLU.

Julius Schniewind (1883–1948), Theologe, 1935 führendes Mitglied der Bekennenden Kirche Ostpreußens, 1936 nach Halle versetzt, 1937 vom Dienst suspendiert, 1938 wieder als Professor tätig, 1945/46 Ablehnung von Rufen nach Münster, Mainz und Berlin.

Erdmann Schott (1900–1983), Ordinarius für Systematische Theologie.

Gertrud Schubart-Fikentscher (1896–1982), Direktorin des Institutes für Staats- und Rechtsgeschichte an der Juristischen Fakultät, Dekanin.

Horst-Wolf Schubert (1903–1977), Kunsthistoriker, Denkmalpfleger, Landeskonservator.

Michail Iwanowitsch Semiryaga (1922–2000), 1939 stud. phil. am Pädagogischen Institut in Odessa. Er trat 1940 in die Rote Armee ein, kämpfte in Stalingrad, der Ukraine, in Moldawien, Polen und Deutschland. 1945 war er Garde-Hauptmann und Dolmetscher der Berliner Garnison. Ab 1945, während der fünfjährigen Dienstzeit bei der SMAD in Berlin, absolvierte er ein Fernstudium für Geschichte an der Universität Moskau. Anschließend Lehrer für Militärgeschichte an der Militärakademie in Leningrad. 1953 wurde er mit einem Thema über die Lausitzer Sorben promoviert. 1963 Habilitation mit einem Thema über den Widerstandskampf der Völker gegen die NS-Herrschaft. 1967 war er Lehrer an der radiotechnischen Artillerie-Akademie in Charkow. Ebenfalls seit 1967 war er Leiter für Militärgeschichte in Moskau, verantwortlicher Redakteur des 9. Bandes der Geschichte des II. Weltkrieges. Er wurde mit einem hohen Staatspreis der UdSSR ausgezeichnet. 1980 als Oberst aus dem Militärdienst entlassen, anschließend war er Mitglied der Akademie der Wissenschaften und forschte an freigegebenen Archivdokumenten zur Vorgeschichte des deutsch-sowjetischen Nichtangriffspaktes. 1992 erschien sein Buch: „Geheimnisse der stalinistischen Diplomatie 1939 bis 1941" und er wurde zum Universitätsprofessor berufen. 1995 erschien sein Buch „Wie wir Deutschland verwalteten". 1996 veröffentlichte er im Deutschland Archiv, Sept./Okt. 5, 29. Jahrgang „Wie Berijas Leute in Ostdeutschland die ‚Demokratie' errichteten". 1996 hielt er, auf Vermittlung von Horst Hennig, eine Gastvorlesung im Seminar von Prof. Rupieper an der MLU in Halle. Am 1. Juni 2000 verstarb er in Moskau. Einen kenntnisreichen Nachruf verfasste sein Schüler Sergej Slutsch.

Pjotr Wassilewitsch Solotuchin (1897–1968), Generalleutnant. Stellvertretender Volksbildungsminister der russischen Sowjetrepublik und Rektor der Universität Leningrad. Von 1945 bis 1948 Chef der Abteilung Volksbildung der SMAD.

Karlheinz Sommer (1907–1989), Ordinarius für Gynäkologie, Leopoldina-Mitglied seit 1959, Präsidiumsmitglied.

Heinrich Springmeyer (1898–1971), Prorektor, 1943–1945 Dekan der Philosophischen Fakultät, Direktor des Philosophischen Seminars, Mitarbeiter im Stab von Rosenberg.

Karl Steinhoff (1892–1981), Ministerpräsident des Landes Brandenburg, 1949–1952 Minister des Innern der DDR.

Leo Stern (eigentlich Jonas Leib) (1901–1982), Historiker, 1921–1925 Studium der Rechtswissenschaft, Nationalökonomie und Geschichte an der Universität Wien, 1921–1933 SPÖ, 1925 Promotion, 1926–1934 Dozent an der Volkshochschule in Wien, 1933–1950 KPÖ, 1934 6 Monate KZ, 1935 Emigration in die ČSR, 1936 in die UdSSR, 1936–1939 Teilnahme am spanischen Bürgerkrieg, 1940 Habilitation in Moskau, dann Lehrtätigkeit als Geschichtsprofessor in Moskau, 1942–1945 Offizier in der Sowjetarmee, Oberstleutnant, 1945–1949 Gastprofessor an der Universität und an der Hochschule für Welthandel in Wien, 1950–1966 Professor für Neuere Geschichte und Geschichte der Arbeiterbewegung an der Martin-Luther-Universität

Halle, 1951–1953 Prorektor für das gesellschaftswissenschaftliche Grundstudium, 1953–1959 Rektor der MLU, Ehrenförderer der Leopoldina seit 1977, 1968–1981 Direktor der Forschungsstelle für Akademie-Geschichte der ADW.

Hans Stille (1876–1966), Geologe, Leopoldina-Mitglied seit 1912, 1932–1956 Obmann für Geologie und Paläontologie.

Hans Stubbe (1902–1989), Genetiker am Akademieinstitut für Kulturpflanzenforschung in Gatersleben und an der Universität Halle, Leopoldina-Mitglied seit 1950, 1947/48 erster Dekan der neugegründeten Landwirtschaftlichen Fakultät der MLU, 1951–1967 Gründungsmitglied und erster Präsident der Akademie der Landwirtschaftswissenschaften der DDR.

Friedrich Tromp (1875–1954), Jurist, 1933–1946 Kurator an der MLU.

Walter Ulbricht (1893–1973), SED-Politiker, Staatsratsvorsitzender, 1955–1960 1. Stellv. des Vors. des Min.-Rats, 1950–1953 Generalsekretär, 1953–1971 Erster Sekretär des ZK, ab 1971 Vorsitzender der SED, 1960–1973 Vorsitzender des Staatsrats.

Reinhard Vahlen (1917–1981), Studium der Naturwissenschaften und Kunstwissenschaften, seit September 1945 Referent in der Abteilung Volksbildung der Provinzialverwaltung, Abteilungsleiter im Ministerium für Volksbildung der Landesregierung bis April 1951, 1951 Parteileitung der Universität Halle, 1952 kommissarischer Verwaltungsdirektor der Universität Halle, 1952–1954 wissenschaftlicher Aspirant, 1954–1955 Dozent für Ästhetik und Kunstwissenschaft, 1955 Prorektor für Gesellschaftswissenschaften an der Hochschule für industrielle Formgestaltung Halle.[2]

Wilhelm Wagner (1899–1976), Januar 1945 bis April 1945 Rektor der MLU, Dekan der Medizinischen Fakultät, Direktor der Chirurgischen Klinik und -Poliklinik, seit 1935 Gaudozentenführer.

Paul Wandel (1905–1995), 1925 KPD, 1933 Emigration in SU, 1944 Mitglied des Auslandsbüros der KPD, 10. Juni 1945 Rückkehr nach Berlin, Chefredakteur des KPD-Zentralorgans „Deutsche Volkszeitung", August 1945 – Oktober 1949 Präsident der Deutschen Zentralverwaltung für Volksbildung, 1949–1952 Minister für Volksbildung, 1958–1961 Botschafter in China.

Johannes Weigelt (1890–1948), Geologe, Vizepräsident der Leopoldina 1932 bis 1942. Rektor der halleschen Universität von 1936–1945. Unter seinem Rektorat erhielt die hallesche Universität den Namen Martin-Luther-Universität. Er vertrat die Linie der Nationalsozialisten an der Universität. Er wurde 1945 von den Amerikanern evakuiert.

Carl Friedrich von Weizsäcker (1912–2007), Physiker und Philosoph, Leopoldina-Mitglied seit 1959.

2 Vgl. hierzu v. a. LHASA Merseburg, SED-Bezirksleitung Halle, IV/8/1171 (49443).

Hans Weyke (1879–1955), Germanist und vergleichender Sprachforscher.

Friedrich Winkler (1890–1972), Ordinarius für Hygiene, Leopoldina-Mitglied seit dem 20. Mai 1957.

Eduard Winter (1896–1982), Theologe und Historiker, Rektor der Martin-Luther-Universität 1948–1951. 1915–1919 Studium der Theologie an der Universität Innsbruck, dort 1919 Priesterweihe, 1919 Adjunkt an der Theologischen Fakultät der Deutschen Universität in Prag, 1921 und 1922 theologische Promotion und Habilitation, 1922 Dozent für Soziologie an der Theologischen Fakultät 1926 Promotion an der Philosophischen Fakultät der Dt. Universität Prag mit einer Arbeit zur katholischen Aufklärung in Österreich, 1929 a.o. Prof., 1932 o. Prof. für Kirchengeschichte, 1935 Habilitation an der Philosophischen Fakultät, 1940 Entpflichtung von der Theologischen Fakultät wegen Verstoß gegen das Zölibat, 1941 Prof. für Geistesgeschichte an der Philosophischen Fakultät, 1945–1947 Wien, 1947–1951 Prof. für osteuropäische Geschichte an der MLU, 1951–1966 o. Prof. für osteuropäische Geschichte und Direktor des Institutes für Geschichte der Völker der UdSSR an der HU Berlin, 1955–1959 Leiter der Hist. Abt. des Inst. für Slawistik der AdW, 1966 emeritiert.

Otto Winzer (1902–1975), 1949–1956 Staatssekretär und Chef der Privatkanzlei des Präsidenten der DDR, 1956–1959 stellvertretender Außenminister, 1959–1965 Staatssekretär und 1. Stellvertreter des Außenministers, 1965–75 Minister für Auswärtige Angelegenheiten.

Franz Wohlgemuth (1915–1972), Jesuitenschüler, Hauptmann der Wehrmacht, Bewegung „Freies Deutschland“, 1952 Hauptabteilungsleiter im Staatssekretariat für Hochschulwesen. 1957 wurde er als Professor mit Lehrauftrag für das Fachgebiet „Wissenschaftlicher Sozialismus“ an das Institut für Gesellschaftswissenschaft der halleschen Universität berufen. Im Frühjahr 1958 floh er aus der DDR in die Bundesrepublik, nachdem er selbst Staatskritikern gegenüber eine ganz harte Linie vertreten hatte.

Emil Woermann (1899–1980), Studium der Naturwissenschaften und Landwirtschaft, 1933 Ruf auf Ordinariat für Landwirtschaftliche Betriebslehre in Halle, 1933 Prorektor, amtierender Rektor wegen Erkrankung des Rektors Hahne, 1935–1936 Rektor, 1944 wegen Verbindung zu dem Kreis des 20. Juli verhaftet, 1945 Sachverständiger für Ernährungsfragen für die SMA, 1948 floh er nach Göttingen, dort 1955–1956 Rektor der Universität, Leopoldina-Mitglied seit 1935, Vorstandsmitglied 1948.

Abkürzungsverzeichnis

ABF	Arbeiter- und Bauern-Fakultät
AdW	Akademie der Wissenschaften
BG	Bezirksgericht
BGL	Betriebsgewerkschaftsleitung
BL	Bezirksleitung
BStU	Bundesbeauftragte für die Unterlagen des Staatssicherheitsdienstes der ehemaligen DDR
BV	Bezirksverwaltung
DB DIZ	Datenbank des Dokumentations- und Informationszentrums Torgau
DSF	Gesellschaft für Deutsch-Sowjetische Freundschaft
DVV	Deutsche Zentralverwaltung für Volksbildung
EKD	Evangelische Kirche in Deutschland
EZA	Evangelisches Zentralarchiv in Berlin
FDJ	Freie Deutsche Jugend
FDGB	Freier Deutscher Gewerkschaftsbund
GST	Gesellschaft für Sport und Technik
GULag	Glawnoje uprawlenije isprawitelno-trudowych lagerei, d. i. Hauptverwaltung Arbeits- und Besserungslager in der Sowjetunion
HAL	Haftarbeitslager
HKH	Haftkrankenhaus
IM	Inoffizieller Mitarbeiter des MfS
JVA	Justizvollzugsanstalt
KD	Kontrollratsdirektive
KG	Kreisgericht
KGB	Komitet gossudarstwennoi besopasnosti „Komitee für Staatssicherheit",
KPdSU	Kommunistische Partei der Sowjetunion
KVP	Kasernierte Volkspolizei
LDP	Liberaldemokratische Partei
LG	Landgericht
LHASA, MER	Landeshauptarchiv Sachsen-Anhalt, Abteilung Merseburg
MdI	Ministerium des Innern
MdVK	Mitglied der Volkskammer

MfS	Ministerium für Staatssicherheit
MGB	Ministerstwo/Ministr gossudarstewennoi besopasnosti, d. i. Ministerium/ Minister für Staatssicherheit [der UdSSR] (ab 1946, vorher NKGB)
MLU	Martin-Luther-Universität Halle-Wittenberg
MPI	Max Planck Institut
MWD	Ministerstwo/Ministr wnutrennych del, Ministerium/Minister für Inneres [der UdSSR] (ab 1946, vorher NKWD)
ND	Neues Deutschland, überregionale SED-Tageszeitung
NKFD	Nationalkomitee „Freies Deutschland"
NKWD	Narodny kommissariat Wnutrennych del „Volkskommissariat für innere Angelegenheiten", 1934 gegründet, (bis 1946, danach MWD)
NVA	Nationale Volksarmee
OdF	Opfer des Faschismus
OV	Operativer Vorgang (beim MfS)
RAD	Reichsarbeitsdienst
SBZ	Sowjetische Besatzungszone
SED	Sozialistische Einheitspartei Deutschlands
SKK	Sowjetische Kontrollkommission in Deutschland, Nachfolge der SMAD nach der Gründung der DDR.
SMA	Sowjetische Militäradministration (Länder- und Provinzialebene)
SMAD	Sowjetische Militäradministration in Deutschland (Karlshorster Ebene)
SMT	Sowjetisches Militärtribunal
SPÖ	Sozialistische Partei Österreichs
StVA	Strafvollzugsanstalt
StEG	Strafrechtsergänzungsgesetz
SU	Sowjetunion
UAH	Universitätsarchiv Halle
UdSSR	Union der Sozialistischen Sowjetrepubliken
UHA	Untersuchungshaftanstalt
UPL	Universitätsparteileitung (der SED)
VEB	Volkseigener Betrieb
ZAL	Zwangsarbeitslager
ZK	Zentralkomitee

Über die Autoren

Sybille Gerstengarbe wurde in Halle geboren. Sie studierte Biologie an der Martin-Luther-Universität. Von 1973 bis 1982 wissenschaftliche Assistentin am Biologischen Institut des Bereiches Medizin der MLU. 1981 wurde sie promoviert. Von 1985 bis 1991 wissenschaftliche Mitarbeiterin am Institut für Biochemie der Pflanzen der AdW der DDR. Seit 1992 arbeitet sie im Rahmen der Deutschen Akademie der Naturforscher Leopoldina und der MLU über wissenschaftshistorische Themen aus dem 20. Jahrhundert. Gemeinsam mit Prof. Dr. Benno Parthier und Prof. Dr. Andreas Kleinert organisiert sie seit 1999 die wissenschaftshistorischen Seminare der Leopoldina.

Horst Hennig wurde am 28. Mai 1926 im Kreis Mansfeld, Sachsen-Anhalt, geboren. Nach Rückkehr mit einem Lazarettschiff aus Großbritannien wurde er zum SS 1948 an der MLU, Medizinische Fakultät, immatrikuliert.

Fünf Jahre nach Kriegsende inhaftierten die sowjetischen Organe Hennig mit anderen Studenten und verurteilten ihn widerrechtlich zu 25 Jahren Zwangsarbeit. In Workuta (120 km nördlich des Polarkreises) erlebte er im Lager Nr. 10, Schacht 29, am 1. August 1953 die blutige Unterdrückung eines internationalen Streiks politischer Gefangener mit Toten und Verletzten.

Ende 1955/56 erfolgte die Heimführung der Gefangenen. Im SS 1956 führte Hennig in Freiburg i. Breisgau und in Köln das Studium fort und wurde 1961 in Köln nach dem Staatsexamen promoviert. Nach Eintritt in den Sanitätsdienst der Bundeswehr übernahm er Tätigkeiten in den verschiedensten Dienststellen und wurde mit dem Bundesverdienstkreuz 1. Klasse der Bundesrepublik Deutschland ausgezeichnet. Aus dem Bundesministerium der Verteidigung in Bonn 1983 als Generalarzt in Pension verabschiedet.
Er verfasste für die Medien in Funk und Film Zeitzeugenberichte und unternahm Archivreisen nach Moskau und Workuta. Er wirkt ehrenamtlich in Verbänden und Stiftungen und wurde unter anderem in den Beirat der Gedenkstätten in Sachsen-Anhalt berufen. Weiterhin verfasste er mehrere Bücher, die im Leipziger Universitätsverlag erschienen sind.

Danksagung

Ohne Archiv-Recherchen hätte die überwiegende Zahl der individuellen Schicksale nicht nachgewiesen werden können. Horst Hennig erhielt anlässlich einer internationalen Tagung des Bundesarchivs/ Militärarchivs in Freiburg in Breisgau (Leiter Oberst a. D. Dr. M. Kehrig) erstmals von einer Delegation der Russischen Föderation (Dolmetscher K. Arlt, Potsdam) 1992 eine Einladung nach Moskau und zur Recherche im Militärarchiv Podolsk (Oberst i. G.V. Muchin). Die vertraglichen Vereinbarungen zwischen der Russischen Föderation und der Bundesrepublik Deutschland 1991/92 erlaubten Absprachen mit dem Archiv des FSB (NKWD/KGB) mit Generalleutnant Wladimir Bondarenko und Generalmajor Alexander Kondaurow in der Lubjanka. Diese Dienststelle gab die Zusammenarbeit mit der Militärhauptstaatsanwaltschaft in Moskau, mit der Abteilung „Rehabilitation für Ausländer", mit dessen Leiter Oberst der Justiz Leonid Pawlowitsch Kopalin und für Archiv-Besuche 1993, 1995 und 2003 in Workuta frei. Freundlich und kooperativ wurde den Wünschen stattgegeben und Gegeneinladungen mit Vorträgen über „Rehabilitations-Zusammenhänge" in die Bundesrepublik angenommen. Mit diesem Thema bestritt Oberst Kopalin erstmalig den Hauptvortrag am 25. Februar 1994 zum I. Halle-Forum im ehemaligen sowjetischen Gerichtssaal im „Roten Ochsen".

Haftberichte konnten mit Unterstützung von Horst-Peter Schulz, Archiv des Ostbüros der SPD in der Friedrich-Ebert-Stiftung in Bonn, eingesehen werden. Herr Dr. Hermann Wiederholdt, persönlicher Referent im Rektorat der MLU, förderte für Horst Hennig den Zugang zum Universitätsarchiv über die Herren Schwabe, Coffier, Frau Haasenbruch und Herrn Dr. R.-T. Speler. Gleiches Entgegenkommen erfuhren wir durch das Leipziger Universitätsarchiv.

Ganz besonders danken wir Frau Regina Haasenbruch und den Mitarbeiterinnen des Archivs der Martin-Luther-Universität Halle-Wittenberg Gudrun Weickert, Marion Heise, Karin Keller und Sylvia Hünert. Wir danken den Mitarbeiterinnen und Mitarbeitern des Bundesarchivs (besonders Frau Cordula Sperlich und Herrn Lamster), der Gedenkstätte Moritzplatz Magdeburg, der Stiftung Sächsische Gedenkstätten in Dresden (Herrn Dr. Klaus-Dieter Müller, Dr. Haritonow und Frau Lange), der Gedenkstätte Torgau (Herrn Wolfgang Oleschinski), der Gedenkstätte Bautzen (Frau Cornelia Liebold), des Landeshauptarchivs von Sachsen-Anhalt, der Abteilung Magdeburg und der Abteilung Merseburg (Frau Sell), des Evangelischen Zentralarchivs in Berlin, des Archivs der Bundesbeauftragten für die Unterlagen des Staatssicherheitsdienstes der ehemaligen DDR in der Außenstelle Halle (Herrn Engelbert Stoof) und Andreas Thulin, Bibliothek des Kirchenamtes der EKM, für ihre Unterstützung dieses Projektes. Der JVA Bautzen danken wir für die Photos aus der Haftkartei, die wir durch Vermittlung von Frau Cornelia Liebold erhielten. Frau Edda Ahrberg danken wir hilfreiche Hinweise und das Zurverfügungstellen von Material. Der Deutschen Akademie der Naturforscher Leopoldina dankt Sybille Gerstengarbe dafür, dass sie die Arbeitsmöglichkeiten in der Akademie nutzen konnte, und sie dankt den Mitarbeiterinnen und Mitarbeitern des Archivs und der Bibliothek für die langjährige Unterstützung ihrer Arbeit. Prof. Dr. Gerald Wiemers und Dr. Jens Blecher danken wir für konstruktive Hinweise. Leonid P. Kopalin, dem ehemaligen Abteilungsleiter Rehabilitation für Ausländer bei der Militärhauptstaatsanwaltschaft Moskau und Victor Muchin, dem jetzigen Referenten im Volksbund Deutscher Kriegsgräberfürsorge in Moskau, danken wir für die Überlassung zahlreicher Informationen zu den von SMT verurteilten Personen. Dem Landesbeauftragten von Sachsen-Anhalt für die Unterlagen des Staatssicherheitsdienstes der ehemaligen DDR danken wir für die großzügige Unterstützung zum Abdruck der Dokumente aus dem Bundesarchiv Berlin.

Unser besonderer Dank gilt den noch lebenden Zeitzeugen, die sich für diese Dokumentation in die Zeit der Haft und der Vernehmungen zurückversetzten und uns ihre Berichte überließen.

Für die Durchsicht des Manuskriptes danken wir Regina Haasenbruch, Dr. h. c. Karl Wilhelm Fricke, Prof. Dr. Gerald Wiemers und für das Lektorat Herrn Dr. Gerald Diesener mit seinen Mitarbeiterinnen im Leipziger Universitätsverlag. Für die Gestaltung des Buches danken wir Annett Berndt.

In der Dokumentation verwendete und weiterführende Literatur

Ahrberg, Edda und Dorothea Harder (Hrsg.): Abgeholt und für immer verschwunden. Von sowjetischen Militärtribunalen Verurteilte aus Sachsen-Anhalt und ihre Angehörigen, Band 1, Magdeburg 2009.

Ahrberg, Edda und Friedhelm Thiedig: „Wir rufen Freiheit!" Hans-Joachim Fischer. Gestorbene Hoffnungen. Sachbeiträge, Teil 38, hrsg. von der Landesbeauftragten für die Unterlagen des Staatssicherheitsdienstes der ehemaligen DDR in Sachsen-Anhalt. Magdeburg 2005.

Albring, Werner: Gorodomlia – Deutsche Raketenforscher in Rußland. Hamburg Zürich 1991.

Ammer, Thomas: Universität zwischen Demokratie und Diktatur. Ein Beitrag zur Nachkriegsgeschichte der Universität Rostock, Köln 1969, Reprint 1994.

Amt für gesamtdeutsche Studentenfragen des Verbandes Deutscher Studentenschaften (Hrsg.): Informationen aus Namen und Schicksale der seit 1945 in der sowjetischen Besatzungszone Deutschlands verhafteten und verschleppten Professoren und Studenten, 4. Auflage, o.O. 1955.

Arendt, Hannah: Elemente und Ursprünge totalitärer Herrschaft. Frankfurt/Main 1955.

Austermühle, Theo: Das Institut für Sportwissenschaft. In: Rupieper, Hermann-J., Hrsg.: Beiträge zur Geschichte der Martin-Luther-Universität 1502–2002. Halle 2002, S. 192–222.

Baberowski, Jörg: Der rote Terror. München 2004.

Beckert, Rudi: Die erste und letzte Instanz. Schau- und Scheinprozesse vor dem Obersten Gericht der DDR. Bohlbach 1995.

Bernitt, Hartwig und Friedrich-Franz Wiese: Arno Esch – eine Dokumentation. Verband ehemaliger Rostocker Studenten 1994.

Bernitt, Hartwig (Hrsg.): Namen und Schicksale der von 1945 bis 1962 in der SBZ/DDR verhafteten und verschleppten Professoren und Studenten. Rostock 1994, Reprint der VDS-Dokumentation, 5. Aufl. 1962.

Besier, Gerhard: Der SED-Staat und die Kirche, München 1993.

Binski, Sigurd: Zwischen Waldheim und Workuta, Erlebnisse politischer Häftlinge 1945–1965. Mit einer Einleitung von Karl Wilhelm Fricke, Bonn 1967, Nachdruck 1994.

Blecher, Jens und Gerald Wiemers (Hrsg.): Studentischer Widerstand an den mitteldeutschen Universitäten 1945 bis 1955. Von der Universität in den GULAG. Studentenschicksale in sowjetischen Straflagern 1945 bis 1955. Leipzig 2005.

Bohse, Daniel und Henrik Eberle: Entnazifizierung und Elitenaustausch an der Martin-Luther-Universität Halle-Wittenberg 1945–1948. In: Hermann-J. Rupieper (Hrsg.): Beiträge zur Geschichte der Martin-Luther-Universität 1502–2002. Halle 2002, S. 498–528.

Bohse, Daniel: Vom „akademischen Workuta" zur Kaderschmiede. Die Martin-Luther-Universität Halle-Wittenberg zwischen Neuaufbau und Gleichschaltung (1945–1950), In: Jens Blecher und Gerald Wiemers (Hg.): Studentischer Widerstand an den mitteldeutschen Universitäten 1945 bis 1955. Von der Universität in den GULAG. Studentenschicksale in sowjetischen Straflagern 1945 bis 1955. Leipziger Universitätsverlag 2005, S. 58–78.

Broszat, Martin und Weber, Hermann (Hrsg.): SBZ-Handbuch, München 1990.

Bruns, Günter: Eine Zeitdiagnose des XX. Jahrhunderts – Von einem Betroffenen. Vorträge und Abhandlungen zur Wissenschaftsgeschichte 1999/2000. Acta Historica Leopoldina 36 (2000) S. 9–24.

Bube-Neumann, Margarete: Als Gefangene bei Stalin und Hitler. Frankfurt/Main und Berlin 1993.

Bullock, Alan: Hitler und Stalin. Parallele Leben. Berlin 1991.

Bundesministerium für gesamtdeutsche Fragen (Hrsg.) Bonn 1955: Unrecht als System. Dokumente über planmäßige Rechtsverletzungen in der Sowjetzone Deutschlands Teil II/ 1952–1954. (Haftbericht von Hans-Joachim Platz)

Bürgerkomitee Sachsen-Anhalt (Hrsg.): „Tarantel – Satire im Kalten Krieg". Magdeburg 2003.

Courtois, Stéphane et. al.: Das Schwarzbuch des Kommunismus. München Zürich 1998.

Der 17. Juni 1953 in Halle. Begleitmaterial zur Sonderausstellung im Roten Turm Halle (Marktplatz) vom 18. Juni bis 15. Juli 1998.

Die Speziallager des NKWD in der sowjetischen Besatzungszone 1945 bis 1950. Eine Sonderausstellung des BSV mit dem Bürgerkomitee vom 22. Mai 1995 bis September 1995 im Historischen Dokumentationszentrum Magdeburg, Umfassungsstraße 76.

Eberle, Henrik: Die Martin-Luther-Universität in der Zeit des Nationalsozialismus 1933–1945. Halle 2002.

Eberle, Henrik: Johannes Weigelt (1890–1948) – Führerrektor der Martin-Luther-Universität in der Zeit des Nationalsozialismus. In: Rupieper, Hermann-J. (Hrsg.): Beiträge zur Geschichte der Martin-Luther-Universität 1502–2002. Halle 2002, S. 455–486.

Eckert, Willi-Johannes und Irmgard Eckert: „Zwei Leben … fast eine Liebesgeschichte", Eigenverlag, Frankenmarkt/Österreich, März 2001.

Erdmann, Volker: Zur politischen Verfolgung von Günter Mühlpfordt durch das Ulbricht-Regime. In: Rupieper, Hermann-J. (Hrsg.): Beiträge zur Geschichte der Martin-Luther-Universität 1502–2002. Halle 2002, S. 596–608.

Eppelmann, Rainer, Bernd Faulenbach und Ulrich Mähler: Bilanz und Perspektiven der DDR-Forschung. Paderborn 2003.

Fintzel, Wolfgang, Landesverband der Stalinistisch Verfolgten e.V. Sachsen-Anhalt (Hrsg.): Wir waren Stalins politische Gefangene. Schicksale ehemaliger politischer Häftlinge. Dokumente und Berichte über Besatzungswillkür und SED-Justiz. Dresden 1992.

Foitzik, Jan: Sowjetische Militäradministration in Deutschland (SMAD) 1945–1949. Struktur und Funktion. Berlin 1999.

Foitzik, Jan, und Horst Hennig: Begegnungen in Workuta. Erinnerungen, Zeugnisse, Dokumente. Leipzig 2003.

„Freiheitsglocke" Nr. 661/662, Nov., Dez. 2007.

Fricke, Karl Wilhelm: Politik und Justiz in der DDR – Zur Geschichte der politischen Verfolgung 1945–1968. Bericht und Dokumentation Köln 1979.

Fricke, Karl Wilhelm: Opposition und Widerstand in der DDR – ein politischer Report. Köln 1984.

Fricke, Karl Wilhelm: Politik und Justiz in der DDR. Zur Geschichte der politischen Verfolgung 1945–1968. Bericht und Dokumentation, Köln 1990.

Fricke, Karl Wilhelm: „Akten-Einsicht“, Berlin 1997.

Fricke, Karl Wilhelm, Peter Steinbach und Johannes Tuchel: Opposition und Widerstand in der DDR. Politische Lebensbilder. München 2002.

Gauck, Joachim: Erinnerung als Gabe und Aufgabe – Rede anlässlich des Jahrestreffens der Lagergemeinschaft Workuta/Gulag. Schwerin 2000.

Gerstengarbe, Sybille: „Evangelisch als Jude geboren“ – Dokumente eines deutschen Schicksals. Jb. 1992, Leopoldina (R. 3) 38 (1993), S. 317–344.

Gerstengarbe, Sybille: Die Leopoldina und ihre jüdischen Mitglieder im Dritten Reich. Jb. 1993, Leopoldina (R. 3) 39 (1994), S. 363–410.

Gerstengarbe, Sybille: Die erste Entlassungswelle von Hochschullehrern deutscher Hochschulen aufgrund des Gesetzes zur Wiederherstellung des Berufsbeamtentums vom 7.4. 1933. Ber. Wiss.-gesch. 17 (1994), S. 17–39.

Gerstengarbe, Sybille: „Plötzlich musste ich Geschäfte übernehmen.“ Otto Schlüters Ringen um den Erhalt der Leopoldina nach dem Zusammenbruch Hitlerdeutschlands. Jb. 1995, Leopoldina (R. 3) 41 (1996), S. 439–476.

Gerstengarbe, Sybille: Das Mitglied der Leopoldina Hans Gallwitz und seine Auseinandersetzungen mit der Staatsmacht 1946–1958. Hallesches Jahrb. Geowiss. 19, 1997, S. 17–36.

Gerstengarbe, Sybille: Die Leopoldina in den konfliktreichen Jahren 1958–1962. Vorträge und Abhandlungen zur Wissenschaftsgeschichte 1999/2000. Acta Historica Leopoldina 36 (2000), S. 63–110.

Gerstengarbe, Sybille und Eduard Seidler: „... den Erfordernissen der Zeit in vollem Ausmaß angepasst.“ – Die Leopoldina von 1932 bis 1945. In: 350 Jahre Leopoldina – Anspruch und Wirklichkeit. Festschrift der Deutschen Akademie der Naturforscher Leopoldina 1652–2002, Hrsg. von Benno Parthier und Dietrich von Engelhardt, Halle 2002, S. 227–262.

Gerstengarbe, Sybille: Reaktionen hallescher Professoren auf Verhaftungen ihrer Studenten im ersten Jahrzehnt nach Gründung der DDR. Vorträge und Abhandlungen zur Wissenschaftsgeschichte 2000/2001, Acta Historica Leopoldina, Nr. 39 (2004), S. 357–392.

Graffius, Klaus-Peter und Horst Hennig: Zwischen Bautzen und Workuta. Totalitäre Gewaltherrschaft und Haftfolgen. Leipzig 2004.

Graul, Elisabeth: Die Farce. Magdeburg 1996.

Gursky, André: Vorgang ‚Riga‘. Die ‚Bearbeitung‘ eines evangelischen Studentenpfarrers 1953 in Halle (Saale) durch das Ministerium für Staatssicherheit. Landesbeauftragte für die Unterlagen des Staatssicherheitsdienstes der ehemaligen DDR Sachsen-Anhalt, Sachbeiträge, Teil 7, Magdeburg 1998.

Hedeler, Wladislaw und Horst Hennig (Hg.): Schwarze Pyramiden, rote Sklaven – Der Streik in Workuta im Sommer 1953. Leipzig 2007.

Henke, Klaus-Dietmar, Peter Steinbach und Johannes Tuchel: Widerstand und Opposition in der DDR. Köln 1999.

Hennig, Horst: Halle – Moskau – Workuta 1950–1955, Mitteldeutsche Zeitung, 15. November 1993, S. 15.

Herbst, Andreas, Ranke, Winfried, Winkler, Jürgen: So funktionierte die DDR, Band 3 Lexikon der Funktionäre. Reinbek 1994.
Höxtermann, Ekkehard: ‚Klassenbiologen' und ‚Formalgenetiker' – Zur Rezeption LYSSENKOS unter den Biologen in der DDR. Acta Historica Leopoldina 36 (2000), S. 273–300.

Institut für Geschichte der Arbeiterbewegung (Hrsg.): In den Fängen des NKWD: Deutsche Opfer des stalinistischen Terrors in der UdSSR. Berlin 1991.

Jenkner, Siegfried, Erinnerungen politischer Häftlinge an den GULAG. Eine kommentierte Bibliographie. Dresden 2003.

Kaasch, Michael und Joachim Kaasch: Emil Abderhalden: „Ich denke sehr oft mit Wehmut an Halle zurueck. Ich habe zuviel zurueckgelassen vor allem sehr viel Seelisches." Scientia halensis. 3 (1995), S. 19–21.
Klee, Ernst: Das Personen-Lexikon zum Dritten Reich, Fischer-Verlag, Frankfurt 2003.
Klemperer, Victor: So sitze ich denn zwischen allen Stühlen. Tagebücher 1950–1959, Band II; Berlin 1999.
Klier, Freya: Verschleppt ans Ende der Welt. Schicksale deutscher Frauen in sowjetischen Arbeitslagern. München 2000.
Köpke, Horst und Friedrich-Franz Wiese: Mein Vaterland ist die Freiheit. Rostock 1997.
Kowalczuk, Ilko-Sascha: Geist im Dienst der Macht – Hochschulpolitik der SBZ/DDR 1945–1961, Berlin 2003.

Leonhard, Susanne: Gestohlenes Leben. Frankfurt/Main 1956.
Leonhard, Wolfgang. Die Revolution entlässt ihre Kinder. Köln 1955.
Leonhard, Wolfgang: Spurensuche. 40 Jahre nach Die Revolution entlässt ihre Kinder. Köln 1992.
Linke, Arno: „Ab morgen bist du Leibarzt". Vom Provinzarzt zum Krebsforscher. Berlin 1999.
Löhn, Hans-Peter: „An den Demonstrationen nahmen vorwiegend Studenten teil!" – Die Angehörigen der Martin-Luther-Universität während des Volksaufstandes am 17. Juni 1953. In. Rupieper, Hermann-J., Hrsg.: Beiträge zur Geschichte der Martin-Luther-Universität 1502–2002. Halle 2002, S. 559–595.
Löhn, Hans-Peter: Spitzbart, Bauch und Brille – sind nicht des Volkes Wille! Der Volksaufstand am 17. Juni 1953 in Halle an der Saale. Bremen 2003.
Loest, Erich: Durch die Erde ein Riß. Ein Lebenslauf. Leipzig 1981/90.
Loest, Erich: Prozesskosten. Göttingen 2007.

Matz-Donath, Annerose: Die Spur der Roten Sphinx. Deutsche Frauen vor sowjetischen Militärtribunalen. Schnellbach 2000.
Möller, Horst und Alexandr O. Tschubarjan (Hrsg.): SMAD Handbuch. Die Sowjetische Militäradministration in Deutschland 1945–1949. München 2009.
Mühlpfordt, Günter und Günter Schenk in Verbindung mit Regina Meyer: Der Spirituskreis (1890–1958), Band 2: 1945–1958, Halle 2004.

Müller, Carsten: Die Entnazifizierung an der Martin-Luther-Universität Halle-Wittenberg. Wiss. Hausarbeit zur Ersten Staatsprüfung für das Lehramt an Gymnasien, Halle 1996.
Müller, Egon Erwin und Marianne Müller: „... stürmt die Festung Wissenschaft". Reprint 1994, hersg. von der UOKG, o.O.
Müller, Klaus-Dieter und Jörg Osterloh: Die Andere DDR. Eine studentische Widerstandsgruppe und ihr Schicksal im Spiegel persönlicher Erinnerungen und sowjetischer NKWD-Dokumente. Berichte und Studien Nr. 4 aus dem Hannah-Arendt-Institut für Totalitarismusforschung der Technischen Universität Dresden, Dresden 1995.
Müller, Klaus-Dieter und Annegret Stephan: Die Vergangenheit lässt uns nicht los. Berlin 1998.
Müller, Klaus-Dieter, Joachim Scherrieble und Mike Schmeitzner (Hrsg.): Der 17. Juni 1953 im Spiegel sowjetischer Geheimdienstdokumente. Leipzig 2008.
Müller-Enbergs, Helmut, Jan Wielgohs und Dieter Hoffmann (Hrsg.): Wer war wer in der DDR? Ein biographisches Lexikon. Bonn 2001.

Nikitin, Pjotr: Zwischen Dogma und gesundem Menschenverstand. Wie ich die Universitäten der deutschen Besatzungszone „sowjetisierte". Erinnerungen. Berlin 1997.
Noeske, Berthold: Als Opposition noch chancenlos war. Beispielhafte Schicksale zwischen 1945 und 1963. Berlin 2009.

Parthier, Benno: Kurt Mothes (1900–1983) Gelehrter, Präsident, Persönlichkeit. Acta Historica Leopoldina Nr. 37, Hrsg. von Menso Folkerts, Halle 2001.
Priew, Herbert: Impressionen politischer Haft in der SBZ/DDR. In: Rupieper, Hermann-Josef (Hrsg.): Hallesche Beiträge zur Zeitgeschichte, Heft 11, 2002, S. 94–109.

Rachmanova, Alja: Studenten, Liebe, Tscheka und Tod. Graz 1937.
Reichstein, Manfred, 1997: Hans Gallwitz (1896–1958) und die Geschichte des Geologisch-Paläontologischen Institutes in Halle. Hallesches Jahrb. Geowiss. B. 19, S. 7–16
Roginskij, Arsenij, Jörg Rudolph, Frank Drauschke und Anne Kaminsky (Hrsg.): „Erschossen in Moskau ...", Die deutschen Opfer des Stalinismus auf dem Moskauer Friedhof Donskoje 1950–1953. Berlin 2005
Rudolph, Jörg, Frank Drauschke und Alexander Sachse: Verurteilt zum Tode durch Erschießen. Opfer des Stalinismus aus Sachsen-Anhalt 1950–1953. Der Landesbeauftragte für die Unterlagen des Staatssicherheitsdienstes der ehemaligen Deutschen Demokratischen Republik. Magdeburg 2006.
Rupieper, Hermann-Josef: Wiederaufbau und Umstrukturierung der Universität 1945–1949. In: Gunnar Berg und Hans-Hermann Hartwich (Hrsg.): Martin-Luther-Universität. Von der Gründung bis zur Neugestaltung nach zwei Diktaturen. Opladen 1994, S. 97–116.
Rupieper, Hermann-Josef (Hrsg.): Erinnerungen an die Martin-Luther-Universität 1945 bis 1989. Eine Diskussion mit Zeitzeugen. Hallische Beiträge zur Zeitgeschichte Heft 3, 1997.
Rupieper, Hermann-Josef (Hrsg.): Beiträge zur Geschichte der Martin-Luther-Universität 1502–2002. Halle 2002.

Salamov, Varlan: Das Lager schreiben und die Aufarbeitung des Gulag. Osteuropa. Monatsschrift, Heft 6 2007, Hrsg. Deutsche Gesellschaft für Osteuropakunde.

Schenk, Günter und Regina Meyer: Biographische Studien über die Mitglieder des Professorenzirkels ‚Spirituskreis'. Halle 2007.

Scherrieble, Joachim (Hg.): Der ROTE OCHSE Halle (Saale). Politische Justiz/1933–1945/1945–1989. Bearbeitet von Daniel Bohse und Alexander Sperk. Berlin 2008.

Scholmer, Joseph: Arzt in Workuta. München 1981.

Schüler, Horst: Workuta. Erinnerung ohne Angst. München 1993.

scientia halensis 3/1995 „Wer kannte den Studenten Herbert Schönmuth?"

Semiryaga, Michail: Wie Berijas Leute in Ostdeutschland die ‚Demokratie' errichteten. Deutschlandarchiv, 29. Jahrgang, Nr. 5, 1996, S. 741–752.

Shifrin, Avrham: UdSSR-Reiseführer. Durch Gefängnisse und Konzentrationslager in der Sowjetunion. 1980.

Solschenizyn, Alexander: Der Archipel GULAG. Reinbek 2001.

Sperk, Alexander: Die MFS-Untersuchungshaftanstalt „Roter Ochse" Halle/Saale von 1950 bis 1989. Eine Dokumentation. Hrsg. vom Ministerium des Innern des Landes Sachsen-Anhalt, Halle 1998.

Steiner, Walter und Eva Steiner: Die Grenze war unser Schicksal. Mitteldeutscher Literaturverlag 2005.

Stengel, Friedemann: Die Theologischen Fakultäten in der DDR als Problem der Kirchen- und Hochschulpolitik des SED-Staates. Dissertation an der Theologischen Fakultät der Martin-Luther-Universität Halle-Wittenberg. 1996.

Stengel, Friedemann: Die Theologischen Fakultäten in der DDR als Problem der Kirchen- und Hochschulpolitik des SED-Staates bis zu ihrer Umwandlung in Sektionen 1970/71. Leipzig 1998.

Thiedig, Friedhelm: Als Student in den Strafvollzugsanstalten Halle und Torgau in den Jahren 1952 bis 1955. In: Vorträge und Abhandlungen zur Wissenschaftsgeschichte 200/2001, Acta Historica Leopoldina 39, S. 327–356 (2004).

Thulin, Andreas: Durch Verhaftung … das Handwerk legen. Die Evangelische Studentengemeinde Halle (Saale) 1953 und die Inhaftierung von Studentenpfarrer Johannes Hamel. ESG Halle 2004.

Ulbricht, Walter: Über Fragen der sozialistischen Bewusstseinsbildung. Antwort des Ersten Sekretärs des ZK der SED, Genossen Walter Ulbricht, auf Fragen von Wissenschaftlern, Lehrern und Werktätigen auf dem Diskussionsabend des Deutschen Kulturbundes in Halle am 21. April 1958. Hrsg. vom Deutschen Kulturbund.

Verband ehemaliger Rostocker Studenten e. V. (VERS): Namen und Schicksale der von 1945 bis 1962 in der SBZ/DDR verhafteten und verschleppten Professoren und Studenten. Erweiterter, ergänzter und überarbeiteter Reprint 1994 der VDS-Dokumentation 1962, Rostock 1994. Titel der Ausgabe 1962, herausgegeben vom Verband deutscher Studentenschaften: „Dokumentation des Terrors – Namen und Schicksale der von 1945 bis 1962 in der SBZ/DDR verhafteten und verschleppten Professoren und Studenten.

Verzeichnis der nach 1945 verhafteten Angehörigen der Universität Rostock (einschließlich Studienbewerber) In: Beiträge zur Geschichte der Universität Rostock, Heft 19: Die Universität Rostock 1945–1969. Ergänzende Beiträge zur Universitätsgeschichte. Universität Rostock 1994, S. 111–118.

Weber, Hermann und Ulrich Mählert: Terror, Stalinistische Parteisäuberungen 1936–1953. Paderborn 1998.

Wentker, Hermann: Justiz in der SBZ/DDR 1945–1953. Transformation und Rolle ihrer zentralen Institutionen. München 2001.

Wiemers, Gerald: Die Amerikaner verlassen Leipzig, Universität Leipzig, Heft 5/1995, S. 19–21.

Wiemers, Gerald und Jens Blecher: Studentischer Widerstand an der Universität Leipzig 1945–1955. Hsg. von der Universität Leipzig und der Vereinigung von Förderern und Freunden der Universität Leipzig e.V., Leipzig 1997.

Wiemers, Gerald, Nachruf auf Siegfried Schmutzler 17. März 1915 Leipzig – 11. Oktober 2003 Berlin. In: Theodor-Litt-Jahrbuch 2005/4, Leipzig 2005, S. 293–297.

Wolkogonow, Dimitri: Stalin – Triumph und Tragödie; ein politisches Porträt. Düsseldorf 1993.

Wolkogonow, Dimitri: Lenin – Utopie und Terror. Düsseldorf 1994.

Wyschinski, A. J.: Theorie der gerichtlichen Beweise im sowjetischen Recht. Berlin 1955.

Gerald Wiemers

Studentischer Widerstand nach 1945 in der SBZ/DDR im Spiegel der archivalischen Überlieferung

Der politisch motivierte studentische Widerstand an den Universitäten der SBZ/DDR blieb bis zum Ende der DDR ein Tabuthema. Erst durch die mündliche Überlieferung von Betroffenen nach der friedlichen Revolution kam die Wahrheit ans Licht, als sich die Betroffenen oder deren Angehörige bei den Universitätsleitungen meldeten und über Verhaftungen durch den russischen Geheimdienst oder die K 5, die Vorläuferorganisation des Staatsicherheitsdienstes der DDR, berichteten. Seit Mitte der 90er Jahre setzten gezielte, meist personenbezogene Nachforschungen ein. Diese betrafen die schriftlichen Dokumente der Universitäten, gesellschaftliche Organisationen wie den Studentenrat, die FDJ oder die SED und schließlich die Akten im Archiv der Bundesbeauftragten für die Unterlagen des Staatssicherheitsdienstes der ehemaligen DDR (BStU).

Nach dem Verbot der Blockparteien an den Universitäten und der Verhaftung ihrer Spitzenfunktionäre hatte dort allein die SED das Sagen. Die Universitätsparteileitungen wurden zu Kreisleitungen mit entsprechenden Machtbefugnissen erhoben. Ihre jeweiligen Unterlagen befinden sich in den zuständigen Staatsarchiven der Länder. Gleiches gilt für die Unterlagen der SED-Bezirksleitungen.

Von besonderer Bedeutung sind die Akten des Sowjetischen Geheimdienstes, die vereinzelt in den Bezirksverwaltungen der Staatssicherheit im Original und in Kopie erhalten sind, und die Unterlagen der berüchtigten sowjetischen Militärgerichte in Deutschland. Im Zuge der russischen Rehabilitierung politisch verfolgter Studenten wurde deutlich, dass sich in unterschiedlichen russischen Archiven Dokumente über die in Lager verschleppte Studenten befinden.

Aber selbst bei günstiger Aktenlage, so die Erfahrung, bleiben die mündlichen oder schriftlichen Aussagen der verhafteten und verurteilten Studenten ein unverzichtbarer Bestandteil, um das Geschichtsbild abzurunden. In manchen Fällen ist der Historiker auch ganz auf die narrativen Quellen angewiesen.

Die universitäre Überlieferung enthält meist keine konkreten Angaben zur Verhaftung eines Studenten. Die Studentenakten oder Karteien und gegebenenfalls die Studentenprüfungsakten enthielten Vermerke wie „Ex“ oder „ausgesch[ieden]“, die über die Gründe nichts aussagen und Nachforschungen erfordern. Manchmal fehlen die Akten, wenn sie von Stasibeauftragten entnommen worden sind.[1] Studentenunterlagen konnten in der ehemaligen DDR einbehalten werden, weil die Arbeits- und Lebensdaten in den späteren Kaderakten lückenlos nachgewiesen sind. Die Studentenakten oder -karten befanden sich in der Obhut der Verwaltung und gelangten nach 8 bis 10 Jahren in das zuständige Universitätsarchiv. Die Studentenprüfungsakten entstanden bei den jeweiligen Fakultäten und wurden mit den Studentenakten zusammengeführt oder, wie in Leipzig, separat aufbewahrt. Auf die Führung der Studentenakte hat der Student keinen Einfluss. Zuweilen fehlte die Paginierung, so dass stets die Gefahr einer Manipulation bestand.

In den Senats- und Fakultätsprotokollen spielen einzelne Studenten nur eine untergeordnete Rolle. Besondere Ereignisse, wie Verhaftungen aus politischen Gründen, blieben in der Regel unerwähnt, auch wenn die Fälle offenlagen. Selten sind die Protokolle noch unbearbeitet; dann sind sie allerdings noch nicht benutzbar.[2] In den Universitätsarchiven werden Nachlässe von Personen gesammelt, um das universitäre Schriftgut zu ergänzen. In einer Phase, wo Entscheidungsprozesse, so die Verhaftung und Verurteilung von Studenten, nicht mehr in die Zuständigkeit der Universität fallen, gewinnen diese Überlieferungen zunehmend an Bedeutung.[3]

Die Universitätsverwaltung legte Wert darauf, dass jeder neu immatrikulierte Student zwei Passfotos vorlegte. Davon war eines für die Studentenakte bestimmt und das zweite für das Studienbuch, das im Eigentum des Studenten verblieb. In der SBZ/DDR war es für Studenten nicht immer leicht, am Immatrikulationstag Passfotos vorzulegen, so dass die Abgabe leicht in Vergessenheit geriet und gänzlich unterlassen wurde. Zum Zeitpunkt der Verhaftung, auch etwas früher oder später, konnten die K 5 und später die Staatssicherheit die gesamte Akte mit Bild einziehen oder auch nur das Bild aus der Akte entnehmen. Teilweise wurden die professionell angefertigten Passfotos beschädigt. Ein systematisches Vorgehen ist nicht erkennbar. Heute werden die Bilder in den Universitätsarchiven meist gesondert in Fotosammlungen gelagert und digitalisiert, sodass sie für die Benutzung schnell verfügbar sind.

Die zentrale Überlieferung zur SED-Hochschulpolitik ist konzentriert aufbewahrt in der „Stiftung Archiv der Parteien und Massenorganisationen der DDR im Bundesarchiv“ (SAPMO-Archiv). Für das Ende des demokratisch legitimierten Studen-

---

1 Im Universitätsarchiv Halle/S. befindet sich keine Studentenakte vom ehemaligen Außenminister Hans-Dietrich Genscher, dagegen ist seine Studentenakte im Universitätsarchiv Leipzig erhalten.

2 Vgl. Ilko-Sascha Kowalczuk, Geist im Dienste der Macht. Hochschulpolitik in der SBZ/DDR 1945 bis 1961. Berlin 2003, S. 27f.

3 So ist die Verhaftung von Werner Ihmels 1947 in Leipzig über den Nachlass des Historikers Hermann Mau nachvollziehbar.

tenrats an den Universitäten der SBZ/DDR sind in der SAPMO, um ein Beispiel zu nennen, besonders aussagekräftige Quellen gespeichert.[4]

Die Stasi-Unterlagen sind in der Regel nach dem Wohnortprinzip unter steter Einbeziehung der Arbeitsstelle bzw. der Universität angelegt. Spitzelberichte sind meist vorverurteilend, aufgebauscht, umfassend, aber ungenau. Der Gegner soll bestimmt, die Motive seines Handelns aber nicht erklärt werden: So wird das Eintreten für Demokratie und rechtsstaatliches Handeln in eine Gegnerschaft zur DDR umgedeutet. Zuweilen werden in Spitzelberichten mehr Sitzungen angezeigt, als wirklich stattgefunden haben.

Entgegen der Aktenlage und Zeitzeugenberichten versuchen Teile der ehemaligen DDR-Eliten die Definitionsmacht über die Geschichte zu erlangen. Die DDR-Vergangenheit wird geschönt und verklärt und die eigenen Verfehlungen werden gegen die Verfehlungen der Bundesrepublik aufgerechnet.[5]

Zeitgeschichtsbilder werden verdrängt und man kehrt zu alten, längst überholten Positionen zurück. Der Diktator und Massenmörder Stalin wird in seiner Heimat nationalistisch verehrt und kultisch bewundert. Der Große Vaterländische Krieg wird überhöht dargestellt. Die vorurteilsfreie wissenschaftliche Arbeit wird häufig behindert. Die Arbeit in Archiven verkommt „zum Privileg ideologisch zuverlässiger Forscher", wodurch die vorurteilsfreie Forschung gefährdet wird.[6] Hinzu kommt ein Mangel an Fachkräften in den russischen Archiven; vorhandene haben bereits ein hohes Alter erreicht. Die Benutzerzahlen gehen zurück, die Öffnungszeiten werden eingeschränkt und die finanzielle Ausrüstung der Archive ist oft mangelhaft.

Mit dem Ende der Sowjetunion keimten Hoffnungen auf, die Archive könnten bei der Aufarbeitung der Geschichte der Sowjetdiktatur und der Verankerung demokratischer Strukturen ein wichtige Rolle als „Gedächtnis der Nation" spielen. Davon ist man heute in Russland weit entfernt.

Anfang der 90er Jahre waren Tausende laufender Meter an Akten zugänglich und lösten eine Art „Archivrevolution" aus. Dieser Prozess verläuft längst restriktiv. Die russische Bürokratie will die Beschädigung des einst offiziellen Geschichtsbildes verhindern. Dazu dient die russische Archivgesetzgebung, so das Gesetz über „Das Archivwesen in der Russischen Föderation" aus dem Jahre 2004, das beispielsweise einen Personenschutz von 75 Jahren festschreibt. Damit sichert man sich die Kontrolle

4 Ilko-Sascha Kowalczuk, wie Anm. 2, S. 487-515.

5 Jens Reich, Soll man Gesine Schwan das Scheitern wünschen? In: FAZ Nr.148 v. 27. Juni 2008.

6 Sonja Margolina, Schauplatz Russland. Die Wiederverheimlichung. Der Zugang zu den Archiven wird immer mehr eingeschränkt. In: Neue Zürcher Zeitung Nr. 63 v. 16. März 2006.

über die Geschichtsschreibung. Das Gesetz schützt, wie Marietta Tschudakowa schreibt, den „Henker vor seinem Opfer".[7] Andererseits erklärt der frühere sowjetische Historiker Jakow S. Drabkin (geb. 1918) den wiedererschwerten Zugang zu Archiven in Russland damit, dass Archive nicht Steinbrüche für schnell zusammengeflickte Dokumentationen sein dürften, aus denen man politisches Kapital zu schlagen versuche. Außerdem seien große Aktenbestände nicht gesichtet und archivarisch aufgearbeitet.[8] Das sind ideologisch motivierte Scheinargumente. Sie erlauben, eine personelle Auswahl unter den Forschern zu treffen.

Die heutigen russischen Praktiken sind keineswegs neu. Sie reichen weit in die Zarenzeit zurück, wie Alla Koiten berichtet: „Jedes Dokument, das aus der Sicht des Staates in die falschen Hände geriet, war eine potenzielle Bedrohung für die Macht." Allein der Archivar sei legitimer Benutzer des Archivs gewesen. Fremde Benutzung habe dagegen zu einem „bedrohlichen Kontrollverlust"[9] geführt. Dem verheißungsvollen Aufbruch in russischen Archiven folgte die Stagnation, der Stillstand und „nun gehen die Uhren in russischen Archiven wieder rückwärts".[10] Archivgut bleibt gesperrt, wird wieder gesperrt oder eine Sperrfrist wird nicht festgelegt. Ausgenommen davon sind die Kominternakten. Hier geht die mit dem Bundesarchiv vertraglich vereinbarte Aufarbeitung zur Digitalisierung des Kominternarchivs weiter. Gleiches gilt auch für die komplexe Bearbeitung der Bestände der SMAD von 1945 bis 1949.[11]

Über die Freigabe von Archivalien entscheidet eine interministerielle Kommission, die auch die Archivgesetze außer Kraft setzen kann. Akten aus der Stalin-Zeit geraten erneut unter Verschluss. Der alte Grundsatz „Lieber geheim halten als offen legen" gilt vor allem für die sogenannte Beutekunst, darunter auch Archivalien deutscher Provenienz. Eine Geheimhaltungsmanie greift um sich. Allerdings lassen sich veröffentlichte Vorgänge nicht mehr verbieten. Nach wie vor fehlen Darstellungen über den großen Terror 1937 oder über die großen Hungersnöte im Zuge der Zwangskollektivierungen 1932/33.

Das „richtige" Geschichtsbild soll nicht weiter besudelt werden. Für die zahllosen Verfolgten aus der Stalinzeit gibt es kein öffentliches Erinnern.

---

7 Marietta Tschudakowa zitiert bei Jens Hartmann, Russland: eine Chance für die historische Wahrheit. In: Welt online v. 18. Juni 2007; vgl. auch Anm. 6.

8 Interview mit Jakow S. Drabkin, in: Neues Deutschland v. 3. Mai 2008.

9 Zu Alla Koiten vgl. Anm. 6.

10 Markus Wehner, Gescheiterte Revolution. In den russischen Archiven werden die Akten wieder zugemacht. Die dunklen Seiten der Geschichte sollen nun im Verborgenen ruhen. In: Frankfurter Sonntagszeitung Nr. 25 v. 22. Juni 2008; vgl. Anm. 6.

11 Hermann Schreyer, Verwaltungsreform und Archivgesetz. Aktuelle Probleme des Archivwesens der Russischen Föderation. In: Archive und Gedächtnis. Festschrift für Botho Brachmann. Hrsg. v. Friedrich Beck u.a. Berlin-Brandenburg 2005, S. 352f.

Ein überlebender Zeitzeuge aus dem GULag-System, der frühere Medizinstudent an der Universität Halle Horst Hennig (Jg. 1926), wurde 1950 vom sowjetischen Geheimdienst auf DDR-Territorium rechtswidrig verhaftet und nach falschen Spitzelaussagen zu 25 Jahren Zwangsarbeit verurteilt, die er in Workuta unter unmenschlich schweren Bedingungen verbringen musste.[12] Er kam erst 1955 nach dem Besuch von Bundeskanzler Konrad Adenauer in Moskau frei, setzte sein Medizinstudium in Köln fort und wurde am 16. Oktober 1992 durch den Militärstaatsanwalt der russischen Föderation rehabilitiert. Damit gab sich der mittlerweile pensionierte Generalarzt der Bundeswehr aber nicht zufrieden. Er wollte für seine Kameraden aus Workuta gleichfalls die Rehabilitierung und er hat sie für zahllose politisch verurteilte Häftlinge erreicht. Als Zeitzeuge hat er in der vorliegenden Publikation sowie auch weiteren Büchern das System des GULag nicht nur beschrieben, sondern auch die historischen Hintergründe aufgedeckt. Eigenes Erleben und die spärlichen aber doch vorhandenen schriftlichen Belege in russischen Archiven haben ihn dazu befähigt. Sein Bericht über seine erste Akteneinsicht ist ein authentisches Zeugnis für diese Arbeit und wird in diesem Buch auf den Seiten 184 bis 186 abgedruckt.

Bereits 1975 hat Horst Hennig mit dem früheren Leiter des Bundesarchivs-Militärarchivs Freiburg/Breisgau Dr. Manfred Kehrig in Kontakt gestanden. Kehrig arbeitete seit 1986 wissenschaftlich mit Moskauer Archiven zusammen und ganz besonders mit dem Historiker Generalleutnant Prof. Dr. Dimitrij A. Volkogonow. Horst Hennig stellte den Antrag auf Akteneinsicht im russischen Geheimdienstgefängnis Lubjanka. „Nach der friedlichen Revolution 1989/1990“, schreibt Horst Hennig, „waren in den Staatsicherheitsakten in Berlin keine Hinweise über die im März 1950 in Halle/S. durch die Sowjets verhafteten Studenten zu finden.“[13] Tatsächlich fand Sibylle Gerstengarbe diese Hinweise zu verhafteten Studenten der Universität Halle erst bei ihren Recherchen 2008. Über Manfred Kehrig gelang es Horst Hennig, Kontakte nach Moskau zu knüpfen. Auch erhielt er zusammen mit General a. D. Dr. Günter Kießling eine Einladung in die russische Hauptstadt. 1992 folgte er der Einladung von Oberst Igor Nikolajewitsch Wenkow, Chef des Militärarchivs im Russischen Generalstab.

12 Min. f. Innere Angelegenheiten der UdSSR. Hauptverwaltung der Umerziehungs- und Arbeitslager sowie der Kolonien. Verwaltung 2, Order Nr.9/co – 23143/215 Geheim: „Hennig, Horst, geb. 1926, verurteilt vom Kriegsgericht des Truppenteils Nr. 07335 am 18. und 19.IX 1950 nach Artikel 58-6 Teil 1, 58-11, 58-10 Teil II des Strafgesetzbuches der RSFSR zu 25 Jahren Haft, der sich im internen Gefängnis des Landes Sachsen-Anhalt (Deutschland) befindet und der zu körperlicher Arbeit fähig ist, ist zur Abbüßung der Strafe ins Flusslager, Bahnstation Workuta der Petschora-Eisenbahn einzuweisen.“ (Unterschriften) [privat].

13 Horst Hennig an Dr. Günther Wagenlehner, Köln 28. Juli 1999 [privat].

Wenkow verspricht Hennigs Arbeit in den russischen Archiven zu unterstützen.[14] In Absprache mit dem Bundeswehrverband und der Kriegsgräberfürsorge in Kassel folgen 1992, 1993 und 1995 Reisen nach Workuta.

Mündliche Aussagen der Betroffenen, der verhafteten und verurteilten Studenten können präziser, der historischen Wahrheit näher sein als es geschönte Archivdokumente trotz zeitlicher Nähe vermögen. Das Leben der verhafteten Studenten allein nach den Berichten der Lagerobersten zu ergründen – Bürokraten, deren Aufgabe vor allem darin bestand, diese Menschen zu erfassen, sie zu kontrollieren und in Bezug auf ihre Arbeitsleistung auszupressen – ist unrealistisch. Das ist die Perspektive der „Täter", des Wach- und Verwaltungspersonals, der Lagerleiter und Gebietschefs des NKVWD und der Funktionäre der Lagerhauptverwaltungen.[15] Tagebücher und Aufzeichnungen der stalinistischen Gewalttäter spiegeln in ihrem hohlen Pathos nichts Eigenständiges, sondern die „Macht der bolschewistischen Rede".[16]

In der Sowjetunion gibt es seit dem Ende der 80er Jahre GULag-Erinnerungen, „denn die offiziellen Dokumente sagen meistens etwas ganz anderes aus, als das, was im Gedächtnis der ehemaligen Häftlinge aufbewahrt ist."[17]

Seit 1989/90 erstes Archivmaterial über das sowjetische Lagersystem zugänglich wurde, ist das Wissen darüber ständig gestiegen. Quellen aus der GULag-Bürokratie ermöglichen sowohl quantitativ wie qualitativ neue Einsichten. Bis 1989 konnte „das verborgene Universum der sowjetischen Lager" nur oder beinahe ausschließlich über Zeugnisse früherer Häftlinge erschlossen werden. Nun wurden plötzlich Massen von Akten im Staatsarchiv der russischen Föderation (GARF) zugänglich und es entstand eine siebenbändige Darstellung und Dokumentation zur Geschichte des GULag.[18]

Das bedeutendste literarische Zeugnis zum GULag schrieb Aleksandr Solshenicyn. Der 1974 veröffentlichte „Archipel GULag" gilt als sein Hauptwerk und als eines der einflussreichsten Bücher des 20. Jahrhunderts. Es ist das bekannteste Werk der – oft im Untergrund entstandenen und verbreiteten (Samisdat) – Lagerliteratur aus der

14 Igor Nikolaewitsch Wenkow an Horst Hennig, Moskau 25. Juni 1992 [privat].

15 Nicolas Werth, Der GULag im Prisma der Archive. In: Osteuropa 57 (Juni 2007) H.6: Das Lager schreiben. Varlam Schalamov und die Aufarbeitung des GULag, S. 15, 24.

16 Jörg Baberowski, Arbeit an der Geschichte. Vom Umgang mit den Archiven. In: Stefan Creuzberger, Rainer Lindner (Hrsg.): Russische Archive und Geschichtswissenschaft. Frankfurt/Main 2003, S. 26 (= Zeitgeschichte, Kommunismus, Stalinismus. Materialien und Forschungen, Band 2).

17 Irina Scherbakowa, Gefängnisse und Lager im Sowjetischen Herrschaftssystem. In: Formen der Erinnerung – Archive. Frankfurt/Main 1999, S. 581f.

18 Nicolas Werth, Der GULag im Prisma der Archive. In: Osteuropa Jg. 57 (Juni 2007) H. 6: Das Lager schreiben. Varlam Schalamov und die Aufarbeitung des GULag, S. 9.

Stalin- und Chruschtschow-Ära in der Sowjetunion und die authentischste Darstellung und Kritik des Stalinismus innerhalb der Literatur überhaupt. Zuvor war bereits 1962 Solshenicyns Erstlingswerk „Ein Tag im Leben des Iwan Denissowitsch“, die Schilderung eines GULag-Häftlings, in der Moskauer Zeitschrift „Nowy Mir“ erschienen.

Zwischen 1986 und 1989 folgen zahlreiche Zeitzeugenberichte, Erzählungen und Dokumentarfilme. Die Institution des sowjetischen Straflagers „ist von Anfang an integraler Bestandteil des sowjetischen Experiments, das mit Lenin beginnt“.[19] Es fällt auf, dass sowjetische Historiker, anders als die Journalisten, sich des Stoffes kaum bemächtigen, „waren sie doch oftmals von der offiziellen Ideologie dauerhaft geprägt“. Noch sind die Archive geschlossen und Zeitzeugenberichte daher von überragender Bedeutung.[20]

In diesen Jahren, gegen Ende der Sowjetunion, wird von Bürgerrechtlern eine Organisation begründet, die die Entwicklung der Forschung über den GULag maßgebend beeinflussen sollte, *Memorial*. Seit 1989 erhielt *Memorial* großen Zulauf. *Memorial* ist es zu verdanken, „dass einige mit der Pression verbundene Archive ein wenig geöffnet wurden“.[21] Aber erst mit dem definitiven Ende der Sowjetunion und einem Ukas des Präsidenten der Russischen Föderation, Boris Jelzin, konnte nach und nach der gewaltige Bestand zum GULag im Staatsarchiv der Russischen Föderation, das 1992 durch Zusammenlegung zweier früher selbstständig existierender Archive entstand, tatsächlich zugänglich gemacht werden. Dennoch handelt es sich dabei nur um einen Teil der „unermesslichen Bürokratenprosa, die von der wasserkopfartigen Verwaltungsstruktur des GULag jahrzehntelang verfasst wurde“. Die örtlichen Lagerarchive, meist primitive Behausungen, sind leider nicht mehr vorhanden.[22]

Mit dem Abschied von den Gewissheiten des kommunistischen Weltbildes verändert sich auch das russische Archivwesen. Das zentrale Parteiarchiv wird 1991 verstaatlicht und verliert „den Status einer geheimen Asservatenkammer“.[23]

Dem ausländischen „Benutzerboom“, der Euphorie, folgt bald die Ernüchterung. Deutsches, in die Sowjetunion gebrachtes Archivgut wird 1999 als Ausgleich für erlittene Kriegsverluste zum staatlichen Eigentum der Russischen Föderation erklärt.[24]

19 Ebd., S.12.
20 Ebd., S.13.
21 Ebd., S.14.
22 Ebd., S.14 u. 21.
23 Andrej V. Doronin, Vom Zentralen Parteiarchiv (CPA) zum Russischen Staatsarchiv für Sozial- und Politikgeschichte (RGASPI). In: vgl. Anm. 15, S. 83.
24 Schreyer, wie Anm. 11, S. 343 f.

Im Gesetz vom Oktober 2004 „Über das Archivwesen in der Russischen Föderation“ ist die Richtlinienkompetenz für archivorganisatorische Fragen zentral geregelt, d.h. speziell bevollmächtigte Exekutivorgane sind damit betraut. Es gilt „die besten Traditionen der vaterländischen, darunter auch der sowjetischen Archivwissenschaft, zu bewahren“.[25]

Der Zugang zu den letzten Dokumenten über die in Moskau erschossenen deutschen Studenten, „von der Bekanntgabe des Todesurteils bis zur Urteilsvollstreckung“, ist noch immer schwierig. Am Ende jeder Untersuchungsakte eines Erschossenen ist eine Bestätigung der Urteilsvollstreckung angeheftet. Fast immer fehlen Angaben zum Ort der Bestattung.[26] Von besonderer Bedeutung ist die Sammlung von Dokumenten über die Erschießungen im Zentralarchiv des FSB der Russischen Föderation, deren älteste Dokumente von 1920 stammen. Wichtig für die Schicksale politisch verfolgter deutscher Studenten sind hier die Jahre 1950–1953 im Bestand Nr. 7. Es handelt sich um Protokolle von Urteilsvollstreckungen und Bestattungen (Einäscherungen) – „neben dem Krematorium verscharrt“[27] – in Donskoje.

Gnadengesuche konnten einen Tag nach der Urteilsverkündung gestellt werden. Sie waren fast alle mit Bleistift geschrieben, schnell übersetzt und auf einer russischen Schreibmaschine getippt. Sie enthielten immer das Datum der Übersetzung und die Unterschrift des Übersetzers.

Urteile der sowjetischen Militärtribunale unterlagen keiner Berufung und nur der Aufsicht durch das Präsidium des Obersten Sowjets. Dieses entwarf ein Schriftstück, das das Gnadengesuch ablehnte oder ihm stattgab. Automatisch folgte auf die Begnadigung eine Strafe 25 Jahren Arbeitslager. Mit einem zweiten Schriftstück bestätigte der Sekretär den Eingang des vorangegangenen Schreibens. In einem dritten Schreiben wurde Stalin vorgeschlagen das Gnadengesuch abzulehnen oder umzuwandeln. All diese Briefe erreichten jedoch nicht Stalin, sondern eine Sonderabteilung beim Zentralkomitee der KPdSU, „die die Korrespondenz von Stalin führte“. Die Mitglieder des Politbüros, die der Abteilung angehörten, entschieden über das Vorgehen. Stalin war an der Entscheidung offenbar nicht beteiligt. Die Praxis der Begnadigung ist kaum nachvollziehbar. Es dürften „oft äußerst subjektive und zufällige Faktoren“ eine lebensentscheidende Rolle gespielt haben. Die Hinrichtungen fanden überwie-

25 Ebd., S. 351.

26 Arsenij Roginskij, „Um unverzügliche Vollstreckung des Urteils wird ersucht“. Letzte Dokumente über die von 1950–1953 in Moskau erschossenen Deutschen. In: „Erschossen in Moskau…“ Die deutschen Opfer des Stalinismus auf dem Moskauer Friedhof Donskoje 1950–1953. Hrsg. v. Arsenij Roginskij, Jörg Rudolph, Frank Drauschke u. Anne Kaminsky. Berlin 2005. S. 37f.

27 Ebd., S. 39-41.

gend in der Butyrka statt. Protokolle sind nicht überliefert. Nach der Urteilsvollstreckung wurde ein Einäscherungsprotokoll geschrieben, die Untersuchungsakte in die letzte Form gebracht und paginiert.[28]

Mit der Demokratisierung der russischen Gesellschaft galt es auch, die Aktenfreigabe zu sichern. Zu Sowjetzeiten konnten unbegründet Dokumente geheim- und damit zurückgehalten werden. Um die Bestände benutzen zu können, mussten zuerst Findbücher angefertigt werden. Vor dem Hintergrund der Rehabilitierungsprozesse wurden zuerst die Akten über die Opfer der stalinistischen Gewaltherrschaft während der dreißiger und fünfziger Jahre freigegeben.[29] Die unter Verschluss gehaltenen Dokumente in ihrem Geheimhaltungsgrad herabzustufen, erwies sich als schwierig bis unmöglich. Man konnte und wollte sich nicht darauf festlegen, „die Entsekretisierung ständig und nicht nur episodisch vorzunehmen …“.[30]

Der namhafte russische Archivar Andrej V. Doronin beschreibt, wie das russische Archivwesen verbessert werden kann: „Es muss eine kontinuierliche, für alle Glieder des Föderativen Archivdienstes Russlands […] vorhersehbare, auf rechtlichen Normen begründete, von Umbrüchen im Staat weitgehend unabhängige und im gewissen Sinne autonome Archivpolitik verfolgt werden. Dafür sind Zeit, Finanzmittel, Professionalität und eine gehörige Portion Willenskraft eine unabdingbare Voraussetzung.“[31]

Das russische Archivwesen bedarf großer Reformen, um den berechtigten wissenschaftlichen und rechtlichen Interessen der Benutzer zu genügen. Dazu sind große Anstrengungen notwendig. Eine Grundvoraussetzung besteht darin, dass der staatliche Demokratisierungsprozess nicht umgekehrt, sondern fortgesetzt wird.

28 Ebd., S. 45f., 50f., 54, 62-65.

29 Oganes V. Marinin, Das Staatsarchiv der Russischen Föderation (GARF). Freigabe und Nutzung neuer Bestände. In: vgl. Anm. 15, S. 104.

30 Ebd., S. 106

31 Doronin. In: vgl. Anm. 15, S. 90.

Personenregister

(Fettdruck verweist auf eine Kurzbiographie im Anhang dieses Buches)

H

I

J

K

L

M

N

O

T

U

V

W

Z